La Ley General Tributaria
y
sus Reglamentos de desarrollo

TIRANT TRIBUTARIO

Procedimiento de selección de originales, ver página web:
www.tirant.net/index.php/editorial/procedimiento-de-seleccion-de-originales

ACCESO GRATIS a la Lectura en la Nube + Actualizaciones

Para visualizar el libro electrónico en la nube de lectura envíe junto a su nombre y apellidos una fotografía del código de barras situado en la contraportada del libro y otra del ticket de compra a la dirección:

ebooktirant@tirant.com

En un máximo de 72 horas laborables le enviaremos el código de acceso con sus instrucciones.

La Ley General Tributaria

y

sus Reglamentos de desarrollo

(21ª Edición concordada y anotada)
Edición actualizada a 16 de julio de 2025

JOSÉ MANUEL PÉREZ LARA

Profesor Titular de Derecho Financiero y Tributario
Universidad de Granada

tirant lo blanch
Valencia, 2025

© José Manuel Pérez Lara

© TIRANT LO BLANCH
EDITA: TIRANT LO BLANCH
C/ Artes Gráficas, 14 - 46010 - Valencia
Telfs.: 96/361 00 48 - 50
Fax: 96/369 41 51
Email: tlb@tirant.com
www.tirant.com
Librería virtual: www.tirant.es
DEPÓSITO LEGAL: V-3124-2025
ISBN: 979-13-7010-995-0

SUMARIO

Índice

§2. REAL DECRETO 1065/2007, DE 27 DE JULIO, POR EL QUE SE APRUEBA EL REGLAMENTO GENERAL DE LAS ACTUACIONES Y LOS PROCEDIMIENTOS DE GESTIÓN E INSPECCIÓN TRIBUTARIA Y DE DESARROLLO DE LAS NORMAS COMUNES DE LOS PROCEDIMIENTOS DE APLICACIÓN DE LOS TRIBUTOS

REGLAMENTO GENERAL DE LAS ACTUACIONES Y LOS PROCEDIMIENTOS DE GESTIÓN E INSPECCIÓN TRIBUTARIA Y DE DESARROLLO DE LAS NORMAS COMUNES DE LOS PROCEDIMIENTOS DE APLICACIÓN DE LOS TRIBUTOS

§3. REAL DECRETO 939/2005, DE 29 DE JULIO, POR EL QUE SE APRUEBA EL REGLAMENTO GENERAL DE RECAUDACIÓN

§4. REAL DECRETO 2063/2004, DE 15 DE OCTUBRE, POR EL QUE SE APRUEBA EL REGLAMENTO GENERAL DEL RÉGIMEN SANCIONADOR TRIBUTARIO

REGLAMENTO GENERAL DEL RÉGIMEN SANCIONADOR TRIBUTARIO

§5. REAL DECRETO 520/2005, DE 13 DE MAYO, POR EL QUE SE APRUEBA EL REGLAMENTO GENERAL DE DESARROLLO DE LA LEY 58/2003, DE 17 DE DICIEMBRE, GENERAL TRIBUTARIA, EN MATERIA DE REVISIÓN EN VÍA ADMINISTRATIVA

REGLAMENTO GENERAL DE DESARROLLO DE LA LEY 58/2003, DE 17 DE DICIEMBRE, GENERAL TRIBUTARIA, EN MATERIA DE REVISIÓN EN VÍA ADMINISTRATIVA

ANEXOS

CONSTITUCIÓN ESPAÑOLA DE 27 DE DICIEMBRE DE 1978

LEY ORGÁNICA 8/1980, DE 22 DE SEPTIEMBRE, DE FINANCIACIÓN DE LAS COMUNIDADES AUTÓNOMAS

LEY 22/2009, DE 18 DE DICIEMBRE, POR LA QUE SE REGULA EL SISTEMA DE FINANCIACIÓN DE LAS COMUNIDADES AUTÓNOMAS DE RÉGIMEN COMÚN Y CIUDADES CON ESTATUTO DE AUTONOMÍA Y SE MODIFICAN DETERMINADAS NORMAS TRIBUTARIAS

REAL DECRETO LEGISLATIVO 2/2004, DE 5 DE MARZO, POR EL QUE SE APRUEBA EL TEXTO REFUNDIDO DE LA LEY REGULADORA DE LAS HACIENDAS LOCALES

LEY 8/1989, DE 13 DE ABRIL, DE TASAS Y PRECIOS PÚBLICOS

§1. Ley 58/2003, de 17 de diciembre, GENERAL TRIBUTARIA
(BOE núm. 302, de 18 diciembre de 2003)[1]

[1]   Desde su aprobación ha sido objeto de modificación por las siguientes normas:
– Ley 7/2024, de 20 de diciembre, por la que se establecen un Impuesto Complementario para garantizar un nivel mínimo global de imposición para los grupos multinacionales y los grupos nacionales de gran magnitud, un Impuesto sobre el margen de intereses y comisiones de determinadas entidades financieras y un Impuesto sobre los líquidos para cigarrillos electrónicos y otros productos relacionados con el tabaco, y se modifican otras normas tributarias, modifica el art. 150.1.

– Ley 13/2023, de 24 de mayo, por la que se modifican la Ley 58/2003, de 17 de diciembre, General Tributaria, en transposición de la Directiva (UE) 2021/514 del Consejo de 22 de marzo de 2021, por la que se modifica la Directiva 2011/16/UE relativa a la cooperación administrativa en el ámbito de la fiscalidad, y otras normas tributarias, por la que añade la letra e) del art. 93.1, se modifica la letra m) y se añade la letra n) del art. 95, se modifica el apartado 3 y se añade un apartado 4 al art. 120, se modifica el art. 122.2, el art. 136.2 y 4, el art. 138.2 y el art. 174.2. Se modifica el art. 177 quater, el art. 177 quinquies, apartado 7 de la disposición adicional vigésima segunda y s apartados 1, 2, 3 y se añade un nuevo apartado 5 en la disposición adicional vigésima tercera. Se modifican el apartado 1 y la letra a) del apartado 3 de la disposición adicional vigésima. Se introducen la nueva disposición adicional vigésima quinta y vigésima sexta.

– Ley 13/2023, de 24 de mayo, por la que se modifican la Ley 58/2003, de 17 de diciembre, General Tributaria, en transposición de la Directiva (UE) 2021/514 del Consejo de 22 de marzo de 2021, por la que se modifica la Directiva 2011/16/UE relativa a la cooperación administrativa en el ámbito de la fiscalidad, y otras normas tributarias

– Ley 31/2022, de 23 de diciembre, de Presupuestos Generales del Estado para el año 2023, modifica la letra d) del art. 95.1.

– Ley 16/2022, de 5 de septiembre, de reforma del texto refundido de la Ley Concursal, aprobado por el Real Decreto Legislativo 1/2020, de 5 de mayo, para la transposición de la Directiva (UE) 2019/1023 del Parlamento Europeo y del Consejo, de 20 de junio de 2019, sobre marcos de reestructuración preventiva, exoneración de deudas e inhabilitaciones, y sobre medidas para aumentar la eficiencia de los procedimientos de reestructuración, insolvencia y exoneración de deudas, y por la que se modifica la Directiva (UE) 2017/1132 del Parlamento Europeo y del Consejo, sobre determinados aspectos del Derecho de sociedades (Directiva sobre reestructuración e insolvencia). Disposición adicional undécima. Aplazamientos y fraccionamientos de deudas tributarias por la Agencia Estatal de Administración Tributaria (*Reproducida en la nota a píe de página del art. 82*).

– Real Decreto-ley 13/2022, de 26 de julio, por el que se establece un nuevo sistema de cotización para los trabajadores por cuenta propia o autónomos y se mejora la protección por cese de actividad, modifica el art. 117.1.c).

– Ley 5/2022, de 9 de marzo, por la que se modifican la Ley 27/2014, de 27 de noviembre, del Impuesto sobre Sociedades, y el texto refundido de la Ley del Impuesto sobre la Renta de no Residentes, aprobado mediante Real Decreto Legislativo 5/2004, de 5 de marzo, en relación con las asimetrías híbridas, nueva redacción de la Disposición adicional decimoctava.

– Ley 11/2021, de 9 de julio, de medidas de prevención y lucha contra el fraude fiscal, de transposición de la Directiva (UE) 2016/1164, del Consejo, de 12 de julio de 2016, por la que se establecen normas contra las prácticas de elusión fiscal que inciden directamente en el funcionamiento del mercado interior, de modificación de diversas normas tributarias y en materia de regulación del juego, por la que se modifican el art. 3.1, art. 26.2.f), art. 27.2, art. 31.2, art. 32.2, art. 47, art. 95 bis.1, 4 y 6, art. 113, art. 142.2, art. 150.3, art. 157.2, art. 161.2, art. 175.1, art. 188.1 y 3, art. 198.4, art. 199.7, art. 209.2, disp. adicional sexta apartado 4, disp. Adicional decimoctava apartados 1 y 2, apartado 6 de la disp. Adicional vigésima segunda. Se añaden la letra f) al art. 29.2, el apartado 6 al art. 81 y se renumeran los apartados 6, 7 y 8 como apartados 7, 8 y 9, respectivamente, la letra d) del art. 130, la letra h) del art. 181.1, nuevo art. 201 bis. Se añaden los apartados 6 y 9 al art. 233 y se renumeran los apartados 6, 7, 8, 9, 10, 11, 12 y 13 como 7, 8, 10, 11, 12, 13, 14 y 15, respectivamente. Nuevo apartado 4 del art. 260 y se añade la letra d) al apartado 1 de la disp. Adicional vigésima.

– Ley 10/2020, de 29 de diciembre, por la que se modifica la Ley 58/2003, de 17 de diciembre, General Tributaria, en transposición de la Directiva (UE) 2018/822 del Consejo, de 25 de mayo de 2018, que modifica la Directiva 2011/16/UE por lo que se refiere al intercambio automático y obligatorio de información en el ámbito de la fiscalidad en relación con los mecanismos transfronterizos sujetos a comunicación de información, incorpora las Disposiciones adicionales vigésima tercera y cuarta.

– Real Decreto-ley 22/2020, de 16 de junio, por el que se regula la creación del Fondo COVID-19 y se establecen las reglas relativas a su distribución y libramiento, incorpora el apartado 9 al art. 99 y la letra e) al art. 151.1.

– Ley 6/2018, de 3 de julio, de Presupuestos Generales del Estado para el año 2018, deroga la letra c) de apartado primero de la Disposición adicional undécima (Reclamaciones económico-administrativas en otras materias).

– Ley 9/2017, de 8 de noviembre, de Contratos del Sector Público, por la que se transponen al ordenamiento jurídico español las Directivas del Parlamento Europeo y del Consejo 2014/23/UE y 2014/24/UE, de 26 de febrero de 2014, da nueva redacción a la Disposición adicional primera.

– Real Decreto-ley 3/2016, de 2 de diciembre. Adopta medidas en el ámbito tributario dirigidas a la consolidación de las finanzas públicas y otras medidas urgentes en materia social, modifica el art. 60.2, 65.2.

– Ley 34/2015, de 21 de septiembre, de modificación parcial de la Ley 58/2003, de 17 de diciembre, General Tributaria, nueva redacción del artículos 5.1, 12.3, 15.3, 29.3, 43.1.e), 46.2, 65.2, 67.1, 69.1, 70.3, 73.1, 81.6 y 8, 82.1, 92.1, 104.2, se suprime el apartado 5 del art. 106 y se modifica su apartado 4, se modifican los artículos 115.1 y 2, art. 135.1, 136.2, 150, modifica el apartado 3 y se introducen dos nuevos apartados 4 y 5 en el artículo 158, se modifican los artículos 159.3, art. 179.2, 180, art. 181.1.d), 199.1, 2, 4, 5 y 7, 200, 211.2, 221.1, 229, 230, 234, 235, 236.1, 238.2, 239.3, 5 y 6 y se incorpora un nuevo apartado 7, nueva redacción de los artículos 240.1, 241, 242.1 y 3, 244.6, se modifica el título de la sección 3.ª del capítulo IV del título V, art. 245, art. 246, art. 247, se modifica el apartado 4 de la disposición adicional sexta y nueva redacción de la a disposición adicional décima. Se incorpora el art. 66 bis, el apartado 9 al art. 68, nueva letra m) en el apartado 1 y se añade un nuevo apartado 4 en el artículo 95, se incorpora al art. 95 bis, nuevo párrafo c) en el apartado 4 del artículo 101, nuevo apartado 5 al art. 108, se incorpora el apartado 4 al art. 119, se incorpora el art. 206 bis, nuevo apartado 5 al art. 224, se incorpora el apartado 3 en el art. 225, nuevo apartado 7 en el art. 233, se incorpora un nuevo apartado 3 en el art. 237, se incorpora el art. 241 bis y art. 241 ter, se introduce un nuevo Título VI (arts. 250 a 259), se incorpora un nuevo Título VII (arts. 260 a 271), se introduce la nueva disposición adicional vigésima, vigésimo primera y vigésimo segunda.

– Ley 15/2014, de 16 de septiembre, de racionalización del Sector Público y otras medidas de reforma administrativa, nueva redacción al art. 112.

– Ley 14/2013, de 27 de septiembre, de apoyo a los emprendedores y su internacionalización, modifica el apartado 8 de la disposición adicional quinta.

– Ley 8/2013, de 26 de junio, de rehabilitación, regeneración y renovación urbanas, añade letra l) al apartado 1 del art. 95.

– Ley 7/2012, de 29 de octubre, de modificación de la normativa tributaria y presupuestaria y de adecuación de la normativa financiera para la intensificación de las actuaciones en la prevención y lucha contra el fraude, dada nueva redacción a los arts. 40.1.3 y 5, 44.1, se introduce un nuevo apartado 2 en el artículo 43, se modifica el actual apartado 2, que se numera como 3, y el actual apartado 3 pasa a numerarse como 4, modifica el art. 65.2, 67.2, 68.1, 7 y 8, 81.5 y 8, se introduce el apartado 6 en el art. 170, se modifica el art. 171.1, 174.5, 199.1, 2, 4 y 5, se introduce un nuevo apartado 6 en el artículo 203, renumerándose los actuales 6 y 7 como 7 y 8, respectivamente, se modifica el art. 209.2, 212.3, 224.1, 233.1, se introduce una nueva disposición adicional decimoctava y decimonovena.

– Real Decreto-ley 16/2012, de 20 de abril, de medidas urgentes para garantizar la sostenibilidad del Sistema Nacional de Salud y mejorar la calidad y seguridad de sus prestaciones, modifica la letra c) del art. 95.1.

Preámbulo

1. Justificación de la reforma

La Ley General Tributaria es el eje central del ordenamiento tributario donde se recogen sus principios esenciales y se regulan las relaciones entre la Administración tributaria y los contribuyentes.

Desde su aprobación, la Ley 230/1963, de 28 de diciembre, General Tributaria, ha sido objeto de diversas modificaciones que han intentado adaptar esta disposición legal a los cambios experimentados en la evolución del sistema tributario.

La primera reforma importante de la Ley General Tributaria se realizó en 1985 a pesar de la modificación sustancial que experimentó en esos años el sistema fiscal.

La reforma operada por la Ley 10/1985, de 26 de abril, de modificación parcial de la Ley General Tributaria tuvo por objeto precisamente adecuar el contenido de la Ley 230/1963, de 28 de diciembre, General Tributaria a los cambios experimentados al margen de la misma, y recuperar ésta su carácter sistematizador e integrador de las modificaciones que afectaban con carácter general al sistema tributario. Desde ese momento, la Ley 230/1963, de 28 de diciembre, General Tributaria, fue objeto de numerosas reformas por medio de Leyes de Presupuestos Generales del Estado y algunas leyes sustantivas, si bien, desde 1992, la doctrina del Tribunal Constitucional fue contraria a la reforma de la Ley General Tributaria por medio de Leyes de Presupuestos Generales del Estado.

– Real Decreto-ley 12/2012, de 30 de marzo, introduce diversas medidas tributarias y administrativas dirigidas a la reducción del déficit público, incorpora el apartado dos al art. 180 y renumera sus apartados y da nueva redacción de la letra c) del art. 221.1.

– Real Decreto-Ley 20/2011, de 30 de diciembre, de medidas urgentes en materia presupuestaria, tributaria y financiera para la corrección del déficit público, con efectos desde 1 de enero de 2012, modifica los artículos 1, 5.3, 17, 26.2.e), 28.6, 29 bis, 35.6 y 7, 62.6, 7, 8 y 9, 65.6, 68.5, 6 7 y 8, 80 bis, 81, 83.1, 95.5 y 106, incorpora los arts. 177 bis, ter, quater, quinquies, sexies, septies, octies, nonies, decies, undecies, duodecies, terdecies, quaterdecies, art. 181.1.g) y art. 203, con motivo de la transposición normativa de la Directiva 2010/24/UE del Consejo, de 16 de marzo de 2010, sobre la asistencia mutua en materia de cobro de los créditos correspondientes a determinados impuestos, derechos y otras medidas.

– Ley 38/2011, de 10 de octubre, de reforma de la Ley 22/2003, de 9 de julio, Concursal, con efectos desde 1 de enero de 2012, modificada el apartado 2 del art. 77 y el art. 164.

– Ley 2/2011, de 4 de marzo, de Economía Sostenible, con efectos desde 6 de marzo de 2011, suprime el párrafo segundo del artículo 2.2.a) y modifica el artículo 112, con motivo de la adaptación de la notificación por comparecencia a la ley 11/2007, de 22 de junio, de acceso electrónico de los ciudadanos a los Servicios Públicos.

– Ley 18/2009, de 23 de noviembre, por la que se modifica el texto articulado de la Ley sobre Tráfico, Circulación de Vehículos a Motor y Seguridad Vial, aprobado por el Real Decreto Legislativo 339/1990, de 2 de marzo, modifica con efectos 24 de mayo de 2010. el art. 95.1.j).

– Ley 22/2009, de 18 de diciembre, modifica con efectos desde 1 de enero de 2010, los arts. 5, 226, 227.5, 228, 229, 239, 241, 242, 243, disposición decimotercera.

– Ley 4/2008, de 23 de diciembre, por la que se suprime el gravamen del Impuesto sobre el Patrimonio, se generaliza el sistema de devolución mensual en el Impuesto sobre el Valor Añadido, y se introducen otras modificaciones en la normativa tributaria, modifica el art. 43.1.e).

– Ley 36/2006, de 29 de noviembre, de medidas para la prevención del fraude fiscal, modifica los arts. 27.5, 29.3, 41.3, 42.2, 43.1.g) y h), 57.1, 112, 155.5, 174.5, 180.1, 182.1 y 2, 186.4, 188.2.ª) y 3.a), 202, 208.3 y disp. adicional sexta.4.

En 1995, la necesidad de incorporar la jurisprudencia constitucional a la citada Ley y la conveniencia de actualizarla en materia de procedimientos tributarios, así como otras finalidades como la de impulsar el cumplimiento espontáneo de las obligaciones tributarias, la de contemplar las facultades de los órganos de gestión para efectuar liquidaciones provisionales de oficio, la de incorporar nuevos instrumentos de lucha contra el fraude fiscal o la de revisar el régimen de infracciones y sanciones, determinó que se abordara una importante reforma mediante la Ley 25/1995, de 20 de julio, de Modificación Parcial de la Ley General Tributaria.

Al margen de las reformas introducidas desde esa fecha en preceptos concretos de la Ley General Tributaria, se aprobó en 1998 una disposición legal esencial para la regulación de las relaciones entre los contribuyentes y la Administración que afectó a materias íntimamente relacionadas con el contenido propio de la Ley General Tributaria. La Ley 1/1998, de 26 de febrero, de Derechos y Garantías de los Contribuyentes, tuvo por objeto reforzar los derechos sustantivos de los contribuyentes y mejorar sus garantías en el seno de los distintos procedimientos tributarios, reforzando las correlativas obligaciones de la Administración tributaria.

Como se señalaba en su Exposición de Motivos, la Ley 1/1998, de 26 de febrero, de Derechos y Garantías de los Contribuyentes, planteó desde su aprobación la necesidad de su integración en la Ley General Tributaria, donde sus preceptos debían encontrar su natural acomodo.

A pesar de las modificaciones efectuadas hasta la fecha en la Ley General Tributaria, puede afirmarse que su adaptación al actual sistema tributario y al conjunto del ordenamiento español desarrollado a partir de la Constitución Española de 27 de diciembre de 1978 resultaba insuficiente. Desde la promulgación de la Constitución estaba pendiente una revisión en profundidad de la citada Ley para adecuarla a los principios constitucionales, y eliminar definitivamente algunas referencias preconstitucionales sin encaje en nuestro ordenamiento actual.

Por otro lado, a pesar de los esfuerzos revisores del legislador, el sistema tributario ha evolucionado en los últimos años en el seno de los distintos impuestos sin el correlativo desarrollo de los preceptos de la Ley General Tributaria y, además, se han promulgado otras disposiciones en nuestro ordenamiento, como la Ley 30/1992, de 26 de noviembre, de Régimen Jurídico de las Administraciones Públicas y del Procedimiento Administrativo Común[2], que han modernizado los procedimientos administrativos y las relaciones entre los ciudadanos y la Administración, sin el correspondiente reflejo en la Ley General Tributaria. En este sentido, la nueva Ley supone una importante aproximación a las normas generales del Derecho Administrativo, con el consiguiente incremento de la seguridad jurídica en la regulación de los procedimientos tributarios.

En definitiva, el carácter preconstitucional de la Ley 230/1963, de 28 de diciembre, General Tributaria, la necesidad de regular los procedimientos de gestión tributaria actualmente utilizados, la excesiva dispersión de la normativa tributaria, la conveniencia de adecuar el

---

[2]   Actual Ley 39/2015, de 1 de octubre, del Procedimiento Administrativo Común de las Administraciones Públicas (BOE núm. 236, de 2 de octubre de 2015), con entrada en vigor el 2 de octubre de 2016, que deroga la Ley 30/1992, de 26 de noviembre y la Ley 11/2007, de 22 de junio, de acceso electrónico de los ciudadanos a los Servicios Públicos.

funcionamiento de la Administración a las nuevas tecnologías y la necesidad de reducir la conflictividad en materia tributaria aconsejaban abordar definitivamente la promulgación de una nueva Ley General Tributaria.

En este contexto, la Resolución de la Secretaría de Estado de Hacienda de 15 de junio de 2000 destacó la necesidad de una revisión en profundidad de la Ley y procedió a la constitución de una Comisión para el estudio y propuesta de medidas para la reforma de la Ley General Tributaria que, integrada por destacados expertos en Derecho Financiero y Tributario, ha dado lugar, con carácter previo a la redacción del Proyecto de la nueva Ley General Tributaria, a un informe sobre las líneas maestras de la reforma y el modo en que debían concretarse en un futuro texto legal.

El borrador del Anteproyecto preparado sobre la base de dicho informe fue estudiado por un Grupo de expertos en Derecho Financiero y Tributario en el seno de la Comisión para el estudio del borrador del Anteproyecto de la nueva Ley General Tributaria creada por Resolución de la Secretaría de Estado de Hacienda de 1 de octubre de 2002. El trabajo del Grupo de expertos concluyó en enero de 2003 con la redacción de un informe donde se analizó y comentó el texto, a la vez que se formularon propuestas y sugerencias relacionadas con la materia objeto del estudio.

De acuerdo con lo señalado, los principales objetivos que pretende conseguir la Ley General Tributaria son los siguientes: reforzar las garantías de los contribuyentes y la seguridad jurídica, impulsar la unificación de criterios en la actuación administrativa, posibilitar la utilización de las nuevas tecnologías y modernizar los procedimientos tributarios, establecer mecanismos que refuercen la lucha contra el fraude, el control tributario y el cobro de las deudas tributarias y disminuir los niveles actuales de litigiosidad en materia tributaria.

Además de las modificaciones necesarias para la comentada adecuación de la norma al contexto actual de nuestro sistema tributario, la nueva Ley supone también una notable mejora técnica en la sistematización del Derecho Tributario general, así como un importante esfuerzo codificador.

Manifestación de ello es la nueva estructura de la Ley, más detallada y didáctica que la de la Ley 230/1963, de 28 de diciembre, General Tributaria, con cinco Títulos. Los dos primeros vienen a coincidir esencialmente con los Títulos preliminar, primero y segundo de la Ley 230/1963, de 28 de diciembre, General Tributaria. Sin embargo, los Títulos III, IV y V de la nueva Ley suponen una estructuración más correcta y sistemática que la del Título III de la Ley 230/1963, de 28 de diciembre, General Tributaria, relativo a la gestión tributaria en sentido amplio. El Título III de la nueva Ley regula los procedimientos de aplicación de los tributos, el Título IV regula de modo autónomo la potestad sancionadora y el Título V regula la revisión de actos administrativos en materia tributaria.

El ánimo codificador de la nueva Ley General Tributaria se manifiesta fundamentalmente en la incorporación de preceptos contenidos en otras normas de nuestro ordenamiento, algunas de las cuales ponen fin a su vigencia. Así, se incorpora el contenido de la Ley 1/1998, de Derechos y Garantías de los Contribuyentes, del Real Decreto Legislativo 2795/1980, de 12 de diciembre, por el que se articula la Ley 39/1980, de 5 de julio, de Bases sobre Procedimiento Económico-administrativo, así como los preceptos reglamentarios de mayor calado en materia de procedimiento de inspección, recaudación, procedimiento sancionador, recurso de reposición, etc.

2. Título I: Disposiciones generales del ordenamiento tributario

El Título I, «Disposiciones generales del ordenamiento tributario», contiene principios generales y preceptos relativos a las fuentes normativas y a la aplicación e interpretación de las normas tributarias.

El artículo 1 de la Ley delimita el ámbito de aplicación de la misma, como Ley que recoge y establece los principios y las normas jurídicas generales del sistema tributario español. La nueva Ley General Tributaria debe adecuarse a las reglas de distribución de competencias que derivan de la Constitución Española. Respecto a esta cuestión, el Tribunal Constitucional ha manifestado que «el sistema tributario debe estar presidido por un conjunto de principios generales comunes capaz de garantizar la homogeneidad básica que permita configurar el régimen jurídico de la ordenación de los tributos como un verdadero sistema y asegure la unidad del mismo, que es exigencia indeclinable de la igualdad de los españoles» (STC 116/94, de 18 de abril), y también que «la indudable conexión existente entre los artículos 133.1, 149.1.14 y 157.3 de la Constitución determina que el Estado sea competente para regular no sólo sus propios tributos, sino también el marco general de todo el sistema tributario y la delimitación de las competencias financieras de las Comunidades Autónomas respecto de las del propio Estado» (STC 192/2000, de 13 de julio).

En definitiva, de los títulos competenciales previstos en el apartado 1 del artículo 149 de la Constitución, esta Ley se dicta al amparo de lo dispuesto para las siguientes materias: 1.ª, en cuanto regula las condiciones básicas que garantizan la igualdad en el cumplimiento del deber constitucional de contribuir; 8.ª, en cuanto se refiere a la aplicación y eficacia de las normas jurídicas y a la determinación de las fuentes del Derecho Tributario; 14.ª, en cuanto establece los conceptos, principios y normas básicas del sistema tributario en el marco de la Hacienda general; y 18.ª, en cuanto adapta a las especialidades del ámbito tributario la regulación del procedimiento administrativo común, garantizando a los contribuyentes un tratamiento similar ante todas las Administraciones tributarias.

Se eliminan en este Título I las referencias preconstitucionales que existían en la Ley 230/1963, de 28 de diciembre, General Tributaria, y se incorpora el contenido de diversos preceptos constitucionales de fundamental aplicación en el ordenamiento tributario. Asimismo, se delimita el concepto de Administración tributaria y se actualiza el sistema de fuentes con referencia a los tratados internacionales y a las normas de Derecho Comunitario.

En la Sección tercera, relativa a la «interpretación, calificación e integración de las normas tributarias», se incorpora el precepto que regula la calificación de las obligaciones tributarias y se revisa en profundidad la regulación del fraude de ley que se sustituye por la nueva figura del «conflicto en la aplicación de la norma tributaria», que pretende configurarse como un instrumento efectivo de lucha contra el fraude sofisticado, con superación de los tradicionales problemas de aplicación que ha presentado el fraude de ley en materia tributaria.

3. Título II: Los tributos

El Título II, «Los tributos», contiene disposiciones generales sobre la relación jurídico-tributaria y las diferentes obligaciones tributarias, así como normas relativas a los obligados tributarios, a sus derechos y garantías, y a las obligaciones y deberes de los entes públicos. Se regulan también los elementos de cuantificación de las obligaciones tributarias, dedicándose un Capítulo a la deuda tributaria.

De modo didáctico, se definen y clasifican las obligaciones, materiales y formales, que pueden surgir de la relación jurídico-tributaria. Las obligaciones materiales se clasifican en: obligación tributaria principal, obligaciones tributarias de realizar pagos a cuenta, obligaciones entre particulares resultantes del tributo y obligaciones tributarias accesorias. En las obligaciones tributarias de realizar pagos a cuenta se asumen las denominaciones de la normativa del Impuesto sobre la Renta de las Personas Físicas, y entre las obligaciones accesorias se incluyen las de satisfacer el interés de demora, los recargos por declaración extemporánea y los recargos del período ejecutivo.

En cuanto al interés de demora se procede a establecer una completa regulación, destacando como principal novedad la no exigencia de interés de demora desde que la Administración incumpla alguno de los plazos establecidos en la propia Ley para dictar resolución por causa imputable a la misma, salvo que se trate de expedientes de aplazamiento o de recursos o reclamaciones en los que no se haya acordado la suspensión. También se modifica la regulación de los recargos del período ejecutivo de modo que se exigirá un recargo del 5 por 100, sin intereses de demora, si se ingresa la totalidad de la deuda tributaria antes de la notificación de la providencia de apremio; un recargo del 10 por 100, sin intereses de demora, si se ingresa la totalidad de la deuda tributaria y el propio recargo antes de la finalización del plazo de ingreso de las deudas apremiadas; y un recargo del 20 por 100 más intereses de demora si no se cumplen las condiciones anteriores.

Se dedica una Sección tercera en el Capítulo I a las obligaciones de la Administración tributaria donde se traslada lo dispuesto en los artículos 10, 11 y 12 de la Ley 1/1998, de 26 de febrero, de Derechos y Garantías de los Contribuyentes, con regulación de la obligación de realizar devoluciones derivadas de la normativa de cada tributo, la de devolución de ingresos indebidos y la de reembolso de los costes de las garantías. En esta última se introduce como novedad la obligación de la Administración de abonar también el interés legal generado por el coste de las garantías.

La Sección cuarta reproduce la lista de derechos y garantías de los obligados tributarios contenida en el artículo 3 de la Ley 1/1998, de 26 de febrero, de Derechos y Garantías de los Contribuyentes, e incorpora al mismo nuevos derechos como el derecho a utilizar las lenguas oficiales en el territorio de la Comunidad Autónoma, el derecho a formular quejas y sugerencias, el derecho a que consten en diligencia las manifestaciones del interesado o el derecho a presentar cualquier documento que se estime conveniente.

En la regulación de sucesores y responsables se introducen importantes medidas para asegurar el cobro de las deudas tributarias. Así, se establece como novedad que en las sociedades personalistas los socios responden de la totalidad de las deudas tributarias de la sociedad y se prevé expresamente la sucesión en las sanciones que proceda imponer a las entidades cuando éstas se extingan, con el límite de la cuota de liquidación o valor de los bienes transmitidos.

También se gradúa la responsabilidad de los administradores en función de su participación, con expresa mención a los administradores de hecho, y se establece un nuevo supuesto de responsabilidad subsidiaria de contratistas y subcontratistas en relación con retenciones y con tributos que deban repercutirse como consecuencia de las obras o servicios contratados o subcontratados.

En materia de capacidad y representación, la Ley se adapta a lo dispuesto en la Ley 30/1992, de 26 de noviembre, de Régimen Jurídico de las Administraciones Públicas y del Procedimiento Administrativo Común[3], y se establece expresamente la validez de los documentos normalizados que apruebe la Administración tributaria como medio de representación para determinados procedimientos y previéndose la actuación de los obligados mediante un asesor fiscal.

En el Capítulo IV del Título II se regula la deuda tributaria, que no comprende el concepto de sanciones, las cuales se regulan de forma específica en el Título IV de la Ley. En esta materia se dan entrada en la Ley diversos preceptos del vigente Reglamento General de Recaudación, aprobado por Real Decreto 1684/1990, de 20 de diciembre, como los relativos a plazos de pago, medios de pago o aplazamiento y fraccionamiento de la deuda tributaria. En materia de plazos de pago se amplía una quincena el plazo de pago en período voluntario de las deudas liquidadas por la Administración y en materia de prescripción, se mantiene el plazo de cuatro años establecido por la Ley 1/1998, de 26 de febrero, de Derechos y Garantías de los Contribuyentes, y se establece una regulación más completa, con sistematización de las reglas de cómputo e interrupción del plazo de forma separada para cada derecho susceptible de prescripción, al objeto de evitar dudas interpretativas.

También se añade una regla especial para el plazo de prescripción del derecho a exigir la obligación de pago a los responsables.

En lo que se refiere a la compensación, se formula expresamente el carácter meramente declarativo del acuerdo de compensación y se prevé la compensación de oficio de las cantidades a ingresar y a devolver que resulten de un mismo procedimiento de comprobación limitada o inspección durante el plazo de ingreso en período voluntario.

Por último, en materia de garantías, se incorpora a este Capítulo la regulación de las medidas cautelares, con ampliación de los supuestos en que procede su adopción siempre que exista propuesta de liquidación, salvo en el supuesto de retenciones y tributos repercutidos que pueden adoptarse en cualquier momento del procedimiento de comprobación o inspección.

4. Título III: La aplicación de los tributos

En el Título III se regula la aplicación de los tributos y es uno de los ámbitos donde se concentra una parte importante de las novedades que presenta la nueva Ley, tanto en su estructura como en su contenido.

El Título III se compone de cinco capítulos: El Capítulo I, que consagra principios generales que deben informar la aplicación de los tributos; el Capítulo II, que establece normas comunes aplicables a las actuaciones y procedimientos tributarios; el Capítulo III, que bajo la rúbrica de «actuaciones y procedimientos de gestión tributaria» configura los procedimientos de gestión más comunes; el Capítulo IV, que regula el procedimiento de inspección; y el Capítulo V, relativo al procedimiento de recaudación.

---

[3] Actual Ley 39/2015, de 1 de octubre, del Procedimiento Administrativo Común de las Administraciones Públicas (BOE núm. 236, de 2 de octubre de 2015), con entrada en vigor el 2 de octubre de 2016, que deroga la Ley 30/1992, de 26 de noviembre y la Ley 11/2007, de 22 de junio, de acceso electrónico de los ciudadanos a los Servicios Públicos.

Dentro del Capítulo I, «Principios Generales», se potencia el deber de información y asistencia a los obligados tributarios. Destaca como principal novedad el carácter vinculante de todas las contestaciones a las consultas tributarias escritas y no sólo para el consultante sino también para otros obligados tributarios siempre que exista identidad entre su situación y el supuesto de hecho planteado en la consulta. Se otorga también carácter vinculante durante un plazo de tres meses a la información de la Administración sobre valoraciones de bienes inmuebles que vayan a ser objeto de adquisición o transmisión.

En materia de colaboración social se establece el intercambio de información relevante con el Servicio Ejecutivo de la Comisión de Prevención del Blanqueo de Capitales e Infracciones Monetarias y la Comisión de Vigilancia de Actividades de Financiación del Terrorismo, y se consagra expresamente el deber de sigilo de retenedores y obligados a realizar ingresos a cuenta en relación con los datos que reciban de otros obligados tributarios.

También destaca en este Capítulo la importancia otorgada al empleo y aplicación de técnicas y medios electrónicos, informáticos y telemáticos por la Administración tributaria para el desarrollo de su actividad y sus relaciones con los contribuyentes, con fijación de los principales supuestos en que cabe su utilización, con una amplia habilitación reglamentaria.

Especial mención merece, en este Título, las normas integrantes del Capítulo II que, bajo la rúbrica de «Normas comunes sobre actuaciones y procedimientos tributarios» van a tener una particular trascendencia y es donde se aprecia de forma más evidente el grado de aproximación de la normativa tributaria a las normas del procedimiento administrativo común.

En este Capítulo, la Ley General Tributaria recoge exclusivamente las especialidades que presentan los procedimientos tributarios respecto a las normas administrativas generales, que serán de aplicación salvo lo expresamente previsto en las normas tributarias. Así, las normas de este Capítulo II del Título III tienen una gran relevancia ya que, por un lado, resultan aplicables a todos los procedimientos regulados en este Título salvo que se establezcan normas especiales en los respectivos procedimientos, y, por otro, constituyen, junto con las normas administrativas generales, la regulación básica de aquellos procedimientos, especialmente de gestión tributaria, que no están expresamente regulados en esta Ley.

De acuerdo con este esquema, se regulan las especialidades de las actuaciones y procedimientos tributarios relativas a las formas de inicio de los mismos, los derechos que deben observarse necesariamente en su desarrollo y las formas de terminación, así como cuestiones conexas a dicha terminación tales como las liquidaciones tributarias o el deber de resolver. En cuanto a los plazos de resolución y efectos de su incumplimiento, se incrementa notablemente la seguridad jurídica con una regulación similar a la de la Ley 30/1992, de 26 de noviembre, de Régimen Jurídico de las Administraciones Públicas y del Procedimiento Administrativo Común[4], salvo en el cómputo de los plazos donde se tiene en cuenta la especificidad de la materia tributaria.

También se establecen como normas comunes de todas las actuaciones y procedimientos tributarios las relativas a la prueba, las notificaciones, la entrada en el domicilio de los obli-

---

4   Actual Ley 39/2015, de 1 de octubre, del Procedimiento Administrativo Común de las Administraciones Públicas (BOE núm. 236, de 2 de octubre de 2015), con entrada en vigor el 2 de octubre de 2016, que deroga la Ley 30/1992, de 26 de noviembre y la Ley 11/2007, de 22 de junio, de acceso electrónico de los ciudadanos a los Servicios Públicos.

gados tributarios, la denuncia pública y las facultades de comprobación e investigación de la Administración tributaria.

En materia de prueba, se incorpora la posibilidad de fijar requisitos formales de deducibilidad y se acoge la norma general de que los gastos deducibles y las deducciones practicadas se justifiquen prioritariamente mediante factura o documento sustitutivo. También se regula expresamente la presunción de certeza de los datos declarados por los contribuyentes.

En cuanto a las notificaciones, se prevén las especialidades que presentan las notificaciones tributarias respecto al régimen general del Derecho Administrativo y se recogen determinadas medidas encaminadas a reforzar la efectividad de las mismas como la ampliación de las personas legitimadas para recibirlas o la previsión de que, en caso de notificación por comparecencia, se tendrá por notificado al obligado en las sucesivas actuaciones del procedimiento salvo la liquidación, que deberá ser notificada en todo caso. Se potencia asimismo la publicación de notificaciones en Internet, que podrá sustituir la efectuada tradicionalmente en los tablones de edictos.

La regulación en el Capítulo III de las actuaciones y procedimientos de gestión tributaria es una de las principales novedades de la Ley, dado el escaso número de preceptos que sobre esta materia contenía la Ley 230/1963, de 28 de diciembre, General Tributaria. Una regulación sistemática y suficiente de la gestión tributaria constituía una tradicional demanda que el legislador debía atender de forma imperiosa principalmente por dos motivos: porque, a pesar de las últimas modificaciones de la Ley 230/1963, de 28 de diciembre, General Tributaria, la regulación que establecía esta Ley continuaba tomando como referencia el sistema clásico de declaración y posterior liquidación administrativa, aún habiéndose generalizado en la práctica el régimen de autoliquidaciones; y porque el objetivo de seguridad jurídica que persigue esta Ley exige dotar de un adecuado respaldo normativo a las actuaciones de comprobación que se realizan en el marco de la gestión tributaria.

No obstante, la regulación de los procedimientos de gestión tributaria se aborda de una forma flexible, al objeto de permitir que la gestión pueda evolucionar hacia nuevos sistemas sin que la Ley General Tributaria lo impida o quede rápidamente obsoleta. Así, se regulan de forma abierta las formas de iniciación de la gestión tributaria, y se procede por vez primera en el ordenamiento tributario a la definición de conceptos como el de autoliquidación o el de comunicación de datos, así como el de declaración o autoliquidación complementaria y sustitutiva.

Del mismo modo, se regulan únicamente los procedimientos de gestión tributaria más comunes, al tiempo que se permite el desarrollo reglamentario de otros procedimientos de menor entidad para los que se acuña un elemental sistema de fuentes.

Como procedimientos de gestión más comunes se regulan en la propia Ley los siguientes: el procedimiento para la práctica de devoluciones derivadas de la normativa de cada tributo, dentro del cual se incluyen las devoluciones derivadas de la presentación de autoliquidaciones y las derivadas de la presentación de solicitudes o comunicaciones de datos; el procedimiento iniciado mediante declaración, en la que se ponga de manifiesto la realización del hecho imponible al objeto de que la Administración cuantifique la obligación tributaria mediante liquidación provisional; el procedimiento de verificación de datos, para supuestos de errores o discrepancias entre los datos declarados por el obligado y los que obren en poder de la Administración, así como para comprobaciones de escasa entidad que, en ningún caso, pueden referirse a actividades económicas; el procedimiento de comprobación de valores, donde se regula esencialmente la tasación pericial contradictoria; y el procedimiento de comprobación limitada, que constituye una de las principales novedades de la Ley, habida cuenta de la escasa regulación que contemplaba el artículo 123 de la Ley 230/1963, de 28 de diciembre, General Tributaria, y que supone un importante instrumento para reforzar el control tributario.

El procedimiento de comprobación limitada se caracteriza por la limitación de las actuaciones que se pueden realizar, con exclusión de la comprobación de documentos contables, los requerimientos a terceros para captación de nueva información y la realización de actuaciones de investigación fuera de las oficinas del órgano actuante, salvo lo dispuesto en la normativa aduanera o en supuestos de comprobaciones censales o relativas a la aplicación de métodos objetivos de tributación.

En este procedimiento tiene especial importancia dejar constancia de los extremos comprobados y las actuaciones realizadas a efectos de un posterior procedimiento inspector.

El Capítulo IV del Título III, dedicado a las actuaciones y procedimiento de inspección, presenta una regulación más completa y estructurada que la Ley 230/1963, de 28 de diciembre, General Tributaria, con incorporación de los preceptos reglamentarios de mayor calado y novedades importantes en la terminación del procedimiento. El Capítulo está dividido en dos Secciones, una relativa a las disposiciones generales y otra relativa al procedimiento inspector.

Dentro de la Sección segunda, destaca la detallada regulación del plazo de duración del procedimiento inspector y los efectos de su incumplimiento y, especialmente, la nueva modalidad de actas con acuerdo que constituye una de las principales modificaciones que introduce la nueva Ley, como instrumento al servicio del objetivo ya señalado de reducir la conflictividad en el ámbito tributario.

Las actas con acuerdo están previstas para supuestos de especial dificultad en la aplicación de la norma al caso concreto o para la estimación o valoración de elementos de la obligación tributaria de incierta cuantificación.

El acuerdo se perfecciona con la suscripción del acta, para lo que será necesario autorización del órgano competente para liquidar y la constitución de un depósito, un aval o un seguro de caución. En caso de imposición de sanciones, se aplicará una reducción del 50 por 100 sobre el importe de la sanción siempre que no se interponga recurso contencioso-administrativo.

La liquidación y la sanción no podrán ser objeto de recurso en vía administrativa.

El Capítulo V relativo a las actuaciones y el procedimiento de recaudación supone una mejor sistematización de las normas reguladoras de la recaudación, con incorporación de algunos preceptos especialmente relevantes del vigente Reglamento General de Recaudación, aprobado por Real Decreto 1684/1990, de 20 de diciembre. Destaca en este Capítulo la delimitación de las facultades de los órganos de recaudación, la revisión de los motivos de impugnación contra la providencia de apremio y las diligencias de embargo, la flexibilización del orden de embargo y la regulación del procedimiento contra responsables y sucesores.

5. Título IV: La potestad sancionadora

El Título IV regula, a diferencia de la Ley 230/1963, de 28 de diciembre, General Tributaria, la potestad sancionadora en materia tributaria de forma autónoma y separada de la deuda tributaria, tanto los aspectos materiales de tipificación de infracciones y sanciones como los procedimentales, éstos últimos ausentes en dicha Ley.

Se enumeran en el Capítulo I los principios de la potestad sancionadora en materia administrativa con las especialidades que presentan en materia tributaria.

Dentro del Capítulo II se relacionan los sujetos infractores y se regulan las figuras de los responsables y los sucesores en las sanciones. También, como consecuencia de la separación conceptual de la deuda tributaria, se regula de modo específico para las sanciones las causas de extinción de la responsabilidad, especialmente la prescripción.

Por lo que respecta a la tipificación de las infracciones y al cálculo de las sanciones, es uno de los aspectos de la nueva Ley que presenta importantes modificaciones, al revisarse en profundidad el régimen sancionador de la Ley 230/1963, de 28 de diciembre, General Tributaria con el objeto de incrementar la seguridad jurídica en su aplicación y potenciar el aspecto subjetivo de la conducta de los obligados en la propia tipificación de las infracciones, de modo que las sanciones más elevadas queden reservadas a los supuestos de mayor culpabilidad.

En primer lugar, se adopta la clasificación tripartita de infracciones leves, graves y muy graves de la Ley 30/1992, de 26 de noviembre, de Régimen Jurídico de las Administraciones Públicas y del Procedimiento Administrativo Común[5], lo que supone superar la distinción clásica entre el concepto de infracción grave, como generadora de perjuicio económico para la Hacienda Pública que es sancionada con multa porcentual, y el de infracción simple, como aquella que no genera perjuicio económico y es sancionada con multa fija. En el nuevo sistema, las infracciones que generan perjuicio económico se clasifican en leves, graves o muy graves según el grado de culpabilidad que concurra en la conducta del presunto infractor, de modo que la infracción será grave si ha existido ocultación, se han utilizado facturas falsas o existen anomalías contables que no superen una determinada proporción, y muy grave si se han utilizado medios fraudulentos. En ausencia de ambas circunstancias, la infracción será siempre leve, así como en los casos en que, por razón de la cuantía de la deuda descubierta, la propia Ley le otorga esa calificación.

Por su parte, las infracciones que no generen perjuicio económico se incluyen en una de las tres categorías en función de la gravedad del comportamiento y se establece en algunos casos su sanción de forma porcentual tomando como base otras magnitudes distintas de la deuda dejada de ingresar. Se refuerzan especialmente las sanciones por incumplimiento del deber de suministrar información a la Administración tributaria y por resistencia, obstrucción, excusa o negativa a la actuación de la misma.

Por otro lado, destaca la tipificación de nuevas infracciones, como la solicitud indebida de devoluciones omitiendo datos relevantes o falseando datos sin que se hayan llegado a obtener, o el incumplimiento del deber de sigilo por parte de retenedores y obligados a realizar ingresos a cuenta, así como la inclusión de sanciones reguladas hasta ahora en leyes especiales como la comunicación incorrecta o la no comunicación de datos al pagador de

---

[5] Actual Ley 39/2015, de 1 de octubre, del Procedimiento Administrativo Común de las Administraciones Públicas (BOE núm. 236, de 2 de octubre de 2015), con entrada en vigor el 2 de octubre de 2016, que deroga la Ley 30/1992, de 26 de noviembre y la Ley 11/2007, de 22 de junio, de acceso electrónico de los ciudadanos a los Servicios Públicos.

rentas sometidas a retención o ingreso a cuenta. Desaparece, en cambio, la tipificación genérica como infracción de cualquier incumplimiento de obligaciones o deberes exigidos por la normativa tributaria, por exigencias del principio de tipicidad en materia sancionadora.

En segundo lugar, por lo que se refiere a la cuantificación de las sanciones, y al objeto de incrementar la seguridad jurídica, se establecen en cada caso los criterios de graduación aplicables y el porcentaje fijo que representan, de modo que la suma de todos los concurrentes coincide con la sanción máxima que se puede imponer.

En tercer lugar, se revisa el sistema de reducción de las sanciones por conformidad o acuerdo del contribuyente.

Además de la reducción del 30 por 100 para el caso de conformidad con la propuesta de regularización, que se mantiene, se incluye una reducción del 50 por 100 para la nueva modalidad de actas con acuerdo, siempre que no se impugne la liquidación ni la sanción en vía contencioso-administrativa y se ingrese antes de la finalización del período voluntario si se ha aportado aval o certificado de seguro de caución. También se incluye, con el objeto de reducir el número de recursos contra sanciones, una reducción del 25 por 100 para todos los casos, salvo las actas con acuerdo, en que el importe de la sanción se ingrese en plazo voluntario y no se interponga recurso contra la sanción, ni contra la liquidación.

Por último, a diferencia de la Ley 230/1963, de 28 de diciembre, General Tributaria, la nueva Ley contiene las normas fundamentales del procedimiento sancionador en materia tributaria; destacando en este sentido, al igual que en otras partes de la Ley, las especialidades tributarias respecto a las normas generales del procedimiento sancionador en materia administrativa, que serán de aplicación en lo no previsto en la norma tributaria.

Se establece la regla general del procedimiento separado aunque, en aras de la economía procesal, se excepciona en los supuestos de actas con acuerdo y en los casos de renuncia del obligado tributario, con el fin de mejorar la seguridad jurídica. También se mantiene en la Ley el plazo máximo de tres meses desde la liquidación para iniciar el procedimiento sancionador que resulte de un procedimiento de verificación de datos, comprobación o inspección y se amplía a los procedimientos sancionadores que resulten de un procedimiento iniciado mediante declaración. En materia de recursos contra sanciones, se mantiene que la ejecución de las mismas quedará automáticamente suspendida sin necesidad de aportar garantía por la presentación de un recurso o reclamación y, de acuerdo con la más reciente doctrina jurisprudencial, se establece que no se exigirán intereses de demora hasta que la sanción sea firme en vía administrativa. Igualmente, la impugnación de las sanciones no determina la pérdida de la reducción por conformidad excepto en el mencionado caso de las actas con acuerdo.

6. Título V: Revisión en vía administrativa

El Título V, relativo a la revisión en vía administrativa, contiene también importantes modificaciones respecto a la regulación que sobre esta materia contemplaba la Ley 230/1963, de 28 de diciembre, General Tributaria bajo la rúbrica de «gestión tributaria» en su acepción más amplia, ya superada en la nueva Ley. El Título V regula todas las modalidades de revisión de actos en materia tributaria, establece una regulación más detallada de los procedimientos especiales de revisión y del recurso de reposición, incluye preceptos hasta este momento reglamentarios, e incorpora las principales normas de las reclamaciones económico-administrativas hasta ahora contenidas en el Real Decreto Legislativo 2795/1980, de 12 de diciembre, por el que se articula la Ley 39/1980, de 5 de julio, de Bases sobre Procedimiento Económico-administrativo, que por este motivo pone fin a su vigencia.

Respecto a los procedimientos especiales de revisión, destaca la aproximación a la Ley 30/1992, de 26 de noviembre, de Régimen Jurídico de las Administraciones Públicas y del Procedimiento Administrativo Común[6], tanto en la enumeración de las causas de nulidad de pleno derecho como en la desaparición del procedimiento de revisión de actos anulables, exigiéndose para obtener su revisión la previa declaración de lesividad y la posterior impugnación en vía contencioso-administrativa.

También destaca la regulación en el ámbito tributario del procedimiento de revocación para revisar actos en beneficio de los interesados.

Por lo que atañe al recurso de reposición, se amplían a un mes los plazos para interponer y para notificar la resolución de este recurso, y se recogen las principales normas de tramitación y suspensión hasta ahora contenidas en el Real Decreto 2244/1979, de 7 de septiembre.

En la regulación de las reclamaciones económico-administrativas se amplía también a un mes el plazo de interposición y se introducen igualmente importantes novedades con la finalidad de agilizar la resolución de las reclamaciones y disminuir el número de asuntos pendientes en los Tribunales Económico-administrativos.

En este sentido, destaca la creación de órganos unipersonales que podrán resolver reclamaciones, en única instancia y en plazos más cortos, en relación con determinadas materias y cuantías, además de intervenir, dentro del procedimiento general, en la resolución de inadmisibilidades o cuestiones incidentales o en el archivo de actuaciones en caso de caducidad, renuncia, desistimiento o satisfacción extraprocesal.

En materia de recursos extraordinarios, se establece un nuevo recurso de alzada para la unificación de doctrina contra las resoluciones del Tribunal Económico-administrativo Central, del que conocerá una Sala especial de nueva creación en la que participan, además de miembros del propio Tribunal, el Director General de Tributos, el Director General de la Agencia Estatal de Administración Tributaria, el Director General o de Departamento del que dependa funcionalmente el órgano que dictó el acto y el Presidente del Consejo para la Defensa del Contribuyente. Esta medida complementa la del carácter vinculante de las consultas tributarias para hacer efectiva la unificación de criterios en la actuación de toda la Administración tributaria.

Por lo demás, se mantiene el recurso extraordinario de revisión contra los actos en materia tributaria y las resoluciones económico-administrativas firmes, tanto de las pruebas que fueran de difícil o imposible aportación al tiempo de dictarse la resolución como las de nueva obtención, por lo que se adapta así a lo dispuesto en la Ley 30/1992, de 26 de noviembre, de Régimen Jurídico de las Administraciones Públicas y del Procedimiento Administrativo Común[7].

---

[6]   Actual Ley 39/2015, de 1 de octubre, del Procedimiento Administrativo Común de las Administraciones Públicas (BOE núm. 236, de 2 de octubre de 2015), con entrada en vigor el 2 de octubre de 2016, que deroga la Ley 30/1992, de 26 de noviembre y la Ley 11/2007, de 22 de junio, de acceso electrónico de los ciudadanos a los Servicios Públicos.

[7]   Actual Ley 39/2015, de 1 de octubre, del Procedimiento Administrativo Común de las Administraciones Públicas (BOE núm. 236, de 2 de octubre de 2015), con entrada en vigor el 2 de octubre de 2016, que

Finalmente, esta Ley contiene dieciséis disposiciones adicionales, cinco transitorias, una derogatoria y once finales. Entre ellas, destaca la disposición adicional undécima, que regula las reclamaciones económico-administrativas en materia no tributaria y la disposición adicional decimotercera que regula la participación de las Comunidades Autónomas en los Tribunales Económico-administrativos. Las disposiciones transitorias por su parte determinan el régimen aplicable, en materia de procedimientos y normas sustantivas, que facilite el tránsito de una norma a otra. Además, cabe mencionar que las disposiciones finales primera a décima modifican la Ley 8/1989, de 13 de abril, de Tasas y Precios Públicos, y el Real Decreto Legislativo 1091/1988, de 23 de septiembre, por el que se aprueba el texto refundido de la Ley General Presupuestaria, para adecuar la definición de tasa al concepto recogido en la Ley General Tributaria y para modificar las referencias a esta Ley contenidas en la Ley General Presupuestaria, y, con el objeto de adecuar las referencias relativas a las infracciones y sanciones contenidas en otras Leyes tributarias, se modifican diferentes artículos de la Ley 19/1991, de 6 de junio, del Impuesto sobre el Patrimonio, la Ley 29/1987, de 18 de diciembre, del Impuesto sobre Sucesiones y Donaciones, la Ley 37/1992, de 28 de diciembre, del Impuesto sobre el Valor Añadido, la Ley 38/1992, de 28 de diciembre, de Impuestos Especiales, y la Ley 20/1990, de 19 de diciembre, sobre Régimen Fiscal de las Cooperativas y la Ley 20/1991, de 7 de junio, de modificación de los aspectos fiscales del Régimen Económico Fiscal de Canarias.

A efectos de asegurar la adecuada implantación de los procedimientos, medios de gestión y el necesario desarrollo reglamentario, se establece la entrada en vigor de la Ley el 1 de julio de 2004.

7. Estructura e índice de los artículos de la Ley

Toda norma integrante del ordenamiento jurídico debe ser concebida para que su comprensión por parte de los destinatarios sea lo más sencilla posible, de forma que se facilite el cumplimiento de los derechos, deberes y obligaciones contenidos en la misma. Dada la extensión y complejidad que necesariamente acompaña a una Ley General Tributaria con vocación codificadora, se entiende oportuno la inclusión de un índice de artículos que permita la rápida localización y ubicación sistemática de los preceptos de la Ley.

TÍTULO I. DISPOSICIONES GENERALES DEL ORDENAMIENTO TRIBUTARIO

CAPÍTULO I. PRINCIPIOS GENERALES

Artículo 1[8]. *Objeto y ámbito de aplicación.*
1. Esta ley establece los principios y las normas jurídicas generales del sistema tributario español y será de aplicación a todas las Administraciones tributarias en virtud y con el alcance que se deriva del artículo 149.1.1.ª, 8.ª, 14.ª y 18.ª de la Constitución.

---

deroga la Ley 30/1992, de 26 de noviembre y la Ley 11/2007, de 22 de junio, de acceso electrónico de los ciudadanos a los Servicios Públicos.

[8]   Nueva redacción del art. 1 dada por Disposición Final Primera.uno.1 del Real Decreto-Ley 20/2011, de 30 de diciembre, de medidas urgentes en materia presupuestaria, tributaria y financiera para la corrección del déficit público (BOE núm. 315, de 31 de diciembre), con efectos desde el 1 de enero de 2012.

Lo establecido en esta ley se entenderá sin perjuicio de lo dispuesto en las leyes que aprueban el Convenio y el Concierto Económico en vigor, respectivamente, en la Comunidad Foral de Navarra[9] y en los Territorios Históricos del País Vasco[10].

2. Esta ley establece, asimismo, los principios y las normas jurídicas generales que regulan las actuaciones de la Administración tributaria por aplicación en España de la normativa sobre asistencia mutua entre los Estados miembros de la Unión Europea o en el marco de los convenios para evitar la doble imposición o de otros convenios internacionales.

A los efectos de esta ley, se entenderá por asistencia mutua el conjunto de acciones de asistencia, colaboración, cooperación y otras de naturaleza análoga que el Estado español preste, reciba o desarrolle con la Unión Europea y otras entidades internacionales o supranacionales, y con otros Estados en virtud de la normativa sobre asistencia mutua entre los Estados miembros de la Unión Europea o en el marco de los convenios para evitar la doble imposición o de otros convenios internacionales. La asistencia mutua podrá comprender la realización de actuaciones ante obligados tributarios.

La asistencia mutua a la que se refiere este apartado participa de la naturaleza jurídica de las relaciones internacionales a las que se refiere el artículo 149.1.3.ª de la Constitución.

Artículo 2. *Concepto, fines y clases de los tributos.*

1. Los tributos son los ingresos públicos que consisten en prestaciones pecuniarias exigidas por una Administración pública como consecuencia de la realización del supuesto de hecho al que la ley vincula el deber de contribuir, con el fin primordial de obtener los ingresos necesarios para el sostenimiento de los gastos públicos.

---

[9]   Ley 28/1990, de 26 de diciembre, por la que se aprueba el Convenio Económico entre el Estado y la Comunidad Foral de Navarra (BOE de 27 de diciembre de 1990), modificada por la Ley 12/1993, de 13 de diciembre, Ley 19/1998, de 15 de junio, Ley 25/2003, de 15 de julio, la Ley 48/2007, de 19 de diciembre, (BOE núm. 304, de 20 de diciembre de 2007), Ley 14/2015, de 24 de junio (BOE núm. 151, de 25 de junio de 2015), Ley 22/2022, de 19 de octubre (BOE núm. 252, de 20 de octubre de 2022) y Ley 8/2023, de 3 de abril (BOE núm. 80, de 4 de abril de 2023).
      Navarra: Ley Foral 13/2000, de 14 de diciembre, General Tributaria (BON núm. 153, de 20 de diciembre de 2000; BOE núm. 45, de 21 de febrero de 2001).

[10] Ley 12/2002 de 23 de mayo, por la que se aprueba el Concierto Económico con la Comunidad Autónoma del País Vasco (BOE núm. 124, de 24 de mayo de 2002), últimas modificaciones llevadas a cabo por la Ley 10/2017, de 28 de diciembre (BOE núm. 316, de 29 de diciembre de 2017), Ley 7/2014, de 21 de abril (BOE núm. 97, de 22 de abril de 2014) y Ley 1/2022, de 8 de febrero (BOE núm. 34, de 9 de febrero de 2022), Ley 9/2023, de 3 de abril (BOE núm. 80, de 4 de abril de 2023) y Ley 3/2025, de 29 de abril (BOE núm. 104, de 30 de abril de 2025).
      Ley 10/2023, de 3 de abril, por la que se aprueba la metodología de señalamiento del cupo del País Vasco para el quinquenio 2022-2026 (BOE núm. 80, de 4 de abril de 2023), que deroga la anterior Ley 11/2017, de 28 de diciembre, por la que se aprueba la metodología de señalamiento del cupo del País Vasco para el quinquenio 2017-2021 (BOE núm. 316, de 29 de diciembre de 2017) que deroga la Ley 29/2007, de 25 de octubre, por la que se aprueba la metodología de señalamiento del cupo del País Vasco para el quinquenio 2007-2011 (BOE núm. 257, de 26 de octubre de 2007).
      Vizcaya: Norma Foral 2/2005, de 10 de marzo, General Tributaria del Territorio Histórico de Bizkaia (BOB núm. 49, de 11 de marzo de 2005).
      Guipúzcoa: Norma Foral 2/2005 de 8 de marzo General Tributaria del Territorio Histórico de Gipuzkoa (BOG núm. 52, de 17 de marzo de 2005).
      Álava: Norma Foral 6/2005, de 28 de febrero, General Tributaria de Álava (BOTHA núm. 30, de 11 de marzo de 2005).

Los tributos, además de ser medios para obtener los recursos necesarios para el sostenimiento de los gastos públicos, podrán servir como instrumentos de la política económica general y atender a la realización de los principios y fines contenidos en la Constitución[11].

2[12]**.** Los tributos, cualquiera que sea su denominación, se clasifican en tasas, contribuciones especiales e impuestos:

a)[13] Tasas son los tributos cuyo hecho imponible consiste en la utilización privativa o el aprovechamiento especial del dominio público, la prestación de servicios o la realización de actividades en régimen de Derecho público que se refieran, afecten o beneficien de modo particular al obligado tributario, cuando los servicios o actividades no sean de solicitud o recepción voluntaria para los obligados tributarios o no se presten o realicen por el sector privado[14].

---

[11] La Constitución Española, dispone, Art. 31: «*1. Todos contribuirán al sostenimiento de los gastos públicos de acuerdo con su capacidad económica mediante un sistema tributario justo inspirado en los principios de igualdad y progresividad que, en ningún caso, tendrá alcance confiscatorio... 3. Sólo podrán establecerse prestaciones personales o patrimoniales de carácter público con arreglo a la Ley*».
El Tribunal Constitucional ha declarado que «las Comunidades Autónomas puede establecer impuestos de carácter primordialmente extrafiscal,... Es constitucionalmente admisible que el Estado y las Comunidades Autónomas, en el ámbito de sus competencias, establezcan impuestos que, sin desconocer o contradecir el principio de capacidad económica o de pago, respondan principalmente a criterios económicos o sociales orientados al cumplimiento de fines o a la satisfacción de intereses públicos que la Constitución preconiza o garantiza» (STC 37/1987, de 26 de marzo, FJ 13, en relación con el Impuesto sobre Tierras Infrautilizadas), ya que «constitucionalmente nada cabe objetar a que, en general, a los tributos pueda asignárseles una finalidad extrafiscal» (STC 186/1993, de 7 de junio, FJ 4, con referencia al impuesto extremeño de dehesas calificadas en deficiente aprovechamiento; STC 289/2000, de 30 de noviembre, FJ 5, respecto del impuesto balear sobre instalaciones que afectan al medio ambiente; STC 168/2004, de 6 de octubre, FJ 7, relativa al gravamen catalán sobre los elementos patrimoniales afectos a las actividades de las que pueda derivar la activación de planes de protección civil; STC 179/2006, de 13 de junio, FJ 3, medidas fiscales sobre la producción y transporte de energía que incidan sobre el medio ambiente).

[12] Disposición adicional primera «Prestaciones patrimoniales de carácter público» de la LGT (§1).

[13] Segundo párrafo de la letra a) del apartado 2 del artículo 2 suprimido por la Disposición final quincuagésima octava de la Ley 2/2011, de 4 de marzo, de Economía Sostenible (BOE núm. 55, de 5 de marzo de 2011), con entrada en vigor el día 6 de marzo de 2011.

[14] Art. 6 de la Ley 8/1989, de 13 de abril, de Tasas y Precios Públicos (redacción según Ley 58/2003, de 17 de diciembre): «Concepto. Tasas son los tributos cuyo hecho imponible consiste en la utilización privativa o el aprovechamiento especial del dominio público, la prestación de servicios o la realización de actividades en régimen de derecho público que se refieran, afecten o beneficien de modo particular al obligado tributario, cuando los servicios o actividades no sean de solicitud o recepción voluntaria para los obligados tributarios o no se presten o realicen por el sector privado» y Art. 7 (Principio de equivalencia); Art. 8 (Principio de capacidad económica); Art. 9 (Fuentes normativas de las tasas); Art. 11 (Previsión presupuestaria); Art. 12 (Devolución): Capítulo II. La Relación Jurídico-Tributaria de Tasa: Art. 13 (Hecho imponible); Art. 14 (Aplicación territorial); Art. 15 (Devengo); Art. 16 (Sujetos pasivos); Art. 17 (Responsables); Art. 18 (Exenciones y bonificaciones); Art. 19 (Elementos cuantitativos de las tasas); Art. 20 (Memoria económico-financiera).
En relación con las tasas, en el ámbito local, art. 20 (Hecho imponible), art. 21 (Supuestos de no sujeción y de exención), art. 22 (Compatibilidad con las contribuciones especiales), art. 23 (Sujetos pasivos), art. 24 (Cuota tributaria), art. 25 (Acuerdos de establecimiento de tasas: informe técnico-económico), art. 26 (Devengo) y art. 27 (Gestión) del Real Decreto Legislativo 2/2004, de 5 de marzo, por el que se aprueba el texto refundido de la Ley Reguladora de las Haciendas Locales.
Precio Público: Ley 8/1989, de 13 de abril, de Tasas y Precios Públicos (redactado de conformidad con la Ley 25/1998, de 13 de julio): «Art. 24, Concepto. Tendrán la consideración de precios públicos las con-

b) Contribuciones especiales son los tributos cuyo hecho imponible consiste en la obtención por el obligado tributario de un beneficio o de un aumento de valor de sus bienes como consecuencia de la realización de obras públicas o del establecimiento o ampliación de servicios públicos[15].

c) Impuestos son los tributos exigidos sin contraprestación cuyo hecho imponible está constituido por negocios, actos o hechos que ponen de manifiesto la capacidad económica del contribuyente[16].

Artículo 3. *Principios de la ordenación y aplicación del sistema tributario.*

1[17]. La ordenación del sistema tributario se basa en la capacidad económica de las personas obligadas a satisfacer los tributos y en los principios de justicia, generalidad, igualdad, progresividad, equitativa distribución de la carga tributaria y no confiscatoriedad.

---

traprestaciones pecuniarias que se satisfagan por la prestación de servicios o la realización de actividades efectuadas en régimen de Derecho público cuando, prestándose también tales servicios o actividades por el sector privado, sean de solicitud voluntaria por parte de los administrados», y Art. 25 (Cuantía); Art. 26 (Establecimiento y modificación); Art. 27 (Administración y cobro de los precios públicos).
En el ámbito local, los precios públicos se recogen en el art. 41 (Concepto), art. 42 (Servicios y actividades excluidas), art. 43 (Obligado al pago), art. 44 (Cuantía), art. 45 (Gestión), art. 46 (Cobro), art. 47 (Fijación).
Ámbito autonómico, arts. 4.1.b, 7 y 17.b de la de la Ley Orgánica 8/1980, de 22 de septiembre, de Financiación de las Comunidades Autónomas.

[15] Art. 157.b) de la CE y arts. 4.uno.b), 8 y 17.b) de la Ley Orgánica 8/1980, de 22 de septiembre, de Financiación de las Comunidades Autónomas. En el ámbito local, art. 28 (Hecho imponible), art. 29 (Obras y servicios públicos locales), art. 30 (Sujeto pasivo), art. 31 (Base imponible), art. 32 (Cuota tributaria), art. 33 (Devengo), art. 34 (Acuerdos de imposición y de ordenación), art. 35 (Gestión y recaudación), art. 36 (Colaboración ciudadana), art. 37 (Asociación administrativa de contribuyentes) del Real Decreto Legislativo 2/2004, de 5 de marzo, por el que se aprueba el texto refundido de la Ley Reguladora de las Haciendas Locales.
Art. 87 bis de la Ley 22/1988, de 28 de julio, de Costas, incorporado por el art. 1.veinticoho de la Ley 2/2013, de 29 de mayo, de protección y uso sostenible del litoral y de modificación de la Ley 22/1988, de 28 de julio, de Costas (BOE núm. 129, de 30 de mayo de 2013) y art. 14 de la Ley 25/1988, de 29 de julio, de Carreteras, derogada por la Ley 37/2015, de 29 de septiembre, de carreteras (BOE núm. 234, de 30 de septiembre de 2015), arts. 19.2 y 20.
Art. 32 de la Ley 8/2013, de 28 de junio, de carreteras de Galicia; art. 46 de la Ley 8/2001, de 12 de julio, de Carreteras de Andalucía; arts. 60 a 69 sobre la contribución especial para el establecimiento, la mejora y la ampliación de los servicios de prevención y extinción de incendios y de salvamentos de la Ley 5/1994, de 4 de mayo, de regulación de los servicios de prevención y extinción de incendios y de salvamentos de Cataluña.

[16] Art. 9 de la Ley Orgánica 8/1980, de 22 de septiembre, de Financiación de las Comunidades Autónomas. Art. 38 (Impuestos y recargos) y art. 59 (Enumeración de impuestos) del Real Decreto Legislativo 2/2004, de 5 de marzo, por el que se aprueba el texto refundido de la Ley Reguladora de las Haciendas Locales.

[17] Nueva redacción del art. 3.1 dada por el art. decimotercero Uno de la Ley 11/2021, de 9 de julio, de medidas de prevención y lucha contra el fraude fiscal, de transposición de la Directiva (UE) 2016/1164, del Consejo, de 12 de julio de 2016, por la que se establecen normas contra las prácticas de elusión fiscal que inciden directamente en el funcionamiento del mercado interior, de modificación de diversas normas tributarias y en materia de regulación del juego (BOE núm. 164, de 10 de julio de 2021), en vigor desde el 11 de julio de 2021.
Art. 31.1 de la Constitución Española: «Todos contribuirán al sostenimiento de los gastos públicos de acuerdo con su capacidad económica mediante un sistema tributario justo inspirado en los principios de igualdad y progresividad que, en ningún caso, tendrá alcance confiscatorio».

A estos efectos, se prohíbe el establecimiento de cualquier instrumento extraordinario de regularización fiscal que pueda suponer una minoración de la deuda tributaria devengada de acuerdo con la normativa vigente.

2. La aplicación del sistema tributario se basará en los principios de proporcionalidad, eficacia y limitación de costes indirectos derivados del cumplimiento de obligaciones formales y asegurará el respeto de los derechos y garantías de los obligados tributarios.

Artículo 4. *Potestad tributaria.*

1[18]. La potestad originaria para establecer tributos corresponde exclusivamente al Estado, mediante ley.

2. Las Comunidades Autónomas y las Entidades Locales podrán establecer y exigir tributos, de acuerdo con la Constitución[19] y las leyes[20].

---

[18]   Art. 133 de la Constitución Española: «1. La potestad originaria para establecer los tributos corresponde exclusivamente al Estado, mediante ley.

2. Las Comunidades Autónomas y las Corporaciones locales podrán establecer y exigir tributos, de acuerdo con la Constitución y las leyes.

3. Todo beneficio fiscal que afecte a los tributos del Estado deberá establecerse en virtud de ley.

4. Las administraciones públicas sólo podrán contraer obligaciones financieras y realizar gastos de acuerdo con las leyes».

[19]   Constitución Española, arts. 156 a 158, DA 1.ª y 3.ª y DT 5.ª. El artículo 156 establece los principios del sistema: autonomía financiera, coordinación y solidaridad. En el artículo 157 se enumeran los recursos de las Comunidades Autónomas y remite su regulación a una Ley Orgánica. En el artículo 158 se establecen los instrumentos para hacer efectivo el principio de solidaridad. Además, la Disposición Adicional Primera se refiere a los territorios forales y la Disposición Adicional Tercera a la modificación del régimen económico y fiscal del archipiélago canario. Finalmente, la Disposición Transitoria Quinta ha permitido la constitución de Ceuta y Melilla como ciudades con Estatuto de Autonomía.

[20]   Art. 6 de la Ley Orgánica 8/1980, de 22 septiembre, de Financiación de las Comunidades Autónomas (LOFCA), redacción dada por la Ley Orgánica 3/2009, de 18 de diciembre: «Uno. Las Comunidades Autónomas podrán establecer y exigir sus propios tributos de acuerdo con la Constitución y las Leyes.

Dos. Los tributos que establezcan las Comunidades Autónomas no podrán recaer sobre hechos imponibles gravados por el Estado. Cuando el Estado, en el ejercicio de su potestad tributaria originaria establezca tributos sobre hechos imponibles gravados por las Comunidades Autónomas, que supongan a éstas una disminución de ingresos, instrumentará las medidas de compensación o coordinación adecuadas en favor de las mismas.

Tres. Los tributos que establezcan las Comunidades Autónomas no podrán recaer sobre hechos imponibles gravados por los tributos locales. Las Comunidades Autónomas podrán establecer y gestionar tributos sobre las materias que la legislación de Régimen Local reserve a las Corporaciones locales. En todo caso, deberán establecerse las medidas de compensación o coordinación adecuadas a favor de aquellas Corporaciones, de modo que los ingresos de tales Corporaciones Locales no se vean mermados ni reducidos tampoco en sus posibilidades de crecimiento futuro».

Ley 22/2009, de 18 de diciembre, por la que se regula el sistema de financiación de las Comunidades Autónomas de régimen común y Ciudades con Estatuto de Autonomía y se modifican determinadas normas tributarias (BOE núm. 305, de 19 de diciembre de 2009), en vigor desde el 20-12-2009 y con efectos desde el 1 de enero de 2009, excepto los siguientes preceptos y disposiciones que entrarán en vigor y surtirán efectos a partir del 1 de enero de 2010: – El artículo 46 y la disposición final segunda; – El artículo 28, en cuanto al período de residencia en el Impuesto sobre Sucesiones y Donaciones; – El artículo 59, en cuanto a la delegación de la revisión en vía económico-administrativa; – El Título IV relativo a los órganos

3. Las demás entidades de Derecho público podrán exigir tributos cuando una ley así lo determine.

Artículo 5[21]. *La Administración tributaria.*

1[22]. A los efectos de esta Ley, la Administración Tributaria estará integrada por los órganos y entidades de derecho público que desarrollen las funciones reguladas en sus títulos III, IV, V, VI y VII.

2. En el ámbito de competencias del Estado, la aplicación de los tributos, el ejercicio de la potestad sancionadora y la función revisora en vía administrativa corresponde al Ministerio de Economía y Hacienda, en tanto no haya sido expresamente encomendada por Ley a otro órgano o entidad de derecho público.

En los términos previstos en su Ley de creación, dichas competencias corresponden a la Agencia Estatal de Administración Tributaria[23], salvo la declaración de nulidad de pleno derecho regulada en el artículo 217 y las reclamaciones económico-administrativas reguladas en el capítulo IV del título V de la presente Ley.

3[24] Las Comunidades Autónomas y las entidades locales ejercerán las competencias relativas a la aplicación de los tributos y el ejercicio de la potestad sancionadora derivada de dicha aplicación, así como la función revisora en vía administrativa de los actos dictados en

de coordinación de la gestión tributaria; – La disposición final tercera; – La disposición final cuarta. Deroga el anterior sistema de financiación recogido en la Ley 21/2001, de 27 de diciembre, por la que se regulan las medidas fiscales y administrativas del nuevo sistema de financiación de las Comunidades Autónomas de régimen común y Ciudades con Estatuto de Autonomía.

Real Decreto Legislativo 2/2004, de 5 de marzo por el que se aprueba el texto refundido de la Ley Reguladora de las Haciendas Locales y Ley 25/1998, de 13 de julio, de modificación del Régimen Legal de las Tasas Estatales y Locales y de Reordenación de las Prestaciones Patrimoniales de Carácter Público.

[21]　Nueva redacción del art. 5 dada por la Disp. Final Tercera.Uno de la Ley 22/2009, de 18 de diciembre, por la que se regula el sistema de financiación de las Comunidades Autónomas de régimen común y Ciudades con Estatuto de Autonomía y se modifican determinadas normas tributarias (BOE núm. 305, de 19 de diciembre de 2009), en vigor desde el 20-12-2009 y con efectos desde el 1 de enero de 2010.

[22]　Nueva redacción del art. 5.1 dada por el art. único Uno de la Ley 34/2015, de 21 de septiembre, de modificación parcial de la Ley 58/2003, de 17 de diciembre, General Tributaria (BOE núm. 227, de 22 de septiembre de 2015), con entrada en vigor el día 11 de octubre de 2015.
Redacción anterior dada por la Disp. Final Tercera.Uno de la Ley 22/2009, de 18 de diciembre, en vigor desde el 20-12-2009.

[23]　Art. 103 de la Ley 31/1990, de 27 de diciembre, de Presupuestos Generales del Estado para 1991 (BOE núm. 311, de 28 de diciembre de 1990).

[24]　Nueva redacción del art. 1 dada por Disposición Final Primera.uno.2 del Real Decreto-ley 20/2011, de 30 de diciembre (BOE núm. 315, de 31 de diciembre), con efectos desde el 1 de enero de 2012.
Ley 7/2007 de 17 de julio, de la Agencia Tributaria de Cataluña (DOGC núm. 4931, de 23 de julio; BOE 191, de 10 de agosto) y Decreto 162/2010, de 9 de noviembre, por el que se regula la Oficina del Contribuyente (DOGC núm. 5755, de 15 de noviembre de 2010).
Ley 23/2007, de 18 de diciembre, por la que se crea la Agencia Tributaria de Andalucía y se aprueban medidas fiscales, (BOJA núm. 255, de 31 de diciembre de 2007; BOE núm. 45, de 21 de febrero de 2008). Decreto 324/2009, de 8 de septiembre, por el que se aprueba el Estatuto de la Agencia Tributaria de Andalucía (BOJA núm. 180 de 14 de septiembre de 2009), declarado nulo de pleno derecho por la STSJ de Andalucía (Málaga) de 25 de febrero de 2011, Decreto-ley 2/2013, de 12 de marzo, por el que se confirman determinados actos de la Agencia Tributaria de Andalucía, Decreto 4/2012, de 17 de enero,

el ejercicio de aquellas, con el alcance y en los términos previstos en la normativa que resulte aplicable y su sistema de fuentes.

Corresponden a la Agencia Estatal de Administración Tributaria las competencias en materia de aplicación de los tributos derivadas o atribuidas por la normativa sobre asistencia mutua.

4. El Estado y las Comunidades Autónomas y las Ciudades con Estatuto de Autonomía podrán suscribir acuerdos de colaboración para la aplicación de los tributos y para el ejercicio de las funciones de revisión en vía administrativa.

5. Asimismo, podrán establecerse fórmulas de colaboración para la aplicación de los tributos entre las entidades locales, así como entre éstas y el Estado o las Comunidades Autónomas.

Artículo 6[25]**. *Impugnabilidad de los actos de aplicación de los tributos y de imposición de sanciones.***

El ejercicio de la potestad reglamentaria y los actos de aplicación de los tributos y de imposición de sanciones tienen carácter reglado y son impugnables en vía administrativa y jurisdiccional en los términos establecidos en las Leyes.

CAPÍTULO II. Normas tributarias

SECCIÓN 1.ª *Fuentes Normativas*

Artículo 7. *Fuentes del ordenamiento tributario.*

1. Los tributos se regirán:

---

por el que se aprueba el Estatuto de la Agencia Tributaria de Andalucía (BOJA núm. 17, de 26 de enero de 2012).

Ley 3/2008 de 14 de abril, de creación y regulación de la Agencia Tributaria de las Illes Balears (BOIB núm. 56 de 24 de abril de 2008).

Art. 10 de la Ley 15/2010, de 28 de diciembre, de medidas fiscales y administrativas (DOG núm. 250, de 30 de diciembre de 2010) y Decreto 202/2012, de 18 de octubre, por el que se crea la Agencia Tributaria de Galicia y se aprueba su estatuto (DOG núm. 201, de 22 de octubre de 2012).

Ley 7/2014, de 30 de julio, de la Agencia Tributaria Canaria (BOC núm. 152, de 7 de agosto de 2014; BOE núm. 238 de 1 de octubre de 2014) y Decreto 125/2014, de 18 de diciembre, por el que se aprueba el Estatuto de la Agencia Tributaria Canaria (BOC núm. 248, de 23 de diciembre de 2014).

Arts. 25 a 44 de la Ley 14/2012, de 27 de diciembre, de medidas tributarias, administrativas y de reordenación del sector público región de Murcia (BORM núm. 301, de 31 de diciembre de 2012) y Decreto n.º 279/2015 de 7 de octubre, por el que se aprueban los Estatutos de la Agencia Tributaria de la Región de Murcia (BORM núm. 235, de 10 de octubre de 2015).

Decreto 103/2025, de 8 de julio, del Consell, de aprobación del Estatuto de la Agencia Tributaria Valenciana (DOGV núm. 10150, de 14 de julio de 2025) que deroga el anterior Decreto 3/2019, de 18 de enero, del Consell, de aprobación del Estatuto de la Agencia Tributaria Valenciana (DOCV núm. 8.478, de 4 de febrero de 2019).

[25]   Art. 213 (Medios de revisión) y sigs. de esta Ley y el Real Decreto 520/2005, de 13 de mayo, por el que se aprueba el Reglamento General de desarrollo de la Ley 58/2003, de 17 de diciembre, General Tributaria, en materia de revisión en vía administrativa (§5) y la Ley 29/1998, de 13 de julio, reguladora de la Jurisdicción Contencioso-Administrativa (BOE núm. 167, de 14 de julio de 1998).

a) Por la Constitución.

b) Por los tratados o convenios internacionales que contengan cláusulas de naturaleza tributaria y, en particular, por los convenios para evitar la doble imposición, en los términos previstos en el artículo 96 de la Constitución.

c) Por las normas que dicte la Unión Europea y otros organismos internacionales o supranacionales a los que se atribuya el ejercicio de competencias en materia tributaria de conformidad con el artículo 93 de la Constitución.

d) Por esta Ley, por las leyes reguladoras de cada tributo y por las demás leyes que contengan disposiciones en materia tributaria.

e) Por las disposiciones reglamentarias dictadas en desarrollo de las normas anteriores[26] y, específicamente en el ámbito tributario local, por las correspondientes ordenanzas fiscales.

En el ámbito de competencias del Estado, corresponde al Ministro de Hacienda dictar disposiciones de desarrollo en materia tributaria, que revestirán la forma de Orden ministerial, cuando así lo disponga expresamente la ley o reglamento objeto de desarrollo. Dicha Orden ministerial podrá desarrollar directamente una norma con rango de ley cuando así lo establezca expresamente la propia Ley.

2[27]. Tendrán carácter supletorio las disposiciones generales del Derecho Administrativo y los preceptos del Derecho común.

Artículo 8. *Reserva de ley tributaria.*

Se regularán en todo caso por ley:

---

[26] Real Decreto 1065/2007, de 27 de julio, por el que se aprueba el Reglamento general de las actuaciones y los procedimientos de gestión e inspección tributaria y de desarrollo de las normas comunes de los procedimientos de aplicación de los tributos (§2).
Real Decreto 939/2005, de 29 de julio, por el que se aprueba el Reglamento General de Recaudación (§3).
Real Decreto 2063/2004, de 15 de octubre, por el que se aprueba el Reglamento General del régimen sancionador tributario (§4).
Real Decreto 520/2005, de 13 de mayo, por el que se aprueba el Reglamento General de desarrollo de la Ley 58/2003, de 17 de diciembre, General Tributaria, en materia de revisión en vía administrativa (§5).

[27] Ley 39/2015, de 1 de octubre, del Procedimiento Administrativo Común de las Administraciones Públicas (BOE núm. 236, de 2 de octubre de 2015), con entrada en vigor el 2 de octubre de 2016, establece en su Disp. Adic. Primera: «Especialidades por razón de materia...
2. Las siguientes actuaciones y procedimientos se regirán por su normativa específica y supletoriamente por lo dispuesto en esta Ley:
a) Las actuaciones y procedimientos de aplicación de los tributos en materia tributaria y aduanera, así como su revisión en vía administrativa.
b) Las actuaciones y procedimientos de gestión, inspección, liquidación, recaudación, impugnación y revisión en materia de Seguridad Social y Desempleo.
c) Las actuaciones y procedimientos sancionadores en materia tributaria y aduanera, en el orden social, en materia de tráfico y seguridad vial y en materia de extranjería.
d) Las actuaciones y procedimientos en materia de extranjería y asilo».
Con anterioridad a la entrada en vigor de la dicha norma, se recogía en la Disposición Adicional Quinta. de la Ley 30/1992, de 26 de noviembre, de Régimen Jurídico de las Administraciones Públicas y del Procedimiento Administrativo Común, en redacción dada por el art.2 de la Ley 4/1999, de 13 de enero.

a) La delimitación del hecho imponible[28], del devengo[29], de la base imponible[30] y liquidable[31], la fijación del tipo de gravamen[32] y de los demás elementos directamente determinantes de la cuantía de la deuda tributaria[33], así como el establecimiento de presunciones que no admitan prueba en contrario.

b) Los supuestos que dan lugar al nacimiento de las obligaciones tributarias de realizar pagos a cuenta y su importe máximo[34].

c) La determinación de los obligados tributarios previstos en el apartado 2 del artículo 35 de esta Ley y de los responsables.

d) El establecimiento, modificación, supresión y prórroga de las exenciones, reducciones, bonificaciones, deducciones y demás beneficios o incentivos fiscales[35].

e) El establecimiento y modificación de los recargos y de la obligación de abonar intereses de demora[36].

f) El establecimiento y modificación de los plazos de prescripción y caducidad, así como de las causas de interrupción del cómputo de los plazos de prescripción[37].

g) El establecimiento y modificación de las infracciones y sanciones tributarias.

h) La obligación de presentar declaraciones y autoliquidaciones referidas al cumplimiento de la obligación tributaria principal y la de pagos a cuenta.

i) Las consecuencias del incumplimiento de las obligaciones tributarias respecto de la eficacia de los actos o negocios jurídicos.

j) Las obligaciones entre particulares resultantes de los tributos.

k) La condonación de deudas y sanciones tributarias y la concesión de moratorias y quitas[38].

---

[28]   Art. 20 (Hecho imponible) de la LGT (§1).

[29]   Art. 21 (Devengo y exigibilidad), de la LGT (§1).

[30]   Art. 50 (Base imponible: concepto y métodos de determinación), de la LGT (§1).

[31]   Art. 54 (Base liquidable), de la LGT (§1).

[32]   Art. 55 (Tipo de gravamen), de la LGT (§1).

[33]   Arts. 49 a 57 y el Art. 58 (Deuda tributaria), de la LGT (§1).

[34]   Art. 23 (Obligación tributaria de realizar pagos a cuenta), de la LGT (§1).

[35]   Art. 22 (Exenciones), de la LGT (§1).

[36]   Art. 25 (Obligaciones tributarias accesorias), Art. 26 (Interés de demora), Art. 27 (Recargos por declaración extemporánea sin requerimiento previo), Art. 28 (Recargos del período ejecutivo), de la LGT (§1).

[37]   Art. 66 (Plazos de prescripción) y Art. 68 (Interrupción de los plazos de prescripción), de la LGT (§1).
Real Decreto-ley 8/2020, de 17 de marzo, de medidas urgentes extraordinarias para hacer frente al impacto económico y social del COVID-19 (BOE núm. 73, de 18 de marzo de 2002): Artículo 33. Suspensión de plazos en el ámbito tributario.
Real Decreto-ley 11/2020, de 31 de marzo, por el que se adoptan medidas urgentes complementarias en el ámbito social y económico para hacer frente al COVID-19 (BOE núm. 91, de 1 de abril de 2020): Artículo 53. «Suspensión de plazos en el ámbito tributario de las Comunidades Autónomas y de las Entidades Locales» y «Disposición adicional novena. Aplicación del Real Decreto-ley 8/2020, de 17 de marzo, de medidas urgentes extraordinarias para hacer frente al impacto económico y social del COVID-19 a determinados procedimientos y actos», en redacción dada por Disposición final tercera de la Ley 11/2021, de 9 de julio.

[38]   Art. 75 (Condonación), de la LGT (§1).

l) La determinación de los actos susceptibles de reclamación en vía económico-administrativa[39].

m) Los supuestos en que proceda el establecimiento de las intervenciones tributarias de carácter permanente.

Artículo 9. *Identificación y derogación expresa de las normas tributarias.*

1. Las leyes y los reglamentos que contengan normas tributarias deberán mencionarlo expresamente en su título y en la rúbrica de los artículos correspondientes.

2. Las leyes y los reglamentos que modifiquen normas tributarias contendrán una relación completa de las normas derogadas y la nueva redacción de las que resulten modificadas.

SECCIÓN 2.ª *Aplicación de las Normas Tributarias*

Artículo 10. *Ámbito temporal de las normas tributarias.*

1. Las normas tributarias entrarán en vigor a los veinte días naturales de su completa publicación en el Boletín oficial que corresponda, si en ellas no se dispone otra cosa, y se aplicarán por plazo indefinido, salvo que se fije un plazo determinado.

2. Salvo que se disponga lo contrario, las normas tributarias no tendrán efecto retroactivo y se aplicarán a los tributos sin período impositivo devengados a partir de su entrada en vigor y a los demás tributos cuyo período impositivo se inicie desde ese momento.

No obstante, las normas que regulen el régimen de infracciones y sanciones tributarias y el de los recargos tendrán efectos retroactivos respecto de los actos que no sean firmes cuando su aplicación resulte más favorable para el interesado.

Artículo 11. *Criterios de sujeción a las normas tributarias.*

Los tributos se aplicarán conforme a los criterios de residencia o territorialidad que establezca la ley en cada caso. En su defecto, los tributos de carácter personal se exigirán conforme al criterio de residencia y los demás tributos conforme al criterio de territorialidad que resulte más adecuado a la naturaleza del objeto gravado.

SECCIÓN 3.ª *Interpretación, Calificación e Integración*

Artículo 12. *Interpretación de las normas tributarias.*

1. Las normas tributarias se interpretarán con arreglo a lo dispuesto en el apartado 1 del artículo 3 del Código Civil[40].

2. En tanto no se definan por la normativa tributaria, los términos empleados en sus normas se entenderán conforme a su sentido jurídico, técnico o usual, según proceda.

---

[39] Art. 227 (Actos susceptibles de reclamación económico-administrativa), de la LGT (§1).

[40] Código Civil, aprobado por Real Decreto del 24 de julio de 1.889 (Gaceta de Madrid de 25 de julio de 1889), dispone en su artículo 3, que:

«1. Las normas se interpretarán según el sentido propio de sus palabras, en relación con el contexto, los antecedentes históricos y legislativos, y la realidad social del tiempo en que han de ser aplicadas, atendiendo fundamentalmente al espíritu y finalidad de aquellas».

3[41]. En el ámbito de las competencias del Estado, la facultad de dictar disposiciones interpretativas o aclaratorias de las leyes y demás normas en materia tributaria corresponde al Ministro de Hacienda y Administraciones Públicas y a los órganos de la Administración Tributaria a los que se refiere el artículo 88.5 de esta Ley.

Las disposiciones interpretativas o aclaratorias dictadas por el Ministro serán de obligado cumplimiento para todos los órganos de la Administración Tributaria.

Las disposiciones interpretativas o aclaratorias dictadas por los órganos de la Administración Tributaria a los que se refiere el artículo 88.5 de esta Ley tendrán efectos vinculantes para los órganos y entidades de la Administración Tributaria encargados de la aplicación de los tributos[42].

Las disposiciones interpretativas o aclaratorias previstas en este apartado se publicarán en el boletín oficial que corresponda.

Con carácter previo al dictado de las resoluciones a las que se refiere este apartado, y una vez elaborado su texto, cuando la naturaleza de las mismas lo aconseje, podrán ser sometidas a información pública.

Artículo 13. *Calificación.*

Las obligaciones tributarias se exigirán con arreglo a la naturaleza jurídica del hecho, acto o negocio realizado, cualquiera que sea la forma o denominación que los interesados le hubieran dado, y prescindiendo de los defectos que pudieran afectar a su validez.

Artículo 14[43]. *Prohibición de la analogía.*

No se admitirá la analogía para extender más allá de sus términos estrictos el ámbito del hecho imponible, de las exenciones y demás beneficios o incentivos fiscales.

Artículo 15[44]. *Conflicto en la aplicación de la norma tributaria.*

1. Se entenderá que existe conflicto en la aplicación de la norma tributaria cuando se evite total o parcialmente la realización del hecho imponible o se minore la base o la deuda tributaria mediante actos o negocios en los que concurran las siguientes circunstancias

a) Que, individualmente considerados o en su conjunto, sean notoriamente artificiosos o impropios para la consecución del resultado obtenido.

---

[41]   Nueva redacción del art. 12.3 dada por el art. único Dos de la Ley 34/2015, de 21 de septiembre, de modificación parcial de la Ley 58/2003, de 17 de diciembre, General Tributaria (BOE núm. 227, de 22 de septiembre de 2015), con entrada en vigor el día 11 de octubre de 2015.

[42]   Resolución de 9 de junio de 2022, de la Dirección General de Tributos, por la que se interpretan criterios del Manual de aplicación de los beneficios fiscales previstos en el apartado primero del artículo 27.3 de la Ley 49/2002, de 23 de diciembre, de régimen fiscal de las entidades sin fines lucrativos y de los incentivos fiscales al mecenazgo, correspondientes a los gastos de propaganda y publicidad de proyección plurianual, que sirvan para la promoción de los acontecimientos de excepcional interés público, aprobado por la Resolución de 25 de enero de 2018 (BOE núm. 139, de 11 de junio de 2022).

[43]   Código Civil, artículo 4:
«1. Procederá la aplicación analógica de las normas cuando éstas no contemplen un supuesto específico, pero regulen otro semejante entre los que se aprecie identidad de razón».

[44]   Art. 159 (Informe preceptivo para la declaración del conflicto en la aplicación de la norma tributaria), de la LGT (§1) y art. 194 (Declaración de conflicto en la aplicación de la norma tributaria) del RGGI (§2)

b) Que de su utilización no resulten efectos jurídicos o económicos relevantes, distintos del ahorro fiscal y de los efectos que se hubieran obtenido con los actos o negocios usuales o propios.

2. Para que la Administración tributaria pueda declarar el conflicto en la aplicación de la norma tributaria será necesario el previo informe favorable de la Comisión consultiva a que se refiere el artículo 159 de esta Ley.

3[45]. En las liquidaciones que se realicen como resultado de lo dispuesto en este artículo se exigirá el tributo aplicando la norma que hubiera correspondido a los actos o negocios usuales o propios o eliminando las ventajas fiscales obtenidas, y se liquidarán intereses de demora.

Artículo 16. *Simulación.*

1. En los actos o negocios en los que exista simulación, el hecho imponible gravado será el efectivamente realizado por las partes.

2. La existencia de simulación será declarada por la Administración tributaria en el correspondiente acto de liquidación, sin que dicha calificación produzca otros efectos que los exclusivamente tributarios.

3. En la regularización que proceda como consecuencia de la existencia de simulación se exigirán los intereses de demora y, en su caso, la sanción pertinente.

TÍTULO II. LOS TRIBUTOS

CAPÍTULO I. Disposiciones generales

SECCIÓN 1.ª *La Relación Jurídico-Tributaria*

Artículo 17. *La relación jurídico-tributaria.*

1. Se entiende por relación jurídico-tributaria el conjunto de obligaciones y deberes, derechos y potestades originados por la aplicación de los tributos.

2. De la relación jurídico-tributaria pueden derivarse obligaciones materiales y formales para el obligado tributario y para la Administración[46], así como la imposición de sanciones tributarias en caso de su incumplimiento.

---

[45] Nueva redacción del art. 15.3 dada por el art. único tres de la Ley 34/2015, de 21 de septiembre, de modificación parcial de la Ley 58/2003, de 17 de diciembre, General Tributaria (BOE núm. 227, de 22 de septiembre de 2015), con entrada en vigor el día 11 de octubre de 2015. Estableciendo en su Disposición transitoria única. Régimen transitorio.

  Art. 206 bis. «Infracción en supuestos de conflicto en la aplicación de la norma tributaria» de la LGT (§1).

[46] Art. 30 (Obligaciones y deberes de la Administración tributaria), art. 31 (Devoluciones derivadas de la normativa de cada tributo), art. 32 (Devolución de ingresos indebidos), art. 33 (Reembolso de los costes de las garantías).

3. Son obligaciones tributarias materiales las de carácter principal[47], las de realizar pagos a cuenta[48], las establecidas entre particulares resultantes del tributo[49] y las accesorias[50]. Son obligaciones tributarias formales las definidas en el apartado 1 del artículo 29 de esta Ley.

4[51]**.** En el marco de la asistencia mutua podrán establecerse obligaciones tributarias a los obligados tributarios, cualquiera que sea su objeto, de acuerdo con lo establecido en el artículo 29 bis de esta Ley.

5. Los elementos de la obligación tributaria no podrán ser alterados por actos o convenios de los particulares, que no producirán efectos ante la Administración, sin perjuicio de sus consecuencias jurídico-privadas[52].

Artículo 18. *Indisponibilidad del crédito tributario.*

El crédito tributario es indisponible salvo que la ley establezca otra cosa.

SECCIÓN 2.ª *Las Obligaciones Tributarias*

Subsección 1.ª La obligación tributaria principal

Artículo 19. *Obligación tributaria principal.*

La obligación tributaria principal tiene por objeto el pago de la cuota tributaria.

Artículo 20. *Hecho imponible.*

1[53]**.** El hecho imponible es el presupuesto fijado por la ley para configurar cada tributo y cuya realización origina el nacimiento de la obligación tributaria principal.

2. La ley podrá completar la delimitación del hecho imponible mediante la mención de supuestos de no sujeción.

Artículo 21. *Devengo y exigibilidad.*

1. El devengo es el momento en el que se entiende realizado el hecho imponible y en el que se produce el nacimiento de la obligación tributaria principal.

La fecha del devengo determina las circunstancias relevantes para la configuración de la obligación tributaria, salvo que la ley de cada tributo disponga otra cosa.

---

[47] Obligación tributaria principal: art. 19 (Obligación tributaria principal), art. 20 (Hecho imponible), art. 21 (Devengo y exigibilidad), art. 22 (Exenciones), de la LGT (§1).

[48] Art. 23 (Obligación tributaria de realizar pagos a cuenta), de la LGT (§1).

[49] Art. 24 (Obligaciones entre particulares resultantes del tributo), de la LGT (§1).

[50] Las obligaciones tributarias accesorias: art. 25 (Obligaciones tributarias accesorias), art. 26 (Interés de demora), art. 27 (Recargos por declaración extemporánea sin requerimiento previo), art. 28 (Recargos del período ejecutivo), de la LGT (§1).

[51] Nuevo apartado incorporado y renumerándose el actual apartado 4 como 5, por la Disposición Final Primera.uno.3 del Real Decreto-ley 20/2011, de 30 de diciembre, de medidas urgentes en materia presupuestaria, tributaria y financiera para la corrección del déficit público (BOE núm. 315, de 31 de diciembre), con efectos desde el 1 de enero de 2012.

[52] Art. 232.2.d) (Legitimados e interesados en las reclamaciones económico-administrativas) de la LGT (§1).

[53] Art. 8 (Reserva de Ley tributaria), art. 14 (Prohibición de la analogía) y art. 19 (Obligación tributaria principal), de la LGT (§1).

2[54]**.** La ley propia de cada tributo podrá establecer la exigibilidad de la cuota o cantidad a ingresar, o de parte de la misma, en un momento distinto al del devengo del tributo.

Artículo 22[55]**. *Exenciones.***
Son supuestos de exención aquellos en que, a pesar de realizarse el hecho imponible, la ley exime del cumplimiento de la obligación tributaria principal.

Subsección 2.ª La obligación tributaria de realizar pagos a cuenta

Artículo 23[56]**. *Obligación tributaria de realizar pagos a cuenta.***
1. La obligación tributaria de realizar pagos a cuenta de la obligación tributaria principal consiste en satisfacer un importe a la Administración tributaria por el obligado a realizar pagos fraccionados, por el retenedor o por el obligado a realizar ingresos a cuenta.
Esta obligación tributaria tiene carácter autónomo respecto de la obligación tributaria principal.
2. El contribuyente podrá deducir de la obligación tributaria principal el importe de los pagos a cuenta soportados, salvo que la ley propia de cada tributo establezca la posibilidad de deducir una cantidad distinta a dicho importe.

Subsección 3.ª Las obligaciones entre particulares resultantes del tributo

Artículo 24. *Obligaciones entre particulares resultantes del tributo.*
1. Son obligaciones entre particulares resultantes del tributo las que tienen por objeto una prestación de naturaleza tributaria exigible entre obligados tributarios.
2. Entre otras, son obligaciones de este tipo las que se generan como consecuencia de actos de repercusión, de retención o de ingreso a cuenta previstos legalmente.

Subsección 4.ª Las obligaciones tributarias accesorias

Artículo 25. *Obligaciones tributarias accesorias.*
1. Son obligaciones tributarias accesorias aquellas distintas de las demás comprendidas en esta Sección que consisten en prestaciones pecuniarias que se deben satisfacer a la Administración tributaria y cuya exigencia se impone en relación con otra obligación tributaria.
Tienen la naturaleza de obligaciones tributarias accesorias las obligaciones de satisfacer el interés de demora, los recargos por declaración extemporánea y los recargos del período ejecutivo, así como aquellas otras que imponga la ley.
2. Las sanciones tributarias no tienen la consideración de obligaciones accesorias.

---

54   Art. 62 (Plazos para el pago), de la LGT (§1).
55   Art. 8.d) (Reserva de Ley tributaria), art. 14 (Prohibición de la analogía), art. 186.2 (Sanciones no pecuniarias por infracciones graves o muy graves), art. 195 (Infracción tributaria por determinar o acreditar improcedentemente partidas positivas o negativas o créditos tributarios aparentes), de la LGT (§1).
56   Arts. 101 a 103 de la Ley 35/2006, de 28 de noviembre, del Impuesto sobre la Renta de las Personas Físicas; art. 41 de la Ley 27/2014, de 27 de noviembre, del Impuesto sobre Sociedades y arts. 23, 30 y 31 del Real Decreto Legislativo 5/2004 de 5 marzo, por el que se aprueba el Texto Refundido del Impuesto sobre la Renta de no Residentes.

Artículo 26. *Interés de demora.*

1. El interés de demora es una prestación accesoria que se exigirá a los obligados tributarios y a los sujetos infractores como consecuencia de la realización de un pago fuera de plazo o de la presentación de una autoliquidación o declaración de la que resulte una cantidad a ingresar una vez finalizado el plazo establecido al efecto en la normativa tributaria, del cobro de una devolución improcedente o en el resto de casos previstos en la normativa tributaria.

La exigencia del interés de demora tributario no requiere la previa intimación de la Administración ni la concurrencia de un retraso culpable en el obligado.

2. El interés de demora se exigirá, entre otros, en los siguientes supuestos:

a) Cuando finalice el plazo establecido para el pago en período voluntario de una deuda resultante de una liquidación practicada por la Administración o del importe de una sanción, sin que el ingreso se hubiera efectuado.

b) Cuando finalice el plazo establecido para la presentación de una autoliquidación o declaración sin que hubiera sido presentada o hubiera sido presentada incorrectamente, salvo lo dispuesto en el apartado 2 del artículo 27 de esta Ley relativo a la presentación de declaraciones extemporáneas sin requerimiento previo.

c) Cuando se suspenda la ejecución del acto, salvo en el supuesto de recursos y reclamaciones contra sanciones durante el tiempo que transcurra hasta la finalización del plazo de pago en período voluntario abierto por la notificación de la resolución que ponga fin a la vía administrativa.

d) Cuando se inicie el período ejecutivo, salvo lo dispuesto en el apartado 5 del artículo 28 de esta Ley respecto a los intereses de demora cuando sea exigible el recargo ejecutivo o el recargo de apremio reducido[57].

e)[58] Cuando se reciba una petición de cobro de deudas de titularidad de otros Estados o de entidades internacionales o supranacionales conforme a la normativa sobre asistencia mutua, salvo que dicha normativa establezca otra cosa.

f)[59] Cuando el obligado tributario haya obtenido una devolución improcedente, salvo que voluntariamente regularice su situación tributaria sin perjuicio de lo dispuesto en el apartado 2 del artículo 27 de esta Ley relativo a la presentación de declaraciones extemporáneas sin requerimiento previo.

3. El interés de demora se calculará sobre el importe no ingresado en plazo o sobre la cuantía de la devolución cobrada improcedentemente, y resultará exigible durante el tiempo al que se extienda el retraso del obligado, salvo lo dispuesto en el apartado siguiente.

---

57   Art. 72 (Interés de demora del periodo ejecutivo), del RGR (§3).

58   Nueva letra e) y reordenación de la original letra e) como f) por la Disposición Final Primera.uno.4 del Real Decreto-ley 20/2011, de 30 de diciembre, de medidas urgentes en materia presupuestaria, tributaria y financiera para la corrección del déficit público (BOE núm. 315, de 31 de diciembre), con efectos desde el 1 de enero de 2012.

59   Nueva redacción de la letra f) dada por el art. decimotercero Dos de la Ley 11/2021, de 9 de julio, de medidas de prevención y lucha contra el fraude fiscal, de transposición de la Directiva (UE) 2016/1164, del Consejo, de 12 de julio de 2016, por la que se establecen normas contra las prácticas de elusión fiscal que inciden directamente en el funcionamiento del mercado interior, de modificación de diversas normas tributarias y en materia de regulación del juego (BOE núm. 164, de 10 de julio de 2021), en vigor desde el 11 de julio de 2021.

4. No se exigirán intereses de demora desde el momento en que la Administración tributaria incumpla por causa imputable a la misma alguno de los plazos fijados en esta Ley para resolver hasta que se dicte dicha resolución o se interponga recurso contra la resolución presunta. Entre otros supuestos, no se exigirán intereses de demora a partir del momento en que se incumplan los plazos máximos para notificar la resolución de las solicitudes de compensación, el acto de liquidación o la resolución de los recursos administrativos, siempre que, en este último caso, se haya acordado la suspensión del acto recurrido.

Lo dispuesto en este apartado no se aplicará al incumplimiento del plazo para resolver las solicitudes de aplazamiento o fraccionamiento del pago.

5. En los casos en que resulte necesaria la práctica de una nueva liquidación como consecuencia de haber sido anulada otra liquidación por una resolución administrativa o judicial, se conservarán íntegramente los actos y trámites no afectados por la causa de anulación, con mantenimiento íntegro de su contenido, y exigencia del interés de demora sobre el importe de la nueva liquidación. En estos casos, la fecha de inicio del cómputo del interés de demora será la misma que, de acuerdo con lo establecido en el apartado 2 de este artículo, hubiera correspondido a la liquidación anulada y el interés se devengará hasta el momento en que se haya dictado la nueva liquidación, sin que el final del cómputo pueda ser posterior al plazo máximo para ejecutar la resolución.

6. El interés de demora será el interés legal del dinero vigente a lo largo del período en el que aquél resulte exigible, incrementado en un 25 por 100, salvo que la Ley de Presupuestos Generales del Estado establezca otro diferente.

No obstante, en los supuestos de aplazamiento, fraccionamiento o suspensión de deudas garantizadas en su totalidad mediante aval solidario de entidad de crédito o sociedad de garantía recíproca o mediante certificado de seguro de caución, el interés de demora exigible será el interés legal[60].

---

[60] Tabla: interés legal del dinero y de demora anuales:

Año	Interés Legal del Dinero	Interés de Demora	Texto Legal
2025	3,25%	4,0625%	Hasta que se apruebe la nueva Ley de PGE
2024	3,25%	4,0625%	Hasta que se apruebe la nueva Ley de PGE
2023	3,25%	4,0625%	Disp. Adic. 42.ª de la Ley 31/2022, de 23 de diciembre, de Presupuestos Generales del Estado para el año 2023
2022	3%	3,75%	Disp. Adic. 46.ª de la Ley 22/2021, de 28 de diciembre, de Presupuestos Generales del Estado para el año 2022
2021	3%	3,75%	Disp. Adic. 49.ª de la Ley 11/2020, de 30 de diciembre, de diciembre, de Presupuestos Generales del Estado para el año 2021
Del 5/7/2018 al 31/12/2020	3%	3,75%	Disp. Adic. 57.ª Ley 6/2018, de 3 de julio, de Presupuestos Generales del Estado para el año 2018
Desde el 29/6/2017 hasta el 4/7/2018	3%	3,75%	Disp. Adic. 44.ª Ley 3/2017, de 27 de junio, PGE para el año 2017
2016 y hasta el 28-6-2017	3%	3,75%	Disp. Adic. 34.ª Ley 48/2015, de 29 de octubre, PGE para el año 2016

Artículo 27. *Recargos por declaración extemporánea sin requerimiento previo.*

1. Los recargos por declaración extemporánea son prestaciones accesorias que deben satisfacer los obligados tributarios como consecuencia de la presentación de autoliquidaciones o declaraciones fuera de plazo sin requerimiento previo de la Administración tributaria.

A los efectos de este artículo, se considera requerimiento previo cualquier actuación administrativa realizada con conocimiento formal del obligado tributario conducente al reconocimiento, regularización, comprobación, inspección, aseguramiento o liquidación de la deuda tributaria.

2[61]**.** El recargo será un porcentaje igual al 1 por ciento más otro 1 por ciento adicional por cada mes completo de retraso con que se presente la autoliquidación o declaración respecto al término del plazo establecido para la presentación e ingreso.

Año	Interés Legal del Dinero	Interés de Demora	Texto Legal
2015	3,50%	4,375%	*Disp. Adic. 32.ª Ley 36/2014, de 26 de diciembre, de PGE para el año 2015*
2014	4%	5%	*Disp. Adic. 32.ª Ley 22/2013, de 23 de diciembre, de PGE para el año 2014.*
2013	4%	5%	*Disp. Adic. 39.ª Ley 17/2012, de 27 de diciembre, de PGE para el año 2013.*
1/7/2012	4%	5%	*Disp. Adic. 10.ª Ley 2/2012, de 29 de junio, de PGE para el año 2012*
2011	4%	5%	*Disp. Adic. 17.ª Ley 39/2010, de 22 de diciembre, de PGE para el año 2011*
2010	4%	5%	*Disp. Adic. 18.ª de la Ley 26/2009, de 23 de diciembre, de PGE para 2010*
2009	4%	5%	*Artículo 1 del Real Decreto-ley 3/2009, de 27 de marzo, de medidas urgentes en materia tributaria, financiera y concursal ante la evolución de la situación económica, en vigor desde el 1-04-2009.*
	5,50%	7%	*Disp. Adic. 27.ª de la Ley 2/2008, de 23 de diciembre, de PGE para el año 2009, en vigor desde el 1-1-2009 al 31-03-2009.*
2008	5,50%	7%	*Disp. Adic. 34.ª de la Ley 51/2007, de 26 de diciembre, de PGE para 2008*
2007	5,00%	6,25%	*Disp. Adic. 30.ª de la Ley 42/2006, de 28-12-2006, de PGE para 2007*
2006	4,00%	5,00%	*Disp. Adic. 21.ª de la Ley 30/2005, de 28-12-2005, de PGE para 2006*
2005	4,00%	5,00%	*Disp. Adic. 5.ª de la Ley 2/2004, de 27-12-2004, de PGE para 2005*
2004	3,75%	4,75%	*Disp. Adic. 6.ª de la Ley 61/2003, de 30-12-2003, de PGE para 2004*
2003	4,25%	5,50%	*Ley 52/2002, de 30-12-2002, de PGE para 2003*

[61]   Nueva redacción del art. 27.2 dada por el art. decimotercero Tres de la Ley 11/2021, de 9 de julio, de medidas de prevención y lucha contra el fraude fiscal, de transposición de la Directiva (UE) 2016/1164, del Consejo, de 12 de julio de 2016, por la que se establecen normas contra las prácticas de elusión fiscal que inciden directamente en el funcionamiento del mercado interior, de modificación de diversas normas tributarias y en materia de regulación del juego (BOE núm. 164, de 10 de julio de 2021), en vigor desde el 11 de julio de 2021.

Dicho recargo se calculará sobre el importe a ingresar resultante de las autoliquidaciones o sobre el importe de la liquidación derivado de las declaraciones extemporáneas y excluirá las sanciones que hubieran podido exigirse y los intereses de demora devengados hasta la presentación de la autoliquidación o declaración.

Si la presentación de la autoliquidación o declaración se efectúa una vez transcurridos 12 meses desde el término del plazo establecido para la presentación, el recargo será del 15 por ciento y excluirá las sanciones que hubieran podido exigirse. En estos casos, se exigirán los intereses de demora por el período transcurrido desde el día siguiente al término de los 12 meses posteriores a la finalización del plazo establecido para la presentación hasta el momento en que la autoliquidación o declaración se haya presentado.

En las liquidaciones derivadas de declaraciones presentadas fuera de plazo sin requerimiento previo no se exigirán intereses de demora por el tiempo transcurrido desde la presentación de la declaración hasta la finalización del plazo de pago en período voluntario correspondiente a la liquidación que se practique, sin perjuicio de los recargos e intereses que corresponda exigir por la presentación extemporánea.

No obstante lo anterior, no se exigirán los recargos de este apartado si el obligado tributario regulariza, mediante la presentación de una declaración o autoliquidación correspondiente a otros períodos del mismo concepto impositivo, unos hechos o circunstancias idénticos a los regularizados por la Administración, y concurren las siguientes circunstancias:

a) Que la declaración o autoliquidación se presente en el plazo de seis meses a contar desde el día siguiente a aquél en que la liquidación se notifique o se entienda notificada.

b) Que se produzca el completo reconocimiento y pago de las cantidades resultantes de la declaración o autoliquidación en los términos previstos en el apartado 5 de este artículo.

c) Que no se presente solicitud de rectificación de la declaración o autoliquidación, ni se interponga recurso o reclamación contra la liquidación dictada por la Administración.

d) Que de la regularización efectuada por la Administración no derive la imposición de una sanción.

El incumplimiento de cualquiera de estas circunstancias determinará la exigencia del recargo correspondiente sin más requisito que la notificación al interesado.

Lo dispuesto en los párrafos anteriores no impedirá el inicio de un procedimiento de comprobación o investigación en relación con las obligaciones tributarias regularizadas mediante las declaraciones o autoliquidaciones a que los mismos se refieren.

3. Cuando los obligados tributarios no efectúen el ingreso ni presenten solicitud de aplazamiento, fraccionamiento o compensación al tiempo de la presentación de la autoliquidación extemporánea, la liquidación administrativa que proceda por recargos e intereses de demora derivada de la presentación extemporánea según lo dispuesto en el apartado anterior no impedirá la exigencia de los recargos e intereses del período ejecutivo que correspondan sobre el importe de la autoliquidación.

4. Para que pueda ser aplicable lo dispuesto en este artículo, las autoliquidaciones extemporáneas deberán identificar expresamente el período impositivo de liquidación al que se refieren y deberán contener únicamente los datos relativos a dicho período.

Recogiendo en su Disposición transitoria primera. «Régimen transitorio en materia de recargos, reducción de sanciones, limitación de pagos en efectivo y transmisiones de determinados bienes».

5[62]. El importe de los recargos a que se refiere el apartado 2 anterior se reducirá en el 25 por ciento siempre que se realice el ingreso total del importe restante del recargo en el plazo del apartado 2 del artículo 62 de esta Ley abierto con la notificación de la liquidación de dicho recargo y siempre que se realice el ingreso total del importe de la deuda resultante de la autoliquidación extemporánea o de la liquidación practicada por la Administración derivada de la declaración extemporánea, al tiempo de su presentación o en el plazo del apartado 2 del artículo 62 de esta Ley, respectivamente, o siempre que se realice el ingreso en el plazo o plazos fijados en el acuerdo de aplazamiento o fraccionamiento de dicha deuda que la Administración tributaria hubiera concedido con garantía de aval o certificado de seguro de caución y que el obligado al pago hubiera solicitado al tiempo de presentar la autoliquida-ción extemporánea o con anterioridad a la finalización del plazo del apartado 2 del artículo 62 de esta Ley abierto con la notificación de la liquidación resultante de la declaración extemporánea.

El importe de la reducción practicada de acuerdo con lo dispuesto en este apartado se exigirá sin más requisito que la notificación al interesado, cuando no se hayan realizado los ingresos a que se refiere el párrafo anterior en los plazos previstos incluidos los correspon-dientes al acuerdo de aplazamiento o fraccionamiento.

Artículo 28. *Recargos del período ejecutivo.*

1. Los recargos del período ejecutivo se devengan con el inicio de dicho período, de acuerdo con lo establecido en el artículo 161 de esta Ley.

Los recargos del período ejecutivo son de tres tipos: recargo ejecutivo, recargo de apre-mio reducido y recargo de apremio ordinario.

Dichos recargos son incompatibles entre sí y se calculan sobre la totalidad de la deuda no ingresada en período voluntario.

2. El recargo ejecutivo será del 5 por 100 y se aplicará cuando se satisfaga la totalidad de la deuda no ingresada en periodo voluntario antes de la notificación de la providencia de apremio.

3. El recargo de apremio reducido será del 10 por 100 y se aplicará cuando se satisfaga la totalidad de la deuda no ingresada en periodo voluntario y el propio recargo antes de la finalización del plazo previsto en el apartado 5 del artículo 62 de esta Ley para las deudas apremiadas.

4. El recargo de apremio ordinario será del 20 por 100 y será aplicable cuando no concu-rran las circunstancias a las que se refieren los apartados 2 y 3 de este artículo.

5. El recargo de apremio ordinario es compatible con los intereses de demora. Cuando resulte exigible el recargo ejecutivo o el recargo de apremio reducido no se exigirán los inte-reses de demora devengados desde el inicio del período ejecutivo.

6[63]. No se devengarán los recargos del periodo ejecutivo en el caso de deudas de titu-laridad de otros Estados o de entidades internacionales o supranacionales cuya actuación

---

[62] Nuevo apartado 5 del art. 27 incorporado por el art. quinto.uno de la Ley 36/2006, de 29 de noviembre, de medidas para la prevención del fraude fiscal (BOE núm. 286, de 30 de noviembre de 2006), en vigor desde el 1-12-2006.

[63] Nuevo apartado incorporado por la Disposición Final Primera.uno.5 del Real Decreto-ley 20/2011, de 30 de diciembre, de medidas urgentes en materia presupuestaria, tributaria y financiera para la corrección del

recaudatoria se realice en el marco de la asistencia mutua, salvo que la normativa sobre dicha asistencia establezca otra cosa.

Subsección 5.ª Las obligaciones tributarias formales

Artículo 29[64]. *Obligaciones tributarias formales.*

1. Son obligaciones tributarias formales las que, sin tener carácter pecuniario, son impuestas por la normativa tributaria o aduanera a los obligados tributarios, deudores o no del tributo, y cuyo cumplimiento está relacionado con el desarrollo de actuaciones o procedimientos tributarios o aduaneros.

2. Además de las restantes que puedan legalmente establecerse, los obligados tributarios deberán cumplir las siguientes obligaciones:

a) La obligación de presentar declaraciones censales por las personas o entidades que desarrollen o vayan a desarrollar en territorio español actividades u operaciones empresariales y profesionales o satisfagan rendimientos sujetos a retención[65].

b) La obligación de solicitar y utilizar el número de identificación fiscal en sus relaciones de naturaleza o con trascendencia tributaria[66].

c) La obligación de presentar declaraciones, autoliquidaciones y comunicaciones[67].

d) La obligación de llevar y conservar libros de contabilidad y registros, así como los programas, ficheros y archivos informáticos que les sirvan de soporte y los sistemas de codificación utilizados que permitan la interpretación de los datos cuando la obligación se cumpla con utilización de sistemas informáticos. Se deberá facilitar la conversión de dichos datos a formato legible cuando la lectura o interpretación de los mismos no fuera posible por estar encriptados o codificados[68].

En todo caso, los obligados tributarios que deban presentar autoliquidaciones o declaraciones por medios telemáticos deberán conservar copia de los programas, ficheros y archivos generados que contengan los datos originarios de los que deriven los estados contables y las autoliquidaciones o declaraciones presentadas.

e) La obligación de expedir y entregar facturas o documentos sustitutivos y conservar las facturas, documentos y justificantes que tengan relación con sus obligaciones tributarias[69].

---

déficit público (BOE núm. 315, de 31 de diciembre), con efectos desde el 1 de enero de 2012.

[64] Art. 93 (Obligaciones de información) de la LGT (§1). Arts. 2 a 58, las obligaciones tributarias formales, del RGGI (§2).

[65] Disp. Adic. Quinta (Declaraciones censales), de la LGT (§1) y Arts. 9 a 15 (Las declaraciones censales en el ámbito de competencias del Estado), del RGGI (§2)

[66] Disp. Adic. Sexta Sexta (Número de identificación fiscal) de la LGT (§1) y Arts. 18 a 28 (Obligaciones relativas al número de identificación fiscal), del RGGI (§2)

[67] Art. 93 (Obligaciones de información) de la LGT (§1) y Art. 31 (Obligados a suministrar información sobre operaciones con terceras personas), Art. 88 (Iniciación a instancia del obligado tributario) y Art. 117 (Presentación de declaraciones, autoliquidaciones, comunicaciones de datos y solicitudes de devolución), del RGGI (§2).

[68] Art. 29 (Obligación de llevar y conservar los libros registro de carácter fiscal) del RGGI (§2).

[69] Real Decreto 1619/2012, de 30 de noviembre, por el que se aprueba el Reglamento por el que se regulan las obligaciones de facturación (BOE núm. 289, de 1 de diciembre de 2012) que deroga el anterior Real

f) La obligación de aportar a la Administración tributaria libros, registros, documentos o información que el obligado tributario deba conservar en relación con el cumplimiento de las obligaciones tributarias propias o de terceros, así como cualquier dato, informe, antecedente y justificante con trascendencia tributaria, a requerimiento de la Administración o en declaraciones periódicas. Cuando la información exigida se conserve en soporte informático deberá suministrarse en dicho soporte cuando así fuese requerido.

g) La obligación de facilitar la práctica de inspecciones y comprobaciones administrativas.

h) La obligación de entregar un certificado de las retenciones o ingresos a cuenta practicados a los obligados tributarios perceptores de las rentas sujetas a retención o ingreso a cuenta.

i) Las obligaciones de esta naturaleza que establezca la normativa aduanera.

j)[70] La obligación, por parte de los productores, comercializadores y usuarios, de que los sistemas y programas informáticos o electrónicos que soporten los procesos contables, de facturación o de gestión de quienes desarrollen actividades económicas, garanticen la integridad, conservación, accesibilidad, legibilidad, trazabilidad e inalterabilidad de los registros, sin interpolaciones, omisiones o alteraciones de las que no quede la debida anotación en los sistemas mismos. Reglamentariamente se podrán establecer especificaciones técnicas que deban reunir dichos sistemas y programas, así como la obligación de que los mismos estén debidamente certificados y utilicen formatos estándar para su legibilidad[71].

3[72]. En desarrollo de lo dispuesto en este artículo, las disposiciones reglamentarias podrán regular las circunstancias relativas al cumplimiento de las obligaciones tributarias formales.

Decreto 1496/2003, de 28 de noviembre, por el que se aprueba el Reglamento por el que se regulan las obligaciones de facturación (BOE núm. 286, de 29 de noviembre de 2003).

[70]   Nueva letra j) incorporada por el art. decimotercero Cuatro de la Ley 11/2021, de 9 de julio, de medidas de prevención y lucha contra el fraude fiscal, de transposición de la Directiva (UE) 2016/1164, del Consejo, de 12 de julio de 2016, por la que se establecen normas contra las prácticas de elusión fiscal que inciden directamente en el funcionamiento del mercado interior, de modificación de diversas normas tributarias y en materia de regulación del juego (BOE núm. 164, de 10 de julio de 2021), en vigor trascurrido el plazo de tres meses desde el 11 de julio de 2021.

[71]   Real Decreto 1007/2023, de 5 de diciembre, por el que se aprueba el Reglamento que establece los requisitos que deben adoptar los sistemas y programas informáticos o electrónicos que soporten los procesos de facturación de empresarios y profesionales, y la estandarización de formatos de los registros de facturación (BOE núm. 291, de 06 de diciembre de 2023).
Orden HAC/1177/2024, de 17 de octubre, por la que se desarrollan las especificaciones técnicas, funcionales y de contenido referidas en el Reglamento que establece los requisitos que deben adoptar los sistemas y programas informáticos o electrónicos que soporten los procesos de facturación de empresarios y profesionales, y la estandarización de formatos de los registros de facturación, aprobado por el Real Decreto 1007/2023, de 5 de diciembre; y en el Reglamento por el que se regulan las obligaciones de facturación, aprobado por Real Decreto 1619/2012, de 30 de noviembre (BOE núm. 260, de 28 de octubre de 2024).

[72]   Nueva redacción del art. 29.3 dada por el art. único Cuatro de la Ley 34/2015, de 21 de septiembre, de modificación parcial de la Ley 58/2003, de 17 de diciembre, General Tributaria (BOE núm. 227, de 22 de septiembre de 2015), con entrada en vigor el día 1 de enero de 2017.
Redacción anterior del art. 29.3 dada por el art. quinto. Dos de la Ley 36/2006, de 29 de noviembre, de medidas para la prevención del fraude fiscal (BOE núm. 286, de 30 de noviembre de 2006), en vigor desde el 1-12-2006.

En particular, se determinarán los casos en los que la aportación o llevanza de los libros registro se deba efectuar de forma periódica y por medios telemáticos.

Subsección 6.ª Obligaciones tributarias en el marco de la asistencia mutua[73]

Artículo 29 bis. *Obligaciones tributarias en el marco de la asistencia mutua.*
Son obligaciones tributarias aquellas que deriven de la normativa sobre asistencia mutua. En el caso de su incumplimiento por los obligados tributarios, podrán imponerse las sanciones tributarias establecidas en la ley.

SECCIÓN 3.ª *Las Obligaciones y Deberes de la Administración Tributaria*

Artículo 30. *Obligaciones y deberes de la Administración tributaria.*
1. La Administración tributaria está sujeta al cumplimiento de las obligaciones de contenido económico establecidas en esta Ley. Tienen esta naturaleza la obligación de realizar las devoluciones derivadas de la normativa de cada tributo[74], la de devolución de ingresos indebidos[75], la de reembolso de los costes de las garantías[76] y la de satisfacer intereses de demora[77].

2[78]. La Administración tributaria está sujeta, además, a los deberes establecidos en esta Ley en relación con el desarrollo de los procedimientos tributarios y en el resto del ordenamiento jurídico.

Artículo 31[79]. ***Devoluciones derivadas de la normativa de cada tributo.***
1. La Administración tributaria devolverá las cantidades que procedan de acuerdo con lo previsto en la normativa de cada tributo.

Son devoluciones derivadas de la normativa de cada tributo las correspondientes a cantidades ingresadas o soportadas debidamente como consecuencia de la aplicación del tributo.

2[80]. Transcurrido el plazo fijado en las normas reguladoras de cada tributo y, en todo caso, el plazo de seis meses, sin que se hubiera ordenado el pago de la devolución por causa

---

[73]   Nueva subsección 6.ª y nuevo artículo 29 bis. incorporados por la Disposición Final Primera.uno.6 del Real Decreto-ley 20/2011, de 30 de diciembre, de medidas urgentes en materia presupuestaria, tributaria y financiera para la corrección del déficit público (BOE núm. 315, de 31 de diciembre), con efectos desde el 1 de enero de 2012.

[74]   Art. 31 de la LGT (§1).

[75]   Art. 32 de la LGT (§1).

[76]   Art. 33 de la LGT (§1).

[77]   Art. 26 de la LGT (§1).

[78]   Arts. 85 (Deber de información y asistencia a los obligados tributarios), 86 (Publicaciones), 87 (Comunicaciones y actuaciones de información), 88 y 89 (Consultas tributarias escritas) y art. 90 (Información con carácter previo a la adquisición o transmisión de bienes inmuebles), de la LGT (§1).

[79]   Arts. 124 a 127 (Procedimiento de devolución iniciado mediante autoliquidación, solicitud o comunicación de datos), de la LGT (§1), desarrollados por los arts. 122 a 125, del RGGI (§2).

[80]   Nueva redacción del art. 31.2 dada por el art. decimotercero Cinco de la Ley 11/2021, de 9 de julio, de medidas de prevención y lucha contra el fraude fiscal, de transposición de la Directiva (UE) 2016/1164, del Consejo, de 12 de julio de 2016, por la que se establecen normas contra las prácticas de elusión fiscal que inciden directamente en el funcionamiento del mercado interior, de modificación de diversas normas

imputable a la Administración Tributaria, ésta abonará el interés de demora regulado en el artículo 26 de esta Ley, sin necesidad de que el obligado lo solicite. A estos efectos, el interés de demora se devengará desde la finalización de dicho plazo hasta la fecha en que se ordene el pago de la devolución.

A efectos del cálculo de los intereses a que se refiere el párrafo anterior, no se computarán las dilaciones en el procedimiento por causa no imputable a la Administración. En el caso en que se acuerde la devolución en un procedimiento de inspección, a efectos del cálculo de intereses no se computarán los días a los que se refiere el apartado 4 del artículo 150 de esta Ley, ni los periodos de extensión a los que se refiere el apartado 5 de dicho artículo.

Artículo 32. *Devolución de ingresos indebidos.*

1. La Administración tributaria devolverá a los obligados tributarios, a los sujetos infractores o a los sucesores de unos y otros, los ingresos que indebidamente se hubieran realizado en el Tesoro Público con ocasión del cumplimiento de sus obligaciones tributarias o del pago de sanciones, conforme a lo establecido en el artículo 221 de esta Ley.

2[81]. Con la devolución de ingresos indebidos la Administración Tributaria abonará el interés de demora regulado en el artículo 26 de esta Ley, sin necesidad de que el obligado tributario lo solicite. A estos efectos, el interés de demora se devengará desde la fecha en que se hubiese realizado el ingreso indebido hasta la fecha en que se ordene el pago de la devolución.

A efectos del cálculo de los intereses a que se refiere el párrafo anterior, no se computarán las dilaciones en el procedimiento por causa no imputable a la Administración. En el caso en que se acuerde la devolución en un procedimiento de inspección, a efectos del cálculo de los intereses, no se computarán los días a los que se refiere el apartado 4 del artículo 150 de esta Ley, ni los periodos de extensión a los que se refiere el apartado 5 de dicho artículo.

3. Cuando se proceda a la devolución de un ingreso indebido derivado de una autoliquidación ingresada en varios plazos, se entenderá que la cantidad devuelta se ingresó en el último plazo y, de no resultar cantidad suficiente, la diferencia se considerará satisfecha en los plazos inmediatamente anteriores.

Artículo 33. *Reembolso de los costes de las garantías.*

1. La Administración tributaria reembolsará, previa acreditación de su importe, el coste de las garantías aportadas para suspender la ejecución de un acto o para aplazar o fraccionar el pago de una deuda si dicho acto o deuda es declarado improcedente por sentencia o resolución administrativa firme. Cuando el acto o la deuda se declare parcialmente improcedente, el reembolso alcanzará a la parte correspondiente del coste de las garantías.

---

tributarias y en materia de regulación del juego (BOE núm. 164, de 10 de julio de 2021), en vigor desde el 11 de julio de 2021.

[81] Nueva redacción del art. 32.2 dada por el art. decimotercero Seis de la Ley 11/2021, de 9 de julio, de medidas de prevención y lucha contra el fraude fiscal, de transposición de la Directiva (UE) 2016/1164, del Consejo, de 12 de julio de 2016, por la que se establecen normas contra las prácticas de elusión fiscal que inciden directamente en el funcionamiento del mercado interior, de modificación de diversas normas tributarias y en materia de regulación del juego (BOE núm. 164, de 10 de julio de 2021), en vigor desde el 11 de julio de 2021.

Reglamentariamente se regulará el procedimiento de reembolso y la forma de determinar el coste de las garantías[82].

2. Con el reembolso de los costes de las garantías, la Administración tributaria abonará el interés legal vigente a lo largo del período en el que se devengue sin necesidad de que el obligado tributario lo solicite. A estos efectos, el interés legal se devengará desde la fecha debidamente acreditada en que se hubiese incurrido en dichos costes hasta la fecha en que se ordene el pago.

3. Lo dispuesto en el presente artículo no será de aplicación respecto de las garantías establecidas por la normativa propia de cada tributo para responder del cumplimiento de las obligaciones tributarias.

SECCIÓN 4.ª *Los Derechos y Garantías de los Obligados Tributarios*

Artículo 34. *Derechos y garantías de los obligados tributarios.*

1. Constituyen derechos de los obligados tributarios, entre otros[83], los siguientes:

a) Derecho a ser informado y asistido por la Administración tributaria sobre el ejercicio de sus derechos y el cumplimiento de sus obligaciones tributarias[84].

b) Derecho a obtener, en los términos previstos en esta Ley, las devoluciones derivadas de la normativa de cada tributo y las devoluciones de ingresos indebidos que procedan, con abono del interés de demora previsto en el artículo 26 de esta Ley, sin necesidad de efectuar requerimiento al efecto[85].

c) Derecho a ser reembolsado, en la forma fijada en esta Ley, del coste de los avales y otras garantías aportados para suspender la ejecución de un acto o para aplazar o fraccionar el pago de una deuda, si dicho acto o deuda es declarado total o parcialmente improcedente por sentencia o resolución administrativa firme, con abono del interés legal sin necesidad de

---

[82] Art. 34.1.b) (Derechos y garantías de los obligados tributarios) de la LGT (§1). Arts. 72 al 79 (Reembolso del coste de las garantías), del RGRVA (§5).

[83] Art. 13 (Derechos de las personas en sus relaciones con las Administraciones Pública), art. 14 (Derecho y obligación de relacionarse electrónicamente con las Administraciones Públicas) y art. 53 (Derechos del interesado en el procedimiento administrativo) de la Ley 39/2015, de 1 de octubre, del Procedimiento Administrativo Común de las Administraciones Públicas (BOE núm. 236, de 2 de octubre de 2015), con entrada en vigor el 2 de octubre de 2016, con anterioridad, art. 35 (Derechos de los ciudadanos) de la Ley 30/1992, de 26 de noviembre de Régimen Jurídico de las Administraciones Públicas y del Procedimiento Administrativo Común y art. 6 (Derechos de los ciudadanos) de la Ley 11/2007, de 22 de junio, de acceso electrónico de los ciudadanos a los Servicios Públicos.

[84] Título III, Capítulo I, Sección 2.ª (Deber de información y asistencia a los obligados tributarios), arts. 85 a 91 de la LGT (§1). Capítulo II, Sección 1.ª (Información y asistencia a los obligados tributarios), arts. 62 a 78, del RGGI (§2). Art. 13.e) de la Ley 39/2015, de 1 de octubre, del Procedimiento Administrativo Común de las Administraciones Públicas (BOE núm. 236, de 2 de octubre de 2015), con entrada en vigor el 2 de octubre de 2016, con anterioridad, art. 35.i) (Derechos de los ciudadanos), de la Ley 30/1992, de 26 de noviembre, de RJAP y PAC.

[85] Arts. 31 (Devoluciones derivadas de la normativa de cada tributo), 32 (Devolución de ingresos indebidos) y 221 (Procedimiento para la devolución de ingresos indebidos) de la LGT (§1). Arts. 122 a 125, procedimientos de devolución iniciado mediante autoliquidación, solicitud o comunicación de datos, del RGGI (§2).

efectuar requerimiento al efecto, así como a la reducción proporcional de la garantía aportada en los supuestos de estimación parcial del recurso o de la reclamación interpuesta[86].

d) Derecho a utilizar las lenguas oficiales en el territorio de su Comunidad Autónoma, de acuerdo con lo previsto en el ordenamiento jurídico[87].

e) Derecho a conocer el estado de tramitación de los procedimientos en los que sea parte[88].

f) Derecho a conocer la identidad de las autoridades y personal al servicio de la Administración tributaria bajo cuya responsabilidad se tramitan las actuaciones y procedimientos tributarios en los que tenga la condición de interesado.

g) Derecho a solicitar certificación y copia de las declaraciones por él presentadas, así como derecho a obtener copia sellada de los documentos presentados ante la Administración, siempre que la aporten junto a los originales para su cotejo, y derecho a la devolución de los originales de dichos documentos, en el caso de que no deban obrar en el expediente[89].

h) Derecho a no aportar aquellos documentos ya presentados por ellos mismos y que se encuentren en poder de la Administración actuante, siempre que el obligado tributario indique el día y procedimiento en el que los presentó[90].

i) Derecho, en los términos legalmente previstos, al carácter reservado de los datos, informes o antecedentes obtenidos por la Administración tributaria, que sólo podrán ser utilizados para la aplicación de los tributos o recursos cuya gestión tenga encomendada y para la imposición de sanciones, sin que puedan ser cedidos o comunicados a terceros, salvo en los supuestos previstos en las leyes[91].

---

[86] Art. 33 (Reembolso de los costes de las garantías), de la LGT (§1). Art. 67 (Reducción proporcional de garantías aportadas para la suspensión) y Capítulo II (Reembolso del coste de las garantías), arts. 72 a 79 del RGRVA (§5).

[87] Art. 13.c) y art. 15 (Lengua de los procedimientos) de la Ley 39/2015, de 1 de octubre, del Procedimiento Administrativo Común de las Administraciones Públicas (BOE núm. 236, de 2 de octubre de 2015), con entrada en vigor el 2 de octubre de 2016, con anterioridad, arts. 35 y 36 de la Ley 30/1992, de 26 de noviembre, de Régimen Jurídico de las Administraciones Públicas y del Procedimiento Administrativo Común.

[88] Art. 53.1.a) de la Ley 39/2015, de 1 de octubre, del Procedimiento Administrativo Común de las Administraciones Públicas (BOE núm. 236, de 2 de octubre de 2015), con entrada en vigor el 2 de octubre de 2016, con anterioridad, art. 35.a) (Derechos de los ciudadanos), de la Ley 30/1992, de 26 de noviembre, de RJAP y PAC y art. 93 (Conocimiento por los obligados tributarios del estado de tramitación de los procedimientos), del RGGI (§2).

[89] Art. 99.3 (Desarrollo de las actuaciones y procedimientos tributarios) de la LGT (§1) y art. 12.2, art. 16.3, art. 27 (Validez y eficacia de las copias realizadas por las Administraciones Públicas) y art. 28 (Documentos aportados por los interesados al procedimiento administrativo) de la Ley 39/2015, de 1 de octubre, del Procedimiento Administrativo Común de las Administraciones Públicas (BOE núm. 236, de 2 de octubre de 2015), con entrada en vigor el 2 de octubre de 2016, con anterioridad, art. 35.c) (Derechos de los ciudadanos), de la Ley 30/1992, de 26 de noviembre, de RJAP y PAC.

[90] Art. 99.2 de la LGT (§1) y art. 28 (Documentos aportados por los interesados al procedimiento administrativo) de la Ley 39/2015, de 1 de octubre, del Procedimiento Administrativo Común de las Administraciones Públicas (BOE núm. 236, de 2 de octubre de 2015), con entrada en vigor el 2 de octubre de 2016, con anterioridad art. 35.f) (Derechos de los ciudadanos), de la Ley 30/1992, de 26 de noviembre, de RJAP y PAC

[91] Art. 95 (Carácter reservado de los datos de transcendencia tributaria) de la LGT (§1). Art. 60.4 (Derechos y deberes del personal al servicio de la Administración Tributaria) del RGGI (§2).

j) Derecho a ser tratado con el debido respeto y consideración por el personal al servicio de la Administración tributaria.

k) Derecho a que las actuaciones de la Administración tributaria que requieran su intervención se lleven a cabo en la forma que le resulte menos gravosa, siempre que ello no perjudique el cumplimiento de sus obligaciones tributarias[92].

l) Derecho a formular alegaciones y a aportar documentos que serán tenidos en cuenta por los órganos competentes al redactar la correspondiente propuesta de resolución[93].

m) Derecho a ser oído en el trámite de audiencia, en los términos previstos en esta Ley[94].

n) Derecho a ser informado de los valores de los bienes inmuebles que vayan a ser objeto de adquisición o transmisión[95].

ñ) Derecho a ser informado, al inicio de las actuaciones de comprobación o inspección sobre la naturaleza y alcance de las mismas, así como de sus derechos y obligaciones en el curso de tales actuaciones y a que las mismas se desarrollen en los plazos previstos en esta Ley[96].

o) Derecho al reconocimiento de los beneficios o regímenes fiscales que resulten aplicables.

p) Derecho a formular quejas y sugerencias en relación con el funcionamiento de la Administración tributaria[97].

q) Derecho a que las manifestaciones con relevancia tributaria de los obligados se recojan en las diligencias extendidas en los procedimientos tributarios[98].

r) Derecho de los obligados a presentar ante la Administración tributaria la documentación que estimen conveniente y que pueda ser relevante para la resolución del procedimiento tributario que se esté desarrollando.

---

[92]   Art. 180.4 (Tramitación del procedimiento inspector) del RGGI (§2).

[93]   Art. 53.1.e) (Derechos del interesado en el procedimiento administrativo) y art. 76 (Alegaciones) de la Ley 39/2015, de 1 de octubre, del Procedimiento Administrativo Común de las Administraciones Públicas (BOE núm. 236, de 2 de octubre de 2015), con entrada en vigor el 2 de octubre de 2016, con anterioridad art. 35.e) (Derechos de los ciudadanos) y art. 79 (Alegaciones), de la Ley 30/1992, de 26 de noviembre, de RJAP y PAC. Art. 96 (Trámite de audiencia y de alegaciones) del RGGI (§2).

[94]   Art. 99.8 de la LGT (§1). Art. 82 (Trámite de audiencia) de la Ley 39/2015, de 1 de octubre, del Procedimiento Administrativo Común de las Administraciones Públicas (BOE núm. 236, de 2 de octubre de 2015), con entrada en vigor el 2 de octubre de 2016, con anterioridad art. 84 (Trámite de audiencia) de la Ley 30/1992, de 26 de noviembre, de RJAP y PAC y art. 96 (Trámite de audiencia y de alegaciones) del RGGI (§2).

[95]   Art. 90 de la LGT (§1) y art. 69 del RGGI (§2) (Información con carácter previo a la adquisición o transmisión de bienes inmuebles).

[96]   Art. 177 (Iniciación de oficio del procedimiento de inspección), art. 178 (Extensión y alcance de las actuaciones del procedimiento de inspección) y art. 184 (Ampliación del plazo de duración del procedimiento de inspección) del RGGI (§2).

[97]   Art. 34.2 de la LGT RGGI (§1).
Art. 7 (Ámbito de las quejas y sugerencias), art. 8 (Legitimación, forma y lugares de presentación de las quejas o sugerencias), art. 9 (Supuestos de inadmisión) y Capítulo IV (Procedimiento, arts. 10 a 17) del Real Decreto 1676/2009, de 13 de noviembre, por el que se regula el Consejo para la Defensa del Contribuyente (BOE núm. 292, de 4 de diciembre de 2009).

[98]   Art. 98 (Diligencias) del RGGI (§2).

s) Derecho a obtener copia a su costa de los documentos que integren el expediente administrativo en el trámite de puesta de manifiesto del mismo en los términos previstos en esta Ley[99].

Este derecho podrá ejercitarse en cualquier momento en el procedimiento de apremio.

2[100]. Integrado en el Ministerio de Hacienda, el Consejo para la Defensa del Contribuyente velará por la efectividad de los derechos de los obligados tributarios, atenderá las quejas que se produzcan por la aplicación del sistema tributario que realizan los órganos del Estado y efectuará las sugerencias y propuestas pertinentes, en la forma y con los efectos que reglamentariamente se determinen.

CAPÍTULO II. Obligados tributarios

SECCIÓN 1.ª *Clases de Obligados Tributarios*

Artículo 35. *Obligados tributarios.*

1. Son obligados tributarios las personas físicas o jurídicas y las entidades a las que la normativa tributaria impone el cumplimiento de obligaciones tributarias.

2. Entre otros, son obligados tributarios:

a) Los contribuyentes[101].

b) Los sustitutos del contribuyente[102].

---

[99] Art. 99.4 de la LGT (§2) y art. 53.1.a) de la Ley 39/2015, de 1 de octubre, del Procedimiento Administrativo Común de las Administraciones Públicas (BOE núm. 236, de 2 de octubre de 2015), con entrada en vigor el 2 de octubre de 2016, con anterioridad art. 35.a) (Derechos de los ciudadanos), de la Ley 30/1992, de 26 de noviembre, de RJAP y PAC y art. 95 (Obtención de copias) del RGGI (§2).

[100] Real Decreto 1676/2009, de 13 de noviembre, por el que se regula el Consejo para la Defensa del Contribuyente (BOE núm. 292, de 4 de diciembre de 2009), y Resolución de 22 de julio de 2010, de la Secretaría de Estado de Hacienda y Presupuestos, por la que se desarrolla el Real Decreto 1676/2009, de 13 de noviembre, por el que se regula el Consejo para la Defensa del Contribuyente y se determina su sede electrónica (BOE 186, de 2 de agosto de 2010). Normas que derogaron respectivamente, el Real Decreto 2458/1996, de 2 de diciembre, por el que se crea el Consejo para la defensa del Contribuyente en la Secretaria de Estado de Hacienda (BOE núm. 307, de 21 de diciembre de 1996) y la Resolución de 14 de febrero de 1997, de la Secretaría de Estado de Hacienda, por la que se establece el procedimiento para la formulación, tramitación y contestación de las quejas, reclamaciones y sugerencias, a que se refiere la disposición final única del Real Decreto 2458/1996, de 2 de diciembre, por el que se crea el Consejo para la Defensa del Contribuyente en la Secretaría de Estado de Hacienda (BOE núm. 51, de 28 de febrero de 1997).

[101] Art. 36 de la LGT (§1). Art. 8 (Contribuyente) de la Ley 35/2006, de 28 de noviembre, del Impuesto sobre la Renta de las Personas Físicas y de modificación parcial de las leyes de los Impuestos sobre Sociedades, sobre la Renta de no Residentes y sobre el Patrimonio (BOE núm. 285, de 29 de noviembre de 2006). Art. 7 (contribuyentes) de Ley 27/2014, de 27 de noviembre, del Impuesto sobre Sociedades (BOE núm. 288, de 28 de noviembre de 2014). Art. 5 (Contribuyentes) del Real Decreto Legislativo 5/2004, de 5 de marzo, por el que se aprueba el texto refundido de la Ley del Impuesto sobre la Renta de no Residentes (BOE núm. 62, de 12 de marzo de 2004).

[102] Art. 36 de la LGT (§1). Art. 23.2 (Sujetos pasivos), art. 63.1 (Sujeto pasivo), art. 101.2 (Sujetos pasivos), art. 106.3 (Sujetos pasivos) del Real Decreto Legislativo 2/2004, de 5 de marzo, por el que se aprueba el texto refundido de la Ley Reguladora de las Haciendas Locales (BOE núm. 59 de 9 de marzo de 2004).

c) Los obligados a realizar pagos fraccionados[103].
d) Los retenedores[104].
e) Los obligados a practicar ingresos a cuenta[105].
f) Los obligados a repercutir[106].
g) Los obligados a soportar la repercusión.
h) Los obligados a soportar la retención.
i) Los obligados a soportar los ingresos a cuenta.
j) Los sucesores[107].
k) Los beneficiarios de supuestos de exención, devolución o bonificaciones tributarias, cuando no tengan la condición de sujetos pasivos.

3. También tendrán el carácter de obligados tributarios aquellos a quienes la normativa tributaria impone el cumplimiento de obligaciones tributarias formales.

4[108]**.** Tendrán la consideración de obligados tributarios, en las leyes en que así se establezca, las herencias yacentes, comunidades de bienes y demás entidades que, carentes de personalidad jurídica, constituyan una unidad económica o un patrimonio separado susceptibles de imposición.

5. Tendrán asimismo el carácter de obligados tributarios los responsables a los que se refiere el artículo 41 de esta Ley.

6[109]**.** También tendrán la consideración de obligados tributarios aquellos a los que se pueda imponer obligaciones tributarias conforme a la normativa sobre asistencia mutua.

---

[103] Art. 37 de la LGT (§1). Art. 99.1 y 7 (Obligación de practicar pagos a cuenta) de la Ley 35/2006, de 28 de noviembre, del Impuesto sobre la Renta de las Personas Físicas y de modificación parcial de las leyes de los Impuestos sobre Sociedades, sobre la Renta de no Residentes y sobre el Patrimonio (BOE núm. 285, de 29 de noviembre de 2006).

[104] Art. 37 de la LGT (§1). Art. 99.2 a 6 (Obligación de practicar pagos a cuenta) de la Ley 35/2006, de 28 de noviembre, del Impuesto sobre la Renta de las Personas Físicas y de modificación parcial de las leyes de los Impuestos sobre Sociedades, sobre la Renta de no Residentes y sobre el Patrimonio (BOE núm. 285, de 29 de noviembre de 2006). Art. 140 (retenciones e ingresos a cuenta) del Real Decreto Legislativo 4/2004, de 5 de marzo, por el que se aprueba el texto refundido de la Ley del Impuesto sobre Sociedades (BOE núm. 61, de 11 de marzo de 2014), actual art. 128 Ley 27/2014, de 27 de noviembre, del Impuesto sobre Sociedades (BOE núm. 288, de 28/11/2014).

[105] Art. 37 de la LGT (§1). Art. 99.2 a 6 (Obligación de practicar pagos a cuenta) de la Ley 35/2006, de 28 de noviembre, del Impuesto sobre la Renta de las Personas Físicas y de modificación parcial de las leyes de los Impuestos sobre Sociedades, sobre la Renta de no Residentes y sobre el Patrimonio (BOE núm. 285, de 29 de noviembre de 2006).

[106] Art. 38 de la LGT (§1). Art. 88 (Repercusión del impuesto) de la Ley 37/1992, de 28 de diciembre, del Impuesto sobre el Valor Añadido (BOE núm. 312, de 29 de diciembre de 1992).

[107] Arts. 39 a 40 de la LGT (§1). Art. 96.7 (Obligación de declarar) de la Ley 35/2006, de 28 de noviembre, del Impuesto sobre la Renta de las Personas Físicas y de modificación parcial de las leyes de los Impuestos sobre Sociedades, sobre la Renta de no Residentes y sobre el Patrimonio (BOE núm. 285, de 29 de noviembre de 2006).

[108] Art. 105 (Actuaciones relativas a obligados tributarios del artículo 35.4 LGT, y a entidades sometidas a un régimen de imputación de rentas) del RGGI (§2).

[109] Nuevo apartado 6 y renumeración del original apartado 6 como 7, incorporado por la Disposición Final Primera.uno.7 del Real Decreto-ley 20/2011, de 30 de diciembre, de medidas urgentes en materia presupuestaria, tributaria y financiera para la corrección del déficit público (BOE núm. 315, de 31 de diciembre), con efectos desde el 1 de enero de 2012.

7[110]. La concurrencia de varios obligados tributarios en un mismo presupuesto de una obligación determinará que queden solidariamente obligados frente a la Administración tributaria al cumplimiento de todas las prestaciones, salvo que por ley se disponga expresamente otra cosa.

Las leyes podrán establecer otros supuestos de solidaridad distintos del previsto en el párrafo anterior.

Cuando la Administración sólo conozca la identidad de un titular practicará y notificará las liquidaciones tributarias a nombre del mismo, quien vendrá obligado a satisfacerlas si no solicita su división. A tal efecto, para que proceda la división será indispensable que el solicitante facilite los datos personales y el domicilio de los restantes obligados al pago, así como la proporción en que cada uno de ellos participe en el dominio o derecho trasmitido.

Artículo 36. *Sujetos pasivos: contribuyente y sustituto del contribuyente.*

1. Es sujeto pasivo el obligado tributario que, según la ley, debe cumplir la obligación tributaria principal, así como las obligaciones formales inherentes a la misma, sea como contribuyente o como sustituto del mismo. No perderá la condición de sujeto pasivo quien deba repercutir la cuota tributaria a otros obligados, salvo que la ley de cada tributo disponga otra cosa.

En el ámbito aduanero, tendrá además la consideración de sujeto pasivo el obligado al pago del importe de la deuda aduanera, conforme a lo que en cada caso establezca la normativa aduanera.

2. Es contribuyente el sujeto pasivo que realiza el hecho imponible.

3. Es sustituto el sujeto pasivo que, por imposición de la ley y en lugar del contribuyente, está obligado a cumplir la obligación tributaria principal, así como las obligaciones formales inherentes a la misma[111].

El sustituto podrá exigir del contribuyente el importe de las obligaciones tributarias satisfechas, salvo que la ley señale otra cosa[112].

Artículo 37. *Obligados a realizar pagos a cuenta.*

1. Es obligado a realizar pagos fraccionados el contribuyente a quien la ley de cada tributo impone la obligación de ingresar cantidades a cuenta de la obligación tributaria principal con anterioridad a que ésta resulte exigible.

2. Es retenedor la persona o entidad a quien la ley de cada tributo impone la obligación de detraer e ingresar en la Administración tributaria, con ocasión de los pagos que deba realizar a otros obligados tributarios, una parte de su importe a cuenta del tributo que corresponda a éstos.

---

[110] Art. 106 (Actuaciones en caso de solidaridad en el presupuesto de hecho de la obligación) del RGGI (§2).

[111] Art. 101.2 del Real Decreto Legislativo 2/2004, de 5 de marzo, por el que se aprueba el texto refundido de la Ley Reguladora de las Haciendas Locales (BOE núm. 59, de 9 de marzo de 2004).

[112] Art. 49.1 de Ley 22/1988, de 28 de julio, de Costas, en la redacción dada por el art. 1.dieciséis de la Ley 2/2013, de 29 de mayo, de protección y uso sostenible del litoral y de modificación de la Ley 22/1988, de 28 de julio, de Costas (BOE núm. 129, de 30 de mayo de 2013).

3. Es obligado a practicar ingresos a cuenta la persona o entidad que satisface rentas en especie o dinerarias y a quien la ley impone la obligación de realizar ingresos a cuenta de cualquier tributo.

Artículo 38. *Obligados en las obligaciones entre particulares resultantes del tributo.*
1. Es obligado a repercutir la persona o entidad que, conforme a la ley, debe repercutir la cuota tributaria a otras personas o entidades y que, salvo que la ley disponga otra cosa, coincidirá con aquel que realiza las operaciones gravadas.
2. Es obligado a soportar la repercusión la persona o entidad a quien, según la ley, se deba repercutir la cuota tributaria, y que, salvo que la ley disponga otra cosa, coincidirá con el destinatario de las operaciones gravadas. El repercutido no está obligado al pago frente a la Administración tributaria pero debe satisfacer al sujeto pasivo el importe de la cuota repercutida.
3. Es obligado a soportar la retención, la persona o entidad perceptora de las cantidades sobre las que, según la ley, el retenedor deba practicar retenciones tributarias.
4. La ley podrá imponer a las personas o entidades la obligación de soportar los ingresos a cuenta de cualquier tributo practicados con ocasión de las rentas en especie o dinerarias que perciban y, en su caso, la repercusión de su importe por el pagador de dichas rentas.

SECCIÓN 2.ª *Sucesores*[113]

Artículo 39[114]**.** *Sucesores de personas físicas.*
1. A la muerte de los obligados tributarios, las obligaciones tributarias pendientes se transmitirán a los herederos, sin perjuicio de lo que establece la legislación civil en cuanto a la adquisición de la herencia.
Las referidas obligaciones tributarias se transmitirán a los legatarios en las mismas condiciones que las establecidas para los herederos cuando la herencia se distribuya a través de legados y en los supuestos en que se instituyan legados de parte alícuota.
En ningún caso se transmitirán las sanciones. Tampoco se transmitirá la obligación del responsable salvo que se hubiera notificado el acuerdo de derivación de responsabilidad antes del fallecimiento.
2. No impedirá la transmisión a los sucesores de las obligaciones tributarias devengadas el hecho de que a la fecha de la muerte del causante la deuda tributaria no estuviera liquidada, en cuyo caso las actuaciones se entenderán con cualquiera de ellos, debiéndose notificar la liquidación que resulte de dichas actuaciones a todos los interesados que consten en el expediente.
3. Mientras la herencia se encuentre yacente, el cumplimiento de las obligaciones tributarias del causante corresponderá al representante de la herencia yacente.
Las actuaciones administrativas que tengan por objeto la cuantificación, determinación y liquidación de las obligaciones tributarias del causante deberán realizarse o continuarse con

---

[113] Art. 177 (Procedimiento de recaudación frente a los sucesores) de la LGT (1§). Art. 107 (Actuaciones con sucesores) y art. 108 (Actuaciones en supuestos de liquidación o concurso) del RGGI (§2). Art. 127 (Procedimiento de recaudación frente a los sucesores) del RGR (§3).
[114] Art. 107 (Actuaciones con sucesores), del RGGI (§2).

el representante de la herencia yacente. Si al término del procedimiento no se conocieran los herederos, las liquidaciones se realizarán a nombre de la herencia yacente.

Las obligaciones tributarias a que se refiere el párrafo anterior y las que fueran transmisibles por causa de muerte podrán satisfacerse con cargo a los bienes de la herencia yacente.

Artículo 40[115]. *Sucesores de personas jurídicas y de entidades sin personalidad.*

1[116]. Las obligaciones tributarias pendientes de las sociedades y entidades con personalidad jurídica disueltas y liquidadas en las que la Ley limita la responsabilidad patrimonial de los socios, partícipes o cotitulares se transmitirán a éstos, que quedarán obligados solidariamente hasta el límite del valor de la cuota de liquidación que les corresponda y demás percepciones patrimoniales recibidas por los mismos en los dos años anteriores a la fecha de disolución que minoren el patrimonio social que debiera responder de tales obligaciones, sin perjuicio de lo previsto en el artículo 42.2.a) de esta Ley.

Las obligaciones tributarias pendientes de las sociedades y entidades con personalidad jurídica disueltas y liquidadas en las que la Ley no limita la responsabilidad patrimonial de los socios, partícipes o cotitulares se transmitirán íntegramente a éstos, que quedarán obligados solidariamente a su cumplimiento.

2. El hecho de que la deuda tributaria no estuviera liquidada en el momento de producirse la extinción de la personalidad jurídica de la sociedad o entidad no impedirá la transmisión de las obligaciones tributarias devengadas a los sucesores, pudiéndose entender las actuaciones con cualquiera de ellos.

3[117]. En los supuestos de extinción o disolución sin liquidación de sociedades y entidades con personalidad jurídica, las obligaciones tributarias pendientes de las mismas se transmitirán a las personas o entidades que sucedan o que sean beneficiarias de la correspondiente operación. Esta norma también será aplicable a cualquier supuesto de cesión global del activo y pasivo de una sociedad y entidad con personalidad jurídica.

4. En caso de disolución de fundaciones o entidades a las que se refiere el apartado 4 del artículo 35 de esta Ley, las obligaciones tributarias pendientes de las mismas se transmitirán a los destinatarios de los bienes y derechos de las fundaciones o a los partícipes o cotitulares de dichas entidades.

5[118]. Las sanciones que pudieran proceder por las infracciones cometidas por las sociedades y entidades a las que se refiere este artículo serán exigibles a los sucesores de las mismas,

---

[115] Art. 107 (Actuaciones con sucesores), del RGGI (§2).

[116] Nueva redacción del art. 40.1 dada por el art. 1.uno de la Ley 7/2012, de 29 de octubre, de modificación de la normativa tributaria y presupuestaria y de adecuación de la normativa financiera para la intensificación de las actuaciones en la prevención y lucha contra el fraude (BOE núm. 261, de 30 de octubre de 2012), en vigor desde el 31 de octubre de 2012.

[117] Nueva redacción del art. 40.3 dada por el art. 1.uno de la Ley 7/2012, de 29 de octubre, de modificación de la normativa tributaria y presupuestaria y de adecuación de la normativa financiera para la intensificación de las actuaciones en la prevención y lucha contra el fraude (BOE núm. 261, de 30 de octubre de 2012), en vigor desde el 31 de octubre de 2012.

[118] Nueva redacción del art. 40.5 dada por el art. 1.uno de la Ley 7/2012, de 29 de octubre, de modificación de la normativa tributaria y presupuestaria y de adecuación de la normativa financiera para la intensificación de las actuaciones en la prevención y lucha contra el fraude (BOE núm. 261, de 30 de octubre de 2012), en vigor desde el 31 de octubre de 2012.

en los términos establecidos en los apartados anteriores y, en su caso, hasta el límite del valor determinado conforme a lo dispuesto en el apartado 1 de este artículo.

SECCIÓN 3.ª Responsables Tributarios[119]

Artículo 41. *Responsabilidad tributaria.*

1. La ley podrá configurar como responsables solidarios o subsidiarios de la deuda tributaria, junto a los deudores principales, a otras personas o entidades.

A estos efectos, se considerarán deudores principales los obligados tributarios del apartado 2 del artículo 35 de esta Ley.

2. Salvo precepto legal expreso en contrario, la responsabilidad será siempre subsidiaria.

3[120]**.** Salvo lo dispuesto en el apartado 2 del artículo 42 de esta Ley, la responsabilidad alcanzará a la totalidad de la deuda tributaria exigida en período voluntario.

Cuando haya transcurrido el plazo voluntario de pago que se conceda al responsable sin realizar el ingreso, se iniciará el período ejecutivo y se exigirán los recargos e intereses que procedan.

4[121]**.** La responsabilidad no alcanzará a las sanciones, salvo las excepciones que en esta u otra ley se establezcan.

En los supuestos en que la responsabilidad alcance a las sanciones, cuando el deudor principal hubiera tenido derecho a la reducción prevista en el artículo 188.1.b) de esta Ley, la deuda derivada será el importe que proceda sin aplicar la reducción correspondiente, en su caso, al deudor principal y se dará trámite de conformidad al responsable en la propuesta de declaración de responsabilidad.

La reducción por conformidad será la prevista en el artículo 188.1.b) de esta Ley. La reducción obtenida por el responsable se le exigirá sin más trámite en el caso de que presente cualquier recurso o reclamación frente al acuerdo de declaración de responsabilidad, fundado en la procedencia de la derivación o en las liquidaciones derivadas.

A los responsables de la deuda tributaria les será de aplicación la reducción prevista en el artículo 188.3 de esta Ley.

Las reducciones previstas en este apartado no serán aplicables a los supuestos de responsabilidad por el pago de deudas del artículo 42.2 de esta Ley.

5. Salvo que una norma con rango de ley disponga otra cosa, la derivación de la acción administrativa para exigir el pago de la deuda tributaria a los responsables requerirá un acto administrativo en el que, previa audiencia al interesado, se declare la responsabilidad y se

---

[119] Arts. 174 al 176 (Procedimiento frente a los responsables) de la LGT (1§). Art. 196 (Declaración de responsabilidad en el procedimiento inspector) del RGGI (§2). Art. 124 (Declaración de responsabilidad), art. 125 (Certificación por adquisición de explotaciones o actividades económicas) y art. 126 (Certificado expedido a instancia de los contratistas o subcontratistas de obras y servicios) del RGR (§3).

[120] Nueva redacción del art. 41.3 dada por el art. quinto. Tres de la Ley 36/2006, de 29 de noviembre, de medidas para la prevención del fraude fiscal (BOE núm. 286, de 30 de noviembre de 2006), en vigor desde el 1-12-2006.

[121] Nueva redacción del art. 41.4 dada por el art. 1.dos de la Ley 7/2012, de 29 de octubre, de modificación de la normativa tributaria y presupuestaria y de adecuación de la normativa financiera para la intensificación de las actuaciones en la prevención y lucha contra el fraude (BOE núm. 261, de 30 de octubre de 2012), en vigor desde el 31 de octubre de 2012.

determine su alcance y extensión, de conformidad con lo previsto en los artículos 174 a 176 de esta Ley.

Con anterioridad a esta declaración, la Administración competente podrá adoptar medidas cautelares del artículo 81 de esta Ley y realizar actuaciones de investigación con las facultades previstas en los artículos 142 y 162 de esta Ley.

La derivación de la acción administrativa a los responsables subsidiarios requerirá la previa declaración de fallido del deudor principal y de los responsables solidarios.

6. Los responsables tienen derecho de reembolso frente al deudor principal en los términos previstos en la legislación civil.

Artículo 42. *Responsables solidarios.*

1[122]. Serán responsables solidarios de la deuda tributaria las siguientes personas o entidades:

a) Las que sean causantes o colaboren activamente en la realización de una infracción tributaria. Su responsabilidad también se extenderá a la sanción.

b) Sin perjuicio de lo dispuesto en la letra a) anterior, los partícipes o cotitulares de las entidades a que se refiere el apartado 4 del artículo 35 de esta Ley, en proporción a sus respectivas participaciones respecto a las obligaciones tributarias materiales de dichas entidades.

c) Las que sucedan por cualquier concepto en la titularidad o ejercicio de explotaciones o actividades económicas, por las obligaciones tributarias contraídas del anterior titular y derivadas de su ejercicio. La responsabilidad también se extenderá a las obligaciones derivadas de la falta de ingreso de las retenciones e ingresos a cuenta practicadas o que se hubieran debido practicar. Cuando resulte de aplicación lo previsto en el apartado 2 del artículo 175 de esta Ley, la responsabilidad establecida en esta letra se limitará de acuerdo con lo dispuesto en dicho artículo. Cuando no se haya solicitado dicho certificado, la responsabilidad alcanzará también a las sanciones impuestas o que puedan imponerse.

Lo dispuesto en el párrafo anterior no será aplicable a los adquirentes de elementos aislados, salvo que dichas adquisiciones, realizadas por una o varias personas o entidades, permitan la continuación de la explotación o actividad.

La responsabilidad a que se refiere el primer párrafo de esta letra no será aplicable a los supuestos de sucesión por causa de muerte, que se regirán por lo establecido en el artículo 39 de esta Ley.

Lo dispuesto en el primer párrafo de esta letra no será aplicable a los adquirentes de explotaciones o actividades económicas pertenecientes a un deudor concursado cuando la adquisición tenga lugar en un procedimiento concursal.

2[123]. También serán responsables solidarios del pago de la deuda tributaria pendiente y, en su caso, del de las sanciones tributarias, incluidos el recargo y el interés de demora del período ejecutivo, cuando procedan, hasta el importe del valor de los bienes o derechos

---

[122]　Disp. Adic. Séptima (Responsabilidad solidaria de las Comunidades Autónomas y de las Corporaciones Locales) de la LGT (§1)

[123]　Nueva redacción del art. 42.2 dada por el art. quinto. Cuatro de la Ley 36/2006, de 29 de noviembre, de medidas para la prevención del fraude fiscal (BOE núm. 286, de 30 de noviembre de 2006), en vigor desde el 1-12-2006. Estableciendo que: «Disposición Transitoria cuarta. Responsabilidad tributaria por levantamiento del velo.

que se hubieran podido embargar o enajenar por la Administración tributaria, las siguientes personas o entidades:

a) Las que sean causantes o colaboren en la ocultación o transmisión de bienes o derechos del obligado al pago con la finalidad de impedir la actuación de la Administración tributaria.

b) Las que, por culpa o negligencia, incumplan las órdenes de embargo

c) Las que, con conocimiento del embargo, la medida cautelar o la constitución de la garantía, colaboren o consientan en el levantamiento de los bienes o derechos embargados, o de aquellos bienes o derechos sobre los que se hubiera constituido la medida cautelar o la garantía.

d) Las personas o entidades depositarias de los bienes del deudor que, una vez recibida la notificación del embargo, colaboren o consientan en el levantamiento de aquéllos.

3. Las leyes podrán establecer otros supuestos de responsabilidad solidaria distintos de los previstos en los apartados anteriores.

4. El procedimiento para declarar y exigir la responsabilidad solidaria será el previsto en el artículo 175 de esta Ley.

Artículo 43. *Responsables subsidiarios.*

1. Serán responsables subsidiarios de la deuda tributaria las siguientes personas o entidades:

a) Sin perjuicio de lo dispuesto en la letra a) del apartado 1 del artículo 42 de esta Ley, los administradores de hecho o de derecho de las personas jurídicas que, habiendo éstas cometido infracciones tributarias, no hubiesen realizado los actos necesarios que sean de su incumbencia para el cumplimiento de las obligaciones y deberes tributarios, hubiesen consentido el incumplimiento por quienes de ellos dependan o hubiesen adoptado acuerdos que posibilitasen las infracciones.

Su responsabilidad también se extenderá a las sanciones[124].

La responsabilidad tributaria establecida en el apartado cuatro del artículo quinto de esta Ley podrá ser exigida cuando los presupuestos de hecho determinantes de la responsabilidad concurran a partir de la fecha de entrada en vigor de esta Ley».

[124] Sentencia núm. 594/2025 de 20 de mayo (Rec. nº 3452/2023): «FJ. Cuarto. Doctrina jurisprudencial que se establece.

La respuesta a la cuestión de interés casacional, conforme a lo que hemos razonado, debe ser la siguiente.

1. Se ratifica la doctrina jurisprudencial de esta Sala sobre la naturaleza sancionadora del régimen de responsabilidad subsidiaria aplicable a los administradores mercantiles, previsto en el art. 43.1.a) LGT.

2. Entre las garantías que amparan al responsable tributario subsidiario, como consecuencia de la naturaleza sancionadora de esta categoría de responsabilidad, está la interdicción de una responsabilidad objetiva del administrador, que resultaría en caso de que la responsabilidad subsidiaria atendiera en exclusiva a la condición de administrador de la persona jurídica, pues se vulneraría el principio de presunción de inocencia.

3. Asimismo, entre estas garantías está también la no inversión de la carga de la prueba. El examen sobre la carga de la prueba del hecho detonante de la derivación no es ajeno, en modo alguno, a la naturaleza sancionadora de esta categoría de responsabilidad, que no resulta compatible con la atribución al responsable tributario, bajo tal consideración, de la carga de probar su inocencia.

4. Será la Administración la que, en un procedimiento contradictorio, con participación y audiencia del presunto responsable, tenga que aportar los elementos de prueba que fundamenten el presupuesto de

b) Los administradores de hecho o de derecho de aquellas personas jurídicas que hayan cesado en sus actividades, por las obligaciones tributarias devengadas de éstas que se encuentren pendientes en el momento del cese, siempre que no hubieran hecho lo necesario para su pago o hubieren adoptado acuerdos o tomado medidas causantes del impago.

c) Los integrantes de la administración concursal y los liquidadores de sociedades y entidades en general que no hubiesen realizado las gestiones necesarias para el íntegro cumplimiento de las obligaciones tributarias devengadas con anterioridad a dichas situaciones e imputables a los respectivos obligados tributarios. De las obligaciones tributarias y sanciones posteriores a dichas situaciones responderán como administradores cuando tengan atribuidas funciones de administración[125].

d) Los adquirentes de bienes afectos por ley al pago de la deuda tributaria, en los términos del artículo 79 de esta Ley.

e)[126] Los representantes aduaneros cuando actúen en nombre y por cuenta de sus comitentes. No obstante, esta responsabilidad subsidiaria no alcanzará a la deuda aduanera.

f)[127] Las personas o entidades que contraten o subcontraten la ejecución de obras o la prestación de servicios correspondientes a su actividad económica principal, por las obligaciones tributarias relativas a tributos que deban repercutirse o cantidades que deban retenerse a trabajadores, profesionales u otros empresarios, en la parte que corresponda a las obras o servicios objeto de la contratación o subcontratación.

La responsabilidad prevista en el párrafo anterior no será exigible cuando el contratista o subcontratista haya aportado al pagador un certificado específico de encontrarse al corriente de sus obligaciones tributarias emitido a estos efectos por la Administración tributaria durante los doce meses anteriores al pago de cada factura correspondiente a la contratación o subcontratación.

La responsabilidad quedará limitada al importe de los pagos que se realicen sin haber aportado el contratista o subcontratista al pagador el certificado de encontrarse al corriente de sus obligaciones tributarias[128], o habiendo transcurrido el período de doce meses desde el anterior certificado sin haber sido renovado.

---

esta responsabilidad. Y las dudas que en este ámbito pudieran suscitarse deberán resolverse aplicando el principio in dubio pro reo».

[125] Art. 108 (Actuaciones en supuestos de liquidación o concurso) del RGGI (§2).

[126] Nueva redacción del art. 23.1.e) dada por el art. único Cinco de la Ley 34/2015, de 21 de septiembre, de modificación parcial de la Ley 58/2003, de 17 de diciembre, General Tributaria (BOE núm. 227, de 22 de septiembre de 2015), con entrada en vigor el día 11 de octubre de 2015.
Redacción anterior del art. 43.1.e) dada por el Art. 10 de la Ley 4/2008, de 23 de diciembre, por la que se suprime el gravamen del Impuesto sobre el Patrimonio, se generaliza el sistema de devolución mensual en el Impuesto sobre el Valor Añadido, y se introducen otras modificaciones en la normativa tributaria (BOE núm. 310, de 25 de diciembre) siendo de aplicación a los períodos impositivos que se inicien a partir del 1 de enero de 2008.

[127] Resolución 2/2004, de 16 julio, Dirección General de Tributos, relativa a la responsabilidad de los contratistas o subcontratistas regulada en el artículo 43 de la Ley 58/2003, de 17 de diciembre de 2003, General Tributaria (BOE núm. 173, de 19 julio de 2004).

[128] Art. 126 (Certificado expedido a instancia de los contratistas o subcontratistas de obras y servicios) del RGR (§3).

La Administración tributaria emitirá el certificado a que se refiere esta letra, o lo denegará, en el plazo de tres días desde su solicitud por el contratista o subcontratista, debiendo facilitar las copias del certificado que le sean solicitadas.

La solicitud del certificado podrá realizarse por el contratista o subcontratista con ocasión de la presentación de la declaración del Impuesto sobre la Renta de las Personas Físicas o del Impuesto sobre Sociedades a que esté obligado. En este caso, la Administración tributaria emitirá el certificado o lo denegará con arreglo al procedimiento y en los plazos que se determinen reglamentariamente.

g)[129] Las personas o entidades que tengan el control efectivo, total o parcial, directo o indirecto, de las personas jurídicas o en las que concurra una voluntad rectora común con éstas, cuando resulte acreditado que las personas jurídicas han sido creadas o utilizadas de forma abusiva o fraudulenta para eludir la responsabilidad patrimonial universal frente a la Hacienda Pública y exista unicidad de personas o esferas económicas, o confusión o desviación patrimonial. La responsabilidad se extenderá a las obligaciones tributarias y a las sanciones de dichas personas jurídicas.

h)[130] Las personas o entidades de las que los obligados tributarios tengan el control efectivo, total o parcial, o en las que concurra una voluntad rectora común con dichos obligados tributarios, por las obligaciones tributarias de éstos, cuando resulte acreditado que tales personas o entidades han sido creadas o utilizadas de forma abusiva o fraudulenta como medio de elusión de la responsabilidad patrimonial universal frente a la Hacienda Pública, siempre que concurran, ya sea una unicidad de personas o esferas económicas, ya una confusión o desviación patrimonial.

En estos casos la responsabilidad se extenderá también a las sanciones.

2[131]. Serán responsables subsidiarios de las deudas tributarias derivadas de tributos que deban repercutirse o de cantidades que deban retenerse a trabajadores, profesionales u otros empresarios, los administradores de hecho o de derecho de las personas jurídicas obligadas a efectuar la declaración e ingreso de tales deudas cuando, existiendo continuidad en el ejercicio de la actividad, la presentación de autoliquidaciones sin ingreso por tales conceptos tributarios sea reiterativa y pueda acreditarse que dicha presentación no obedece a una intención real de cumplir la obligación tributaria objeto de autoliquidación.

Se entenderá que existe reiteración en la presentación de autoliquidaciones cuando en un mismo año natural, de forma sucesiva o discontinua, se hayan presentado sin ingreso la mitad o más de las que corresponderían, con independencia de que se hubiese presentado

---

[129] Nueva letra g) incorporada por el art. quinto. Cinco de la Ley 36/2006, de 29 de noviembre, de medidas para la prevención del fraude fiscal (BOE núm. 286, de 30 de noviembre de 2006), en vigor desde el 1-12-2006.

[130] Nueva letra h) incorporada por el art. quinto. Cinco de la Ley 36/2006, de 29 de noviembre, de medidas para la prevención del fraude fiscal (BOE núm. 286, de 30 de noviembre de 2006), en vigor desde el 1-12-2006.

[131] Nuevo apartado 2 del art. 43 incorporado por el art. 1.tres de la Ley 7/2012, de 29 de octubre, de modificación de la normativa tributaria y presupuestaria y de adecuación de la normativa financiera para la intensificación de las actuaciones en la prevención y lucha contra el fraude (BOE núm. 261, de 30 de octubre de 2012), en vigor desde el 31 de octubre de 2012.

solicitud de aplazamiento o fraccionamiento y de que la presentación haya sido realizada en plazo o de forma extemporánea.

A estos efectos no se computarán aquellas autoliquidaciones en las que, habiendo existido solicitud de aplazamiento o fraccionamiento, se hubiese dictado resolución de concesión, salvo incumplimiento posterior de los mismos y con independencia del momento de dicho incumplimiento, no computándose, en ningún caso, aquellos que hubiesen sido concedidos con garantía debidamente formalizada.

Se considerará, a efectos de esta responsabilidad, que la presentación de las autoliquidaciones se ha realizado sin ingreso cuando, aun existiendo ingresos parciales en relación con todas o algunas de las autoliquidaciones presentadas, el importe total resultante de tales ingresos durante el año natural señalado en el segundo párrafo no supere el 25 por ciento del sumatorio de las cuotas a ingresar autoliquidadas.

Se presumirá que no existe intención real de cumplimiento de las obligaciones mencionadas en el párrafo primero, cuando se hubiesen satisfecho créditos de titularidad de terceros de vencimiento posterior a la fecha en que las obligaciones tributarias a las que se extiende la responsabilidad establecida en esta disposición se devengaron o resultaron exigibles y no preferentes a los créditos tributarios derivados de estas últimas.

3[132]. Las leyes podrán establecer otros supuestos de responsabilidad subsidiaria distintos de los previstos en los apartados anteriores.

4[133]. El procedimiento para declarar y exigir la responsabilidad subsidiaria se regirá por lo dispuesto en el artículo 176 de esta Ley.

SECCIÓN 4.ª *La Capacidad de Obrar en el Orden Tributario*

Artículo 44. *Capacidad de obrar.*

Tendrán capacidad de obrar en el orden tributario, además de las personas que la tengan conforme a Derecho, los menores de edad y los incapacitados en las relaciones tributarias derivadas de las actividades cuyo ejercicio les esté permitido por el ordenamiento jurídico sin asistencia de la persona que ejerza la patria potestad, tutela, curatela o defensa judicial. Se exceptúa el supuesto de los menores incapacitados cuando la extensión de la incapacitación afecte al ejercicio y defensa de los derechos e intereses de que se trate.

Artículo 45[134]. *Representación legal.*

1. Por las personas que carezcan de capacidad de obrar actuarán sus representantes legales.

---

[132] Nueva redacción del apartado 2 original y renumeración como apartado 3 por el art. 1.tres de la Ley 7/2012, de 29 de octubre, de modificación de la normativa tributaria y presupuestaria y de adecuación de la normativa financiera para la intensificación de las actuaciones en la prevención y lucha contra el fraude (BOE núm. 261, de 30 de octubre de 2012), en vigor desde el 31 de octubre de 2012.

[133] Apartado 3 original renumerado como apartado 4 por la Ley 7/2012, de 29 de octubre, de modificación de la normativa tributaria y presupuestaria y de adecuación de la normativa financiera para la intensificación de las actuaciones en la prevención y lucha contra el fraude (BOE núm. 261, de 30 de octubre de 2012), en vigor desde el 31 de octubre de 2012.

[134] Art. 110 (La representación legal) y art. 112 (Disposiciones comunes a la representación legal y voluntaria) del RGGI (§2).

2. Por las personas jurídicas actuarán las personas que ostenten, en el momento en que se produzcan las actuaciones tributarias correspondientes, la titularidad de los órganos a quienes corresponda su representación, por disposición de la ley o por acuerdo válidamente adoptado.

3. Por los entes a los que se refiere el apartado 4 del artículo 35 de esta Ley actuará en su representación el que la ostente, siempre que resulte acreditada en forma fehaciente y, de no haberse designado representante, se considerará como tal el que aparentemente ejerza la gestión o dirección y, en su defecto, cualquiera de sus miembros o partícipes.

Artículo 46[135]. *Representación voluntaria.*

1. Los obligados tributarios con capacidad de obrar podrán actuar por medio de representante, que podrá ser un asesor fiscal, con el que se entenderán las sucesivas actuaciones administrativas, salvo que se haga manifestación expresa en contrario.

2[136]. Para interponer recursos o reclamaciones, desistir de ellos, renunciar a derechos, asumir o reconocer obligaciones en nombre del obligado tributario, solicitar devoluciones de ingresos indebidos o reembolsos y en los restantes supuestos en que sea necesaria la firma del obligado tributario en los procedimientos regulados en los títulos III, IV, V, VI y VII de esta Ley, la representación deberá acreditarse por cualquier medio válido en Derecho que deje constancia fidedigna o mediante declaración en comparecencia personal del interesado ante el órgano administrativo competente.

A estos efectos, serán válidos los documentos normalizados de representación que apruebe la Administración Tributaria para determinados procedimientos.

3. Para los actos de mero trámite se presumirá concedida la representación.

4. Cuando en el marco de la colaboración social en la gestión tributaria, o en los supuestos que se prevean reglamentariamente, se presente por medios telemáticos cualquier documento ante la Administración tributaria, el presentador actuará con la representación que sea necesaria en cada caso. La Administración tributaria podrá requerir, en cualquier momento, la acreditación de dicha representación, que podrá efectuarse de acuerdo con lo establecido en el apartado 2 de este artículo.

5. Para la realización de actuaciones distintas de las mencionadas en los apartados 2, 3 y 4 anteriores, la representación podrá acreditarse debidamente en la forma que reglamentariamente se establezca.

6. Cuando, de acuerdo con lo previsto en el apartado 6[137] del artículo 35 de esta Ley, concurran varios titulares en una misma obligación tributaria, se presumirá otorgada la representación a cualquiera de ellos, salvo que se produzca manifestación expresa en contrario. La liquidación que resulte de dichas actuaciones deberá ser notificada a todos los titulares de la obligación.

---

[135] Art. 111 (La representación voluntaria) y art. 112 (Disposiciones comunes a la representación legal y voluntaria) del RGGI (§2). Art. 3 (Representación) del RGRVA (§5).

[136] Nueva redacción del art. 46.2 dada por el art. único Seis de la Ley 34/2015, de 21 de septiembre, de modificación parcial de la Ley 58/2003, de 17 de diciembre, General Tributaria (BOE núm. 227, de 22 de septiembre de 2015), con entrada en vigor el día 11 de octubre de 2015.

[137] Actual apartado 7 del art. 35 LGT (§1).

7. La falta o insuficiencia del poder no impedirá que se tenga por realizado el acto de que se trate, siempre que se acompañe aquél o se subsane el defecto dentro del plazo de diez días, que deberá conceder al efecto el órgano administrativo competente.

Artículo 47[138]**. *Representación de personas o entidades no residentes.***

A los efectos de sus relaciones con la Administración Tributaria, los obligados tributarios que no residan en España deberán designar un representante cuando lo establezca expresamente la normativa tributaria.

La designación anterior deberá comunicarse a la Administración Tributaria en los términos que la normativa señale.

SECCIÓN 5.ª *El Domicilio Fiscal*

Artículo 48. *Domicilio fiscal.*

1. El domicilio fiscal es el lugar de localización del obligado tributario en sus relaciones con la Administración tributaria.

2. El domicilio fiscal será:

a) Para las personas físicas, el lugar donde tengan su residencia habitual[139]. No obstante, para las personas físicas que desarrollen principalmente actividades económicas, en los términos que reglamentariamente[140] se determinen, la Administración tributaria podrá considerar como domicilio fiscal el lugar donde esté efectivamente centralizada la gestión administrativa y la dirección de las actividades desarrolladas. Si no pudiera establecerse dicho lugar, prevalecerá aquel donde radique el mayor valor del inmovilizado en el que se realicen las actividades económicas.

b)[141] Para las personas jurídicas, su domicilio social, siempre que en él esté efectivamente centralizada su gestión administrativa y la dirección de sus negocios.

En otro caso, se atenderá al lugar en el que se lleve a cabo dicha gestión o dirección.

---

[138]   Art. 109 (Actuaciones relativas a obligados tributarios no residentes) del RGGI (§2).

    Nueva redacción del art. 47 dada por el art. decimotercero Siete de la Ley 11/2021, de 9 de julio, de medidas de prevención y lucha contra el fraude fiscal, de transposición de la Directiva (UE) 2016/1164, del Consejo, de 12 de julio de 2016, por la que se establecen normas contra las prácticas de elusión fiscal que inciden directamente en el funcionamiento del mercado interior, de modificación de diversas normas tributarias y en materia de regulación del juego (BOE núm. 164, de 10 de julio de 2021), en vigor desde el 11 de julio de 2021.

[139]   Arts. 9 (Contribuyentes que tienen su residencia habitual en territorio español) y 72 (Residencia habitual en el territorio de una Comunidad Autónoma) de la Ley 35/2006, de 28 de noviembre, del Impuesto sobre la Renta de las Personas Físicas (BOE de 29 de noviembre de 2006). Art. 6 (Residencia en territorio español) y 11 (Domicilio fiscal) del Real Decreto Legislativo 5/2004, de 5 de marzo, por el que se aprueba el texto refundido de la Ley del Impuesto sobre la Renta de no Residentes.

    Art. 28 (Residencia habitual de las personas físicas) y art. 29 (Domicilio fiscal de las personas jurídicas) de la Ley 22/2009, de 18 de diciembre, por la que se regula el sistema de financiación de las Comunidades Autónomas de régimen común y Ciudades con Estatuto de Autonomía y se modifican determinadas normas tributarias (BOE núm. 305 de 19 de diciembre de 2009).

[140]   Art. 113 (El domicilio fiscal de las personas físicas) del RGGI (§2).

[141]   Art. 8 (Residencia y domicilio fiscal) del Real Decreto Legislativo 4/2004, de 5 de marzo, por el que se aprueba el texto refundido de la Ley del Impuesto sobre Sociedades, actual art. 8 (Residencia y domicilio

Cuando no pueda determinarse el lugar del domicilio fiscal de acuerdo con los criterios anteriores prevalecerá aquel donde radique el mayor valor del inmovilizado.

c) Para las entidades a las que se refiere el apartado 4 del artículo 35 de esta Ley, el que resulte de aplicar las reglas establecidas en la letra anterior.

d) Para las personas o entidades no residentes en España, el domicilio fiscal se determinará según lo establecido en la normativa reguladora de cada tributo.

En defecto de regulación, el domicilio será el del representante al que se refiere el artículo 47 de esta Ley. No obstante, cuando la persona o entidad no residente en España opere mediante establecimiento permanente, el domicilio será el que resulte de aplicar a dicho establecimiento permanente las reglas establecidas en las letras a) y b) de este apartado.

3[142]. Los obligados tributarios deberán comunicar su domicilio fiscal y el cambio del mismo a la Administración tributaria que corresponda, en la forma y en los términos que se establezcan reglamentariamente[143]. El cambio de domicilio fiscal no producirá efectos frente a la Administración tributaria hasta que se cumpla con dicho deber de comunicación, pero ello no impedirá que, conforme a lo establecido reglamentariamente[144], los procedimientos que se hayan iniciado de oficio antes de la comunicación de dicho cambio, puedan continuar tramitándose por el órgano correspondiente al domicilio inicial, siempre que las notificaciones derivadas de dichos procedimientos se realicen de acuerdo con lo previsto en el artículo 110 de esta Ley.

4. Cada Administración podrá comprobar y rectificar el domicilio fiscal declarado por los obligados tributarios en relación con los tributos cuya gestión le competa con arreglo al procedimiento que se fije reglamentariamente[145].

CAPÍTULO III. Elementos de cuantificación de la obligación tributaria principal y de la obligación de realizar pagos a cuenta

Artículo 49. *Cuantificación de la obligación tributaria principal y de la obligación de realizar pagos a cuenta.*

La obligación tributaria principal y la obligación de realizar pagos a cuenta se determinarán a partir de las bases tributarias, los tipos de gravamen y los demás elementos previstos en este Capítulo, según disponga la ley de cada tributo.

---

fiscal) de la Ley 27/2014, de 27 de noviembre, del Impuesto sobre Sociedades (BOE núm. 288, de 28 de noviembre de 2014).

[142] Art. 10.2.a) (Declaración de modificación en el Censo) y art. 17 (Obligación de comunicar el cambio de domicilio fiscal) del RGGI (§2). Orden EHA/1274/2007, de 26 de abril, por la que se aprueban los modelos 036 de Declaración censal de alta, modificación y baja en el Censo de empresarios, profesionales y retenedores y 037 Declaración censal simplificada de alta, modificación y baja en el Censo de empresarios, profesionales y retenedores (BOE núm. 112, de 10 de mayo de 2007), última modificación dada por la Orden HFP/381/2023, de 26 de abril (BOE núm. 94, de 2.º de abril de 2023).

[143] Art. 17 (Obligación de comunicar el cambio de domicilio fiscal), del RGGI (§2).

[144] Art. 59.2 y 3 (Criterios de atribución de competencia en el ámbito de las Administraciones Tributarias), de la LGT (§1).

[145] Art. 148 a 152 (Actuaciones de comprobación del domicilio fiscal) del RGGI (§2).

Artículo 50. *Base imponible: concepto y métodos de determinación.*
1. La base imponible es la magnitud dineraria o de otra naturaleza que resulta de la medición o valoración del hecho imponible.
2. La base imponible podrá determinarse por los siguientes métodos:
a) Estimación directa.
b) Estimación objetiva.
c) Estimación indirecta.
3. Las bases imponibles se determinarán con carácter general a través del método de estimación directa. No obstante, la ley podrá establecer los supuestos en que sea de aplicación el método de estimación objetiva, que tendrá, en todo caso, carácter voluntario para los obligados tributarios.
4. La estimación indirecta tendrá carácter subsidiario respecto de los demás métodos de determinación y se aplicará cuando se produzca alguna de las circunstancias previstas en el artículo 53 de esta Ley.

Artículo 51. *Método de estimación directa.*
El método de estimación directa podrá utilizarse por el contribuyente y por la Administración tributaria de acuerdo con lo dispuesto en la normativa de cada tributo.
A estos efectos, la Administración tributaria utilizará las declaraciones o documentos presentados, los datos consignados en libros y registros comprobados administrativamente y los demás documentos, justificantes y datos que tengan relación con los elementos de la obligación tributaria.

Artículo 52. *Método de estimación objetiva.*
El método de estimación objetiva podrá utilizarse para la determinación de la base imponible mediante la aplicación de las magnitudes, índices, módulos o datos previstos en la normativa propia de cada tributo[146].

---

[146] Art. 16 (Métodos de determinación de la base imponible) y art. 31 (Normas para la determinación del rendimiento neto en estimación objetiva) de la Ley 35/2006, de 28 de noviembre, del Impuesto sobre la Renta de las Personas Físicas.
Orden HAC/1347/2024, de 28 de noviembre, por la que se desarrollan para el año 2025 el método de estimación objetiva del Impuesto sobre la Renta de las Personas Físicas y el régimen especial simplificado del Impuesto sobre el Valor Añadido (BOE núm. 289, de 30 noviembre de 2024).
Orden HFP/1359/2023, de 19 de diciembre, por la que se desarrollan para el año 2024 el método de estimación objetiva del Impuesto sobre la Renta de las Personas Físicas y el régimen especial simplificado del Impuesto Sobre el Valor Añadido (BOE núm. 304, de 21 de diciembre de 2023).
2023: Orden HFP/1172/2022, de 29 de noviembre (BOE núm. 288, de 1 de diciembre de 2022).
2022: Orden HFP/1335/2021, de 1 de diciembre (BOE núm. 288, de 2 de diciembre de 2021).
2021: Orden HAC/1155/2020, de 25 de noviembre (BOE núm. 317, de 4 de diciembre de 2020).
2020: Orden HAC/1164/2019, de 22 de noviembre (BOE núm. 288, de 30 de noviembre de 2019).
2019: Orden HAC/1264/2018, de 27 de noviembre (BOE núm. 289, de 30 de noviembre de 2018).
2018: Orden HFP/1159/2017, de 28 de noviembre, (BOE núm. 291, de 30 de noviembre de 2017).
2017: Orden HFP/1823/2016, de 25 de noviembre (BOE núm. 288, de 29 de noviembre de 2016).
2016: Orden HAP/2430/2015, de 12 de diciembre (BOE núm. 276, de 18 de noviembre de 2015).
2015: Orden HAP/2222/2014, de 27 de noviembre (BOE núm. 289, de 29 de noviembre de 2014).
2014: Orden HAP/2206/2013, de 26 de noviembre (BOE núm. 285, de 28 de noviembre de 2013).

Artículo 53[147]. *Método de estimación indirecta.*

1. El método de estimación indirecta se aplicará cuando la Administración tributaria no pueda disponer de los datos necesarios para la determinación completa de la base imponible como consecuencia de alguna de las siguientes circunstancias:

a) Falta de presentación de declaraciones o presentación de declaraciones incompletas o inexactas.

b) Resistencia, obstrucción, excusa o negativa a la actuación inspectora.

c) Incumplimiento sustancial de las obligaciones contables o registrales.

d) Desaparición o destrucción, aun por causa de fuerza mayor, de los libros y registros contables o de los justificantes de las operaciones anotadas en los mismos.

2. Las bases o rendimientos se determinarán mediante la aplicación de cualquiera de los siguientes medios o de varios de ellos conjuntamente:

a) Aplicación de los datos y antecedentes disponibles que sean relevantes al efecto.

b) Utilización de aquellos elementos que indirectamente acrediten la existencia de los bienes y de las rentas, así como de los ingresos, ventas, costes y rendimientos que sean normales en el respectivo sector económico, atendidas las dimensiones de las unidades productivas o familiares que deban compararse en términos tributarios.

c) Valoración de las magnitudes, índices, módulos o datos que concurran en los respectivos obligados tributarios, según los datos o antecedentes que se posean de supuestos similares o equivalentes.

3. Cuando resulte aplicable el método de estimación indirecta, se seguirá el procedimiento previsto en el artículo 158 de esta Ley.

Artículo 54. *Base liquidable.*

La base liquidable es la magnitud resultante de practicar, en su caso, en la base imponible las reducciones establecidas en la ley.

Artículo 55. *Tipo de gravamen.*

1. El tipo de gravamen es la cifra, coeficiente o porcentaje que se aplica a la base liquidable para obtener como resultado la cuota íntegra.

2. Los tipos de gravamen pueden ser específicos o porcentuales, y deberán aplicarse según disponga la ley propia de cada tributo a cada unidad, conjunto de unidades o tramo de la base liquidable.

El conjunto de tipos de gravamen aplicables a las distintas unidades o tramos de base liquidable en un tributo se denominará tarifa.

2013: Orden HAP/2549/2012, de 28 de noviembre, (BOE núm. 288, de 30 de noviembre de 2012).
2012: Orden EHA/3257/2011, de 21 de noviembre (BOE núm. 287, de 29 de noviembre de 2010).
2011: Orden EHA/3063/2010, de 25 de noviembre (BOE núm. 289, de 30 de noviembre de 2010).
2010: Orden EHA/99/2010, de 28 de enero (BOE núm. 26, de 28 de enero de 2010).
2009: Orden EHA/3413/2008, de 26 de noviembre (BOE núm. 288 de 29 de noviembre de 2008).
2008: Orden EHA/3462/2007, de 26 de noviembre (BOE núm. 287, de 30 de noviembre de 2007).
2007: Orden EHA/804/2007, de 30 de marzo, (BOE núm. 78 de 31 de marzo de 2007).

[147] Art. 158 (Aplicación del método de estimación indirecta) de la LGT (§1), y art. 193 (Estimación indirecta de bases o cuotas), del RGGI (§2).

3. La ley podrá prever la aplicación de un tipo cero, así como de tipos reducidos o bonificados.

Artículo 56. *Cuota tributaria.*

1. La cuota íntegra se determinará:

a) Aplicando el tipo de gravamen a la base liquidable.

b) Según cantidad fija señalada al efecto.

2. Para el cálculo de la cuota íntegra podrán utilizarse los métodos de determinación previstos en el apartado 2 del artículo 50 de esta Ley.

3. La cuota íntegra deberá reducirse de oficio cuando de la aplicación de los tipos de gravamen resulte que a un incremento de la base corresponde una porción de cuota superior a dicho incremento. La reducción deberá comprender al menos dicho exceso.

Se exceptúan de esta regla los casos en que la deuda tributaria deba pagarse por medio de efectos timbrados.

4. El importe de la cuota íntegra podrá modificarse mediante la aplicación de las reducciones o límites que la ley de cada tributo establezca en cada caso.

5. La cuota líquida será el resultado de aplicar sobre la cuota íntegra las deducciones, bonificaciones, adiciones o coeficientes previstos, en su caso, en la ley de cada tributo.

6. La cuota diferencial será el resultado de minorar la cuota líquida en el importe de las deducciones, pagos fraccionados, retenciones, ingresos a cuenta y cuotas, conforme a la normativa de cada tributo.

Artículo 57. *Comprobación de valores.*

1[148]. El valor de las rentas, productos, bienes y demás elementos determinantes de la obligación tributaria podrá ser comprobado por la Administración tributaria mediante los siguientes medios:

a) Capitalización o imputación de rendimientos al porcentaje que la ley de cada tributo señale.

b) Estimación por referencia a los valores que figuren en los registros oficiales de carácter fiscal.

Dicha estimación por referencia podrá consistir en la aplicación de los coeficientes multiplicadores que se determinen y publiquen por la Administración tributaria competente, en los términos que se establezcan reglamentariamente, a los valores que figuren en el registro oficial de carácter fiscal que se tome como referencia a efectos de la valoración de cada tipo de bienes. Tratándose de bienes inmuebles, el registro oficial de carácter fiscal que se tomará

---

[148] Nueva redacción del art. 57.1 dada por el art. quinto. Seis de la Ley 36/2006, de 29 de noviembre, de medidas para la prevención del fraude fiscal (BOE núm. 286, de 30 de noviembre de 2006), en vigor desde el 1-12-2006. Estableciendo que: «Disposición Transitoria quinta. Comprobación de valores. La nueva redacción del apartado 1 del artículo 57 de la Ley 58/2003, de 17 de diciembre, General Tributaria, establecida en el apartado seis del artículo quinto de esta Ley será aplicable a todas las comprobaciones de valores que realice la Administración tributaria a partir de la fecha de entrada en vigor de esta Ley».

como referencia a efectos de determinar los coeficientes multiplicadores para la valoración de dichos bienes será el Catastro Inmobiliario[149].

c) Precios medios en el mercado[150].

d) Cotizaciones en mercados nacionales y extranjeros.

e) Dictamen de peritos de la Administración.

f) Valor asignado a los bienes en las pólizas de contratos de seguros.

---

[149] STS 843/2018 de 23 de mayo, establece como doctrina que: «*el método de comprobación consistente en la estimación por referencia a valores catastrales, multiplicados por índices o coeficientes (artículo 57.1.b) de la Ley General Tributaria) no es idóneo, por su generalidad y falta de relación con el bien concreto de cuya estimación se trata, para la valoración de bienes inmuebles en aquellos impuestos en que la base imponible viene determinada legalmente por su valor real, salvo que tal método se complemente con la realización de una actividad estrictamente comprobadora directamente relacionada con el inmueble singular que se someta a avalúo*».

Añade que la aplicación de ese método de comprobación: «*no dota a la Administración de una presunción reforzada de veracidad y acierto de los valores incluidos en los coeficientes, figuren en disposiciones generales o no*», así como que «*la aplicación de tal método para rectificar el valor declarado por el contribuyente exige que la Administración exprese motivadamente las razones por las que, a su juicio, tal valor declarado no se corresponde con el valor real, sin que baste para justificar el inicio de la comprobación la mera discordancia con los valores o coeficientes generales publicados por los que se multiplica el valor catastral*».

[150] Orden HAC/1484/2024, de 26 de diciembre, por la que se aprueban los precios medios de venta aplicables en la gestión del Impuesto sobre Transmisiones Patrimoniales y Actos Jurídicos Documentados, Impuesto sobre Sucesiones y Donaciones e Impuesto Especial sobre Determinados Medios de Transporte (BOE núm. 313, de 28 de diciembre de 2024).

Ejercicio 2024: Orden HFP/1396/2023, de 26 de diciembre, por la que se aprueban los precios medios de venta aplicables en la gestión del Impuesto sobre Transmisiones Patrimoniales y Actos Jurídicos Documentados, Impuesto sobre Sucesiones y Donaciones e Impuesto Especial sobre Determinados Medios de Transporte (BOE núm. 311, de 29 de diciembre de 2023).

Ejercicio 2023: Orden HFP/1259/2022, de 14 de diciembre, por la que se aprueban los precios medios de venta aplicables en la gestión del Impuesto sobre Transmisiones Patrimoniales y Actos Jurídicos Documentados, Impuesto sobre Sucesiones y Donaciones e Impuesto Especial sobre Determinados Medios de Transporte (BOE núm. 304, de 20 de diciembre de 2022).

Para años anteriores Ejercicio 2022: Orden HFP/1442/2021, de 20 de diciembre (BOE núm. 308, de 24 de diciembre de 2021). Ejercicio 2021: Orden HAC/1275/2020, de 28 de diciembre (BOE núm. 340, de 30 de diciembre de 2020). Ejercicio 2020: Orden HAC/1273/2019, de 16 de diciembre (BOE núm. 314, de 31 de diciembre de 2019). Ejercicio 2019: Orden HAC/1375/2018 (BOE núm. 31, de 5 de febrero de 2019). Ejercicio 2018: Orden HFP/1258/2017, de 5 diciembre (BOE núm. 310, de 22 de diciembre de 2017). Ejercicio 2017: Orden HFP/1895/2016, de 14 de diciembre (BOE núm. 304, de 17 de diciembre de 2016). Ejercicio 2016: Orden HAP/2763/2015, de 17 de diciembre (BOE núm. 304, de 21 de diciembre de 2015). Ejercicio 2015: Orden HAP/2374/2014, de 11 de diciembre (BOE núm. 306, de 19 de diciembre de 2014). 2014: Orden HAP/2367/2013, de 11 de diciembre (BOE núm. 302, de 18 de diciembre de 2013); 2013: Orden HAP/2724/2012, de 12 de diciembre (BOE núm. 306, de 21 de diciembre de 2012). Para el ejercicio 2012, la Orden EHA/3551/2011, de 13 de diciembre (BOE de 29 de diciembre de 2011); 2011: Orden EHA/3334/2010, de 16 de diciembre, (BOE núm. 314, de 27 de diciembre de 2010). Para el ejercicio 2010, Orden EHA/3476/2009, de 17 de diciembre (BOE núm. 311, de 26 de diciembre de 2009). Ejercicio 2009: Orden EHA/3697/2008, de 11 de diciembre (BOE núm. 305, de 19 de diciembre de 2008). 2008: Orden EHA/3851/2007 de 26 de diciembre (BOE, 29 de diciembre de 2007).

g) Valor asignado para la tasación de las fincas hipotecadas en cumplimiento de lo previsto en la legislación hipotecaria[151].

h) Precio o valor declarado correspondiente a otras transmisiones del mismo bien, teniendo en cuenta las circunstancias de éstas, realizadas dentro del plazo que reglamentariamente se establezca.

i) Cualquier otro medio que se determine en la ley propia de cada tributo.

2. La tasación pericial contradictoria podrá utilizarse para confirmar o corregir en cada caso las valoraciones resultantes de la aplicación de los medios del apartado 1 de este artículo.

3. Las normas de cada tributo regularán la aplicación de los medios de comprobación señalados en el apartado 1 de este artículo.

4. La comprobación de valores deberá ser realizada por la Administración tributaria a través del procedimiento previsto en los artículos 134 y 135 de esta Ley, cuando dicha comprobación sea el único objeto del procedimiento, o cuando se sustancie en el curso de otro procedimiento de los regulados en el Título III, como una actuación concreta del mismo, y en todo caso será aplicable lo dispuesto en dichos artículos salvo el apartado 1 del artículo 134 de esta Ley.

CAPÍTULO IV. LA DEUDA TRIBUTARIA

SECCIÓN 1.ª *Disposiciones Generales*

Artículo 58. *Deuda tributaria.*

1. La deuda tributaria estará constituida por la cuota o cantidad a ingresar que resulte de la obligación tributaria principal o de las obligaciones de realizar pagos a cuenta.

2. Además, la deuda tributaria estará integrada, en su caso, por:

a) El interés de demora[152].

b) Los recargos por declaración extemporánea[153].

c) Los recargos del período ejecutivo[154].

d) Los recargos exigibles legalmente sobre las bases o las cuotas, a favor del Tesoro o de otros entes públicos.

---

151 La Sentencia de 7 de diciembre de 2011, de la Sala Tercera del Tribunal Supremo, por la que se fija la siguiente doctrina legal:
«*La utilización por la Administración Tributaria del medio de comprobación de valores previsto en el apartado g) del artículo 57.1 de la Ley 58/2003, de 17 de diciembre, General Tributaria («Valor asignado para la tasación de las fincas hipotecadas en cumplimiento de lo previsto en la legislación hipotecaria»), en la redacción dada por la Ley 36/2006, de 29 de noviembre, no requiere ninguna carga adicional para aquélla respecto a los demás medios de comprobación de valores, por lo que no viene obligada a justificar previamente que el valor asignado para la tasación de las fincas hipotecadas coincide con el valor ajustado a la base imponible del impuesto, ni la existencia de algún elemento de defraudación que deba corregirse*» (BOE núm. 58, de 8 de marzo de 2012).

152 Art. 26 (Interés de demora) de la LGT (§1).

153 Art. 27 (Recargos por declaración extemporánea sin requerimiento previo) de la LGT (§1).

154 Art. 28 (Recargos del período ejecutivo) de la LGT (§1).

3. Las sanciones tributarias que puedan imponerse de acuerdo con lo dispuesto en el Título IV de esta Ley no formarán parte de la deuda tributaria, pero en su recaudación se aplicarán las normas incluidas en el Capítulo V del Título III de esta Ley.

Artículo 59[155]. *Extinción de la deuda tributaria.*

1. Las deudas tributarias podrán extinguirse por pago, prescripción, compensación o condonación, por los medios previstos en la normativa aduanera y por los demás medios previstos en las leyes.

2. El pago, la compensación, la deducción sobre transferencias o la condonación de la deuda tributaria tiene efectos liberatorios exclusivamente por el importe pagado, compensado, deducido o condonado.

SECCIÓN 2.ª *El Pago*

Artículo 60. *Formas de pago.*

1. El pago de la deuda tributaria se efectuará en efectivo. Podrá efectuarse mediante efectos timbrados cuando así se disponga reglamentariamente[156].

El pago de las deudas en efectivo podrá efectuarse por los medios y en la forma que se determinen reglamentariamente[157].

La normativa tributaria regulará los requisitos y condiciones para que el pago pueda efectuarse utilizando técnicas y medios electrónicos, informáticos o telemáticos.

2[158]. Podrá admitirse el pago en especie de la deuda tributaria en período voluntario o ejecutivo cuando una Ley lo disponga expresamente y en los términos y condiciones que se prevean reglamentariamente[159].

No podrá admitirse el pago en especie en aquellos supuestos en los que, de acuerdo con el artículo 65.2 de esta Ley, las deudas tributarias tengan la condición de inaplazables. Las solicitudes de pago en especie a que se refiere este apartado serán objeto de inadmisión.

Artículo 61. *Momento del pago.*

1[160]. Se entiende pagada en efectivo una deuda tributaria cuando se haya realizado el ingreso de su importe en las cajas de los órganos competentes, oficinas recaudadoras o entidades autorizadas para su admisión.

---

[155] Arts. 32 a 63 del RGR (§3).

[156] Art. 39 (Pago mediante efectos timbrados) del RGR (§3).

[157] Art. 34 (Medios y momento del pago en efectivo del RGR (§3).

[158] Nueva redacción del art. 60.2 dada por el art. 6.Uno del Real Decreto-ley 3/2016, de 2 de diciembre, por el que se adoptan medidas en el ámbito tributario dirigidas a la consolidación de las finanzas públicas y otras medidas urgentes en materia social (BOE núm. 292, de 3 de diciembre de 2016), en vigor desde el 1 de enero de 2017.

[159] Art. 40 (Pago en especie) del RGR (§3).

[160] Art. 13 (Ingresos en la Tesorería de la Dirección General del Tesoro y Política Financiera), 14 al 16 (Ingresos en las entidades de crédito que presten el servicio de caja), 17 al 19 (Ingresos en las entidades colaboradoras), 20 (Ingresos en las aduanas), 21 (Ingresos en las cuentas restringidas abiertas en entidades de crédito y en las cajas de los órganos gestores) y en el 22 (Ingresos en organismos autónomos), RGR (§3).

2. En caso de empleo de efectos timbrados se entenderá pagada la deuda tributaria cuando aquéllos se utilicen en la forma que reglamentariamente[161] se determine.

3. El pago en especie extinguirá la deuda tributaria en el momento señalado en las normas que lo regulen.

Artículo 62[162]. *Plazos para el pago.*

1[163]. Las deudas tributarias resultantes de una autoliquidación deberán pagarse en los plazos que establezca la normativa de cada tributo.

2. En el caso de deudas tributarias resultantes de liquidaciones practicadas por la Administración, el pago en período voluntario deberá hacerse en los siguientes plazos:

a) Si la notificación de la liquidación se realiza entre los días 1 y 15 de cada mes, desde la fecha de recepción de la notificación hasta el día 20 del mes posterior o, si éste no fuera hábil, hasta el inmediato hábil siguiente.

b) Si la notificación de la liquidación se realiza entre los días 16 y último de cada mes, desde la fecha de recepción de la notificación hasta el día 5 del segundo mes posterior o, si éste no fuera hábil, hasta el inmediato hábil siguiente.

3. El pago en período voluntario de las deudas de notificación colectiva y periódica que no tengan establecido otro plazo en sus normas reguladoras deberá efectuarse en el período comprendido entre el día 1 de septiembre y el 20 de noviembre o, si éste no fuera hábil, hasta el inmediato hábil siguiente.

La Administración tributaria competente podrá modificar el plazo señalado en el párrafo anterior siempre que dicho plazo no sea inferior a dos meses.

4. Las deudas que deban abonarse mediante efectos timbrados se pagarán en el momento de la realización del hecho imponible, si no se dispone otro plazo en su normativa específica.

5. Una vez iniciado el período ejecutivo y notificada la providencia de apremio, el pago de la deuda tributaria deberá efectuarse en los siguientes plazos:

a) Si la notificación de la providencia se realiza entre los días 1 y 15 de cada mes, desde la fecha de recepción de la notificación hasta el día 20 de dicho mes o, si éste no fuera hábil, hasta el inmediato hábil siguiente.

b) Si la notificación de la providencia se realiza entre los días 16 y último de cada mes, desde la fecha de recepción de la notificación hasta el día 5 del mes siguiente o, si éste no fuera hábil, hasta el inmediato hábil siguiente.

---

[161] Art. 39 (Pago mediante efectos timbrados) del RGR (§3).

[162] Real Decreto-ley 8/2020, de 17 de marzo, de medidas urgentes extraordinarias para hacer frente al impacto económico y social del COVID-19 (BOE núm. 73, de 18 de marzo de 2002): Artículo 33. Suspensión de plazos en el ámbito tributario.
Real Decreto-ley 11/2020, de 31 de marzo, por el que se adoptan medidas urgentes complementarias en el ámbito social y económico para hacer frente al COVID-19 (BOE núm. 91, de 1 de abril de 2020): Artículo 53. «Suspensión de plazos en el ámbito tributario de las Comunidades Autónomas y de las Entidades Locales» y «Disposición adicional novena. Aplicación del Real Decreto-ley 8/2020, de 17 de marzo, de medidas urgentes extraordinarias para hacer frente al impacto económico y social del COVID-19 a determinados procedimientos y actos», en redacción dada por Disposición final tercera de la Ley 11/2021, de 9 de julio.

[163] Art. 11.2 (Ingresos de la gestión recaudatoria) del RGR (§3).

6[164]. El pago de las deudas de titularidad de otros Estados o entidades internacionales o supranacionales cuya actuación recaudatoria se realice en el marco de la asistencia mutua será requerido al obligado tributario, que deberá efectuarlo en los siguientes plazos:

a) Si la notificación del instrumento de ejecución se realiza entre los días uno y 15 de cada mes, desde la fecha de recepción de la notificación hasta el día 20 de dicho mes o, si éste no fuera hábil, hasta el inmediato hábil siguiente.

b) Si la notificación del instrumento de ejecución se realiza entre los días 16 y último de cada mes, desde la fecha de recepción de la notificación hasta el día cinco del mes siguiente o, si éste no fuera hábil, hasta el inmediato hábil siguiente.

No obstante lo anterior, cuando la norma reguladora de la asistencia mutua lo permita, la Administración tributaria podrá desarrollar actuaciones recaudatorias desde la recepción de la solicitud de cobro del Estado o entidad internacional o supranacional requirente, sin necesidad de que haya concluido el plazo al que se refiere este apartado.

7. Las deudas tributarias aduaneras y fiscales derivadas de operaciones de comercio exterior deberán pagarse en el plazo establecido por su propia normativa.

8. En los supuestos en los que la ley de cada tributo lo establezca, el ingreso de la deuda de un obligado tributario podrá suspenderse total o parcialmente, sin aportación de garantía y a solicitud de éste, si otro obligado presenta una declaración o autoliquidación de la que resulte una cantidad a devolver o una comunicación de datos, con indicación de que el importe de la devolución que pueda ser reconocido se destine a la cancelación de la deuda cuya suspensión se pretende.

El importe de la deuda suspendida no podrá ser superior a la devolución solicitada.

La deuda suspendida quedará total o parcialmente extinguida en el importe que proceda de la devolución reconocida, sin que sean exigibles intereses de demora sobre la deuda cancelada con cargo a la devolución.

9. El ingreso de la deuda de un obligado tributario se suspenderá total o parcialmente, sin aportación de garantías, cuando se compruebe que por la misma operación se ha satisfecho a la misma u otra Administración una deuda tributaria o se ha soportado la repercusión de otro impuesto, siempre que el pago realizado o la repercusión soportada fuera incompatible con la deuda exigida y, además, en este último caso, el sujeto pasivo no tenga derecho a la completa deducción del importe soportado indebidamente.

Reglamentariamente[165] se regulará el procedimiento para la extinción de las deudas tributarias a las que se refiere el párrafo anterior y, en los casos en que se hallen implicadas dos Administraciones tributarias, los mecanismos de compensación entre éstas.

Artículo 63. *Imputación de pagos.*

1. Las deudas tributarias son autónomas. El obligado al pago de varias deudas podrá imputar cada pago a la deuda que libremente determine.

---

[164] Nuevo apartado 6 y renumeración del original apartado 6 y siguientes, incorporado por la Disposición Final Primera.uno.8 del Real Decreto-ley 20/2011, de 30 de diciembre, de medidas urgentes en materia presupuestaria, tributaria y financiera para la corrección del déficit público (BOE núm. 315, de 31 de diciembre), con efectos desde el 1 de enero de 2012.

[165] Art. 42 (Actuaciones a realizar en el supuesto de tributos incompatibles) del RGR (§3).

2. El cobro de un débito de vencimiento posterior no extingue el derecho de la Administración tributaria a percibir los anteriores en descubierto.

3. En los casos de ejecución forzosa en que se hubieran acumulado varias deudas tributarias del mismo obligado tributario y no pudieran extinguirse totalmente, la Administración tributaria, salvo lo dispuesto en el apartado siguiente, aplicará el pago a la deuda más antigua. Su antigüedad se determinará de acuerdo con la fecha en que cada una fue exigible.

4. Cuando se hubieran acumulado varias deudas tributarias a favor de una Administración y de otras Entidades de Derecho público dependientes de la misma, tendrán preferencia para su cobro las primeras, teniendo en consideración lo dispuesto en la Sección Quinta de este Capítulo.

Artículo 64[166]. *Consignación del pago.*

Los obligados tributarios podrán consignar el importe de la deuda tributaria y, en su caso, de las costas reglamentariamente devengadas en la Caja General de Depósitos u órgano equivalente de las restantes Administraciones públicas, o en alguna de sus sucursales, con los efectos liberatorios o suspensivos que las disposiciones reglamentarias determinen.

Artículo 65[167]. *Aplazamiento y fraccionamiento del pago.*

1. Las deudas tributarias que se encuentren en período voluntario o ejecutivo podrán aplazarse o fraccionarse en los términos que se fijen reglamentariamente y previa solicitud del obligado tributario, cuando su situación económico-financiera le impida, de forma transitoria, efectuar el pago en los plazos establecidos.

2[168]. No podrán ser objeto de aplazamiento o fraccionamiento las siguientes deudas tributarias:

---

[166] Art. 43 (Consignación) del RGR (§3).

[167] Art. 82 LGT. Arts. 44 a 54 (Aplacamiento y fraccionamiento) del RGR (§3).
Orden HFP/311/2023, de 28 de marzo, por la que se eleva el límite exento de la obligación de aportar garantía en las solicitudes de aplazamiento o fraccionamiento a 50.000 euros (BOE núm. 77, de 31 de marzo de 2023).
Instrucción 1/2023, de 31 de marzo, de la Directora del Departamento de Recaudación de la Agencia Estatal de Administración Tributaria sobre las garantías necesarias para la concesión de aplazamientos y fraccionamientos de pago, y para obtener la suspensión de los actos administrativos objeto de recurso y reclamación.
Instrucción 2/2023, de 3 de abril, de la Directora del Departamento de Recaudación de la Agencia Estatal de Administración Tributaria, sobre gestión de aplazamientos y fraccionamientos de pago.
Art. 27 «Aplazamiento de deudas tributarias» del Real Decreto-ley 20/2021, de 5 de octubre, por el que se adoptan medidas urgentes de apoyo para la reparación de los daños ocasionados por las erupciones volcánicas y para la reconstrucción económica y social de la isla de La Palma (BOE núm. 239, de 6 de octubre de 2021).
Artículo 8. «Aplazamiento de deudas tributarias» del Real Decreto-ley 35/2020, de 22 de diciembre, de medidas urgentes de apoyo al sector turístico, la hostelería y el comercio y en materia tributaria (BOE núm. 334, de 23 de diciembre de 2020), en vigor desde el día 24 de diciembre de 2020.

[168] Nueva redacción del art. 65.2 por el art. 6.Dos del Real Decreto-ley 3/2016, de 2 de diciembre, por el que se adoptan medidas en el ámbito tributario dirigidas a la consolidación de las finanzas públicas y otras medidas urgentes en materia social (BOE núm. 292, de 3 de diciembre de 2016), en vigor desde el 1 de enero de 2017.
Redacción anterior: dada por el art. único Siete de la Ley 34/2015, de 21 de septiembre, de modificación parcial de la Ley 58/2003, de 17 de diciembre, General Tributaria (BOE núm. 227, de 22 de septiembre de

a) Aquellas cuya exacción se realice por medio de efectos timbrados.

b) Las correspondientes a obligaciones tributarias que deban cumplir el retenedor o el obligado a realizar ingresos a cuenta.

c) En caso de concurso del obligado tributario, las que, de acuerdo con la legislación concursal, tengan la consideración de créditos contra la masa.

d) Las resultantes de la ejecución de decisiones de recuperación de ayudas de Estado reguladas en el título VII de esta Ley.

e) Las resultantes de la ejecución de resoluciones firmes total o parcialmente desestimatorias dictadas en un recurso o reclamación económico-administrativa o en un recurso contencioso-administrativo que previamente hayan sido objeto de suspensión durante la tramitación de dichos recursos o reclamaciones.

f) Las derivadas de tributos que deban ser legalmente repercutidos salvo que se justifique debidamente que las cuotas repercutidas no han sido efectivamente pagadas.

g) Las correspondientes a obligaciones tributarias que deba cumplir el obligado a realizar pagos fraccionados del Impuesto sobre Sociedades.

Las solicitudes de aplazamiento o fraccionamiento a que se refieren los distintos párrafos de este apartado serán objeto de inadmisión.

3. Las deudas aplazadas o fraccionadas deberán garantizarse en los términos previstos en el artículo 82 de esta Ley y en la normativa recaudatoria.

4. Cuando la totalidad de la deuda aplazada o fraccionada se garantice con aval solidario de entidad de crédito o sociedad de garantía recíproca o mediante certificado de seguro de caución, el interés de demora exigible será el interés legal que corresponda hasta la fecha de su ingreso.

5. La presentación de una solicitud de aplazamiento o fraccionamiento en período voluntario impedirá el inicio del período ejecutivo, pero no el devengo del interés de demora.

Las solicitudes en período ejecutivo podrán presentarse hasta el momento en que se notifique al obligado el acuerdo de enajenación de los bienes embargados. La Administración tributaria podrá iniciar o, en su caso, continuar el procedimiento de apremio durante la tramitación del aplazamiento o fraccionamiento. No obstante, deberán suspenderse las actuaciones de enajenación de los bienes embargados hasta la notificación de la resolución denegatoria del aplazamiento o fraccionamiento.

6[169]**.** Lo establecido en los apartados anteriores será también de aplicación a los créditos de titularidad de otros Estados o entidades internacionales o supranacionales respecto de los cuales se haya recibido una petición de cobro, salvo que la normativa sobre asistencia mutua establezca otra cosa.

2015), con entrada en vigor el día 11 de octubre de 2015. Redacción anterior del art. 65.2 dada por el art. 1.cuatro de la Ley 7/2012, de 29 de octubre, de modificación de la normativa tributaria y presupuestaria y de adecuación de la normativa financiera para la intensificación de las actuaciones en la prevención y lucha contra el fraude (BOE núm. 261, de 30 de octubre de 2012), en vigor desde el 31 de octubre de 2012.

[169] Nuevo apartado 6 incorporado por la Disposición Final Primera.uno.9 del Real Decreto-Ley 20/2011, de 30 de diciembre, de medidas urgentes en materia presupuestaria, tributaria y financiera para la corrección del déficit público (BOE núm. 315, de 31 de diciembre), con efectos desde el 1 de enero de 2012.

SECCIÓN 3.ª *La Prescripción*

Artículo 66. *Plazos de prescripción.*

Prescribirán a los cuatro años los siguientes derechos:

a) El derecho de la Administración para determinar la deuda tributaria mediante la oportuna liquidación.

b) El derecho de la Administración para exigir el pago de las deudas tributarias liquidadas y autoliquidadas.

c) El derecho a solicitar las devoluciones derivadas de la normativa de cada tributo, las devoluciones de ingresos indebidos y el reembolso del coste de las garantías.

d) El derecho a obtener las devoluciones derivadas de la normativa de cada tributo, las devoluciones de ingresos indebidos y el reembolso del coste de las garantías.

Artículo 66 bis[170]. *Derecho a comprobar e investigar.*

1. La prescripción de derechos establecida en el artículo 66 de esta Ley no afectará al derecho de la Administración para realizar comprobaciones e investigaciones conforme al artículo 115 de esta Ley, salvo lo dispuesto en el apartado siguiente.

2. El derecho de la Administración para iniciar el procedimiento de comprobación de las bases o cuotas compensadas o pendientes de compensación o de deducciones aplicadas o pendientes de aplicación, prescribirá a los diez años a contar desde el día siguiente a aquel en que finalice el plazo reglamentario establecido para presentar la declaración o autoliquidación correspondiente al ejercicio o periodo impositivo en que se generó el derecho a compensar dichas bases o cuotas o a aplicar dichas deducciones.

En los procedimientos de inspección de alcance general a que se refiere el artículo 148 de esta Ley, respecto de obligaciones tributarias y periodos cuyo derecho a liquidar no se encuentre prescrito, se entenderá incluida, en todo caso, la comprobación de la totalidad de las bases o cuotas pendientes de compensación o de las deducciones pendientes de aplicación, cuyo derecho a comprobar no haya prescrito de acuerdo con lo dispuesto en el párrafo anterior. En otro caso, deberá hacerse expresa mención a la inclusión, en el objeto del procedimiento, de la comprobación a que se refiere este apartado, con indicación de los ejercicios o periodos impositivos en que se generó el derecho a compensar las bases o cuotas o a aplicar las deducciones que van a ser objeto de comprobación.

La comprobación a que se refiere este apartado y, en su caso, la corrección o regularización de bases o cuotas compensadas o pendientes de compensación o deducciones aplicadas o pendientes de aplicación respecto de las que no se hubiese producido la prescripción establecida en el párrafo primero, sólo podrá realizarse en el curso de procedimientos de comprobación relativos a obligaciones tributarias y periodos cuyo derecho a liquidar no se encuentre prescrito.

3. Salvo que la normativa propia de cada tributo establezca otra cosa, la limitación del derecho a comprobar a que se refiere el apartado anterior no afectará a la obligación de

---

[170] Nuevo artículo incorporado por el art. único Ocho de la Ley 34/2015, de 21 de septiembre, de modificación parcial de la Ley 58/2003, de 17 de diciembre, General Tributaria (BOE núm. 227, de 22 de septiembre de 2015), con entrada en vigor el día 11 de octubre de 2015. Estableciendo en su Disposición transitoria única. *Régimen transitorio.*

aportación de las liquidaciones o autoliquidaciones en que se incluyeron las bases, cuotas o deducciones y la contabilidad con ocasión de procedimientos de comprobación e investigación de ejercicios no prescritos en los que se produjeron las compensaciones o aplicaciones señaladas en dicho apartado.

Artículo 67. *Cómputo de los plazos de prescripción.*

1[171]. El plazo de prescripción comenzará a contarse en los distintos casos a los que se refiere el artículo 66 de esta Ley conforme a las siguientes reglas:

En el caso a), desde el día siguiente a aquel en que finalice el plazo reglamentario para presentar la correspondiente declaración o autoliquidación.

En los tributos de cobro periódico por recibo, cuando para determinar la deuda tributaria mediante la oportuna liquidación no sea necesaria la presentación de declaración o autoliquidación, el plazo de prescripción comenzará el día de devengo del tributo.

En el caso b), desde el día siguiente a aquel en que finalice el plazo de pago en período voluntario, sin perjuicio de lo dispuesto en el apartado 2 de este artículo.

En el caso c), desde el día siguiente a aquel en que finalice el plazo para solicitar la correspondiente devolución derivada de la normativa de cada tributo o, en defecto de plazo, desde el día siguiente a aquel en que dicha devolución pudo solicitarse; desde el día siguiente a aquel en que se realizó el ingreso indebido o desde el día siguiente a la finalización del plazo para presentar la autoliquidación si el ingreso indebido se realizó dentro de dicho plazo; o desde el día siguiente a aquel en que adquiera firmeza la sentencia o resolución administrativa que declare total o parcialmente improcedente el acto impugnado[172].

En el supuesto de tributos que graven una misma operación y que sean incompatibles entre sí, el plazo de prescripción para solicitar la devolución del ingreso indebido del tributo improcedente comenzará a contarse desde la resolución del órgano específicamente previsto para dirimir cuál es el tributo procedente.

En el caso d), desde el día siguiente a aquel en que finalicen los plazos establecidos para efectuar las devoluciones derivadas de la normativa de cada tributo o desde el día siguiente a la fecha de notificación del acuerdo donde se reconozca el derecho a percibir la devolución o el reembolso del coste de las garantías.

2[173]. El plazo de prescripción para exigir la obligación de pago a los responsables solidarios comenzará a contarse desde el día siguiente a la finalización del plazo de pago en periodo voluntario del deudor principal.

---

[171] Nueva redacción del art. 67.1 dada por el art. único Nueve de la Ley 34/2015, de 21 de septiembre, de modificación parcial de la Ley 58/2003, de 17 de diciembre, General Tributaria (BOE núm. 227, de 22 de septiembre de 2015), con entrada en vigor el día 11 de octubre de 2015.

[172] El Tribunal Supremo, en sentencia núm. 741/2020, de 11 de junio de 2020, establece: «que el dies a quo del plazo de prescripción para solicitar la devolución de ingresos indebidos ha de situarse, en el caso de autos, en la fecha en la que se constata por el contribuyente que el ingreso en cuestión ostenta ese carácter (indebido), que no es otra —en el supuesto analizado en la presente casación— que aquella en la que la Administración, al regularizar el gasto de otro contribuyente, efectúa una calificación completamente incompatible con la condición del ingreso afectado como debido».

[173] Nueva redacción del art. 67.2 dada por el art. 1.cinco de la Ley 7/2012, de 29 de octubre, de modificación de la normativa tributaria y presupuestaria y de adecuación de la normativa financiera para la intensifi-

No obstante, en el caso de que los hechos que constituyan el presupuesto de la responsabilidad se produzcan con posterioridad al plazo fijado en el párrafo anterior, dicho plazo de prescripción se iniciará a partir del momento en que tales hechos hubieran tenido lugar.

Tratándose de responsables subsidiarios, el plazo de prescripción comenzará a computarse desde la notificación de la última actuación recaudatoria practicada al deudor principal o a cualquiera de los responsables solidarios.

Artículo 68. *Interrupción de los plazos de prescripción.*

1[174]. El plazo de prescripción del derecho a que se refiere el párrafo a) del artículo 66 de esta Ley se interrumpe:

a) Por cualquier acción de la Administración tributaria, realizada con conocimiento formal del obligado tributario, conducente al reconocimiento, regularización, comprobación, inspección, aseguramiento y liquidación de todos o parte de los elementos de la obligación tributaria que proceda, aunque la acción se dirija inicialmente a una obligación tributaria distinta como consecuencia de la incorrecta declaración del obligado tributario.

b) Por la interposición de reclamaciones o recursos de cualquier clase, por las actuaciones realizadas con conocimiento formal del obligado tributario en el curso de dichas reclamaciones o recursos, por la remisión del tanto de culpa a la jurisdicción penal o por la presentación de denuncia ante el Ministerio Fiscal, así como por la recepción de la comunicación de un órgano jurisdiccional en la que se ordene la paralización del procedimiento administrativo en curso[175].

c) Por cualquier actuación fehaciente del obligado tributario conducente a la liquidación o autoliquidación de la deuda tributaria.

2. El plazo de prescripción del derecho a que se refiere la letra b) del artículo 66 de esta Ley se interrumpe:

---

cación de las actuaciones en la prevención y lucha contra el fraude (BOE núm. 261, de 30 de octubre de 2012), en vigor desde el 31 de octubre de 2012.

[174] Nueva redacción del art. 68.1 dada por el art. 1.seis de la Ley 7/2012, de 29 de octubre, de modificación de la normativa tributaria y presupuestaria y de adecuación de la normativa financiera para la intensificación de las actuaciones en la prevención y lucha contra el fraude (BOE núm. 261, de 30 de octubre de 2012), en vigor desde el 31 de octubre de 2012.
Real Decreto-ley 8/2020, de 17 de marzo, de medidas urgentes extraordinarias para hacer frente al impacto económico y social del COVID-19 (BOE núm. 73, de 18 de marzo de 2002): Artículo 33. Suspensión de plazos en el ámbito tributario.
Real Decreto-ley 11/2020, de 31 de marzo, por el que se adoptan medidas urgentes complementarias en el ámbito social y económico para hacer frente al COVID-19 (BOE núm. 91, de 1 de abril de 2020): Artículo 53. «Suspensión de plazos en el ámbito tributario de las Comunidades Autónomas y de las Entidades Locales» y «Disposición adicional novena. Aplicación del Real Decreto-ley 8/2020, de 17 de marzo, de medidas urgentes extraordinarias para hacer frente al impacto económico y social del COVID-19 a determinados procedimientos y actos», en redacción dada por Disposición final tercera de la Ley 11/2021, de 9 de julio.

[175] Sentencia de 19 de abril de 2006, de la Sala Tercera del Tribunal Supremo, por la que se fija la siguiente doctrina legal: «*La anulación de una liquidación tributaria por causa de anulabilidad no deja sin efecto la interrupción del plazo de prescripción producida anteriormente por consecuencia de las actuaciones realizadas ante los Tribunales Económicos Administrativos, manteniéndose dicha interrupción con plenitud de efectos*» (BOE núm. 229, de 25 de septiembre de 2006).

a) Por cualquier acción de la Administración tributaria, realizada con conocimiento formal del obligado tributario, dirigida de forma efectiva a la recaudación de la deuda tributaria.

b) Por la interposición de reclamaciones o recursos de cualquier clase, por las actuaciones realizadas con conocimiento formal del obligado en el curso de dichas reclamaciones o recursos, por la declaración del concurso del deudor o por el ejercicio de acciones civiles o penales dirigidas al cobro de la deuda tributaria, así como por la recepción de la comunicación de un órgano jurisdiccional en la que se ordene la paralización del procedimiento administrativo en curso.

c) Por cualquier actuación fehaciente del obligado tributario conducente al pago o extinción de la deuda tributaria.

3. El plazo de prescripción del derecho al que se refiere la letra c) del artículo 66 de esta Ley se interrumpe:

a) Por cualquier actuación fehaciente del obligado tributario que pretenda la devolución, el reembolso o la rectificación de su autoliquidación.

b) Por la interposición, tramitación o resolución de reclamaciones o recursos de cualquier clase.

4. El plazo de prescripción del derecho al que se refiere la letra d) del artículo 66 de esta Ley se interrumpe:

a) Por cualquier acción de la Administración tributaria dirigida a efectuar la devolución o el reembolso.

b) Por cualquier actuación fehaciente del obligado tributario por la que exija el pago de la devolución o el reembolso.

c) Por la interposición, tramitación o resolución de reclamaciones o recursos de cualquier clase.

5[176]**.** Las actuaciones a las que se refieren los apartados anteriores y las de naturaleza análoga producirán los efectos interruptivos de la prescripción cuando se realicen en otro Estado en el marco de la asistencia mutua, aun cuando dichos actos no produzcan efectos interruptivos semejantes en el Estado en el que materialmente se realicen.

6. Producida la interrupción, se iniciará de nuevo el cómputo del plazo de prescripción, salvo lo establecido en el apartado siguiente.

7[177]**.** Cuando el plazo de prescripción se hubiera interrumpido por la interposición del recurso ante la jurisdicción contencioso-administrativa, por el ejercicio de acciones civiles o penales, por la remisión del tanto de culpa a la jurisdicción competente o la presentación de denuncia ante el Ministerio Fiscal o por la recepción de una comunicación judicial de paralización del procedimiento, el cómputo del plazo de prescripción se iniciará de nuevo cuando la Administración tributaria reciba la notificación de la resolución firme que ponga

---

[176] Nuevo apartado 5 y renumeración del original apartado 5 y siguientes, incorporado por la Disposición Final Primera.uno.10 del Real Decreto-ley 20/2011, de 30 de diciembre, de medidas urgentes en materia presupuestaria, tributaria y financiera para la corrección del déficit público (BOE núm. 315, de 31 de diciembre), con efectos desde el 1 de enero de 2012.

[177] Nueva redacción del art. 68.7 dada por el art. 1.seis de la Ley 7/2012, de 29 de octubre, de modificación de la normativa tributaria y presupuestaria y de adecuación de la normativa financiera para la intensificación de las actuaciones en la prevención y lucha contra el fraude (BOE núm. 261, de 30 de octubre de 2012), en vigor desde el 31 de octubre de 2012.

fin al proceso judicial o que levante la paralización, o cuando se reciba la notificación del Ministerio Fiscal devolviendo el expediente.

Cuando el plazo de prescripción se hubiera interrumpido por la declaración de concurso del deudor, el cómputo se iniciará de nuevo cuando adquiera firmeza la resolución judicial de conclusión del concurso. Si se hubiere aprobado un convenio, el plazo de prescripción se iniciará de nuevo en el momento de su aprobación para las deudas tributarias no sometidas al mismo. Respecto de las deudas tributarias sometidas al convenio concursal, el cómputo del plazo de prescripción se iniciará de nuevo cuando aquéllas resulten exigibles al deudor.

Lo dispuesto en este apartado no será aplicable al plazo de prescripción del derecho de la Administración tributaria para exigir el pago cuando no se hubiera acordado la suspensión en vía contencioso-administrativa.

8[178]. Interrumpido el plazo de prescripción para un obligado tributario, dicho efecto se extiende a todos los demás obligados, incluidos los responsables. No obstante, si la obligación es mancomunada y solo se reclama a uno de los obligados tributarios la parte que le corresponde, el plazo no se interrumpe para los demás.

Si existieran varias deudas liquidadas a cargo de un mismo obligado al pago, la interrupción de la prescripción solo afectará a la deuda a la que se refiera.

La suspensión del plazo de prescripción contenido en la letra b) del artículo 66 de esta Ley, por litigio, concurso u otras causas legales, respecto del deudor principal o de alguno de los responsables, causa el mismo efecto en relación con el resto de los sujetos solidariamente obligados al pago, ya sean otros responsables o el propio deudor principal, sin perjuicio de que puedan continuar frente a ellos las acciones de cobro que procedan.

9[179]. La interrupción del plazo de prescripción del derecho a que se refiere la letra a) del artículo 66 de esta Ley relativa a una obligación tributaria determinará, asimismo, la interrupción del plazo de prescripción de los derechos a que se refieren las letras a) y c) del citado artículo relativas a las obligaciones tributarias conexas del propio obligado tributario cuando en éstas se produzca o haya de producirse una tributación distinta como consecuencia de la aplicación, ya sea por la Administración Tributaria o por los obligados tributarios, de los criterios o elementos en los que se fundamente la regularización de la obligación con la que estén relacionadas las obligaciones tributarias conexas.

A efectos de lo dispuesto en este apartado, se entenderá por obligaciones tributarias conexas aquellas en las que alguno de sus elementos resulten afectados o se determinen en función de los correspondientes a otra obligación o período distinto.

---

[178] Nueva redacción del art. 68.8 dada por el art. 1.seis de la Ley 7/2012, de 29 de octubre, de modificación de la normativa tributaria y presupuestaria y de adecuación de la normativa financiera para la intensificación de las actuaciones en la prevención y lucha contra el fraude (BOE núm. 261, de 30 de octubre de 2012), en vigor desde el 31 de octubre de 2012.

[179] Nuevo apartado incorporado por el art. único Diez de la Ley 34/2015, de 21 de septiembre, de modificación parcial de la Ley 58/2003, de 17 de diciembre, General Tributaria (BOE núm. 227, de 22 de septiembre de 2015), con entrada en vigor el día 11 de octubre de 2015. Estableciendo en su Disposición transitoria única. *Régimen transitorio*.
«3. La nueva redacción del apartado 9 del artículo 68 de la Ley 58/2003, de 17 de diciembre, General Tributaria, será aplicable a aquellos casos en los que la interrupción del plazo de prescripción del derecho al que se refiere el párrafo a) del artículo 66 de la Ley 58/2003, de 17 de diciembre, General Tributaria, se produzca a partir de la fecha de entrada en vigor de esta Ley».

Artículo 69. *Extensión y efectos de la prescripción.*

1[180]**.** La prescripción ganada aprovecha por igual a todos los obligados al pago de la deuda tributaria salvo lo dispuesto en el apartado 8 del artículo anterior.

2. La prescripción se aplicará de oficio, incluso en los casos en que se haya pagado la deuda tributaria, sin necesidad de que la invoque o excepcione el obligado tributario.

3. La prescripción ganada extingue la deuda tributaria.

Artículo 70. *Efectos de la prescripción en relación con las obligaciones formales.*

1. Salvo lo dispuesto en los apartados siguientes, las obligaciones formales vinculadas a otras obligaciones tributarias del propio obligado solo podrán exigirse mientras no haya expirado el plazo de prescripción del derecho para determinar estas últimas.

2. A efectos del cumplimiento de las obligaciones tributarias de otras personas o entidades, las obligaciones de conservación y suministro de información previstas en las letras d), e) y f) del apartado 2 del artículo 29 de esta Ley deberán cumplirse en el plazo previsto en la normativa mercantil o en el plazo de exigencia de sus propias obligaciones formales al que se refiere el apartado anterior, si este último fuese superior.

3[181]**.** La obligación de justificar la procedencia de los datos que tengan su origen en operaciones realizadas en períodos impositivos prescritos se mantendrá durante el plazo de prescripción del derecho para determinar las deudas tributarias afectadas por la operación correspondiente y, en todo caso, en los supuestos a que se refiere el artículo 66 bis.2 y 3 de esta Ley.

SECCIÓN 4.ª *Otras Formas de Extinción de la Deuda Tributaria*

Artículo 71[182]**. *Compensación.***

1. Las deudas tributarias de un obligado tributario podrán extinguirse total o parcialmente por compensación con créditos reconocidos por acto administrativo a favor del mismo obligado, en las condiciones que reglamentariamente se establezcan.

2. La compensación se acordará de oficio o a instancia del obligado tributario.

3. Los obligados tributarios podrán solicitar la compensación de los créditos y las deudas tributarias de las que sean titulares mediante un sistema de cuenta corriente, en los términos que reglamentariamente se determinen[183].

Artículo 72[184]**. *Compensación a instancia del obligado tributario.***

1. El obligado tributario podrá solicitar la compensación de las deudas tributarias que se encuentren tanto en período voluntario de pago como en período ejecutivo.

---

[180]   Nueva redacción del art. 68.1 dada por el art. único Once de la Ley 34/2015, de 21 de septiembre, de modificación parcial de la Ley 58/2003, de 17 de diciembre, General Tributaria (BOE núm. 227, de 22 de septiembre de 2015), con entrada en vigor el día 11 de octubre de 2015.

[181]   Nueva redacción del art. 70.3 dada por el art. único Doce de la Ley 34/2015, de 21 de septiembre, de modificación parcial de la Ley 58/2003, de 17 de diciembre, General Tributaria (BOE núm. 227, de 22 de septiembre de 2015), con entrada en vigor el día 11 de octubre de 2015.

[182]   Arts. 55 al 60 del RGR (§3).

[183]   Arts. 138 al 143 (La cuenta corriente tributaria) del RGGI (§2).

[184]   Art. 56 (Compensación a instancia del obligado al pago) del RGR (§3).

2. La presentación de una solicitud de compensación en período voluntario impedirá el inicio del período ejecutivo de la deuda concurrente con el crédito ofrecido, pero no el devengo del interés de demora que pueda proceder, en su caso, hasta la fecha de reconocimiento del crédito.

3. La extinción de la deuda tributaria se producirá en el momento de la presentación de la solicitud o cuando se cumplan los requisitos exigidos para las deudas y los créditos, si este momento fuera posterior a dicha presentación. El acuerdo de compensación declarará dicha extinción.

Artículo 73[185]. *Compensación de oficio.*

1[186]. La Administración Tributaria compensará de oficio las deudas tributarias que se encuentren en período ejecutivo.

Se compensarán de oficio durante el plazo de ingreso en período voluntario las cantidades a ingresar y a devolver que resulten de un mismo procedimiento de comprobación limitada o inspección o de la práctica de una nueva liquidación por haber sido anulada otra anterior de acuerdo con lo dispuesto en el apartado 5 del artículo 26 de esta Ley.

Asimismo, se compensarán de oficio durante el plazo de ingreso en periodo voluntario las cantidades a ingresar y a devolver que resulten de la ejecución de la resolución a la que se refieren los artículos 225.3 y 239.7 de esta Ley.

2. Serán compensables de oficio, una vez transcurrido el plazo de ingreso en período voluntario, las deudas tributarias vencidas, líquidas y exigibles que las Comunidades Autónomas, Entidades Locales y demás Entidades de Derecho público tengan con el Estado.

3. La extinción de la deuda tributaria se producirá en el momento de inicio del período ejecutivo o cuando se cumplan los requisitos exigidos para las deudas y los créditos, si este momento fuera posterior. El acuerdo de compensación declarará dicha extinción.

En el supuesto previsto en el párrafo segundo del apartado 1 de este artículo, la extinción se producirá en el momento de concurrencia de las deudas y los créditos, en los términos establecidos reglamentariamente.

Artículo 74[187]. *Extinción de deudas de las Entidades de Derecho público mediante deducciones sobre transferencias.*

1. Las deudas tributarias vencidas, líquidas y exigibles que las Comunidades Autónomas, Entidades Locales y demás Entidades de Derecho público tengan con el Estado podrán extinguirse con las deducciones sobre las cantidades que la Administración del Estado deba transferir a las referidas Entidades.

---

[185] Arts. 57 (Compensación de oficio de deudas de entidades públicas) y 58 (Compensación de oficio de deudas de otros acreedores a la Hacienda pública) del RGR (§3).

[186] Nueva redacción del art. 73.1 dada por el art. único Trece de la Ley 34/2015, de 21 de septiembre, de modificación parcial de la Ley 58/2003, de 17 de diciembre, General Tributaria (BOE núm. 227, de 22 de septiembre de 2015), con entrada en vigor el día 11 de octubre de 2015.

[187] Art. 60 (Extinción de deudas de las entidades de derecho público mediante deducciones sobre transferencias) del RGR (§3).

La aplicación de este régimen a las Comunidades Autónomas y Entidades de Derecho público dependientes de éstas y a las Entidades Locales se realizará en los supuestos y conforme al procedimiento establecido en la legislación específica.

2. El inicio del procedimiento determinará la suspensión del cobro de las deudas a las que el mismo se refiera.

3. La extinción de las deudas objeto del procedimiento tendrá lugar cuando se produzca la deducción y por la cantidad concurrente.

Artículo 75. *Condonación.*

Las deudas tributarias sólo podrán condonarse en virtud de ley, en la cuantía y con los requisitos que en la misma se determinen.

Artículo 76[188]. *Baja provisional por insolvencia.*

1. Las deudas tributarias que no hayan podido hacerse efectivas en los respectivos procedimientos de recaudación por insolvencia probada, total o parcial, de los obligados tributarios, se darán de baja en cuentas en la cuantía procedente, mediante la declaración del crédito como incobrable, total o parcial, en tanto no se rehabiliten dentro del plazo de prescripción de acuerdo con lo dispuesto en el apartado 2 del artículo 173 de esta Ley.

2. La deuda tributaria se extinguirá si, vencido el plazo de prescripción, no se hubiera rehabilitado.

SECCIÓN 5.ª *Garantías de la Deuda Tributaria*

Artículo 77[189]. *Derecho de prelación.*

1. La Hacienda Pública tendrá prelación para el cobro de los créditos tributarios vencidos y no satisfechos en cuanto concurra con otros acreedores, excepto que se trate de acreedores de dominio, prenda, hipoteca u otro derecho real debidamente inscrito en el Registro correspondiente con anterioridad a la fecha en que se haga constar en el mismo el derecho de la Hacienda pública, sin perjuicio de lo dispuesto en los artículos 78 y 79 de esta Ley.

2[190]. En el proceso concursal, los créditos tributarios quedarán sometidos a lo establecido en la Ley 22/2003, de 9 de julio, Concursal.

Artículo 78[191]. *Hipoteca legal tácita.*

En los tributos que graven periódicamente los bienes o derechos inscribibles en un Registro público o sus productos directos, ciertos o presuntos, el Estado, las Comunidades Autónomas y las Entidades Locales tendrán preferencia sobre cualquier otro acreedor o adquirente, aunque éstos hayan inscrito sus derechos, para el cobro de las deudas devengadas y no satisfechas correspondientes al año natural en que se exija el pago y al inmediato anterior.

---

[188] Arts. 61 a 63 (Baja provisional por insolvencia) del RGR (§3).
[189] Art. 64 (Derecho de prelación) del RGR (§3).
[190] Nueva redacción del apartado 2 del art. 77 dada por el art. único. Ciento diecisiete de la Ley 38/2011, de 10 de octubre, de reforma de la Ley 22/2003, de 9 de julio, Concursal (BOE núm. 245, de 11 de octubre de 2011), con efectos desde el 1 de enero de 2012.
[191] Art. 65 (Hipoteca legal tácita) del RGR (§3).

Artículo 79[192]**.** *Afección de bienes.*

1[193]**.** Los adquirentes de bienes afectos por ley al pago de la deuda tributaria responderán subsidiariamente con ellos, por derivación de la acción tributaria, si la deuda no se paga.

2. Los bienes y derechos transmitidos quedarán afectos a la responsabilidad del pago de las cantidades, liquidadas o no, correspondientes a los tributos que graven tales transmisiones, adquisiciones o importaciones, cualquiera que sea su poseedor, salvo que éste resulte ser un tercero protegido por la fe pública registral o se justifique la adquisición de los bienes con buena fe y justo título, en establecimiento mercantil o industrial, en el caso de bienes muebles no inscribibles.

3. Siempre que la ley conceda un beneficio fiscal cuya definitiva efectividad dependa del ulterior cumplimiento por el obligado tributario de cualquier requisito por aquélla exigido, la Administración tributaria hará figurar el importe total de la liquidación que hubiera debido girarse de no mediar el beneficio fiscal, lo que los titulares de los Registros públicos correspondientes harán constar por nota marginal de afección.

En el caso de que con posterioridad y como consecuencia de las actuaciones de comprobación administrativa, resulte un importe superior de la eventual liquidación a que se refiere el párrafo anterior, el órgano competente procederá a comunicarlo al Registrador competente a los efectos de que se haga constar dicho mayor importe en la nota marginal de afección.

Artículo 80[194]**.** *Derecho de retención.*

La Administración tributaria tendrá derecho de retención frente a todos sobre las mercancías declaradas en las Aduanas para el pago de la pertinente deuda aduanera y fiscal, por el importe de los respectivos derechos e impuestos liquidados, de no garantizarse de forma suficiente el pago de la misma.

Artículo 80 bis[195]**.** *Prelación y garantías de créditos de titularidad de otros Estados.*

Los créditos de titularidad de otros Estados o entidades internacionales o supranacionales no gozarán de prelación alguna cuando concurran con otros créditos de derecho público, ni del resto de las garantías establecidas en los artículos anteriores de esta sección, salvo que la normativa sobre asistencia mutua establezca otra cosa.

Artículo 81. *Medidas cautelares.*

1[196]**.** Para asegurar el cobro de las deudas para cuya recaudación sea competente, la Administración tributaria podrá adoptar medidas cautelares de carácter provisional cuando

---

[192]   Art. 67 (Afección y retención de bienes) del RGR (§3).

[193]   Art. 43.1.d) (Responsables subsidiarios) de la LGT (§1).

[194]   Art. 67 (Afección y retención de bienes) del RGR (§3).

[195]   Nuevo artículo incorporado por la Disposición Final Primera.uno.11 del Real Decreto-ley 20/2011, de 30 de diciembre, de medidas urgentes en materia presupuestaria, tributaria y financiera para la corrección del déficit público (BOE núm. 315, de 31 de diciembre), con efectos desde el 1 de enero de 2012.

[196]   Nueva redacción del apartado primero dada por la Disposición Final Primera.uno.12 del Real Decreto-ley 20/2011, de 30 de diciembre, de medidas urgentes en materia presupuestaria, tributaria y financiera para la corrección del déficit público (BOE núm. 315, de 31 de diciembre), con efectos desde el 1 de enero de 2012.

existan indicios racionales de que, en otro caso, dicho cobro se vería frustrado o gravemente dificultado.

La medida cautelar deberá ser notificada al afectado con expresa mención de los motivos que justifican su aplicación.

2[197]**.** Cuando se solicite a la Administración tributaria la adopción de medidas cautelares en el marco de la asistencia mutua, el documento procedente del Estado o entidad internacional o supranacional que las solicite que permita la adopción de medidas cautelares no estará sujeto a acto alguno de reconocimiento, adición o sustitución por parte de la Administración tributaria española.

3. Las medidas habrán de ser proporcionadas al daño que se pretenda evitar y en la cuantía estrictamente necesaria para asegurar el cobro de la deuda. En ningún caso se adoptarán aquellas que puedan producir un perjuicio de difícil o imposible reparación.

4. Las medidas cautelares podrán consistir en:

a) La retención del pago de devoluciones tributarias o de otros pagos que deba realizar la Administración tributaria. La retención cautelar total o parcial de una devolución tributaria deberá ser notificada al interesado junto con el acuerdo de devolución.

b) El embargo preventivo de bienes y derechos, del que se practicará, en su caso, anotación preventiva.

c) La prohibición de enajenar, gravar o disponer de bienes o derechos.

d) La retención de un porcentaje de los pagos que las empresas que contraten o subcontraten la ejecución de obras o prestación de servicios correspondientes a su actividad principal realicen a los contratistas o subcontratistas, en garantía de las obligaciones tributarias relativas a tributos que deban repercutirse o cantidades que deban retenerse a trabajadores, profesionales u otros empresarios, en la parte que corresponda a las obras o servicios objeto de la contratación o subcontratación.

e) Cualquier otra legalmente prevista.

5[198]**.** Las medidas cautelares reguladas en este artículo podrán adoptarse durante la tramitación de los procedimientos de aplicación de los tributos desde el momento en que la Administración tributaria actuante pueda acreditar de forma motivada y suficiente la concurrencia de los presupuestos establecidos en el apartado 1 y el cumplimiento de los límites señalados en el apartado 3.

6[199]**.** Cuando en la tramitación de una solicitud de suspensión con otras garantías distintas de las necesarias para obtener la suspensión automática, o con dispensa total o parcial de

---

Art. 49 (Adopción de medidas cautelares en el ámbito de los aplazamientos y fraccionamientos) del RGR (§3).

[197] Nuevo apartado dos y renumeración del original apartado dos y siguientes, incorporado por la Disposición Final Primera.uno.12 del Real Decreto-ley 20/2011, de 30 de diciembre, de medidas urgentes en materia presupuestaria, tributaria y financiera para la corrección del déficit público (BOE núm. 315, de 31 de diciembre), con efectos desde el 1 de enero de 2012.

[198] Nueva redacción del art. 81.5 dada por el art. 1.siete de la Ley 7/2012, de 29 de octubre, de modificación de la normativa tributaria y presupuestaria y de adecuación de la normativa financiera para la intensificación de las actuaciones en la prevención y lucha contra el fraude (BOE núm. 261, de 30 de octubre de 2012), en vigor desde el 31 de octubre de 2012.

[199] Se añade un apartado 6 en el artículo 81, numerándose los actuales apartados 6, 7 y 8 como apartados 7, 8 y 9, respectivamente por el art. decimotercero Ocho de la Ley 11/2021, de 9 de julio, de medidas de

garantías, o basada en la existencia de error aritmético, material o de hecho, se observe que existen indicios racionales de que el cobro de las deudas cuya ejecutividad pretende suspenderse pueda verse frustrado o gravemente dificultado, se podrán adoptar medidas cautelares que aseguren el cobro de las mismas.

Dichas medidas serán levantadas de acuerdo con lo dispuesto en el apartado siguiente, o cuando así lo acuerde el órgano competente para la resolución de la solicitud de suspensión.

7[200]. Los efectos de las medidas cautelares cesarán en el plazo de seis meses desde su adopción, salvo en los siguientes supuestos:

a) Que se conviertan en embargos en el procedimiento de apremio o en medidas del apartado 8 de este artículo o en medidas cautelares judiciales, que tendrán efectos desde la fecha de adopción de la medida cautelar.

b) Que desaparezcan las circunstancias que motivaron su adopción.

c) Que, a solicitud del interesado, se acordase su sustitución por otra garantía que se estime suficiente.

En todo caso, las medidas cautelares deberán ser levantadas si el obligado tributario presenta aval solidario de entidad de crédito o sociedad de garantía recíproca o certificado de seguro de caución que garantice el cobro de la cuantía de la medida cautelar. Si el obligado procede al pago en período voluntario de la obligación tributaria cuyo cumplimiento aseguraba la medida cautelar, sin mediar suspensión del ingreso, la Administración Tributaria deberá abonar los gastos de la garantía aportada.

d) Que se amplíe dicho plazo mediante acuerdo motivado, sin que la ampliación pueda exceder de seis meses.

e) Que se adopten durante la tramitación del procedimiento descrito en el artículo 253 de esta Ley o tras su conclusión. En estos casos sus efectos cesarán en el plazo de veinticuatro meses desde su adopción.

Si se hubieran adoptado antes del inicio de la tramitación descrita en el artículo 253 de esta Ley, una vez dictada la liquidación a que se refiere el artículo 250.2 de esta Ley, podrá ampliarse el plazo mediante acuerdo motivado, sin que la ampliación total de las medidas adoptadas pueda exceder de 18 meses.

Las medidas a que se refiere este párrafo e) podrán convertirse en embargos del procedimiento de apremio iniciado para el cobro de la liquidación practicada.

---

prevención y lucha contra el fraude fiscal, de transposición de la Directiva (UE) 2016/1164, del Consejo, de 12 de julio de 2016, por la que se establecen normas contra las prácticas de elusión fiscal que inciden directamente en el funcionamiento del mercado interior, de modificación de diversas normas tributarias y en materia de regulación del juego (BOE núm. 164, de 10 de julio de 2021), en vigor desde el 11 de julio de 2021.

[200]   Apartado original núm. 6 renumerándose como apartado núm. 7 por el art. decimotercero Ocho de la Ley 11/2021, de 9 de julio, de medidas de prevención y lucha contra el fraude fiscal, de transposición de la Directiva (UE) 2016/1164, del Consejo, de 12 de julio de 2016, por la que se establecen normas contra las prácticas de elusión fiscal que inciden directamente en el funcionamiento del mercado interior, de modificación de diversas normas tributarias y en materia de regulación del juego (BOE núm. 164, de 10 de julio de 2021), en vigor desde el 11 de julio de 2021.
Nueva redacción del art. 81.6 dada por el art. único Catorce de la Ley 34/2015, de 21 de septiembre, de modificación parcial de la Ley 58/2003, de 17 de diciembre, General Tributaria (BOE núm. 227, de 22 de septiembre de 2015), con entrada en vigor el día 11 de octubre de 2015.

Si con posterioridad a su adopción, se solicitara al órgano judicial penal competente la suspensión contemplada en el artículo 305.5 del Código Penal, las medidas adoptadas se notificarán al Ministerio Fiscal y al citado órgano judicial y se mantendrán hasta que este último adopte la decisión procedente sobre su conservación o levantamiento.

8[201]. Se podrá acordar el embargo preventivo de dinero y mercancías en cuantía suficiente para asegurar el pago de la deuda tributaria que proceda exigir por actividades lucrativas ejercidas sin establecimiento y que no hubieran sido declaradas. Asimismo, podrá acordarse el embargo preventivo de los ingresos de los espectáculos públicos que no hayan sido previamente declarados a la Administración tributaria.

9[202]. Cuando con motivo de un procedimiento de comprobación e investigación inspectora se haya formalizado denuncia o querella por delito contra la Hacienda Pública o se haya dirigido proceso judicial por dicho delito sin que se haya dictado la liquidación a que se refiere el artículo 250.2 de esta Ley, podrán adoptarse, por el órgano competente de la Administración Tributaria, las medidas cautelares reguladas en este artículo, sin perjuicio de lo dispuesto en la disposición adicional decimonovena.

Si la investigación del presunto delito no tuviese origen en un procedimiento de comprobación e investigación inspectora, las medidas cautelares podrán adoptarse por el órgano competente de la Administración Tributaria con posterioridad a la incoación de las correspondientes diligencias de investigación desarrolladas por el Ministerio Fiscal o, en su caso, con posterioridad a la incoación de las correspondientes diligencias penales.

En los supuestos a que se refieren los párrafos anteriores, las medidas cautelares podrán dirigirse contra cualquiera de los sujetos identificados en la denuncia o querella como posibles responsables, directos o subsidiarios, del pago de las cuantías a las que se refiere el artículo 126 del Código Penal.

---

[201] Apartado original núm. 7 renumerándose como apartado núm. 8 por el art. decimotercero Ocho de la Ley 11/2021, de 9 de julio, de medidas de prevención y lucha contra el fraude fiscal, de transposición de la Directiva (UE) 2016/1164, del Consejo, de 12 de julio de 2016, por la que se establecen normas contra las prácticas de elusión fiscal que inciden directamente en el funcionamiento del mercado interior, de modificación de diversas normas tributarias y en materia de regulación del juego (BOE núm. 164, de 10 de julio de 2021), en vigor desde el 11 de julio de 2021.

[202] Apartado original núm. 8 renumerándose como apartado núm. 9 por el art. decimotercero Ocho de la Ley 11/2021, de 9 de julio, de medidas de prevención y lucha contra el fraude fiscal, de transposición de la Directiva (UE) 2016/1164, del Consejo, de 12 de julio de 2016, por la que se establecen normas contra las prácticas de elusión fiscal que inciden directamente en el funcionamiento del mercado interior, de modificación de diversas normas tributarias y en materia de regulación del juego (BOE núm. 164, de 10 de julio de 2021), en vigor desde el 11 de julio de 2021.
Nueva redacción del art. 81.8 dada por el art. único Catorce de la Ley 34/2015, de 21 de septiembre, de modificación parcial de la Ley 58/2003, de 17 de diciembre, General Tributaria (BOE núm. 227, de 22 de septiembre de 2015), con entrada en vigor el día 11 de octubre de 2015.
Redacción anterior del art. 81.8 dada por el art. 1.siete de la Ley 7/2012, de 29 de octubre, de modificación de la normativa tributaria y presupuestaria y de adecuación de la normativa financiera para la intensificación de las actuaciones en la prevención y lucha contra el fraude (BOE núm. 261, de 30 de octubre de 2012), en vigor desde el 31 de octubre de 2012.
Disp. Adic. 10.ª de la LGT (§1). Art. 128 (Exacción de la responsabilidad civil por delito contra la Hacienda pública) del RGR (§3).

Adoptada, en su caso, la medida cautelar por el órgano competente de la Administración Tributaria, se notificará al interesado, al Ministerio Fiscal y al órgano judicial competente y se mantendrá hasta que este último adopte la decisión procedente sobre su conversión en medida jurisdiccional o levantamiento.

Artículo 82[203]. *Garantías para el aplazamiento y fraccionamiento del pago de la deuda tributaria.*

1[204]. Para garantizar los aplazamientos o fraccionamientos de la deuda tributaria, la Administración Tributaria podrá exigir que se constituya a su favor aval solidario de entidad de crédito o sociedad de garantía recíproca o certificado de seguro de caución.

---

[203] Arts. 48 (Garantías en aplazamientos y fraccionamientos), 49 (Adopción de medidas cautelares en el ámbito de los aplazamientos y fraccionamientos) y 50 (Dispensa de garantías en aplazamientos y fraccionamientos) del RGR (§3).

[204] **Ley 16/2022, de 5 de septiembre, de reforma del texto refundido de la Ley Concursal,** aprobado por el Real Decreto Legislativo 1/2020, de 5 de mayo, para la transposición de la Directiva (UE) 2019/1023 del Parlamento Europeo y del Consejo, de 20 de junio de 2019, sobre marcos de reestructuración preventiva, exoneración de deudas e inhabilitaciones, y sobre medidas para aumentar la eficiencia de los procedimientos de reestructuración, insolvencia y exoneración de deudas, y por la que se modifica la Directiva (UE) 2017/1132 del Parlamento Europeo y del Consejo, sobre determinados aspectos del Derecho de sociedades (Directiva sobre reestructuración e insolvencia) (BOE núm. 214, de 06 de septiembre de 2022), en vigor desde el 1 de enero de 2023:

Disposición adicional undécima. *Aplazamientos y fraccionamientos de deudas tributarias por la Agencia Estatal de Administración Tributaria* —en redacción dada por la Disp. Final trigésima tercera de la Ley 31/2022, de 23 de diciembre, de Presupuestos Generales del Estado para el año 2023 (BOE núm. 308, de 24 de diciembre de 2022) con efectos desde el 1 de enero de 2023—:

1. Las deudas y sanciones tributarias estatales que puedan ser objeto de aplazamiento o fraccionamiento conforme al artículo 65 de la Ley 58/2003, de 17 de diciembre, General Tributaria, para cuya gestión recaudatoria resulte competente la Agencia Estatal de Administración Tributaria y se encuentren en período voluntario o ejecutivo, podrán aplazarse o fraccionarse previa solicitud del obligado tributario, cuando su situación económico-financiera le impida de forma transitoria efectuar el pago en los plazos establecidos, en el supuesto de que el deudor haya comunicado al juzgado competente la apertura de negociaciones con sus acreedores de acuerdo con lo previsto en los artículos 585 o 690 del texto refundido de la Ley Concursal, aprobado por Real Decreto legislativo 1/2020, de 5 de mayo, y siempre que no se haya formalizado en instrumento público el plan de reestructuración, ni aprobado el plan de continuación, ni declarado el concurso, ni abierto el procedimiento especial para microempresas.

Los acuerdos de concesión que se dicten tendrán plazos con cuotas iguales y vencimiento mensual sin que en ningún caso puedan exceder de los regulados a continuación:

a) Plazo máximo de seis meses, para aquellos supuestos en los que se den las circunstancias previstas en el artículo 82.2.a) de la Ley 58/2003, de 17 de diciembre, General Tributaria, y se trate de personas jurídicas o de entidades a las que se refiere el apartado 4 del artículo 35 de la misma Ley.

b) Plazo máximo de doce meses, para aquellos supuestos en los que se den las circunstancias previstas en el artículo 82.2.b) de la misma Ley, o cuando se trate de personas físicas y concurran las circunstancias previstas en el artículo 82.2.a) de la citada Ley.

c) Plazo máximo de veinticuatro meses, para aquellos supuestos en que los aplazamientos y fraccionamientos se garanticen conforme a lo dispuesto en el artículo 82.1, párrafos segundo y tercero de la Ley 58/2003, de 17 de diciembre, General Tributaria.

d) Plazo máximo de treinta y seis meses para los supuestos en que los aplazamientos y fraccionamientos se garanticen conforme a lo dispuesto en el artículo 82.1, párrafo primero de la Ley 58/2003, de 17 de diciembre, General Tributaria.

Cuando se justifique que no es posible obtener dicho aval o certificado o que su aportación compromete gravemente la viabilidad de la actividad económica, la Administración podrá admitir garantías que consistan en hipoteca, prenda, fianza personal y solidaria u otra que se estime suficiente, en la forma que se determine reglamentariamente.

En los términos que se establezcan reglamentariamente, el obligado tributario podrá solicitar de la Administración que adopte medidas cautelares en sustitución de las garantías previstas en los párrafos anteriores. En estos supuestos no será de aplicación lo dispuesto en el apartado 6 del artículo anterior de esta Ley.

2. Podrá dispensarse total o parcialmente al obligado tributario de la constitución de las garantías a las que se refiere el apartado anterior en los casos siguientes:

a) Cuando las deudas tributarias sean de cuantía inferior a la que se fije en la normativa tributaria[205]. Esta excepción podrá limitarse a solicitudes formuladas en determinadas fases del procedimiento de recaudación.

---

2. En las solicitudes de aplazamiento y fraccionamiento de pago de las deudas de derecho público gestionadas por la Agencia Estatal de Administración Tributaria y por los órganos u organismos de la Hacienda Pública Estatal, con exclusión de las deudas a que se refiere el Reglamento (UE) 952/2013, del Parlamento Europeo y del Consejo, de 9 de octubre de 2013, por el que se establece el código aduanero de la Unión, que se regularán por lo dispuesto en dicho Reglamento, salvo las que se contraigan en aplicación del apartado 4 del artículo 105 del mismo, no se exigirán garantías siempre que su importe en conjunto no exceda de 30.000 euros y se encuentren tanto en periodo voluntario como en periodo ejecutivo de pago, sin perjuicio del mantenimiento, en este último caso, de las trabas existentes sobre bienes y derechos del deudor en el momento de la presentación de la solicitud.

A efectos de la determinación del importe de deuda señalado, se acumularán, en el momento de la solicitud tanto las deudas a las que se refiere la propia solicitud como cualesquiera otras del mismo deudor para las que se haya solicitado y no resuelto el aplazamiento o fraccionamiento, así como el importe de los vencimientos pendientes de ingreso de las deudas aplazadas o fraccionadas, salvo que estén debidamente garantizadas.

Las deudas acumulables serán aquellas que consten en las bases de datos del órgano de recaudación competente, sin que sea precisa la consulta a otros órganos u organismos a efectos de determinar el conjunto de las mismas. No obstante, los órganos competentes de recaudación computarán aquellas otras deudas acumulables que, no constando en sus bases de datos, les hayan sido comunicadas por otros órganos u organismos.

3. En todo lo no regulado expresamente en esta disposición, será de aplicación lo establecido en la Ley 58/2003, de 17 de diciembre, General Tributaria, y su normativa de desarrollo».

Nueva redacción del art. 82.1 dada por el art. único Quince de la Ley 34/2015, de 21 de septiembre, de modificación parcial de la Ley 58/2003, de 17 de diciembre, General Tributaria (BOE núm. 227, de 22 de septiembre de 2015), con entrada en vigor el día 11 de octubre de 2015.

[205] Disp. Adic. Segunda (Dispensa de garantías para el aplazamiento y fraccionamiento del pago de la deuda tributaria), del RGGI (§2) en la que se reproduce la Orden HFP/311/2023, de 28 de marzo, por la que se eleva el límite exento de la obligación de aportar garantía en las solicitudes de aplazamiento o fraccionamiento a 50.000 euros (BOE núm. 77, de 31 de marzo de 2023), en vigor desde el 15 de abril de 2023 y deroga la anterior Orden HAP/2178/2015, de 9 de octubre, por la que se eleva el límite exento de la obligación de aportar garantía en las solicitudes de aplazamiento o fraccionamiento a 30.000 euros (BOE núm. 251, de 20 de octubre de 2015) y deroga la Orden EHA/1030/2009, de 23 de abril, que fijaba el límite en 18.000 euros (BOE de 30 de abril de 2009).

Instrucción 1/2023, de 31 de marzo, de la Directora del Departamento de Recaudación de la Agencia Estatal de Administración Tributaria sobre las garantías necesarias para la concesión de aplazamientos y

b) Cuando el obligado al pago carezca de bienes suficientes para garantizar la deuda y la ejecución de su patrimonio pudiera afectar sustancialmente al mantenimiento de la capacidad productiva y del nivel de empleo de la actividad económica respectiva, o pudiera producir graves quebrantos para los intereses de la Hacienda Pública, en la forma prevista reglamentariamente[206].

c) En los demás casos que establezca la normativa tributaria.

TÍTULO III. LA APLICACIÓN DE LOS TRIBUTOS

CAPÍTULO I. PRINCIPIOS GENERALES

SECCIÓN 1.ª *Procedimientos Tributarios*

Artículo 83. *Ámbito de la aplicación de los tributos.*

1[207]. La aplicación de los tributos comprende todas las actividades administrativas dirigidas a la información y asistencia a los obligados tributarios y a la gestión, inspección y recaudación, así como las actuaciones de los obligados en el ejercicio de sus derechos o en cumplimiento de sus obligaciones tributarias.

También se considera aplicación de los tributos el ejercicio de las actividades administrativas y de las actuaciones de los obligados a las que se refiere el párrafo anterior, que se realicen en el marco de la asistencia mutua.

2. Las funciones de aplicación de los tributos se ejercerán de forma separada a la de resolución de las reclamaciones económico-administrativas que se interpongan contra los actos dictados por la Administración tributaria.

3. La aplicación de los tributos se desarrollará a través de los procedimientos administrativos de gestión, inspección, recaudación y los demás previstos en este Título.

---

fraccionamientos de pago, y para obtener la suspensión de los actos administrativos objeto de recurso y reclamación.

Instrucción 2/2023, de 3 de abril, de la Directora del Departamento de Recaudación de la Agencia Estatal de Administración Tributaria, sobre gestión de aplazamientos y fraccionamientos de pago.

Orden HFP/583/2023, de 7 de junio, por la que se eleva a 50.000 euros el límite exento de la obligación de aportar garantías en las solicitudes de aplazamiento o fraccionamiento de deudas derivadas de tributos cedidos cuya gestión recaudatoria corresponde a las comunidades autónomas (BOE núm. 138, de 10 de junio de 2023), que deroga la Orden HAP/347/2016, de 11 de marzo, por la que se eleva a 30.000 euros el límite exento de la obligación de aportar garantía en las solicitudes de aplazamiento o fraccionamiento de deudas derivadas de tributos cedidos cuya gestión recaudatoria corresponda a las Comunidades Autónomas (BOE núm. 66, de 17 de marzo de 2016), deroga la anterior Orden EHA/1621/2009, de 17 de junio, por la que se eleva a 18.000 euros el límite exento de la obligación de aportar garantía en las solicitudes de aplazamiento o fraccionamiento de deudas derivadas de tributos cedidos cuya gestión recaudatoria corresponda a las Comunidades Autónomas.

206   Art. 50 (Dispensa de garantías en aplazamientos y fraccionamientos), del RGR (§3).

207   Nueva redacción del apartado 1 dada por la Disposición Final Primera.uno.13 del Real Decreto-ley 20/2011, de 30 de diciembre, de medidas urgentes en materia presupuestaria, tributaria y financiera para la corrección del déficit público (BOE núm. 315, de 31 de diciembre), con efectos desde el 1 de enero de 2012.

4. Corresponde a cada Administración tributaria determinar su estructura administrativa para el ejercicio de la aplicación de los tributos.

Artículo 84. *Competencia territorial en la aplicación de los tributos.*

La competencia en el orden territorial se atribuirá al órgano que se determine por la Administración tributaria, en desarrollo de sus facultades de organización, mediante disposición que deberá ser objeto de publicación en el Boletín Oficial correspondiente.

En defecto de disposición expresa, la competencia se atribuirá al órgano funcional inferior en cuyo ámbito territorial radique el domicilio fiscal del obligado tributario.

SECCIÓN 2.ª *Información y Asistencia a los Obligados Tributarios*[208]

Artículo 85. *Deber de información y asistencia a los obligados tributarios.*

1. La Administración deberá prestar a los obligados tributarios la necesaria información y asistencia acerca de sus derechos y obligaciones.

2. La actividad a la que se refiere el apartado anterior se instrumentará, entre otras, a través de las siguientes actuaciones:

a) Publicación de textos actualizados de las normas tributarias, así como de la doctrina administrativa de mayor trascendencia[209].

b) Comunicaciones y actuaciones de información efectuadas por los servicios destinados a tal efecto en los órganos de la Administración tributaria[210].

c) Contestaciones a consultas escritas[211].

d) Actuaciones previas de valoración[212].

e) Asistencia a los obligados en la realización de declaraciones, autoliquidaciones y comunicaciones tributarias[213].

Artículo 86. *Publicaciones.*

1. El Ministerio de Hacienda difundirá por cualquier medio, durante el primer trimestre del año, los textos actualizados de las normas estatales con rango de Ley y Real Decreto en materia tributaria en los que se hayan producido variaciones respecto de los textos vigentes en el año precedente, así como una relación de todas las disposiciones tributarias que se hayan aprobado en dicho año.

2. El Ministerio de Hacienda difundirá periódicamente las contestaciones a consultas y las resoluciones económico-administrativas que considere de mayor trascendencia y repercusión.

---

[208]   Arts. 62 a 78 del RGGI (§2).
[209]   Art. 86 de esta LGT (§1).
[210]   Art. 87 de esta LGT (§1) y art. 63 y 64 del RGGI (§2).
[211]   Arts. 88 y 89 de esta LGT (§1) y arts. 65 a 68 del RGGI (§2).
[212]   Arts. 90 y 91 de esta LGT (§1) y art. 69 del RGGI (§2).
[213]   Arts. 77 (Actuaciones de asistencia tributaria) y 78 (Programas informáticos y uso de medios telemáticos en la asistencia a los obligados tributarios) del RGGI (§2).

3. La Administración tributaria del Estado y de las Comunidades Autónomas podrán convenir que las publicaciones a las que se refiere el apartado 1 se realicen en las lenguas oficiales de las Comunidades Autónomas.

4. El acceso a través de internet a las publicaciones a las que se refiere el presente artículo y, en su caso, a la información prevista en el artículo 87 de esta Ley será, en todo caso, gratuito[214].

Artículo 87[215]. *Comunicaciones y actuaciones de información.*

1. La Administración tributaria informará a los contribuyentes de los criterios administrativos existentes para la aplicación de la normativa tributaria, facilitará la consulta a las bases informatizadas donde se contienen dichos criterios y podrá remitir comunicaciones destinadas a informar sobre la tributación de determinados sectores, actividades o fuentes de renta.

2. La Administración tributaria deberá suministrar, a petición de los interesados, el texto íntegro de consultas o resoluciones concretas, suprimiendo toda referencia a los datos que permitan la identificación de las personas a las que afecten.

3. Las actuaciones de información previstas en este artículo se podrán efectuar mediante el empleo y aplicación de técnicas y medios electrónicos, informáticos y telemáticos.

Artículo 88. *Consultas tributarias escritas.*

1. Los obligados podrán formular a la Administración tributaria consultas respecto al régimen, la clasificación o la calificación tributaria que en cada caso les corresponda.

2. Las consultas tributarias escritas se formularán antes de la finalización del plazo establecido para el ejercicio de los derechos, la presentación de declaraciones o autoliquidaciones o el cumplimiento de otras obligaciones tributarias.

La consulta se formulará mediante escrito dirigido al órgano competente para su contestación, con el contenido que se establezca reglamentariamente[216].

3. Asimismo, podrán formular consultas tributarias los colegios profesionales, cámaras oficiales, organizaciones patronales, sindicatos, asociaciones de consumidores, asociaciones o fundaciones que representen intereses de personas con discapacidad, asociaciones empresariales y organizaciones profesionales, así como a las federaciones que agrupen a los organismos o entidades antes mencionados, cuando se refieran a cuestiones que afecten a la generalidad de sus miembros o asociados.

4. La Administración tributaria archivará, con notificación al interesado, las consultas que no reúnan los requisitos establecidos en virtud del apartado 2 de este artículo y no sean subsanadas a requerimiento de la Administración.

5[217]. La competencia para contestar las consultas corresponderá a los órganos de la Administración tributaria que tengan atribuida la iniciativa para la elaboración de disposiciones en el orden tributario, su propuesta o interpretación.

---

[214]   http://www.minhap.gob.es/es-ES/Normativa%20y%20doctrina/Normativa/Paginas/ListadoNormas.aspx

[215]   Art. 63 (Actuaciones de información) y art. 64 (Tramitación de las solicitudes de información), del RGGI (§2).

[216]   Art. 65 (Órgano competente para la contestación de las consultas tributarias escritas), del RGGI (§2).

[217]   Art. 65 (Órgano competente para la contestación de las consultas tributarias escritas), del RGGI (§2). Resolución 4/2004, de 30 de julio, de la Dirección General de Tributos, por la que se delegan competencias

6. La Administración tributaria competente deberá contestar por escrito las consultas que reúnan los requisitos establecidos en virtud del apartado 2 de este artículo en el plazo de seis meses desde su presentación.

La falta de contestación en dicho plazo no implicará la aceptación de los criterios expresados en el escrito de la consulta.

7. El procedimiento de tramitación y contestación de las consultas se desarrollará reglamentariamente[218].

8. La competencia, el procedimiento y los efectos de las contestaciones a las consultas relativas a la aplicación de la normativa aduanera comunitaria se regulará por lo dispuesto en el Código Aduanero Comunitario.

Artículo 89. *Efectos de las contestaciones a consultas tributarias escritas.*

1[219]. La contestación a las consultas tributarias escritas tendrá efectos vinculantes, en los términos previstos en este artículo, para los órganos y Entidades de la Administración tributaria encargados de la aplicación de los tributos en su relación con el consultante.

En tanto no se modifique la legislación o la jurisprudencia aplicable al caso, se aplicarán al consultante los criterios expresados en la contestación, siempre y cuando la consulta se hubiese formulado en el plazo al que se refiere el apartado 2 del artículo anterior y no se hubieran alterado las circunstancias, antecedentes y demás datos recogidos en el escrito de consulta.

Los órganos de la Administración tributaria encargados de la aplicación de los tributos deberán aplicar los criterios contenidos en las consultas tributarias escritas a cualquier obligado siempre que exista identidad entre los hechos y circunstancias de dicho obligado y los que se incluyan en la contestación a la consulta.

2. No tendrán efectos vinculantes para la Administración tributaria las contestaciones a las consultas formuladas en el plazo al que se refiere el apartado 2 del artículo anterior que planteen cuestiones relacionadas con el objeto o tramitación de un procedimiento, recurso o reclamación iniciado con anterioridad.

3. La presentación y contestación de las consultas no interrumpirá los plazos establecidos en las normas tributarias para el cumplimiento de las obligaciones tributarias.

4. La contestación a las consultas tributarias escritas tendrá carácter informativo y el obligado tributario no podrá entablar recurso alguno contra dicha contestación.

Podrá hacerlo contra el acto o actos administrativos que se dicten posteriormente en aplicación de los criterios manifestados en la contestación.

---

en materia de consultas tributarias escritas en los Subdirectores Generales del Centro Directivo (BOE núm. 195, de 13 de agosto de 2004).

[218] Art. 66 (Iniciación del procedimiento para la contestación de las consultas tributarias escritas), art. 67 (Tramitación del procedimiento para la contestación de las consultas tributarias escritas) y art. 68 (Contestación de las consultas tributarias escritas), del RGGI (§2).

[219] Art. 179.2.d) (Principio de responsabilidad en materia de infracciones tributarias), de la LGT (§1).

Artículo 90[220]. *Información con carácter previo a la adquisición o transmisión de bienes inmuebles.*

1. Cada Administración tributaria informará, a solicitud del interesado y en relación con los tributos cuya gestión le corresponda, sobre el valor a efectos fiscales de los bienes inmuebles que, situados en el territorio de su competencia, vayan a ser objeto de adquisición o transmisión.

2. Esta información tendrá efectos vinculantes durante un plazo de tres meses contados desde la notificación al interesado, siempre que la solicitud se haya formulado con carácter previo a la finalización del plazo para presentar la correspondiente autoliquidación o declaración y se hayan proporcionado datos verdaderos y suficientes a la Administración tributaria.

Dicha información no impedirá la posterior comprobación administrativa de los elementos de hecho y circunstancias manifestados por el obligado tributario.

3. El interesado no podrá entablar recurso alguno contra la información comunicada. Podrá hacerlo contra el acto o actos administrativos que se dicten posteriormente en relación con dicha información.

La falta de contestación no implicará la aceptación del valor que, en su caso, se hubiera incluido en la solicitud del interesado.

Artículo 91. *Acuerdos previos de valoración.*

1. Los obligados tributarios podrán solicitar a la Administración tributaria, cuando las leyes o los reglamentos propios de cada tributo así lo prevean, que determine con carácter previo y vinculante la valoración a efectos fiscales de rentas, productos, bienes, gastos y demás elementos determinantes de la deuda tributaria.

2. La solicitud deberá presentarse por escrito, antes de la realización del hecho imponible o, en su caso, en los plazos que establezca la normativa de cada tributo. A dicha solicitud se acompañará la propuesta de valoración formulada por el obligado tributario.

3. La Administración tributaria podrá comprobar los elementos de hecho y las circunstancias declaradas por el obligado tributario.

4. El acuerdo de la Administración tributaria se emitirá por escrito, con indicación de la valoración, del supuesto de hecho al que se refiere, del impuesto al que se aplica y de su carácter vinculante, de acuerdo con el procedimiento y en los plazos fijados en la normativa de cada tributo. La falta de contestación de la Administración tributaria en plazo implicará la aceptación de los valores propuestos por el obligado tributario.

5. En tanto no se modifique la legislación o varíen significativamente las circunstancias económicas que fundamentaron la valoración, la Administración tributaria que hubiera dictado el acuerdo estará obligada a aplicar los valores expresados en el mismo. Dicho acuerdo tendrá un plazo máximo de vigencia de tres años excepto que la normativa que lo establezca prevea otro distinto.

6. Los obligados tributarios no podrán interponer recurso alguno contra los acuerdos regulados en este precepto. Podrán hacerlo contra el acto o actos administrativos que se dicten posteriormente en aplicación de las valoraciones incluidas en el acuerdo.

---

[220] Art. 69 (Información con carácter previo a la adquisición o transmisión de bienes inmuebles), del RGGI (§2).

SECCIÓN 3.ª *Colaboración Social en la Aplicación de los Tributos*

Artículo 92[221]. ***Colaboración social.***

1. Los interesados podrán colaborar en la aplicación de los tributos en los términos y condiciones que reglamentariamente se determinen.

2[222]**.** En particular, dicha colaboración podrá instrumentarse a través de acuerdos de la Administración Tributaria con otras Administraciones públicas, con entidades privadas o con instituciones u organizaciones representativas de sectores o intereses sociales, laborales, empresariales o profesionales, y, específicamente, con el objeto de facilitar el desarrollo de su labor en aras de potenciar el cumplimiento cooperativo de las obligaciones tributarias, con los colegios y asociaciones de profesionales de la asesoría fiscal.

3. La colaboración social en la aplicación de los tributos podrá referirse, entre otros, a los siguientes aspectos:

a) Realización de estudios o informes relacionados con la elaboración y aplicación de disposiciones generales y con la aplicación de los medios a que se refieren las letras b) y c) del apartado 1 del artículo 57 de esta Ley.

b) Campañas de información y difusión.

c) Simplificación del cumplimiento de las obligaciones tributarias.

d) Asistencia en la realización de autoliquidaciones, declaraciones y comunicaciones y en su correcta cumplimentación[223].

e) Presentación y remisión a la Administración tributaria de autoliquidaciones, declaraciones, comunicaciones o cualquier otro documento con trascendencia tributaria, previa autorización de los obligados tributarios[224].

f) Subsanación de defectos, previa autorización de los obligados tributarios.

g) Información del estado de tramitación de las devoluciones y reembolsos, previa autorización de los obligados tributarios.

h) Solicitud y obtención de certificados tributarios, previa autorización de los obligados tributarios[225].

---

[221] Art. 79 (Sujetos de la colaboración social en la aplicación de los tributos), Art. 80 (Objeto de la colaboración social en la aplicación de los tributos) y art. 81 (Utilización de medios electrónicos, informáticos y telemáticos en la colaboración social), del RGGI (§2).

[222] Nueva redacción del art. 92.2 dada por el art. único Dieciséis de la Ley 34/2015, de 21 de septiembre, de modificación parcial de la Ley 58/2003, de 17 de diciembre, General Tributaria (BOE núm. 227, de 22 de septiembre de 2015), con entrada en vigor el día 11 de octubre de 2015.

[223] Orden HAC/1398/2003, de 27 de mayo, por la que se establecen los supuestos y condiciones en que podrá hacerse efectiva la colaboración social en la gestión de los tributos, y se extiende ésta expresamente a la presentación telemática de determinados modelos de declaración y otros documentos tributarios (BOE núm. 132, de 03/06/2003).

[224] Resolución de 21 de diciembre de 2018, de la Dirección General de la Agencia Estatal de Administración Tributaria, por la que se extiende la colaboración social a la presentación por vía telemática de las solicitudes de rectificación de autoliquidación y se aprueba el documento normalizado para acreditar la representación para su presentación por vía telemática en nombre de terceros (BOE núm. 6, de 7 de enero de 2019).

[225] Arts. 70 a 76 del RGGI (§2). Resolución de 29 de mayo de 2006, de la Dirección General de la Agencia Estatal de Administración Tributaria, por la que se establecen los supuestos y condiciones en que podrá

4. La Administración tributaria podrá señalar los requisitos y condiciones para que la colaboración social se realice mediante la utilización de técnicas y medios electrónicos, informáticos y telemáticos.

Artículo 93[226]. *Obligaciones de información.*

1. Las personas físicas o jurídicas, públicas o privadas, así como las entidades mencionadas en el apartado 4 del artículo 35 de esta Ley, estarán obligadas a proporcionar a la Administración tributaria toda clase de datos, informes, antecedentes y justificantes con trascendencia tributaria relacionados con el cumplimiento de sus propias obligaciones tributarias o deducidos de sus relaciones económicas, profesionales o financieras con otras personas.

En particular:

a) Los retenedores y los obligados a realizar ingresos a cuenta deberán presentar relaciones de los pagos dinerarios o en especie realizados a otras personas o entidades.

b) Las sociedades, asociaciones, colegios profesionales u otras entidades que, entre sus funciones, realicen la de cobro de honorarios profesionales o de derechos derivados de la propiedad intelectual, industrial, de autor u otros por cuenta de sus socios, asociados o colegiados, deberán comunicar estos datos a la Administración tributaria.

A la misma obligación quedarán sujetas aquellas personas o entidades, incluidas las bancarias, crediticias o de mediación financiera en general que, legal, estatutaria o habitualmente, realicen la gestión o intervención en el cobro de honorarios profesionales o en el de comisiones, por las actividades de captación, colocación, cesión o mediación en el mercado de capitales.

c) Las personas o entidades depositarias de dinero en efectivo o en cuentas, valores u otros bienes de deudores a la Administración tributaria en período ejecutivo estarán obligadas a informar a los órganos de recaudación y a cumplir los requerimientos efectuados por los mismos en el ejercicio de sus funciones.

e)[227] Las personas jurídicas o entidades deberán comunicar a la Administración tributaria la identificación de los titulares reales de las mismas. A tal efecto, tendrán la consideración de titulares reales los definidos conforme al apartado 2 del artículo 4 de la Ley 10/2010, de 28 de abril, de prevención del blanqueo de capitales y de la financiación del terrorismo.

2. Las obligaciones a las que se refiere el apartado anterior deberán cumplirse con carácter general en la forma y plazos que reglamentariamente se determinen, o mediante requerimiento individualizado de la Administración tributaria que podrá efectuarse en cualquier momento posterior a la realización de las operaciones relacionadas con los datos o antecedentes requeridos.

---

hacerse efectiva la colaboración social en la aplicación de los tributos, para la solicitud y obtención de certificados tributarios (BOE núm. 145, de 19 de junio de 2006).

[226]   Arts. 36 a 58 del RGGI (§2).

[227]   Nueva letra e) incorporada por el art. único Uno de la Ley 13/2023, de 24 de mayo, por la que se modifican la Ley 58/2003, de 17 de diciembre, General Tributaria, en transposición de la Directiva (UE) 2021/514 del Consejo de 22 de marzo de 2021, por la que se modifica la Directiva 2011/16/UE relativa a la cooperación administrativa en el ámbito de la fiscalidad, y otras normas tributarias (BOE núm. 124, de 25 de mayo de 2023), en vigor desde el 26 de mayo de 2023.

3. El incumplimiento de las obligaciones establecidas en este artículo no podrá ampararse en el secreto bancario.

Los requerimientos individualizados relativos a los movimientos de cuentas corrientes, depósitos de ahorro y a plazo, cuentas de préstamos y créditos y demás operaciones activas y pasivas, incluidas las que se reflejen en cuentas transitorias o se materialicen en la emisión de cheques u otras órdenes de pago, de los Bancos, Cajas de Ahorro, Cooperativas de Crédito y cuantas entidades se dediquen al tráfico bancario o crediticio, podrán efectuarse en el ejercicio de las funciones de inspección o recaudación, previa autorización del órgano de la Administración tributaria que reglamentariamente se determine.

Los requerimientos individualizados deberán precisar los datos identificativos del cheque u orden de pago de que se trate, o bien las operaciones objeto de investigación, los obligados tributarios afectados, titulares o autorizados, y el período de tiempo al que se refieren.

La investigación realizada según lo dispuesto en este apartado podrá afectar al origen y destino de los movimientos o de los cheques u otras órdenes de pago, si bien en estos casos no podrá exceder de la identificación de las personas y de las cuentas en las que se encuentre dicho origen y destino.

4. Los funcionarios públicos, incluidos los profesionales oficiales, estarán obligados a colaborar con la Administración tributaria suministrando toda clase de información con trascendencia tributaria de la que dispongan, salvo que sea aplicable:

a) El secreto del contenido de la correspondencia.

b) El secreto de los datos que se hayan suministrado a la Administración para una finalidad exclusivamente estadística.

c) El secreto del protocolo notarial, que abarcará los instrumentos públicos a los que se refieren los artículos 34 y 35 de la Ley de 28 de mayo de 1862, del Notariado, y los relativos a cuestiones matrimoniales, con excepción de los referentes al régimen económico de la sociedad conyugal.

5. La obligación de los demás profesionales de facilitar información con trascendencia tributaria a la Administración tributaria no alcanzará a los datos privados no patrimoniales que conozcan por razón del ejercicio de su actividad cuya revelación atente contra el honor o la intimidad personal y familiar. Tampoco alcanzará a aquellos datos confidenciales de sus clientes de los que tengan conocimiento como consecuencia de la prestación de servicios profesionales de asesoramiento o defensa.

Los profesionales no podrán invocar el secreto profesional para impedir la comprobación de su propia situación tributaria.

Artículo 94[228]. *Autoridades sometidas al deber de informar y colaborar.*

1. Las autoridades, cualquiera que sea su naturaleza, los titulares de los órganos del Estado, de las Comunidades Autónomas y de las Entidades Locales; los organismos autónomos y las entidades públicas empresariales; las cámaras y corporaciones, colegios y asociaciones profesionales; las mutualidades de previsión social; las demás entidades públicas, incluidas las gestoras de la Seguridad Social y quienes, en general, ejerzan funciones públicas, estarán obligados a suministrar a la Administración tributaria cuantos datos, informes y antecedentes

---

[228] Art. 60 (Derechos y deberes del personal al servicio de la Administración tributaria), RGGI (§2).

con trascendencia tributaria recabe ésta mediante disposiciones de carácter general o a través de requerimientos concretos, y a prestarle, a ella y a sus agentes, apoyo, concurso, auxilio y protección para el ejercicio de sus funciones.

Asimismo, participarán en la gestión o exacción de los tributos mediante las advertencias, repercusiones y retenciones, documentales o pecuniarias, de acuerdo con lo previsto en las leyes o disposiciones reglamentarias vigentes.

2. A las mismas obligaciones quedarán sujetos los partidos políticos, sindicatos y asociaciones empresariales.

3[229]. Los juzgados y tribunales deberán facilitar a la Administración tributaria, de oficio o a requerimiento de la misma, cuantos datos con trascendencia tributaria se desprendan de las actuaciones judiciales de las que conozcan, respetando, en su caso, el secreto de las diligencias sumariales.

4[230]. El Servicio Ejecutivo de la Comisión de Prevención del Blanqueo de Capitales e Infracciones Monetarias y la Comisión de Vigilancia de Actividades de Financiación del Terrorismo, así como la Secretaría de ambas Comisiones, facilitarán a la Administración tributaria cuantos datos con trascendencia tributaria obtengan en el ejercicio de sus funciones, de oficio, con carácter general o mediante requerimiento individualizado en los términos que reglamentariamente se establezcan.

Los órganos de la Administración tributaria podrán utilizar la información suministrada para la regularización de la situación tributaria de los obligados en el curso del procedimiento de comprobación o de inspección, sin que sea necesario efectuar el requerimiento al que se refiere el apartado 3 del artículo anterior.

5. La cesión de datos de carácter personal que se deba efectuar a la Administración tributaria conforme a lo dispuesto en el artículo anterior, en los apartados anteriores de este artículo o en otra norma de rango legal, no requerirá el consentimiento del afectado. En este ámbito no será de aplicación lo dispuesto en el apartado 1 del artículo 21 de la Ley Orgánica 15/1999, de 13 de diciembre, de Protección de Datos de Carácter Personal[231].

Artículo 95[232]. *Carácter reservado de los datos con trascendencia tributaria.*

1. Los datos, informes o antecedentes obtenidos por la Administración tributaria en el desempeño de sus funciones tienen carácter reservado y sólo podrán ser utilizados para la efectiva aplicación de los tributos o recursos cuya gestión tenga encomendada y para la impo-

---

[229]   Art. 56 (Requerimientos a determinadas autoridades sometidas al deber de informar y colaborar), del RGGI (§2).

[230]   Art. 56 del RGGI (§2).

[231]   Artículo 21. Comunicación de datos entre Administraciones públicas. 1. «Los datos de carácter personal recogidos o elaborados por las Administraciones públicas para el desempeño de sus atribuciones no serán comunicados a otras Administraciones públicas para el ejercicio de competencias diferentes o de competencias que versen sobre materias distintas, salvo *cuando la comunicación hubiere sido prevista por las disposiciones de creación del fichero o* por disposición de superior rango que regule su uso, o cuando la comunicación tenga por objeto el tratamiento posterior de los datos con fines históricos, estadísticos o científicos». El inciso «*cuando la comunicación hubiere sido prevista por las disposiciones de creación del fichero o por disposición de superior rango que regule su uso o*» declarado contrario a la Constitución y nulo por Sentencia del Tribunal Constitucional 292/2000, 30 noviembre.

[232]   Art. 2.5 (Censos de la Administración tributaria), del RGGI (2).

sición de las sanciones que procedan, sin que puedan ser cedidos o comunicados a terceros, salvo que la cesión tenga por objeto:

a) La colaboración con los órganos jurisdiccionales y el Ministerio Fiscal en la investigación o persecución de delitos que no sean perseguibles únicamente a instancia de persona agraviada.

b) La colaboración con otras Administraciones tributarias a efectos del cumplimiento de obligaciones fiscales en el ámbito de sus competencias.

c) La colaboración con la Inspección de Trabajo y Seguridad Social y con las entidades gestoras y servicios comunes de la Seguridad Social en la lucha contra el fraude en la cotización y recaudación de las cuotas del sistema de Seguridad Social y contra el fraude en la obtención y disfrute de las prestaciones a cargo del sistema; así como para la determinación del nivel de aportación de cada usuario en las prestaciones del Sistema Nacional de Salud[233].

d)[234] La colaboración con las Administraciones públicas para la prevención y lucha contra el delito fiscal y contra el fraude en la obtención o percepción de ayudas o subvenciones a cargo de fondos públicos o de la Unión Europea, incluyendo las medidas oportunas para prevenir, detectar y corregir el fraude, la corrupción y los conflictos de intereses que afecten a los intereses financieros de la Unión Europea.

e) La colaboración con las comisiones parlamentarias de investigación en el marco legalmente establecido.

f) La protección de los derechos e intereses de los menores e incapacitados por los órganos jurisdiccionales o el Ministerio Fiscal.

g) La colaboración con el Tribunal de Cuentas en el ejercicio de sus funciones de fiscalización de la Agencia Estatal de Administración Tributaria.

h) La colaboración con los jueces y tribunales para la ejecución de resoluciones judiciales firmes. La solicitud judicial de información exigirá resolución expresa en la que, previa ponderación de los intereses públicos y privados afectados en el asunto de que se trate y por haberse agotado los demás medios o fuentes de conocimiento sobre la existencia de bienes y derechos del deudor, se motive la necesidad de recabar datos de la Administración tributaria.

i) La colaboración con el Servicio Ejecutivo de la Comisión de Prevención del Blanqueo de Capitales e Infracciones Monetarias, con la Comisión de Vigilancia de Actividades de Financiación del Terrorismo y con la Secretaría de ambas Comisiones, en el ejercicio de sus funciones respectivas.

j)[235] La colaboración con órganos o entidades de derecho público encargados de la recaudación de recursos públicos no tributarios para la correcta identificación de los obligados al

---

[233] Nueva redacción de la letra c) del art. 95.1 dada por la Disposición final Cuarta del Real Decreto-Ley 16/2012, de 20 de abril, de medidas urgentes para garantizar la sostenibilidad del Sistema Nacional de Salud y mejorar la calidad y seguridad de sus prestaciones (BOE núm. 98, de 24 de abril de 2012), en vigor desde su publicación en el BOE.

[234] Nueva redacción de la letra d) dada por la Disp. Adicional décima quinta de la Ley 31/2022, de 23 de diciembre, de Presupuestos Generales del Estado para el año 2023 (BOE núm. 308, de 24 de diciembre de 2022), con efectos desde el 1 de enero de 2023.

[235] Nueva redacción del párrafo j) del apartado 1 del artículo 95 dada por la Disp. Final Tercera de la Ley 18/2009, de 23 de noviembre, por la que se modifica el texto articulado de la Ley sobre Tráfico, Circula-

pago y con la Dirección General de Tráfico para la práctica de las notificaciones a los mismos, dirigidas al cobro de tales recursos.

k) La colaboración con las Administraciones públicas para el desarrollo de sus funciones, previa autorización de los obligados tributarios a que se refieran los datos suministrados.

l)[236] La colaboración con la Intervención General de la Administración del Estado en el ejercicio de sus funciones de control de la gestión económico-financiera, el seguimiento del déficit público, el control de subvenciones y ayudas públicas y la lucha contra la morosidad en las operaciones comerciales de las entidades del Sector Público.

m)[237] La colaboración con la Oficina de Recuperación y Gestión de Activos mediante la cesión de los datos, informes o antecedentes necesarios para la localización de los bienes y derechos susceptibles de ser embargados o decomisados en un determinado proceso penal, previa acreditación de esta circunstancia.

n)[238] La colaboración con las entidades responsables de los procedimientos de adjudicación de contratos y concesión de subvenciones vinculadas a la ejecución del Plan de Recuperación, Transformación y Resiliencia, en relación con el análisis sistemático de riesgo de conflicto de interés.

2. En los casos de cesión previstos en el apartado anterior, la información de carácter tributario deberá ser suministrada preferentemente mediante la utilización de medios informáticos o telemáticos. Cuando las Administraciones públicas puedan disponer de la información por dichos medios, no podrán exigir a los interesados la aportación de certificados de la Administración tributaria en relación con dicha información.

3. La Administración tributaria adoptará las medidas necesarias para garantizar la confidencialidad de la información tributaria y su uso adecuado.

Cuantas autoridades o funcionarios tengan conocimiento de estos datos, informes o antecedentes estarán obligados al más estricto y completo sigilo respecto de ellos, salvo en los casos citados. Con independencia de las responsabilidades penales o civiles que pudieran

---

ción de Vehículos a Motor y Seguridad Vial, aprobado por el Real Decreto Legislativo 339/1990, de 2 de marzo, en materia sancionadora (BOE núm. 283, de 24 de noviembre de 2009).

[236] Nueva letra l) incorporada por la disposición adicional novena de la Ley 8/2013, de 26 de junio, de rehabilitación, regeneración y renovación urbanas (BOE núm. 153, de 27 de junio de 2013), con efectos desde 28 de junio de 2013.

[237] Nueva redacción de la letra m) dada por el art. único Dos de la Ley 13/2023, de 24 de mayo, por la que se modifican la Ley 58/2003, de 17 de diciembre, General Tributaria, en transposición de la Directiva (UE) 2021/514 del Consejo de 22 de marzo de 2021, por la que se modifica la Directiva 2011/16/UE relativa a la cooperación administrativa en el ámbito de la fiscalidad, y otras normas tributarias (BOE núm. 124, de 25 de mayo de 2023), en vigor desde el 26 de mayo de 2023.
Redacción anterior de la letra m) por su incorporación por el art. único Diecisiete de la Ley 34/2015, de 21 de septiembre, de modificación parcial de la Ley 58/2003, de 17 de diciembre, General Tributaria (BOE núm. 227, de 22 de septiembre de 2015), con entrada en vigor el día 11 de octubre de 2015.

[238] Nueva letra n) incorporada por el art. único Dos de la Ley 13/2023, de 24 de mayo, por la que se modifican la Ley 58/2003, de 17 de diciembre, General Tributaria, en transposición de la Directiva (UE) 2021/514 del Consejo de 22 de marzo de 2021, por la que se modifica la Directiva 2011/16/UE relativa a la cooperación administrativa en el ámbito de la fiscalidad, y otras normas tributarias (BOE núm. 124, de 25 de mayo de 2023), en vigor desde el 26 de mayo de 2023.

derivarse, la infracción de este particular deber de sigilo se considerará siempre falta disciplinaria muy grave.

Cuando se aprecie la posible existencia de un delito no perseguible únicamente a instancia de persona agraviada, la Administración tributaria deducirá el tanto de culpa o remitirá al Ministerio Fiscal relación circunstanciada de los hechos que se estimen constitutivos de delito. También podrá iniciarse directamente el oportuno procedimiento mediante querella a través del Servicio Jurídico competente.

4[239]. El carácter reservado de los datos establecido en este artículo no impedirá la publicidad de los mismos cuando ésta se derive de la normativa de la Unión Europea.

5[240]. Los retenedores y obligados a realizar ingresos a cuenta sólo podrán utilizar los datos, informes o antecedentes relativos a otros obligados tributarios para el correcto cumplimiento y efectiva aplicación de la obligación de realizar pagos a cuenta. Dichos datos deberán ser comunicados a la Administración tributaria en los casos previstos en la normativa propia de cada tributo.

Salvo lo dispuesto en el párrafo anterior, los referidos datos, informes o antecedentes tienen carácter reservado. Los retenedores y obligados a realizar ingresos a cuenta quedan sujetos al más estricto y completo sigilo respecto de ellos.

6[241]. La cesión de información en el ámbito de la asistencia mutua se regirá por lo dispuesto en el artículo 177 ter de esta Ley.

Artículo 95 bis[242]. *Publicidad de situaciones de incumplimiento relevante de las obligaciones tributarias.*

1[243]. La Administración Tributaria acordará la publicación periódica de listados comprensivos de deudores a la Hacienda Pública, incluidos los que tengan la condición de deudores

---

[239] Nuevo apartado 4 del art. 95 incorporado por el art. único Diecisiete de la Ley 34/2015, de 21 de septiembre, de modificación parcial de la Ley 58/2003, de 17 de diciembre, General Tributaria (BOE núm. 227, de 22 de septiembre de 2015), con entrada en vigor el día 11 de octubre de 2015.

[240] Se renumera el apartado 4 y 5 pasando a ser los apartados 5 y 6 en virtud del art. único Diecisiete de la Ley 34/2015, de 21 de septiembre, de modificación parcial de la Ley 58/2003, de 17 de diciembre, General Tributaria (BOE núm. 227, de 22 de septiembre de 2015), con entrada en vigor el día 11 de octubre de 2015.

[241] Se renumera el apartado 4 y 5 pasando a ser los apartados 5 y 6 en virtud del art. único Diecisiete de la Ley 34/2015, de 21 de septiembre, de modificación parcial de la Ley 58/2003, de 17 de diciembre, General Tributaria (BOE núm. 227, de 22 de septiembre de 2015), con entrada en vigor el día 11 de octubre de 2015.
Apartado cinco incorporado por la Disposición Final Primera.uno.14 del Real Decreto-ley 20/2011, de 30 de diciembre, de medidas urgentes en materia presupuestaria, tributaria y financiera para la corrección del déficit público (BOE núm. 315, de 31 de diciembre), con efectos desde el 1 de enero de 2012.

[242] Nuevo art. 95 bis incorporado por el art. único Dieciocho de la Ley 34/2015, de 21 de septiembre, de modificación parcial de la Ley 58/2003, de 17 de diciembre, General Tributaria (BOE núm. 227, de 22 de septiembre de 2015), con entrada en vigor el día 11 de octubre de 2015.
Art. 235 ter de la Ley Orgánica 6/1985, de 1 de julio, del Poder Judicial, en redacción dada por la Ley Orgánica 10/2015, de 10 de septiembre, por la que se regula el acceso y publicidad de determinada información contenida en las sentencias dictadas en materia de fraude fiscal (BOE núm. 218, de 11 de septiembre de 2015):

al haber sido declarados responsables solidarios, por deudas o sanciones tributarias cuando concurran las siguientes circunstancias:

a) Que el importe total de las deudas y sanciones tributarias pendientes de ingreso, incluidas en su caso las que se hubieran exigido tras la declaración de responsabilidad solidaria, supere el importe de 600.000 euros.

b) Que dichas deudas o sanciones tributarias no hubiesen sido pagadas transcurrido el plazo original de ingreso en periodo voluntario.

En el supuesto de deudas incluidas en acuerdos de declaración de responsabilidad será necesario que haya transcurrido el plazo de pago del artículo 62.2 de esta Ley tras la notificación del acuerdo de declaración de responsabilidad y, en su caso, del acuerdo de exigencia de pago.

A efectos de lo dispuesto en este artículo no se incluirán aquellas deudas y sanciones tributarias que se encuentren aplazadas o suspendidas[244].

«1. Es público el acceso a los datos personales contenidos en los fallos de las sentencias firmes condenatorias, cuando se hubieren dictado en virtud de los delitos previstos en los siguientes artículos:

a) Los artículos 305, 305 bis y 306 de la Ley Orgánica 10/1995, de 23 de noviembre, del Código Penal.

b) Los artículos 257 y 258 de la Ley Orgánica 10/1995, de 23 de noviembre, del Código Penal, cuando el acreedor defraudado hubiese sido la Hacienda Pública.

c) El artículo 2 de la Ley Orgánica 12/1995, de 12 de diciembre, de Represión del Contrabando, siempre que exista un perjuicio para la Hacienda Pública estatal o de la Unión Europea.

2. En los casos previstos en el apartado anterior, el Secretario Judicial, emitirá certificado en el que se harán constar los siguientes datos:

a) Los que permitan la identificación del proceso judicial.

b) Nombre y apellidos o denominación social del condenado y, en su caso, del responsable civil.

c) Delito por el que se le hubiera condenado.

d) Las penas impuestas.

e) La cuantía correspondiente al perjuicio causado a la Hacienda Pública por todos los conceptos, según lo establecido en la sentencia.

Mediante diligencia de ordenación el Secretario Judicial ordenará su publicación en el «Boletín Oficial del Estado».

3. Lo dispuesto en este artículo no será de aplicación en el caso de que el condenado o, en su caso, el responsable civil, hubiera satisfecho o consignado en la cuenta de depósitos y consignaciones del órgano judicial competente la totalidad de la cuantía correspondiente al perjuicio causado a la Hacienda Pública por todos los conceptos, con anterioridad a la firmeza de la sentencia».

243 Nueva redacción del art. 95 bis.1 dada por el art. decimotercero Nueve de la Ley 11/2021, de 9 de julio, de medidas de prevención y lucha contra el fraude fiscal, de transposición de la Directiva (UE) 2016/1164, del Consejo, de 12 de julio de 2016, por la que se establecen normas contra las prácticas de elusión fiscal que inciden directamente en el funcionamiento del mercado interior, de modificación de diversas normas tributarias y en materia de regulación del juego (BOE núm. 164, de 10 de julio de 2021), en vigor desde el 11 de julio de 2021.

Redacción anterior dada por el art. único Dieciocho de la Ley 34/2015, de 21 de septiembre.

244 STS 218/2023 de 25 de enero de 2023: ««A efectos de la publicidad de situaciones de incumplimiento relevante de las obligaciones tributarias, sólo podrán ser incluidas en los listados del art. 95 bis, aquellas personas físicas o jurídicas que ostenten la condición de deudores a la Hacienda Pública por deudas o sanciones tributarias firmes.

El interesado podrá alegar ante la Administración que no concurren los requisitos y presupuestos, exigidos a los efectos del art. 95 bis LGT, para su inclusión en dichos listados, invocando, en su caso, en el seno del proceso judicial ulterior, cualquier motivo, constituya o no una mera cuestión de error de hecho o mate-

2. En dichos listados se incluirá la siguiente información:

a) La identificación de los deudores conforme al siguiente detalle:

– Personas Físicas: nombre apellidos y NIF.

– Personas Jurídicas y entidades del artículo 35.4 de esta Ley: razón o denominación social completa y NIF.

b) El importe conjunto de las deudas y sanciones pendientes de pago tenidas en cuenta a efectos de la publicación.

3. En el ámbito del Estado, la publicidad regulada en este artículo se referirá exclusivamente a los tributos de titularidad estatal para los que la aplicación de los tributos, el ejercicio de la potestad sancionadora y las facultades de revisión estén atribuidas en exclusiva a los órganos de la Administración Tributaria del Estado no habiendo existido delegación alguna de competencias en estos ámbitos a favor de las Comunidades Autónomas o Entes Locales.

La publicidad regulada en este artículo resultará de aplicación respecto a los tributos que integran la deuda aduanera.

4[245]. La determinación de la concurrencia de los requisitos exigidos para la inclusión en el listado tomará como fecha de referencia el 31 de diciembre del año anterior al del acuerdo de publicación, cualquiera que sea la cantidad pendiente de ingreso a la fecha de dicho acuerdo.

La propuesta de inclusión en el listado será comunicada al deudor afectado, que podrá formular alegaciones en el plazo de 10 días contados a partir del siguiente al de recepción de la comunicación. A estos efectos será suficiente para entender realizada dicha comunicación la acreditación por parte de la Administración Tributaria de haber realizado un intento de notificación de la misma que contenga el texto íntegro de su contenido en el domicilio fiscal del interesado.

En el caso de que los deudores paguen la totalidad de la cantidad adeudada a la fecha de referencia antes de la finalización del plazo para formular alegaciones, no se incluirán en los listados comprensivos de deudores a la Hacienda Pública por deudas o sanciones tributarias.

---

rial, incluidas cuestiones de índole jurídica relacionadas con los requisitos y presupuestos para acordar su inclusión en el listado y la subsiguiente publicación».

STS 131/2023 de 2 de febrero de 2023: «De lo anteriormente razonado, de modo extenso, sobre la naturaleza y fines de la liquidación vinculada a delito, cabe establecer la siguiente doctrina:

1) Las liquidaciones establecidas por la Administración tributaria al amparo del art. 150.1 y concordantes de la LGT no cumplen los requisitos legales del artículo 95 bis LGT, tal como ha quedado interpretado por esta Sala para que proceda la inclusión del deudor, en caso de impago, en el listado de morosos regulado en el mencionado precepto, dada la instrumentalidad de tales liquidaciones a las resultas de la causa penal.

2) En tales casos, sólo la sentencia penal condenatoria por delito contra la Hacienda Pública permitiría la inclusión del deudor sometido a esa clase de liquidaciones, con independencia de que la deuda estuviera o no suspendida».

[245] Nueva redacción del art. 95 bis.4 dada por el art. decimotercero Nueve de la Ley 11/2021, de 9 de julio, de medidas de prevención y lucha contra el fraude fiscal, de transposición de la Directiva (UE) 2016/1164, del Consejo, de 12 de julio de 2016, por la que se establecen normas contra las prácticas de elusión fiscal que inciden directamente en el funcionamiento del mercado interior, de modificación de diversas normas tributarias y en materia de regulación del juego (BOE núm. 164, de 10 de julio de 2021), en vigor desde el 11 de julio de 2021.

Redacción anterior dada por el art. único Dieciocho de la Ley 34/2015, de 21 de septiembre.

Las alegaciones habrán de referirse exclusivamente a la existencia de errores materiales, de hecho o aritméticos en relación con los requisitos señalados en el apartado 1 o a los pagos efectuados por el deudor a que se refiere el párrafo anterior, debiéndose aportar en este caso justificación fehaciente de dichos pagos.

Como consecuencia del trámite de alegaciones, la Administración podrá acordar la rectificación del listado cuando se acredite fehacientemente que no concurren los requisitos legales determinados en el apartado 1 o cuando a la conclusión del plazo para formular alegaciones se hubiera satisfecho la totalidad de las deudas o sanciones tributarias.

Dicha rectificación también podrá ser acordada de oficio.

Practicadas las rectificaciones oportunas, se dictará el acuerdo de publicación.

La notificación del acuerdo se entenderá producida con su publicación y la del listado.

Mediante Orden Ministerial se establecerán la fecha de publicación, que deberá producirse en todo caso durante el primer semestre de cada año, y los correspondientes ficheros y registros.

La publicación se efectuará en todo caso por medios electrónicos, debiendo adoptarse las medidas necesarias para impedir la indexación de su contenido a través de motores de búsqueda en Internet y los listados dejarán de ser accesibles una vez transcurridos tres meses desde la fecha de publicación.

El tratamiento de datos necesarios para la publicación se sujetará a lo dispuesto en el Reglamento (UE) 2016/679 del Parlamento Europeo y del Consejo, de 27 de abril de 2016, relativo a la protección de las personas físicas en lo que respecta al tratamiento de datos personales y a la libre circulación de estos datos y por el que se deroga la Directiva 95/46/CE (Reglamento general de protección de datos), y la Ley Orgánica 3/2018, de 5 de diciembre, de Protección de Datos Personales y garantía de los derechos digitales, así como por su normativa de desarrollo.

5. En el ámbito de competencias del Estado, será competente para dictar los acuerdos de publicación regulados en este artículo el Director General de la Agencia Estatal de Administración Tributaria.

6[246]**.** En la publicación del listado se especificará que la situación en el mismo reflejada es la existente a la fecha de referencia señalada en el apartado 4, sin que la publicación del

---

[246] Nueva redacción del art. 95 bis.6 dada por el art. decimotercero Nueve de la Ley 11/2021, de 9 de julio, de medidas de prevención y lucha contra el fraude fiscal, de transposición de la Directiva (UE) 2016/1164, del Consejo, de 12 de julio de 2016, por la que se establecen normas contra las prácticas de elusión fiscal que inciden directamente en el funcionamiento del mercado interior, de modificación de diversas normas tributarias y en materia de regulación del juego (BOE núm. 164, de 10 de julio de 2021), en vigor desde el 11 de julio de 2021.

Recogiendo en su Disposición transitoria segunda. Publicidad de situaciones de incumplimiento relevante de las obligaciones tributarias en el año 2021.

«En relación con la publicidad de situaciones de incumplimiento relevante de las obligaciones tributarias regulada en el artículo 95 bis de la Ley 58/2003, de 17 de diciembre, General Tributaria, a efectos del listado que se publicará en el año 2021 se tomará, como la fecha de referencia establecida en su apartado 4, no la de 31 de diciembre de 2020, sino el último día del mes inmediato posterior a aquel en el que se produzca la entrada en vigor de esta Ley conforme a lo señalado en su disposición final cuarta, resultando de aplicación a efectos de dicha publicidad las modificaciones contenidas en el apartado Nueve de su artículo decimotercero.

listado resulte afectada por las actuaciones realizadas por el deudor con posterioridad a dicha fecha de referencia, salvo que se verifique el pago en los casos y con los requisitos señalados en dicho apartado.

Lo dispuesto en este artículo no afectará en modo alguno al régimen de impugnación establecido en esta Ley en relación con las actuaciones y procedimientos de los que se deriven las deudas y sanciones tributarias ni tampoco a las actuaciones y procedimientos de aplicación de los tributos iniciados o que se pudieran iniciar con posterioridad en relación con las mismas.

Las actuaciones desarrolladas en el procedimiento establecido en este artículo en orden a la publicación de la información en el mismo regulada no constituyen causa de interrupción a los efectos previstos en el artículo 68 de esta Ley.

7. El acuerdo de publicación del listado pondrá fin a la vía administrativa.

SECCIÓN 4.ª *Tecnologías Informáticas y Telemáticas*

Artículo 96[247]. *Utilización de tecnologías informáticas y telemáticas.*

1. La Administración tributaria promoverá la utilización de las técnicas y medios electrónicos, informáticos y telemáticos necesarios para el desarrollo de su actividad y el ejercicio de sus competencias, con las limitaciones que la Constitución y las leyes establezcan.

2. Cuando sea compatible con los medios técnicos de que disponga la Administración tributaria, los ciudadanos podrán relacionarse con ella para ejercer sus derechos y cumplir con sus obligaciones a través de técnicas y medios electrónicos, informáticos o telemáticos con las garantías y requisitos previstos en cada procedimiento.

3. Los procedimientos y actuaciones en los que se utilicen técnicas y medios electrónicos, informáticos y telemáticos garantizarán la identificación de la Administración tributaria actuante y el ejercicio de su competencia.

Además, cuando la Administración tributaria actúe de forma automatizada se garantizará la identificación de los órganos competentes para la programación y supervisión del sistema de información y de los órganos competentes para resolver los recursos que puedan interponerse.

4. Los programas y aplicaciones electrónicos, informáticos y telemáticos que vayan a ser utilizados por la Administración tributaria para el ejercicio de sus potestades habrán de ser previamente aprobados por ésta en la forma que se determine reglamentariamente.

La publicación del listado resultante se producirá en el plazo de seis meses desde dicha fecha de referencia».

Redacción anterior dada por el art. único.Dieciocho de la Ley 34/2015, de 21 de septiembre.

[247] Art. 58 (Transmisión de datos con trascendencia tributaria por medios electrónicos, informáticos y telemáticos) y arts. 82 a 86 del RGGI (§2).

Orden HAP/2194/2013, de 22 de noviembre, por la que se regulan los procedimientos y las condiciones generales para la presentación de determinadas autoliquidaciones y declaraciones informativas de naturaleza tributaria (BOE núm. 283, de 26 de noviembre de 2013).

Resolución de 28 de diciembre de 2009, de la Presidencia de la Agencia Estatal de Administración Tributaria, por la que se crea la sede electrónica y se regulan los registros electrónicos de la Agencia Estatal de Administración Tributaria (BOE 29 de diciembre de 2009)

5[248]. Los documentos emitidos, cualquiera que sea su soporte, por medios electrónicos, informáticos o telemáticos por la Administración tributaria, o los que ésta emita como copias de originales almacenados por estos mismos medios, así como las imágenes electrónicas de los documentos originales o sus copias, tendrán la misma validez y eficacia que los documentos originales siempre que quede garantizada su autenticidad, integridad y conservación y, en su caso, la recepción por el interesado, así como el cumplimiento de las garantías y requisitos exigidos por la normativa aplicable.

CAPÍTULO II. NORMAS COMUNES SOBRE ACTUACIONES Y PROCEDIMIENTOS TRIBUTARIOS

Artículo 97. *Regulación de las actuaciones y procedimientos tributarios.*
Las actuaciones y procedimientos de aplicación de los tributos se regularán:
a) Por las normas especiales establecidas en este Título y la normativa reglamentaria dictada en su desarrollo, así como por las normas procedimentales recogidas en otras leyes tributarias y en su normativa reglamentaria de desarrollo.
b) Supletoriamente, por las disposiciones generales sobre los procedimientos administrativos.

SECCIÓN 1.ª *Especialidades de los Procedimientos Administrativos en Materia Tributaria*

Subsección 1.ª Fases de los procedimientos tributarios

Artículo 98[249]. ***Iniciación de los procedimientos tributarios.***
1. Las actuaciones y procedimientos tributarios podrán iniciarse de oficio o a instancia del obligado tributario, mediante autoliquidación, declaración, comunicación, solicitud o cualquier otro medio previsto en la normativa tributaria.
2. Los documentos de iniciación de las actuaciones y procedimientos tributarios deberán incluir, en todo caso, el nombre y apellidos o razón social y el número de identificación fiscal del obligado tributario y, en su caso, de la persona que lo represente.
3. La Administración tributaria podrá aprobar modelos y sistemas normalizados de autoliquidaciones, declaraciones, comunicaciones, solicitudes o cualquier otro medio previsto en la normativa tributaria para los casos en que se produzca la tramitación masiva de las actuaciones y procedimientos tributarios. La Administración tributaria pondrá a disposición de los obligados tributarios los modelos mencionados en las condiciones que señale la normativa tributaria.
4. En el ámbito de competencias del Estado, el Ministro de Hacienda podrá determinar los supuestos y condiciones en los que los obligados tributarios deberán presentar por medios

---

[248] Resolución de 16 abril 2004, Dirección General de la AEAT, por la que se regula la generación y archivo de documentos electrónicos a partir de documentos en soporte papel, la emisión de copias en papel de dichos documentos electrónicos y aprueba los programas y aplicaciones a utilizar (BOE núm. 111, de 7 mayo de 2004), en vigor desde el 8-5-2004.

[249] Art. 118 (Formas de iniciación de la gestión tributaria), de la LGT (§1). Art. 87 (Iniciación de oficio), art. 88 (Iniciación a instancia del obligado tributario) y art. 89 (Subsanación), del RGGI (§2).

telemáticos sus declaraciones, autoliquidaciones, comunicaciones, solicitudes y cualquier otro documento con trascendencia tributaria.

Artículo 99. *Desarrollo de las actuaciones y procedimientos tributarios.*

1[250]. En el desarrollo de las actuaciones y procedimientos tributarios, la Administración facilitará en todo momento a los obligados tributarios el ejercicio de los derechos y el cumplimiento de sus obligaciones, en los términos previstos en los apartados siguientes.

2. Los obligados tributarios pueden rehusar la presentación de los documentos que no resulten exigibles por la normativa tributaria y de aquellos que hayan sido previamente presentados por ellos mismos y que se encuentren en poder de la Administración tributaria actuante. Se podrá, en todo caso, requerir al interesado la ratificación de datos específicos propios o de terceros, previamente aportados.

3[251]. Los obligados tributarios tienen derecho a que se les expida certificación de las autoliquidaciones, declaraciones y comunicaciones que hayan presentado o de extremos concretos contenidos en las mismas.

4[252]. El obligado que sea parte en una actuación o procedimiento tributario podrá obtener a su costa copia de los documentos que figuren en el expediente, salvo que afecten a intereses de terceros o a la intimidad de otras personas o que así lo disponga la normativa vigente. Las copias se facilitarán en el trámite de audiencia o, en defecto de éste, en el de alegaciones posterior a la propuesta de resolución.

5[253]. El acceso a los registros y documentos que formen parte de un expediente concluido a la fecha de la solicitud y que obren en los archivos administrativos únicamente podrá ser solicitado por el obligado tributario que haya sido parte en el procedimiento tributario, sin perjuicio de lo dispuesto en el artículo 95 de esta Ley.

6. Para la práctica de la prueba en los procedimientos tributarios no será necesaria la apertura de un período específico ni la comunicación previa de las actuaciones a los interesados.

7. Las actuaciones de la Administración tributaria en los procedimientos de aplicación de los tributos se documentarán en comunicaciones[254], diligencias[255], informes[256] y otros documentos previstos en la normativa específica de cada procedimiento.

Las comunicaciones son los documentos a través de los cuales la Administración notifica al obligado tributario el inicio del procedimiento u otros hechos o circunstancias relativos al mismo o efectúa los requerimientos que sean necesarios a cualquier persona o entidad.

Las comunicaciones podrán incorporarse al contenido de las diligencias que se extiendan.

---

[250] Art. 90 y siguientes del RGGI (§2).
[251] Arts. 70 a 76 del RGGI (§2).
[252] Art. 95 (Obtención de copias), del RGGI (§2).
[253] Art. 94 (Acceso a archivos y registros administrativos), del RGGI (§2).
[254] Art. 97 (Comunicaciones), del RGGI (§2).
[255] Art. 98 (Diligencias) y art. 99 (Tramitación de las diligencias), del RGGI (§2).
[256] Art. 100 (Informes), del RGGI (§2).

Las diligencias son los documentos públicos que se extienden para hacer constar hechos, así como las manifestaciones del obligado tributario o persona con la que se entiendan las actuaciones. Las diligencias no podrán contener propuestas de liquidaciones tributarias.

Los órganos de la Administración tributaria emitirán, de oficio o a petición de terceros, los informes que sean preceptivos conforme al ordenamiento jurídico, los que soliciten otros órganos y servicios de las Administraciones públicas o los poderes legislativo y judicial, en los términos previstos por las leyes, y los que resulten necesarios para la aplicación de los tributos.

8[257]. En los procedimientos tributarios se podrá prescindir del trámite de audiencia previo a la propuesta de resolución cuando se suscriban actas con acuerdo o cuando en las normas reguladoras del procedimiento esté previsto un trámite de alegaciones posterior a dicha propuesta. En este último caso, el expediente se pondrá de manifiesto en el trámite de alegaciones.

El trámite de alegaciones no podrá tener una duración inferior a diez días ni superior a quince.

9[258]. Las actuaciones de la Administración y de los obligados tributarios en los procedimientos de aplicación de los tributos podrán realizarse a través de sistemas digitales que, mediante la videoconferencia u otro sistema similar, permitan la comunicación bidireccional y simultánea de imagen y sonido, la interacción visual, auditiva y verbal entre los obligados tributarios y el órgano actuante, y garanticen la transmisión y recepción seguras de los documentos que, en su caso, recojan el resultado de las actuaciones realizadas, asegurando su autoría, autenticidad e integridad.

La utilización de estos sistemas se producirá cuando lo determine la Administración Tributaria y requerirá la conformidad del obligado tributario en relación con su uso y con la fecha y hora de su desarrollo.

Artículo 100. *Terminación de los procedimientos tributarios.*
1. Pondrá fin a los procedimientos tributarios la resolución[259], el desistimiento[260], la renuncia al derecho en que se fundamente la solicitud[261], la imposibilidad material de conti-

[257] Art. 96 (Trámites de audiencia y de alegaciones) y art. 183 (Trámite de audiencia previo a las actas de inspección), del RGGI (§2).
[258] Apartado nuevo, incorporado por la Disp. Fina Primera.Uno del Real Decreto-ley 22/2020, de 16 de junio, por el que se regula la creación del Fondo COVID-19 y se establecen las reglas relativas a su distribución y libramiento (BOE núm. 169, de 17 de junio de 2020), en vigor desde las fechas de publicación del BOE.
[259] Arts. 87 a 92 de la Ley 39/2015, de 1 de octubre, del Procedimiento Administrativo Común de las Administraciones Públicas (BOE núm. 236, de 2 de octubre de 2015), con entrada en vigor el 2 de octubre de 2016, con anterioridad art. 89 de la Ley 30/1992, de 26 de noviembre, de RJAP y PAC. Art. 101 (Resolución), art. 102 (Cómputo de los plazos máximos de resolución), art. 103 (Períodos de interrupción justificada) y art. 104 (Dilaciones por causa no imputable a la Administración), del RGGI (§2).
[260] Arts. 93 y 94 de la Ley 39/2015, de 1 de octubre, del Procedimiento Administrativo Común de las Administraciones Públicas (BOE núm. 236, de 2 de octubre de 2015), con entrada en vigor el 2 de octubre de 2016, con anterioridad arts. 90 y 91 de la Ley 30/1992, de 26 de noviembre, de RJAP y PAC.
[261] Arts. 93 y 94 de la Ley 39/2015, de 1 de octubre, del Procedimiento Administrativo Común de las Administraciones Públicas (BOE núm. 236, de 2 de octubre de 2015), con entrada en vigor el 2 de octubre de 2016, con anterioridad arts. 90 y 91 de la Ley 30/1992, de 26 de noviembre, de RJAP y PAC.

nuarlos por causas sobrevenidas[262], la caducidad[263], el cumplimiento de la obligación que hubiera sido objeto de requerimiento o cualquier otra causa prevista en el ordenamiento tributario.

2. Tendrá la consideración de resolución la contestación efectuada de forma automatizada por la Administración tributaria en aquellos procedimientos en que esté prevista esta forma de terminación.

Subsección 2.ª Liquidaciones tributarias

Artículo 101[264]. *Las liquidaciones tributarias: concepto y clases.*

1. La liquidación tributaria es el acto resolutorio mediante el cual el órgano competente de la Administración realiza las operaciones de cuantificación necesarias y determina el importe de la deuda tributaria o de la cantidad que, en su caso, resulte a devolver o a compensar de acuerdo con la normativa tributaria.

La Administración tributaria no estará obligada a ajustar las liquidaciones a los datos consignados por los obligados tributarios en las autoliquidaciones, declaraciones, comunicaciones, solicitudes o cualquier otro documento.

2. Las liquidaciones tributarias serán provisionales o definitivas.

3. Tendrán la consideración de definitivas:

a) Las practicadas en el procedimiento inspector previa comprobación e investigación de la totalidad de los elementos de la obligación tributaria, salvo lo dispuesto en el apartado 4 de este artículo.

b) Las demás a las que la normativa tributaria otorgue tal carácter.

4. En los demás casos, las liquidaciones tributarias tendrán el carácter de provisionales.

Podrán dictarse liquidaciones provisionales en el procedimiento de inspección en los siguientes supuestos:

a) Cuando alguno de los elementos de la obligación tributaria se determine en función de los correspondientes a otras obligaciones que no hubieran sido comprobadas, que hubieran sido regularizadas mediante liquidación provisional o mediante liquidación definitiva que no fuera firme, o cuando existan elementos de la obligación tributaria cuya comprobación con carácter definitivo no hubiera sido posible durante el procedimiento, en los términos que se establezcan reglamentariamente[265].

b) Cuando proceda formular distintas propuestas de liquidación en relación con una misma obligación tributaria. Se entenderá que concurre esta circunstancia cuando el acuerdo al que se refiere el artículo 155 de esta Ley no incluya todos los elementos de la obligación

---

[262] Art. 84.2 de la Ley 39/2015, de 1 de octubre, del Procedimiento Administrativo Común de las Administraciones Públicas (BOE núm. 236, de 2 de octubre de 2015), con entrada en vigor el 2 de octubre de 2016, con anterioridad art. 87.2 de la Ley 30/1992, de 26 de noviembre, de RJAP y PAC.

[263] Art. 104.3 de la LGT (§1). Art. 95 de la Ley 39/2015, de 1 de octubre, del Procedimiento Administrativo Común de las Administraciones Públicas (BOE núm. 236, de 2 de octubre de 2015), con entrada en vigor el 2 de octubre de 2016.

[264] Art. 190 (Clases de liquidaciones derivadas de las actas de inspección) y art. 191 (Liquidación de los intereses de demora), del RGGI (§2).

[265] Art. 190.2 y 3 del RGGI (§2).

tributaria, cuando la conformidad del obligado no se refiera a toda la propuesta de regularización, cuando se realice una comprobación de valor y no sea el objeto único de la regularización y en el resto de supuestos que estén previstos reglamentariamente[266].

c)[267] En todo caso tendrán el carácter de provisionales las liquidaciones dictadas al amparo de lo dispuesto en el artículo 250.2 de esta Ley.

Artículo 102. *Notificación de las liquidaciones tributarias.*

1. Las liquidaciones deberán ser notificadas a los obligados tributarios en los términos previstos en la Sección tercera del Capítulo II del Título III de esta Ley.

2. Las liquidaciones se notificarán con expresión de:

a) La identificación del obligado tributario.

b) Los elementos determinantes de la cuantía de la deuda tributaria.

c) La motivación de las mismas cuando no se ajusten a los datos consignados por el obligado tributario o a la aplicación o interpretación de la normativa realizada por el mismo, con expresión de los hechos y elementos esenciales que las originen, así como de los fundamentos de Derecho.

d) Los medios de impugnación que puedan ser ejercidos, órgano ante el que hayan de presentarse y plazo para su interposición.

e) El lugar, plazo y forma en que debe ser satisfecha la deuda tributaria.

f) Su carácter de provisional o definitiva.

3. En los tributos de cobro periódico por recibo, una vez notificada la liquidación correspondiente al alta en el respectivo registro, padrón o matrícula, podrán notificarse colectivamente las sucesivas liquidaciones mediante edictos que así lo adviertan.

El aumento de base imponible sobre la resultante de las declaraciones deberá notificarse al contribuyente con expresión concreta de los hechos y elementos adicionales que lo motiven, excepto cuando la modificación provenga de revalorizaciones de carácter general autorizadas por las leyes.

4. Reglamentariamente podrán establecerse los supuestos en los que no será preceptiva la notificación expresa, siempre que la Administración así lo advierta por escrito al obligado tributario o a su representante.

Subsección 3.ª Obligación de resolver y plazos de resolución

Artículo 103[268]. *Obligación de resolver.*

1. La Administración tributaria está obligada a resolver expresamente todas las cuestiones que se planteen en los procedimientos de aplicación de los tributos, así como a notificar dicha resolución expresa.

2. No existirá obligación de resolver expresamente en los procedimientos relativos al ejercicio de derechos que sólo deban ser objeto de comunicación por el obligado tributario

---

[266]   Art. 190.4 del RGGI (§2).

[267]   Nueva letra c) del art. 101.4 incorporada por el art. único Diecinueve de la Ley 34/2015, de 21 de septiembre, de modificación parcial de la Ley 58/2003, de 17 de diciembre, General Tributaria (BOE núm. 227, de 22 de septiembre de 2015), con entrada en vigor el día 11 de octubre de 2015.

[268]   Art. 101 (Resolución), del RGGI (§2).

y en los que se produzca la caducidad, la pérdida sobrevenida del objeto del procedimiento, la renuncia o el desistimiento de los interesados.

No obstante, cuando el interesado solicite expresamente que la Administración tributaria declare que se ha producido alguna de las referidas circunstancias, ésta quedará obligada a contestar a su petición.

3. Los actos de liquidación, los de comprobación de valor, los que impongan una obligación, los que denieguen un beneficio fiscal o la suspensión de la ejecución de actos de aplicación de los tributos, así como cuantos otros se dispongan en la normativa vigente, serán motivados con referencia sucinta a los hechos y fundamentos de Derecho.

Artículo 104[269]. *Plazos de resolución y efectos de la falta de resolución expresa.*

1. El plazo máximo en que debe notificarse la resolución será el fijado por la normativa reguladora del correspondiente procedimiento, sin que pueda exceder de seis meses, salvo que esté establecido por una norma con rango de ley o venga previsto en la normativa comunitaria europea. Cuando las normas reguladoras de los procedimientos no fijen plazo máximo, éste será de seis meses.

El plazo se contará:

a) En los procedimientos iniciados de oficio, desde la fecha de notificación del acuerdo de inicio.

b) En los procedimientos iniciados a instancia del interesado, desde la fecha en que el documento haya tenido entrada en el registro del órgano competente para su tramitación[270].

Queda excluido de lo dispuesto en este apartado el procedimiento de apremio, cuyas actuaciones podrán extenderse hasta el plazo de prescripción del derecho de cobro.

2[271]**.** A los solos efectos de entender cumplida la obligación de notificar dentro del plazo máximo de duración de los procedimientos, será suficiente acreditar que se ha realizado un intento de notificación que contenga el texto íntegro de la resolución.

En el caso de sujetos obligados o acogidos voluntariamente a recibir notificaciones practicadas a través de medios electrónicos, la obligación de notificar dentro del plazo máximo

---

[269] Art. 102 (Cómputo de los plazos máximos de resolución), art. 103 (Períodos de interrupción justificada) y art. 104 (Dilaciones por causa no imputable a la Administración), del RGGI (§2).
Real Decreto-ley 8/2020, de 17 de marzo, de medidas urgentes extraordinarias para hacer frente al impacto económico y social del COVID-19 (BOE núm. 73, de 18 de marzo de 2002): Artículo 33. Suspensión de plazos en el ámbito tributario.
Real Decreto-ley 11/2020, de 31 de marzo, por el que se adoptan medidas urgentes complementarias en el ámbito social y económico para hacer frente al COVID-19 (BOE núm. 91, de 1 de abril de 2020): Artículo 53. «Suspensión de plazos en el ámbito tributario de las Comunidades Autónomas y de las Entidades Locales» y «Disposición adicional novena. Aplicación del Real Decreto-ley 8/2020, de 17 de marzo, de medidas urgentes extraordinarias para hacer frente al impacto económico y social del COVID-19 a determinados procedimientos y actos», en redacción dada por Disposición final tercera de la Ley 11/2021, de 9 de julio.
[270] Art. 102 (Cómputo de los plazos máximos de resolución), del RGGI (§2).
[271] Art. 103 (Períodos de interrupción justificada) y art. 104 (Dilaciones por causa no imputable a la Administración), del RGGI (§2).
Nueva redacción del art. 104.2 dada por el art. único Veinte de la Ley 34/2015, de 21 de septiembre, de modificación parcial de la Ley 58/2003, de 17 de diciembre, General Tributaria (BOE núm. 227, de 22 de septiembre de 2015), con entrada en vigor el día 11 de octubre de 2015.

de duración de los procedimientos se entenderá cumplida con la puesta a disposición de la notificación en la sede electrónica de la Administración Tributaria o en la dirección electrónica habilitada.

Los períodos de interrupción justificada que se especifiquen reglamentariamente, las dilaciones en el procedimiento por causa no imputable a la Administración Tributaria, y los períodos de suspensión del plazo que se produzcan conforme a lo previsto en esta Ley no se incluirán en el cómputo del plazo de resolución.

3. En los procedimientos iniciados a instancia de parte, el vencimiento del plazo máximo sin haberse notificado resolución expresa producirá los efectos que establezca su normativa reguladora. A estos efectos, en todo procedimiento de aplicación de los tributos se deberá regular expresamente el régimen de actos presuntos que le corresponda.

En defecto de dicha regulación, los interesados podrán entender estimadas sus solicitudes por silencio administrativo, salvo las formuladas en los procedimientos de ejercicio del derecho de petición a que se refiere el artículo 29 de la Constitución y en los de impugnación de actos y disposiciones, en los que el silencio tendrá efecto desestimatorio.

Cuando se produzca la paralización del procedimiento por causa imputable al obligado tributario, la Administración le advertirá que, transcurridos tres meses, podrá declarar la caducidad del mismo.

4. En los procedimientos iniciados de oficio, el vencimiento del plazo máximo establecido sin que se haya notificado resolución expresa producirá los efectos previstos en la normativa reguladora de cada procedimiento de aplicación de los tributos.

En ausencia de regulación expresa, se producirán los siguientes efectos:

a) Si se trata de procedimientos de los que pudiera derivarse el reconocimiento o, en su caso, la constitución de derechos u otras situaciones jurídicas individualizadas, los obligados tributarios podrán entender desestimados por silencio administrativo los posibles efectos favorables derivados del procedimiento.

b) En los procedimientos susceptibles de producir efectos desfavorables o de gravamen, se producirá la caducidad del procedimiento.

5. Producida la caducidad, ésta será declarada, de oficio o a instancia del interesado, ordenándose el archivo de las actuaciones.

Dicha caducidad no producirá, por sí sola, la prescripción de los derechos de la Administración tributaria, pero las actuaciones realizadas en los procedimientos caducados no interrumpirán el plazo de prescripción ni se considerarán requerimientos administrativos a los efectos previstos en el apartado 1 del artículo 27 de esta Ley.

Las actuaciones realizadas en el curso de un procedimiento caducado, así como los documentos y otros elementos de prueba obtenidos en dicho procedimiento, conservarán su validez y eficacia a efectos probatorios en otros procedimientos iniciados o que puedan iniciarse con posterioridad en relación con el mismo u otro obligado tributario.

SECCIÓN 2.ª *Prueba*

Artículo 105. *Carga de la prueba.*

1. En los procedimientos de aplicación de los tributos quien haga valer su derecho deberá probar los hechos constitutivos del mismo.

2. Los obligados tributarios cumplirán su deber de probar si designan de modo concreto los elementos de prueba en poder de la Administración tributaria.

Artículo 106. *Normas sobre medios y valoración de la prueba.*

1. En los procedimientos tributarios serán de aplicación las normas que sobre medios y valoración de prueba se contienen en el Código Civil[272], y en la Ley 1/2000, de 7 de enero, de Enjuiciamiento Civil[273] salvo que la ley establezca otra cosa.

2[274]. Las pruebas o informaciones suministradas por otros Estados o entidades internacionales o supranacionales en el marco de la asistencia mutua podrán incorporarse, con el valor probatorio que proceda conforme al apartado anterior, al procedimiento que corresponda.

3. La ley propia de cada tributo podrá exigir requisitos formales de deducibilidad para determinadas operaciones que tengan relevancia para la cuantificación de la obligación tributaria.

4[275]. Los gastos deducibles y las deducciones que se practiquen, cuando estén originados por operaciones realizadas por empresarios o profesionales, deberán justificarse, de forma prioritaria, mediante la factura entregada por el empresario o profesional que haya realizado la correspondiente operación que cumpla los requisitos señalados en la normativa tributaria.

Sin perjuicio de lo anterior, la factura no constituye un medio de prueba privilegiado respecto de la existencia de las operaciones, por lo que una vez que la Administración cuestiona fundadamente su efectividad, corresponde al obligado tributario aportar pruebas sobre la realidad de las operaciones.

5[276].

Artículo 107. *Valor probatorio de las diligencias.*

1. Las diligencias extendidas en el curso de las actuaciones y los procedimientos tributarios tienen naturaleza de documentos públicos y hacen prueba de los hechos que motiven su formalización, salvo que se acredite lo contrario.

2. Los hechos contenidos en las diligencias y aceptados por el obligado tributario objeto del procedimiento, así como sus manifestaciones, se presumen ciertos y sólo podrán rectificarse por éstos mediante prueba de que incurrieron en error de hecho.

---

[272] Arts. 1.216 a 1.230 del Código Civil.

[273] Arts. 299 a 386 de la Ley 1/2000, de 7 de enero, de Enjuiciamiento Civil.

[274] Nuevo apartado segundo y renumeración del original apartado 2 y siguientes, incorporado por la Disposición Final Primera.uno.15 del Real Decreto-ley 20/2011, de 30 de diciembre, de medidas urgentes en materia presupuestaria, tributaria y financiera para la corrección del déficit público (BOE núm. 315, de 31 de diciembre), con efectos desde el 1 de enero de 2012.

[275] Nueva redacción del art. 106.4 dada por el suprimido por el art. único Veintiuno de la Ley 34/2015, de 21 de septiembre, de modificación parcial de la Ley 58/2003, de 17 de diciembre, General Tributaria (BOE núm. 227, de 22 de septiembre de 2015), con entrada en vigor el día 11 de octubre de 2015.

[276] Apartado 5 del art. 106. suprimido por el art. único Veinteuno de la Ley 34/2015, de 21 de septiembre, de modificación parcial de la Ley 58/2003, de 17 de diciembre, General Tributaria (BOE núm. 227, de 22 de septiembre de 2015), con entrada en vigor el día 11 de octubre de 2015.

Artículo 108. *Presunciones en materia tributaria.*

1. Las presunciones establecidas por las normas tributarias pueden destruirse mediante prueba en contrario, excepto en los casos en que una norma con rango de ley expresamente lo prohíba.

2. Para que las presunciones no establecidas por las normas sean admisibles como medio de prueba es indispensable que entre el hecho demostrado y aquel que se trate de deducir haya un enlace preciso y directo según las reglas del criterio humano.

3. La Administración tributaria podrá considerar como titular de cualquier bien, derecho, empresa, servicio, actividad, explotación o función a quien figure como tal en un Registro fiscal o en otros de carácter público, salvo prueba en contrario.

4. Los datos y elementos de hecho consignados en las autoliquidaciones, declaraciones, comunicaciones y demás documentos presentados por los obligados tributarios se presumen ciertos para ellos y sólo podrán rectificarse por los mismos mediante prueba en contrario.

Los datos incluidos en declaraciones o contestaciones a requerimientos en cumplimiento de la obligación de suministro de información recogida en los artículos 93 y 94 de esta Ley que vayan a ser utilizados en la regularización de la situación tributaria de otros obligados se presumen ciertos, pero deberán ser contrastados de acuerdo con lo dispuesto en esta Sección cuando el obligado tributario alegue la inexactitud o falsedad de los mismos. Para ello podrá exigirse al declarante que ratifique y aporte prueba de los datos relativos a terceros incluidos en las declaraciones presentadas.

5[277]. En el caso de obligaciones tributarias con periodos de liquidación inferior al año, se podrá realizar una distribución lineal de la cuota anual que resulte entre los periodos de liquidación correspondientes cuando la Administración Tributaria no pueda, en base a la información obrante en su poder, atribuirla a un periodo de liquidación concreto conforme a la normativa reguladora del tributo, y el obligado tributario, requerido expresamente a tal efecto, no justifique que procede un reparto temporal diferente.

SECCIÓN 3.ª *Notificaciones*

Artículo 109[278]. *Notificaciones en materia tributaria.*

El régimen de notificaciones será el previsto en las normas administrativas generales[279] con las especialidades establecidas en esta Sección.

---

[277] Nuevo apartado 5 del art. 108 incorporado por el art. único Veintedós de la Ley 34/2015, de 21 de septiembre, de modificación parcial de la Ley 58/2003, de 17 de diciembre, General Tributaria (BOE núm. 227, de 22 de septiembre de 2015), con entrada en vigor el día 11 de octubre de 2015.

[278] Art. 114 (Notificación) y art. 115 (Notificación por comparecencia) y art. 115 bis (Notificaciones en dirección electrónica), del RGGI (§2). Art. 24 (Anuncios de cobranza), del RGR (§3).

[279] Art. 40 (Notificación), art. 41 (Condiciones generales para la práctica de las notificaciones), art. 42 (Práctica de las notificaciones en papel), art. 43 (Práctica de las notificaciones a través de medios electrónicos), art. 44 (Notificación infructuosa) y art. 46 (Indicación de notificaciones y publicaciones) de la Ley 39/2015, de 1 de octubre, del Procedimiento Administrativo Común de las Administraciones Públicas (BOE núm. 236, de 2 de octubre de 2015), con entrada en vigor el 2 de octubre de 2016, con anterioridad art. 58 (Notificaciones) y art. 59 (Práctica de la notificación) de la Ley 30/1992, de 26 de noviembre de Régimen Jurídico de las Administraciones Públicas y del Procedimiento Administrativo Común. Art. 28

Artículo 110. *Lugar de práctica de las notificaciones.*

1. En los procedimientos iniciados a solicitud del interesado, la notificación se practicará en el lugar señalado a tal efecto por el obligado tributario o su representante o, en su defecto, en el domicilio fiscal de uno u otro.

2. En los procedimientos iniciados de oficio, la notificación podrá practicarse en el domicilio fiscal del obligado tributario o su representante, en el centro de trabajo, en el lugar donde se desarrolle la actividad económica o en cualquier otro adecuado a tal fin.

Artículo 111. *Personas legitimadas para recibir las notificaciones.*

1. Cuando la notificación se practique en el lugar señalado al efecto por el obligado tributario o por su representante, o en el domicilio fiscal de uno u otro, de no hallarse presentes en el momento de la entrega, podrá hacerse cargo de la misma cualquier persona que se encuentre en dicho lugar o domicilio y haga constar su identidad, así como los empleados de la comunidad de vecinos o de propietarios donde radique el lugar señalado a efectos de notificaciones o el domicilio fiscal del obligado o su representante.

2. El rechazo de la notificación realizado por el interesado o su representante implicará que se tenga por efectuada la misma.

Artículo 112[280]. *Notificación por comparecencia.*

1. Cuando no sea posible efectuar la notificación al interesado o a su representante por causas no imputables a la Administración tributaria e intentada al menos dos veces en el domicilio fiscal, o en el designado por el interesado si se trata de un procedimiento iniciado a solicitud del mismo, se harán constar en el expediente las circunstancias de los intentos de notificación. Será suficiente un solo intento cuando el destinatario conste como desconocido en dicho domicilio o lugar.

En este supuesto se citará al interesado o a su representante para ser notificados por comparecencia por medio de anuncios que se publicarán, por una sola vez para cada interesado, en el «Boletín Oficial del Estado».

La publicación en el «Boletín Oficial del Estado» se efectuará los lunes, miércoles y viernes de cada semana. Estos anuncios podrán exponerse asimismo en la oficina de la Admi-

---

(Práctica de la notificación por medios electrónicos) de la Ley 11/2007, de 22 de junio, de acceso electrónico de los ciudadanos a los Servicios Públicos.

[280] Art. 115 (Notificación por comparecencia), del RGGI (§2).

Nueva redacción del art. 112 dada por el art. 26 de la Ley 15/2014, de 16 de septiembre, de racionalización del Sector Público y otras medidas de reforma administrativa (BOE núm. 226, de 17 de septiembre de 2014), con efectos desde el 1 de junio de 2015 y su Disposición transitoria quinta. Notificaciones en el ámbito tributario. «El artículo 112 de la Ley 58/2003, de 17 de diciembre, General Tributaria, en la redacción que resulta de la presente Ley, se aplicará a todas las notificaciones que hayan de practicarse por las administraciones tributarias a partir de la entrada en vigor, aunque los procedimientos tributarios se hubieren iniciado con anterioridad».

La redacción anterior del art. 112 fue dada por el art. 45 de la Ley 2/2011, de 4 de marzo, de Economía Sostenible (BOE núm. 55, de 5 de marzo de 2011), con entrada en vigor el día 6 de marzo de 2011 hasta el 31 de mayo de 2015 y el primer apartado fue dada por el art. quinto. Siete de la Ley 36/2006, de 29 de noviembre, de medidas para la prevención del fraude fiscal (BOE núm. 286, de 30 de noviembre de 2006), en vigor desde el 1-12-2006 hasta el 5-3-2011.

nistración tributaria correspondiente al último domicilio fiscal conocido. En el caso de que el último domicilio conocido radicara en el extranjero, el anuncio se podrá exponer en el consulado o sección consular de la embajada correspondiente.

2. En la publicación constará la relación de notificaciones pendientes con indicación del obligado tributario o su representante, el procedimiento que las motiva, el órgano competente de su tramitación y el lugar y plazo en que el destinatario de las mismas deberá comparecer para ser notificado.

En todo caso, la comparecencia deberá producirse en el plazo de 15 días naturales, contados desde el siguiente al de la publicación del anuncio en el «Boletín Oficial del Estado». Transcurrido dicho plazo sin comparecer, la notificación se entenderá producida a todos los efectos legales el día siguiente al del vencimiento del plazo señalado.

3. Cuando el inicio de un procedimiento o cualquiera de sus trámites se entiendan notificados por no haber comparecido el obligado tributario o su representante, se le tendrá por notificado de las sucesivas actuaciones y diligencias de dicho procedimiento, y se mantendrá el derecho que le asiste a comparecer en cualquier momento del mismo. No obstante, las liquidaciones que se dicten en el procedimiento y los acuerdos de enajenación de los bienes embargados deberán ser notificados con arreglo a lo establecido en esta Sección.

SECCIÓN 4.ª *Entrada en el Domicilio de los Obligados Tributarios*

Artículo 113[281]**. *Autorización judicial para la entrada en el domicilio de los obligados tributarios.***

Cuando en las actuaciones y en los procedimientos de aplicación de los tributos sea necesario entrar en el domicilio constitucionalmente protegido de un obligado tributario o efectuar registros en el mismo, la Administración Tributaria deberá obtener el consentimiento de aquél o la oportuna autorización judicial.

La solicitud de autorización judicial para la ejecución del acuerdo de entrada en el mencionado domicilio deberá estar debidamente justificada y motivar la finalidad, necesidad y proporcionalidad de dicha entrada.

Tanto la solicitud como la concesión de la autorización judicial podrán practicarse, aun con carácter previo al inicio formal del correspondiente procedimiento, siempre que el acuerdo de entrada contenga la identificación del obligado tributario, los conceptos y períodos que van a ser objeto de comprobación y se aporten al órgano judicial.

---

[281]   Nueva redacción del art. 113 dada por el art. decimotercero Diez de la Ley 11/2021, de 9 de julio, de medidas de prevención y lucha contra el fraude fiscal, de transposición de la Directiva (UE) 2016/1164, del Consejo, de 12 de julio de 2016, por la que se establecen normas contra las prácticas de elusión fiscal que inciden directamente en el funcionamiento del mercado interior, de modificación de diversas normas tributarias y en materia de regulación del juego (BOE núm. 164, de 10 de julio de 2021), en vigor desde el 11 de julio de 2021.

SECCIÓN 5.ª *Denuncia pública*

Artículo 114. *Denuncia pública*.
1. Mediante la denuncia pública se podrá poner en conocimiento de la Administración tributaria hechos o situaciones que puedan ser constitutivos de infracciones tributarias o tener trascendencia para la aplicación de los tributos. La denuncia pública es independiente del deber de colaborar con la Administración tributaria regulado en los artículos 93 y 94 de esta Ley.
2. Recibida una denuncia, se remitirá al órgano competente para realizar las actuaciones que pudieran proceder. Este órgano podrá acordar el archivo de la denuncia cuando se considere infundada o cuando no se concreten o identifiquen suficientemente los hechos o las personas denunciadas.

Se podrán iniciar las actuaciones que procedan si existen indicios suficientes de veracidad en los hechos imputados y éstos son desconocidos para la Administración tributaria. En este caso, la denuncia no formará parte del expediente administrativo.
3. No se considerará al denunciante interesado en las actuaciones administrativas que se inicien como consecuencia de la denuncia ni se le informará del resultado de las mismas. Tampoco estará legitimado para la interposición de recursos o reclamaciones en relación con los resultados de dichas actuaciones.

SECCIÓN 6.ª *Potestades y funciones de comprobación e investigación*

Artículo 115. *Potestades y funciones de comprobación e investigación*.
1[282]**.** La Administración Tributaria podrá comprobar e investigar los hechos, actos, elementos, actividades, explotaciones, negocios, valores y demás circunstancias determinantes de la obligación tributaria para verificar el correcto cumplimiento de las normas aplicables.

Dichas comprobación e investigación se podrán realizar aún en el caso de que las mismas afecten a ejercicios o periodos y conceptos tributarios respecto de los que se hubiese producido la prescripción regulada en el artículo 66.a) de esta Ley, siempre que tal comprobación o investigación resulte precisa en relación con la de alguno de los derechos a los que se refiere el artículo 66 de esta Ley que no hubiesen prescrito, salvo en los supuestos a los que se refiere el artículo 66 bis.2 de esta Ley, en los que resultará de aplicación el límite en el mismo establecido.

En particular, dichas comprobaciones e investigaciones podrán extenderse a hechos, actos, actividades, explotaciones y negocios que, acontecidos, realizados, desarrollados o formalizados en ejercicios o periodos tributarios respecto de los que se hubiese producido la prescripción regulada en el artículo 66.a) citado en el párrafo anterior, hubieran de surtir efectos fiscales en ejercicios o periodos en los que dicha prescripción no se hubiese producido.

2[283]**.** En el desarrollo de las funciones de comprobación e investigación a que se refiere este artículo, la Administración Tributaria podrá calificar los hechos, actos, actividades, ex-

---

[282] Nueva redacción del art. 115.1 dada el art. único Veintetrés de la Ley 34/2015, de 21 de septiembre, de modificación parcial de la Ley 58/2003, de 17 de diciembre, General Tributaria (BOE núm. 227, de 22 de septiembre de 2015), con entrada en vigor el día 11 de octubre de 2015.
[283] Nueva redacción del art. 115.2 dada el art. único Veintetrés de la Ley 34/2015, de 21 de septiembre, de modificación parcial de la Ley 58/2003, de 17 de diciembre, General Tributaria (BOE núm. 227, de 22 de septiembre de 2015), con entrada en vigor el día 11 de octubre de 2015.

plotaciones y negocios realizados por el obligado tributario con independencia de la previa calificación que éste último hubiera dado a los mismos y del ejercicio o periodo en el que la realizó, resultando de aplicación, en su caso, lo dispuesto en los artículos 13, 15 y 16 de esta Ley.

La calificación realizada por la Administración Tributaria en los procedimientos de comprobación e investigación en aplicación de lo dispuesto en este apartado extenderá sus efectos respecto de la obligación tributaria objeto de aquellos y, en su caso, respecto de aquellas otras respecto de las que no se hubiese producido la prescripción regulada en el artículo 66.a) de esta Ley.

3. Los actos de concesión o reconocimiento de beneficios fiscales que estén condicionados al cumplimiento de ciertas condiciones futuras o a la efectiva concurrencia de determinados requisitos no comprobados en el procedimiento en que se dictaron tendrán carácter provisional. La Administración tributaria podrá comprobar en un posterior procedimiento de aplicación de los tributos la concurrencia de tales condiciones o requisitos y, en su caso, regularizar la situación tributaria del obligado sin necesidad de proceder a la previa revisión de dichos actos provisionales conforme a lo dispuesto en el Título V de esta Ley.

Artículo 116[284]. *Plan de Control Tributario.*

La Administración tributaria elaborará anualmente un Plan de Control Tributario que tendrá carácter reservado, aunque ello no impedirá que se hagan públicos los criterios generales que lo informen.

---

[284] Art. 170 (Planes de inspección), del RGGI (§2).
Resolución de 27 de febrero de 2025, de la Dirección General de la Agencia Estatal de Administración Tributaria, por la que se aprueban las directrices generales del Plan Anual de Control Tributario y Aduanero de 2025 (BOE núm. 65, de 17 de marzo de 2025)
Para ejercicios anteriores: 2024: Resolución de 21 de febrero de 2024 (BOE núm. 53, de 29 de febrero de 2024); 2023: Resolución de 6 de febrero de 2023 (BOE núm. 49, de 27 de febrero de 2023); 2022: Resolución de 26 de enero de 2022 (BOE núm. 26, de 31 de enero de 2022); 2021: Resolución de 19 de enero de 2021, (BOE núm. 27, de 1 de febrero de 2021); 2020: Resolución de 21 de enero de 2020 (BOE núm. 24, de 28 de enero de 2020); 2019: Resolución de 11 de enero de 2019 (BOE núm. 15, de 17 de enero de 2019); 2018: Resolución de 8 de enero de 2018 (BOE núm. 20, de 23 de enero de 2018); 2017: Resolución de 19 de enero de 2017 (BOE núm. 23, de 27 de enero de 2017); 2016: Resolución de 22 de febrero de 2016 (BOE núm. 46, de 23 de febrero de 2016). 2015: Resolución de 9 de marzo de 2015, (BOE núm. 60, de 11 de marzo de 2015). 2014: Resolución de 10 de marzo de 2014 (BOE núm. 78, de 31 de marzo de 2014); 2013: Resolución de 8 de marzo de 2013 (BOE núm. 61, de 12 de marzo de 2013); 2012: Resolución de 24 de febrero de 2012 (BOE núm. 52, de 1 de marzo de 2012); 2011: Resolución de 2 de febrero de 2011 (BOE núm. 32, de 7 de febrero de 2011); 2010: Resolución de 12 de enero de 2010 (BOE núm. 16, de 19 de enero de 2010): 2009: Resolución de 21 de enero de 2009 (BOE, núm. 30, de 26 de enero de 2009); 2008: Resolución de 22 de enero de 2008 (BOE núm. 26, de 30 enero de 2008); 2007: Resolución de 17 de enero de 2007 (BOE núm. 26 de 30 enero 2007); 2006: Resolución de 27 de enero de 2006 (BOE núm. 29, de 3 de febrero de 2006).
Andalucía: Resolución de 20 de diciembre de 2024, de la Dirección de la Agencia Tributaria de Andalucía, por la que se da publicidad a las directrices generales del Plan de Control Tributario para 2025 (BOJA núm. 250 de 27/12/2024). Ejercicios anteriores: 2024: Resolución de 29 de diciembre de 2023 (BOJA núm. 4, de 5 de enero); 2023: Resolución de 24 de julio de 2023 (BOJA núm. 143, de 27 de julio); 2022: Resolución de 15 de marzo de 2022 (BOJA núm. 53 de 18 de marzo de 2022); 2021: Resolución de 1 de febrero de 2021 (BOJA núm. 24 de 5 de febrero de 2021); 2020: Resolución de 5 de mayo de 2020 (BOJA núm.

88, de 11 de mayo de 2020); 2019: Resolución de 3 de enero de 2019 (BOJA núm. 6, de 10 de enero de 2019); 2018: Resolución de 5 de julio de 2018 (BOJA núm. 133, de 11 de julio de 2018).

Aragón: Resolución de 7 de febrero de 2025, del Director General de Tributos, por la que se da publicidad a las directrices generales del Plan de Control Tributario para 2025 (BOA núm. 32, de 17 de febrero de 2025). Ejercicios anteriores: 2024: Resolución de 31 de enero de 2024 (BOA núm. 28, de 8 de febrero); 2023:. Resolución de 2 de febrero de 2023 (BOA núm. 28, de 10 de febrero de 2023); 2021: Resolución de 26 de febrero de 2021 (BOE núm. 52, de 10 de marzo de 2021).

Cataluña: Resolución ECF/839/2025, de 6 de marzo, por la que se da publicidad a los criterios generales del Plan de control tributario de la Agencia Tributaria de Cataluña para el 2025 (DOGC núm. 9370, de 13 de marzo de 2025). Ejercicios anteriores: 2024: Resolución ECO/556/2024, de 16 de febrero, (DOGC núm. 9111, de 28 de febrero); 2023: Resolución ECO/784/2023, de 7 de marzo (DOGC núm. 8872, de 10 de marzo de 2023); 2022:. Resolución ECO/327/2022, de 14 de febrero (DOGC núm. Núm. 8609, de 18 de febrero de 2022); 2019: Resolución VEH/951/2019, de 9 de abril (DOGC núm. 7855, de 14 de abril de 2019); 2018: Resolución núm. VEH/406/2018, de 1 marzo.

Canarias: Resolución de 13 de febrero de 2025 por la que se da publicidad al Plan de Acción Anual de la Agencia Tributaria Canaria para el ejercicio 2025 (BOC núm. 39 de 25 de febrero de 2025). Ejercicios anteriores: 2024: Resolución de 5 de febrero de 2024 (BOC núm. 34, de 15 de febrero); 2023: Resolución de 7 de marzo de 2023 (BOC núm. 55, de 20 de marzo de 2023); 2022: Resolución de 12 de abril de 2022 (BOC núm. 80, de 26 de abril de 2022); 2021: Resolución de 19 de febrero de 2021 (BOC núm. 43, de 3 de marzo de 2021); 2019: Resolución de 19 de junio de 2019 (BOC núm. 127, de 4 de julio de 2019).

Cantabria: Resolución de 16 de abril de 2025, por la que se aprueban las Directrices Generales del Plan de Control Tributario de 2025 (BOC núm. 79, de 25 de abril de 2025). Ejercicios anteriores: 2024: Resolución de 21 de marzo de 2024 (BOC núm. 70, de 11 de abril de 2024); 2023: Resolución de 9 de mayo de 2023 (BOC núm. 94, de 17 de mayo de 2023); 2022: Resolución de 4 de mayo de 2022 (BOC núm. 91, de 12 de mayo de 2022); 2021: Resolución de 7 de abril de 2021.(BOC núm. 71, de 15 de abril de 2021); 2020: Resolución de 18 de junio de 2020 (BOC núm. 122, de 26 de junio de 2020): 2019: Resolución de 30 de abril de 2019 (BOC núm. 88, de 9 de mayo de 2019).

Castilla La Mancha: Resolución de 02/05/2025, de la Dirección General de Tributos y Ordenación del Juego, por la que se aprueban las directrices generales del Plan de Control Tributario de 2025 (DOCM núm. 89, de 12 de mayo de 2025). Resolución de 21/06/2024, de la Dirección General de Tributos y Ordenación del Juego, por la que se aprueban las directrices generales del Plan de Control Tributario de 2024 (DOCM núm. 129 de 5 de julio de 2024).

Castilla y León: Resolución de 26 de marzo de 2025, de la Dirección General de Tributos y Financiación Autonómica, por la que se publican las directrices generales del Plan de Control Tributario Anual (BOCyL núm. 64, de 2 de abril de 2025). Ejercicios anteriores: 2024: Resolución de 17 de abril de 2024 (BOCyL núm. 80, de 25 de abril); 2023: Resolución de 26 de abril de 2023 (BOCyL núm. 53, de 4 de mayo de 2023); 2022: Resolución de 31 de marzo de 2022 (BOCyL nú. 70, de 11 de abril de 2022); 2020: Resolución de 3 de marzo de 2020 (BOCyL núm. 48, de 10 de marzo de 2021); 2019: Resolución de 7 de marzo de 2019 (BOCYL núm. 54, de 19 de marzo de 2019).

Extremadura: 3 de abril de 2025, de la Dirección General de Tributos, por la que se publican los criterios que informan el Plan de Control Tributario de la Comunidad Autónoma de Extremadura para 2025 (DOE núm. 71, de 11 de abril de 2025). Ejercicios anteriores: 2024: Resolución de 14 de febrero de 2024 (DOE núm. 36, de 21 de febrero); 2023: Resolución de 13 de febrero de 2023 (DOE núm. 35, de 20 de febrero de 2023); 2019: Resolución de 11 de marzo de 2019 (DOE núm. 68, de 8 de abril de 2019).

Galicia: Resolución de 3 de abril de 2025 por la que se aprueban los criterios generales del Plan general de control tributario de 2025 (DOG núm. 71, de 11 de abril de 2025). Ejercicios anteriores: 2024: Resolución de 12 de marzo de 2024 (DOG núm. 54, de 15 de marzo de 2024); 2023: Resolución de 13 de marzo de 2023 (DOG núm. 59, de 24 de marzo de 2023); 2022: Resolución de 7 de marzo de 2022 (DOG núm. 54, de 18 marzo de 2022); 2019: Resolución de 1 de marzo de 2019 (DOG núm. 48, de 8 de marzo de 2019); 2018: Resolución de 28 febrero 2018.

CAPÍTULO III. Actuaciones y procedimiento de gestión tributaria

SECCIÓN 1.ª *Disposiciones Generales*

Artículo 117. La gestión tributaria.

1. La gestión tributaria consiste en el ejercicio de las funciones administrativas dirigidas a:

a) La recepción y tramitación de declaraciones, autoliquidaciones, comunicaciones de datos y demás documentos con trascendencia tributaria.

b) La comprobación y realización de las devoluciones previstas en la normativa tributaria.

Islas Baleares: Resolución del administrador tributario de la Agencia Tributaria de las Illes Balears mediante la que se publican las directrices generales del Plan Anual de Control Tributario del año 2025 (BOIB núm. 39, de 29 de marzo de 2025). Ejercicios anteriores: 2024: Resolución del Administrador Tributario de la Agencia Tributaria de las Illes Balears (BOIB núm. 61, de 9 de mayo de 2024); 2022: Resolución del Administrador Tributario de la Agencia Tributaria de las Illes Balears (BOIB núm. 68, de 26 de mayo de 2022); 2019: Resolución de la Directora de la Agencia Tributaria de las Illes Balears (BOIB núm. 44, de 6 de abril de 2019).

La Rioja: Resolución 1295/2025, de 5 de junio, de la Consejería de Hacienda, Gobernanza Pública, Sociedad Digital y Portavocía Gobierno, por la que se aprueban las Directrices Generales del Plan General de Control Tributario de la Comunidad Autónoma de La Rioja para 2025 (BOR núm. 114, de 17 de junio de 2025). Ejercicios anteriores: 2024: Resolución 706/2024, de 11 de abril (BOR núm. 95, de 16 de mayo); 2021: Resolución 276/2021, de 2 de marzo (BOR núm. 47, de 8 de marzo de 2021); 2020: Resolución 61/2020, de 4 de marzo (BOLR núm. 29, de 11 de marzo de 2020); 2019: Resolución 214, de 1 de marzo de 2019 (BOLR núm. 30, de 11 de marzo de 2019); 2018: Resolución 200/2018, de 21 de febrero de 2018 (BOLR núm. 25, de 28 de febrero de 2018); 2017: Resolución núm. 904/2017, de 28 abril.

Madrid: Resolución de 26 de marzo de 2025, de la Dirección General de Tributos, por la que se publican las directrices generales del Plan Anual de Control Tributario de 2025 de la Comunidad de Madrid (BOCM núm. 88, de 14 de abril de 2025). Ejercicios anteriores: 2024: Resolución de 18 de marzo de 2024 (BOCM núm. 74, de 27 de marzo de 2024); 2023: Resolución de 2 de marzo de 2023 (BOCM núm. 61, de 13 de marzo de 2023); 2022: Resolución de 23 de febrero de 2022 (BOCM núm. 56, de 7 de marzo de 2022); 2021: Resolución de 25 de febrero de 2021 (BOCM núm. 60 de 12 de marzo de 2021).

Región de Murcia: Resolución de 18 de junio de 2024 de la Directora de la Agencia Tributaria de la Región de Murcia, por la que se publican los criterios que informan el Plan de Control Tributario para el año 2024 (BORM núm. 144, de 22 de junio de 2024). Ejercicios anteriores: 2023: Resolución de 10 de marzo de 2023 (BORM núm. 67, de 22 de marzo de 2023); 2022: Resolución de 25 de marzo de 2022 (BORM núm. 80, de 6 de abril de 2022); 2020: Resolución de 2 de marzo de 2020 (BORM núm. 61, de 13 de marzo de 2020).

Valencia: Resolución de 6 de marzo de 2025, de la Dirección General, por la que se aprueban las directrices del Plan de control tributario de la Generalitat de 2025 (DOGV núm. 10065, de 12 de marzo de 2025). Ejercicios anteriores: 2024: Resolución de 9 de febrero de 2024 (DOGV núm. 9791, de 19 de febrero de 2024); 2023: Resolución de 1 de febrero de 2023 (DOGV núm. 9527, de 6 de febrero de 2023); 2022: Resolución de 1 de febrero de 2022 (DOGV núm. 9283, de 22 de febrero de 2022); 2021: Resolución de 8 de febrero de 2021 (DOGV núm. 9033, de 3 de marzo de 2021); 2020: Resolución de 20 de enero de 2020 (DOGV núm. 8726, de 27 de enero de 20202) y Resolución de 17 de enero de 2020 (DOGV núm. 8726, de 27 de enero de 2020). Resolución de 17 de enero de 2020, del Conseller de Hacienda y Modelo Económico, por el que se aprueba el Plan Plurianual de Gestión de la Agencia Tributaria Valenciana para el período 2020-2023 (DOCV núm. 8726, de 27 de enero de 2020); 2019: Resolución de 16 de abril de 2019 (DOGV núm. 8535 de 25 de abril de 2019).

c) El reconocimiento y comprobación de la procedencia de los beneficios e incentivos fiscales, así como de los regímenes tributarios especiales, mediante la tramitación del correspondiente procedimiento de gestión tributaria[285].

d) El control y los acuerdos de simplificación relativos a la obligación de facturar, en cuanto tengan trascendencia tributaria.

e) La realización de actuaciones de control del cumplimiento de la obligación de presentar declaraciones tributarias y de otras obligaciones formales[286].

f) La realización de actuaciones de verificación de datos[287].

g) La realización de actuaciones de comprobación de valores[288].

h) La realización de actuaciones de comprobación limitada[289].

i) La práctica de liquidaciones tributarias derivadas de las actuaciones de verificación y comprobación realizadas.

j) La emisión de certificados tributarios[290].

k) La expedición y, en su caso, revocación del número de identificación fiscal, en los términos establecidos en la normativa específica[291].

l) La elaboración y mantenimiento de los censos tributarios[292].

m) La información y asistencia tributaria[293].

n) La realización de las demás actuaciones de aplicación de los tributos no integradas en las funciones de inspección y recaudación.

2. Las actuaciones y el ejercicio de las funciones a las que se refiere el apartado anterior se realizarán de acuerdo con lo establecido en esta Ley y en su normativa de desarrollo.

Artículo 118[294]. *Formas de iniciación de la gestión tributaria.*

De acuerdo con lo previsto en la normativa tributaria, la gestión tributaria se iniciará:

a) Por una autoliquidación, por una comunicación de datos o por cualquier otra clase de declaración.

---

[285]   Nueva redacción de la letra c) dada por la Disposición Final Segunda del Real Decreto-ley 13/2022, de 26 de julio, por el que se establece un nuevo sistema de cotización para los trabajadores por cuenta propia o autónomos y se mejora la protección por cese de actividad (BOE núm. 179, de 27 de julio de 2022), con efectos desde el 1 de enero de 2023.
     El Tribunal Supremo, en sentencia de 23 de marzo de 2021 (Recurso 3688/2019) considera que se deben llevar a cabo dentro del procedimiento de inspección las actuaciones de comprobación de la situación fiscal de los sujetos pasivos sometidos a algún régimen fiscal especial.

[286]   Art. 153 (Control de presentación de declaraciones, autoliquidaciones y comunicaciones de datos) y art. 154 (Control de otras obligaciones formales), del RGGI (§2).

[287]   Procedimiento de verificación de datos, arts. 131 a 133 de la LGT (§1) y arts. 155 y 156 del RGGI (§2).

[288]   Procedimiento de comprobación de valores, arts. 134 y 135 de la LGT (§1) y arts. 157 a 162 del RGGI (§2).

[289]   Procedimiento de comprobación limitada, art. 136 a 140 de la LGT (§1) y arts. 163 a 165 del RGGI (§2).

[290]   Arts. 70 al 76 del RGGI (§2).

[291]   Arts. 18 a 28 del RGGI (§2). Orden EHA/451/2008, de 20 de febrero, por la que se regula la composición del número de identificación fiscal de las personas jurídicas y entidades sin personalidad jurídica (BOE núm. 49 de 26 de febrero de 2008).

[292]   Arts. 2 a 16 (Capítulo I. Las obligaciones censales), del RGGI (2).

[293]   Arts. 62 a 64 del RGGI (§2).

[294]   Art. 98 (Iniciación de los procedimientos tributarios), de la LGT (§1).

b) Por una solicitud del obligado tributario, de acuerdo con lo previsto en el artículo 98 de esta Ley.

c) De oficio por la Administración tributaria.

Artículo 119. *Declaración tributaria.*

1. Se considerará declaración tributaria todo documento presentado ante la Administración tributaria donde se reconozca o manifieste la realización de cualquier hecho relevante para la aplicación de los tributos.

La presentación de una declaración no implica aceptación o reconocimiento por el obligado tributario de la procedencia de la obligación tributaria.

2. Reglamentariamente podrán determinarse los supuestos en que sea admisible la declaración verbal o la realizada mediante cualquier otro acto de manifestación de conocimiento.

3. Las opciones que según la normativa tributaria se deban ejercitar, solicitar o renunciar con la presentación de una declaración no podrán rectificarse con posterioridad a ese momento salvo que la rectificación se presente en el período reglamentario de declaración.

4[295]. En la liquidación resultante de un procedimiento de aplicación de los tributos podrán aplicarse las cantidades que el obligado tributario tuviera pendientes de compensación o deducción, sin que a estos efectos sea posible modificar tales cantidades pendientes mediante la presentación de declaraciones complementarias o solicitudes de rectificación después del inicio del procedimiento de aplicación de los tributos.

Artículo 120. *Autoliquidaciones.*

1. Las autoliquidaciones son declaraciones en las que los obligados tributarios, además de comunicar a la Administración los datos necesarios para la liquidación del tributo y otros de contenido informativo, realizan por sí mismos las operaciones de calificación y cuantificación necesarias para determinar e ingresar el importe de la deuda tributaria o, en su caso, determinar la cantidad que resulte a devolver o a compensar.

2. Las autoliquidaciones presentadas por los obligados tributarios podrán ser objeto de verificación y comprobación por la Administración, que practicará, en su caso, la liquidación que proceda.

3[296]. Cuando un obligado tributario considere que una autoliquidación ha perjudicado de cualquier modo sus intereses legítimos, podrá instar la rectificación de dicha autoliquidación de acuerdo con el procedimiento que se regule reglamentariamente[297]. No obstante, cuando lo establezca la normativa propia del tributo, la rectificación deberá ser realizada por el obli-

---

[295]   Nuevo apartado 4 del art. 119 incorporado por el art. único Veinticuatro de la Ley 34/2015, de 21 de septiembre, de modificación parcial de la Ley 58/2003, de 17 de diciembre, General Tributaria (BOE núm. 227, de 22 de septiembre de 2015), con entrada en vigor el día 11 de octubre de 2015.

[296]   Nueva redacción del apartado 3 dada por el art. único Tres de la Ley 13/2023, de 24 de mayo, por la que se modifican la Ley 58/2003, de 17 de diciembre, General Tributaria, en transposición de la Directiva (UE) 2021/514 del Consejo de 22 de marzo de 2021, por la que se modifica la Directiva 2011/16/UE relativa a la cooperación administrativa en el ámbito de la fiscalidad, y otras normas tributarias (BOE núm. 124, de 25 de mayo de 2023), en vigor desde el 26 de mayo de 2023.

[297]   Arts. 126 a 129 del RGGI (§2).

gado tributario mediante la presentación de una autoliquidación rectificativa, conforme a lo dispuesto en el apartado 4 de este artículo.

Cuando la rectificación de una autoliquidación origine una devolución derivada de la normativa del tributo y hubieran transcurrido seis meses sin que se hubiera ordenado el pago por causa imputable a la Administración tributaria, ésta abonará el interés de demora del artículo 26 de esta Ley sobre el importe de la devolución que proceda, sin necesidad de que el obligado lo solicite. A estos efectos, el plazo de seis meses comenzará a contarse a partir de la finalización del plazo para la presentación de la autoliquidación o, si éste hubiese concluido, a partir de la presentación de la solicitud de rectificación o de la autoliquidación rectificativa.

Cuando la rectificación de una autoliquidación origine la devolución de un ingreso indebido, la Administración tributaria abonará el interés de demora en los términos señalados en el apartado 2 del artículo 32 de esta Ley.

No obstante, cuando la rectificación de una autoliquidación implique una minoración del importe a ingresar de la autoliquidación previa y no origine una cantidad a devolver, se mantendrá la obligación de pago hasta el límite del importe a ingresar resultante de la rectificación.

4[298]. Cuando lo establezca la normativa propia del tributo[299], el obligado tributario deberá presentar una autoliquidación rectificativa, utilizando el modelo normalizado de autoliquidación que se apruebe conforme a lo previsto en el apartado 3 del artículo 98 de esta Ley, con la finalidad de rectificar, completar o modificar otra autoliquidación presentada con anterioridad.

Artículo 121. *Comunicación de datos.*

Se considera comunicación de datos la declaración presentada por el obligado tributario ante la Administración para que ésta determine la cantidad que, en su caso, resulte a devolver. Se entenderá solicitada la devolución mediante la presentación de la citada comunicación.

---

[298] Nuevo apartado 4 incorporado por el art. único Tres de la Ley 13/2023, de 24 de mayo, por la que se modifican la Ley 58/2003, de 17 de diciembre, General Tributaria, en transposición de la Directiva (UE) 2021/514 del Consejo de 22 de marzo de 2021, por la que se modifica la Directiva 2011/16/UE relativa a la cooperación administrativa en el ámbito de la fiscalidad, y otras normas tributarias (BOE núm. 124, de 25 de mayo de 2023), en vigor desde el 26 de mayo de 2023.
Disposición adicional vigésima sexta. «Adaptación de las referencias normativas relativas al régimen de las autoliquidaciones rectificativas» LGT.

[299] Art. 67 bis. Del Real Decreto 439/2007, de 30 de marzo, por el que se aprueba el Reglamento del Impuesto sobre la Renta de las Personas Físicas. Art. 59 bis del Real Decreto 634/2015, de 10 de julio, por el que se aprueba el Reglamento del Impuesto sobre Sociedades. Art. 74 bis. Real Decreto 1624/1992, de 29 de diciembre, por el que se aprueba el Reglamento del Impuesto sobre el Valor Añadido. Arts. 44 bis, 140 bis, 147 bis del Real Decreto 1165/1995, de 7 de julio, por el que se aprueba el Reglamento de los Impuestos Especiales. Art. 3 bis. Real Decreto 712/2022, de 30 de agosto, por el que se aprueba el Reglamento del Impuesto sobre los Gases Fluorados de Efecto Invernadero.

Artículo 122. *Declaraciones, autoliquidaciones y comunicaciones complementarias o sustitutivas.*

1. Los obligados tributarios podrán presentar autoliquidaciones complementarias[300], o declaraciones[301] o comunicaciones complementarias o sustitutivas[302], dentro del plazo establecido para su presentación o con posterioridad a la finalización de dicho plazo siempre que no haya prescrito el derecho de la Administración para determinar la deuda tributaria. En este último caso tendrán el carácter de extemporáneas.

2[303]**.** Las autoliquidaciones complementarias tendrán como finalidad completar o modificar las presentadas con anterioridad y se podrán presentar cuando de ellas resulte un importe a ingresar superior al de la autoliquidación anterior o una cantidad a devolver o a compensar inferior a la anteriormente autoliquidada. En los demás casos, se estará a lo dispuesto en los apartados 3 y 4 del artículo 120 de esta Ley.

No obstante lo dispuesto en el párrafo anterior y salvo que específicamente se establezca otra cosa, cuando con posterioridad a la aplicación de una exención, deducción o incentivo fiscal se produzca la pérdida del derecho a su aplicación por incumplimiento de los requisitos a que estuviese condicionado, el obligado tributario deberá incluir en la autoliquidación correspondiente al período impositivo en que se hubiera producido el incumplimiento la cuota o cantidad derivada de la exención, deducción o incentivo fiscal aplicado de forma indebida en los períodos impositivos anteriores junto con los intereses de demora.

3. Los obligados tributarios podrán presentar declaraciones o comunicaciones de datos complementarias o sustitutivas, haciendo constar si se trata de una u otra modalidad, con la finalidad de completar o reemplazar las presentadas con anterioridad.

SECCIÓN 2.ª *Procedimientos de Gestión Tributaria*

Artículo 123. *Procedimientos de gestión tributaria.*

1. Son procedimientos de gestión tributaria, entre otros, los siguientes:

a) El procedimiento de devolución iniciado mediante autoliquidación, solicitud o comunicación de datos[304].

b) El procedimiento iniciado mediante declaración[305].

c) El procedimiento de verificación de datos[306].

d) El procedimiento de comprobación de valores[307].

---

[300] Art. 119 (Autoliquidaciones complementarias), del RGGI (§2).

[301] Art. 118 (Declaraciones complementarias y sustitutivas), del RGGI (§2).

[302] Art. 120 (Comunicaciones de datos complementarias y sustitutivas), del RGGI (§2).

[303] Nueva redacción del apartado 2 dada por el art. único Cuatro de la Ley 13/2023, de 24 de mayo, por la que se modifican la Ley 58/2003, de 17 de diciembre, General Tributaria, en transposición de la Directiva (UE) 2021/514 del Consejo de 22 de marzo de 2021, por la que se modifica la Directiva 2011/16/UE relativa a la cooperación administrativa en el ámbito de la fiscalidad, y otras normas tributarias (BOE núm. 124, de 25 de mayo de 2023), en vigor desde el 26 de mayo de 2023.

[304] Arts. 124 a 127 de la LGT (§1) y arts. 122 a 125 del RGGI (§2).

[305] Arts. 128 a 130 de la LGT (§1) y arts. 133 a 135 del RGGI (§2).

[306] Arts. 131 a 133 de la LGT (§1) y arts. 155 y 156 del RGGI (§2).

[307] Arts. 134 y 135 de la LGT (§1) y arts. 157 a 162 del RGGI (§2).

e) El procedimiento de comprobación limitada[308].

2[309]. Reglamentariamente se podrán regular otros procedimientos de gestión tributaria a los que serán de aplicación, en todo caso, las normas establecidas en el Capítulo II de este Título.

Subsección 1.ª Procedimiento de devolución iniciado mediante autoliquidación, solicitud o comunicación de datos

Artículo 124. *Iniciación del procedimiento de devolución.*

Según se establezca en la normativa reguladora de cada tributo, el procedimiento de devolución se iniciará mediante la presentación de una autoliquidación de la que resulte cantidad a devolver, mediante la presentación de una solicitud de devolución o mediante la presentación de una comunicación de datos.

Artículo 125. *Devoluciones derivadas de la presentación de autoliquidaciones.*

1. Cuando de la presentación de una autoliquidación resulte cantidad a devolver, la Administración tributaria deberá efectuar la devolución que proceda de acuerdo con lo establecido en el artículo 31 de esta Ley.

2. El plazo establecido para efectuar la devolución comenzará a contarse desde la finalización del plazo previsto para la presentación de la autoliquidación.

En los supuestos de presentación fuera de plazo de autoliquidaciones de las que resulte una cantidad a devolver, el plazo al que se refiere el artículo 31 de esta Ley para devolver se contará a partir de la presentación de la autoliquidación extemporánea.

Artículo 126. *Devoluciones derivadas de la presentación de solicitudes o comunicaciones de datos.*

1. Cuando así lo señale la normativa tributaria, el procedimiento de devolución se iniciará mediante la presentación de una solicitud ante la Administración tributaria o, en el caso de obligados tributarios que no tengan obligación de presentar autoliquidación, mediante la presentación de una comunicación de datos.

2. El plazo para practicar la devolución de acuerdo con lo dispuesto en el artículo 31 de esta Ley comenzará a contarse desde la presentación de la solicitud o desde la finalización del plazo previsto para la presentación de la comunicación de datos.

3. El procedimiento se regulará por las normas propias de cada tributo.

Artículo 127. *Terminación del procedimiento de devolución.*

El procedimiento de devolución terminará por el acuerdo en el que se reconozca la devolución solicitada, por caducidad en los términos del apartado 3 del artículo 104 de esta

---

[308] Arts. 136 a 140 de la LGT (§1) y arts. 163 a 165 del RGGI (§2).

[309] Procedimiento para la rectificación de autoliquidaciones, arts. 126 al 130; Procedimiento para la ejecución de las devoluciones tributarias, arts. 131 y 132; Procedimiento para el reconocimiento de beneficios fiscales de carácter rogado, 136 y 137; Procedimiento para la inclusión en el sistema de cuenta corriente en materia tributaria, art. 140 y Procedimientos de comprobación censal, arts. 144 a 154 del RGGI (§2).

Ley o por el inicio de un procedimiento de verificación de datos, de comprobación limitada o de inspección.

En todo caso se mantendrá la obligación de satisfacer el interés de demora sobre la devolución que finalmente se pueda practicar, de acuerdo con lo dispuesto en el artículo 31 de esta Ley

Subsección 2.ª Procedimiento iniciado mediante declaración[310]

Artículo 128. *Iniciación del procedimiento de gestión tributaria mediante declaración.*

1. Cuando la normativa del tributo así lo establezca, la gestión del mismo se iniciará mediante la presentación de una declaración por el obligado tributario en la que manifieste la realización del hecho imponible y comunique los datos necesarios para que la Administración cuantifique la obligación tributaria mediante la práctica de una liquidación provisional.

2[311]**.** La Administración tributaria podrá iniciar de nuevo este procedimiento para la liquidación del tributo dentro del plazo de prescripción cuando el procedimiento iniciado mediante declaración hubiera terminado por caducidad.

Artículo 129. *Tramitación del procedimiento iniciado mediante declaración.*

1. La Administración tributaria deberá notificar la liquidación en un plazo de seis meses desde el día siguiente a la finalización del plazo para presentar la declaración o desde el siguiente a la comunicación de la Administración por la que se inicie el procedimiento en el supuesto al que se refiere el apartado 2 del artículo anterior.

En el supuesto de presentación de declaraciones extemporáneas, el plazo de seis meses para notificar la liquidación comenzará a contarse desde el día siguiente a la presentación de la declaración.

La normativa de cada tributo podrá señalar plazos diferentes para notificar la liquidación.

2[312]**.** A efectos de lo previsto en el apartado anterior, la Administración tributaria podrá utilizar los datos consignados por el obligado tributario en su declaración o cualquier otro que obre en su poder, podrá requerir al obligado para que aclare los datos consignados en su declaración o presente justificante de los mismos y podrá realizar actuaciones de comprobación de valores.

3. Realizadas las actuaciones de calificación y cuantificación oportunas, la Administración tributaria notificará, sin más trámite, la liquidación que proceda, salvo lo dispuesto en el párrafo siguiente.

Cuando se hayan realizado actuaciones de acuerdo con lo dispuesto en el apartado 2 de este artículo y los datos o valores tenidos en cuenta por la Administración tributaria no se correspondan con los consignados por el obligado en su declaración, deberá hacerse mención expresa de esta circunstancia en la propuesta de liquidación, que deberá notificarse, con

---

[310] Art. 119 (Declaración tributaria) de la LGT (§1). Art. 133 (Procedimiento iniciado mediante declaración), art. 134 (Especialidades del procedimiento iniciado mediante declaración en el ámbito aduanero) y art. 135 (Caducidad del procedimiento iniciado mediante declaración), del RGGI (§2).

[311] Art. 135 (Caducidad del procedimiento iniciado mediante declaración), del RGGI (§2).

[312] Art. 133 (Procedimiento iniciado mediante declaración), del RGGI (§2).

una referencia sucinta a los hechos y fundamentos de Derecho que la motiven, para que el obligado tributario alegue lo que convenga a su derecho.

En las liquidaciones que se dicten en este procedimiento no se exigirán intereses de demora desde la presentación de la declaración hasta la finalización del plazo para el pago en período voluntario, sin perjuicio de la sanción que pueda proceder de acuerdo con lo dispuesto en el artículo 192 de esta Ley.

Artículo 130[313]. *Terminación del procedimiento iniciado mediante declaración.*

El procedimiento iniciado mediante declaración presentada por el obligado tributario terminará por alguna de las siguientes causas:

a) Por liquidación provisional practicada por la Administración tributaria.

b) Por caducidad, una vez transcurrido el plazo previsto en el apartado 1 del artículo anterior sin haberse notificado la liquidación, sin perjuicio de que la Administración tributaria iniciar de nuevo este procedimiento dentro del plazo de prescripción.

c)[314] Por el inicio de un procedimiento de comprobación limitada o de inspección que incluya el objeto del procedimiento iniciado mediante declaración o algún elemento de dicho objeto, en los tributos que se liquiden por las importaciones de bienes en la forma prevista por la legislación aduanera para los derechos de importación.

Subsección 3.ª Procedimiento de verificación de datos

Artículo 131[315]. *Procedimiento de verificación de datos.*

La Administración tributaria podrá iniciar el procedimiento de verificación de datos en los siguientes supuestos:

a) Cuando la declaración o autoliquidación del obligado tributario adolezca de defectos formales o incurra en errores aritméticos.

b) Cuando los datos declarados no coincidan con los contenidos en otras declaraciones presentadas por el mismo obligado o con los que obren en poder de la Administración tributaria.

c) Cuando se aprecie una aplicación indebida de la normativa que resulte patente de la propia declaración o autoliquidación presentada o de los justificantes aportados con la misma.

d) Cuando se requiera la aclaración o justificación de algún dato relativo a la declaración o autoliquidación presentada, siempre que no se refiera al desarrollo de actividades económicas.

---

[313] Art. 135 (Caducidad del procedimiento iniciado mediante declaración) del RGGI (§2).

[314] Nueva letra c) incorporada por el art. decimotercero Once de la Ley 11/2021, de 9 de julio, de medidas de prevención y lucha contra el fraude fiscal, de transposición de la Directiva (UE) 2016/1164, del Consejo, de 12 de julio de 2016, por la que se establecen normas contra las prácticas de elusión fiscal que inciden directamente en el funcionamiento del mercado interior, de modificación de diversas normas tributarias y en materia de regulación del juego (BOE núm. 164, de 10 de julio de 2021), en vigor desde el 11 de julio de 2021.

[315] Art. 155 (Iniciación y tramitación del procedimiento de verificación de datos) del RGGI (§2).

Artículo 132[316]. *Iniciación y tramitación del procedimiento de verificación de datos.*

1. El procedimiento de verificación de datos se podrá iniciar mediante requerimiento de la Administración para que el obligado tributario aclare o justifique la discrepancia observada o los datos relativos a su declaración o autoliquidación, o mediante la notificación de la propuesta de liquidación cuando la Administración tributaria cuente con datos suficientes para formularla.

2. Cuando el obligado tributario manifieste su disconformidad con los datos que obren en poder de la Administración se aplicará lo dispuesto en el apartado 4 del artículo 108 de esta Ley.

3. Con carácter previo a la práctica de la liquidación provisional, la Administración deberá comunicar al obligado tributario la propuesta de liquidación para que alegue lo que convenga a su derecho.

4. La propuesta de liquidación provisional deberá ser en todo caso motivada con una referencia sucinta a los hechos y fundamentos de Derecho que hayan sido tenidos en cuenta en la misma.

Artículo 133[317]. *Terminación del procedimiento de verificación de datos.*

1. El procedimiento de verificación de datos terminará de alguna de las siguientes formas:

a) Por resolución en la que se indique que no procede practicar liquidación provisional o en la que se corrijan los defectos advertidos.

b) Por liquidación provisional, que deberá ser en todo caso motivada con una referencia sucinta a los hechos y fundamentos de Derecho que se hayan tenido en cuenta en la misma.

c) Por la subsanación, aclaración o justificación de la discrepancia o del dato objeto del requerimiento por parte del obligado tributario.

d) Por caducidad, una vez transcurrido el plazo regulado en el artículo 104 de esta Ley sin haberse notificado liquidación provisional, sin perjuicio de que la Administración también pueda iniciar de nuevo este procedimiento dentro del plazo de prescripción.

e) Por el inicio de un procedimiento de comprobación limitada o de inspección que incluya el objeto del procedimiento de verificación de datos.

2. La verificación de datos no impedirá la posterior comprobación del objeto de la misma.

Subsección 4.ª Procedimiento de comprobación de valores[318]

Artículo 134. *Práctica de la comprobación de valores.*

1. La Administración tributaria podrá proceder a la comprobación de valores de acuerdo con los medios previstos en el artículo 57 de esta Ley salvo que el obligado tributario hubiera declarado utilizando los valores publicados por la propia Administración actuante en aplicación de alguno de los citados medios.

El procedimiento se podrá iniciar mediante una comunicación de la Administración actuante o, cuando se cuente con datos suficientes, mediante la notificación conjunta de las propuestas de liquidación y valoración a que se refiere el apartado 3 de este artículo.

---

[316] Art. 155 del RGGI (§2).
[317] Art. 156 del RGGI (§2).
[318] Arts. 157 a 162 del RGGI (§2).

El plazo máximo para notificar la valoración y en su caso la liquidación prevista en este artículo será el regulado en el artículo 104 de esta Ley.

2. La Administración tributaria deberá notificar a los obligados tributarios las actuaciones que precisen de su colaboración. En estos supuestos, los obligados deberán facilitar a la Administración tributaria la práctica de dichas actuaciones.

3. Si el valor determinado por la Administración tributaria es distinto al declarado por el obligado tributario, aquélla al tiempo de notificar la propuesta de regularización, comunicará la propuesta de valoración debidamente motivada, con expresión de los medios y criterios empleados.

Transcurrido el plazo de alegaciones abierto con la propuesta de regularización, la Administración tributaria notificará la regularización que proceda a la que deberá acompañarse la valoración realizada.

Los obligados tributarios no podrán interponer recurso o reclamación independiente contra la valoración, pero podrán promover la tasación pericial contradictoria o plantear cualquier cuestión relativa a la valoración con ocasión de los recursos o reclamaciones que, en su caso, interpongan contra el acto de regularización.

4. En los supuestos en los que la Ley establezca que el valor comprobado debe producir efectos respecto a otros obligados tributarios, la Administración tributaria actuante quedará vinculada por dicho valor en relación con los demás interesados. La Ley de cada tributo podrá establecer la obligación de notificar a dichos interesados el valor comprobado para que puedan promover su impugnación o la tasación pericial contradictoria.

Cuando en un procedimiento posterior el valor comprobado se aplique a otros obligados tributarios, éstos podrán promover su impugnación o la tasación pericial contradictoria.

5. Si de la impugnación o de la tasación pericial contradictoria promovida por un obligado tributario resultase un valor distinto, dicho valor será aplicable a los restantes obligados tributarios a los que fuese de aplicación dicho valor en relación con la Administración tributaria actuante, teniendo en consideración lo dispuesto en el segundo párrafo del apartado anterior.

Artículo 135[319]. *Tasación pericial contradictoria.*

1[320]. Los interesados podrán promover la tasación pericial contradictoria, en corrección de los medios de comprobación fiscal de valores señalados en el artículo 57 de esta Ley, dentro del plazo del primer recurso o reclamación que proceda contra la liquidación efectuada de acuerdo con los valores comprobados administrativamente o, cuando la normativa tributaria así lo prevea, contra el acto de comprobación de valores debidamente notificado.

En los casos en que la normativa propia del tributo así lo prevea, el interesado podrá reservarse el derecho a promover la tasación pericial contradictoria cuando estime que la notificación no contiene expresión suficiente de los datos y motivos tenidos en cuenta para

---

[319] Art. 161 (Iniciación y tramitación del procedimiento de tasación...) y art. 162 (Terminación del procedimiento de tasación...), del RGGI (§2).

[320] Nueva redacción del apartado 1 del art. 135 dada por el art. único Veinticinco de la Ley 34/2015, de 21 de septiembre, de modificación parcial de la Ley 58/2003, de 17 de diciembre, General Tributaria (BOE núm. 227, de 22 de septiembre de 2015), con entrada en vigor el día 11 de octubre de 2015.

elevar los valores declarados y denuncie dicha omisión en un recurso de reposición o en una reclamación económico-administrativa. En este caso, el plazo a que se refiere el párrafo anterior se contará desde la fecha de firmeza en vía administrativa del acuerdo que resuelva el recurso o la reclamación interpuesta.

La presentación de la solicitud de tasación pericial contradictoria, o la reserva del derecho a promoverla a que se refiere el párrafo anterior, determinará la suspensión de la ejecución de la liquidación y del plazo para interponer recurso o reclamación contra la misma. Asimismo, la presentación de la solicitud de tasación pericial contradictoria suspenderá el plazo para iniciar el procedimiento sancionador que, en su caso, derive de la liquidación o, si este se hubiera iniciado, el plazo máximo para la terminación del procedimiento sancionador. Tras la terminación del procedimiento de tasación pericial contradictoria la notificación de la liquidación que proceda determinará que el plazo previsto en el apartado 2 del artículo 209 de esta Ley se compute de nuevo desde dicha notificación o, si el procedimiento se hubiera iniciado, que se reanude el cómputo del plazo restante para la terminación.

En el caso de que en el momento de solicitar la tasación pericial contradictoria contra la liquidación ya se hubiera impuesto la correspondiente sanción y como consecuencia de aquella se dictara una nueva liquidación, se procederá a anular la sanción y a imponer otra teniendo en cuenta la cuantificación de la nueva liquidación.

2. Será necesaria la valoración realizada por un perito de la Administración cuando la cuantificación del valor comprobado no se haya realizado mediante dictamen de peritos de aquélla. Si la diferencia entre el valor determinado por el perito de la Administración y la tasación practicada por el perito designado por el obligado tributario, considerada en valores absolutos, es igual o inferior a 120 000 euros y al 10 por 100 de dicha tasación, ésta última servirá de base para la liquidación.

Si la diferencia es superior, deberá designarse un perito tercero de acuerdo con lo dispuesto en el apartado siguiente.

3. Cada Administración tributaria competente solicitará en el mes de enero de cada año a los distintos colegios, asociaciones o corporaciones profesionales legalmente reconocidos el envío de una lista de colegiados o asociados dispuestos a actuar como peritos terceros. Elegido por sorteo público uno de cada lista, las designaciones se efectuarán por orden correlativo, teniendo en cuenta la naturaleza de los bienes o derechos a valorar.

Cuando no exista colegio, asociación o corporación profesional competente por la naturaleza de los bienes o derechos a valorar o profesionales dispuestos a actuar como peritos terceros, se solicitará al Banco de España la designación de una sociedad de tasación inscrita en el correspondiente Registro oficial.

Los honorarios del perito del obligado tributario serán satisfechos por éste. Cuando la diferencia entre la tasación practicada por el perito tercero y el valor declarado, considerada en valores absolutos, supere el 20 por 100 del valor declarado, los gastos del tercer perito serán abonados por el obligado tributario y, en caso contrario, correrán a cargo de la Administración.

En este supuesto, aquél tendrá derecho a ser reintegrado de los gastos ocasionados por el depósito al que se refiere el párrafo siguiente.

El perito tercero podrá exigir que, previamente al desempeño de su cometido, se haga provisión del importe de sus honorarios mediante depósito en el Banco de España o en el organismo público que determine cada Administración tributaria, en el plazo de diez días. La falta de depósito por cualquiera de las partes supondrá la aceptación de la valoración realizada por el perito de la otra, cualquiera que fuera la diferencia entre ambas valoraciones.

Entregada en la Administración tributaria competente la valoración por el perito tercero, se comunicará al obligado tributario y se le concederá un plazo de quince días para justificar el pago de los honorarios a su cargo. En su caso, se autorizará la disposición de la provisión de los honorarios depositados.

4. La valoración del perito tercero servirá de base a la liquidación que proceda con los límites del valor declarado y el valor comprobado inicialmente por la Administración tributaria.

Subsección 5.ª Procedimiento de comprobación limitada[321]

Artículo 136. *La comprobación limitada.*

1. En el procedimiento de comprobación limitada la Administración tributaria podrá comprobar los hechos, actos, elementos, actividades, explotaciones y demás circunstancias determinantes de la obligación tributaria.

2[322]**.** En este procedimiento, la Administración tributaria podrá realizar únicamente las siguientes actuaciones:

a) Examen de los datos consignados por los obligados tributarios en sus declaraciones y de los justificantes presentados o que se requieran al efecto.

b) Examen de los datos y antecedentes en poder de la Administración tributaria que pongan de manifiesto la realización del hecho imponible o del presupuesto de una obligación tributaria, o la existencia de elementos determinantes de la misma no declarados o distintos a los declarados por el obligado tributario.

c) Examen de los registros y demás documentos exigidos por la normativa tributaria y de cualquier otro libro, registro o documento de carácter oficial, así como el examen de las facturas o documentos que sirvan de justificante de las operaciones incluidas en dichos libros, registros o documentos.

El examen de la contabilidad se limitará a constatar la coincidencia entre lo que figure en la misma y la información que obre en poder de la Administración tributaria, incluida la obtenida en el procedimiento.

El examen de la contabilidad no impedirá ni limitará la ulterior comprobación de las operaciones a que la misma se refiere en un procedimiento de inspección.

---

[321] Arts. 163 a 165 del RGGI (§2).

[322] Nueva redacción del apartado 2 del art. 136 dada por el art. único Cinco de la Ley 13/2023, de 24 de mayo, por la que se modifican la Ley 58/2003, de 17 de diciembre, General Tributaria, en transposición de la Directiva (UE) 2021/514 del Consejo de 22 de marzo de 2021, por la que se modifica la Directiva 2011/16/UE relativa a la cooperación administrativa en el ámbito de la fiscalidad, y otras normas tributarias (BOE núm. 124, de 25 de mayo de 2023), en vigor desde el 26 de mayo de 2023.
Redacción anterior dada por el art. único Veintiséis de la Ley 34/2015, de 21 de septiembre, de modificación parcial de la Ley 58/2003, de 17 de diciembre, General Tributaria (BOE núm. 227, de 22 de septiembre de 2015), con entrada en vigor el día 11 de octubre de 2015.

d) Requerimientos a terceros para que aporten información y documentación justificativa con el objeto de comprobar la veracidad de la información que obre en poder de la Administración tributaria, incluida la obtenida en el procedimiento.

3. En ningún caso se podrá requerir a terceros información sobre movimientos financieros, pero podrá solicitarse al obligado tributario la justificación documental de operaciones financieras que tengan incidencia en la base o en la cuota de una obligación tributaria.

4[323]**.** Las actuaciones de comprobación limitada no podrán realizarse fuera de las oficinas de la Administración tributaria, salvo las que procedan, según la normativa aduanera o para el examen de la contabilidad, o en los supuestos previstos reglamentariamente al objeto de realizar comprobaciones censales o relativas a la aplicación de métodos objetivos de tributación, en cuyo caso los funcionarios que desarrollen dichas actuaciones tendrán las facultades reconocidas en los apartados 2 y 4 del artículo 142 de esta ley.

Artículo 137[324]. *Iniciación del procedimiento de comprobación limitada.*

1. Las actuaciones de comprobación limitada se iniciarán de oficio por acuerdo del órgano competente.

2. El inicio de las actuaciones de comprobación limitada deberá notificarse a los obligados tributarios mediante comunicación que deberá expresar la naturaleza y alcance de las mismas e informará sobre sus derechos y obligaciones en el curso de tales actuaciones.

Cuando los datos en poder de la Administración tributaria sean suficientes para formular la propuesta de liquidación, el procedimiento podrá iniciarse mediante la notificación de dicha propuesta.

Artículo 138[325]. *Tramitación del procedimiento de comprobación limitada.*

1. Las actuaciones del procedimiento de comprobación limitada se documentarán en las comunicaciones y diligencias a las que se refiere el apartado 7 del artículo 99 de esta Ley.

2[326]**.** Los obligados tributarios deberán atender a la Administración tributaria y le prestarán la debida colaboración en el desarrollo de sus funciones.

El obligado tributario que hubiera sido requerido deberá personarse en el lugar, día y hora señalados para la práctica de las actuaciones, y deberá aportar la documentación y demás elementos solicitados.

---

[323] Nueva redacción del apartado 4 dada por el art. único Cinco de la Ley 13/2023, de 24 de mayo, por la que se modifican la Ley 58/2003, de 17 de diciembre, General Tributaria, en transposición de la Directiva (UE) 2021/514 del Consejo de 22 de marzo de 2021, por la que se modifica la Directiva 2011/16/UE relativa a la cooperación administrativa en el ámbito de la fiscalidad, y otras normas tributarias (BOE núm. 124, de 25 de mayo de 2023), en vigor desde el 26 de mayo de 2023.

[324] Art. 163 (Iniciación del procedimiento…), del RGGI (§2).

[325] Art. 164 (Tramitación del procedimiento de…), del RGGI (§2).

[326] Nueva redacción del apartado 2 del art. 138 dada por el art. único Seis de la Ley 13/2023, de 24 de mayo, por la que se modifican la Ley 58/2003, de 17 de diciembre, General Tributaria, en transposición de la Directiva (UE) 2021/514 del Consejo de 22 de marzo de 2021, por la que se modifica la Directiva 2011/16/UE relativa a la cooperación administrativa en el ámbito de la fiscalidad, y otras normas tributarias (BOE núm. 124, de 25 de mayo de 2023), en vigor desde el 26 de mayo de 2023.

La contabilidad deberá ser examinada en el domicilio, local, despacho u oficina del obligado tributario, en presencia del mismo o de la persona que designe, salvo que aquel consienta su examen en las oficinas públicas. No obstante, la Administración tributaria podrá analizar en sus oficinas las copias de la contabilidad en cualquier soporte.

3. Con carácter previo a la práctica de la liquidación provisional, la Administración tributaria deberá comunicar al obligado tributario la propuesta de liquidación para que alegue lo que convenga a su derecho.

Artículo 139[327]. *Terminación del procedimiento de comprobación limitada.*

1. El procedimiento de comprobación limitada terminará de alguna de las siguientes formas:

a) Por resolución expresa de la Administración tributaria, con el contenido al que se refiere el apartado siguiente.

b) Por caducidad, una vez transcurrido el plazo regulado en el artículo 104 de esta Ley sin que se haya notificado resolución expresa, sin que ello impida que la Administración tributaria pueda iniciar de nuevo este procedimiento dentro del plazo de prescripción.

c) Por el inicio de un procedimiento inspector que incluya el objeto de la comprobación limitada.

2. La resolución administrativa que ponga fin al procedimiento de comprobación limitada deberá incluir, al menos, el siguiente contenido:

a) Obligación tributaria o elementos de la misma y ámbito temporal objeto de la comprobación.

b) Especificación de las actuaciones concretas realizadas.

c) Relación de hechos y fundamentos de Derecho que motiven la resolución.

d) Liquidación provisional o, en su caso, manifestación expresa de que no procede regularizar la situación tributaria como consecuencia de la comprobación realizada.

Artículo 140. *Efectos de la regularización practicada en el procedimiento de comprobación limitada.*

1. Dictada resolución en un procedimiento de comprobación limitada, la Administración tributaria no podrá efectuar una nueva regularización en relación con el objeto comprobado al que se refiere la letra a) del apartado 2 del artículo anterior salvo que en un procedimiento de comprobación limitada o inspección posterior se descubran nuevos hechos o circunstancias que resulten de actuaciones distintas de las realizadas y especificadas en dicha resolución.

2. Los hechos y los elementos determinantes de la deuda tributaria respecto de los que el obligado tributario o su representante haya prestado conformidad expresa no podrán ser impugnados salvo que pruebe que incurrió en error de hecho.

---

[327] Art. 165 (Terminación del procedimiento de...), del RGGI (§2).

CAPÍTULO IV. Actuaciones y procedimiento de inspección[328]

SECCIÓN 1.ª *Disposiciones Generales*

Subsección 1.ª Funciones y facultades

Artículo 141[329]. *La inspección tributaria.*

La inspección tributaria consiste en el ejercicio de las funciones administrativas dirigidas a:

a) La investigación de los supuestos de hecho de las obligaciones tributarias para el descubrimiento de los que sean ignorados por la Administración.

b) La comprobación de la veracidad y exactitud de las declaraciones presentadas por los obligados tributarios.

c) La realización de actuaciones de obtención de información relacionadas con la aplicación de los tributos, de acuerdo con lo establecido en los artículos 93 y 94 de esta Ley.

d) La comprobación del valor de derechos, rentas, productos, bienes, patrimonios, empresas y demás elementos, cuando sea necesaria para la determinación de las obligaciones tributarias, siendo de aplicación lo dispuesto en los artículos 134 y 135 de esta Ley.

e) La comprobación del cumplimiento de los requisitos exigidos para la obtención de beneficios o incentivos fiscales y devoluciones tributarias, así como para la aplicación de regímenes tributarios especiales.

f) La información a los obligados tributarios con motivo de las actuaciones inspectoras sobre sus derechos y obligaciones tributarias y la forma en que deben cumplir estas últimas.

g) La práctica de las liquidaciones tributarias resultantes de sus actuaciones de comprobación e investigación.

h) La realización de actuaciones de comprobación limitada, conforme a lo establecido en los artículos 136 a 140 de esta Ley.

i) El asesoramiento e informe a órganos de la Administración pública.

j) La realización de las intervenciones tributarias de carácter permanente o no permanente, que se regirán por lo dispuesto en su normativa específica y, en defecto de regulación expresa, por las normas del presente Capítulo con exclusión del artículo 149.

k) Las demás que se establezcan en otras disposiciones o se le encomienden por las autoridades competentes.

Artículo 142. *Facultades de la inspección de los tributos.*

1[330]. Las actuaciones inspectoras se realizarán mediante el examen de documentos, libros, contabilidad principal y auxiliar, ficheros, facturas, justificantes, correspondencia con transcendencia tributaria, bases de datos informatizadas, programas, registros y archivos informáticos relativos a actividades económicas, así como mediante la inspección

---

[328]   Desarrollado en los arts. 166 a 197 del RGGI (§2).

[329]   Art. 166 (Atribución de funciones inspectoras a los órganos administrativos), art. 167 (Colaboración de los órganos de inspección con otros órganos y Administraciones), art. 168 (Inspecciones coordinadas con las Comunidades Autónomas) y art. 169 (Personal inspector) del RGGI (§2).

[330]   Art. 171 (Examen de la documentación de los obligados tributarios) del RGGI (§2).

de bienes, elementos, explotaciones y cualquier otro antecedente o información que deba de facilitarse a la Administración o que sea necesario para la exigencia de las obligaciones tributarias.

2[331]. Cuando las actuaciones inspectoras lo requieran, los funcionarios que desarrollen funciones de inspección de los tributos podrán entrar, en las condiciones que reglamentariamente se determinen[332], en las fincas, locales de negocio y demás establecimientos o lugares en que se desarrollen actividades o explotaciones sometidas a gravamen, existan bienes sujetos a tributación, se produzcan hechos imponibles o supuestos de hecho de las obligaciones tributarias o exista alguna prueba de los mismos.

Para el acceso a los lugares mencionados en el párrafo anterior de los funcionarios de la inspección de los tributos, se precisará de un acuerdo de entrada de la autoridad administrativa que reglamentariamente se determine, salvo que el obligado tributario o la persona bajo cuya custodia se encontraren otorguen su consentimiento para ello.

Cuando para el ejercicio de las actuaciones inspectoras sea necesario entrar en el domicilio constitucionalmente protegido del obligado tributario, se aplicará lo dispuesto en el artículo 113 de esta Ley. La solicitud de autorización judicial requerirá incorporar el acuerdo de entrada a que se refiere el mencionado artículo, suscrito por la autoridad administrativa que reglamentariamente se determine.

3[333]. Los obligados tributarios deberán atender a la inspección y le prestarán la debida colaboración en el desarrollo de sus funciones.

El obligado tributario que hubiera sido requerido por la inspección deberá personarse, por sí o por medio de representante, en el lugar, día y hora señalados para la práctica de las actuaciones, y deberá aportar o tener a disposición de la inspección la documentación y demás elementos solicitados.

Excepcionalmente, y de forma motivada, la inspección podrá requerir la comparecencia personal del obligado tributario cuando la naturaleza de las actuaciones a realizar así lo exija.

4. Los funcionarios que desempeñen funciones de inspección serán considerados agentes de la autoridad y deberán acreditar su condición, si son requeridos para ello, fuera de las oficinas públicas.

Las autoridades públicas prestarán la protección y el auxilio necesario a los funcionarios para el ejercicio de las funciones de inspección.

---

[331] Nueva redacción del art. 142.2 dada el art. decimotercero Doce de la Ley 11/2021, de 9 de julio, de medidas de prevención y lucha contra el fraude fiscal, de transposición de la Directiva (UE) 2016/1164, del Consejo, de 12 de julio de 2016, por la que se establecen normas contra las prácticas de elusión fiscal que inciden directamente en el funcionamiento del mercado interior, de modificación de diversas normas tributarias y en materia de regulación del juego (BOE núm. 164, de 10 de julio de 2021), en vigor desde el 11 de julio de 2021.

[332] Art. 172 (Entrada y reconocimiento de fincas) del RGGI (§2).

[333] Art. 173 (Obligación de atender a los órganos de inspección) del RGGI (§2).

Subsección 2.ª Documentación de las actuaciones de la inspección

Artículo 143[334]. *Documentación de las actuaciones de la inspección.*
1. Las actuaciones de la inspección de los tributos se documentarán en comunicaciones, diligencias, informes y actas.
2. Las actas son los documentos públicos que extiende la inspección de los tributos con el fin de recoger el resultado de las actuaciones inspectoras de comprobación e investigación, proponiendo la regularización que estime procedente de la situación tributaria del obligado o declarando correcta la misma.

Artículo 144[335]. *Valor probatorio de las actas.*
1. Las actas extendidas por la inspección de los tributos tienen naturaleza de documentos públicos y hacen prueba de los hechos que motiven su formalización, salvo que se acredite lo contrario.
2. Los hechos aceptados por los obligados tributarios en las actas de inspección se presumen ciertos y sólo podrán rectificarse mediante prueba de haber incurrido en error de hecho.

SECCIÓN 2.ª *Procedimiento de Inspección*

Subsección 1.ª Normas generales

Artículo 145. *Objeto del procedimiento de inspección.*
1. El procedimiento de inspección tendrá por objeto comprobar e investigar el adecuado cumplimiento de las obligaciones tributarias y en el mismo se procederá, en su caso, a la regularización de la situación tributaria del obligado mediante la práctica de una o varias liquidaciones.
2. La comprobación tendrá por objeto los actos, elementos y valoraciones consignados por los obligados tributarios en sus declaraciones.
3. La investigación tendrá por objeto descubrir la existencia, en su caso, de hechos con relevancia tributaria no declarados o declarados incorrectamente por los obligados tributarios.

Artículo 146[336]. *Medidas cautelares en el procedimiento de inspección.*
1. En el procedimiento de inspección se podrán adoptar medidas cautelares debidamente motivadas para impedir que desaparezcan, se destruyan o alteren las pruebas determinantes de la existencia o cumplimiento de obligaciones tributarias o que se niegue posteriormente su existencia o exhibición.

---

[334]   Art. 175 (Normas generales) y art. 176 (Actas de inspección) del RGGI (§2).
[335]   Art. 176 (Actas de inspección) del RGGI (§2).
[336]   Art. 181 (Medidas cautelares) del RGGI (§2).
      Resolución de 27 de mayo de 2023, de la Presidencia de la Agencia Estatal de Administración Tributaria, sobre organización, funciones y atribución de competencias en el área de recaudación (BOE núm. 130, de 1 de julio de 2023), que deroga la Resolución de 22 de enero de 2013 (BOE núm. 22, de 25 de noviembre de 2013), que derogo la anterior Resolución de 26 de diciembre de 2005 (BOE núm. 312, de 30 de diciembre de 2005), que deroga a su vez la Resolución de 27 julio 2004, (BOE núm. 187, de 4 agosto de 2004).

Las medidas podrán consistir, en su caso, en el precinto, depósito o incautación de las mercancías o productos sometidos a gravamen, así como de libros, registros, documentos, archivos, locales o equipos electrónicos de tratamiento de datos que puedan contener la información de que se trate.

2. Las medidas cautelares serán proporcionadas y limitadas temporalmente a los fines anteriores sin que puedan adoptarse aquellas que puedan producir un perjuicio de difícil o imposible reparación.

3. Las medidas adoptadas deberán ser ratificadas por el órgano competente para liquidar en el plazo de quince días desde su adopción y se levantarán si desaparecen las circunstancias que las motivaron.

Subsección 2.ª Iniciación y desarrollo

Artículo 147[337]. *Iniciación del procedimiento de inspección.*
1. El procedimiento de inspección se iniciará:
a) De oficio.
b) A petición del obligado tributario, en los términos establecidos en el artículo 149 de esta Ley.
2. Los obligados tributarios deben ser informados al inicio de las actuaciones del procedimiento de inspección sobre la naturaleza y alcance de las mismas, así como de sus derechos y obligaciones en el curso de tales actuaciones.

Artículo 148[338]. *Alcance de las actuaciones del procedimiento de inspección.*
1. Las actuaciones del procedimiento de inspección podrán tener carácter general o parcial.
2. Las actuaciones inspectoras tendrán carácter parcial cuando no afecten a la totalidad de los elementos de la obligación tributaria en el período objeto de la comprobación y en todos aquellos supuestos que se señalen reglamentariamente. En otro caso, las actuaciones del procedimiento de inspección tendrán carácter general en relación con la obligación tributaria y período comprobado.
3. Cuando las actuaciones del procedimiento de inspección hubieran terminado con una liquidación provisional, el objeto de las mismas no podrá regularizarse nuevamente en un procedimiento de inspección que se inicie con posterioridad salvo que concurra alguna de las circunstancias a que se refiere la letra a) del apartado 4 del artículo 101 de esta Ley y exclusivamente en relación con los elementos de la obligación tributaria afectados por dichas circunstancias.

Artículo 149[339]. *Solicitud del obligado tributario de una inspección de carácter general.*
1. Todo obligado tributario que esté siendo objeto de unas actuaciones de inspección de carácter parcial podrá solicitar a la Administración tributaria que las mismas tengan carácter

---

[337] Art. 177 (Iniciación de oficio del procedimiento de inspección) del RGGI (§2).
[338] Art. 178 (Extensión y alcance de las actuaciones del procedimiento de inspección) del RGGI (§2).
[339] Art. 179 (Solicitud del obligado tributario de una inspección de alcance general) del RGGI (§2).

general respecto al tributo y, en su caso, período afectados, sin que tal solicitud interrumpa las actuaciones en curso.

2. El obligado tributario deberá formular la solicitud en el plazo de quince días desde la notificación del inicio de las actuaciones inspectoras de carácter parcial.

3. La Administración tributaria deberá ampliar el alcance de las actuaciones o iniciar la inspección de carácter general en el plazo de seis meses desde la solicitud.

El incumplimiento de este plazo determinará que las actuaciones inspectoras de carácter parcial no interrumpan el plazo de prescripción para comprobar e investigar el mismo tributo y período con carácter general.

Artículo 150[340]. *Plazo de las actuaciones inspectoras.*

1[341]. Las actuaciones del procedimiento de inspección deberán concluir en el plazo de:

a) 18 meses, con carácter general.

b) 27 meses, cuando concurra alguna de las siguientes circunstancias en cualquiera de las obligaciones tributarias o periodos objeto de comprobación:

1° Que la Cifra Anual de Negocios del obligado tributario sea igual o superior al requerido para auditar sus cuentas.

2° Que el obligado tributario esté integrado en un grupo sometido al régimen de consolidación fiscal o al régimen especial de grupo de entidades que esté siendo objeto de comprobación inspectora.

---

[340]   Art. 184 (Ampliación del plazo de duración del procedimiento de inspección) del RGGI (§2).
   Nueva redacción del art. 150 dada por el art. único Veintisiete de la Ley 34/2015, de 21 de septiembre, de modificación parcial de la Ley 58/2003, de 17 de diciembre, General Tributaria (BOE núm. 227, de 22 de septiembre de 2015), con entrada en vigor el día 11 de octubre de 2015.

[341]   Nueva redacción del art. 150.1 dada por la Disp. Final Sexta de la Ley 7/2024, de 20 de diciembre, por la que se establecen un Impuesto Complementario para garantizar un nivel mínimo global de imposición para los grupos multinacionales y los grupos nacionales de gran magnitud, un Impuesto sobre el margen de intereses y comisiones de determinadas entidades financieras y un Impuesto sobre los líquidos para cigarrillos electrónicos y otros productos relacionados con el tabaco, y se modifican otras normas tributarias (BOE núm. 307, de 21 de diciembre de 2024), con efectos para los períodos impositivos iniciados a partir del 31 de diciembre de 2023.
   Redacción anterior, dada por el art. único Veintisiete de la Ley 34/2015, de 21 de septiembre: «*1. Las actuaciones del procedimiento de inspección deberán concluir en el plazo de:*
   a) 18 meses, con carácter general.
   b) 27 meses, cuando concurra alguna de las siguientes circunstancias en cualquiera de las obligaciones tributarias o periodos objeto de comprobación:
   1° Que la Cifra Anual de Negocios del obligado tributario sea igual o superior al requerido para auditar sus cuentas.
   2° Que el obligado tributario esté integrado en un grupo sometido al régimen de consolidación fiscal o al régimen especial de grupo de entidades que esté siendo objeto de comprobación inspectora.
   Cuando se realicen actuaciones inspectoras con diversas personas o entidades vinculadas de acuerdo con lo establecido en el artículo 18 de la Ley 27/2014, de 27 de noviembre, del Impuesto sobre Sociedades, la concurrencia de las circunstancias previstas en esta letra en cualquiera de ellos determinará la aplicación de este plazo a los procedimientos de inspección seguidos con todos ellos.
   El plazo de duración del procedimiento al que se refiere este apartado podrá extenderse en los términos señalados en los apartados 4 y 5».

3º Que el objeto del procedimiento sea la comprobación o investigación del Impuesto Complementario.

Cuando se realicen actuaciones inspectoras con diversas personas o entidades vinculadas de acuerdo con lo establecido en el artículo 18 de la Ley 27/2014, de 27 de noviembre, del Impuesto sobre Sociedades, la concurrencia de las circunstancias previstas en esta letra en cualquiera de ellos determinará la aplicación de este plazo a los procedimientos de inspección seguidos con todos ellos.

El plazo de duración del procedimiento al que se refiere este apartado podrá extenderse en los términos señalados en los apartados 4 y 5.

2. El plazo del procedimiento inspector se contará desde la fecha de notificación al obligado tributario de su inicio hasta que se notifique o se entienda notificado el acto administrativo resultante del mismo[342]. A efectos de entender cumplida la obligación de notificar y de computar el plazo de resolución será suficiente acreditar que se ha realizado un intento de notificación que contenga el texto íntegro de la resolución.

En la comunicación de inicio del procedimiento inspector se informará al obligado tributario del plazo que le resulte aplicable.

En el caso de que las circunstancias a las que se refiere la letra b) del apartado anterior se aprecien durante el desarrollo de las actuaciones inspectoras el plazo será de 27 meses, contados desde la notificación de la comunicación de inicio, lo que se pondrá en conocimiento del obligado tributario.

El plazo será único para todas las obligaciones tributarias y periodos que constituyan el objeto del procedimiento inspector, aunque las circunstancias para la determinación del plazo sólo afecten a algunas de las obligaciones o periodos incluidos en el mismo, salvo el supuesto de desagregación previsto en el apartado 3.

A efectos del cómputo del plazo del procedimiento inspector no será de aplicación lo dispuesto en el apartado 2 del artículo 104 de esta Ley respecto de los periodos de interrupción justificada ni de las dilaciones en el procedimiento por causa no imputable a la Administración.

3[343]**.** El cómputo del plazo del procedimiento inspector se suspenderá desde el momento en que concurra alguna de las siguientes circunstancias:

[342] El Tribunal Supremo, en sentencia núm. 935/2020 de 7 de julio de 2020, establece que «A la cuestión con interés casacional objetivo formulada en el auto de admisión, consistente en sí, en los supuestos en los que se solicita autorización judicial para la entrada en domicilio, las actuaciones realizadas con carácter previo al inicio de un procedimiento de inspección tributaria, que se produce mediante su comunicación formal al obligado tributario, deben considerarse actuaciones inspectoras a efectos del cómputo del plazo de duración máxima regulado en el artículo 150 de la Ley 58/2003, de 17 de diciembre, General Tributaria, debe responderse negativamente desde la perspectiva que estamos contemplando la cuestión en los términos formulados por el auto de admisión».

[343] Nueva redacción del art. 150.3 dada el art. decimotercero Trece de la Ley 11/2021, de 9 de julio, de medidas de prevención y lucha contra el fraude fiscal, de transposición de la Directiva (UE) 2016/1164, del Consejo, de 12 de julio de 2016, por la que se establecen normas contra las prácticas de elusión fiscal que inciden directamente en el funcionamiento del mercado interior, de modificación de diversas normas tributarias y en materia de regulación del juego (BOE núm. 164, de 10 de julio de 2021), en vigor desde el 11 de julio de 2021.
Redacción anterior dada por el art. único Veintisiete de la Ley 34/2015, de 21 de septiembre.

a) La remisión del expediente al Ministerio Fiscal o a la jurisdicción competente sin practicar la liquidación de acuerdo con lo señalado en el artículo 251 de esta Ley.

b) La recepción de una comunicación de un órgano jurisdiccional en la que se ordene la suspensión o paralización respecto de determinadas obligaciones tributarias o elementos de las mismas de un procedimiento inspector en curso.

c) El planteamiento por la Administración Tributaria que esté desarrollando el procedimiento de inspección de un conflicto ante las Juntas Arbitrales previstas en la normativa relativa a las Comunidades Autónomas, en la Ley 28/1990, de 26 de diciembre, del Convenio Económico entre el Estado y la Comunidad Foral de Navarra, y en la Ley 12/2002, de 23 de mayo, del Concierto Económico con la Comunidad Autónoma del País Vasco, o la recepción de la comunicación del mismo.

d) La notificación al interesado de la remisión del expediente de conflicto en la aplicación de la norma tributaria a la Comisión consultiva.

e) El intento de notificación al obligado tributario de la propuesta de resolución o de liquidación o del acuerdo por el que se ordena completar actuaciones a que se refiere el artículo 156.3.b) de esta Ley.

f) La comunicación a las Administraciones afectadas de los elementos de hecho y los fundamentos de derecho de la regularización en los supuestos a los que se refiere el artículo 47 ter del Concierto Económico con la Comunidad Autónoma del País Vasco, aprobado por la Ley 12/2002, de 23 de mayo, y aquellos supuestos de carácter análogo establecidos en el Convenio Económico entre el Estado y la Comunidad Foral de Navarra, aprobado por la Ley 28/1990, de 26 de diciembre.

g) La concurrencia de una causa de fuerza mayor que obligue a suspender las actuaciones.

Salvo que concurra la circunstancia prevista en la letra e) de este apartado, la inspección no podrá realizar ninguna actuación en relación con el procedimiento suspendido por las causas anteriores, sin perjuicio de que las solicitudes previamente efectuadas al obligado tributario o a terceros deban ser contestadas. No obstante, si la Administración Tributaria aprecia que algún periodo, obligación tributaria o elemento de esta no se encuentran afectados por las causas de suspensión, continuará el procedimiento inspector respecto de los mismos, pudiendo, en su caso, practicarse por ellos la correspondiente liquidación. A los solos efectos del cómputo del periodo máximo de duración, en estos casos, desde el momento en el que concurre la circunstancia de la suspensión, se desagregarán los plazos distinguiendo entre la parte del procedimiento que continúa y la que queda suspendida. A partir de dicha desagregación, cada parte del procedimiento se regirá por sus propios motivos de suspensión y extensión del plazo.

La suspensión del cómputo del plazo tendrá efectos desde que concurran las circunstancias anteriormente señaladas, lo que se comunicará al obligado tributario a efectos informativos, salvo que con esta comunicación pudiera perjudicarse la realización de investigaciones judiciales, circunstancia que deberá quedar suficientemente motivada en el expediente. En esta comunicación, se detallarán los periodos, obligaciones tributarias o elementos de estas que se encuentran suspendidos y aquellos otros respecto de los que se continúa el procedimiento por no verse afectados por dichas causas de suspensión.

La suspensión finalizará cuando tenga entrada en el registro de la correspondiente Administración Tributaria el documento del que se derive que ha cesado la causa de suspensión, se consiga efectuar la notificación, o se constate la desaparición de las circunstancias determinantes de la fuerza mayor. No obstante, en el caso contemplado en la letra d), el plazo de suspensión no podrá exceder del plazo máximo para la emisión del informe.

En el caso contemplado en la letra f), la suspensión finalizará cuando transcurra el plazo previsto en el párrafo segundo del apartado tres del artículo 47 ter del Concierto Económico sin que se hubiesen formulado observaciones por las Administraciones afectadas, cuando se hubiese llegado a un acuerdo sobre las observaciones planteadas en el seno de la Comisión de Coordinación y Evaluación Normativa o cuando se puedan continuar las actuaciones de acuerdo con lo previsto en el apartado cuatro del citado artículo. Las referencias al artículo 47 ter del Concierto Económico deberán entenderse también realizadas al artículo equivalente del Convenio Económico entre el Estado y la Comunidad Foral de Navarra.

Una vez finalizada la suspensión, el procedimiento continuará por el plazo que reste.

4. El obligado tributario podrá solicitar antes de la apertura del trámite de audiencia, en los términos que reglamentariamente se establezcan, uno o varios periodos en los que la inspección no podrá efectuar actuaciones con el obligado tributario y quedará suspendido el plazo para atender los requerimientos efectuados al mismo. Dichos periodos no podrán exceder en su conjunto de 60 días naturales para todo el procedimiento y supondrán una extensión del plazo máximo de duración del mismo.

El órgano actuante podrá denegar la solicitud si no se encuentra suficientemente justificada o si se aprecia que puede perjudicar el desarrollo de las actuaciones. La denegación no podrá ser objeto de recurso o reclamación económico-administrativa.

5. Cuando durante el desarrollo del procedimiento inspector el obligado tributario manifieste que no tiene o no va a aportar la información o documentación solicitada o no la aporta íntegramente en el plazo concedido en el tercer requerimiento, su aportación posterior determinará la extensión del plazo máximo de duración del procedimiento inspector por un período de tres meses, siempre que dicha aportación se produzca una vez transcurrido al menos nueve meses desde su inicio. No obstante, la extensión será de 6 meses cuando la aportación se efectúe tras la formalización del acta y determine que el órgano competente para liquidar acuerde la práctica de actuaciones complementarias.

Asimismo, el plazo máximo de duración del procedimiento inspector se extenderá por un periodo de seis meses cuando tras dejar constancia de la apreciación de las circunstancias determinantes de la aplicación del método de estimación indirecta, se aporten datos, documentos o pruebas relacionados con dichas circunstancias.

6. El incumplimiento del plazo de duración del procedimiento al que se refiere el apartado 1 de este artículo no determinará la caducidad del procedimiento, que continuará hasta su terminación, pero producirá los siguientes efectos respecto a las obligaciones tributarias pendientes de liquidar:

a) No se considerará interrumpida la prescripción como consecuencia de las actuaciones inspectoras desarrolladas durante el plazo señalado en el apartado 1.

La prescripción se entenderá interrumpida por la realización de actuaciones con posterioridad a la finalización del plazo al que se refiere el apartado 1. El obligado tributario tendrá derecho a ser informado sobre los conceptos y períodos a que alcanzan las actuaciones que vayan a realizarse.

b) Los ingresos realizados desde el inicio del procedimiento hasta la primera actuación practicada con posterioridad al incumplimiento del plazo de duración del procedimiento previsto en el apartado 1 y que hayan sido imputados por el obligado tributario al tributo y período objeto de las actuaciones inspectoras tendrán el carácter de espontáneos a los efectos del artículo 27 de esta Ley.

c) No se exigirán intereses de demora desde que se produzca dicho incumplimiento hasta la finalización del procedimiento.

7. Cuando una resolución judicial o económico-administrativa aprecie defectos formales y ordene la retroacción de las actuaciones inspectoras, éstas deberán finalizar en el período que reste desde el momento al que se retrotraigan las actuaciones hasta la conclusión del plazo previsto en el apartado 1 o en seis meses, si este último fuera superior. El citado plazo se computará desde la recepción del expediente por el órgano competente para ejecutar la resolución.

Se exigirán intereses de demora por la nueva liquidación que ponga fin al procedimiento. La fecha de inicio del cómputo del interés de demora será la misma que, de acuerdo con lo establecido en el apartado 2 del artículo 26, hubiera correspondido a la liquidación anulada *y el interés se devengará hasta el momento en que se haya dictado la nueva liquidación*[344].

Artículo 151. *Lugar de las actuaciones inspectoras.*

1. Las actuaciones inspectoras podrán desarrollarse indistintamente, según determine la inspección:

a) En el lugar donde el obligado tributario tenga su domicilio fiscal, o en aquel donde su representante tenga su domicilio, despacho u oficina.

b) En el lugar donde se realicen total o parcialmente las actividades gravadas.

c) En el lugar donde exista alguna prueba, al menos parcial, del hecho imponible o del presupuesto de hecho de la obligación tributaria.

d) En las oficinas de la Administración tributaria, cuando los elementos sobre los que hayan de realizarse las actuaciones puedan ser examinados en ellas.

e)[345] En los lugares señalados en las letras anteriores o en otro lugar, cuando dichas actuaciones se realicen a través de los sistemas digitales previstos en el artículo 99.9 de esta Ley. La utilización de dichos sistemas requerirá la conformidad del obligado tributario.

2. La inspección podrá personarse sin previa comunicación en las empresas, oficinas, dependencias, instalaciones o almacenes del obligado tributario, entendiéndose las actuaciones con éste o con el encargado o responsable de los locales.

3. Los libros y demás documentación a los que se refiere el apartado 1 del artículo 142 de esta Ley deberán ser examinados en el domicilio, local, despacho u oficina del obligado tributario, en presencia del mismo o de la persona que designe, salvo que el obligado tributario consienta su examen en las oficinas públicas.

---

[344] Cuestión de inconstitucionalidad núm. 1254-2025, en relación con el inciso final «y el interés se devengará hasta el momento en que se haya dictado la nueva liquidación» del párrafo segundo del artículo 150.7 de la Ley 58/2003, de 17 de diciembre, General Tributaria, por posible vulneración del art. 24.1 CE (BOE núm. 145, de 17 de junio de 2025).

[345] Nueva letra e) incorporada por la Disp. Fina Primera.Dos del Real Decreto-ley 22/2020, de 16 de junio, por el que se regula la creación del Fondo COVID-19 y se establecen las reglas relativas a su distribución y libramiento (BOE núm. 169, de 17 de junio de 2020), en vigor desde la fechas de publicación del BOE.

No obstante, la inspección podrá analizar en sus oficinas las copias en cualquier soporte de los mencionados libros y documentos.

4. Tratándose de los registros y documentos establecidos por normas de carácter tributario o de los justificantes exigidos por éstas a los que se refiere la letra c) del apartado 2 del artículo 136 de esta Ley, podrá requerirse su presentación en las oficinas de la Administración tributaria para su examen.

5[346]. Reglamentariamente se podrán establecer criterios para determinar el lugar de realización de determinadas actuaciones de inspección.

6. Cuando el obligado tributario fuese una persona con discapacidad o con movilidad reducida, la inspección se desarrollará en el lugar que resulte más apropiado a la misma, de entre los descritos en el apartado 1 del presente artículo.

Artículo 152. *Horario de las actuaciones inspectoras.*

1. Las actuaciones que se desarrollen en oficinas públicas se realizarán dentro del horario oficial de apertura al público de las mismas y, en todo caso, dentro de la jornada de trabajo vigente.

2. Si las actuaciones se desarrollan en los locales del interesado se respetará la jornada laboral de oficina o de la actividad que se realice en los mismos, con la posibilidad de que pueda actuarse de común acuerdo en otras horas o días.

3. Cuando las circunstancias de las actuaciones lo exijan, se podrá actuar fuera de los días y horas a los que se refieren los apartados anteriores en los términos que se establezcan reglamentariamente[347].

Subsección 3.ª Terminación de las actuaciones inspectoras

Artículo 153[348]. ***Contenido de las actas.***

Las actas que documenten el resultado de las actuaciones inspectoras deberán contener, al menos, las siguientes menciones:

a) El lugar y fecha de su formalización.

b) El nombre y apellidos o razón social completa, el número de identificación fiscal y el domicilio fiscal del obligado tributario, así como el nombre, apellidos y número de identificación fiscal de la persona con la que se entienden las actuaciones y el carácter o representación con que interviene en las mismas.

c) Los elementos esenciales del hecho imponible o presupuesto de hecho de la obligación tributaria y de su atribución al obligado tributario, así como los fundamentos de Derecho en que se base la regularización.

d) En su caso, la regularización de la situación tributaria del obligado y la propuesta de liquidación que proceda.

---

[346] Art. 90 (Lugar y horario de las actuaciones de aplicación de los tributos) y 174 (Lugar de las actuaciones inspectoras) del RGGI (§2).

[347] Art. 90 (Lugar y horario de las actuaciones de aplicación de los tributos) y art. 182 (Horario de las actuaciones del procedimiento inspector) del RGGI (§2).

[348] Art. 176 (Actas de inspección) y arts. 185 a 192, terminación del procedimiento de inspección, del RGGI (§2).

e) La conformidad o disconformidad del obligado tributario con la regularización y con la propuesta de liquidación.

f) Los trámites del procedimiento posteriores al acta y, cuando ésta sea con acuerdo o de conformidad, los recursos que procedan contra el acto de liquidación derivado del acta, órgano ante el que hubieran de presentarse y plazo para interponerlos.

g) La existencia o inexistencia, en opinión del actuario, de indicios de la comisión de infracciones tributarias.

h) Las demás que se establezcan reglamentariamente.

Artículo 154. *Clases de actas según su tramitación.*

1. A efectos de su tramitación, las actas de inspección pueden ser con acuerdo[349], de conformidad[350] o de disconformidad[351].

2. Cuando el obligado tributario o su representante se niegue a recibir o suscribir el acta, ésta se tramitará como de disconformidad.

Artículo 155[352]. *Actas con acuerdo.*

1. Cuando para la elaboración de la propuesta de regularización deba concretarse la aplicación de conceptos jurídicos indeterminados, cuando resulte necesaria la apreciación de los hechos determinantes para la correcta aplicación de la norma al caso concreto, o cuando sea preciso realizar estimaciones, valoraciones o mediciones de datos, elementos o características relevantes para la obligación tributaria que no puedan cuantificarse de forma cierta, la Administración tributaria, con carácter previo a la liquidación de la deuda tributaria, podrá concretar dicha aplicación, la apreciación de aquellos hechos o la estimación, valoración o medición mediante un acuerdo con el obligado tributario en los términos previstos en este artículo.

2[353]. Además de lo dispuesto en el artículo 153 de esta Ley, el acta con acuerdo incluirá necesariamente el siguiente contenido:

a) El fundamento de la aplicación, estimación, valoración o medición realizada.

b) Los elementos de hecho, fundamentos jurídicos y cuantificación de la propuesta de regularización.

c) Los elementos de hecho, fundamentos jurídicos y cuantificación de la propuesta de sanción que en su caso proceda, a la que será de aplicación la reducción prevista en el apartado 1 del artículo 188 de esta Ley, así como la renuncia a la tramitación separada del procedimiento sancionador.

---

[349]   Art. 155 (Actas con acuerdo), de la LGT (§1).
[350]   Art. 156 (Actas de conformidad), de la LGT (§1).
[351]   Art. 157 (Actas de disconformidad), de la LGT (§1).
[352]   Art. 186 (Tramitación de las actas con acuerdo), del RGGI (§2).
[353]   Resolución de 29 de noviembre de 2007, de la Dirección General de la Agencia Estatal de Administración Tributaria, por la que se aprueban los modelos de actas de la Inspección de los Tributos (BOE núm. 294, de 8 de diciembre de 2007), modificada por la Resolución de 31 de julio de 2015 (BOE» núm. 194, de 14 de agosto de 2015) y Resolución de 21 de octubre de 2015 (BOE núm. 261, de 31 de octubre de 2015), Resolución de 12 de abril de 2016 (BOE núm. 96, de 21 de abril de 2016).

d) Manifestación expresa de la conformidad del obligado tributario con la totalidad del contenido a que se refieren las letras anteriores.

3. Para la suscripción del acta con acuerdo será necesaria la concurrencia de los siguientes requisitos:

a) Autorización del órgano competente para liquidar, que podrá ser previa o simultánea a la suscripción del acta con acuerdo.

b) La constitución de un depósito, aval de carácter solidario de entidad de crédito o sociedad de garantía recíproca o certificado de seguro de caución, de cuantía suficiente para garantizar el cobro de las cantidades que puedan derivarse del acta.

4. El acuerdo se perfeccionará mediante la suscripción del acta por el obligado tributario o su representante y la inspección de los tributos.

5[354]**.** Se entenderá producida y notificada la liquidación y, en su caso, impuesta y notificada la sanción, en los términos de las propuestas formuladas, si transcurridos diez días, contados desde el siguiente a la fecha del acta, no se hubiera notificado al interesado acuerdo del órgano competente para liquidar rectificando los errores materiales que pudiera contener el acta con acuerdo.

Confirmadas las propuestas, el depósito realizado se aplicará al pago de dichas cantidades. Si se hubiera presentado aval o certificado de seguro de caución, el ingreso deberá realizarse en el plazo al que se refiere el apartado 2 del artículo 62 de esta ley, o en el plazo o plazos fijados en el acuerdo de aplazamiento o fraccionamiento que la Administración tributaria hubiera concedido con dichas garantías y que el obligado al pago hubiera solicitado con anterioridad a la finalización del plazo del apartado 2 del artículo 62 de esta Ley.

6. El contenido del acta con acuerdo se entenderá íntegramente aceptado por el obligado y por la Administración tributaria. La liquidación y la sanción derivadas del acuerdo solo podrán ser objeto de impugnación o revisión en vía administrativa por el procedimiento de declaración de nulidad de pleno derecho previsto en el artículo 217 de esta Ley, y sin perjuicio del recurso que pueda proceder en vía contencioso-administrativa por la existencia de vicios en el consentimiento.

7. La falta de suscripción de un acta con acuerdo en un procedimiento inspector no podrá ser motivo de recurso o reclamación contra las liquidaciones derivadas de actas de conformidad o disconformidad.

Artículo 156[355]. *Actas de conformidad.*

1. Con carácter previo a la firma del acta de conformidad se concederá trámite de audiencia al interesado para que alegue lo que convenga a su derecho.

2. Cuando el obligado tributario o su representante manifieste su conformidad con la propuesta de regularización que formule la inspección de los tributos, se hará constar expresamente esta circunstancia en el acta.

---

[354] Nueva redacción del art. 155.5 dada por el art. quinto. Ocho de la Ley 36/2006, de 29 de noviembre, de medidas para la prevención del fraude fiscal (BOE núm. 286, de 30 de noviembre de 2006), en vigor desde el 1-12-2006.

[355] Art. 187 (Tramitación de las actas de conformidad), del RGGI (§2).

3. Se entenderá producida y notificada la liquidación tributaria de acuerdo con la propuesta formulada en el acta si, en el plazo de un mes contado desde el día siguiente a la fecha del acta, no se hubiera notificado al interesado acuerdo del órgano competente para liquidar, con alguno de los siguientes contenidos:

a) Rectificando errores materiales.

b) Ordenando completar el expediente mediante la realización de las actuaciones que procedan.

c) Confirmando la liquidación propuesta en el acta.

d) Estimando que en la propuesta de liquidación ha existido error en la apreciación de los hechos o indebida aplicación de las normas jurídicas y concediendo al interesado plazo de audiencia previo a la liquidación que se practique.

4. Para la imposición de las sanciones que puedan proceder como consecuencia de estas liquidaciones será de aplicación la reducción prevista en el apartado 1 del artículo 188 de esta Ley.

5. A los hechos y elementos determinantes de la deuda tributaria respecto de los que el obligado tributario o su representante prestó su conformidad les será de aplicación lo dispuesto en el apartado 2 del artículo 144 de esta Ley.

Artículo 157[356]. *Actas de disconformidad.*

1. Con carácter previo a la firma del acta de disconformidad se concederá trámite de audiencia al interesado para que alegue lo que convenga a su derecho.

2[357]. Cuando el obligado tributario o su representante no suscriba el acta o manifieste su disconformidad con la propuesta de regularización que formule la inspección de los tributos, se hará constar expresamente esta circunstancia en el acta. Se podrá acompañar un informe del actuario cuando sea preciso completar la información recogida en el acta.

3. En el plazo de quince días desde la fecha en que se haya extendido el acta o desde la notificación de la misma, el obligado tributario podrá formular alegaciones ante el órgano competente para liquidar.

4. Antes de dictar el acto de liquidación, el órgano competente podrá acordar la práctica de actuaciones complementarias en los términos que se fijen reglamentariamente.

5. Recibidas las alegaciones, el órgano competente dictará la liquidación que proceda, que será notificada al interesado.

---

[356] Art. 188 (Tramitación de las actas de disconformidad), del RGGI (§2).

[357] Nueva redacción del art. 157.2 dada el art. decimotercero Catorce de la Ley 11/2021, de 9 de julio, de medidas de prevención y lucha contra el fraude fiscal, de transposición de la Directiva (UE) 2016/1164, del Consejo, de 12 de julio de 2016, por la que se establecen normas contra las prácticas de elusión fiscal que inciden directamente en el funcionamiento del mercado interior, de modificación de diversas normas tributarias y en materia de regulación del juego (BOE núm. 164, de 10 de julio de 2021), en vigor desde el 11 de julio de 2021.

Subsección 4.ª Disposiciones especiales

Artículo 158[358]**. *Aplicación del método de estimación indirecta.***

1. Cuando resulte aplicable el método de estimación indirecta, la inspección de los tributos acompañará a las actas incoadas para regularizar la situación tributaria de los obligados tributarios un informe razonado sobre:

a) Las causas determinantes de la aplicación del método de estimación indirecta.

b) La situación de la contabilidad y registros obligatorios del obligado tributario.

c) La justificación de los medios elegidos para la determinación de las bases, rendimientos o cuotas.

d) Los cálculos y estimaciones efectuados en virtud de los medios elegidos.

2. La aplicación del método de estimación indirecta no requerirá acto administrativo previo que lo declare, pero en los recursos y reclamaciones que procedan contra los actos y liquidaciones resultantes podrá plantearse la procedencia de la aplicación de dicho método.

3[359]**.** Los datos y antecedentes utilizados para la aplicación del método de estimación indirecta podrán proceder de cualquiera de las siguientes fuentes:

a) Los signos, índices y módulos establecidos para el método de estimación objetiva, que se utilizarán preferentemente tratándose de obligados tributarios que hayan renunciado a dicho método. No obstante, si la Inspección acredita la existencia de rendimientos o cuotas procedentes de la actividad económica por un importe superior, será este último el que se considere a efectos de la regularización.

b) Los datos económicos y del proceso productivo obtenidos del propio obligado tributario.

Podrán utilizarse datos de ejercicios anteriores o posteriores al regularizado en los que disponga de información que se considere suficiente y fiable. En especial, podrá utilizarse información correspondiente al momento de desarrollo de la actuación inspectora, que podrá considerarse aplicable a los ejercicios anteriores, salvo que se justifique y cuantifique, por la Inspección o por el obligado tributario, que procede efectuar ajustes en dichos datos.

Cuando este método se aplique a la cuantificación de operaciones de características homogéneas del obligado tributario y este no aporte información al respecto, aporte información incorrecta o insuficiente o se descubra la existencia de incorrecciones reiteradas en una muestra de dichas operaciones, la inspección de los tributos podrá regularizarlas por muestreo. En estos casos, podrá aplicarse el promedio que resulta de la muestra a la totalidad de las operaciones del período comprobado, salvo que el obligado tributario acredite la existencia de causas específicas que justifiquen la improcedencia de dicha proporción.

c) Los datos procedentes de estudios del sector efectuados por organismos públicos o por organizaciones privadas de acuerdo con técnicas estadísticas adecuadas, y que se refieran al período objeto de regularización. En este caso se identificará la fuente de los estudios, a efec-

---

[358] Art. 53 (Método estimación indirecta) de la LGT (§1) y art. 193 (Estimación indirecta de bases o cuotas) del RGGI (§2).

[359] Nueva redacción del apartado 3 del art. 158 dada por el art. único Veinteocho de la Ley 34/2015, de 21 de septiembre, de modificación parcial de la Ley 58/2003, de 17 de diciembre, General Tributaria (BOE núm. 227, de 22 de septiembre de 2015), con entrada en vigor el día 11 de octubre de 2015.

tos de que el obligado tributario pueda argumentar lo que considere adecuado a su derecho en relación con los mismos.

d) Los datos de una muestra obtenida por los órganos de la Inspección sobre empresas, actividades o productos con características relevantes que sean análogas o similares a las del obligado tributario, y se refieran al mismo año. En este caso, la Inspección deberá identificar la muestra elegida, de forma que se garantice su adecuación a las características del obligado tributario, y señalar el Registro Público o fuente de la que se obtuvieron los datos. En caso de que los datos utilizados procedan de la propia Administración Tributaria, la muestra se realizará de conformidad con lo dispuesto reglamentariamente[360].

4[361]. En caso de imposición directa, se podrá determinar por el método de estimación indirecta las ventas y prestaciones, las compras y gastos o el rendimiento neto de la actividad. La estimación indirecta puede referirse únicamente a las ventas y prestaciones, si las compras y gastos que figuran en la contabilidad o en los registros fiscales se consideran suficientemente acreditados. Asimismo, puede referirse únicamente a las compras y gastos cuando las ventas y prestaciones resulten suficientemente acreditadas.

En caso de imposición sobre el consumo, se podrá determinar por el método de estimación indirecta la base y la cuota repercutida, la cuota que se estima soportada y deducible o ambos importes. La cuota que se estima soportada y deducible se calculará estimando las cuotas que corresponderían a los bienes y servicios que serían normalmente necesarios para la obtención de las ventas o prestaciones correspondientes, pero solo en la cuantía en la que se aprecie que se ha repercutido el impuesto y que este ha sido soportado efectivamente por el obligado tributario. Si la Administración Tributaria no dispone de información que le permita apreciar la repercusión de las cuotas, corresponderá al obligado tributario aportar la información que permita identificar a las personas o entidades que le repercutieron el impuesto y calcular su importe.

Ningún gasto o cuota soportada correspondiente a un ejercicio regularizado por medio de estimación indirecta podrá ser objeto de deducción en un ejercicio distinto.

5[362]. En el caso de tributos con periodos de liquidación inferior al año, la cuota estimada por la Inspección de forma anual se repartirá linealmente entre los periodos de liquidación correspondientes, salvo que el obligado tributario justifique que procede un reparto temporal diferente.

Artículo 159[363]. *Informe preceptivo para la declaración del conflicto en la aplicación de la norma tributaria.*

1. De acuerdo con lo establecido en el artículo 15 de esta Ley, para que la inspección de los tributos pueda declarar el conflicto en la aplicación de la norma tributaria deberá emitirse

---

[360] Art. 193.5 del RGGI (§2).
[361] Nuevo apartado 4 del art. 158 incorporado dada por el art. único Veintiocho de la Ley 34/2015, de 21 de septiembre, de modificación parcial de la Ley 58/2003, de 17 de diciembre, General Tributaria (BOE núm. 227, de 22 de septiembre de 2015), con entrada en vigor el día 11 de octubre de 2015.
[362] Nuevo apartado 5 del art. 158 incorporado dada por el art. único Veintiocho de la Ley 34/2015, de 21 de septiembre, de modificación parcial de la Ley 58/2003, de 17 de diciembre, General Tributaria (BOE núm. 227, de 22 de septiembre de 2015), con entrada en vigor el día 11 de octubre de 2015.
[363] Art. 15 y Disp. Trans. Tercera.3 de la LGT (§1) y art. 194 (Declaración de conflicto en la aplicación de la norma tributaria RGGI (§2).

previamente un informe favorable de la Comisión consultiva que se constituya, en los términos establecidos reglamentariamente, por dos representantes del órgano competente para contestar las consultas tributarias escritas, actuando uno de ellos como Presidente, y por dos representantes de la Administración tributaria actuante.

2. Cuando el órgano actuante estime que pueden concurrir las circunstancias previstas en el apartado 1 del artículo 15 de esta Ley lo comunicará al interesado, y le concederá un plazo de quince días para presentar alegaciones y aportar o proponer las pruebas que estime procedentes.

Recibidas las alegaciones y practicadas, en su caso, las pruebas procedentes, el órgano actuante remitirá el expediente completo a la Comisión consultiva.

3[364]**.** A efectos del cómputo del plazo del procedimiento inspector se tendrá en cuenta lo dispuesto en el apartado 3 del artículo 150 de esta Ley.

4. El plazo máximo para emitir el informe será de tres meses desde la remisión del expediente a la Comisión consultiva. Dicho plazo podrá ser ampliado mediante acuerdo motivado de la Comisión consultiva, sin que dicha ampliación pueda exceder de un mes.

5. Transcurrido el plazo al que se refiere el apartado anterior sin que la Comisión consultiva haya emitido el informe, se reanudará el cómputo del plazo de duración de las actuaciones inspectoras, manteniéndose la obligación de emitir dicho informe, aunque se podrán continuar las actuaciones y, en su caso, dictar liquidación provisional respecto a los demás elementos de la obligación tributaria no relacionados con las operaciones analizadas por la Comisión consultiva.

6. El informe de la Comisión consultiva vinculará al órgano de inspección sobre la declaración del conflicto en la aplicación de la norma.

7. El informe y los demás actos dictados en aplicación de lo dispuesto en este artículo no serán susceptibles de recurso o reclamación, pero en los que se interpongan contra los actos y liquidaciones resultantes de la comprobación podrá plantearse la procedencia de la declaración del conflicto en la aplicación de la norma tributaria.

CAPÍTULO V. Actuaciones y procedimiento de recaudación[365]

SECCIÓN 1.ª Disposiciones Generales

Artículo 160. La recaudación tributaria.

1. La recaudación tributaria consiste en el ejercicio de las funciones administrativas conducentes al cobro de las deudas tributarias.

2. La recaudación de las deudas tributarias podrá realizarse:

a) En período voluntario, mediante el pago o cumplimiento del obligado tributario en los plazos previstos en el artículo 62 de esta Ley[366].

---

[364] Nueva redacción del apartado 3 del art. 159 dada por el art. único Veintinueve de la Ley 34/2015, de 21 de septiembre, de modificación parcial de la Ley 58/2003, de 17 de diciembre, General Tributaria (BOE núm. 227, de 22 de septiembre de 2015), con entrada en vigor el día 11 de octubre de 2015.

[365] Desarrollado por el Real Decreto 939/2005, de 29 de julio, por el que se aprueba el Reglamento General de Recaudación, [RGR (§3)].

[366] Art. 68 (Iniciación y terminación de la recaudación en periodo voluntario), del RGR (§3).

b) En período ejecutivo, mediante el pago o cumplimiento espontáneo del obligado tributario o, en su defecto, a través del procedimiento administrativo de apremio.

Artículo 161[367]. *Recaudación en período ejecutivo.*

1. El período ejecutivo se inicia:

a) En el caso de deudas liquidadas por la Administración tributaria, el día siguiente al del vencimiento del plazo establecido para su ingreso en el artículo 62 de esta Ley.

b) En el caso de deudas a ingresar mediante autoliquidación presentada sin realizar el ingreso, al día siguiente de la finalización del plazo que establezca la normativa de cada tributo para dicho ingreso o, si éste ya hubiere concluido, el día siguiente a la presentación de la autoliquidación.

2[368]. La presentación de una solicitud de aplazamiento, fraccionamiento o compensación en período voluntario impedirá el inicio del período ejecutivo durante la tramitación de dichos expedientes.

No obstante lo anterior, las solicitudes a las que se refiere el párrafo anterior así como las solicitudes de suspensión y pago en especie no impedirán el inicio del periodo ejecutivo cuando anteriormente se hubiera denegado, respecto de la misma deuda tributaria, otra solicitud previa de aplazamiento, fraccionamiento, compensación, suspensión o pago en especie en periodo voluntario habiéndose abierto otro plazo de ingreso sin que se hubiera producido el mismo.

La interposición de un recurso o reclamación en tiempo y forma contra una sanción impedirá el inicio del período ejecutivo hasta que la sanción sea firme en vía administrativa y haya finalizado el plazo para el ingreso voluntario del pago.

La declaración de concurso no suspenderá el plazo voluntario de pago de las deudas que tengan la calificación de concursal de acuerdo con el texto refundido de la Ley Concursal aprobado por el Real Decreto Legislativo 1/2020, de 5 de mayo, sin perjuicio de que las actuaciones del periodo ejecutivo se rijan por lo dispuesto en dicho texto refundido.

3. Iniciado el período ejecutivo, la Administración tributaria efectuará la recaudación de las deudas liquidadas o autoliquidadas a las que se refiere el apartado 1 de este artículo por el procedimiento de apremio sobre el patrimonio del obligado al pago.

4. El inicio del período ejecutivo determinará la exigencia de los intereses de demora y de los recargos del período ejecutivo en los términos de los artículos 26 y 28 de esta Ley y, en su caso, de las costas del procedimiento de apremio.

---

[367] Art. 69 (Recaudación en periodo ejecutivo) y art. 70 (Providencia de apremio) del RGR (§3).

[368] Nueva redacción del art. 161.2 dada el art. decimotercero Quince de la Ley 11/2021, de 9 de julio, de medidas de prevención y lucha contra el fraude fiscal, de transposición de la Directiva (UE) 2016/1164, del Consejo, de 12 de julio de 2016, por la que se establecen normas contra las prácticas de elusión fiscal que inciden directamente en el funcionamiento del mercado interior, de modificación de diversas normas tributarias y en materia de regulación del juego (BOE núm. 164, de 10 de julio de 2021), en vigor desde el 11 de julio de 2021.

Artículo 162[369]. *Facultades de la recaudación tributaria.*

1. Para asegurar o efectuar el cobro de la deuda tributaria, los funcionarios que desarrollen funciones de recaudación podrán comprobar e investigar la existencia y situación de los bienes o derechos de los obligados tributarios, tendrán las facultades que se reconocen a la Administración tributaria en el artículo 142 de esta Ley, con los requisitos allí establecidos, y podrán adoptar medidas cautelares en los términos previstos en el artículo 146 de esta Ley.

Todo obligado tributario deberá poner en conocimiento de la Administración, cuando ésta así lo requiera, una relación de bienes y derechos integrantes de su patrimonio en cuantía suficiente para cubrir el importe de la deuda tributaria, de acuerdo con lo previsto en el apartado 2 del artículo 169 de esta Ley.

2. Los funcionarios que desempeñen funciones de recaudación desarrollarán las actuaciones materiales que sean necesarias en el curso del procedimiento de apremio. Los obligados tributarios deberán atenderles en sus actuaciones y les prestarán la debida colaboración en el desarrollo de sus funciones.

Si el obligado tributario no cumpliera las resoluciones o requerimientos que al efecto se hubiesen dictado, se podrá acordar, previo apercibimiento, la ejecución subsidiaria de dichas resoluciones o requerimientos, mediante acuerdo del órgano competente.

SECCIÓN 2.ª *Procedimiento de Apremio*[370]

Subsección 1.ª Normas generales

Artículo 163. *Carácter del procedimiento de apremio.*

1. El procedimiento de apremio es exclusivamente administrativo. La competencia para entender del mismo y resolver todas sus incidencias corresponde únicamente a la Administración tributaria.

2. El procedimiento administrativo de apremio no será acumulable a los judiciales ni a otros procedimientos de ejecución. Su iniciación o tramitación no se suspenderá por la iniciación de aquéllos, salvo cuando proceda de acuerdo con lo establecido en la Ley Orgánica 2/1987, de 18 de mayo, de Conflictos Jurisdiccionales, o con las normas del artículo siguiente.

La Administración tributaria velará por el ámbito de potestades que en esta materia le atribuye la Ley de conformidad con lo previsto en la legislación de conflictos jurisdiccionales.

3. El procedimiento de apremio se iniciará e impulsará de oficio en todos sus trámites y, una vez iniciado, sólo se suspenderá en los casos y en la forma prevista en la normativa tributaria.

Artículo 164[371]. *Concurrencia de procedimientos.*

1. Sin perjuicio del respeto al orden de prelación que para el cobro de los créditos viene establecido por la ley en atención a su naturaleza, en caso de concurrencia del procedimien-

---

[369] Art. 10 (Facultades de los órganos de recaudación), del RGR (§3).
[370] Capítulo II del Título III (procedimiento de apremio), arts. 70 a 123 del RGR (§3).
[371] Arts. 77 (Concurrencia de embargos), 123 (Actuaciones de la Hacienda pública en procedimientos concursales y en otros procedimientos de ejecución) y Disp. Adicional segunda (Criterios de coordinación de

to de apremio para la recaudación de los tributos con otros procedimientos de ejecución, ya sean singulares o universales, judiciales o no judiciales, la preferencia para la ejecución de los bienes trabados en el procedimiento vendrá determinada con arreglo a las siguientes reglas:

1.º Cuando concurra con otros procesos o procedimientos singulares de ejecución, el procedimiento de apremio será preferente si el embargo efectuado en el curso del procedimiento de apremio fuera el más antiguo.

2.º Cuando concurra con otros procesos o procedimientos concursales o universales de ejecución, el procedimiento de apremio será preferente para la ejecución de los bienes o derechos embargados en el mismo, siempre que el embargo acordado en el mismo se hubiera efectuado con anterioridad a la fecha de declaración del concurso.

Para ambos casos, se estará a la fecha de la diligencia de embargo del bien o derecho.

2. En caso de concurso de acreedores se aplicará lo dispuesto en la Ley 22/2003, de 9 de julio, Concursal[372] y, en su caso, en la Ley 47/2003, de 26 de noviembre, General Presupuestaria[373], sin que ello impida que se dicte la correspondiente providencia de apremio y

---

la AEAT con la Tesorería General de la Seguridad Social en procesos concursales), del RGR (§3).

Nueva redacción del art. 164 dada por el art. único. Ciento diecisiete.2 de la Ley 38/2011, de 10 de octubre, de reforma de la Ley 22/2003, de 9 de julio, Concursal (BOE núm. 245, de 11 de octubre de 2011), con efectos desde el 1 de enero de 2012.

[372] Referencia al Real Decreto Legislativo 1/2020, de 5 de mayo, por el que se aprueba el texto refundido de la Ley Concursal (BOE núm. 127, de 7 de mayo de 2020).

[373] Ley 47/2003, de 26 de noviembre, General Presupuestaria (BOE núm. 284, de 27 de noviembre 2003): «Art. 10. Prerrogativas correspondientes a los derechos de naturaleza pública de la Hacienda Pública estatal (redacción dada por la Ley 7/2012, de 29 de octubre, de modificación de la normativa tributaria y presupuestaria y de adecuación de la normativa financiera para la intensificación de las actuaciones en la prevención y lucha contra el fraude):

1. Sin perjuicio de las prerrogativas establecidas para cada derecho de naturaleza pública por su normativa reguladora, la cobranza de tales derechos se efectuará, en su caso, conforme a los procedimientos administrativos correspondientes y gozará de las prerrogativas establecidas para los tributos en la Ley General Tributaria, y de las previstas en el Reglamento General de Recaudación.

2. Serán responsables solidarios del pago de los derechos de naturaleza pública pendientes, hasta el importe del valor de los bienes o derechos que se hubieran podido embargar o enajenar, las personas o entidades en quienes concurra alguna de las circunstancias del artículo 42.2 de la Ley General Tributaria. En este supuesto, la declaración de responsabilidad corresponderá a la Agencia Estatal de Administración Tributaria cuando se trate de créditos de naturaleza pública cuya gestión recaudatoria haya asumido aquella por ley o por convenio.

El régimen jurídico aplicable a esta responsabilidad será el contenido en la Ley General Tributaria y su normativa de desarrollo.

3. El carácter privilegiado de los créditos de la Hacienda Pública estatal otorga a ésta el derecho de abstención en los procesos concursales, en cuyo curso, no obstante, podrá suscribir los acuerdos o convenios previstos en la legislación concursal así como acordar, de conformidad con el deudor y con las garantías que se estimen oportunas, unas condiciones singulares de pago, que no pueden ser más favorables para el deudor que las recogidas en el acuerdo o convenio que pongan fin al proceso judicial. Igualmente podrá acordar la compensación de dichos créditos en los términos previstos en la normativa reguladora de los ingresos públicos.

Para la suscripción y celebración de los acuerdos y convenios a que se refiere el párrafo anterior se requerirá autorización del órgano competente de la Agencia Estatal de Administración Tributaria cuando se trate se devenguen los recargos del período ejecutivo si se dieran las condiciones para ello con anterioridad a la fecha de declaración del concurso o bien se trate de créditos contra la masa.

3. Los jueces y tribunales colaborarán con la Administración tributaria facilitando a los órganos de recaudación los datos relativos a procesos concursales o universales de ejecución que precisen para el ejercicio de sus funciones.

Asimismo tendrán este deber de colaboración, respecto de sus procedimientos, cualesquiera órganos administrativos con competencia para tramitar procedimientos de ejecución.

4. El carácter privilegiado de los créditos tributarios otorga a la Hacienda Pública el derecho de abstención en los procesos concursales. No obstante, la Hacienda Pública podrá suscribir en el curso de estos procesos los acuerdos o convenios previstos en la legislación concursal, así como acordar, de conformidad con el deudor y con las garantías que se estimen oportunas, unas condiciones singulares de pago, que no pueden ser más favorables para el deudor que las recogidas en el convenio o acuerdo que ponga fin al proceso judicial. Este privilegio podrá ejercerse en los términos previstos en la legislación concursal. Igualmente podrá acordar la compensación de dichos créditos en los términos previstos en la normativa tributaria.

Para la suscripción y celebración de los acuerdos y convenios a que se refiere el párrafo anterior se requerirá únicamente la autorización del órgano competente de la Administración tributaria.

Artículo 165[374]. *Suspensión del procedimiento de apremio.*

1. El procedimiento de apremio se suspenderá en la forma y con los requisitos previstos en las disposiciones reguladoras de los recursos y reclamaciones económico-administrativas, y en los restantes supuestos previstos en la normativa tributaria.

2. El procedimiento de apremio se suspenderá de forma automática por los órganos de recaudación, sin necesidad de prestar garantía, cuando el interesado demuestre que se ha producido en su perjuicio error material, aritmético o de hecho en la determinación de la deuda, que la misma ha sido ingresada, condonada, compensada, aplazada o suspendida o que ha prescrito el derecho a exigir el pago.

---

de créditos cuya gestión recaudatoria le corresponda, de conformidad con la ley o en virtud de convenio, con observancia, en este caso de lo convenido.

Cuando se trate de créditos correspondientes al Fondo de Garantía Salarial, la suscripción y celebración de convenios en el seno de procedimientos concursales requerirá la autorización del órgano competente, de acuerdo con la normativa reguladora del organismo autónomo.

En los restantes créditos de la Hacienda Pública estatal la competencia corresponde al Ministro de Hacienda, pudiéndose delegar en los órganos de la Agencia Estatal de Administración Tributaria.

Reglamentariamente se establecerán los procedimientos para asegurar la adecuada coordinación en los procedimientos concursales en que concurran créditos de la Hacienda Pública estatal con créditos de la Seguridad Social y del resto de las entidades que integran el sector público Estatal, y en aquellos procedimientos concursales en los que se concurra con procedimientos judiciales o administrativos de ejecución singular correspondientes a las referidas entidades».

[374] Art. 73 (Suspensión del procedimiento de apremio), del RGR (§3). Art. 25 (Suspensión del acto impugnado), arts. 39 a 47 (Suspensión de la ejecución del acto impugnado en la vía económico-administrativa) del RGRVA (§5).

3[375]**.** Cuando un tercero pretenda el levantamiento del embargo por entender que le pertenece el dominio o titularidad de los bienes o derechos embargados o cuando considere que tiene derecho a ser reintegrado de su crédito con preferencia a la Hacienda Pública, formulará reclamación de tercería ante el órgano administrativo competente.

4. Si se interpone tercería de dominio se suspenderá el procedimiento de apremio en lo que se refiere a los bienes y derechos controvertidos, una vez que se hayan adoptado las medidas de aseguramiento que procedan.

5. Si la tercería fuera de mejor derecho proseguirá el procedimiento hasta la realización de los bienes y el producto obtenido se consignará en depósito a resultas de la resolución de la tercería.

Artículo 166[376]. *Conservación de actuaciones.*

1. Cuando se declare la nulidad de determinadas actuaciones del procedimiento de apremio se dispondrá la conservación de las no afectadas por la causa de la nulidad.

2. La anulación de los recargos u otros componentes de la deuda tributaria distintos de la cuota o de las sanciones no afectará a la validez de las actuaciones realizadas en el curso del procedimiento de apremio respecto a los componentes de la deuda tributaria o sanciones no anulados.

Subsección 2.ª Iniciación y desarrollo del procedimiento de apremio

Artículo 167[377]. *Iniciación del procedimiento de apremio.*

1. El procedimiento de apremio se iniciará mediante providencia notificada al obligado tributario en la que se identificará la deuda pendiente, se liquidarán los recargos a los que se refiere el artículo 28 de esta Ley y se le requerirá para que efectúe el pago.

2. La providencia de apremio será título suficiente para iniciar el procedimiento de apremio y tendrá la misma fuerza ejecutiva que la sentencia judicial para proceder contra los bienes y derechos de los obligados tributarios.

3. Contra la providencia de apremio sólo serán admisibles los siguientes motivos de oposición:

a) Extinción total de la deuda o prescripción del derecho a exigir el pago.

b) Solicitud de aplazamiento, fraccionamiento o compensación en período voluntario y otras causas de suspensión del procedimiento de recaudación.

c) Falta de notificación de la liquidación.

d) Anulación de la liquidación.

e) Error u omisión en el contenido de la providencia de apremio que impida la identificación del deudor o de la deuda apremiada.

4. Si el obligado tributario no efectuara el pago dentro del plazo al que se refiere el apartado 5 del artículo 62 de esta Ley, se procederá al embargo de sus bienes, advirtiéndose así en la providencia de apremio.

---

[375] Art. 117 (Carácter de la tercería) y art. 119 (Forma, plazos y efectos de la interposición de la tercería), del RGR (§3).
[376] Art. 66 (Ejecución de las resoluciones administrativas) del RGRVA (§5).
[377] Art. 70 (Providencia de apremio) y art. 71 (Notificación de la providencia de apremio) del RGR (§3).

Artículo 168[378]. *Ejecución de garantías.*

Si la deuda tributaria estuviera garantizada se procederá en primer lugar a ejecutar la garantía a través del procedimiento administrativo de apremio.

No obstante, la Administración tributaria podrá optar por el embargo y enajenación de otros bienes o derechos con anterioridad a la ejecución de la garantía cuando ésta no sea proporcionada a la deuda garantizada o cuando el obligado lo solicite, señalando bienes suficientes al efecto. En estos casos, la garantía prestada quedará sin efecto en la parte asegurada por los embargos.

Artículo 169[379]. *Práctica del embargo de bienes y derechos.*

1. Con respeto siempre al principio de proporcionalidad, se procederá al embargo de los bienes y derechos del obligado tributario en cuantía suficiente para cubrir:

a) El importe de la deuda no ingresada.

b) Los intereses que se hayan devengado o se devenguen hasta la fecha del ingreso en el Tesoro.

c) Los recargos del período ejecutivo.

d) Las costas del procedimiento de apremio.

2. Si la Administración y el obligado tributario no hubieran acordado otro orden diferente en virtud de lo dispuesto en el apartado 4 de este artículo, se embargarán los bienes del obligado teniendo en cuenta la mayor facilidad de su enajenación y la menor onerosidad de ésta para el obligado.

Si los criterios establecidos en el párrafo anterior fueran de imposible o muy difícil aplicación, los bienes se embargarán por el siguiente orden:

a) Dinero efectivo o en cuentas abiertas en entidades de crédito[380].

b) Créditos, efectos, valores y derechos realizables en el acto o a corto plazo[381].

c) Sueldos, salarios y pensiones[382].

d) Bienes inmuebles[383].

e) Intereses, rentas y frutos de toda especie[384].

f) Establecimientos mercantiles o industriales[385].

---

[378] Art. 74 (Ejecución de garantías), del RGR (§3).
[379] Art. 76 (Práctica de los embargos) y art. 77 (Concurrencia de embargos) del RGR (§3).
[380] Art. 171 de la LGT (§1). Art. 78 (Embargo de dinero en efectivo) y art. 79 (Embargo de dinero en cuentas abiertas en entidades de crédito) del RGR (§3).
[381] Art. 80 (Embargo de valores) y art. 81 (Embargo de otros créditos, efectos y derechos realizables en el acto o a corto plazo) del RGR (§3).
[382] Art. 82 (Embargo de sueldos, salarios y pensiones) del RGR (§3).
[383] Art. 83 (Embargos de bienes inmuebles y de derechos sobre estos), art. 84 (Anotación preventiva en el Registro de la Propiedad de los embargos de bienes inmuebles y de derechos sobre estos), art. 85 (Requisitos de los mandamientos para la anotación preventiva de los embargos de bienes inmuebles y de derechos sobre estos), art. 86 (Presentación de los mandamientos en el Registro de la Propiedad), art. 87 (Incidencias en las anotaciones preventivas de embargo en el Registro de la Propiedad) y art. 88 (Contestaciones de los registradores), del RGR (§3).
[384] Art. 89 (Embargo de intereses, rentas y frutos de toda especie), del RGR (§3).
[385] Art. 90 (Embargo de establecimientos mercantiles e industriales), del RGR (§3).

g) Metales preciosos, piedras finas, joyería, orfebrería y antigüedades[386].

h) Bienes muebles y semovientes[387].

i) Créditos, efectos, valores y derechos realizables a largo plazo[388].

3. A efectos de embargo se entiende que un crédito, efecto, valor o derecho es realizable a corto plazo cuando, en circunstancias normales y a juicio del órgano de recaudación, pueda ser realizado en un plazo no superior a seis meses. Los demás se entienden realizables a largo plazo.

4. Siguiendo el orden establecido según los criterios del apartado 2 de este artículo, se embargarán sucesivamente los bienes o derechos conocidos en ese momento por la Administración tributaria hasta que se presuma cubierta la deuda. En todo caso, se embargarán en último lugar aquellos para cuya traba sea necesaria la entrada en el domicilio del obligado tributario.

A solicitud del obligado tributario se podrá alterar el orden de embargo si los bienes que señale garantizan el cobro de la deuda con la misma eficacia y prontitud que los que preferentemente deban ser trabados y no se causa con ello perjuicio a terceros.

5. No se embargarán los bienes o derechos declarados inembargables por las leyes ni aquellos otros respecto de los que se presuma que el coste de su realización pudiera exceder del importe que normalmente podría obtenerse en su enajenación.

Artículo 170. *Diligencia de embargo y anotación preventiva.*

1[389]. Cada actuación de embargo se documentará en diligencia, que se notificará a la persona con la que se entienda dicha actuación.

Efectuado el embargo de los bienes o derechos, la diligencia se notificará al obligado tributario y, en su caso, al tercero titular, poseedor o depositario de los bienes si no se hubiesen llevado a cabo con ellos las actuaciones, así como al cónyuge del obligado tributario cuando los bienes embargados sean gananciales y a los condueños o cotitulares de los mismos.

2[390]. Si los bienes embargados fueran inscribibles en un Registro público, la Administración tributaria tendrá derecho a que se practique anotación preventiva de embargo en el Registro correspondiente. A tal efecto, el órgano competente expedirá mandamiento, con el mismo valor que si se tratara de mandamiento judicial de embargo, solicitándose asimismo que se emita certificación de las cargas que figuren en el registro. El Registrador hará constar por nota al margen de la anotación de embargo la expedición de esta certificación, expresando su fecha y el procedimiento al que se refiera.

En ese caso, el embargo se notificará a los titulares de cargas posteriores a la anotación de embargo y anteriores a la nota marginal de expedición de la certificación.

La anotación preventiva así practicada no alterará la prelación que para el cobro de los créditos tributarios establece el artículo 77 de esta Ley, siempre que se ejercite la tercería

---

[386] Art. 91 (Embargo de metales preciosos, piedras finas, joyería, antigüedades y otros objetos de valor histórico o artístico), del RGR (§3).

[387] Art. 92 (Embargo de los restantes bienes muebles y semovientes), del RGR (§3).

[388] Art. 93 (Embargo de créditos, efectos, valores y derechos realizables a largo plazo), del RGR (§3).

[389] Art. 75 (Diligencias de embargo), del RGR (§3).

[390] Arts. 84 a 88 del RGR (§3).

de mejor derecho. En caso contrario, prevalecerá el orden registral de las anotaciones de embargo.

3. Contra la diligencia de embargo sólo serán admisibles los siguientes motivos de oposición:

a) Extinción de la deuda o prescripción del derecho a exigir el pago.

b) Falta de notificación de la providencia de apremio.

c) Incumplimiento de las normas reguladoras del embargo contenidas en esta Ley.

d) Suspensión del procedimiento de recaudación.

4[391]**.** Cuando se embarguen bienes muebles, la Administración tributaria podrá disponer su depósito en la forma que se determine reglamentariamente.

5. Cuando se ordene el embargo de establecimiento mercantil o industrial o, en general, de los bienes y derechos integrantes de una empresa, si se aprecia que la continuidad de las personas que ejercen la dirección de la actividad pudiera perjudicar la solvencia del obligado tributario, el órgano competente, previa audiencia del titular del negocio u órgano de administración de la entidad, podrá acordar el nombramiento de un funcionario que ejerza de administrador o que intervenga en la gestión del negocio en la forma que reglamentariamente se establezca, fiscalizando previamente a su ejecución aquellos actos que se concreten en el acuerdo administrativo.

6[392]**.** La Administración tributaria podrá acordar la prohibición de disponer sobre los bienes inmuebles de una sociedad, sin necesidad de que el procedimiento recaudatorio se dirija contra ella, cuando se hubieran embargado al obligado tributario acciones o participaciones de aquella y este ejerza el control efectivo, total o parcial, directo o indirecto sobre la sociedad titular de los inmuebles en cuestión en los términos previstos en el artículo 42 del Código de Comercio y aunque no estuviere obligado a formular cuentas consolidadas. Podrá tomarse anotación preventiva de la prohibición de disponer en la hoja abierta a las fincas en el Registro de la Propiedad competente en virtud del correspondiente mandamiento en que se justificará la validez de la medida cautelar contra persona distinta del titular registral por referencia a la existencia de la correspondiente relación de control cuyo presupuesto de hecho se detallará en el propio mandamiento.

El recurso contra la medida de prohibición de disponer solo podrá fundarse en la falta de alguno de los presupuestos de hecho que permiten su adopción.

La medida se alzará cuando por cualquier causa se extinga el embargo de las participaciones o acciones pertenecientes al obligado tributario. Asimismo, la Administración tributaria podrá acordar el levantamiento de la prohibición de disponer cuando su mantenimiento pudiera producir perjuicios de difícil o imposible reparación, debidamente acreditados por la sociedad.

---

[391] Art. 94 (Depósito de bienes embargados), art. 95 (Funciones del depositario) y art. 96 (Derechos, deberes y responsabilidad del depositario de bienes embargados), del RGR (§3).

[392] Nuevo apartado incorporada por el art. 1.ocho de la Ley 7/2012, de 29 de octubre, de modificación de la normativa tributaria y presupuestaria y de adecuación de la normativa financiera para la intensificación de las actuaciones en la prevención y lucha contra el fraude (BOE núm. 261, de 30 de octubre de 2012), en vigor desde el 31 de octubre de 2012.

Artículo 171[393]. *Embargo de bienes o derechos en entidades de crédito o de depósito.*

1[394]. Cuando la Administración tributaria tenga conocimiento de la existencia de fondos, valores, títulos u otros bienes entregados o confiados a una determinada oficina de una entidad de crédito u otra persona o entidad depositaria, podrá disponer su embargo en la cuantía que proceda. En la diligencia de embargo deberá identificarse el bien o derecho conocido por la Administración actuante, pero el embargo podrá extenderse, sin necesidad de identificación previa, al resto de los bienes o derechos existentes en dicha persona o entidad, dentro del ámbito estatal, autonómico o local que corresponda a la jurisdicción respectiva de cada Administración tributaria ordenante del embargo.

Si de la información suministrada por la persona o entidad depositaria en el momento del embargo se deduce que los fondos, valores, títulos u otros bienes existentes no son homogéneos o que su valor excede del importe señalado en el apartado 1 del artículo 169, se concretarán por el órgano competente los que hayan de quedar trabados.

2. Cuando los fondos o valores se encuentren depositados en cuentas a nombre de varios titulares sólo se embargará la parte correspondiente al obligado tributario. A estos efectos, en el caso de cuentas de titularidad indistinta con solidaridad activa frente al depositario o de titularidad conjunta mancomunada, el saldo se presumirá dividido en partes iguales, salvo que se pruebe una titularidad material diferente.

3[395]. Cuando en la cuenta afectada por el embargo se efectúe habitualmente el abono de sueldos, salarios o pensiones, deberán respetarse las limitaciones establecidas en la Ley

---

[393]   Art. 169.2.a) de la LGT (§1). Art. 79 (Embargo de dinero en cuentas abiertas en entidades de crédito) y art. 80 (Embargo de valores), del RGR (§3).

[394]   Nueva redacción del art. 171.1 dada por el art. 1.nueve de la Ley 7/2012, de 29 de octubre, de modificación de la normativa tributaria y presupuestaria y de adecuación de la normativa financiera para la intensificación de las actuaciones en la prevención y lucha contra el fraude (BOE núm. 261, de 30 de octubre de 2012), en vigor desde el 31 de octubre de 2012.

[395]   Ley 1/2000, de 7 de enero, de Enjuiciamiento Civil (BOE núm. 7, 8 de enero de 2000), según redacción dada por la Ley 13/2009, de 3 de noviembre, de reforma de la legislación procesal para la implantación de la nueva Oficina judicial y por la disposición adicional 1 de la Ley Orgánica 7/2015, de 21 de julio:
«Art. 607. Embargo de sueldos y pensiones.
1. Es inembargable el salario, sueldo, pensión, retribución o su equivalente, que no exceda de la cuantía señalada para el salario mínimo interprofesional.
2. Los salarios, sueldos, jornales, retribuciones o pensiones que sean superiores al salario mínimo interprofesional se embargarán conforme a esta escala:
1.º Para la primera cuantía adicional hasta la que suponga el importe del doble del salario mínimo interprofesional, el 30 por 100.
2.º Para la cuantía adicional hasta el importe equivalente a un tercer salario mínimo interprofesional, el 50 por 100.
3.º Para la cuantía adicional hasta el importe equivalente a un cuarto salario mínimo interprofesional, el 60 por 100.
4.º Para la cuantía adicional hasta el importe equivalente a un quinto salario mínimo interprofesional, el 75 por 100.
5.º Para cualquier cantidad que exceda de la anterior cuantía, el 90 por 100.
3. Si el ejecutado es beneficiario de más de una percepción, se acumularán todas ellas para deducir una sola vez la parte inembargable. Igualmente serán acumulables los salarios, sueldos y pensiones, retribuciones o equivalentes de los cónyuges cuando el régimen económico que les rija no sea el de separación

1/2000, de 7 de enero, de Enjuiciamiento Civil, mediante su aplicación sobre el importe que deba considerarse sueldo, salario o pensión del deudor.

A estos efectos se considerará sueldo, salario o pensión el importe ingresado en dicha cuenta por ese concepto en el mes en que se practique el embargo o, en su defecto, en el mes anterior.

Artículo 172[396]. *Enajenación de los bienes embargados.*

1. La enajenación de los bienes embargados se realizará mediante subasta, concurso o adjudicación directa, en los casos y condiciones que se fijen reglamentariamente.

El acuerdo de enajenación únicamente podrá impugnarse si las diligencias de embargo se han tenido por notificadas de acuerdo con lo dispuesto en el apartado 3 del artículo 112 de esta Ley. En ese caso, contra el acuerdo de enajenación sólo serán admisibles los motivos de impugnación contra las diligencias de embargo a los que se refiere el apartado 3 del artículo 170 de esta Ley.

2. El procedimiento de apremio podrá concluir con la adjudicación de bienes a la Hacienda Pública cuando se trate de bienes inmuebles o de bienes muebles cuya adjudicación pueda interesar a la Hacienda Pública y no se hubieran adjudicado en el procedimiento de enajenación.

La adjudicación se acordará por el importe del débito perseguido, sin que, en ningún caso, pueda rebasar el 75 por 100 del tipo inicial fijado en el procedimiento de enajenación.

3. La Administración tributaria no podrá proceder a la enajenación de los bienes y derechos embargados en el curso del procedimiento de apremio hasta que el acto de liquidación de la deuda tributaria ejecutada sea firme, salvo en los supuestos de fuerza mayor, bienes

de bienes y rentas de toda clase, circunstancia que habrán de acreditar al Letrado de la Administración de Justicia.

4. En atención a las cargas familiares del ejecutado, el Letrado de la Administración de Justicia podrá aplicar una rebaja de entre un 10 a un 15 por ciento en los porcentajes establecidos en los números 1.º, 2.º, 3.º y 4.º del apartado 2 del presente artículo.

5. Si los salarios, sueldos, pensiones o retribuciones estuvieron gravados con descuentos permanentes o transitorios de carácter público, en razón de la legislación fiscal, tributaria o de Seguridad Social, la cantidad líquida que percibiera el ejecutado, deducidos éstos, será la que sirva de tipo para regular el embargo.

6. Los anteriores apartados de este artículo serán de aplicación a los ingresos procedentes de actividades profesionales y mercantiles autónomas.

7. Las cantidades embargadas de conformidad con lo previsto en este precepto podrán ser entregadas directamente a la parte ejecutante, en la cuenta que ésta designe previamente, si así lo acuerda el Letrado de la Administración de Justicia encargado de la ejecución.

En este caso, tanto la persona o entidad que practique la retención y su posterior entrega como el ejecutante, deberán informar trimestralmente al Letrado de la Administración de Justicia sobre las sumas remitidas y recibidas, respectivamente, quedando a salvo en todo caso las alegaciones que el ejecutado pueda formular, ya sea porque considere que la deuda se halla abonada totalmente y en consecuencia debe dejarse sin efecto la traba, o porque las retenciones o entregas no se estuvieran realizando conforme a lo acordado por el Letrado de la Administración de Justicia.

Contra la resolución del Letrado de la Administración de Justicia acordando tal entrega directa cabrá recurso directo de revisión ante el Tribunal».

[396] Arts. 97 a 112 (Enajenación de los bienes embargados) del RGR (§3).

perecederos, bienes en los que exista un riesgo de pérdida inminente de valor o cuando el obligado tributario solicite de forma expresa su enajenación.

4. En cualquier momento anterior a la adjudicación de bienes, la Administración tributaria liberará los bienes embargados si el obligado extingue la deuda tributaria y las costas del procedimiento de apremio.

Subsección 3.ª Terminación del procedimiento de apremio

Artículo 173[397]. *Terminación del procedimiento de apremio.*

1. El procedimiento de apremio termina:

a) Con el pago de la cantidad debida a que se refiere el apartado 1 del artículo 169 de esta Ley.

b) Con el acuerdo que declare el crédito total o parcialmente incobrable, una vez declarados fallidos todos los obligados al pago.

c) Con el acuerdo de haber quedado extinguida la deuda por cualquier otra causa.

2. En los casos en que se haya declarado el crédito incobrable, el procedimiento de apremio se reanudará, dentro del plazo de prescripción, cuando se tenga conocimiento de la solvencia de algún obligado al pago.

SECCIÓN 3.ª *Procedimiento frente a responsables y sucesores*

Subsección 1.ª Procedimiento frente a los responsables

Artículo 174[398]. *Declaración de responsabilidad.*

1. La responsabilidad podrá ser declarada en cualquier momento posterior a la práctica de la liquidación o a la presentación de la autoliquidación, salvo que la ley disponga otra cosa.

2[399]. La competencia para iniciar el procedimiento de declaración de responsabilidad y para dictar el acto administrativo de declaración de responsabilidad corresponde al órgano de recaudación.

3. El trámite de audiencia previo a los responsables no excluirá el derecho que también les asiste a formular con anterioridad a dicho trámite las alegaciones que estimen pertinentes y a aportar la documentación que consideren necesaria.

4. El acto de declaración de responsabilidad será notificado a los responsables. El acto de notificación tendrá el siguiente contenido:

---

[397] Art. 61 (Concepto de deudor fallido y de crédito incobrable) y art. 116 (Terminación del procedimiento de apremio), del RGR (§3).

[398] Art. 196 (Declaración de responsabilidad en el procedimiento inspector) del RGGI (§2). Art. 124 (Declaración de responsabilidad), del RGR (§3).

[399] Nueva redacción del apartado 2 del art. 174 dada por el art. único Siete de la Ley 13/2023, de 24 de mayo, por la que se modifican la Ley 58/2003, de 17 de diciembre, General Tributaria, en transposición de la Directiva (UE) 2021/514 del Consejo de 22 de marzo de 2021, por la que se modifica la Directiva 2011/16/UE relativa a la cooperación administrativa en el ámbito de la fiscalidad, y otras normas tributarias (BOE núm. 124, de 25 de mayo de 2023), en vigor desde el 26 de mayo de 2023.

a) Texto íntegro del acuerdo de declaración de responsabilidad, con indicación del presupuesto de hecho habilitante y las liquidaciones a las que alcanza dicho presupuesto.

b) Medios de impugnación que pueden ser ejercitados contra dicho acto, órgano ante el que hubieran de presentarse y plazo para interponerlos.

c) Lugar, plazo y forma en que deba ser satisfecho el importe exigido al responsable.

5[400]. En el recurso o reclamación contra el acuerdo de derivación de responsabilidad podrá impugnarse el presupuesto de hecho habilitante y las liquidaciones a las que alcanza dicho presupuesto, sin que como consecuencia de la resolución de estos recursos o reclamaciones puedan revisarse las liquidaciones que hubieran adquirido firmeza para otros obligados tributarios, sino únicamente el importe de la obligación del responsable que haya interpuesto el recurso o la reclamación.

No obstante, en los supuestos previstos en el apartado 2 del artículo 42 de esta Ley no podrán impugnarse las liquidaciones a las que alcanza dicho presupuesto, sino el alcance global de la responsabilidad. Asimismo, en los supuestos previstos en el citado apartado no resultará de aplicación lo dispuesto en el artículo 212.3 de esta Ley, tanto si el origen del importe derivado procede de deudas como de sanciones tributarias.

6. El plazo concedido al responsable para efectuar el pago en período voluntario será el establecido en el apartado 2 del artículo 62 de esta Ley.

Si el responsable no realiza el pago en dicho plazo, la deuda le será exigida en vía de apremio, extendiéndose al recargo del período ejecutivo que proceda según el artículo 28 de esta Ley.

Artículo 175. *Procedimiento para exigir la responsabilidad solidaria.*

1[401]. El procedimiento para exigir la responsabilidad solidaria, según los casos, será el siguiente:

a) Cuando la responsabilidad haya sido declarada y notificada al responsable en cualquier momento anterior al vencimiento del período voluntario de pago original de la deuda que se deriva, bastará con requerirle el pago una vez transcurrido dicho período.

b) En los demás casos, una vez transcurrido el período voluntario de pago original de la deuda que se deriva, el órgano competente dictará acto de declaración de responsabilidad que se notificará al responsable.

---

[400]   Nueva redacción del art. 174.5 dada por el art. 1.diez de la Ley 7/2012, de 29 de octubre, de modificación de la normativa tributaria y presupuestaria y de adecuación de la normativa financiera para la intensificación de las actuaciones en la prevención y lucha contra el fraude (BOE núm. 261, de 30 de octubre de 2012), en vigor desde el 31 de octubre de 2012.
Redacción anterior del art. 174.5 dada por el art. quinto. Nueve de la Ley 36/2006, de 29 de noviembre, de medidas para la prevención del fraude fiscal (BOE núm. 286, de 30 de noviembre de 2006), en vigor desde el 1-12-2006.

[401]   Nueva redacción del art. 175.1 dada el art. decimotercero Dieciséis de la Ley 11/2021, de 9 de julio, de medidas de prevención y lucha contra el fraude fiscal, de transposición de la Directiva (UE) 2016/1164, del Consejo, de 12 de julio de 2016, por la que se establecen normas contra las prácticas de elusión fiscal que inciden directamente en el funcionamiento del mercado interior, de modificación de diversas normas tributarias y en materia de regulación del juego (BOE núm. 164, de 10 de julio de 2021), en vigor desde el 11 de julio de 2021.

2[402]. El que pretenda adquirir la titularidad de explotaciones y actividades económicas y al objeto de limitar la responsabilidad solidaria contemplada en la letra c) del apartado 1 del artículo 42 de esta Ley, tendrá derecho, previa la conformidad del titular actual, a solicitar de la Administración certificación detallada de las deudas, sanciones y responsabilidades tributarias derivadas de su ejercicio. La Administración tributaria deberá expedir dicha certificación en el plazo de tres meses desde la solicitud. En tal caso quedará la responsabilidad del adquirente limitada a las deudas, sanciones y responsabilidades contenidas en la misma. Si la certificación se expidiera sin mencionar deudas, sanciones o responsabilidades o no se facilitara en el plazo señalado, el solicitante quedará exento de la responsabilidad a la que se refiere dicho artículo.

Artículo 176. *Procedimiento para exigir la responsabilidad subsidiaria*.
Una vez declarados fallidos el deudor principal y, en su caso, los responsables solidarios, la Administración tributaria dictará acto de declaración de responsabilidad, que se notificará al responsable subsidiario.

Subsección 2.ª Procedimiento frente a los sucesores

Artículo 177[403]. ***Procedimiento de recaudación frente a los sucesores*.**
1. Fallecido cualquier obligado al pago de la deuda tributaria, el procedimiento de recaudación continuará con sus herederos y, en su caso, legatarios, sin más requisitos que la constancia del fallecimiento de aquél y la notificación a los sucesores, con requerimiento del pago de la deuda tributaria y costas pendientes del causante.

Cuando el heredero alegue haber hecho uso del derecho a deliberar[404], se suspenderá el procedimiento de recaudación hasta que transcurra el plazo concedido para ello, durante el cual podrá solicitar de la Administración tributaria la relación de las deudas tributarias pendientes del causante, con efectos meramente informativos.

Mientras la herencia se encuentre yacente, el procedimiento de recaudación de las deudas tributarias pendientes podrá continuar dirigiéndose contra sus bienes y derechos, a cuyo efecto se deberán entender las actuaciones con quien ostente su administración o representación.

2. Disuelta y liquidada una sociedad o entidad, el procedimiento de recaudación continuará con sus socios, partícipes o cotitulares, una vez constatada la extinción de la personalidad jurídica.

Disuelta y liquidada una fundación, el procedimiento de recaudación continuará con los destinatarios de sus bienes y derechos.

---

[402]   Art. 125 (Certificación por adquisición de explotaciones o actividades económicas), del RGR (§3).

[403]   Art. 127 (Procedimiento de recaudación frente a los sucesores) del RGR (§3).

[404]   Código Civil: «Art. 1019. El heredero que se hubiese reservado el derecho de deliberar, deberá manifestar al Juzgado, dentro de treinta días, contados desde el siguiente al en que se hubiese concluido el inventario, si acepta o repudia la herencia.
Pasados los treinta días sin hacer dicha manifestación, se entenderá que la acepta pura y simplemente».

La Administración tributaria podrá dirigirse contra cualquiera de los socios, partícipes, cotitulares o destinatarios, o contra todos ellos simultánea o sucesivamente, para requerirles el pago de la deuda tributaria y costas pendientes.

CAPÍTULO VI. Asistencia mutua[405]

SECCIÓN 1.ª *Introducción*

Artículo 177 bis. *Actuaciones de asistencia mutua.*

1. La Administración tributaria podrá requerir y prestará asistencia mutua tendente al intercambio de información, a la recaudación de créditos o a otros fines previstos en la normativa reguladora de dicha asistencia.

2. De conformidad con lo establecido en el artículo 83.1, segundo párrafo, de esta Ley, se considera aplicación de los tributos el ejercicio de las actividades y actuaciones a las que se refiere ese apartado realizadas en el ámbito de la normativa sobre asistencia mutua.

3. A las actuaciones que la Administración tributaria realice como consecuencia de solicitudes de asistencia recibidas les será de aplicación lo establecido en los capítulos anteriores de este título, con las especialidades contenidas en este capítulo.

4. La asistencia que la Administración tributaria preste a otros Estados o a entidades internacionales o supranacionales en virtud de la normativa sobre asistencia mutua estará sometida a las limitaciones establecidas en esta última.

SECCIÓN 2.ª *Normas comunes*

Artículo 177 ter. *Intercambio de información.*

1. La Administración tributaria podrá facilitar a otros Estados o a entidades internacionales o supranacionales los datos, informes o antecedentes obtenidos en el desempeño de sus funciones, siempre que la cesión tenga por objeto la aplicación de tributos de titularidad de otros Estados o de entidades internacionales o supranacionales, en los términos y con los límites establecidos en la normativa sobre asistencia mutua, sin perjuicio de que el Estado o entidad receptora de la información pueda utilizarla para otros fines cuando así se establezca en dicha normativa.

A fin de proporcionar la citada información, la Administración tributaria realizará las actuaciones que se precisen para obtenerla, incluso cuando la información solicitada no sea precisa para la determinación de sus tributos internos. A tal efecto, la Administración podrá utilizar cualquiera de los mecanismos de obtención de información regulados en esta Ley.

La Administración tributaria podrá oponerse o deberá autorizar expresamente, en los términos establecidos en la normativa sobre asistencia mutua, que la información facilitada conforme al apartado anterior sea transmitida a un tercer Estado o entidad internacional o supranacional.

---

[405] Nuevo Capítulo VI incorporado por la Disposición Final Primera.uno.16 del Real Decreto-ley 20/2011, de 30 de diciembre, de medidas urgentes en materia presupuestaria, tributaria y financiera para la corrección del déficit público (BOE núm. 315, de 31 de diciembre), con efectos desde el 1 de enero de 2012, compuesto por los artículos 177 bis a 177 quaterdecies.

2. La información suministrada a la Administración tributaria por otros Estados o por entidades internacionales o supranacionales en virtud de normas sobre asistencia mutua tendrá carácter reservado en los términos señalados en el artículo 95.1 de esta Ley, salvo que la normativa sobre asistencia establezca otra cosa.

No obstante, la cesión a terceros establecida en los distintos párrafos del artículo 95.1 de esta Ley será posible solo si la normativa del Estado o entidad que ha facilitado la información permite su utilización para fines similares, salvo que la normativa sobre asistencia establezca otra cosa.

El procedimiento de cesión de esta información a terceros se desarrollará reglamentariamente.

En su caso, la información a que se refiere este apartado podrá ser remitida a otros Estados o a otras entidades internacionales o supranacionales si así lo permite la normativa sobre asistencia mutua, y en las condiciones establecidas en la misma.

Artículo 177 quáter[406]. *Presencia de funcionarios y controles simultáneos.*

1. En el desarrollo de las actuaciones de asistencia mutua a otros Estados, podrán estar presentes, o participar por medios de comunicación electrónicos, funcionarios designados por el Estado requirente previa autorización de la autoridad competente española o previo acuerdo entre los Estados. La actuación de funcionarios de otros Estados en España se realizará de conformidad con la normativa española, sin perjuicio de la normativa de asistencia mutua que resulte de aplicación.

2. Asimismo, los funcionarios designados por la autoridad competente española podrán estar presentes en otros Estados o participar a través de medios de comunicación electrónicos en el marco de peticiones de asistencia efectuadas por la Agencia Estatal de Administración Tributaria, pudiendo actuar en los términos establecidos en la normativa sobre asistencia mutua.

3. Son controles simultáneos las actuaciones realizadas de acuerdo con otro u otros Estados con el objeto de intercambiar la información obtenida en relación con personas o entidades que sean de interés común o complementario para los Estados intervinientes.

La Administración tributaria podrá participar, junto con las autoridades competentes de otros Estados, en controles simultáneos, en los términos establecidos en la normativa sobre asistencia mutua. Dicha participación podrá incluir la participación por medios de comunicación electrónicos de los funcionarios a la que se refiere el apartado anterior.

A los intercambios de la información obtenida en dichos controles les será de aplicación lo dispuesto en el artículo 177 ter de esta ley.

---

[406] Nueva redacción del art. 177 quater dada por el art. único Ocho de la Ley 13/2023, de 24 de mayo, por la que se modifican la Ley 58/2003, de 17 de diciembre, General Tributaria, en transposición de la Directiva (UE) 2021/514 del Consejo de 22 de marzo de 2021, por la que se modifica la Directiva 2011/16/UE relativa a la cooperación administrativa en el ámbito de la fiscalidad, y otras normas tributarias (BOE núm. 124, de 25 de mayo de 2023), en vigor desde el 26 de mayo de 2023.

Artículo 177 quinquies[407]. *Inspecciones conjuntas.*

1. Son inspecciones conjuntas las actuaciones inspectoras que se realizan por la Administración tributaria de forma conjunta con otro u otros Estados en relación con personas o entidades de interés común o complementario para los Estados intervinientes de acuerdo con la normativa de asistencia mutua que resulte de aplicación.

2. Los derechos y obligaciones de los funcionarios de la Administración tributaria española en dichas inspecciones se regirán por las disposiciones a que se refiere el capítulo IV del título III de esta Ley con las especialidades establecidas en este artículo y por la normativa de asistencia mutua.

Asimismo, las actividades correspondientes a inspecciones conjuntas llevadas a cabo fuera de territorio español deberán respetar, además, la normativa del Estado donde se realicen dichas actividades. En todo caso, los funcionarios de la Administración tributaria española que participen en las mismas no podrán ejercer competencia alguna que exceda de las que les confiere la legislación española.

Los funcionarios de los otros Estados intervinientes en la inspección conjunta podrán participar en las actividades derivadas de dichas inspecciones llevadas a cabo en territorio español con sujeción a la legislación española en los términos establecidos en las normas de asistencia mutua. En particular, podrán recabar manifestaciones del obligado tributario y examinar los documentos a los que se refiere el artículo 142.1 de esta Ley.

3. La Administración tributaria española y la del otro u otros Estados intervinientes en la inspección conjunta llevarán a cabo la misma de forma previamente acordada y coordinada, incluyendo lo relativo al régimen lingüístico.

La Administración tributaria española nombrará, en todo caso, a un representante encargado de las relaciones con el otro u otros Estados intervinientes en la inspección conjunta. En el supuesto de que las actividades de la inspección conjunta se desarrollen en España, dicho representante las supervisará y coordinará. Los obligados tributarios dispondrán de los derechos y obligaciones reconocidos por la normativa española.

4. Las conclusiones de las actuaciones de la inspección conjunta se documentarán, en su caso, en un informe final que se notificará a los obligados tributarios en el plazo de 60 días naturales desde su emisión.

Dicho informe recogerá, en su caso, los hechos y circunstancias relevantes de la inspección conjunta, así como el régimen tributario aplicable a los mismos, en los que exista acuerdo entre los Estados intervinientes, que habrán de ser tenidos en cuenta en los procedimientos tributarios que puedan llevarse a cabo como consecuencia o en seguimiento de la inspección conjunta. Asimismo, podrá reflejar expresamente cualquier cuestión sobre la que no se haya podido alcanzar un acuerdo que podrá no ser tenida en cuenta en los citados procedimientos.

---

[407] Nueva redacción del art. 177 quinquies dada por el art. único Nueve de la Ley 13/2023, de 24 de mayo, por la que se modifican la Ley 58/2003, de 17 de diciembre, General Tributaria, en transposición de la Directiva (UE) 2021/514 del Consejo de 22 de marzo de 2021, por la que se modifica la Directiva 2011/16/UE relativa a la cooperación administrativa en el ámbito de la fiscalidad, y otras normas tributarias (BOE núm. 124, de 25 de mayo de 2023), en vigor desde el 1 de enero de 2024.

Artículo 177 sexies. *Asistencia en la notificación.*

1. En el marco de la asistencia mutua, los actos administrativos dictados en España por la Administración tributaria podrán ser notificados en el territorio de otro Estado mediante la asistencia de la autoridad competente de ese Estado.

Tales notificaciones producirán los mismos efectos que si se hubiesen realizado conforme a la normativa española, sin más requisito que la comunicación recibida de la autoridad requerida de que se ha efectuado la notificación solicitada.

En los casos en que se haya solicitado asistencia a otro Estado, si en el plazo de dos meses desde el envío de la solicitud de notificación no se ha podido realizar la notificación en el extranjero o la Administración tributaria no ha recibido respuesta de la autoridad requerida respecto a la fecha de notificación del documento al destinatario, la Administración podrá proceder a la notificación por comparecencia regulada en el artículo 112 de esta Ley.

Si en estos supuestos se produjese una doble notificación del acto, se considerará como fecha de notificación la correspondiente a la efectuada en primer lugar.

2. Cuando, en el marco de la asistencia mutua, la Administración tributaria reciba una petición de notificación de documentos por parte de la autoridad competente de otro Estado o de entidades internacionales o supranacionales, será aplicable el régimen de notificación regulado en la sección 3.ª del capítulo II de este título.

La notificación podrá efectuarse, en su caso, además de en los lugares establecidos en el artículo 110 de esta Ley, en el lugar que a estos efectos señale la autoridad extranjera.

En los supuestos en los que no sea posible la notificación al interesado por causas no imputables a la Administración tributaria e intentada bien en el domicilio fiscal o bien en el lugar señalado a estos efectos por la autoridad extranjera, será de aplicación lo dispuesto en el artículo 112 de esta Ley.

Los documentos objeto de notificación serán remitidos al destinatario en la lengua en la que sean recibidos por la Administración tributaria, salvo que la normativa sobre asistencia mutua establezca otra cosa.

Artículo 177 septies. *Medios de comunicación.*

Las comunicaciones que la Administración tributaria entable con otros Estados o con entidades internacionales o supranacionales en virtud de la normativa sobre asistencia mutua, se llevarán a cabo a través de los medios establecidos en la normativa que regule la asistencia en cada caso.

En defecto de regulación específica, para las comunicaciones se utilizarán preferentemente medios electrónicos, informáticos y telemáticos, en los términos establecidos en esta Ley y en su normativa de desarrollo.

SECCIÓN 3.ª Asistencia en la recaudación

Artículo 177 octies. *Procedimiento de recaudación en el ámbito de la asistencia mutua.*

La recaudación de deudas en el ámbito de la asistencia mutua se realizará mediante el pago o cumplimiento del obligado tributario en los términos previstos en los artículos 62.6 y 65.6 de esta Ley, así como, en su caso, a través de la aplicación de las normas de la Sección 2.ª del capítulo V del Título III de esta Ley, sin perjuicio de las especialidades contenidas en el presente capítulo.

Artículo 177 nonies. *Instrumento de ejecución.*

1. Tendrá la consideración de instrumento de ejecución aquel que, en virtud de las normas de asistencia mutua, habilite para el ejercicio de las actuaciones recaudatorias a las que se refiere el capítulo V del Título III de esta Ley.

2. El instrumento de ejecución se asimila a la providencia de apremio. En particular, será considerado título suficiente para iniciar el procedimiento de recaudación y tendrá la misma fuerza ejecutiva que la providencia de apremio a la que se refiere el artículo 167.2 de esta Ley para proceder contra los bienes y derechos de los obligados al pago.

3. Cuando el instrumento de ejecución vaya acompañado de otros documentos referentes al mismo y expedidos por el Estado o entidad internacional o supranacional requirente, dichos documentos serán remitidos al destinatario en la lengua en la que sean recibidos por la Administración tributaria, salvo que la normativa sobre asistencia mutua establezca otra cosa.

4. En ningún caso, ni el instrumento de ejecución ni los documentos que acompañen y se refieran al mismo, que hayan sido recibidos conforme a la normativa de asistencia mutua, estarán sujetos a acto alguno de reconocimiento, adición o sustitución por parte de la Administración tributaria española, salvo que dicha normativa establezca otra cosa.

Artículo 177 decies. *Motivos de oposición contra los instrumentos de ejecución.*

Contra el instrumento de ejecución dictado al amparo de las normas de asistencia mutua no serán admisibles los motivos de oposición a los que se refiere el artículo 167.3 de esta Ley, siendo de aplicación lo establecido en el artículo 177 duodecies.1 de esta Ley.

Artículo 177 undecies. *Motivos de oposición contra las diligencias de embargo y contra el resto de actuaciones derivadas de una solicitud de cobro recibida en el ámbito de la asistencia mutua.*

1. Contra las diligencias de embargo dictadas al amparo de la asistencia mutua solo serán admisibles como motivos de oposición aquellos a los que se refiere el artículo 170.3 de esta Ley.

En el caso de que el motivo de oposición se fundamente en medios de prueba obtenidos en actuaciones ante instancias administrativas o judiciales de otro Estado o entidad internacional o supranacional, se deberá solicitar por el órgano competente la debida acreditación de los mismos. La información remitida a estos efectos tendrá el valor probatorio que proceda en derecho de acuerdo con lo dispuesto en el artículo 106.2 de esta Ley.

2. Contra el resto de las actuaciones de la Administración tributaria española derivadas de una solicitud de cobro recibida en el marco de la asistencia mutua serán oponibles los motivos que deriven de la presente Ley y su normativa de desarrollo.

Artículo 177 duodecies. *Competencia para la revisión de las actuaciones recaudatorias.*

1. La revisión del instrumento de ejecución al que se refiere el artículo 177 nonies de esta Ley se llevará a cabo por el Estado o entidad internacional o supranacional requirente de la asistencia mutua, salvo que las normas reguladoras de la misma establezcan otra cosa.

2. La revisión de las diligencias de embargo y demás actuaciones de la Administración tributaria derivadas de una solicitud de cobro recibida, se llevará a cabo por los órganos revisores establecidos en la presente Ley y en su normativa de desarrollo.

Artículo 177 terdecies. *Suspensión del procedimiento de recaudación.*

1. Se acordará la suspensión de oficio del procedimiento de recaudación instado al amparo de las normas de asistencia mutua por la comunicación de la existencia de un litigio por el Estado o entidad internacional o supranacional requirente que pudiera afectar al crédito respecto del cual se hubiera solicitado asistencia. Dicha suspensión también tendrá lugar cuando el interesado en el procedimiento comunique y acredite fehacientemente la existencia del mismo.

No obstante lo anterior, dicha suspensión no se acordará o quedará sin efecto cuando dicho Estado o entidad internacional o supranacional manifieste su voluntad a favor de la ejecución.

2. Cuando el litigio se refiera solo a una parte de la solicitud de asistencia, la suspensión referida en el apartado anterior se entenderá producida solo respecto de la parte afectada por la impugnación, pudiéndose continuar con la ejecución de la parte no afectada.

3. Salvo que la normativa sobre asistencia mutua establezca otra cosa, también se suspenderá el procedimiento de recaudación cuando alguno de los Estados o entidades internacionales o supranacionales intervinientes en dicha asistencia hubieran iniciado un procedimiento amistoso y el resultado de dicho procedimiento pudiera afectar al crédito respecto del cual se hubiera solicitado asistencia. La suspensión surtirá efectos hasta que concluya dicho procedimiento, salvo que, entre otros supuestos, existan indicios racionales de que dicho cobro se verá frustrado o gravemente dificultado, en cuyo caso se continuará la ejecución. No obstante lo anterior, se podrán adoptar las medidas cautelares para garantizar el cobro del crédito conforme a lo dispuesto en el artículo 81.2 de esta Ley.

Artículo 177 quaterdecies. *Terminación de los procedimientos de recaudación tramitados al amparo de las normas de asistencia mutua.*

Los procedimientos de recaudación tramitados al amparo de la asistencia mutua podrán terminar, además de por las causas del artículo 173 de esta Ley, por la modificación o retirada de la petición de cobro original efectuada por el Estado o entidad internacional o supranacional requirente de dicha asistencia.

TÍTULO IV. LA POTESTAD SANCIONADORA[408]

CAPÍTULO I. Principios de la potestad sancionadora en materia tributaria

Artículo 178[409]. *Principios de la potestad sancionadora.*

La potestad sancionadora en materia tributaria se ejercerá de acuerdo con los principios reguladores de la misma en materia administrativa con las especialidades establecidas en esta Ley.

---

[408] Desarrollado por el Real Decreto 2063/2004, de 15 de octubre, por el que se aprueba el Reglamento General del Régimen Sancionador Tributario [RGS (§4)].

[409] Arts. 207 a 211 (Procedimiento sancionador en materia tributaria) de la LGT (§1). Arts. 55.2, 60.2, 61.3, 63, 64, 77.4, 85, 89, 90, 96.5, 98.1.b), 114.1.f) de la Ley 39/2015, de 1 de octubre, del Procedimiento Administrativo Común de las Administraciones Públicas (BOE núm. 236, de 2 de octubre de 2015), con entrada en vigor el 2 de octubre de 2016, con anterioridad arts. 127 a 133 de la Ley 30/1992, de 26 de

En particular, serán aplicables los principios de legalidad[410], tipicidad, responsabilidad, proporcionalidad y no concurrencia. El principio de irretroactividad se aplicará con carácter general, teniendo en consideración lo dispuesto en el apartado 2 del artículo 10 de esta Ley.

Artículo 179. *Principio de responsabilidad en materia de infracciones tributarias.*

1. Las personas físicas o jurídicas y las entidades mencionadas en el apartado 4 del artículo 35 de esta Ley podrán ser sancionadas por hechos constitutivos de infracción tributaria cuando resulten responsables de los mismos.

2[411]. Las acciones u omisiones tipificadas en las leyes no darán lugar a responsabilidad por infracción tributaria en los siguientes supuestos:

a) Cuando se realicen por quienes carezcan de capacidad de obrar en el orden tributario.

b) Cuando concurra fuerza mayor.

c) Cuando deriven de una decisión colectiva, para quienes hubieran salvado su voto o no hubieran asistido a la reunión en que se adoptó la misma.

d) Cuando se haya puesto la diligencia necesaria en el cumplimiento de las obligaciones tributarias. Entre otros supuestos, se entenderá que se ha puesto la diligencia necesaria cuando el obligado haya actuado amparándose en una interpretación razonable de la norma o cuando el obligado tributario haya ajustado su actuación a los criterios manifestados por la Administración Tributaria competente en las publicaciones y comunicaciones escritas a las que se refieren los artículos 86 y 87 de esta Ley. Tampoco se exigirá esta responsabilidad si el obligado tributario ajusta su actuación a los criterios manifestados por la Administración en la contestación a una consulta formulada por otro obligado, siempre que entre sus circunstancias y las mencionadas en la contestación a la consulta exista una igualdad sustancial que permita entender aplicables dichos criterios y éstos no hayan sido modificados[412].

A efectos de lo dispuesto en este apartado 2, en los supuestos a que se refiere el artículo 206 bis de esta Ley, no podrá considerarse, salvo prueba en contrario, que existe concurrencia ni de la diligencia debida en el cumplimiento de las obligaciones tributarias ni de la interpretación razonable de la norma señaladas en el párrafo anterior.

e) Cuando sean imputables a una deficiencia técnica de los programas informáticos de asistencia facilitados por la Administración Tributaria para el cumplimiento de las obligaciones tributarias.

3. Los obligados tributarios que voluntariamente regularicen su situación tributaria o subsanen las declaraciones, autoliquidaciones, comunicaciones de datos o solicitudes presentadas con anterioridad de forma incorrecta no incurrirán en responsabilidad por las infracciones tributarias cometidas con ocasión de la presentación de aquéllas.

---

noviembre, de Régimen Jurídico de las Administraciones Públicas y del Procedimiento Administrativo Común.

[410] STC núm. 245/2013, de 11 de julio de 2013 (BOE núm. 183, de 1 de agosto de 2013).

[411] Nueva redacción del apartado 2 del art. 179 dada por el art. único Treinta de la Ley 34/2015, de 21 de septiembre, de modificación parcial de la Ley 58/2003, de 17 de diciembre, General Tributaria (BOE núm. 227, de 22 de septiembre de 2015), con entrada en vigor el día 11 de octubre de 2015.

[412] Art. 88 (Consultas tributarias escritas) y art. 89 (Efectos de las contestaciones a consultas tributarias escritas), de la LGT (§1).

Lo dispuesto en el párrafo anterior se entenderá sin perjuicio de lo previsto en el artículo 27 de esta Ley y de las posibles infracciones que puedan cometerse como consecuencia de la presentación tardía o incorrecta de las nuevas declaraciones, autoliquidaciones, comunicaciones de datos o solicitudes.

Artículo 180[413]. *Principio de no concurrencia de sanciones tributarias.*

1[414]. Una misma acción u omisión que deba aplicarse como criterio de graduación de una infracción o como circunstancia que determine la calificación de una infracción como grave o muy grave no podrá ser sancionada como infracción independiente.

2. La realización de varias acciones u omisiones constitutivas de varias infracciones posibilitará la imposición de las sanciones que procedan por todas ellas.

Entre otros supuestos, la sanción derivada de la comisión de la infracción prevista en el artículo 191 de esta Ley será compatible con la que proceda, en su caso, por la aplicación de los artículos 194 y 195 de esta Ley.

Asimismo, la sanción derivada de la comisión de la infracción prevista en el artículo 198 de esta Ley será compatible con las que procedan, en su caso, por la aplicación de los artículos 199 y 203 de esta Ley.

3. Las sanciones derivadas de la comisión de infracciones tributarias resultan compatibles con la exigencia del interés de demora y de los recargos del período ejecutivo[415].

---

[413] Nueva redacción del art. 180 dada por el art. único Treinta y uno de la Ley 34/2015, de 21 de septiembre, de modificación parcial de la Ley 58/2003, de 17 de diciembre, General Tributaria (BOE núm. 227, de 22 de septiembre de 2015), con entrada en vigor el día 11 de octubre de 2015.
Redacción anterior del apartado 1 del art. 180 dada por el art. quinto. Diez de la Ley 36/2006, de 29 de noviembre, de medidas para la prevención del fraude fiscal (BOE núm. 286, de 30 de noviembre de 2006), en vigor desde el 1-12-2006.
Apartado 2 del art. 180 incorporado por la Disp. Final Primera del Real Decreto-ley 12/2012, de 30 de marzo, introduce diversas medidas tributarias y administrativas dirigidas a la reducción del déficit público (BOE núm. 78, de 31 de marzo de 2012), en vigor desde el día de su publicación en el «Boletín Oficial del Estado. Originales apartados segundo, tercer y cuarto, renumerados por Disp. Final Primera del Real Decreto-ley 12/2012, de 30 de marzo, Introduce diversas medidas tributarias y administrativas dirigidas a la reducción del déficit público (BOE núm. 78, de 31 de marzo de 2012), en vigor desde el día de su publicación en el «Boletín Oficial del Estado».

[414] Art. 150.4 y 5 y Disposición adicional décima de la LGT (§1). Art. 32 (Actuaciones en supuestos del delito previsto en el artículo 305 del Código Penal) y art. 33. Actuaciones en supuestos de otros delitos contra la Hacienda pública), del RGS (§4). Arts. 305 a 310 bis del Código Penal.
Nueva redacción del art. 180.1 dada por el art. quinto. Diez de la Ley 36/2006, de 29 de noviembre, de medidas para la prevención del fraude fiscal (BOE núm. 286, de 30 de noviembre de 2006), en vigor desde el 1-12-200.

[415] Real Decreto-ley 12/2012, de 30 de marzo, por el que se introducen diversas medidas tributarias y administrativas dirigidas a la reducción del déficit público (BOE núm. 78, de 31 de marzo de 2012): «Disposición Adicional Primera. Declaración tributaria especial».
Tribunal Constitucional en Sentencia 73/2017, de 8 de junio de 2017 declarara inconstitucional y nula la disposición adicional primera del Real Decreto-ley 12/2012, de 30 de marzo.

CAPÍTULO II. Disposiciones generales sobre infracciones y sanciones tributarias

SECCIÓN 1.ª *Sujetos responsables de las infracciones y sanciones tributarias*

Artículo 181. *Sujetos infractores.*

1. Serán sujetos infractores las personas físicas o jurídicas y las entidades mencionadas en el apartado 4 del artículo 35 de esta ley que realicen las acciones u omisiones tipificadas como infracciones en las Leyes.

Entre otros, serán sujetos infractores los siguientes:

a) Los contribuyentes y los sustitutos de los contribuyentes.

b) Los retenedores y los obligados a practicar ingresos a cuenta.

c) Los obligados al cumplimiento de obligaciones tributarias formales.

d)[416] La entidad representante del grupo fiscal en el régimen de consolidación fiscal.

e) Las entidades que estén obligadas a imputar o atribuir rentas a sus socios o miembros.

f) El representante legal de los sujetos obligados que carezcan de capacidad de obrar en el orden tributario.

g)[417] Los obligados tributarios conforme a la normativa sobre asistencia mutua.

h)[418] La entidad dominante en el régimen especial del grupo de entidades del Impuesto sobre el Valor Añadido.

2. El sujeto infractor tendrá la consideración de deudor principal a efectos de lo dispuesto en el apartado 1 del artículo 41 de esta Ley en relación con la declaración de responsabilidad.

3. La concurrencia de varios sujetos infractores en la realización de una infracción tributaria determinará que queden solidariamente obligados frente a la Administración al pago de la sanción.

Artículo 182. *Responsables y sucesores de las sanciones tributarias.*

1[419]**.** Responderán solidariamente del pago de las sanciones tributarias, derivadas o no de una deuda tributaria, las personas o entidades que se encuentren en los supuestos de los párrafos a) y c) del apartado 1 y en los del apartado 2 del artículo 42 de esta Ley, en los térmi-

---

[416] Nueva redacción de la letra d) del art. 181 dada por el art. único Treinta y dos de la Ley 34/2015, de 21 de septiembre, de modificación parcial de la Ley 58/2003, de 17 de diciembre, General Tributaria (BOE núm. 227, de 22 de septiembre de 2015), con entrada en vigor el día 11 de octubre de 2015.

[417] Nueva letra incorporada por la Disposición Final Primera.uno.17 del Real Decreto-ley 20/2011, de 30 de diciembre, de medidas urgentes en materia presupuestaria, tributaria y financiera para la corrección del déficit público (BOE núm. 315, de 31 de diciembre), con efectos desde el 1 de enero de 2012.

[418] Nueva letra h) incorporada por el art. decimotercero Diecisiete de la Ley 11/2021, de 9 de julio, de medidas de prevención y lucha contra el fraude fiscal, de transposición de la Directiva (UE) 2016/1164, del Consejo, de 12 de julio de 2016, por la que se establecen normas contra las prácticas de elusión fiscal que inciden directamente en el funcionamiento del mercado interior, de modificación de diversas normas tributarias y en materia de regulación del juego (BOE núm. 164, de 10 de julio de 2021), en vigor desde el 11 de julio de 2021.

[419] Nueva redacción del art. 182.1 dada por el art. quinto. Once de la Ley 36/2006, de 29 de noviembre, de medidas para la prevención del fraude fiscal (BOE núm. 286, de 30 de noviembre de 2006), en vigor desde el 1-12-2006.

nos establecidos en dicho artículo. El procedimiento para declarar y exigir la responsabilidad solidaria será el previsto en el artículo 175 de esta Ley.

2[420]. Responderán subsidiariamente del pago de las sanciones tributarias las personas o entidades que se encuentren en los supuestos de los párrafos a), g) y h) del apartado 1 del artículo 43 de esta Ley, en los términos establecidos en dicho artículo.

El procedimiento para declarar y exigir la responsabilidad subsidiaria será el previsto en el artículo 176 de esta Ley.

3. Las sanciones tributarias no se transmitirán a los herederos y legatarios de las personas físicas infractoras.

Las sanciones tributarias por infracciones cometidas por las sociedades y entidades disueltas se transmitirán a los sucesores de las mismas en los términos previstos en el artículo 40 de esta Ley.

SECCIÓN 2.ª *Concepto y clases de infracciones y sanciones tributarias*

Artículo 183. *Concepto y clases de infracciones tributarias*.

1. Son infracciones tributarias las acciones u omisiones dolosas o culposas con cualquier grado de negligencia que estén tipificadas y sancionadas como tales en esta u otra ley.

2. Las infracciones tributarias se clasifican en leves, graves y muy graves.

3[421]. Las infracciones y sanciones en materia de contrabando se regirán por su normativa específica.

Artículo 184[422]. *Calificación de las infracciones tributarias*.

1. Las infracciones tributarias se calificarán como leves, graves o muy graves de acuerdo con lo dispuesto en cada caso en los artículos 191 a 206 de esta Ley.

Cada infracción tributaria se calificará de forma unitaria como leve, grave o muy grave y, en el caso de multas proporcionales, la sanción que proceda se aplicará sobre la totalidad de la base de la sanción que en cada caso corresponda, salvo en el supuesto del apartado 6 del artículo 191 de esta Ley.

2. A efectos de lo establecido en este Título, se entenderá que existe ocultación de datos a la Administración tributaria cuando no se presenten declaraciones o se presenten declaraciones en las que se incluyan hechos u operaciones inexistentes o con importes falsos, o en las que se omitan total o parcialmente operaciones, ingresos, rentas, productos, bienes o cualquier otro dato que incida en la determinación de la deuda tributaria, siempre que la incidencia de la deuda derivada de la ocultación en relación con la base de la sanción sea superior al 10 por 100.

---

[420] Nueva redacción del art. 182.2 dada por el art. quinto. Once de la Ley 36/2006, de 29 de noviembre, de medidas para la prevención del fraude fiscal (BOE núm. 286, de 30 de noviembre de 2006), en vigor desde el 1-12-2006.

[421] Ley Orgánica 12/1995, de 12 de diciembre, de Represión del Contrabando (BOE núm. 297 de 13 de diciembre de 1995) y Real Decreto 1649/1998, de 24 de julio, por el que se desarrolla el Título II de la Ley Orgánica 12/1995, relativo a las infracciones administrativas de contrabando (BOE núm. 214 de 7 de septiembre de 1998).

[422] Arts. 3, 4, 5 8, 9, 10, 11 y 12 del RGS (§4).

3. A efectos de lo establecido en este Título, se consideran medios fraudulentos:

a) Las anomalías sustanciales en la contabilidad y en los libros o registros establecidos por la normativa tributaria.

Se consideran anomalías sustanciales:

1.º El incumplimiento absoluto de la obligación de llevanza de la contabilidad o de los libros o registros establecidos por la normativa tributaria.

2.º La llevanza de contabilidades distintas que, referidas a una misma actividad y ejercicio económico, no permitan conocer la verdadera situación de la empresa.

3.º La llevanza incorrecta de los libros de contabilidad o de los libros o registros establecidos por la normativa tributaria, mediante la falsedad de asientos, registros o importes, la omisión de operaciones realizadas o la contabilización en cuentas incorrectas de forma que se altere su consideración fiscal. La apreciación de esta circunstancia requerirá que la incidencia de la llevanza incorrecta de los libros o registros represente un porcentaje superior al 50 por 100 del importe de la base de la sanción.

b) El empleo de facturas, justificantes u otros documentos falsos o falseados, siempre que la incidencia de los documentos o soportes falsos o falseados represente un porcentaje superior al 10 por 100 de la base de la sanción.

c) La utilización de personas o entidades interpuestas cuando el sujeto infractor, con la finalidad de ocultar su identidad, haya hecho figurar a nombre de un tercero, con o sin su consentimiento, la titularidad de los bienes o derechos, la obtención de las rentas o ganancias patrimoniales o la realización de las operaciones con trascendencia tributaria de las que se deriva la obligación tributaria cuyo incumplimiento constituye la infracción que se sanciona.

Artículo 185. *Clases de sanciones tributarias*.

1. Las infracciones tributarias se sancionarán mediante la imposición de sanciones pecuniarias y, cuando proceda, de sanciones no pecuniarias de carácter accesorio.

2. Las sanciones pecuniarias podrán consistir en multa fija o proporcional.

Artículo 186. *Sanciones no pecuniarias por infracciones graves o muy graves*.

1. Cuando la multa pecuniaria impuesta por infracción grave o muy grave sea de importe igual o superior a 30.000 euros y se hubiera utilizado el criterio de graduación de comisión repetida de infracciones tributarias, se podrán imponer, además, las siguientes sanciones accesorias:

a) Pérdida de la posibilidad de obtener subvenciones o ayudas públicas y del derecho a aplicar beneficios e incentivos fiscales de carácter rogado durante un plazo de un año si la infracción cometida hubiera sido grave o de dos años si hubiera sido muy grave.

b) Prohibición para contratar con la Administración Pública que hubiera impuesto la sanción durante un plazo de un año si la infracción cometida hubiera sido grave o de dos años si hubiera sido muy grave.

2. Cuando la multa pecuniaria impuesta por infracción muy grave sea de importe igual o superior a 60.000 euros y se haya utilizado el criterio de graduación de comisión repetida de infracciones tributarias, se podrán imponer, además, las siguientes sanciones accesorias:

a) Pérdida de la posibilidad de obtener subvenciones o ayudas públicas y del derecho a aplicar beneficios e incentivos fiscales de carácter rogado durante un plazo de tres, cuatro o cinco años, cuando el importe de la sanción impuesta hubiera sido igual o superior a 60.000, 150.000 ó 300.000 euros, respectivamente.

b) Prohibición para contratar con la Administración Pública que hubiera impuesto la sanción durante un plazo de tres, cuatro o cinco años, cuando el importe de la sanción impuesta hubiera sido igual o superior a 60.000, 150.000 ó 300.000 euros, respectivamente.

3. Cuando las autoridades o las personas que ejerzan profesiones oficiales cometan infracciones derivadas de la vulneración de los deberes de colaboración de los artículos 93 y 94 de esta Ley y siempre que, en relación con dicho deber, hayan desatendido tres requerimientos según lo previsto en el artículo 203 de esta Ley, además de la multa pecuniaria que proceda, podrá imponerse como sanción accesoria la suspensión del ejercicio de profesiones oficiales, empleo o cargo público por un plazo de tres meses.

La suspensión será por un plazo de doce meses si se hubiera sancionado al sujeto infractor con la sanción accesoria a la que se refiere el párrafo anterior en virtud de resolución firme en vía administrativa dentro de los cuatro años anteriores a la comisión de la infracción.

A efectos de lo dispuesto en este apartado, se considerarán profesiones oficiales las desempeñadas por Registradores de la Propiedad y Mercantiles, Notarios y todos aquellos que, ejerciendo funciones públicas, no perciban directamente haberes del Estado, Comunidades Autónomas, Entidades Locales u otras Entidades de Derecho público.

4[423]**.** Cuando se imponga la sanción prevista en el artículo 202.3 de esta Ley se podrán imponer, además, las sanciones accesorias previstas en el apartado 1 de este artículo.

SECCIÓN 3.ª *Cuantificación de las sanciones tributarias pecuniarias*

Artículo 187. *Criterios de graduación de las sanciones tributarias*.

1. Las sanciones tributarias se graduarán exclusivamente conforme a los siguientes criterios, en la medida en que resulten aplicables:

a) Comisión repetida de infracciones tributarias[424].

Se entenderá producida esta circunstancia cuando el sujeto infractor hubiera sido sancionado por una infracción de la misma naturaleza, ya sea leve, grave o muy grave, en virtud de resolución firme en vía administrativa dentro de los cuatro años anteriores a la comisión de la infracción.

A estos efectos se considerarán de la misma naturaleza las infracciones previstas en un mismo artículo del Capítulo III de este Título. No obstante, las infracciones previstas en los artículos 191, 192 y 193 de esta Ley se considerarán todas ellas de la misma naturaleza.

Cuando concurra esta circunstancia, la sanción mínima se incrementará en los siguientes porcentajes, salvo que se establezca expresamente otra cosa:

– Cuando el sujeto infractor hubiera sido sancionado por una infracción leve, el incremento será de 5 puntos porcentuales.

– Cuando el sujeto infractor hubiera sido sancionado por una infracción grave, el incremento será de 15 puntos porcentuales.

---

[423]   Nueva apartado cuarto incorporado por el art. quinto. Doce de la Ley 36/2006, de 29 de noviembre, de medidas para la prevención del fraude fiscal (BOE núm. 286, de 30 de noviembre de 2006), en vigor desde el 1-12-2006.

[424]   Art. 5 (Comisión repetida de infracciones tributarias) del RGS (§4).

– Cuando el sujeto infractor hubiera sido sancionado por una infracción muy grave, el incremento será de 25 puntos porcentuales.

b) Perjuicio económico para la Hacienda Pública.

El perjuicio económico se determinará por el porcentaje resultante de la relación existente entre:

1.º La base de la sanción; y

2.º La cuantía total que hubiera debido ingresarse en la autoliquidación o por la adecuada declaración del tributo o el importe de la devolución inicialmente obtenida.

Cuando concurra esta circunstancia, la sanción mínima se incrementará en los siguientes porcentajes:

– Cuando el perjuicio económico sea superior al 10 por 100 e inferior o igual al 25 por 100, el incremento será de 10 puntos porcentuales.

– Cuando el perjuicio económico sea superior al 25 por 100 e inferior o igual al 50 por 100, el incremento será de 15 puntos porcentuales.

– Cuando el perjuicio económico sea superior al 50 por 100 e inferior o igual al 75 por 100, el incremento será de 20 puntos porcentuales.

– Cuando el perjuicio económico sea superior al 75 por 100, el incremento será de 25 puntos porcentuales.

c) Incumplimiento sustancial de la obligación de facturación o documentación[425].

Se entenderá producida esta circunstancia cuando dicho incumplimiento afecte a más del 20 por 100 del importe de las operaciones sujetas al deber de facturación en relación con el tributo u obligación tributaria y período objeto de la comprobación o investigación o cuando, como consecuencia de dicho incumplimiento, la Administración tributaria no pueda conocer el importe de las operaciones sujetas al deber de facturación.

En el supuesto previsto en el apartado 4 del artículo 201 de esta Ley, se entenderá producida esta circunstancia cuando el incumplimiento afecte a más del 20 por 100 de los documentos de circulación expedidos o utilizados en el período objeto de comprobación o investigación.

d) Acuerdo o conformidad del interesado.

En los procedimientos de verificación de datos y comprobación limitada, salvo que se requiera la conformidad expresa, se entenderá producida la conformidad siempre que la liquidación resultante no sea objeto de recurso o reclamación económico-administrativa.

En el procedimiento de inspección se aplicará este criterio de graduación cuando el obligado tributario suscriba un acta con acuerdo o un acta de conformidad.

Cuando concurra esta circunstancia, la sanción que resulte de la aplicación de los criterios previstos en las letras anteriores de este apartado se reducirá de acuerdo con lo dispuesto en el artículo siguiente.

2. Los criterios de graduación son aplicables simultáneamente.

---

[425] Art. 6 (Incumplimiento sustancial de la obligación de facturación o documentación) del RGS (§4).

Artículo 188[426]. *Reducción de las sanciones*.

1[427]. La cuantía de las sanciones pecuniarias impuestas según los artículos 191 a 197 de esta Ley se reducirá en los siguientes porcentajes:

a) Un 65 por ciento en los supuestos de actas con acuerdo previstos en el artículo 155 de esta Ley.

b) Un 30 por ciento en los supuestos de conformidad.

2. El importe de la reducción practicada conforme a lo dispuesto en el apartado anterior se exigirá sin más requisito que la notificación al interesado, cuando concurra alguna de las siguientes circunstancias:

a)[428] En los supuestos previstos en el párrafo a) del apartado anterior, cuando se haya interpuesto contra la regularización o la sanción el correspondiente recurso contencioso-administrativo o, en el supuesto de haberse presentado aval o certificado de seguro de caución en sustitución del depósito, cuando no se ingresen las cantidades derivadas del acta con acuerdo en el plazo del apartado 2 del artículo 62 de esta Ley o en los plazos fijados en el acuerdo de aplazamiento o fraccionamiento que se hubiera concedido por la Administración tributaria con garantía de aval o certificado de seguro de caución.

b) En los supuestos de conformidad, cuando se haya interpuesto recurso o reclamación contra la regularización.

3[429]**.** El importe de la sanción que deba ingresarse por la comisión de cualquier infracción, una vez aplicada, en su caso, la reducción por conformidad a la que se refiere la letra

---

[426] Art. 7 (Conformidad del obligado tributario) del RGS (§4).
[427] Nueva redacción del art. 188.1 dada por el art. decimotercero Dieciocho de la Ley 11/2021, de 9 de julio, de medidas de prevención y lucha contra el fraude fiscal, de transposición de la Directiva (UE) 2016/1164, del Consejo, de 12 de julio de 2016, por la que se establecen normas contra las prácticas de elusión fiscal que inciden directamente en el funcionamiento del mercado interior, de modificación de diversas normas tributarias y en materia de regulación del juego (BOE núm. 164, de 10 de julio de 2021), en vigor desde el 11 de julio de 2021.
[428] Nueva redacción del párrafo a) del 188.2 dada por el art. quinto. Trece de la Ley 36/2006, de 29 de noviembre, de medidas para la prevención del fraude fiscal (BOE núm. 286, de 30 de noviembre de 2006), en vigor desde el 1-12-2006.
[429] Nueva redacción del art. 188.3 dada por el art. decimotercero Dieciocho de la Ley 11/2021, de 9 de julio, de medidas de prevención y lucha contra el fraude fiscal, de transposición de la Directiva (UE) 2016/1164, del Consejo, de 12 de julio de 2016, por la que se establecen normas contra las prácticas de elusión fiscal que inciden directamente en el funcionamiento del mercado interior, de modificación de diversas normas tributarias y en materia de regulación del juego (BOE núm. 164, de 10 de julio de 2021), en vigor desde el 11 de julio de 2021.
Recogiendo en su Disposición transitoria primera. Régimen transitorio en materia de recargos, reducción de sanciones, limitación de pagos en efectivo y transmisiones de determinados bienes.
«2. Régimen transitorio de la reducción de las sanciones.
La nueva redacción de los apartados 1 y 3 del artículo 188 de la Ley 58/2003, de 17 de diciembre, General Tributaria, se aplicará a las sanciones acordadas con anterioridad a su entrada en vigor, siempre que no hayan sido recurridas y no hayan adquirido firmeza. A estos efectos, la Administración Tributaria competente rectificará dichas sanciones.
También se aplicará la nueva redacción del apartado 3 del artículo 188 de la Ley 58/2003, de 17 de diciembre, General Tributaria, si concurren las siguientes circunstancias:
a) Que, desde su entrada en vigor y antes del 1 de enero de 2022, el interesado acredite ante la Administración Tributaria competente el desistimiento del recurso o reclamación interpuesto contra la sanción y,

b) del apartado 1 de este artículo, se reducirá en el 40 por ciento si concurren las siguientes circunstancias:

a) Que se realice el ingreso total del importe restante de dicha sanción en el plazo del apartado 2 del artículo 62 de esta Ley o en el plazo o plazos fijados en el acuerdo de aplazamiento o fraccionamiento que la Administración Tributaria hubiera concedido con garantía de aval o certificado de seguro de caución y que el obligado al pago hubiera solicitado con anterioridad a la finalización del plazo del apartado 2 del artículo 62 de esta Ley.

b) Que no se interponga recurso o reclamación contra la liquidación o sanción.

El importe de la reducción practicada conforme a lo dispuesto en este apartado se exigirá sin más requisito que la notificación al interesado, cuando se haya interpuesto recurso o reclamación en plazo contra la liquidación o la sanción.

La reducción prevista en este apartado no será aplicable a las sanciones que procedan en los supuestos de actas con acuerdo.

4. Cuando según lo dispuesto en los apartados 2 y 3 de este artículo se exija el importe de la reducción practicada, no será necesario interponer recurso independiente contra dicho acto si previamente se hubiera interpuesto recurso o reclamación contra la sanción reducida.

Si se hubiera interpuesto recurso contra la sanción reducida se entenderá que la cuantía a la que se refiere dicho recurso será el importe total de la sanción, y se extenderán los efectos suspensivos derivados del recurso a la reducción practicada que se exija.

SECCIÓN 4.ª *Extinción de la responsabilidad derivada de las infracciones y de las sanciones tributarias*

Artículo 189. *Extinción de la responsabilidad derivada de las infracciones tributarias.*

1. La responsabilidad derivada de las infracciones tributarias se extinguirá por el fallecimiento del sujeto infractor y por el transcurso del plazo de prescripción para imponer las correspondientes sanciones.

2. El plazo de prescripción para imponer sanciones tributarias será de cuatro años y comenzará a contarse desde el momento en que se cometieron las correspondientes infracciones.

3. El plazo de prescripción para imponer sanciones tributarias se interrumpirá:

a) Por cualquier acción de la Administración tributaria, realizada con conocimiento formal del interesado, conducente a la imposición de la sanción tributaria.

---

en su caso, del recurso o reclamación interpuesto contra la liquidación de la que derive la sanción. Dicha acreditación se efectuará con el documento de desistimiento que se hubiera presentado ante el órgano competente para conocer del recurso o reclamación.

b) Que en el plazo del apartado 2 del artículo 62 de la Ley 58/2003, de 17 de diciembre, General Tributaria, abierto con la notificación que a tal efecto realice la Administración Tributaria tras la acreditación de dicho desistimiento, se efectúe el ingreso del importe restante de la sanción».

Redacción anterior dada por el art. quinto. Catorce de la Ley 36/2006, de 29 de noviembre, de medidas para la prevención del fraude fiscal (BOE núm. 286, de 30 de noviembre de 2006), en vigor desde el 1-12-2006.

Las acciones administrativas conducentes a la regularización de la situación tributaria del obligado interrumpirán el plazo de prescripción para imponer las sanciones tributarias que puedan derivarse de dicha regularización.

b) Por la interposición de reclamaciones o recursos de cualquier clase, por la remisión del tanto de culpa a la jurisdicción penal, así como por las actuaciones realizadas con conocimiento formal del obligado en el curso de dichos procedimientos.

4. La prescripción se aplicará de oficio por la Administración tributaria, sin necesidad de que la invoque el interesado.

Artículo 190. *Extinción de las sanciones tributarias.*

1. Las sanciones tributarias se extinguen por el pago o cumplimiento, por prescripción del derecho para exigir su pago, por compensación, por condonación y por el fallecimiento de todos los obligados a satisfacerlas.

2. Será de aplicación a las sanciones tributarias lo dispuesto en el Capítulo IV del Título II de esta Ley.

En particular, la prescripción del derecho para exigir el pago de las sanciones tributarias se regulará por las normas establecidas en la Sección tercera del Capítulo y Título citados relativas a la prescripción del derecho de la Administración para exigir el pago de las deudas tributarias liquidadas y autoliquidadas.

3. La recaudación de las sanciones se regulará por las normas incluidas en el Capítulo V del Título III de esta Ley.

4. Las sanciones tributarias ingresadas indebidamente tendrán la consideración de ingresos indebidos a los efectos de esta Ley.

CAPÍTULO III. CLASIFICACIÓN DE LAS INFRACCIONES Y SANCIONES TRIBUTARIAS

Artículo 191[430]. *Infracción tributaria por dejar de ingresar la deuda tributaria que debiera resultar de una autoliquidación.*

1. Constituye infracción tributaria dejar de ingresar dentro del plazo establecido en la normativa de cada tributo la totalidad o parte de la deuda tributaria que debiera resultar de la correcta autoliquidación del tributo, salvo que se regularice con arreglo al artículo 27 o proceda la aplicación de la letra b) del apartado 1 del artículo 161, ambos de esta Ley.

También constituye infracción tributaria la falta de ingreso total o parcial de la deuda tributaria de los socios, herederos, comuneros o partícipes derivada de las cantidades no atribuidas o atribuidas incorrectamente por las entidades en atribución de rentas.

La infracción tributaria prevista en este artículo será leve, grave o muy grave de acuerdo con lo dispuesto en los apartados siguientes.

La base de la sanción será la cuantía no ingresada en la autoliquidación como consecuencia de la comisión de la infracción.

2. La infracción tributaria será leve cuando la base de la sanción sea inferior o igual a 3.000 euros o, siendo superior, no exista ocultación.

---

[430] Art. 8 (Cálculo de la base de la sanción en los supuestos de infracciones previstas en los artículos 191, 192 y 193 de la Ley 58/2003, de 17 de diciembre, General Tributaria) del RGS (§4).

La infracción no será leve, cualquiera que sea la cuantía de la base de la sanción, en los siguientes supuestos:

a) Cuando se hayan utilizado facturas, justificantes o documentos falsos o falseados, aunque ello no sea constitutivo de medio fraudulento.

b) Cuando la incidencia de la llevanza incorrecta de los libros o registros represente un porcentaje superior al 10 por 100 de la base de la sanción.

c) Cuando se hayan dejado de ingresar cantidades retenidas o que se hubieran debido retener o ingresos a cuenta.

La sanción por infracción leve consistirá en multa pecuniaria proporcional del 50 por 100.

3. La infracción será grave cuando la base de la sanción sea superior a 3.000 euros y exista ocultación.

La infracción también será grave, cualquiera que sea la cuantía de la base de la sanción, en los siguientes supuestos:

a) Cuando se hayan utilizado facturas, justificantes o documentos falsos o falseados, sin que ello sea constitutivo de medio fraudulento.

b) Cuando la incidencia de la llevanza incorrecta de los libros o registros represente un porcentaje superior al 10 por 100 e inferior o igual al 50 por 100 de la base de la sanción.

c) Cuando se hayan dejado de ingresar cantidades retenidas o que se hubieran debido retener o ingresos a cuenta, siempre que las retenciones practicadas y no ingresadas, y los ingresos a cuenta repercutidos y no ingresados, representen un porcentaje inferior o igual al 50 por 100 del importe de la base de la sanción.

La utilización de medios fraudulentos determinará que la infracción sea calificada en todo caso como muy grave.

La sanción por infracción grave consistirá en multa pecuniaria proporcional del 50 al 100 por 100 y se graduará incrementando el porcentaje mínimo conforme a los criterios de comisión repetida de infracciones tributarias y de perjuicio económico para la Hacienda Pública, con los incrementos porcentuales previstos para cada caso en las letras a) y b) del apartado 1 del artículo 187 de esta Ley.

4. La infracción será muy grave cuando se hubieran utilizado medios fraudulentos.

La infracción también será muy grave, aunque no se hubieran utilizado medios fraudulentos, cuando se hubieran dejado de ingresar cantidades retenidas o que se hubieran debido retener o ingresos a cuenta, siempre que las retenciones practicadas y no ingresadas, y los ingresos a cuenta repercutidos y no ingresados, representen un porcentaje superior al 50 por 100 del importe de la base de la sanción.

La sanción por infracción muy grave consistirá en multa pecuniaria proporcional del 100 al 150 por 100 y se graduará incrementando el porcentaje mínimo conforme a los criterios de comisión repetida de infracciones tributarias y de perjuicio económico para la Hacienda Pública, con los incrementos porcentuales previstos para cada caso en las letras a) y b) del apartado 1 del artículo 187 de esta Ley.

5. Cuando el obligado tributario hubiera obtenido indebidamente una devolución y como consecuencia de la regularización practicada procediera la imposición de una sanción de las reguladas en este artículo, se entenderá que la cuantía no ingresada es el resultado de adicionar al importe de la devolución obtenida indebidamente la cuantía total que hubiera debido ingresarse en la autoliquidación y que el perjuicio económico es del 100 por 100.

En estos supuestos, no será sancionable la infracción a la que se refiere el artículo 193 de esta Ley, consistente en obtener indebidamente una devolución.

6. No obstante lo dispuesto en los apartados anteriores, siempre constituirá infracción leve la falta de ingreso en plazo de tributos o pagos a cuenta que hubieran sido incluidos o regularizados por el mismo obligado tributario en una autoliquidación presentada con posterioridad sin cumplir los requisitos establecidos en el apartado 4 del artículo 27 de esta Ley para la aplicación de los recargos por declaración extemporánea sin requerimiento previo.

Lo previsto en este apartado no será aplicable cuando la autoliquidación presentada incluya ingresos correspondientes a conceptos y períodos impositivos respecto a los que se hubiera notificado previamente un requerimiento de la Administración tributaria.

Artículo 192[431]. *Infracción tributaria por incumplir la obligación de presentar de forma completa y correcta declaraciones o documentos necesarios para practicar liquidaciones.*

1. Constituye infracción tributaria incumplir la obligación de presentar de forma completa y correcta las declaraciones o documentos necesarios, incluidos los relacionados con las obligaciones aduaneras, para que la Administración tributaria pueda practicar la adecuada liquidación de aquellos tributos que no se exigen por el procedimiento de autoliquidación, salvo que se regularice con arreglo al artículo 27 de esta Ley.

La infracción tributaria prevista en este artículo será leve, grave o muy grave de acuerdo con lo dispuesto en los apartados siguientes.

La base de la sanción será la cuantía de la liquidación cuando no se hubiera presentado declaración, o la diferencia entre la cuantía que resulte de la adecuada liquidación del tributo y la que hubiera procedido de acuerdo con los datos declarados.

2. La infracción tributaria será leve cuando la base de la sanción sea inferior o igual a 3.000 euros o, siendo superior, no exista ocultación.

La infracción no será leve, cualquiera que sea la cuantía de la base de la sanción, en los siguientes supuestos:

a) Cuando se hayan utilizado facturas, justificantes o documentos falsos o falseados, aunque ello no sea constitutivo de medio fraudulento.

b) Cuando la incidencia de la llevanza incorrecta de los libros o registros represente un porcentaje superior al 10 por 100 de la base de la sanción.

La sanción por infracción leve consistirá en multa pecuniaria proporcional del 50 por 100.

3. La infracción será grave cuando la base de la sanción sea superior a 3.000 euros y exista ocultación.

La infracción también será grave, cualquiera que sea la cuantía de la base de la sanción, en los siguientes supuestos:

a) Cuando se hayan utilizado facturas, justificantes o documentos falsos o falseados, sin que ello sea constitutivo de medio fraudulento.

b) Cuando la incidencia de la llevanza incorrecta de los libros o registros represente un porcentaje superior al 10 por 100 e inferior o igual al 50 por 100 de la base de la sanción.

---

[431] Art. 8 (Cálculo de la base de la sanción en los supuestos de infracciones previstas en los artículos 191, 192 y 193 de la Ley 58/2003, de 17 de diciembre, General Tributaria) del RGS (§4).

La utilización de medios fraudulentos determinará que la infracción sea calificada en todo caso como muy grave.

La sanción por infracción grave consistirá en multa pecuniaria proporcional del 50 al 100 por 100 y se graduará incrementando el porcentaje mínimo conforme a los criterios de comisión repetida de infracciones tributarias y de perjuicio económico para la Hacienda Pública, con los incrementos porcentuales previstos para cada caso en las letras a) y b) del apartado 1 del artículo 187 de esta Ley.

4. La infracción será muy grave cuando se hubieran utilizado medios fraudulentos.

La sanción por infracción muy grave consistirá en multa pecuniaria proporcional del 100 al 150 por 100 y se graduará incrementando el porcentaje mínimo conforme a los criterios de comisión repetida de infracciones tributarias y de perjuicio económico para la Hacienda Pública, con los incrementos porcentuales previstos para cada caso en las letras a) y b) del apartado 1 del artículo 187 de esta Ley.

Artículo 193[432]. *Infracción tributaria por obtener indebidamente devoluciones.*

1. Constituye infracción tributaria obtener indebidamente devoluciones derivadas de la normativa de cada tributo.

La infracción tributaria prevista en este artículo será leve, grave o muy grave de acuerdo con lo dispuesto en los apartados siguientes.

La base de la sanción será la cantidad devuelta indebidamente como consecuencia de la comisión de la infracción.

2. La infracción tributaria será leve cuando la base de la sanción sea inferior o igual a 3.000 euros o, siendo superior, no exista ocultación.

La infracción no será leve, cualquiera que sea la cuantía de la base de la sanción, en los siguientes supuestos:

a) Cuando se hayan utilizado facturas, justificantes o documentos falsos o falseados, aunque ello no sea constitutivo de medio fraudulento.

b) Cuando la incidencia de la llevanza incorrecta de los libros o registros represente un porcentaje superior al 10 por 100 de la base de la sanción.

La sanción por infracción leve consistirá en multa pecuniaria proporcional del 50 por 100.

3. La infracción será grave cuando la base de la sanción sea superior a 3.000 euros y exista ocultación.

La infracción también será grave, cualquiera que sea la cuantía de la base de la sanción, en los siguientes supuestos:

a) Cuando se hayan utilizado facturas, justificantes o documentos falsos o falseados, sin que ello sea constitutivo de medio fraudulento.

b) Cuando la incidencia de la llevanza incorrecta de los libros o registros represente un porcentaje superior al 10 por 100 e inferior o igual al 50 por 100 de la base de la sanción.

La utilización de medios fraudulentos determinará que la infracción sea calificada en todo caso como muy grave.

---

[432] Art. 8 (Cálculo de la base de la sanción en los supuestos de infracciones previstas en los artículos 191, 192 y 193 de la Ley 58/2003, de 17 de diciembre, General Tributaria) del RGS (§4).

La sanción por infracción grave consistirá en multa pecuniaria proporcional del 50 al 100 por 100 y se graduará incrementando el porcentaje mínimo conforme a los criterios de comisión repetida de infracciones tributarias y de perjuicio económico para la Hacienda Pública, con los incrementos porcentuales previstos para cada caso en las letras a) y b) del apartado 1 del artículo 187 de esta Ley.

4. La infracción será muy grave cuando se hubieran utilizado medios fraudulentos.

La sanción por infracción muy grave consistirá en multa pecuniaria proporcional del 100 al 150 por 100 y se graduará incrementando el porcentaje mínimo conforme a los criterios de comisión repetida de infracciones tributarias y de perjuicio económico para la Hacienda Pública, con los incrementos porcentuales previstos para cada caso en las letras a) y b) del apartado 1 del artículo 187 de esta Ley.

Artículo 194. *Infracción tributaria por solicitar indebidamente devoluciones, beneficios o incentivos fiscales.*

1. Constituye infracción tributaria solicitar indebidamente devoluciones derivadas de la normativa de cada tributo mediante la omisión de datos relevantes o la inclusión de datos falsos en autoliquidaciones, comunicaciones de datos o solicitudes, sin que las devoluciones se hayan obtenido.

La infracción tributaria prevista en este apartado será grave.

La base de la sanción será la cantidad indebidamente solicitada.

La sanción consistirá en multa pecuniaria proporcional del 15 por 100.

2. Asimismo, constituye infracción tributaria solicitar indebidamente beneficios o incentivos fiscales mediante la omisión de datos relevantes o la inclusión de datos falsos siempre que, como consecuencia de dicha conducta, no proceda imponer al mismo sujeto sanción por alguna de las infracciones previstas en los artículos 191, 192 ó 195 de esta Ley, o en el primer apartado de este artículo.

La infracción tributaria prevista en este apartado será grave y se sancionará con multa pecuniaria fija de 300 euros.

Artículo 195. *Infracción tributaria por determinar o acreditar improcedentemente partidas positivas o negativas o créditos tributarios aparentes.*

1. Constituye infracción tributaria determinar o acreditar improcedentemente partidas positivas o negativas o créditos tributarios a compensar o deducir en la base o en la cuota de declaraciones futuras, propias o de terceros.

También se incurre en esta infracción cuando se declare incorrectamente la renta neta, las cuotas repercutidas, las cantidades o cuotas a deducir o los incentivos fiscales de un período impositivo sin que se produzca falta de ingreso u obtención indebida de devoluciones por haberse compensado en un procedimiento de comprobación o investigación cantidades pendientes de compensación, deducción o aplicación[433].

La infracción tributaria prevista en este artículo será grave.

---

[433] Art. 13. Infracción tributaria por determinar o acreditar improcedentemente partidas positivas o negativas o créditos tributarios aparentes), del RGS (§4).

La base de la sanción será el importe de las cantidades indebidamente determinadas o acreditadas. En el supuesto previsto en el segundo párrafo de este apartado, se entenderá que la cantidad indebidamente determinada o acreditada es el incremento de la renta neta o de las cuotas repercutidas, o la minoración de las cantidades o cuotas a deducir o de los incentivos fiscales, del período impositivo.

2. La sanción consistirá en multa pecuniaria proporcional del 15 por 100 si se trata de partidas a compensar o deducir en la base imponible, o del 50 por 100 si se trata de partidas a deducir en la cuota o de créditos tributarios aparentes.

3. Las sanciones impuestas conforme a lo previsto en este artículo serán deducibles en la parte proporcional correspondiente de las que pudieran proceder por las infracciones cometidas ulteriormente por el mismo sujeto infractor como consecuencia de la compensación o deducción de los conceptos aludidos, sin que el importe a deducir pueda exceder de la sanción correspondiente a dichas infracciones.

Artículo 196. *Infracción tributaria por imputar incorrectamente o no imputar bases imponibles, rentas o resultados por las entidades sometidas a un régimen de imputación de rentas.*
1. Constituye infracción tributaria imputar incorrectamente o no imputar bases imponibles o resultados a los socios o miembros por las entidades sometidas a un régimen de imputación de rentas. Esta acción u omisión no constituirá infracción por la parte de las bases o resultados que hubiese dado lugar a la imposición de una sanción a la entidad sometida al régimen de imputación de rentas por la comisión de las infracciones de los artículos 191, 192 ó 193 de esta Ley.

La infracción prevista en este artículo será grave.

La base de la sanción será el importe de las cantidades no imputadas. En el supuesto de cantidades imputadas incorrectamente, la base de la sanción será el importe que resulte de sumar las diferencias con signo positivo, sin compensación con las diferencias negativas, entre las cantidades que debieron imputarse a cada socio o miembro y las que se imputaron a cada uno de ellos.

2. La sanción consistirá en multa pecuniaria proporcional del 40 por 100.

Artículo 197. *Infracción tributaria por imputar incorrectamente deducciones, bonificaciones y pagos a cuenta por las entidades sometidas a un régimen de imputación de rentas.*
1. Constituye infracción tributaria imputar incorrectamente deducciones, bonificaciones y pagos a cuenta a los socios o miembros por las entidades sometidas al régimen de imputación de rentas. Esta acción no constituirá infracción por la parte de las cantidades incorrectamente imputadas a los socios o partícipes que hubiese dado lugar a la imposición de una sanción a la entidad sometida a un régimen de imputación de rentas por la comisión de las infracciones de los artículos 191, 192 ó 193 de esta Ley.

La infracción prevista en este artículo será grave.

La base de la sanción será el importe que resulte de sumar las diferencias con signo positivo, sin compensación con las diferencias negativas, entre las cantidades que debieron imputarse a cada socio o miembro y las que se imputaron a cada uno de ellos.

2. La sanción consistirá en multa pecuniaria proporcional del 75 por 100.

Artículo 198. *Infracción tributaria por no presentar en plazo autoliquidaciones o declaraciones sin que se produzca perjuicio económico, por incumplir la obligación de comunicar el domicilio fiscal o por incumplir las condiciones de determinadas autorizaciones.*

1. Constituye infracción tributaria no presentar en plazo autoliquidaciones o declaraciones, así como los documentos relacionados con las obligaciones aduaneras, siempre que no se haya producido o no se pueda producir perjuicio económico a la Hacienda Pública.

La infracción prevista en este apartado será leve.

La sanción consistirá en multa pecuniaria fija de 200 euros o, si se trata de declaraciones censales o la relativa a la comunicación de la designación del representante de personas o entidades cuando así lo establezca la normativa, de 400 euros.

Si se trata de declaraciones exigidas con carácter general en cumplimiento de la obligación de suministro de información recogida en los artículos 93 y 94 de esta Ley, la sanción consistirá en multa pecuniaria fija de 20 euros por cada dato o conjunto de datos referidos a una misma persona o entidad que hubiera debido incluirse en la declaración con un mínimo de 300 euros y un máximo de 20.000 euros.

2. No obstante lo dispuesto en el apartado anterior, si las autoliquidaciones o declaraciones se presentan fuera de plazo sin requerimiento previo de la Administración tributaria, la sanción y los límites mínimo y máximo serán la mitad de los previstos en el apartado anterior.

Si se hubieran presentado en plazo autoliquidaciones o declaraciones incompletas, inexactas o con datos falsos y posteriormente se presentara fuera de plazo sin requerimiento previo una autoliquidación o declaración complementaria o sustitutiva de las anteriores, no se producirá la infracción a que se refiere el artículo 194 ó 199 de esta Ley en relación con las autoliquidaciones o declaraciones presentadas en plazo y se impondrá la sanción que resulte de la aplicación de este apartado respecto de lo declarado fuera de plazo[434].

3. Si se hubieran realizado requerimientos, la sanción prevista en el apartado 1 de este artículo será compatible con la establecida para la resistencia, obstrucción, excusa o negativa a las actuaciones de la Administración tributaria en el artículo 203 de esta Ley por la desatención de los requerimientos realizados.

4[435]**.** No obstante lo dispuesto en los apartados 1 y 2 de este artículo, la sanción por no presentar en plazo declaraciones y documentos relacionados con las formalidades aduaneras, cuando no determinen el nacimiento de una deuda aduanera, consistirá en multa pecuniaria proporcional del uno por 1.000 del valor de las mercancías a las que las declaraciones y documentos se refieran, con un mínimo de 100 euros y un máximo de 6.000 euros.

El importe mínimo de la sanción que se menciona en el párrafo anterior se elevará a 600 euros cuando la falta de presentación en plazo se refiera a la declaración sumaria de entrada

---

[434] Art. 14 (Infracción tributaria por no presentar en plazo autoliquidaciones o declaraciones sin que se produzca perjuicio económico) del RGS (§4).

[435] Nueva redacción del art. 198.4 dada por el art. decimotercero Diecinueve de la Ley 11/2021, de 9 de julio, de medidas de prevención y lucha contra el fraude fiscal, de transposición de la Directiva (UE) 2016/1164, del Consejo, de 12 de julio de 2016, por la que se establecen normas contra las prácticas de elusión fiscal que inciden directamente en el funcionamiento del mercado interior, de modificación de diversas normas tributarias y en materia de regulación del juego (BOE núm. 164, de 10 de julio de 2021), en vigor desde el 11 de julio de 2021.

a la que alude el artículo 127 del Reglamento (UE) n.º 952/2013 del Parlamento Europeo y del Consejo, de 9 de octubre de 2013, por el que se establece el código aduanero de la Unión.

5. También constituye infracción tributaria incumplir la obligación de comunicar el domicilio fiscal o el cambio del mismo por las personas físicas que no realicen actividades económicas.

La infracción prevista en este apartado será leve.

La sanción consistirá en multa pecuniaria fija de 100 euros.

6. Constituye infracción tributaria el incumplimiento de las condiciones establecidas en las autorizaciones que pueda conceder una autoridad aduanera o de las condiciones a que quedan sujetas las mercancías por aplicación de la normativa aduanera, cuando dicho incumplimiento no constituya otra infracción prevista en el presente Capítulo.

La infracción prevista en este apartado será leve.

La sanción consistirá en multa pecuniaria fija de 200 euros.

Artículo 199[436]. *Infracción tributaria por presentar incorrectamente autoliquidaciones o declaraciones sin que se produzca perjuicio económico o contestaciones a requerimientos individualizados de información.*

1[437]**.** Constituye infracción tributaria presentar de forma incompleta, inexacta o con datos falsos autoliquidaciones o declaraciones, así como los documentos relacionados con las obligaciones aduaneras, siempre que no se haya producido o no se pueda producir perjuicio económico a la Hacienda Pública, o contestaciones a requerimientos individualizados de información.

También constituirá infracción tributaria presentar las autoliquidaciones, las declaraciones, los documentos relacionados con las obligaciones aduaneras u otros documentos con trascendencia tributaria por medios distintos a los electrónicos, informáticos y telemáticos en aquellos supuestos en que hubiera obligación de hacerlo por dichos medios.

Las infracciones previstas en este artículo serán graves y se sancionarán de acuerdo con lo dispuesto en los apartados siguientes.

2[438]**.** Si se presentan de forma incompleta, inexacta o con datos falsos autoliquidaciones o declaraciones, la sanción consistirá en multa pecuniaria fija de 150 euros.

---

[436] Art. 15 (Infracción tributaria por presentar incorrectamente autoliquidaciones o declaraciones sin que se produzca perjuicio económico o contestaciones a requerimientos individualizados de información) del RGS (§4).

[437] Nueva redacción del apartado 1 del art. 199 dada por el art. único Treinta y tres de la Ley 34/2015, de 21 de septiembre, de modificación parcial de la Ley 58/2003, de 17 de diciembre, General Tributaria (BOE núm. 227, de 22 de septiembre de 2015), con entrada en vigor el día 11 de octubre de 2015.
Redacción anterior del art. 199.1 dada por el art. 1.once de la Ley 7/2012, de 29 de octubre, de modificación de la normativa tributaria y presupuestaria y de adecuación de la normativa financiera para la intensificación de las actuaciones en la prevención y lucha contra el fraude (BOE núm. 261, de 30 de octubre de 2012), en vigor desde el 31 de octubre de 2012.

[438] Nueva redacción del apartado 2 del art. 199 dada por el art. único Treinta y tres de la Ley 34/2015, de 21 de septiembre, de modificación parcial de la Ley 58/2003, de 17 de diciembre, General Tributaria (BOE núm. 227, de 22 de septiembre de 2015), con entrada en vigor el día 11 de octubre de 2015.
Redacción anterior del art. 199.2 dada por el art. 1.once de la Ley 7/2012, de 29 de octubre, de modificación de la normativa tributaria y presupuestaria y de adecuación de la normativa financiera para la

Si se presentan autoliquidaciones, declaraciones u otros documentos con trascendencia tributaria por medios distintos a los electrónicos, informáticos y telemáticos cuando exista obligación de hacerlo por dichos medios, la sanción consistirá en multa pecuniaria fija de 250 euros.

3. Si se presentan declaraciones censales incompletas, inexactas o con datos falsos, la sanción consistirá en multa pecuniaria fija de 250 euros.

4[439]. Tratándose de requerimientos individualizados o de declaraciones exigidas con carácter general en cumplimiento de la obligación de suministro de información recogida en los artículos 93 y 94 de esta Ley, que no tengan por objeto datos expresados en magnitudes monetarias y hayan sido contestados o presentadas de forma incompleta, inexacta, o con datos falsos, la sanción consistirá en multa pecuniaria fija de 200 euros por cada dato o conjunto de datos referidos a una misma persona o entidad omitido, inexacto o falso.

La sanción será de 100 euros por cada dato o conjunto de datos referidos a una misma persona o entidad cuando la declaración haya sido presentada por medios distintos a los electrónicos, informáticos y telemáticos y exista obligación de hacerlo por dichos medios, con un mínimo de 250 euros.

5[440]. Tratándose de requerimientos individualizados o de declaraciones exigidas con carácter general en cumplimiento de la obligación de suministro de información recogida en los artículos 93 y 94 de esta Ley, que tengan por objeto datos expresados en magnitudes monetarias y hayan sido contestados o presentadas de forma incompleta, inexacta, o con datos falsos, la sanción consistirá en multa pecuniaria proporcional de hasta el 2 por ciento del importe de las operaciones no declaradas o declaradas incorrectamente, con un mínimo de 500 euros.

Si el importe de las operaciones no declaradas o declaradas incorrectamente representa un porcentaje superior al 10, 25, 50 o 75 por ciento del importe de las operaciones que debieron declararse, la sanción consistirá en multa pecuniaria proporcional del 0,5, 1, 1,5 o 2 por ciento del importe de las operaciones no declaradas o declaradas incorrectamente, respectivamente. En caso de que el porcentaje sea inferior al 10 por ciento, se impondrá multa pecuniaria fija de 500 euros.

---

intensificación de las actuaciones en la prevención y lucha contra el fraude (BOE núm. 261, de 30 de octubre de 2012), en vigor desde el 31 de octubre de 2012.

[439]   Nueva redacción del apartado 4 del art. 199 dada por el art. único Treinta y tres de la Ley 34/2015, de 21 de septiembre, de modificación parcial de la Ley 58/2003, de 17 de diciembre, General Tributaria (BOE núm. 227, de 22 de septiembre de 2015), con entrada en vigor el día 11 de octubre de 2015.
Redacción anterior del art. 199.4 dada por el art. 1.once de la Ley 7/2012, de 29 de octubre, de modificación de la normativa tributaria y presupuestaria y de adecuación de la normativa financiera para la intensificación de las actuaciones en la prevención y lucha contra el fraude (BOE núm. 261, de 30 de octubre de 2012), en vigor desde el 31 de octubre de 2012.

[440]   Nueva redacción del apartado 5 del art. 199 dada por el art. único Treinta y tres de la Ley 34/2015, de 21 de septiembre, de modificación parcial de la Ley 58/2003, de 17 de diciembre, General Tributaria (BOE núm. 227, de 22 de septiembre de 2015), con entrada en vigor el día 11 de octubre de 2015.
Redacción anterior del art. 199.5 dada por el art. 1.once de la Ley 7/2012, de 29 de octubre, de modificación de la normativa tributaria y presupuestaria y de adecuación de la normativa financiera para la intensificación de las actuaciones en la prevención y lucha contra el fraude (BOE núm. 261, de 30 de octubre de 2012), en vigor desde el 31 de octubre de 2012.

La sanción será del 1 por ciento del importe de las operaciones declaradas por medios distintos a los electrónicos, informáticos y telemáticos cuando exista obligación de hacerlo por dichos medios, con un mínimo de 250 euros.

6. La sanción a la que se refieren los apartados 4 y 5 de este artículo se graduará incrementando la cuantía resultante en un 100 por 100 en el caso de comisión repetida de infracciones tributarias.

7[441]. Tratándose de declaraciones y documentos relacionados con las formalidades aduaneras presentados de forma incompleta, inexacta o con datos falsos, cuando no determinen el nacimiento de una deuda aduanera, la sanción consistirá en multa pecuniaria proporcional del uno por 1.000 del valor de las mercancías a las que las declaraciones y documentos se refieran, con un mínimo de 100 euros y un máximo de 6.000 euros.

No obstante, el importe mínimo de la sanción que se menciona en el párrafo anterior se elevará a 600 euros cuando la presentación incompleta, inexacta o con datos falsos se refiera a la declaración sumaria de entrada a la que alude el artículo 127 del Reglamento (UE) n.º 952/2013 del Parlamento Europeo y del Consejo, de 9 octubre de 2013, por el que se establece el código aduanero de la Unión.

Si las declaraciones y documentos relacionados con las formalidades aduaneras se presentan por medios distintos a los electrónicos, informáticos y telemáticos cuando exista obligación de hacerlo por dichos medios, la sanción consistirá en multa pecuniaria fija de 250 euros.

Artículo 200[442]. *Infracción tributaria por incumplir obligaciones contables y registrales.*

1. Constituye infracción tributaria el incumplimiento de obligaciones contables y registrales, entre otras:

a) La inexactitud u omisión de operaciones en la contabilidad o en los libros y registros exigidos por las normas tributarias.

b) La utilización de cuentas con significado distinto del que les corresponda, según su naturaleza, que dificulte la comprobación de la situación tributaria del obligado.

c) El incumplimiento de la obligación de llevar o conservar la contabilidad, los libros y registros establecidos por las normas tributarias, los programas y archivos informáticos que les sirvan de soporte y los sistemas de codificación utilizados.

d) La llevanza de contabilidades distintas referidas a una misma actividad y ejercicio económico que dificulten el conocimiento de la verdadera situación del obligado tributario.

---

[441] Nueva redacción del apartado 7 del art. 199 dada por el art. decimotercero Veinte de la Ley 11/2021, de 9 de julio, de medidas de prevención y lucha contra el fraude fiscal, de transposición de la Directiva (UE) 2016/1164, del Consejo, de 12 de julio de 2016, por la que se establecen normas contra las prácticas de elusión fiscal que inciden directamente en el funcionamiento del mercado interior, de modificación de diversas normas tributarias y en materia de regulación del juego (BOE núm. 164, de 10 de julio de 2021), en vigor desde el 11 de julio de 2021.
Redacción anterior dada por el art. único Treinta y tres de la Ley 34/2015, de 21 de septiembre, de modificación parcial de la Ley 58/2003, de 17 de diciembre, General Tributaria (BOE núm. 227, de 22 de septiembre de 2015), con entrada en vigor el día 11 de octubre de 2015.

[442] Art. 16 (Infracción tributaria por incumplir obligaciones contables y registrales) del RGS (§4).
Nueva redacción del art. 200 dada por el art. único Treinta y cuatro de la Ley 34/2015, de 21 de septiembre, de modificación parcial de la Ley 58/2003, de 17 de diciembre, General Tributaria (BOE núm. 227, de 22 de septiembre de 2015), con entrada en vigor el día 1 de enero de 2017.

e) El retraso en más de cuatro meses en la llevanza de la contabilidad o de los libros y registros establecidos por las normas tributarias.

f) La autorización de libros y registros sin haber sido diligenciados o habilitados por la Administración cuando la normativa tributaria o aduanera exija dicho requisito.

g) El retraso en la obligación de llevar los Libros Registro a través de la Sede electrónica de la Agencia Estatal de Administración Tributaria mediante el suministro de los registros de facturación en los términos establecidos reglamentariamente.

2. La infracción prevista en este artículo será grave.

3. La sanción consistirá en multa pecuniaria fija de 150 euros, salvo que sea de aplicación lo dispuesto en los párrafos siguientes.

La inexactitud u omisión de operaciones o la utilización de cuentas con significado distinto del que les corresponda se sancionará con multa pecuniaria proporcional del uno por ciento de los cargos, abonos o anotaciones omitidos, inexactos, falseados o recogidos en cuentas con significado distinto del que les corresponda, con un mínimo de 150 y un máximo de 6.000 euros.

La no llevanza o conservación de la contabilidad, los libros y los registros exigidos por las normas tributarias, los programas y archivos informáticos que les sirvan de soporte y los sistemas de codificación utilizados se sancionará con multa pecuniaria proporcional del uno por ciento de la cifra de negocios del sujeto infractor en el ejercicio al que se refiere la infracción, con un mínimo de 600 euros.

La llevanza de contabilidades distintas referidas a una misma actividad y ejercicio económico que dificulten el conocimiento de la verdadera situación del obligado tributario se sancionará con multa pecuniaria fija de 600 euros por cada uno de los ejercicios económicos a los que alcance dicha llevanza.

El retraso en más de cuatro meses en la llevanza de la contabilidad o libros y registros exigidos por las normas tributarias se sancionará con multa pecuniaria fija de 300 euros.

El retraso en la obligación de llevar los Libros Registro a través de la Sede electrónica de la Agencia Estatal de Administración Tributaria mediante el suministro de los registros de facturación en los términos establecidos reglamentariamente, se sancionará con multa pecuniaria proporcional de un 0,5 por ciento del importe de la factura objeto del registro, con un mínimo trimestral de 300 euros y un máximo de 6.000 euros.

La utilización de libros y registros sin haber sido diligenciados o habilitados por la Administración cuando la normativa tributaria o aduanera lo exija se sancionará con multa pecuniaria fija de 300 euros.

Artículo 201. *Infracción tributaria por incumplir obligaciones de facturación o documentación.*

1[443]. Constituye infracción tributaria el incumplimiento de las obligaciones de facturación, entre otras, la de expedición, remisión, rectificación y conservación de facturas, justificantes o documentos sustitutivos.

---

[443]   Real Decreto 1619/2012, de 30 de noviembre, por el que se aprueba el Reglamento por el que se regulan las obligaciones de facturación (BOE núm. 289, de 1 de diciembre de 2012), en vigor desde el 1 de enero de 2013, que deroga la normativa anterior recogida en el Real Decreto 1496/2003, de 28 de noviembre,

2. La infracción prevista en el apartado 1 de este artículo será grave en los siguientes supuestos:

a) Cuando se incumplan los requisitos exigidos por la normativa reguladora de la obligación de facturación, salvo lo dispuesto en la letra siguiente de este apartado y en el apartado 3 de este artículo. Entre otros, se considerarán incluidos en esta letra los incumplimientos relativos a la expedición, remisión, rectificación y conservación de facturas o documentos sustitutivos.

La sanción consistirá en multa pecuniaria proporcional del 1 por 100 del importe del conjunto de las operaciones que hayan originado la infracción.

b) Cuando el incumplimiento consista en la falta de expedición o en la falta de conservación de facturas, justificantes o documentos sustitutivos.

La sanción consistirá en multa pecuniaria proporcional del 2 por 100 del importe del conjunto de las operaciones que hayan originado la infracción. Cuando no sea posible conocer el importe de las operaciones a que se refiere la infracción, la sanción será de 300 euros por cada operación respecto de la que no se haya emitido o conservado la correspondiente factura o documento.

3. La infracción prevista en el apartado 1 de este artículo será muy grave cuando el incumplimiento consista en la expedición de facturas o documentos sustitutivos con datos falsos o falseados.

La sanción consistirá en multa pecuniaria proporcional del 75 por 100 del importe del conjunto de las operaciones que hayan originado la infracción.

4. También constituye infracción el incumplimiento de las obligaciones relativas a la correcta expedición o utilización de los documentos de circulación exigidos por la normativa de los Impuestos Especiales, salvo que constituya infracción tipificada en la ley reguladora de dichos Impuestos.

La infracción prevista en este apartado será leve.

La sanción consistirá en multa pecuniaria fija de 150 euros por cada documento incorrectamente expedido o utilizado.

5. Las sanciones impuestas de acuerdo con lo dispuesto en este artículo se graduarán incrementando la cuantía resultante en un 100 por 100 si se produce el incumplimiento sustancial de las obligaciones anteriores.

Artículo 201 bis[444]. *Infracción tributaria por fabricación, producción, comercialización y tenencia de sistemas informáticos que no cumplan las especificaciones exigidas por la normativa aplicable.*

1. Constituye infracción tributaria la fabricación, producción y comercialización de sistemas y programas informáticos o electrónicos que soporten los procesos contables, de factu-

---

por el que se aprueba el Reglamento por el que se regulan las obligaciones de facturación, y se modifica el Reglamento del Impuesto sobre el Valor Añadido (BOE núm. 286, de 29 de noviembre de 2003).

[444] Nuevo artículo 201 bis incorporado por el art. decimotercero Veintiuno de la Ley 11/2021, de 9 de julio, de medidas de prevención y lucha contra el fraude fiscal, de transposición de la Directiva (UE) 2016/1164, del Consejo, de 12 de julio de 2016, por la que se establecen normas contra las prácticas de elusión fiscal que inciden directamente en el funcionamiento del mercado interior, de modificación de diversas

ración o de gestión por parte de las personas o entidades que desarrollen actividades económicas, cuando concurra cualquiera de las siguientes circunstancias:

a) permitan llevar contabilidades distintas en los términos del artículo 200.1.d) de esta Ley;

b) permitan no reflejar, total o parcialmente, la anotación de transacciones realizadas;

c) permitan registrar transacciones distintas a las anotaciones realizadas;

d) permitan alterar transacciones ya registradas incumpliendo la normativa aplicable;

e) no cumplan con las especificaciones técnicas que garanticen la integridad, conservación, accesibilidad, legibilidad, trazabilidad e inalterabilidad de los registros, así como su legibilidad por parte de los órganos competentes de la Administración Tributaria, en los términos del artículo 29.2.j) de esta Ley;

f) no se certifiquen, estando obligado a ello por disposición reglamentaria, los sistemas fabricados, producidos o comercializados.

2. Constituye infracción tributaria la tenencia de los sistemas o programas informáticos o electrónicos que no se ajusten a lo establecido en el artículo 29.2.j) de esta Ley, cuando los mismos no estén debidamente certificados teniendo que estarlo por disposición reglamentaria o cuando se hayan alterado o modificado los dispositivos certificados.

La misma persona o entidad que haya sido sancionada conforme al apartado anterior no podrá ser sancionada por lo dispuesto en este apartado.

3. Las infracciones previstas en este artículo serán graves.

4. La infracción señalada en el apartado 1 anterior se sancionará con multa pecuniaria fija de 150.000 euros, por cada ejercicio económico en el que se hayan producido ventas y por cada tipo distinto de sistema o programa informático o electrónico que sea objeto de la infracción. No obstante, las infracciones de la letra f) del apartado 1 de este artículo se sancionarán con multa pecuniaria fija de 1.000 euros por cada sistema o programa comercializado en el que se produzca la falta del certificado.

La infracción señalada en el apartado 2 anterior, se sancionará con multa pecuniaria fija de 50.000 euros por cada ejercicio, cuando se trate de la infracción por la tenencia de sistemas o programas informáticos o electrónicos que no estén debidamente certificados, teniendo que estarlo por disposición reglamentaria, o se hayan alterado o modificado los dispositivos certificados.

normas tributarias y en materia de regulación del juego (BOE núm. 164, de 10 de julio de 2021), en vigor transcurridos tres desde el 11 de julio de 2021.

Real Decreto 1007/2023, de 5 de diciembre, por el que se aprueba el Reglamento que establece los requisitos que deben adoptar los sistemas y programas informáticos o electrónicos que soporten los procesos de facturación de empresarios y profesionales, y la estandarización de formatos de los registros de facturación (BOE núm. 291, de 06 de diciembre de 2023).

Artículo 202[445]. *Infracción tributaria por incumplir las obligaciones relativas a la utilización y a la solicitud del número de identificación fiscal o de otros números o códigos.*
1. Constituye infracción tributaria el incumplimiento de las obligaciones relativas a la utilización del número de identificación fiscal y de otros números o códigos establecidos por la normativa tributaria o aduanera.

La infracción prevista en este apartado será leve, salvo que constituya infracción grave de acuerdo con lo dispuesto en el apartado siguiente.

La sanción consistirá en multa pecuniaria fija de 150 euros.

2. La infracción prevista en el apartado 1 será grave cuando se trate del incumplimiento de los deberes que específicamente incumben a las entidades de crédito en relación con la utilización del número de identificación fiscal en las cuentas u operaciones o en el libramiento o abono de los cheques al portador.

La sanción consistirá en multa pecuniaria proporcional del cinco por ciento de las cantidades indebidamente abonadas o cargadas, o del importe de la operación o depósito que debería haberse cancelado, con un mínimo de 1.000 euros.

El incumplimiento de los deberes relativos a la utilización del número de identificación fiscal en el libramiento o abono de los cheques al portador será sancionado con multa pecuniaria proporcional del cinco por ciento del valor facial del efecto, con un mínimo de 1.000 euros.

3. También constituye infracción tributaria comunicar datos falsos o falseados en las solicitudes de número de identificación fiscal provisional o definitivo.

La infracción prevista en este apartado será muy grave.

La sanción consistirá en multa pecuniaria fija de 30.000 euros.

Artículo 203[446]. *Infracción tributaria por resistencia, obstrucción, excusa o negativa a las actuaciones de la Administración tributaria.*
1. Constituye infracción tributaria la resistencia, obstrucción, excusa o negativa a las actuaciones de la Administración tributaria.

Se entiende producida esta circunstancia cuando el sujeto infractor, debidamente notificado al efecto, haya realizado actuaciones tendentes a dilatar, entorpecer o impedir las actuaciones de la Administración tributaria en relación con el cumplimiento de sus obligaciones.

Entre otras, constituyen resistencia, obstrucción, excusa o negativa a las actuaciones de la Administración tributaria las siguientes conductas:

a) No facilitar el examen de documentos, informes, antecedentes, libros, registros, ficheros, facturas, justificantes y asientos de contabilidad principal o auxiliar, programas y archivos informáticos, sistemas operativos y de control y cualquier otro dato con trascendencia tributaria.

b) No atender algún requerimiento debidamente notificado.

---

[445] Art. 17 (Infracción tributaria por incumplir obligaciones de facturación o documentación) del RGS (§4).
Nueva redacción del art. 202 dada por el art. quinto. Quince de la Ley 36/2006, de 29 de noviembre, de medidas para la prevención del fraude fiscal (BOE núm. 286, de 30 de noviembre de 2006), en vigor desde el 1-12-2006.
[446] Art. 18 (Infracción tributaria por resistencia, obstrucción, excusa o negativa a las actuaciones de la Administración tributaria) del RGS (§4).

c) La incomparecencia, salvo causa justificada, en el lugar y tiempo que se hubiera señalado.

d) Negar o impedir indebidamente la entrada o permanencia en fincas o locales a los funcionarios de la Administración tributaria o el reconocimiento de locales, máquinas, instalaciones y explotaciones relacionados con las obligaciones tributarias.

e) Las coacciones a los funcionarios de la Administración tributaria.

2. La infracción prevista en este artículo será grave.

3. La sanción consistirá en multa pecuniaria fija de 150 euros salvo que sea de aplicación lo dispuesto en los apartados siguientes de este artículo.

4. Cuando la resistencia, obstrucción, excusa o negativa a la actuación de la Administración tributaria consista en desatender en el plazo concedido requerimientos distintos a los previstos en el apartado siguiente, la sanción consistirá en multa pecuniaria fija de:

a) 150 euros, si se ha incumplido por primera vez un requerimiento.

b) 300 euros, si se ha incumplido por segunda vez el requerimiento.

c) 600 euros, si se ha incumplido por tercera vez el requerimiento.

5. Cuando la resistencia, obstrucción, excusa o negativa a la actuación de la Administración tributaria se refiera a la aportación o al examen de documentos, libros, ficheros, facturas, justificantes y asientos de contabilidad principal o auxiliar, programas, sistemas operativos y de control o consista en el incumplimiento por personas o entidades que realicen actividades económicas del deber de comparecer, de facilitar la entrada o permanencia en fincas y locales o el reconocimiento de elementos o instalaciones, o del deber de aportar datos, informes o antecedentes con trascendencia tributaria de acuerdo con lo dispuesto en los artículos 93 y 94 de esta Ley, la sanción consistirá en:

a) Multa pecuniaria fija de 300 euros, si no se comparece o no se facilita la actuación administrativa o la información exigida en el plazo concedido en el primer requerimiento notificado al efecto.

b) Multa pecuniaria fija de 1.500 euros, si no se comparece o no se facilita la actuación administrativa o la información exigida en el plazo concedido en el segundo requerimiento notificado al efecto.

c) Multa pecuniaria proporcional de hasta el 2 por 100 de la cifra de negocios del sujeto infractor en el año natural anterior a aquél en que se produjo la infracción, con un mínimo de 10.000 euros y un máximo de 400.000 euros, cuando no se haya comparecido o no se haya facilitado la actuación administrativa o la información exigida en el plazo concedido en el tercer requerimiento notificado al efecto. Si el importe de las operaciones a que se refiere el requerimiento no atendido representa un porcentaje superior al 10, 25, 50 ó 75 por 100 del importe de las operaciones que debieron declararse, la sanción consistirá en multa pecuniaria proporcional del 0,5, 1, 1,5 y 2 por 100 del importe de la cifra de negocios, respectivamente.

Si los requerimientos se refieren a la información que deben contener las declaraciones exigidas con carácter general en cumplimiento de la obligación de suministro de información recogida en los artículos 93 y 94 de esta Ley, la sanción consistirá en multa pecuniaria proporcional de hasta el 3 por 100 de la cifra de negocios del sujeto infractor en el año natural a aquél en el que se produjo la infracción, con un mínimo de 15.000 euros y un máximo de 600.000 euros. Si el importe de las operaciones a que se refiere el requerimiento no atendido representa un porcentaje superior al 10, 25, 50 ó 75 por 100 del importe de las operaciones que debieron declararse, la sanción consistirá en multa pecuniaria proporcional del 1, 1,5, 2, y 3 por 100 del importe de la cifra de negocios, respectivamente.

En caso de que no se conozca el importe de las operaciones o el requerimiento no se refiera a magnitudes monetarias, se impondrá el mínimo establecido en los párrafos anteriores.

No obstante, cuando con anterioridad a la terminación del procedimiento sancionador se diese total cumplimiento al requerimiento administrativo, la sanción será de 6.000 euros.

6[447]. En el caso de que el obligado tributario que cometa las infracciones a que se refieren las letras a), b), c) y d) del apartado 1 esté siendo objeto de un procedimiento de inspección, se le sancionará de la siguiente forma:

a) Cuando el incumplimiento lo realicen personas o entidades que no desarrollen actividades económicas, se sancionará de la siguiente forma:

1.º Multa pecuniaria fija de 1.000 euros, si no comparece o no se facilita la actuación administrativa o la información exigida en el plazo concedido en el primer requerimiento notificado al efecto.

2.º Multa pecuniaria fija de 5.000 euros, si no comparece o no se facilita la actuación administrativa o la información exigida en el plazo concedido en el segundo requerimiento notificado al efecto.

3.º Si no comparece o no se facilita la actuación administrativa o la información exigida en el plazo concedido en el tercer requerimiento notificado al efecto, la sanción consistirá:

– Si el incumplimiento se refiere a magnitudes monetarias conocidas, en multa pecuniaria proporcional de la mitad del importe de las operaciones requeridas y no contestadas, con un mínimo de 10.000 euros y un máximo de 100.000 euros.

– Si el incumplimiento no se refiere a magnitudes monetarias o no se conoce el importe de las operaciones requeridas, en multa pecuniaria proporcional del 0,5 por ciento del importe total de la base imponible del impuesto personal que grava la renta del sujeto infractor que corresponda al último ejercicio cuyo plazo de declaración hubiese finalizado en el momento de comisión de la infracción, con un mínimo de 10.000 euros y un máximo de 100.000 euros.

b) Cuando el incumplimiento lo realicen personas o entidades que desarrollen actividades económicas, se sancionará de la siguiente forma:

1.º Si la infracción se refiere a la aportación o al examen de libros de contabilidad, registros fiscales, ficheros, programas, sistemas operativos y de control o consista en el incumplimiento del deber de facilitar la entrada o permanencia en fincas y locales o el reconocimiento de elementos o instalaciones, consistirá en multa pecuniaria proporcional del 2 por ciento de la cifra de negocios correspondiente al último ejercicio cuyo plazo de declaración hubiese

---

[447] Nuevo apartado 6 del artículo 203, renumerándose los actuales 6 y 7 como 7 y 8, respectivamente en virtud del art. 1.doce de la Ley 7/2012, de 29 de octubre, de modificación de la normativa tributaria y presupuestaria y de adecuación de la normativa financiera para la intensificación de las actuaciones en la prevención y lucha contra el fraude (BOE núm. 261, de 30 de octubre de 2012), en vigor desde el 31 de octubre de 2012.
El Tribunal Constitucional en Sentencia 74/2022, de 14 de junio de 2022. desestima la cuestión de inconstitucionalidad planteada por la Sección Segunda de la Sala de lo Contencioso-Administrativo del Tribunal Supremo respecto del artículo 203.6 b) 1 de la Ley 58/2003, de 17 de diciembre, general tributaria, en la redacción dada por la Ley 7/2012, de 29 de octubre.

finalizado en el momento de comisión de la infracción, con un mínimo de 20.000 euros y un máximo de 600.000 euros.

2.º Si la infracción se refiere a la falta de aportación de datos, informes, antecedentes, documentos, facturas u otros justificantes concretos:

a) Multa pecuniaria fija de 3.000 euros, si no comparece o no se facilita la información exigida en el plazo concedido en el primer requerimiento notificado al efecto.

b) Multa pecuniaria fija de 15.000 euros, si no comparece o no se facilita la información exigida en el plazo concedido en el segundo requerimiento notificado al efecto.

c) Si no comparece o no se facilita la información exigida en el plazo concedido en el tercer requerimiento notificado al efecto, la sanción consistirá:

– Si el incumplimiento se refiere a magnitudes monetarias conocidas, en multa pecuniaria proporcional de la mitad del importe de las operaciones requeridas y no contestadas, con un mínimo de 20.000 euros y un máximo de 600.000 euros.

– Si el incumplimiento no se refiere a magnitudes monetarias o no se conociera el importe de las operaciones requeridas, la sanción será del 1 por ciento de la cifra de negocios correspondiente al último ejercicio cuyo plazo de declaración hubiese finalizado en el momento de comisión de la infracción, con un mínimo de 20.000 euros y un máximo de 600.000 euros.

En cualquiera de los casos contemplados en este apartado, si el obligado tributario diese total cumplimiento al requerimiento administrativo antes de la finalización del procedimiento sancionador o, si es anterior, de la finalización del trámite de audiencia del procedimiento de inspección, el importe de la sanción será de la mitad de las cuantías anteriormente señaladas.

7[448]. Lo dispuesto en los apartados anteriores será de aplicación cuando la resistencia, obstrucción, excusa o negativa se refiera a actuaciones en España de funcionarios extranjeros realizadas en el marco de la asistencia mutua.

8[449]. Cuando la resistencia, obstrucción, excusa o negativa se refiera al quebrantamiento de las medidas cautelares adoptadas conforme a lo dispuesto en los artículos 146, 162 y 210 de esta Ley, la sanción consistirá en multa pecuniaria proporcional del 2 por 100 de la cifra de negocios del sujeto infractor en el año natural anterior a aquel en el que se produjo la infracción, con un mínimo de 3.000 euros.

Artículo 204. *Infracción tributaria por incumplir el deber de sigilo exigido a los retenedores y a los obligados a realizar ingresos a cuenta.*

1. Constituye infracción tributaria el incumplimiento del deber de sigilo que el artículo 95 de esta Ley exige a retenedores y obligados a realizar ingresos a cuenta.

La infracción prevista en este artículo será grave.

2. La sanción consistirá en multa pecuniaria fija de 300 euros por cada dato o conjunto de datos referidos a una misma persona o entidad que hubiera sido comunicado indebidamente.

---

[448] Apartado seis incorporado por la Disposición Final Primera.uno.18 del Real Decreto-ley 20/2011, de 30 de diciembre, de medidas urgentes en materia presupuestaria, tributaria y financiera para la corrección del déficit público (BOE núm. 315, de 31 de diciembre), con efectos desde el 1 de enero de 2012 y renumerado como apartado 7 por la Ley 7/2012, de 29 de octubre.

[449] Original apartado 6, renumerado como 7 por el Real Decreto-Ley 20/2010 y, renumerado como 8 por la Ley 7/2012, de 29 de octubre.

La sanción se graduará incrementando la cuantía anterior en el 100 por 100 si existe comisión repetida de la infracción.

Artículo 205. *Infracción tributaria por incumplir la obligación de comunicar correctamente datos al pagador de rentas sometidas a retención o ingreso a cuenta.*
1. Constituye infracción tributaria no comunicar datos o comunicar datos falsos, incompletos o inexactos al pagador de rentas sometidas a retención o ingreso a cuenta, cuando se deriven de ello retenciones o ingresos a cuenta inferiores a los procedentes.
2. La infracción será leve cuando el obligado tributario tenga obligación de presentar autoliquidación que incluya las rentas sujetas a retención o ingreso a cuenta.
La base de la sanción será la diferencia entre la retención o ingreso a cuenta procedente y la efectivamente practicada durante el período de aplicación de los datos falsos, incompletos o inexactos.
La sanción consistirá en multa pecuniaria proporcional del 35 por 100.
3. La infracción será muy grave cuando el obligado tributario no tenga obligación de presentar autoliquidación que incluya las rentas sujetas a retención o ingreso a cuenta.
La base de la sanción será la diferencia entre la retención o ingreso a cuenta procedente y la efectivamente practicada durante el período de aplicación de los datos falsos, incompletos o inexactos.
La sanción consistirá en multa pecuniaria proporcional del 150 por 100.

Artículo 206[450]. *Infracción por incumplir la obligación de entregar el certificado de retenciones o ingresos a cuenta.*
1. Constituye infracción tributaria el incumplimiento de la obligación de entregar el certificado de retenciones o ingresos a cuenta practicados a los obligados tributarios perceptores de las rentas sujetas a retención o ingreso a cuenta.
La infracción prevista en este artículo será leve.
2. La sanción consistirá en multa pecuniaria fija de 150 euros.

Artículo 206 bis[451]. *Infracción en supuestos de conflicto en la aplicación de la norma tributaria.*
1. Constituye infracción tributaria el incumplimiento de las obligaciones tributarias mediante la realización de actos o negocios cuya regularización se hubiese efectuado mediante la aplicación de lo dispuesto en el artículo 15 de esta Ley y en la que hubiese resultado acreditada cualquiera de las siguientes situaciones:
a) La falta de ingreso dentro del plazo establecido en la normativa de cada tributo de la totalidad o parte de la deuda tributaria.
b) La obtención indebida de una devolución derivada de la normativa de cada tributo.
c) La solicitud indebida de una devolución, beneficio o incentivo fiscal.

---

[450] Art. 19 (Infracción tributaria por incumplir la obligación de entregar el certificado de retenciones o ingresos a cuenta), del RGS (§4).
[451] Nuevo artículo incorporado por el art. único Treinta y cinco de la Ley 34/2015, de 21 de septiembre, de modificación parcial de la Ley 58/2003, de 17 de diciembre, General Tributaria (BOE núm. 227, de 22 de septiembre de 2015), con entrada en vigor el día 11 de octubre de 2015.

d) La determinación o acreditación improcedente de partidas positivas o negativas o créditos tributarios a compensar o deducir en la base o en la cuota de declaraciones futuras, propias o de terceros.

2. El incumplimiento a que se refiere el apartado anterior constituirá infracción tributaria exclusivamente cuando se acredite la existencia de igualdad sustancial entre el caso objeto de regularización y aquel o aquellos otros supuestos en los que se hubiera establecido criterio administrativo y éste hubiese sido hecho público para general conocimiento antes del inicio del plazo para la presentación de la correspondiente declaración o autoliquidación.

A estos efectos se entenderá por criterio administrativo el establecido por aplicación de lo dispuesto en el apartado 2 del artículo 15 de esta Ley.

Reglamentariamente se regulará la publicidad del criterio administrativo derivado de los informes establecidos en el apartado 2 del artículo 15 de esta Ley.

3. La infracción tributaria prevista en este artículo será grave.

4. La sanción consistirá en:

a) Multa pecuniaria proporcional del 50% de la cuantía no ingresada en el supuesto del apartado 1.a).

b) Multa pecuniaria proporcional del 50% la cantidad devuelta indebidamente en el supuesto del apartado 1.b).

c) Multa pecuniaria proporcional del 15% de la cantidad indebidamente solicitada en el supuesto del apartado 1.c).

d) Multa pecuniaria proporcional del 15% del importe de las cantidades indebidamente determinadas o acreditadas, si se trata de partidas a compensar o deducir en la base imponible, o del 50% si se trata de partidas a deducir en la cuota o de créditos tributarios aparentes, en el supuesto del apartado 1.d).

5. Las infracciones y sanciones reguladas en este artículo serán incompatibles con las que corresponderían por las reguladas en los artículos 191, 193, 194 y 195 de esta Ley.

6. En los supuestos regulados en este artículo resultará de aplicación lo dispuesto en el artículo 188 de esta Ley.

CAPÍTULO IV. Procedimiento sancionador en materia tributaria

Artículo 207. *Regulación del procedimiento sancionador en materia tributaria.*

El procedimiento sancionador en materia tributaria se regulará:

a) Por las normas especiales establecidas en este Título y la normativa reglamentaria dictada en su desarrollo[452].

b) En su defecto, por las normas reguladoras del procedimiento sancionador en materia administrativa[453].

---

[452] Art. 20 (Atribución de las competencias en el procedimiento sancionador) y sigs. del RGS (§4).

[453] Arts. 55.2, 60.2, 61.3, 63, 64, 77.4, 85, 89, 90, 96.5, 98.1.b), 114.1.f) de la Ley 39/2015, de 1 de octubre, del Procedimiento Administrativo Común de las Administraciones Públicas (BOE núm. 236, de 2 de octubre de 2015), con entrada en vigor el 2 de octubre de 2016; art. 134 a 138 de la Ley 30/1992, de 26 de noviembre, de Régimen Jurídico de las Administraciones Públicas y del Procedimiento Administrativo Común.

Artículo 208[454]. *Procedimiento para la imposición de sanciones tributarias.*

1. El procedimiento sancionador en materia tributaria se tramitará de forma separada a los de aplicación de los tributos regulados en el Título III de esta Ley, salvo renuncia del obligado tributario, en cuyo caso se tramitará conjuntamente.

2. En los supuestos de actas con acuerdo y en aquellos otros en que el obligado tributario haya renunciado a la tramitación separada del procedimiento sancionador, las cuestiones relativas a las infracciones se analizarán en el correspondiente procedimiento de aplicación de los tributos de acuerdo con la normativa reguladora del mismo, conforme se establezca reglamentariamente.

En las actas con acuerdo, la renuncia al procedimiento separado se hará constar expresamente en las mismas, y la propuesta de sanción debidamente motivada, con el contenido previsto en el apartado 4 del artículo 210 de esta Ley, se incluirá en el acta con acuerdo.

Reglamentariamente se regulará la forma y plazo de ejercicio del derecho a la renuncia al procedimiento sancionador separado[455].

3[456]**.** Los procedimientos sancionadores garantizarán a los afectados por ellos los siguientes derechos:

a) A ser notificado de los hechos que se le imputen, de las infracciones que tales hechos puedan constituir y de las sanciones que, en su caso, se le pudieran imponer, así como de la identidad del instructor, de la autoridad competente para imponer la sanción y de la norma que atribuya tal competencia.

b) A formular alegaciones y utilizar los medios de defensa admitidos por el ordenamiento jurídico que resulten procedentes.

c) Los demás derechos reconocidos por el artículo 34 de esta Ley.

4[457]**.** La práctica de notificaciones en el procedimiento sancionador en materia tributaria se efectuará de acuerdo con lo previsto en la Sección Tercera del Capítulo II del Título III de esta Ley.

Artículo 209[458]. *Iniciación del procedimiento sancionador en materia tributaria.*

1. El procedimiento sancionador en materia tributaria se iniciará siempre de oficio, mediante la notificación del acuerdo del órgano competente.

2[459]**.** Los procedimientos sancionadores que se incoen como consecuencia de un procedimiento iniciado mediante declaración o de un procedimiento de verificación de datos,

---

[454] Art. 21 (Procedimiento para la imposición de sanciones tributarias) del RGS (§4).

[455] Arts. 26 y 27 del RGS (§4).

[456] Nuevo apartado incorporado por el art. quinto. Dieciséis de la Ley 36/2006, de 29 de noviembre, de medidas para la prevención del fraude fiscal (BOE núm. 286, de 30 de noviembre de 2006), en vigor desde el 1-12-2006.

[457] Apartado 3 del artículo 208 original pasa a ser el apartado 4 debido a la incorporación de un nuevo apartado 3, de acuerdo con lo establecido por el art. quinto. Dieciséis de la Ley 36/2006, de 29 de noviembre, de medidas para la prevención del fraude fiscal (BOE núm. 286, de 30 de noviembre de 2006), en vigor desde el 1-12-2006.

[458] Art. 22 (Iniciación del procedimiento sancionador) del RGS (§4).

[459] Nueva redacción del art. 209.2 dada por el art. decimotercero Veintidós de la Ley 11/2021, de 9 de julio, de medidas de prevención y lucha contra el fraude fiscal, de transposición de la Directiva (UE) 2016/1164, del Consejo, de 12 de julio de 2016, por la que se establecen normas contra las prácticas de elusión fiscal

comprobación o inspección no podrán iniciarse respecto a la persona o entidad que hubiera sido objeto del procedimiento una vez transcurrido el plazo de seis meses desde que se hubiese notificado o se entendiese notificada la correspondiente liquidación o resolución.

Los procedimientos sancionadores que se incoen para la imposición de las sanciones a que se refiere el artículo 186 de esta Ley deberán iniciarse en el plazo de seis meses desde que se hubiese notificado o se entendiese notificada la sanción pecuniaria a que se refiere dicho precepto.

Artículo 210[460]. *Instrucción del procedimiento sancionador en materia tributaria.*

1. En la instrucción del procedimiento sancionador serán de aplicación las normas especiales sobre el desarrollo de las actuaciones y procedimientos tributarios a las que se refiere el artículo 99 de esta Ley.

2. Los datos, pruebas o circunstancias que obren o hayan sido obtenidos en alguno de los procedimientos de aplicación de los tributos regulados en el Título III de esta Ley y vayan a ser tenidos en cuenta en el procedimiento sancionador deberán incorporarse formalmente al mismo antes de la propuesta de resolución.

3. En el curso del procedimiento sancionador se podrán adoptar medidas cautelares de acuerdo con lo dispuesto en el artículo 146 de esta Ley.

4. Concluidas las actuaciones, se formulará propuesta de resolución en la que se recogerán de forma motivada los hechos, su calificación jurídica y la infracción que aquéllos puedan constituir o la declaración, en su caso, de inexistencia de infracción o responsabilidad.

En la propuesta de resolución se concretará asimismo la sanción propuesta con indicación de los criterios de graduación aplicados, con motivación adecuada de la procedencia de los mismos.

La propuesta de resolución será notificada al interesado, indicándole la puesta de manifiesto del expediente y concediéndole un plazo de quince días para que alegue cuanto considere conveniente y presente los documentos, justificantes y pruebas que estime oportunos.

5. Cuando al tiempo de iniciarse el expediente sancionador se encontrasen en poder del órgano competente todos los elementos que permitan formular la propuesta de imposición de sanción, ésta se incorporará al acuerdo de iniciación. Dicho acuerdo se notificará al interesado, indicándole la puesta de manifiesto del expediente y concediéndole un plazo de quince días para que alegue cuanto considere conveniente y presente los documentos, justificantes y pruebas que estime oportunos.

---

que inciden directamente en el funcionamiento del mercado interior, de modificación de diversas normas tributarias y en materia de regulación del juego (BOE núm. 164, de 10 de julio de 2021), en vigor desde el 11 de julio de 2021.
Redacción anterior dada por el art. 1.trece de la Ley 7/2012, de 29 de octubre, de modificación de la normativa tributaria y presupuestaria y de adecuación de la normativa financiera para la intensificación de las actuaciones en la prevención y lucha contra el fraude (BOE núm. 261, de 30 de octubre de 2012), en vigor desde el 31 de octubre de 2012.
[460] Arts. 23, 25 a 28, 30 y 31 del RGS (§4).

Artículo 211[461]. *Terminación del procedimiento sancionador en materia tributaria.*

1. El procedimiento sancionador en materia tributaria terminará mediante resolución o por caducidad.

Cuando en un procedimiento sancionador iniciado como consecuencia de un procedimiento de inspección el interesado preste su conformidad a la propuesta de resolución, se entenderá dictada y notificada la resolución por el órgano competente para imponer la sanción, de acuerdo con dicha propuesta, por el transcurso del plazo de un mes a contar desde la fecha en que dicha conformidad se manifestó, sin necesidad de nueva notificación expresa al efecto, salvo que en dicho plazo el órgano competente para imponer la sanción notifique al interesado acuerdo con alguno de los contenidos a los que se refieren las letras del apartado 3 del artículo 156 de esta Ley.

2[462]. El procedimiento sancionador en materia tributaria deberá concluir en el plazo máximo de seis meses contados desde la notificación de la comunicación de inicio del procedimiento. Se entenderá que el procedimiento concluye en la fecha en que se notifique el acto administrativo de resolución del mismo. A efectos de entender cumplida la obligación de notificar y de computar el plazo de resolución serán aplicables las reglas contenidas en el apartado 2 del artículo 104 de esta Ley.

Cuando habiéndose iniciado el procedimiento sancionador concurra en el procedimiento inspector del que trae causa alguna de las circunstancias previstas en el apartado 5 del artículo 150 de esta Ley, el plazo para concluir el procedimiento sancionador se extenderá por el mismo periodo que resulte procedente de acuerdo con lo dispuesto en dicho apartado.

3. La resolución expresa del procedimiento sancionador en materia tributaria contendrá la fijación de los hechos, la valoración de las pruebas practicadas, la determinación de la infracción cometida, la identificación de la persona o entidad infractora y la cuantificación de la sanción que se impone, con indicación de los criterios de graduación de la misma y de la reducción que proceda de acuerdo con lo previsto en el artículo 188 de esta Ley. En su caso, contendrá la declaración de inexistencia de infracción o responsabilidad.

4. El vencimiento del plazo establecido en el apartado 2 de este artículo sin que se haya notificado resolución expresa producirá la caducidad del procedimiento.

La declaración de caducidad podrá dictarse de oficio o a instancia del interesado y ordenará el archivo de las actuaciones. Dicha caducidad impedirá la iniciación de un nuevo procedimiento sancionador.

5. Son órganos competentes para la imposición de sanciones:

a) El Consejo de Ministros, si consisten en la suspensión del ejercicio de profesiones oficiales, empleo o cargo público.

b) El Ministro de Hacienda, el órgano equivalente de las Comunidades Autónomas, el órgano competente de las Entidades Locales u órganos en quienes deleguen, cuando consistan en la pérdida del derecho a aplicar beneficios o incentivos fiscales cuya concesión le

---

[461] Art. 24 (Resolución del procedimiento sancionador) y art. 27 (Tramitación y resolución del procedimiento sancionador en caso de renuncia) del RGS (§4).

[462] Nueva redacción del apartado 2 del art. 211 dada por el art. único Treinta y seis de la Ley 34/2015, de 21 de septiembre, de modificación parcial de la Ley 58/2003, de 17 de diciembre, General Tributaria (BOE núm. 227, de 22 de septiembre de 2015), con entrada en vigor el día 11 de octubre de 2015.

corresponda o que sean de directa aplicación por los obligados tributarios, o de la posibilidad de obtener subvenciones o ayudas públicas o en la prohibición para contratar con la Administración Pública correspondiente.

c) El órgano competente para el reconocimiento del beneficio o incentivo fiscal, cuando consistan en la pérdida del derecho a aplicar el mismo, salvo lo dispuesto en la letra anterior.

d) El órgano competente para liquidar o el órgano superior inmediato de la unidad administrativa que ha propuesto el inicio del procedimiento sancionador.

Artículo 212. *Recursos contra sanciones.*

1. El acto de resolución del procedimiento sancionador podrá ser objeto de recurso o reclamación independiente.

En el supuesto de que el contribuyente impugne también la deuda tributaria, se acumularán ambos recursos o reclamaciones, siendo competente el que conozca la impugnación contra la deuda.

2. Se podrá recurrir la sanción sin perder la reducción por conformidad prevista en la letra b) del apartado 1 del artículo 188 de esta Ley siempre que no se impugne la regularización.

Las sanciones que deriven de actas con acuerdo no podrán ser impugnadas en vía administrativa. La impugnación de dicha sanción en vía contencioso-administrativa supondrá la exigencia del importe de la reducción practicada.

3[463]**.** La interposición en tiempo y forma de un recurso o reclamación administrativa contra una sanción producirá los siguientes efectos:

a) La ejecución de las sanciones quedará automáticamente suspendida en periodo voluntario sin necesidad de aportar garantías hasta que sean firmes en vía administrativa[464].

b) No se exigirán intereses de demora por el tiempo que transcurra hasta la finalización del plazo de pago en periodo voluntario abierto por la notificación de la resolución que ponga fin a la vía administrativa, exigiéndose intereses de demora a partir del día siguiente a la finalización de dicho plazo.

Lo dispuesto en los párrafos a) y b) de este apartado se aplicará a los efectos de suspender las sanciones tributarias objeto de derivación de responsabilidad, tanto en el caso de que la sanción fuese recurrida por el sujeto infractor, como cuando en ejercicio de lo dispuesto en el artículo 174.5 de esta Ley dicha sanción sea recurrida por el responsable. En ningún caso será objeto de suspensión automática por este precepto la deuda tributaria objeto de derivación.

Tampoco se suspenderán con arreglo a este precepto las responsabilidades por el pago de deudas previstas en el artículo 42.2 de esta Ley.

---

[463] Nueva redacción del art. 212.3 dada por el art. 1.catorce de la Ley 7/2012, de 29 de octubre, de modificación de la normativa tributaria y presupuestaria y de adecuación de la normativa financiera para la intensificación de las actuaciones en la prevención y lucha contra el fraude (BOE núm. 261, de 30 de octubre de 2012), en vigor desde el 31 de octubre de 2012.

[464] Art. 233 de la LGT (§1) y art. 29 (Suspensión de la ejecución de las sanciones) del RGS (§4).

TÍTULO V. REVISIÓN EN VÍA ADMINISTRATIVA[465]

CAPÍTULO I. Normas comunes

Artículo 213. *Medios de revisión.*

1. Los actos y actuaciones de aplicación de los tributos y los actos de imposición de sanciones tributarias podrán revisarse, conforme a lo establecido en los Capítulos siguientes, mediante:

a) Los procedimientos especiales de revisión[466].

b) El recurso de reposición[467].

c) Las reclamaciones económico-administrativas[468].

2. Las resoluciones firmes de los órganos económico-administrativos, así como los actos de aplicación de los tributos y de imposición de sanciones sobre los que hubiera recaído resolución económico-administrativa, no podrán ser revisados en vía administrativa, cualquiera que sea la causa alegada, salvo en los supuestos de nulidad de pleno derecho previstos en el artículo 217, rectificación de errores del artículo 220 y recurso extraordinario de revisión regulado en el artículo 244 de esta Ley.

Las resoluciones de los órganos económico-administrativos podrán ser declaradas lesivas conforme a lo previsto en el artículo 218 de esta Ley.

3. Cuando hayan sido confirmados por sentencia judicial firme, no serán revisables en ningún caso los actos de aplicación de los tributos y de imposición de sanciones ni las resoluciones de las reclamaciones económico-administrativas.

Artículo 214. *Capacidad y representación, prueba, notificaciones y plazos de resolución.*

1[469]. En los procedimientos especiales de revisión, recursos y reclamaciones previstos en el presente Título serán de aplicación las normas sobre capacidad y representación establecidas en la Sección Cuarta del Capítulo II del Título II de esta Ley, y las normas sobre prueba y notificaciones establecidas en las Secciones Segunda y Tercera del Capítulo II del Título III de esta Ley.

2. Lo dispuesto en los apartados anteriores se aplicará teniendo en consideración las especialidades reguladas en el Capítulo IV de este Título.

---

[465] Desarrollado en el Real Decreto 520/2005, de 13 de mayo, por el que se aprueba el Reglamento General de desarrollo de la Ley 58/2003, de 17 de diciembre, General Tributaria, en materia de revisión en vía administrativa, [RGRVA (§5)].
Art. 20 de la Ley Orgánica 8/1980, de 22 de septiembre, de Financiación de las Comunidades Autónomas y art. 59 (Alcance de la delegación de competencias en relación con la revisión en vía administrativa), de la Ley 22/2009, de 18 de diciembre, por la que se regula el sistema de financiación de las Comunidades Autónomas de régimen común y Ciudades con Estatuto de Autonomía y se modifican determinadas normas tributarias. Artículo 14 (Revisión de actos en vía administrativa) del Real Decreto Legislativo 2/2004, de 5 de marzo, por el que se aprueba el texto refundido de la Ley Reguladora de las Haciendas Locales.

[466] Arts. 216 a 221 de la LGT (§1).

[467] Arts. 222 a 225 de la LGT (§1).

[468] Arts. 226 a 248 de la LGT (§1).

[469] Art. 2 (Contenido de la solicitud o del escrito de iniciación), art. 3 (Representación) y Art. 50 (Domicilio para notificaciones) del RGRVA (§5).

3. A efectos del cómputo de los plazos de resolución previstos en este Título será de aplicación lo dispuesto en el apartado 2 del artículo 104 de esta Ley.

Artículo 215. *Motivación de las resoluciones.*
1. Las resoluciones de los procedimientos especiales de revisión, recursos y reclamaciones regulados en el presente Título deberán ser motivadas, con sucinta referencia a hechos y fundamentos de Derecho.
2. También deberán motivarse los actos dictados en estos procedimientos relativos a las siguientes cuestiones:
a) La inadmisión de escritos de cualquier clase presentados por los interesados.
b) La suspensión de la ejecución de los actos impugnados, la denegación de la suspensión y la inadmisión a trámite de la solicitud de suspensión.
c) La abstención de oficio para conocer o seguir conociendo del asunto por razón de la materia.
d) La procedencia o improcedencia de la recusación, la denegación del recibimiento a prueba o de cualquier diligencia de ella y la caducidad de la instancia.
e) Las que limiten derechos subjetivos de los interesados en el procedimiento.
f) La suspensión del procedimiento o las causas que impidan la continuación del mismo.

CAPÍTULO II. Procedimientos especiales de revisión

Artículo 216. *Clases de procedimientos especiales de revisión.*
Son procedimientos especiales de revisión los de:
a) Revisión de actos nulos de pleno derecho[470].
b) Declaración de lesividad de actos anulables[471].
c) Revocación[472].
d) Rectificación de errores[473].
e) Devolución de ingresos indebidos[474].

SECCIÓN 1.ª *Procedimiento de revisión de actos nulos de pleno derecho*

Artículo 217[475]. *Declaración de nulidad de pleno derecho.*
1. Podrá declararse la nulidad de pleno derecho de los actos dictados en materia tributaria, así como de las resoluciones de los órganos económico-administrativos, que hayan

---

[470] Art. 217 de la LGT (§1) y arts. 4, 5, 6 y 57 del RGRVA (§5).
[471] Art. 218 de la LGT (§1) y arts. 7, 8, y 9 del RGRVA (§5).
[472] Art. 219 de la LGT (§1) y arts. 10, 11, y 12 del RGRVA (§5).
[473] Art. 220 de la LGT (§1) y art. 13 del RGRVA (§5).
[474] Art. 211 de la LGT (§1) y arts. 14 a 20 del RGRVA (§5).
[475] Arts. 4 (Iniciación), art. 5 (Tramitación) y art. 6 (Resolución) del RGRVA (§5). Art. 59 (Alcance de la delegación de competencias en relación con la revisión en vía administrativa), de la Ley 22/2009, de 18 de diciembre, por la que se regula el sistema de financiación de las Comunidades Autónomas de régimen común y Ciudades con Estatuto de Autonomía y se modifican determinadas normas tributarias (BOE núm. 305, de 19 de diciembre de 2009).

puesto fin a la vía administrativa o que no hayan sido recurridos en plazo, en los siguientes supuestos:

a) Que lesionen los derechos y libertades susceptibles de amparo constitucional.

b) Que hayan sido dictados por órgano manifiestamente incompetente por razón de la materia o del territorio.

c) Que tengan un contenido imposible.

d) Que sean constitutivos de infracción penal o se dicten como consecuencia de ésta.

e) Que hayan sido dictados prescindiendo total y absolutamente del procedimiento legalmente establecido para ello o de las normas que contienen las reglas esenciales para la formación de la voluntad en los órganos colegiados.

f) Los actos expresos o presuntos contrarios al ordenamiento jurídico por los que se adquieren facultades o derechos cuando se carezca de los requisitos esenciales para su adquisición.

g) Cualquier otro que se establezca expresamente en una disposición de rango legal.

2. El procedimiento para declarar la nulidad a que se refiere este artículo podrá iniciarse:

a) Por acuerdo del órgano que dictó el acto o de su superior jerárquico.

b) A instancia del interesado.

3. Se podrá acordar motivadamente la inadmisión a trámite de las solicitudes formuladas por los interesados, sin necesidad de recabar dictamen del órgano consultivo, cuando el acto no sea firme en vía administrativa o la solicitud no se base en alguna de las causas de nulidad del apartado 1 de este artículo o carezca manifiestamente de fundamento, así como en el supuesto de que se hubieran desestimado en cuanto al fondo otras solicitudes sustancialmente iguales.

4. En el procedimiento se dará audiencia al interesado y serán oídos aquellos a quienes reconoció derechos el acto o cuyos intereses resultaron afectados por el mismo.

La declaración de nulidad requerirá dictamen favorable previo del Consejo de Estado u órgano equivalente de la respectiva Comunidad Autónoma, si lo hubiere.

5. En el ámbito de competencias del Estado, la resolución de este procedimiento corresponderá al Ministro de Hacienda.

6. El plazo máximo para notificar resolución expresa será de un año desde que se presente la solicitud por el interesado o desde que se le notifique el acuerdo de iniciación de oficio del procedimiento.

El transcurso del plazo previsto en el párrafo anterior sin que se hubiera notificado resolución expresa producirá los siguientes efectos:

a) La caducidad del procedimiento iniciado de oficio, sin que ello impida que pueda iniciarse de nuevo otro procedimiento con posterioridad.

b) La desestimación por silencio administrativo de la solicitud, si el procedimiento se hubiera iniciado a instancia del interesado.

7. La resolución expresa o presunta o el acuerdo de inadmisión a trámite de las solicitudes de los interesados pondrán fin a la vía administrativa.

SECCIÓN 2.ª *Declaración de lesividad de actos anulables*

Artículo 218[476]. ***Declaración de lesividad.***
1. Fuera de los casos previstos en el artículo 217 y 220 de esta Ley, la Administración tributaria no podrá anular en perjuicio de los interesados sus propios actos y resoluciones.
La Administración tributaria podrá declarar lesivos para el interés público sus actos y resoluciones favorables a los interesados que incurran en cualquier infracción del ordenamiento jurídico, a fin de proceder a su posterior impugnación en vía contencioso-administrativa.
2. La declaración de lesividad no podrá adoptarse una vez transcurridos cuatro años desde que se notificó el acto administrativo y exigirá la previa audiencia de cuantos aparezcan como interesados en el procedimiento.
3. Transcurrido el plazo de tres meses desde la iniciación del procedimiento sin que se hubiera declarado la lesividad se producirá la caducidad del mismo.
4. En el ámbito de la Administración General del Estado, la declaración de lesividad corresponderá al Ministro de Hacienda.

SECCIÓN 3.ª *Revocación*

Artículo 219[477]. ***Revocación de los actos de aplicación de los tributos y de imposición de sanciones.***
1. La Administración tributaria podrá revocar sus actos en beneficio de los interesados cuando se estime que infringen manifiestamente la ley, cuando circunstancias sobrevenidas que afecten a una situación jurídica particular pongan de manifiesto la improcedencia del acto dictado, o cuando en la tramitación del procedimiento se haya producido indefensión a los interesados.
La revocación no podrá constituir, en ningún caso, dispensa o exención no permitida por las normas tributarias, ni ser contraria al principio de igualdad, al interés público o al ordenamiento jurídico.
2. La revocación sólo será posible mientras no haya transcurrido el plazo de prescripción.
3. El procedimiento de revocación se iniciará siempre de oficio, y será competente para declararla el órgano que se determine reglamentariamente, que deberá ser distinto del órgano que dictó el acto.

---

[476] Art. 7 (Iniciación), art. 8 (Tramitación) y art. 9 (Resolución) del RGRVA (§5). Arts. 43 y 44 de la Ley 29/1998, de 13 de julio, reguladora de la Jurisdicción Contencioso-Administrativa y Art. 107 (Declaración de lesividad de actos anulables) de la Ley 39/2015, de 1 de octubre, del Procedimiento Administrativo Común de las Administraciones Públicas (BOE núm. 236, de 2 de octubre de 2015), con entrada en vigor el 2 de octubre de 2016, con anterioridad, art. 103 (Declaración de lesividad de actos anulables) de la Ley 30/1992, de 26 de noviembre, de Régimen Jurídico de las Administraciones Públicas y del Procedimiento Administrativo común. Art. 59 (Alcance de la delegación de competencias en relación con la revisión en vía administrativa), de la Ley 22/2009, de 18 de diciembre, por la que se regula el sistema de financiación de las Comunidades Autónomas de régimen común y Ciudades con Estatuto de Autonomía y se modifican determinadas normas tributarias (BOE núm. 305, de 19 de diciembre de 2009).
[477] Art. 10 (Iniciación), art. 11 (Tramitación) y art. 12 (Resolución) del RGRVA (§5).

En el expediente se dará audiencia a los interesados y deberá incluirse un informe del órgano con funciones de asesoramiento jurídico sobre la procedencia de la revocación del acto.

4. El plazo máximo para notificar resolución expresa será de seis meses desde la notificación del acuerdo de iniciación del procedimiento.

Transcurrido el plazo establecido en el párrafo anterior sin que se hubiera notificado resolución expresa, se producirá la caducidad del procedimiento.

5. Las resoluciones que se dicten en este procedimiento pondrán fin a la vía administrativa.

SECCIÓN 4.ª Rectificación de errores

Artículo 220[478]. *Rectificación de errores.*

1. El órgano u organismo que hubiera dictado el acto o la resolución de la reclamación rectificará en cualquier momento, de oficio o a instancia del interesado, los errores materiales, de hecho o aritméticos, siempre que no hubiera transcurrido el plazo de prescripción.

En particular, se rectificarán por este procedimiento los actos y las resoluciones de las reclamaciones económico- administrativas en los que se hubiera incurrido en error de hecho que resulte de los propios documentos incorporados al expediente.

La resolución corregirá el error en la cuantía o en cualquier otro elemento del acto o resolución que se rectifica.

2. El plazo máximo para notificar resolución expresa será de seis meses desde que se presente la solicitud por el interesado o desde que se le notifique el acuerdo de iniciación de oficio del procedimiento.

El transcurso del plazo previsto en el párrafo anterior sin que se hubiera notificado resolución expresa producirá los siguientes efectos:

a) La caducidad del procedimiento iniciado de oficio, sin que ello impida que pueda iniciarse de nuevo otro procedimiento con posterioridad.

b) La desestimación por silencio administrativo de la solicitud, si el procedimiento se hubiera iniciado a instancia del interesado.

3. Las resoluciones que se dicten en este procedimiento serán susceptibles de recurso de reposición y de reclamación económico-administrativa.

SECCIÓN 5.ª Devolución de ingresos indebidos

Artículo 221[479]. *Procedimiento para la devolución de ingresos indebidos.*

1[480]. El procedimiento para el reconocimiento del derecho a la devolución de ingresos indebidos se iniciará de oficio o a instancia del interesado, en los siguientes supuestos:

---

[478] Art. 13 (Procedimiento de rectificación de errores) del RGRVA (§5).

[479] Arts. 14 a 20 del RGRVA (§5).

[480] Nueva redacción del apartado 1 del art. 221 dada por el art. único Treinta y siete de la Ley 34/2015, de 21 de septiembre, de modificación parcial de la Ley 58/2003, de 17 de diciembre, General Tributaria (BOE núm. 227, de 22 de septiembre de 2015), con entrada en vigor el día 11 de octubre de 2015.

a) Cuando se haya producido una duplicidad en el pago de deudas tributarias o sanciones.

b) Cuando la cantidad pagada haya sido superior al importe a ingresar resultante de un acto administrativo o de una autoliquidación.

c) Cuando se hayan ingresado cantidades correspondientes a deudas o sanciones tributarias después de haber transcurrido los plazos de prescripción. En ningún caso se devolverán las cantidades satisfechas en la regularización voluntaria establecida en el artículo 252 de esta Ley.

d) Cuando así lo establezca la normativa tributaria.

Reglamentariamente se desarrollará el procedimiento previsto en este apartado, al que será de aplicación lo dispuesto en el apartado 2 del artículo 220 de esta Ley.

2. Cuando el derecho a la devolución se hubiera reconocido mediante el procedimiento previsto en el apartado 1 de este artículo o en virtud de un acto administrativo o una resolución económico-administrativa o judicial, se procederá a la ejecución de la devolución en los términos que reglamentariamente se establezcan.

3. Cuando el acto de aplicación de los tributos o de imposición de sanciones en virtud del cual se realizó el ingreso indebido hubiera adquirido firmeza, únicamente se podrá solicitar la devolución del mismo instando o promoviendo la revisión del acto mediante alguno de los procedimientos especiales de revisión establecidos en las letras a), c) y d) del artículo 216 y mediante el recurso extraordinario de revisión regulado en el artículo 244 de esta Ley.

4. Cuando un obligado tributario considere que la presentación de una autoliquidación ha dado lugar a un ingreso indebido, podrá instar la rectificación de la autoliquidación de acuerdo con lo dispuesto en el apartado 3 del artículo 120 de esta Ley.

5. En la devolución de ingresos indebidos se liquidarán intereses de demora de acuerdo con lo dispuesto en el apartado 2 del artículo 32 de esta Ley.

6. Las resoluciones que se dicten en este procedimiento serán susceptibles de recurso de reposición y de reclamación económico-administrativa.

CAPÍTULO III. Recurso de reposición[481]

Artículo 222[482]**. Objeto y naturaleza del recurso de reposición.**

1. Los actos dictados por la Administración tributaria susceptibles de reclamación económico-administrativa podrán ser objeto de recurso potestativo de reposición, con arreglo a lo dispuesto en el presente Capítulo.

2. El recurso de reposición deberá interponerse, en su caso, con carácter previo a la reclamación económico-administrativa.

La letra c) redactada por la Disp. Final Primera.Dos del Real Decreto-Ley 12/2012, de 30 de marzo, introduce diversas medidas tributarias y administrativas dirigidas a la reducción del déficit público (BOE núm. 78, de 31 de marzo de 2012), en vigor desde el día de su publicación en el «Boletín Oficial del Estado».

[481] Desarrollo en los arts. 21 a 27 del RGRVA (§5).

[482] Arts. 21 (Consecuencias de la simultaneidad) del RGRVA (§5). Disposición Adicional Cuarta (Normas relativas a las Haciendas Locales), de la LGT (§1) y art. 14 (Revisión de actos en vía administrativa) del Real Decreto Legislativo 2/2004, de 5 de marzo, por el que se aprueba el texto refundido de la Ley Reguladora de las Haciendas Locales.

Si el interesado interpusiera el recurso de reposición no podrá promover la reclamación económico-administrativa hasta que el recurso se haya resuelto de forma expresa o hasta que pueda considerarlo desestimado por silencio administrativo.

Cuando en el plazo establecido para recurrir se hubieran interpuesto recurso de reposición y reclamación económico-administrativa que tuvieran como objeto el mismo acto, se tramitará el presentado en primer lugar y se declarará inadmisible el segundo.

Artículo 223[483]. *Iniciación y tramitación del recurso de reposición.*

1. El plazo para la interposición de este recurso será de un mes contado a partir del día siguiente al de la notificación del acto recurrible o del siguiente a aquel en que se produzcan los efectos del silencio administrativo[484].

Tratándose de deudas de vencimiento periódico y notificación colectiva, el plazo para la interposición se computará a partir del día siguiente al de finalización del período voluntario de pago.

2. Si el recurrente precisase del expediente para formular sus alegaciones, deberá comparecer durante el plazo de interposición del recurso para que se le ponga de manifiesto.

3. A los legitimados e interesados en el recurso de reposición les serán aplicables las normas establecidas al efecto para las reclamaciones económico-administrativas.

4. La reposición somete a conocimiento del órgano competente para su resolución todas las cuestiones de hecho o de Derecho que ofrezca el expediente, hayan sido o no planteadas en el recurso, sin que en ningún caso se pueda empeorar la situación inicial del recurrente.

Si el órgano competente estima pertinente examinar y resolver cuestiones no planteadas por los interesados, las expondrá a los mismos para que puedan formular alegaciones.

Artículo 224[485]. *Suspensión de la ejecución del acto recurrido en reposición.*

1[486]**.** La ejecución del acto impugnado quedará suspendida automáticamente a instancia del interesado si se garantiza el importe de dicho acto, los intereses de demora que genere la suspensión y los recargos que procederían en caso de ejecución de la garantía, en los términos que se establezcan reglamentariamente.

---

[483] Art. 23 (Iniciación), art. 24 (Puesta de manifiesto del expediente) y art. 25 (Suspensión del acto impugnado), del RGRVA (§5).

[484] Ley 39/2015, de 1 de octubre, del Procedimiento Administrativo Común de las Administraciones Públicas, art. 30 «4. Si el plazo se fija en meses o años, éstos se computarán a partir del día siguiente a aquel en que tenga lugar la notificación o publicación del acto de que se trate, o desde el siguiente a aquel en que se produzca la estimación o desestimación por silencio administrativo.
El plazo concluirá el mismo día en que se produjo la notificación, publicación o silencio administrativo en el mes o el año de vencimiento. Si en el mes de vencimiento no hubiera día equivalente a aquel en que comienza el cómputo, se entenderá que el plazo expira el último día del mes.
5. Cuando el último día del plazo sea inhábil, se entenderá prorrogado al primer día hábil siguiente.
6. Cuando un día fuese hábil en el municipio o Comunidad Autónoma en que residiese el interesado, e inhábil en la sede del órgano administrativo, o a la inversa, se considerará inhábil en todo caso (...)».

[485] Art. 25 (Suspensión del acto impugnado) del RGRVA (§5).

[486] Nueva redacción del art. 224.1 dada por el art. 1.quince de la Ley 7/2012, de 29 de octubre, de modificación de la normativa tributaria y presupuestaria y de adecuación de la normativa financiera para la intensificación de las actuaciones en la prevención y lucha contra el fraude (BOE núm. 261, de 30 de octubre de 2012), en vigor desde el 31 de octubre de 2012.

Si la impugnación afectase a una sanción tributaria, su ejecución quedará suspendida automáticamente sin necesidad de aportar garantías de acuerdo con lo dispuesto en el apartado 3 del artículo 212 de esta Ley.

Si la impugnación afectase a un acto censal relativo a un tributo de gestión compartida, no se suspenderá en ningún caso, por este hecho, el procedimiento de cobro de la liquidación que pueda practicarse. Ello sin perjuicio de que, si la resolución que se dicte en materia censal afectase al resultado de la liquidación abonada, se realice la correspondiente devolución de ingresos.

2. Las garantías necesarias para obtener la suspensión automática a la que se refiere el apartado anterior serán exclusivamente las siguientes:

a) Depósito de dinero o valores públicos.

b) Aval o fianza de carácter solidario de entidad de crédito o sociedad de garantía recíproca o certificado de seguro de caución[487].

c) Fianza personal y solidaria de otros contribuyentes de reconocida solvencia para los supuestos que se establezcan en la normativa tributaria[488].

---

[487] **Orden EHA/3987/2005, de 15 diciembre, por la que se desarrolla parcialmente el Reglamento General de desarrollo de la Ley 58/2003, de 17 de diciembre, General Tributaria, en materia de revisión en vía administrativa, aprobado por Real Decreto 520/2005, de 13-5-2005, sobre requisitos de suficiencia de determinadas garantías aportadas para obtener la suspensión de la ejecución de los actos impugnados** (BOE núm. 304, de 21 diciembre de 2005), en vigor desde el día 22-12-2005.

«Artículo único. Requisitos de suficiencia de determinadas garantías aportadas para obtener la suspensión de la ejecución de actos impugnados en vía administrativa.

1. Cuando la garantía consista en un certificado de seguro de caución, la condición de asegurador deberá recaer en una entidad en activo y debidamente autorizada por la Dirección General de Seguros y Fondos de Pensiones para operar en España en el ramo del seguro de caución.

1.1. En el certificado que aporte el interesado deberán constar, como mínimo, los siguientes datos:

a) Identificación completa de la entidad aseguradora.

b) Indicación de que la condición de asegurado la ostenta la Administración competente para suspender la ejecución de los actos impugnados.

c) Identificación completa de la persona o entidad que ostenta la condición de tomador del seguro.

d) Las indicaciones que, como mínimo, deberán constar en el contrato de seguro y que se mencionan en el apartado 1.2 siguiente.

1.2. En las cláusulas del contrato, sin perjuicio de lo establecido en el artículo 8 de la Ley 50/1980, de 8 de octubre, del Contrato de Seguro, deberán constar, como mínimo, las siguientes indicaciones:

a) No podrá oponerse al asegurado ninguna excepción derivada de la relación del asegurador con el tomador del seguro, ni siquiera el impago de la prima.

b) El asegurador se compromete a indemnizar al asegurado al primer requerimiento y acepta la ejecución de la garantía por el procedimiento administrativo de apremio.

c) La vigencia del contrato se mantendrá hasta la fecha en la que la Administración autorice su cancelación. Para el caso de que dicho plazo fuera a exceder de 10 años, el tomador del seguro y el asegurador deberán estipular en el propio contrato de seguro que antes de que transcurra el citado plazo estipularán la prórroga automática del contrato de seguro, por plazos sucesivos de un año durante el tiempo que fuese preciso para mantener la vigencia de la garantía.

d) El importe máximo del que responde el asegurador.

Para admitir su validez y vigencia podrá solicitarse del Servicio Jurídico competente el bastanteo de los poderes de la persona que actúe en representación del asegurador».

[488] Orden EHA/3987/2005, de 15 diciembre, por la que se desarrolla parcialmente el Reglamento General de desarrollo de la Ley 58/2003, de 17 de diciembre, General Tributaria, en materia de revisión en vía

3. Podrá suspenderse la ejecución del acto recurrido sin necesidad de aportar garantía cuando se aprecie que al dictarlo se ha podido incurrir en error aritmético, material o de hecho.

4. Si el recurso no afecta a la totalidad de la deuda tributaria, la suspensión se referirá a la parte recurrida, quedando obligado el recurrente a ingresar la cantidad restante.

5[489]. En los casos del artículo 68.9 de esta Ley, si el recurso afecta a una deuda tributaria que, a su vez, ha determinado el reconocimiento de una devolución a favor del obligado tributario, las garantías aportadas para obtener la suspensión garantizarán asimismo las cantidades que, en su caso, deban reintegrarse como consecuencia de la estimación total o parcial del recurso.

6[490]. Cuando deba ingresarse total o parcialmente el importe derivado del acto impugnado como consecuencia de la resolución del recurso, se liquidará interés de demora por todo el período de suspensión, sin perjuicio de lo previsto en el apartado 4 del artículo 26 y en el apartado 3 del artículo 212 de esta Ley.

Artículo 225[491]. *Resolución del recurso de reposición.*

1. Será competente para conocer y resolver el recurso de reposición el órgano que dictó el acto recurrido.

Tratándose de actos dictados por delegación y salvo que en ésta se diga otra cosa, el recurso de reposición se resolverá por el órgano delegado.

2. El órgano competente para conocer del recurso de reposición no podrá abstenerse de resolver, sin que pueda alegarse duda racional o deficiencia de los preceptos legales.

---

administrativa, aprobado por Real Decreto 520/2005, de 13-5-2005, sobre requisitos de suficiencia de determinadas garantías aportadas para obtener la suspensión de la ejecución de los actos impugnados (BOE núm. 304, de 21 diciembre de 2005), en vigor desde el día 22-12-2005.

«Artículo único. Requisitos de suficiencia de determinadas garantías aportadas para obtener la suspensión de la ejecución de actos impugnados en vía administrativa…

2. Cuando la garantía consista en una fianza personal y solidaria de otros contribuyentes, su admisión queda condicionada al cumplimiento de las siguientes condiciones:

a) El importe de la deuda suspendida no podrá exceder de 1.500 euros.

b) La condición de fiador deberá recaer en dos personas físicas o jurídicas que no tengan la condición de interesados en el procedimiento recaudatorio cuya suspensión se solicita que, con arreglo a los datos de que disponga el órgano competente para suspender, estén al corriente de sus obligaciones tributarias y presenten una situación económica que les permita asumir el pago de la deuda suspendida.

c) El documento que se aporte indicará el carácter solidario de los fiadores con expresa renuncia a los beneficios de división y excusión».

[489]   Nuevo apartado 5 incorporado por el art. único Treinta y ocho de la Ley 34/2015, de 21 de septiembre, de modificación parcial de la Ley 58/2003, de 17 de diciembre, General Tributaria (BOE núm. 227, de 22 de septiembre de 2015), con entrada en vigor el día 11 de octubre de 2015.

[490]   Renumeración del apartado 5 original pasa a ser el apartado 6 por el art. único Treinta y ocho de la Ley 34/2015, de 21 de septiembre, de modificación parcial de la Ley 58/2003, de 17 de diciembre, General Tributaria (BOE núm. 227, de 22 de septiembre de 2015), con entrada en vigor el día 11 de octubre de 2015.

[491]   Art. 26 (Interesados en el procedimiento) y art. 27 (Notificación de la resolución), del RGRVA (§5).

La resolución contendrá una exposición sucinta de los hechos y los fundamentos jurídicos adecuadamente motivados que hayan servido para adoptar el acuerdo.

3[492]. En ejecución de una resolución que estime total o parcialmente el recurso contra la liquidación de una obligación tributaria conexa a otra del mismo obligado tributario de acuerdo con el artículo 68.9 de esta Ley, se regularizará la obligación conexa distinta de la recurrida en la que la Administración hubiese aplicado los criterios o elementos en que se fundamentó la liquidación de la obligación tributaria objeto de la reclamación.

Si de dicha regularización resultase la anulación de la liquidación de la obligación conexa distinta de la recurrida y la práctica de una nueva liquidación que se ajuste a lo resuelto en el recurso, será de aplicación lo dispuesto en el artículo 26.5 de esta Ley.

4[493]. El plazo máximo para notificar la resolución será de un mes contado desde el día siguiente al de presentación del recurso.

En el cómputo del plazo anterior no se incluirá el período concedido para efectuar alegaciones a los titulares de derechos afectados a los que se refiere el párrafo segundo del apartado 3 del artículo 232 de esta Ley, ni el empleado por otros órganos de la Administración para remitir los datos o informes que se soliciten. Los períodos no incluidos en el cómputo del plazo por las circunstancias anteriores no podrán exceder de dos meses.

Transcurrido el plazo máximo para resolver sin haberse notificado resolución expresa, y siempre que se haya acordado la suspensión del acto recurrido, dejará de devengarse el interés de demora en los términos previstos en el apartado 4 del artículo 26 de esta Ley.

5[494]. Transcurrido el plazo de un mes desde la interposición, el interesado podrá considerar desestimado el recurso al objeto de interponer la reclamación procedente.

6[495]. Contra la resolución de un recurso de reposición no puede interponerse de nuevo este recurso.

---

[492]   Nuevo apartado 3 incorporado por el art. único Treinta y nueve de la Ley 34/2015, de 21 de septiembre, de modificación parcial de la Ley 58/2003, de 17 de diciembre, General Tributaria (BOE núm. 227, de 22 de septiembre de 2015), con entrada en vigor el día 11 de octubre de 2015.

[493]   Renumeración, de los apartados 3, 4 y 5 originales que pasan a ser los apartados 4, 5 y 6 dada por el art. único Treinta y nueve de la Ley 34/2015, de 21 de septiembre, de modificación parcial de la Ley 58/2003, de 17 de diciembre, General Tributaria (BOE núm. 227, de 22 de septiembre de 2015), con entrada en vigor el día 11 de octubre de 2015.

[494]   Renumeración, de los apartados 3, 4 y 5 originales que pasan a ser los apartados 4, 5 y 6 dada por el art. único Treinta y nueve de la Ley 34/2015, de 21 de septiembre, de modificación parcial de la Ley 58/2003, de 17 de diciembre, General Tributaria (BOE núm. 227, de 22 de septiembre de 2015), con entrada en vigor el día 11 de octubre de 2015.

[495]   Renumeración, de los apartados 3, 4 y 5 originales que pasan a ser los apartados 4, 5 y 6 dada por el art. único Treinta y nueve de la Ley 34/2015, de 21 de septiembre, de modificación parcial de la Ley 58/2003, de 17 de diciembre, General Tributaria (BOE núm. 227, de 22 de septiembre de 2015), con entrada en vigor el día 11 de octubre de 2015.

CAPÍTULO IV. Reclamaciones económico-administrativas[496]

SECCIÓN 1.ª *Disposiciones Generales*

Subsección 1.ª Ámbito de las reclamaciones económico-administrativas

Artículo 226[497]**. *Ámbito de las reclamaciones económico-administrativas.***

Podrá reclamarse en vía económico-administrativa en relación con las siguientes materias:

a) La aplicación de los tributos del Estado o de los recargos establecidos sobre ellos y la imposición de sanciones tributarias que realicen la Administración General del Estado y las entidades de derecho público vinculadas o dependientes de la misma y las Administraciones tributarias de las Comunidades Autónomas y de las Ciudades con Estatuto de Autonomía.

b) Cualquier otra que se establezca por precepto legal del Estado expreso.

Artículo 227. *Actos susceptibles de reclamación económico-administrativa.*

1. La reclamación económico-administrativa será admisible, en relación con las materias a las que se refiere el artículo anterior, contra los actos siguientes:

a) Los que provisional o definitivamente reconozcan o denieguen un derecho o declaren una obligación o un deber.

b) Los de trámite que decidan, directa o indirectamente, el fondo del asunto o pongan término al procedimiento.

2. En materia de aplicación de los tributos, son reclamables:

a) Las liquidaciones provisionales o definitivas.

b) Las resoluciones expresas o presuntas derivadas de una solicitud de rectificación de una autoliquidación o de una comunicación de datos.

c) Las comprobaciones de valor de rentas, productos, bienes, derechos y gastos, así como los actos de fijación de valores, rendimientos y bases, cuando la normativa tributaria lo establezca.

d) Los actos que denieguen o reconozcan exenciones, beneficios o incentivos fiscales.

e) Los actos que aprueben o denieguen planes especiales de amortización.

f) Los actos que determinen el régimen tributario aplicable a un obligado tributario, en cuanto sean determinantes de futuras obligaciones, incluso formales, a su cargo.

g) Los actos dictados en el procedimiento de recaudación.

h) Los actos respecto a los que la normativa tributaria así lo establezca.

3. Asimismo, serán reclamables los actos que impongan sanciones.

4. Serán reclamables, igualmente, previo cumplimiento de los requisitos y en la forma que se determine reglamentariamente, las siguientes actuaciones u omisiones de los particulares en materia tributaria:

---

[496] Desarrollado por los arts. 1, 2, 3 y 28 a 69 del RGRVA (§5).

[497] Nueva redacción del art. 226 dada por la Disp. Final Tercera.Dos de la Ley 22/2009, de 18 de diciembre, por la que se regula el sistema de financiación de las Comunidades Autónomas de régimen común y Ciudades con Estatuto de Autonomía y se modifican determinadas normas tributarias (BOE núm. 305, de 19 de diciembre de 2009), en vigor desde el 20-12-2009 y con efectos desde el 1 de enero de 2010.

a) Las relativas a las obligaciones de repercutir y soportar la repercusión prevista legalmente.

b) Las relativas a las obligaciones de practicar y soportar retenciones o ingresos a cuenta.

c) Las relativas a la obligación de expedir, entregar y rectificar facturas que incumbe a los empresarios y profesionales.

d) Las derivadas de las relaciones entre el sustituto y el contribuyente.

5[498]. No se admitirán reclamaciones económico-administrativas respecto de los siguientes actos:

a) Los que den lugar a reclamación en vía administrativa previa a la judicial, civil o laboral o pongan fin a dicha vía.

b) Los dictados en procedimientos en los que esté reservada al Ministro de Economía y Hacienda o al Secretario de Estado de Hacienda y Presupuestos la resolución que ultime la vía administrativa.

c) Los dictados en virtud de una ley del Estado que los excluya de reclamación económico-administrativa.

Subsección 2.ª Organización y competencias

Artículo 228[499]. *Órganos económico-administrativos.*

1. El conocimiento de las reclamaciones económico-administrativas corresponderá con exclusividad a los órganos económico-administrativos, que actuarán con independencia funcional en el ejercicio de sus competencias.

2. En el ámbito de competencias del Estado, son órganos económico-administrativos:

a) El Tribunal Económico-Administrativo Central.

b) Los tribunales económico-administrativos regionales y locales.

3. También tendrá la consideración de órgano económico-administrativo la Sala Especial para la Unificación de Doctrina.

4. Corresponde a cada Comunidad Autónoma y cada Ciudad con Estatuto de Autonomía determinar su estructura administrativa para el ejercicio de la función revisora en el ámbito de las reclamaciones económico-administrativas, todo ello sin perjuicio de la labor unificadora del Estado que será ejercida por el Tribunal Económico-Administrativo Central y por la Sala Especial para la Unificación de Doctrina establecida en el apartado anterior.

5. La competencia de los órganos económico-administrativos será irrenunciable e improrrogable y no podrá ser alterada por la voluntad de los interesados.

---

[498] Nueva redacción del art. 227.5 dada por la Disp. Final Tercera.Tres de la Ley 22/2009, de 18 de diciembre, por la que se regula el sistema de financiación de las Comunidades Autónomas de régimen común y Ciudades con Estatuto de Autonomía y se modifican determinadas normas tributarias (BOE núm. 305, de 19 de diciembre de 2009), en vigor desde el 20-12-2009 y con efectos desde el 1 de enero de 2010.

[499] Arts. 28 al 34 del RGRVA (§5) y las Disp. Adic. Duodécima (Composición de los Tribunales Económico-Administrativos) de la LGT (§1).
Nueva redacción del art. 228 dada por la Disp. Final Tercera.Cuatro de la Ley 22/2009, de 18 de diciembre, por la que se regula el sistema de financiación de las Comunidades Autónomas de régimen común y Ciudades con Estatuto de Autonomía y se modifican determinadas normas tributarias (BOE núm. 305, de 19 de diciembre de 2009), en vigor desde el 20-12-2009 y con efectos desde el 1 de enero de 2010.

Artículo 229[500]. *Competencias de los órganos económico-administrativos.*

1[501]. El Tribunal Económico-Administrativo Central conocerá:

a) En única instancia, de las reclamaciones económico-administrativas que se interpongan contra los actos administrativos dictados por los órganos centrales del Ministerio de Economía y Hacienda u otros departamentos ministeriales, de la Agencia Estatal de Administración Tributaria y de las entidades de derecho público vinculadas o dependientes de la Administración General del Estado, así como, en su caso, contra los actos dictados por los órganos superiores de la Administración de las Comunidades Autónomas y de las Ciudades con Estatuto de Autonomía.

También conocerá en única instancia de las reclamaciones en las que deba oírse o se haya oído como trámite previo al Consejo de Estado.

b) En única instancia, de las reclamaciones económico-administrativas que se interpongan contra los actos administrativos dictados por los órganos periféricos de la Administración General del Estado, de la Agencia Estatal de Administración Tributaria y de las entidades de derecho público vinculadas o dependientes de la Administración General del Estado o, en su caso, por los órganos de las Comunidades Autónomas y de las Ciudades con Estatuto de Autonomía no comprendidos en la letra anterior, así como contra las actuaciones de los particulares susceptibles de reclamación, cuando, aun pudiendo presentarse la reclamación en primera instancia ante el tribunal económico-administrativo regional o local correspondiente o, en su caso, ante el órgano económico administrativo de las Comunidades Autónomas y de las Ciudades con Estatuto de Autonomía, la reclamación se interponga directamente ante el Tribunal Económico-Administrativo Central, de acuerdo con lo dispuesto en el apartado 6 de este artículo.

c) En segunda instancia, de los recursos de alzada ordinarios que se interpongan contra las resoluciones dictadas en primera instancia por los tribunales económico-administrativos regionales y locales y, en su caso, como consecuencia de la labor unificadora de criterio que corresponde al Estado, contra las resoluciones dictadas por los órganos económico-administrativos de las Comunidades Autónomas y de las Ciudades con Estatuto de Autonomía.

d) Como consecuencia de su labor unificadora de criterio, de los recursos extraordinarios de alzada para unificación de criterio previstos en el artículo 242 de esta Ley.

Asimismo y, como consecuencia de esta labor unificadora, cuando existan resoluciones de los Tribunales económico-administrativos Regionales o Locales que apliquen criterios distintos a los contenidos en resoluciones de otros Tribunales económico-administrativos,

[500] Disp. Adic. Decimocuarta (Cuantía de las reclamaciones...) de la LGT (1§) y Arts. 35 (Cuantía de la reclamación) y 36 (Cuantía necesaria para el recurso de alzada ordinario), del RGRVA (§5).
Nueva redacción del art. 229 dada por el art. único Cuarenta de la Ley 34/2015, de 21 de septiembre, de modificación parcial de la Ley 58/2003, de 17 de diciembre, General Tributaria (BOE núm. 227, de 22 de septiembre de 2015), con entrada en vigor el día 11 de octubre de 2015. Establecido en su Disposición Transitoria única. *Régimen transitorio:* «7. a) La nueva redacción de los artículos 229.6, 230, 234.2, 235.5, 241 ter, 242 y 245 a 247 será de aplicación a las reclamaciones y recursos interpuestos desde su entrada en vigor».
Redacción anterior del art. 229 dada por la Disp. Final Tercera.Cinco de la Ley 22/2009, de 18 de diciembre, por la que se regula el sistema de financiación de las Comunidades Autónomas de régimen común y Ciudades con Estatuto de Autonomía y se modifican determinadas normas tributarias (BOE núm. 305, de 19 de diciembre de 2009), en vigor desde el 20-12-2009 y con efectos desde el 1 de enero de 2010.
[501] Art. 29 (El Tribunal Económico-administrativo Central) del RGRVA (§5).

o que revistan especial trascendencia, el Presidente o la Vocalía Coordinadora del Tribunal Económico-Administrativo Central, por iniciativa propia o a propuesta de cualquiera de los Vocales del Tribunal Económico-Administrativo Central o de los Presidentes de los Tribunales Económico-Administrativos Regionales o Locales, podrán promover la adopción de una resolución en unificación de criterio por la Sala o por el Pleno del Tribunal Económico-Administrativo Central, que tendrá los mismos efectos que la resolución del recurso regulado en el artículo 242 de esta Ley. Con carácter previo a la resolución de unificación de criterio, se dará trámite de alegaciones por plazo de un mes, contado desde que se les comunique el acuerdo de promoción de la resolución en unificación de criterio, a los Directores Generales del Ministerio de Hacienda y Administraciones Públicas, a los Directores de Departamento de la Agencia Estatal de Administración Tributaria y a los órganos equivalentes o asimilados de las Comunidades Autónomas y de las Ciudades con Estatuto de Autonomía respecto a las materias de su competencia.

e) De los recursos extraordinarios de revisión, salvo los supuestos a los que se refiere el artículo 59.1.c) último párrafo de la Ley 22/2009, por la que se regula el sistema de financiación de las Comunidades Autónomas de régimen común y Ciudades con Estatuto de Autonomía.

f) De la rectificación de errores en los que incurran sus propias resoluciones, de acuerdo con lo dispuesto en el artículo 220 de esta Ley.

2[502]. Los Tribunales Económico-Administrativos Regionales y Locales conocerán:

a) En única instancia, de las reclamaciones que se interpongan contra los actos administrativos dictados por los órganos periféricos de la Administración General del Estado, de la Agencia Estatal de Administración Tributaria y de las entidades de derecho público vinculadas o dependientes de la Administración General del Estado y, en su caso, por los órganos de la Administración de las Comunidades Autónomas y de las Ciudades con Estatuto de Autonomía no comprendidos en el párrafo a) del apartado anterior, cuando la cuantía de la reclamación sea igual o inferior al importe que se determine reglamentariamente.

b) En primera instancia, de las reclamaciones que se interpongan contra los actos administrativos dictados por los órganos mencionados en el párrafo a) de este apartado, cuando la cuantía de la reclamación sea superior al importe que se determine reglamentariamente.

c) De la rectificación de errores en los que incurran sus propias resoluciones, de acuerdo con lo dispuesto en el artículo 220 de esta Ley.

3. Cuando existan resoluciones de una Sala desconcentrada de un Tribunal Económico-Administrativo Regional que no se adecuen a los criterios del Tribunal o que sean contrarios a los de otra Sala desconcentrada del mismo Tribunal, o que revistan especial trascendencia, el Presidente del Tribunal Económico-Administrativo Regional podrá promover la adopción de una resolución de fijación de criterio por el Pleno del Tribunal Económico-Administrativo Regional o por una Sala convocada a tal fin, presidida por él, y formada por los miembros del Tribunal que decida el Presidente en atención a su especialización en las cuestiones a considerar. La resolución que se dicte no afectará a la situación jurídica particular derivada de las resoluciones previas. Los criterios así adoptados serán vinculantes para las Salas, y órganos unipersonales del correspondiente Tribunal. Contra las resoluciones que se dicten se

---

[502] Art. 30 (Los tribunales económico-administrativos regionales, locales, las salas desconcentradas y las dependencias provinciales y locales) del RGRVA (§5).

podrá interponer el recurso extraordinario de alzada para unificación de criterio previsto en el artículo 242 de esta Ley.

4. Los órganos económico-administrativos de las Comunidades Autónomas y de las Ciudades con Estatuto de Autonomía conocerán, en su caso, y salvo lo dispuesto en el artículo 59.1.c), segundo párrafo, de la Ley 22/2009, por la que se regula el sistema de financiación de las Comunidades Autónomas de régimen común y Ciudades con Estatuto de Autonomía:

a) En única instancia, de las reclamaciones que se interpongan contra los actos administrativos dictados por los órganos de la Administración de las Comunidades Autónomas y de las Ciudades con Estatuto de Autonomía no comprendidos en el párrafo a) del apartado 1, cuando la cuantía de la reclamación sea igual o inferior al importe que se determine reglamentariamente.

b) En primera instancia, de las reclamaciones que se interpongan contra los actos administrativos dictados por los órganos mencionados en el párrafo a) de este apartado cuando la cuantía de la reclamación sea superior al importe que se determine reglamentariamente.

c) De la rectificación de errores en los que incurran sus propias resoluciones, de acuerdo con lo dispuesto en el artículo 220 de esta Ley.

5. Los tribunales económico-administrativos regionales y locales y, en su caso, los órganos económico-administrativos de las Comunidades Autónomas y de las Ciudades con Estatuto de Autonomía, conocerán asimismo de las reclamaciones que se interpongan contra actuaciones de los particulares en materia tributaria susceptibles de reclamación económico-administrativa, en primera o única instancia según que la cuantía de la reclamación exceda o no del importe que se determine reglamentariamente, salvo lo dispuesto en el artículo 59.1.c), segundo párrafo, de la Ley 22/2009, por la que se regula el sistema de financiación de las Comunidades Autónomas de régimen común y Ciudades con Estatuto de Autonomía.

En estos casos, la competencia de los tribunales económico-administrativos regionales y locales y de los órganos económico-administrativos de las Comunidades Autónomas y de las Ciudades con Estatuto de Autonomía vendrá determinada por el domicilio fiscal de la persona o entidad que interponga la reclamación. Si éste se hallara fuera de España, la competencia corresponderá al Tribunal Económico-Administrativo Central, cualquiera que sea su cuantía.

6. Cuando la resolución de la reclamación económico-administrativa sea susceptible de recurso de alzada ordinario ante el Tribunal Económico-Administrativo Central, la reclamación podrá interponerse directamente ante este órgano. En este caso, la tramitación corresponderá a la Secretaría del Tribunal Económico-Administrativo Regional o Local o del órgano económico-administrativo de la Comunidad Autónoma o de la Ciudad con Estatuto de Autonomía, sin perjuicio de las actuaciones complementarias de tramitación que decida llevar a cabo el Tribunal Económico-Administrativo Central y salvo que el interesado solicite que la puesta de manifiesto tenga lugar ante el Tribunal Económico Administrativo Central, en cuyo caso, la tramitación seguirá en este órgano.

7[503]. En cada Comunidad Autónoma existirá un tribunal económico-administrativo regional. En cada Ciudad con Estatuto de Autonomía existirá un tribunal económico-administrativo local.

---

[503]   Disp. Adic. decimotercera (Participación de las CCAA en los Tribunales Económico-Administrativos), de la LGT (§1) y Art. 31 (Participación de las comunidades autónomas en los tribunales económico-administrativos) del RGRVA (§5).

El ámbito de los tribunales económico-administrativos regionales y locales coincidirá con el de la respectiva Comunidad Autónoma o Ciudad con Estatuto de Autonomía y su competencia territorial para conocer de las reclamaciones económico-administrativas se determinará conforme a la sede del órgano que hubiera dictado el acto objeto de la reclamación. En los tribunales económico-administrativos regionales podrán crearse salas desconcentradas con el ámbito territorial y las competencias que se fijen en la normativa tributaria.

Artículo 230[504]. *Acumulación de reclamaciones económico-administrativas.*

1. Los recursos y las reclamaciones económico-administrativas se acumularán a efectos de su tramitación y resolución en los siguientes casos:

a) Las interpuestas por un mismo interesado relativas al mismo tributo, que deriven de un mismo procedimiento.

b) Las interpuestas por varios interesados relativas al mismo tributo siempre que deriven de un mismo expediente, planteen idénticas cuestiones y deban ser resueltas por el mismo órgano económico-administrativo.

c) Las que se hayan interpuesto por varios interesados contra un mismo acto administrativo o contra una misma actuación tributaria de los particulares.

d) La interpuesta contra una sanción si se hubiera presentado reclamación contra la deuda tributaria de la que derive.

2. Fuera de los casos establecidos en el número anterior, el Tribunal, de oficio o a instancia de parte, podrá acumular motivadamente aquellas reclamaciones que considere que deben ser objeto de resolución unitaria que afecten al mismo o a distintos tributos, siempre que exista conexión entre ellas. En el caso de que se trate de distintos reclamantes y no se haya solicitado por ellos mismos, deberá previamente concedérseles un plazo de 5 días para manifestar lo que estimen conveniente respecto de la procedencia de la acumulación.

Las acumulaciones a las que se refiere este apartado podrán quedar sin efecto cuando el tribunal considere conveniente la resolución separada de las reclamaciones.

3. Los acuerdos sobre acumulación o por los que se deja sin efecto una acumulación tendrán el carácter de actos de trámite y no serán recurribles.

4. La acumulación atenderá al ámbito territorial de cada Tribunal Económico-Administrativo o sala desconcentrada, sin que en ningún caso pueda alterar la competencia para resolver ni la vía de impugnación procedente, salvo en los casos previstos en los párrafos a), c) y d) del apartado 1 de este artículo. En estos casos, si el Tribunal Económico-Administrativo Central fuera competente para resolver una de las reclamaciones objeto de acumulación, lo será también para conocer de las acumuladas; en otro supuesto, la competencia corresponderá, en los casos contemplados en los párrafos a) y c) del apartado 1, al órgano competente para conocer

---

[504] Art. 37 (Acumulación) del RGRVA (§5).

Nueva redacción del art. 230 dada por el art. único Cuarenta y uno de la Ley 34/2015, de 21 de septiembre, de modificación parcial de la Ley 58/2003, de 17 de diciembre, General Tributaria (BOE núm. 227, de 22 de septiembre de 2015), con entrada en vigor el día 11 de octubre de 2015. Estableciendo en su *Disposición Transitoria única. Régimen transitorio:* «7. a) La nueva redacción de los artículos 229.6, 230, 234.2, 235.5, 241 ter, 242 y 245 a 247 será de aplicación a las reclamaciones y recursos interpuestos desde su entrada en vigor».

de la reclamación que se hubiera interpuesto primero, y, en el establecido en el párrafo d), al órgano competente para conocer de la reclamación contra la deuda tributaria.

Artículo 231. *Funcionamiento de los Tribunales Económico-administrativos.*
1. Los Tribunales Económico-administrativos funcionarán en Pleno, en Salas y de forma unipersonal.

2. El Pleno estará formado por el Presidente, los Vocales y el Secretario.

3. Las Salas estarán formadas por el Presidente, un Vocal al menos y el Secretario. Podrá nombrarse Presidente de Sala a alguno de los Vocales cuando se produzcan las circunstancias que se determinen reglamentariamente.

4. Los Tribunales Económico-administrativos podrán actuar de forma unipersonal a través del Presidente, los Presidentes de Sala, cualquiera de los Vocales, el Secretario o a través de otros órganos unipersonales que se determinen reglamentariamente.

5[505]**.** Reglamentariamente se regularán las cuestiones de composición, organización y funcionamiento de los Tribunales Económico-administrativos no previstas en los apartados anteriores.

Subsección 3.ª Interesados

Artículo 232. *Legitimados e interesados en las reclamaciones económico-administrativas.*
1. Estarán legitimados para promover las reclamaciones económico-administrativas:
a) Los obligados tributarios y los sujetos infractores.
b) Cualquier otra persona cuyos intereses legítimos resulten afectados por el acto o la actuación tributaria.

2. No estarán legitimados:
a) Los funcionarios y empleados públicos, salvo en los casos en que inmediata y directamente se vulnere un derecho que en particular les esté reconocido o resulten afectados sus intereses legítimos.
b) Los particulares, cuando obren por delegación de la Administración o como agentes o mandatarios de ella.
c) Los denunciantes.
d) Los que asuman obligaciones tributarias en virtud de pacto o contrato.
e) Los organismos u órganos que hayan dictado el acto impugnado, así como cualquier otra entidad por el mero hecho de ser destinataria de los fondos gestionados mediante dicho acto.

3[506]**.** En el procedimiento económico-administrativo ya iniciado podrán comparecer todos los que sean titulares de derechos o intereses legítimos que puedan resultar afectados por la resolución que hubiera de dictarse, sin que la tramitación haya de retrotraerse en ningún caso.

Si durante la tramitación del procedimiento se advierte la existencia de otros titulares de derechos o intereses legítimos que no hayan comparecido en el mismo, se les notificará la

---

[505] Arts. 29, 30 y 32 del RGRVA (§5).
[506] Art. 38 (Interesados) del RGRVA (§5).

existencia de la reclamación para que formulen alegaciones, y será de aplicación lo dispuesto en el apartado 5 del artículo 239 de esta Ley.

4. Cuando se actúe mediante representación, el documento que la acredite se acompañará al primer escrito que no aparezca firmado por el interesado, que no se cursará sin este requisito. No obstante, la falta o la insuficiencia del poder no impedirá que se tenga por presentado el escrito siempre que el compareciente acompañe el poder, subsane los defectos de que adolezca el presentado o ratifique las actuaciones realizadas en su nombre y representación sin poder suficiente.

Subsección 4.ª Suspensión

Artículo 233. *Suspensión de la ejecución del acto impugnado en vía económico-administrativa.*

1[507]. La ejecución del acto impugnado quedará suspendida automáticamente a instancia del interesado si se garantiza el importe de dicho acto, los intereses de demora que genere la suspensión y los recargos que procederían en caso de ejecución de la garantía, en los términos que se establezcan reglamentariamente[508].

Si la impugnación afectase a una sanción tributaria, la ejecución de la misma quedará suspendida automáticamente sin necesidad de aportar garantías de acuerdo con lo dispuesto en el apartado 3 del artículo 212 de esta Ley.

2[509]. Las garantías necesarias para obtener la suspensión automática a la que se refiere el apartado anterior serán exclusivamente las siguientes:

a) Depósito de dinero o valores públicos.

b) Aval o fianza de carácter solidario de entidad de crédito o sociedad de garantía recíproca o certificado de seguro de caución[510].

c) Fianza personal y solidaria de otros contribuyentes de reconocida solvencia para los supuestos que se establezcan en la normativa tributaria[511].

3[512]. Cuando el interesado no pueda aportar las garantías necesarias para obtener la suspensión a que se refiere el apartado anterior, se acordará la suspensión previa prestación de otras garantías que se estimen suficientes, y el órgano competente podrá modificar la resolución sobre la suspensión en los casos previstos en el segundo párrafo del apartado siguiente.

4[513]. El Tribunal podrá suspender la ejecución del acto con dispensa total o parcial de garantías cuando dicha ejecución pudiera causar perjuicios de difícil o imposible reparación.

---

[507] Nueva redacción del art. 233.1 dada por el art. 1.dieciséis de la Ley 7/2012, de 29 de octubre, de modificación de la normativa tributaria y presupuestaria y de adecuación de la normativa financiera para la intensificación de las actuaciones en la prevención y lucha contra el fraude (BOE núm. 261, de 30 de octubre de 2012), en vigor desde el 31 de octubre de 2012.

[508] Desarrollado en los Arts. 39 a 46 del RGRVA (§5).

[509] Art. 39 (Supuestos de suspensión) y art. 43 (Suspensión automática) del RGRVA (§5).

[510] Art. 224.2.b) de la LGT (§1).

[511] Art. 224.2.c) de la LGT (§1).

[512] Art. 39 (Supuestos de suspensión), art. 44 (Suspensión con prestación de otras garantías) y art. 45 (Constitución de las garantías) del RGRVA (§5).

[513] Art. 39 (Supuestos de suspensión), art. 46 (Suspensión por el Tribunal Económico-administrativo) y art. 47 (Tramitación y resolución...) del RGRVA (§5).

En los supuestos a los que se refiere este apartado, el Tribunal podrá modificar la resolución sobre la suspensión cuando aprecie que no se mantienen las condiciones que motivaron la misma, cuando las garantías aportadas hubieran perdido valor o efectividad, o cuando conozca de la existencia de otros bienes o derechos susceptibles de ser entregados en garantía que no hubieran sido conocidos en el momento de dictarse la resolución sobre la suspensión.

5. Se podrá suspender la ejecución del acto recurrido sin necesidad de aportar garantía cuando se aprecie que al dictarlo se ha podido incurrir en error aritmético, material o de hecho.

6[514]. El tribunal económico-administrativo decidirá sobre la admisión a trámite de la solicitud de suspensión en los supuestos a los que se refieren los apartados 4 y 5 de este artículo, y la inadmitirá cuando no pueda deducirse de la documentación aportada en la solicitud de suspensión o existente en el expediente administrativo, la existencia de indicios de los perjuicios de difícil o imposible reparación o la existencia de error aritmético, material o de hecho.

7[515]. Si la reclamación no afecta a la totalidad de la deuda tributaria, la suspensión se referirá a la parte reclamada, y quedará obligado el reclamante a ingresar la cantidad restante.

8[516]. En los casos del artículo 68.9 de esta Ley, si la reclamación afecta a una deuda tributaria que, a su vez, ha determinado el reconocimiento de una devolución a favor del obligado tributario, las garantías aportadas para obtener la suspensión garantizarán asimismo las cantidades que deban reintegrarse como consecuencia de la estimación total o parcial de la reclamación.

---

[514] Nuevo apartado 6 incorporado por el art. decimotercero Veintitrés de la Ley 11/2021, de 9 de julio, de medidas de prevención y lucha contra el fraude fiscal, de transposición de la Directiva (UE) 2016/1164, del Consejo, de 12 de julio de 2016, por la que se establecen normas contra las prácticas de elusión fiscal que inciden directamente en el funcionamiento del mercado interior, de modificación de diversas normas tributarias y en materia de regulación del juego (BOE núm. 164, de 10 de julio de 2021), en vigor desde el 11 de julio de 2021.

[515] Renumeración de los apartados 6, 7, 8, 9, 10, 11, 12 y 13 como 7, 8, 10, 11, 12, 13, 14 y 15, respectivamente por el art. decimotercero Veintitrés de la Ley 11/2021, de 9 de julio, de medidas de prevención y lucha contra el fraude fiscal, de transposición de la Directiva (UE) 2016/1164, del Consejo, de 12 de julio de 2016, por la que se establecen normas contra las prácticas de elusión fiscal que inciden directamente en el funcionamiento del mercado interior, de modificación de diversas normas tributarias y en materia de regulación del juego (BOE núm. 164, de 10 de julio de 2021), en vigor desde el 11 de julio de 2021.

[516] Renumeración de los apartados 6, 7, 8, 9, 10, 11, 12 y 13 como 7, 8, 10, 11, 12, 13, 14 y 15, respectivamente por el art. decimotercero Veintitrés de la Ley 11/2021, de 9 de julio, de medidas de prevención y lucha contra el fraude fiscal, de transposición de la Directiva (UE) 2016/1164, del Consejo, de 12 de julio de 2016, por la que se establecen normas contra las prácticas de elusión fiscal que inciden directamente en el funcionamiento del mercado interior, de modificación de diversas normas tributarias y en materia de regulación del juego (BOE núm. 164, de 10 de julio de 2021), en vigor desde el 11 de julio de 2021.
Nuevo apartado 7 del art. 233 incorporado dada por el art. único Cuarenta y dos de la Ley 34/2015, de 21 de septiembre, de modificación parcial de la Ley 58/2003, de 17 de diciembre, General Tributaria (BOE núm. 227, de 22 de septiembre de 2015), con entrada en vigor el día 11 de octubre de 2015. Estableciendo en su Disposición Transitoria única. *Régimen transitorio:* «7. b) La nueva redacción de los artículos 233.7 y 241.3 será de aplicación a las solicitudes de suspensión que se formulen desde su entrada en vigor».

9[517]**.** Si la deuda se encontrara en periodo ejecutivo, la presentación de la solicitud de suspensión con otras garantías distintas de las necesarias para obtener la suspensión automática, o con dispensa total o parcial de garantías, o basada en la existencia de error aritmético, material o de hecho, no impedirá la continuación de las actuaciones de la Administración, sin perjuicio de que proceda la anulación de las efectuadas con posterioridad a la fecha de la solicitud si la suspensión fuese concedida finalmente.

10[518]**.** La suspensión de la ejecución del acto se mantendrá durante la tramitación del procedimiento económico-administrativo en todas sus instancias.

La suspensión producida en el recurso de reposición se podrá mantener en la vía económico-administrativa en las condiciones que se determinen reglamentariamente[519].

11[520]**.** Se mantendrá la suspensión producida en vía administrativa cuando el interesado comunique a la Administración tributaria en el plazo de interposición del recurso contencioso-administrativo que ha interpuesto dicho recurso y ha solicitado la suspensión en el mismo. Dicha suspensión continuará, siempre que la garantía que se hubiese aportado en vía administrativa conserve su vigencia y eficacia, hasta que el órgano judicial adopte la decisión que corresponda en relación con la suspensión solicitada.

Tratándose de sanciones, la suspensión se mantendrá, en los términos previstos en el párrafo anterior y sin necesidad de prestar garantía, hasta que se adopte la decisión judicial.

---

[517] Nuevo apartado 9 incorporado por el art. decimotercero Veintitrés de la Ley 11/2021, de 9 de julio, de medidas de prevención y lucha contra el fraude fiscal, de transposición de la Directiva (UE) 2016/1164, del Consejo, de 12 de julio de 2016, por la que se establecen normas contra las prácticas de elusión fiscal que inciden directamente en el funcionamiento del mercado interior, de modificación de diversas normas tributarias y en materia de regulación del juego (BOE núm. 164, de 10 de julio de 2021), en vigor desde el 11 de julio de 2021.

[518] Renumeración de los apartados 6, 7, 8, 9, 10, 11, 12 y 13 como 7, 8, 10, 11, 12, 13, 14 y 15, respectivamente por el art. decimotercero Veintitrés de la Ley 11/2021, de 9 de julio, de medidas de prevención y lucha contra el fraude fiscal, de transposición de la Directiva (UE) 2016/1164, del Consejo, de 12 de julio de 2016, por la que se establecen normas contra las prácticas de elusión fiscal que inciden directamente en el funcionamiento del mercado interior, de modificación de diversas normas tributarias y en materia de regulación del juego (BOE núm. 164, de 10 de julio de 2021), en vigor desde el 11 de julio de 2021.
Renumeración de los apartados 7, 8, 9, 10, 11 y 12 que pasan a ser los apartados 8, 9, 10, 11, 12 y 13 por el art. único Cuarenta y dos de la Ley 34/2015, de 21 de septiembre, de modificación parcial de la Ley 58/2003, de 17 de diciembre, General Tributaria (BOE núm. 227, de 22 de septiembre de 2015), con entrada en vigor el día 11 de octubre de 2015.

[519] Art. 25.2 (Suspensión del acto impugnado) del RGRVA (§5).

[520] Renumeración de los apartados 6, 7, 8, 9, 10, 11, 12 y 13 como 7, 8, 10, 11, 12, 13, 14 y 15, respectivamente por el art. decimotercero Veintitrés de la Ley 11/2021, de 9 de julio, de medidas de prevención y lucha contra el fraude fiscal, de transposición de la Directiva (UE) 2016/1164, del Consejo, de 12 de julio de 2016, por la que se establecen normas contra las prácticas de elusión fiscal que inciden directamente en el funcionamiento del mercado interior, de modificación de diversas normas tributarias y en materia de regulación del juego (BOE núm. 164, de 10 de julio de 2021), en vigor desde el 11 de julio de 2021.
Renumeración de los apartados 7, 8, 9, 10, 11 y 12 que pasan a ser los apartados 8, 9, 10, 11, 12 y 13 por el art. único Cuarenta y dos de la Ley 34/2015, de 21 de septiembre, de modificación parcial de la Ley 58/2003, de 17 de diciembre, General Tributaria (BOE núm. 227, de 22 de septiembre de 2015), con entrada en vigor el día 11 de octubre de 2015.

12[521]. Cuando deba ingresarse total o parcialmente el importe derivado del acto impugnado como consecuencia de la resolución de la reclamación, se liquidará interés de demora por todo el período de suspensión, teniendo en consideración lo dispuesto en el apartado 4 del artículo 26 y en el apartado 3 del artículo 212 de esta Ley.

13[522]. Cuando se trate de actos que no tengan por objeto una deuda tributaria o cantidad líquida, el Tribunal podrá suspender su ejecución cuando así lo solicite el interesado y justifique que su ejecución pudiera causar perjuicios de imposible o difícil reparación.

14[523]. La ejecución del acto o resolución impugnado mediante un recurso extraordinario de revisión no podrá suspenderse en ningún caso.

15[524]. Reglamentariamente se regularán los requisitos, órganos competentes y procedimiento para la tramitación y resolución de las solicitudes de suspensión.

---

[521] Renumeración de los apartados 6, 7, 8, 9, 10, 11, 12 y 13 como 7, 8, 10, 11, 12, 13, 14 y 15, respectivamente por el art. decimotercero Veintitrés de la Ley 11/2021, de 9 de julio, de medidas de prevención y lucha contra el fraude fiscal, de transposición de la Directiva (UE) 2016/1164, del Consejo, de 12 de julio de 2016, por la que se establecen normas contra las prácticas de elusión fiscal que inciden directamente en el funcionamiento del mercado interior, de modificación de diversas normas tributarias y en materia de regulación del juego (BOE núm. 164, de 10 de julio de 2021), en vigor desde el 11 de julio de 2021.
Renumeración de los apartados 7, 8, 9, 10, 11 y 12 que pasan a ser los apartados 8, 9, 10, 11, 12 y 13 por el art. único Cuarenta y dos de la Ley 34/2015, de 21 de septiembre, de modificación parcial de la Ley 58/2003, de 17 de diciembre, General Tributaria (BOE núm. 227, de 22 de septiembre de 2015), con entrada en vigor el día 11 de octubre de 2015.

[522] Renumeración de los apartados 6, 7, 8, 9, 10, 11, 12 y 13 como 7, 8, 10, 11, 12, 13, 14 y 15, respectivamente por el art. decimotercero Veintitrés de la Ley 11/2021, de 9 de julio, de medidas de prevención y lucha contra el fraude fiscal, de transposición de la Directiva (UE) 2016/1164, del Consejo, de 12 de julio de 2016, por la que se establecen normas contra las prácticas de elusión fiscal que inciden directamente en el funcionamiento del mercado interior, de modificación de diversas normas tributarias y en materia de regulación del juego (BOE núm. 164, de 10 de julio de 2021), en vigor desde el 11 de julio de 2021.
Renumeración de los apartados 7, 8, 9, 10, 11 y 12 que pasan a ser los apartados 8, 9, 10, 11, 12 y 13 por el art. único Cuarenta y dos de la Ley 34/2015, de 21 de septiembre, de modificación parcial de la Ley 58/2003, de 17 de diciembre, General Tributaria (BOE núm. 227, de 22 de septiembre de 2015), con entrada en vigor el día 11 de octubre de 2015.

[523] Renumeración de los apartados 6, 7, 8, 9, 10, 11, 12 y 13 como 7, 8, 10, 11, 12, 13, 14 y 15, respectivamente por el art. decimotercero Veintitrés de la Ley 11/2021, de 9 de julio, de medidas de prevención y lucha contra el fraude fiscal, de transposición de la Directiva (UE) 2016/1164, del Consejo, de 12 de julio de 2016, por la que se establecen normas contra las prácticas de elusión fiscal que inciden directamente en el funcionamiento del mercado interior, de modificación de diversas normas tributarias y en materia de regulación del juego (BOE núm. 164, de 10 de julio de 2021), en vigor desde el 11 de julio de 2021.
Renumeración de los apartados 7, 8, 9, 10, 11 y 12 que pasan a ser los apartados 8, 9, 10, 11, 12 y 13 por el art. único Cuarenta y dos de la Ley 34/2015, de 21 de septiembre, de modificación parcial de la Ley 58/2003, de 17 de diciembre, General Tributaria (BOE núm. 227, de 22 de septiembre de 2015), con entrada en vigor el día 11 de octubre de 2015.

[524] Renumeración de los apartados 6, 7, 8, 9, 10, 11, 12 y 13 como 7, 8, 10, 11, 12, 13, 14 y 15, respectivamente por el art. decimotercero Veintitrés de la Ley 11/2021, de 9 de julio, de medidas de prevención y lucha contra el fraude fiscal, de transposición de la Directiva (UE) 2016/1164, del Consejo, de 12 de julio de 2016, por la que se establecen normas contra las prácticas de elusión fiscal que inciden directamente en el funcionamiento del mercado interior, de modificación de diversas normas tributarias y en materia de regulación del juego (BOE núm. 164, de 10 de julio de 2021).
Renumeración de los apartados 7, 8, 9, 10, 11 y 12 que pasan a ser los apartados 8, 9, 10, 11, 12 y 13 por el art. único Cuarenta y dos de la Ley 34/2015, de 21 de septiembre, de modificación parcial de la

SECCIÓN 2.ª *Procedimiento general económico-administrativo*

Artículo 234[525]. ***Normas generales.***

1. Las reclamaciones económico-administrativas se tramitarán en única o primera instancia con los recursos que esta Ley establece.

2. Se tendrá por acreditada la representación voluntaria, sin necesidad de aportar uno de los medios establecidos en el artículo 46.2 de esta Ley, cuando la representación hubiera sido admitida por la Administración Tributaria en el procedimiento en el que se dictó el acto impugnado.

3. El procedimiento se impulsará de oficio con sujeción a los plazos establecidos, que no serán susceptibles de prórroga ni precisarán que se declare su finalización.

4[526]. Todos los actos y resoluciones que afecten a los interesados o pongan término en cualquier instancia a una reclamación económico-administrativa serán notificados a aquéllos, bien por medios electrónicos, bien en el domicilio señalado o, en su defecto, de acuerdo con el artículo 112 de esta Ley.

La notificación se hará de forma electrónica obligatoriamente para los interesados, y en los términos que reglamentariamente se establezcan, en los supuestos en que, de acuerdo con el artículo 235.5 de esta Ley, sea obligatoria la interposición de la reclamación por esta vía.

La notificación deberá expresar si el acto o resolución es o no definitivo en vía económico-administrativa y, en su caso, los recursos que procedan, órgano ante el que hubieran de presentarse y plazo para interponerlos, sin que ello impida que los interesados puedan ejercitar cualquier otro recurso que estimen pertinente.

5[527]. El procedimiento económico-administrativo será gratuito. No obstante, si la reclamación o el recurso resulta desestimado o inadmitido y el órgano económico-administrativo aprecia temeridad o mala fe, podrá exigirse a la persona a la que resulte imputable dicha temeridad o mala fe que sufrague las costas del procedimiento, según los criterios que se fijen reglamentariamente.

La condena en costas se impondrá en la resolución que se dicte, con mención expresa de los motivos por los que el órgano económico-administrativo ha apreciado la concurrencia de mala fe o temeridad, así como la cuantificación de la misma.

Cuando se hubiera interpuesto recurso de alzada ordinario, la eficacia de la condena en costas dictada en primera instancia quedara supeditada a la confirmación de la misma en la resolución que se dicte en dicho recurso de alzada ordinario.

Ley 58/2003, de 17 de diciembre, General Tributaria (BOE núm. 227, de 22 de septiembre de 2015), con entrada en vigor el día 11 de octubre de 2015.

[525] Nueva redacción del art. 234 dada por el art. único Cuarenta y tres de la Ley 34/2015, de 21 de septiembre, de modificación parcial de la Ley 58/2003, de 17 de diciembre, General Tributaria (BOE núm. 227, de 22 de septiembre de 2015), con entrada en vigor el día 11 de octubre de 2015. Estableciendo en su Disposición Transitoria única. *Régimen transitorio:* «7. a) La nueva redacción de los artículos 229.6, 230, 234.2, 235.5, 241 ter, 242 y 245 a 247 será de aplicación a las reclamaciones y recursos interpuestos desde su entrada en vigor».

[526] Art. 50 (Domicilio para notificaciones) del RGRVA (§5).

[527] Art. 51 (Costas del procedimiento) del RGRVA (§5).

6. El procedimiento económico-administrativo se regulará de acuerdo con las disposiciones previstas en este capítulo y en las disposiciones reglamentarias que se dicten en su desarrollo[528].

Subsección 1.ª Procedimiento en única o primera instancia

Artículo 235[529]. *Iniciación.*

1. La reclamación económico-administrativa en única o primera instancia se interpondrá en el plazo de un mes a contar desde el día siguiente al de la notificación del acto impugnado, o desde el día siguiente a aquél en que quede constancia de la realización u omisión de la retención o ingreso a cuenta, de la repercusión motivo de la reclamación o de la sustitución derivada de las relaciones entre el sustituto y el contribuyente.

En los supuestos de silencio administrativo, podrá interponerse la reclamación desde el día siguiente a aquél en que produzcan sus efectos. Si con posterioridad a la interposición de la reclamación, y antes de su resolución, se dictara resolución expresa, se remitirá al Tribunal, una vez notificada al interesado.

En la notificación se advertirá que la resolución expresa, según su contenido, se considerará impugnada en vía económico administrativa, o causará la terminación del procedimiento por satisfacción extraprocesal que será declarada por el órgano económico administrativo que esté conociendo el procedimiento.

En todo caso, se concederá el plazo de un mes, a contar desde el día siguiente a la notificación, para que el interesado pueda formular ante el Tribunal las alegaciones que tenga por convenientes. En dichas alegaciones el interesado podrá pronunciarse sobre las consecuencias señaladas en el párrafo anterior. De no hacerlo se entenderá su conformidad con dichas consecuencias.

Tratándose de reclamaciones relativas a la obligación de expedir y entregar factura que incumbe a empresarios y profesionales, el plazo al que se refiere el primer párrafo empezará a contarse transcurrido un mes desde que se haya requerido formalmente el cumplimiento de dicha obligación.

En el supuesto de deudas de vencimiento periódico y notificación colectiva, el plazo para la interposición se computará a partir del día siguiente al de finalización del período voluntario de pago.

2. El procedimiento deberá iniciarse mediante escrito que podrá limitarse a solicitar que se tenga por interpuesta, identificando al reclamante, el acto o actuación contra el que se

---

[528] En otros, art. 48 (Obtención de copias certificada) y art. 49 (Presentación, desglose y evolución de documentos) del RGRVA (§5).

[529] Nueva redacción del art. 235 dada por el art. único Cuarenta y cuatro de la Ley 34/2015, de 21 de septiembre, de modificación parcial de la Ley 58/2003, de 17 de diciembre, General Tributaria (BOE núm. 227, de 22 de septiembre de 2015), con entrada en vigor el día 11 de octubre de 2015. Estableciendo en su Disposición Transitoria única. *Régimen transitorio:* «7. c) La nueva redacción del artículo 235.1 será de aplicación a las resoluciones expresas que se dicten desde su entrada en vigor» y «7. a) La nueva redacción de los artículos 229.6, 230, 234.2, 235.5, 241 ter, 242 y 245 a 247 será de aplicación a las reclamaciones y recursos interpuestos desde su entrada en vigor».

reclama, el domicilio para notificaciones y el tribunal ante el que se interpone. Asimismo, el reclamante podrá acompañar las alegaciones en que base su derecho.

En los casos de reclamaciones relativas a retenciones, ingresos a cuenta, repercusiones, obligación de expedir y entregar factura y a las relaciones entre el sustituto y el contribuyente, el escrito deberá identificar también a la persona recurrida y su domicilio y adjuntar todos los antecedentes que obren a disposición del reclamante o en registros públicos.

3. El escrito de interposición se dirigirá al órgano administrativo que haya dictado el acto reclamable, que lo remitirá al tribunal competente en el plazo de un mes junto con el expediente, en su caso electrónico, correspondiente al acto, al que se podrá incorporar un informe si se considera conveniente. En el supuesto previsto en el artículo 229.6 de esta Ley, el escrito de interposición se remitirá al Tribunal Económico-Administrativo a quien corresponda la tramitación de la reclamación.

No obstante, cuando el escrito de interposición incluyese alegaciones, el órgano administrativo que dictó el acto podrá anular total o parcialmente el acto impugnado antes de la remisión del expediente al tribunal dentro del plazo señalado en el párrafo anterior, siempre que no se hubiera presentado previamente recurso de reposición. En este caso, se remitirá al tribunal el nuevo acto dictado junto con el escrito de interposición.

Si el órgano administrativo no hubiese remitido al tribunal el escrito de interposición de la reclamación, bastará que el reclamante presente ante el tribunal la copia sellada de dicho escrito para que la reclamación se pueda tramitar y resolver.

4. En los casos de reclamaciones relativas a retenciones, ingresos a cuenta, repercusiones, a la obligación de expedir y entregar factura y relaciones entre el sustituto y el contribuyente, el escrito de interposición se dirigirá al tribunal competente para resolver la reclamación.

5. La interposición de la reclamación se realizará obligatoriamente a través de la sede electrónica del órgano que haya dictado el acto reclamable cuando los reclamantes estén obligados a recibir por medios electrónicos las comunicaciones y notificaciones.

Artículo 236. *Tramitación.*

1[530]**.** El Tribunal, una vez recibido y, en su caso, completado el expediente, lo pondrá de manifiesto a los interesados que hubieran comparecido en la reclamación y no hubieran presentado alegaciones en la interposición o las hubiesen formulado pero con la solicitud expresa de este trámite, por plazo común de un mes en el que deberán presentar escrito de alegaciones con aportación de las pruebas oportunas. La puesta de manifiesto del expediente electrónico podrá tener lugar por medios electrónicos, informáticos o telemáticos, pudiendo presentarse por estos medios las alegaciones y pruebas. Los obligados a interponer la reclamación de forma electrónica, habrán de presentar las alegaciones, pruebas, y cualquier otro escrito, por esta misma vía. En caso de deficiencia técnica imputable a la Administración

---

[530] Art. 55 (Trámites para completar el expediente) del RGRVA (§5).
Nueva redacción del apartado 1 del art. 236 dada por el art. único Cuarenta y cinco de la Ley 34/2015, de 21 de septiembre, de modificación parcial de la Ley 58/2003, de 17 de diciembre, General Tributaria (BOE núm. 227, de 22 de septiembre de 2015), con entrada en vigor el día 11 de octubre de 2015. Estableciendo en su Disposición Transitoria única. *Régimen transitorio:* «7. d) La puesta de manifiesto electrónica prevista en el artículo 236.1 entrará en vigor cuando así se disponga en Orden Ministerial, que será objeto de publicación en la sede electrónica de los Tribunales Económico-Administrativos».

Tributaria que imposibilite la realización del trámite por esta vía, el Tribunal adoptará las medidas oportunas para evitar perjuicios al interesado, pudiendo, entre otras, conceder un nuevo plazo, prorrogar el anteriormente concedido o autorizar que se realice por otros medios.

2[531]. En los casos de reclamaciones relativas a retenciones, ingresos a cuenta, repercusiones, obligación de expedir y entregar factura o a las relaciones entre el sustituto y el contribuyente, el Tribunal notificará la interposición de la reclamación a la persona recurrida para que comparezca, mediante escrito de mera personación, adjuntando todos los antecedentes que obren a su disposición o en registros públicos.

3. El Tribunal podrá asimismo solicitar informe al órgano que dictó el acto impugnado, al objeto de aclarar las cuestiones que lo precisen. El Tribunal deberá dar traslado del informe al reclamante para que pueda presentar alegaciones al mismo.

Reglamentariamente se podrán establecer supuestos en los que la solicitud de dicho informe tenga carácter preceptivo[532].

4[533]. Las pruebas testificales, periciales y las consistentes en declaración de parte se realizarán mediante acta notarial o ante el Secretario del Tribunal o el funcionario en quien el mismo delegue que extenderá el acta correspondiente. No cabrá denegar la práctica de pruebas relativas a hechos relevantes, pero la resolución que concluya la reclamación no entrará a examinar las que no sean pertinentes para el conocimiento de las cuestiones debatidas, en cuyo caso bastará con que dicha resolución incluya una mera enumeración de las mismas, y decidirá sobre las no practicadas.

5. Cuando de las alegaciones formuladas en el escrito de interposición de la reclamación o de los documentos adjuntados por el interesado resulten acreditados todos los datos necesarios para resolver o éstos puedan tenerse por ciertos, o cuando de aquéllos resulte evidente un motivo de inadmisibilidad, se podrá prescindir de los trámites señalados en los anteriores apartados de este artículo y en el apartado 3 del artículo 235 de esta Ley.

6[534]. Podrán plantearse como cuestiones incidentales aquellas que se refieran a extremos que, sin constituir el fondo del asunto, estén relacionadas con el mismo o con la validez del procedimiento y cuya resolución sea requisito previo y necesario para la tramitación de la reclamación, no pudiendo aplazarse hasta que recaiga acuerdo sobre el fondo del asunto.

Para la resolución de las cuestiones incidentales el Tribunal podrá actuar de forma unipersonal[535].

La resolución que ponga término al incidente no será susceptible de recurso. Al recibir la resolución de la reclamación, el interesado podrá discutir nuevamente el objeto de la cuestión incidental mediante el recurso que proceda contra la resolución.

---

[531] Art. 56 (Personación en las reclamaciones derivadas de actuaciones u omisiones de particulares en materia tributaria) del RGRVA (§5).
[532] Art. 57 (Pruebas e informes) del RGRVA (§5).
[533] Art. 57 (Pruebas e informes) del RGRVA (§5).
[534] Art. 58 (Plazo para plantear cuestiones incidentales) del RGRVA (§5).
[535] Art. 32.3 (Órganos unipersonales) del RGRVA (§5).

Artículo 237[536]**.** *Extensión de la revisión en vía económico-administrativa.*

1. Las reclamaciones y recursos Económico-Administrativos someten a conocimiento del órgano competente para su resolución todas las cuestiones de hecho y de Derecho que ofrezca el expediente, hayan sido o no planteadas por los interesados, sin que en ningún caso pueda empeorar la situación inicial del reclamante.

2. Si el órgano competente estima pertinente examinar y resolver cuestiones no planteadas por los interesados las expondrá a los mismos para que puedan formular alegaciones.

3[537]**.** Reglamentariamente se desarrollará el procedimiento para plantear cuestiones prejudiciales ante el Tribunal de Justicia de la Unión Europea. Cuando el planteamiento de la cuestión prejudicial no haya sido solicitado por los interesados en la reclamación o recurso económico-administrativo, con carácter previo a que el mismo se produzca se concederá un plazo de quince días a los interesados para que formulen alegaciones en relación exclusivamente con la oportunidad de dicho planteamiento.

En todo caso, el Tribunal antes de plantear la cuestión prejudicial concederá un plazo de quince días a la Administración Tributaria autora del acto para que formule alegaciones.

Cuando se hubiese planteado una cuestión prejudicial ante el Tribunal de Justicia de la Unión Europea de acuerdo con lo previsto en los párrafos anteriores, se suspenderá el procedimiento económico-administrativo desde su planteamiento y hasta que se reciba la resolución que resuelva la cuestión prejudicial. Asimismo procederá la suspensión del curso de aquellos procedimientos económico-administrativos para cuya resolución sea preciso conocer el resultado de la cuestión prejudicial planteada. Dicha suspensión se comunicará a los interesados en el procedimiento económico-administrativo y la misma determinará la suspensión del cómputo del plazo de prescripción de los derechos a que se refiere el artículo 66 de esta Ley, cómputo que continuará una vez se reciba en el órgano económico-administrativo competente la resolución de la cuestión planteada.

Artículo 238. *Terminación.*

1. El procedimiento finalizará por renuncia al derecho en que la reclamación se fundamente, por desistimiento de la petición o instancia, por caducidad de ésta, por satisfacción extraprocesal y mediante resolución.

2[538]**.** Cuando se produzca la renuncia o desistimiento del reclamante, la caducidad de la instancia o la satisfacción extraprocesal, el tribunal acordará motivadamente el archivo de las actuaciones. Este acuerdo podrá ser adoptado a través de órganos unipersonales[539].

El acuerdo de archivo de actuaciones podrá revisarse conforme a lo dispuesto en el artículo 241 bis de esta Ley.

---

[536]   Art. 59 (Extensión de la revisión) del RGRVA (§5).

[537]   Nuevo apartado 3 del art. 327 incorporado por el art. único Cuarenta y seis de la Ley 34/2015, de 21 de septiembre, de modificación parcial de la Ley 58/2003, de 17 de diciembre, General Tributaria (BOE núm. 227, de 22 de septiembre de 2015), con entrada en vigor el día 11 de octubre de 2015.

[538]   Nueva redacción del apartado 2 del art. 328 dada por el art. único Cuarenta y siete de la Ley 34/2015, de 21 de septiembre, de modificación parcial de la Ley 58/2003, de 17 de diciembre, General Tributaria (BOE núm. 227, de 22 de septiembre de 2015), con entrada en vigor el día 11 de octubre de 2015.

[539]   Art. 32.3 (Órganos unipersonales) del RGRVA (§5).

Artículo 239[540]. *Resolución.*
1. Los tribunales no podrán abstenerse de resolver ninguna reclamación sometida a su conocimiento sin que pueda alegarse duda racional o deficiencia en los preceptos legales.
2. Las resoluciones dictadas deberán contener los antecedentes de hecho y los fundamentos de derecho en que se basen y decidirán todas las cuestiones que se susciten en el expediente, hayan sido o no planteadas por los interesados.

---

[540] Redacciones del art. 239:
Redacción de los apartados 1 y 2 del art. 239: Dada por la Disp. Final Tercera.Seis de la Ley 22/2009, de 18 de diciembre, por la que se regula el sistema de financiación de las Comunidades Autónomas de régimen común y Ciudades con Estatuto de Autonomía y se modifican determinadas normas tributarias (BOE núm. 305, de 19 de diciembre de 2009), en vigor desde el 20-12-2009 y con efectos desde el 1 de enero de 2010.
Redacción del apartado 3 del art. 239: Nueva redacción del apartado 3 del art. 329 dada por el art. único Cuarenta y ocho de la Ley 34/2015, de 21 de septiembre, de modificación parcial de la Ley 58/2003, de 17 de diciembre, General Tributaria (BOE núm. 227, de 22 de septiembre de 2015), con entrada en vigor el día 11 de octubre de 2015.
Redacción anterior, dada Dada por la Disp. Final Tercera.Seis de la Ley 22/2009, de 18 de diciembre, por la que se regula el sistema de financiación de las Comunidades Autónomas de régimen común y Ciudades con Estatuto de Autonomía y se modifican determinadas normas tributarias (BOE núm. 305, de 19 de diciembre de 2009), en vigor desde el 20-12-2009 y con efectos desde el 1 de enero de 2010.
Redacción del apartado 4 del art. 239: Dada por la Disp. Final Tercera.Seis de la Ley 22/2009, de 18 de diciembre, por la que se regula el sistema de financiación de las Comunidades Autónomas de régimen común y Ciudades con Estatuto de Autonomía y se modifican determinadas normas tributarias (BOE núm. 305, de 19 de diciembre de 2009), en vigor desde el 20-12-2009 y con efectos desde el 1 de enero de 2010.
Redacción del apartado 5 del art. 239: Nueva redacción del apartado 3 del art. 329 dada por el art. único Cuarenta y ocho de la Ley 34/2015, de 21 de septiembre, de modificación parcial de la Ley 58/2003, de 17 de diciembre, General Tributaria (BOE núm. 227, de 22 de septiembre de 2015), con entrada en vigor el día 11 de octubre de 2015.
Redacción anterior, dada por la Disp. Final Tercera.Seis de la Ley 22/2009, de 18 de diciembre, por la que se regula el sistema de financiación de las Comunidades Autónomas de régimen común y Ciudades con Estatuto de Autonomía y se modifican determinadas normas tributarias (BOE núm. 305, de 19 de diciembre de 2009), en vigor desde el 20-12-2009 y con efectos desde el 1 de enero de 2010.
Redacción del apartado 6 del art. 239:
Nueva redacción del apartado 6 del art. 329 dada por el art. único Cuarenta y ocho de la Ley 34/2015, de 21 de septiembre, de modificación parcial de la Ley 58/2003, de 17 de diciembre, General Tributaria (BOE núm. 227, de 22 de septiembre de 2015), con entrada en vigor el día 11 de octubre de 2015.
Redacción anterior, dada Dada por la Disp. Final Tercera.Seis de la Ley 22/2009, de 18 de diciembre, por la que se regula el sistema de financiación de las Comunidades Autónomas de régimen común y Ciudades con Estatuto de Autonomía y se modifican determinadas normas tributarias (BOE núm. 305, de 19 de diciembre de 2009), en vigor desde el 20-12-2009 y con efectos desde el 1 de enero de 2010.
Redacción del apartado 7 del art. 239: Redacción anterior, dada Dada por la Disp. Final Tercera.Seis de la Ley 22/2009, de 18 de diciembre, por la que se regula el sistema de financiación de las Comunidades Autónomas de régimen común y Ciudades con Estatuto de Autonomía y se modifican determinadas normas tributarias (BOE núm. 305, de 19 de diciembre de 2009), en vigor desde el 20-12-2009 y con efectos desde el 1 de enero de 2010.

3[541]. La resolución podrá ser estimatoria, desestimatoria o declarar la inadmisibilidad. La resolución estimatoria podrá anular total o parcialmente el acto impugnado por razones de derecho sustantivo o por defectos formales.

Cuando la resolución aprecie defectos formales que hayan disminuido las posibilidades de defensa del reclamante, se producirá la anulación del acto en la parte afectada y se ordenará la retroacción de las actuaciones al momento en que se produjo el defecto formal.

Con excepción del supuesto al que se refiere el párrafo anterior, los actos de ejecución, incluida la práctica de liquidaciones que resulten de los pronunciamientos de los tribunales, no formarán parte del procedimiento en el que tuviese su origen el acto objeto de impugnación.

Salvo en los casos de retroacción, los actos resultantes de la ejecución de la resolución deberán ser notificados en el plazo de un mes desde que dicha resolución tenga entrada en el registro del órgano competente para su ejecución. No se exigirán intereses de demora desde que la Administración incumpla el plazo de un mes.

4. Se declarará la inadmisibilidad en los siguientes supuestos:

a) Cuando se impugnen actos o resoluciones no susceptibles de reclamación o recurso en vía económico-administrativa.

b) Cuando la reclamación se haya presentado fuera de plazo.

c) Cuando falte la identificación del acto o actuación contra el que se reclama.

d) Cuando la petición contenida en el escrito de interposición no guarde relación con el acto o actuación recurrido.

e) Cuando concurran defectos de legitimación o de representación.

f) Cuando exista un acto firme y consentido que sea el fundamento exclusivo del acto objeto de la reclamación, cuando se recurra contra actos que reproduzcan otros anteriores definitivos y firmes o contra actos que sean confirmatorios de otros consentidos, así como cuando exista cosa juzgada.

Para declarar la inadmisibilidad el tribunal podrá actuar de forma unipersonal[542].

5[543]. La resolución que se dicte tendrá plena eficacia respecto de los interesados a quienes se hubiese notificado la existencia de la reclamación. Las resoluciones de los Tribunales Económico-Administrativos dictadas en las reclamaciones relativas a actuaciones u omisiones de los particulares, a que se refiere el artículo 227.4 de esta Ley, una vez hayan adquirido firmeza, vincularán a la Administración Tributaria en cuanto a la calificación jurídica de los hechos tenidos en cuenta para resolver, sin perjuicio de sus potestades de comprobación e investigación. A tal efecto, estas resoluciones serán comunicadas a la Administración competente.

---

[541] Nueva redacción del apartado 3 del art. 329 dada por el art. único Cuarenta y ocho de la Ley 34/2015, de 21 de septiembre, de modificación parcial de la Ley 58/2003, de 17 de diciembre, General Tributaria (BOE núm. 227, de 22 de septiembre de 2015), con entrada en vigor el día 11 de octubre de 2015.

[542] Art. 32.3 (Órganos unipersonales) del RGRVA (§5).

[543] Nueva redacción del apartado 5 del art. 329 dada por el art. único Cuarenta y ocho de la Ley 34/2015, de 21 de septiembre, de modificación parcial de la Ley 58/2003, de 17 de diciembre, General Tributaria (BOE núm. 227, de 22 de septiembre de 2015), con entrada en vigor el día 11 de octubre de 2015.

6[544]. Cuando no se cumpla, en el plazo legalmente establecido, la resolución del Tribunal que imponga la obligación de expedir factura, el reclamante podrá, en nombre y por cuenta del reclamado, expedir la factura en la que se documente la operación, conforme a las siguientes reglas:

1.ª) El ejercicio de esta facultad deberá ser comunicado por escrito al Tribunal Económico-Administrativo que haya conocido del respectivo procedimiento, indicándose que el fallo no se ha cumplido y que se va a emitir la factura correspondiente. Igualmente deberá comunicar al reclamado por cualquier medio que deje constancia de su recepción, que va a ejercitar esta facultad.

2.ª) La factura en la que se documente la operación será confeccionada por el reclamante, que constará como destinatario de la operación, figurando como expedidor el que ha incumplido dicha obligación.

3.ª) El reclamante remitirá copia de la factura al reclamado, debiendo quedar en su poder el original de la misma. Igualmente deberá enviar a la Agencia Estatal de la Administración Tributaria copia de dicha factura y del escrito presentado ante el Tribunal Económico-Administrativo en el que comunicaba el incumplimiento de la resolución dictada.

7[545]. En ejecución de una resolución que estime total o parcialmente la reclamación contra la liquidación de una obligación tributaria conexa a otra del mismo obligado tributario de acuerdo con el artículo 68.9 de esta Ley, se regularizará la obligación conexa distinta de la recurrida en la que la Administración hubiese aplicado los criterios o elementos en que se fundamentó la liquidación de la obligación tributaria objeto de la reclamación.

Si de dicha regularización resultase la anulación de la liquidación de la obligación conexa distinta de la recurrida y la práctica de una nueva liquidación que se ajuste a lo resuelto por el Tribunal, será de aplicación lo dispuesto en el artículo 26.5 de esta Ley.

8[546]. La doctrina que de modo reiterado establezca el Tribunal Económico-Administrativo Central vinculará a los tribunales económico-administrativos regionales y locales y a los órganos económico-administrativos de las Comunidades Autónomas y de las Ciudades con Estatuto de Autonomía y al resto de la Administración tributaria del Estado y de las Comunidades Autónomas y de las Ciudades con Estatuto de Autonomía. El Tribunal Económico-Administrativo Central recogerá de forma expresa en sus resoluciones y acuerdos que se trata de doctrina reiterada y procederá a publicarlas según lo dispuesto en el apartado 2 del artículo 86 de esta Ley. En cada Tribunal Económico-Administrativo, el criterio sentado por su

---

[544]   Art. 60 (Recurso de anulación) del RGRVA (§5).
Nueva redacción del apartado 6 del art. 329 dada por el art. único Cuarenta y ocho de la Ley 34/2015, de 21 de septiembre, de modificación parcial de la Ley 58/2003, de 17 de diciembre, General Tributaria (BOE núm. 227, de 22 de septiembre de 2015), con entrada en vigor el día 11 de octubre de 2015. Estableciendo en su Disposición Transitoria única. *Régimen transitorio:* «7. e) La nueva redacción del artículo 239.6 será de aplicación a las resoluciones que se dicten desde su entrada en vigor».

[545]   Nuevo apartado 7 del art. 239 incorporado por el art. único Cuarenta y ocho de la Ley 34/2015, de 21 de septiembre, de modificación parcial de la Ley 58/2003, de 17 de diciembre, General Tributaria (BOE núm. 227, de 22 de septiembre de 2015), con entrada en vigor el día 11 de octubre de 2015.

[546]   Renumeración del apartado 7 del art. 329 que pasa a ser el apartado 8 dada por el art. único Cuarenta y ocho de la Ley 34/2015, de 21 de septiembre, de modificación parcial de la Ley 58/2003, de 17 de diciembre, General Tributaria (BOE núm. 227, de 22 de septiembre de 2015), con entrada en vigor el día 11 de octubre de 2015.

Pleno vinculará a las Salas y el de ambos a los órganos unipersonales. Las resoluciones y los actos de la Administración tributaria que se fundamenten en la doctrina establecida conforme a este precepto lo harán constar expresamente.

Artículo 240. *Plazo de resolución.*

1[547]. La duración del procedimiento en cualquiera de sus instancias será de un año contado desde la interposición de la reclamación. Transcurrido ese plazo el interesado podrá entender desestimada la reclamación al objeto de interponer el recurso procedente.

El tribunal deberá resolver expresamente en todo caso. Los plazos para la interposición de los correspondientes recursos comenzarán a contarse desde el día siguiente al de la notificación de la resolución expresa.

2. Transcurrido un año desde la iniciación de la instancia correspondiente sin haberse notificado resolución expresa y siempre que se haya acordado la suspensión del acto reclamado, dejará de devengarse el interés de demora en los términos previstos en el apartado 4 del artículo 26 de esta Ley.

Subsección 2.ª Recursos en vía económico-administrativa

Artículo 241[548]. *Recurso de alzada ordinario.*

1. Contra las resoluciones dictadas en primera instancia por los tribunales económico-administrativos regionales y locales y por los órganos económico-administrativos de las Comunidades Autónomas y de las Ciudades con Estatuto de Autonomía podrá interponerse recurso de alzada ordinario ante el Tribunal Económico-Administrativo Central en el plazo de un mes contado desde el día siguiente al de la notificación de las resoluciones.

2. Cuando el recurrente hubiera estado personado en el procedimiento en primera instancia, el escrito de interposición deberá contener las alegaciones y adjuntará las pruebas oportunas, resultando admisibles únicamente las pruebas que no hayan podido aportarse en primera instancia.

3[549]. Estarán legitimados para interponer este recurso los interesados, los Directores Generales del Ministerio de Economía y Hacienda y los Directores de Departamento de la Agen-

---

[547] Nueva redacción del apartado 1 del art. 240 dada por el art. único Cuarenta y nueve de la Ley 34/2015, de 21 de septiembre, de modificación parcial de la Ley 58/2003, de 17 de diciembre, General Tributaria (BOE núm. 227, de 22 de septiembre de 2015), con entrada en vigor el día 11 de octubre de 2015.

[548] Art. 61 (Recurso de alzada ordinario, extraordinario...) del RGRVA (§5).
Nueva redacción del art. 241 dada por la Disp. Final Tercera.Siete de la Ley 22/2009, de 18 de diciembre, por la que se regula el sistema de financiación de las Comunidades Autónomas de régimen común y Ciudades con Estatuto de Autonomía y se modifican determinadas normas tributarias (BOE núm. 305, de 19 de diciembre de 2009), en vigor desde el 20-12-2009 y con efectos desde el 1 de enero de 2010.

[549] Nueva redacción del apartado 3 del art. 241 dada por el art. único Cincuenta de la Ley 34/2015, de 21 de septiembre, de modificación parcial de la Ley 58/2003, de 17 de diciembre, General Tributaria (BOE núm. 227, de 22 de septiembre de 2015), con entrada en vigor el día 11 de octubre de 2015.
Redacción anterior del apartado 3 del art. 241 dada por la Disp. Final Tercera.Siete de la Ley 22/2009, de 18 de diciembre, por la que se regula el sistema de financiación de las Comunidades Autónomas de régimen común y Ciudades con Estatuto de Autonomía y se modifican determinadas normas tributarias (BOE núm. 305, de 19 de diciembre de 2009), en vigor desde el 20-12-2009 y con efectos desde el 1 de enero de 2010.

cia Estatal de Administración Tributaria en las materias de su competencia, así como los órganos equivalentes o asimilados de las Comunidades Autónomas y de las Ciudades con Estatuto de Autonomía en materia de su competencia.

En los términos que se fijen reglamentariamente, al escrito de interposición podrá acompañarse la solicitud de suspensión de la ejecución de la resolución impugnada por los órganos de la Administración. Dicha solicitud suspenderá cautelarmente la ejecución de la resolución recurrida mientras el Tribunal Económico-Administrativo Central decida sobre la procedencia o no de la petición de suspensión. La decisión del Tribunal sobre la procedencia de la suspensión pondrá fin a la vía administrativa.

Dicha suspensión se fundamentará en que existen indicios racionales de que el cobro de la deuda que finalmente pudiese resultar exigible se podría ver frustrado o gravemente dificultado, no siendo necesaria la aportación de garantía. En la solicitud de suspensión deberá motivarse de forma suficiente la concurrencia de tales situaciones.

La resolución sobre la petición de suspensión se notificará por el Tribunal Económico-Administrativo Central al recurrente y a los demás interesados en el procedimiento.

La suspensión, cautelar o definitiva, impedirá que se devuelvan las cantidades que se hubieran ingresado y que se liberen las garantías que se hubieran constituido por el interesado en la reclamación económico-administrativa en primera instancia para obtener la suspensión del acto recurrido. Asimismo, quedarán subsistentes y mantendrán su eficacia los actos del procedimiento recaudatorio que se hubiesen dictado para garantizar el pago de la deuda tributaria.

No obstante lo dispuesto en los párrafos anteriores, cuando la ejecución de la resolución impugnada pudiese determinar el reconocimiento del derecho a una devolución tributaria, procederá dicha ejecución previa prestación por parte del obligado tributario de alguna de las garantías reguladas en el artículo 224.2 de esta Ley.

4. En la resolución del recurso de alzada ordinario será de aplicación lo dispuesto en el artículo 240 de esta Ley.

Artículo 241 bis[550]. *Recurso de anulación.*

1. Contra las resoluciones de las reclamaciones económico-administrativas, las personas a que se refiere el artículo 241.3 de esta Ley podrán interponer recurso de anulación en el plazo de 15 días ante el tribunal que hubiera dictado la resolución que se impugna, exclusivamente en los siguientes casos:

a) Cuando se haya declarado incorrectamente la inadmisibilidad de la reclamación.

b) Cuando se hayan declarado inexistentes las alegaciones o pruebas oportunamente presentadas en la vía económico administrativa.

c) Cuando se alegue la existencia de incongruencia completa y manifiesta de la resolución.

2. También podrá interponerse recurso de anulación contra el acuerdo de archivo de actuaciones al que se refiere el artículo 238 de esta Ley.

---

[550] Nuevo art. 241 bis incorporado dada por el art. único Cincuenta y uno de la Ley 34/2015, de 21 de septiembre, de modificación parcial de la Ley 58/2003, de 17 de diciembre, General Tributaria (BOE núm. 227, de 22 de septiembre de 2015), con entrada en vigor el día 11 de octubre de 2015.

3. No podrá deducirse nuevamente este recurso frente a su resolución. El recurso de anulación no procederá frente a la resolución del recurso extraordinario de revisión.

4. El escrito de interposición incluirá las alegaciones y adjuntará las pruebas pertinentes. El tribunal resolverá sin más trámite en el plazo de un mes, entendiéndose desestimado en caso contrario.

5. La interposición del recurso de anulación suspenderá el plazo para la interposición del recurso ordinario de alzada que, en su caso, proceda contra la resolución impugnada, cuyo cómputo se iniciará de nuevo el día siguiente al de la notificación de la resolución desestimatoria del recurso de anulación o el día siguiente a aquel en que se entienda desestimado por silencio administrativo.

Si la resolución del recurso de anulación fuese estimatoria, el recurso ordinario de alzada que, en su caso, proceda se interpondrá contra la citada resolución, iniciándose el cómputo del plazo para interponerlo el día siguiente al de la notificación de la resolución estimatoria.

6. Si la resolución del recurso de anulación desestimase el mismo, el recurso que se interponga tras la resolución del recurso de anulación servirá para impugnar tanto esta resolución como la dictada antes por el tribunal económico-administrativo objeto del recurso de anulación, pudiendo plantearse en ese recurso tanto las cuestiones relativas a los motivos del recurso de anulación como cualesquiera otras relativas al fondo del asunto y al acto administrativo inicialmente impugnado.

Artículo 241 ter[551]. *Recurso contra la ejecución.*

1. Los actos de ejecución de las resoluciones económico-administrativas se ajustarán exactamente a los pronunciamientos de aquéllas.

2. Si el interesado está disconforme con los actos dictados como consecuencia de la ejecución de una resolución económico-administrativa, podrá presentar este recurso.

3. Será competente para conocer de este recurso el órgano del Tribunal que hubiera dictado la resolución que se ejecuta. La resolución dictada podrá establecer los términos concretos en que haya de procederse para dar debido cumplimiento al fallo.

4. El plazo de interposición de este recurso será de un mes a contar desde el día siguiente al de la notificación del acto impugnado.

5. La tramitación de este recurso se efectuará a través del procedimiento abreviado, salvo en el supuesto específico en que la resolución económico-administrativa hubiera ordenado la retroacción de actuaciones, en cuyo caso se seguirá por el procedimiento abreviado o general que proceda según la cuantía de la reclamación inicial. El procedimiento aplicable determinará el plazo en el que haya de ser resuelto el recurso.

6. En ningún caso se admitirá la suspensión del acto recurrido cuando no se planteen cuestiones nuevas respecto a la resolución económico-administrativa que se ejecuta.

---

[551] Nuevo art. 241 ter incorporado dada por el art. único Cincuenta y dos de la Ley 34/2015, de 21 de septiembre, de modificación parcial de la Ley 58/2003, de 17 de diciembre, General Tributaria (BOE núm. 227, de 22 de septiembre de 2015), con entrada en vigor el día 11 de octubre de 2015. Estableciendo en su Disposición Transitoria única. *Régimen transitorio:* «7. a) La nueva redacción de los artículos 229.6, 230, 234.2, 235.5, 241 ter, 242 y 245 a 247 será de aplicación a las reclamaciones y recursos interpuestos desde su entrada en vigor».

7. No cabrá la interposición de recurso de reposición con carácter previo al recurso contra la ejecución.

8. El Tribunal declarará la inadmisibilidad del recurso contra la ejecución respecto de aquellas cuestiones que se planteen sobre temas ya decididos por la resolución que se ejecuta, sobre temas que hubieran podido ser planteados en la reclamación cuya resolución se ejecuta o cuando concurra alguno de los supuestos a que se refiere el artículo 239.4 de esta Ley.

Artículo 242[552]**. *Recurso extraordinario de alzada para la unificación de criterio.***

1[553]. Las resoluciones dictadas por los tribunales económico-administrativos regionales y locales y por los órganos económico-administrativos de las Comunidades Autónomas y de las Ciudades con Estatuto de Autonomía que no sean susceptibles de recurso de alzada ordinario y, en su caso, las dictadas por los órganos económico-administrativos de las Comunidades Autónomas y de las Ciudades con Estatuto de Autonomía en única instancia, podrán ser impugnadas, mediante el recurso extraordinario de alzada para la unificación de criterio, por los Directores Generales del Ministerio de Economía y Hacienda y por los Directores de Departamento de la Agencia Estatal de Administración Tributaria y por los órganos equivalentes o asimilados de las Comunidades Autónomas y de las Ciudades con Estatuto de Autonomía respecto a las materias de su competencia, cuando estimen gravemente dañosas y erróneas dichas resoluciones, o cuando apliquen criterios distintos a los contenidos en resoluciones de otros Tribunales Económico-Administrativos del Estado o de los órganos económico-administrativos de las Comunidades Autónomas y de las Ciudades con Estatuto de Autonomía.

Cuando los tribunales económico-administrativos regionales o locales o los órganos económico-administrativos de las Comunidades Autónomas y de las Ciudades con Estatuto de Autonomía dicten resoluciones adoptando un criterio distinto al seguido con anterioridad, deberán hacerlo constar expresamente en las resoluciones.

2. El plazo para interponer el recurso extraordinario de alzada para la unificación de criterio será de tres meses contados desde el día siguiente al de la notificación de la resolución.

Si la resolución no ha sido notificada al órgano legitimado para recurrir, el plazo de tres meses para interponer el recurso se contará desde el momento en que dicho órgano tenga conocimiento del contenido esencial de la misma por cualquier medio.

El documento acreditativo de la notificación recibida o, en su caso, del conocimiento del contenido esencial de la resolución, deberá acompañarse al escrito de interposición del recurso.

---

[552] Art. 61 (Recurso de alzada ordinario, extraordinario...) del RGRVA (§5).
Nueva redacción del art. 242 dada por la Disp. Final Tercera.Ocho de la Ley 22/2009, de 18 de diciembre, por la que se regula el sistema de financiación de las Comunidades Autónomas de régimen común y Ciudades con Estatuto de Autonomía y se modifican determinadas normas tributarias (BOE núm. 305, de 19 de diciembre de 2009), en vigor desde el 20-12-2009 y con efectos desde el 1 de enero de 2010.

[553] Nueva redacción del apartado 1 del art. 242 dada por el art. único Cincuenta y tres de la Ley 34/2015, de 21 de septiembre, de modificación parcial de la Ley 58/2003, de 17 de diciembre, General Tributaria (BOE núm. 227, de 22 de septiembre de 2015), con entrada en vigor el día 11 de octubre de 2015.
Redacción anterior dada por la Disp. Final Tercera.Ocho de la Ley 22/2009, de 18 de diciembre, por la que se regula el sistema de financiación de las Comunidades Autónomas de régimen común y Ciudades con Estatuto de Autonomía y se modifican determinadas normas tributarias (BOE núm. 305, de 19 de diciembre de 2009), en vigor desde el 20-12-2009 y con efectos desde el 1 de enero de 2010.

3[554]. La resolución deberá dictarse en el plazo de tres meses y respetará la situación jurídica particular derivada de la resolución recurrida, fijando la doctrina aplicable.

4. Los criterios establecidos en las resoluciones de estos recursos serán vinculantes para los tribunales económico-administrativos, para los órganos económico-administrativos de las Comunidades Autónomas y de las Ciudades con Estatuto de Autonomía y para el resto de la Administración tributaria del Estado y de las Comunidades Autónomas y Ciudades con Estatuto de Autonomía.

Artículo 243[555]. *Recurso extraordinario para la unificación de doctrina.*

1. Contra las resoluciones en materia tributaria dictadas por el Tribunal Económico-Administrativo Central podrá interponerse recurso extraordinario para la unificación de doctrina por el Director General de Tributos del Ministerio de Economía y Hacienda, cuando esté en desacuerdo con el contenido de dichas resoluciones.

Dicho recurso extraordinario también podrá ser interpuesto por los Directores Generales de Tributos de las Comunidades Autónomas y Ciudades con Estatuto de Autonomía, u órganos equivalentes, cuando el recurso tenga su origen en una resolución de un órgano dependiente de la respectiva Comunidad Autónoma o Ciudad con Estatuto de Autonomía.

2[556]. Será competente para resolver este recurso la Sala Especial para la Unificación de Doctrina, que estará compuesta por el Presidente del Tribunal Económico-Administrativo Central, que la presidirá, tres vocales de dicho Tribunal, el Director General de Tributos del Ministerio de Economía y Hacienda, el Director General de la Agencia Estatal de Administración Tributaria, el Director General o el Director del Departamento de la Agencia Estatal de Administración Tributaria del que dependa funcionalmente el órgano que hubiera dictado el acto a que se refiere la resolución objeto del recurso y el Presidente del Consejo para la Defensa del Contribuyente.

Cuando el recurso tenga su origen en una resolución de un órgano dependiente de una Comunidad Autónoma o Ciudad con Estatuto de Autonomía, las referencias al Director de la Agencia Estatal de Administración Tributaria y al Director General o Director del Departamento de la Agencia Estatal de Administración Tributaria se entenderán realizadas a los órganos equivalentes o asimilados de dicha Comunidad Autónoma o Ciudad con Estatuto de Autonomía.

[554] Nueva redacción del apartado 3 del art. 242 dada por el art. único Cincuenta y tres de la Ley 34/2015, de 21 de septiembre, de modificación parcial de la Ley 58/2003, de 17 de diciembre, General Tributaria (BOE núm. 227, de 22 de septiembre de 2015), con entrada en vigor el día 11 de octubre de 2015.
Redacción anterior dada por la Disp. Final Tercera.Ocho de la Ley 22/2009, de 18 de diciembre, por la que se regula el sistema de financiación de las Comunidades Autónomas de régimen común y Ciudades con Estatuto de Autonomía y se modifican determinadas normas tributarias (BOE núm. 305, de 19 de diciembre de 2009), en vigor desde el 20-12-2009 y con efectos desde el 1 de enero de 2010.

[555] Art. 33 (Sala Especial para la Unificación de Doctrina) y art. 61 (Recurso de alzada ordinario, extraordinario...) del RGRVA (§5).
Nueva redacción del art. 243 dada por la Disp. Final Tercera.Nueve de la Ley 22/2009, de 18 de diciembre, por la que se regula el sistema de financiación de las Comunidades Autónomas de régimen común y Ciudades con Estatuto de Autonomía y se modifican determinadas normas tributarias (BOE núm. 305, de 19 de diciembre de 2009), en vigor desde el 20-12-2009 y con efectos desde el 1 de enero de 2010.

[556] Art. 33 (Sala Especial para la Unificación de Doctrina) del RGRVA (§5).

3. La resolución que se dicte se adoptará por decisión mayoritaria de los integrantes de la Sala Especial. En caso de empate, el Presidente tendrá siempre voto de calidad.

4. La resolución deberá dictarse en el plazo de seis meses y respetará la situación jurídica particular derivada de la resolución recurrida, estableciendo la doctrina aplicable.

5. La doctrina establecida en las resoluciones de estos recursos será vinculante para los tribunales económico-administrativos, para los órganos económico-administrativos de las Comunidades Autónomas y de las Ciudades con Estatuto de Autonomía y para el resto de la Administración tributaria del Estado y de las Comunidades Autónomas y Ciudades con Estatuto de Autonomía.

Artículo 244[557]**. *Recurso extraordinario de revisión.***

1. El recurso extraordinario de revisión podrá interponerse por los interesados contra los actos firmes de la Administración tributaria y contra las resoluciones firmes de los órganos económico-administrativos cuando concurra alguna de las siguientes circunstancias:

a) Que aparezcan documentos de valor esencial para la decisión del asunto que fueran posteriores al acto o resolución recurridos o de imposible aportación al tiempo de dictarse los mismos y que evidencien el error cometido.

b) Que al dictar el acto o la resolución hayan influido esencialmente documentos o testimonios declarados falsos por sentencia judicial firme anterior o posterior a aquella resolución.

c) Que el acto o la resolución se hubiese dictado como consecuencia de prevaricación, cohecho, violencia, maquinación fraudulenta u otra conducta punible y se haya declarado así en virtud de sentencia judicial firme.

2. La legitimación para interponer este recurso será la prevista en el apartado 3 del artículo 241.

3. Se declarará la inadmisibilidad del recurso cuando se aleguen circunstancias distintas a las previstas en el apartado anterior.

4. Será competente para resolver el recurso extraordinario de revisión el Tribunal Económico-administrativo Central.

Para declarar la inadmisibilidad el Tribunal podrá actuar de forma unipersonal[558].

5. El recurso se interpondrá en el plazo de tres meses a contar desde el conocimiento de los documentos o desde que quedó firme la sentencia judicial.

6[559]**.** La resolución del recurso extraordinario de revisión se dictará en el plazo de seis meses. Transcurrido ese plazo sin haberse notificado resolución expresa, el interesado podrá entender desestimado el recurso.

---

[557] Art. 62 (Recurso extraordinario de revisión) del RGRVA (§5).
[558] Art. 32.2 (Órganos unipersonales) del RGRVA (§5).
[559] Nueva redacción del apartado 6 del art. 244 dada por el art. único Cincuenta y cuatro de la Ley 34/2015, de 21 de septiembre, de modificación parcial de la Ley 58/2003, de 17 de diciembre, General Tributaria (BOE núm. 227, de 22 de septiembre de 2015), con entrada en vigor el día 11 de octubre de 2015.

SECCIÓN 3.ª *Procedimiento abreviado*[560]

Artículo 245[561]. *Ámbito de aplicación.*

1. Las reclamaciones económico-administrativas se tramitarán por el procedimiento previsto en esta sección cuando sean de cuantía inferior a la que se determine reglamentariamente.

2. Las reclamaciones económico-administrativas tramitadas por este procedimiento se resolverán en única instancia por los tribunales económico-administrativos. Para resolver, los tribunales económico-administrativos podrán actuar de forma unipersonal.

3. El procedimiento abreviado se regulará por lo dispuesto en esta sección, por las normas reglamentarias que se dicten en su desarrollo y, en defecto de norma expresa, por lo dispuesto en este capítulo.

Artículo 246[562]. *Iniciación.*

1. La reclamación se iniciará mediante escrito que deberá incluir el siguiente contenido:

a) Identificación del reclamante y del acto o actuación contra el que se reclama, el domicilio para notificaciones y el tribunal ante el que se interpone.

En los casos de reclamaciones relativas a retenciones, ingresos a cuenta, repercusiones, obligación de expedir y entregar factura o relaciones entre el sustituto y el contribuyente, el escrito deberá identificar también a la persona recurrida y su domicilio.

b) Alegaciones que, en su caso, se formulen.

Si el reclamante precisase del expediente para formular sus alegaciones, deberá comparecer ante el órgano que dictó el acto impugnado durante el plazo de interposición de la reclamación, para que se le ponga de manifiesto, lo que se hará constar en el expediente.

Al escrito de interposición se adjuntará copia del acto que se impugna, así como las pruebas que se estimen pertinentes.

2. La reclamación se dirigirá al órgano al que se refieren los apartados 3 y 5 del artículo 235 de esta Ley, y será de aplicación lo dispuesto en dichos apartados.

Artículo 247[563]. *Tramitación y resolución.*

1. El órgano económico-administrativo podrá dictar resolución, incluso con anterioridad a recibir el expediente, siempre que de la documentación presentada por el reclamante resulten acreditados todos los datos necesarios para resolver.

---

[560] Nueva redacción del título dada por el art. único Cincuenta y cinco de la Ley 34/2015, de 21 de septiembre, de modificación parcial de la Ley 58/2003, de 17 de diciembre, General Tributaria (BOE núm. 227, de 22 de septiembre de 2015), con entrada en vigor el día 11 de octubre de 2015.

[561] Nueva redacción del art. 245 dada por el art. único Cincuenta y seis de la Ley 34/2015, de 21 de septiembre, de modificación parcial de la Ley 58/2003, de 17 de diciembre, General Tributaria (BOE núm. 227, de 22 de septiembre de 2015), con entrada en vigor el día 11 de octubre de 2015.

[562] Nueva redacción del art. 246 dada por el art. único Cincuenta y siete de la Ley 34/2015, de 21 de septiembre, de modificación parcial de la Ley 58/2003, de 17 de diciembre, General Tributaria (BOE núm. 227, de 22 de septiembre de 2015), con entrada en vigor el día 11 de octubre de 2015.

[563] Art. 65 (Procedimiento abreviado ante órganos unipersonales) del RGRVA (§5).
Nueva redacción del art. 247 dada por el art. único Cincuenta y ocho de la Ley 34/2015, de 21 de septiembre, de modificación parcial de la Ley 58/2003, de 17 de diciembre, General Tributaria (BOE núm. 227, de 22 de septiembre de 2015), con entrada en vigor el día 11 de octubre de 2015.

2. El plazo máximo para notificar la resolución será de seis meses contados desde la interposición de la reclamación. Transcurrido dicho plazo sin que se haya notificado la resolución expresa, el interesado podrá considerar desestimada la reclamación al objeto de interponer el recurso procedente.

El órgano económico-administrativo deberá resolver expresamente en todo caso. El plazo para la interposición del recurso que proceda empezará a contarse desde el día siguiente a la notificación de la resolución expresa.

3. Transcurrido el plazo señalado en el apartado anterior desde la interposición de la reclamación sin haberse notificado resolución expresa y siempre que se haya acordado la suspensión del acto reclamado, dejará de devengarse el interés de demora en los términos previstos en el apartado 4 del artículo 26 de esta Ley.

Artículo 248. *Recursos.*

Contra las resoluciones que se dicten en el procedimiento previsto en esta Sección no podrá interponerse recurso de alzada ordinario, pero podrán proceder, en su caso, los demás recursos regulados en la Sección anterior.

SECCIÓN 4.ª *Recurso contencioso-administrativo*

Artículo 249[564]. *Recurso contencioso-administrativo.*

Las resoluciones que pongan fin a la vía económico-administrativa serán susceptibles de recurso contencioso-administrativo ante el órgano jurisdiccional competente.

TÍTULO VI. ACTUACIONES Y PROCEDIMIENTOS DE APLICACIÓN DE LOS TRIBUTOS EN SUPUESTOS DE DELITO CONTRA LA HACIENDA PÚBLICA[565]

Artículo 250. *Práctica de liquidaciones en caso de existencia de indicios de delitos contra la Hacienda Pública.*

1. Cuando la Administración Tributaria aprecie indicios de delito contra la Hacienda Pública, se continuará la tramitación del procedimiento con arreglo a las normas generales que resulten de aplicación, sin perjuicio de que se pase el tanto de culpa a la jurisdicción competente o se remita el expediente al Ministerio Fiscal, y con sujeción a las reglas que se establecen en el presente Título.

Salvo en los casos a que se refiere el artículo siguiente, procederá dictar liquidación de los elementos de la obligación tributaria objeto de comprobación, separando en liquidaciones diferentes aquellos que se encuentren vinculados con el posible delito contra la Hacienda Pública y aquellos que no se encuentren vinculados con el posible delito contra la Hacienda Pública.

---

[564] Ley 29/1998, de 13 de julio, de la Jurisdicción Contencioso-administrativa (BOE, núm. 167, de 14 de julio de 1998).

[565] Nuevo Título VI incorporado por el art. único Cincuenta y nueve de la Ley 34/2015, de 21 de septiembre, de modificación parcial de la Ley 58/2003, de 17 de diciembre, General Tributaria (BOE núm. 227, de 22 de septiembre de 2015), con entrada en vigor el día 11 de octubre de 2015.

2. La liquidación que en su caso se dicte, referida a aquellos elementos de la obligación tributaria que se encuentren vinculados con el posible delito contra la Hacienda Pública se ajustará a lo establecido en este Título.

En los supuestos a los que se refiere este apartado, la Administración se abstendrá de iniciar o, en su caso, continuar, el procedimiento sancionador correspondiente a estos mismos hechos. En caso de haberse iniciado un procedimiento sancionador, de no haber concluido éste con anterioridad, dicha conclusión se entenderá producida, en todo caso, en el momento en que se pase el tanto de culpa a la jurisdicción competente o se remita el expediente al Ministerio Fiscal, sin perjuicio de la posibilidad de iniciar un nuevo procedimiento sancionador en los casos a que se refiere el último párrafo de este apartado.

La sentencia condenatoria de la autoridad judicial impedirá la imposición de sanción administrativa por los mismos hechos.

De no haberse apreciado la existencia de delito, la Administración Tributaria iniciará, cuando proceda, el procedimiento sancionador administrativo de acuerdo con los hechos que los tribunales hubieran considerado probados.

3. La liquidación que se dicte en relación con conceptos tributarios que no se encuentren vinculados con el posible delito contra la Hacienda Pública se ajustará en su tramitación al procedimiento ordinario que corresponda según lo dispuesto en el Capítulo IV del Título III de esta Ley y se sujetará al régimen de revisión establecido en su Título V.

Artículo 251. *Excepciones a la práctica de liquidaciones en caso de existencia de indicios de delito contra la Hacienda Pública.*

1. Cuando la Administración Tributaria aprecie indicios de delito contra la Hacienda Pública, pasará el tanto de culpa a la jurisdicción competente o remitirá el expediente al Ministerio Fiscal, absteniéndose de practicar la liquidación a que se refiere el artículo 250.2 de esta Ley, en los siguientes supuestos:

a) Cuando la tramitación de la liquidación administrativa pueda ocasionar la prescripción del delito con arreglo a los plazos previstos en el artículo 131 del Código Penal.

b) Cuando de resultas de la investigación o comprobación, no pudiese determinarse con exactitud el importe de la liquidación o no hubiera sido posible atribuirla a un obligado tributario concreto.

c) Cuando la liquidación administrativa pudiese perjudicar de cualquier forma la investigación o comprobación de la defraudación.

En los casos anteriormente señalados, junto al escrito de denuncia o de querella presentado por la Administración Tributaria, se trasladará también el acuerdo motivado en el que se justifique la concurrencia de alguna de las circunstancias determinantes de la decisión administrativa de no proceder a dictar liquidación.

En estos casos no se concederá trámite de audiencia o alegaciones al obligado tributario.

2. En los supuestos señalados en el apartado anterior, la Administración se abstendrá de iniciar o, en su caso, continuar el procedimiento administrativo, que quedará suspendido mientras la autoridad judicial no dicte sentencia firme, tenga lugar el sobreseimiento o el archivo de las actuaciones o se produzca la devolución del expediente por el Ministerio Fiscal.

No obstante, en caso de que se hubiera iniciado un procedimiento sancionador, éste se entenderá concluido, en todo caso, en el momento en que se pase el tanto de culpa a la jurisdicción competente o se remita el expediente al Ministerio Fiscal. Todo ello, sin perjuicio de la posibilidad de iniciar un nuevo procedimiento sancionador si finalmente no se apreciara delito y de acuerdo con los hechos que, en su caso, los tribunales hubieran considerado probados.

El pase del tanto de culpa o la remisión del expediente interrumpirá los plazos de prescripción del derecho a determinar la deuda tributaria y a imponer la sanción, de acuerdo con lo previsto en los artículos 68.1 y 189.3 de esta Ley.

La sentencia condenatoria de la autoridad judicial impedirá la imposición de sanción administrativa por los mismos hechos.

Las actuaciones del procedimiento de comprobación e investigación realizadas durante el periodo de suspensión respecto de los hechos denunciados se tendrán por inexistentes.

3. En los supuestos anteriores, de no haberse apreciado la existencia de delito, la Administración Tributaria iniciará o continuará sus actuaciones de acuerdo con los hechos que los órganos jurisdiccionales hubieran considerado probados en el periodo que reste hasta la conclusión del plazo a que se refiere el artículo 150.1 de esta Ley o en el plazo de 6 meses si éste último fuese superior, a computar desde la recepción de la resolución judicial o del expediente devuelto por el Ministerio Fiscal por el órgano competente que deba continuar el procedimiento.

El cómputo de los plazos de prescripción se iniciará de nuevo desde la entrada de la resolución judicial en el registro de la Administración Tributaria competente.

Artículo 252. *Regularización voluntaria.*

La Administración Tributaria no pasará el tanto de culpa a la jurisdicción competente ni remitirá el expediente al Ministerio Fiscal salvo que conste que el obligado tributario no ha regularizado su situación tributaria mediante el completo reconocimiento y pago de la deuda tributaria antes de que se le hubiera notificado el inicio de actuaciones de comprobación o investigación tendentes a la determinación de la deuda tributaria objeto de la regularización o, en el caso de que tales actuaciones no se hubieran producido, antes de que el Ministerio Fiscal, el Abogado del Estado o el representante procesal de la Administración autonómica, foral o local de que se trate, interponga querella o denuncia contra aquél dirigida, o antes de que el Ministerio Fiscal o el Juez de Instrucción realicen actuaciones que le permitan tener conocimiento formal de la iniciación de diligencias.

La deuda tributaria se entiende integrada por los elementos a los que se refiere el artículo 58 de esta Ley, debiendo proceder el obligado tributario a la autoliquidación e ingreso simultáneo tanto de la cuota como de los intereses de demora y de los recargos legalmente devengados a la fecha del ingreso. No obstante, cuando los tributos regularizados voluntariamente no se exijan por el procedimiento de autoliquidación, el obligado tributario deberá presentar la declaración correspondiente, procediendo al ingreso de la totalidad de la deuda tributaria liquidada por la Administración en el plazo para el pago establecido en la normativa tributaria[566].

---

[566] Orden HAC/530/2020, de 3 de junio, por la que se desarrolla la disposición final décima de la Ley 34/2015, de 21 de septiembre, de modificación parcial de la Ley 58/2003, de 17 de diciembre, General Tributaria, se aprueban los modelos 770, «Autoliquidación de intereses de demora y recargos para la regularización voluntaria prevista en el artículo 252 de la Ley General Tributaria» y 771 «Autoliquidación de cuotas de conceptos y ejercicios sin modelo disponible en la Sede electrónica de la AEAT para la regulari-

Lo dispuesto en este artículo resultará también de aplicación cuando la regularización se hubiese producido una vez prescrito el derecho de la Administración para determinar la deuda tributaria.

Para determinar la existencia del completo reconocimiento y pago a que se refiere el primer párrafo de éste artículo, la Administración Tributaria podrá desarrollar las actuaciones de comprobación o investigación que resulten procedentes, aún en el caso de que las mismas afecten a periodos y conceptos tributarios respecto de los que se hubiese producido la prescripción regulada en el artículo 66.a) de esta Ley.

Artículo 253. *Tramitación del procedimiento de inspección en caso de que proceda practicar liquidación.*

1. Cuando la Administración Tributaria aprecie indicios de delito contra la Hacienda Pública y no concurran las circunstancias que impiden dictar liquidación de acuerdo con el artículo 251.1 de esta Ley, procederá formalizar una propuesta de liquidación vinculada a delito, en la que se expresarán los hechos y fundamentos de derecho en los que se basa la misma.

Dicha propuesta se notificará al obligado tributario concediéndole el trámite de audiencia para que alegue lo que convenga a su derecho en el plazo de 15 días naturales, contados a partir del siguiente al de notificación de la propuesta.

En ningún caso los defectos procedimentales en que se hubiese podido incurrir durante la tramitación administrativa, producirán los efectos de extinguir total o parcialmente la obligación tributaria vinculada a delito ni los previstos en las letras a) y b) del artículo 150.6 de esta Ley en relación con las actuaciones desarrolladas por la Administración Tributaria tendentes a la liquidación de la deuda tributaria, sin perjuicio de los que de aquellos pudiesen derivarse en caso de devolución del expediente por el Ministerio Fiscal o en caso de resolución judicial firme que obligue a practicar el ajuste previsto por el artículo 257.2 c) de esta Ley por no apreciar la existencia de delito contra la Hacienda Pública.

Transcurrido el plazo previsto para el trámite de audiencia y examinadas las alegaciones presentadas en su caso, el órgano competente dictará una liquidación administrativa, con la autorización previa o simultánea del órgano de la Administración Tributaria competente para interponer la denuncia o querella, cuando considere que la regularización procedente pone de manifiesto la existencia de un posible delito contra la Hacienda Pública.

Una vez dictada la liquidación administrativa, la Administración Tributaria pasará el tanto de culpa a la jurisdicción competente o remitirá el expediente al Ministerio Fiscal y el procedimiento de comprobación finalizará, respecto de los elementos de la obligación tributaria regularizados mediante dicha liquidación, con la notificación al obligado tributario de la misma, en la que se advertirá de que el período voluntario de ingreso sólo comenzará a computarse una vez que sea notificada la admisión a trámite de la denuncia o querella correspondiente, en los términos establecidos en el artículo 255 de esta Ley.

El pase del tanto de culpa o la remisión del expediente interrumpirá los plazos de prescripción del derecho a determinar la deuda tributaria y a imponer la sanción, de acuerdo con lo previsto en los artículos 68.1 y 189.3 de esta Ley.

---

zación voluntaria prevista en el artículo 252 de la Ley General Tributaria», y se establecen las condiciones y el procedimiento para su presentación (BOE núm. 168, de 16 de junio de 2020).

2. La inadmisión de la denuncia o querella determinará la retroacción de las actuaciones inspectoras al momento anterior a aquel en que se dictó la propuesta de liquidación vinculada a delito, procediendo en ese caso la formalización del acta que corresponda, que se tramitará de acuerdo con lo establecido en esta Ley y su normativa de desarrollo.

La terminación de las actuaciones inspectoras seguirá lo dispuesto en la Subsección 3.ª de la Sección 2.ª del Capítulo IV del Título III.

El procedimiento deberá finalizar en el periodo que reste desde el momento al que se retrotraigan las actuaciones hasta la conclusión del plazo al que se refiere el apartado 1 del artículo 150 de esta Ley o en seis meses, si éste último fuera superior. El citado plazo se computará desde la recepción de la resolución judicial o del expediente devuelto por el Ministerio Fiscal por el órgano competente que deba continuar el procedimiento.

Se exigirán intereses de demora por la nueva liquidación que ponga fin al procedimiento. La fecha de inicio del cómputo del interés de demora será la misma que, de acuerdo con lo establecido en el apartado 2 del artículo 26, hubiera correspondido a la liquidación anulada y el interés se devengará hasta el momento en que se haya dictado la nueva liquidación.

En estos casos se iniciará el cómputo de los plazos de prescripción del derecho a determinar la deuda y a imponer la sanción de acuerdo con lo indicado en el artículo 68.7 de esta Ley.

3. En los casos en los que, por un mismo concepto impositivo y periodo, quepa distinguir elementos en los que se aprecia una conducta dolosa que pueda ser determinante de un delito contra la Hacienda Pública, junto con otros elementos y cuantías a regularizar respecto de los que no se aprecia esa conducta dolosa, se efectuarán dos liquidaciones de forma separada.

A efectos de la cuantificación de ambas liquidaciones, se formalizará una propuesta de liquidación vinculada al delito y un acta de inspección, de acuerdo con las siguientes reglas:

a) La propuesta de liquidación vinculada a delito comprenderá los elementos que hayan sido objeto de declaración, en su caso, a los que se sumarán todos aquellos elementos en los que se aprecie dolo, y se restarán los ajustes a favor del obligado tributario a los que éste pudiera tener derecho, así como las partidas a compensar o deducir en la base o en la cuota que le correspondan adicionalmente. Si la declaración presentada hubiera determinado una cuota a ingresar, ésta se descontará para el cálculo de esta propuesta de liquidación.

b) La propuesta de liquidación contenida en el acta comprenderá la totalidad de los elementos comprobados, con independencia de que estén o no vinculados con el posible delito, y se deducirá la cantidad resultante de la propuesta de liquidación a que se refiere el párrafo anterior.

No obstante, el obligado tributario podrá optar por la aplicación de un sistema de cálculo de ambas cuotas basado en la aplicación proporcional de las partidas a compensar o deducir en la base o en la cuota, en los términos que se determinen reglamentariamente. Esta opción deberá comunicarse a la Administración en el plazo de alegaciones posterior a la notificación de la propuesta de liquidación vinculada al delito.

Artículo 254. *Impugnación de las liquidaciones.*

1. Frente a la liquidación administrativa dictada como consecuencia de lo dispuesto en el artículo 250.2 de esta Ley, no procederá recurso o reclamación en vía administrativa, sin perjuicio del ajuste que proceda con arreglo a lo que se determine en el proceso penal, de acuerdo con lo dispuesto en el artículo 305 del Código Penal y en el 257 de esta Ley, correspondiendo al Juez penal determinar en sentencia la cuota defraudada vinculada a los delitos contra la Hacienda Pública que hubiese sido liquidada al amparo de lo previsto en el apartado 5 del artículo 305 del Código Penal y en el Título VI de esta Ley.

En ningún caso los defectos procedimentales en que se hubiese podido incurrir durante la tramitación administrativa, producirán los efectos de extinguir total o parcialmente la obligación tributaria vinculada a delito ni los previstos en las letras a) y b) del artículo 150.6 de esta Ley en relación con las actuaciones desarrolladas por la Administración Tributaria tendentes a la liquidación de la deuda tributaria.

2. Frente a la liquidación que resulte de la regularización de los elementos y cuantías que no se encuentren vinculados con el posible delito, cabrá interponer los recursos y reclamaciones previstos en el Título V de esta Ley.

Artículo 255. *Recaudación de la deuda liquidada en caso de existencia de indicios de delito contra la Hacienda Pública.*

En los supuestos a que se refiere el artículo 250.2 de esta Ley, la existencia del procedimiento penal por delito contra la Hacienda Pública no paralizará las actuaciones administrativas dirigidas al cobro de la deuda tributaria liquidada, salvo que el Juez hubiere acordado la suspensión de las actuaciones de ejecución.

Las actuaciones administrativas dirigidas al cobro a las que se refiere el párrafo anterior se regirán por las normas generales establecidas en el Capítulo V del Título III de esta Ley, salvo las especialidades establecidas en el presente Título.

Una vez que conste admitida la denuncia o querella por delito contra la Hacienda Pública, la Administración Tributaria procederá a notificar al obligado tributario el inicio del período voluntario de pago requiriéndole para que realice el ingreso de la deuda tributaria liquidada en los plazos a que se refiere el artículo 62.2 de esta Ley.

Artículo 256. *Causas de oposición frente a las actuaciones de recaudación.*

Frente a los actos del procedimiento de recaudación desarrollados para el cobro de la deuda tributaria liquidada conforme a lo dispuesto en el artículo 250.2 de esta Ley, solo serán oponibles los motivos previstos en los artículos 167.3, 170.3 y 172.1 segundo párrafo de esta Ley y su revisión se realizará conforme a lo dispuesto en el Título V de esta Ley.

Artículo 257. *Efectos de la resolución judicial sobre la liquidación tributaria.*

1. La liquidación dictada por la Administración Tributaria en los supuestos a los que se refiere el artículo 250.2 de esta Ley, se ajustará a lo que se determine finalmente en el proceso penal en relación con la existencia y la cuantía de la defraudación.

2. El ajuste se realizará de la siguiente forma:

a) Si en el proceso penal se dictara sentencia condenatoria por delito contra la Hacienda Pública y en dicho proceso se determinara una cuota defraudada idéntica a la liquidada en vía administrativa, no será necesario modificar la liquidación realizada, sin perjuicio de la liquidación de los intereses de demora y recargos que correspondan.

Si la cuantía defraudada que se determinara en el proceso penal difiriera, en más o en menos, de la fijada en vía administrativa, la liquidación dictada al amparo del artículo 250.2 de esta Ley deberá modificarse. En este caso, subsistirá el acto inicial, que será rectificado de acuerdo con el contenido de la sentencia para ajustarse a la cuantía fijada en el proceso penal como cuota defraudada.

Dicha modificación, practicada por la Administración Tributaria al amparo de lo dispuesto en el párrafo anterior, no afectará a la validez de las actuaciones recaudatorias realizadas, respecto de la cuantía confirmada en el proceso penal.

El acuerdo de modificación se trasladará al Tribunal competente para la ejecución, al obligado al pago y a las demás partes personadas en el procedimiento penal.

Si la cuantía defraudada que se determinara en el proceso penal fuese inferior a la fijada en vía administrativa, serán de aplicación las normas generales establecidas al efecto en la normativa tributaria en relación con las devoluciones de ingresos y el reembolso del coste de las garantías.

b) Si en el proceso penal no se apreciara finalmente la existencia de delito por inexistencia de la obligación tributaria, la liquidación administrativa será anulada siendo de aplicación las normas generales establecidas al efecto en la normativa tributaria en relación con las devoluciones de ingresos y el reembolso del coste de las garantías.

c) Si en el proceso penal se dictara resolución firme, no apreciándose delito por motivo diferente a la inexistencia de la obligación tributaria, procederá la retroacción de las actuaciones inspectoras al momento anterior en el que se dictó la propuesta de liquidación vinculada a delito prevista en el artículo 253.1 de esta Ley, teniendo en cuenta los hechos que el órgano judicial hubiese considerado probados, procediendo la formalización del acta, que se tramitará de acuerdo con lo establecido en esta Ley y su normativa de desarrollo.

La terminación de las actuaciones inspectoras seguirá lo dispuesto en la Subsección 3.ª de la Sección 2.ª del Capítulo IV del Título III de esta Ley.

El procedimiento deberá finalizar en el periodo que reste desde el momento al que se retrotraigan las actuaciones hasta la conclusión del plazo al que se refiere el apartado 1 del artículo 150 de esta Ley o en seis meses, si éste último fuera superior. El citado plazo se computará desde la recepción del expediente por el órgano competente para la reanudación de las actuaciones.

Se exigirán intereses de demora por la nueva liquidación que ponga fin al procedimiento. La fecha de inicio del cómputo del interés de demora será la misma que, de acuerdo con lo establecido en el apartado 2 del artículo 26, hubiera correspondido a la liquidación anulada y el interés se devengará hasta el momento en que se haya dictado la nueva liquidación.

Esta liquidación se sujetará al régimen de revisión y recursos propios de toda liquidación tributaria regulado en el Título V de esta Ley, pero no podrán impugnarse los hechos considerados probados en la sentencia judicial.

En estos casos se iniciará el cómputo del plazo de prescripción del derecho a determinar la deuda y a imponer la sanción de acuerdo con lo indicado en el artículo 68.7 de esta Ley.

Artículo 258[567]. *Responsables.*

1. Serán responsables solidarios de la deuda tributaria liquidada conforme a lo preceptuado en el artículo 250.2 de esta Ley quienes hubieran sido causantes o hubiesen colaborado

---

[567] Ley 34/2015, de 21 de septiembre, de modificación parcial de la Ley 58/2003, de 17 de diciembre, General Tributaria (BOE núm. 227, de 22 de septiembre de 2015), con entrada en vigor el día 11 de octubre de 2015, establece en su Disposición transitoria única. *Régimen transitorio.*

activamente en la realización de los actos que den lugar a dicha liquidación y se encuentren imputados en el proceso penal iniciado por el delito denunciado o hubieran sido condenados como consecuencia del citado proceso.

Los datos, pruebas o circunstancias que obren o hayan sido obtenidos en el procedimiento de liquidación y que vayan a ser tenidos en cuenta en el procedimiento para exigir la responsabilidad establecida en este artículo, deberán incorporarse formalmente al mismo antes de la propuesta de resolución.

2. En relación con las liquidaciones a que se refiere el artículo 250.2 de esta Ley, también resultarán de aplicación los supuestos de responsabilidad regulados en el artículo 42.2 de esta Ley.

3. En el recurso o reclamación contra el acuerdo que declare la responsabilidad prevista en el apartado 1 anterior sólo podrá impugnarse el alcance global de la citada responsabilidad.

4. Si en el proceso penal se acordara el sobreseimiento o absolución respecto de cualquiera de los responsables a que se refiere el apartado 1, la declaración de su responsabilidad será anulada, siendo de aplicación las normas generales establecidas en la normativa tributaria en relación con las devoluciones y reembolso del coste de garantías.

5. Sin perjuicio de lo dispuesto en el artículo 68.8 de esta Ley, en los supuestos de responsabilidad a que se refiere el apartado 1, interrumpido el plazo de prescripción para un obligado tributario, dicho efecto se extiende a todos los demás obligados, incluidos los responsables.

6. La competencia para dictar los acuerdos de declaración de responsabilidad en los supuestos regulados en los apartados 1 y 2 corresponderá al órgano de recaudación.

7. El plazo del procedimiento de declaración de responsabilidad se entenderá suspendido durante el periodo de tiempo que transcurra desde la presentación de la denuncia o querella ante el Ministerio Fiscal o el órgano judicial hasta la imputación formal de los encausados.

A las medidas cautelares adoptadas durante la tramitación del procedimiento de declaración de responsabilidad previsto en este artículo les será de aplicación lo previsto en el artículo 81.6.e) de esta Ley.

Artículo 259. *Especialidades en la liquidación de la deuda aduanera en supuestos de delito contra la Hacienda Pública.*

1. La aplicación de lo establecido en el presente título VI respecto de los tributos que integran la deuda aduanera prevista en la normativa de la Unión Europea, se efectuará con las especialidades que se describen en los siguientes apartados de este artículo.

2. La Administración Tributaria únicamente se abstendrá de practicar la liquidación a que se refiere el artículo 250.2 de esta Ley en los casos contemplados en los párrafos b) y c) del artículo 251.1 de esta Ley.

«9. La Administración Tributaria podrá declarar responsables conforme a lo dispuesto en el artículo 258 de la Ley 58/2003, de 17 diciembre, General Tributaria, a aquellas personas que, concurriendo los presupuestos regulados en dicho precepto, tuviesen la condición de causante o colaborador en la realización de una infracción tributaria cuya comisión no hubiese podido declararse formalmente con anterioridad a la entrada en vigor de esta Ley como consecuencia de la tramitación de un proceso penal por delito contra la Hacienda Pública».

3. Cuando se pase el tanto de culpa a la jurisdicción competente o se remita el expediente al Ministerio Fiscal, el plazo para la liquidación y notificación de la deuda aduanera al deudor se regirá por las siguientes normas:

a) Cuando con arreglo a lo previsto en el apartado 2 de este artículo sea posible la liquidación de la deuda aduanera, se procederá a la práctica y notificación de la misma en los plazos de 5 o diez años previstos para la prescripción del delito contra la Hacienda de la Unión Europea, computados desde el nacimiento de la deuda.

b) Cuando con arreglo a lo previsto en el apartado 2 de este artículo no sea posible la liquidación de la deuda aduanera o bien la liquidación practicada deba ajustarse a la cuantía fijada en el proceso penal, el plazo para practicar la liquidación y notificar la deuda al deudor será de tres años y se computará desde el momento en que la autoridad judicial incoe la causa sin secreto para las partes personadas o, en su caso, desde el momento en que alcance firmeza la resolución judicial que ponga fin al procedimiento penal.

4. Lo dispuesto en los artículos 251 y 253 de esta Ley en relación con la interrupción de plazos o procedimientos, no resultará de aplicación en los supuestos del apartado 3.b) de este artículo.

5. En la tramitación del procedimiento de inspección cuando proceda dictar la liquidación a que se refiere el artículo 250.2 de esta Ley, la aplicación del artículo 253 se efectuará conforme a las siguientes reglas:

a) Cuando la tramitación de la liquidación administrativa pueda ocasionar la prescripción del delito con arreglo a los plazos previstos en el artículo 131 del Código Penal, la remisión del tanto de culpa a la jurisdicción competente o del expediente al Ministerio Fiscal podrá realizarse con carácter previo a la práctica de la liquidación administrativa.

b) En los casos en los que la Administración Tributaria se haya abstenido de practicar liquidación con arreglo a lo dispuesto en la letra c) del apartado 1 del artículo 251 de esta Ley, la tramitación del procedimiento administrativo se reanudará en el momento en que la autoridad judicial incoe la causa sin secreto para las partes personadas.

c) El período voluntario para el ingreso de la liquidación que se practique comenzará a computarse a partir de su notificación y se realizará en los plazos previstos en la normativa de la Unión Europea. El obligado tributario podrá solicitar la suspensión de la ejecución de la liquidación hasta la admisión de la denuncia o querella, prestando garantía o solicitando dispensa total o parcial de la misma cuando justifique la imposibilidad de aportarla y que la ejecución pudiera causar perjuicios de difícil o imposible reparación.

d) En los supuestos del artículo 253.2 de esta Ley, la inadmisión de la denuncia o querella no implicará la anulación de la liquidación administrativa. La Administración Tributaria concederá trámite de audiencia, en el que el interesado podrá solicitar la consideración de aquellas cuestiones afectadas por las limitaciones previstas en el apartado 1 del artículo 253 de esta Ley. A la vista de las alegaciones, la Administración Tributaria dictará resolución manteniendo inalterada la liquidación de la deuda aduanera que se haya practicado o rectificándola si procede, manteniéndose los actos de recaudación previamente realizados, sin perjuicio en su caso, de adaptar las cuantías de las trabas y embargos realizados. La revisión de dicha resolución se regirá por lo dispuesto en el Título V de esta Ley.

6. En los supuestos a los que se refiere el artículo 257.2.c) de esta Ley, se aplicará lo dispuesto en el apartado 5.d) de este artículo.

TÍTULO VII. RECUPERACIÓN DE AYUDAS DE ESTADO QUE AFECTEN AL ÁMBITO TRIBUTARIO[568]

CAPÍTULO I. Disposiciones generales

Artículo 260. *Disposiciones generales.*

1. Corresponde a la Administración Tributaria la realización de las actuaciones necesarias para la ejecución de las decisiones de recuperación de ayudas de Estado que afecten al ámbito tributario.

2. Se considera aplicación de los tributos el ejercicio de las actividades administrativas necesarias para la ejecución de las decisiones de recuperación de ayudas de Estado que afecten al ámbito tributario, así como las actuaciones de los obligados en el ejercicio de sus derechos o en cumplimiento de sus obligaciones tributarias derivados de dichas decisiones.

3. Además de en los supuestos a que se refieren los apartados anteriores de este artículo, lo dispuesto en este Título resultará de aplicación en cualquier supuesto en que, en cumplimiento del Derecho de la Unión Europea, resulte procedente exigir el reintegro de cantidades percibidas en concepto de ayudas de Estado que afecten al ámbito tributario.

4[569]**.** No podrán disfrutar de beneficios fiscales que constituyan ayudas estatales según el ordenamiento comunitario quienes hubieran percibido ayudas de Estado declaradas ilegales e incompatibles con el mercado interior, con una orden de recuperación pendiente tras una decisión previa de la Comisión, hasta que tales ayudas no se hayan reembolsado.

Artículo 261. *Procedimientos de ejecución de decisiones de recuperación de ayudas de Estado.*

1. Son procedimientos de ejecución de decisiones de recuperación de ayudas de Estado los siguientes:

a) Procedimiento de recuperación en supuestos de regularización de los elementos de la obligación tributaria afectados por la decisión.

---

[568]   Nuevo Título VII incorporado por el art. único Sesenta de la Ley 34/2015, de 21 de septiembre, de modificación parcial de la Ley 58/2003, de 17 de diciembre, General Tributaria (BOE núm. 227, de 22 de septiembre de 2015), con entrada en vigor el día 11 de octubre de 2015.
    Sobre el procedimiento de responsabilidad patrimonial del Estado, arts. 65, 67, 81, 82.5, 86.5, 91, 92, 96.4, 114.1.e) y Disposición transitoria quinta (Procedimientos de responsabilidad patrimonial derivados de la declaración de inconstitucionalidad de una norma o su carácter contrario al Derecho de la Unión Europea) de la Ley 39/2015, de 1 de octubre, del Procedimiento Administrativo Común de las Administraciones Públicas (BOE núm. 236, de 2 de octubre de 2015), con entrada en vigor el 2 de octubre de 2016, que deroga la Ley 30/1992, de 26 de noviembre y el Real Decreto 429/1993, de 26 de marzo, por el que se aprueba el Reglamento de los procedimientos de las Administraciones Públicas en materia de responsabilidad patrimonial.

[569]   Nuevo apartado incorporado por el dada por el art. decimotercero Veinticuatro de la Ley 11/2021, de 9 de julio, de medidas de prevención y lucha contra el fraude fiscal, de transposición de la Directiva (UE) 2016/1164, del Consejo, de 12 de julio de 2016, por la que se establecen normas contra las prácticas de elusión fiscal que inciden directamente en el funcionamiento del mercado interior, de modificación de diversas normas tributarias y en materia de regulación del juego (BOE núm. 164, de 10 de julio de 2021), en vigor desde el 11 de julio de 2021.

b) Procedimiento de recuperación en otros supuestos.

2. La ejecución de las decisiones de recuperación de ayudas de Estado también se podrá llevar a cabo mediante el procedimiento de inspección regulado en la sección 2.ª del capítulo IV del título III cuando el alcance de dicho procedimiento exceda de lo dispuesto en el artículo 265.1 de esta Ley.

En estos casos, procederá dictar liquidación de los elementos de la obligación tributaria objeto de comprobación, separando en liquidaciones diferentes aquellos a los que se refiera la decisión y aquellos que no estén vinculados a la misma.

Artículo 262. *Prescripción.*

1. Prescribirá a los diez años el derecho de la Administración para determinar y exigir el pago de la deuda tributaria que, en su caso, resulte de la ejecución de la decisión de recuperación.

2. El plazo de prescripción empezará a contarse desde el día siguiente a aquel en que la aplicación de la ayuda de Estado en cumplimiento de la obligación tributaria objeto de regularización hubiese surtido efectos jurídicos conforme a la normativa tributaria.

3. El plazo de prescripción se interrumpe:

a) Por cualquier actuación de la Comisión o de la Administración Tributaria a petición de la Comisión que esté relacionada con la ayuda de Estado.

b) Por cualquier acción de la Administración Tributaria, realizada con conocimiento formal del obligado tributario, conducente al reconocimiento, regularización, comprobación, inspección, aseguramiento y liquidación de la deuda tributaria derivada de aquellos elementos afectados por la decisión de recuperación, o a la exigencia de su pago.

c) Por cualquier actuación fehaciente del obligado tributario conducente a la liquidación o pago de la deuda tributaria o por la interposición de los recursos procedentes.

4. El plazo de prescripción se suspenderá durante el tiempo en que la decisión de recuperación sea objeto de un procedimiento ante el Tribunal de Justicia de la Unión Europea.

Artículo 263. *Efectos de la ejecución de la decisión de recuperación.*

1. Cuando existiese una resolución o liquidación previa practicada por la Administración Tributaria en relación con la obligación tributaria afectada por la decisión de recuperación de la ayuda de Estado, la ejecución de dicha decisión determinará la modificación de la resolución o liquidación, aunque sea firme.

2. Los intereses de demora se regirán por lo dispuesto en la normativa de la Unión Europea.

Artículo 264. *Recursos contra el acto de ejecución.*

La resolución o liquidación derivada de la ejecución de la decisión de recuperación será susceptible de recurso de reposición y, en su caso, de reclamación económico-administrativa, en los términos previstos en esta Ley.

Si la resolución o liquidación se somete a revisión de acuerdo con el apartado anterior, sólo será admisible la suspensión de la ejecución de los actos administrativos mediante la aportación de garantía consistente en depósito de dinero en la Caja General de Depósitos.

CAPÍTULO II. Procedimiento de recuperación en supuestos de regularización de los elementos de la obligación tributaria afectados por la decisión de recuperación

Artículo 265. *Recuperación en supuestos de regularización de los elementos de la obligación tributaria afectados por la decisión de recuperación.*

1. En el procedimiento de recuperación en supuestos de regularización de los elementos de la obligación tributaria afectados por la decisión, la Administración Tributaria se limitará a la comprobación de aquellos elementos de la obligación a los que se refiere dicha decisión.

2. En este procedimiento, la Administración Tributaria podrá realizar únicamente las siguientes actuaciones:

a) Examen de los datos consignados por los obligados tributarios en sus declaraciones y de los justificantes presentados o que se requieran al efecto.

b) Examen de los datos y antecedentes en poder de la Administración Tributaria.

c) Examen de los registros y demás documentos exigidos por la normativa tributaria y de cualquier otro libro, registro o documento de carácter oficial, incluida la contabilidad mercantil, así como el examen de las facturas o documentos que sirvan de justificante de las operaciones incluidas en dichos libros, registros o documentos.

d) Requerimientos de información a terceros.

3. Las actuaciones del procedimiento podrán realizarse fuera de las oficinas de la Administración Tributaria, a cuyo efecto serán de aplicación las reglas contenidas en los artículos 142.2 y 151 de esta Ley.

4. El examen de los documentos y las actuaciones referidas en los apartados anteriores se entenderán efectuados a los solos efectos de determinar la procedencia de la recuperación de la ayuda de Estado, sin que impida ni limite la ulterior comprobación de los mismos hechos o documentos.

Artículo 266. *Inicio.*

1. El procedimiento de recuperación en supuestos de regularización de los elementos de la obligación tributaria afectados por la decisión se iniciará de oficio por acuerdo del órgano competente, que se determinará en las normas de organización específica de la Administración Tributaria.

2. El inicio de las actuaciones del procedimiento deberá notificarse a los obligados tributarios mediante comunicación que deberá expresar la naturaleza y alcance de las mismas e informará sobre sus derechos y obligaciones en el curso de tales actuaciones.

Cuando los datos en poder de la Administración Tributaria sean suficientes para formular la propuesta de liquidación, el procedimiento podrá iniciarse mediante la notificación de dicha propuesta.

Artículo 267. *Tramitación.*

1. Las actuaciones del procedimiento de recuperación en supuestos de regularización de los elementos de la obligación tributaria afectados por la decisión se documentarán en las comunicaciones y diligencias a las que se refiere el apartado 7 del artículo 99 de esta Ley.

2. Los obligados tributarios deberán atender a la Administración Tributaria y le prestarán la debida colaboración en el desarrollo de sus funciones.

El obligado tributario que hubiera sido requerido deberá personarse en el lugar, día y hora señalados para la práctica de las actuaciones, y deberá aportar o tener a disposición de la Administración la documentación y demás elementos solicitados.

3. Con carácter previo a la práctica de la liquidación provisional, la Administración Tributaria deberá comunicar al obligado tributario la propuesta de liquidación para que, en un plazo de 10 días, alegue lo que convenga a su derecho.

Artículo 268. *Terminación.*

1. El procedimiento de recuperación en supuestos de regularización de los elementos de la obligación tributaria afectados por la decisión terminará de alguna de las siguientes formas:

a) Por resolución expresa de la Administración Tributaria, que deberá incluir, al menos, el siguiente contenido:

1.º Elementos de la obligación tributaria afectados por la decisión de recuperación y ámbito temporal objeto de las actuaciones.

2.º Relación de hechos y fundamentos de derecho que motiven la resolución.

3.º Liquidación provisional o, en su caso, manifestación expresa de que no procede regularizar la situación tributaria como consecuencia de la decisión de recuperación.

b) Por el inicio de un procedimiento inspector que incluya el objeto del procedimiento de recuperación.

2. El incumplimiento del plazo de duración del procedimiento regulado en el artículo 104 de esta Ley no determinará la caducidad del procedimiento, que continuará hasta su terminación. En este caso, no se considerará interrumpida la prescripción como consecuencia de las actuaciones administrativas desarrolladas durante dicho plazo.

En estos supuestos, se entenderá interrumpida la prescripción por la realización de actuaciones con conocimiento formal del interesado con posterioridad a la finalización del plazo al que se refiere el párrafo anterior.

3. Cuando una resolución judicial aprecie defectos formales y ordene la retroacción de las actuaciones administrativas, éstas deberán finalizar en el periodo que reste desde el momento al que se retrotraigan las actuaciones hasta la conclusión del plazo al que se refiere el artículo 104 de esta Ley o en el plazo de tres meses, si este último fuera superior. El citado plazo se computará desde la recepción del expediente por el órgano competente para la reanudación del procedimiento de recuperación de ayudas de Estado.

CAPÍTULO III. Procedimiento de recuperación en otros supuestos

Artículo 269. *Procedimiento de recuperación en otros supuestos.*

1. Cuando la ejecución de la decisión de recuperación no implique la regularización de una obligación tributaria, el procedimiento a seguir será el regulado en este capítulo.

2. Para la ejecución de la decisión de recuperación el órgano competente tendrá las facultades que se reconocen a la Administración Tributaria en el artículo 162 de esta Ley, con los requisitos allí establecidos.

Artículo 270. *Inicio.*

El procedimiento de recuperación se iniciará de oficio.

El inicio de las actuaciones del procedimiento deberá notificarse a los obligados tributarios mediante comunicación que deberá expresar la naturaleza de las mismas e informará de sus derechos y obligaciones en el curso de aquellas.

La comunicación de inicio contendrá la propuesta de resolución, concediéndose un plazo de 10 días al obligado tributario para que alegue lo que convenga a su derecho.

Artículo 271. *Terminación.*

1. El procedimiento de recuperación terminará por resolución expresa de la Administración Tributaria, que deberá notificarse en el plazo de cuatro meses desde la fecha de notificación al obligado tributario del inicio del procedimiento, salvo que la decisión de recuperación establezca un plazo distinto, siendo de aplicación lo dispuesto en el artículo 268.2 de esta Ley.

2. La resolución que ponga fin al procedimiento deberá incluir, al menos, el siguiente contenido:

a) Acuerdo de modificación, en el sentido de la decisión de recuperación, de la resolución previamente dictada por la Administración o, en su caso, manifestación expresa de que no procede modificación alguna como consecuencia de la decisión de recuperación.

b) Relación de hechos y fundamentos de derecho que motiven la resolución.

c) Liquidación en el supuesto de que la ejecución de la decisión de recuperación determine la exigencia de deuda tributaria, en particular, procedente del devengo de intereses de demora conforme a lo establecido en el artículo 263.2 de esta Ley.

3. Cuando una resolución judicial aprecie defectos formales y ordene la retroacción de las actuaciones administrativas, estas deberán finalizar en el periodo que reste desde el momento al que se retrotraigan las actuaciones hasta la conclusión del plazo al que se refiere el apartado 1, o en el plazo de dos meses, si este último fuera superior. El citado plazo se computará desde la recepción del expediente por el órgano competente para la reanudación del procedimiento de recuperación de ayudas de Estado.

DISPOSICIONES ADICIONALES

Disposición adicional primera[570]. *Prestaciones patrimoniales de carácter público.*

1. Son prestaciones patrimoniales de carácter público aquellas a las que se refiere el artículo 31.3 de la Constitución que se exigen con carácter coactivo.

2. Las prestaciones patrimoniales de carácter público citadas en el apartado anterior podrán tener carácter tributario o no tributario.

Tendrán la consideración de tributarias las prestaciones mencionadas en el apartado 1 que tengan la consideración de tasas, contribuciones especiales e impuestos a las que se refiere el artículo 2 de esta Ley.

---

[570] Nueva redacción dada por la Disp. Final undécima de la Ley 9/2017, de 8 de noviembre, de Contratos del Sector Público, por la que se transponen al ordenamiento jurídico español las Directivas del Parlamento Europeo y del Consejo 2014/23/UE y 2014/24/UE, de 26 de febrero de 2014 (BOE núm. 272, de 9 de noviembre de 2017), en vigor desde el 9 de marzo de 2018.
Declaración de constitucionalidad, sentencia del Tribunal Constitucional 63/2019, de 9 de mayo.
Art. 2 (Concepto, fines y clases de los tributos) de la LGT (§1).

Serán prestaciones patrimoniales de carácter público no tributario las demás prestaciones que exigidas coactivamente respondan a fines de interés general.

En particular, se considerarán prestaciones patrimoniales de carácter público no tributarias aquellas que teniendo tal consideración se exijan por prestación de un servicio gestionado de forma directa mediante personificación privada o mediante gestión indirecta.

En concreto, tendrán tal consideración aquellas exigidas por la explotación de obras o la prestación de servicios, en régimen de concesión o sociedades de economía mixta, entidades públicas empresariales, sociedades de capital íntegramente público y demás fórmulas de Derecho privado.

Disposición adicional segunda. *Normativa aplicable a los recursos públicos de la Seguridad Social.*

Esta Ley no será de aplicación a los recursos públicos que correspondan a la Tesorería General de la Seguridad Social, que se regirán por su normativa específica.

Disposición adicional tercera. *Ciudades con Estatuto de Autonomía de Ceuta y Melilla.*

A efectos de lo previsto en esta Ley, las referencias realizadas a las Comunidades Autónomas se entenderán aplicables a las Ciudades con Estatuto de Autonomía de Ceuta y Melilla, sin perjuicio de lo establecido en las Leyes Orgánicas que aprueban los Estatutos de Autonomía de dichas Ciudades.

Disposición adicional cuarta[571]. *Normas relativas a las Haciendas Locales.*

1. La normativa aplicable a los tributos y restantes ingresos de Derecho público de las Entidades Locales en materia de recurso de reposición y reclamaciones económico-administrativas será la prevista en las disposiciones reguladoras de las Haciendas Locales.

2. Lo dispuesto en el apartado 3 del artículo 32 de esta Ley será aplicable a la devolución de ingresos indebidos derivados de pagos fraccionados de deudas de notificación colectiva y periódica realizados a las Entidades Locales.

3. Las Entidades Locales, dentro del ámbito de sus competencias, podrán desarrollar lo dispuesto en esta Ley mediante la aprobación de las correspondientes Ordenanzas fiscales.

Disposición adicional quinta. *Declaraciones censales.*

1. Las personas o entidades que desarrollen o vayan a desarrollar en territorio español actividades empresariales o profesionales o satisfagan rendimientos sujetos a retención deberán comunicar a la Administración tributaria a través de las correspondientes declaraciones censales su alta en el Censo de Empresarios, Profesionales y Retenedores, las modificaciones que se produzcan en su situación tributaria y la baja en dicho censo. El Censo de Empresarios, Profesionales y Retenedores formará parte del Censo de Obligados Tributarios.

En este último figurarán la totalidad de personas físicas o jurídicas y entidades a que se refiere el artículo 35 de la Ley General Tributaria, identificadas a efectos fiscales en España.

---

[571] Art. 14 (Revisión de actos en vía administrativa) del Real Decreto Legislativo 2/2004, de 5 de marzo, por el que se aprueba el texto refundido de la Ley Reguladora de las Haciendas Locales.

Las declaraciones censales servirán, asimismo, para comunicar el inicio de las actividades económicas que desarrollen, las modificaciones que les afecten y el cese en las mismas. A efectos de lo dispuesto en este artículo, tendrán la consideración de empresarios o profesionales quienes tuvieran tal condición de acuerdo con las disposiciones propias del Impuesto sobre el Valor Añadido, incluso cuando desarrollen su actividad fuera del territorio de aplicación de este impuesto.

2[572]. Reglamentariamente se regulará el contenido, la forma y los plazos para la presentación de estas declaraciones censales.

3. La declaración censal de alta en el Censo de Empresarios, Profesionales y Retenedores contendrá, al menos la siguiente información:

a) El nombre y apellidos o razón social del declarante.

b) El número de identificación fiscal si se trata de una persona física que lo tenga atribuido. Si se trata de personas jurídicas o entidades del apartado 4 del artículo 35 de la Ley General Tributaria, la declaración de alta servirá para solicitar este número, para lo cual deberán aportar la documentación que se establezca reglamentariamente y completar el resto de la información que se relaciona en este apartado. De igual forma procederán las personas físicas sin número de identificación fiscal que resulten obligadas a la presentación de la declaración censal de alta, porque vayan a realizar actividades económicas o vayan a satisfacer rendimientos sujetos a retención.

c) El domicilio fiscal, y su domicilio social, cuando sea distinto de aquél.

d) La relación de establecimientos y locales en los que vaya a desarrollar actividades económicas, con identificación de la Comunidad Autónoma, provincia, municipio, y dirección completa de cada uno de ellos.

e) La clasificación de las actividades económicas que vaya a desarrollar según la codificación de actividades establecida a efectos del Impuesto sobre Actividades Económicas.

f) El ámbito territorial en el que vaya a desarrollar sus actividades económicas, distinguiendo si se trata de ámbito nacional, de la Unión Europea o internacional.

A estos efectos, el contribuyente que vaya a operar en la Unión Europea solicitará su alta en el Registro de operadores intracomunitarios en los términos que se definan reglamentariamente.

g) La condición de persona o entidad residente o no residente. En este último caso, se especificará si cuenta o no con establecimientos permanentes, identificándose todos ellos, con independencia de que éstos deban darse de alta individualmente. Si se trata de un establecimiento permanente, en la declaración de alta se identificará la persona o entidad no residente de la que dependa, así como el resto de los establecimientos permanentes de dicha persona o entidad que se hayan dado de alta en el Censo de Empresarios, Profesionales y Retenedores.

h) El régimen de tributación en el Impuesto sobre Sociedades, en el Impuesto sobre la Renta de las Personas Físicas o en el Impuesto sobre la Renta de no Residentes, según corresponda, con mención expresa de los regímenes y modalidades de tributación que le resulten de aplicación y los pagos a cuenta que le incumban.

---

[572] Arts. 2 a 16 (Capítulo I, Las obligaciones censales) y arts. 144 a 146 (Actuaciones y procedimientos de comprobación censal), del RGGI (2).

i) El régimen de tributación en el Impuesto sobre el Valor Añadido, con referencia a las obligaciones periódicas derivadas de dicho impuesto que le correspondan y el plazo previsto para el inicio de la actividad, distinguiendo el previsto para el inicio de las adquisiciones e importaciones de bienes y servicios del previsto para las entregas de bienes y prestaciones de servicios que constituyen el objeto de su actividad, en el caso de que uno y otro sean diferentes.

j) El régimen de tributación en los impuestos que se determinen reglamentariamente.

k) En el caso en que se trate de entidades en constitución, la declaración de alta contendrá, al menos, los datos identificativos y domicilio completo de las personas o entidades que promuevan su constitución.

4. La declaración censal de modificación contendrá cualquier variación que afecte a los datos consignados en la declaración de alta o en cualquier otra declaración de modificación anterior, en los términos que se establezcan reglamentariamente.

5. La declaración censal de baja se presentará cuando se produzca el cese efectivo en todas las actividades a que se refiere este artículo, de acuerdo con lo que se disponga reglamentariamente.

6[573]. La Administración tributaria llevará conjuntamente con el Censo de Empresarios, Profesionales y Retenedores un Registro de operadores intracomunitarios en el que se darán de alta los sujetos pasivos del Impuesto sobre el Valor Añadido que realicen entregas y adquisiciones intracomunitarias de bienes, así como determinadas prestaciones de servicios en los términos que se establezcan reglamentariamente.

7. Las personas o entidades a que se refiere el apartado uno de este artículo podrán resultar exoneradas reglamentariamente de presentar otras declaraciones de contenido o finalidad censal establecidas por las normas propias de cada tributo.

8[574]. Las sociedades en constitución y los empresarios individuales que presenten el documento único electrónico[575] para realizar telemáticamente sus trámites de constitución e inicio de actividad, de acuerdo con lo previsto en la Ley 14/2013 de Apoyo a los Emprendedores y su Internacionalización, quedarán exoneradas de la obligación de presentar la declaración censal de alta, pero quedarán obligadas a la presentación posterior de las declaraciones de modificación o de baja que correspondan en la medida en que varíe o deba ampliarse la información y circunstancias contenidas en dicho documento único electrónico en caso de que el emprendedor no realice estos trámites a través de dicho documento.

Disposición adicional sexta[576]. *Número de identificación fiscal.*

1. Toda persona física o jurídica, así como las entidades sin personalidad a que se refiere el apartado 4 del artículo 35 de esta Ley, tendrán un número de identificación fiscal para sus relaciones de naturaleza o con trascendencia tributaria.

---

[573] Art. 5 (Contenido del Censo de Empresarios, Profesionales y Retenedores), del RGGI (2).

[574] Nueva redacción del apartado 8 de la disposición adicional quinta dada por la Disposición final tercera de la Ley 14/2013, de 27 de septiembre, de apoyo a los emprendedores y su internacionalización (BOE núm. 233, de 28 de septiembre de 2013), en vigor el 29 de septiembre de 2013.

[575] Disposición adicional tercera [Documento Único Electrónico (DUE)]del texto refundido de la Ley de Sociedades de Capital, aprobado por Real Decreto Legislativo 1/2010, de 2 de julio.

[576] Arts. 18 a 28 (Capítulo III, Obligaciones relativas al número de identificación fiscal) y art. 147 (Revocación del número de identificación fiscal) del RGGI (2)

Este número de identificación fiscal será facilitado por la Administración General del Estado, de oficio o a instancia del interesado.

Reglamentariamente se regulará el procedimiento de asignación y revocación, la composición del número de identificación fiscal y la forma en que deberá utilizarse en las relaciones de naturaleza o con trascendencia tributaria.

2. En particular, quienes entreguen o confíen a entidades de crédito fondos, bienes o valores en forma de depósitos u otras análogas, recaben de aquéllas créditos o préstamos de cualquier naturaleza o realicen cualquier otra operación financiera con una entidad de crédito deberán comunicar previamente su número de identificación fiscal a dicha entidad.

La citada obligación será exigible aunque las operaciones activas o pasivas que se realicen con las entidades de crédito tengan un carácter transitorio.

Reglamentariamente se podrán establecer reglas especiales y excepciones a la citada obligación, así como las obligaciones de información que deberán cumplir las entidades de crédito en tales supuestos.

3. Las entidades de crédito no podrán librar cheques contra la entrega de efectivo, bienes, valores u otros cheques sin la comunicación del número de identificación fiscal del tomador, quedando constancia del libramiento y de la identificación del tomador. Se exceptúa de lo anterior los cheques librados contra una cuenta bancaria.

De igual manera, las entidades de crédito exigirán la comunicación del número de identificación fiscal a las personas o entidades que presenten al cobro, cuando el abono no se realice en una cuenta bancaria, cheques emitidos por una entidad de crédito. También lo exigirán en caso de cheques librados por personas distintas por cuantía superior a 3.000 euros. En ambos casos deberá quedar constancia del pago del cheque así como de la identificación del tenedor que lo presente al cobro.

Reglamentariamente se establecerá la forma en que las entidades de crédito deberán dejar constancia y comunicar a la Administración tributaria los datos a que se refieren los párrafos anteriores.

4[577]. La publicación de la revocación del número de identificación fiscal asignado en el «Boletín Oficial del Estado», determinará la pérdida de validez a efectos identificativos de dicho número en el ámbito fiscal.

Asimismo, la publicación anterior determinará que las entidades de crédito no realicen cargos o abonos en las cuentas o depósitos bancarios en que consten como titulares o au-

---

[577] Nueva redacción del apartado 4 de la Disp. Adic. Sexta dada por el art. decimotercero Veinticinco de la Ley 11/2021, de 9 de julio, de medidas de prevención y lucha contra el fraude fiscal, de transposición de la Directiva (UE) 2016/1164, del Consejo, de 12 de julio de 2016, por la que se establecen normas contra las prácticas de elusión fiscal que inciden directamente en el funcionamiento del mercado interior, de modificación de diversas normas tributarias y en materia de regulación del juego (BOE núm. 164, de 10 de julio de 2021), en vigor desde el 11 de julio de 2021.
Redacción anterior dada por el art. único Sesenta y uno de la Ley 34/2015, de 21 de septiembre, de modificación parcial de la Ley 58/2003, de 17 de diciembre, General Tributaria (BOE núm. 227, de 22 de septiembre de 2015), con entrada en vigor el día 11 de octubre de 2015.
Apartado incorporado por el art. quinto.Diecisiete de la Ley 36/2006, de 29 de noviembre, de medidas para la prevención del fraude fiscal (BOE núm. 286, de 30 de noviembre de 2006), en vigor desde el 1-12-2006.

torizados los titulares de dichos números revocados, salvo que se rehabilite el número de identificación fiscal,

Cuando la revocación se refiera al número de identificación fiscal de una entidad, su publicación en el «Boletín Oficial del Estado» implicará la abstención del notario para autorizar cualquier instrumento público relativo a declaraciones de voluntad, actos jurídicos que impliquen prestación de consentimiento, contratos y negocios jurídicos de cualquier clase, así como la prohibición de acceso a cualquier registro público, incluidos los de carácter administrativo, salvo que se rehabilite el número de identificación fiscal. El registro público en el que esté inscrita la entidad a la que afecte la revocación, en función del tipo de entidad de que se trate, procederá a extender en la hoja abierta a dicha entidad una nota marginal en la que se hará constar que, en lo sucesivo, no podrá realizarse inscripción alguna que afecte a aquella, salvo que se rehabilite el número de identificación fiscal.

Excepcionalmente, se admitirá la realización de los trámites imprescindibles para la cancelación de la nota marginal a la que se refiere el párrafo anterior.

De igual modo, en todas las certificaciones registrales de la entidad titular del número revocado debe constar que el mismo está revocado.

Lo dispuesto en este apartado no impedirá a la Administración Tributaria exigir el cumplimiento de las obligaciones tributarias pendientes. No obstante, la admisión de las autoliquidaciones, declaraciones, comunicaciones o escritos en los que conste un número de identificación fiscal revocado quedará condicionada, en los términos reglamentariamente establecidos, a la rehabilitación del citado número de identificación fiscal.

Disposición adicional séptima. *Responsabilidad solidaria de las Comunidades Autónomas y de las Corporaciones Locales.*

1. Las Comunidades Autónomas son responsables solidarias respecto del pago de las deudas tributarias contraídas por las Entidades de Derecho público de ellas dependientes, sociedades mercantiles cuyo capital social pertenezca íntegramente a la Comunidad Autónoma o instituciones asociativas voluntarias públicas en las que participen, en proporción a sus respectivas cuotas y sin perjuicio del derecho de repetir que les pueda asistir, en su caso.

2. Las Corporaciones Locales son responsables solidarias respecto del pago de las deudas tributarias contraídas por las Entidades a que se refieren las letras b) y c) del apartado 3 del artículo 85 de la Ley 7/1985, de 2 de abril, Reguladora de las Bases de Régimen Local, así como de las que, en su caso, se contraigan por las Mancomunidades, Comarcas, Áreas Metropolitanas, entidades de ámbito inferior al municipio y por cualesquiera instituciones asociativas voluntarias públicas en las que aquéllas participen, en proporción a sus respectivas cuotas y sin perjuicio del derecho de repetir que les pueda asistir, en su caso.

Disposición adicional octava. *Procedimientos concursales.*

Lo dispuesto en esta Ley se aplicará de acuerdo con lo establecido en la legislación concursal vigente en cada momento.

Disposición adicional novena. *Competencias en materia del deber de información.*

A efectos del apartado 1 del artículo 8 de la Ley Orgánica 1/1982, de 5 de mayo, de Protección Civil del Derecho al Honor, a la Intimidad Personal y Familiar y a la Propia

Imagen[578], se considerará autoridad competente el Ministro de Hacienda, el órgano equivalente de las Comunidades Autónomas, el órgano de gobierno de las Entidades Locales, los Directores de Departamento de la Agencia Estatal de Administración Tributaria y sus Delegados territoriales.

Disposición adicional décima[579]. *Exacción de la responsabilidad civil y multa por delito contra la Hacienda Pública.*

1. En los procedimientos por delito contra la Hacienda Pública, la responsabilidad civil, que comprenderá el importe de la deuda tributaria que la Administración Tributaria no haya liquidado por prescripción u otra causa legal en los términos previstos en esta Ley, incluidos sus intereses de demora, junto a la pena de multa, se exigirá por el procedimiento administrativo de apremio.

2. Una vez que sea firme la sentencia, el juez o tribunal al que competa la ejecución remitirá testimonio a los órganos de la Administración Tributaria, ordenando que se proceda a su exacción. En la misma forma se procederá cuando el juez o tribunal hubieran acordado la ejecución provisional de una sentencia recurrida.

3. Cuando se hubiera acordado el fraccionamiento de pago de la responsabilidad civil o de la multa conforme al artículo 125 del Código Penal[580], el juez o tribunal lo comunicará a la Administración Tributaria. En este caso, el procedimiento de apremio se iniciará si se incumplieran los términos del fraccionamiento.

4. La Administración Tributaria informará al juez o tribunal sentenciador, a los efectos del artículo 117.3 de la Constitución Española, de la tramitación y, en su caso, de los incidentes relativos a la ejecución encomendada.

Disposición adicional undécima[581]. *Reclamaciones económico-administrativas en otras materias.*

1. Podrá interponerse reclamación económico-administrativa, previa interposición potestativa de recurso de reposición, contra las resoluciones y los actos de trámite que decidan, directa o indirectamente, el fondo del asunto relativo a las siguientes materias:

---

[578] Ley Orgánica 1/1982, de 5 de mayo, de Protección Civil del Derecho al Honor, a la Intimidad Personal y Familiar y a la Propia Imagen (BOE, núm. 115, de 14 mayo de 1982), artículo 8. «Uno. No se reputará, con carácter general, intromisiones ilegítimas las actuaciones autorizadas o acordadas por la Autoridad competente de acuerdo con la Ley, ni cuando predomine un interés histórico, científico o cultural relevante».

[579] Art. 305 de la Ley Orgánica 10/1995, de 23 de noviembre, del Código Penal, arts. 5, 81.7, 180.1 y 150.4 de la LGT (§1), arts. 32 y 33 del RGS (§4) y art. 128 del RGR (§3).
Nueva redacción de la Disp. Adic. décimadada por el art. único Sesenta y dos de la Ley 34/2015, de 21 de septiembre, de modificación parcial de la Ley 58/2003, de 17 de diciembre, General Tributaria (BOE núm. 227, de 22 de septiembre de 2015), con entrada en vigor el día 11 de octubre de 2015.

[580] Ley Orgánica 10/1995, de 23 de noviembre, del Código Penal (BOE núm. 281, de 24 de noviembre de 1995): «Artículo 125. Cuando los bienes del responsable civil no sean bastantes para satisfacer de una vez todas las responsabilidades pecuniarias, el Juez o Tribunal, previa audiencia al perjudicado, podrá fraccionar su pago, señalando, según su prudente arbitrio y en atención a las necesidades del perjudicado y a las posibilidades económicas del responsable, el período e importe de los plazos».

[581] Arts. 226 y 227 de la LGT (§1) y art. 61 a 63 del RGRVA (§5).

a) Los actos recaudatorios de la Agencia Estatal de Administración Tributaria relativos a ingresos de Derecho público del Estado y de las Entidades de Derecho público vinculadas o dependientes de la Administración General del Estado o relativos a ingresos de Derecho público, tributarios o no tributarios, de otra Administración Pública.

b) El reconocimiento o la liquidación por autoridades u organismos de los Ministerios de Hacienda y de Economía de obligaciones del Tesoro Público y las cuestiones relacionadas con las operaciones de pago por dichos órganos con cargo al Tesoro.

c)[582]

2. No se admitirán reclamaciones económico-administrativas con respecto a los siguientes actos:

a) Los que den lugar a reclamación en vía administrativa previa a la judicial, civil o laboral o pongan fin a dicha vía.

b) Los dictados en procedimientos en los que esté reservada al Ministro competente la resolución que ultime la vía administrativa.

c) Los dictados en virtud de una ley que los excluya de reclamación económico-administrativa.

3. Estará legitimado para interponer reclamación económico-administrativa contra los actos relativos a las materias a las que se refiere el apartado 1 cualquier persona cuyos intereses legítimos resulten afectados por el acto administrativo, así como el Interventor General de la Administración del Estado o sus delegados, en las materias a que se extienda la función fiscalizadora que le confieran las disposiciones vigentes.

4. No estarán legitimados para interponer reclamación económico-administrativa contra los actos relativos a las materias a las que se refiere el apartado 1:

a) Los funcionarios y empleados públicos salvo en los casos en que inmediata y directamente se vulnere un derecho que en particular les esté reconocido o resulten afectados sus intereses legítimos.

b) Los particulares cuando obren por delegación de la Administración o como agentes o mandatarios en ella.

c) Los denunciantes.

d) Los que asuman obligaciones en virtud de pacto o contrato.

e) Los organismos u órganos que hayan dictado el acto impugnado, así como cualquier otra entidad por el mero hecho de ser destinataria de los fondos gestionados mediante dicho acto.

---

[582] Letra c) derogada por la Disp. Derogatoria segunda de la Ley 6/2018, de 3 de julio, de Presupuestos Generales del Estado para el año 2018 (BOE núm. 161, de 4 de julio de 2018), en vigor desde 5 de julio de 2018.
Art. 14 del Real Decreto Legislativo 670/1987, de 30 de abril, por el que se aprueba el Texto Refundido de la Ley de Clases Pasivas del Estado, en redacción dada por la Disp. Final segunda uno de la Ley 6/2018, de 3 de julio, de Presupuestos Generales del Estado para el año 2018.
Estableciendo la anterior norma: Disposición transitoria cuarta. «Régimen transitorio de las reclamaciones económico-administrativas en materia de Clases Pasivas.
Las reclamaciones económico-administrativas en materia de reconocimiento y pago de toda clase de pensiones y derechos pasivos que sea competencia del Ministerio de Hacienda y Función Pública, contra actos y resoluciones dictadas con anterioridad a la entrada en vigor de esta Ley, continuarán sustanciándose hasta su conclusión, conforme a las normas que regían en la fecha en que se dictaron».

5. Podrán interponer el recurso de alzada ordinario las personas u órganos previstos en el apartado 3 de esta disposición adicional y los órganos directivos de los Ministerios de Hacienda y de Economía que se determinen reglamentariamente[583] en materias de su competencia.

6. Podrán interponer el recurso extraordinario de alzada para la unificación de criterio los órganos directivos de los Ministerios de Hacienda y de Economía que se determinen reglamentariamente[584].

7. Podrán interponer el recurso extraordinario de revisión las personas u órganos previstos en el apartado 3 de esta disposición adicional, y los órganos directivos de los Ministerios de Hacienda y de Economía que se determinen reglamentariamente en materias de su competencia.

8. Salvo lo dispuesto en los apartados anteriores, en las reclamaciones económico-administrativas reguladas en la presente disposición adicional se aplicarán las normas reguladoras de las reclamaciones económico-administrativas en materia tributaria contenidas en esta Ley.

Disposición adicional duodécima. *Composición de los Tribunales Económico-administrativos.*

El Presidente y los Vocales de los Tribunales Económico-administrativos serán nombrados entre funcionarios del Estado y sus Organismos Autónomos, de las Comunidades Autónomas y entre funcionarios de Administración local con Habilitación de Carácter Nacional, que reúnan los requisitos y condiciones que reglamentariamente se determinen, actuando como Secretario un Abogado del Estado.

Disposición adicional decimotercera[585]. *Participación de las Comunidades Autónomas y de las Ciudades con Estatuto de Autonomía en los tribunales económico-administrativos.*

1. Las Comunidades Autónomas y las Ciudades con Estatuto de Autonomía que no asuman la función revisora en vía económico-administrativa de los actos dictados por ellas en relación con los tributos estatales, podrán participar en los tribunales económico-administrativos del Estado, en los términos que se establezcan reglamentariamente, de las siguientes maneras:

a) Mediante el nombramiento de funcionarios de las Comunidades Autónomas y de las Ciudades con Estatuto de Autonomía conforme a lo indicado en la disposición adicional duodécima de esta Ley.

---

[583]   Art. 229.1.c) (Competencias de los Tribunales Económico-administrativos) de la LGT (§1).

[584]   Art. 229.1.d) (Competencias de los Tribunales Económico-administrativos) y art. 242 (Recurso extraordinario de alzada para la unificación de criterio), de la LGT (§1).

[585]   Art. 31 (Participación de las comunidades autónomas en los tribunales económico-administrativos). del RGRVA (§5).
Nueva redacción de la Disp. Adic. decimotercera dada por la Disp. Final Tercera.Diez de la Ley 22/2009, de 18 de diciembre, por la que se regula el sistema de financiación de las Comunidades Autónomas de régimen común y Ciudades con Estatuto de Autonomía y se modifican determinadas normas tributarias (BOE núm. 305, de 19 de diciembre de 2009), en vigor desde el 20-12-2009 y con efectos desde el 1 de enero de 2010.

b) Mediante la creación en el seno del Tribunal Económico-Administrativo Regional y local, y en virtud de Convenio celebrado entre el Ministerio de Economía y Hacienda y el órgano superior competente de la Comunidad Autónoma y de la Ciudad con Estatuto de Autonomía de una Sala Especial para resolver las reclamaciones que versen sobre los actos dictados por las Comunidades Autónomas y las Ciudades con Estatuto de Autonomía en relación con los tributos estatales. Dicha Sala Especial tendrá el mismo número de miembros del Tribunal Regional y local y de la Administración tributaria de la Comunidades Autónomas y de las Ciudades con Estatuto de Autonomía y será presidida por el Presidente del Tribunal, que tendrá voto de calidad.

La Sala Especial resolverá todas las reclamaciones que versen sobre los actos dictados por las Comunidades Autónomas y las Ciudades con Estatuto de Autonomía en relación con los tributos estatales, salvo las que traten exclusivamente sobre actos dictados en el procedimiento de recaudación.

Las reclamaciones se tramitarán por el Secretario del Tribunal, que será también el Secretario y formará parte de la Sala Especial, por el procedimiento general regulado en la Subsección 1.ª de la Sección 2.ª del Título V de esta Ley, no siendo aplicable el procedimiento abreviado ante órganos unipersonales regulado en la Sección 3.ª del mismo Título.

2. A falta de convenio se procederá en la forma prevista en la letra a) del apartado anterior, según ese establezca reglamentariamente.

Disposición adicional decimocuarta. *Cuantía de las reclamaciones económico-administrativas.*

Con efectos para las reclamaciones económico-administrativas que se interpongan a partir de la entrada en vigor de esta Ley las cuantías a las que se refieren las letras a) y b) del apartado 2 del artículo 10 del Real Decreto 391/1996, de 1 de marzo, por el que se aprueba el Reglamento de Procedimiento de las Reclamaciones Económico-administrativas quedarán fijadas en 150.000 y 1.800.000 euros, respectivamente, hasta que se apruebe un nuevo Reglamento de desarrollo en materia económico-administrativa[586].

Disposición adicional decimoquinta. *Normas relativas al Catastro Inmobiliario.*

1. Las infracciones y sanciones en materia catastral, se regirán por su normativa específica[587].

2. El artículo 27 de esta Ley relativo a los recargos por declaración extemporánea sin requerimiento previo no será aplicable a las declaraciones catastrales.

3. En materia de notificación de valores catastrales, esta Ley se aplicará supletoriamente respecto a lo dispuesto en la normativa específica catastral.

---

[586] Art. 229.2, letras a) y b) de la LGT (§1) y Arts. 35 (Cuantía de la reclamación) y 36 (Cuantía necesaria para el recurso de alzada ordinario), del RGRVA (§5).

[587] Real Decreto Legislativo 1/2004, de 5 de marzo, por el que se aprueba el Texto Refundido de la Ley del Catastro Inmobiliario (BOE, núm. 58, de 8 de marzo de 2004).

Disposición adicional decimosexta. *Utilización de medios electrónicos, informáticos o telemáticos en las reclamaciones económico-administrativas.*

1. Podrán utilizarse medios electrónicos, informáticos o telemáticos para la interposición, tramitación y resolución de las reclamaciones económico-administrativas.

2. Podrán emplearse dichos medios para las notificaciones que deban realizarse cuando el interesado los haya señalado como preferentes o hubiera consentido expresamente su utilización.

3. Los documentos que integren un expediente correspondiente a una reclamación económico-administrativa podrán obtenerse mediante el empleo de los medios a que se refiere el apartado 1 de esta disposición.

4[588]. El Ministro de Hacienda regulará los aspectos necesarios para la implantación de estas medidas y creará los registros telemáticos que procedan.

Disposición adicional decimoséptima[589]. *Naturaleza jurídica de los créditos gestionados en el ámbito de la asistencia mutua.*

1. A efectos de la asistencia mutua a la que se refiere el artículo 1.2 de esta Ley y sin perjuicio de lo dispuesto en el artículo 80 bis de esta Ley, tendrán la consideración de derechos de la Hacienda Pública de naturaleza pública todo crédito de otro Estado o entidad supranacional o internacional respecto del que se ejerzan las acciones de asistencia, colaboración, cooperación y otras de naturaleza análoga que preste el Estado español en ejercicio de dicha asistencia mutua.

2. A los efectos del ejercicio de dichas acciones de asistencia mutua tales derechos conservarán su naturaleza jurídica originaria conforme a la normativa española y les será de aplicación el régimen jurídico regulado en la Ley 47/2003, de 26 de noviembre, General Presupuestaria, y en la presente Ley.

Disposición adicional decimoctava. *Obligación de información sobre bienes y derechos situados en el extranjero.*

Los obligados tributarios deberán suministrar a la Administración Tributaria, conforme a lo dispuesto en los artículos 29 y 93 de esta ley y en los términos que reglamentariamente se establezcan, la siguiente información:

a) Información sobre las cuentas situadas en el extranjero abiertas en entidades que se dediquen al tráfico bancario o crediticio de las que sean titulares o beneficiarios o en las que figuren como autorizados o de alguna otra forma ostenten poder de disposición.

b) Información de cualesquiera títulos, activos, valores o derechos representativos del capital social, fondos propios o patrimonio de todo tipo de entidades, o de la cesión a terceros

---

[588] Disp. Adic. Tercera (Remisión de expedientes por medios electrónicos..., del RGRVA (§5). Orden EHA/2784/2009, de 8 de octubre, por la que se regula la interposición telemática de las reclamaciones económico-administrativas y se desarrolla parcialmente la disposición adicional decimosexta de la Ley 58/2003, de 17 de diciembre, General Tributaria, sobre utilización de medios electrónicos, informáticos y telemáticos en las reclamaciones económico-administrativas (BOE núm. 250, de 16 de octubre de 2009).

[589] Nueva disposición incorporada por la Disposición Final Primera.uno.19 del Real Decreto-ley 20/2011, de 30 de diciembre, de medidas urgentes en materia presupuestaria, tributaria y financiera para la corrección del déficit público (BOE núm. 315, de 31 de diciembre), con efectos desde el 1 de enero de 2012.

de capitales propios, de los que sean titulares y que se encuentren depositados o situados en el extranjero, así como de los seguros de vida o invalidez de los que sean tomadores y de las rentas vitalicias o temporales de las que sean beneficiarios como consecuencia de la entrega de un capital en dinero, bienes muebles o inmuebles, contratados con entidades establecidas en el extranjero.

c) Información sobre los bienes inmuebles y derechos sobre bienes inmuebles de su titularidad situados en el extranjero.

d) Información sobre las monedas virtuales situadas en el extranjero de las que se sea titular, o respecto de las cuales se tenga la condición de beneficiario o autorizado o de alguna otra forma se ostente poder de disposición, custodiadas por personas o entidades que proporcionan servicios para salvaguardar claves criptográficas privadas en nombre de terceros, para mantener, almacenar y transferir monedas virtuales.

Las obligaciones previstas en los párrafos anteriores se extenderán a quienes tengan la consideración de titulares reales de acuerdo con lo previsto en el apartado 2 del artículo 4 de la Ley 10/2010, de 28 de abril, de prevención del blanqueo de capitales y de la financiación del terrorismo[590].

Disposición adicional decimonovena[591]. *Competencias de investigación patrimonial en los procesos por delito contra la Hacienda Pública.*

En los procesos por delito contra la Hacienda Pública, y sin perjuicio de las facultades que corresponden a las unidades de la Policía Judicial, los órganos de recaudación de la Agencia Estatal de Administración Tributaria mantendrán la competencia para investigar, bajo la supervisión de la autoridad judicial, el patrimonio que pueda resultar afecto al pago de las cuantías pecuniarias asociadas al delito.

---

[590] Nueva redacción dada por la Disposición final cuarta de la Ley 5/2022, de 9 de marzo, por la que se modifican la Ley 27/2014, de 27 de noviembre, del Impuesto sobre Sociedades, y el texto refundido de la Ley del Impuesto sobre la Renta de no Residentes, aprobado mediante Real Decreto Legislativo 5/2004, de 5 de marzo, en relación con las asimetrías híbridas, nueva redacción de la Disposición adicional decimoctava (BOE núm. 59, de 10 de marzo de 2022), en vigor desde el 11 de marzo de 2022.
Redacción anterior del apartado 1 de la Disp. Adic. decimoctava dada por el art. decimotercero Veintiséis de la Ley 11/2021, de 9 de julio, de medidas de prevención y lucha contra el fraude fiscal, de transposición de la Directiva (UE) 2016/1164, del Consejo, de 12 de julio de 2016, por la que se establecen normas contra las prácticas de elusión fiscal que inciden directamente en el funcionamiento del mercado interior, de modificación de diversas normas tributarias y en materia de regulación del juego (BOE núm. 164, de 10 de julio de 2021), en vigor desde el 11 de julio de 2021.
Redacción anterior dada por el art. 1.diecisiete de la Ley 7/2012, de 29 de octubre.
Redacción del apartado 2 de la Disp. Adic. decimoctava dada por el art. decimotercero Veintiséis de la Ley 11/2021, de 9 de julio, de medidas de prevención y lucha contra el fraude fiscal, de transposición de la Directiva (UE) 2016/1164, del Consejo, de 12 de julio de 2016, por la que se establecen normas contra las prácticas de elusión fiscal que inciden directamente en el funcionamiento del mercado interior, de modificación de diversas normas tributarias y en materia de regulación del juego (BOE núm. 164, de 10 de julio de 2021), en vigor desde el 11 de julio de 2021.

[591] Nueva disposición incorporada por el art. 1.dieciocho de la Ley 7/2012, de 29 de octubre, de modificación de la normativa tributaria y presupuestaria y de adecuación de la normativa financiera para la intensificación de las actuaciones en la prevención y lucha contra el fraude (BOE núm. 261, de 30 de octubre de 2012), en vigor desde el 31 de octubre de 2012.

A tales efectos, podrán ejercer las facultades previstas en los artículos 93, 94 y 162 de esta Ley, realizar informes sobre la situación patrimonial de las personas relacionadas con el delito y adoptar las medidas cautelares previstas en el apartado 8 del artículo 81 de la misma. De tales actuaciones, sus incidencias y resultados se dará cuenta inmediata al juez penal, que resolverá sobre la confirmación, modificación o levantamiento de las medidas adoptadas.

Las actuaciones desarrolladas se someterán a lo previsto en la presente Ley y su normativa de desarrollo, sin perjuicio de la posibilidad de que el juez decida la realización de otras actuaciones al amparo de lo previsto en el artículo 989 de la Ley de enjuiciamiento criminal.

Disposición adicional vigésima[592]. *Tributos integrantes de la deuda aduanera.*
1. Conforme a lo derivado del artículo 7.1, lo dispuesto en esta Ley será de aplicación respecto de los tributos que integran la deuda aduanera prevista en la normativa de la Unión Europea, en tanto no se oponga a la misma. En particular, resultará de aplicación lo dispuesto en los párrafos siguientes:

a) Las liquidaciones de la deuda aduanera, cualquiera que fuese el procedimiento de aplicación de los tributos en que se hubieren practicado, tendrán carácter provisional mientras no transcurra el plazo máximo previsto en la normativa de la Unión Europea para su notificación al obligado tributario. El carácter provisional de dichas liquidaciones no impedirá en ningún caso la posible regularización posterior de la obligación tributaria cuando se den las condiciones previstas en la normativa de la Unión Europea.

b) En los procedimientos de aplicación de los tributos, los efectos del incumplimiento del plazo máximo para dictar resolución y de la falta de resolución serán los previstos en la normativa de la Unión Europea. En el supuesto de no preverse en ella el efecto del silencio administrativo, éste se considerará siempre negativo. Asimismo, no procederá declarar en ningún caso la caducidad del procedimiento, salvo que transcurra el plazo máximo previsto en la normativa de la Unión Europea para notificar la deuda al obligado tributario.

c) La comprobación de valores regulada en la subsección 4.ª de la sección 2.ª del capítulo III del título III de esta Ley no será de aplicación cuando se trate de determinar el valor en aduana, resultando de aplicación lo dispuesto en la normativa de la Unión Europea.

d)[593] No será de aplicación a las declaraciones aduaneras lo previsto en el artículo 27 de esta Ley.

2. La revisión de los actos de aplicación de los tributos que integran la deuda aduanera, en aquellos casos en los que la normativa de la Unión Europea reserve a la Comisión la emisión de una Decisión favorable en relación a la no contracción a posteriori, la condonación

---

[592]   Nueva de la Disp. Adic. Vigésima incorporada por el art. único Sesenta y tres de la Ley 34/2015, de 21 de septiembre, de modificación parcial de la Ley 58/2003, de 17 de diciembre, General Tributaria (BOE núm. 227, de 22 de septiembre de 2015), con entrada en vigor el día 11 de octubre de 2015.

[593]   Nueva letra d) incorporada por el art. decimotercero Veintisiete de la Ley 11/2021, de 9 de julio, de medidas de prevención y lucha contra el fraude fiscal, de transposición de la Directiva (UE) 2016/1164, del Consejo, de 12 de julio de 2016, por la que se establecen normas contra las prácticas de elusión fiscal que inciden directamente en el funcionamiento del mercado interior, de modificación de diversas normas tributarias y en materia de regulación del juego (BOE núm. 164, de 10 de julio de 2021), en vigor desde el 11 de julio de 2021.

o la devolución de la deuda aduanera, se efectuará con las especialidades que se describen en los siguientes apartados:

a) Cuando el acto de aplicación de los tributos haya sido sometido a una Decisión de la Comisión, el órgano revisor nacional competente, desde el momento en que tenga conocimiento de dicha circunstancia, suspenderá el procedimiento de revisión hasta que haya recaído la resolución de dicha Comisión y la misma haya adquirido firmeza.

b) Cuando el acto de aplicación de los tributos esté vinculado a una Decisión adoptada por la Comisión, la revisión no podrá extenderse al contenido de dicha Decisión.

c) Cuando el acto de aplicación de los tributos haya sido dictado sin someter la posible no contracción a posteriori, condonación o devolución de la deuda aduanera a la Decisión de la Comisión y el órgano revisor considere, conforme a lo dispuesto en la normativa de la Unión Europea, que procede tal sometimiento, suspenderá el procedimiento e instará a la Administración Tributaria para que someta el asunto a la Comisión.

d) Lo anterior se entiende sin perjuicio del derecho de los interesados a la interposición de los recursos que procedan contra las Decisiones de la Comisión ante las instituciones competentes de la Unión Europea y del eventual planteamiento por los órganos nacionales revisores competentes de una cuestión prejudicial ante el Tribunal de Justicia de la Unión Europea.

Disposición adicional vigésima primera[594]. *Suspensión en supuestos de tramitación de procedimiento amistosos.*

En caso de que, de conformidad con lo dispuesto en la disposición adicional primera.1 del texto refundido de la Ley del Impuesto sobre la Renta de No Residentes, aprobado por Real Decreto Legislativo 5/2004, de 5 de marzo, se simultanee un procedimiento amistoso en materia de imposición directa previsto en los convenios o tratados internacionales con un procedimiento de revisión de los regulados en el Título V de esta Ley, se suspenderá este último hasta que finalice el procedimiento amistoso.

Disposición adicional vigésima segunda[595]. *Obligaciones de información y de diligencia debida relativas a cuentas financieras en el ámbito de la asistencia mutua.*

1. Las instituciones financieras deberán identificar la residencia de las personas que ostenten la titularidad o el control de determinadas cuentas financieras, y suministrar información a la Administración Tributaria respecto de tales cuentas, conforme a lo dispuesto en la Directiva 2011/16/UE, del Consejo, de 15 de febrero de 2011, relativa a la cooperación administrativa en el ámbito de la fiscalidad, modificada por la Directiva 2014/107/UE, del Consejo, de 9 de diciembre de 2014, por lo que se refiere a la obligatoriedad del intercambio automático de información en el ámbito de la fiscalidad, y a lo dispuesto en el Acuerdo Multilateral entre Autoridades Competentes sobre intercambio automático de información de cuentas financieras.

---

[594] Nueva de la Disp. Adic. Vigésima primera incorporada por el art. único Sesenta y cuatro de la Ley 34/2015, de 21 de septiembre, de modificación parcial de la Ley 58/2003, de 17 de diciembre, General Tributaria (BOE núm. 227, de 22 de septiembre de 2015), con entrada en vigor el día 11 de octubre de 2015.

[595] Nueva de la Disp. Adic. Vigésima segunda incorporada por el art. único Sesenta y cinco de la Ley 34/2015, de 21 de septiembre, de modificación parcial de la Ley 58/2003, de 17 de diciembre, General Tributaria (BOE núm. 227, de 22 de septiembre de 2015), con entrada en vigor el día 11 de octubre de 2015.

Asimismo, las personas que ostenten la titularidad o el control de las cuentas financieras estarán obligadas a identificar su residencia fiscal ante las instituciones financieras en las que se encuentren abiertas las citadas cuentas. Reglamentariamente se desarrollarán las obligaciones de identificación de residencia y suministro de información, así como las normas de diligencia debida que deberán aplicar las instituciones financieras respecto de las cuentas financieras abiertas en ellas para identificar la residencia fiscal de las personas que ostenten la titularidad o el control de aquellas.

2. Las infracciones y sanciones derivadas del incumplimiento de la obligación de suministro de información prevista en el apartado 1 de esta disposición adicional se regularán por lo dispuesto en el Título IV de esta Ley.

3. Constituye infracción tributaria el incumplimiento de la obligación de identificar la residencia de las personas que ostenten la titularidad o el control de las cuentas financieras conforme a las normas de diligencia debida a que se refiere el apartado 1 de esta disposición adicional, siempre que tal incumplimiento no determine el incumplimiento de la obligación de suministro de información respecto de las citadas cuentas.

Constituye infracción tributaria comunicar a la institución financiera datos falsos, incompletos o inexactos en relación con las declaraciones que resulten exigibles a las personas que ostenten la titularidad o el control de las cuentas financieras en orden a la identificación de su residencia fiscal, cuando se derive de ello la incorrecta identificación de la residencia fiscal de las citadas personas.

4. La infracción tributaria señalada en el primer párrafo del apartado anterior se considerará como grave, y será sancionada con multa fija de 200 euros por cada persona respecto de la que se hubiera producido el incumplimiento.

La infracción tributaria señalada en el segundo párrafo del apartado anterior se considerará como grave, y será sancionada con multa fija de 300 euros.

5. En relación con las declaraciones que resulten exigibles a las personas que ostenten la titularidad o el control de las cuentas financieras abiertas a partir de 1 de enero de 2016 en orden a la identificación de su residencia fiscal a los efectos previstos en esta disposición adicional, su falta de aportación a la institución financiera en el plazo de 90 días desde que se hubiese solicitado la apertura de la cuenta determinará que ésta no realice cargos, abonos, ni cualesquiera otras operaciones en la misma hasta el momento de su aportación.

6[596]**.** Las pruebas documentales, las declaraciones que resulten exigibles a las personas que ostenten la titularidad o el control de las cuentas financieras y demás información utilizada en cumplimiento de las obligaciones de información y de diligencia debida a que se refiere esta disposición adicional deberán estar a disposición de la Administración Tributaria hasta la finalización del quinto año siguiente a aquel en el que se deba suministrar la información respecto de las citadas cuentas.

---

[596] Nueva redacción del apartado 6 dada por el art. decimotercero Veintiocho de la Ley 11/2021, de 9 de julio, de medidas de prevención y lucha contra el fraude fiscal, de transposición de la Directiva (UE) 2016/1164, del Consejo, de 12 de julio de 2016, por la que se establecen normas contra las prácticas de elusión fiscal que inciden directamente en el funcionamiento del mercado interior, de modificación de diversas normas tributarias y en materia de regulación del juego (BOE núm. 164, de 10 de julio de 2021), en vigor desde el 11 de julio de 2021.

7[597]**.** Toda institución financiera obligada a comunicar información conforme a lo dispuesto en la presente disposición deberá comunicar a cada persona física sujeta a comunicación de información, que la información sobre ella objeto de dicha obligación de comunicación será comunicada a la Administración tributaria y transferida al Estado miembro que corresponda con arreglo a la Directiva 2011/16/UE y los acuerdos internacionales indicados en la presente disposición. Dicha comunicación debe realizarse antes del 31 de enero del año natural siguiente al primer año en que la cuenta sea una cuenta sujeta a comunicación de información. Asimismo, la institución financiera facilitará a la persona física con suficiente antelación toda la información que esta tenga derecho a recibir para que pueda ejercer su derecho a la protección de sus datos personales y, en cualquier caso, antes de que la información por ella recopilada sea suministrada a la Administración tributaria.

8. Lo dispuesto en los apartados 5 y 6 será igualmente de aplicación en relación con las obligaciones de información y de diligencia debida relativas a cuentas financieras conforme a lo dispuesto en el Acuerdo entre los Estados Unidos de América y el Reino de España para la mejora del cumplimiento fiscal internacional y la implementación de la Foreign Account Tax Compliance Act-FATCA.

Asimismo, en el caso de cuentas abiertas durante el año 2015 respecto de las que a 1 de enero de 2016 no se hubiesen aportado las declaraciones a que se refiere el apartado 5, su falta de aportación a la institución financiera en el plazo de 60 días desde dicha fecha determinará que ésta no realice cargos, abonos, ni cualesquiera otras operaciones en la misma hasta el momento de su aportación.

Disposición adicional vigésima tercera[598]**.** *Obligación de información sobre mecanismos transfronterizos de planificación fiscal.*

1[599]**.** Las personas o entidades que tengan la consideración de intermediarios o de obligados tributarios interesados a los efectos de esta obligación, según el artículo 3, apartados 21 y 22, de la Directiva 2011/16/UE del Consejo, de 15 de febrero de 2011, relativa a la

---

[597] Nueva redacción del apartado 7 dada por el art. único Diez de la Ley 13/2023, de 24 de mayo, por la que se modifican la Ley 58/2003, de 17 de diciembre, General Tributaria, en transposición de la Directiva (UE) 2021/514 del Consejo de 22 de marzo de 2021, por la que se modifica la Directiva 2011/16/UE relativa a la cooperación administrativa en el ámbito de la fiscalidad, y otras normas tributarias (BOE núm. 124, de 25 de mayo de 2023), en vigor desde el 1 de enero de 2023.

[598] Nueva Disp. Incorporada por el art. único Uno de la Ley 10/2020, de 29 de diciembre, por la que se modifica la Ley 58/2003, de 17 de diciembre, General Tributaria, en transposición de la Directiva (UE) 2018/822 del Consejo, de 25 de mayo de 2018, que modifica la Directiva 2011/16/UE por lo que se refiere al intercambio automático y obligatorio de información en el ámbito de la fiscalidad en relación con los mecanismos transfronterizos sujetos a comunicación de información (BOE núm. 340, de 30/12/2020), en vigor desde el 31 de diciembre de 2020.
  Disposición transitoria única. *Régimen transitorio de las obligaciones de información de los mecanismos transfronterizos sometidos a declaración que se hayan realizado con anterioridad a la entrada en vigor de esta Ley.*
  «Los mecanismos transfronterizos cuya primera fase de ejecución se haya realizado, en los términos reglamentariamente establecidos, entre el 25 de junio de 2018 y el 30 de junio de 2020 deberán ser objeto de declaración en los plazos establecidos reglamentariamente.
  Asimismo, esta Ley se aplicará a los mecanismos transfronterizos sujetos a comunicación cuya obligación haya surgido a partir del 1 de julio de 2020 conforme a la Directiva 2011/16/UE del Consejo, de 15 de fe-

cooperación administrativa en el ámbito de la fiscalidad y por la que se deroga la Directiva 77/799/CEE, así como según el Acuerdo Multilateral entre Autoridades Competentes sobre intercambio automático de información relativa a los mecanismos de elusión del Estándar común de comunicación de información y las estructuras extraterritoriales opacas y sus Normas tipo de comunicación obligatoria de información para abordar mecanismos de elusión del Estándar común de comunicación de información y estructuras extraterritoriales opacas, y otros acuerdos internacionales suscritos con el mismo objetivo, deberán suministrar a la Administración tributaria, conforme a lo dispuesto en los artículos 29, 29 bis y 93 de esta Ley y en los términos que reglamentariamente se establezcan la siguiente información:

a) Información de mecanismos transfronterizos definidos en el artículo 3.18 de la Directiva 2011/16/UE del Consejo, de 15 de febrero de 2011, en los que intervengan o participen cuando concurran alguna de las señas distintivas determinadas en el Anexo IV de la citada Directiva[600].

b) Información de actualización de los mecanismos transfronterizos comercializables a los que se refiere el artículo 3.24 de la Directiva 2011/16/UE del Consejo, de 15 de febrero de 2011[601].

c) Información de la utilización en España de los mecanismos transfronterizos de planificación fiscal a que se refieren las letras a) y b) anteriores[602].

d) Información de mecanismos transfronterizos definidos en el Acuerdo Multilateral entre Autoridades Competentes sobre intercambio automático de información relativa a los mecanismos de elusión del Estándar común de comunicación de información y las estructuras extraterritoriales opacas, y en otros acuerdos internacionales suscritos con el mismo objetivo.

A los efectos de esta obligación de información, no tendrán la consideración de mecanismo transfronterizo de planificación fiscal objeto de declaración aquellos acuerdos, negocios

---

brero de 2011, relativa a la cooperación administrativa en el ámbito de la fiscalidad y por la que se deroga la Directiva 77/799/CEE».

[599] Nueva redacción del apartado 1 dada por el art. único Once de la Ley 13/2023, de 24 de mayo, por la que se modifican la Ley 58/2003, de 17 de diciembre, General Tributaria, en transposición de la Directiva (UE) 2021/514 del Consejo de 22 de marzo de 2021, por la que se modifica la Directiva 2011/16/UE relativa a la cooperación administrativa en el ámbito de la fiscalidad, y otras normas tributarias (BOE núm. 124, de 25 de mayo de 2023), en vigor desde el 26 de mayo de 2023.

[600] Modelo 234. Orden HAC/342/2021, de 12 de abril, por la que se aprueba el modelo 234 de «Declaración de información de determinados mecanismos transfronterizos de planificación fiscal», el modelo 235 de «Declaración de información de actualización de determinados mecanismos transfronterizos comercializables» y el modelo 236 de «Declaración de información de la utilización de determinados mecanismos transfronterizos de planificación fiscal», (BOE núm. 88, de 13 de abril de 2021)

[601] Modelo 235. Orden HAC/342/2021, de 12 de abril, por la que se aprueba el modelo 234 de «Declaración de información de determinados mecanismos transfronterizos de planificación fiscal», el modelo 235 de «Declaración de información de actualización de determinados mecanismos transfronterizos comercializables» y el modelo 236 de «Declaración de información de la utilización de determinados mecanismos transfronterizos de planificación fiscal», (BOE núm. 88, de 13 de abril de 2021)

[602] Modelo 236. Orden HAC/342/2021, de 12 de abril, por la que se aprueba el modelo 234 de «Declaración de información de determinados mecanismos transfronterizos de planificación fiscal», el modelo 235 de «Declaración de información de actualización de determinados mecanismos transfronterizos comercializables» y el modelo 236 de «Declaración de información de la utilización de determinados mecanismos transfronterizos de planificación fiscal», (BOE núm. 88, de 13 de abril de 2021)

jurídicos, esquemas u operaciones transfronterizas basadas en regímenes fiscales comunicados y expresamente autorizados por una decisión de la Comisión Europea.

2[603]. Estarán dispensados de la obligación de información por el deber de secreto profesional al que se refieren el apartado 5 del artículo 8 bis ter de la Directiva 2011/16/UE del Consejo y las Normas tipo citadas, los que tuvieran la consideración de intermediarios, con independencia de la actividad desarrollada, y hayan asesorado con respecto al diseño, comercialización, organización, puesta a disposición para su ejecución o gestión de la ejecución de un mecanismo transfronterizo, con el único objeto de evaluar la adecuación de dicho mecanismo a la normativa aplicable y sin procurar ni facilitar la implantación del mismo.

El intermediario obligado por el deber de secreto profesional podrá quedar liberado del mismo mediante autorización comunicada de forma fehaciente por el obligado tributario interesado.

3[604]. El cumplimiento por los intermediarios de la obligación de información de mecanismos de planificación fiscal a que se refiere la Directiva 2011/16/UE del Consejo y el Acuerdo Multilateral citado, en los términos legalmente exigibles, no constituirá, conforme al régimen jurídico aplicable, violación de las restricciones sobre divulgación de información impuestas por vía contractual o normativa, no implicando para los sujetos obligados ningún tipo de responsabilidad respecto del obligado tributario interesado titular de dicha información.

4. Constituyen infracciones tributarias:

a) La falta de presentación en plazo de las declaraciones informativas a que se refiere esta disposición adicional.

La infracción será grave y la sanción consistirá en multa pecuniaria fija de 2.000 euros por cada dato o conjunto de datos referidos a un mismo mecanismo que hubiera debido incluirse en la declaración con un mínimo de 4.000 euros y un máximo equivalente al importe de los honorarios percibidos o a percibir por cada mecanismo o al valor del efecto fiscal derivado de cada mecanismo calculado en los términos reglamentariamente establecidos, dependiendo de que el infractor sea el intermediario o el obligado tributario interesado, respectivamente. El límite máximo no se aplicará cuando el mismo fuera inferior a 4.000 euros.

No obstante lo anterior, cuando un mecanismo transfronterizo carezca de valor en los términos establecidos reglamentariamente y el infractor lo sea en su condición de obligado tributario interesado se computará como límite máximo el equivalente a los honorarios percibidos o a percibir por el intermediario.

---

[603] Nueva redacción del apartado 2 dada por el art. único Once de la Ley 13/2023, de 24 de mayo, por la que se modifican la Ley 58/2003, de 17 de diciembre, General Tributaria, en transposición de la Directiva (UE) 2021/514 del Consejo de 22 de marzo de 2021, por la que se modifica la Directiva 2011/16/UE relativa a la cooperación administrativa en el ámbito de la fiscalidad, y otras normas tributarias (BOE núm. 124, de 25 de mayo de 2023), en vigor desde el 26 de mayo de 2023.

[604] Nueva redacción del apartado 3 dada por el art. único Once de la Ley 13/2023, de 24 de mayo, por la que se modifican la Ley 58/2003, de 17 de diciembre, General Tributaria, en transposición de la Directiva (UE) 2021/514 del Consejo de 22 de marzo de 2021, por la que se modifica la Directiva 2011/16/UE relativa a la cooperación administrativa en el ámbito de la fiscalidad, y otras normas tributarias (BOE núm. 124, de 25 de mayo de 2023), en vigor desde el 26 de mayo de 2023.

En caso de no existencia de honorarios, el límite se referirá al valor de mercado de la actividad cuya concurrencia hubiera dado lugar a la consideración de intermediario calculada de acuerdo con lo dispuesto en el artículo 18.1 de la Ley 27/2014, de 27 de noviembre, del Impuesto sobre Sociedades.

A efectos de la aplicación de los límites máximos anteriores, el sujeto infractor deberá acreditar la concurrencia y magnitud de los mismos.

La sanción y los límites mínimo y máximo previstos en este párrafo se reducirán a la mitad, cuando la información haya sido presentada fuera de plazo sin requerimiento previo de la Administración tributaria.

Si se hubieran presentado en plazo declaraciones incompletas, inexactas o con datos falsos y posteriormente se presentara fuera de plazo sin requerimiento previo una declaración complementaria o sustitutiva de las anteriores, no se producirá la infracción a que se refiere la letra b) de este apartado en relación con las declaraciones presentadas en plazo y se impondrá la sanción que resulte de la aplicación de este párrafo respecto de lo declarado fuera de plazo.

b) La presentación de forma incompleta, inexacta o con datos falsos de las declaraciones informativas a que se refiere esta disposición adicional.

La infracción será grave y la sanción consistirá en multa pecuniaria fija de 2.000 euros por cada dato o conjunto de datos omitido, inexacto o falso referidos a un mismo mecanismo que hubiera debido incluirse en la declaración con un mínimo de 4.000 euros y un máximo equivalente al importe de los honorarios percibidos o a percibir por cada mecanismo o al valor del efecto fiscal derivado de cada mecanismo calculado en los términos reglamentariamente establecidos, dependiendo de que el infractor sea el intermediario o el obligado tributario interesado, respectivamente. El límite máximo no se aplicará cuando el mismo fuera inferior a 4.000 euros.

No obstante lo anterior, cuando un mecanismo transfronterizo carezca de valor en los términos establecidos reglamentariamente y el infractor lo sea en su condición de obligado tributario interesado, se computará como límite máximo el equivalente a los honorarios percibidos o a percibir por el intermediario.

En caso de no existencia de honorarios, el límite se referirá al valor de mercado de la actividad cuya concurrencia hubiera dado lugar a la consideración de intermediario calculada de acuerdo con lo dispuesto en el artículo 18.1 de la Ley 27/2014, de 27 de noviembre, del Impuesto sobre Sociedades.

A efectos de la aplicación de los límites máximos anteriores, el sujeto infractor deberá acreditar la concurrencia y magnitud de los mismos.

c) La presentación de las declaraciones informativas a que se refiere esta disposición adicional por medios distintos a los electrónicos, informáticos y telemáticos en aquellos supuestos en que hubiera obligación de hacerlo por dichos medios.

La infracción será grave y la sanción consistirá en multa pecuniaria fija de 250 euros por dato o conjunto de datos referidos a un mismo mecanismo que hubiera debido incluirse en la declaración con un mínimo de 750 euros y un máximo de 1.500 euros.

d) Las infracciones y sanciones reguladas en esta disposición adicional serán incompatibles con las establecidas en los artículos 198 y 199 de esta Ley.

5[605]. Todo intermediario obligado a suministrar la información conforme a lo dispuesto en la presente disposición, deberá comunicar a cada obligado tributario interesado que sea persona física sujeto a comunicación de información, que la información requerida sobre dicho obligado, será suministrada a la Administración tributaria y transferida con arreglo a la Directiva 2011/16/UE y los acuerdos internacionales indicados en la presente disposición. Asimismo, el intermediario facilitará a la persona física con suficiente antelación toda la información que esta tenga derecho a recibir para que pueda ejercer su derecho a la protección de sus datos personales y, en cualquier caso, antes de que la información por él recopilada sea suministrada a la Administración tributaria,

Disposición adicional vigésima cuarta[606]. *Obligaciones entre particulares derivadas de la obligación de información de los mecanismos transfronterizos de planificación fiscal.*
1[607]. Los intermediarios eximidos por el deber de secreto profesional de la presentación de la declaración de los mecanismos transfronterizos de planificación fiscal deberán comunicar fehacientemente dicha exención a quienes sean sus clientes, ya sean otros intermediarios o los obligados tributarios interesados que participen en los citados mecanismos.
2. Las personas o entidades que tuvieran la condición legal de obligados a declarar y que hubieran presentado la declaración, deberán comunicar fehacientemente su presentación, en los términos reglamentariamente establecidos, al resto de intermediarios o, en su caso, al resto de obligados tributarios interesados, quienes, en virtud de aquella, quedarán eximidos de la obligación de declarar.
3. Constituyen infracciones tributarias:
a)[608] La falta de comunicación a la que se refiere el apartado 1 de esta disposición adicional en el plazo establecido o la realización de la comunicación omitiendo datos o incluyendo datos falsos, incompletos o inexactos.

---

[605] Nuevo apartado 5 incorporado por el art. único Once de la Ley 13/2023, de 24 de mayo, por la que se modifican la Ley 58/2003, de 17 de diciembre, General Tributaria, en transposición de la Directiva (UE) 2021/514 del Consejo de 22 de marzo de 2021, por la que se modifica la Directiva 2011/16/UE relativa a la cooperación administrativa en el ámbito de la fiscalidad, y otras normas tributarias (BOE núm. 124, de 25 de mayo de 2023), en vigor desde el 26 de enero de 2023.

[606] Nueva Disp. Incorporada por el art. único Dos de la Ley 10/2020, de 29 de diciembre, por la que se modifica la Ley 58/2003, de 17 de diciembre, General Tributaria, en transposición de la Directiva (UE) 2018/822 del Consejo, de 25 de mayo de 2018, que modifica la Directiva 2011/16/UE por lo que se refiere al intercambio automático y obligatorio de información en el ámbito de la fiscalidad en relación con los mecanismos transfronterizos sujetos a comunicación de información (BOE núm. 340, de 30/12/2020), en vigor desde el 31 de diciembre de 2020.

[607] Nueva redacción del apartado 1 dada por el art. único Doce de la Ley 13/2023, de 24 de mayo, por la que se modifican la Ley 58/2003, de 17 de diciembre, General Tributaria, en transposición de la Directiva (UE) 2021/514 del Consejo de 22 de marzo de 2021, por la que se modifica la Directiva 2011/16/UE relativa a la cooperación administrativa en el ámbito de la fiscalidad, y otras normas tributarias (BOE núm. 124, de 25 de mayo de 2023.), en vigor desde el 26 de mayo de 2023.
Redacción anterior dada por el art. único Dos de la Ley 10/2020, de 29 de diciembre, en vigor desde el 31 de diciembre de 2020.

[608] Nueva redacción de la letra a) dada por el art. único Doce de la Ley 13/2023, de 24 de mayo, por la que se modifican la Ley 58/2003, de 17 de diciembre, General Tributaria, en transposición de la Directiva (UE) 2021/514 del Consejo de 22 de marzo de 2021, por la que se modifica la Directiva 2011/16/UE relativa a

La infracción será considerada leve y se sancionará con una multa pecuniaria fija de 600 euros.

Esta infracción tendrá la consideración de grave cuando la ausencia de comunicación en plazo concurra con la falta de declaración del correspondiente mecanismo transfronterizo de planificación fiscal a que se refiere la letra a) del apartado 1 de la disposición adicional vigésima tercera de esta Ley por el obligado tributario interesado que hubiera debido presentar la declaración si se hubiera realizado dicha comunicación. En estos casos, la sanción será la que hubiera correspondido a la infracción por la falta de presentación de la declaración mencionada, prevista en la letra a) del apartado 4 de la disposición adicional vigésima tercera de esta Ley.

b) La falta de comunicación a la que se refiere el apartado 2 de esta disposición adicional en el plazo establecido o la realización de la comunicación omitiendo datos o incluyendo datos falsos, incompletos o inexactos.

La infracción de este artículo será considerada leve y se sancionará con una multa pecuniaria fija de 600 euros.

Disposición adicional vigésima quinta[609]. *Obligaciones de información y de diligencia debida relativas a la declaración informativa de los operadores de plataforma obligados en el ámbito de la asistencia mutua.*

1. Las entidades que tuvieran la consideración de «operadores de plataforma obligados a comunicar información», conforme a lo dispuesto en el artículo 8 bis quarter y el anexo V de la Directiva 2011/16/UE, del Consejo, de 15 de febrero de 2011, relativa a la cooperación administrativa en el ámbito de la fiscalidad y por la que se deroga la Directiva 77/799/CEE, así como en el Acuerdo Multilateral entre Autoridades Competentes para el intercambio automático de información sobre la renta obtenida a través de plataformas digitales y el Modelo de Reglas de comunicación de información por parte de operadores de plataformas respecto de los vendedores en el ámbito de la economía colaborativa y la economía de trabajo esporádico, y en otros acuerdos internacionales suscritos con el mismo objetivo, deberán aplicar las normas y procedimientos de diligencia debida y cumplir las obligaciones de registro y suministro de información conforme a la citada normativa.

Asimismo, las personas o entidades que tuvieran la consideración de «vendedores», de acuerdo con la normativa a que se refiere el párrafo anterior, deberán cumplir las obligaciones derivadas de la aplicación de las normas y procedimientos de diligencia debida.

---

la cooperación administrativa en el ámbito de la fiscalidad, y otras normas tributarias (BOE núm. 124, de 25 de mayo de 2023.), en vigor desde el 26 de mayo de 2023.

Redacción anterior dada por el art. único Dos de la Ley 10/2020, de 29 de diciembre, en vigor desde el 31 de diciembre de 2020.

[609] Nueva disposición incorporada por el art. único Trece de la Ley 13/2023, de 24 de mayo, por la que se modifican la Ley 58/2003, de 17 de diciembre, General Tributaria, en transposición de la Directiva (UE) 2021/514 del Consejo de 22 de marzo de 2021, por la que se modifica la Directiva 2011/16/UE relativa a la cooperación administrativa en el ámbito de la fiscalidad, y otras normas tributarias (BOE núm. 124, de 25 de mayo de 2023.), en vigor desde el 26 de mayo de 2023.

Reglamentariamente se desarrollarán las normas y procedimientos de diligencia debida, así como las obligaciones de registro y suministro de información a que se refiere este apartado[610].

Los términos utilizados en esta disposición adicional y su normativa de desarrollo tendrán el significado establecido reglamentariamente, salvo que se establezca otra cosa.

2. Las infracciones y sanciones derivadas del incumplimiento de las obligaciones de registro y suministro de información previstas en el apartado 1 de esta disposición adicional se regularán por lo dispuesto en el título IV de esta Ley con las especialidades establecidas en esta disposición.

Constituye infracción tributaria muy grave la ausencia absoluta de registro en la Unión Europea conforme a la Directiva 2011/16/UE del Consejo de un «operador de plataforma obligado a comunicar información» al que se refiere la Sección I, apartado A, punto 4, letra b), del anexo V de la citada Directiva siempre que de ello se derive la falta de recepción por la Administración tributaria española de la información que hubiera debido recibir en plazo relativa a «vendedores sujetos a comunicación de información» residentes en territorio español o bienes inmuebles situados en dicho territorio. La sanción será una multa pecuniaria del triple de la que hubiera correspondido por la falta de suministro de dicha información conforme a lo dispuesto en el título IV de esta Ley.

3. Constituye infracción tributaria el incumplimiento de las normas y procedimientos de diligencia debida a que se refiere el apartado 1 por los «operadores de plataforma obligados a comunicar información».

En particular, tendrán la consideración de infracción a los efectos de este apartado el incumplimiento o cumplimiento incorrecto o fuera de plazo de las obligaciones derivadas de los procedimientos de diligencia debida relativos a:

a) Determinación de los vendedores no sujetos a revisión.

b) Recopilación de información sobre el «vendedor».

c) Verificación de la información sobre el «vendedor».

d) Determinación del Estado o Estados de residencia del «vendedor».

e) Recopilación de información sobre bienes inmuebles alquilados.

La infracción tributaria prevista en este apartado será grave y se sancionará con una multa pecuniaria fija de 200 euros por cada «vendedor» respecto del que se incumplieron las obligaciones derivadas de la aplicación de las normas y procedimientos de diligencia debida.

---

[610] Real Decreto 117/2024, de 30 de enero, por el que se desarrollan las normas y los procedimientos de diligencia debida en el ámbito del intercambio automático obligatorio de información comunicada por los operadores de plataformas, y se modifican el Reglamento General de las actuaciones y los procedimientos de gestión e inspección tributaria y de desarrollo de las normas comunes de los procedimientos de aplicación de los tributos, aprobado por el Real Decreto 1065/2007, de 27 de julio, en transposición de la Directiva (UE) 2021/514 del Consejo de 22 de marzo de 2021 por la que se modifica la Directiva 2011/16/UE relativa a la cooperación administrativa en el ámbito de la fiscalidad, y otras normas tributarias (BOE núm. 27, de 31 de enero de 2024).

Orden HAC/72/2024, de 1 de febrero, por la que se aprueban el modelo 040 «Declaración censal de alta, modificación y baja en el registro de operadores de plataforma extranjeros no cualificados y en el registro de otros operadores de plataforma obligados a comunicar información» y el modelo 238 «Declaración informativa para la comunicación de información por parte de operadores de plataformas», y se establecen las condiciones y el procedimiento para su presentación (BOE núm. 31, de 5 de febrero de 2024).

Cuando un «operador de plataforma obligado a comunicar información» se sirva de un prestador de servicios externo para cumplir las obligaciones de diligencia debida, estas seguirán siendo responsabilidad de tal operador.

4. Constituye infracción tributaria no comunicar la información obligatoria en plazo o comunicar información falsa, incompleta o inexacta a los «operadores de plataforma obligados a comunicar información» por los «vendedores», en cumplimiento de las obligaciones derivadas de la aplicación por el operador de los procedimientos de diligencia debida a que se refiere el apartado anterior.

La infracción tributaria prevista en este apartado será grave y se sancionará con multa pecuniaria fija de 300 euros.

5. Cuando un «vendedor» no facilite al «operador de plataforma obligado a comunicar información» la información exigida con arreglo a las normas y procedimientos de diligencia debida, habiendo recibido dos recordatorios relativos a la solicitud inicial del operador y transcurrido un plazo de 60 días naturales desde la solicitud inicial, dicho operador cerrará la cuenta del «vendedor» e impedirá que vuelva a registrarse en la plataforma o bien le retendrá el pago de la «contraprestación» hasta que facilite la información que se solicitó.

6. La Administración tributaria acordará la baja cautelar en el censo correspondiente del «operador de plataforma obligado a comunicar información» a que se refiere la sección I, apartado A, punto 4, letra b), del anexo V de la Directiva 2011/16/UE del Consejo, cuando no cumpla la obligación de informar a que se refiere el apartado 1, después de dos requerimientos. La baja se efectuará en un plazo máximo de 90 días naturales desde el segundo requerimiento, pero nunca antes de que transcurran 30 días naturales desde el mismo.

Una vez acordada la baja, el operador solo podrá cursar el alta de nuevo si ofrece a la Administración tributaria garantías adecuadas de que se compromete a cumplir la obligación de información, incluidos aquellos suministros de información pendientes de cumplir. A estos efectos, la Administración tributaria podrá considerar como garantía adecuada una declaración responsable o cualquier otra garantía prevista en la normativa tributaria. La Administración tributaria podrá acordar la adecuación de dichas garantías previa verificación, en su caso, de su situación censal a través de las actuaciones y procedimientos de comprobación censal a que se refieren los artículos 144 y siguientes del Reglamento General de las actuaciones y los procedimientos de gestión e inspección tributaria y de desarrollo de las normas comunes de los procedimientos de aplicación de los tributos, aprobado por el Real Decreto 1065/2007, de 27 de julio.

7. Las declaraciones que resulten exigibles a los obligados, las pruebas documentales, los registros y cualquier información utilizada para aplicar los procedimientos de diligencia debida y para cumplir las obligaciones de registro y suministro de información a que se refiere esta disposición adicional deberán conservarse y mantenerse a disposición de la Administración tributaria durante los 10 años siguientes a la finalización del período de referencia al que corresponde el suministro de información.

Sin perjuicio de las facultades de comprobación e investigación de las obligaciones de registro y suministro de información a que se refiere esta disposición adicional conforme a las normas generales de esta Ley, la Administración tributaria podrá comprobar e investigar el cumplimiento de las normas y procedimientos de diligencia debida que deban aplicar «operadores de plataforma obligados a comunicar información».

8. Todo «operador de plataforma obligado a comunicar información» deberá informar a cada «vendedor» persona física sujeto a comunicación de información que la información sobre el mismo a que se refiere la presente disposición, será suministrada a la Administración tributaria y transferida al Estado que corresponda con arreglo a la Directiva 2011/16/UE y los acuerdos internacionales indicados en la presente disposición. Asimismo, el operador facilitará a la persona física con suficiente antelación toda la información que esta tenga derecho a recibir para que pueda ejercer su derecho a la protección de sus datos personales y, en cualquier caso, antes de que la información por él recopilada sea suministrada a la Administración tributaria.

Disposición adicional vigésima sexta[611]. *Adaptación de las referencias normativas relativas al régimen de las autoliquidaciones rectificativas.*

Cuando la normativa propia del tributo establezca que la rectificación de una autoliquidación debe realizarse mediante la presentación de una autoliquidación rectificativa, las referencias contenidas en las disposiciones vigentes a la solicitud de rectificación de autoliquidación se entenderán realizadas para dicho tributo a la autoliquidación rectificativa.

DISPOSICIONES TRANSITORIAS

Disposición transitoria primera. *Recargos del período ejecutivo, interés de demora e interés legal y responsabilidad en contratas y subcontratas.*

1. Lo dispuesto en el artículo 28 de esta Ley se aplicará a las deudas tributarias cuyo período ejecutivo se inicie a partir de la entrada en vigor de la misma.

2. Lo dispuesto en los apartados 4 y 6 del artículo 26 y en el apartado 2 del artículo 33 en materia de interés de demora e interés legal será de aplicación a los procedimientos, escritos y solicitudes que se inicien o presenten a partir de la entrada en vigor de esta Ley.

3. El supuesto de responsabilidad a que se refiere la letra f) del apartado 1 del artículo 43 de esta Ley no se aplicará a las obras o prestaciones de servicios contratadas o subcontratadas y cuya ejecución o prestación se haya iniciado antes de la entrada en vigor de esta Ley.

---

[611] Nueva disposición incorporada por el art. único Catorce de la Ley 13/2023, de 24 de mayo, por la que se modifican la Ley 58/2003, de 17 de diciembre, General Tributaria, en transposición de la Directiva (UE) 2021/514 del Consejo de 22 de marzo de 2021, por la que se modifica la Directiva 2011/16/UE relativa a la cooperación administrativa en el ámbito de la fiscalidad, y otras normas tributarias (BOE núm. 124, de 25 de mayo de 2023.), en vigor desde el 26 de mayo de 2023.
Art. 67 bis. Del Real Decreto 439/2007, de 30 de marzo, por el que se aprueba el Reglamento del Impuesto sobre la Renta de las Personas Físicas. Art. 59 bis del Real Decreto 634/2015, de 10 de julio, por el que se aprueba el Reglamento del Impuesto sobre Sociedades. Art. 74 bis. Real Decreto 1624/1992, de 29 de diciembre, por el que se aprueba el Reglamento del Impuesto sobre el Valor Añadido. Arts. 44 bis, 140 bis, 147 bis del Real Decreto 1165/1995, de 7 de julio, por el que se aprueba el Reglamento de los Impuestos Especiales. Art. 3 bis. Real Decreto 712/2022, de 30 de agosto, por el que se aprueba el Reglamento del Impuesto sobre los Gases Fluorados de Efecto Invernadero.

Disposición transitoria segunda. *Consultas tributarias escritas e información sobre el valor de bienes inmuebles.*

1. Lo dispuesto en los artículos 88 y 89 de esta Ley se aplicará a las consultas tributarias escritas que se presenten a partir del 1 de julio de 2004. Las consultas presentadas antes de esa fecha se regirán por lo dispuesto en el artículo 107 de la Ley 230/1963, de 28 de diciembre, General Tributaria, y en el artículo 8 de la Ley 1/1998, de 26 de febrero, de Derechos y Garantías de los Contribuyentes.

2. Lo dispuesto en el artículo 90 de esta Ley relativo a la información sobre el valor de bienes inmuebles será de aplicación a los procedimientos, escritos y solicitudes que se inicien o presenten a partir de la entrada en vigor de esta Ley.

Disposición transitoria tercera. *Procedimientos tributarios.*

1. Los procedimientos tributarios iniciados antes de la fecha de entrada en vigor de esta Ley se regirán por la normativa anterior a dicha fecha hasta su conclusión salvo lo dispuesto en el apartado siguiente.

2. Serán de aplicación a los procedimientos iniciados antes de la fecha de entrada en vigor de esta Ley los siguientes artículos:

a) El apartado 2 del artículo 62 de esta Ley, relativo a los plazos de pago en período voluntario, cuando la liquidación administrativa se notifique a partir de la entrada en vigor de esta Ley.

b) El apartado 2 del artículo 112 de esta Ley, relativo a la notificación por comparecencia, cuando las publicaciones se realicen a partir de la entrada en vigor de esta Ley.

c) El apartado 3 del artículo 188 de esta Ley, relativo a la reducción del 25 por 100 de la sanción, cuando el ingreso se realice a partir de la entrada en vigor de esta Ley.

También se aplicará la reducción del 25 por 100 prevista en el apartado 3 del artículo 188 de esta Ley cuando a partir de la entrada en vigor de esta Ley se efectúe el ingreso de las sanciones recurridas con anterioridad y se desista, antes del 31 de diciembre de 2004, del recurso o reclamación interpuesto contra la sanción y, en su caso, del recurso o reclamación interpuesto contra la liquidación de la que derive la sanción.

d) El apartado 3 del artículo 212 de esta Ley, relativo a los efectos de la interposición de recursos o reclamaciones contra sanciones.

e) El apartado 1 del artículo 223 de esta Ley, relativo al plazo de interposición del recurso de reposición, cuando el acto o resolución objeto del recurso se notifique a partir de la entrada en vigor de esta Ley.

3. Los artículos 15 y 159 de esta Ley, relativos a la declaración del conflicto en la aplicación de la norma tributaria, se aplicará cuando los actos o negocios objeto del informe se hayan realizado a partir de la entrada en vigor de esta Ley. A los actos o negocios anteriores les será de aplicación, en su caso, lo dispuesto en el artículo 24 de la Ley 230/1963, de 28 de diciembre, General Tributaria.

Disposición transitoria cuarta. *Infracciones y sanciones tributarias.*

1. Esta Ley será de aplicación a las infracciones tributarias cometidas con anterioridad a su entrada en vigor, siempre que su aplicación resulte más favorable para el sujeto infractor y la sanción impuesta no haya adquirido firmeza.

La revisión de las sanciones no firmes y la aplicación de la nueva normativa se realizará por los órganos administrativos y jurisdiccionales que estén conociendo de las reclamaciones y recursos, previa audiencia al interesado.

2. Los procedimientos sancionadores en materia tributaria iniciados antes del 1 de julio de 2004 deberán concluir antes del 31 de diciembre de 2004, sin que les sea de aplicación el plazo máximo de resolución previsto en el apartado 3 del artículo 34 de la Ley 1/1998, de 26 de febrero, de Derechos y Garantías de los Contribuyentes, y en el artículo 36 del Real Decreto 1930/1998, de 11 de septiembre, por el que se desarrolla el régimen sancionador tributario y se introducen las adecuaciones necesarias en el Real Decreto 939/1986, de 25 de abril, por el que se aprueba el Reglamento General de la Inspección de los Tributos.

Disposición transitoria quinta. *Reclamaciones económico-administrativas.*

1. Esta Ley se aplicará a las reclamaciones o recursos que se interpongan a partir de la fecha de entrada en vigor de la misma. A las interpuestas con anterioridad se les aplicará la normativa anterior a dicha fecha hasta su conclusión.

2. El plazo al que se refiere el apartado 1 del artículo 235 de esta Ley relativo a la interposición de las reclamaciones económico-administrativas se aplicará cuando el acto o resolución objeto de la reclamación se notifique a partir de la entrada en vigor de esta Ley.

3. Lo dispuesto en el apartado 2 del artículo 240 de esta Ley se aplicará a las reclamaciones económico-administrativas que se interpongan a partir de un año desde la entrada en vigor de esta Ley.

4. El procedimiento abreviado regulado en la Sección tercera del Capítulo IV del Título V de esta Ley se aplicará a las reclamaciones económico-administrativas que se interpongan a partir de un año desde la entrada en vigor de esta Ley.

DISPOSICIÓN DEROGATORIA

Disposición derogatoria única.

1. Salvo lo dispuesto en las disposiciones transitorias de esta Ley, a la entrada en vigor de esta Ley quedarán derogadas todas las disposiciones que se opongan a lo establecido en la misma y, entre otras, las siguientes normas:

a) La Ley 230/1963, de 28 de diciembre, General Tributaria.

b) La Ley 1/1998, de 26 de febrero, de Derechos y Garantías de los Contribuyentes.

c) La Ley 34/1980, de 21 de junio, de Reforma del Procedimiento Tributario.

d) La Ley 39/1980, de 5 de julio, de Bases sobre Procedimiento Económico-Administrativo.

e) El Real Decreto Legislativo 2795/1980, de 12 de diciembre, por el que se articula la Ley 39/1980, de 5 de julio, de Bases sobre Procedimiento Económico-Administrativo.

f) La Ley 10/1985, de 26 de abril, de modificación parcial de la Ley 230/1963, de 28 de diciembre, General Tributaria.

g) La Ley 25/1995, de 20 de julio, de modificación parcial de la Ley General Tributaria.

h) De la Ley 33/1987, de 23 de diciembre, de Presupuestos Generales del Estado para 1988, el artículo 113 relativo al Número de Identificación Fiscal.

i) De la Ley 37/1988, de 28 de diciembre, de Presupuestos Generales del Estado para 1989, el artículo 107 relativo a las declaraciones censales.

j) De la Ley 21/2001, de 27 de diciembre, por la que se regulan las medidas fiscales y administrativas del nuevo sistema de financiación de las Comunidades Autónomas de régimen común y Ciudades con Estatuto de Autonomía, la letra c) del apartado 1 del artículo 51 relativa a la competencia para resolver los expedientes de fraude de ley.

2. Las normas reglamentarias dictadas en desarrollo de los textos derogados a los que se refiere el apartado anterior continuarán vigentes, en tanto no se opongan a lo previsto en esta Ley, hasta la entrada en vigor de las distintas normas reglamentarias que puedan dictarse en desarrollo de esta Ley.

3. Las referencias contenidas en normas vigentes a las disposiciones que se derogan expresamente deberán entenderse efectuadas a las disposiciones de esta Ley que regulan la misma materia que aquéllas.

DISPOSICIONES FINALES

Disposición final primera. *Modificación de la Ley 8/1989, de 13 de abril, de Tasas y Precios públicos.*

El artículo 6.1 de la Ley 8/1989, de 13 de abril, de Tasas y Precios Públicos, quedará redactado de la siguiente forma:

(…)

Disposición final segunda. *Modificación del Real Decreto Legislativo 1091/1988, de 23 de septiembre, por el que se aprueba el texto refundido de la Ley General Presupuestaria.*

El apartado 1 del artículo 32 del Real Decreto Legislativo 1091/1988, de 23 de septiembre, por el que se aprueba el texto refundido de la Ley General Presupuestaria, quedará redactado de la siguiente forma:

«1. A los fines previstos en el artículo anterior, la Hacienda del Estado ostentará, entre otras, las prerrogativas reguladas en los artículos 77, 78, 79, 80, 93, 94, 109, 110, 111, 112, 160 y 161 de la Ley 58/2003, de 17 de diciembre, General Tributaria».

Disposición final tercera. *Modificación de la Ley 19/1991, de 6 de junio, del Impuesto sobre el Patrimonio:*

Los apartados Uno y Dos del artículo 6 de la Ley 19/1991, de 6 de junio, del Impuesto sobre el Patrimonio, quedarán redactados de la siguiente forma:

(…)

Disposición final cuarta. *Modificación de la Ley 29/1987, de 18 de diciembre, del Impuesto sobre Sucesiones y Donaciones:*

Uno. El apartado 2 del artículo 18 de la Ley 29/1987, de 18 de diciembre, del Impuesto sobre Sucesiones y Donaciones, quedará redactado de la siguiente forma:

(…)

Dos. El artículo 40 de la Ley 29/1987, de 18 de diciembre, del Impuesto sobre Sucesiones y Donaciones, quedará redactado de la siguiente forma:

(…)

Disposición final quinta. *Modificación de la Ley 37/1992, de 28 de diciembre, del Impuesto sobre el Valor Añadido:*
Uno. El artículo 170 quedará redactado de la siguiente forma:
«Artículo 170. Infracciones.
(…)
Dos. El artículo 171 quedará redactado de la siguiente forma:
«Artículo 171. Sanciones.
(…)

Disposición final sexta. *Modificación de la Ley 38/1992, de 28 de diciembre, de Impuestos Especiales.*
Uno. Se modifica el artículo 19 que quedará redactado de la siguiente manera:
«Artículo 19. Infracciones y sanciones.
(…)
Dos. El artículo 35 quedará redactado de la siguiente manera:
«Artículo 35. Infracciones y sanciones.
(…)
Tres. Los apartados 1 y 2 del artículo 45 quedarán redactados de la siguiente manera:
(…)
Cuatro. Los apartados 1, 4 y 5 del artículo 55 quedarán redactados de la siguiente manera:
(…)

Disposición final séptima. *Modificación de la Ley 20/1990, de 19 de diciembre, sobre Régimen Fiscal de las Cooperativas.*
El apartado 3 del artículo 4 de la Ley 20/1990, de 19 de diciembre, sobre Régimen Fiscal de las Cooperativas, quedará redactado de la siguiente manera:
(…)

Disposición final octava. *Se modifica el artículo 63 de la Ley 20/1991, de 7 de junio, de modificación de los aspectos fiscales del Régimen Económico Fiscal de Canarias, que quedará redactado como sigue:*
«Artículo 63. Infracciones y sanciones.
(…)

Disposición final novena. *Habilitación normativa.*
El Gobierno dictará cuantas disposiciones sean necesarias para el desarrollo y aplicación de esta Ley.

Disposición final décima. *Desarrollo normativo de actuaciones y procedimientos por medios electrónicos, informáticos y telemáticos y relativos a medios de autenticación*
En el ámbito de competencias del Estado, el Ministro de Hacienda podrá dictar las correspondientes normas de desarrollo aplicables a las actuaciones y procedimientos tributarios que se realicen por medios electrónicos, informáticos o telemáticos y a las relacionadas con los medios de autenticación utilizados por la Administración tributaria.

Disposición final decimoprimera. *Entrada en vigor.*

Esta Ley entrará en vigor el 1 de julio de 2004 salvo el apartado 2 de la disposición transitoria cuarta que entrará en vigor al día siguiente de la publicación de esta Ley en el Boletín Oficial del Estado.

Palacio del Congreso de los Diputados, 27 de noviembre de 2003.

§2. Real Decreto 1065/2007, de 27 de julio, por el que se aprueba el REGLAMENTO GENERAL DE LAS ACTUACIONES Y LOS PROCEDIMIENTOS DE GESTIÓN E INSPECCIÓN TRIBUTARIA y de desarrollo de las normas comunes de los procedimientos de aplicación de los tributos

(BOE núm. 213 de 5 de septiembre de 2007)

La Ley 58/2003, de 17 de diciembre, General Tributaria, en vigor desde 1 de julio de 2004, ha establecido los principios y las normas jurídicas generales del sistema tributario español, habilitando al Gobierno en su disposición final novena a dictar cuantas disposiciones fueran necesarias para el desarrollo y aplicación de dicha ley. En uso de esta habilitación general y de las habilitaciones particulares que se establecen a lo largo de todo el articulado de la ley, el Gobierno ha aprobado el Real Decreto 2063/2004, de 15 de octubre, por el que se aprueba el Reglamento general del régimen sancionador tributario, el Real Decreto 520/2005, de 13 de mayo, por el que se prueba el Reglamento general de desarrollo de la Ley 58/2003, de 17 de diciembre, General Tributaria, en materia de revisión en vía administrativa, y el Real Decreto 939/2005, de 29 de julio, por el que se aprueba el Reglamento General de Recaudación.

El desarrollo ejecutivo de la ley requiere la aprobación de otra norma reglamentaria que complete el régimen jurídico tributario, en particular, las normas comunes sobre los procedimientos tributarios y la regulación de las actuaciones y los procedimientos de gestión e inspección, contenidas todas ellas en el título III de la ley, dedicado a la aplicación de los tributos. Pero además, el reglamento tiene un objetivo más amplio consistente en codificar y sistematizar las normas contenidas en diversos reglamentos hasta ahora vigentes que se dictaron en desarrollo, fundamentalmente, de la Ley 230/1963, de 28 de diciembre, General Tributaria y de la Ley 1/1998, de 26 de febrero, de Derechos y Garantías de los Contribuyentes, ambas derogadas en la actualidad.

Efectivamente, en el ámbito de la gestión tributaria y a falta de un reglamento general de desarrollo de las actuaciones y procedimientos que se realizaban en el área funcional de gestión, se fueron aprobando diversas y sucesivas normas reglamentarias que regulaban de forma segmentada materias tan diversas como el número de identificación fiscal, mediante del Real Decreto 338/1990, de 9 de marzo, por el que se regula la composición y la forma de utilización del Número de Identificación Fiscal, cuyo antecedente para las personas jurídicas fue el código de identificación fiscal regulado en el Decreto 2423/1975, de 25 de septiembre, por el que se regula el Código de Identificación de las Personas Jurídicas y Entidades en general; la información censal, regulada en la actualidad por el Real Decreto 1041/2003, de 1 de agosto, por el que se aprueba el Reglamento por el que se regulan determinados censos tributarios y se modifican otras normas relacionadas con la gestión del Impuesto sobre Actividades Económicas; las obligaciones de información de carácter general exigidas mediante declaraciones periódicas, entre las que cabe destacar la relativa a operaciones con terceras personas, regulada en la actualidad mediante el Real Decreto 2027/1995, de 22 de diciembre, por el que se regula la declaración anual de operaciones con terceras personas, las relativas a cuentas en entidades de crédito, y a operaciones y activos financieros, reguladas en el Real Decreto 2281/1998, de 23 de octubre, por el que se desarrollan las disposiciones aplicables a determinadas obligaciones de suministro de información a la Administración tributaria y se modifica el Reglamento de Planes y Fondos de Pensiones, aprobado por el Real Decreto 1307/1988, de 30 de septiembre, y el Real Decreto 2027/1995, de 22 de diciembre, por el que se regula la declaración anual de operaciones con terceras personas, recientemente modificado para incorporar al derecho interno las obligaciones de información respecto de las operaciones con participaciones preferentes y la transposición al derecho español de las directivas comunitarias en relación con las rentas obtenidas por personas físicas residentes en otros Estados miembros de la Unión Europea; el sistema de cuenta corriente en materia tributaria, regulado en el Real Decreto 1108/1999, de 25 de junio, por el que se regula el sistema de cuenta corriente en materia tributaria; o la colaboración social en la gestión de los tributos, regulada en Real Decreto 1377/2002, de 20 de diciembre, por el que se desarrolla la colaboración social en la gestión de los tributos para la presentación telemática de declaraciones, comunicaciones y otros documentos tributarios.

En el ámbito de inspección, en cambio, sí se llevó a cabo el desarrollo reglamentario de la Ley 230/1963 mediante el Real Decreto 939/1986, de 25 de abril, por el que se aprueba el Reglamento General de la Inspección de los Tributos, que, aunque supuso un desarrollo un tanto tardío de la Ley 230/1963 ha constituido, junto con la ley, el marco jurídico de las actuaciones y el procedimiento de inspección de los tributos, conciliando el ejercicio eficaz de las funciones administrativas y el conjunto de garantías de los obligados tributarios en el seno del procedimiento inspector y adelantándose, en ese sentido, a la Ley 30/1992, de 26 de noviembre, de Régimen Jurídico de las Administraciones Públicas y del Procedimiento Administrativo Común[1], por cuanto que regulaba un procedimiento administrativo especial, por razón de la materia, pero al mismo tiempo incorporaba la regulación de los derechos y obligaciones de los interesados.

Se trata, por tanto, de un reglamento extenso a pesar de no reproducir los preceptos legales salvo en supuestos estrictamente necesarios para una mejor comprensión de la regulación de la materia.

Además de ser un reglamento de la Administración del Estado, la norma también resulta aplicable por las demás Administraciones tributarias autonómicas y locales con el alcance previsto en el artículo 1 de la Ley 58/2003, de 17 de diciembre, General Tributaria. Por esta razón, se evita en sus preceptos atribuir competencias a órganos concretos en orden a facilitar la organización y el funcionamiento de las distintas Administraciones tributarias mediante normas de rango inferior.

Además del reglamento que se aprueba en el artículo único y cuyo contenido se describe de forma sucinta en los siguientes apartados, el Real Decreto incluye dos disposiciones adicionales, una disposición transitoria única, una disposición derogatoria única y tres disposiciones finales.

---

[1]   Actual Ley 39/2015, de 1 de octubre, del Procedimiento Administrativo Común de las Administraciones Públicas (BOE núm. 236, de 2 de octubre de 2015), con entrada en vigor el 2 de octubre de 2016, que deroga la Ley 30/1992, de 26 de noviembre y la Ley 11/2007, de 22 de junio, de acceso electrónico de los ciudadanos a los Servicios Públicos.

La disposición adicional primera, por la que se regulan los efectos de la falta de resolución en plazo de determinados procedimientos tributarios, resulta necesaria por la derogación expresa del Real Decreto 803/1993, de 28 de mayo, por el que se modifican determinados procedimientos tributarios, uno de cuyos objetivos era determinar los procedimientos tributarios en los que los efectos de la falta de resolución expresa eran desestimatorios. La vigencia de la disposición adicional quinta de la Ley 30/1992, de 26 de noviembre, de Régimen Jurídico de las Administraciones Públicas y del Procedimiento Administrativo Común[2], en la que se reconoce la especialidad de las actuaciones administrativas en materia tributaria, declara que en los procedimientos tributarios los plazos máximos para dictar resoluciones, los efectos de su incumplimiento, así como, en su caso, los efectos de la falta de resolución serán, en todo caso, los previstos en la normativa tributaria. Por ello, el artículo 104 de la Ley 58/2003, de 17 de diciembre, General Tributaria, ha regulado los plazos de resolución y los efectos de la falta de resolución expresa, para su aplicación a aquellos supuestos en que no esté regulado expresamente en la normativa reguladora del procedimiento. Además, el citado artículo ordena que en todo procedimiento de aplicación de los tributos se deberá regular el régimen de actos presuntos que corresponda. Es por esta razón por la que se incluyen en esta disposición adicional primera la relación de procedimientos tributarios cuya normativa reguladora no establecía expresamente el régimen de actos presuntos.

La disposición adicional segunda tiene por objeto habilitar al Ministro de Economía y Hacienda para determinar la cuantía de la deuda tributaria por debajo de la cual no se exigirán garantías en los aplazamientos y fraccionamientos y, también, establecer transitoriamente el importe de dicha cuantía, tanto para la deuda tributaria como para las restantes deudas de derecho público, en tanto no se haga uso de dicha habilitación por el Ministro.

La disposición transitoria única tiene por objeto permitir que las obligaciones de información de carácter general que deban cumplirse durante el año 2008 se exijan conforme a la normativa anterior y mantener vigentes los plazos de presentación de dichas declaraciones informativas de carácter general hasta que no se modifique, en su caso, la correspondiente Orden Ministerial. Mediante la disposición derogatoria única se derogan, de forma expresa, las normas reglamentarias que han regulado las diversas materias, normas a las que se ha hecho referencia de forma no exhaustiva anteriormente y se derogan de forma general todas aquellas normas de igual o inferior rango que se opongan a la nueva regulación reglamentaria. Además de dicha derogación general, se derogan de forma expresa algunos apartados del artículo 69 del recientemente aprobado Reglamento del Impuesto sobre la Renta de las Personas Físicas, ya que las obligaciones reguladas en dicha norma se han incorporado a este reglamento.

Las tres disposiciones finales tienen por objeto, la primera, modificar el Reglamento general del régimen sancionador tributario. La modificación del artículo 3.3 de dicho reglamento pretende regular otro supuesto en el que debe tenerse en cuenta el criterio de calificación y cuantificación unitaria de las sanciones y, también, la forma de proceder en el caso de que

---

[2]   Actual Disposición Adicional Primera 2.a) y c) de la Ley 39/2015, de 1 de octubre, del Procedimiento Administrativo Común de las Administraciones Públicas (BOE núm. 236, de 2 de octubre de 2015), con entrada en vigor el 2 de octubre de 2016, que deroga la Ley 30/1992, de 26 de noviembre y la Ley 11/207, de 22 de junio, de acceso electrónico de los ciudadanos a los Servicios Públicos.

ambos supuestos originen una sanción por importe a devolver. Por su parte, la modificación del artículo 25.1 y 3 del Reglamento general del régimen sancionador tributario pretende atribuir la competencia para suscribir el acuerdo de inicio y la propuesta de resolución del procedimiento sancionador derivados de un procedimiento de inspección, bien al jefe del equipo o unidad o bien a otro funcionario integrado en el equipo o unidad cuando dicho funcionario haya suscrito las actas, en el caso del acuerdo de inicio, o cuando haya instruido el procedimiento sancionador, en el caso de la propuesta de resolución. Mediante la disposición final segunda se modifica el Reglamento General de Recaudación para sustituir la regulación contenida en el artículo 126 de dicho reglamento relativa al certificado expedido a instancia de los contratitas y subcontratistas de obras y servicios por una remisión a la regulación relativa al certificado de encontrarse al corriente de las obligaciones tributarias regulada en el reglamento que se aprueba mediante el presente Real Decreto, ya que los requisitos de ambos certificados son coincidentes. La tercera disposición final establece la entrada en vigor del Real Decreto.

Por lo que se refiere al reglamento que se aprueba, este se divide en cinco títulos. El título I regula, únicamente, el ámbito de aplicación del reglamento. En primer lugar, define el ámbito material al declarar que el objeto del reglamento es regular la aplicación de los tributos, es decir, desarrollar el título III de la Ley 58/2003, de 17 de diciembre, General Tributaria, pero acto seguido incluye dos precisiones, una que amplía y otra que restringe su ámbito de aplicación. Por un lado, el reglamento también se debe aplicar a la gestión recaudatoria, cuyo desarrollo reglamentario se contiene en un reglamento especial pero que ha de ser completado por lo dispuesto en este reglamento, en particular, por lo relativo al desarrollo de las normas comunes sobre las actuaciones y procedimientos tributarios que se aplicarán, en tanto no exista norma especial en el Reglamento General de Recaudación, a la gestión recaudatoria en su totalidad y no sólo a la recaudación de los tributos. Por otro lado, restringe la aplicación del reglamento en aquellas actuaciones y procedimientos regulados en la normativa de cada tributo, con lo que se da preferencia a la norma especial sobre la norma general relativa a la aplicación de los tributos.

En segundo lugar, se reconoce la aplicación del reglamento con el alcance del artículo 1 de la Ley 58/2003, artículo que, por un lado, menciona hasta cuatro números del artículo 149.1 de la Constitución de 1978, relativo a las competencias exclusivas del Estado y, por otro lado, reconoce, las especialidades del Convenio y del Concierto Económico con la Comunidad Foral de Navarra y en los Territorios Históricos del País Vasco, respectivamente.

En tercer lugar, se declara la aplicación supletoria del reglamento al procedimiento sancionador en materia tributaria, pero respetando el sistema de fuentes aplicables al procedimiento sancionador en dicha materia.

II

El título II está dedicado a las obligaciones tributarias formales. En ese sentido, ordena y sistematiza una pluralidad de normas reglamentarias hasta ahora vigentes sobre esta materia, generaliza las normas que sobre determinadas obligaciones se incluían en la regulación de algunos tributos y que deben tener un alcance general e incluye la regulación de aquellas obligaciones formales que carecían de regulación reglamentaria en la anterior normativa o que carecen de regulación reglamentaria por ser nuevas, y cuya aplicación se sustenta en la norma legal que establece la obligación.

En primer lugar, se regulan los censos tributarios reconociendo la competencia de cada Administración tributaria para disponer de sus propios censos y, al mismo tiempo, se establece la información mínima común que deben tener todos los censos tributarios en orden a lograr una información censal consolidada. Se regulan a continuación los censos tributarios en el ámbito de competencias del Estado y, para ello, se incorpora con ligeras modificaciones el contenido del Real Decreto 1041/2003, de 1 de agosto, citado anteriormente. Respecto de esta regulación, la modificación más destacable es la que afecta al contenido del Censo de Obligados Tributarios, para el que se amplían los datos mínimos que deben figuran en dicho censo, tanto para las personas físicas como para las personas jurídicas y demás entidades, si bien, parte de esa nueva información no es tal, ya que formaba parte, al menos para las personas jurídicas y demás entidades, del Censo de Empresarios, Profesionales y Retenedores.

En segundo lugar, se regula la forma de cumplir la obligación de comunicar el cambio de domicilio fiscal, cuya novedad más importante es la que se refiere a la forma en que deben efectuar dicha comunicación las personas físicas que no deban figurar en el Censo de Empresarios, Profesionales y Retenedores, puesto que para los que sí deben figurar en dicho censo la forma de cumplir esta obligación estaba regulada en las normas relativas a las declaraciones de alta, modificación y baja en ese censo.

En tercer lugar, se incluyen las normas relativas al número de identificación fiscal. Además de sistematizar la normativa hasta ahora vigente, lo más significativo es la simplificación de las reglas para la asignación de un número de identificación fiscal a los menores de edad y demás españoles no obligados a tener el documento nacional de identidad, así como para las personas físicas extranjeras, previendo la norma la asignación de oficio del número de identificación fiscal en caso de que resulte necesario para sus relaciones de naturaleza o con trascendencia tributaria.

En cuarto lugar, se regulan las obligaciones relativas a los libros registros de carácter fiscal. De esta forma, se da alcance general a las normas que sobre esta materia existían en las regulaciones específicas de algunos tributos, en particular, en el Impuesto sobre el Valor Añadido.

En quinto lugar, se desarrollan los artículos 93, 94 y 95 de la Ley 58/2003, de 17 de diciembre, General Tributaria, relativos a las obligaciones de información y el carácter reservado de los datos tributarios. Por lo que se refiere a las obligaciones de información de carácter general, se incorporan al reglamento las normas relativas a la presentación de determinadas declaraciones informativas que hasta ahora estaban reguladas en diversos reales decretos. En este sentido, se incorpora la regulación de la obligación de informar sobre las operaciones con terceras personas, las obligaciones de informar sobre cuentas, operaciones y activos financieros, la obligación de informar sobre la constitución, establecimiento o extinción de entidades, la obligación de informar sobre las subvenciones o indemnizaciones derivadas del ejercicio de actividades agrícolas, ganaderas o forestales y la obligación de informar acerca de las aportaciones a sistemas de previsión social. No se incorporan, en cambio, obligaciones de información que afectan de forma específica o particular a uno o varios tributos como, por ejemplo, todas las obligaciones de información relativas a retenciones. Como novedad, se establece la obligación de informar sobre operaciones incluidas en los libros registro, la obligación de informar acerca de préstamos y créditos y la obligación de informar acerca de valores, seguros y rentas; estas dos últimas, aunque son obligaciones de información nuevas, se incluyen, por su naturaleza, en la subsección relativa a la información sobre cuentas, operaciones y activos financieros, subsección en la que, por otra parte, se han incluido no sólo las reguladas en el Real Decreto 2281/1998, de 23 de octubre, mencionado anteriormente, sino también otras recogidas en diferentes normas. También se amplía el contenido de algunas obligaciones de información ya existentes como es la que afecta a los actos o contratos intervenidos por los notarios, que anteriormente sólo se refería a los actos o contratos relativos a derechos reales sobre bienes inmuebles, o la relativa a la obligación de informar sobre operaciones financieras relacionadas con la adquisición de inmuebles, que anteriormente sólo se refería a los préstamos con garantía hipotecaria y estaba circunscrita al Impuesto sobre la Renta de las Personas Físicas.

Por lo que se refiere a los requerimientos individualizados para la obtención de información, lo más significativo es su regulación, con carácter general, para todos los procedimientos de aplicación de los tributos, mientras que en la anterior normativa se desarrollaban de forma separada en los reglamentos de inspección y de recaudación.

III

El título III regula los principios y disposiciones generales de la aplicación de los tributos, lo que constituye el desarrollo reglamentario de los capítulos I y II del título III de la Ley 58/2003, de 17 de diciembre, General Tributaria.

Para seguir la estructura de la ley, lo primero que se desarrolla es la atribución de la competencia territorial, en particular, la incidencia que los cambios de domicilio fiscal o los cambios de adscripción producen en relación con la competencia de los órganos administrativos. Se regulan también en este primer capítulo los derechos y deberes del personal al servicio de la Administración tributaria y las facultades en las distintas actuaciones y procedimientos.

El capítulo II está dedicado a desarrollar, en primer lugar, la información y asistencia, donde se incluyen las actuaciones de información, las consultas tributarias escritas, la información con carácter previo a la adquisición o transmisión de bienes inmuebles, los certificados tributarios y las actuaciones de asistencia. En segundo lugar, desarrolla la colaboración social en la aplicación de los tributos y, por último, la utilización de medios electrónicos, informáticos y telemáticos en las actuaciones y procedimientos tributarios.

El capítulo III desarrolla las normas comunes sobre las actuaciones y los procedimientos tributarios. Lo primero que se tiene en cuenta es el sistema de fuentes establecido en el artículo 97 de la Ley 58/2003, de 17 de diciembre, General Tributaria; por ello, en primer lugar se regulan las especialidades de los procedimientos administrativos en materia tributaria respecto de la Ley 30/1992, de 26 de noviembre, de Régimen Jurídico de las Administraciones Públicas y del Procedimiento Administrativo Común, y demás normas de desarrollo de la citada ley, que afectan a las fases de iniciación, tramitación y terminación. También se incluye una sección para regular la intervención de los obligados tributarios en las actuaciones y procedimientos tributarios, al objeto de recoger con quién se desarrollarán las actuaciones en los supuestos específicos previstos sólo en el ámbito tributario como son los que se refieren a actuaciones con entidades sin personalidad jurídica o a las entidades que tributan en régimen de imputación de rentas, los que afectan la concurrencia de varios obligados tributarios en un mismo presupuesto de una obligación, los que afectan a los sucesores de personas físicas, jurídicas y demás entidades sin personalidad, y los que se refieren a las actuaciones relativas a los no residentes. Asimismo, se regula en esta sección la representación tanto legal como voluntaria. Aunque se trata del desarrollo de normas sustantivas ubicadas en el título II de la Ley 58/2003, de 17 de diciembre, General Tributaria, es necesario desarrollar reglamentaria-mente algunos aspectos procedimentales de estas disposiciones y, por razones de ordenación sistemática, se incluyen en el capítulo dedicado a las normas comunes sobre actuaciones y procedimientos tributarios. También se incluye una última sección dedicada a regular algunos aspectos de las notificaciones en materia tributaria.

IV

El título IV está dedicado a regular las actuaciones y los procedimientos de gestión tributaria. El capítulo I regula la presentación de declaraciones, autoliquidaciones, comunicaciones de datos y solicitudes de devolución, y completa el régimen aplicable a las autoliquidaciones complementarias y a las declaraciones, comunicaciones de datos y solicitudes de devolución complementarias y sustitutivas.

Se regulan a continuación, en el capítulo II, los procedimientos de gestión tributaria. El artículo 123 de la Ley 58/2003, de 17 de diciembre, General Tributaria, enuncia una serie de procedimientos de gestión tributaria y remite al desarrollo reglamentario la regulación de otros procedimientos de gestión a los que resultarán aplicables, en todo caso, las normas comunes sobre actuaciones y procedimientos tributarios.

El primero de los procedimientos es el de devolución iniciado mediante autoliquidación, solicitud o comunicación de datos, procedimiento que sí se encuentra regulado en la Ley 58/2003, de 17 de diciembre, General Tributaria, por lo que el reglamento se limita a com-pletar aquellos aspectos procedimentales no recogidos en la ley.

El segundo de los procedimientos es el de rectificación de autoliquidaciones, declara-ciones, comunicaciones de datos o solicitudes. El antecedente de este procedimiento se en-cuentra en la disposición adicional tercera del Real Decreto 1163/1990, de 21 de septiem-bre, por el que se regula el procedimiento para la realización de devoluciones de ingresos indebidos de naturaleza tributaria. Dicho procedimiento de rectificación estaba previsto para los supuestos en que una autoliquidación hubiera perjudicado de cualquier modo los inte-reses legítimos de un obligado sin dar lugar a la realización de un ingreso indebido. En el supuesto de que la autoliquidación hubiera dado lugar a un ingreso indebido, el citado Real Decreto 1163/1990 lo consideraba un supuesto de devolución de ingresos indebidos y el procedimiento para obtener la devolución era el previsto en la parte dispositiva de la norma, procedimiento que se instaba mediante la solicitud de devolución. La Ley 58/2003, de 17 de diciembre, General Tributaria, ha unificado el tratamiento de estos dos supuestos de devo-lución a efectos procedimentales y, en ambos casos, el artículo 120 de la ley establece que el procedimiento aplicable es el de rectificación de autoliquidaciones y remite a desarrollo reglamentario su configuración. Esta unificación de tratamiento es la que ha llevado a regular el procedimiento de rectificación en este reglamento, en vez de regularlo en el Real Decreto 520/2005, de 13 de mayo, por el que se prueba el Reglamento general de desarrollo de la Ley 58/2003, de 17 de diciembre, General Tributaria, en materia de revisión en vía administrativa, y es la razón por la que se han mantenido vigentes las normas del Real Decreto 1163/1990 que lo regulaban hasta ahora. Otra novedad con respecto a este procedimiento de rectificación que deriva de la ley pero que se ha plasmado en los reglamentos de desarrollo, es la legitimación de los obligados tributarios que hubiesen soportado indebidamente retenciones, ingresos a cuenta o cuotas repercutidas para solicitar y no sólo para obtener las devoluciones, instando la rectificación de la autoliquidación presentada por el retenedor, el obligado a ingresar a cuenta o el obligado a repercutir. La última novedad respecto de este procedimiento de rectificación es que, si bien la ley sólo reconoce la aplicación de este procedimiento en el caso de autoliquidaciones, el reglamento ha regulado la aplicación del mismo a los procedimientos iniciados mediante declaración, comunicación de datos o solicitud de devolución.

El tercer procedimiento es el relativo a la ejecución de las devoluciones tributarias. También este procedimiento tiene su antecedente en el Real Decreto 1163/1990, de 21 de septiembre, por el que se regula el procedimiento para la realización de devoluciones de ingresos indebidos de naturaleza tributaria, pero nuevamente, razones de sistemática y compilación normativa han llevado a incluirlo en este reglamento ya que todas las devoluciones, tengan el origen que tengan, se ejecutarán por los órganos de gestión en la aplicación de los tributos.

El cuarto procedimiento es el de liquidación iniciado mediante declaración para el que se establecen algunas normas especiales para las declaraciones presentadas en el ámbito aduanero.

El quinto y sexto procedimientos son, respectivamente, el establecido para el reconocimiento de beneficios fiscales y el de cuenta corriente tributaria. El primero de ellos es de nueva regulación y el segundo incorpora, con escasas variaciones, el procedimiento regulado en el Real Decreto 1108/1999, de 25 de junio, antes mencionado.

En la sección 7.ª, relativa a las actuaciones y procedimientos de comprobación de obligaciones formales, se incluyen tres procedimientos dedicados, respectivamente, al control censal, a la comprobación del domicilio fiscal y, como cierre, al control de otras obligaciones formales. Respecto al procedimiento de comprobación del domicilio fiscal es importante destacar que se ha residenciado en la Administración tributaria del Estado la competencia para comprobar los domicilios fiscales cuando se trate de tributos cedidos, pero se regulan las actuaciones de las comunidades autónomas, ya que el reglamento prevé la obligación de la Agencia Estatal de Administración Tributaria de iniciar este procedimiento cuando lo insten aquellas. También prevé la norma cuál es el órgano competente para resolver en caso de discrepancia entre la Administración tributaria del Estado y la de alguna o algunas comunidades autónomas afectadas por el cambio de domicilio fiscal, siendo dicho órgano la Junta Arbitral regulada en la Ley Orgánica 8/1980, de 22 de septiembre, de Financiación de las Comunidades Autónomas.

Se incluyen a continuación los procedimientos de comprobación que afectan fundamentalmente al cumplimiento de obligaciones tributarias materiales y que se desarrollan en el ámbito de gestión, todos ellos regulados en la Ley 58/2003, de 17 de diciembre, General Tributaria, por lo que el reglamento se ha limitado a regular sólo aquellos aspectos procedimentales que no están en la ley. Estos procedimientos son el de verificación de datos, el de comprobación de valores, la tasación pericial contradictoria y el de comprobación limitada. De estos, sólo los relativos a la comprobación de valores y a la tasación pericial contradictoria han incluido un desarrollo más extenso en orden a unificar la regulación contenida, fundamentalmente, en la normativa del Impuesto sobre Transmisiones Patrimoniales y Actos Jurídicos Documentados y al objeto de establecer una regulación mínima común para todos los territorios de aplicación de determinados tributos cedidos, en los que dada la competencia normativa de las comunidades autónomas se habían producido regulaciones singulares.

V

El título V del reglamento está dedicado a las actuaciones y procedimientos de inspección y viene a sustituir al Real Decreto 939/1986, de 25 de abril de 1986, por el que se aprueba el Reglamento General de la Inspección de los Tributos. La regulación es, sin embargo, mucho menos extensa que su antecesora dado que gran parte de las normas procedimentales de carácter general se incluyen en la parte común de las actuaciones y procedimientos de aplicación de los tributos.

Las secciones primera y segunda del capítulo I se dedican a regular la atribución de funciones inspectoras a los órganos administrativos, en particular, en el ámbito de la Administración tributaria del Estado, a regular la colaboración de los órganos de inspección con otros órganos y Administraciones y a definir los planes de inspección.

Se regulan a continuación las facultades de la inspección de los tributos que, siguiendo el esquema de la ley, se regulan de forma separada del procedimiento de inspección, ya que dichas facultades pueden ejercerse en el desarrollo de las actuaciones inspectoras aunque no se esté actuando en un procedimiento de inspección. Se regula dónde puede examinarse la contabilidad, la entrada en fincas, el deber de comparecer y atender al personal inspector y la personación de la inspección sin previa comunicación.

También se regula en esta parte del reglamento el contenido de las actas de inspección ya que se trata de documentos específicos de las actuaciones inspectoras, puesto que las diligencias e informes son formas de documentar cualquier actuación de aplicación de los tributos y, por tanto, se regulan en la parte relativa a las normas comunes.

El capítulo II se dedica íntegramente al procedimiento de inspección propiamente dicho: iniciación, tramitación y terminación. Respecto del inicio, se subraya que sólo puede hacerse de oficio mediante comunicación previamente notificada al obligado o mediante personación en la que el inicio se notifica en el mismo momento de la personación. También se incluye en esta parte la solicitud de modificación del alcance del procedimiento por parte del obligado tributario, que se regula de forma separada al inicio ya que no se trata de un inicio propiamente dicho sino, como se ha indicado, de una solicitud de ampliación del alcance respecto del tributo o periodos afectados.

En cuanto a la tramitación, se incluyen las normas relativas a la adopción de medidas cautelares y las especialidades respecto al horario de las actuaciones del procedimiento inspector con relación a lo establecido en normas comunes para los restantes procedimientos de aplicación de los tributos. También se regula el trámite de audiencia previo a la suscripción de las actas, sólo para los supuestos de actas de conformidad o de disconformidad, ya que dada la especial naturaleza de las actas con acuerdo, tanto la ley como el reglamento han prescindido de establecer dicho trámite en ese caso. También se regulan en esta parte los supuestos de ampliación del plazo de duración del procedimiento y se determina, de acuerdo con el mandato de la ley, el alcance y requisitos de la ampliación, alcance que abarca a todas las obligaciones o periodos incluidos en el procedimiento aunque la concurrencia de las circunstancias previstas para acordar la ampliación sólo afecte a alguna o algunas de las obligaciones y periodos.

Por lo que se refiere a la terminación, en primer lugar, se regula la tramitación de los diferentes tipos de actas. Lo más novedoso en ese sentido es la regulación de las actas con acuerdo, en particular, todo lo relativo a la constitución del depósito o a la formalización del aval o seguro de caución y el procedimiento a seguir cuando el acuerdo no afecte a la totalidad de obligaciones y periodos objeto del procedimiento, es decir, que se suscriban actas de conformidad o de disconformidad o ambas junto con el acta con acuerdo. En segundo lugar, se regulan las formas de terminación, en particular, las liquidaciones, ya que se trata del acto administrativo de terminación del procedimiento inspector más común.

La última parte del capítulo II está dedicada a regular las especialidades del procedimiento inspector en determinados supuestos como son la estimación indirecta de bases o cuotas, los trámites a seguir en caso de que se aplique el artículo 15 de la Ley 58/2003, de 17 de diciembre, General Tributaria, relativo al conflicto en la aplicación de la norma tributaria, las actuaciones con entidades que tributen en régimen de consolidación fiscal y la declaración de responsabilidad en el procedimiento inspector.

Se incluye un último capítulo, el III, con un único artículo destinado a regular otras actuaciones inspectoras que no se desarrollan dentro del procedimiento de inspección.

Concluye el reglamento con las disposiciones adicionales necesarias para completar el régimen jurídico derivado de la Ley 58/2003, de 17 de diciembre, General Tributaria, pero que no encuentran un encaje adecuado en el articulado del texto, con las disposiciones transitorias y, por último, se incluye una disposición final para habilitar al Ministro de Economía y Hacienda a dictar las disposiciones de desarrollo del reglamento.

En la tramitación del Real Decreto se han observado los trámites preceptivos regulados en el artículo 24 de la Ley 50/1997, de 27 de noviembre, del Gobierno. En este sentido, el texto se ha sometido a información pública por plazo de un mes, durante el cual han sido oídas las organizaciones y asociaciones reconocidas por la ley, representativas de los ciudadanos cuyos fines guardan relación directa con el objeto del reglamento. Asimismo, han participado en la tramitación las Comunidades Autónomas y las Entidades Locales. El texto también se ha sometido a informe por la Secretaría General Técnica del Ministerio de Economía y Hacienda, a la aprobación previa del Ministerio de Administraciones Públicas y al dictamen del Consejo de Estado.

En su virtud, a propuesta del Ministro de Economía y Hacienda, con la aprobación previa de la Ministra de Administraciones Públicas, de acuerdo con el Consejo de Estado y previa deliberación del Consejo de Ministros en su reunión del día 27 de julio de 2007,

D I S P O N G O :

Artículo único. *Aprobación del Reglamento general de las actuaciones y los procedimientos de gestión e inspección tributaria y de desarrollo de las normas comunes de los procedimientos de aplicación de los tributos.*

Se aprueba el Reglamento general de las actuaciones y los procedimientos de gestión e inspección tributaria y de desarrollo de las normas comunes de los procedimientos de aplicación de los tributos, cuyo texto se inserta a continuación.

Disposición adicional primera. *Efectos de la falta de resolución en plazo de determinados procedimientos tributarios.*

Uno. Los procedimientos que se relacionan a continuación podrán entenderse desestimados por haber vencido el plazo máximo establecido sin que se haya notificado resolución expresa:

1. Procedimiento para autorizar la reducción de signos, índices y módulos en estimación objetiva, regulado por el artículo 37.4 del Reglamento del Impuesto sobre la Renta de las Personas Físicas, aprobado por el Real Decreto 439/2007, de 30 de marzo.

2. Procedimiento para la expedición de certificaciones de sujeción al Impuesto sobre la Renta de las Personas Físicas, regulado en el artículo 14.2 del Reglamento del Impuesto sobre la Renta de no Residentes, aprobado por el Real Decreto 1776/2004, de 30 de julio, y en la disposición adicional tercera de la Orden de 23 de diciembre de 2003.

3. Procedimiento para la inclusión de uniones temporales de empresas en el registro especial del Ministerio de Economía y Hacienda a que se refiere el artículo 50 del texto refundido de la Ley del Impuesto sobre Sociedades, aprobado por el Real Decreto Legislativo 4/2004, de 5 de marzo.

4. Procedimientos para la concesión de aplazamientos y fraccionamientos para el pago del Impuesto sobre Sucesiones y Donaciones, previstos en los artículos 82 a 84, ambos inclusive, del reglamento del citado impuesto, aprobado por el Real Decreto 1629/1991, de 8 de noviembre.

5. Procedimiento para autorizar la exención del Impuesto sobre el Valor Añadido en las operaciones realizadas por la Agencia Espacial Europea, regulado en el Real Decreto 1617/1990, de 14 de diciembre, por el que se precisa el alcance de determinadas exenciones del Impuesto sobre el Valor Añadido en aplicación del Convenio de 30 de mayo de 1975, por el que crea la Agencia Espacial Europea.

6. Procedimiento para autorizar a determinadas entidades colaboradoras para proceder a devolver las cantidades abonadas en concepto de Impuesto sobre el Valor Añadido por entregas en régimen de viajeros, previsto en el artículo 9.1.2.º B) del reglamento del citado impuesto, aprobado por el Real Decreto 1624/1992, de 29 de diciembre.

7. Procedimiento para el reconocimiento del derecho a la exención en las entregas de bienes a organismos reconocidos que los exporten fuera del territorio de la Comunidad Europea en el marco de sus actividades humanitarias, caritativas o educativas, previsto en el artículo 9.4.º del Reglamento del Impuesto sobre el Valor Añadido, aprobado por el Real Decreto 1624/1992, de 29 de diciembre.

8. Procedimiento para conceder las autorizaciones administrativas que condicionan determinadas exenciones en importaciones de bienes, regulado por el artículo 17 del Reglamento del Impuesto sobre el Valor Añadido, aprobado por el Real Decreto 1624/1992, de 29 de diciembre.

9. Procedimiento para el reconocimiento del derecho a la aplicación del tipo impositivo reducido en las entregas, adquisiciones intracomunitarias o importaciones de vehículos destinados a autotaxis o autoturismos especiales para el transporte de personas con minusvalía en sillas de ruedas, bien directamente o previa su adaptación, así como los vehículos a motor que, previa adaptación o no, deban transportar habitualmente a personas con minusvalía en silla de ruedas o con movilidad reducida, previsto en el artículo 91.Dos.1.4.º de la Ley 37/1992, de 28 de diciembre, del Impuesto sobre el Valor Añadido.

10³.

11⁴. Procedimiento para la realización de devoluciones a empresarios o profesionales no establecidos en el territorio de aplicación del Impuesto sobre el Valor Añadido, regulado en los artículos 31 y 31 bis del reglamento del citado impuesto, aprobado por el Real Decreto 1624/1992, de 29 de diciembre.

12. Procedimiento para la devolución del Impuesto sobre el Valor Añadido por entregas a título ocasional de medios de transporte nuevos, previsto en el artículo 32 del reglamento del citado impuesto, aprobado por el Real Decreto 1624/1992, de 29 de diciembre.

13. Procedimiento para acordar la reducción de los índices o módulos en los supuestos en que el desarrollo de actividades empresariales a las que resulte de aplicación el régimen simplificado del Impuesto sobre el Valor Añadido se viese afectado por incendios, inundaciones, hundimientos o grandes averías en el equipo industrial que supongan alteraciones graves en el desarrollo de la actividad, regulado por el artículo 38.4 del reglamento del citado impuesto, aprobado por el Real Decreto 1624/1992, de 29 de diciembre.

14. Procedimiento para el reintegro de compensaciones en el régimen especial de la agricultura, ganadería y pesca, regulado en el artículo 48.1 del Reglamento del Impuesto sobre el Valor Añadido, aprobado por el Real Decreto 1624/1992, de 29 de diciembre.

15. Procedimiento para autorizar la presentación conjunta en un solo documento de las autoliquidaciones del Impuesto sobre el Valor Añadido correspondientes a diversos sujetos pasivos, recogido en el artículo 71.5 del reglamento del citado impuesto, aprobado por el Real Decreto 1624/1992, de 29 de diciembre.

16. Procedimiento para el otorgamiento de autorizaciones en materia de libros registros regulado en el artículo 62.5 del Reglamento del Impuesto sobre el Valor Añadido, aprobado por el Real Decreto 1624/1992, de 29 de diciembre.

17. Procedimiento para la devolución del Impuesto sobre el Valor Añadido soportado en las operaciones exentas realizadas en el marco de las relaciones diplomáticas y consulares, previsto en el artículo 10 del Real Decreto 3485/2000, de 29 de diciembre, sobre franquicias y exenciones en régimen diplomático, consular y de organismos internacionales y de modificación del Reglamento general de vehículos, aprobado por el Real Decreto 2822/1998, de 23 de diciembre.

18. Procedimiento para la tramitación de las solicitudes de tráfico de perfeccionamiento activo y pasivo fiscal, recogido en el artículo 24 de la Ley 37/1992, de 28 de diciembre, del Impuesto sobre el Valor Añadido, en el artículo 506 del Reglamento (CE) n.º 2454/1993 de

---

3   Número derogado por la Disp. Derog. única del Real Decreto 2126/2008, de 26 de diciembre, por el que se modifican el Reglamento del Impuesto sobre el Valor Añadido, aprobado por el Real Decreto 1624/1992, de 29 de diciembre, así como el Reglamento General de las actuaciones y los procedimientos de gestión e inspección tributaria y de desarrollo de las normas comunes de los procedimientos de aplicación de los tributos, aprobado por el Real Decreto 1065/2007, de 27 de julio (BOE núm. 310, de 27 de diciembre), con efectos desde el 1 de enero de 2009.

4   Nueva redacción dada por la Disp. Final Segunda del Real Decreto 192/2010, de 26 de febrero, de modificación del Reglamento del Impuesto sobre el Valor Añadido, aprobado por el Real Decreto 1624/1992, de 29 de diciembre, y del Reglamento General de las actuaciones y los procedimientos de gestión e inspección tributaria y de desarrollo de las normas comunes de los procedimientos de aplicación de los tributos, aprobado por Real Decreto 1065/2007, de 27 de julio, para la incorporación de determinadas directivas comunitarias (BOE núm. 53, de 23 de marzo de 2010), en vigor desde el 3-III-2010.

la Comisión, de 2 de julio de 1993, de aplicación del Código Aduanero Comunitario y en la Circular 1/1994, de 22 de marzo de 1994, del Departamento de Aduanas e Impuestos Especiales de la Agencia Estatal de Administración Tributaria, sobre documentación aduanera utilizable a efectos del Impuesto sobre el Valor Añadido en operaciones efectuadas al amparo de regímenes aduaneros o fiscales o en las áreas exentas.

19. Procedimiento para la fijación de los módulos para las exenciones de los impuestos especiales establecidos en el artículo 9.º 1.a), b) y d) de la Ley 38/1992, de 28 de diciembre, de Impuestos Especiales, y en el artículo 4.1 del Reglamento de los Impuestos Especiales, aprobado por el Real Decreto 1165/1995, de 7 de julio.

20. Procedimiento para la autorización del suministro, con exención de los impuestos especiales, de productos objeto de los impuestos especiales sobre el alcohol y bebidas alcohólicas y sobre las Labores del Tabaco, así como de los combustibles incluidos en el ámbito objetivo del Impuesto sobre Hidrocarburos, previsto en el artículo 9.1.a), b) y d), de la Ley 38/1992, de 28 de diciembre, de Impuestos Especiales, y en el artículo 4.1 del Reglamento de los Impuestos Especiales, aprobado por el Real Decreto 1165/1995, de 7 de julio, y en el artículo 11 del Real Decreto 3485/2000, de 29 de diciembre.

21. Procedimiento para la autorización del suministro de productos objeto de los Impuestos Especiales sobre el Alcohol y Bebidas Alcohólicas, del Impuesto sobre las Labores del Tabaco o de los combustibles incluidos en el ámbito objetivo del Impuesto sobre Hidrocarburos a las Fuerzas Armadas, con exención de los impuestos especiales, así como de carburantes con destino a las instalaciones de dichas Fuerzas, establecido en el artículo 9.1.c) de la Ley 38/1992, de 28 de diciembre, de Impuestos Especiales, y en los artículos 4.2 y 5.3 del Reglamento de los Impuestos Especiales, aprobado por el Real Decreto 1165/1995, de 7 de julio.

22. Procedimiento para la autorización del suministro de carburantes con derecho a devolución del Impuesto sobre Hidrocarburos, en los supuestos previstos en el artículo 9.1.a), b), c) y d), de la Ley 38/1992, de 28 de diciembre, de Impuestos Especiales, y en el artículo 5.4 del Reglamento de los Impuestos Especiales, aprobado por el Real Decreto 1165/1995, de 7 de julio, y en el artículo 11 del Real Decreto 3485/2000, de 29 de diciembre.

23. Procedimiento para resolver sobre la procedencia de la prueba de pérdida por caso fortuito o fuerza mayor, a efectos de la no sujeción a los Impuestos Especiales, previsto en el artículo 6.º 2 de la Ley 38/1992, de 28 de diciembre, de Impuestos Especiales, y en el artículo 16.6 del Reglamento de los Impuestos Especiales, aprobado por el Real Decreto 1165/1995, de 7 de julio.

24. Procedimiento para la cancelación de garantías prestadas por operadores no registrados, previsto en el artículo 33.2.g) y h) del Reglamento de los Impuestos Especiales, aprobado por el Real Decreto 1165/1995, de 7 de julio.

25. Procedimiento para la cancelación de garantías prestadas por receptores en el sistema de envíos garantizados de productos sujetos a los impuestos especiales, previsto en el artículo 33.2.g) y h) del Reglamento de los Impuestos Especiales, aprobado por el Real Decreto 1165/1995, de 7 de julio.

26. Procedimiento para la cancelación de garantías prestadas por representantes fiscales en el sistema de ventas a distancia, para la recepción de productos sujetos a impuestos especiales, regulado en el artículo 33 del Reglamento de los Impuestos Especiales, aprobado por el Real Decreto 1165/1995, de 7 de julio.

27. Procedimiento para la devolución de cuotas de impuestos especiales ingresadas por irregularidades en la circulación intracomunitaria, por presentación de la prueba de la regularización en el ámbito territorial no interno, regulado en el artículo 17 de la Ley 38/1992, de 28 de diciembre, de Impuestos Especiales, y en el artículo 17.2 del Reglamento de los Impuestos Especiales aprobado por el Real Decreto 1165/1995, de 7 de julio.

28. Procedimiento para la devolución de cuotas de los impuestos especiales ingresadas por irregularidades en la circulación intracomunitaria, por la concurrencia de doble imposición, previsto en el artículo 17 de la Ley 38/1992, de 28 de diciembre, de Impuestos Especiales, y en el artículo 17.4 del Reglamento de los Impuestos Especiales, aprobado por el Real Decreto 1165/1995, de 7 de julio.

29. Procedimiento para autorizar la sustitución de precintas por otras marcas fiscales, previsto en el artículo 18.7 de la Ley 38/1992, de 28 de diciembre, de Impuestos Especiales, y en el artículo 26.3 y 4 del Reglamento de los Impuestos Especiales, aprobado por el Real Decreto 1165/1995, de 7 de julio.

30. Procedimiento para la devolución de los Impuestos Especiales sobre la Cerveza, sobre Productos Intermedios y sobre el Alcohol y Bebidas Derivadas, previsto en el artículo 23.10 de la Ley 38/1992, de 28 de diciembre, de Impuestos Especiales, y en el artículo 57.4 del Reglamento de los Impuestos Especiales, aprobado por el Real Decreto 1165/1995, de 7 de julio.

31. Procedimiento para la devolución del Impuesto sobre el Alcohol y Bebidas Derivadas en relación con bebidas de fabricación artesanal destinadas a una fábrica de bebidas derivadas, regulado en el artículo 40 de la Ley 38/1992, de 28 de diciembre, de Impuestos Especiales, y en el artículo 100 del Reglamento de los Impuestos Especiales, aprobado por el Real Decreto 1165/1995, de 7 de julio.

32. Procedimiento para la aprobación de desnaturalizantes propuestos por industriales por exigencias sanitarias, técnicas o comerciales, previsto en el artículo 20.3 de la Ley 38/1992, de 28 de diciembre, de Impuestos Especiales, y en el artículo 75.2 del Reglamento de los Impuestos Especiales, aprobado por el Real Decreto 1165/1995, de 7 de julio.

33. Procedimiento para autorizar la desnaturalización parcial de alcohol en establecimiento de destino, recogido en el artículo 73.3 del Reglamento de los Impuestos Especiales, aprobado por el Real Decreto 1165/1995, de 7 de julio.

34. Procedimiento para autorizar la desnaturalización en el establecimiento propuesto por el receptor de alcohol procedente del ámbito territorial no interno, previsto en el artículo 73.4 del Reglamento de los Impuestos Especiales, aprobado por el Real Decreto 1165/1995, de 7 de julio.

35. Procedimiento para la autorización por la aduana para llevar a cabo la desnaturalización del alcohol en establecimiento distinto del lugar de origen o de la propia aduana, previsto en el artículo 73.5 del Reglamento de los Impuestos Especiales, aprobado por el Real Decreto 1165/1995, de 7 de julio.

36. Procedimiento para aprobar la emisión de tarjetas de crédito para la adquisición de gasóleo con tipo reducido en el Impuesto sobre Hidrocarburos, previsto en el artículo 50 de la Ley 38/1992, de 28 de diciembre, de Impuestos Especiales, y en el artículo 107.1.a) del Reglamento de los Impuestos Especiales, aprobado por el Real Decreto 1165/1995, de 7 de julio.

37. Procedimiento para autorizar la incorporación de trazadores y marcadores antes de la ultimación del régimen suspensivo, para la aplicación de la exención o el tipo reducido del gasóleo o queroseno, cuando dicha incorporación sea preceptiva, en los supuestos de recepción de estos productos desde el ámbito territorial comunitario no interno, regulado en el artículo 114.3 del Reglamento de los Impuestos Especiales, aprobado por el Real Decreto 1165/1995, de 7 de julio.

38. Procedimiento para la inscripción de instalaciones aeroportuarias y autorización de recepción de hidrocarburos en las mismas, con derecho a la exención del Impuesto sobre Hidrocarburos, previsto en el artículo 51.2 a) de la Ley 38/1992, de 28 de diciembre, de Impuestos Especiales, y en el artículo 101.5 del Reglamento de los Impuestos Especiales, aprobado por el Real Decreto 1165/1995, de 7 de julio.

39. Procedimiento para autorizar el suministro en los casos de las exenciones del Impuesto sobre Hidrocarburos previsto en el artículo 51.2.c), d), e) y g) de la Ley 38/1992, de 28 de diciembre, de Impuestos Especiales, y en el artículo 103.1 y 2 del Reglamento de los Impuestos Especiales, aprobado por el Real Decreto 1165/1995, de 7 de julio.

40. Procedimiento para la inscripción de empresas productoras de electricidad, de transportes ferroviarios, de construcción y mantenimiento de buques y aeronaves, y altos hornos para disfrutar de la exención del Impuestos sobre Hidrocarburos, recogido en el artículo 51.2.c), d), e) y g) de la Ley 38/1992, de 28 de diciembre, de Impuestos Especiales, y en el artículo 103.3 del Reglamento de los Impuestos Especiales, aprobado por el Real Decreto 1165/1995, de 7 de julio.

41. Procedimiento para autorizar la destrucción o desnaturalización de labores del tabaco dentro o fuera de las instalaciones fabriles, a efectos de la no sujeción o exención del Impuesto sobre Labores del Tabaco, regulado en los artículos 57 y 61.1 de la Ley 38/1992, de 28 de diciembre, de Impuestos Especiales, y en el artículo 122 del Reglamento de los Impuestos Especiales, aprobado por el Real Decreto 1165/1995, de 7 de julio.

42. Procedimiento para autorizar la aplicación de la exención del Impuesto sobre las Labores del Tabaco para la realización de análisis científicos o de calidad, regulado en el artículo 61.1.b) de la Ley 38/1992, de 28 de diciembre, de Impuestos Especiales, y en el artículo 123 del Reglamento de los Impuestos Especiales, aprobado por el Real Decreto 1165/1995, de 7 de julio.

43. Procedimiento para el reconocimiento previo de la no sujeción y exención en el Impuesto Especial sobre Determinados Medios de Transporte, regulado en el Reglamento de los Impuestos Especiales, aprobado por el Real Decreto 1165/1995, de 7 de julio.

44. Procedimiento para la homologación de vehículos tipo jeep o todo terreno y vehículos de exclusiva aplicación industrial, comercial, agraria, clínica o científica, regulado en el Reglamento de los Impuestos Especiales, aprobado por el Real Decreto 1165/1995, de 7 de julio.

45. Autorización del centro gestor para establecer un depósito fiscal, prevista en el artículo 11.1 del Reglamento de los Impuestos Especiales, aprobado por el Real Decreto 1165/1995, de 7 de julio.

46. Procedimiento para la inscripción de un establecimiento, en el registro territorial de los impuestos especiales de fabricación, previsto en el artículo 40 del Reglamento de los Impuestos Especiales, aprobado por el Real Decreto 1165/1995, de 7 de julio.

47. Procedimiento por el que el centro gestor autoriza la prestación de una garantía global, prevista en el artículo 45.2 del Reglamento de los Impuestos Especiales, aprobado por el Real Decreto 1165/1995, de 7 de julio.

48. Procedimiento por el que el centro gestor autoriza la aplicación del derecho a la devolución por fabricación de aromatizantes, previsto en el artículo 54.3 del Reglamento de los Impuestos Especiales, aprobado por el Real Decreto 1165/1995, de 7 de julio.

49. Procedimiento por el que el centro gestor autoriza la fabricación conjunta de bebidas alcohólicas en un mismo local, previsto en el artículo 56.2 del Reglamento de los Impuestos Especiales, aprobado por el Real Decreto 1165/1995, de 7 de julio.

50. Procedimiento por el que el centro gestor autoriza la fabricación de alcohol no desnaturalizado en donde se obtengan otros productos alcohólicos gravados, previsto en el artículo 56.3 del Reglamento de los Impuestos Especiales, aprobado por el Real Decreto 1165/1995, de 7 de julio.

51. Procedimiento para autorización por el centro gestor de suministro de alcohol sin pago de impuesto por utilización en investigación científica, previsto en el artículo 79 del Reglamento de los Impuestos Especiales, aprobado por el Real Decreto 1165/1995, de 7 de julio.

52. Procedimiento para autorización por el centro gestor de fabricación de alcohol por síntesis, previsto en el artículo 84.7 del Reglamento de los Impuestos Especiales, aprobado por el Real Decreto 1165/1995, de 7 de julio.

53. Procedimiento para la autorización por el centro gestor de la aplicación de la exención para biocarburantes utilizados en proyectos piloto, establecida en el artículo 51.3 de la Ley 38/1992, de 28 de julio, de Impuestos Especiales, y en el artículo 105.3 del Reglamento de los Impuestos Especiales, aprobado por el Real Decreto 1165/1995, de 7 de julio.

54. Procedimiento de autorización por la oficina gestora para la mezcla de hidrocarburos con biocarburantes, antes del fin del régimen suspensivo, previsto en el artículo 108 bis.3 del Reglamento de los Impuestos Especiales, aprobado por el Real Decreto 1165/1995, de 7 de julio.

55. Procedimiento para la autorización por el centro gestor, en los casos en que el biocarburante se introduzca en depósitos fiscales logísticos, del procedimiento establecido en el artículo 108 bis.4 del Reglamento de los Impuestos Especiales, aprobado por el Real Decreto 1165/1995, de 7 de julio.

56. Procedimiento para la autorización del cambio de titularidad y cese de su actividad de los establecimientos inscritos en el registro territorial de los impuestos especiales de fabricación, previsto en el artículo 42 del Reglamento de los Impuestos Especiales, aprobado por el Real Decreto 1165/1995, de 7 de julio.

57. Procedimiento para la autorización de utilización como carburante de los productos a que se refiere el artículo 46.2 de la Ley 38/1992, de 28 de diciembre, de Impuestos Especiales, o como combustible, de los hidrocarburos a que se refiere el apartado 3 de dicho artículo, de acuerdo con lo establecido en el artículo 54.1 de la citada ley.

58. Procedimiento de autorización de un desnaturalizante para el bioetanol, en el supuesto de aplicación del tipo impositivo a los biocarburantes establecido en el artículo 50 bis de la Ley 38/1992, de 28 de diciembre de Impuestos Especiales, de acuerdo con lo dispuesto en el artículo 108 bis.8 del Reglamento de los Impuestos Especiales, aprobado por el Real Decreto 1165/1995, de 7 de julio.

59. Procedimiento para aprobar la emisión de tarjetas de crédito, débito y compras para la adquisición de carburantes con exención del Impuesto sobre Hidrocarburos, prevista en los párrafos a), b) y c) del artículo 9 de la Ley 38/1992 de 28 de diciembre, de Impuestos Especiales, y en el artículo 5.2 del Reglamento de los Impuestos Especiales, aprobado por el Real Decreto 1165/1995, de 7 de julio

60. Procedimiento para autorizar y, en su caso, inscribir al titular autorizado, el régimen de perfeccionamiento fiscal establecido en el artículo 3 del Reglamento de los Impuestos Especiales, aprobado por el Real Decreto 1165/1995, de 7 de julio.

61. Procedimiento para el reconocimiento de la exención del Impuesto sobre las Ventas Minoristas de Determinados Hidrocarburos previsto en el artículo 9.seis, número 1, párrafos a), b) y c) de la Ley 24/2001, de 27 de diciembre, de Medidas Fiscales, Administrativas y del Orden Social, incluso cuando el beneficio se aplique mediante un procedimiento de devolución, de acuerdo con lo previsto en el número 2 del mismo artículo.

62. Procedimiento para la aplicación de la exención del Impuesto sobre las Ventas Minoristas de Determinados Hidrocarburos previsto en el artículo 9.seis, número 1, párrafo f) apartados 1.º, 2.º, 3.º, y 5.º de la Ley 24/2001, de 27 de diciembre, de Medidas Fiscales Administrativas y del Orden Social.

63. Procedimiento para la inscripción en el registro territorial del Impuesto sobre las Ventas Minoristas de Determinados Hidrocarburos de los sujetos pasivos del impuesto, previsto en el artículo Octavo de la Orden HAC/1554/2002, de 17 de junio.

64. Procedimiento para la práctica de la devolución parcial por el gasóleo de uso profesional, establecido en el artículo 52 bis de la Ley 38/1992, de 28 de diciembre, de Impuestos Especiales, desarrollado por la Orden EHA/3929/2006, de 21 de diciembre, por la que se establece el procedimiento para la devolución parcial del Impuesto sobre Hidrocarburos y de las cuotas correspondientes a la aplicación del tipo autonómico del Impuesto sobre las Ventas Minoristas de Determinados Hidrocarburos por consumo de gasóleo profesional, se aprueba determinado Código de Actividad y del Establecimiento, y se actualiza la referencia a un código de la nomenclatura combinada contenida en la Ley 38/1992, de 28 de diciembre, de Impuestos Especiales.

65. Procedimiento para la práctica de la devolución parcial de las cuotas correspondientes a la aplicación del tipo autonómico previsto en el artículo 9 de la Ley 24/2004, de 27 de diciembre, de Medidas Fiscales, Administrativas y del Orden Social, desarrollado por la Orden EHA 3929, de 21 de diciembre, por la que se establece el procedimiento para la devolución parcial del Impuesto sobre Hidrocarburos y de las cuotas correspondientes a la aplicación del tipo autonómico del Impuesto sobre las Ventas Minoristas de Determinados Hidrocarburos por consumo de gasóleo profesional, se aprueba determinado Código de Actividad y del Establecimiento, y se actualiza la referencia a un código de la nomenclatura combinada contenida en la Ley 38/1992, de 28 de diciembre, de Impuestos Especiales.

66. Procedimiento para la autorización de porcentajes de participación en el capital social de entidades no cooperativas superiores a los previstos en el artículo 13.9.º de la Ley 20/1990, de 19 de diciembre, sobre Régimen Fiscal de las Cooperativas.

67. Procedimiento para la concesión de aplazamientos y fraccionamientos para el pago de contribuciones especiales, previsto en el artículo 32.3 del texto refundido de la Ley Reguladora de las Haciendas Locales, aprobado por el Real Decreto Legislativo 2/2004, de 5 de marzo.

68. Procedimiento para la concesión de beneficios fiscales en el Impuesto sobre Bienes Inmuebles, previsto en el artículo 77.1 del texto refundido de la Ley Reguladora de las Haciendas Locales, aprobado por el Real Decreto Legislativo 2/2004, de 5 de marzo.

69. Procedimiento para la concesión de beneficios fiscales en el Impuesto sobre Actividades Económicas, previsto en el artículo 91.2 del texto refundido de la Ley Reguladora de las Haciendas Locales, aprobado por el Real Decreto Legislativo 2/2004, de 5 de marzo.

70. Procedimiento para la concesión de exenciones en el Impuesto sobre Vehículos de Tracción Mecánica, previsto en el artículo 93.2 del texto refundido de la Ley Reguladora de las Haciendas Locales, aprobado por el Real Decreto Legislativo 2/2004, de 5 de marzo.

71. Procedimiento para la dispensa de preceptos por razón de equidad, previsto en el artículo 13.4 de las Ordenanzas generales de Aduanas, aprobadas por Decreto de 17 de octubre de 1947.

72. Procedimiento para la tramitación de las solicitudes de abandono de mercancías, regulado en el artículo 316 de las Ordenanzas generales de Aduanas, aprobadas por el Decreto de 17 de octubre de 1947.

73. Procedimiento para la tramitación de las solicitudes correspondientes a habilitaciones de Agentes de Aduanas, regulado por el Real Decreto 1889/1999, de 13 de diciembre, la Orden de 9 de junio de 2000 y la Resolución de 12 de julio de 2000.

74. Procedimiento para la autorización de almacén de depósito temporal de mercancías y local autorizado para mercancías de exportación previsto en los artículos 185 a 188, ambos inclusive, del Reglamento (CE) 2454/1993 de la Comisión, de 2 de julio de 1993, de aplicación del Código Aduanero Comunitario y en la Resolución de 11 de diciembre de 2000 que regula el funcionamiento de los almacenes de depósito temporal y de los locales autorizados para mercancías declaradas de exportación.

75. Procedimiento para la autorización de procedimientos simplificados de tránsito, previsto en los artículos 398 a 411, ambos inclusive, del Reglamento (CE) n.º 2454/1993 de la Comisión, de 2 de julio de 1993, de aplicación del Código Aduanero Comunitario y en la Resolución de 11 de diciembre de 2000 que regula los procedimientos simplificados de expedidor y destinatario autorizado de tránsito comunitario / común, expedidor autorizado de documentos que acrediten el carácter comunitario de las mercancías y expedidor autorizado de documentos de control T-5.

76. Procedimiento para la autorización del régimen de depósito aduanero previsto en los artículos 524 a 535, ambos inclusive, del Reglamento (CE) n.º 2454/1993 de la Comisión, de 2 de julio de 1993, de aplicación del Código Aduanero Comunitario, y en la Resolución del Departamento de Aduanas e Impuestos Especiales de la Agencia Estatal de Administración Tributaria, de 18 de junio de 2003, por la que se dictan instrucciones de funcionamiento de los depósitos aduaneros y distintos de los aduaneros.

77. Procedimiento para la autorización de transformación de mercancías bajo control aduanero, previsto en los artículos 130 a 136, ambos inclusive, del Reglamento (CE) n.º 2913/1992 del Consejo, de 12 de octubre, de Código Aduanero Comunitario y en los artículos 551 a 552 del Reglamento 2454/1993 de la Comisión, de 2 de julio de 1993, de aplicación del Código Aduanero Comunitario.

78. Procedimiento para autorizar el establecimiento de Zonas y Depósitos Francos previsto en el artículo 800 del Reglamento (CE) n.º 2454/1993 de la Comisión, de 2 de julio de

1993, de aplicación del Código Aduanero Comunitario, y en la Orden de 2 de diciembre de 1992.

79. Procedimiento para autorizar el tránsito nacional para mercancías transportadas por ferrocarril, previsto en los artículos 412 a 425, ambos inclusive, del Reglamento (CE) n.º 2454/1993 de la Comisión, de 2 de julio de 1993, de aplicación del Código Aduanero Comunitario y en la Resolución de 7 de julio de 2001, de aplicación de un procedimiento simplificado de tránsito nacional para mercancías transportadas entre aduanas españolas dentro del territorio aduanero de la Unión Europea, mediante la utilización de carta de porte como documento aduanero.

80. Procedimiento para la constitución de una garantía global en materia de tránsito, así como dispensa de la misma en los términos previstos en los artículos 379 a 384, ambos inclusive, del Reglamento (CE) n.º 2454/1993 de la Comisión, de 2 de julio de 1993, de aplicación del Código Aduanero Comunitario.

81. Procedimiento para la autorización al obligado principal de tránsito la utilización como listas de carga listas que no cumplan todas las condiciones, previsto en el artículo 385 del Reglamento (CE) n.º 2454/1993 de la Comisión, de 2 de julio de 1993, de aplicación del Código Aduanero Comunitario.

82. Procedimiento para autorizar al obligado principal de tránsito la utilización de precintos de un modelo especial en los medios de transporte o bultos, previsto en el artículo 386 del Reglamento (CE) n.º 2454/1993 de la Comisión, de 2 de julio de 1993, de aplicación del Código Aduanero Comunitario.

83. Procedimiento para conceder una dispensa de itinerario obligatorio al obligado principal de tránsito, previsto en el artículo 387 del Reglamento (CE) n.º 2454/1993 de la Comisión, de 2 de julio de 1993, de aplicación del Código Aduanero Comunitario.

84. Procedimiento para la autorización del despacho en las instalaciones de los interesados, previsto en el Real Decreto 2718/1998, de 18 de diciembre, de derogación de disposiciones anteriores, en la Orden de 21 de diciembre de 1998 de desarrollo del Reglamento (CE) n.º 2913/1992 del Consejo, de 12 de octubre de 1992, de Código Aduanero Comunitario y del Reglamento (CE) n.º 2454/1993, de la Comisión, de 2 de julio de 1993, de aplicación, que fija disposiciones relativas al procedimiento simplificado de domiciliación, y en la Orden 2376/2004, de 8 de julio, de modificación de aquélla.

85. Procedimiento para la autorización de devolución o condonación de derechos de importación o de exportación, previsto en los artículos 878 a 909, ambos inclusive, del Reglamento (CE) n.º 2454/1993, de la Comisión, de 2 de julio de 1993, de aplicación del Código Aduanero Comunitario.

86[5]. Procedimiento de autorización para no expedir factura, de acuerdo con lo previsto en el artículo 3.1.d) del Reglamento por el que se regulan las obligaciones de facturación, aprobado por el Real Decreto 1619/2012, de 30 de noviembre.

---

[5]   Nueva redacción dada por el art. tercero. Uno del Real Decreto 828/2013, de 25 de octubre (BOE núm. 257, de 26 de octubre de 2013), en vigor desde el 1 de enero de 2014.

87[6]. Procedimiento de autorización para que la obligación de expedir factura pueda ser cumplida mediante la expedición de factura simplificada, de acuerdo con lo previsto en el artículo 4.3 del Reglamento por el que se regulan las obligaciones de facturación, aprobado por el Real Decreto 1619/2012, de 30 de noviembre.

88[7]. Procedimiento de autorización para que en las facturas simplificadas no consten determinadas menciones del artículo 7.1 del Reglamento por el que se regulan las obligaciones de facturación, aprobado por el Real Decreto 1619/2012, de 30 de noviembre, de acuerdo con lo previsto en el artículo 7.4.b) del citado reglamento.

89[8]. Procedimiento de autorización de otros procedimientos de rectificación de facturas, de acuerdo con lo previsto en el artículo 15.4, segundo párrafo, del Reglamento por el que se regulan las obligaciones de facturación, aprobado por el Real Decreto 1619/2012, de 30 de noviembre.

90[9]. Procedimiento de autorización de exoneración de la obligación de expedición de facturas, de acuerdo con lo previsto en el artículo 3.2, letra b), segundo párrafo, del Reglamento por el que se regulan las obligaciones de facturación, aprobado por el Real Decreto 1619/2012, de 30 de noviembre.

91[10]. Procedimiento de autorización para que en las facturas rectificativas no sea necesaria la especificación de las facturas rectificadas, bastando la simple determinación del periodo al que se refieran, de acuerdo con lo previsto en el artículo 15.4 del Reglamento por el que se regulan las obligaciones de facturación, aprobado por el Real Decreto 1619/2012, de 30 de noviembre.

92[11].

93[12].

94[13]. Procedimiento para la aplicación de las exenciones en el Impuesto sobre el Valor Añadido en las operaciones interiores e intracomunitarias, regulado en el artículo 5 del Reglamento por el que se desarrollan las exenciones fiscales relativas a la Organización del Tratado

---

[6]   Nueva redacción dada por el art. tercero. Uno del Real Decreto 828/2013, de 25 de octubre (BOE núm. 257, de 26 de octubre de 2013), en vigor desde el 1 de enero de 2014.

[7]   Nueva redacción dada por el art. tercero. Uno del Real Decreto 828/2013, de 25 de octubre (BOE núm. 257, de 26 de octubre de 2013), en vigor desde el 1 de enero de 2014.

[8]   Número 89 incorporado por el art. séptimo del Real Decreto 1075/2017, de 29 de diciembre (BOE núm. 317, de 30 de diciembre de 2017), en vigor desde el 1 de enero de 2018.
      Anteriormente derogado por la Disp. Derogatoria única del Real Decreto 828/2013, de 25 de octubre (BOE núm. 257, de 26 de octubre de 2013), en vigor desde el 27 de octubre de 2013.

[9]   Nuevo número 90 incorporado por la Disp. Final Segunda de Real Decreto 1512/2018, de 28 de diciembre (BOE núm. 314, de 29 de diciembre de 2018), en vigor desde el 1 de enero de 2019.
      Dicho núm. 90 fue derogado por la Disp. Derogatoria única del Real Decreto 828/2013, de 25 de octubre (BOE núm. 257, de 26 de octubre de 2013), en vigor desde el 27 de octubre de 2013.

[10] Nueva redacción dada por el art. tercero. Uno del Real Decreto 828/2013, de 25 de octubre (BOE núm. 257, de 26 de octubre de 2013), en vigor desde el 1 de enero de 2014.

[11] Número 92 derogado por la Disp. Derogatoria única del Real Decreto 828/2013, de 25 de octubre (BOE núm. 257, de 26 de octubre de 2013), en vigor desde el 27 de octubre de 2013.

[12] Número 93 derogado por la Disp. Derogatoria única del Real Decreto 828/2013, de 25 de octubre (BOE núm. 257, de 26 de octubre de 2013), en vigor desde el 27 de octubre de 2013.

[13] Nueva redacción dada por el art. tercero. Dos del Real Decreto 828/2013, de 25 de octubre (BOE núm. 257, de 26 de octubre de 2013), en vigor desde el 1 de enero de 2014.

del Atlántico Norte, a los Cuarteles Generales Internacionales de dicha Organización y a los Estados parte en dicho Tratado y se establece el procedimiento para su aplicación, aprobado por el Real Decreto 160/2008, de 8 de febrero.

Dos. Los procedimientos que se relacionan a continuación deberán entenderse estimados por haber vencido el plazo máximo establecido sin que se haya notificado resolución expresa:

1[14].

2[15]. Procedimiento para la calificación de la condición de entidades o establecimientos de carácter social, regulado en el artículo 6 del Reglamento del Impuesto sobre el Valor Añadido, aprobado por el Real Decreto 1624/1992, de 29 de diciembre.

3[16].

Disposición adicional segunda. *Dispensa de garantías para el aplazamiento y fraccionamiento del pago de la deuda tributaria.*

1. En virtud de lo establecido en el artículo 82.2.a) de la Ley 58/2003, de 17 de diciembre, General Tributaria, se habilita al Ministro de Economía y Hacienda para establecer la cuantía por debajo de la cual no se exigirán garantías con motivo de la solicitud de aplazamiento o fraccionamiento del pago de las deudas tributarias, así como las condiciones para la dispensa total o parcial de garantías.

2. Hasta que el Ministro de Economía y Hacienda haga uso de la habilitación prevista en el apartado anterior para las deudas tributarias y de la prevista en artículo 13.1.a) de la Ley 47/2003, de 26 de noviembre, General Presupuestaria, para los restantes recursos de naturaleza pública, quedan dispensadas de la obligación de aportar garantía con motivo de la solicitud de aplazamiento o fraccionamiento las deudas que en su conjunto no excedan de 6.000 euros. A efectos de la determinación de dicha cuantía, se acumularán en el momento de la solicitud tanto las deudas a que se refiere la propia solicitud como cualquier otra del mismo deudor para las que se haya solicitado y no resuelto el aplazamiento o fraccionamiento, así como el importe de los vencimientos pendientes de ingreso de las deudas aplazadas o fraccionadas, salvo que estén debidamente garantizadas[17].

---

[14]   Derogado por la Disp. Derogatoria única del Real Decreto 828/2013, de 25 de octubre (BOE núm. 257, de 26 de octubre de 2013), en vigor desde el 27 de octubre de 2013.

[15]   Nueva redacción dada por el art. tercero. Uno del Real Decreto 828/2013, de 25 de octubre (BOE núm. 257, de 26 de octubre de 2013), en vigor desde el 1 de enero de 2014.

[16]   Derogado por la Disp. Derogatoria única del Real Decreto 828/2013, de 25 de octubre (BOE núm. 257, de 26 de octubre de 2013), en vigor desde el 27 de octubre de 2013.

[17]   Orden HFP/583/2023, de 7 de junio, por la que se eleva a 50.000 euros el límite exento de la obligación de aportar garantías en las solicitudes de aplazamiento o fraccionamiento de deudas derivadas de tributos cedidos cuya gestión recaudatoria corresponde a las Comunidades Autónomas (BOE núm. 138, de 10 de junio de 2023).

Orden HFP/311/2023, de 28 de marzo, por la que se eleva el límite exento de la obligación de aportar garantía en las solicitudes de aplazamiento o fraccionamiento a 50.000 euros (BOE núm. 77, de 31 de marzo de 2023), en vigor desde el 15 de abril de 2023:

«**Artículo 1.** *Ámbito de aplicación.*

La presente orden será de aplicación a las solicitudes de aplazamiento y fraccionamiento de pago de las deudas derivadas de derechos de naturaleza pública de la Hacienda Pública Estatal gestionados por la

Agencia Estatal de Administración Tributaria y demás órganos de la Administración General del Estado y sus organismos autónomos, con exclusión de las siguientes:

a) Las deudas a las que se refiere el Reglamento (UE) n.º 952/2013 del Parlamento Europeo y del Consejo, de 9 de octubre de 2013, por el que se establece el código aduanero de la Unión, que se regularán por lo dispuesto en dicho Reglamento, salvo las que se contraigan en aplicación del artículo 105, apartado 4, del mismo.

b) Las deudas y sanciones tributarias estatales a las que se refiere la disposición adicional undécima de la Ley 16/2022, de 5 de septiembre, de reforma del texto refundido de la Ley Concursal, aprobado por el Real Decreto Legislativo 1/2020, de 5 de mayo, para la transposición de la Directiva (UE) 2019/1023 del Parlamento Europeo y del Consejo, de 20 de junio de 2019, sobre marcos de reestructuración preventiva, exoneración de deudas e inhabilitaciones, y sobre medidas para aumentar la eficiencia de los procedimientos de reestructuración, insolvencia y exoneración de deudas, y por la que se modifica la Directiva (UE) 2017/1132 del Parlamento Europeo y del Consejo, sobre determinados aspectos del Derecho de sociedades (Directiva sobre reestructuración e insolvencia).

Artículo 2. *Exención de garantías.*

No se exigirán garantías para las solicitudes de aplazamiento y fraccionamiento de pago de las deudas a que se refiere el artículo anterior, cuando su importe en conjunto no exceda de 50.000 euros y se encuentren tanto en periodo voluntario como en periodo ejecutivo de pago, sin perjuicio del mantenimiento, en este último caso, de las trabas existentes sobre bienes y derechos del deudor en el momento de la presentación de la solicitud.

A efectos de la determinación del importe de deuda señalado, se acumularán, en el momento de la solicitud, tanto las deudas a las que se refiere la propia solicitud, como cualesquiera otras del mismo deudor para las que se haya solicitado y no resuelto el aplazamiento o fraccionamiento, así como el importe de los vencimientos pendientes de ingreso de las deudas aplazadas o fraccionadas, salvo que estén debidamente garantizadas.

Las deudas acumulables serán aquellas que consten en las bases de datos del órgano de recaudación competente, sin que sea precisa la consulta a los demás órganos u organismos comprendidos en el ámbito de aplicación de esta orden a efectos de determinar el conjunto de las mismas. No obstante, los órganos competentes de recaudación computarán aquellas otras deudas acumulables que, no constando en sus bases de datos, les hayan sido comunicadas por otros órganos u organismos.

Disposición adicional única. *Ausencia de incremento del gasto público.*

La aplicación de lo dispuesto en esta orden no implicará aumento del gasto en el presupuesto de los órganos u organismos comprendidos en el ámbito de aplicación de la misma.

Disposición transitoria única. *Solicitudes en tramitación.*

Las solicitudes de aplazamiento y fraccionamiento que se encuentren en tramitación a la entrada en vigor de la presente orden seguirán rigiéndose por lo establecido en la normativa vigente a la fecha de presentación de la correspondiente solicitud.

Disposición derogatoria única. *Derogación normativa.*

A la entrada en vigor de la presente orden queda derogada la Orden HAP/2178/2015, de 9 de octubre, por la que se eleva el límite exento de la obligación de aportar garantía en las solicitudes de aplazamiento o fraccionamiento a 30.000 euros.

Disposición final única. *Entrada en vigor.*

Esta orden entrará en vigor el día 15 de abril de 2023».

Orden HFP/583/2023, de 7 de junio, por la que se eleva a 50.000 euros el límite exento de la obligación de aportar garantías en las solicitudes de aplazamiento o fraccionamiento de deudas derivadas de tributos cedidos cuya gestión recaudatoria corresponde a las comunidades autónomas (BOE núm. 138, de 10 de junio de 2023):

«**Artículo 1. *Ámbito de aplicación.***

La presente orden será de aplicación a las solicitudes de aplazamiento y fraccionamiento de pago de las deudas derivadas de tributos cedidos a las Comunidades Autónomas, cuando corresponda a estas, por delegación del Estado, la recaudación de tales deudas.

Disposición transitoria única. *Obligaciones de información de carácter general.*

1. Las obligaciones de información de carácter general que deban cumplirse durante el año 2008, correspondientes a la información a suministrar del año 2007, serán exigibles conforme a la normativa vigente a 31 de diciembre de 2007.

2. Se mantienen en vigor los plazos de presentación de las declaraciones de información hasta que no se modifiquen, en su caso, mediante Orden del Ministro de Economía y Hacienda.

Disposición derogatoria única. *Derogación normativa.*

1. Quedan derogados:

a) El Decreto 2423/1975, de 25 de septiembre, por el que se regula el Código de Identificación de las Personas Jurídicas y Entidades en general.

b) El Real Decreto 939/1986, de 25 de abril, por el que se aprueba el Reglamento General de la Inspección de los Tributos.

c) Los artículos 60, 62, 72 y la disposición adicional del Real Decreto 1307/1988, de 30 de septiembre, por el que se aprueba el Reglamento de Planes y Fondos de Pensiones.

d) El Real Decreto 338/1990, de 9 de marzo, por el que se regula la composición y la forma de utilización del Número de Identificación Fiscal.

Artículo 2. *Exención de garantías.*

No se exigirán garantías para las solicitudes de aplazamiento y fraccionamiento de pago de las deudas a que se refiere el artículo anterior, cuando su importe en conjunto no exceda de 50.000 euros y se encuentren tanto en periodo voluntario como en periodo ejecutivo de pago, sin perjuicio del mantenimiento, en este último caso, de las trabas existentes sobre bienes y derechos del deudor en el momento de la presentación de la solicitud.

A efectos de la determinación del importe de deuda señalado, se acumularán, en el momento de la solicitud, tanto las deudas a las que se refiere la propia solicitud, como cualesquiera otras del mismo deudor para las que se haya solicitado y no resuelto el aplazamiento o fraccionamiento, así como el importe de los vencimientos pendientes de ingreso de las deudas aplazadas o fraccionadas, salvo que estén debidamente garantizadas.

Las deudas acumulables serán aquellas que consten en las bases de datos del órgano de recaudación competente, sin que sea precisa la consulta a los demás órganos u organismos comprendidos en el ámbito de aplicación de esta orden a efectos de determinar el conjunto de las mismas. No obstante, los órganos competentes de recaudación computarán aquellas otras deudas acumulables que, no constando en sus bases de datos, les hayan sido comunicadas por otras Administraciones, órganos u organismos.

Disposición transitoria única. *Solicitudes en tramitación.*

Las solicitudes de aplazamiento y fraccionamiento que se encuentren en tramitación a la entrada en vigor de la presente orden seguirán rigiéndose por lo establecido en la normativa vigente a la fecha de presentación de la correspondiente solicitud.

Disposición derogatoria única. *Derogación normativa.*

A la entrada en vigor de la presente orden queda derogada la Orden HAP/347/2016, de 11 de marzo, por la que se eleva a 30.000 euros el límite exento de la obligación de aportar garantía en las solicitudes de aplazamiento o fraccionamiento de deudas derivadas de tributos cedidos cuya gestión recaudatoria corresponda a las Comunidades Autónomas, en relación con los aplazamientos y fraccionamientos que constituyen su ámbito de aplicación.

Disposición final única. *Entrada en vigor.*

La presente orden entrará en vigor el día siguiente al de su publicación en el «Boletín Oficial del Estado».

e) Los artículos 8, 9, 10, 11, 13, 14, la disposición adicional tercera y el apartado 3 de la disposición adicional quinta del Real Decreto 1163/1990, de 21 de septiembre, por el cual se regula el procedimiento para la realización de devoluciones de ingresos indebidos de naturaleza tributaria[18].

f) El Real Decreto 803/1993, de 28 de mayo, por el que se modifican determinados procedimientos tributarios.

g) La Disposición adicional primera del Real Decreto 2414/1994, de 16 de diciembre, por el que se modifica el Reglamento del Impuesto sobre la Renta de las Personas Físicas en materia de actividades agrícolas y ganaderas, rentas no sometidas a retención o ingreso a cuenta y cuantía de los pagos fraccionados.

h) El Real Decreto 2027/1995, de 22 de diciembre, por el que se regula la declaración anual de operaciones con terceras personas.

i) El Real Decreto 404/1997, de 21 de marzo, por el que se establece el régimen aplicable a las consultas cuya contestación deba tener carácter vinculante para la Administración tributaria.

j) El Real Decreto 2281/1998, de 23 de octubre, por el que se desarrollan las disposiciones aplicables a determinadas obligaciones de suministro de información de la Administración tributaria y se modifica el Reglamento de Planes y Fondos de Pensiones, aprobado por Real Decreto 1307/1988, de 30 de septiembre y el Real Decreto 2027/1995, de 22 de diciembre, por el que se regula la declaración anual de operaciones con terceras personas.

k) El Real Decreto 215/1999, de 5 de febrero, por el que se modifican los Reglamentos de Planes y Fondos de Pensiones, del Impuesto sobre Sociedades y del Impuesto sobre el Valor Añadido y otras normas tributarias.

l) El Real Decreto 1108/1999, de 25 de junio, por el que se regula el sistema de cuenta corriente en materia tributaria.

m) El Real Decreto 1377/2002, de 20 de diciembre, por el que se desarrolla la colaboración social en la gestión de los tributos para la presentación telemática de declaraciones, comunicaciones y otros documentos tributarios.

n) El Real Decreto 1041/2003, de 1 de agosto, por el que se aprueba el Reglamento por el que se regulan determinados censos tributarios y se modifican otras normas relacionadas con la gestión del Impuesto sobre Actividades Económicas.

ñ) Los artículos 53 y 56 del Reglamento del Impuesto sobre Sociedades, aprobado por el Real Decreto 1777/2004, de 30 de julio.

o) Los apartados 1, 3, 5 y 6 del artículo 69 del Reglamento del Impuesto sobre la Renta de las Personas Físicas, aprobado por el Real Decreto 439/2007, de 30 de marzo.

2. Quedan derogadas las disposiciones de igual o inferior rango que se opongan a lo previsto en este real decreto.

---

[18] El resto de los artículos del Real Decreto 1.163/1990, de 21 de septiembre ya estaban derogados por la letra b) del número 1 de la disposición derogatoria única del R.D. 520/2005, de 13 de mayo, por el que se aprueba el Reglamento general de desarrollo de la Ley 58/2003, de 17 de diciembre, General Tributaria, en materia de revisión en vía administrativa.

Disposición final primera. *Modificación del Reglamento general del régimen sancionador tributario, aprobado por el Real Decreto 2063/2004, de 15 de octubre.*

Se modifica el Reglamento general del régimen sancionador tributario, aprobado por el Real Decreto 2063/2004, de 15 de octubre, en los siguientes términos:

Uno. Se modifica el apartado 3 del artículo 3, que quedará redactado en los siguientes términos:

«...»

Dos. Se modifica el apartado 1 del artículo 25, que quedará redactado como sigue:

«...»

Tres. Se modifica el apartado 3 del artículo 25 que quedará redactado de la siguiente forma:

«...»

Disposición final segunda. *Modificación del Reglamento General de Recaudación, aprobado por el Real Decreto 939/2005, de 29 de julio.*

Se modifica el apartado 2 del artículo 126 del Reglamento General de Recaudación, aprobado por el Real Decreto 939/2005, de 29 de julio, en los siguientes términos:

«...»

Disposición final tercera. *Entrada en vigor.*

Este Real Decreto entrará en vigor el día 1 de enero de 2008.

REGLAMENTO GENERAL DE LAS ACTUACIONES Y LOS PROCEDIMIENTOS DE GESTIÓN E INSPECCIÓN TRIBUTARIA Y DE DESARROLLO DE LAS NORMAS COMUNES DE LOS PROCEDIMIENTOS DE APLICACIÓN DE LOS TRIBUTOS

TÍTULO I. DISPOSICIONES GENERALES

Artículo 1. *Ámbito de aplicación.*

1. Este reglamento regula la aplicación de los tributos en desarrollo de la Ley 58/2003, de 17 de diciembre, General Tributaria.

Este reglamento será de aplicación a la gestión recaudatoria en lo no previsto en el Reglamento General de Recaudación, aprobado por el Real Decreto 939/2005, de 29 de julio.

Lo dispuesto en este reglamento se entenderá sin perjuicio de lo previsto en la normativa propia de cada tributo.

2[19]**.** Este reglamento será de aplicación en los términos previstos en el artículo 1 de la Ley 58/2003, de 17 de diciembre, General Tributaria.

---

[19]   Decreto Foral 31/2010, de 16 de noviembre, por el que se aprueba el Reglamento de Inspección Tributaria del Territorio Histórico de Gipuzkoa (BOG núm. 223, 22 de noviembre de 2010). Decreto Foral 41/2006, del Consejo de Diputados de 6 de junio que aprueba el Reglamento de Inspección de los tributos del Territorio Histórico de Álava (BOTHA núm. 69 de 21 de julio de 2006). Decreto Foral de la Diputación Foral de Bizkaia 5/2012, de 24 de enero, por el que se aprueba el Reglamento de inspección tributaria del Territorio Histórico de Bizkaia (BOB 31 enero) y Decreto Foral de la Diputación Foral de Bizkaia 112/2009, de 21 de julio, por el que se aprueba el Reglamento de gestión de los tributos del Territorio Histórico de Bizkaia (BOB núm. 144 de 30 de julio de 2009).

3. Este reglamento se aplicará al procedimiento sancionador en materia tributaria en lo no previsto por sus normas específicas de desarrollo y por las normas reguladoras del procedimiento sancionador en materia administrativa.

TÍTULO II. LAS OBLIGACIONES TRIBUTARIAS FORMALES

CAPÍTULO I. LAS OBLIGACIONES CENSALES[20]

SECCIÓN 1.ª *Los censos tributarios*[21]

Artículo 2. *Censos de la Administración tributaria.*

1. Cada Administración tributaria podrá disponer de sus propios censos tributarios a efectos de la aplicación de sus tributos propios y cedidos.

2. Cualquier censo tributario incluirá necesariamente los siguientes datos:

a) Nombre y apellidos o razón social o denominación completa, así como el anagrama, si lo tuviera.

b) Número de identificación fiscal.

c) Domicilio fiscal.

d) En su caso, domicilio en el extranjero.

3. Las Administraciones tributarias de las comunidades autónomas y ciudades con estatuto de autonomía comunicarán con periodicidad mensual a la Agencia Estatal de Administración Tributaria la información censal de que dispongan a efectos de consolidar esta.

La Agencia Estatal de Administración Tributaria comunicará con periodicidad mensual a las Administraciones tributarias de las Comunidades Autónomas y Ciudades con Estatuto de Autonomía la variación de los datos a que se refiere el apartado anterior que se encuentren incluidos en el Censo de Obligados Tributarios regulado en el artículo 4.

4. La Agencia Estatal de Administración Tributaria podrá suscribir convenios de colaboración con las entidades locales para el intercambio de información censal.

5. Las personas o entidades incluidas en los censos tributarios tendrán derecho a conocer sus datos censales y podrán solicitar, a tal efecto, que se les expida el correspondiente certificado. Sin perjuicio de lo anterior, será aplicable a los referidos datos lo establecido en el artículo 95 de la Ley 58/2003, de 17 de diciembre, General Tributaria.

Los obligados tributarios tendrán derecho a la rectificación o cancelación de sus datos personales cuando resulten inexactos o incompletos de acuerdo con lo previsto en la legislación en materia de protección de datos de carácter personal.

---

[20] Disp. Adic. Quinta (Declaraciones censales) de la LGT (§1).
[21] Art. 117.1.l de la LGT (§1).

SECCIÓN 2.ª *Los censos tributarios en el ámbito de competencias del Estado*

Subsección 1.ª Contenido de los censos tributarios en el ámbito de competencias del Estado

Artículo 3. *Formación de los censos tributarios en el ámbito de competencias del Estado.*

1. El Censo de Obligados Tributarios estará formado por la totalidad de las personas o entidades que deban tener un número de identificación fiscal para sus relaciones de naturaleza o con trascendencia tributaria de acuerdo con lo establecido en el artículo 18 de este reglamento.

2[22]. El Censo de Empresarios, Profesionales y Retenedores estará formado por las personas o entidades que desarrollen o vayan a desarrollar en territorio español alguna de las actividades u operaciones que se mencionan a continuación:

a) Actividades empresariales o profesionales. Se entenderá por tales aquellas cuya realización confiera la condición de empresario o profesional, incluidas las agrícolas, forestales, ganaderas o pesqueras.

No se incluirán en el Censo de Empresarios, Profesionales y Retenedores quienes efectúen exclusivamente arrendamientos de inmuebles exentos del Impuesto sobre el Valor Añadido, conforme al artículo 20.uno.23.º de la Ley 37/1992, de 28 de diciembre, del Impuesto sobre el Valor Añadido, siempre que su realización no constituya el desarrollo de una actividad empresarial de acuerdo con lo dispuesto en la normativa reguladora del Impuesto sobre la Renta de las Personas Físicas. Tampoco se incluirán en este censo quienes efectúen entregas a título ocasional de medios de transporte nuevos exentas del Impuesto sobre el Valor Añadido en virtud de lo dispuesto en el artículo 25.uno y dos de su ley reguladora, y adquisiciones intracomunitarias de bienes exentas en virtud de lo dispuesto en el artículo 26.tres de la misma ley.

b) Abono de rentas sujetas a retención o ingreso a cuenta.

c) Adquisiciones intracomunitarias de bienes sujetas al Impuesto sobre el Valor Añadido efectuadas por quienes no actúen como empresarios o profesionales.

También se integrarán en este censo las personas o entidades no residentes en España de acuerdo con lo dispuesto en el artículo 6 del texto refundido de la Ley del Impuesto sobre la Renta de no Residentes, aprobado por Real Decreto Legislativo 5/2004, de 5 de marzo, que operen en territorio español mediante establecimiento permanente o satisfagan en dicho territorio rentas sujetas a retención o ingreso a cuenta, y las entidades a las que se refiere el párrafo c) del artículo 5 de la citada ley.

De igual forma, quedarán integradas en este censo las personas o entidades no establecidas en territorio español cuando sean contribuyentes del Impuesto sobre Determinados Servicios Digitales, así como las personas o entidades no establecidas en el territorio de aplicación del Impuesto sobre el Valor Añadido cuando sean sujetos pasivos de dicho impuesto.

---

[22]   Nueva redacción del art. 3.2 dada por la Disp. Final primera.Uno del Real Decreto 400/2021, de 8 de junio, por el que desarrollan las reglas de localización de los dispositivos de los usuarios y las obligaciones formales del Impuesto sobre Determinados Servicios Digitales, y se modifica el Reglamento General de las actuaciones y los procedimientos de gestión e inspección tributaria y de desarrollo de las normas comunes de los procedimientos de aplicación de los tributos, aprobado por el Real Decreto 1065/2007, de 27 de julio (BOE núm. 137, de 9 de junio de 2021), en vigor desde el día 10 de junio de 2021.

Asimismo, formarán parte de este censo las personas o entidades que no cumplan ninguno de los requisitos previstos en este apartado pero sean socios, herederos, comuneros o partícipes de entidades en régimen de atribución de rentas que desarrollen actividades empresariales o profesionales y tengan obligaciones tributarias derivadas de su condición de miembros de tales entidades.

El Censo de Empresarios, Profesionales y Retenedores formará parte del Censo de Obligados Tributarios.

3[23]**.** El Registro de operadores intracomunitarios estará formado por las personas o entidades que tengan asignado el número de identificación fiscal regulado a efectos del Impuesto sobre el Valor Añadido en el artículo 25 de este reglamento y que se encuentren en alguno de los siguientes supuestos:

a) Las personas o entidades que vayan a efectuar entregas o adquisiciones intracomunitarias de bienes sujetas a dicho tributo.

b) Las personas o entidades a las que se refiere el artículo 14 de la Ley 37/1992, de 28 de diciembre, del Impuesto sobre el Valor Añadido, cuando vayan a realizar adquisiciones intracomunitarias de bienes sujetas a dicho impuesto. En tal caso, la inclusión en este registro determinará la asignación a la persona o entidad solicitante del número de identificación fiscal regulado en el artículo 25 de este reglamento.

La circunstancia de que las personas o entidades a que se refiere el artículo 14 de la Ley 37/1992, de 28 de diciembre, del Impuesto sobre el Valor Añadido, dejen de estar incluidas en el Registro de operadores intracomunitarios, por producirse el supuesto de que las adquisiciones intracomunitarias de bienes que realicen resulten no sujetas al impuesto en atención a lo establecido en dicho precepto, determinará la revocación automática del número de identificación fiscal específico regulado en el artículo 25 de este reglamento.

c) Los empresarios o profesionales que sean destinatarios de servicios prestados por empresarios o profesionales no establecidos en el territorio de aplicación del Impuesto sobre el Valor Añadido respecto de los cuales sean sujetos pasivos.

d) Los empresarios o profesionales que presten servicios que, conforme a las reglas de localización, se entiendan realizados en el territorio de otro Estado miembro cuando el sujeto pasivo sea el destinatario de los mismos.

Este registro formará parte del Censo de Empresarios, Profesionales y Retenedores.

4[24]**.** El Registro de devolución mensual a que se refiere el artículo 30 del Reglamento del Impuesto sobre el Valor Añadido, aprobado por el Real Decreto 1624/1992, de 29 de diciem-

---

[23] Nueva redacción del art. 3.3 dada por el art. segundo uno del Real Decreto 192/2010, de 26 de febrero, de modificación del Reglamento del Impuesto sobre el Valor Añadido, aprobado por el Real Decreto 1624/1992, de 29 de diciembre, y del Reglamento General de las actuaciones y los procedimientos de gestión e inspección tributaria y de desarrollo de las normas comunes de los procedimientos de aplicación de los tributos, aprobado por Real Decreto 1065/2007, de 27 de julio, para la incorporación de determinadas directivas comunitarias (BOE núm. 53, de 23 de marzo de 2010), en vigor desde el 3-III-2010.

[24] Nueva redacción del art. 3.4 dada por el art. 3.uno del Real Decreto 249/2023, de 4 de abril, por el que se modifican el Reglamento General de Desarrollo de la Ley 58/2003, de 17 de diciembre, General Tributaria, en materia de revisión en vía administrativa, aprobado por el Real Decreto 520/2005, de 13 de mayo; el Reglamento General de Recaudación, aprobado por el Real Decreto 939/2005, de 29 de julio; el Reglamento General de las actuaciones y los procedimientos de gestión e inspección tributaria y de desarrollo de las normas comunes de los procedimientos de aplicación de los tributos, aprobado por el Real Decreto

bre, estará integrado por los empresarios o profesionales que tengan derecho al procedimiento de devolución que se regula en el referido artículo 30 de dicho reglamento.

Este registro formará parte del Censo de Empresarios, Profesionales y Retenedores.

5. El Registro de grandes empresas estará formado por aquellos obligados tributarios cuyo volumen de operaciones supere la cifra de 6.010.121,04 euros durante el año natural inmediato anterior, calculado conforme a lo dispuesto en el artículo 121 de la Ley 37/1992, de 28 de diciembre, del Impuesto sobre el Valor Añadido, incluso cuando desarrollen su actividad fuera del territorio de aplicación de este impuesto.

Este registro formará parte del Censo de Empresarios, Profesionales y Retenedores.

6[25]. El Registro territorial de los impuestos especiales estará integrado por las personas y entidades a que se refieren los artículos 40, 138 y 146 del Reglamento de los Impuestos Especiales, aprobado por el Real Decreto 1165/1995, de 7 de julio.

7[26]. El Registro de extractores de depósitos fiscales de productos incluidos en los ámbitos objetivos de los Impuestos sobre el Alcohol y Bebidas Derivadas o sobre Hidrocarburos estará integrado por las personas o entidades, cualquiera que sea su condición, que extraigan de los depósitos fiscales los productos incluidos en los ámbitos objetivos respectivos de los impuestos sobre el Alcohol y Bebidas Derivadas o sobre Hidrocarburos.

La extracción, de acuerdo con el apartado quinto del anexo de la Ley 37/1992, de 28 de diciembre, se producirá siempre que se produzca el abandono del régimen de depósito distinto del aduanero y, consiguientemente, se determine para el extractor el devengo de una operación asimilada a la importación de bienes del Impuesto sobre el Valor Añadido. Igualmente, se entenderá a estos efectos extracción, y se exigirá la inscripción en este registro de la persona o entidad que lo realice, cuando se produzca una salida en régimen suspensivo con destino a otro depósito fiscal. No se exigirá el registro cuando la entrega efectuada por el extractor tras la extracción que ultime el régimen de depósito distinto del aduanero esté exenta del Impuesto sobre el Valor Añadido.

1065/2007, de 27 de julio; el Reglamento del Impuesto sobre Sucesiones y Donaciones, aprobado por el Real Decreto 1629/1991, de 8 de noviembre; el Reglamento del Impuesto sobre el Valor Añadido, aprobado por el Real Decreto 1624/1992, de 29 de diciembre; el Reglamento del Impuesto sobre la Renta de las Personas Físicas, aprobado por el Real Decreto 439/2007, de 30 de marzo, y el Reglamento del Impuesto sobre Sociedades, aprobado por el Real Decreto 634/2015, de 10 de julio (BOE núm. 81, de 5 de abril 2023) en vigor desde el 25 de abril de 2023.

[25] Nueva redacción del art. 3.6 dada por el art. 3.uno del Real Decreto 249/2023, de 4 de abril, por el que se modifican el Reglamento General de Desarrollo de la Ley 58/2003, de 17 de diciembre, General Tributaria, en materia de revisión en vía administrativa, aprobado por el Real Decreto 520/2005, de 13 de mayo; el Reglamento General de Recaudación, aprobado por el Real Decreto 939/2005, de 29 de julio; el Reglamento General de las actuaciones y los procedimientos de gestión e inspección tributaria y de desarrollo de las normas comunes de los procedimientos de aplicación de los tributos, aprobado por el Real Decreto 1065/2007, de 27 de julio; el Reglamento del Impuesto sobre Sucesiones y Donaciones, aprobado por el Real Decreto 1629/1991, de 8 de noviembre; el Reglamento del Impuesto sobre el Valor Añadido, aprobado por el Real Decreto 1624/1992, de 29 de diciembre; el Reglamento del Impuesto sobre la Renta de las Personas Físicas, aprobado por el Real Decreto 439/2007, de 30 de marzo, y el Reglamento del Impuesto sobre Sociedades, aprobado por el Real Decreto 634/2015, de 10 de julio (BOE núm. 81, de 5 de abril 2023) en vigor desde el 25 de abril de 2023.

[26] Nuevo apartado 7 incorporado por el art. 3.uno del Real Decreto 249/2023, de 4 de abril (BOE núm. 81, de 5 de abril 2023) en vigor desde el 25 de abril de 2023.

Lo dispuesto en el párrafo anterior será independiente de la persona o entidad a cuyo favor preste servicios el depósito fiscal. En aquellos casos en los que dicha persona o entidad autorice a otra a la retirada de productos, el autorizado también deberá inscribirse en el Registro a que se refiere el citado párrafo anterior.

La inclusión en dicho Registro, que formará parte del Censo de Empresarios, Profesionales y Retenedores, se realizará previa solicitud del interesado, especificando el tipo de producto al que se refiera, en la forma prevista para la declaración de alta o de modificación de datos censales.

8[27]. El Registro territorial del Impuesto sobre Gases Fluorados de Efecto Invernadero estará integrado por las personas y entidades a que se refiere el artículo 4 del Reglamento del Impuesto sobre los Gases Fluorados de Efecto Invernadero, aprobado por el Real Decreto 712/2022, de 30 de agosto.

9[28]. El Registro territorial del Impuesto especial sobre los envases de plástico no reutilizables estará integrado por las personas o entidades a las que se refieren los apartados 3 y 7 del artículo 82 de la Ley 7/2022, de 8 de abril, de residuos y suelos contaminados para una economía circular, y su normativa de desarrollo.

10[29]. El Registro territorial del Impuesto sobre el depósito de residuos en vertederos, la incineración y la coincineración de residuos estará integrado por las personas o entidades a las que se refiere el apartado 4 del artículo 95 de la Ley 7/2022, de 8 de abril, de residuos y suelos contaminados para una economía circular, y su normativa de desarrollo.

11[30]. El Registro de operadores de plataforma extranjeros no cualificados estará integrado por los «operadores de plataforma obligados a comunicar información» a que se refiere el artículo 54 ter.3.b), primer párrafo, de este reglamento.

12[31]. El Registro de otros operadores de plataforma obligados a comunicar información estará integrado por los «operadores de plataforma obligados a comunicar información» a que se refiere el artículo 54 ter.3.a) de este reglamento.

---

[27] Nuevo apartado 8 incorporado por el art. 3.uno del Real Decreto 249/2023, de 4 de abril (BOE núm. 81, de 5 de abril 2023) en vigor desde el 25 de abril de 2023.

[28] Nuevo apartado 9 incorporado por el art. 3.uno del Real Decreto 249/2023, de 4 de abril (BOE núm. 81, de 5 de abril 2023) en vigor desde el 25 de abril de 2023.

[29] Nuevo apartado 10 incorporado por el art. 3.uno del Real Decreto 249/2023, de 4 de abril (BOE núm. 81, de 5 de abril 2023) en vigor desde el 25 de abril de 2023.

[30] Nuevo apartado 11 del art. 3, incorporado por la Disp. Final Primera Uno del Real Decreto 117/2024, de 30 de enero, por el que se desarrollan las normas y los procedimientos de diligencia debida en el ámbito del intercambio automático obligatorio de información comunicada por los operadores de plataformas, y se modifican el Reglamento General de las actuaciones y los procedimientos de gestión e inspección tributaria y de desarrollo de las normas comunes de los procedimientos de aplicación de los tributos, aprobado por el Real Decreto 1065/2007, de 27 de julio, en transposición de la Directiva (UE) 2021/514 del Consejo de 22 de marzo de 2021 por la que se modifica la Directiva 2011/16/UE relativa a la cooperación administrativa en el ámbito de la fiscalidad, y otras normas tributarias (BOE núm. 27, de 31 de enero de 2024), en vigor desde el 1 de febrero de 2024.

[31] Nuevo apartado 12 del art. 3, incorporado por la Disp. Final Primera Uno del Real Decreto 117/2024, de 30 de enero, por el que se desarrollan las normas y los procedimientos de diligencia debida en el ámbito del intercambio automático obligatorio de información comunicada por los operadores de plataformas, y se modifican el Reglamento General de las actuaciones y los procedimientos de gestión e inspección tributaria y de desarrollo de las normas comunes de los procedimientos de aplicación de los

Artículo 4[32]. *Contenido del Censo de Obligados Tributarios.*

1. Los datos que se incluirán en el Censo de Obligados Tributarios serán para las personas físicas los siguientes:

a) Nombre y apellidos, sexo, fecha de nacimiento, lugar de nacimiento, estado civil y fecha del estado civil.

b) Número de identificación fiscal español.

c) Número de identificación fiscal de otros países, en su caso, para los residentes.

d) Código de identificación fiscal del Estado de residencia, en su caso, para no residentes.

e) Número de pasaporte, en su caso.

f) Condición de residente o no residente en territorio español.

g) Domicilio fiscal en España y la referencia catastral del inmueble, salvo que no esté obligado a ello de acuerdo con la normativa que le sea de aplicación.

h) En su caso, domicilio en el extranjero.

i) Nombre y apellidos o razón social o denominación completa y número de identificación fiscal de los representantes legales para las personas que carezcan de capacidad de obrar en el orden tributario.

2. Los datos que se incluirán en el Censo de Obligados Tributarios serán para las personas jurídicas y demás entidades los siguientes:

a) Razón social o denominación completa, así como el anagrama, si lo tuviera.

b) Número de identificación fiscal español.

c) Número de identificación fiscal de otros países, en su caso, para los residentes.

d) Código de identificación fiscal del Estado de residencia, en su caso, para no residentes.

e) Condición de persona jurídica o entidad residentes o no residentes en territorio español.

f) Constitución en España o en el extranjero. En este último caso incluirá el país de constitución.

g) Fecha de constitución y, en su caso, fecha del acuerdo de voluntades a que se refiere el artículo 24.2 y fecha de inscripción en el registro público correspondiente.

h) Capital social de constitución.

i) Domicilio fiscal en España y la referencia catastral del inmueble, salvo que no esté obligado a ello de acuerdo con la normativa que le sea de aplicación.

j) En su caso, domicilio en el extranjero.

k) Nombre y apellidos o razón social o denominación completa y número de identificación fiscal de los representantes legales.

l)[33] La declaración de que la entidad se constituye con la finalidad específica de la posterior transmisión a terceros de sus participaciones, acciones y demás títulos representativos de los fondos propios, y de que no realizará actividad económica hasta dicha transmisión.

---

tributos, aprobado por el Real Decreto 1065/2007, de 27 de julio, en transposición de la Directiva (UE) 2021/514 del Consejo de 22 de marzo de 2021 por la que se modifica la Directiva 2011/16/UE relativa a la cooperación administrativa en el ámbito de la fiscalidad, y otras normas tributarias (BOE núm. 27, de 31 de enero de 2024), en vigor desde el 1 de febrero de 2024.

[32]   Art. 2.3 (Censos de la Administración tributaria) de este RGGI (§2).

[33]   Nueva letra l) del art. 4.2 incorporada por el artículo cuatro.uno del Real Decreto 1/2010, de 8 de enero (BOE núm. 16, de 19 de enero de 2010), en vigor desde el 20-01-2010, recogiendo en su Disposición

Hasta ese momento estas entidades no formarán parte de los registros a que se refieren los apartados 3, 4, 5 y 6 del artículo 3.

m)[34] El nombre, apellidos y número de identificación fiscal y, en su caso, el número de identificación fiscal de otros países, para los residentes, el código de identificación fiscal del país de residencia, para no residentes, el número de identificación fiscal IVA u otro número de identificación de su país de residencia, de quienes tengan la consideración de titulares reales de la entidad conforme con lo previsto en el apartado 2 del artículo 4 de la Ley 10/2010, de 28 de abril, de prevención del blanqueo de capitales y la financiación del terrorismo.

Artículo 5. *Contenido del Censo de Empresarios, Profesionales y Retenedores.*

En el Censo de Empresarios, Profesionales y Retenedores, además de los datos mencionados en el artículo 4 de este reglamento, para cada persona o entidad constará la siguiente información:

a) Las declaraciones o autoliquidaciones que deba presentar periódicamente por razón de sus actividades empresariales o profesionales, o por satisfacer rentas sujetas a retención o ingreso a cuenta, en los términos previstos en la orden a que se refiere el artículo 13 de este reglamento.

b) Su situación tributaria en relación con los siguientes extremos:

1.º La condición de entidad total o parcialmente exenta a efectos del Impuesto sobre Sociedades, de acuerdo con el artículo 9 del texto refundido de la Ley del Impuesto sobre Sociedades, aprobado por Real Decreto Legislativo 4/2004, de 5 de marzo.

Transitoria única que: «Las personas o entidades que antes de la entrada en vigor de las modificaciones introducidas por este Real Decreto en los artículos 4.2.l), 12.2, y 147.1.c) del Reglamento General de las actuaciones y los procedimientos de gestión e inspección tributaria y de desarrollo de las normas comunes de los procedimientos de aplicación de los tributos, aprobado por Real Decreto 1065/2007, de 27 de julio, hubieran constituido entidades a las que se refiere el citado artículo 4.2.l), deberán comunicar a la Administración tributaria, mediante escrito firmado por el representante de dichas entidades, todos los números de identificación fiscal otorgados a las mismas.

Si en el momento de efectuar la citada comunicación ya se hubiera producido la transmisión a la que se refiere el mencionado artículo 4.2.l), deberá indicarse dicha circunstancia incluyéndose la información exigida en el artículo 12.2 del Reglamento General de las actuaciones y los procedimientos de gestión e inspección tributaria y de desarrollo de las normas comunes de los procedimientos de aplicación de los tributos, aprobado por Real Decreto 1065/2007, de 27 de julio.

El plazo para efectuar la citada comunicación será de un mes a contar desde el día siguiente al de la fecha de publicación del presente real decreto».

[34]   Nueva letra m) incorporada por la Disp. Final Primera Dos del Real Decreto 117/2024, de 30 de enero, por el que se desarrollan las normas y los procedimientos de diligencia debida en el ámbito del intercambio automático obligatorio de información comunicada por los operadores de plataformas, y se modifican el Reglamento General de las actuaciones y los procedimientos de gestión e inspección tributaria y de desarrollo de las normas comunes de los procedimientos de aplicación de los tributos, aprobado por el Real Decreto 1065/2007, de 27 de julio, en transposición de la Directiva (UE) 2021/514 del Consejo de 22 de marzo de 2021 por la que se modifica la Directiva 2011/16/UE relativa a la cooperación administrativa en el ámbito de la fiscalidad, y otras normas tributarias (BOE núm. 27, de 31 de enero de 2024), en vigor desde el 1 de febrero de 2024.

2.º La opción o la renuncia al régimen fiscal especial previsto en el título II de la Ley 49/2002, de 23 de diciembre, de régimen fiscal de las entidades sin fines lucrativos y de los incentivos fiscales al mecenazgo.

3.º El método de determinación del rendimiento neto de las actividades económicas que desarrolle y, en su caso, la modalidad aplicada en el Impuesto sobre la Renta de las Personas Físicas.

4.º La inclusión, renuncia, revocación de la renuncia o exclusión del método de estimación objetiva o de la modalidad simplificada del régimen de estimación directa en el Impuesto sobre la Renta de las Personas Físicas.

5.º La sujeción del obligado tributario al régimen general o a algún régimen especial en el Impuesto sobre el Valor Añadido.

6.º[35] La inclusión, renuncia, revocación de la renuncia o exclusión del régimen simplificado, del régimen especial de la agricultura, ganadería y pesca y del régimen especial del criterio de caja del Impuesto sobre el Valor Añadido.

7.º La inclusión o baja en el Registro de operadores intracomunitarios.

8.º[36] La inclusión o baja en el Registro de devolución mensual a que se refiere el artículo 30 del Reglamento del Impuesto sobre el Valor Añadido, aprobado por el Real Decreto 1624/1992, de 29 de diciembre.

9.º La inclusión o baja en el Registro de grandes empresas.

10.º[37] La inclusión o baja en el Registro de extractores de depósitos fiscales de productos incluidos en los ámbitos objetivos de los Impuestos sobre el Alcohol y Bebidas Derivadas o sobre Hidrocarburos.

---

[35] Nueva redacción dada por el art. tercero. Tres del Real Decreto 828/2013, de 25 de octubre (BOE núm. 257, de 26 de octubre de 2013), en vigor desde el 1 de enero de 2014.

[36] Nueva redacción del núm. 8.º dada por el art. tercero uno del Real Decreto 424/2021, de 15 de junio, por el que se modifican el Reglamento del Impuesto sobre el Valor Añadido, aprobado por el Real Decreto 1624/1992, de 29 de diciembre, el Reglamento por el que se regulan las obligaciones de facturación, aprobado por el Real Decreto 1619/2012, de 30 de noviembre, y el Reglamento General de las actuaciones y los procedimientos de gestión e inspección tributaria y de desarrollo de las normas comunes de los procedimientos de aplicación de los tributos, aprobado por Real Decreto 1065/2007, de 27 de julio (BOE núm. 143, de 16 de junio de 2021), en vigor desde el 1 de julio de 2021.

[37] Nuevo núm. 10.º incorporado por el art. 3.dos del Real Decreto 249/2023, de 4 de abril, por el que se modifican el Reglamento General de Desarrollo de la Ley 58/2003, de 17 de diciembre, General Tributaria, en materia de revisión en vía administrativa, aprobado por el Real Decreto 520/2005, de 13 de mayo; el Reglamento General de Recaudación, aprobado por el Real Decreto 939/2005, de 29 de julio; el Reglamento General de las actuaciones y los procedimientos de gestión e inspección tributaria y de desarrollo de las normas comunes de los procedimientos de aplicación de los tributos, aprobado por el Real Decreto 1065/2007, de 27 de julio; el Reglamento del Impuesto sobre Sucesiones y Donaciones, aprobado por el Real Decreto 1629/1991, de 8 de noviembre; el Reglamento del Impuesto sobre el Valor Añadido, aprobado por el Real Decreto 1624/1992, de 29 de diciembre; el Reglamento del Impuesto sobre la Renta de las Personas Físicas, aprobado por el Real Decreto 439/2007, de 30 de marzo, y el Reglamento del Impuesto sobre Sociedades, aprobado por el Real Decreto 634/2015, de 10 de julio (BOE núm. 81, de 5 de abril 2023) en vigor desde el 25 de abril de 2023.

11.°[38] La clasificación de las actividades económicas desarrolladas de acuerdo con la codificación prevista en el Real Decreto 475/2007, de 13 de abril, por el que se aprueba la Clasificación Nacional de Actividades Económicas 2009 (CNAE-2009).

12.°[39] La relación, en su caso, de los establecimientos o locales en los que desarrolle sus actividades económicas, con identificación de la comunidad autónoma, provincia, municipio, dirección completa y la referencia catastral de cada uno de ellos.

c) El número de teléfono y, en su caso, la dirección de correo electrónico y el nombre de dominio o dirección de Internet, mediante el cual desarrolle, total o parcialmente, sus actividades.

Artículo 6. *Información censal complementaria respecto de las personas físicas residentes en España incluidas en el Censo de Empresarios, Profesionales y Retenedores.*

Respecto de las personas físicas residentes en España, constarán en el Censo de Empresarios, Profesionales y Retenedores, además de su domicilio fiscal, el lugar donde tengan efectivamente centralizada la gestión administrativa y la dirección de sus negocios en territorio español, cuando sea distinto del domicilio fiscal.

Artículo 7. *Información censal complementaria respecto de las entidades residentes o constituidas en España incluidas en el Censo de Empresarios, Profesionales y Retenedores.*

Respecto de las entidades residentes o constituidas en España, constarán en el Censo de Empresarios, Profesionales y Retenedores los siguientes datos adicionales:

a) El domicilio social, cuando exista y sea distinto al domicilio fiscal, y la referencia catastral del inmueble.

b) La fecha de cierre del ejercicio económico.

c) La forma jurídica o clase de entidad de que se trate.

d) El nombre y apellidos o razón social o denominación completa, número de identificación fiscal y domicilio fiscal de cada uno de los socios, miembros o partícipes fundadores o que promuevan su constitución. También se harán constar esos mismos datos, excepto para las entidades que tengan la condición de comunidades de propietarios constituidas en régimen de propiedad horizontal, para cada uno de los miembros o partícipes que formen parte, en cada momento, de las entidades a que se refiere el artículo 35.4 de la Ley 58/2003, de 17 de diciembre, General Tributaria, con indicación de su cuota de participación y de atribución en caso de que dichas cuotas no coincidan. En el caso de que los socios, miembros o partícipes no sean residentes en España, se deberá hacer constar su residencia fiscal y la identificación de su representante fiscal en España si lo hubiera.

e)[40] El nombre y apellidos o razón social o denominación completa, número de identificación fiscal de los sucesores de entidades extintas ya sea por trasformación o en los supuestos mencionados en el artículo 40 de la Ley 58/2003, del 17 de diciembre, General Tributaria.

---

[38] Original núm. 10.º que se renumera como núm. 11.º por el art. 3.dos del Real Decreto 249/2023, de 4 de abril (BOE núm. 81, de 5 de abril 2023) en vigor desde el 25 de abril de 2023.

[39] Original núm. 11.º que se renumera como núm. 12.º por el art. 3.dos del Real Decreto 249/2023, de 4 de abril (BOE núm. 81, de 5 de abril 2023) en vigor desde el 25 de abril de 2023.

[40] Nueva letra e) incorporada por el art. primero.uno del Real Decreto 1070/2017, de 29 de diciembre (BOE núm. 317, de 30 de diciembre de 201), en vigor desde el 1 de enero de 2018.

Artículo 8. *Información censal complementaria respecto de las personas o entidades no residentes o no establecidas, así como de las no constituidas en España, incluidas en el Censo de Empresarios, Profesionales y Retenedores.*

1. En el caso de personas o entidades no residentes o no establecidas, así como en el de las no constituidas en España, que hayan de formar parte del Censo de Empresarios, Profesionales y Retenedores constarán en dicho censo los siguientes datos complementarios:

a) El Estado o territorio de residencia.

b) La nacionalidad y la forma jurídica o clase de entidad sin personalidad jurídica de que se trate, de acuerdo con su derecho nacional.

c) En su caso, nombre y apellidos o razón social o denominación completa, con el anagrama, si lo hubiera, número de identificación fiscal, domicilio fiscal y nacionalidad de su representante en España.

2. Cuando una persona o entidad no residente opere en territorio español por medio de uno o varios establecimientos permanentes que realicen actividades claramente diferentes y cuya gestión se lleve de modo separado, de acuerdo con lo dispuesto en el artículo 17 del texto refundido de la Ley del Impuesto sobre la Renta de no Residentes, aprobado por Real Decreto Legislativo 5/2004, de 5 de marzo, cada establecimiento deberá inscribirse individualmente en el Censo de Empresarios, Profesionales y Retenedores, con los mismos datos y en las mismas condiciones que las personas o entidades residentes y, además, cada uno de ellos deberá identificar la persona o entidad no residente de la que dependan y comunicar los datos relativos a aquella relacionados en el apartado anterior.

Cada establecimiento permanente se identificará con una denominación específica que, en cualquier caso, comprenderá una referencia a la persona o entidad no residente de la que dependa y un número de identificación fiscal propio e independiente del asignado, en su caso, a esta última y la referencia catastral del inmueble donde esté situado el establecimiento permanente.

Asimismo, deberá especificarse la forma de determinación de la base imponible del establecimiento permanente que se constituye en España, de acuerdo con lo dispuesto en el artículo 18 del texto refundido de la Ley del Impuesto sobre la Renta de no Residentes, aprobado por Real Decreto Legislativo 5/2004, de 5 de marzo.

3. En el caso de que una persona o entidad no residente opere en territorio español por sí misma y por medio de uno o varios establecimientos permanentes, la inclusión en el Censo de Empresarios, Profesionales y Retenedores deberá realizarse tanto por la persona o entidad no residente como por sus establecimientos permanentes.

En todas estas inclusiones, además de los datos exigidos con carácter general en este reglamento, se comunicarán los relacionados en el apartado 1 de este artículo referentes a la persona o entidad no residente.

Asimismo, cada establecimiento permanente se identificará e indicará la clase de establecimiento que constituya de acuerdo con lo dispuesto en el apartado anterior y la referencia catastral del inmueble.

4. En el caso de entidades en régimen de atribución de rentas con presencia en territorio español, de acuerdo con lo dispuesto en el artículo 38.2 del texto refundido de la Ley del Impuesto sobre la Renta de no Residentes, aprobado por Real Decreto Legislativo 5/2004, de 5 de marzo, en el Censo de Empresarios, Profesionales y Retenedores deberán constar el nombre y apellidos o razón social o denominación completa, número de identificación fiscal, domicilio fiscal y nacionalidad de cada uno de los miembros o partícipes de aquella, con indicación de su cuota de participación y de atribución.

Subsección 2.ª Las declaraciones censales en el ámbito de competencias del Estado

Artículo 9. *Declaración de alta en el Censo de Empresarios, Profesionales y Retenedores.*

1. Quienes hayan de formar parte del Censo de Empresarios, Profesionales y Retenedores deberán presentar una declaración de alta en dicho censo.

2. La declaración de alta deberá incluir los datos recogidos en los artículos 4 a 8 de este reglamento, ambos inclusive.

3. Asimismo, esta declaración servirá para los siguientes fines:

a) Solicitar la asignación del número de identificación fiscal provisional o definitivo, con independencia de que la persona jurídica o entidad solicitante no esté obligada, por aplicación de lo dispuesto en el apartado 1 anterior, a la presentación de la declaración censal de alta en el Censo de Empresarios, Profesionales y Retenedores. La asignación del número de identificación fiscal, a solicitud del interesado o de oficio, determinará la inclusión automática en el Censo de Obligados Tributarios de la persona o entidad de que se trate.

b) Comunicar el régimen general o especial aplicable en el Impuesto sobre el Valor Añadido.

c)[41] Renunciar al método de estimación objetiva y a la modalidad simplificada del método de estimación directa en el Impuesto sobre la Renta de las Personas Físicas o a los regímenes especiales simplificado, y de la agricultura, ganadería y pesca del Impuesto sobre el Valor Añadido.

d) Indicar, a efectos del Impuesto sobre el Valor Añadido, si el inicio de la realización habitual de las entregas de bienes o prestaciones de servicios que constituyen el objeto de la actividad será posterior al comienzo de la adquisición o importación de bienes o servicios destinados al desarrollo de la actividad empresarial o profesional.

e) Proponer a la Agencia Estatal de Administración Tributaria el porcentaje provisional de deducción a que se refiere el artículo 111.dos de la Ley 37/1992, de 28 de diciembre, del Impuesto sobre el Valor Añadido.

f)[42] Optar por la determinación de la base imponible mediante el margen de beneficio global en el régimen especial de los bienes usados, objetos de arte, antigüedades y objetos de colección a que se refiere el apartado dos del artículo 137 de la Ley 37/1992, de 28 de diciembre, del Impuesto sobre el Valor Añadido.

g) Solicitar la inclusión en el Registro de operadores intracomunitarios.

---

[41]   Nueva redacción de la letra c) dada por el art. segundo.uno del Real Decreto 1073/2014, de 19 de diciembre (BOE» núm. 307, de 20 de diciembre de 2014), en vigor el 1 de enero de 2015.
Redacción anterior dada por el art. tercero. Cuatro del Real Decreto 828/2013, de 25 de octubre (BOE núm. 257, de 26 de octubre de 2013), en vigor desde el 1 de enero de 2014.

[42]   Nueva redacción de la letra f) dada por el art. segundo.uno del Real Decreto 1073/2014, de 19 de diciembre (BOE» núm. 307, de 20 de diciembre de 2014), en vigor el 1 de enero de 2015.

h)[43] Optar por la no sujeción al Impuesto sobre el Valor Añadido de las entregas de bienes a que se refiere el artículo 68.Cuatro de la ley de dicho impuesto, en relación con lo previsto en el artículo 73 de esa ley.

i)[44] Comunicar la sujeción al Impuesto sobre el Valor Añadido de las entregas de bienes a que se refieren el artículo 68.Tres.a) y cinco de la ley de dicho impuesto, siempre que el declarante no se encuentre ya registrado en el censo.

j) Optar por la aplicación de la regla de prorrata especial en el Impuesto sobre el Valor Añadido, prevista en el artículo 103.dos.1.º de la Ley 37/1992, de 28 de diciembre, del Impuesto sobre el Valor Añadido.

k)[45] Optar por la determinación del pago fraccionado del Impuesto sobre Sociedades, de acuerdo con la modalidad prevista en el artículo 40.3 de la Ley 27/2014, de 27 de noviembre, del Impuesto sobre Sociedades.

l) Comunicar el periodo de liquidación de las autoliquidaciones de retenciones e ingresos a cuenta del Impuesto sobre la Renta de las Personas Físicas, del Impuesto sobre la Renta de no Residentes y del Impuesto sobre Sociedades, en atención a la cuantía de su último presupuesto aprobado cuando se trate de retenedores u obligados a ingresar a cuenta que tengan la consideración de Administraciones públicas, incluida la Seguridad Social.

m) Optar por la aplicación del régimen general previsto para los establecimientos permanentes, en los términos del artículo 18.5.b) del texto refundido de la Ley del Impuesto sobre la Renta de no Residentes, aprobado por Real Decreto Legislativo 5/2004, de 5 de marzo, para aquellos establecimientos permanentes cuya actividad en territorio español consista en obras de construcción, instalación o montaje cuya duración exceda de seis meses, actividades o explotaciones económicas de temporada o estacionales, o actividades de exploración de recursos naturales.

n) Optar por el régimen fiscal especial previsto en el título II de la Ley 49/2002, de 23 de diciembre, de régimen fiscal de las entidades sin fines lucrativos y de los incentivos fiscales al mecenazgo.

ñ) Comunicar aquellos otros hechos y circunstancias de carácter censal previstos en la normativa tributaria o que determine el Ministro de Economía y Hacienda.

o)[46] Comunicar la condición de empresario o profesional revendedor de los bienes a que se refiere el artículo 84.Uno.2.ºg) de la Ley 37/1992, de 28 de diciembre, del Impuesto sobre el Valor Añadido.

p)[47] Optar por la aplicación del diferimiento del ingreso de las cuotas de Impuesto sobre el Valor Añadido en las operaciones de importación liquidadas por la Aduana, a que se re-

---

[43]   Nueva redacción de la letra h) dada por el art. tercero dos del Real Decreto 424/2021, de 15 de junio (BOE núm. 143, de 16 de junio de 2021), en vigor desde el 1 de julio de 2021.

[44]   Nueva redacción de la letra i) dada por el art. tercero dos del Real Decreto 424/2021, de 15 de junio (BOE núm. 143, de 16 de junio de 2021), en vigor desde el 1 de julio de 2021.

[45]   Nueva redacción de la letra K) dada por la Disp. Final primera.dos del Real Decreto 400/2021, de 8 de junio (BOE núm. 137, de 9 de junio de 2021), en vigor desde el día 10 de junio de 2021.

[46]   Nueva letra incorporada por el art. segundo.uno del Real Decreto 1073/2014, de 19 de diciembre (BOE» núm. 307, de 20 de diciembre de 2014), en vigor el 1 de enero de 2015.

[47]   Nueva letra incorporada por el art. segundo.uno del Real Decreto 1073/2014, de 19 de diciembre (BOE» núm. 307, de 20 de diciembre de 2014), en vigor el 1 de enero de 2015.

fiere el artículo 167.Dos de la Ley 37/1992, de 28 de diciembre, del Impuesto sobre el Valor Añadido.

q)[48] Optar por la llevanza de los libros registro del Impuesto sobre el Valor Añadido a través de la Sede electrónica de la Agencia Estatal de Administración Tributaria de acuerdo con lo previsto en el artículo 62.6 del Reglamento del Impuesto sobre el Valor Añadido.

r)[49] Comunicar la opción por el cumplimiento de la obligación de expedir factura por los destinatarios de las operaciones o por terceros, en los términos del artículo 5.1 del Reglamento por el que se aprueban las obligaciones de facturación, aprobado por el Real Decreto 1619/2012, de 30 de noviembre, en el caso de las personas y entidades a que se refiere el artículo 62.6 del Reglamento del Impuesto sobre el Valor Añadido.

s)[50] Optar por la no sujeción al Impuesto sobre el Valor Añadido de las prestaciones de servicios a que se refiere el artículo 70.Uno.8.º de la ley de dicho impuesto, en relación con lo previsto en el artículo 73 de esa ley.

t)[51] Comunicar la sujeción al Impuesto sobre el Valor Añadido de las prestaciones de servicios a que se refiere el artículo 70.Uno.4.ºa) de la ley de dicho impuesto, siempre que el declarante no se encuentre ya registrado en el censo.

u)[52] Comunicar la condición de contribuyente del Impuesto sobre Determinados Servicios Digitales a que se refiere el artículo 8 de la Ley 4/2020, de 15 de octubre, del Impuesto sobre Determinados Servicios Digitales.

v)[53] Solicitar la inclusión en el Registro de extractores de depósitos fiscales de productos incluidos en los ámbitos objetivos de los Impuestos sobre el Alcohol y Bebidas Derivadas o sobre Hidrocarburos en los términos previstos en el artículo 3.7 de este reglamento

---

[48]   Nueva letra incorporada por al art. 2.Uno del Real Decreto 596/2016, de 2 de diciembre (BOE núm. 294, de 6 de diciembre de 2016), en vigor desde el 7 de diciembre de 2016.

[49]   Nueva letra incorporada por al art. 2.Uno del Real Decreto 596/2016, de 2 de diciembre (BOE núm. 294, de 6 de diciembre de 2016), en vigor desde el 7 de diciembre de 2016.

[50]   Nueva redacción de la letra s) dada por el art. tercero dos del Real Decreto 424/2021, de 15 de junio (BOE núm. 143, de 16 de junio de 2021), en vigor desde el 1 de julio de 2021.
       Redacción anterior por su incorporación por el art. Tercero.Uno de la Real Decreto 1512/2018, de 28 de diciembre (BOE núm. 314, de 29 de diciembre de 2018), en vigor desde el 1 de enero de 2019.

[51]   Nueva letra t) incorporada por el art. Tercero.Uno de la Real Decreto 1512/2018, de 28 de diciembre (BOE núm. 314, de 29 de diciembre de 2018), en vigor desde el 1 de enero de 2019.

[52]   Nueva letra u) incorporada dada por la Disp. Final primera.dos del Real Decreto 400/2021, de 8 de junio (BOE núm. 137, de 9 de junio de 2021), en vigor desde el día 10 de junio de 2021.

[53]   Nueva letra v) incorporada por el art. 3.tres del Real Decreto 249/2023, de 4 de abril, por el que se modifican el Reglamento General de Desarrollo de la Ley 58/2003, de 17 de diciembre, General Tributaria, en materia de revisión en vía administrativa, aprobado por el Real Decreto 520/2005, de 13 de mayo; el Reglamento General de Recaudación, aprobado por el Real Decreto 939/2005, de 29 de julio; el Reglamento General de las actuaciones y los procedimientos de gestión e inspección tributaria y de desarrollo de las normas comunes de los procedimientos de aplicación de los tributos, aprobado por el Real Decreto 1065/2007, de 27 de julio; el Reglamento del Impuesto sobre Sucesiones y Donaciones, aprobado por el Real Decreto 1629/1991, de 8 de noviembre; el Reglamento del Impuesto sobre el Valor Añadido, aprobado por el Real Decreto 1624/1992, de 29 de diciembre; el Reglamento del Impuesto sobre la Renta de las Personas Físicas, aprobado por el Real Decreto 439/2007, de 30 de marzo, y el Reglamento del Impuesto sobre Sociedades, aprobado por el Real Decreto 634/2015, de 10 de julio (BOE núm. 81, de 5 de abril 2023) en vigor desde el 25 de abril de 2023.

4. Esta declaración deberá presentarse, según los casos, con anterioridad al inicio de las correspondientes actividades, a la realización de las operaciones, al nacimiento de la obligación de retener o ingresar a cuenta sobre las rentas que se satisfagan, abonen o adeuden o a la concurrencia de las circunstancias previstas en este artículo.

A efectos de lo dispuesto en este reglamento, se entenderá producido el comienzo de una actividad empresarial o profesional desde el momento que se realicen cualesquiera entregas, prestaciones o adquisiciones de bienes o servicios, se efectúen cobros o pagos o se contrate personal laboral, con la finalidad de intervenir en la producción o distribución de bienes o servicios.

Artículo 9 bis[54] *Declaración de alta en el Registro de operadores de plataforma extranjeros no cualificados.*

1. El «operador de plataforma obligado a comunicar información» a que se refiere el artículo 54 ter.3.b), primer párrafo, de este reglamento que, en su caso, haya optado por registrarse en España, deberá presentar una declaración de alta en el Registro de operadores de plataforma extranjeros no cualificados.

2. La declaración de alta deberá incluir la información del operador prevista en el apartado B, punto 2, de la sección II del anexo del Real Decreto 117/2024, de 30 de enero, por el que se desarrollan las normas y procedimientos de diligencia debida en el ámbito del intercambio automático obligatorio de información comunicada por los operadores de plataformas, y se modifican el Reglamento General de las actuaciones y los procedimientos de gestión e inspección tributaria y de desarrollo de las normas comunes de los procedimientos de aplicación de los tributos, aprobado por el Real Decreto 1065/2007, de 27 de julio, en transposición de la Directiva (UE) 2021/514 del Consejo de 22 de marzo de 2021 por la que se modifica la Directiva 2011/16/UE relativa a la cooperación administrativa en el ámbito de la fiscalidad, y otras normas tributarias.

3. Esta declaración deberá presentarse cuando se inicie la actividad como «operador de plataforma» en los términos definidos en la sección I del anexo del Real Decreto 117/2024, de 30 de enero, por el que se desarrollan las normas y procedimientos de diligencia debida en el ámbito del intercambio automático obligatorio de información comunicada por los operadores de plataformas, y se modifican el Reglamento General de las actuaciones y los procedimientos de gestión e inspección tributaria y de desarrollo de las normas comunes de los procedimientos de aplicación de los tributos, aprobado por el Real Decreto 1065/2007, de 27 de julio, en transposición de la Directiva (UE) 2021/514 del Consejo de 22 de marzo de

---

[54]   Nuevo art. 9.bis incorporado por la Disp. Final Primera Tres del Real Decreto 117/2024, de 30 de enero, por el que se desarrollan las normas y los procedimientos de diligencia debida en el ámbito del intercambio automático obligatorio de información comunicada por los operadores de plataformas, y se modifican el Reglamento General de las actuaciones y los procedimientos de gestión e inspección tributaria y de desarrollo de las normas comunes de los procedimientos de aplicación de los tributos, aprobado por el Real Decreto 1065/2007, de 27 de julio, en transposición de la Directiva (UE) 2021/514 del Consejo de 22 de marzo de 2021 por la que se modifica la Directiva 2011/16/UE relativa a la cooperación administrativa en el ámbito de la fiscalidad, y otras normas tributarias (BOE núm. 27, de 31 de enero de 2024), en vigor desde el 1 de febrero de 2024.

2021 por la que se modifica la Directiva 2011/16/UE relativa a la cooperación administrativa en el ámbito de la fiscalidad, y otras normas tributarias.

Artículo 9 ter[55] ***Declaración de alta en el Registro de otros operadores de plataforma obligados a comunicar información.***

1. El «operador de plataforma obligado a comunicar información» a que se refiere el artículo 54 ter.3.a) de este reglamento deberá presentar una declaración de alta en el Registro de otros operadores de plataforma obligados a comunicar información.

2. La declaración de alta deberá incluir la siguiente información:

a) Razón social.

b) Número de identificación fiscal.

c) Domicilio fiscal en España.

d) Direcciones electrónicas, incluidos los sitios web.

e) Nombre y apellidos o razón social o denominación completa y número de identificación fiscal de sus representantes legales en España.

f) En caso de no ser residente fiscal en España, su Estado o territorio de residencia, así como su número de identificación fiscal, su domicilio y la identificación completa de sus representantes en dicho Estado o territorio de residencia.

3. Si el «operador de plataforma» no es residente en España, pero opera en territorio español por medio de uno o varios establecimientos permanentes, cada establecimiento permanente deberá inscribirse individualmente en el Registro de otros operadores de plataforma obligados a comunicar información proporcionando los mismos datos y en las mismas condiciones que los operadores residentes y, además, cada uno de ellos deberá identificar la persona o entidad no residente de la que dependan y comunicar los datos relativos a aquella relacionados en el apartado anterior.

4. Esta declaración deberá presentarse cuando se inicie la actividad como «operador de plataforma» en los términos definidos en la sección I del anexo del Real Decreto 117/2024, de 30 de enero, por el que se desarrollan las normas y procedimientos de diligencia debida en el ámbito del intercambio automático obligatorio de información comunicada por los operadores de plataformas, y se modifican el Reglamento General de las actuaciones y los procedimientos de gestión e inspección tributaria y de desarrollo de las normas comunes de los procedimientos de aplicación de los tributos, aprobado por el Real Decreto 1065/2007, de 27 de julio, en transposición de la Directiva (UE) 2021/514 del Consejo de 22 de marzo de 2021 por la que se modifica la Directiva 2011/16/UE relativa a la cooperación administrativa en el ámbito de la fiscalidad, y otras normas tributarias.

---

[55]   Nuevo art. 9.ter incorporado por la Disp. Final Primera Cuatro del Real Decreto 117/2024, de 30 de enero, por el que se desarrollan las normas y los procedimientos de diligencia debida en el ámbito del intercambio automático obligatorio de información comunicada por los operadores de plataformas, y se modifican el Reglamento General de las actuaciones y los procedimientos de gestión e inspección tributaria y de desarrollo de las normas comunes de los procedimientos de aplicación de los tributos, aprobado por el Real Decreto 1065/2007, de 27 de julio, en transposición de la Directiva (UE) 2021/514 del Consejo de 22 de marzo de 2021 por la que se modifica la Directiva 2011/16/UE relativa a la cooperación administrativa en el ámbito de la fiscalidad, y otras normas tributarias (BOE núm. 27, de 31 de enero de 2024), en vigor desde el 1 de febrero de 2024.

Artículo 10. *Declaración de modificación en el Censo de Empresarios, Profesionales y Retenedores.*

1. Cuando se modifique cualquiera de los datos recogidos en la declaración de alta o en cualquier otra declaración de modificación posterior, el obligado tributario deberá comunicar a la Administración tributaria, mediante la correspondiente declaración, dicha modificación.

2. Esta declaración, en particular, servirá para:

a) Comunicar el cambio de domicilio fiscal, de acuerdo con lo previsto en el artículo 48.3 de la Ley 58/2003, de 17 de diciembre, General Tributaria, por las personas jurídicas y demás entidades, así como por las personas físicas incluidas en el Censo de Empresarios, Profesionales y Retenedores[56].

b) Comunicar la variación de cualquiera de los datos y situaciones tributarias recogidas en los artículos 4 a 9 de este reglamento, ambos inclusive.

c) Comunicar el inicio de la realización habitual de las entregas de bienes o prestaciones de servicios correspondientes a actividades empresariales o profesionales, cuando la declaración de alta se hubiese formulado indicando que el inicio de la realización de dichas entregas de bienes o prestaciones de servicios se produciría con posterioridad al comienzo de la adquisición o importación de bienes o servicios destinados a la actividad.

Asimismo, la declaración de modificación servirá para comunicar el comienzo de la realización habitual de las entregas de bienes o prestaciones de servicios correspondientes a una nueva actividad constitutiva de un sector diferenciado a efectos del Impuesto sobre el Valor Añadido, cuando se haya presentado previamente una declaración censal mediante la que se comunique que el inicio de la realización de las entregas de bienes y prestaciones de servicios en desarrollo de dicha nueva actividad se produciría con posterioridad al comienzo de la adquisición o importación de bienes o servicios destinados a aquella.

d)[57] Optar por la determinación de la base imponible mediante el margen de beneficio global en el régimen especial de los bienes usados, objetos de arte, antigüedades y objetos de colección a que se refiere el apartado dos del artículo 137 de la Ley 37/1992, de 28 de diciembre, del Impuesto sobre el Valor Añadido.

e)[58] Solicitar la inclusión en el Registro de operadores intracomunitarios cuando se vayan a producir, una vez presentada la declaración censal de alta, las circunstancias que lo requieran previstas en el artículo 3.3 de este reglamento.

Los sujetos pasivos del Impuesto sobre el Valor Añadido que cesen en el desarrollo de las actividades sujetas al mismo sin que ello determine su baja en el Censo de Empresarios, Profesionales y Retenedores, y las personas o entidades que durante los 12 meses anteriores no hayan realizado entregas o adquisiciones intracomunitarias de bienes sujetas al Impuesto sobre el Valor Añadido o no hayan prestado o sido destinatarios de las prestaciones de servicios a que se refieren los párrafos c) y d) del artículo 3.3 de este reglamento, deberán presen-

---

[56]   Art. 17 (Obligación de comunicar el cambio de domicilio fiscal) de este RGGI (§2).
[57]   Nueva redacción de la letra d) dada por el art. segundo.dos del Real Decreto 1073/2014, de 19 de diciembre (BOE» núm. 307, de 20 de diciembre de 2014), en vigor el 1 de enero de 2015.
[58]   Nueva redacción del art. 10.2.e) dada por el art. segundo dos del Real Decreto 192/2010, de 26 de febrero (BOE núm. 53, de 23 de marzo de 2010), en vigor desde el 3-III-2010.

tar, asimismo, una declaración censal de modificación solicitando la baja en el Registro de operadores intracomunitarios.

f)[59] Optar por la no sujeción al Impuesto sobre el Valor Añadido de las entregas de bienes a que se refiere el artículo 68.Cuatro de la ley de dicho impuesto, en relación con lo previsto en el artículo 73 de esa ley.

g)[60] Comunicar la sujeción al Impuesto sobre el Valor Añadido de las entregas a que se refieren el artículo 68.Tres.a) y cinco de la ley de dicho impuesto.

h)[61] Revocar las opciones o modificar las solicitudes a que se refieren los párrafos d), e), f), p), q), r) y t) de este apartado y los párrafos f), h), q), r), s) y v) del artículo 9.3 de este Reglamento, así como la comunicación de los cambios de las situaciones a que se refieren los párrafos g) y s) de este apartado y los párrafos i), o) y t) del artículo 9.3 de este reglamento.

i)[62] Comunicar la adquisición o pérdida de la condición de contribuyente del Impuesto sobre Determinados Servicios Digitales a que se refiere el artículo 8 de la Ley 4/2020, de 15 de octubre, del Impuesto sobre Determinados Servicios Digitales.

j)[63] En el caso de aquellos que, teniendo ya la condición de empresarios o profesionales por venir realizando actividades de tal naturaleza, inicien una nueva actividad empresarial o profesional constituya o no, a efectos del Impuesto sobre el Valor Añadido, un sector diferenciado respecto de las actividades que venían desarrollando con anterioridad, y se encuentren en cualesquiera de las circunstancias que se indican a continuación, para comunicar a la Administración su concurrencia:

1.º Que ejerzan la opción por la regla de prorrata especial prevista en el artículo 103. dos.1.º de la Ley 37/1992, de 28 de diciembre, del Impuesto sobre el Valor Añadido.

---

[59] Nueva redacción de la letra f) dada por el art. tercero tres del Real Decreto 424/2021, de 15 de junio, por el que se modifican el Reglamento del Impuesto sobre el Valor Añadido, aprobado por el Real Decreto 1624/1992, de 29 de diciembre, el Reglamento por el que se regulan las obligaciones de facturación, aprobado por el Real Decreto 1619/2012, de 30 de noviembre, y el Reglamento General de las actuaciones y los procedimientos de gestión e inspección tributaria y de desarrollo de las normas comunes de los procedimientos de aplicación de los tributos, aprobado por Real Decreto 1065/2007, de 27 de julio (BOE núm. 143, de 16 de junio de 2021), en vigor desde el 1 de julio de 2021.

[60] Nueva redacción de la letra g) dada por el art. tercero tres del Real Decreto 424/2021, de 15 de junio (BOE núm. 143, de 16 de junio de 2021), en vigor desde el 1 de julio de 2021.

[61] Nueva redacción de la letra la h) dada por el art. 3. cuatro del Real Decreto 249/2023, de 4 de abril (BOE núm. 81, de 5 de abril 2023) en vigor desde el 25 de abril de 2023.
    Redacción anterior dada por el art. tercero tres del Real Decreto 424/2021, de 15 de junio (BOE núm. 143, de 16 de junio de 2021), en vigor desde el 1 de julio de 2021.
    Redacción anterior dada por el art. Tercero.Dos de la Real Decreto 1512/2018, de 28 de diciembre (BOE núm. 314, de 29 de diciembre de 2018), en vigor desde el 1 de enero de 2019.
    Redacción anterior dada por el art. 2.Dosdel Real Decreto 596/2016, de 2 de diciembre (BOE núm. 294, de 6 de diciembre de 2016), en vigor desde el 1 de diciembre de 2016.
    Redacción anterior dada por art. segundo.dos del Real Decreto 1073/2014, de 19 de diciembre (BOE» núm. 307, de 20 de diciembre de 2014), en vigor el 1 de enero de 2015.

[62] Letra i) incorporada por la Disp. Final primera.tres del Real Decreto 400/2021, de 8 de junio (BOE núm. 137, de 9 de junio de 2021), en vigor desde el día 10 de junio de 2021.
    La redacción anterior de la letra i) fue suprimida por el art. tercero. Quinto del Real Decreto 828/2013, de 25 de octubre (BOE núm. 257, de 26 de octubre de 2013), en vigor desde el 1 de enero de 2014.

[63] Nueva redacción dada por el art. tercero. Quinto del Real Decreto 828/2013, de 25 de octubre (BOE núm. 257, de 26 de octubre de 2013), en vigor desde el 1 de enero de 2014.

2.º Que en los casos de inicio de actividad que constituya un sector diferenciado, el comienzo de la realización habitual de las entregas de bienes o prestaciones de servicios correspondientes a la nueva actividad se producirá con posterioridad al comienzo de la adquisición o importación de bienes o servicios destinados a su desarrollo y resulte aplicable el régimen de deducción previsto en los artículos 111, 112 y 113 de la Ley 37/1992, de 28 de diciembre, del Impuesto sobre el Valor Añadido. En este caso, la declaración contendrá también la propuesta del porcentaje provisional de deducción a que se refiere el citado artículo 111.dos de dicha ley.

k)[64] Solicitar la inclusión en el Registro de devolución mensual a que se refiere el artículo 30 del Reglamento del Impuesto sobre el Valor Añadido, aprobado por el Real Decreto 1624/1992, de 29 de diciembre, así como la baja en dicho registro.

l) Comunicar a la Administración tributaria el cambio de periodo de liquidación en el Impuesto sobre el Valor Añadido y a efectos de las autoliquidaciones de retenciones e ingresos a cuenta del Impuesto sobre la Renta de las Personas Físicas, Impuesto sobre la Renta de no Residentes y del Impuesto sobre Sociedades por estar incluidos en el Registro de grandes empresas regulado en el artículo 3 de este reglamento, o en atención a la cuantía de su último presupuesto aprobado cuando se trate de retenedores u obligados a ingresar a cuenta que tengan la consideración de Administraciones públicas, incluida la Seguridad Social.

m)[65] Optar o renunciar a la opción para determinar el pago fraccionado del Impuesto sobre Sociedades, de acuerdo con la modalidad prevista en el artículo 40.3 de la Ley 27/2014, de 27 de noviembre, del Impuesto sobre Sociedades.

n) Renunciar a la aplicación del régimen de consolidación fiscal en el caso de los grupos fiscales que hayan ejercitado esta opción.

ñ) Optar o renunciar al régimen fiscal especial previsto en el título II de la Ley 49/2002, de 23 de diciembre, de régimen fiscal de las entidades sin fines lucrativos y de los incentivos fiscales al mecenazgo.

o) Solicitar la rectificación de datos personales a que se refiere el artículo 2.5 de este reglamento.

p)[66] Optar por la llevanza de los libros registro del Impuesto sobre el Valor Añadido a través de la Sede electrónica de la Agencia Estatal de Administración Tributaria de acuerdo con lo previsto en el artículo 62.6 del Reglamento del Impuesto sobre el Valor Añadido.

q)[67] Comunicar la opción del cumplimiento de la obligación de expedir factura por los destinatarios de las operaciones o por terceros, en los términos del artículo 5.1 del Reglamento por el que se regulan las obligaciones de facturación, aprobado por el Real Decreto 1619/2012, de 30 de noviembre, en el caso de las personas y entidades a que se refiere el artículo 62.6 del Reglamento del Impuesto sobre el Valor Añadido.

---

[64]   Nueva redacción de la letra la k) dada por el art. 3. cuatro del Real Decreto 249/2023, de 4 de abril (BOE núm. 81, de 5 de abril 2023) en vigor desde el 25 de abril de 2023.

[65]   Nueva redacción de la letra m) dada por la Disp. Final primera.tres del Real Decreto 400/2021, de 8 de junio (BOE núm. 137, de 9 de junio de 2021), en vigor desde el día 10 de junio de 2021.

[66]   Nueva letra incorporada por el art. 2.Dosdel Real Decreto 596/2016, de 2 de diciembre (BOE núm. 294, de 6 de diciembre de 2016), en vigor desde el 1 de diciembre de 2016.

[67]   Nueva letra incorporada por el art. 2.Dosdel Real Decreto 596/2016, de 2 de diciembre (BOE núm. 294, de 6 de diciembre de 2016), en vigor desde el 1 de diciembre de 2016.

r)[68] Optar por la no sujeción al Impuesto sobre el Valor Añadido de las prestaciones de servicios a que se refiere el artículo 70.uno.8.º de la Ley de dicho impuesto en relación con lo previsto en el artículo 73 de esa ley.

s)[69] Comunicar la sujeción al Impuesto sobre el Valor Añadido de las prestaciones de servicios a que se refiere el artículo 70.Uno.4.º.a) de la ley de dicho impuesto, siempre que el declarante no se encuentre ya registrado en el censo.

t)[70] Solicitar la inclusión en el Registro de extractores de depósitos fiscales de productos incluidos en los ámbitos objetivos de los Impuestos sobre el Alcohol y Bebidas Derivadas o sobre Hidrocarburos cuando se vayan a producir, una vez presentada la declaración censal de alta, las circunstancias que lo requieran, así como la baja en dicho registro, en los términos previstos en el artículo 3.7 de este reglamento.

u)[71] Solicitar la rehabilitación del número de identificación fiscal en los términos dispuestos en el apartado 8 del artículo 147 de este reglamento.

v)[72] Comunicar otros hechos y circunstancias de carácter censal previstos en las normas tributarias o que determine la persona titular del Ministerio de Hacienda.

---

[68]   Nueva redacción de la letra r) dada por el art. tercero tres del Real Decreto 424/2021, de 15 de junio (BOE núm. 143, de 16 de junio de 2021), en vigor desde el 1 de julio de 2021.
Redacción anterior por su incorporación por el art. Tercero.Dos de la Real Decreto 1512/2018, de 28 de diciembre (BOE núm. 314, de 29 de diciembre de 2018), en vigor desde el 1 de enero de 2019.

[69]   Nueva redacción de la letra s) dada por el art. tercero tres del Real Decreto 424/2021, de 15 de junio (BOE núm. 143, de 16 de junio de 2021), en vigor desde el 1 de julio de 2021.
Redacción anterior dada por la Disp. Final primera.tres del Real Decreto 400/2021, de 8 de junio (BOE núm. 137, de 9 de junio de 2021), en vigor desde el día 10 de junio de 2021.
Letra r) pasa a ser la letra s) por el art. Tercero.Dos de la Real Decreto 1512/2018, de 28 de diciembre (BOE núm. 314, de 29 de diciembre de 2018), en vigor desde el 1 de enero de 2019.
Letra p) original que pasa a ser la letra r) en virtud del art. 2.Dos del Real Decreto 596/2016, de 2 de diciembre (BOE núm. 294, de 6 de diciembre de 2016), en vigor desde el 1 de diciembre de 2016.

[70]   Nueva letra t) incorporada el art. 3. cuatro del Real Decreto 249/2023, de 4 de abril (BOE núm. 81, de 5 de abril 2023) en vigor desde el 25 de abril de 2023.

[71]   Nueva redacción de la letra u) dada por la Disp. Final Primera Cinco del Real Decreto 117/2024, de 30 de enero, por el que se desarrollan las normas y los procedimientos de diligencia debida en el ámbito del intercambio automático obligatorio de información comunicada por los operadores de plataformas, y se modifican el Reglamento General de las actuaciones y los procedimientos de gestión e inspección tributaria y de desarrollo de las normas comunes de los procedimientos de aplicación de los tributos, aprobado por el Real Decreto 1065/2007, de 27 de julio, en transposición de la Directiva (UE) 2021/514 del Consejo de 22 de marzo de 2021 por la que se modifica la Directiva 2011/16/UE relativa a la cooperación administrativa en el ámbito de la fiscalidad, y otras normas tributarias (BOE núm. 27, de 31 de enero de 2024), en vigor desde el 1 de febrero de 2024.
Redacción anterior: original letra t) que se enumera como letra u) por el art. 3. cuatro del Real Decreto 249/2023, de 4 de abril (BOE núm. 81, de 5 de abril 2023) en vigor desde el 25 de abril de 2023: «u) Comunicar otros hechos y circunstancias de carácter censal previstos en las normas tributarias o que determine la persona titular del Ministerio de Hacienda».
Letra incorporada por el art. tercero tres del Real Decreto 424/2021, de 15 de junio (BOE núm. 143, de 16 de junio de 2021), en vigor desde el 1 de julio de 2021.

[72]   Nueva letra v).incorporada por la Disp. Final Primera Cinco del Real Decreto 117/2024, de 30 de enero, por el que se desarrollan las normas y los procedimientos de diligencia debida en el ámbito del intercambio automático obligatorio de información comunicada por los operadores de plataformas, y se modifican el Reglamento General de las actuaciones y los procedimientos de gestión e inspección tributaria y de

3. Esta declaración no será necesaria cuando la modificación de uno de los datos que figuren en el censo se haya producido por iniciativa de un órgano de la Agencia Estatal de Administración Tributaria.

4. La declaración deberá presentarse en el plazo de un mes desde que se hayan producido los hechos que determinan su presentación, salvo en los casos que se indican a continuación:

a) En los supuestos en que la normativa propia de cada tributo o la del régimen fiscal aplicable establezca plazos específicos, la declaración se presentará de conformidad con estos.

b) Las declaraciones a que se refiere el apartado 2.j).1.º de este artículo, deberán presentarse con anterioridad al momento en que se inicie la nueva actividad empresarial que vaya a constituir, a efectos del Impuesto sobre el Valor Añadido, un sector diferenciado de actividad respecto de las que se venían desarrollando con anterioridad.

c) La comunicación prevista en el apartado 2.l) de este artículo se formulará en el plazo general y, en cualquier caso, antes del vencimiento del plazo para la presentación de la primera declaración periódica afectada por la variación puesta en conocimiento de la Administración tributaria o que hubiese debido presentarse de no haberse producido dicha variación.

d) La solicitud a que se refiere el primer párrafo del apartado 2.e) de este artículo deberá presentarse con anterioridad al momento en el que se produzcan las circunstancias previstas en el artículo 3.3 de este reglamento.

e) Cuando el Ministro de Economía y Hacienda establezca un plazo especial atendiendo a las circunstancias que concurran en cada caso.

f)[73] La solicitud de inclusión en el Registro de extractores de depósitos fiscales de productos incluidos en los ámbitos objetivos de los Impuestos sobre el Alcohol y Bebidas Derivadas o sobre Hidrocarburos deberá presentarse con anterioridad al momento en el que se realicen las operaciones que determinan la obligación de inscripción.

Artículo 10 bis[74]. *Declaración de modificación en el Registro de operadores de plataforma extranjeros no cualificados.*

1. Cuando se modifique cualquiera de los datos recogidos en la declaración de alta o en cualquier otra declaración de modificación posterior, el «operador de plataforma obligado

desarrollo de las normas comunes de los procedimientos de aplicación de los tributos, aprobado por el Real Decreto 1065/2007, de 27 de julio, en transposición de la Directiva (UE) 2021/514 del Consejo de 22 de marzo de 2021 por la que se modifica la Directiva 2011/16/UE relativa a la cooperación administrativa en el ámbito de la fiscalidad, y otras normas tributarias (BOE núm. 27, de 31 de enero de 2024), en vigor desde el 1 de febrero de 2024.

73   Nueva letra f) incorporada por el art. 3. cuatro del Real Decreto 249/2023, de 4 de abril (BOE núm. 81, de 5 de abril 2023) en vigor desde el 25 de abril de 2023.

74   Nuevo art. 10.bis incorporado por la Disp. Final Primera Seis del Real Decreto 117/2024, de 30 de enero, por el que se desarrollan las normas y los procedimientos de diligencia debida en el ámbito del intercambio automático obligatorio de información comunicada por los operadores de plataformas, y se modifican el Reglamento General de las actuaciones y los procedimientos de gestión e inspección tributaria y de desarrollo de las normas comunes de los procedimientos de aplicación de los tributos, aprobado por el Real Decreto 1065/2007, de 27 de julio, en transposición de la Directiva (UE) 2021/514 del Consejo de 22 de marzo de 2021 por la que se modifica la Directiva 2011/16/UE relativa a la cooperación administrativa en el ámbito de la fiscalidad, y otras normas tributarias (BOE núm. 27, de 31 de enero de 2024), en vigor desde el 1 de febrero de 2024.

a comunicar información» a que se refiere el artículo 54 ter.3.b), primer párrafo, de este reglamento que, en su caso, haya optado por registrarse en España, deberá comunicar a la Administración tributaria, mediante la correspondiente declaración, dicha modificación.

2. La declaración deberá presentase en el plazo de un mes desde que se hayan producido los hechos que determinan su presentación.

Artículo 10 ter[75]**. *Declaración de modificación en el Registro de otros operadores de plataforma obligados a comunicar información.***

1. Cuando se modifique cualquiera de los datos recogidos en la declaración de alta o en cualquier otra declaración de modificación posterior, el «operador de plataforma obligado a comunicar información» a que se refiere el artículo 54 ter.3.a) de este reglamento deberá comunicar a la Administración tributaria, mediante la correspondiente declaración, dicha modificación.

2. La declaración deberá presentase en el plazo de un mes desde que se hayan producido los hechos que determinan su presentación.

Artículo 11. *Declaración de baja en el Censo de Empresarios, Profesionales y Retenedores.*

1. Quienes cesen en el desarrollo de todo tipo de actividades empresariales o profesionales o, no teniendo la condición de empresarios o profesionales, dejen de satisfacer rendimientos sujetos a retención o ingreso a cuenta deberán presentar la correspondiente declaración mediante la que comuniquen a la Administración tributaria tal circunstancia a efectos de su baja en el Censo de Empresarios, Profesionales y Retenedores.

Asimismo, las personas jurídicas que no desarrollen actividades empresariales o profesionales deberán presentar esta declaración a efectos de su baja en el Registro de operadores intracomunitarios cuando sus adquisiciones intracomunitarias de bienes deban resultar no sujetas de acuerdo con el artículo 14 de la Ley 37/1992, de 28 de diciembre, del Impuesto sobre el Valor Añadido.

2[76]**.** La declaración de baja deberá presentarse en el plazo de un mes desde que se cumplan las condiciones previstas en el apartado 1 de este artículo, sin perjuicio de que la persona o entidad afectada deba presentar las declaraciones y cumplir las obligaciones tributarias que le incumban y sin que a estos efectos deba darse de alta en el censo.

En los supuestos mencionados en los artículos 39 y 40 de la Ley 58/2003, del 17 de diciembre, General Tributaria, se informará de los datos relativos a la identificación de los sucesores en la declaración de baja.

---

[75] Nuevo art. 10.ter incorporado por la Disp. Final Primera Siete del Real Decreto 117/2024, de 30 de enero, por el que se desarrollan las normas y los procedimientos de diligencia debida en el ámbito del intercambio automático obligatorio de información comunicada por los operadores de plataformas, y se modifican el Reglamento General de las actuaciones y los procedimientos de gestión e inspección tributaria y de desarrollo de las normas comunes de los procedimientos de aplicación de los tributos, aprobado por el Real Decreto 1065/2007, de 27 de julio, en transposición de la Directiva (UE) 2021/514 del Consejo de 22 de marzo de 2021 por la que se modifica la Directiva 2011/16/UE relativa a la cooperación administrativa en el ámbito de la fiscalidad, y otras normas tributarias (BOE núm. 27, de 31 de enero de 2024), en vigor desde el 1 de febrero de 2024.

[76] Nueva redacción del art. 11.2 dada por el art. primero.dos del Real Decreto 1070/2017, de 29 de diciembre (BOE núm. 317, de 30 de diciembre de 201), en vigor desde el 1 de enero de 2018.

3. Cuando una sociedad o entidad se disuelva, la declaración de baja deberá ser presentada en el plazo de un mes desde que se haya realizado, en su caso, la cancelación efectiva de los correspondientes asientos en el Registro Mercantil.

Si no constaran dichos asientos, la Administración tributaria pondrá en conocimiento del Registro Mercantil la solicitud de baja para que este extienda una nota marginal en la hoja registral de la entidad. En lo sucesivo, el Registro comunicará a la Administración tributaria cualquier acto relativo a dicha entidad que se presente a inscripción.

Igualmente, cuando le constaran a la Administración tributaria datos suficientes sobre el cese de la actividad de una entidad, lo pondrá en conocimiento del Registro Mercantil, para que este, de oficio, proceda a extender una nota marginal con los mismos efectos que los previstos en el párrafo anterior.

4. En el caso de fallecimiento del obligado tributario, los herederos deberán presentar la declaración de baja correspondiente en el plazo de seis meses desde el fallecimiento. Igualmente quedarán obligados a comunicar en el mismo plazo la modificación de la titularidad de cuantos derechos y obligaciones con trascendencia tributaria permanecieran vigentes con terceros y a presentar, en su caso, la declaración o declaraciones de alta que sean procedentes.

Artículo 11 bis[77]. *Declaración de baja en el Registro de operadores de plataforma extranjeros no cualificados.*

1. El «operador de plataforma obligado a comunicar información» a que se refiere el artículo 54 ter.3.b), primer párrafo, de este reglamento que, en su caso, haya optado por registrarse en España y que deje de realizar cualquier tipo de actividad como «operador de plataforma» o que ya no cumpla las condiciones a que se refiere el artículo 54 ter.3.b), primer párrafo, de este reglamento deberá presentar la correspondiente declaración mediante la que comunique a la Administración tributaria tal circunstancia, a efectos de su baja en el Registro de operadores de plataforma extranjeros no cualificados.

2. La declaración de baja deberá presentarse en el plazo de un mes desde que se cumplan las condiciones previstas en el apartado anterior.

Artículo 11 ter[78]. *Declaración de baja en el Registro de otros operadores de plataforma obligados a comunicar información.*

1. El «operador de plataforma obligado a comunicar información» a que se refiere el artículo 54 ter.3.a) de este reglamento que deje de realizar cualquier tipo de actividad como

---

[77]   Nuevo art. 11.bis incorporado por la Disp. Final Primera Ocho del Real Decreto 117/2024, de 30 de enero, por el que se desarrollan las normas y los procedimientos de diligencia debida en el ámbito del intercambio automático obligatorio de información comunicada por los operadores de plataformas, y se modifican el Reglamento General de las actuaciones y los procedimientos de gestión e inspección tributaria y de desarrollo de las normas comunes de los procedimientos de aplicación de los tributos, aprobado por el Real Decreto 1065/2007, de 27 de julio, en transposición de la Directiva (UE) 2021/514 del Consejo de 22 de marzo de 2021 por la que se modifica la Directiva 2011/16/UE relativa a la cooperación administrativa en el ámbito de la fiscalidad, y otras normas tributarias (BOE núm. 27, de 31 de enero de 2024), en vigor desde el 1 de febrero de 2024.

[78]   Nuevo art. 11.ter incorporado por la Disp. Final Primera Nueve del Real Decreto 117/2024, de 30 de enero, por el que se desarrollan las normas y los procedimientos de diligencia debida en el ámbito del

«operador de plataforma» o que ya no cumpla las condiciones a que se refiere dicho precepto deberá presentar la correspondiente declaración mediante la que comunique a la Administración tributaria tal circunstancia, a efectos de su baja en el Registro de otros operadores de plataforma obligados a comunicar información.

2. La declaración de baja deberá presentarse en el plazo de un mes desde que se cumplan las condiciones previstas en el apartado anterior.

Artículo 12. *Especialidades en el alta y modificaciones en el Censo de Obligados Tributarios de las entidades a las que se asigne un número de identificación fiscal.*

1. La asignación a una entidad del número de identificación fiscal provisional previsto en el artículo 24 determinará su alta en el Censo de Obligados Tributarios y, siempre que se produzcan las circunstancias previstas en el artículo 3.2, su alta en el Censo de Empresarios, Profesionales y Retenedores.

2[79]. Las variaciones posteriores al alta censal, incluidas las relativas al inicio de la actividad, domicilio, nombre y apellidos o razón social o denominación completa y número de identificación fiscal de los socios o personas o entidades que la integren, se comunicarán mediante la declaración de modificación regulada en el artículo 10. No será necesario comunicar las variaciones relativas a los socios, miembros o partícipes de las entidades una vez que se inscriban en el registro correspondiente y obtengan el número de identificación fiscal definitivo.

No obstante, las entidades sin personalidad jurídica deberán comunicar las variaciones relativas a sus socios, comuneros o partícipes, aunque hayan obtenido un número de identificación fiscal definitivo, salvo que tengan la condición de comunidades de propietarios constituidas en régimen de propiedad horizontal y estén incluidas en el Censo de Empresarios, Profesionales y Retenedores.

Igualmente, las entidades a las que se refiere el artículo 4.2.l) deberán comunicar en el plazo de un mes desde la fecha de formalización de su transmisión las modificaciones que se hayan producido respecto de los datos consignados en las declaraciones anteriores, incluidos los relativos a los socios, miembros o partícipes.

En la declaración de baja se comunicarán los sucesores tal y como se establece en el artículo 11.2 de este reglamento.

---

intercambio automático obligatorio de información comunicada por los operadores de plataformas, y se modifican el Reglamento General de las actuaciones y los procedimientos de gestión e inspección tributaria y de desarrollo de las normas comunes de los procedimientos de aplicación de los tributos, aprobado por el Real Decreto 1065/2007, de 27 de julio, en transposición de la Directiva (UE) 2021/514 del Consejo de 22 de marzo de 2021 por la que se modifica la Directiva 2011/16/UE relativa a la cooperación administrativa en el ámbito de la fiscalidad, y otras normas tributarias (BOE núm. 27, de 31 de enero de 2024), en vigor desde el 1 de febrero de 2024.

[79]   Nueva redacción del art. 12.2 dada por el art. primero.tres del Real Decreto 1070/2017, de 29 de diciembre (BOE núm. 317, de 30 de diciembre de 201), en vigor desde el 1 de enero de 2018.
Redacción anterior dada por el artículo cuatro.dos del Real Decreto 1/2010, de 8 de enero (BOE núm. 16, de 19 de enero de 2010), en vigor desde el 20-01-2010.

3[80]**.** Las personas jurídicas y demás entidades deberán presentar copia de las escrituras o documentos que modifiquen los anteriormente vigentes, en el plazo de un mes desde la inscripción en el registro correspondiente o desde su otorgamiento si dicha inscripción no fuera necesaria, cuando las variaciones introducidas impliquen la presentación de una declaración censal de modificación o de baja.

Artículo 13. *Modelo de declaración, plazo y lugar de presentación.*

Las declaraciones censales de alta, modificación y baja, previstas en los artículos 9, 10 y 11, se presentarán en el lugar, forma y plazos que establezca el Ministro de Economía y Hacienda, salvo que el plazo esté establecido en este reglamento.

Artículo 14. *Exclusión de otras declaraciones censales.*

1[81]**.** La presentación de las declaraciones a que se refiere esta subsección producirá los efectos propios de la presentación de las declaraciones relativas al comienzo, modificación o cese en el ejercicio de las actividades económicas sujetas al Impuesto sobre el Valor Añadido y al Impuesto sobre Determinados Servicios Digitales.

2. La presentación de estas declaraciones censales sustituye a la presentación del parte de alta en el índice de entidades a efectos del Impuesto sobre Sociedades.

3. De igual forma, en relación con los sujetos pasivos que resulten exentos del Impuesto sobre Actividades Económicas, la presentación de las declaraciones censales reguladas en esta subsección sustituye a la presentación de las declaraciones específicas del Impuesto sobre Actividades Económicas.

4. La presentación de la solicitud de baja en el Censo de Empresarios, Profesionales y Retenedores, para los obligados tributarios incluidos en el registro territorial de los impuestos especiales de fabricación a que se refiere el artículo 40 del Reglamento de los Impuestos Especiales, aprobado por el Real Decreto 1165/1995, de 7 de julio, producirá los efectos propios de la solicitud de baja en el citado registro respecto de los establecimientos o actividades de que sean titulares dichos obligados tributarios.

Artículo 15[82]**.** *Sustitución de la declaración de alta por el Documento Único Electrónico.*

Las declaraciones censales de alta, modificación y baja previstas en los artículos 9, 10 y 11, respectivamente, de este Reglamento que deban realizar las personas o entidades para el desarrollo de su actividad económica, podrán realizarse mediante el Documento Único Electrónico (DUE), de acuerdo con lo previsto en la Ley 14/2013, de 27 de septiembre, de Apoyo a los Emprendedores y su Internacionalización, en aquellos casos en que la normativa autorice su uso, sin perjuicio de la presentación posterior de las declaraciones censales que

---

[80]   Nueva redacción del art. 12.3 dada por el art. primero.tres del Real Decreto 1070/2017, de 29 de diciembre (BOE núm. 317, de 30 de diciembre de 201), en vigor desde el 1 de enero de 2018.

[81]   Nueva redacción del art. 14.1 dada por la Disp. Final primera.cuatro del Real Decreto 400/2021, de 8 de junio (BOE núm. 137, de 9 de junio de 2021), en vigor desde el día 10 de junio de 2021.

[82]   Nueva redacción del art. 15 dada por el art. primero.cuatro del Real Decreto 1070/2017, de 29 de diciembre (BOE núm. 317, de 30 de diciembre de 201), en vigor desde el 1 de enero de 2018.
Redacción anterior del art. 15 dada por el artículo cuatro.tres del Real Decreto 1/2010, de 8 de enero (BOE núm. 16, de 19 de enero de 2010), en vigor desde el 20-01-2010.

correspondan, en la medida en que varíe o deba ampliarse la información y circunstancias comunicadas mediante dicho Documento Único Electrónico.

Subsección 3.ª Actuaciones de gestión censal en el ámbito de competencias del Estado

Artículo 16. *Gestión de las declaraciones censales.*

1. Corresponde a la Agencia Estatal de Administración Tributaria la formación y el mantenimiento de los censos y registros definidos en el artículo 3. A tal efecto, podrá realizar las altas, bajas y modificaciones correspondientes de acuerdo con lo dispuesto en los artículos 144 a 146, ambos inclusive.

2. Para facilitar la gestión de los censos regulados en esta sección, la Administración pública competente para asignar el número que constituya el número de identificación fiscal comunicará con periodicidad, al menos, trimestral a la Agencia Estatal de Administración Tributaria el nombre y apellidos, sexo, fecha y lugar de nacimiento, número de identificación fiscal y, en su caso, domicilio en España de las personas a las que asigne dicho número y el número de pasaporte.

CAPÍTULO II. Obligaciones relativas al domicilio fiscal

Artículo 17. *Obligación de comunicar el cambio de domicilio fiscal.*

1. Las personas físicas que deban estar en el Censo de Empresarios, Profesionales y Retenedores, así como las personas jurídicas y demás entidades deberán cumplir la obligación de comunicar el cambio de domicilio fiscal, establecida en el artículo 48.3 de la Ley 58/2003, de 17 de diciembre, General Tributaria, en el plazo de un mes a partir del momento en que produzca dicho cambio.

En el ámbito de competencias del Estado dicha comunicación deberá efectuarse mediante la presentación de la declaración censal de modificación regulada en el artículo 10 de este reglamento.

2. Tratándose de personas físicas que no deban figurar en el Censo de Empresarios, Profesionales y Retenedores, la comunicación del cambio de domicilio se deberá efectuar en el plazo de tres meses desde que se produzca mediante el modelo de declaración que se apruebe, salvo lo dispuesto en el párrafo siguiente.

En el ámbito de competencias del Estado, la comunicación del cambio de domicilio deberá efectuarse de acuerdo con lo previsto en el párrafo anterior. No obstante, si con anterioridad al vencimiento de dicho plazo finalizase el de presentación de la autoliquidación o comunicación de datos correspondiente a la imposición personal que el obligado tributario tuviera que presentar después del cambio de domicilio, la comunicación deberá efectuarse en el correspondiente modelo de autoliquidación o comunicación de datos, salvo que se hubiese efectuado con anterioridad.

3. La comunicación del nuevo domicilio fiscal surtirá plenos efectos desde su presentación respecto a la Administración tributaria a la que se le hubiese comunicado, sin perjuicio de lo dispuesto en el artículo 59 de este reglamento a efectos de la atribución de competencias entre órganos de la Administración tributaria.

4. La comunicación del cambio del domicilio fiscal a la Administración tributaria del Estado producirá efectos respecto de las Administraciones tributarias de las Comunidades Autónomas y Ciudades con Estatuto de Autonomía sólo desde el momento en que estas últimas tengan conocimiento del mismo, a cuyo efecto aquella deberá efectuar la correspondiente comunicación según lo dispuesto en el artículo 2.3 de este reglamento.

CAPÍTULO III. Obligaciones relativas al número de identificación fiscal[83]

SECCIÓN 1.ª *Normas generales*

Artículo 18[84]**. *Obligación de disponer de un número de identificación fiscal y forma de acreditación.***

1. Las personas físicas y jurídicas, así como los obligados tributarios a que se refiere el artículo 35.4 de la Ley 58/2003, de 17 de diciembre, General Tributaria, tendrán un número de identificación fiscal para sus relaciones de naturaleza o con trascendencia tributaria.

2. El número de identificación fiscal podrá acreditarse por su titular mediante la exhibición del documento expedido para su constancia por la Administración tributaria, del documento nacional de identidad o del documento oficial en que se asigne el número personal de identificación de extranjero.

3. El cumplimiento de lo dispuesto en los apartados anteriores no exime de la obligación de disponer de otros códigos o claves de identificación adicionales según lo que establezca la normativa propia de cada tributo.

SECCIÓN 2.ª *Asignación del número de identificación fiscal a las personas físicas*

Artículo 19. *El número de identificación fiscal de las personas físicas de nacionalidad española.*

1. Para las personas físicas de nacionalidad española, el número de identificación fiscal será el número de su documento nacional de identidad seguido del correspondiente código o carácter de verificación, constituido por una letra mayúscula que habrá de constar en el propio documento nacional de identidad, de acuerdo con sus disposiciones reguladoras.

2. Los españoles que realicen o participen en operaciones de naturaleza o con trascendencia tributaria y no estén obligados a obtener el documento nacional de identidad por residir en el extranjero o por ser menores de 14 años, deberán obtener un número de identificación fiscal propio. Para ello, podrán solicitar el documento nacional de identidad con carácter voluntario o solicitar de la Administración tributaria la asignación de un número de identificación fiscal. Este último estará integrado por nueve caracteres con la siguiente composición: una letra inicial destinada a indicar la naturaleza de este número, que será la L para los españoles residentes en el extranjero y la K para los españoles que, residiendo en España, sean menores de 14 años; siete caracteres alfanuméricos y un carácter de verificación alfabético.

En el caso de que no lo soliciten, la Administración tributaria podrá proceder de oficio a darles de alta en el Censo de Obligados Tributarios y a asignarles el número de identificación fiscal que corresponda.

---

[83]　Disp. adic sexta (Número de identificación fiscal) de la LGT (§1).
[84]　Art. 3 (Formación de los censos tributarios…) de este RGGI (§2).

3. Para la identificación de los menores de 14 años en sus relaciones de naturaleza o con trascendencia tributaria habrán de figurar tanto los datos de la persona menor de 14 años, incluido su número de identificación fiscal, como los de su representante legal.

Artículo 20. *El número de identificación fiscal de las personas físicas de nacionalidad extranjera.*

1. Para las personas físicas que carezcan de la nacionalidad española, el número de identificación fiscal será el número de identidad de extranjero que se les asigne o se les facilite de acuerdo con la Ley Orgánica 4/2000, de 11 de enero, sobre derechos y libertades de los extranjeros en España y su integración social, y su normativa de desarrollo.

2. Las personas físicas que carezcan de la nacionalidad española y no dispongan del número de identidad de extranjero, bien de forma transitoria por estar obligados a tenerlo o bien de forma definitiva al no estar obligados a ello, deberán solicitar a la Administración tributaria la asignación de un número de identificación fiscal cuando vayan a realizar operaciones de naturaleza o con trascendencia tributaria. Dicho número estará integrado por nueve caracteres con la siguiente composición: una letra inicial, que será la M, destinada a indicar la naturaleza de este número, siete caracteres alfanuméricos y un carácter de verificación alfabético.

En el caso de que no lo soliciten, la Administración tributaria podrá proceder de oficio a darles de alta en el Censo de Obligados Tributarios y a asignarles el número de identificación fiscal que corresponda.

Artículo 21. *Normas sobre la asignación del número de identificación fiscal a personas físicas nacionales y extranjeras por la Administración tributaria.*

1. El número de identificación fiscal asignado directamente por la Administración tributaria de acuerdo con los artículos 19 y 20 tendrá validez en tanto su titular no obtenga el documento nacional de identidad o su número de identidad de extranjero.

Quienes disponiendo de número de identificación fiscal obtengan posteriormente el documento nacional de identidad o un número de identidad de extranjero deberán comunicar en un plazo de dos meses esta circunstancia a la Administración tributaria y a las demás personas o entidades ante las que deba constar su nuevo número de identificación fiscal. El anterior número de identificación fiscal surtirá efectos hasta la fecha de comunicación del nuevo.

2. Cuando se trate de personas físicas que no tengan nacionalidad española, el órgano de la Agencia Estatal de Administración Tributaria que se determine en sus normas de organización específica, podrá recibir y trasladar directamente al Ministerio del Interior la solicitud de asignación de un número de identidad de extranjero.

3[85]**.** Cuando se detecte que una persona física dispone simultáneamente de un número de identificación fiscal asignado por la Administración tributaria y de un documento nacional de identidad o un número de identidad de extranjero, prevalecerá este último. La Administración tributaria deberá notificar al interesado la pérdida de validez del número de identificación fiscal previamente asignado de acuerdo con lo dispuesto en el apartado 1 de este artículo, y

---

[85] Nueva redacción del art. 21.3 dada por art. 1.uno del Real Decreto 1615/2011, de 14 de noviembre (BOE núm. 285, de 26 de noviembre de 2011), con entrada en vigor el 27 de noviembre de 2011.

pondrá en su conocimiento la obligación de comunicar su número válido a todas las personas o entidades a las que deba constar dicho número por razón de sus operaciones.

SECCIÓN 3.ª *Asignación del número de identificación fiscal a las personas jurídicas y entidades sin personalidad jurídica*

Artículo 22. *El número de identificación fiscal de las personas jurídicas y entidades sin personalidad jurídica.*

1. La Administración Tributaria asignará a las personas jurídicas y entidades sin personalidad jurídica un número de identificación fiscal que las identifique, y que será invariable cualesquiera que sean las modificaciones que experimenten aquellas, salvo que cambie su forma jurídica o nacionalidad.

En los términos que establezca el Ministro de Economía y Hacienda[86], la composición del número de identificación fiscal de las personas jurídicas y entidades sin personalidad jurídica incluirá:

a) Información sobre la forma jurídica, si se trata de una entidad española, o, en su caso, el carácter de entidad extranjera o de establecimiento permanente de una entidad no residente en España.

b) Un número aleatorio.

c) Un carácter de control.

2. Cuando una persona jurídica o entidad no residente opere en territorio español mediante establecimientos permanentes que realicen actividades claramente diferenciadas y cuya gestión se lleve de modo separado, cada establecimiento permanente deberá solicitar un número de identificación fiscal distinto del asignado, en su caso, a la persona o entidad no residente.

3. Las distintas Administraciones públicas y los organismos o entidades con personalidad jurídica propia dependientes de cualquiera de aquellas, podrán disponer de un número de identificación fiscal para cada uno de los sectores de su actividad empresarial o profesional, así como para cada uno de sus departamentos, consejerías, dependencias u órganos superiores, con capacidad gestora propia.

4. Asimismo, podrán disponer de número de identificación fiscal cuando así lo soliciten:

a) Los centros docentes de titularidad pública.

b) Los centros sanitarios o asistenciales de titularidad pública.

c) Los órganos de gobierno y los centros sanitarios o asistenciales de la Cruz Roja Española.

d) Los registros públicos.

e) Los juzgados, tribunales y salas de los tribunales de justicia.

f) Los boletines oficiales cuando no tenga personalidad jurídica propia.

---

[86] Orden EHA/451/2008, de 20 de febrero, por la que se regula la composición del número de identificación fiscal de las personas jurídicas y entidades sin personalidad jurídica (BOE núm. 49, de 26 de febrero de 2008)

5. Las entidades eclesiásticas que tengan personalidad jurídica propia tendrán un número de identificación fiscal aunque estén integradas, a efectos del Impuesto sobre Sociedades, en un sujeto pasivo cuyo ámbito sea una diócesis o una provincia religiosa.

Artículo 23. *Solicitud del número de identificación fiscal de las personas jurídicas y entidades sin personalidad jurídica.*

1. Las personas jurídicas o entidades sin personalidad jurídica que vayan a ser titulares de relaciones de naturaleza o con trascendencia tributaria deberán solicitar la asignación de un número de identificación fiscal.

En el caso de que no lo soliciten, la Administración tributaria podrá proceder de oficio a darles de alta en el Censo de Obligados Tributarios y a asignarles el número de identificación fiscal que corresponda.

2. Cuando se trate de personas jurídicas o entidades sin personalidad jurídica que vayan a realizar actividades empresariales o profesionales, deberán solicitar su número de identificación fiscal antes de la realización de cualquier entrega, prestación o adquisición de bienes o servicios, de la percepción de cobros o del abono de pagos, o de la contratación de personal laboral, efectuados para el desarrollo de su actividad. En todo caso, la solicitud se formulará dentro del mes siguiente a la fecha de su constitución o de su establecimiento en territorio español.

3. La solicitud se efectuará mediante la presentación de la oportuna declaración censal de alta regulada en el artículo 9, en la que se harán constar las circunstancias previstas en sus apartados 2 y 3 en la medida en que se produzcan o sean conocidas en el momento de la presentación de la declaración.

4. La solicitud de asignación del número de identificación fiscal en los supuestos recogidos en el artículo 22.3 y 4 deberá dirigirse al órgano de la Agencia Estatal de Administración Tributaria que se determine en sus normas de organización específica, por la entidad con personalidad jurídica propia interesada o por un departamento ministerial o consejería de una comunidad autónoma. En el escrito de solicitud se indicarán los sectores, órganos o centros para los que se solicita un número de identificación fiscal propio y las razones que motivan la petición.

Estimada la petición, el órgano competente de la Agencia Estatal de Administración Tributaria procederá a asignar el número de identificación fiscal.

Artículo 24. *Asignación del número de identificación fiscal de las personas jurídicas y entidades sin personalidad.*

1. La Agencia Estatal de Administración Tributaria asignará el número de identificación fiscal en el plazo de 10 días.

La Administración tributaria podrá comprobar la veracidad de los datos comunicados por los interesados en sus solicitudes de número de identificación fiscal provisional o definitivo de acuerdo con lo previsto en el artículo 144.1 y 2. Cuando de la comprobación resultara que los datos no son veraces, la Administración tributaria, previa audiencia a los interesados por un plazo de 10 días, contados a partir del día siguiente al de la notificación de la apertura de dicho plazo, podrá denegar la asignación de dicho número.

2. El número de identificación fiscal de las personas jurídicas y entidades sin personalidad tendrá carácter provisional mientras la entidad interesada no haya aportado copia de la escritura pública o documento fehaciente de su constitución y de los estatutos sociales o documento equivalente, así como certificación de su inscripción, cuando proceda, en un registro público.

El número de identificación fiscal, provisional o definitivo, no se asignará a las personas jurídicas o entidades que no aporten, al menos, un documento debidamente firmado en el que los otorgantes manifiesten su acuerdo de voluntades para la constitución de la persona jurídica o entidad u otro documento que acredite situaciones de cotitularidad.

El firmante de la declaración censal de solicitud deberá acreditar que actúa en representación de la persona jurídica, entidad sin personalidad o colectivo que se compromete a su creación.

3[87]. Cuando se asigna un número de identificación fiscal provisional, la entidad quedará obligada a la aportación de la documentación pendiente necesaria para la asignación del número de identificación fiscal definitivo en el plazo de un mes desde la inscripción en el registro público correspondiente o desde el otorgamiento de las escrituras públicas o documentos fehacientes de su constitución y de los estatutos sociales o documentos equivalentes de su constitución, cuando no fuera necesaria la inscripción de los mismos en el registro correspondiente.

Trascurrido el plazo al que se refiere el párrafo anterior, o vencido el plazo de seis meses desde la asignación de un número de identificación fiscal provisional, sin que se haya aportado la documentación pendiente, la Administración tributaria podrá requerir su aportación otorgando un plazo máximo de 10 días, contados a partir del día siguiente al de la notificación del requerimiento, para su presentación o para que se justifiquen los motivos que la imposibiliten, con indicación del plazo necesario para su aportación definitiva.

La falta de atención en tiempo y forma del requerimiento para la aportación de la documentación pendiente podrá determinar, previa audiencia al interesado, la revocación del número de identificación asignado, en los términos a que se refiere el artículo 147.

4. Para solicitar el número de identificación fiscal definitivo se deberá presentar la declaración censal de modificación, en la que se harán constar, en su caso, todas las modificaciones que se hayan producido respecto de los datos consignados en la declaración presentada para solicitar el número de identificación fiscal provisional que todavía no hayan sido comunicados a la Administración en anteriores declaraciones censales de modificación, y a la que se acompañará la documentación pendiente.

Cumplida esta obligación, se asignará el número de identificación fiscal definitivo.

5. La Administración tributaria podrá exigir una traducción al castellano o a otra lengua oficial en España de la documentación aportada para la asignación del número de identificación fiscal cuando aquella esté redactada en lengua no oficial.

6. La Agencia Estatal de Administración Tributaria podrá suscribir convenios con los organismos, instituciones o personas que intervienen en el proceso de creación de entidades para facilitar la comunicación del número de identificación fiscal, provisional o definitivo, asignado. Cuando en virtud de lo dispuesto en un convenio, la Agencia Estatal de Adminis-

---

[87] Nueva redacción del art. 24.3 dada por el art. primero.cinco del Real Decreto 1070/2017, de 29 de diciembre, por el que se modifican el Reglamento General de las actuaciones y los procedimientos de gestión e inspección (BOE núm. 317, de 30 de diciembre de 2017), en vigor desde el 1 de enero de 2018.

tración Tributaria tenga conocimiento por medio de organismos, instituciones o personas de la información necesaria para asignar a una entidad el número de identificación fiscal, podrá exonerar a la entidad de presentar una declaración censal para solicitar la asignación de dicho número, sin perjuicio de la obligación que incumbe a la entidad de comunicar las modificaciones que se hayan producido respecto de la información que haya hecho constar en las declaraciones censales que haya presentado con anterioridad.

SECCIÓN 4.ª *Especialidades del número de identificación fiscal de los empresarios o profesionales a efectos del Impuesto sobre el Valor Añadido*

Artículo 25. *Especialidades del número de identificación fiscal de los empresarios o profesionales a efectos del Impuesto sobre el Valor Añadido.*

1. A efectos del Impuesto sobre el Valor Añadido, para las personas o entidades que realicen operaciones intracomunitarias a las que se refiere el apartado 2, el número de identificación será el definido de acuerdo con lo establecido en este reglamento, al que se antepondrá el prefijo ES, conforme al estándar internacional código ISO-3166 alfa 2.

Dicho número se asignará cuando se solicite por el interesado la inclusión en el Registro de operadores intracomunitarios, en la forma prevista para la declaración de alta o modificación de datos censales. La Agencia Estatal de Administración Tributaria podrá denegar la asignación de este número en los supuestos comprendidos en los artículo 24.1 y 146.1.b) de este reglamento. Si la Agencia Estatal de Administración Tributaria no hubiera resuelto en un plazo de tres meses, podrá considerarse denegada la asignación del número solicitado.

2[88]**.** El número de identificación fiscal definido en el apartado anterior se asignará a las siguientes personas o entidades:

a) Los empresarios o profesionales que realicen entregas de bienes o adquisiciones intracomunitarias de bienes sujetas al citado impuesto, incluso si los bienes objeto de dichas adquisiciones intracomunitarias se utilizan en la realización de actividades empresariales o profesionales en el extranjero.

b) Los empresarios o profesionales que sean destinatarios de servicios prestados por empresarios o profesionales no establecidos en el territorio de aplicación del Impuesto sobre el Valor Añadido respecto de los cuales sean sujetos pasivos.

c) Los empresarios o profesionales que presten servicios que, conforme a las reglas de localización, se entiendan realizados en el territorio de otro Estado miembro cuando el sujeto pasivo sea el destinatario de los mismos

d) Las personas jurídicas que no actúen como empresarios o profesionales, cuando las adquisiciones intracomunitarias de bienes que efectúen estén sujetas al Impuesto sobre el Valor Añadido, de acuerdo con lo dispuesto en los artículos 13.1.º y 14 de la Ley reguladora del mismo.

3. No obstante lo dispuesto en el apartado 2 anterior, no se asignará el número de identificación específico a efectos del Impuesto sobre el Valor Añadido, a las siguientes personas o entidades:

---

[88]   Nueva redacción del art. 25.2. dada por el art. segundo tres del Real Decreto 192/2010, de 26 de febrero (BOE núm. 53, de 23 de marzo de 2010), en vigor desde el 3-III-2010.

a) Los sujetos pasivos que realicen exclusivamente operaciones que no atribuyan el derecho a la deducción total o parcial del impuesto o que realicen exclusivamente actividades a las que sea aplicable el régimen especial de la agricultura, ganadería y pesca o las personas jurídicas que no actúen como empresarios o profesionales, cuando las adquisiciones intracomunitarias de bienes efectuadas por dichas personas no estén sujetas al Impuesto sobre el Valor Añadido en virtud de lo dispuesto en el artículo 14 de la ley de dicho impuesto.

b) Las indicadas en la letra anterior y las que no actúen como empresarios o profesionales, cuando realicen adquisiciones intracomunitarias de medios de transporte nuevos.

c) Las comprendidas en el artículo 5.uno.e) de la Ley 37/1992, de 28 de diciembre, del Impuesto sobre el Valor Añadido.

d) Los empresarios o profesionales no establecidos en el territorio de aplicación del Impuesto sobre el Valor Añadido, que realicen en dicho territorio exclusivamente operaciones por las cuales no sean sujetos pasivos, de acuerdo con lo dispuesto en el artículo 84.uno, números 2.º, 3.º y 4.º de la ley reguladora de dicho impuesto.

e) Los empresarios o profesionales no establecidos en el territorio de aplicación del Impuesto sobre el Valor Añadido que realicen en el mismo exclusivamente las adquisiciones intracomunitarias de bienes y entregas subsiguientes a las que se refiere el artículo 26.tres de la ley de dicho impuesto.

4. Las personas o entidades que entreguen bienes o efectúen prestaciones de servicios que se localicen en otros Estados miembros podrán solicitar a la Administración tributaria la confirmación del número de identificación fiscal atribuido por cualquier Estado miembro de la Comunidad Europea a los destinatarios de dichas operaciones.

5. Los empresarios o profesionales que realicen entregas de bienes con destino a otros Estados miembros o que efectúen prestaciones de servicios que se localicen en otros Estados miembros, podrán solicitar a la Agencia Estatal de Administración Tributaria la confirmación del número de identificación fiscal atribuido por cualquiera de dichos Estados a los destinatarios de las citadas operaciones.

SECCIÓN 5.ª *Utilización del número de identificación fiscal*

Artículo 26. *Utilización del número de identificación fiscal ante la Administración tributaria.*
1. De acuerdo con lo previsto en la disposición adicional sexta de la Ley 58/2003, de 17 de diciembre, General Tributaria, los obligados tributarios deberán incluir su número de identificación fiscal en todas las autoliquidaciones, declaraciones, comunicaciones o escritos que presenten ante la Administración tributaria. En caso de no disponer de dicho número deberán solicitar su asignación de acuerdo con lo previsto en los artículos 19, 20 y 23 de este reglamento.

La Administración tributaria podrá admitir la presentación de autoliquidaciones, declaraciones, comunicaciones o escritos en los que no conste el número de identificación fiscal.

Cuando el obligado tributario carezca de número de identificación fiscal, la tramitación quedará condicionada a la aportación del correspondiente número. Transcurridos 10 días desde la presentación sin que se haya acreditado la solicitud del número de identificación fiscal se podrá tener por no presentada la autoliquidación, declaración, comunicación o escrito, previa resolución administrativa que así lo declare.

2. Los obligados tributarios deberán incluir el número de identificación fiscal de las personas o entidades con las que realicen operaciones de naturaleza o con trascendencia tributaria en las autoliquidaciones, declaraciones, comunicaciones o escritos que presenten ante la Administración tributaria de acuerdo con lo dispuesto en este reglamento o en otras disposiciones.

A efectos de lo dispuesto en este apartado, los obligados tributarios podrán exigir de las personas o entidades con las que realicen operaciones de naturaleza o con trascendencia tributaria que les comuniquen su número de identificación fiscal. Dichas personas o entidades deberán facilitarlo y, en su caso, acreditarlo, de acuerdo con lo dispuesto en el artículo 18 de este reglamento.

Artículo 27. *Utilización del número de identificación fiscal en operaciones con trascendencia tributaria.*

1. De acuerdo con lo previsto en la disposición adicional sexta de la Ley 58/2003, de 17 de diciembre, General Tributaria, los obligados tributarios deberán incluir su número de identificación fiscal en todos los documentos de naturaleza o con trascendencia tributaria que expidan como consecuencia del desarrollo de su actividad, y deberán comunicarlo a otros obligados de acuerdo con lo previsto en este reglamento o en otras disposiciones. En caso de no disponer de dicho número deberán solicitar su asignación de acuerdo con lo dispuesto en los artículos 19, 20 y 23 de este reglamento.

Asimismo, los obligados tributarios deberán incluir en dichos documentos el número de identificación fiscal de las personas o entidades con las que realicen operaciones de naturaleza o con trascendencia tributaria, de acuerdo con lo dispuesto en este reglamento o en otras disposiciones.

2. En particular, deberá incluirse o comunicarse el número de identificación fiscal en las siguientes operaciones con trascendencia tributaria:

a) Cuando se perciban o paguen rendimientos del trabajo, satisfechos desde establecimientos radicados en España, o del capital mobiliario, abonados en territorio español o procedentes de bienes o valores situados o anotados en dicho territorio. En estos casos, se deberá comunicar el número de identificación fiscal al pagador o perceptor de los referidos rendimientos.

Se entenderán, en particular, situados o anotados en territorio español aquellos valores o activos financieros cuyo depósito, gestión, administración o registro contable se hallen encomendados a una persona o entidad o a un establecimiento de la misma radicados en España.

b)[89] Cuando se pretenda adquirir o transmitir valores representados por medio de títulos o anotaciones en cuenta y situados en España. En estos casos, las personas o entidades que pretendan la adquisición o transmisión deberán comunicar, al tiempo de dar la orden correspondiente, su número de identificación fiscal a la entidad emisora o intermediarios financieros respectivos, que no atenderán aquella hasta el cumplimiento de esta obligación, de acuerdo con el artículo 109 de la Ley 24/1988, de 28 de julio, del Mercado de Valores.

---

[89]   Nueva redacción de la letra b) dada por el art. único.uno del Real Decreto 1145/2011, de 29 de julio (BOE núm. 182, de 30 de julio de 2011), con efectos desde el día siguiente a su publicación.

Así mismo, el número de identificación fiscal del adquirente deberá figurar en las certificaciones acreditativas de la adquisición de activos financieros con rendimiento implícito.

Lo dispuesto en este apartado no será de aplicación a las adquisiciones o transmisiones de valores que se realicen a través de las cuentas a las que se refiere el artículo 28.7 de este Reglamento

c) Cuando se formalicen actos o contratos ante notario que tengan por objeto la declaración, constitución, adquisición, transmisión, modificación o extinción del dominio y los demás derechos reales sobre bienes inmuebles o cualquier otro acto o contrato con trascendencia tributaria. En estos casos, se deberá incluir en las escrituras o documentos el número de identificación fiscal de las personas o entidades que comparezcan y los de las personas en cuya representación actúen.

Cuando se incumpla esta obligación los notarios deberán presentar a la Administración tributaria la declaración informativa regulada en el artículo 51.

d) Cuando se contrate cualquier operación de seguro o financiera con entidades aseguradoras españolas o que operen en España en régimen de derecho de establecimiento o mediante sucursal o en régimen de libre prestación de servicios. En estos casos, las personas o entidades que figuren como asegurados o perciban las correspondientes indemnizaciones o prestaciones deberán comunicar su número de identificación fiscal a la entidad aseguradora con quien operen. Dicho número deberá figurar en la póliza o documento que sirva para recoger estas operaciones.

Se exceptúan los contratos de seguro en el ramo de accidentes con una duración temporal no superior a tres meses.

La Agencia Estatal de Administración Tributaria podrá exceptuar otras operaciones con entidades aseguradoras de este deber de identificación, cuando constituyan contratos de seguro ajenos al ramo de vida y con duración temporal.

e)[90] Cuando se realicen contribuciones o aportaciones a planes de pensiones o se perciban las correspondientes prestaciones. En estos casos, se deberá comunicar el número de identificación fiscal a las entidades gestoras de los fondos de pensiones a los que dichos planes se hallen adscritos o a los fondos de pensiones domiciliados en otro Estado miembro de la Unión Europea que desarrollen en España planes de pensiones de empleo sujetos a la legislación española o, en su caso, a sus entidades gestoras, y deberá figurar aquel en los documentos en los que se formalicen las obligaciones de contribuir y el reconocimiento de prestaciones.

f)[91] Cuando se realicen operaciones de suscripción, adquisición, reembolso o transmisión de acciones o participaciones de instituciones de inversión colectiva españolas o que se comercialicen en España conforme a la Ley 35/2003, de 4 de noviembre, de Instituciones de Inversión Colectiva. En estos casos, las personas o entidades que realicen estas operaciones deberán comunicar su número de identificación fiscal a las entidades gestoras españolas o que operen en España mediante sucursal o en régimen de libre prestación de servicios, o en

---

[90]   Nueva redacción del art. 27.2.e) dada por el art. primero.seis del Real Decreto 1070/2017, de 29 de diciembre (BOE núm. 317, de 30 de diciembre de 201), en vigor desde el 1 de enero de 2018.

[91]   Nueva redacción de la letra f) dada por el art. único.uno del Real Decreto 1145/2011, de 29 de julio (BOE núm. 182, de 30 de julio de 2011), con efectos desde el día siguiente a su publicación.

su defecto, a las sociedades de inversión o entidades comercializadores. El número de identificación fiscal deberá figurar en los documentos relativos a dichas operaciones.

Lo dispuesto en este apartado no será de aplicación a las operaciones que se realicen a través de las cuentas a las que se refiere el artículo 28.7 de este Reglamento

3. A efectos de lo dispuesto en este artículo, los obligados tributarios podrán exigir de las personas o entidades con las que realicen operaciones de naturaleza o con trascendencia tributaria que les comuniquen su número de identificación fiscal. Dichas personas o entidades deberán facilitarlo y, en su caso, acreditarlo, de acuerdo con lo dispuesto en el artículo 18.

Artículo 28. *Utilización del número de identificación fiscal en las operaciones con entidades de crédito.*

1. Las personas o entidades que realicen operaciones con entidades de crédito españolas o que operen en España mediante sucursal o en régimen de libre prestación de servicios, deberán comunicarles su número de identificación fiscal de acuerdo con lo previsto en la disposición adicional sexta de la Ley 58/2003, de 17 de diciembre, General Tributaria, y en este artículo.

2. No será necesario comunicar el número de identificación fiscal a las entidades de crédito en las operaciones de cambio de moneda y compra de cheques de viaje por importe inferior a 3.000 euros, por quien acredite su condición de no residente en el momento de la realización de la operación.

3. Podrá constituirse un depósito o abrirse una cuenta en una entidad de crédito sin acreditar el número de identificación fiscal en el momento de la constitución. La comunicación del número de identificación fiscal deberá efectuarse en el plazo de 15 días, sin que pueda realizarse ningún movimiento hasta que se aporte.

La entidad de crédito podrá iniciar los cargos o abonos en las cuentas o depósitos afectados o cancelarlos desde el momento en que todos los titulares de aquellos faciliten su número de identificación fiscal.

En los supuestos previstos en el artículo 40 de este reglamento, las entidades de crédito deberán comunicar a la Administración tributaria la información a que se refiere dicho artículo.

4. A efectos de lo previsto en el apartado 3 de la disposición adicional sexta de la Ley 58/2003, de 17 de diciembre, General Tributaria, las entidades de crédito deberán dejar constancia de los datos a que se refiere dicho apartado en las matrices o duplicados de los cheques librados y en el reverso de los cheques abonados. En su defecto, deberán dejar constancia en los registros auxiliares, contables o de cualquier otro tipo, utilizados para controlar estas operaciones de forma que se permita su posterior comprobación.

Asimismo, las entidades de crédito deberán comunicar a la Administración tributaria la información a que se refiere el artículo 41 de este reglamento.

5. En las cuentas o depósitos a nombre de menores de edad o incapacitados, así como en los cheques en los que los tomadores o tenedores sean menores de edad o incapacitados, se consignará su número de identificación fiscal, así como el de las personas que tengan su representación legal.

6. En las cuentas o depósitos a nombre de varios titulares, autorizados o beneficiarios deberá constar el número de identificación fiscal de todos ellos.

7[92]**.** Quedan exceptuadas del régimen de identificación previsto en este artículo las cuentas en euros y en divisas, sean cuentas de activo, de pasivo o de valores, a nombre de personas físicas o entidades que hayan acreditado la condición de no residentes en España. Esta excepción no se aplicará a las cuentas cuyos rendimientos se satisfagan a un establecimiento de su titular situado en España.

8. Cuando los tomadores o tenedores de los cheques, en los supuestos previstos en el apartado 3 de la disposición adicional sexta de la Ley 58/2003, de 17 de diciembre, General Tributaria, sean personas físicas o entidades que declaren ser no residentes en España, el número de identificación fiscal podrá sustituirse por el número de pasaporte o número de identidad válido en su país de origen.

9[93]**.** La condición de no residente, a los exclusivos efectos previstos en los supuestos a que se refieren los apartados 2, 7 y 8 anteriores, podrá acreditarse ante la entidad que corresponda a través de un certificado de residencia fiscal expedido por las autoridades fiscales del país de residencia o bien mediante una declaración de residencia fiscal ajustada al modelo y condiciones que apruebe el Ministro de Economía y Hacienda

CAPÍTULO IV. Obligaciones relativas a los libros registros fiscales

Artículo 29. *Obligación de llevar y conservar los libros registro de carácter fiscal.*

1[94]**.** Cuando la normativa tributaria lo prevea, los obligados tributarios deberán llevar y conservar de forma correcta los libros registro que se establezcan. Igualmente, dicha normativa determinará los casos en los que la aportación o llevanza de los libros registro se deba efectuar de forma periódica y por medios telemáticos.

Los libros registro deberán conservarse en el domicilio fiscal del obligado tributario, salvo lo dispuesto en la normativa tributaria.

2. Las operaciones que hayan de ser objeto de anotación registral deberán asentarse en los correspondientes registros en el plazo de tres meses a partir del momento de realización de la operación o de la recepción del documento justificativo o, en todo caso, antes de que finalice el plazo establecido para presentar la correspondiente declaración, autoliquidación o comunicación, salvo lo dispuesto en la normativa propia de cada tributo.

3. Los libros o registros contables, incluidos los de carácter informático o electrónico que, en cumplimiento de sus obligaciones contables, deban llevar los obligados tributarios, podrán ser utilizados como libros registro de carácter fiscal, siempre que se ajusten a los requisitos que se establecen en este reglamento y en la normativa específica de los distintos tributos.

---

[92]   Nueva redacción del núm. 7 dada por el art. único.dos del Real Decreto 1145/2011, de 29 de julio (BOE núm. 182, de 30 de julio de 2011), con efectos desde el día siguiente a su publicación.

[93]   Nuevo apartado 9 incorporado por el art. único.dos del Real Decreto 1145/2011, de 29 de julio (BOE núm. 182, de 30 de julio de 2011), con efectos desde el día siguiente a su publicación.
    Orden EHA/3496/2011, de 15 de diciembre, por la que se aprueba la declaración de residencia fiscal a efectos de aplicar la excepción de comunicar el número de identificación fiscal en las operaciones con entidades de crédito, así como la relación de códigos de países y territorios (BOE núm. 310, de 26 de diciembre de 2011).

[94]   Nueva redacción del art. 29.1 dada por el art. primero.siete del Real Decreto 1070/2017, de 29 de diciembre (BOE núm. 317, de 30 de diciembre de 201), en vigor desde el 1 de enero de 2018.

A estos efectos, el libro diario simplificado que lleven los sujetos incluidos en el ámbito de aplicación del régimen simplificado de contabilidad, se considerará como libro registro de carácter fiscal de acuerdo con lo previsto en la disposición adicional tercera del Real Decreto 296/2004, de 20 de febrero, por el que se aprueba el régimen simplificado de la contabilidad, en aquellos casos en que sustituya a los libros registros exigidos por la normativa tributaria.

4. El Ministro de Economía y Hacienda podrá disponer adaptaciones o modificaciones de las obligaciones registrales de determinados sectores empresariales o profesionales.

CAPÍTULO V. Obligaciones de información

SECCIÓN 1.ª *Disposiciones generales*

Artículo 30. *Obligaciones de información.*

1. El cumplimiento de las obligaciones de información establecidas en los artículos 93 y 94 de la Ley 58/2003, de 17 de diciembre, General Tributaria, se realizará conforme lo dispuesto en la normativa que las establezca y en este capítulo.

2[95]. Los obligados tributarios que realicen actividades económicas, así como aquellos que satisfagan rentas o rendimientos sujetos a retención o ingreso a cuenta, intermedien o intervengan en operaciones económicas, profesionales o financieras, deberán suministrar información de carácter general en los términos que se establezca en la normativa específica, en la normativa sobre asistencia mutua y en este capítulo.

En el ámbito de competencias del Estado, el Ministro de Hacienda y Administraciones Públicas aprobará los modelos de declaración que, a tal efecto, deberán de presentarse, el lugar y plazo de presentación y los supuestos y condiciones en que la obligación deberá cumplirse mediante soporte directamente legible por ordenador o por medios telemático[96].

3[97]. El cumplimiento de la obligación de información también podrá consistir en la contestación a requerimientos individualizados relativos a datos, informes, antecedentes y justificantes con trascendencia tributaria relacionados con el cumplimiento de sus propias obligaciones tributarias o deducidos de sus relaciones económicas, profesionales o financieras con otras personas, aunque no existiera obligación de haberlos suministrado con carácter general a la Administración tributaria mediante las correspondientes declaraciones. En estos casos, la información requerida deberá aportarse por los obligados tributarios en la forma y plazos que se establezcan en el propio requerimiento, de conformidad con lo establecido en este reglamento. Las actuaciones de obtención de información podrán desarrollarse directamente en los locales, oficinas o domicilio de la persona o entidad en cuyo poder se hallen los datos correspondientes o mediante requerimientos para que tales datos, informes, antecedentes

---

[95] Nueva redacción del art. 30.2 dada por el art. segundo uno del Real Decreto 1558/2012, de 15 de noviembre, por el que se adaptan las normas de desarrollo de la Ley 58/2003, de 17 de diciembre, General Tributaria (BOE núm. 283, de 24 de noviembre de 2012), en vigor desde el 1 de enero de 2003.

[96] Orden HAP/2194/2013, de 22 de noviembre, por la que se regulan los procedimientos y las condiciones generales para la presentación de determinadas autoliquidaciones y declaraciones informativas de naturaleza tributaria (BOE núm. 283, de 26 de noviembre de 2013).

[97] Nueva redacción del art. 30.3 dada por el art. segundo uno del Real Decreto 1558/2012, de 15 de noviembre (BOE núm. 283, de 24 de noviembre de 2012), en vigor desde el 1 de enero de 2003.

y justificantes con trascendencia tributaria sean remitidos o aportados a la Administración tributaria.

Las actuaciones de obtención de información podrán realizarse por propia iniciativa del órgano administrativo actuante, a solicitud de otros órganos administrativos o jurisdiccionales en los supuestos de colaboración establecidos legalmente, o a petición de otros Estados o entidades internacionales o supranacionales en el marco de la asistencia mutua.

Los requerimientos individualizados de obtención de información respecto de terceros podrán realizarse en el curso de un procedimiento de aplicación de los tributos o ser independientes de este. Los requerimientos relacionados con el cumplimiento de las obligaciones tributarias propias de la persona o entidad requerida no suponen, en ningún caso, el inicio de un procedimiento de comprobación o investigación.

4. La solicitud de datos, informes, antecedentes y justificantes que se realice al obligado tributario en el curso de un procedimiento de aplicación de los tributos de que esté siendo objeto, de acuerdo con las facultades establecidas en la normativa reguladora del procedimiento, no tendrá la consideración de requerimiento de información a efectos de lo previsto en los artículos 93 y 94 de la Ley 58/2003, de 17 de diciembre, General Tributaria.

SECCIÓN 2.ª *Obligaciones de presentar declaraciones informativas*

Subsección 1.ª Obligación de informar sobre las operaciones con terceras personas

Artículo 31. *Obligados a suministrar información sobre operaciones con terceras personas.*

1[98]**.** De acuerdo con lo dispuesto en el artículo 93 de la Ley 58/2003, de 17 de diciembre, General Tributaria, las personas físicas o jurídicas, públicas o privadas, así como las entidades a que se refiere el artículo 35.4 de dicha ley, que desarrollen actividades empresariales o profesionales, deberán presentar una declaración anual relativa a sus operaciones con terceras personas.

A estos efectos, se considerarán actividades empresariales o profesionales todas las definidas como tales en el artículo 5.dos de la Ley 37/1992, de 28 de diciembre, del Impuesto sobre el Valor Añadido. Asimismo, tendrán esta consideración las actividades realizadas por quienes sean calificados de empresarios o profesionales en el artículo 5.uno de dicha ley, con excepción de lo dispuesto en su párrafo e).

Las entidades a las que sea de aplicación la Ley 49/1960, de 21 de junio sobre la propiedad horizontal, así como, las entidades o establecimientos privados de carácter social a que se refiere el artículo 20.Tres de la Ley 37/1992 de 28 de diciembre, del Impuesto sobre el Valor Añadido, incluirán también en la declaración anual de operaciones con terceras personas las adquisiciones en general de bienes o servicios que efectúen al margen de las actividades empresariales o profesionales, incluso aunque no realicen actividades de esta naturaleza.

2. Las personas y entidades a que se refiere el artículo 94.1 y 2 de la Ley 58/2003, de 17 de diciembre, General Tributaria, incluirán también en la declaración anual de operaciones con terceras personas las adquisiciones en general de bienes o servicios que efectúen al mar-

---

[98]   Nueva redacción del art. 31.1 dada por el art. tercero. Seis del Real Decreto 828/2013, de 25 de octubre (BOE núm. 257, de 26 de octubre de 2013), en vigor desde el 1 de enero de 2014.

gen de las actividades empresariales o profesionales, incluso aunque no realicen actividades de esta naturaleza.

Las entidades integradas en las distintas Administraciones públicas deberán incluir, además, en la declaración anual de operaciones con terceras personas las subvenciones, auxilios o ayudas que concedan con cargo a sus presupuestos generales o que gestionen por cuenta de entidades u organismos no integrados en dichas Administraciones públicas.

La Administración del Estado y sus organismos autónomos, las comunidades y ciudades autónomas y los organismos que dependen de estas y las entidades integradas en las demás Administraciones públicas territoriales, presentarán una declaración anual de operaciones con terceras personas respecto de cada uno de los sectores de su actividad con carácter empresarial o profesional que tenga asignado un número de identificación fiscal diferente o respecto de la totalidad de ellos.

Cuando las entidades integradas en las distintas Administraciones públicas presenten declaración anual de operaciones con terceras personas respecto de cada uno de los sectores de su actividad con carácter empresarial o profesional que tenga asignado un número de identificación fiscal diferente, incorporarán los datos exigidos en virtud de este apartado a una cualquiera de aquellas declaraciones.

Asimismo, las entidades a que se refiere el párrafo anterior distintas de la Administración del Estado y sus organismos autónomos, aun cuando no realicen actividades empresariales o profesionales, podrán presentar separadamente una declaración anual de operaciones con terceras personas por cada uno de sus departamentos, consejerías, dependencias u órganos especiales que tengan asignado un número de identificación fiscal diferente.

3. Además, de acuerdo con lo establecido en el artículo 93.1.b) de la Ley 58/2003, de 17 de diciembre, General Tributaria, las sociedades, asociaciones, colegios profesionales u otras entidades que, entre sus funciones, realicen la de cobro, por cuenta de sus socios, asociados o colegiados, de honorarios profesionales o de derechos derivados de la propiedad intelectual, de autor u otros, estarán obligados a incluir estos rendimientos en la declaración anual de operaciones con terceras personas.

Artículo 32[99]. *Personas o entidades excluidas de la obligación de presentar declaración anual de operaciones con terceras personas.*

No estarán obligados a presentar la declaración anual:

a) Quienes realicen en España actividades empresariales o profesionales sin tener en territorio español la sede de su actividad económica, un establecimiento permanente o su domicilio fiscal o, en el caso de entidades en régimen de atribución de rentas constituidas en el extranjero, sin tener presencia en territorio español.

b)[100] Las personas físicas y entidades en atribución de rentas en el Impuesto sobre la Renta de las Personas Físicas, por las actividades que tributen en dicho impuesto por el método de estimación objetiva y, simultáneamente, en el Impuesto sobre el Valor Añadido por los

---

[99]　Nueva redacción del art. 32 dada por art. 1.dos del Real Decreto 1615/2011, de 14 de noviembre (BOE núm. 285, de 26 de noviembre de 2011), con entrada en vigor el 27 de noviembre de 2011.

[100]　Nueva redacción de la letra b) del art. 32 dada por el art. tercero. Siete del Real Decreto 828/2013, de 25 de octubre (BOE núm. 257, de 26 de octubre de 2013), en vigor desde el 1 de enero de 2014.

regímenes especiales simplificado o de la agricultura, ganadería y pesca o del recargo de equivalencia, salvo por las operaciones por las que emitan factura.

No obstante lo anterior, los sujetos pasivos acogidos al régimen simplificado del Impuesto sobre el Valor Añadido incluirán en la declaración anual de operaciones con terceras personas las adquisiciones de bienes y servicios que realicen que deban ser objeto de anotación en el libro registro de facturas recibidas del artículo 40.1 del Reglamento del Impuesto sobre el Valor Añadido aprobado por el Real Decreto 1624/1992, de 29 de diciembre.

c) Los obligados tributarios que no hayan realizado operaciones que en su conjunto, respecto de otra persona o entidad, hayan superado la cifra de 3.005,06 euros durante el año natural correspondiente o de 300,51 euros durante el mismo periodo, cuando, en este último supuesto, realicen la función de cobro por cuenta de terceros de honorarios profesionales o de derechos derivados de la propiedad intelectual, industrial o de autor u otros por cuenta de sus socios, asociados o colegiados.

d) Los obligados tributarios que hayan realizado exclusivamente operaciones no sometidas al deber de declaración, según lo dispuesto en el artículo 33.

e)[101] Los obligados tributarios a que se refiere el artículo 62.6 del Reglamento del Impuesto sobre el Valor Añadido, aprobado por el Real Decreto 1624/1992, de 29 de diciembre, así como los obligados tributarios a que se refiere el artículo 49.5 del Reglamento de gestión de los tributos derivados del Régimen Económico y Fiscal de Canarias, aprobado por el Decreto 268/2011, de 4 de agosto.

Artículo 33[102]. *Contenido de la declaración anual de operaciones con terceras personas.*

1. Los obligados tributarios a que se refiere el artículo 31.1 de este reglamento deberán relacionar en la declaración anual todas aquellas personas o entidades, cualquiera que sea su naturaleza o carácter, con quienes hayan efectuado operaciones que en su conjunto para cada una de dichas personas o entidades hayan superado la cifra de 3.005,06 euros durante el año natural correspondiente.

La información sobre las operaciones a las que se refiere el párrafo anterior se suministrará desglosada trimestralmente. A tales efectos, se computarán de forma separada las entregas y las adquisiciones de bienes y servicios.

A efectos de lo dispuesto en los párrafos anteriores, tendrán la consideración de operaciones tanto las entregas de bienes y prestaciones de servicios como las adquisiciones de los mismos. En ambos casos, se incluirán las operaciones típicas y habituales, las ocasionales, las

---

[101]   Letra e) suprimida, enumerándose la letra f) como letra e) con nueva redacción dada por el art. Tercero. Tres de la Real Decreto 1512/2018, de 28 de diciembre (BOE núm. 314, de 29 de diciembre de 2018), en vigor desde el 1 de enero de 2019.
Redacción anterior letra e): «*Los obligados tributarios que deban informar sobre las operaciones incluidas en los libros registro de acuerdo con el artículo 36*».
Redacción anterior letra f): «*Los obligados tributarios a que se refiere el artículo 62.6 del Reglamento del Impuesto sobre el Valor Añadido, aprobado por el Real Decreto 1624/1992, de 29 de diciembre*», incorporada por el art. 2.Tres del Real Decreto 596/2016, de 2 de diciembre (BOE núm. 294, de 6 de diciembre de 2016), en vigor desde el 1 de julio de 2017.

[102]   Nueva redacción del art. 33 dada por el art. tercero. Ocho del Real Decreto 828/2013, de 25 de octubre (BOE núm. 257, de 26 de octubre de 2013), en vigor desde el 1 de enero de 2014.

operaciones inmobiliarias y las subvenciones, auxilios o ayudas no reintegrables que puedan otorgar o recibir.

Con las excepciones que se señalan en el apartado siguiente, en la declaración anual se incluirán las entregas, prestaciones o adquisiciones de bienes y servicios sujetas y no exentas en el Impuesto sobre el Valor Añadido, así como las no sujetas o exentas de dicho impuesto.

Las entidades aseguradoras incluirán en su declaración anual las operaciones de seguro. A estos efectos, se atenderá al importe de las primas o contraprestaciones percibidas y a las indemnizaciones o prestaciones satisfechas y no será de aplicación a estas operaciones, en ningún caso, lo dispuesto en el párrafo a) del apartado siguiente.

Los sujetos pasivos que realicen operaciones a las que sea de aplicación el régimen especial del criterio de caja de la Ley 37/1992, de 28 de diciembre, del Impuesto sobre el Valor Añadido, así como, los sujetos pasivos que sean destinatarios de las operaciones incluidas en el mismo, deberán incluir en su declaración anual, los importes devengados durante el año natural, conforme a la regla general de devengo contenida en el artículo 75 de la Ley 37/1992 del Impuesto sobre el Valor Añadido; dichas operaciones deberán incluirse también en la declaración anual por los importes devengados durante el año natural de acuerdo con lo establecido en el artículo 163 terdecies de la Ley 37/1992, del Impuesto sobre el Valor Añadido.

Como excepción a lo dispuesto en el segundo párrafo de este apartado, los sujetos pasivos que realicen operaciones a las que sea de aplicación el régimen especial del criterio de caja de la Ley 37/1992, de 28 de diciembre, del Impuesto sobre el Valor Añadido y, las entidades a las que sea de aplicación la Ley 49/1960, de 21 de junio sobre la propiedad horizontal, suministrarán toda la información que vengan obligados a relacionar en su declaración anual, sobre una base de cómputo anual. Asimismo, los sujetos pasivos que sean destinatarios de las operaciones incluidas en el régimen especial del criterio de caja, deberán suministrar la información relativa a las mismas a que se refiere el párrafo anterior sobre una base de cómputo anual.

2. No obstante lo dispuesto en el apartado anterior, quedan excluidas del deber de declaración las siguientes operaciones:

a) Aquellas que hayan supuesto entregas de bienes o prestaciones de servicios por las que los obligados tributarios no debieron expedir y entregar factura, así como aquellas en las que no debieron consignar los datos de identificación del destinatario o no debieron firmar el recibo emitido por el adquirente en el régimen especial de la agricultura, ganadería y pesca del Impuesto sobre el Valor Añadido.

b) Aquellas operaciones realizadas al margen de la actividad empresarial o profesional del obligado tributario.

c) Las entregas, prestaciones o adquisiciones de bienes o servicios efectuadas a título gratuito no sujetas o exentas del Impuesto sobre el Valor Añadido.

d) Los arrendamientos de bienes exentos del Impuesto sobre el Valor Añadido realizados por personas físicas o entidades sin personalidad jurídica al margen de cualquier otra actividad empresarial o profesional.

e) Las adquisiciones de efectos timbrados o estancados y signos de franqueo postal, excepto los que tengan la consideración de objetos de colección, según la definición que se contiene en el artículo 136.uno.3.º a) de la Ley 37/1992, de 28 de diciembre, del Impuesto sobre el Valor Añadido.

f) Las operaciones realizadas por las entidades o establecimientos de carácter social a que se refiere el artículo 20.tres de la Ley 37/1992, de 28 de diciembre, del Impuesto sobre el Valor Añadido, y que correspondan al sector de su actividad, cuyas entregas de bienes y prestaciones de servicios estén exentos de dicho impuesto, sin perjuicio de lo establecido en el apartado 1 del artículo 31 de este reglamento.

g) Las importaciones y exportaciones de mercancías, así como las operaciones realizadas directamente desde o para un establecimiento permanente del obligado tributario situado fuera del territorio español, salvo que aquel tenga su sede en España y la persona o entidad con quien se realice la operación actúe desde un establecimiento situado en territorio español.

h) Las entregas y adquisiciones de bienes que supongan envíos entre el territorio peninsular español o las islas Baleares y las islas Canarias, Ceuta y Melilla.

i) En general, todas aquellas operaciones respecto de las que exista una obligación periódica de suministro de información a la Administración tributaria estatal y que como consecuencia de ello hayan sido incluidas en declaraciones específicas diferentes a la regulada en esta subsección y cuyo contenido sea coincidente.

3. Los obligados tributarios a que se refiere del 31.2 de este Reglamento deberán incluir, además, en la declaración anual de operaciones, a todas aquellas personas o entidades, cualquiera que sea su naturaleza o carácter, a quienes hayan efectuado adquisiciones de bienes o servicios al margen de cualquier actividad empresarial o profesional, que en su conjunto, para cada una de aquéllas, hayan superado la cifra de 3.005,06 euros durante el año natural correspondiente, con las siguientes excepciones:

a) Las importaciones de mercancías.

b) Las adquisiciones de bienes que supongan envíos entre el territorio peninsular español o las islas Baleares y las islas Canarias, Ceuta y Melilla.

c) Las establecidas en el párrafo e) y en el párrafo i) del apartado 2 de este artículo.

Asimismo, las entidades integradas en las distintas Administraciones Públicas a que se refiere el apartado 2 del artículo 3 del Real Decreto Legislativo 3/2011, de 14 de noviembre, por el que se aprueba el texto refundido de la Ley de Contratos del Sector Público, deberán relacionar en dicha declaración a todas aquellas personas o entidades a quienes hayan satisfecho subvenciones, auxilios o ayudas, cualquiera que sea su importe, sin perjuicio de la aplicación en este supuesto de la excepción prevista en el párrafo i) del apartado anterior.

4. Los obligados tributarios a que se refiere el artículo 31.3 de este Reglamento deberán incluir en la declaración anual de operaciones con terceras personas, los pagos a que se refiere dicho precepto, siempre y cuando el total de la cantidad satisfecha a cada persona imputada haya superado la cifra de 300,51 euros.

5. La obligación de declarar a que se refiere el artículo 31.1 de este Reglamento, respecto de las entidades a las que sea de aplicación la Ley 49/1960, de 21 de julio, sobre propiedad horizontal, no incluirá las siguientes operaciones:

Las de suministro de energía eléctrica y combustibles de cualquier tipo con destino a su uso y consumo comunitario.

Las de suministro de agua con destino a su uso y consumo comunitario.

Las derivadas de seguros que tengan por objeto el aseguramiento de bienes y derechos relacionados con zonas y elementos comunes.

6. La obligación de declarar a que se refiere el artículo 31.1 de este Reglamento, respecto de las entidades o establecimientos privados de carácter social a que se refiere el artículo 20.Tres de la Ley 37/1992, no incluirá las siguientes operaciones:

Las de suministro de agua, energía eléctrica y combustibles.

Las derivadas de seguros.

Artículo 34. *Cumplimentación de la declaración anual de operaciones con terceras personas.*

1[103]. En la declaración anual de operaciones con terceras personas se consignarán los siguientes datos:

a) Nombre y apellidos o razón social o denominación completa, así como el número de identificación fiscal y el domicilio fiscal del declarante.

b) Nombre y apellidos o razón social o denominación completa, así como el número de identificación fiscal de cada una de las personas o entidades incluidas en la declaración, o en su caso, el numero de identificación fiscal a efectos del Impuesto sobre el Valor Añadido atribuido al empresario o profesional con el que se efectúe la operación por el Estado miembro de establecimiento.

c) El importe total, expresado en euros, de las operaciones realizadas con cada persona o entidad durante el año natural al que la declaración se refiera.

d) En particular, se harán constar separadamente de otras operaciones que, en su caso, se realicen entre las mismas partes, los arrendamientos de locales de negocios, sin perjuicio de su consideración unitaria a efectos de lo dispuesto en el artículo 33.1 de este Reglamento. En estos casos, el arrendador consignará el nombre y apellidos o razón social o denominación completa y el número de identificación fiscal de los arrendatarios, así como las referencias catastrales y los datos necesarios para la localización de los inmuebles arrendados.

e) Las entidades aseguradoras deberán consignar, separadamente de otras operaciones, las de seguros. A estos efectos, consignarán el importe de las primas o contraprestaciones percibidas y las indemnizaciones o prestaciones satisfechas en el ejercicio de su actividad aseguradora. Dicha identificación separada se entiende sin perjuicio de su inclusión en el importe total de las operaciones realizadas con cada persona o entidad, a efectos de lo dispuesto en el artículo 33.1 de este Reglamento.

f) Las agencias de viajes consignarán separadamente aquellas prestaciones de servicios en cuya contratación intervengan como mediadoras en nombre y por cuenta ajena que cumplan con los requisitos a que se refiere la disposición adicional cuarta del Reglamento por el que se regulan las obligaciones de facturación, aprobado por el Real Decreto 1619/2012, de 30 de noviembre.

Asimismo, harán constar separadamente los servicios de mediación en nombre y por cuenta ajena relativos a los servicios de transporte de viajeros y de sus equipajes que la agencia de viajes preste al destinatario de dichos servicios de transporte, de conformidad con lo dispuesto en el apartado 3 de la citada disposición adicional cuarta.

---

[103] Nueva redacción del art. 34.1 dada por el art. tercero. Nueve del Real Decreto 828/2013, de 25 de octubre (BOE núm. 257, de 26 de octubre de 2013), en vigor desde el 1 de enero de 2014.

g) Deberán declararse separadamente los cobros por cuenta de terceros de honorarios profesionales o de derechos derivados de la propiedad intelectual, industrial, de autor u otros por cuenta de sus socios, asociados o colegiados efectuados por sociedades, asociaciones, colegios profesionales u otras entidades que, entre sus funciones, realicen las de cobro según lo dispuesto en el artículo 31.3 de este Reglamento.

h) Se harán constar los importes superiores a 6.000 euros que se hubieran percibido en metálico de cada una de las personas o entidades relacionadas en la declaración.

i) Se harán constar separadamente de otras operaciones que, en su caso, se realicen entre las mismas partes, las cantidades que se perciban en contraprestación por transmisiones de inmuebles, efectuadas o que se deban efectuar, que constituyan entregas sujetas en el Impuesto sobre el Valor Añadido.

j) Se harán constar separadamente de otras operaciones que, en su caso, se realicen entre las mismas partes, las operaciones a las que sea de aplicación el régimen especial del criterio de caja del Impuesto sobre el Valor Añadido. Estas operaciones deberán consignarse atendiendo a los siguientes criterios:

En el momento en que se hubieran devengado conforme a la regla general de devengo contenida en el artículo 75 de la Ley 37/1992 del Impuesto sobre el Valor Añadido, como si a dichas operaciones no les hubiera sido de aplicación el régimen especial.

En el momento en que se produzca el devengo total o parcial de las mismas de conformidad con los criterios contenidos en el artículo 163 terdecies de la Ley 37/1992 del Impuesto sobre el Valor Añadido por los importes correspondientes.

k) Se harán constar separadamente de otras operaciones que, en su caso, se realicen entre las mismas partes, las operaciones en las que el sujeto pasivo sea el destinatario de acuerdo con lo establecido en el artículo 84.Uno.2.º de la Ley 37/1992, del Impuesto sobre el Valor Añadido.

l) Se harán constar separadamente de otras operaciones que, en su caso, se realicen entre las mismas partes, las operaciones que hayan resultado exentas del Impuesto sobre el Valor Añadido por referirse a bienes vinculados o destinados a vincularse al régimen de depósito distinto de los aduaneros definido en el apartado quinto del Anexo de la Ley 37/1992, de 28 de diciembre, del Impuesto sobre el Valor Añadido.

2. En la determinación del importe total de las operaciones realizadas con cada persona o entidad, se observarán los siguientes criterios:

a) Tratándose de operaciones sujetas y no exentas del Impuesto sobre el Valor Añadido, se declarará el importe total de las contraprestaciones, incluidas las cuotas y recargos repercutidos o soportados por dicho impuesto.

b) Tratándose de operaciones que hayan generado el derecho para el transmitente del bien o prestador del servicio a percibir una compensación, según el régimen especial de la agricultura, ganadería y pesca del Impuesto sobre el Valor Añadido, se declarará el importe de las contraprestaciones totales y se añadirán las compensaciones percibidas o satisfechas.

En el caso de operaciones a las que se refiere el párrafo segundo del artículo 84.uno de la Ley 37/1992, de 28 de diciembre, del Impuesto sobre el Valor Añadido, se declarará el importe total de las contraprestaciones.

c) A efectos de lo dispuesto en esta subsección, se entenderá por importe total de la contraprestación el que resulte de aplicar las normas de determinación de la base imponible del Impuesto sobre el Valor Añadido contenidas en los artículos 78, 79 y 80 de la Ley 37/1992, de 28 de diciembre, del Impuesto sobre el Valor Añadido, incluso respecto de aquellas operaciones no sujetas o exentas del mismo que deban incluirse en la declaración anual de operaciones con terceras personas, todo ello sin perjuicio de lo dispuesto en el apartado 4 de este artículo.

3. En las operaciones de mediación y en las de agencia o comisión en las que el agente o comisionista actúe en nombre ajeno, deberá declararse el importe total individualizado de las contraprestaciones correspondientes a estas prestaciones de servicios, incluidas las cuotas repercutidas o soportadas en concepto del Impuesto sobre el Valor Añadido.

Si el agente o comisionista actuase en nombre propio, se entenderá que ha recibido y entregado o prestado por sí mismo los correspondientes bienes o servicios y deberá declarar el importe total de las correspondientes contraprestaciones, cuotas y recargos.

4. De acuerdo con lo establecido en el apartado 2.c) de este artículo, el importe total de las operaciones se declarará neto de las devoluciones, descuentos y bonificaciones concedidos y de las operaciones que queden sin efecto en el mismo año natural. Asimismo, se tendrán en cuenta las alteraciones del precio que se hayan producido en el mismo periodo.

En el supuesto de insolvencias que, según lo dispuesto en el artículo 80.tres de la Ley 37/1992, de 28 de diciembre, del Impuesto sobre el Valor Añadido, hayan dado lugar a modificaciones en la base imponible de dicho impuesto en el año natural al que se refiera la declaración regulada en esta subsección, el importe total de las operaciones a declarar tendrá en cuenta dichas modificaciones.

Artículo 35[104]. *Criterios de imputación temporal.*

1[105]**.** Las operaciones que deben incluirse en la declaración anual son las realizadas por el obligado tributario en el año natural al que se refiere la declaración.

A estos efectos, las operaciones se entenderán producidas en el período en el que, de acuerdo con lo previsto en el artículo 69 del Reglamento del Impuesto sobre el Valor Añadido, se debe realizar la anotación registral de la factura o documento contable que sirva de justificante de las mismas.

No obstante, las operaciones a las que sea de aplicación el régimen especial del criterio de caja del Impuesto sobre el Valor Añadido a que se refiere el párrafo tercero de la letra j) del apartado 1 del artículo anterior, se consignarán en el año natural correspondiente al momento del devengo total o parcial de las mismas, de conformidad con los criterios contenidos en el artículo 163 terdecies de la Ley 37/1992 del Impuesto sobre el Valor Añadido por los importes correspondientes.

2. En todos los casos previstos en el artículo 34.4, cuando estos tengan lugar en un año natural diferente a aquel al que corresponda la declaración anual de operaciones con terceras personas en la que debió incluir la operación, deberán ser consignados en la declaración del año natural en que se hayan producido dichas circunstancias modificativas. A estos efec-

---

[104] Nueva redacción del art. 35.1 y 2 dada por art. 1.cuatro del Real Decreto 1615/2011, de 14 de noviembre (BOE núm. 285, de 26 de noviembre de 2011), con entrada en vigor el 27 de noviembre de 2011.

[105] Nueva redacción del art. 35.1 dada por el art. tercero. Diez del Real Decreto 828/2013, de 25 de octubre (BOE núm. 257, de 26 de octubre de 2013), en vigor desde el 1 de enero de 2014.
Redacción anterior dada por el Real Decreto 1615/2011, de 14 de noviembre (BOE núm. 285, de 26 de noviembre de 2011), con entrada en vigor el 27 de noviembre de 2011.

tos, el importe total de las operaciones realizadas con la misma persona o entidad se declarará teniendo en cuenta dichas modificaciones.

Asimismo, en todos los casos previstos en el artículo 34.4, cuando éstos tengan lugar en un trimestre natural diferente a aquel en el que deba incluirse la operación, deberán ser consignados en el apartado correspondiente al trimestre natural en que se hayan producido dichas circunstancias modificativas.

3. Los anticipos de clientes y a proveedores y otros acreedores constituyen operaciones que deben incluirse en la declaración anual. Cuando posteriormente se efectúe la operación, se declarará el importe total de la misma, minorado en el importe del anticipo anteriormente declarado, siempre que el resultado de esta minoración supere, junto con el resto de operaciones realizadas con la misma persona o entidad, el límite cuantitativo establecido en el artículo 33.1.

4. Las subvenciones, auxilios o ayudas que concedan los obligados tributarios a que se refiere el párrafo segundo del artículo 31.2, se entenderán satisfechos el día en que se expida la correspondiente orden de pago. De no existir orden de pago se entenderán satisfechas cuando se efectúe el pago.

5[106]**.** Cuando las cantidades percibidas en metálico previstas en el artículo 34.1.h) no puedan incluirse en la declaración del año natural en el que se realizan las operaciones por percibirse con posterioridad a su presentación o por no haber alcanzado en ese momento un importe superior a 6.000 euros, los obligados tributarios deberán incluirlas separadamente en la declaración correspondiente al año natural posterior en el que se hubiese efectuado el cobro o se hubiese alcanzado el importe señalado anteriormente.

Subsección 2.ª Obligación de informar sobre operaciones incluidas en los libros registro

Artículo 36[107]**.**

Subsección 3.ª Obligación de informar sobre cuentas, operaciones y activos financieros

Artículo 37.[108] *Obligación de informar acerca de cuentas en entidades de crédito.*
1. Las entidades de crédito y las demás entidades que, de acuerdo con la normativa vigente, se dediquen al tráfico bancario o crediticio, vendrán obligadas a presentar una declaración

---

[106] Nuevo apartado incorporado por el artículo cuatro.cinco del Real Decreto 1/2010, de 8 de enero BOE núm. 16, de 19 de enero de 2010), en vigor desde el 20-01-2010.

[107] Art. 36 suprimido por el art. Tercero.Cuatro de la Real Decreto 1512/2018, de 28 de diciembre (BOE núm. 314, de 29 de diciembre de 2018), en vigor desde el 1 de enero de 2019.
Redacción anterior del art. 36 dada por el art. primero.ocho del Real Decreto 1070/2017, de 29 de diciembre (BOE núm. 317, de 30 de diciembre de 201), en vigor desde el 1 de enero de 2018, por el art. 2.Cuatro del Real Decreto 596/2016, de 2 de diciembre (BOE núm. 294, de 6 de diciembre de 2016), en vigor desde el 1 de julio de 2017, por el art. tercero. Once del Real Decreto 828/2013, de 25 de octubre (BOE núm. 257, de 26 de octubre de 2013), en vigor desde el 1 de enero de 2014, por art. 1.cinco del Real Decreto 1615/2011, de 14 de noviembre (BOE núm. 285, de 26 de noviembre de 2011), con entrada en vigor el 27 de noviembre de 2011

[108] Nueva redacción del art. 37 dada por el art. Segundo.Uno del Real Decreto 253/2025, de 1 de abril, por el que se modifican, en materia de obligaciones de información, el Reglamento del Impuesto sobre la Renta de las Personas Físicas, aprobado por el Real Decreto 439/2007, de 30 de marzo, y el Reglamento General de las actuaciones y los procedimientos de gestión e inspección tributaria y de desarrollo de las normas

informativa mensual referente a la totalidad de las cuentas abiertas en dichas entidades o puestas por ellas a disposición de terceros en establecimientos situados dentro o fuera del territorio español.

Las entidades de pago y las entidades de dinero electrónico vendrán también obligadas a presentar una declaración informativa mensual en relación con las cuentas que gestionen.

Cuando se trate de cuentas abiertas en establecimientos situados fuera del territorio español no existirá obligación de suministrar información sobre personas o entidades no residentes sin establecimiento permanente en territorio español.

Las sucursales en territorio español de las entidades anteriormente mencionadas de otros Estados miembros de la Unión Europea o de terceros países también vendrán obligadas a presentar una declaración informativa mensual referente a la totalidad de las cuentas abiertas en dichas sucursales o puestas por ellas a disposición de terceros.

---

comunes de los procedimientos de aplicación de los tributos, aprobado por el Real Decreto 1065/2007, de 27 de julio (BOE núm. 80, de 2 de abril de 2025), en vigor el 1 de enero de 2026 y será de aplicación, por primera vez, en relación con las declaraciones informativas correspondientes a 2026 que deban presentarse a partir de dicha fecha, de conformidad con lo que establezca la orden ministerial por la que se aprueben los modelos correspondientes.

Orden HAC/747/2025, de 27 de junio, por la que se aprueba el modelo 196, Declaración informativa mensual de cuentas en toda clase de instituciones financieras y resumen anual de retenciones e ingresos a cuenta sobre rendimientos del capital mobiliario y rentas obtenidas por la contraprestación derivada de cuentas en toda clase de instituciones financieras; el modelo 181, Declaración informativa de préstamos y créditos, y operaciones financieras relacionadas con bienes inmuebles; el modelo 170, Declaración informativa mensual de las operaciones realizadas por los empresarios o profesionales adheridos al sistema de gestión de cobros a través de cualquier tipo de tarjetas y mediante pagos asociados a números de teléfono móvil, y el modelo 174, Declaración informativa sobre todo tipo de tarjetas, y se establecen las condiciones y el procedimiento para su presentación; y se modifica la Orden EHA/98/2010, de 25 de enero, por la que se aprueba el modelo 171, Declaración informativa anual de imposiciones, disposiciones de fondos y de los cobros de cualquier documento, así como los diseños físicos y lógicos para la presentación en soporte directamente legible por ordenador y se establecen las condiciones y el procedimiento para su presentación telemática (BOE núm. 169, de 15 de julio de 2025).

Redacción anterior: «*1. Las entidades de crédito y las demás entidades que, de acuerdo con la normativa vigente, se dediquen al tráfico bancario o crediticio, vendrán obligadas a presentar una declaración informativa anual referente a la totalidad de las cuentas abiertas en dichas entidades o puestas por ellas a disposición de terceros en establecimientos situados dentro o fuera del territorio español.*

Cuando se trate de cuentas abiertas en establecimientos situados fuera del territorio español no existirá obligación de suministrar información sobre personas o entidades no residentes sin establecimiento permanente en territorio español.

2. La información a suministrar a la Administración tributaria comprenderá la identificación completa de las cuentas y el nombre y apellidos o razón social o denominación completa y número de identificación fiscal de las personas o entidades titulares, autorizadas o beneficiarias de dichas cuentas, los saldos de las mismas a 31 de diciembre y el saldo medio correspondiente al último trimestre del año, así como cualquier otro dato relevante al efecto para concretar aquella información que establezca la Orden Ministerial por la que se apruebe el modelo correspondiente.

La información a suministrar se referirá a cuentas corrientes, de ahorro, imposiciones a plazo, cuentas de crédito y cualesquiera otras cuentas con independencia de la modalidad o denominación que adopten, aunque no exista retribución, retención o ingreso a cuenta.

El nombre y apellidos o razón social o denominación completa y número de identificación fiscal de las personas o entidades titulares, autorizadas o beneficiarias se referirán a las que lo hayan sido en algún momento del año al que se refiere la declaración».

Las entidades anteriormente mencionadas de otros Estados miembros de la Unión Europea o de terceros países que, según la normativa reguladora, operen en España en régimen de libre prestación de servicios vendrán obligadas a suministrar información con periodicidad mensual de las cuentas abiertas en dichas entidades a personas o entidades residentes en territorio español y a favor de establecimientos permanentes en territorio español de personas o entidades no residentes en España.

2. La información a suministrar a la Administración tributaria comprenderá:

a) La identificación completa de las cuentas.

b) Los datos identificativos de las personas o entidades que sean sus titulares, incluyendo los titulares reales a que se refiere el artículo 4 de la Ley 10/2010, de 28 de abril, de prevención del blanqueo de capitales y de la financiación del terrorismo, así como los representantes, autorizados, beneficiarios o cualesquiera otras personas con poderes de disposición.

Los datos identificativos comprenderán nombre y apellidos o razón social, número de identificación fiscal, país de residencia, y fecha de nacimiento para personas físicas. En defecto de número de identificación fiscal, se suministrará el número de pasaporte o número de identidad válido en su país de origen y el país emisor de la documentación identificativa.

c) Los saldos de las cuentas a 31 de diciembre y el saldo medio correspondiente al último trimestre del año.

d) Los importes totales de los cargos y abonos del ejercicio.

Asimismo, deberá facilitarse cualquier otro dato relevante al efecto para concretar aquella información que establezca la orden ministerial por la que se apruebe el modelo correspondiente.

El modelo de declaración se presentará por vía electrónica.

No obstante lo anterior, la información relativa a los saldos de las cuentas a 31 de diciembre y al saldo medio del último trimestre del año, así como a los totales de cargos y abonos en las cuentas correspondientes, se suministrará únicamente en la declaración correspondiente al último periodo mensual de cada año.

La información a suministrar se referirá a todo tipo de cuentas, bancarias y no bancarias, cuentas corrientes, de ahorro, imposiciones a plazo, cuentas de crédito, cuentas de pago y cualesquiera otras cuentas con independencia de la modalidad o denominación que adopten, aunque no exista retribución, retención o ingreso a cuenta.

El nombre y apellidos o razón social o denominación completa y número de identificación fiscal de las personas o entidades titulares, autorizadas o beneficiarias se referirán a las que lo hayan sido en algún momento del periodo mensual al que se refiere la declaración.

Artículo 37 bis[109]**. *Obligación de informar acerca de cuentas financieras en el ámbito de la asistencia mutua.***

1. Conforme a lo dispuesto en los artículos 1.2 y 29 bis de la Ley 58/2003, de 17 de diciembre, General Tributaria y 30.2 de este reglamento, las instituciones financieras ven-

---

[109] Nuevo art. 37 bis incorporado por el art. segundo.uno del Real Decreto 410/2014, de 6 de junio (BOE núm. 138, de 7 de junio de 2014). La obligación de información que regula este nuevo artículo será exigible por primera vez en el momento en que así se establezca en la norma de asistencia mutua que resulte de aplicación, según su Disp. Final única.
Orden HAP/1136/2014, de 30 de junio, por la que se regulan determinadas cuestiones relacionadas con las obligaciones de información y diligencia debida establecidas en el acuerdo entre el Reino de España y

drán obligadas a presentar una declaración informativa sobre cuentas financieras abiertas en aquellas cuando concurran las circunstancias especificadas en la normativa sobre asistencia mutua que, en cada caso, resulte de aplicación.

2. Respecto de las cuentas a que se refiere el párrafo anterior, y en atención a la normativa sobre asistencia mutua, las instituciones financieras deberán identificar la residencia o en su caso nacionalidad de las personas que, en los términos establecidos en dicha normativa, ostenten la titularidad o el control de las mismas. Dicha identificación se realizará conforme a las normas de diligencia debida que se determinarán mediante Orden del Ministro de Hacienda y Administraciones Públicas.

3. La información a suministrar comprenderá la que se derive de la normativa sobre asistencia mutua y, en todo caso, la identificación completa de las cuentas y el nombre y apellidos o razón social o denominación completa y, en su caso, número de identificación fiscal o análogo, de las personas citadas en el párrafo anterior.

4. Cuando en la norma sobre asistencia mutua que resulte de aplicación se prevea la posibilidad de aplicación de otra distinta por resultar ésta última más favorable, la declaración de concurrencia de esta circunstancia deberá realizarse mediante Orden del Ministro de Hacienda y Administraciones Públicas que deberá ser objeto de publicación en el «Boletín Oficial del Estado» previamente al momento en que haya de cumplirse con la obligación de información a que se refiere este artículo.

5. Mediante Orden del Ministro de Hacienda y Administraciones Públicas se aprobará el correspondiente modelo de declaración.

Artículo 38[110]. *Obligación de informar acerca de préstamos y créditos, y de movimientos de efectivo.*

1. Las entidades de crédito y demás entidades que, de acuerdo con la normativa vigente, se dediquen al tráfico bancario o crediticio, vendrán obligadas a presentar las siguientes declaraciones informativas anuales:

---

los Estados Unidos de América para la mejora del cumplimiento fiscal internacional y la aplicación de la ley estadounidense de cumplimiento tributario de cuentas extranjeras y se aprueba la declaración informativa anual de cuentas financieras de determinadas personas estadounidenses, modelo 290 (BOE núm. 160, de 2 de julio de 2014).

[110] Nueva redacción del art. 38 dada por el art. Segundo.Dos del Real Decreto 253/2025, de 1 de abril, por el que se modifican, en materia de obligaciones de información, el Reglamento del Impuesto sobre la Renta de las Personas Físicas, aprobado por el Real Decreto 439/2007, de 30 de marzo, y el Reglamento General de las actuaciones y los procedimientos de gestión e inspección tributaria y de desarrollo de las normas comunes de los procedimientos de aplicación de los tributos, aprobado por el Real Decreto 1065/2007, de 27 de julio (BOE núm. 80, de 2 de abril de 2025), en vigor el 1 de enero de 2026 y será de aplicación, por primera vez, en relación con las declaraciones informativas correspondientes a 2026 que deban presentarse a partir de dicha fecha, de conformidad con lo que establezca la orden ministerial por la que se aprueben los modelos correspondientes.

Redacción anterior dada por el artículo cuatro.seis del Real Decreto 1/2010, de 8 de enero (BOE núm. 16, de 19 de enero de 2010), en vigor desde el 20-01-2010: «*Las entidades de crédito y demás entidades que, de acuerdo con la normativa vigente, se dediquen al tráfico bancario o crediticio, vendrán obligadas a presentar las siguientes declaraciones informativas anuales:*

a) Declaración de los saldos por importe superior a 6.000 euros, existentes a 31 de diciembre, de los créditos y préstamos por ellas concedidos en la que se incluirá el nombre y apellidos o razón social o denominación completa y el número de identificación fiscal del acreditado o prestatario.

b) Declaración de las imposiciones, disposiciones de fondos y de los cobros de cualquier documento, que se realicen en moneda metálica o billetes de banco cuando su importe sea superior a 3.000 euros, cualquiera que sea el medio físico o electrónico utilizado, ya estén denominados en euros o en cualquier otra moneda.

No se incluirán en esta declaración informativa aquellas operaciones que deban ser objeto de comunicación a la Administración tributaria de acuerdo con lo previsto en el artículo 41.

La declaración contendrá el importe en euros de cada operación, su carácter de imposición, disposición o cobro, su fecha, la identificación de quien la realiza y el número de cuenta en la que se efectúan los correspondientes cargos o abonos, retiradas o ingresos de efectivo, así como cualquier otro dato relevante al efecto para concretar aquella información que establezca la orden ministerial por la que se apruebe el modelo correspondiente.

Las sucursales en territorio español de las entidades a las que se refiere este apartado de otros Estados miembros de la Unión Europea o de terceros países, vendrán obligadas a presentar las declaraciones informativas contempladas en las letras a) y b) en los términos establecidos en los párrafos anteriores.

Las entidades mencionadas anteriormente de otros Estados miembros de la Unión Europea o de terceros países, que, según la normativa reguladora, operen en España en régimen de libre prestación de servicios vendrán obligadas a presentar las declaraciones informativas contempladas en las letras a) y b) cuando el prestatario, o quien realice la operación, sean personas o entidades residentes en territorio español o establecimientos permanentes en territorio español de personas o entidades no residentes en España.

El modelo de declaración se presentará por vía electrónica.

2. Las entidades de dinero electrónico y las entidades de pago vendrán asimismo obligadas a presentar la declaración informativa contemplada en la letra b) del apartado anterior en relación con las citadas operaciones realizadas en las cuentas que gestionen.

La misma obligación recaerá sobre las sucursales en territorio español de las entidades a las que se refiere este apartado de otros Estados miembros de la Unión Europea, así como sobre las mismas entidades de otros Estados miembros de la Unión Europea que, según la

---

a) Declaración de los saldos por importe superior a 6.000 euros, existentes a 31 de diciembre, de los créditos y préstamos por ellas concedidos en la que se incluirá el nombre y apellidos o razón social o denominación completa y el número de identificación fiscal del acreditado o prestatario.

b) Declaración de las imposiciones, disposiciones de fondos y de los cobros de cualquier documento, que se realicen en moneda metálica o billetes de banco cuando su importe sea superior a 3.000 euros, cualquiera que sea el medio físico o electrónico utilizado, ya estén denominados en euros o en cualquier otra moneda.

No se incluirán en esta declaración informativa aquellas operaciones que deban ser objeto de comunicación a la Administración tributaria de acuerdo con lo previsto en el artículo 41.

La declaración contendrá el importe en euros de cada operación, su carácter de imposición, disposición o cobro, su fecha, la identificación de quien la realiza y el número de cuenta en la que se efectúan los correspondientes cargos o abonos, así como cualquier otro dato relevante al efecto para concretar aquella información que establezca la Orden Ministerial por la que se apruebe el modelo correspondiente».

normativa reguladora, operen en España en régimen de libre prestación de servicios, en este último caso respecto de las operaciones realizadas por personas o entidades residentes en territorio español o establecimientos permanentes en territorio español de personas o entidades no residentes en España.

Artículo 38 bis[111]. *Obligación de informar acerca de los cobros efectuados mediante cualquier tipo de tarjetas y mediante pagos asociados a números de teléfono móvil.*
1. Vendrán obligadas a presentar una declaración informativa mensual de las operaciones realizadas por los empresarios o profesionales adheridos al sistema de gestión de cobros a través de cualquier tipo de tarjetas, así como asociados a números de teléfono móvil:

a) Las entidades bancarias o de crédito y demás entidades que, de acuerdo con la normativa vigente, presten el servicio de gestión de cobros a través de tarjetas, con soporte físico o virtual, que ofrezcan funciones de efectivo, débito, débito diferido, crédito y dinero electrónico, en cualquier moneda, así como a través de pagos asociados a un número de teléfono móvil, a empresarios y profesionales establecidos en España.

b) Las entidades de dinero electrónico, las entidades de pago y demás entidades que faciliten la instalación de terminales de venta y la ejecución de operaciones de cobro por empresarios y profesionales establecidos en España.

Vendrán obligadas también a presentar esta declaración informativa las sucursales en territorio español de las entidades señaladas en las letras a) y b) de otros Estados miembros de la Unión Europea o de terceros países, así como las mismas entidades que operen en España en régimen de libre prestación de servicios, por los servicios de gestión de cobro y de instalación de terminales de venta a empresarios y profesionales establecidos en España.

2. La declaración contendrá:

---

[111] Nueva redacción del art. 38 bis dada por el art. Segundo.Tres del Real Decreto 253/2025, de 1 de abril, por el que se modifican, en materia de obligaciones de información, el Reglamento del Impuesto sobre la Renta de las Personas Físicas, aprobado por el Real Decreto 439/2007, de 30 de marzo, y el Reglamento General de las actuaciones y los procedimientos de gestión e inspección tributaria y de desarrollo de las normas comunes de los procedimientos de aplicación de los tributos, aprobado por el Real Decreto 1065/2007, de 27 de julio (BOE núm. 80, de 2 de abril de 2025), en vigor el 1 de enero de 2026 y será de aplicación, por primera vez, en relación con las declaraciones informativas correspondientes a 2026 que deban presentarse a partir de dicha fecha, de conformidad con lo que establezca la orden ministerial por la que se aprueben los modelos correspondientes.
Redacción anterior del art. 38 bis incorporado por el artículo cuatro.siete del Real Decreto 1/2010, de 8 de enero (BOE núm. 16, de 19 de enero de 2010), en vigor desde el 20-01-2010.: «*Obligación de informar acerca de los cobros efectuados mediante tarjetas de crédito o débito*
Las entidades bancarias o de crédito y demás entidades que, de acuerdo con la normativa vigente, presten el servicio de gestión de cobros a través de tarjetas de crédito o de débito a empresarios y profesionales establecidos en España vendrán obligadas a presentar una declaración informativa anual de las operaciones realizadas por los empresarios o profesionales adheridos a este sistema cuando el importe neto anual de los mencionados cobros exceda de 3.000 euros.
La declaración contendrá la identificación completa de los empresarios o profesionales, el número de comercio con el que éstos operan en el sistema, el importe anual facturado, la identificación de las cuentas a través de las que se efectúen los cobros, así como cualquier otro dato relevante al efecto para concretar aquella información que establezca la Orden Ministerial por la que se apruebe el modelo correspondiente».

a) La identificación completa de los empresarios o profesionales adheridos al sistema de gestión de cobros a través de cualquier tipo de tarjetas o de pagos asociados a un número de teléfono móvil.

b) Número de comercio con el que éstos operan en el sistema.

c) Los terminales de venta, con independencia de que se encuentren o no en territorio español.

d) El importe mensual facturado, distinguiendo entre los cobros con tarjetas y con pagos asociados a un número de teléfono móvil.

e) La identificación de las cuentas bancarias o de pago a través de las que se efectúen los cobros, o cualquier otro destino de dichos cobros.

Asimismo, deberá facilitarse cualquier otro dato relevante al efecto para concretar aquella información que establezca la orden ministerial por la que se apruebe el modelo correspondiente.

El modelo de declaración se presentará por vía electrónica.

Artículo 38 ter[112]. *Obligación de informar acerca de las operaciones realizadas con todo tipo de tarjetas.*

1. Vendrán obligadas a presentar una declaración informativa anual acerca de las operaciones realizadas con todo tipo de tarjetas, con soporte físico o virtual, que ofrezcan funciones de efectivo, débito, débito diferido, crédito y dinero electrónico, en cualquier moneda:

a) Las entidades de crédito y demás entidades que, de acuerdo con la normativa vigente, se dediquen al tráfico bancario o crediticio.

b) Las entidades de pago, las entidades de dinero electrónico y, en general, cualquier otra entidad emisora de las tarjetas anteriormente referenciadas.

Vendrán obligadas también a presentar esta declaración informativa las sucursales en territorio español de las entidades de otros Estados miembros de la Unión Europea o de terceros países, así como estas mismas entidades que, según la normativa reguladora, operen en España en régimen de libre prestación de servicios, en este último caso en cuanto emitan tarjetas a personas o entidades residentes en España, así como a favor de establecimientos permanentes en territorio español de personas o entidades no residentes.

2. Quedan excluidas de la presente obligación informativa las tarjetas cuyo importe total de cargos y cuyo importe total de abonos registrados en el ejercicio hayan sido inferiores a 25.000 euros.

3. La información a suministrar a la Administración tributaria comprenderá los siguientes datos:

a) Número de contrato formalizado por la entidad para la emisión de tarjetas.

---

[112] Nuevo art. 38 ter incorporado por el art. Segundo.Cuatro del Real Decreto 253/2025, de 1 de abril, por el que se modifican, en materia de obligaciones de información, el Reglamento del Impuesto sobre la Renta de las Personas Físicas, aprobado por el Real Decreto 439/2007, de 30 de marzo, y el Reglamento General de las actuaciones y los procedimientos de gestión e inspección tributaria y de desarrollo de las normas comunes de los procedimientos de aplicación de los tributos, aprobado por el Real Decreto 1065/2007, de 27 de julio (BOE núm. 80, de 2 de abril de 2025), en vigor el 1 de enero de 2026 y será de aplicación, por primera vez, en relación con las declaraciones informativas correspondientes a 2026 que deban presentarse a partir de dicha fecha, de conformidad con lo que establezca la orden ministerial por la que se aprueben los modelos correspondientes.

b) Datos identificativos de los titulares del contrato, que comprenderá nombre y apellidos o razón social, número de identificación fiscal, país de residencia, y fecha de nacimiento para personas físicas. En defecto de número de identificación fiscal, se suministrará el número de pasaporte o número de identidad válido en su país de origen y el país emisor de la documentación identificativa.

c) Número de tarjeta (PAN) asociada al contrato.

d) Tipo de tarjeta.

e) Datos identificativos señalados en el apartado b) del titular de la tarjeta, así como de las personas autorizadas a su uso en calidad de autorizado, beneficiario u otros.

f) Número de abonos y su importe total, registrados en la tarjeta en el año, con indicación del número de recargas en efectivo y su importe total, efectuadas en la tarjeta en el año.

g) Número de cargos y su importe total, registrados en la tarjeta en el año, con indicación del número de operaciones de gasto efectuadas con la tarjeta y su importe total, derivadas de los pagos realizados en establecimientos en el año y del número de retiradas de efectivo y su importe total, efectuadas con la tarjeta en el año.

h) Identificación de la cuenta, en su caso, a la que se vincula la operativa de la tarjeta, mediante su Código Internacional de Cuenta Bancaria (IBAN) o, en su defecto, mediante el correspondiente código de cuenta del cliente.

Asimismo, deberá facilitarse cualquier otro dato relevante al efecto para concretar aquella información que establezca la orden ministerial por la que se apruebe el modelo correspondiente.

El modelo de declaración se presentará por vía electrónica.

Artículo 39. *Obligación de informar acerca de valores, seguros y rentas.*

1. Las entidades que sean depositarias de valores mobiliarios deberán suministrar a la Administración tributaria, mediante la presentación de una declaración anual, la siguiente información respecto de los valores en ellas depositados:

a)[113] Nombre y apellidos o razón social o denominación completa y número de identificación fiscal de las personas o entidades titulares, a 31 de diciembre de cada año, de acciones y participaciones en el capital o en los fondos propios de entidades jurídicas, negociadas en mercados organizados. Asimismo, se informará sobre el número y clase de acciones y participaciones de las que sean titulares, de su valor nominal, así como de su valor conforme a lo dispuesto en el artículo 15 de la Ley 19/1991, de 6 de junio, del Impuesto sobre el Patrimonio.

b) Nombre y apellidos o razón social o denominación completa y número de identificación fiscal de las personas o entidades titulares, a 31 de diciembre de cada año, de los valores representativos de la cesión a terceros de capitales propios negociados en mercados organizados. Asimismo, se informará sobre el número y clase de valores de los que sean titulares, así como de su valor, conforme a lo dispuesto en el artículo 15 de la Ley 19/1991, de 6 de junio, del Impuesto sobre el Patrimonio.

---

[113]   Nueva redacción del art. 39.1.a) dada por la disposición final segunda del Real Decreto 399/2021, de 8 de junio, por el que se modifican el Reglamento de procedimientos amistosos en materia de imposición directa, aprobado por el Real Decreto 1794/2008, de 3 de noviembre, y otras normas tributarias (BOE» núm. 137, de 9 de junio de 2021), con efectos desde el día 10 de junio de 2021.

2. Las sociedades gestoras de instituciones de inversión colectiva, las entidades comercializadoras en España y los representantes de las entidades gestoras que operen en régimen de libre prestación de servicios, deberán suministrar a la Administración tributaria, mediante la presentación de una declaración anual, el nombre y apellidos o razón social o denominación completa y número de identificación fiscal de las personas o entidades titulares, a 31 de diciembre, de acciones y participaciones en el capital social o fondo patrimonial de las correspondientes instituciones de inversión colectiva. Asimismo, se informará sobre el número y clase de acciones y participaciones de las que sean titulares y, en su caso, compartimiento al que pertenezcan, así como de su valor liquidativo a 31 de diciembre. Asimismo, en el caso de comercialización transfronteriza de acciones o participaciones de instituciones de inversión españolas, la obligación de suministro de información corresponderá a la entidad comercializadora extranjera que figure como titular, por cuenta de terceros no residentes, de tales acciones o participaciones, de acuerdo con lo establecido en el párrafo c) del apartado 3 de la disposición adicional única del Reglamento del Impuesto sobre la Renta de no Residentes, sin perjuicio de la responsabilidad que corresponda a la gestora o sociedad de inversión ante la Administración tributaria, de conformidad con lo dispuesto en la citada disposición adicional única.

En el caso de acciones o participaciones en instituciones de inversión colectiva, admitidas a negociación en un mercado secundario o sistema organizado de negociación de valores, la obligación de suministro de la información a que se refiere el párrafo anterior corresponderá a la entidad que sea depositaria de dichas acciones o participaciones.

3[114]. Las entidades aseguradoras, incluidas las entidades aseguradoras domiciliadas en otro Estado miembro del Espacio Económico Europeo que operen en España en régimen de libre prestación de servicios, así como las entidades financieras, deberán presentar una declaración anual comprensiva de la siguiente información:

a) Nombre y apellidos y número de identificación fiscal de los tomadores de un seguro de vida a 31 de diciembre, con indicación de su valor de rescate a dicha fecha, o en su caso, con indicación del valor de la provisión matemática a 31 de diciembre, de acuerdo con lo

---

[114] Nueva redacción del art. 39.3 dada por el art. 3.cinco del Real Decreto 249/2023, de 4 de abril, por el que se modifican el Reglamento General de Desarrollo de la Ley 58/2003, de 17 de diciembre, General Tributaria, en materia de revisión en vía administrativa, aprobado por el Real Decreto 520/2005, de 13 de mayo; el Reglamento General de Recaudación, aprobado por el Real Decreto 939/2005, de 29 de julio; el Reglamento General de las actuaciones y los procedimientos de gestión e inspección tributaria y de desarrollo de las normas comunes de los procedimientos de aplicación de los tributos, aprobado por el Real Decreto 1065/2007, de 27 de julio; el Reglamento del Impuesto sobre Sucesiones y Donaciones, aprobado por el Real Decreto 1629/1991, de 8 de noviembre; el Reglamento del Impuesto sobre el Valor Añadido, aprobado por el Real Decreto 1624/1992, de 29 de diciembre; el Reglamento del Impuesto sobre la Renta de las Personas Físicas, aprobado por el Real Decreto 439/2007, de 30 de marzo, y el Reglamento del Impuesto sobre Sociedades, aprobado por el Real Decreto 634/2015, de 10 de julio (BOE núm. 81, de 5 de abril 2023) en vigor desde el 25 de abril de 2023.
Redacción anterior dada por el art. primero.nueve del Real Decreto 1070/2017, de 29 de diciembre, por el que se modifican el Reglamento General de las actuaciones y los procedimientos de gestión e inspección tributaria y de desarrollo de las normas comunes de los procedimientos de aplicación de los tributos, aprobado por el Real Decreto 1065/2007, de 27 de julio, y el Real Decreto 1676/2009, de 13 de noviembre, por el que se regula el Consejo para la Defensa del Contribuyente (BOE núm. 317, de 30 de diciembre de 201), en vigor desde el 1 de enero de 2018.

dispuesto en el apartado Uno del artículo 17 de la Ley 19/1991, de 6 de junio, del Impuesto sobre el Patrimonio.

b) Nombre y apellidos y número de identificación fiscal de las personas que sean beneficiarias a 31 de diciembre de una renta temporal o vitalicia, como consecuencia de la entrega de un capital en dinero, bienes muebles o inmuebles, con indicación de su valor de capitalización a dicha fecha, de acuerdo con lo dispuesto en el apartado Dos del artículo 17 de la Ley 19/1991, de 6 de junio, del Impuesto sobre el Patrimonio.

En caso de percepción de rentas temporales o vitalicias que deriven de un seguro de vida, se informará del nombre y apellidos y número de identificación fiscal del perceptor de la renta a 31 de diciembre, salvo que el tomador del seguro sea persona distinta del perceptor de la renta y conserve el derecho de rescate, en cuyo caso se informará del nombre y apellidos y número de identificación fiscal del tomador en la citada fecha.

En los supuestos previstos en el párrafo anterior, se indicará el valor de rescate a 31 diciembre o, en su caso, el valor de la provisión matemática en la citada fecha de acuerdo con lo dispuesto en el artículo 17 de la Ley 19/1991, de 6 de junio, del Impuesto sobre el Patrimonio.

Artículo 39 bis[115]. Obligación de informar sobre saldos en monedas virtuales.

1. Las personas y entidades residentes en España y los establecimientos permanentes en territorio español de personas o entidades residentes en el extranjero, que proporcionen servicios para salvaguardar claves criptográficas privadas en nombre de terceros, para mantener, almacenar y transferir monedas virtuales, ya se preste dicho servicio con carácter principal o en conexión con otra actividad, vendrán obligadas a presentar una declaración informativa anual referente a la totalidad de las monedas virtuales que mantengan custodiadas, en los términos que establezca la orden ministerial por la que se apruebe el modelo correspondiente.

2. La información a suministrar a la Administración tributaria comprenderá el nombre y apellidos o razón social o denominación completa, domicilio y número de identificación fiscal de las personas o entidades a quienes correspondan en algún momento del año las

---

[115] Nuevo art. 39 bis incorporado por el art. 3.seis del Real Decreto 249/2023, de 4 de abril, por el que se modifican el Reglamento General de Desarrollo de la Ley 58/2003, de 17 de diciembre, General Tributaria, en materia de revisión en vía administrativa, aprobado por el Real Decreto 520/2005, de 13 de mayo; el Reglamento General de Recaudación, aprobado por el Real Decreto 939/2005, de 29 de julio; el Reglamento General de las actuaciones y los procedimientos de gestión e inspección tributaria y de desarrollo de las normas comunes de los procedimientos de aplicación de los tributos, aprobado por el Real Decreto 1065/2007, de 27 de julio; el Reglamento del Impuesto sobre Sucesiones y Donaciones, aprobado por el Real Decreto 1629/1991, de 8 de noviembre; el Reglamento del Impuesto sobre el Valor Añadido, aprobado por el Real Decreto 1624/1992, de 29 de diciembre; el Reglamento del Impuesto sobre la Renta de las Personas Físicas, aprobado por el Real Decreto 439/2007, de 30 de marzo, y el Reglamento del Impuesto sobre Sociedades, aprobado por el Real Decreto 634/2015, de 10 de julio (BOE núm. 81, de 5 de abril 2023) en vigor desde el 25 de abril de 2023.
Disposición transitoria primera. *Régimen transitorio de las obligaciones de información sobre monedas virtuales.*
«1. Las primeras declaraciones relativas a las obligaciones de información sobre monedas virtuales a que se refieren los apartados seis y nueve del artículo 3 se deberán presentar a partir de 1 de enero de 2024 respecto de la información correspondiente al año inmediato anterior».

monedas virtuales, ya sea como titulares, autorizados o beneficiarios, y los saldos a 31 de diciembre.

La información relativa a los saldos incluirá, para cada moneda virtual, el tipo de moneda virtual, el número de unidades de moneda virtual a 31 de diciembre y su valoración en euros.

Para efectuar la valoración en euros, los sujetos obligados tomarán la cotización a 31 de diciembre que ofrezcan las principales plataformas de negociación o sitios web de seguimiento de precios o, en su defecto, proporcionarán una estimación razonable del valor de mercado en euros de la moneda virtual a 31 de diciembre. A este respecto, se indicará la cotización o valor utilizado para efectuar tal valoración.

Asimismo, se deberá informar de los saldos a 31 de diciembre de moneda fiduciaria que, en su caso, mantengan por cuenta de terceros, respecto de los que proporcionarán los mismos datos identificativos de su titular, autorizado o beneficiario a que se refiere el primer párrafo de este apartado, así como su valoración en euros cuando la moneda sea distinta del euro.

3. En el caso de que con anterioridad a 31 de diciembre las personas o entidades a las que se refiere el apartado 1 de este artículo hubieran dejado de mantener custodiadas las monedas virtuales que correspondan a las personas o entidades a las que se refiere el apartado 2 de este artículo, la información a suministrar se referirá a la fecha en la que se hubiera producido tal circunstancia.

4. A los efectos de este artículo, los conceptos de moneda virtual y de moneda fiduciaria se entenderán según lo dispuesto en el artículo 1, apartados 5 y 6, respectivamente, de la Ley 10/2010, de 28 de abril, de prevención del blanqueo de capitales y de la financiación del terrorismo.

Artículo 39 ter[116]. *Obligación de informar sobre operaciones con monedas virtuales.*

1. Las personas y entidades residentes en España y los establecimientos permanentes en territorio español de personas o entidades residentes en el extranjero, que proporcionen servicios de cambio entre monedas virtuales y moneda fiduciaria o entre diferentes monedas virtuales, intermedien de cualquier forma en la realización de dichas operaciones o pro-

---

[116] Nuevo art. 39 ter incorporado por el art. 3.siete del Real Decreto 249/2023, de 4 de abril, por el que se modifican el Reglamento General de Desarrollo de la Ley 58/2003, de 17 de diciembre, General Tributaria, en materia de revisión en vía administrativa, aprobado por el Real Decreto 520/2005, de 13 de mayo; el Reglamento General de Recaudación, aprobado por el Real Decreto 939/2005, de 29 de julio; el Reglamento General de las actuaciones y los procedimientos de gestión e inspección tributaria y de desarrollo de las normas comunes de los procedimientos de aplicación de los tributos, aprobado por el Real Decreto 1065/2007, de 27 de julio; el Reglamento del Impuesto sobre Sucesiones y Donaciones, aprobado por el Real Decreto 1629/1991, de 8 de noviembre; el Reglamento del Impuesto sobre el Valor Añadido, aprobado por el Real Decreto 1624/1992, de 29 de diciembre; el Reglamento del Impuesto sobre la Renta de las Personas Físicas, aprobado por el Real Decreto 439/2007, de 30 de marzo, y el Reglamento del Impuesto sobre Sociedades, aprobado por el Real Decreto 634/2015, de 10 de julio (BOE núm. 81, de 5 de abril 2023) en vigor desde el 25 de abril de 2023.

Disposición transitoria primera. *Régimen transitorio de las obligaciones de información sobre monedas virtuales.*

«2. La primera declaración relativa a la obligación de informar sobre operaciones con monedas virtuales a que se refiere el apartado siete del artículo 3 se deberá presentar a partir de 1 de enero de 2024 respecto de las operaciones correspondientes al año inmediato anterior realizadas desde la fecha de entrada en vigor de este real decreto».

porcionen servicios para salvaguardar claves criptográficas privadas en nombre de terceros, para mantener, almacenar y transferir monedas virtuales, vendrán obligadas a presentar una declaración informativa anual referente a las operaciones de adquisición, transmisión, permuta y transferencia de monedas virtuales, sea cual sea la contraprestación pactada, en su caso, así como los cobros y pagos realizados en dichas monedas, en las que intervengan o medien, en los términos que establezca la orden ministerial por la que se apruebe el modelo correspondiente.

No se entenderán incluidas en el párrafo anterior las personas o entidades cuya actividad se limite al asesoramiento sobre monedas virtuales, a la mera puesta en contacto de las partes interesadas en efectuar operaciones con monedas virtuales o a la simple atención de órdenes de cobro y pago en moneda fiduciaria de las personas o entidades que proporcionen servicios de cambio entre monedas virtuales y moneda fiduciaria o entre diferentes monedas virtuales o servicios para salvaguardar claves criptográficas privadas en nombre de terceros, o de sus clientes.

2. La información a suministrar a la Administración tributaria comprenderá el nombre y apellidos o razón social o denominación completa, domicilio y número de identificación fiscal de los sujetos que efectúen las operaciones señaladas en el apartado anterior.

Respecto de cada operación, la información a suministrar a la Administración tributaria comprenderá el tipo de operación, la fecha de la operación, el tipo y el número de unidades de moneda virtual adquirida, transmitida, permutada o transferida, el valor en euros por el que se efectúa la operación y, en su caso, las comisiones y gastos asociados a la operación y que vaya a percibir el sujeto obligado a proporcionar la información.

En el caso de que exista contraprestación y el sujeto obligado a proporcionar la información sea quien la satisfaga o perciba, intermedie en su percepción o entrega o tenga conocimiento de ella, se informará asimismo de si ésta consiste en moneda fiduciaria, en otra moneda o activo virtual, en bienes o servicios o en una combinación de las anteriores.

Cuando la operación no lleve aparejada contraprestación en moneda fiduciaria en su totalidad, y, por tanto, resulte necesario efectuar la valoración de la operación en euros, los sujetos obligados tomarán la cotización que ofrezcan las principales plataformas de negociación o sitios web de seguimiento de precios en la fecha en la que se haya efectuado la operación o, en su defecto, proporcionarán una estimación razonable del valor de mercado en euros de la moneda virtual en la fecha en la que se haya efectuado la operación. A este respecto, se indicará la cotización o valor utilizado para efectuar tal valoración.

3. Las personas y entidades residentes en España y los establecimientos permanentes en territorio español de personas o entidades residentes en el extranjero, que realicen ofertas iniciales de nuevas monedas virtuales, vendrán también obligadas a presentar esta declaración informativa anual con la información prevista en el apartado anterior referente a las entregas de nuevas monedas virtuales que efectúen a cambio de otras monedas virtuales o de moneda fiduciaria, en los términos que establezca la orden ministerial por la que se apruebe el modelo correspondiente.

No obstante, cuando las ofertas iniciales de nuevas monedas virtuales se realicen con la intermediación de alguno de los sujetos obligados a que se refiere el apartado 1 de este artículo, la declaración informativa anual deberá realizarla este último, cualquiera que sea la residencia de la persona o entidad que realice la oferta inicial de nuevas monedas virtuales, e incluirá la identificación de ésta y la información prevista en el apartado anterior referente a todas las operaciones a las que se refiere el apartado 1 de este artículo que se efectúen, en su caso, en el marco de dicha oferta inicial, en los términos que establezca la orden ministerial por la que se apruebe el modelo correspondiente.

4. A los efectos de este artículo, los conceptos de moneda virtual y de moneda fiduciaria se entenderán según lo dispuesto en el artículo 1, apartados 5 y 6, respectivamente, de la Ley 10/2010, de 28 de abril, de prevención del blanqueo de capitales y de la financiación del terrorismo.

Artículo 40. *Obligación de informar sobre los titulares de cuentas u otras operaciones que no hayan facilitado el número de identificación fiscal.*

1. De acuerdo con lo previsto en el artículo 28.3, las entidades de crédito deberán comunicar trimestralmente a la Administración tributaria las cuentas u operaciones, aunque tales cuentas u operaciones hayan sido canceladas, cuyo titular no haya facilitado su número de identificación fiscal o lo haya comunicado transcurrido el plazo establecido en dicho artículo.

2. La declaración contendrá, al menos, los siguientes datos:

a) Nombre y apellidos o razón social o denominación completa y domicilio y, en su caso, número de identificación fiscal de cada una de las personas o entidades relacionadas en la declaración.

b) Naturaleza o clase y número de cuenta u operación, así como su saldo o importe.

Artículo 41. *Obligación de informar acerca del libramiento de cheques por parte de las entidades de crédito.*

1. De acuerdo con lo previsto en el artículo 28.4, las entidades de crédito deberán comunicar anualmente a la Administración tributaria la información relativa a los cheques que libren contra entrega de efectivo, bienes, valores u otros cheques, con excepción de los librados contra una cuenta bancaria.

También deberán comunicar la información relativa a los cheques que abonen en efectivo, y no en cuenta bancaria, que hubiesen sido emitidos por una entidad de crédito, o que, habiendo sido librados por personas distintas, tuvieran un valor facial superior a 3.000 euros.

2. A estos efectos, las entidades de crédito deberán presentar una declaración que contendrá, al menos, la siguiente información:

a) Nombre y apellidos o razón social o denominación completa y número de identificación fiscal de los tomadores o, según proceda, de las personas que presenten al cobro los cheques que son objeto de esta declaración.

b) El número de serie y la cuantía de los cheques con separación de los librados por la entidad y los abonados por la misma. Se distinguirán, a su vez, los emitidos por otras entidades de crédito y los librados por personas distintas de cuantía superior a 3.000 euros.

Artículo 42. *Obligación de informar sobre determinadas operaciones con activos financieros.*

1. Estarán obligados a suministrar información a la Administración tributaria mediante la presentación de una declaración anual sobre determinadas operaciones con activos financieros, en los términos previstos en este artículo:

a) Los fedatarios públicos, las sociedades gestoras de instituciones de inversión colectiva, las entidades comercializadoras de participaciones en fondos de inversión, las entidades y establecimientos financieros de crédito, las sociedades y agencias de valores, los demás intermediarios financieros y cualquier persona física o jurídica, de acuerdo con lo dispuesto en las leyes reguladoras del Impuesto sobre la Renta de las Personas Físicas, del Impuesto sobre Sociedades, del Impuesto sobre la Renta de no Residentes y por las demás leyes que contengan disposiciones en esta materia[117].

Asimismo, estarán sujetas a esta obligación de información las sociedades de inversión de capital variable en los supuestos a que se refiere el artículo 32.7 de la Ley 35/2003, de 4 de noviembre, de Instituciones de Inversión Colectiva.

b) Las entidades emisoras de títulos o valores nominativos no cotizados en un mercado organizado, respecto de las operaciones de emisión de aquellos, de conformidad con lo dispuesto en el artículo 109 de la Ley 24/1988, de 28 de julio, del Mercado de Valores, y las sociedades rectoras de los mercados de futuros y opciones, respecto de las operaciones en dichos mercados en los términos previstos para los intermediarios financieros en las leyes reguladoras del Impuesto sobre la Renta de las Personas Físicas, del Impuesto sobre Sociedades, del Impuesto sobre la Renta de no Residentes.

c) La Sociedad de Gestión de los Sistemas de Registro, Compensación y Liquidación de Valores, o las entidades gestoras que intervengan en la suscripción, transmisión y reembolso de la Deuda del Estado representada en anotaciones en cuenta, respecto de dichas operaciones, así como, en su caso, del rendimiento.

2. A efectos del cumplimiento de la obligación de información prevista en este artículo, cuando en una operación intervengan sociedades gestoras de instituciones de inversión colectiva o sociedades de inversión de capital variable a que se refiere el apartado 1.a) anterior o entidades mencionadas en el apartado 1.b) anterior, junto con fedatarios o intermediarios financieros a los que se refiere apartado 1.a), la declaración que contenga la información deberá realizarla el fedatario o intermediario financiero que intervenga.

Cuando se trate de valores emitidos en el extranjero o de instrumentos derivados constituidos en el extranjero, la declaración deberá ser realizada por las entidades comercializadoras de tales valores en España y por los representantes de las entidades gestoras que operen en régimen de libre prestación de servicios o, en su defecto, por las entidades depositarias de los mismos en España.

Respecto de las operaciones relativas a derechos de suscripción corresponderá realizar la declaración a la entidad depositaria de dichos valores en España y, en su defecto, al intermediario financiero o al fedatario público que haya intervenido en la operación[118].

3. La obligación de información a que se refiere el apartado 1 deberá incluir las operaciones y contratos que tengan lugar fuera del territorio nacional y se realicen con la intervención, por cuenta propia o ajena, de intermediarios residentes en territorio español o con establecimiento permanente en el mismo.

---

[117] Nueva redacción del el párrafo primero de la letra a) del art. 42.1 dada por el art. cuarto Uno del Real Decreto 960/2013, de 5 de diciembre (BOE núm. 292, de 6 de diciembre de 2013), con efectos desde el 1 de enero de 2014.

[118] Nuevo párrafo tercero incorporado por el art. Tercero.Cinco de la Real Decreto 1512/2018, de 28 de diciembre (BOE núm. 314, de 29 de diciembre de 2018), en vigor desde el 1 de enero de 2019.

4[119]. Los obligados tributarios a que se refiere el apartado 1 deberán facilitar a la Administración tributaria la identificación completa de los sujetos intervinientes en las operaciones, con indicación de la condición con la que intervienen y el porcentaje de participación, de su nombre y apellidos o razón social o denominación completa, domicilio y número de identificación fiscal, así como de la clase y número de los efectos públicos, valores, títulos y activos, y del importe, fecha y, en su caso, rendimiento o resultado de cada operación.

5. La obligación de información prevista en este artículo se entenderá cumplida, respecto de las operaciones sometidas a retención, con la presentación del resumen anual de retenciones correspondiente.

6. Sin perjuicio de la obligación de información a que se refiere el apartado 4, las entidades participantes o miembros del sistema correspondiente de compensación y liquidación del mercado donde se negocien valores objeto de préstamo, las entidades financieras que participen o medien en las operaciones de préstamo de valores y la Sociedad de Gestión de los Sistemas de Registro, Compensación y Liquidación de valores o, en su caso, la entidad que realice las funciones de registro, compensación y liquidación de los mercados o sistemas organizados de negociación de valores regulados en el artículo 31.4 de la Ley 24/1988, de 28 de julio, del Mercado de Valores, deberán suministrar a la Administración tributaria la información a que se refiere el apartado 3 de la disposición adicional decimoctava de la Ley 62/2003, de 30 de diciembre, de Medidas Fiscales, Administrativas y del Orden Social.

Artículo 42 bis[120]. *Obligación de informar acerca de cuentas en entidades financieras situadas en el extranjero.*

1. Las personas físicas y jurídicas residentes en territorio español, los establecimientos permanentes en dicho territorio de personas o entidades no residentes y las entidades a que se refiere el artículo 35.4 de la Ley 58/2003, de 17 de diciembre, General Tributaria, vendrán obligados a presentar una declaración informativa anual referente a la totalidad de las cuentas de su titularidad, o en las que figuren como representantes, autorizados o beneficiarios, o sobre las que tengan poderes de disposición, o de las que sean titulares reales conforme a lo señalado en el párrafo siguiente, que se encuentren situadas en el extranjero, abiertas en entidades que se dediquen al tráfico bancario o crediticio, a 31 de diciembre de cada año.

Dicha obligación también se extiende a quienes hayan sido titulares, representantes, autorizados, o beneficiarios de las citadas cuentas, o hayan tenido poderes de disposición sobre las mismas, o hayan sido titulares reales en cualquier momento del año al que se refiera la declaración.

A estos efectos, se entenderá por titular real quien tenga dicha consideración de acuerdo con lo previsto en el apartado 2 del artículo 4 de la Ley 10/2010, de 28 de abril de 2010, de prevención del blanqueo de capitales y de la financiación del terrorismo, respecto de cuentas a nombre de las personas o instrumentos a que se refiere el citado apartado 2, cuando éstos tengan su residencia o se encuentren constituidos en el extranjero.

---

[119] Nueva redacción del art. 42.4, dada por el art. cuarto Uno del Real Decreto 960/2013, de 5 de diciembre (BOE núm. 292, de 6 de diciembre de 2013), con efectos desde el 1 de enero de 2014.

[120] Nuevo artículo incorporado por el art. segundo dos del Real Decreto 1558/2012, de 15 de noviembre (BOE núm. 283, de 24 de noviembre de 2012).

2. La información a suministrar a la Administración tributaria comprenderá:

a) La razón social o denominación completa de la entidad bancaria o de crédito así como su domicilio.

b) La identificación completa de las cuentas.

c) La fecha de apertura o cancelación, o, en su caso, las fechas de concesión y revocación de la autorización.

d) Los saldos de las cuentas a 31 de diciembre y el saldo medio correspondiente al último trimestre del año.

La información a suministrar se referirá a cuentas corrientes, de ahorro, imposiciones a plazo, cuentas de crédito y cualesquiera otras cuentas o depósitos dinerarios con independencia de la modalidad o denominación que adopten, aunque no exista retribución.

3. La información sobre saldos a 31 de diciembre y saldo medio correspondiente al último trimestre deberá ser suministrada por quien tuviese la condición de titular, representante, autorizado o beneficiario o tenga poderes de disposición sobre las citadas cuentas o la consideración de titular real a esa fecha.

El resto de titulares, representantes, autorizados, beneficiarios, personas con poderes de disposición o titulares reales deberán indicar el saldo de la cuenta en la fecha en la que dejaron de tener tal condición.

4. La obligación de información prevista en este artículo no resultará de aplicación respecto de las siguientes cuentas:

a) Aquéllas de las que sean titulares las entidades a que se refiere el artículo 9.1 del texto refundido de la Ley del Impuesto sobre Sociedades, aprobado, por el Real Decreto Legislativo 4/2004, de 5 de marzo.

b) Aquéllas de las que sean titulares personas jurídicas y demás entidades residentes en territorio español, así como establecimientos permanentes en España de no residentes, registradas en su contabilidad de forma individualizada e identificadas por su número, entidad de crédito y sucursal en la que figuren abiertas y país o territorio en que se encuentren situadas.

c) Aquéllas de las que sean titulares las personas físicas residentes en territorio español que desarrollen una actividad económica y lleven su contabilidad de acuerdo con lo dispuesto en el Código de Comercio, registradas en dicha documentación contable de forma individualizada e identificadas por su número, entidad de crédito y sucursal en la que figuren abiertas y país o territorio en que se encuentren situadas.

d) Aquéllas de las que sean titulares personas físicas, jurídicas y demás entidades residentes en territorio español, abiertas en establecimientos en el extranjero de entidades de crédito domiciliadas en España, que deban ser objeto de declaración por dichas entidades conforme a lo previsto en el artículo 37 de este Reglamento, siempre que hubieran podido ser declaradas conforme a la normativa del país donde esté situada la cuenta.

e) No existirá obligación de informar sobre ninguna cuenta cuando los saldos a 31 de diciembre a los que se refiere el apartado 2.d) no superen, conjuntamente, los 50.000 euros, y la misma circunstancia concurra en relación con los saldos medios a que se refiere el mismo apartado. En caso de superarse cualquiera de dichos límites conjuntos deberá informarse sobre todas las cuentas.

5. Esta obligación deberá cumplirse entre el 1 de enero y el 31 de marzo del año siguiente a aquel al que se refiera la información a suministrar.

La presentación de la declaración en los años sucesivos sólo será obligatoria cuando cualquiera de los saldos conjuntos a que se refiere el apartado 4.e) hubiese experimentado un incremento superior a 20.000 euros respecto de los que determinaron la presentación de la última declaración.

En todo caso será obligatoria la presentación de la declaración en los supuestos previstos en el último párrafo del apartado 3 respecto de las cuentas a las que el mismo se refiere.

Mediante orden ministerial se aprobará el correspondiente modelo de declaración.

6. A efectos de lo dispuesto en la disposición adicional decimoctava de la Ley 58/2003, de 17 de diciembre, General Tributaria, constituyen distintos conjuntos de datos las informaciones a que se refieren los apartados 2.a) y 2.b) anteriores, para cada entidad y cuenta.

A estos mismos efectos, tendrá la consideración de dato cada una de las fechas y saldos a los que se refieren los párrafos c) y d) del apartado 2 así como el saldo a que se refiere el último párrafo del apartado 3, para cada cuenta.

Artículo 42 ter[121]. *Obligación de información sobre valores, derechos, seguros y rentas depositados, gestionados u obtenidas en el extranjero.*

1. Las personas físicas y jurídicas residentes en territorio español, los establecimientos permanentes en dicho territorio de personas o entidades no residentes y las entidades a que se refiere el artículo 35.4 de la Ley 58/2003, de 17 de diciembre, General Tributaria, deberán suministrar a la Administración tributaria, mediante la presentación de una declaración anual, información respecto de los siguientes bienes y derechos situados en el extranjero de los que resulten titulares o respecto de los que tengan la consideración de titular real conforme a lo previsto en el apartado 2 del artículo 4 de la Ley 10/2010, de 28 de abril de 2010, de prevención del blanqueo de capitales y de la financiación del terrorismo, a 31 de diciembre de cada año:

i) Los valores o derechos representativos de la participación en cualquier tipo de entidad jurídica.

ii) Los valores representativos de la cesión a terceros de capitales propios.

iii) Los valores aportados para su gestión o administración a cualquier instrumento jurídico, incluyendo fideicomisos y «trusts» o masas patrimoniales que, no obstante carecer de personalidad jurídica, puedan actuar en el tráfico económico.

La declaración informativa contendrá los siguientes datos:

a) Razón social o denominación completa de la entidad jurídica, del tercero cesionario o identificación del instrumento o relación jurídica, según corresponda, así como su domicilio.

b) Saldo a 31 de diciembre de cada año, de los valores y derechos representativos de la participación en el capital o en los fondos propios de entidades jurídicas.

La información comprenderá el número y clase de acciones y participaciones de las que se sea titular, así como su valor.

c) Saldo a 31 de diciembre de los valores representativos de la cesión a terceros de capitales propios.

---

[121] Nuevo artículo incorporado por el art. segundo tres del Real Decreto 1558/2012, de 15 de noviembre (BOE núm. 283, de 24 de noviembre de 2012).

La información comprenderá el número y clase de valores de los que se sea titular, así como su valor.

d) Saldo a 31 de diciembre de los valores aportados al instrumento jurídico correspondiente.

La información comprenderá el número y clase de valores aportados, así como su valor.

La obligación de información regulada en este apartado también se extiende a cualquier obligado tributario que hubiese sido titular o titular real de los valores y derechos a los que se refieren los párrafos b), c) y d) anteriores en cualquier momento del año al que se refiera la declaración y que hubiese perdido dicha condición a 31 de diciembre de ese año. En estos supuestos, la información a suministrar será la correspondiente a la fecha en la que dicha extinción se produjo.

2. Los obligados tributarios a que se refiere el apartado anterior deberán suministrar a la Administración tributaria información, mediante la presentación de una declaración anual, de las acciones y participaciones en el capital social o fondo patrimonial de instituciones de inversión colectiva situadas en el extranjero de las que sean titulares o respecto de las que tengan la consideración de titular real conforme a lo previsto el apartado 2 del artículo 4 de la Ley 10/2010, de 28 de abril de 2010, de prevención del blanqueo de capitales y de la financiación del terrorismo.

La información comprenderá la razón social o denominación completa de la institución de inversión colectiva y su domicilio, así como el número y clase de acciones y participaciones y, en su caso, compartimiento al que pertenezcan, así como su valor liquidativo a 31 de diciembre.

La obligación de información regulada en este apartado 2 se extiende a cualquier obligado tributario que hubiese sido titular o titular real de las acciones y participaciones en cualquier momento del año al que se refiera la declaración y que hubiese perdido dicha condición a 31 de diciembre de ese año. En estos supuestos, la información a suministrar será la correspondiente a la fecha en la que dicha extinción se produjo.

3[122]**.** Los obligados tributarios a que se refiere el apartado primero de este artículo deberán suministrar a la Administración tributaria información mediante una declaración anual sobre:

a) Los seguros de vida o invalidez de los que resulten tomadores a 31 de diciembre de cada año cuando la entidad aseguradora se encuentre situada en el extranjero, con indicación de su valor de rescate a dicha fecha.

---

[122] Nueva redacción del art. 42 ter.3 dada por el art. 3.ocho del Real Decreto 249/2023, de 4 de abril, por el que se modifican el Reglamento General de Desarrollo de la Ley 58/2003, de 17 de diciembre, General Tributaria, en materia de revisión en vía administrativa, aprobado por el Real Decreto 520/2005, de 13 de mayo; el Reglamento General de Recaudación, aprobado por el Real Decreto 939/2005, de 29 de julio; el Reglamento General de las actuaciones y los procedimientos de gestión e inspección tributaria y de desarrollo de las normas comunes de los procedimientos de aplicación de los tributos, aprobado por el Real Decreto 1065/2007, de 27 de julio; el Reglamento del Impuesto sobre Sucesiones y Donaciones, aprobado por el Real Decreto 1629/1991, de 8 de noviembre; el Reglamento del Impuesto sobre el Valor Añadido, aprobado por el Real Decreto 1624/1992, de 29 de diciembre; el Reglamento del Impuesto sobre la Renta de las Personas Físicas, aprobado por el Real Decreto 439/2007, de 30 de marzo, y el Reglamento del Impuesto sobre Sociedades, aprobado por el Real Decreto 634/2015, de 10 de julio (BOE núm. 81, de 5 de abril 2023) en vigor desde el 25 de abril de 2023.

No obstante, cuando el tomador no tenga la facultad de ejercer el derecho de rescate total a 31 de diciembre, se indicará el valor de la provisión matemática a dicha fecha.

Lo dispuesto en el párrafo anterior no se aplicará a los seguros temporales que únicamente incluyan prestaciones en caso de fallecimiento o invalidez u otras garantías complementarias de riesgo.

b) Las rentas temporales o vitalicias de las que sean beneficiarios a 31 de diciembre, como consecuencia de la entrega de un capital en dinero, de derechos de contenido económico o de bienes muebles o inmuebles, a entidades situadas en el extranjero, con indicación de su valor de capitalización a dicha fecha.

No obstante, cuando las citadas rentas procedan de un seguro de vida, se indicará el valor establecido en la letra a) anterior. En caso de que el tomador del seguro sea persona distinta del beneficiario de la renta y conserve el derecho de rescate, será dicho tomador el que suministrará a la Administración tributaria la citada información.

En los casos señalados en los párrafos a) y b) anteriores, se deberá identificar a la entidad aseguradora indicando la razón social o denominación completa y su domicilio.

4. La obligación de información prevista en este artículo no resultará exigible en los siguientes supuestos:

a) Cuando el obligado tributario sea una de las entidades a que se refiere el artículo 9.1 del texto refundido de la Ley del Impuesto sobre Sociedades, aprobado, por el Real Decreto Legislativo 4/2004, de 5 de marzo.

b) Cuando el obligado tributario sea una persona jurídica o entidad residente en territorio español o cuando sea un establecimiento permanente en España de no residentes, que tengan registrados en su contabilidad de forma individualizada los valores, derechos, seguros y rentas a que se refiere este artículo.

c)[123] Cuando los valores a los que se refieren cada uno de los apartados 1.b), 1.c) y 1.d), el valor liquidativo a que se refiere el apartado 2, el valor de rescate o de la provisión matemática a que se refiere el apartado 3.a) y el valor de capitalización señalado en el apartado 3.b), no superen, conjuntamente, el importe de 50.000 euros. En caso de superarse dicho límite conjunto deberá informarse sobre todos los títulos, activos, valores, derechos, seguros o rentas.

5. Esta obligación deberá cumplirse entre el 1 de enero y el 31 de marzo del año siguiente a aquel al que se refiera la información a suministrar.

La presentación de la declaración en los años sucesivos sólo será obligatoria cuando el valor conjunto para todos los valores previsto en el apartado 4.c) hubiese experimentado un incremento superior a 20.000 euros respecto del que determinó la presentación de la última declaración.

En todo caso será obligatoria la presentación de la declaración en los supuestos previstos en el último párrafo del apartado 1 y en el último párrafo del apartado 2, respecto de los valores, derechos, acciones y participaciones respecto de los que se hubiese extinguido la titularidad a 31 de diciembre.

Mediante orden ministerial se aprobará el correspondiente modelo de declaración.

---

[123] Nueva redacción del art. 42 ter.4.c) dada por el art. 3.ocho del Real Decreto 249/2023, de 4 de abril (BOE núm. 81, de 5 de abril 2023) en vigor desde el 25 de abril de 2023.

6. Las valoraciones a que se refieren los distintos apartados de este artículo deberán suministrarse calculadas conforme a las reglas establecidas en la Ley 19/1991, de 6 de junio, del Impuesto sobre el Patrimonio.

7. A efectos de lo dispuesto en la disposición adicional decimoctava de la Ley 58/2003, de 17 de diciembre, General Tributaria, constituyen conjunto de datos los relativos a la identificación y domicilio de cada una de las entidades jurídicas, terceros cesionarios, instrumentos o relaciones jurídicas, instituciones de inversión colectiva y entidades aseguradoras a que se refieren los apartados 1.a), 2 y 3.

A estos mismos efectos, tendrá la consideración de dato cada una de las informaciones exigidas en los apartados anteriores para cada tipo de elemento patrimonial individualizado conforme a continuación se indica:

a) En el apartado 1.b), por cada clase de acción y participación.

b) En el apartado 1.c), por cada clase de valor.

c) En el apartado 1.d), por cada clase de valor.

d) En el apartado 2, por cada clase de acción y participación.

e) En el apartado 3.a), por cada seguro de vida.

f) En el apartado 3.b), por cada renta temporal o vitalicia.

También tendrá la consideración de dato cada uno de los saldos a que se refieren el último párrafo del apartado 1, por cada clase de valor, y el último párrafo del apartado 2, por cada clase de acción y participación.

Artículo 42 quater[124]. *Obligación de informar acerca de las monedas virtuales situadas en el extranjero.*

1. Las personas físicas y jurídicas residentes en territorio español, los establecimientos permanentes en dicho territorio de personas o entidades no residentes y las entidades a que se refiere el artículo 35.4 de la Ley 58/2003, de 17 de diciembre, General Tributaria, vendrán obligados a presentar una declaración informativa anual referente a la totalidad de las monedas virtuales situadas en el extranjero de las que se sea titular, o respecto de las cuales

---

[124] Nuevo art. 42 quater incorporado por el art. 3.nueve del Real Decreto 249/2023, de 4 de abril, por el que se modifican el Reglamento General de Desarrollo de la Ley 58/2003, de 17 de diciembre, General Tributaria, en materia de revisión en vía administrativa, aprobado por el Real Decreto 520/2005, de 13 de mayo; el Reglamento General de Recaudación, aprobado por el Real Decreto 939/2005, de 29 de julio; el Reglamento General de las actuaciones y los procedimientos de gestión e inspección tributaria y de desarrollo de las normas comunes de los procedimientos de aplicación de los tributos, aprobado por el Real Decreto 1065/2007, de 27 de julio; el Reglamento del Impuesto sobre Sucesiones y Donaciones, aprobado por el Real Decreto 1629/1991, de 8 de noviembre; el Reglamento del Impuesto sobre el Valor Añadido, aprobado por el Real Decreto 1624/1992, de 29 de diciembre; el Reglamento del Impuesto sobre la Renta de las Personas Físicas, aprobado por el Real Decreto 439/2007, de 30 de marzo, y el Reglamento del Impuesto sobre Sociedades, aprobado por el Real Decreto 634/2015, de 10 de julio (BOE núm. 81, de 5 de abril 2023) en vigor desde el 25 de abril de 2023.
Disposición transitoria primera. *Régimen transitorio de las obligaciones de información sobre monedas virtuales.*
«1. Las primeras declaraciones relativas a las obligaciones de información sobre monedas virtuales a que se refieren los apartados seis y nueve del artículo 3 se deberán presentar a partir de 1 de enero de 2024 respecto de la información correspondiente al año inmediato anterior».

se tenga la condición de beneficiario, autorizado o de alguna otra forma se ostente poder de disposición, o de las que se sea titular real conforme a lo señalado en el último párrafo de este apartado, custodiadas por personas o entidades que proporcionan servicios para salvaguardar claves criptográficas privadas en nombre de terceros, para mantener, almacenar y transferir monedas virtuales, a 31 de diciembre de cada año.

Dicha obligación también se extiende a quienes hayan sido titulares, autorizados, o beneficiarios de las citadas monedas virtuales, o hayan tenido poderes de disposición sobre las mismas, o hayan sido titulares reales en cualquier momento del año al que se refiera la declaración y que hubieran perdido dicha condición a 31 de diciembre de ese año. En estos supuestos, la información a suministrar será la correspondiente a la fecha en la que dicha extinción se produjo.

A estos efectos, se entenderá por titular real quien tenga dicha consideración de acuerdo con lo previsto en el apartado 2 del artículo 4 de la Ley 10/2010, de 28 de abril, de prevención del blanqueo de capitales y de la financiación del terrorismo, respecto de las monedas virtuales a nombre de las personas o instrumentos a que se refiere el citado apartado 2, cuando estos tengan su residencia o se encuentren constituidos en el extranjero.

2. A los efectos de este artículo, el concepto de moneda virtual se entenderá según lo dispuesto en el artículo 1.5 de la Ley 10/2010, de 28 de abril, de prevención del blanqueo de capitales y de la financiación del terrorismo.

Las monedas virtuales se entenderán situadas en el extranjero cuando la persona o entidad o establecimiento permanente que las custodie proporcionando servicios para salvaguardar las claves criptográficas privadas en nombre de terceros, para mantener, almacenar y transferir dichas monedas no estuviera obligado a presentar la obligación de información a que se refiere el apartado 6 de la disposición adicional decimotercera de la Ley 35/2006, de 28 de noviembre, del Impuesto sobre la Renta de las Personas Físicas y de modificación parcial de las leyes de los Impuestos sobre Sociedades, sobre la Renta de no Residentes y sobre el Patrimonio.

3. La información a suministrar a la Administración tributaria comprenderá:

a) El nombre y apellidos o la razón social o denominación completa y, en su caso, número de identificación fiscal del país de residencia fiscal de la persona o entidad que proporciona servicios para salvaguardar las claves criptográficas privadas en nombre de terceros, para mantener, almacenar y transferir las monedas virtuales, así como su domicilio o dirección de su sitio web.

b) La identificación completa de cada tipo de moneda virtual.

c) Los saldos de cada tipo de moneda virtual a 31 de diciembre expresados en unidades de moneda virtual y su valoración en euros.

Para efectuar la valoración en euros, los sujetos obligados tomarán la cotización a 31 de diciembre que ofrezcan las principales plataformas de negociación o sitios web de seguimiento de precios o, en su defecto, proporcionarán una estimación razonable del valor de mercado en euros de la moneda virtual. A este respecto, se indicará la cotización o valor utilizado para efectuar tal valoración.

4. La información sobre saldos a 31 de diciembre deberá ser suministrada por quien tuviese la condición de titular, beneficiario, autorizado o por quien de alguna otra forma ostente poder de disposición sobre las citadas monedas virtuales o tenga la consideración de titular real a esa fecha.

El resto de titulares, beneficiarios, autorizados, personas con poderes de disposición o titulares reales deberán indicar los saldos de las monedas virtuales en la fecha en la que dejaron de tener tal condición.

5. La obligación de información prevista en este artículo no resultará de aplicación respecto de las siguientes monedas virtuales:

a) Aquellas de las que sean titulares las entidades a que se refiere el artículo 9.1 de la Ley 27/2014, de 27 de noviembre, del Impuesto sobre Sociedades.

b) Aquellas de las que sean titulares personas jurídicas y demás entidades residentes en territorio español, así como establecimientos permanentes en España de no residentes, registradas en su contabilidad de forma individualizada e identificadas por su denominación, valor y entidad de custodia y país o territorio en que se encuentren situadas.

c) Aquellas de las que sean titulares las personas físicas residentes en territorio español que desarrollen una actividad económica y lleven su contabilidad de acuerdo con lo dispuesto en el Código de Comercio, registradas en dicha documentación contable de forma individualizada e identificadas por su denominación, valor y entidad de custodia y país o territorio en que se encuentren situadas.

d) No existirá obligación de informar sobre ninguna moneda virtual cuando los saldos a 31 de diciembre a los que se refiere el apartado 3.c) valorados en euros no superen, conjuntamente, los 50.000 euros. En caso de superarse dicho límite conjunto deberá informarse sobre todas las monedas virtuales.

6. Esta obligación deberá cumplirse entre el 1 de enero y el 31 de marzo del año siguiente a aquel al que se refiera la información a suministrar.

La presentación de la declaración en los años sucesivos solo será obligatoria cuando el saldo conjunto a que se refiere el apartado 5.d) hubiese experimentado un incremento superior a 20.000 euros respecto del que determinó la presentación de la última declaración.

En todo caso será obligatoria la presentación de la declaración en los supuestos previstos en el último párrafo del apartado 4 respecto de las monedas virtuales a las que el mismo se refiere.

Mediante orden ministerial se aprobará el correspondiente modelo de declaración.

7. A efectos de lo establecido en la disposición adicional decimoctava de la Ley 58/2003, de 17 de diciembre, General Tributaria, constituyen distintos conjuntos de datos las informaciones a que se refieren el apartado 3.a) para cada entidad y el apartado 3.c) así como el último párrafo del apartado 4 para cada moneda virtual.

A estos mismos efectos, tendrá la consideración de dato cada una de las informaciones a que se refiere el párrafo b) del apartado 3 para cada moneda virtual.

Subsección 4.ª[125] Obligaciones de información respecto de determinadas operaciones con Deuda Pública del Estado, participaciones preferentes y otros instrumentos de deuda

Artículo 43. *Obligación de información.*

1. Los obligados a suministrar información a la Administración tributaria a que se refiere el artículo 42 de este reglamento deberán informar en relación con las operaciones relativas

---

[125] Nueva redacción del título de la subsección 4.º dada por el art. único.tres del Real Decreto 1145/2011, de 29 de julio (BOE núm. 182, de 30 de julio de 2011), con efectos desde el día siguiente a su publicación.

a las participaciones preferentes y otros instrumentos de deuda cuyo régimen se establece en la disposición adicional segunda de la Ley 13/1985, de 25 de mayo, de coeficientes de inversión, recursos propios y obligaciones de información de los intermediarios financieros. La información a suministrar será la contenida en el artículo 42.4 de este reglamento referida a las operaciones con dichas participaciones preferentes y otros instrumentos de deuda realizadas con la intermediación de dichos obligados.

2. A efectos del cumplimiento de la obligación de información a que se refiere este artículo resultará de aplicación lo previsto en el artículo 42.5 de este reglamento.

Artículo 44[126]**. *Régimen de información respecto de determinadas operaciones con Deuda Pública del Estado, participaciones preferentes y otros instrumentos de deuda.***

1. Lo dispuesto en este artículo resultará de aplicación a los siguientes rendimientos:

a) Intereses de valores de Deuda Pública del Estado negociados en el Mercado de Deuda Pública en Anotaciones, así como otros rendimientos derivados de valores de la misma naturaleza emitidos al descuento o segregados.

b) Intereses de los valores regulados en la disposición adicional segunda de la Ley 13/1985, de 25 de mayo, de coeficientes de inversión, recursos propios y obligaciones de información de los intermediarios financieros, así como rendimientos derivados de los instrumentos de deuda previstos en esta disposición emitidos al descuento a un plazo igual o inferior a doce meses.

2. Tratándose de Deuda Pública del Estado, el emisor o su agente de pagos autorizado abonará en cada vencimiento y por su importe íntegro, a las Entidades Gestoras del Mercado de Deuda Pública en Anotaciones y a las entidades que gestionan los sistemas de compensación y liquidación de valores con sede en el extranjero, que tengan un convenio suscrito con una entidad de compensación y liquidación de valores domiciliada en territorio español, los rendimientos correspondientes a los valores que figuren registrados en sus cuentas de terceros a favor de:

a) No residentes sin establecimiento permanente en territorio español.

b) Sujetos pasivos del Impuesto sobre Sociedades, así como no residentes con establecimiento permanente en territorio español.

c) Contribuyentes del Impuesto sobre la Renta de las Personas Físicas, por la parte correspondiente a cupones segregados y principales segregados, cuando en el reembolso intervenga una Entidad Gestora.

De igual forma se abonarán, por su importe íntegro, los rendimientos correspondientes a los saldos que figuren registrados en la cuenta propia de los Titulares de Cuenta en el Mercado de Deuda Pública en Anotaciones.

3. A efectos de lo previsto en el apartado 2, las Entidades Gestoras y las entidades que gestionan los sistemas de compensación y liquidación de valores con sede en el extranjero, citadas en dicho apartado, deberán presentar ante el emisor, en su caso a través del Banco de España, una declaración, ajustada al modelo que figura como anexo al presente Reglamento, que de acuerdo con lo que conste en sus registros contenga la siguiente información:

---

[126]   Nueva redacción del art. 44 dada por el art. único.cuatro del Real Decreto 1145/2011, de 29 de julio (BOE núm. 182, de 30 de julio de 2011), con efectos desde el día siguiente a su publicación.

a) Identificación de los valores.

b) Importe total de los rendimientos.

c) Importe de los rendimientos correspondientes a contribuyentes del Impuesto sobre la Renta de las Personas Físicas, excepto cuando se trate de cupones segregados y principales segregados de Deuda Pública del Estado en cuyo reembolso intervenga una Entidad Gestora.

d) Importe de los rendimientos que conforme a lo previsto en el apartado 2 deban abonarse por su importe íntegro.

Esta declaración no procederá presentarla respecto de las Letras del Tesoro, ni por parte de las entidades gestoras respecto de los cupones segregados y principales segregados de Deuda Pública del Estado.

4. Tratándose de valores a que se refiere la letra b) del apartado 1, registrados originariamente en una entidad de compensación y liquidación de valores domiciliada en territorio español, la mencionada declaración será presentada, en los mismos términos señalados en el apartado 3, por las entidades que mantengan los valores registrados en sus cuentas de terceros, así como por las entidades que gestionan los sistemas de compensación y liquidación de valores con sede en el extranjero que tengan un convenio suscrito con la citada entidad de compensación y liquidación de valores domiciliada en territorio español.

Los rendimientos correspondientes a los titulares mencionados en las letras a) y b) del apartado 2 se abonarán igualmente por su importe íntegro.

De igual forma se abonarán, por su importe íntegro, los rendimientos correspondientes a los saldos que figuren registrados en la cuenta propia de las entidades depositarias.

5. Tratándose de valores a que se refiere la letra b) del apartado 1, registrados originariamente en las entidades que gestionan sistemas de compensación y liquidación de valores con sede en el extranjero, reconocidas a estos efectos por la normativa española o por la de otro país miembro de la OCDE, el agente de pagos designado por el emisor deberá presentar una declaración ante el emisor, ajustada al modelo que figura en el anexo al presente Reglamento, informando sobre la identificación de los valores y el importe total de los rendimientos correspondientes a cada entidad que gestiona el sistema de compensación y liquidación de valores con sede en el extranjero, los cuales se abonarán por su importe íntegro.

6. Las declaraciones mencionadas en los apartados anteriores se presentarán el día hábil anterior a la fecha de cada vencimiento de los intereses o, en el caso de valores emitidos al descuento o segregados, en el día hábil anterior a la fecha de cada amortización de los valores, reflejando la situación al cierre del mercado de ese mismo día. Dichas declaraciones podrán remitirse por medios telemáticos.

Tratándose de valores emitidos al descuento o segregados, la información de rendimientos se sustituirá por la información sobre importes a reembolsar. No obstante, respecto de los rendimientos derivados de la amortización de estos valores que se encuentren sometidos a retención, la declaración incluirá además el importe de tales rendimientos.

En el caso previsto en el párrafo anterior la declaración se presentará ante el emisor o, en su caso, ante la entidad financiera a la que el emisor haya encomendado la materialización de la amortización o reembolso.

7. En el caso de vencimiento de intereses, la falta de presentación de la declaración a que se refiere este artículo, por alguna de las entidades obligadas, en la fecha prevista en el primer párrafo del apartado 6 anterior determinará, para el emisor o su agente de pagos autorizado, la obligación de abonar los intereses que correspondan a dicha entidad por el importe líquido que resulte de la aplicación del tipo general de retención a la totalidad de los mismos.

Posteriormente, si dentro de los treinta días naturales a contar desde la fecha de vencimiento de los intereses en el supuesto de valores de Deuda Pública del Estado, o antes del día 10 del mes siguiente al mes en que venzan los intereses derivados de los valores a que se refiere el apartado 1.b) de este artículo, la entidad obligada presentara la correspondiente declaración regulada en este artículo, el emisor o su agente de pagos autorizado procederá, tan pronto como la reciba, a abonar las cantidades retenidas en exceso.

8. Todo lo previsto en los apartados anteriores se aplicará sin perjuicio de las obligaciones de información establecidas con carácter general en la normativa tributaria, para los emisores, así como para las entidades residentes en España que en su calidad de intermediarios financieros actúen como depositarios de los valores a que se refiere el apartado 1 de este artículo, en relación con los contribuyentes del Impuesto sobre la Renta de las Personas Físicas, los sujetos pasivos del Impuesto sobre Sociedades y los contribuyentes del Impuesto sobre la Renta de no Residentes con establecimiento permanente en España, que sean titulares de los valores de acuerdo con lo que conste en los registros de tales entidades.

Subsección 5.ª[127] Obligaciones de información de los
mecanismos transfronterizos de planificación fiscal

Artículo 45. *Obligación de información de determinados mecanismos de planificación fiscal.*
1. Las personas o entidades que tuvieran la consideración de intermediarios a los efectos de esta obligación de acuerdo con lo dispuesto en el apartado 4 de este artículo o, en su caso, los obligados tributarios interesados a los que se refiere el apartado 5 de este artículo estarán obligados a informar a la Administración tributaria de los mecanismos transfronterizos a los que se refiere el apartado 2 de este artículo en los que intervengan o participen, res-

---

[127] Nueva redacción de la subsección 5.ª dada por el art. único Real Decreto 243/2021, de 6 de abril (BOE núm. 83, de 7 de abril de 2021), en vigor desde 8 de abril de 2021.
Disposición transitoria primera. «Régimen transitorio de los mecanismos transfronterizos sometidos a declaración cuya primera fase se haya ejecutado entre el 25 de junio de 2018 y el 30 de junio de 2020».
Disposición transitoria segunda. «Plazo de declaración de información de determinados mecanismos transfronterizos sujetos a comunicación cuya obligación haya surgido entre el 1 de julio de 2020 y el día anterior a la entrada en vigor de la Orden ministerial que desarrolle esta obligación».
Disposición transitoria tercera. «Plazo de declaración de información de actualización de determinados mecanismos transfronterizos comercializables puestos a disposición entre el 1 de julio de 2020 y el 31 de marzo de 2021».
Con anterioridad, la Subsección 5.ª «*Obligaciones de información respecto de determinadas rentas obtenidas por personas físicas residentes en otros Estados miembros de la Unión Europea*» fue suprimida por la Disp. Final Primera del Real Decreto 1021/2015, de 13 de noviembre (BOE núm. 275, de 17 de noviembre de 2015), con efectos desde el 1 de enero de 2016. Dicha supresión de la subsección 5.ª conllevo la derogación de los siguientes arts. : «*Artículo 45. Ámbito de aplicación.*
Artículo 46. Rentas sujetas a suministro de información.
Artículo 47. Obligados a suministrar información.
Artículo 48. Información que se debe suministrar.
Artículo 49. Identificación y residencia de los perceptores de rentas personas físicas residentes en otros Estados miembros de la Unión Europea».

pectivamente, cuando concurran alguna de las señas distintivas determinadas en el anexo IV de la Directiva 2011/16/UE del Consejo, de 15 de febrero de 2011, relativa a la cooperación administrativa en el ámbito de la fiscalidad y por la que se deroga la Directiva 77/799/CEE.

2. Mecanismos transfronterizos de planificación fiscal objeto de declaración.

a) Tendrá la consideración de mecanismo de planificación fiscal objeto de declaración todo acuerdo, negocio jurídico, esquema u operación transfronterizo en el que concurran los requisitos que se señalan en la letra b) de este apartado.

A estos efectos, un mecanismo podrá incluir, en su caso, una serie de mecanismos y podrá estar constituido por más de una fase o parte.

No tendrán la consideración individualizada de mecanismo los pagos derivados de la formalización de mecanismos que deban ser objeto de declaración que no tengan una sustantividad propia que obligue a un tratamiento individualizado, sin perjuicio de su declaración como parte del contenido de este último mecanismo.

b) Requisitos que obligan a la comunicación.

1.º Deberán ser objeto de declaración ante la Administración tributaria española todos aquellos mecanismos que tengan la consideración de transfronterizos y respecto de los cuales concurra alguna de las señas distintivas a las cuales se refiere el anexo IV de la Directiva 2011/16/UE en los términos desarrollados reglamentariamente.

2.º Tendrá la consideración de mecanismo de carácter transfronterizo a los efectos de esta obligación de información aquellos mecanismos que afecten a más de un Estado miembro o a un Estado miembro y una tercera jurisdicción fiscal cuando concurra cualquiera de las condiciones siguientes:

A) Que no todos los participantes del mecanismo sean residentes fiscales en la misma jurisdicción.

B) Que uno o más de los participantes del mecanismo sean simultáneamente residentes fiscales en más de una jurisdicción.

C) Que uno o varios de los participantes del mecanismo ejerzan una actividad económica en otra jurisdicción fiscal a través de un establecimiento permanente situado en esa jurisdicción, y el mecanismo constituya una parte o la totalidad de la actividad económica de ese establecimiento permanente.

D) Que uno o varios de los participantes en el mecanismo ejerzan una actividad en otra jurisdicción sin ser residente a efectos fiscales o sin crear un establecimiento permanente que esté situado en esta jurisdicción y el mecanismo constituya una parte o la totalidad de dicha actividad económica.

E) Que dicho mecanismo tenga posibles consecuencias sobre el intercambio automático de información o la identificación de la titularidad real.

3.º Tendrá la consideración de seña distintiva cualquiera de las referidas en el anexo IV de la Directiva 2011/16/UE del Consejo en los términos desarrollados en este Reglamento.

3. Ámbito material de la obligación de información. La obligación de información regulada en este artículo solo será aplicable respecto de los impuestos a que se refiere el artículo 2 de la Directiva 2011/16/UE del Consejo.

4[128]**.** Obligados a presentar la declaración en concepto de intermediarios.

a) Estarán obligados a presentar la declaración en concepto de intermediarios siempre que concurra alguno de los criterios de conexión a los que se refiere el apartado 6.a) de este artículo:

1.º Toda persona o entidad que diseñe, comercialice, organice, ponga a disposición para su ejecución un mecanismo transfronterizo sujeto a comunicación de información, o que gestione su ejecución.

---

[128] Nueva redacción del art. 45.4 dada por la Disp. Final Primera Diez del Real Decreto 117/2024, de 30 de enero, por el que se desarrollan las normas y los procedimientos de diligencia debida en el ámbito del intercambio automático obligatorio de información comunicada por los operadores de plataformas, y se modifican el Reglamento General de las actuaciones y los procedimientos de gestión e inspección tributaria y de desarrollo de las normas comunes de los procedimientos de aplicación de los tributos, aprobado por el Real Decreto 1065/2007, de 27 de julio, en transposición de la Directiva (UE) 2021/514 del Consejo de 22 de marzo de 2021 por la que se modifica la Directiva 2011/16/UE relativa a la cooperación administrativa en el ámbito de la fiscalidad, y otras normas tributarias (BOE núm. 27, de 31 de enero de 2024), en vigor desde el 1 de febrero de 2024.

Redacción anterior: «4. Obligados a presentar la declaración en concepto de intermediarios.

a) Estarán obligados a presentar la declaración en concepto de intermediarios siempre que concurra alguno de los criterios de conexión a los que se refiere el apartado 6.a) de este artículo:

1.º Toda persona o entidad que diseñe, comercialice, organice, ponga a disposición para su ejecución un mecanismo transfronterizo sujeto a comunicación de información, o que gestione su ejecución.

2.º Toda persona o entidad que conoce o razonablemente cabe suponer que conoce que se ha comprometido a prestar directamente o por medio de otras personas ayuda, asistencia o asesoramiento con respecto al diseño, comercialización, organización, puesta a disposición para su ejecución o gestión de la ejecución de un mecanismo transfronterizo sujeto a comunicación de información.

b) No estarán obligados a presentar la declaración aquellos intermediarios en los que concurran alguna de las siguientes circunstancias:

1.º Aquellos en que la cesión de la información vulnere el régimen jurídico del deber de secreto profesional al que se refiere el apartado 2 de la disposición adicional vigésima tercera de la Ley 58/2003, de 17 de diciembre, General Tributaria, salvo autorización del obligado tributario interesado conforme a lo dispuesto en la citada disposición adicional.

En este caso, el intermediario eximido deberá comunicar dicha circunstancia en un plazo de cinco días contados a partir del día siguiente al nacimiento de la obligación de información a los otros intermediarios que intervengan en el mecanismo y al obligado tributario interesado a través de la comunicación a la que se refiere la disposición adicional vigésima cuarta de la Ley 58/2003, de 17 de diciembre, General Tributaria [Auto del TS de 27 de febrero de 2023, acuerda haber lugar a la medida cautelar solicitada, sólo en relación con lo dispuesto en el párrafo segundo del art. 45.4.b) del RGAT]

El contenido de la comunicación se ajustará al modelo que se apruebe por Resolución del Departamento de Gestión Tributaria de la Agencia Estatal de Administración Tributaria.

2.º Cuando existiendo varios intermediarios la declaración haya sido presentada por uno de ellos.

El intermediario eximido deberá conservar prueba fehaciente de que la declaración ha sido presentada conforme a las reglas legalmente aplicables por otros intermediarios obligados.

A estos efectos tendrá la consideración de prueba fehaciente la comunicación a la que se refiere el apartado 2 de la disposición adicional vigésima cuarta de la Ley 58/2003, de 17 de diciembre, General Tributaria.

El intermediario que hubiera presentado la declaración deberá comunicarlo a los otros intermediarios que intervengan en el mecanismo en el plazo de cinco días contados a partir del día siguiente a su presentación.

El contenido de la comunicación se ajustará al modelo que se apruebe por Resolución del Departamento de Gestión Tributaria de la Agencia Estatal de Administración Tributaria».

2.º Toda persona o entidad que conoce o razonablemente cabe suponer que conoce que se ha comprometido a prestar directamente o por medio de otras personas ayuda, asistencia o asesoramiento con respecto al diseño, comercialización, organización, puesta a disposición para su ejecución o gestión de la ejecución de un mecanismo transfronterizo sujeto a comunicación de información.

b) No estarán obligados a presentar la declaración aquellos intermediarios en los que concurran alguna de las siguientes circunstancias:

1.º Aquellos en que la cesión de la información vulnere el régimen jurídico del deber de secreto profesional al que se refiere el apartado 2 de la disposición adicional vigésima tercera de la Ley 58/2003, de 17 de diciembre, General Tributaria, salvo autorización del obligado tributario interesado conforme a lo dispuesto en la citada disposición adicional.

En este caso, el intermediario eximido deberá comunicar dicha circunstancia en un plazo de cinco días contados a partir del día siguiente al nacimiento de la obligación de información a su cliente, ya sea intermediario u obligado tributario interesado, a través de la comunicación a la que se refiere la disposición adicional vigésima cuarta de la Ley 58/2003, de 17 de diciembre, General Tributaria.

El contenido de la comunicación se ajustará al modelo que se apruebe por Resolución del Departamento de Gestión Tributaria de la Agencia Estatal de Administración Tributaria[129].

2.º Cuando existiendo varios intermediarios la declaración haya sido presentada por uno de ellos.

El intermediario eximido deberá conservar prueba fehaciente de que la declaración ha sido presentada conforme a las reglas legalmente aplicables por otros intermediarios obligados.

A estos efectos tendrá la consideración de prueba fehaciente la comunicación a la que se refiere el apartado 2 de la disposición adicional vigésima cuarta de la Ley 58/2003, de 17 de diciembre, General Tributaria.

El intermediario que hubiera presentado la declaración deberá comunicarlo a los otros intermediarios que intervengan en el mecanismo en el plazo de cinco días contados a partir del día siguiente a su presentación.

El contenido de la comunicación se ajustará al modelo que se apruebe por Resolución del Departamento de Gestión Tributaria de la Agencia Estatal de Administración Tributaria.

5. Obligados a presentar la declaración en concepto de obligados tributarios interesados.

a) Estarán obligados a presentar la declaración en concepto de obligados tributarios interesados cualquier persona o entidad a cuya disposición se haya puesto, para su ejecución, un mecanismo transfronterizo sujeto a comunicación de información o que se dispone a ejecutar o ha ejecutado la primera fase de tales mecanismos siempre que no exista intermediario obligado a la presentación de la declaración.

---

[129] Resolución de 8 de abril de 2021, del Departamento de Gestión Tributaria de la Agencia Estatal de Administración Tributaria, por la que se aprueban los modelos de comunicaciones entre los intervinientes y partícipes en los mecanismos transfronterizos de planificación fiscal objeto de declaración (BOE núm. 88, de 13 de abril de 2021).

b) Cuando exista más de un obligado tributario interesado con el deber de presentación de la declaración, esta se efectuará por la persona o entidad que figure primero en la siguiente lista:

1.º El obligado tributario interesado que acordó con el intermediario el mecanismo transfronterizo sujeto a comunicación de información.

2.º El obligado tributario interesado que gestiona la ejecución de dicho mecanismo.

c) El obligado tributario interesado que esté obligado a presentar la declaración conforme a lo dispuesto en la letra b) de este apartado, quedará exento de la obligación si prueba que dicha declaración ha sido presentada por otro obligado tributario interesado.

A estos efectos tendrá la consideración de prueba fehaciente la comunicación a la que se refiere el apartado 2 de la disposición adicional vigésima cuarta de la Ley 58/2003, de 17 de diciembre, General Tributaria.

El obligado tributario interesado que hubiera presentado la declaración deberá comunicarlo a los otros obligados tributarios interesados en el plazo de cinco días contados a partir del día siguiente a su presentación. El contenido de la comunicación se ajustará al modelo que se apruebe por Resolución del Departamento de Gestión Tributaria de la Agencia Estatal de Administración Tributaria[130].

6. Competencia de la Administración tributaria española.

a) Cuando el obligado a informar sea el intermediario, deberá presentar la declaración a la Administración tributaria española cuando concurra alguno de los criterios de conexión que se señalan conforme al siguiente orden:

1.º Que el intermediario sea residente fiscal en España.

2.º Que el intermediario facilite los servicios de intermediación respecto del mecanismo desde un establecimiento permanente situado en España.

3.º Que el intermediario se hubiera constituido en España o se rija por la legislación española.

4.º Que el intermediario esté registrado en un colegio o asociación profesional española relacionada con servicios jurídicos, fiscales o de asesoría.

Cuando concurra en otro Estado miembro alguno de los criterios de conexión señalados en el apartado 3 del artículo 8 bis ter de la Directiva 2011/16/UE del Consejo, que determine una obligación múltiple de información, el intermediario estará exento de presentar la declaración ante la Administración tributaria española siempre que disponga de prueba fehaciente de la presentación de la declaración en el otro Estado miembro.

b) Cuando el obligado a informar sea el obligado tributario interesado, deberá presentar la declaración a la Administración tributaria española cuando concurra alguno de los criterios de conexión que se señalan conforme al siguiente orden:

1.º Que el obligado tributario interesado sea residente fiscal en España.

2.º Que el obligado tributario interesado tenga un establecimiento permanente situado en España que se beneficie del mecanismo.

---

[130] Resolución de 8 de abril de 2021, del Departamento de Gestión Tributaria de la Agencia Estatal de Administración Tributaria, por la que se aprueban los modelos de comunicaciones entre los intervinientes y partícipes en los mecanismos transfronterizos de planificación fiscal objeto de declaración (BOE núm. 88, de 13 de abril de 2021).

3.º Que el obligado tributario interesado perciba rentas o genere beneficios en España estando el mecanismo relacionado con dichas rentas o beneficios.

4.º Que el obligado tributario interesado realice una actividad en España estando el mecanismo incluido dentro de dicha actividad.

Cuando concurra en otro Estado miembro alguno de los criterios de conexión señalados en el apartado 7 del artículo 8 bis ter de la Directiva 2011/16/UE del Consejo, que determine una obligación múltiple de información, el obligado tributario interesado estará exento de presentar la declaración ante la Administración tributaria española siempre que disponga de prueba fehaciente de la presentación de la declaración en el otro Estado miembro.

Artículo 46. *Contenido y nacimiento de la declaración de determinados mecanismos de planificación fiscal.*

1. En la obligación de declaración de determinados mecanismos transfronterizos de planificación deberán constar, según proceda, los siguientes datos:

a)[131] La identificación de los intermediarios distintos de los eximidos de la obligación de informar por el deber de secreto profesional y de los obligados tributarios interesados, incluido su nombre, fecha y lugar de nacimiento (en el caso de una persona física), residencia fiscal, domicilio, NIF y, en su caso, las personas o entidades que sean empresas asociadas al obligado tributario interesado.

b) Información pormenorizada sobre las señas distintivas concurrentes que figuran en el anexo IV de la Directiva 2011/16/UE del Consejo, en los términos desarrollados en el artículo 47 de este Reglamento, que determinan la obligación de declaración del mecanismo. Así como, en su caso, el número de referencia asignado al mecanismo por la Administración tributaria ante la que se haya declarado por primera vez.

c)[132] Un resumen del contenido del mecanismo transfronterizo sujeto a comunicación de información que incluirá los datos del mecanismo con transcendencia tributaria, en par-

---

[131] Nueva redacción de la letra a) dada por la Disp. Final Primera Once del Real Decreto 117/2024, de 30 de enero, por el que se desarrollan las normas y los procedimientos de diligencia debida en el ámbito del intercambio automático obligatorio de información comunicada por los operadores de plataformas, y se modifican el Reglamento General de las actuaciones y los procedimientos de gestión e inspección tributaria y de desarrollo de las normas comunes de los procedimientos de aplicación de los tributos, aprobado por el Real Decreto 1065/2007, de 27 de julio, en transposición de la Directiva (UE) 2021/514 del Consejo de 22 de marzo de 2021 por la que se modifica la Directiva 2011/16/UE relativa a la cooperación administrativa en el ámbito de la fiscalidad, y otras normas tributarias (BOE núm. 27, de 31 de enero de 2024), en vigor desde el 1 de febrero de 2024.
Redacción anterior: «*a) La identificación de los intermediarios y de los obligados tributarios interesados, incluido su nombre, fecha y lugar de nacimiento (en el caso de una persona física), residencia fiscal, domicilio, NIF y, en su caso, las personas o entidades que sean empresas asociadas al obligado tributario interesado*».

[132] Nueva redacción de la letra c) dada por la Disp. Final Primera Once del Real Decreto 117/2024, de 30 de enero, por el que se desarrollan las normas y los procedimientos de diligencia debida en el ámbito del intercambio automático obligatorio de información comunicada por los operadores de plataformas, y se modifican el Reglamento General de las actuaciones y los procedimientos de gestión e inspección tributaria y de desarrollo de las normas comunes de los procedimientos de aplicación de los tributos, aprobado por el Real Decreto 1065/2007, de 27 de julio, en transposición de la Directiva (UE) 2021/514 del Consejo de 22 de marzo de 2021 por la que se modifica la Directiva 2011/16/UE relativa a la

ticular, cualquier información que pueda ayudar a la Administración tributaria a evaluar el riesgo fiscal.

Deberá constar una referencia a la denominación por la que se le conozca comúnmente, en su caso, y una descripción en términos abstractos de las actividades económicas o mecanismos pertinentes, que no dé lugar a la revelación de un secreto tecnológico, científico, industrial, comercial, profesional, organizativo o financiero, o a la de una información cuya revelación sea contraria al interés público.

d) La fecha en la que se ha realizado o se va a realizar la primera fase de la ejecución del mecanismo transfronterizo sujeto a comunicación de información, así como la fecha de nacimiento de la obligación de información conforme a lo previsto en el apartado 3 de este artículo.

e) Información pormenorizada de las disposiciones nacionales y extranjeras que constituyen la base del mecanismo transfronterizo sujeto a comunicación de información.

f) Valor del efecto fiscal derivado del mecanismo transfronterizo sujeto a información.

Tendrá la consideración de valor del efecto fiscal el resultado producido, en términos de deuda tributaria, del mecanismo declarado que deberá incluir, en su caso, el ahorro fiscal determinado de acuerdo con lo previsto en el artículo 47.2 de este Reglamento.

g) La determinación del Estado de residencia del obligado u obligados tributarios interesados que participen y de los intermediarios que intervengan en el mecanismo objeto de declaración, así como cualesquiera otros Estados miembros a los que pueda afectar el mecanismo transfronterizo sujeto a comunicación de información.

h) La determinación de cualquier otra persona de un Estado miembro que pudiera verse afectada por dicho mecanismo transfronterizo sujeto a comunicación de información, con indicación de los Estados miembros a los que está vinculada dicha persona.

2. A efectos de lo dispuesto en la disposición adicional vigésima tercera.4 de la Ley 58/2003, de 17 de diciembre, General Tributaria, constituyen distintos conjuntos de datos las informaciones a que se refieren cada una de las distintas letras del apartado 1, en relación con cada uno de los mecanismos que deban ser objeto de declaración.

3. Nacimiento de la obligación.

a) La obligación de información nacerá cuando concurra alguna de las siguientes circunstancias:

1.º El día siguiente a aquel en que un mecanismo transfronterizo sujeto a comunicación de información se ponga a disposición para su ejecución.

Se considerará que la puesta a disposición se produce cuando el intermediario transmita y el obligado tributario interesado adquiera de forma definitiva el servicio que ha determina-

---

cooperación administrativa en el ámbito de la fiscalidad, y otras normas tributarias (BOE núm. 27, de 31 de enero de 2024), en vigor desde el 1 de febrero de 2024.

Redacción anterior: «c) *Un resumen del contenido del mecanismo transfronterizo sujeto a comunicación de información que incluirá los datos del mecanismo con transcendencia tributaria.*

Deberá constar una referencia a la denominación por la que se le conozca comúnmente, en su caso, y una descripción en términos abstractos de las actividades económicas o mecanismos pertinentes, que no dé lugar a la revelación de un secreto tecnológico, científico, industrial, comercial, profesional, organizativo o financiero, o a la de una información cuya revelación sea contraria al interés público».

do la consideración del primero como intermediario de conformidad con lo dispuesto en el apartado 21) del artículo 3 de la Directiva 2011/116/UE del Consejo.

A los efectos de probar la puesta a disposición a la que se refiere el párrafo anterior se podrán admitir cualquiera de los medios de prueba admisibles en derecho conforme a lo dispuesto en el artículo 106 de la Ley 58/2003, de 17 de diciembre, General Tributaria. En particular, los documentos tales como hojas de aceptación, informes, facturas, entre otros.

2.º El día siguiente a aquel en que un mecanismo transfronterizo sujeto a comunicación de información sea ejecutable.

Se considerará que el mecanismo es ejecutable cuando esté en condiciones de ser ejecutado por el obligado tributario interesado.

3.º El momento en que se haya realizado la primera fase de ejecución del mecanismo transfronterizo sujeto a comunicación de información.

Se considerará que se ha realizado la primera fase de ejecución de un mecanismo cuando se ponga en práctica generando algún efecto jurídico o económico.

b) No obstante lo dispuesto en la letra anterior de este apartado, en el caso de intermediarios a los que se refiere el artículo 45.4.a).2.º de este Reglamento, la obligación nacerá al día siguiente a aquel en que facilitaron, directamente o por medio de otras personas, ayuda, asistencia o asesoramiento.

c) En el caso de que el obligado a la presentación de la declaración lo fuera por concurrir la circunstancia a la que se refiere el artículo 45.4.b).1.º de este Reglamento, se entenderá que se produce el nacimiento de la obligación cuando reciba la comunicación en plazo a que se refiere dicho precepto.

4. De conformidad con lo dispuesto en el apartado 1 del artículo 8 bis ter de la Directiva 2011/116/UE del Consejo, la declaración de información de los mecanismos transfronterizos de planificación fiscal deberá realizarse en el plazo de treinta días naturales siguientes al nacimiento de la obligación definido en el apartado anterior.

La Orden ministerial por la que se apruebe el modelo de declaración correspondiente contendrá la información a que se refiere el apartado 1, así como cualquier otro dato relevante[133].

Artículo 47. *Señas distintivas.*

1. Las señas distintivas a las que se refiere el artículo 45.1 de este Reglamento se regularan por el anexo IV de la Directiva 2011/16/UE del Consejo con las especialidades establecidas reglamentariamente.

2. Criterio del beneficio principal. Se entenderá satisfecho este criterio cuando el principal efecto o uno de los principales efectos que una persona puede esperar razonablemente

---

[133] Orden HAC/342/2021, de 12 de abril, por la que se aprueba el modelo 234 de «Declaración de información de determinados mecanismos transfronterizos de planificación fiscal», el modelo 235 de «Declaración de información de actualización de determinados mecanismos transfronterizos comercializables» y el modelo 236 de «Declaración de información de la utilización de determinados mecanismos transfronterizos de planificación fiscal» (BOE núm. 88, de 13 de abril de 2021). Resolución de 8 de abril de 2021, del Departamento de Gestión Tributaria de la Agencia Estatal de Administración Tributaria, por la que se aprueban los modelos de comunicaciones entre los intervinientes y partícipes en los mecanismos transfronterizos de planificación fiscal objeto de declaración (BOE núm. 88, de 13 de abril de 2021).

del mecanismo, teniendo en cuenta todos los factores y circunstancias pertinentes, sea la obtención de un ahorro fiscal.

A estos efectos será ahorro fiscal cualquier minoración de la base o la cuota tributaria, en términos de deuda tributaria, incluyendo el diferimiento en el devengo de la misma, que hubiera correspondido si no se hubiese realizado el mecanismo transfronterizo sometido a declaración o cuando se evite total o parcialmente la realización del hecho imponible mediante la realización de dicho mecanismo. Igualmente se considerará ahorro fiscal la generación de bases, cuotas, deducciones o cualquier otro crédito fiscal susceptible de compensación o deducción en el futuro.

Cuando en el mecanismo participen personas o entidades que tuvieran la consideración de empresas asociadas a las que se refiere el artículo 3.23) de la Directiva 2011/16/UE, la calificación de la existencia de ahorro fiscal a los efectos de este apartado se efectuará considerando los efectos a los que se refiere el párrafo anterior en el conjunto de las entidades asociadas, con independencia de la jurisdicción de tributación.

El criterio de beneficio principal deberá concurrir en las señas distintivas generales de la categoría A y las señas distintivas específicas de la categoría B y de la categoría C, apartado 1, letra b), inciso i), y letras c) y d) del anexo IV de la Directiva 2011/16/UE del Consejo.

3. Señas distintivas generales vinculadas al criterio del beneficio principal.

a) En relación a la seña distintiva a la que se refiere el apartado 2 de la categoría A del anexo IV de la Directiva 2011/16/UE del Consejo, relativa a la percepción de honorarios relacionados con el ahorro fiscal del mecanismo, se entenderá que concurre la misma con independencia de que la vinculación de los honorarios con el ahorro fiscal sea total o parcial.

b) En relación a la seña distintiva a la que se refiere el apartado 3 de la categoría A del anexo IV de la Directiva 2011/16/UE del Consejo, tendrá la consideración de mecanismo normalizado el mecanismo comercializable definido en el apartado 24) del artículo 3 de dicha Directiva.

4. Señas distintivas específicas vinculadas a operaciones transfronterizas.

a) En las señas distintivas específicas del apartado 1 de la categoría C del anexo IV de la Directiva 2011/16/UE del Consejo, sobre deducibilidad de los pagos transfronterizos entre empresas asociadas, el término «pagos transfronterizos» incluirá los gastos transfronterizos con independencia de que se hubiera realizado el pago.

También se considerará que el pago se realiza entre dos empresas asociadas en los términos de la seña distintiva cuando, cumpliendo el resto de los requisitos exigidos por la normativa, el pago se realice entre las mismas de forma indirecta a través de una o varias personas o entidades interpuestas.

Se reputará destinatario del pago transfronterizo el perceptor indirecto de los pagos, si los mismos hubieran sido fiscalmente atribuidos o imputados al perceptor en virtud de regímenes tributarios de transparencia fiscal, imputación de rentas o equivalentes.

b) La seña distintiva del apartado 1, letra b), inciso i), de la categoría C del anexo IV de la Directiva 2011/16/UE del Consejo, relativa a que el destinatario no aplica ningún impuesto sobre sociedades o aplica el impuesto sobre sociedades al tipo cero o casi cero, se determinará de acuerdo con las siguientes reglas:

1.º Tendrá la consideración de impuesto sobre sociedades, todo aquel impuesto idéntico o análogo al impuesto sobre sociedades exigido en España.

2.º Se entenderá que se aplica un tipo 0 o casi 0 cuando el país o territorio de residencia del destinatario determina un tipo impositivo nominal inferior al 1 por ciento.

c) En relación con la seña distintiva del apartado 1, letra d), de la categoría C del anexo IV de la Directiva 2011/16/UE del Consejo, no tendrá la consideración de régimen fiscal preferente aquel que hubiera sido autorizado conforme a derecho por la Unión Europea.

d) La seña distintiva específica del apartado 4 de la categoría C del anexo IV de la Directiva 2011/16/UE del Consejo, sobre mecanismos que incluyen una transferencia de activos con una diferencia significativa de valor entre las jurisdicciones implicadas, se determinará de acuerdo con las siguientes reglas:

1.º No se incluirán las diferencias significativas que se hayan producido como consecuencia de la diferencia de valores a efectos exclusivamente contables y no fiscales.

2.º Tendrá la consideración de diferencia significativa aquella diferencia superior a un 25 por ciento entre los valores fiscales en ambas jurisdicciones.

5. Señas distintivas específicas relativas al intercambio automático de información y titularidad real.

a) El régimen jurídico de las señas distintivas de la categoría D del anexo IV de la Directiva 2011/16/UE del Consejo, se interpretará de acuerdo con las Normas tipo de comunicación obligatoria de información para abordar mecanismos de elusión del Estándar común de comunicación de información y estructuras extraterritoriales opacas y su comentario de la Organización para la Cooperación y el Desarrollo Económico.

b) Se considerará que concurre la seña distintiva a la que se refiere el apartado 1 de la categoría D del anexo IV de la Directiva 2011/16/UE del Consejo, en un mecanismo que cumpla alguna de las siguientes condiciones:

1.º Que pueda tener por efecto menoscabar la obligación de suministrar información sobre cuentas financieras establecida en la disposición adicional vigésima segunda de la Ley 58/2003, de 17 de diciembre, General Tributaria; en el Real Decreto 1021/2015, de 13 de noviembre, por el que se establece la obligación de identificar la residencia fiscal de las personas que ostenten la titularidad o el control de determinadas cuentas financieras y de informar acerca de las mismas en el ámbito de la asistencia mutua; o en cualquier acuerdo equivalente sobre el intercambio automático de información sobre «cuentas financieras» entre los Estados miembros de la Unión Europea o con terceros países.

2.º Que aproveche la inexistencia de la legislación o los acuerdos previstos en el número 1.º anterior.

Estos mecanismos incluirán al menos alguna de las características a las que se refiere el mencionado apartado 1 de la categoría D del anexo IV de la Directiva 2011/16/UE, del Consejo.

La característica a la que se refiere la letra e) del apartado 1 de la categoría D del anexo IV de la Directiva 2011/16/UE del Consejo, se entenderá referida a la utilización de entidades, instrumentos o estructuras jurídicos que eliminan o pretendan eliminar la información acerca de uno o varios titulares de cuentas o personas que ejercen el control con arreglo al intercambio automático de información sobre «cuentas financieras».

c) Se considerará que concurre la seña distintiva a la que se refiere el apartado 2 de la categoría D del anexo IV de la Directiva 2011/16/UE del Consejo, en un mecanismo que implique una cadena de titularidad formal o real no transparente, siempre que concurran acumulativamente todas las condiciones a las que se refieren respectivamente las letras a), b) y c) del citado apartado.

6. Señas distintivas específicas relativas a los precios de transferencia.

a) Se entenderá que no concurre ninguna de las señas distintivas relativas a precios de transferencia previstas en la categoría E del anexo IV de la Directiva 2011/16/UE del Consejo, cuando los valores del mecanismo hayan sido determinados por un acuerdo de valoración de los regulados en el capítulo X del título I del Reglamento del Impuesto sobre Sociedades, aprobado por el Real Decreto 634/2015, de 10 de julio, o por otros acuerdos previos de valoración sobre precios de transferencia que sean objeto de intercambio automático conforme a la Directiva anterior.

b) En relación con la seña distintiva a que se refiere el apartado 3 de la categoría E del anexo IV de la Directiva 2011/16/UE del Consejo, relativa a un mecanismo que implica transferencias de funciones, riesgos y activos entre personas del mismo grupo que supongan una disminución del resultado de explotación, tendrán la consideración de personas del mismo grupo aquellas personas a las cuales se refiere el apartado 11) del artículo 3 de la Directiva 2011/16/UE del Consejo que tuvieran la consideración de empresa asociada de acuerdo con lo dispuesto en el apartado 23) del artículo citado.

Artículo 48. *Obligación de información de actualización de los mecanismos transfronterizos comercializables.*

1. Los intermediarios deberán presentar una declaración trimestral de actualización de los datos de los mecanismos transfronterizos comercializables a los que se refiere el artículo 3.24) de la Directiva 2011/16/UE del Consejo siempre que hayan sido declarados con anterioridad como mecanismo transfronterizo.

La presentación de la declaración a la que se refiere este artículo eximirá de la obligación de presentación de la declaración a que se refiere el artículo 45 de este Reglamento por cada uno de los mecanismos transfronterizos comercializables puestos a disposición con posterioridad al mecanismo originariamente declarado.

2. En la declaración deberán constar los siguientes datos:

a) La identificación del mecanismo transfronterizo originariamente declarado a través del número de referencia asignado al mecanismo en la primera declaración.

b) La identificación de los intermediarios y de los obligados tributarios interesados, según lo dispuesto en el artículo 46.1.a) de este Reglamento.

c) La fecha en la que se ha realizado o se va a realizar la primera fase de la ejecución del mecanismo transfronterizo sujeto a comunicación, así como la fecha de puesta a disposición del mecanismo comercializable.

d) La determinación del Estado de residencia del obligado u obligados tributarios interesados que participen y de los intermediarios que intervengan en el mecanismo objeto de declaración así como cualesquiera otros Estados miembros a los que pueda afectar el mecanismo transfronterizo sujeto a comunicación de información.

e) La determinación de cualquier otra persona de un Estado miembro que pudiera verse afectada por dicho mecanismo transfronterizo sujeto a comunicación de información, con indicación de los Estados miembros a los que está vinculada dicha persona.

3. De conformidad con lo dispuesto en el apartado 2 del artículo 8 bis ter de la Directiva 2011/116/UE del Consejo, la declaración de información de actualización de los mecanismos transfronterizos comercializables deberá realizarse en el plazo del mes natural siguiente a la finalización del trimestre natural en el que se hayan puesto a disposición mecanismos transfronterizos comercializables con posterioridad al mismo mecanismo originariamente declarado.

La Orden ministerial por la que se apruebe el modelo de declaración correspondiente contendrá la información a que se refiere el apartado anterior, así como cualquier otro dato relevante al efecto para concretar aquella información[134].

4. A efectos de lo dispuesto en la disposición adicional vigésima tercera.4 de la Ley 58/2003, de 17 de diciembre, General Tributaria, constituyen distintos conjuntos de datos las informaciones a que se refieren cada una de las distintas letras del apartado 2, en relación con cada una de las actualizaciones relativas a un mecanismo que deban ser objeto de declaración.

Artículo 49. *Obligación de información de la utilización de los mecanismos transfronterizos de planificación.*

1. El obligado tributario interesado deberá presentar a la Administración tributaria española una declaración anual sobre la utilización de los mecanismos transfronterizos que hayan debido ser previamente declarados, con independencia de la Administración tributaria a la que se hubieran declarado en virtud de la obligación de declaración general a la que se refiere el artículo 8 bis ter.1 de la Directiva 2011/16/UE, cuando concurra alguno de los criterios de conexión que se señalan conforme al siguiente orden:

1.º Que el obligado tributario interesado sea residente fiscal en España.

2.º Que el obligado tributario interesado tenga un establecimiento permanente situado en España que se beneficie del mecanismo.

3.º Que el obligado tributario interesado perciba rentas o genere beneficios en España estando el mecanismo relacionado con dichas rentas o beneficios.

4.º Que obligado tributario interesado realice una actividad en España estando el mecanismo incluido dentro de dicha actividad.

2. En la declaración deberán constar los siguientes datos:

a) La identificación de los intermediarios y de los obligados tributarios interesados, según lo dispuesto en el artículo 46.1.a) de este Reglamento.

b) La identificación del mecanismo transfronterizo originariamente declarado a través del número de referencia asignado al mecanismo en la primera declaración.

c) La fecha en la que se ha utilizado el mecanismo transfronterizo.

d) Cualquier dato que hubiera sido modificado en la utilización del mecanismo respecto de los que se hubieran contenido en la declaración originaria del mismo.

e) Valor del efecto fiscal derivado del mecanismo en el año al que se refiere la declaración.

---

[134] Orden HAC/342/2021, de 12 de abril, por la que se aprueba el modelo 234 de «Declaración de información de determinados mecanismos transfronterizos de planificación fiscal», el modelo 235 de «Declaración de información de actualización de determinados mecanismos transfronterizos comercializables» y el modelo 236 de «Declaración de información de la utilización de determinados mecanismos transfronterizos de planificación fiscal» (BOE núm. 88, de 13 de abril de 2021).

Tendrá la consideración de valor del efecto fiscal el resultado producido en España, en términos de deuda tributaria, del mecanismo declarado que deberá incluir, en su caso, el ahorro fiscal determinado de acuerdo con lo previsto en el artículo 47.2 de este Reglamento.

3. La declaración de información de la utilización de determinados mecanismos transfronterizos de planificación fiscal deberá realizarse durante el último trimestre del año natural siguiente a aquel en el que se haya producido la utilización en España de los mecanismos transfronterizos que hayan debido ser previamente declarados.

La Orden ministerial por la que se apruebe el modelo de declaración correspondiente contendrá la información a que se refiere el apartado anterior, así como cualquier otro dato relevante al efecto para concretar aquella información[135].

4. A efectos de lo dispuesto en la disposición adicional vigésima tercera.4 de la Ley 58/2003, de 17 de diciembre, General Tributaria, constituyen distintos conjuntos de datos las informaciones a que se refieren cada una de las letras del apartado 2, en relación a cada utilización del mecanismo que deba ser objeto de declaración.

Artículo 49 bis. *Resultados de la información obtenida de la declaración de los mecanismos transfronterizos de planificación fiscal.*

La Agencia Estatal de Administración Tributaria podrá publicar en su sede electrónica, a efectos meramente informativos, los mecanismos transfronterizos de planificación fiscal más relevantes que hayan sido declarados, en los cuales concurran alguno de los criterios de conexión previstos en el artículo anterior, incluyendo, en su caso, la información relativa al régimen, la clasificación o la calificación tributaria que en cada caso les corresponda.

Artículo 49 ter[136]. *Obligación de información de determinados mecanismos de planificación fiscal en el ámbito del Acuerdo Multilateral entre Autoridades competentes sobre intercambio automático de información relativa a los Mecanismos de elusión del Estándar común de comunicación de información y las Estructuras extraterritoriales opacas.*

1. Las personas o entidades que tuvieran la consideración de intermediarios a los efectos de esta obligación de acuerdo con lo dispuesto en el apartado 4 del artículo 45 de este regla-

---

[135]   Orden HAC/342/2021, de 12 de abril, por la que se aprueba el modelo 234 de «Declaración de información de determinados mecanismos transfronterizos de planificación fiscal», el modelo 235 de «Declaración de información de actualización de determinados mecanismos transfronterizos comercializables» y el modelo 236 de «Declaración de información de la utilización de determinados mecanismos transfronterizos de planificación fiscal» (BOE núm. 88, de 13 de abril de 2021).

[136]   Nuevo art. 49 ter incorporado por la Disp. Final Primera Doce del Real Decreto 117/2024, de 30 de enero, por el que se desarrollan las normas y los procedimientos de diligencia debida en el ámbito del intercambio automático obligatorio de información comunicada por los operadores de plataformas, y se modifican el Reglamento General de las actuaciones y los procedimientos de gestión e inspección tributaria y de desarrollo de las normas comunes de los procedimientos de aplicación de los tributos, aprobado por el Real Decreto 1065/2007, de 27 de julio, en transposición de la Directiva (UE) 2021/514 del Consejo de 22 de marzo de 2021 por la que se modifica la Directiva 2011/16/UE relativa a la cooperación administrativa en el ámbito de la fiscalidad, y otras normas tributarias (BOE núm. 27, de 31 de enero de 2024), en vigor desde el 1 de febrero de 2024.

mento o, en su caso, los obligados tributarios interesados a los que se refiere el apartado 5 de dicho artículo estarán obligados a informar a la Administración tributaria de los mecanismos transfronterizos a los que se refiere el apartado 3 de este artículo en los que intervengan o participen, respectivamente, cuando concurra alguna de las señas distintivas determinadas en el artículo 47.5 de este reglamento.

2. El régimen de la obligación de información de los mecanismos de planificación fiscal a los que se refiere este artículo será el resultante de los artículos 45 a 47 de este reglamento interpretado conforme a las Normas tipo de comunicación obligatoria de información para abordar Mecanismos de elusión del Estándar común de comunicación de información y las Estructuras extraterritoriales opacas y su comentario de la Organización para la Cooperación y el Desarrollo Económico, con las especificidades recogidas en este artículo.

3. Mecanismos transfronterizos objeto de declaración.

a) Deberán ser objeto de declaración ante la Administración tributaria española todos aquellos mecanismos que tengan la consideración de transfronterizos y respecto de los cuales concurra alguna de las señas distintivas relativas a mecanismos de elusión del Estándar común de comunicación de información de cuentas financieras y a las estructuras extraterritoriales opacas a las cuales se refieren las Normas tipo citadas en los términos desarrollados reglamentariamente.

b) Tendrá la consideración de mecanismo de carácter transfronterizo a los efectos de esta obligación de información aquellos mecanismos que afecten a un obligado tributario interesado que sea residente fiscal en una jurisdicción respecto de la que haya surtido efectos el Acuerdo Multilateral entre Autoridades competentes sobre intercambio automático de información relativa a los Mecanismos de elusión del Estándar común de comunicación de información y las Estructuras extraterritoriales opacas cuando dicho mecanismo tenga alguna consecuencia sobre el intercambio automático de información de cuentas financieras o la identificación de la titularidad real.

4. Obligados a presentar la declaración en concepto de intermediarios.

a) Estarán obligados a presentar la declaración aquellos intermediarios en los que concurran alguno de los criterios de conexión a los que se refiere el apartado 5.a) de este artículo.

b) No estarán obligados a presentar la declaración en concepto de intermediarios:

1.º Cuando concurra alguna de las circunstancias previstas en la letra b) del apartado 4 del artículo 45 de este reglamento.

2.º Cuando la información haya sido previamente comunicada en los términos legalmente exigidos a la Administración tributaria española competente.

3.º Aquellos intermediarios que hayan prestado sus servicios de intermediación del mecanismo desde un establecimiento permanente situado en otra jurisdicción respecto de la que haya surtido efectos el Acuerdo multilateral citado, y hayan comunicado la información ante la Administración tributaria de dicha jurisdicción.

4.º Aquellos intermediarios en los que concurra el criterio de conexión al que se refiere el apartado 5.a).3.º de este artículo, y sean residentes o tengan su sede de dirección efectiva en otra jurisdicción respecto de la que haya surtido efectos el Acuerdo multilateral citado, y hayan comunicado la información ante la Administración tributaria de dicha jurisdicción.

5. Competencia de la Administración tributaria española.

a) Los intermediarios obligados a declarar en el ámbito del Acuerdo multilateral a que se refiere este artículo suministrarán la información requerida a la Administración tributaria española competente cuando concurra cualquiera de los siguientes criterios de conexión:

1.º Que el intermediario sea residente fiscal en España.

2.º Que el intermediario facilite los servicios de intermediación respecto del mecanismo desde un establecimiento permanente situado en España.

3.º Que el intermediario se hubiera constituido en España o se rija por la legislación española.

4.º Que el intermediario tenga en España su sede de dirección efectiva. En particular, cuando el intermediario esté registrado en un colegio o asociación profesional española relacionada con servicios jurídicos, fiscales o de asesoría.

b) Los obligados tributarios interesados estarán obligados a presentar la declaración a la Administración tributaria española competente cuando residan fiscalmente en España siempre que no exista intermediario obligado a la presentación de la declaración en una jurisdicción respecto de la que haya surtido efectos el Acuerdo multilateral citado.

6. La declaración recogerá, además del contenido al que se refiere el artículo 46.1 de este reglamento, toda jurisdicción en la que el mecanismo se ha puesto a disposición para su ejecución. Esta información, a efectos de lo establecido en la disposición adicional vigésima tercera.4 de la Ley 58/2003, de 17 de diciembre, General Tributaria, constituye un conjunto de datos, en relación con cada uno de los mecanismos que deban ser objeto de declaración.

7. Seña distintiva.

En la obligación de información regulada en este artículo solo se aplicará la seña distintiva a la que se refiere el artículo 47.5 de este reglamento interpretado conforme a las Normas tipo a que se refiere el apartado 2 de este artículo. A los efectos de apreciar la concurrencia de la seña distintiva no será imprescindible que concurra necesariamente alguna de las condiciones a que se refiere aquel precepto.

8. De conformidad con lo dispuesto en la regla 2.2 de las Normas tipo a que se refiere el apartado 2, la declaración de información de los mecanismos transfronterizos de planificación fiscal deberá realizarse en el plazo de treinta días naturales siguientes al nacimiento de la obligación definido en el artículo 46.3 de este reglamento.

La Orden ministerial por la que se apruebe el modelo de declaración correspondiente contendrá la información a que se refiere el artículo 46.1 de este reglamento, así como cualquier otro dato relevante[137].

---

[137] Orden HAC/266/2024, de 18 de marzo, por la que se aprueba el modelo 239, «Declaración de información de determinados mecanismos de planificación fiscal en el ámbito del Acuerdo Multilateral entre Autoridades Competentes sobre intercambio automático de información relativa a los mecanismos de elusión del Estándar común de comunicación de información y las estructuras extraterritoriales opacas» y se establecen las condiciones y el procedimiento para su presentación, y se modifica la Orden HAC/342/2021, de 12 de abril, por la que se aprueba el modelo 234 de «Declaración de información de determinados mecanismos transfronterizos de planificación fiscal», el modelo 235 de «Declaración de información de actualización de determinados mecanismos transfronterizos comercializables» y el modelo 236 de «Declaración de información de la utilización de determinados mecanismos transfronterizos de planificación fiscal» (BOE núm. 72, de 22 de marzo de 2024).

Subsección 6.ª Otras obligaciones de información

Artículo 50. *Obligación de informar sobre la constitución, establecimiento, modificación o extinción de entidades.*

Los titulares de los registros públicos deberán presentar mensualmente a la Administración tributaria una declaración informativa en la que incluirán las entidades cuya constitución, establecimiento, modificación o extinción hayan inscrito durante el mes anterior.

Artículo 51. *Obligación de informar sobre personas o entidades que no han comunicado su número de identificación fiscal o que no han identificado los medios de pago empleados al otorgar escrituras o documentos donde consten los actos o contratos intervenidos por los notarios.*

1. El Consejo General del Notariado deberá presentar de forma telemática a la Administración tributaria una declaración informativa mensual, en la que se incluirá el nombre y apellidos de los comparecientes o de las personas o entidades en cuya representación actúen en el otorgamiento de escrituras o documentos en los que se formalicen actos o contratos que tengan por objeto la declaración, constitución, adquisición, transmisión, modificación o extinción del dominio y los demás derechos reales sobre bienes inmuebles o cualquier otro acto o contrato con trascendencia tributaria, en las que se den las siguientes circunstancias:

a) Que no hayan comunicado su número de identificación fiscal.

b) Que no hayan identificado los medios de pago empleados por las partes, cuando la contraprestación haya consistido en todo o en parte en dinero o signo que lo represente.

2. Cada declaración informativa se presentará antes de finalizar el mes y comprenderá las operaciones realizadas durante el mes precedente.

Artículo 52. *Obligación de informar sobre las subvenciones o indemnizaciones derivadas del ejercicio de actividades agrícolas, ganaderas o forestales.*

1. Las entidades públicas o privadas que concedan o reconozcan subvenciones, indemnizaciones o ayudas derivadas del ejercicio de actividades agrícolas, ganaderas o forestales estarán obligadas a presentar ante el órgano competente de la Administración tributaria una declaración anual de las satisfechas o abonadas durante el año anterior.

Cuando la entidad concedente no tenga su residencia en España, la obligación a que se refiere el párrafo anterior deberá ser cumplida por la entidad residente que tenga encomendada la gestión de las subvenciones, indemnizaciones o ayudas por cuenta de aquella.

2. En la declaración deberán figurar, además de los datos de identificación del declarante y del carácter con el que interviene en relación con las subvenciones, indemnizaciones o ayudas incluidas en la declaración, una relación nominativa de los perceptores con los siguientes datos:

a) Nombre, apellidos o razón social o denominación completa y número de identificación fiscal.

b) Importe, tipo y concepto de la subvención, indemnización o ayuda satisfecha o abonada.

3. A los efectos de su inclusión en la correspondiente declaración, estas subvenciones, indemnizaciones o ayudas se entenderán satisfechas el día que se expida la correspondiente orden de pago. De no existir orden de pago, se entenderán satisfechas cuando se efectúe el pago.

Artículo 53. *Obligación de informar acerca de las aportaciones a sistemas de previsión social.*

Deberán presentar a la Administración tributaria una declaración anual, con el contenido que se indica, las siguientes personas o entidades:

a)[138] Las entidades gestoras de los fondos de pensiones, que incluirán individualmente los partícipes de los planes adscritos a tales fondos y el importe de las aportaciones a los mismos, ya sean efectuadas directamente por ellos, por personas autorizadas o por los promotores de los citados planes.

Asimismo, los promotores de los productos paneuropeos de pensiones individuales regulados en el Reglamento (UE) 2019/1238 del Parlamento Europeo y del Consejo, de 20 de junio de 2019, relativo a un producto paneuropeo de pensiones individuales (PEPP), que incluirán individualmente los ahorradores en tales planes y el importe de las aportaciones efectuadas por ellos a las subcuentas abiertas en cada cuenta de PEPP.

b) Los promotores de planes de pensiones que efectúen contribuciones a los mismos, que incluirán individualmente los partícipes por quienes efectuaron sus contribuciones y el importe aportado para cada partícipe.

c)[139] Los fondos de pensiones domiciliados en otro Estado miembro de la Unión Europea que desarrollen en España planes de pensiones de empleo sujetos a la legislación española o, en su caso, sus entidades gestoras, que incluirán individualmente los partícipes de los planes adscritos a tales fondos y el importe de las aportaciones a los mismos, bien sean efectuadas directamente por ellos, por personas autorizadas o por los promotores de los citados planes.

d)[140] Las empresas o entidades que instrumenten compromisos por pensiones mediante un contrato de seguro, excluidos los planes de previsión social empresarial, que incluirán individualmente las personas por quienes efectuaron contribuciones y el importe correspondiente a cada una de ellas.

e) Las entidades aseguradoras que formalicen planes de previsión social empresarial, que incluirán individualmente los asegurados y el importe de las aportaciones a los mismos, ya sean efectuadas directamente por ellos o por los tomadores de los citados planes.

f) Las mutualidades de previsión social, que incluirán individualmente los mutualistas y las cantidades abonadas por estos para la cobertura de las contingencias que, conforme a lo

---

[138] Nueva redacción de la letra a) dada por el art. 2 del Real Decreto 1039/2022, de 27 de diciembre, por el que se modifican el Reglamento del Impuesto sobre la Renta de las Personas Físicas, aprobado por el Real Decreto 439/2007, de 30 de marzo, y el Reglamento General de las actuaciones y los procedimientos de gestión e inspección tributaria y de desarrollo de las normas comunes de los procedimientos de aplicación de los tributos, aprobado por el Real Decreto 1065/2007, de 27 de julio (BOE núm. 312, de 29 de diciembre de 2022), con efectos desde el 1 de enero de 2023.

[139] Nueva redacción del art. 53.c) dada por el art. primero.diez del Real Decreto 1070/2017, de 29 de diciembre (BOE núm. 317, de 30 de diciembre de 201), en vigor desde el 1 de enero de 2018.

[140] Nueva redacción de la letra d) dada por el artículo cuatro.ocho del Real Decreto 1/2010, de 8 de enero (BOE núm. 16, de 19 de enero de 2010), en vigor desde el 20-01-2010.

establecido en los artículos 51, 53 y disposiciones adicionales novena y undécima de la Ley 35/2006, de 28 de noviembre, del Impuesto sobre la Renta de las Personas Físicas y de modificación parcial de las leyes de los Impuestos sobre Sociedades, sobre la Renta de no Residentes y sobre el Patrimonio, puedan ser objeto de reducción en la base imponible del impuesto.

g) Las entidades aseguradoras que comercialicen seguros privados de dependencia que puedan ser objeto de reducción en la base imponible, que incluirán individualmente los tomadores y el importe de las primas, ya sean efectuadas directamente por ellos o por personas autorizadas.

h) Las entidades aseguradoras que comercialicen planes de previsión asegurados, que incluirán individualmente los tomadores y el importe de las primas satisfechas.

Artículo 54. *Obligación de informar sobre operaciones financieras relacionadas con bienes inmuebles.*

Las entidades que concedan o intermedien en la concesión de préstamos, ya sean hipotecarios o de otro tipo, o intervengan en cualquier otra forma de financiación de la adquisición de un bien inmueble o de un derecho real sobre un bien inmueble, deberán presentar una declaración informativa anual relativa a dichas operaciones con los siguientes datos:

a) Nombre y apellidos o razón social o denominación completa y número de identificación fiscal de los prestatarios.

b) Razón social o denominación completa y número de identificación fiscal de los prestamistas.

c) Nombre y apellidos o razón social o denominación completa y número de identificación fiscal de los intermediarios, si los hubiera.

d) Nombre y apellidos o razón social o denominación completa y número de identificación fiscal de las partes en otras operaciones financieras directamente relacionadas con la adquisición de bienes inmuebles o derechos reales sobre bienes inmuebles.

e)[141] Importe total del préstamo u operación, cantidades que se hayan satisfecho en el año en concepto de amortización de capital, intereses y demás gastos de financiación.

f) Año de constitución del préstamo u operación y periodo de duración.

g) Indicación de si el destinatario de la operación ha manifestado su voluntad de dedicar dicho inmueble a su vivienda habitual.

h) Referencia catastral.

i) Valor de tasación del inmueble.

Artículo 54 bis[142]. *Obligación de informar sobre bienes inmuebles y derechos sobre bienes inmuebles situados en el extranjero.*

1. Las personas físicas y jurídicas residentes en territorio español, los establecimientos permanentes en dicho territorio de personas o entidades no residentes y las entidades a que se refiere el artículo 35.4 de la Ley 58/2003, de 17 de diciembre, General Tributaria, vendrán

---

[141] Nueva redacción de la letra e) dada por el art. Segundo.uno del Real Decreto 2004/2009, de 23 de diciembre (BOE núm. 313, de 29 de diciembre de 2009), en vigor desde el 1-1-2010.

[142] Nuevo artículo incorporado por el art. segundo cuatro del Real Decreto 1558/2012, de 15 de noviembre (BOE núm. 283, de 24 de noviembre de 2012), en vigor desde el 1 de enero de 2003, recogiendo su Disposición Final Tercera que «Las obligaciones de información establecidas en el artículo segundo, apar-

obligados a presentar una declaración informativa anual referente a los bienes inmuebles o a derechos sobre bienes inmuebles, situados en el extranjero, de los que sean titulares o respecto de los que tengan la consideración de titular real conforme a lo previsto en el apartado 2 del artículo 4 de la Ley 10/2010, de 28 de abril, de prevención del blanqueo de capitales y de la financiación del terrorismo, a 31 de diciembre de cada año.

2. La declaración informativa contendrá los siguientes datos:

a) Identificación del inmueble con especificación, sucinta, de su tipología, según se determine en la correspondiente orden ministerial.

b) Situación del inmueble: país o territorio en que se encuentre situado, localidad, calle y número.

c) Fecha de adquisición.

d) Valor de adquisición.

3. En caso de titularidad de contratos de multipropiedad, aprovechamiento por turnos, propiedad a tiempo parcial o fórmulas similares, sobre bienes inmuebles situados en el extranjero, además de la información señalada los párrafos a) y b) del apartado anterior, deberá indicarse la fecha de adquisición de dichos derechos y su valor a 31 de diciembre según las reglas de valoración establecidas en la Ley 19/1991, de 6 de junio, del Impuesto sobre el Patrimonio.

4. En caso de titularidad de derechos reales de uso o disfrute y nuda propiedad sobre bienes inmuebles situados en el extranjero, además de la información señalada en los párrafos a) y b) del apartado 2, deberá indicarse la fecha de adquisición de dicha titularidad y su valor a 31 de diciembre según las reglas de valoración establecidas en la Ley 19/1991, de 6 de junio, del Impuesto sobre el Patrimonio.

5. La obligación de información regulada en este artículo también se extiende a cualquier obligado tributario que hubiese sido titular o titular real del inmueble o derecho conforme a lo indicado en el apartado 1, en cualquier momento del año al que se refiera la declaración y que hubiera perdido dicha condición a 31 de diciembre de ese año. En estos supuestos, además de los datos a que se refiere el apartado 2, la declaración informativa deberá incorporar el valor de transmisión del inmueble o derecho y la fecha de ésta.

6. La obligación de información prevista en este artículo no resultará de aplicación respecto de los siguientes inmuebles o derechos sobre bienes inmuebles, situados en el extranjero:

a) Aquéllos de los que sean titulares las entidades a que se refiere el artículo 9.1 del texto refundido de la Ley del Impuesto sobre Sociedades, aprobado por el Real Decreto Legislativo 4/2004, de 5 de marzo.

b) Aquéllos de los que sean titulares personas jurídicas y demás entidades residentes en territorio español, así como establecimientos permanentes en España de no residentes, registrados en su contabilidad de forma individualizada y suficientemente identificados.

c) Aquéllos de los que sean titulares las personas físicas residentes en territorio español que desarrollen una actividad económica y lleven su contabilidad de acuerdo con lo dis-

---

tados dos, tres y cuatro, serán exigibles por primera vez para la información a suministrar correspondiente al año 2012».

puesto en el Código de Comercio, registrados en dicha documentación contable de forma individualizada y suficientemente identificados.

d) No existirá obligación de informar sobre ningún inmueble o derecho sobre bien inmueble cuando los valores a que se refieren los apartados 2.d), 3 y 4 no superasen, conjuntamente, los 50.000 euros. En caso de superarse dicho límite conjunto deberá informarse sobre todos los inmuebles y derechos sobre bienes inmuebles.

7. Esta obligación deberá cumplirse entre el 1 de enero y el 31 de marzo del año siguiente a aquel al que se refiera la información a suministrar.

La presentación de la declaración en los años sucesivos sólo será obligatoria cuando el valor conjunto establecido en el apartado 6.d) hubiese experimentado un incremento superior al 20.000 euros respecto del que determinó la presentación de la última declaración.

En todo caso será obligatoria la presentación de la declaración en los supuestos previstos en el apartado 5, respecto de los inmuebles o derechos respecto de los que se hubiese extinguido la titularidad a 31 de diciembre.

Mediante orden ministerial se aprobará el correspondiente modelo de declaración.

8. A efectos de lo dispuesto en la disposición adicional decimoctava de la Ley 58/2003, de 17 de diciembre, General Tributaria, constituyen distintos conjuntos de datos las informaciones a que se refieren los párrafos a) y b) del apartado 2, en relación con cada uno de los inmuebles a los que se refiere dicho apartado y en relación con cada uno de los inmuebles sobre los que se constituyan los derechos a que se refieren los apartados 3 y 4.

A estos mismos efectos, tendrán la consideración de dato los siguientes:

a) Cada fecha y valor a que se refieren los párrafos c) y d) del apartado 2 en relación con cada uno de los inmuebles.

b) Cada fecha y valor a que se refiere el apartado 3, en relación con cada uno de los derechos.

c) Cada fecha y valor a que se refiere el apartado 4, en relación con cada uno de los derechos.

d) Cada fecha y valor de transmisión a que se refiere el apartado 5, en relación con cada uno de los inmuebles.

Artículo 54 ter[143] Obligación de información de determinadas actividades por los operadores de plataformas.

1. Las entidades que tuvieran la consideración de «operadores de plataforma obligados a comunicar información» de acuerdo con lo dispuesto en el apartado 3 de este artículo deberán suministrar a la Administración tributaria determinada información respecto al «período

---

[143] Nueva redacción del art. 54 ter dada por la Disp. Final Primera Trece del Real Decreto 117/2024, de 30 de enero, por el que se desarrollan las normas y los procedimientos de diligencia debida en el ámbito del intercambio automático obligatorio de información comunicada por los operadores de plataformas, y se modifican el Reglamento General de las actuaciones y los procedimientos de gestión e inspección tributaria y de desarrollo de las normas comunes de los procedimientos de aplicación de los tributos, aprobado por el Real Decreto 1065/2007, de 27 de julio, en transposición de la Directiva (UE) 2021/514 del Consejo de 22 de marzo de 2021 por la que se modifica la Directiva 2011/16/UE relativa a la cooperación administrativa en el ámbito de la fiscalidad, y otras normas tributarias (BOE núm. 27, de 31 de enero de 2024), en vigor desde el 1 de febrero de 2024.

de referencia» relativa a las «actividades pertinentes» efectuadas por los «vendedores sujetos

---

Redacción anterior del art. 54.ter, incorporado por la Disp. Final segunda del Real Decreto 366/2021, de 25 de mayo (BOE núm. 125, de 26 de mayo de 2021), en vigor desde el 26 de junio de 2021: «*Obligación de informar sobre la cesión de uso de viviendas con fines turísticos.*

1. Las personas y entidades que intermedien entre los cedentes y cesionarios del uso de viviendas con fines turísticos situadas en territorio español en los términos establecidos en el apartado siguiente, vendrán obligados a presentar periódicamente una declaración informativa de las cesiones de uso en las que intermedien.

2. A los exclusivos efectos de la declaración informativa prevista en este artículo, se entiende por cesión de uso de viviendas con fines turísticos la cesión temporal de uso de la totalidad o parte de una vivienda amueblada y equipada en condiciones de uso inmediato, cualquiera que sea el canal a través del cual se comercialice o promocione y realizada con finalidad gratuita u onerosa.

En todo caso quedan excluidos de este concepto:

a) Los arrendamientos de vivienda tal y como aparecen definidos en la Ley 29/1994, de 24 de noviembre, de Arrendamientos Urbanos, así como el subarriendo parcial de vivienda a que se refiere el artículo 8 de la misma norma legal.

b) Los alojamientos turísticos que se rigen por su normativa específica.

A estos efectos no tendrán la consideración de excluidos las cesiones temporales de uso de vivienda a que se refiere el artículo 5.e) de la Ley 29/1994, de 24 de noviembre, de Arrendamientos Urbanos, con independencia del cumplimiento o no del régimen específico derivado de su normativa sectorial al que estuviera sometido.

c) El derecho de aprovechamiento por turno de bienes inmuebles.

d) Los usos y contratos del artículo 5 de la Ley 29/1994, de 24 de noviembre, de Arrendamientos Urbanos, salvo aquellas cesiones a las que se refiere la letra e) de este artículo.

3. A los efectos previstos en el apartado 1, tendrán la consideración de intermediarios todas las personas o entidades que presten el servicio de intermediación entre cedente y cesionario del uso a que se refiere el apartado anterior, ya sea a título oneroso o gratuito.

En particular, tendrán dicha consideración las personas o entidades que, constituidas como plataformas colaborativas, intermedien en la cesión de uso a que se refiere el apartado anterior y tengan la consideración de prestador de servicios de la sociedad de la información en los términos a que se refiere la Ley 34/2002, de 11 de julio, de servicios de la sociedad de la información y de comercio electrónico, con independencia de que presten o no el servicio subyacente objeto de intermediación o de que se impongan condiciones a los cedentes o cesionarios tales como precio, seguros, plazos u otras condiciones contractuales.

4. La declaración informativa contendrá los siguientes datos:

a) Identificación del titular de la vivienda cedida con fines turísticos así como del titular del derecho en virtud del cual se cede la vivienda con fines turísticos, si fueren distintos.

La identificación se realizará mediante nombre y apellidos o razón social o denominación completa, y número de identificación fiscal o en los términos de la Orden Ministerial por la que se apruebe el modelo de declaración correspondiente.

A estos efectos se considerarán como titulares del derecho objeto de cesión quienes lo sean del derecho de la propiedad, contratos de multipropiedad, propiedad a tiempo parcial o fórmulas similares, arrendamiento o subarrendamiento o cualquier otro derecho de uso o disfrute sobre las viviendas cedidas con fines turísticos, que sean cedentes, en última instancia, de uso de la vivienda citada.

b) Identificación del inmueble con especificación del número de referencia catastral o en los términos de la Orden Ministerial por la que se apruebe el modelo de declaración correspondiente.

c) Identificación de las personas o entidades cesionarias así como el número de días de disfrute de la vivienda con fines turísticos.

La identificación se realizará mediante nombre y apellidos o razón social o denominación completa, y número de identificación fiscal o en los términos de la Orden Ministerial por la que se apruebe el modelo de declaración correspondiente.

a comunicación de información».

Los términos utilizados en este reglamento, así como en su normativa de desarrollo, relativos a esta obligación de información tendrán, conforme a lo dispuesto en el anexo V de la Directiva 2011/16/UE, del Consejo, de 15 de febrero de 2011, relativa a la cooperación administrativa en el ámbito de la fiscalidad y por la que se deroga la Directiva 77/799/CEE, y el Acuerdo Multilateral entre Autoridades competentes sobre intercambio automático de información relativa a ingresos obtenidos a través de plataformas digitales en el ámbito de la OCDE, el significado contenido en el anexo del Real Decreto 117/2024, de 30 de enero, por el que se desarrollan las normas y procedimientos de diligencia debida en el ámbito del intercambio automático obligatorio de información comunicada por los operadores de plataformas, y se modifican el Reglamento General de las actuaciones y los procedimientos de gestión e inspección tributaria y de desarrollo de las normas comunes de los procedimientos de aplicación de los tributos, aprobado por el Real Decreto 1065/2007, de 27 de julio, en transposición de la Directiva (UE) 2021/514 del Consejo de 22 de marzo de 2021 por la que se modifica la Directiva 2011/16/UE relativa a la cooperación administrativa en el ámbito de la fiscalidad, y otras normas tributarias, salvo que la normativa establezca otra cosa.

2. No estarán sujetos a la obligación de información los «operadores de plataforma cualificados externos a la Unión», cuyas «actividades pertinentes» son, en su totalidad, «actividades pertinentes cualificadas» que son objeto de un intercambio automático de información.

Los «operadores de plataforma excluidos» que puedan demostrar, de conformidad con la legislación nacional, que el modelo empresarial de su plataforma no tiene «vendedores sujetos a comunicación de información» deberán presentar anualmente una declaración negativa comunicando a la Administración tributaria española su condición de «operador de plataforma excluido». La Orden ministerial por la que se apruebe el modelo de declaración correspondiente establecerá el plazo de presentación de la misma durante el año natural siguiente a aquel en el que el operador tenga la condición de «operador de plataforma excluido».

3. Operador de plataforma obligado a comunicar información.

Estará obligado a presentar la declaración a la Administración tributaria española cualquier «operador de plataforma», a excepción de los operadores de plataforma excluidos, que se encuentre en alguna de las situaciones siguientes:

A estos efectos, los cedentes del uso de la vivienda con fines turísticos deberán conservar una copia del documento de identificación de las personas beneficiarias del servicio, anteriormente señalado.
d) Importe percibido por el titular cedente del uso de la vivienda con fines turísticos o, en su caso, indicar su carácter gratuito.
5. La Orden ministerial por la que se apruebe el modelo de declaración correspondiente establecerá el plazo de presentación y contendrá la información a que se refiere el apartado anterior, así como cualquier otro dato relevante al efecto para concretar aquella información».
La redacción original del art. 54.ter fue anulada por la Sentencia del Tribunal Supremo 1106/2020 de 23 de julio: «por la que se anula y se deja sin efecto por ser contrario a Derecho el art. 54.ter incorporado por el art. primero.once del Real Decreto 1070/2017, de 29 de diciembre, por el que se modifican el Reglamento General de las actuaciones y los procedimientos de gestión e inspección tributaria y de desarrollo de las normas comunes de los procedimientos de aplicación de los tributos, aprobado por el Real Decreto 1065/2007, de 27 de julio, y el Real Decreto 1676/2009, de 13 de noviembre, por el que se regula el Consejo para la Defensa del Contribuyente» (BOE núm. 317, de 30 de diciembre de 201), en vigor desde el 1 de enero de 2018.

a) Que el operador sea residente fiscal en España o, no siendo residente fiscal en España ni en ningún otro Estado miembro, cumpla alguno de los siguientes criterios de conexión:

1.º Que se hubiera constituido con arreglo a la legislación española.

2.º Que tenga su sede de dirección, incluida su dirección efectiva, en España.

3.º Que tenga un establecimiento permanente en España y no sea un «operador de plataforma cualificado externo a la Unión».

Este último criterio no será aplicable cuando la determinación del «operador de plataforma obligado a comunicar información» se efectúe conforme a las Normas tipo de comunicación de información por operadores de plataformas respecto de los vendedores en el ámbito de la economía colaborativa y la economía de trabajo esporádico y por encargo.

Cuando los operadores a los que se refiere esta letra cumplieran alguno de los criterios de conexión en España y en otro Estado miembro o «Jurisdicción socia» podrán elegir presentar la declaración ante la Administración tributaria española, de conformidad con la sección II, letra A, del anexo citado previo registro en España en los términos establecidos reglamentariamente y notificándolo, en su caso, al otro Estado miembro o «Jurisdicción socia».

b) Que el operador no cumpla ninguno de los criterios de conexión de la letra a) anterior en un Estado miembro, pero facilite la realización de una «actividad pertinente» por parte de «vendedores sujetos a comunicación de información» residentes en un Estado miembro o que conlleve el arrendamiento o cesión temporal de uso de bienes inmuebles ubicados en un Estado miembro, y no sea un «operador de plataforma cualificado externo a la Unión», siempre que dicho operador se hubiera registrado en España en los términos establecidos reglamentariamente.

No obstante lo dispuesto en el párrafo anterior, el operador no estará obligado a facilitar la información mencionada en el apartado 4 de este artículo con respecto a las «actividades pertinentes cualificadas» objeto de un «acuerdo de cualificación vigente entre autoridades competentes», que ya prevea el intercambio automático de información equivalente con un Estado miembro sobre los «vendedores sujetos a comunicación de información» residentes en ese Estado miembro.

Cuando la determinación del operador de plataforma obligado a informar a que se refiere esta letra lo sea conforme a las Normas tipo de comunicación de información por parte de operadores de plataformas respecto de los vendedores en el ámbito de la economía colaborativa y la economía de trabajo esporádico y por encargo y no cumpla ninguno de los criterios de conexión de la letra a) anterior en una «Jurisdicción socia», deberá presentar la declaración a la Administración tributaria española cuando facilite la realización de una «actividad pertinente» por parte de «vendedores sujetos a comunicación de información» residentes en España o que conlleve el arrendamiento de bienes inmuebles ubicados en España, salvo que hubiera presentado la declaración en otra «jurisdicción socia».

4. La declaración informativa contendrá los siguientes datos:

a) Respecto del «operador de plataforma obligado a comunicar información»:

1.º Denominación social de la entidad.

2.º Número de identificación fiscal y, en su caso, número de identificación individual asignado por la Administración tributaria española.

3.º Identificación de la plataforma.

4.º El Estado miembro o «Jurisdicción socia» de cumplimiento de la obligación de información, cuando el «operador de plataforma obligado a comunicar información» a que se refiere el artículo 54.ter.3.a) de este reglamento cumpla alguno de los criterios de conexión allí enumerados en más de un Estado miembro o «Jurisdicción socia». Si el Estado miembro o «Jurisdicción socia» de cumplimiento de la obligación de información no fuera España, el operador deberá presentar la declaración informativa, únicamente, con los datos previstos en la letra a) de este apartado 4 y su nombre, número de identificación fiscal y dirección en esa jurisdicción donde declare.

b) Respecto de cada «vendedor sujeto a comunicación de información» que haya llevado a cabo una «actividad pertinente» distinta del arrendamiento o cesión temporal de uso de bienes inmuebles:

1.º Los datos que deban obtenerse de acuerdo con las normas y procedimientos de diligencia debida previstos en el Real Decreto 117/2024, de 30 de enero, por el que se desarrollan las normas y procedimientos de diligencia debida en el ámbito del intercambio automático obligatorio de información comunicada por los operadores de plataformas, y se modifican el Reglamento General de las actuaciones y los procedimientos de gestión e inspección tributaria y de desarrollo de las normas comunes de los procedimientos de aplicación de los tributos, aprobado por el Real Decreto 1065/2007, de 27 de julio, en transposición de la Directiva (UE) 2021/514 del Consejo de 22 de marzo de 2021 por la que se modifica la Directiva 2011/16/UE relativa a la cooperación administrativa en el ámbito de la fiscalidad, y otras normas tributarias.

No obstante lo dispuesto en el párrafo anterior, la declaración no contendrá la información indicada en el apartado 1.a), números 2.º a 5.º, y el apartado 1.b), números 2.º a 6.º, del artículo 5 del Real Decreto 117/2024, de 30 de enero, por el que se desarrollan las normas y procedimientos de diligencia debida en el ámbito del intercambio automático obligatorio de información comunicada por los operadores de plataformas, y se modifican el Reglamento General de las actuaciones y los procedimientos de gestión e inspección tributaria y de desarrollo de las normas comunes de los procedimientos de aplicación de los tributos, aprobado por el Real Decreto 1065/2007, de 27 de julio, en transposición de la Directiva (UE) 2021/514 del Consejo de 22 de marzo de 2021 por la que se modifica la Directiva 2011/16/UE relativa a la cooperación administrativa en el ámbito de la fiscalidad, y otras normas tributarias, si se basa en una confirmación directa de la identidad y la residencia del «vendedor» a través de un servicio de identificación puesto a disposición por un Estado miembro o por la Unión Europea para determinar la identidad y todas las residencias fiscales del «vendedor». En cuyo caso, se comunicará que se usa un «servicio de identificación» y el nombre, el «identificador del servicio de identificación» y el Estado miembro de asignación de dicho identificador.

2.º El «identificador de cuenta financiera», siempre y cuando esté a disposición del «operador de plataforma obligado a comunicar información» y la autoridad competente del Estado miembro o «Jurisdicción socia» en que el «vendedor sujeto a comunicación de información» sea residente no haya comunicado que no pretende utilizar el «identificador de cuenta financiera» para estos fines.

3.º Cuando sea distinto del nombre del «vendedor sujeto a comunicación de información», además del «identificador de cuenta financiera», el nombre del titular de la cuenta financiera a la que se paga o abona la «contraprestación», en la medida en que esté a disposición del «operador de plataforma obligado a comunicar información», así como cualquier otra información de identificación financiera de que disponga dicho «operador de plataforma» con respecto a ese titular de la cuenta.

4.º Cada Estado miembro o «Jurisdicción socia» en que el «vendedor sujeto a comunicación de información» es residente de conformidad con el artículo 8 del Real Decreto 117/2024, de 30 de enero, por el que se desarrollan las normas y procedimientos de diligencia debida en el ámbito del intercambio automático obligatorio de información comunicada por los operadores de plataformas, y se modifican el Reglamento General de las actuaciones y los procedimientos de gestión e inspección tributaria y de desarrollo de las normas comunes de los procedimientos de aplicación de los tributos, aprobado por el Real Decreto 1065/2007, de 27 de julio, en transposición de la Directiva (UE) 2021/514 del Consejo de 22 de marzo de 2021 por la que se modifica la Directiva 2011/16/UE relativa a la cooperación administrativa en el ámbito de la fiscalidad, y otras normas tributarias.

5.º La «contraprestación» total pagada o abonada durante cada trimestre del «período de referencia» y el número de «actividades pertinentes» por las que se ha pagado o abonado la «contraprestación».

La información con respecto a la contraprestación pagada o abonada en una moneda fiduciaria se comunicará en la moneda en que se ha pagado o abonado. En el caso contrario, se comunicará en euros, convertida o valorada mediante un criterio uniformemente aplicado por el «operador de plataforma obligado a comunicar información».

La información sobre la «contraprestación» y otros importes se comunicará con respecto al trimestre del «período de referencia» en que se haya pagado o abonado.

En el supuesto de que la «actividad pertinente» consistiera en el arrendamiento o cesión temporal de uso de bienes inmuebles, la «contraprestación» y el número de «actividades pertinentes» se comunicará respecto de cada «bien inmueble comercializado».

6.º Todas las comisiones, fianzas, tarifas, tributos y otras cantidades análogas retenidas o cobradas por el «operador de plataforma obligado a comunicar información» durante cada trimestre del «período de referencia».

c) Respecto de cada «vendedor sujeto a comunicación de información» que haya realizado una «actividad pertinente» que conlleve el arrendamiento o cesión temporal de uso de bienes inmuebles, además de la información a que se refiere la letra b) de este apartado, deberá informar de:

1.º La dirección de cada «bien inmueble comercializado», determinado conforme a los procedimientos de diligencia debida, y el correspondiente número de referencia catastral o su equivalente en la legislación nacional del Estado miembro o «Jurisdicción socia» en que está ubicado, si se conociera.

2.º El número de días que se ha arrendado o cedido cada «bien inmueble comercializado» durante el «período de referencia» y el tipo de cada «bien inmueble comercializado», si se conociera.

A los efectos de lo dispuesto en esta letra, tendrá la consideración de «actividad pertinente» el arrendamiento y cualquier cesión temporal de uso de un bien inmueble.

5. El «operador de plataforma obligado a comunicar información» que pueda demostrar, de conformidad con la legislación nacional, que la misma información ha sido comunicada por otro «operador de plataforma obligado a comunicar información» deberá presentar la declaración informativa, únicamente, con los datos previstos en la letra a) del apartado 4, referidos tanto a él mismo como al operador de plataforma que haya comunicado la información prevista en las letras b) y c) de dicho apartado.

6. La declaración deberá ser objeto de presentación durante el mes de enero del año natural siguiente a aquel en el que el «vendedor» haya sido identificado como «vendedor sujeto a comunicación de información» en la forma establecida en la Orden Ministerial reguladora del modelo de declaración.

7. La Orden Ministerial por la que se apruebe el modelo de declaración correspondiente contendrá la información a que se refieren los apartados 3, 4 y 5, así como cualquier otro dato relevante al efecto para concretar aquella información.

8. A efectos de lo establecido en la disposición adicional vigésima quinta.2 de la Ley 58/2003, de 17 de diciembre, General Tributaria, constituyen distintos conjuntos de datos las informaciones a que se refieren cada uno de los números ordinales de las respectivas letras del apartado 4, en relación con cada uno de los correspondientes «operadores de plataforma obligado a comunicar información» y «vendedores sujetos a comunicación de información» a que se refiere la información.

No obstante lo anterior, en el supuesto del número 1.º de la letra b) del apartado 4, tendrá la consideración de conjunto de datos cada uno de los números ordinales a que se refieren las respectivas letras del artículo 5.1 del Real Decreto 117/2024, de 30 de enero, por el que se desarrollan las normas y procedimientos de diligencia debida en el ámbito del intercambio automático obligatorio de información comunicada por los operadores de plataformas, y se modifican el Reglamento General de las actuaciones y los procedimientos de gestión e inspección tributaria y de desarrollo de las normas comunes de los procedimientos de aplicación de los tributos, aprobado por el Real Decreto 1065/2007, de 27 de julio, en transposición de la Directiva (UE) 2021/514 del Consejo de 22 de marzo de 2021 por la que se modifica la Directiva 2011/16/UE relativa a la cooperación administrativa en el ámbito de la fiscalidad, y otras normas tributarias.

SECCIÓN 3.ª *Requerimientos individualizados para la obtención de información*

Artículo 55. *Disposiciones generales.*

1. Los requerimientos individualizados de información que realice la Administración tributaria deberán ser notificados al obligado tributario requerido e incluirán:

a) El nombre y apellidos o razón social o denominación completa y número de identificación fiscal del obligado tributario que debe suministrar la información.

b) El periodo de tiempo a que se refiere la información requerida.

c) Los datos relativos a los hechos respecto de los que se requiere la información.

2. En los requerimientos de información se concederá un plazo no inferior a 10 días, contados a partir del día siguiente al de la notificación del requerimiento, para aportar la información solicitada.

No obstante, cuando las actuaciones de obtención de información se realicen por los órganos de inspección o de recaudación podrán iniciarse inmediatamente, incluso sin previo requerimiento escrito, en caso de que lo justifique la naturaleza de los datos a obtener o de las actuaciones a realizar y el órgano actuante se limite a examinar documentos, elementos o justificantes que deban estar a su disposición. Cuando se trate de documentos, elementos o justificantes que no deban estar a disposición de dichos órganos, se concederá a las personas o entidades requeridas un plazo no inferior a 10 días, contados a partir del día siguiente al de la notificación del requerimiento, para aportar la información solicitada o dar las facilidades necesarias a los órganos de inspección o de recaudación actuantes para que puedan obtenerla directamente.

Artículo 56. *Requerimientos a determinadas autoridades sometidas al deber de informar y colaborar.*

Los requerimientos individualizados de información que se efectúen a las entidades y órganos a que se refiere el artículo 94.3 y 4 de la Ley 58/2003, de 17 de diciembre, General Tributaria, se realizarán directamente por el superior jerárquico del órgano actuante que pretenda obtener la información.

En estos casos, el órgano actuante que pretenda obtener la información dirigirá una solicitud debidamente justificada al órgano competente para realizar el requerimiento.

En el ámbito de competencias del Estado, el órgano competente para realizar los requerimientos de información a que se refiere el artículo 94.3 de la Ley 58/2003, de 17 de diciembre, General Tributaria, será el director general, los directores de departamento o los delegados de la Agencia Estatal de Administración Tributaria de los que dependa el órgano actuante que solicita la información. El órgano competente para realizar los requerimientos a que se refiere el artículo 94.4 de la Ley 58/2003, de 17 de diciembre, General Tributaria, será el director general o de departamento competente.

Artículo 57. *Procedimiento para realizar determinados requerimientos a entidades dedicadas al tráfico bancario o crediticio.*

1. Cuando se trate de requerimientos de información que exijan el conocimiento de movimientos de cuentas o de operaciones a los que se refiere el artículo 93.3 de la Ley 58/2003, de 17 de diciembre, General Tributaria, los órganos de inspección o de recaudación podrán solicitar la información a los obligados tributarios afectados, titulares o autorizados, o requerirla directamente a las entidades bancarias o crediticias con las que operen sin que sea necesario notificar dicho requerimiento al obligado tributario al que se refiere la información requerida.

Para requerir directamente la información a que se refiere el párrafo anterior a la entidad bancaria o crediticia será necesario obtener previamente la autorización del órgano competente o el consentimiento del obligado tributario. La solicitud de autorización deberá estar debidamente justificada y motivar en términos concretos las razones que aconsejan el requerimiento directo a la entidad, así como la procedencia, en su caso, de no notificar dicho requerimiento al obligado tributario.

La autorización habilitará para efectuar el requerimiento relativo a los movimientos de cuentas u operaciones financieras, así como los requerimientos posteriores relativos a la documentación soporte de los mismos, y al nombre y apellidos o razón social o denominación completa de las personas o entidades y la identificación de las cuentas a las que se refieran el origen o destino de los movimientos, cheques u otras órdenes de cargo o abono, aun cuando dichos cheques u órdenes hubieran sido sustituidos o tuvieran origen en otros del mismo o diferente importe.

En el ámbito de competencias del Estado, la autorización a que se refiere el apartado anterior corresponderá al director de departamento o a los delegados de la Agencia Estatal de Administración Tributaria de los que dependa el órgano actuante que solicita la autorización.

2. El requerimiento deberá ser notificado a la entidad requerida y en él se precisarán las cuentas u operaciones objeto del requerimiento, los obligados tributarios afectados y, en su caso, el alcance en cuanto al periodo de tiempo a que se refiera.

Los datos solicitados podrán referirse a las operaciones activas o pasivas de las distintas cuentas, a la totalidad o parte de sus movimientos, durante el periodo de tiempo a que se refiera el requerimiento, y a las restantes operaciones que se hayan producido. Asimismo, las actuaciones podrán extenderse a los documentos y demás antecedentes relativos a los datos solicitados.

El requerimiento precisará también el modo en que vayan a practicarse las actuaciones, de acuerdo con lo dispuesto en el apartado siguiente y podrá solicitarse la aportación de los datos en soporte informático de acuerdo con los formatos de uso generalizado.

3. Las actuaciones de obtención de información previstas en este artículo podrán desarrollarse mediante requerimiento a la entidad para que aporte los datos o antecedentes objeto del mismo o mediante personación en su oficina, despacho o domicilio para examinar los documentos en los que consten.

La entidad requerida deberá aportar los datos solicitados en el plazo otorgado para ello que no podrá ser inferior a 15 días, contados a partir del día siguiente al de la notificación del requerimiento. Ese mismo plazo habrá de transcurrir como mínimo entre la notificación del requerimiento y la iniciación, en su caso, de las actuaciones en las oficinas, despacho o domicilio del obligado a suministrar la información.

4. En los casos de cuentas indistintas o conjuntas a nombre de varias personas o entidades, en los depósitos de titularidad plural y en otros supuestos análogos, la petición de información sobre uno de los cotitulares o autorizados implicará la disponibilidad de todos los movimientos de la cuenta, depósito u operación, pero la Administración tributaria no podrá utilizar la información obtenida frente a otro titular o autorizado sin seguir previamente los trámites previstos en este artículo.

SECCIÓN 4.ª *Transmisión de datos con trascendencia*
tributaria por la Administración tributaria

Artículo 58. *Transmisión de datos con trascendencia tributaria por medios electrónicos, informáticos y telemáticos.*

1. Las transmisiones de datos con trascendencia tributaria por medios electrónicos, informáticos o telemáticos se ajustarán a lo previsto en el Real Decreto 263/1996, de 16 de febrero, por el que se regula la utilización de técnicas electrónicas, informáticas y telemáticas por la Administración General del Estado[144].

2. La transmisión de datos por dichos medios a una Administración pública o a una entidad de derecho público se efectuará a solicitud del órgano o entidad que necesite la información para tramitar el procedimiento o actuación. En la solicitud deberán identificarse los datos requeridos, sus titulares y la finalidad por la que se requieren. Asimismo, se hará constar

---

[144] La Resolución de 16 de diciembre de 2008, de la Presidencia de la AEAT, establece las condiciones para el desarrollo de un procedimiento electrónico para el intercambio de ficheros entre la Agencia Estatal de Administración Tributaria y las entidades de crédito, en el ámbito de las obligaciones de información a la Administración tributaria relativas a extractos normalizados de cuentas corrientes (BOE de 13 de febrero de 2009).

que se dispone del consentimiento expreso de los titulares afectados o de la autorización correspondiente en aquellos casos en que uno u otra sean necesarios.

De la petición y recepción de los datos se dejará constancia en el expediente por el órgano u organismo receptor. A efectos de la verificación del origen y la autenticidad de los datos por los órganos de fiscalización y control, se habilitarán mecanismos para que los órganos mencionados puedan acceder a los datos transmitidos.

TÍTULO III. PRINCIPIOS Y DISPOSICIONES GENERALES DE LA APLICACIÓN DE LOS TRIBUTOS

CAPÍTULO I. Órganos y competencias

Artículo 59. *Criterios de atribución de competencia en el ámbito de las Administraciones tributarias.*

1[145]**.** Las normas de organización específica a que se refiere el artículo 84 de la Ley 58/2003, de 17 de diciembre, General Tributaria, atribuirán las competencias en la aplicación de los tributos, y podrán establecer los términos en los que el personal encargado de la aplicación de los tributos pueda realizar actuaciones fuera del ámbito competencial del órgano del que dependan.

En el caso de obligados tributarios no residentes sin establecimiento permanente en España, a falta de previsión en la norma de organización específica, será competente el órgano de la Administración tributaria en cuyo ámbito territorial tenga el domicilio el representante del obligado tributario, el responsable, el retenedor, el depositario o el gestor de los bienes o derechos, o el pagador de las rentas al no residente, sin perjuicio de lo previsto en la normativa propia de cada tributo.

2. En el ámbito de una misma Administración tributaria la comunicación de un cambio de domicilio fiscal, siempre que dicho criterio sea el que determine la competencia del órgano, o el cambio de adscripción a otro órgano, producirán los siguientes efectos en relación con la competencia de los órganos administrativos:

a) Las funciones de aplicación de los tributos, incluidas las relativas a obligaciones anteriores, se ejercerán a partir de ese momento por el órgano correspondiente al nuevo domicilio fiscal o por aquel que resulte destinatario del cambio de adscripción, respectivamente.

b)[146] Los procedimientos que se encuentren en curso de tramitación en el momento en que se produzca de manera efectiva el cambio de domicilio o de adscripción, serán continuados y finalizados por el nuevo órgano competente. A estos efectos se remitirán a dicho órgano los antecedentes que sean necesarios.

---

[145] Nueva redacción del art. 59.1 dada por el art. 3.diez del Real Decreto 249/2023, de 4 de abril (BOE núm. 81, de 5 de abril 2023) en vigor desde el 25 de abril de 2023.
Redacción anterior dada por el art. primero.doce del Real Decreto 1070/2017, de 29 de diciembre, por el que se modifican el Reglamento General de las actuaciones y los procedimientos de gestión e inspección tributaria y de desarrollo de las normas comunes de los procedimientos de aplicación de los tributos, aprobado por el Real Decreto 1065/2007, de 27 de julio, y el Real Decreto 1676/2009, de 13 de noviembre, por el que se regula el Consejo para la Defensa del Contribuyente (BOE núm. 317, de 30 de diciembre de 201), en vigor desde el 1 de enero de 2018.

[146] Art. 48.3 (Domicilio fiscal) de la LGT (1).

No obstante, cuando se hubiera iniciado de oficio un procedimiento de aplicación de los tributos con anterioridad a la comunicación del nuevo domicilio, dicha comunicación surtirá efectos en relación con la competencia del órgano administrativo al mes siguiente de su presentación, salvo que durante dicho plazo la Administración tributaria inicie un procedimiento de comprobación de la procedencia del cambio de domicilio, en cuyo caso todos los procedimientos iniciados de oficio antes de la referida comunicación se continuarán y finalizarán por el órgano que los viniese tramitando en tanto no se resuelva el expediente de comprobación del cambio de domicilio. Lo anterior no impedirá que la Administración tributaria pueda iniciar en cualquier otro momento un procedimiento de comprobación del domicilio fiscal del obligado tributario.

3[147]. Lo dispuesto en el apartado 2.b) anterior no será de aplicación en las actuaciones y procedimientos de inspección y de declaración de responsabilidad tributaria, en los que no se alterará la competencia del órgano actuante por el cambio de domicilio fiscal, si dicho criterio es el que determina la competencia del órgano, o cambio de adscripción respecto a los procedimientos ya iniciados antes de la comunicación de dicho cambio. Esta competencia se mantendrá aun cuando las actuaciones hayan de proseguirse frente al sucesor o sucesores del obligado tributario.

4[148]. En el ámbito de la Dirección General del Catastro y de la Agencia Estatal de Administración Tributaria, los órganos competentes para modificar por razones de organización o planificación la competencia en el ámbito de la aplicación de los tributos, son, respectivamente, el Director General del Catastro y los Directores de Departamento de la Agencia Estatal de Administración Tributaria.

En el caso de los obligados tributarios regulados en el artículo 35.6 de la Ley 58/2003, de 17 de diciembre, General Tributaria, la Agencia Estatal de Administración Tributaria establecerá, en sus normas de organización específica, el órgano competente.

5[149]. En relación con los grupos fiscales que tributen en el régimen de consolidación fiscal en los que la entidad dominante sea no residente en territorio español respecto de los que se produzca un cambio de sociedad representante del grupo, se atenderá en los procedimientos de aplicación de los tributos a lo previsto en el segundo párrafo del apartado 1 del artículo 195 de este reglamento.

6. En el ámbito de competencias del Estado, el Director General del Catastro y los directores de departamento de la Agencia Estatal de Administración Tributaria podrán modificar de forma motivada la competencia que resulte de los apartados 2, 3 y 4 anteriores.

---

[147] Nueva redacción del art. 59.3 dada por el art. 3.diez del Real Decreto 249/2023, de 4 de abril (BOE núm. 81, de 5 de abril 2023) en vigor desde el 25 de abril de 2023.
[148] Nueva redacción del art. 59.4 dada por el art. 3.diez del Real Decreto 249/2023, de 4 de abril (BOE núm. 81, de 5 de abril 2023) en vigor desde el 25 de abril de 2023.
Redacción anterior dada por el art. primero.doce del Real Decreto 1070/2017, de 29 de diciembre (BOE núm. 317, de 30 de diciembre de 201), en vigor desde el 1 de enero de 2018.
Redacción anterior dada por el art. segundo cinco del Real Decreto 1558/2012, de 15 de noviembre (BOE núm. 283, de 24 de noviembre de 2012), en vigor desde el 1 de enero de 2003.
[149] Nueva redacción del art. 59.5 dada por el art. primero.doce del Real Decreto 1070/2017, de 29 de diciembre (BOE núm. 317, de 30 de diciembre de 201), en vigor desde el 1 de enero de 2018.

Artículo 60. *Derechos y deberes del personal al servicio de la Administración tributaria.*

1. En los términos establecidos en la Ley 58/2003, de 17 de diciembre, General Tributaria, los funcionarios de la Administración tributaria serán considerados agentes de la autoridad en el ejercicio de sus funciones, a los efectos de la responsabilidad administrativa y penal de quienes ofrezcan resistencia o cometan atentado o desacato contra ellos, de hecho o de palabra, durante actos de servicio o con motivo del mismo.

Las autoridades y entidades a que se refiere el artículo 94 de la Ley 58/2003, de 17 de diciembre, General Tributaria, y quienes, en general, ejerzan funciones públicas, estarán obligados a prestar a los funcionarios y demás personal de los órganos de la Administración tributaria el apoyo, concurso, auxilio y protección que les sea necesario para el ejercicio de sus funciones.

En caso de inobservancia de la obligación a que se refiere el párrafo anterior, deberá darse traslado de lo actuado a los órganos con funciones de asesoramiento jurídico para que ejerciten, en su caso, las acciones que procedan. En el ámbito de competencias del Estado serán competentes para acordar dicho traslado los órganos que se determinen en las normas de organización específica.

2[150]**.** Cada Administración tributaria proveerá al personal a su servicio del correspondiente documento acreditativo de su condición en el desempeño de sus funciones.

3. Cuando el personal al servicio de la Administración tributaria conozca en el curso de sus actuaciones hechos de los que pudieran derivarse indicios de fraude en la obtención o percepción de ayudas o subvenciones a cargo de fondos públicos o de la Unión Europea, los harán constar en diligencia y lo pondrán en conocimiento del órgano competente o, en su caso, de la autoridad judicial o del Ministerio Fiscal.

Asimismo, el personal al servicio de la Administración tributaria pondrá en conocimiento de la autoridad judicial o del Ministerio Fiscal por medio de la autoridad competente los hechos que conozcan en el curso de sus actuaciones que puedan ser constitutivos de delitos no perseguibles únicamente a instancia de la persona agraviada.

4. Todo el personal al servicio de la Administración tributaria estará obligado al más estricto y completo sigilo respecto de los datos, informes o antecedentes que conozca por razón de su cargo o puesto de trabajo.

Dicha información tendrá carácter reservado y sólo podrá ser comunicada a quienes por razón de sus competencias intervengan en el procedimiento de que se trate. Los resultados de las actuaciones podrán ser utilizados en todo caso por el órgano que las haya realizado y por otros órganos de la misma Administración tributaria en orden al adecuado desempeño de sus funciones respecto del mismo o de otros obligados tributarios.

5. Los datos, informes o antecedentes obtenidos en el curso de las actuaciones podrán utilizarse cuando sea necesario para la emisión de informes, peritajes o asistencias solicitados

---

[150] Resolución de 12 de diciembre de 2007, de la Dirección General de la AEAT (BOE del 19), aprueba el modelo de tarjeta para identificación del personal que tenga atribuidas funciones inspectoras (BOE de 19 de diciembre de 2007) y la Resolución de 18 de julio de 2008, de la Dirección General de la AEAT, establece el modelo de tarjeta de identidad profesional de los funcionarios de Vigilancia Aduanera (BOE de 12 de agosto de 2008).

a otros órganos, Administraciones, personas o entidades, sin perjuicio de lo previsto en el artículo 95.1 de la Ley 58/2007, de 17 de diciembre, General Tributaria.

6. Los funcionarios y el personal al servicio de la Administración tributaria no estarán obligados a declarar como testigos en los procedimientos civiles ni en los penales, por delitos perseguibles únicamente a instancia de parte, cuando no pudieran hacerlo sin violar el deber de sigilo que estén obligados a guardar.

Artículo 61. *Ejercicio de las facultades en la aplicación de los tributos.*

1. Las facultades que puedan ejercerse en las distintas actuaciones y procedimientos de aplicación de los tributos corresponderán a los funcionarios y demás personal al servicio de la Administración tributaria que intervengan en dichas actuaciones y procedimientos.

2. Las normas de organización específica podrán regular la intervención en el desarrollo de las actuaciones y procedimientos de aplicación de los tributos de funcionarios y demás personal al servicio de la Administración tributaria que desempeñen puestos de trabajo en órganos con funciones distintas.

3[151]**.**

3. Los órganos de aplicación de los tributos podrán realizar las actuaciones que sean necesarias para la ejecución de las resoluciones administrativas o judiciales.

Cuando la resolución haya ordenado la retroacción de las actuaciones continuará el procedimiento de aplicación de los tributos en el que se hubiera dictado el acto anulado hasta su terminación, conforme a lo establecido en su normativa reguladora.

CAPÍTULO II. PRINCIPIOS GENERALES DE LA APLICACIÓN DE LOS TRIBUTOS

SECCIÓN 1.ª *Información y asistencia a los obligados tributarios*[152]

Artículo 62. *La información y asistencia tributaria.*

La Administración tributaria promoverá y facilitará a los obligados tributarios el cumplimiento de sus obligaciones y el ejercicio de sus derechos, poniendo a su disposición servicios de información y asistencia tributaria.

Subsección 1.ª Actuaciones de información tributaria

Artículo 63. *Actuaciones de información.*

1[153]**.** Las actuaciones de información se realizarán de oficio mediante la publicación de los textos actualizados de las normas tributarias y la doctrina administrativa de mayor trascendencia o mediante el envío de comunicaciones, entre otros medios.

---

[151] Párrafo suprimido por el art. segundo seis del Real Decreto 1558/2012, de 15 de noviembre (BOE núm. 283, de 24 de noviembre de 2012), en vigor desde el 1 de enero de 2003 y se renumera el original apartado 4 como 3.

[152] Art. 34.1.a) (Derechos y garantías de los obligados tributarios), de la LGT (§1).

[153] Nueva redacción del art. 63.1 dada por el art. primero.trece del Real Decreto 1070/2017, de 29 de diciembre (BOE núm. 317, de 30 de diciembre de 201), en vigor desde el 1 de enero de 2018.

La elaboración de las disposiciones interpretativas o aclaratorias corresponderá a los órganos a los que se refiere el artículo 12.3 de la Ley 58/2003, de 17 de diciembre, General Tributaria.

Las disposiciones interpretativas o aclaratorias dictadas por los órganos de la Administración Tributaria a los que se refiere el artículo 88.5 de la Ley 58/2003, de 17 de diciembre, General Tributaria, se publicarán en el boletín oficial que corresponda, pudiendo ser sometidas a información pública, cuando la naturaleza de las mismas lo aconseje, en la forma establecida en el artículo 26.2 de la Ley 50/1997, de 27 de noviembre, del Gobierno.

2[154]. Las actuaciones a las que se refiere el párrafo primero del apartado anterior, también deberán llevarse a cabo, a iniciativa del obligado tributario, mediante la contestación a solicitudes de información tributaria, cualquiera que sea el medio por el que se formulen.

Cuando resulte conveniente una mayor difusión, la información de carácter general podrá ofrecerse a los grupos sociales o instituciones que estén interesados en su conocimiento.

En los supuestos en los que las solicitudes de información se formulen por escrito, se deberá incluir el nombre y apellidos o razón social o denominación completa y el número de identificación fiscal del obligado tributario, así como el derecho u obligación tributaria que le afecta respecto del que se solicita la información.

3. En la contestación a las solicitudes de información tributaria, incluidas aquellas relativas a retenciones, ingresos a cuenta o repercusiones, la Administración comunicará los criterios administrativos existentes para la aplicación de la normativa tributaria, sin que dicha contestación pueda ser objeto de recurso.

Las actuaciones de información y las contestaciones a las solicitudes de información tendrán los efectos previstos en el artículo 179.2.d) de la Ley 58/2003, de 17 de diciembre, General Tributaria.

La falta de contestación de las solicitudes de información en los plazos establecidos en el artículo 64 de este reglamento no implicará la aceptación de los criterios expresados en el escrito de solicitud.

4. En el ámbito de competencias del Estado, las actuaciones de información tributaria corresponderán a la Agencia Estatal de Administración Tributaria cuando se refieran a cuestiones de su competencia, excepto cuando se refiera a cuestiones relativas a la aplicación de los tributos desarrolladas por otro órgano o entidad.

Artículo 64. *Tramitación de las solicitudes de información.*

1. Las solicitudes de información tributaria formuladas por escrito que puedan ser objeto de contestación a partir de la documentación o de los antecedentes existentes en el órgano competente se contestarán en el plazo máximo de tres meses y en la contestación se hará referencia, en todo caso, a la normativa aplicable al objeto de la solicitud.

2. Cuando las solicitudes de información tributaria escritas sean recibidas por una Administración tributaria que no sea competente por razón de la materia, será remitida a la Administración competente y se comunicará esta circunstancia al interesado.

---

[154] Nueva redacción del art. 63.2 dada por el art. primero.trece del Real Decreto 1070/2017, de 29 de diciembre (BOE núm. 317, de 30 de diciembre de 201), en vigor desde el 1 de enero de 2018.

Subsección 2.ª Consultas tributarias escritas

Artículo 65. *Órgano competente para la contestación de las consultas tributarias escritas.*
En el ámbito de competencias del Estado, la competencia para contestar las consultas a las que se refiere esta subsección corresponderá a la Dirección General de Tributos del Ministerio de Economía y Hacienda, sin perjuicio de lo dispuesto en el artículo 88.8 de la Ley 58/2003, de 17 de diciembre, General Tributaria.

Artículo 66. *Iniciación del procedimiento para la contestación de las consultas tributarias escritas.*
1[155]. Las consultas se formularán por el obligado tributario mediante escrito dirigido al órgano competente para su contestación, que deberá contener como mínimo:
a) Nombre y apellidos o razón social o denominación completa, número de identificación fiscal del obligado tributario y, en su caso, del representante.
En el caso de que se actúe por medio de representante deberá aportarse la documentación acreditativa de la representación.
b) Manifestación expresa de si en el momento de presentar el escrito se está tramitando o no un procedimiento, recurso o reclamación económico-administrativa relacionado con el régimen, clasificación o calificación tributaria que le corresponda planteado en la consulta, salvo que esta sea formulada por las entidades a las que se refiere el artículo 88.3 de la Ley 58/2003, de 17 de diciembre, General Tributaria.
c) Objeto de la consulta.
d) En relación con la cuestión planteada en la consulta, se expresarán con claridad y con la extensión necesaria los antecedentes y circunstancias del caso.
e) Lugar, fecha y firma o acreditación de la autenticidad de su voluntad expresada por cualquier medio válido en derecho.
2[156]. En el caso de que la consulta verse sobre la existencia de un establecimiento permanente o sobre una transacción transfronteriza, el consultante deberá declarar dicha circunstancia con carácter expreso, sin perjuicio de la apreciación de oficio por parte de la Administración tributaria competente para la contestación de la consulta.
Asimismo, el escrito de consulta deberá contener, además de los datos incluidos en el apartado 1 de este precepto, los siguientes datos:
a) Identificación del grupo mercantil o fiscal al que pertenece, en su caso, el consultante.
b) Descripción de la actividad empresarial o las transacciones o series de transacciones desarrolladas o a desarrollar. En cualquier caso, dicha descripción se realizará con pleno respeto a la regulación del secreto comercial, industrial o profesional y al interés público.
c) Estados que pudieran verse afectados por la transacción u operación objeto de consulta.
d) Personas residentes en otros Estados que pudieran verse afectadas por la contestación a la consulta.

---

[155] Nueva redacción del art. 66.1 dada por el art. primero.catorce del Real Decreto 1070/2017, de 29 de diciembre (BOE núm. 317, de 30 de diciembre de 201), en vigor desde el 1 de enero de 2018.
[156] Nueva redacción del art. 66.2 dada por el art. primero.catorce del Real Decreto 1070/2017, de 29 de diciembre (BOE núm. 317, de 30 de diciembre de 201), en vigor desde el 1 de enero de 2018.

e) Otros datos que fueran exigibles por la normativa de asistencia mutua aplicable.

3. En la solicitud se podrá incluir un domicilio a efectos de notificaciones y aquella se podrá acompañar de los demás datos, elementos y documentos que puedan contribuir a la formación de juicio por parte de la Administración tributaria.

4. A los efectos de este artículo, serán válidos los documentos normalizados que apruebe la Administración tributaria.

5[157]. Las consultas podrán presentarse utilizando medios electrónicos. No obstante lo anterior, la presentación deberá efectuarse por dichos medios en el caso de los obligados tributarios que estuvieran obligados a relacionarse con la Administración por los citados medios.

6[158].

6[159]. Si la solicitud no reúne los requisitos establecidos en los apartados 1 y 2 de este artículo, se requerirá al obligado tributario o a las entidades a que se refiere el artículo 88.3 de la Ley 58/2003, de 17 de diciembre, General Tributaria, para que en un plazo de 10 días, contados a partir del día siguiente al de la notificación del requerimiento, subsanen el defecto con indicación de que de no atender el requerimiento en el plazo señalado se le tendrá por desistido de la consulta y se archivará sin más trámite.

7[160]. Si la consulta se formulase después de la finalización de los plazos establecidos para el ejercicio del derecho, para la presentación de la declaración o autoliquidación o para el cumplimiento de la obligación tributaria, se procederá a su inadmisión y se comunicará esta circunstancia al obligado tributario.

Artículo 67. *Tramitación del procedimiento para la contestación de las consultas tributarias escritas.*

1. Durante la tramitación del procedimiento se podrá requerir al obligado tributario la documentación o información que se estime necesaria para efectuar la contestación.

2. Asimismo, se podrá solicitar de otros centros directivos y organismos los informes que se estimen pertinentes para la formación del criterio aplicable al caso planteado.

Artículo 68. *Contestación de consultas tributarias escritas.*

1. Cuando la contestación a la consulta incorpore un cambio de criterio administrativo, la Administración deberá motivar dicho cambio.

2. Cuando la consulta haya sido formulada por alguna de las entidades a las que se refiere el artículo 88.3 de la Ley 58/2003, de 17 de diciembre, General Tributaria, su contestación no tendrá efectos vinculantes para aquellos miembros o asociados que en el momento de formular la consulta estuviesen siendo objeto de un procedimiento, recurso o reclamación

---

[157] Nueva redacción del art. 66.5 dada por el art. primero.catorce del Real Decreto 1070/2017, de 29 de diciembre (BOE núm. 317, de 30 de diciembre de 201), en vigor desde el 1 de enero de 2018.

[158] Apartado núm. 6 suprimido dada por el art. primero.catorce del Real Decreto 1070/2017, de 29 de diciembre (BOE núm. 317, de 30 de diciembre de 201), en vigor desde el 1 de enero de 2018.

[159] Renumeración el apartado 7 como 6 por el art. primero.catorce del Real Decreto 1070/2017, de 29 de diciembre (BOE núm. 317, de 30 de diciembre de 201), en vigor desde el 1 de enero de 2018.

[160] Renumeración el apartado 8 como 7 por el art. primero.catorce del Real Decreto 1070/2017, de 29 de diciembre (BOE núm. 317, de 30 de diciembre de 201), en vigor desde el 1 de enero de 2018.

económico-administrativa iniciado con anterioridad y relacionado con las cuestiones plan-teadas en la consulta conforme a lo dispuesto en su artículo 89.2.

Subsección 3.ª Información con carácter previo a la
adquisición o transmisión de bienes inmuebles

Artículo 69. *Información con carácter previo a la adquisición o transmisión de bienes inmuebles.*

1. En los tributos que graven la adquisición o transmisión de bienes inmuebles y cuya base imponible se determine por el valor real de dichos bienes, los obligados tributarios podrán solicitar a la Administración tributaria información sobre el valor de los que estén situados en el territorio de su competencia.

Esta información tendrá efectos vinculantes en los términos previstos en el artículo 90.2 de la Ley 58/2003, de 17 de diciembre, General Tributaria, cuando haya sido suministrada por la Administración tributaria gestora del tributo que grave la adquisición o la transmisión y en relación con los bienes inmuebles situados en el territorio de su competencia.

2. Las solicitudes se formularán mediante escrito, en el que se expresarán con claridad y con la extensión necesaria:

a) Nombre y apellidos o razón social o denominación completa, número de identifi-cación fiscal del solicitante y, en su caso, del representante. En el caso de que se actúe por medio de representante deberá aportarse la documentación acreditativa de la representación.

b) Naturaleza del bien, ubicación y características técnicas y físicas que puedan contri-buir a su correcta valoración a efectos fiscales por parte de la Administración tributaria.

c) Lugar, fecha y firma o acreditación de la autenticidad de su voluntad expresada por cualquier medio válido en derecho.

3. El solicitante podrá incluir un domicilio a efectos de notificaciones, así como la estima-ción de la valoración del bien al que se refiere la solicitud.

4. El órgano competente podrá requerir al interesado la documentación que estime ne-cesaria para la valoración del bien inmueble. Asimismo, podrá solicitar los informes de otros centros directivos y organismos que estime pertinentes.

5. Las solicitudes podrán presentarse utilizando medios electrónicos, informáticos o tele-máticos siempre que la identificación de las personas o entidades a que se refiere el apartado 2.a) quede garantizada.

6. El plazo para contestar estas solicitudes de información será de tres meses.

Subsección 4.ª Emisión de certificados tributarios

Artículo 70. *Los certificados tributarios.*

1. Se entenderá por certificado tributario el documento expedido por la Administración tributaria que acredite hechos relativos a la situación tributaria de un obligado tributario.

2. Los certificados podrán acreditar, entre otras circunstancias, la presentación de de-claraciones, autoliquidaciones y comunicaciones de datos o extremos concretos contenidos en ellas, la situación censal, el cumplimiento de obligaciones tributarias y la existencia o inexistencia de deudas o sanciones pendientes de pago que consten en las bases de datos de la Administración tributaria.

3. Los hechos o datos que se certifiquen se referirán exclusivamente al obligado tributario al que se refiere el certificado, sin que puedan incluir ni referirse a datos relativos a terceros salvo que la finalidad del certificado exija dicha inclusión.

4. No podrán certificarse datos referidos a obligaciones tributarias respecto de las cuales haya prescrito el derecho de la Administración para determinar la deuda tributaria mediante la oportuna liquidación.

5. En tanto no haya vencido el plazo para el cumplimiento de las obligaciones tributarias no podrá expedirse certificado sobre el cumplimiento de estas.

Artículo 71. *Solicitud de los certificados tributarios.*

1. Los certificados tributarios se expedirán:

a) A instancia del obligado tributario al que el certificado se refiera.

b) A petición de un órgano administrativo o de cualquier otra persona o entidad interesada que requiera el certificado, siempre que dicha petición esté prevista en una ley o cuente con el previo consentimiento del obligado tributario.

2. Cuando el certificado se solicite mediante representante se deberá acreditar dicha representación.

3. Cuando para la tramitación de un procedimiento o actuación administrativa sea necesario la obtención de un certificado tributario de la Agencia Estatal de Administración Tributaria, la Administración pública que lo requiera deberá solicitarlo directamente y hará constar la ley que habilita a efectuar dicha solicitud o que cuenta con el previo consentimiento del obligado tributario. En estos casos, la Administración pública solicitante no podrá exigir la aportación del certificado al obligado tributario. La Agencia Estatal de Administración Tributaria no expedirá el certificado a solicitud del obligado cuando tenga constancia de que ha sido remitido a la Administración pública correspondiente.

Artículo 72. *Contenido de los certificados tributarios.*

1. Los certificados tributarios contendrán, al menos, los siguientes datos y circunstancias:

a) Nombre y apellidos o razón social o denominación completa, número de identificación fiscal y domicilio fiscal del obligado tributario.

b) Las circunstancias, obligaciones o requisitos que deban ser certificados. Cuando mediante un certificado deba acreditarse el cumplimiento de determinadas circunstancias de carácter tributario exigidas por la norma reguladora del certificado, se harán constar expresamente dichas circunstancias.

Las certificaciones serán positivas cuando consten cumplidas la totalidad de las circunstancias, obligaciones o requisitos exigidos al efecto por la normativa reguladora del certificado. A estos efectos, bastará una mención genérica de los mismos.

Cuando las certificaciones sean negativas deberán indicarse las circunstancias, obligaciones o requisitos que no consten cumplidos.

Cuando los datos declarados o comunicados por el obligado tributario no coincidan con los comprobados por la Administración, se certificarán estos últimos.

c) La inexistencia de la información que se solicita en las bases de datos de la Administración tributaria o la improcedencia de suministrar dicha información, cuando no se pueda certificar la información contenida en el párrafo b).

d) Lugar, fecha y firma del órgano competente para su expedición y el código seguro de verificación.

Artículo 73. *Expedición de los certificados tributarios.*

1. El órgano competente de la Administración tributaria deberá expedir el certificado en el plazo de 20 días, salvo que en la normativa reguladora del certificado se haya fijado un plazo distinto. El certificado se enviará al lugar señalado a tal efecto en la solicitud o, en su defecto, al domicilio fiscal del obligado tributario o de su representante.

Salvo que se establezca lo contrario, la falta de emisión de un certificado en plazo no determinará que se entienda emitido con carácter positivo.

2. El certificado tributario podrá expedirse en papel o bien mediante la utilización de técnicas electrónicas, informáticas y telemáticas.

En el ámbito de competencias del Estado, cuando el certificado sea solicitado a petición de un órgano administrativo, se expedirá por vía telemática y, en caso de que se expida de forma automatizada, se aplicará lo previsto en los artículos 82 al 86, ambos inclusive. A estos efectos, las transmisiones de datos sustituirán a los certificados tributarios y será de aplicación lo previsto en el artículo 58.

3. El contenido, autenticidad y validez del certificado se podrá comprobar mediante conexión con la página web de la Administración tributaria, utilizando para ello el código seguro de verificación que figure en el certificado. Cuando el destinatario del certificado sea una Administración pública, dicha comprobación será obligatoria.

4. Una vez emitido el certificado, el obligado tributario podrá manifestar su disconformidad con cualquiera de los datos que formen parte de su contenido en el plazo de 10 días, contados a partir del día siguiente al de su recepción, mediante un escrito en el que solicite la modificación del certificado dirigido al órgano que lo haya expedido, al que se adjuntarán los elementos de prueba que estime convenientes para acreditar su solicitud.

Si el órgano que emitió el certificado estimara incorrecto el certificado expedido, procederá a la emisión de uno nuevo en el plazo de 10 días. Si no considerase procedente expedir un nuevo certificado lo comunicará al obligado tributario con expresión de los motivos en que se fundamenta.

Artículo 74. *Requisitos de la certificación de encontrarse al corriente de las obligaciones tributarias.*

1. Para la emisión del certificado regulado en este artículo, se entenderá que el obligado tributario se encuentra al corriente de sus obligaciones tributarias cuando se verifique la concurrencia de las siguientes circunstancias:

a) Estar dado de alta en el Censo de Empresarios, Profesionales y Retenedores, cuando se trate de personas o entidades obligados a estar en dicho censo, y estar dado de alta en el Impuesto sobre Actividades Económicas, cuando se trate de sujetos pasivos no exentos dicho impuesto.

b) Haber presentado las autoliquidaciones que correspondan por el Impuesto sobre la Renta de las Personas Físicas, el Impuesto sobre Sociedades o el Impuesto sobre la Renta de no Residentes.

c) Haber presentado las autoliquidaciones y la declaración resumen anual correspondiente a las obligaciones tributarias de realizar pagos a cuenta.

d) Haber presentado las autoliquidaciones, la declaración resumen anual y, en su caso, las declaraciones recapitulativas de operaciones intracomunitarias del Impuesto sobre el Valor Añadido.

e) Haber presentado las declaraciones y autoliquidaciones correspondientes a los tributos locales.

f) Haber presentado las declaraciones exigidas con carácter general en cumplimiento de la obligación de suministro de información reguladas en los artículos 93 y 94 de la Ley 58/2003, de 17 de diciembre, General Tributaria.

g) No mantener con la Administración tributaria expedidora del certificado deudas o sanciones tributarias en período ejecutivo, salvo que se trate de deudas o sanciones tributarias que se encuentren aplazadas, fraccionadas o cuya ejecución estuviese suspendida.

h)[161] No tener pendientes de ingreso multas ni responsabilidades civiles derivadas de delito contra la Hacienda pública declaradas por sentencia firme.

i)[162] Haber presentado las autoliquidaciones que, en su caso, correspondan por los impuestos especiales, el Impuesto sobre los Gases Fluorados de Efecto Invernadero, el Impuesto sobre el valor de la producción de la energía eléctrica, el Impuesto sobre la producción de combustible nuclear gastado y residuos radiactivos resultantes de la generación de energía nucleoeléctrica, el Impuesto sobre el almacenamiento de combustible nuclear gastado y residuos radiactivos en instalaciones centralizadas, el Impuesto sobre el valor de la extracción de gas, petróleo y condensados, el Impuesto especial sobre los envases de plástico no reutilizables y el Impuesto sobre el depósito de residuos en vertederos, la incineración y la coincineración de residuos.

2. Cuando se expida la certificación de encontrarse al corriente de las obligaciones tributarias, se deberá indicar el carácter positivo o negativo de la certificación.

3[163]. Las circunstancias indicadas en las letras b), c), d), e) y i) del apartado 1 se referirán a autoliquidaciones o declaraciones cuyo plazo de presentación hubiese vencido en los 12 meses precedentes a los dos meses inmediatamente anteriores a la fecha de la certificación.

4. Las circunstancias a que se refiere el apartado 1 se certificarán por cada Administración tributaria respecto de las obligaciones para cuya exigencia sea competente.

Artículo 75. *Efectos de los certificados tributarios.*

1. Los certificados tributarios tendrán carácter informativo y no se podrá interponer recurso alguno contra ellos, sin perjuicio de poder manifestar su disconformidad de acuerdo con lo previsto en el artículo 73.4, y de los recursos que puedan interponerse contra los actos administrativos que se dicten posteriormente en relación con dicha información.

Los certificados tributarios producirán los efectos que en ellos se hagan constar y los que se establezcan en la normativa que regule su exigencia.

---

[161]   Nueva redacción del art. 74.1.h) dada por el art. primero.quince del Real Decreto 1070/2017, de 29 de diciembre (BOE núm. 317, de 30 de diciembre de 201), en vigor desde el 1 de enero de 2018.

[162]   Nueva letra i) incorporada por el art. 3.once del Real Decreto 249/2023, de 4 de abril (BOE núm. 81, de 5 de abril 2023) en vigor desde el 25 de abril de 2023.

[163]   Nueva redacción del art. 74.3 dada por el art. 3.once del Real Decreto 249/2023, de 4 de abril (BOE núm. 81, de 5 de abril de 2023) en vigor desde el 25 de abril de 2023.

2. Salvo que la normativa específica del certificado establezca otra cosa, los certificados tributarios tendrán validez durante 12 meses a partir de la fecha de su expedición mientras no se produzcan modificaciones de las circunstancias determinantes de su contenido, cuando se refiera a obligaciones periódicas, o durante tres meses, cuando se refiera a obligaciones no periódicas.

3. Los certificados expedidos por medios telemáticos producirán idénticos efectos a los expedidos en papel. La firma manuscrita será sustituida por un código de verificación generado electrónicamente que permita contrastar su contenido, autenticidad y validez mediante el acceso por medios telemáticos a los archivos del órgano u organismo expedidor. Los mismos efectos surtirán las copias de los certificados cuando las comprobaciones anteriores puedan efectuarse mediante el código de verificación.

Artículo 76[164]. *Certificado en materia de fiscalidad del ahorro en la Unión Europea (Suprimido)*

Subsección 5.ª Actuaciones de asistencia tributaria

Artículo 77. *Actuaciones de asistencia tributaria.*
1. La asistencia tributaria consistirá en el conjunto de actuaciones que la Administración tributaria pone a disposición de los obligados para facilitar el ejercicio de sus derechos y el cumplimiento de sus obligaciones. Entre otras actuaciones, la asistencia tributaria podrá consistir en la confección de declaraciones, autoliquidaciones y comunicaciones de datos, así como en la confección de un borrador de declaración.

2. Cuando la asistencia se materialice en la confección de declaraciones, autoliquidaciones y comunicaciones de datos a solicitud del obligado tributario, la actuación de la Administración tributaria consistirá en la trascripción de los datos aportados por el solicitante y en la realización de los cálculos correspondientes. Ultimado el modelo se entregará para su revisión y para la verificación de la correcta trascripción de los datos y su firma por el obligado, si este lo estima oportuno.

3. En los casos y en los términos que establezca la normativa de cada tributo, la asistencia también podrá prestarse mediante la confección por la Administración tributaria de un borrador de declaración a solicitud del obligado tributario.

A estos efectos, la Administración tributaria incorporará en el borrador los datos obrantes en su poder que sean necesarios para la declaración, con el importe y la calificación suministrada por el propio obligado o por un tercero que deba suministrar información con trascendencia tributaria.

4. Los datos, importes o calificaciones contenidos en las declaraciones, autoliquidaciones o comunicaciones de datos confeccionados por la Administración o en los borradores que hayan sido comunicados al obligado tributario no vincularán a la Administración en el ejercicio de las actuaciones de comprobación o investigación que puedan desarrollarse con posterioridad.

---

[164] Con efectos desde el 1 de enero de 2017 se suprime el art. 76 en virtud de lo dispuesto en la Disp. Final Primera del Real Decreto 1021/2015, de 13 de noviembre (BOE núm. 275, de 17 de noviembre de 2015), en vigor desde el 1 de enero de 2016.

Artículo 78. *Programas informáticos y uso de medios telemáticos en la asistencia a los obligados tributarios.*

1. La Administración tributaria podrá facilitar a los obligados tributarios programas informáticos de asistencia para la confección y presentación de declaraciones, autoliquidaciones y comunicaciones de datos. En el ámbito de competencias del Estado dichos programas se ajustarán a lo establecido en la Orden del Ministro de Economía y Hacienda por la que se apruebe el correspondiente modelo.

Asimismo, podrá facilitar otros programas de ayuda y asistencia, en el marco del deber y asistencia a los obligados tributarios, para facilitarles el cumplimiento de sus obligaciones fiscales.

2. La asistencia para el cumplimiento de las obligaciones tributarias se podrá ofrecer también por vía telemática. La Administración tributaria determinará para cada caso, en función de los medios disponibles y del estado de la tecnología aplicable, el alcance de esa asistencia y la forma y requisitos para su prestación, así como los supuestos en que dicha asistencia por vía telemática se preste de forma automatizada de acuerdo con lo previsto en el artículo 84.

3. El uso de estos medios deberá procurar alcanzar al mayor número de obligados tributarios. Para ello, los programas de ayuda y los servicios ofrecidos por vía telemática, en su caso, se ofrecerán también por otros medios a quienes no tuvieran acceso a los previstos en este artículo siempre que sea posible de acuerdo con los medios técnicos disponibles.

SECCIÓN 2.ª *La colaboración social en la aplicación de los tributos*

Artículo 79. *Sujetos de la colaboración social en la aplicación de los tributos.*

1. De acuerdo con lo previsto en el artículo 92 de la Ley 58/2003, de 17 de diciembre, General Tributaria, la Administración tributaria podrá hacer efectiva la colaboración social en la aplicación de los tributos mediante la celebración de acuerdos con:

a) Otras Administraciones públicas.

b) Entidades que tengan la condición de colaboradoras en la gestión recaudatoria.

c)[165] Instituciones y organizaciones representativas de sectores o intereses sociales, laborales, empresariales o profesionales. A estos efectos, se entienden incluidas las organizaciones corporativas de las profesiones oficiales colegiadas.

En particular, tendrán especial consideración a efectos de la colaboración social los colegios y asociaciones de profesionales de la asesoría fiscal.

d) Personas o entidades que realicen actividades económicas, en relación con la presentación telemática de declaraciones, comunicaciones de datos y otros documentos tributarios correspondientes al Impuesto sobre la Renta de las Personas Físicas y al Impuesto sobre el Patrimonio de sus trabajadores y, en su caso, de la correspondiente unidad familiar a que se refiere el artículo 82.1 de la Ley 35/2006, de 28 de noviembre, del Impuesto sobre la Renta de las Personas Físicas y de modificación parcial de las leyes de los Impuestos sobre Sociedades, sobre la Renta de no Residentes y sobre el Patrimonio, y respecto de la prestación de servicios y asistencia a dichos trabajadores.

---

[165] Nueva redacción del art. 79.1.c) dada por el art. primero.dieciséis del Real Decreto 1070/2017, de 29 de diciembre (BOE núm. 317, de 30 de diciembre de 201), en vigor desde el 1 de enero de 2018.

e) Personas o entidades que realicen actividades económicas, cuando su localización geográfica o red comercial pueda ayudar a la consecución de los fines de la Administración tributaria.

f) Otras personas o entidades que establezca el Ministro de Economía y Hacienda.

2. Los acuerdos de colaboración social firmados con las instituciones y organizaciones previstos en el apartado 1.c) anterior podrán extender sus efectos a las personas o entidades que sean colegiados, asociados o miembros de aquellas. Para ello, las personas o entidades interesadas deberán suscribir un documento individualizado de adhesión al acuerdo, donde se recoja expresamente la aceptación del contenido íntegro de este.

No obstante, la suscripción de acuerdos de colaboración por las organizaciones corporativas de notarios y registradores vinculará a todos los profesionales colegiados sin que sea precisa la adhesión individualizada a dichos acuerdos. El acuerdo suscrito con la organización corporativa recogerá esta circunstancia.

3. El incumplimiento de las obligaciones asumidas por las entidades, instituciones y organizaciones que hayan suscrito un acuerdo de colaboración supondrá la resolución del citado acuerdo, previa instrucción del oportuno expediente, con audiencia del interesado.

El incumplimiento por parte de una persona o entidad de las obligaciones asumidas en el documento individualizado de adhesión al que se refiere el apartado 2 anterior supondrá su exclusión del acuerdo con el procedimiento y garantías previstos en el párrafo anterior, y quedará sin efecto la autorización individual.

4. La Administración tributaria establecerá los requisitos y condiciones para suscribir los acuerdos de colaboración social a que se refiere el artículo 92.2 de la Ley 58/2003, de 17 de diciembre, General Tributaria. En el ámbito de competencias del Estado, se establecerán mediante orden del Ministro de Economía y Hacienda.

Artículo 80. *Objeto de la colaboración social en la aplicación de los tributos.*

El Ministro de Economía y Hacienda podrá establecer otros aspectos a los que pueda referirse la colaboración social en la aplicación de los tributos, distintos de los previstos en el artículo 92.3 de la Ley 58/2003, de 17 de diciembre, General Tributaria.

Artículo 81. *Utilización de medios electrónicos, informáticos y telemáticos en la colaboración social.*

1. Cuando se posibilite la realización de las actuaciones de colaboración social mediante la utilización de medios electrónicos, informáticos y telemáticos, será de aplicación lo previsto en los artículos 82 a 86 de este reglamento, ambos inclusive.

2. De acuerdo con lo previsto en el artículo 92.4 de la Ley 58/2003, de 17 de diciembre, General Tributaria, la Administración tributaria podrá establecer los requisitos y condiciones para que la colaboración social se realice mediante la utilización de técnicas y medios electrónicos, informáticos y telemáticos.

En el ámbito de competencias del Estado, el Ministro de Economía y Hacienda establecerá mediante orden ministerial los requisitos y condiciones para la presentación y remisión de declaraciones, comunicaciones o cualquier otro documento con trascendencia tributaria mediante la utilización de técnicas y medios electrónicos, informáticos y telemáticos en el marco de los acuerdos de colaboración social.

SECCIÓN 3.ª *Utilización de medios electrónicos, informáticos y telemáticos en las actuaciones y procedimientos tributarios*

Artículo 82. *Utilización de tecnologías informáticas y telemáticas.*

En la utilización de técnicas y medios electrónicos, informáticos o telemáticos deberá respetarse el derecho a la protección de datos de carácter personal en los términos establecidos en la Ley Orgánica 15/1999, de 13 de diciembre, de protección de datos de carácter personal, en las demás leyes específicas que regulan el tratamiento de la información y en sus normas de desarrollo.

Artículo 83. *Identificación de la Administración tributaria actuante.*

1. La Administración tributaria actuante en los procedimientos y actuaciones en los que se utilicen técnicas y medios electrónicos, informáticos o telemáticos podrá identificarse mediante sistemas de códigos o firmas electrónicas, previamente aprobados por el órgano competente y publicado en el boletín oficial que corresponda.

2. De igual modo podrán ser identificados los órganos actuantes y sus titulares, cuando la naturaleza de la actuación o del procedimiento así lo requiera. Asimismo, se garantizará el ejercicio de su competencia.

3. La Administración tributaria publicará en el boletín oficial correspondiente los códigos que sirvan para confirmar el establecimiento con ella de comunicaciones seguras en redes abiertas por los ciudadanos. Las comunicaciones en redes cerradas se regirán por sus reglas específicas.

Artículo 84. *Actuación automatizada.*

1. En caso de actuación automatizada deberá establecerse previamente el órgano u órganos competentes según los casos, para la definición de especificaciones, programación, mantenimiento, supervisión y control de calidad del sistema de información. Asimismo, se indicará el órgano que debe ser considerado responsable a efectos de impugnación.

2. En caso de actuación automatizada, la Administración tributaria deberá identificarse y garantizar la autenticidad del ejercicio de su competencia, con alguno de los siguientes sistemas de firma electrónica:

a) Sello electrónico de Administración pública, órgano o entidad de derecho público basado en certificado electrónico que reúna los requisitos exigidos por la legislación de firma electrónica.

b) Código seguro de verificación vinculado a la Administración pública, órgano o entidad permitiéndose en todo caso la comprobación de la autenticidad e integridad del documento accediendo por medios electrónicos a los archivos del órgano u organismo emisor.

Cada Administración tributaria determinará los supuestos de utilización de uno y otro sistema de firma electrónica.

3. Para el desarrollo de las actividades de asistencia a los obligados tributarios, la Administración tributaria podrá establecer servicios automatizados, tales como la identificación telemática ante las entidades colaboradoras en la recaudación, la participación en procedimientos de enajenación forzosa o la puesta a su disposición de registros electrónicos de apoderamiento o representación.

Artículo 85. *Aprobación y difusión de aplicaciones.*

1. En los supuestos de actuación automatizada a que se refiere el artículo anterior, las aplicaciones informáticas que efectúen tratamientos de información cuyo resultado sea utilizado por la Administración tributaria para el ejercicio de sus potestades y por las que se determine directamente el contenido de las actuaciones administrativas, habrán de ser previamente aprobadas mediante resolución del órgano que debe ser considerado responsable a efectos de la impugnación de los correspondientes actos administrativos. Cuando se trate de distintos órganos de la Administración tributaria no relacionados jerárquicamente, la aprobación corresponderá al órgano superior jerárquico común de la Administración tributaria de que se trate, sin perjuicio de las facultades de delegación establecidas en el ordenamiento jurídico.

2. Los interesados podrán conocer la relación de dichas aplicaciones mediante consulta en la página web de la Administración tributaria correspondiente, que incluirán la posibilidad de una comunicación segura conforme a lo previsto en el artículo 83.3.

Artículo 86. *Equivalencia de soportes documentales.*

1. Las copias realizadas en soporte de papel de documentos públicos administrativos emitidos por medios electrónicos y firmados electrónicamente tendrán la consideración de copias auténticas, siempre que incluyan la impresión de un código seguro de verificación generado electrónicamente u otros sistemas de verificación que permitan contrastar su autenticidad mediante el acceso a los archivos electrónicos de la Administración pública, órgano u organismo emisor.

2. Los interesados podrán conocer qué documentos se emiten con un código seguro de verificación u otro sistema de verificación que permita la comprobación de la autenticidad de su copia impresa mediante el acceso electrónico a los archivos del emisor. Para ello serán objeto de publicación en la página web de la Administración tributaria correspondiente.

3. Las Administraciones tributarias podrán obtener imágenes electrónicas de documentos, con su misma validez y eficacia, mediante procesos de digitalización que garanticen su autenticidad, la integridad y la conservación del documento imagen, de lo que se dejará constancia. En tal caso, podrá ser destruido el documento origen salvo que una norma legal o reglamentaria imponga un específico deber de conservación.

4. El expediente electrónico es el conjunto de documentos electrónicos correspondientes a un procedimiento administrativo, cualquiera que sea el tipo de información que contengan.

El foliado de los expedientes electrónicos podrá llevarse a cabo mediante un índice electrónico, firmado o sellado por la Administración, órgano o entidad actuante, según proceda. Este índice garantizará la integridad del expediente electrónico y permitirá su recuperación siempre que sea preciso, siendo admisible que un mismo documento forme parte de distintos expedientes electrónicos.

La remisión de expedientes podrá ser sustituida a todos lo efectos legales por la puesta a disposición del expediente electrónico, teniendo el interesado derecho a obtener copia del mismo.

CAPÍTULO III. Normas comunes sobre actuaciones y procedimientos tributarios

SECCIÓN 1.ª *Especialidades de los procedimientos administrativos en materia tributaria*

Subsección 1.ª Iniciación de las actuaciones y procedimientos tributarios

Artículo 87. *Iniciación de oficio.*

1. La iniciación de oficio de las actuaciones y procedimientos requerirá acuerdo del órgano competente para su inicio, por propia iniciativa, como consecuencia de orden superior o a petición razonada de otros órganos.

2. La iniciación del procedimiento se realizará mediante comunicación que deberá ser notificada al obligado tributario o mediante personación.

Cuando así estuviese previsto, el procedimiento podrá iniciarse directamente con la notificación de la propuesta de resolución o de liquidación.

3. La comunicación de inicio contendrá, cuando proceda, además de lo previsto en el artículo 97.1 de este reglamento, lo siguiente:

a) Procedimiento que se inicia.

b) Objeto del procedimiento con indicación expresa de las obligaciones tributarias o elementos de las mismas y, en su caso, períodos impositivos o de liquidación o ámbito temporal.

c) Requerimiento que, en su caso, se formula al obligado tributario y plazo que se concede para su contestación o cumplimiento.

d) Efecto interruptivo del plazo legal de prescripción.

e) En su caso, la propuesta de resolución o de liquidación cuando la Administración cuente con la información necesaria para ello.

f) En su caso, la indicación de la finalización de otro procedimiento de aplicación de los tributos, cuando dicha finalización se derive de la comunicación de inicio del procedimiento que se notifica.

4. Salvo en los supuestos de iniciación mediante personación, se concederá al obligado tributario un plazo no inferior a 10 días, contados a partir del día siguiente al de la notificación de la comunicación de inicio, para que comparezca, aporte la documentación requerida y la que considere conveniente, o efectúe cuantas alegaciones tenga por oportunas.

5. Las declaraciones o autoliquidaciones tributarias que presente el obligado tributario una vez iniciadas las actuaciones o procedimientos, en relación con las obligaciones tributarias y períodos objeto de la actuación o procedimiento, en ningún caso iniciarán un procedimiento de devolución ni producirán los efectos previstos en los artículos 27 y 179.3 de la Ley 58/2003, de 17 de diciembre, General Tributaria, sin perjuicio de que en la liquidación que, en su caso, se practique se pueda tener en cuenta la información contenida en dichas declaraciones o autoliquidaciones.

Asimismo, los ingresos efectuados por el obligado tributario con posterioridad al inicio de las actuaciones o procedimientos, en relación con las obligaciones tributarias y períodos objeto del procedimiento, tendrán carácter de ingresos a cuenta sobre el importe de la liquidación que, en su caso, se practique, sin que esta circunstancia impida la apreciación de las infracciones tributarias que puedan corresponder. En este caso, no se devengarán intereses de demora sobre la cantidad ingresada desde el día siguiente a aquel en que se realizó el ingreso.

Artículo 88. *Iniciación a instancia del obligado tributario.*

1. La iniciación de un procedimiento a instancia del obligado tributario podrá realizarse mediante autoliquidación, declaración, comunicación de datos, solicitud o cualquier otro medio previsto en la normativa aplicable, que podrán ser presentados en papel o por medios electrónicos, informáticos y telemáticos cuando las disponibilidades técnicas de la Administración lo permitan.

2. Cuando el procedimiento se inicie mediante solicitud, esta deberá contener, al menos, los siguientes extremos:

a) Nombre y apellidos o razón social o denominación completa, número de identificación fiscal del obligado tributario y, en su caso, del representante.

b) Hechos, razones y petición en que se concrete la solicitud.

c) Lugar, fecha y firma del solicitante o acreditación de la autenticidad de su voluntad expresada por cualquier medio válido en derecho.

d) Órgano al que se dirige.

3. En el caso de que se actúe por medio de representante deberá aportarse la documentación acreditativa de la representación.

4. Cuando el procedimiento se inicie mediante solicitud, esta podrá incluir un domicilio a efectos de notificaciones.

5. La Administración tributaria pondrá a disposición de los obligados tributarios, cuando hayan sido previamente aprobados, los modelos normalizados de autoliquidación, declaración, comunicación de datos, solicitud o cualquier otro medio previsto en la normativa tributaria, preferentemente por medios telemáticos, así como en las oficinas correspondientes para facilitar a los obligados la aportación de los datos e informaciones requeridos o para simplificar la tramitación del correspondiente procedimiento.

6. Cuando los documentos a que se refiere el apartado 1 se presenten en papel, el obligado tributario podrá obtener copia sellada siempre que la aporte junto a los originales. En dicha copia se hará constar el lugar, fecha y hora de presentación.

7. Cuando el interesado efectúe la presentación de los documentos a que se refieren los apartados anteriores mediante soportes, medios o aplicaciones informáticas, electrónicas o telemáticas, se deberán consignar aquellos datos exigidos por la Administración tributaria para la iniciación del procedimiento.

En estos casos, el recibí se expedirá de acuerdo con las características del soporte, medio o aplicación utilizados.

Cuando se aporte documentación anexa a la presentada por medios informáticos, electrónicos o telemáticos y el sistema no permita la aportación directa, el obligado deberá presentarla en cualquiera de los registros administrativos previstos en la normativa aplicable en el plazo de 10 días, contados desde el de la presentación, sin necesidad de previo requerimiento administrativo al efecto, salvo que la normativa específica establezca un lugar o plazo distinto. En dicha documentación se identificará debidamente la solicitud o comunicación presentada por medios o técnicas electrónicos, informáticos o telemáticos.

Artículo 89. *Subsanación.*

1. Si el documento de iniciación no reúne los requisitos que se señalan en los apartados 2 y 3 del artículo anterior y los exigidos, en su caso, por la normativa específica aplicable, se requerirá al interesado para que en un plazo de 10 días, contados a partir del día siguiente al de la notificación del requerimiento, subsane la falta o acompañe los documentos preceptivos, con indicación de que si así no lo hiciera, se le tendrá por desistido y se procederá al archivo sin más trámite.

2. Todas las recepciones por medios y técnicas electrónicos, informáticos y telemáticos serán provisionales a resultas de su procesamiento. Cuando no se ajusten al diseño y demás especificaciones establecidas por la normativa aplicable, se requerirá al declarante para que en el plazo de 10 días, contados a partir del día siguiente al de la notificación del requerimiento, subsane los defectos de que adolezca. Transcurrido dicho plazo sin haber atendido el requerimiento, de persistir anomalías que impidan a la Administración tributaria el conocimiento de los datos, se le tendrá, en su caso, por desistido de su petición o por no cumplida la obligación correspondiente y se procederá al archivo sin más trámite.

3. Cuando los requerimientos de subsanación a que se refieren los apartados anteriores hayan sido atendidos en plazo pero no se entiendan subsanados los defectos observados, deberá notificarse el archivo.

Subsección 2.ª Tramitación de las actuaciones y procedimientos tributarios

Artículo 90. *Lugar y horario de las actuaciones de aplicación de los tributos.*

1. Las actuaciones que se desarrollen en las oficinas públicas se realizarán dentro del horario oficial de apertura al público y, en todo caso, dentro de la jornada de trabajo.

2. Si las actuaciones se desarrollan en los locales del obligado tributario, se respetará la jornada laboral de oficina o de la actividad que se realice en ellos. Cuando medie el consentimiento del obligado tributario, las actuaciones podrán realizarse fuera de la jornada laboral de oficina o de la actividad.

3. Cuando se disponga de autorización judicial para la entrada en el domicilio del obligado tributario constitucionalmente protegido, las actuaciones se ajustarán a lo que disponga la autorización en relación con la jornada y el horario para realizarlas.

4. Cuando el obligado tributario fuese una persona con discapacidad o con movilidad reducida, las actuaciones y procedimientos de aplicación de los tributos se desarrollarán en el lugar que resulte más apropiado de entre los previstos en los apartados 1 y 2 de este artículo.

Artículo 91. *Ampliación y aplazamiento de los plazos de tramitación.*

1. El órgano a quien corresponda la tramitación del procedimiento podrá conceder, a petición de los obligados tributarios, una ampliación de los plazos establecidos para el cumplimiento de trámites que no exceda de la mitad de dichos plazos.

2. No se concederá más de una ampliación del plazo respectivo.

3. Para que la ampliación pueda otorgarse serán necesarios los siguientes requisitos:

a) Que se solicite con anterioridad a los tres días previos a la finalización del plazo que se pretende ampliar.

b) Que se justifique la concurrencia de circunstancias que lo aconsejen.

c) Que no se perjudiquen derechos de terceros.

4. La ampliación se entenderá automáticamente concedida por la mitad del plazo inicialmente fijado con la presentación en plazo de la solicitud, salvo que se notifique de forma expresa la denegación antes de la finalización del plazo que se pretenda ampliar.

La notificación expresa de la concesión de la ampliación antes de la finalización del plazo inicialmente fijado podrá establecer un plazo de ampliación distinto e inferior al previsto en el párrafo anterior.

5. Cuando el obligado tributario justifique la concurrencia de circunstancias que le impidan comparecer en el lugar, día y hora que le hubiesen fijado, podrá solicitar un aplazamiento dentro de los tres días siguientes al de la notificación del requerimiento. En el supuesto de que la circunstancia que impida la comparecencia se produzca transcurrido el citado plazo de tres días, se podrá solicitar el aplazamiento antes de la fecha señalada para la comparecencia. En tales casos, se señalará nueva fecha para la comparecencia.

6. El acuerdo de concesión o la denegación de la ampliación o del aplazamiento no serán susceptibles de recurso o reclamación económico-administrativa.

Artículo 92. *Aportación de documentación y ratificación de datos de terceros.*

1. Cuando se realicen requerimientos de datos, informes, antecedentes y justificantes al obligado tributario que esté siendo objeto del procedimiento de aplicación de los tributos, de acuerdo con las facultades establecidas en la normativa reguladora del procedimiento, dichos requerimientos no podrán ser impugnados mediante recurso o reclamación económico-administrativa independiente, sin perjuicio de los recursos que procedan contra el acto administrativo dictado como consecuencia del correspondiente procedimiento.

2. Cuando en un procedimiento de aplicación de los tributos el obligado tributario alegue la inexactitud o falsedad de los datos incluidos en declaraciones o contestaciones a requerimientos efectuados en cumplimiento de la obligación de suministro de información recogida en los artículos 93 y 94 de la Ley 58/2003, de 17 de diciembre, General Tributaria, deberá efectuar dicha alegación en el plazo de 15 días, contados a partir del día siguiente a aquel en que dichos datos le sean puestos de manifiesto por la Administración tributaria mediante comunicación o diligencia.

Artículo 93[166]. *Conocimiento por los obligados tributarios del estado de tramitación de los procedimientos.*

1. Los obligados tributarios que estén siendo objeto de un procedimiento podrán solicitar en cualquier momento información del estado en que se encuentra la tramitación de dicho procedimiento.

2. La información deberá solicitarse de forma que quede constancia del nombre y apellidos o razón social o denominación completa y número de identificación fiscal de la persona o entidad que la solicita, así como la firma del obligado tributario o la acreditación de la autenticidad de su voluntad expresada por cualquier otro medio.

La información se facilitará preferentemente por el mismo medio utilizado por el interesado e indicará la fase en que se encuentra el procedimiento, el último trámite realizado y la fecha en que se cumplimentó.

---

[166] Art. 34.1.e) (Derecho y garantías de los obligados tributarios) del LGT (§1).

Artículo 94. *Acceso a archivos y registros administrativos.*

1. Los obligados tributarios que hayan sido parte en el procedimiento podrán acceder a los registros y documentos que formen parte de un expediente concluido en los términos y con las condiciones establecidos en el artículo 99.5 de la Ley 58/2003, de 17 de diciembre, General Tributaria.

2. El órgano que tramitó el expediente resolverá sobre la petición de acceso en el plazo máximo de un mes. Transcurrido este plazo sin que de forma expresa se responda a la petición de acceso, esta podrá entenderse desestimada.

Si la resolución fuera estimatoria se dejará constancia en el expediente de dicho acceso.

3. El derecho de acceso llevará consigo el de obtener copia de los documentos cuyo examen sea autorizado en los términos previstos en el artículo siguiente.

4. Cuando los documentos que formen el expediente estén almacenados por medios electrónicos, informáticos o telemáticos, se facilitará el acceso al interesado por dichos medios siempre que las disponibilidades técnicas lo permitan, de acuerdo con las especificaciones y garantías que se determinen y con lo dispuesto en la Ley Orgánica 15/1999, de 13 de diciembre, de protección de datos de carácter personal.

Artículo 95. *Obtención de copias.*

1. El obligado tributario podrá obtener a su costa, previa solicitud, copia de los documentos que figuren en el expediente, en los términos establecidos en el artículo 99 de la Ley 58/2003, de 17 de diciembre, General Tributaria, durante la puesta de manifiesto del expediente, cuando se realice el acceso a archivos y registros administrativos de expedientes concluidos o en cualquier momento en el procedimiento de apremio. Se podrán hacer extractos de los justificantes o documentos o utilizar otros métodos que permitan mantener la confidencialidad de aquellos datos que no afecten al obligado tributario.

2. El órgano competente entregará las copias en sus oficinas y recogerá en diligencia la relación de los documentos cuya copia se entrega, el número de folios y la recepción por el obligado tributario.

3. Cuando conste la concurrencia de alguna de las circunstancias señaladas en el artículo 99.4 de la Ley 58/2003, de 17 de diciembre, General Tributaria, se denegará la obtención de copias mediante resolución motivada.

4. En aquellos casos en los que los documentos que consten en el archivo o expediente correspondiente estén almacenados por medios electrónicos, informáticos o telemáticos, las copias se facilitarán preferentemente por dichos medios o en los soportes adecuados a tales medios, siempre que las disponibilidades técnicas lo permitan.

Artículo 96. *Trámites de audiencia y de alegaciones.*

1. Durante el trámite de audiencia se pondrá de manifiesto al obligado tributario el expediente, que incluirá las actuaciones realizadas, todos los elementos de prueba que obren en poder de la Administración y los informes emitidos por otros órganos. Asimismo, se incorporarán las alegaciones y los documentos que los obligados tributarios tienen derecho a presentar en cualquier momento anterior al trámite de audiencia, que serán tenidos en cuenta por los órganos competentes al redactar la correspondiente propuesta de resolución o de liquidación.

En dicho trámite, el obligado tributario podrá obtener copia de los documentos del expediente, aportar nuevos documentos y justificantes, y efectuar las alegaciones que estime oportunas.

En los procedimientos en los que se prescinda del trámite de audiencia por estar previsto un trámite de alegaciones posterior a la propuesta de resolución o de liquidación, la Administración tributaria notificará al obligado dicha propuesta para que efectúe las alegaciones que considere oportunas y en dicho trámite será de aplicación lo dispuesto en los párrafos anteriores.

2. Si antes del vencimiento del plazo de audiencia o, en su caso, de alegaciones, el obligado tributario manifestase su decisión de no efectuar alegaciones ni aportar nuevos documentos ni justificantes, se tendrá por realizado el trámite y se dejará constancia en el expediente de dicha circunstancia.

3. Se podrá prescindir del trámite de audiencia o, en su caso, del plazo para formular alegaciones, cuando no figuren en el procedimiento ni sean tenidos en cuenta en la resolución otros hechos ni otras alegaciones y pruebas que las presentadas por el interesado.

Cuando de acuerdo con lo previsto en el párrafo anterior se prescinda del plazo para formular alegaciones, se prescindirá, asimismo, de la notificación al obligado tributario de la propuesta de resolución o de liquidación.

4. Una vez realizado el trámite de audiencia o, en su caso, el de alegaciones no se podrá incorporar al expediente más documentación acreditativa de los hechos, salvo que se demuestre la imposibilidad de haberla aportado antes de la finalización de dicho trámite, siempre que se aporten antes de dictar la resolución.

5. Concluido el trámite de audiencia o, en su caso, el de alegaciones, el órgano competente para la tramitación elevará al órgano competente para resolver, previa valoración de las alegaciones que, en su caso, se hayan efectuado, la propuesta de resolución o de liquidación.

Subsección 3.ª Documentación de las actuaciones y procedimientos tributarios

Artículo 97. *Comunicaciones.*

1. Las comunicaciones a las que se refiere en el artículo 99.7 de la Ley 58/2003, de 17 de diciembre, General Tributaria, contendrán mención expresa, al menos, de los siguientes datos:

a) Lugar y fecha de su expedición.

b) Nombre y apellidos o razón social o denominación completa y número de identificación fiscal de la persona o entidad a la que se dirige.

c) Lugar al que se dirige.

d) Hechos o circunstancias que se comunican o contenido del requerimiento que se realiza mediante la comunicación.

e) Órgano que la expide y nombre y apellidos y firma de la persona que la emite.

2. Cuando la comunicación sirva para notificar al obligado tributario el inicio de una actuación o procedimiento, el contenido incluirá además el previsto en el artículo 87.3 de este reglamento.

3[167]. Las comunicaciones se notificarán al obligado y se incorporarán al expediente.

Artículo 98. *Diligencias.*

1. En las diligencias a las que se refiere en el 99.7 de la Ley 58/2003, de 17 de diciembre, General Tributaria, se harán constar necesariamente los siguientes extremos:

a) Lugar y fecha de su expedición.

b) Nombre y apellidos y firma de la persona al servicio de la Administración tributaria interviniente.

c) Nombre y apellidos y número de identificación fiscal y firma de la persona con la que, en su caso, se entiendan las actuaciones, así como el carácter o representación con el que interviene.

d) Nombre y apellidos o razón social o denominación completa y número de identificación fiscal del obligado tributario al que se refieren las actuaciones.

e) Procedimiento o actuación en cuyo curso se expide.

f) Hechos y circunstancias que se hagan constar.

g) Las alegaciones o manifestaciones con relevancia tributaria realizadas, en su caso, por el obligado tributario, entre las que deberá figurar la conformidad o no con los hechos y circunstancias que se hacen constar.

2. En las diligencias podrán hacerse constar, entre otros, los siguientes contenidos:

a) La iniciación de la actuación o procedimiento y las comunicaciones y requerimientos que se efectúen a los obligados tributarios.

b) Los resultados de las actuaciones de obtención de información.

c) La adopción de medidas cautelares en el curso del procedimiento y la descripción de estas.

d) Los hechos resultantes de la comprobación de las obligaciones.

e) La representación otorgada mediante declaración en comparencia personal del obligado tributario ante el órgano administrativo competente.

3. En las diligencias podrán hacerse constar los hechos y circunstancias determinantes de la iniciación de otro procedimiento o que deban ser incorporados en otro ya iniciado y, entre otros:

a) Las acciones u omisiones que pudieran ser constitutivas de infracciones tributarias.

b) Las acciones u omisiones que pudieran ser constitutivas de delitos no perseguibles únicamente a instancia de la persona agraviada.

c) Nombre y apellidos o razón social o denominación completa y número de identificación fiscal de quienes puedan ser responsables solidarios o subsidiarios de la deuda y de la sanción tributaria, así como las circunstancias y antecedentes que pudieran ser determinantes de la responsabilidad.

d) Los hechos determinantes de la iniciación de un procedimiento de comprobación del domicilio fiscal.

e) Los hechos que pudieran infringir la legislación mercantil, financiera u otras.

---

[167]   Nueva redacción del art. 97.3 dada por el art. primero.diecisiete del Real Decreto 1070/2017, de 29 de diciembre (BOE núm. 317, de 30 de diciembre de 201), en vigor desde el 1 de enero de 2018.

f) Los hechos que pudieran ser trascendentes para otros órganos de la misma o de otra Administración.

g)[168] El resultado de las actuaciones de comprobación realizadas con entidades dependientes integradas en un grupo que tributen en el régimen de consolidación fiscal del Impuesto sobre Sociedades o en el régimen especial del grupo de entidades del Impuesto sobre el Valor Añadido.

Artículo 99. *Tramitación de las diligencias.*

1[169]. Las diligencias podrán extenderse sin sujeción a un modelo preestablecido. No obstante, cuando fuera posible, se extenderán en el modelo establecido por la correspondiente Administración tributaria. Las diligencias podrán suscribirse mediante firma manuscrita o mediante firma electrónica.

2[170]. Las diligencias serán firmadas por el personal al servicio de la Administración tributaria que practique las actuaciones y por la persona o personas con quienes se entiendan estas, a las que se les entregará un ejemplar. En el caso de diligencias que se suscriban mediante firma electrónica, la entrega del ejemplar se podrá sustituir por la entrega de los datos necesarios para su acceso por medios electrónicos adecuados.

Cuando la persona con quien se entiendan las actuaciones se negase a firmar la diligencia o no pudiese hacerlo, se hará constar así en ella, sin perjuicio de la entrega del ejemplar correspondiente. Si se negase a recibir la diligencia o los datos necesarios para su acceso por medios electrónicos adecuados, se hará constar así en ella, y, en su caso, se considerará un rechazo a efectos de lo previsto en el artículo 111 de la Ley 58/2003, de 17 de diciembre, General Tributaria.

No obstante, cuando la naturaleza de las actuaciones cuyo resultado se refleje en una diligencia no requiera la presencia de persona alguna para su realización, la diligencia será firmada por el personal al servicio de la Administración que realice la actuación, y de la misma se remitirá un ejemplar al obligado tributario o se le pondrá de manifiesto en el correspondiente trámite de audiencia o de alegaciones.

3. Las diligencias se incorporarán al respectivo expediente.

4. Cuando las diligencias recojan hechos o circunstancias que puedan tener incidencia en otro procedimiento de aplicación de los tributos o sancionador iniciados o que se puedan iniciar se remitirá copia al órgano competente que en cada caso corresponda.

Artículo 100. *Informes.*

1. De acuerdo con lo dispuesto en el artículo 99.7 de la Ley 58/2003, de 17 de diciembre, General Tributaria, los órganos de la Administración tributaria emitirán los informes que sean preceptivos, los que resulten necesarios para la aplicación de los tributos y los que les sean solicitados, siempre que en este último caso se fundamente la conveniencia de solicitarlos.

---

[168] Nueva redacción del art. 98.3.g) dada por el art. primero.dieciocho del Real Decreto 1070/2017, de 29 de diciembre (BOE núm. 317, de 30 de diciembre de 201), en vigor desde el 1 de enero de 2018.
[169] Nueva redacción del art. 99.1 dada por el art. primero.diecinueve. del Real Decreto 1070/2017, de 29 de diciembre (BOE núm. 317, de 30 de diciembre de 201), en vigor desde el 1 de enero de 2018.
[170] Nueva redacción del art. 99.2 dada por el art. primero.diecinueve. del Real Decreto 1070/2017, de 29 de diciembre (BOE núm. 317, de 30 de diciembre de 201), en vigor desde el 1 de enero de 2018.

2. En particular, los órganos de aplicación de los tributos deberán emitir informe en los siguientes supuestos:

a) Cuando se complementen las diligencias que recojan hechos o conductas que pudieran ser constitutivos de infracciones tributarias y no corresponda al mismo órgano la tramitación del procedimiento sancionador.

b) Cuando se aprecien indicios de delito contra la Hacienda pública y se remita el expediente al órgano judicial competente o al Ministerio Fiscal.

Subsección 4.ª Terminación de las actuaciones y procedimientos tributarios

Artículo 101. *Resolución.*

1. Una vez concluida la tramitación del procedimiento, el órgano competente dictará resolución, que será motivada en los supuestos que disponga la normativa aplicable, y decidirá todas las cuestiones planteadas propias de cada procedimiento y aquellas otras que se deriven de él.

2. La resolución deberá contener mención expresa del nombre y apellidos o razón social o denominación completa y número de identificación fiscal del obligado tributario, de la fecha, de la identificación del órgano que dicta la resolución, del derecho u obligación tributaria objeto del procedimiento y, en su caso, de los hechos y fundamentos de derecho que la motivan.

3. Cuando la resolución contenga una liquidación será de aplicación lo dispuesto en el artículo 102 de la Ley 58/2003, de 17 de diciembre, General Tributaria, e incluirá, cuando proceda, los intereses de demora correspondientes.

4. El incumplimiento de los plazos máximos de terminación de los procedimientos producirá los efectos previstos en su normativa específica o, en su defecto, los previstos en el artículo 104 de la Ley 58/2003, de 17 de diciembre, General Tributaria, sin perjuicio de la obligación de la Administración de dictar resolución expresa cuando proceda.

En los casos de estimación por silencio administrativo, la resolución expresa posterior sólo podrá ser confirmatoria del mismo.

En los casos de desestimación por silencio administrativo, la resolución expresa posterior al vencimiento del plazo se adoptará por la Administración sin vinculación alguna al sentido del silencio.

5. Los efectos del silencio administrativo se entenderán sin perjuicio de la facultad de la Administración de proceder a la comprobación o investigación de la situación tributaria de los obligados tributarios, con relación a la concurrencia de las condiciones y requisitos de beneficios fiscales de acuerdo con lo dispuesto en el artículo 115.3 de la Ley 58/2003, de 17 de diciembre, General Tributaria.

6. Cuando un procedimiento de aplicación de los tributos finalice como consecuencia del inicio de otro procedimiento, a los solos efectos de entender cumplida la obligación de notificar dentro de su plazo máximo de duración la terminación del primer procedimiento, será suficiente haber realizado un intento de notificación de la comunicación de inicio del segundo procedimiento.

Si se hubiese iniciado un procedimiento sancionador como consecuencia de un procedimiento de aplicación de los tributos y este último finalizase como consecuencia del inicio de otro procedimiento de aplicación de los tributos, el procedimiento sancionador terminará mediante resolución expresa en la que se declarará dicha circunstancia, sin perjuicio de que posteriormente se pueda iniciar un nuevo procedimiento sancionador derivado del procedimiento de aplicación de los tributos iniciado con posterioridad.

Las actuaciones realizadas en el curso de un procedimiento de aplicación de los tributos o de un procedimiento sancionador que hubiesen terminado de la forma prevista en este apartado, así como los documentos y otros elementos de prueba obtenidos en dichos procedimientos conservarán su validez y eficacia a efectos probatorios en los procedimientos de aplicación de los tributos o sancionadores que puedan iniciarse con posterioridad, siempre que su examen pueda realizarse de acuerdo con lo dispuesto en la normativa reguladora del procedimiento.

Artículo 102. *Cómputo de los plazos máximos de resolución.*
1. A efectos de lo dispuesto en el artículo 104.1.b) de la Ley 58/2003, de 17 de diciembre, General Tributaria, se entenderá por registro del órgano competente para la tramitación del procedimiento, el registro del órgano que resulte competente para iniciar la tramitación de acuerdo con lo dispuesto en el artículo 59 de este reglamento o en la normativa específica del procedimiento.

2. Los períodos de interrupción justificada y las dilaciones por causa no imputable a la Administración no se incluirán en el cómputo del plazo de resolución del procedimiento, con independencia de que afecten a todos o alguno de los elementos de las obligaciones tributarias y períodos objeto del procedimiento.

3[171]. Los períodos de interrupción justificada y las dilaciones no imputables a la Administración tributaria acreditados durante el procedimiento de aplicación de los tributos o de imposición de sanciones seguidos frente al deudor principal se considerarán, cuando concurran en el tiempo con el procedimiento de declaración de responsabilidad, períodos de interrupción justificada y dilaciones no imputables a la Administración tributaria a efectos del cómputo del plazo de resolución del procedimiento de declaración de responsabilidad.

Los periodos de suspensión y de extensión del plazo del procedimiento de inspección, cuando concurran en el tiempo con el procedimiento de declaración de responsabilidad, se tendrán en cuenta a efectos del cómputo del plazo de resolución del procedimiento de declaración de responsabilidad.

4[172]. Los períodos de interrupción justificada, las dilaciones por causa no imputable a la Administración y los periodos de suspensión y de extensión del plazo del procedimiento inspector deberán documentarse adecuadamente para su constancia en el expediente.

5[173]. A efectos del cómputo del plazo de duración del procedimiento, los períodos de interrupción justificada y las dilaciones por causa no imputable a la Administración se contarán por días naturales, y respecto del procedimiento inspector se estará a lo dispuesto en

---

[171] Nueva redacción del art. 102.3 dada por el art. primero.veinte del Real Decreto 1070/2017, de 29 de diciembre (BOE núm. 317, de 30 de diciembre de 201), en vigor desde el 1 de enero de 2018.

[172] Nueva redacción del art. 102.4 dada por el art. primero.veinte del Real Decreto 1070/2017, de 29 de diciembre (BOE núm. 317, de 30 de diciembre de 201), en vigor desde el 1 de enero de 2018.

[173] Nueva redacción del art. 102.5 dada por el art. primero.veinte del Real Decreto 1070/2017, de 29 de diciembre (BOE núm. 317, de 30 de diciembre de 201), en vigor desde el 1 de enero de 2018.

los artículos 150 de la Ley 58/2003, de 17 de diciembre, General Tributaria, y 184 de este reglamento.

6[174]. El obligado tributario tendrá derecho, conforme a lo dispuesto en el artículo 93 de este Reglamento, a conocer el estado del cómputo del plazo de duración y la existencia de las circunstancias previstas en los artículos 103 y 104 de este Reglamento y en los apartados 3, 4 y 5 del artículo 150 de la Ley 58/2003, de 17 de diciembre, General Tributaria, con indicación de las fechas de inicio y fin de cada periodo, siempre que lo solicite expresamente.

7. Los períodos de interrupción justificada y las dilaciones por causa no imputable a la Administración no impedirán la práctica de las actuaciones que durante dicha situación pudieran desarrollarse.

Artículo 103. *Períodos de interrupción justificada.*

A efectos de lo dispuesto en el artículo 104.2 de la Ley 58/2003, de 17 de diciembre, General Tributaria, se considerarán períodos de interrupción justificada los originados en los siguientes supuestos:

a)[175] Cuando, por cualquier medio, se pidan datos, informes, dictámenes, valoraciones o documentos a otros órganos o unidades administrativas de la misma o de otras Administraciones, por el tiempo que transcurra desde la remisión de la petición hasta la recepción de aquellos por el órgano competente para continuar el procedimiento, sin que la interrupción por este concepto pueda exceder, para todas las peticiones de datos, informes, dictámenes, valoraciones o documentos que pudieran efectuarse, de seis meses. Cuando se trate de solicitudes formuladas a otros Estados, este plazo será de 12 meses.

b)[176] Cuando, por cualquier medio, se pidan datos, informes, dictámenes o valoraciones a otro Estado o entidad internacional o supranacional como consecuencia de la información previamente recibida de los mismos en el marco de la asistencia mutua, por el tiempo que transcurra desde la remisión de la petición a la autoridad competente del otro Estado o entidad hasta la recepción de aquellos por el órgano competente para continuar el procedimiento, sin que la interrupción por este concepto pueda exceder, para todas las peticiones, de 12 meses. Este plazo de interrupción es independiente del regulado en el párrafo a) anterior.

c)[177] Cuando se aprecien indicios de delito contra la Hacienda Pública y se remita el expediente al Ministerio Fiscal o a la jurisdicción competente, por el tiempo que transcurra desde dicha remisión hasta que, en su caso, se produzca la recepción del expediente devuelto o de la resolución judicial por el órgano competente para continuar el procedimiento.

d)[178]

---

[174] Nueva redacción del art. 102.6 dada por el art. primero.veinte del Real Decreto 1070/2017, de 29 de diciembre (BOE núm. 317, de 30 de diciembre de 201), en vigor desde el 1 de enero de 2018.

[175] Nueva redacción de la letra a) dada por el artículo cuatro.nueve del Real Decreto 1/2010, de 8 de enero (BOE núm. 16, de 19 de enero de 2010), en vigor desde el 20-01-2010.

[176] Nuevo párrafo b) incorporado por el art. segundo siete del Real Decreto 1558/2012, de 15 de noviembre (BOE núm. 283, de 24 de noviembre de 2012), en vigor desde el 1 de enero de 2003 y reordenación del resto de párrafos.

[177] Nueva redacción de la letra c) dada por el art. primero.veintiuno del Real Decreto 1070/2017, de 29 de diciembre (BOE núm. 317, de 30 de diciembre de 201), en vigor desde el 1 de enero de 2018.

[178] Letra d) suprimida por el art. primero.veintiuno del Real Decreto 1070/2017, de 29 de diciembre (BOE núm. 317, de 30 de diciembre de 201), en vigor desde el 1 de enero de 2018.

d)[179] Cuando la determinación o imputación de la obligación tributaria dependa directamente de actuaciones judiciales en el ámbito penal, por el tiempo transcurrido desde que se tenga conocimiento de la existencia de dichas actuaciones y se deje constancia de este hecho en el expediente o desde que se remita el expediente a la jurisdicción competente o al Ministerio Fiscal hasta que se conozca la resolución por el órgano competente para continuar el procedimiento. No obstante, cuando ello sea posible y resulte procedente podrán practicarse liquidaciones provisionales de acuerdo con lo dispuesto en el artículo 101.4 de la Ley 58/2003, de 17 de diciembre, General Tributaria.

e)[180] Cuando concurra alguna causa de fuerza mayor que obligue a la Administración a interrumpir sus actuaciones, por el tiempo de duración de dicha causa. No obstante, cuando sea posible y resulte procedente podrán practicarse liquidaciones provisionales de acuerdo con lo dispuesto en el artículo 101.4 de la Ley 58/2003, de 17 de diciembre, General Tributaria.

f)[181] Cuando se plantee el conflicto de competencias ante las Juntas Arbitrales previstas en los artículos 24 de la Ley Orgánica 8/1980, de 22 de septiembre, de Financiación de las Comunidades Autónomas, 66 de la Ley 12/2002, de 23 de mayo, por la que se aprueba el Concierto Económico entre el Estado y la Comunidad Autónoma del País Vasco, y 51 de la Ley 25/2003, de 15 de julio, por la que se aprueba la modificación del Convenio Económico entre el Estado y la Comunidad Foral de Navarra, por el tiempo que transcurra desde el planteamiento del conflicto hasta la resolución dictada por la respectiva Junta Arbitral.

Artículo 104. *Dilaciones por causa no imputable a la Administración.*

A efectos de lo dispuesto en el artículo 104.2 de la Ley 58/2003, de 17 de diciembre, General Tributaria, se considerarán dilaciones en el procedimiento por causa no imputable a la Administración tributaria, entre otras, las siguientes:

a) Los retrasos por parte del obligado tributario al que se refiera el procedimiento en el cumplimiento de comparecencias o requerimientos de aportación de documentos, antecedentes o información con trascendencia tributaria formulados por la Administración tributaria. La dilación se computará desde el día siguiente al de la fecha fijada para la comparecencia o desde el día siguiente al del fin del plazo concedido para la atención del requerimiento hasta el íntegro cumplimiento de lo solicitado. Los requerimientos de documentos, antecedentes o información con trascendencia tributaria que no figuren íntegramente cumplimentados no se tendrán por atendidos a efectos de este cómputo hasta que se cumplimenten debidamente, lo que se advertirá al obligado tributario, salvo que la normativa específica establezca otra cosa.

---

[179] Renumeración, la letra e) pasa a ser la legra d) dada por el art. primero.veintiuno del Real Decreto 1070/2017, de 29 de diciembre (BOE núm. 317, de 30 de diciembre de 201), en vigor desde el 1 de enero de 2018.

[180] Renumeración, la letra f) pasa a ser la legra e) dada por el art. primero.veintiuno del Real Decreto 1070/2017, de 29 de diciembre (BOE núm. 317, de 30 de diciembre de 201), en vigor desde el 1 de enero de 2018.

[181] Renumeración, la letra g) pasa a ser la legra f) dada por el art. primero.veintiuno del Real Decreto 1070/2017, de 29 de diciembre (BOE núm. 317, de 30 de diciembre de 201), en vigor desde el 1 de enero de 2018.

b) La aportación por el obligado tributario de nuevos documentos y pruebas una vez realizado el trámite de audiencia o, en su caso, de alegaciones. La dilación se computará desde el día siguiente al de finalización del plazo de dicho trámite hasta la fecha en que se aporten. Cuando los documentos hubiesen sido requeridos durante la tramitación del procedimiento se aplicará lo dispuesto en el párrafo a) anterior.

c) La concesión por la Administración de la ampliación de cualquier plazo, así como la concesión del aplazamiento de las actuaciones solicitado por el obligado, por el tiempo que medie desde el día siguiente al de la finalización del plazo previsto o la fecha inicialmente fijada hasta la fecha fijada en segundo lugar.

d) La paralización del procedimiento iniciado a instancia del obligado tributario por la falta de cumplimentación de algún trámite indispensable para dictar resolución, por el tiempo que transcurra desde el día siguiente a aquel en que se considere incumplido el trámite hasta su cumplimentación por el obligado tributario, sin perjuicio de la posibilidad de que pueda declararse la caducidad, previa advertencia al interesado.

e)[182] El retraso en la notificación de las propuestas de resolución o de liquidación, por el tiempo que transcurra desde el día siguiente a aquel en que se haya realizado un intento de notificación hasta que dicha notificación se haya producido.

f)[183]

f)[184] La presentación por el obligado tributario de declaraciones reguladas en el artículo 128 de la Ley 58/2003, de 17 de diciembre, General Tributaria, de comunicaciones de datos o de solicitudes de devolución complementarias o sustitutivas de otras presentadas con anterioridad. La dilación se computará desde el día siguiente al de la finalización del plazo de presentación de la declaración, comunicación de datos o solicitud de devolución o desde el día siguiente al de la presentación en los supuestos de presentación fuera de plazo hasta la presentación de la declaración, comunicación de datos o solicitud de devolución, complementaria o sustitutiva.

g)[185] La falta de presentación en plazo de la declaración informativa con el contenido de los libros registro regulada en el artículo 36 de este Reglamento. La dilación se computará desde el inicio de un procedimiento en el que pueda surtir efectos, hasta la fecha de su presentación.

---

[182] Nueva redacción de la letra e) por dada el art. primero.veintidós del Real Decreto 1070/2017, de 29 de diciembre (BOE núm. 317, de 30 de diciembre de 201), en vigor desde el 1 de enero de 2018.

[183] Letra f) suprimida por el art. primero.veintidós del Real Decreto 1070/2017, de 29 de diciembre (BOE núm. 317, de 30 de diciembre de 201), en vigor desde el 1 de enero de 2018.

[184] Renumeración, la letra g) pasa a ser la legra f) dada por el art. primero.veintidós del Real Decreto 1070/2017, de 29 de diciembre (BOE núm. 317, de 30 de diciembre de 201), en vigor desde el 1 de enero de 2018.

[185] Renumeración, la letra h) pasa a ser la legra g) dada por el art. primero.veintidós del Real Decreto 1070/2017, de 29 de diciembre (BOE núm. 317, de 30 de diciembre de 201), en vigor desde el 1 de enero de 2018.
Nueva letra incorporada por el art. 2.3 del Real Decreto 2126/2008, de 26 de diciembre (BOE núm. 312, de 27 de diciembre), en vigor desde el 1 de enero de 2009.

h)[186] El retraso en la notificación derivado de lo dispuesto en la disposición adicional tercera del Real Decreto 1363/2010, de 29 de octubre, por el que se regulan supuestos de notificaciones y comunicaciones administrativas obligatorias por medios electrónicos en el ámbito de la Agencia Estatal de Administración Tributaria, en supuestos en que los actos a notificar se refieran a procedimientos de aplicación de los tributos ya iniciados. A tal efecto, deberá quedar acreditado que la notificación pudo ponerse a disposición del obligado tributario en la fecha por él seleccionada conforme a lo dispuesto en la citada disposición adicional tercera.

i)[187] El incumplimiento de la obligación de llevanza de los libros registro del Impuesto sobre el Valor Añadido a través de la Sede electrónica de la Agencia Estatal de Administración Tributaria para las personas y entidades a que se refiere el artículo 62.6 del Reglamento del Impuesto sobre el Valor Añadido. La dilación se computará desde el inicio de un procedimiento en el que pueda surtir efectos, hasta la fecha de su presentación o registro.

SECCIÓN 2.ª *Intervención de los obligados en las actuaciones y procedimientos tributarios*

Subsección 1.ª Personas con las que deben entenderse las actuaciones administrativas

Artículo 105. *Actuaciones relativas a obligados tributarios del artículo 35.4 de la Ley 58/2003, de 17 de diciembre, General Tributaria, y a entidades sometidas a un régimen de imputación de rentas.*

1. Tratándose de entidades del artículo 35.4 de la Ley 58/2003, de 17 de diciembre, General Tributaria, las actuaciones de comprobación o investigación que tengan por objeto examinar el adecuado cumplimiento de sus obligaciones tributarias, incluidas las de carácter formal, se desarrollarán con quien tenga su representación de acuerdo con lo establecido en el artículo 45.3 de dicha ley.

Las liquidaciones que, en su caso, procedan se practicarán a nombre de la entidad, sin perjuicio de la responsabilidad solidaria de los partícipes, miembros o cotitulares de dichas entidades.

El examen del adecuado cumplimiento de las obligaciones relativas al tributo que grave las rentas obtenidas por las entidades en régimen de atribución de rentas se realizará en el curso de los procedimientos de comprobación o investigación que puedan instruirse frente a cada socio, heredero, comunero o partícipe como obligado tributario por dicho tributo. En esos procedimientos podrán utilizarse los datos, informes o antecedentes obtenidos en el desarrollo de las actuaciones de comprobación o investigación de las obligaciones propias de la entidad.

---

[186] Renumeración, la letra i) pasa a ser la legra h) dada por el art. primero.veintidós del Real Decreto 1070/2017, de 29 de diciembre (BOE núm. 317, de 30 de diciembre de 201), en vigor desde el 1 de enero de 2018.
Nuevo párrafo incorporado por el art. 1.seis del Real Decreto 1615/2011, de 14 de noviembre (BOE núm. 285, de 26 de noviembre de 2011), con entrada en vigor el 27 de noviembre de 2011.

[187] Renumeración, la letra j) pasa a ser la legra i) dada por el art. primero.veintidós del Real Decreto 1070/2017, de 29 de diciembre (BOE núm. 317, de 30 de diciembre de 201), en vigor desde el 1 de enero de 2018.
Nueva letra incorporada por el art. 2.Cinco del Real Decreto 596/2016, de 2 de diciembre (BOE núm. 294, de 6 de diciembre de 2016), en vigor desde el 7 de diciembre de 2016.

2. La comprobación de la situación tributaria de las Uniones Temporales de Empresas, Agrupaciones de Interés Económico y demás entidades obligadas a imputar rentas se desarrollará con estas, sin perjuicio del derecho de sus socios o miembros a oponer todos los motivos de impugnación que estimen convenientes durante la tramitación del procedimiento de comprobación o investigación que se instruya frente a cada uno de ellos en el que se tenga en cuenta los resultados de las actuaciones desarrolladas con la entidad.

Artículo 106. *Actuaciones en caso de solidaridad en el presupuesto de hecho de la obligación.*

1[188]. En el supuesto previsto en el artículo 35.7, párrafo primero, de la Ley 58/2003, de 17 de diciembre, General Tributaria, las actuaciones y procedimientos podrán realizarse con cualquiera de los obligados tributarios que concurran en el presupuesto de hecho de la obligación objeto de las actuaciones o procedimientos.

2. Una vez iniciado un procedimiento de comprobación o investigación, se deberá comunicar esta circunstancia a los demás obligados tributarios conocidos que podrán comparecer en las actuaciones. El procedimiento será único y continuará con quienes hayan comparecido. Las sucesivas actuaciones se desarrollarán con quien proceda en cada caso.

3. Las resoluciones que se dicten o las liquidaciones que, en su caso, se practiquen se realizarán a nombre de todos los obligados tributarios que hayan comparecido y se notificarán a los demás obligados tributarios conocidos.

4[189]. En el ámbito de la deuda aduanera, lo dispuesto en los apartados anteriores se entenderá sin perjuicio de las especialidades previstas en su normativa específica. En particular, las actuaciones realizadas con cualquiera de las personas o entidades que con arreglo a la normativa de la Unión Europea tengan la consideración de deudores de la deuda aduanera serán válidas siempre que respecto a la persona o entidad con la que se hayan realizado se hayan respetado las disposiciones que resulten aplicables al procedimiento de que se trate, independientemente de que pudieran existir otros deudores. A estos efectos, la comunicación de la existencia del procedimiento a la que se refiere el apartado 2 anterior podrá realizarse en cualquier momento siempre que se garantice el derecho a ser oído en los términos establecidos en la normativa de la Unión Europea.

Artículo 107. *Actuaciones con sucesores.*

1. En el caso de actuaciones o procedimientos relativos a personas físicas fallecidas o a personas jurídicas o demás entidades disueltas o extinguidas, deberán actuar ante la Administración las personas a las que, de acuerdo con lo dispuesto en los artículos 39 y 40 de la Ley 58/2003, de 17 de diciembre, General Tributaria, se transmitan los correspondientes derechos, obligaciones y, en su caso, sanciones tributarias.

2. La Administración tributaria podrá desarrollar las actuaciones o los procedimientos con cualquiera de los sucesores.

---

[188] Nueva redacción del art. 106.1 por dada el art. primero.veintitrés del Real Decreto 1070/2017, de 29 de diciembre (BOE núm. 317, de 30 de diciembre de 201), en vigor desde el 1 de enero de 2018.

[189] Nuevo apartado 4 incorporado por dada el art. primero.veintitrés del Real Decreto 1070/2017, de 29 de diciembre (BOE núm. 317, de 30 de diciembre de 201), en vigor desde el 1 de enero de 2018.

3. Una vez iniciado un procedimiento de comprobación o investigación, se deberá comunicar esta circunstancia a los demás sucesores conocidos, que podrán comparecer en las actuaciones. El procedimiento será único y continuará con quienes hayan comparecido. Las sucesivas actuaciones se desarrollarán con quien proceda en cada caso.

4. Las resoluciones que se dicten o las liquidaciones que, en su caso, se practiquen se realizarán a nombre de todos los obligados tributarios que hayan comparecido y se notificarán a los demás obligados tributarios conocidos.

5. En el caso de que la herencia se encontrase yacente, será de aplicación lo dispuesto en el artículo 39.3 de la Ley 58/2003, de 17 de diciembre, General Tributaria.

6. Cuando en los procedimientos cuyas actuaciones se entiendan con los sucesores de un obligado tributario deba practicarse una devolución, deberá acreditarse la proporción que a cada uno corresponda de acuerdo con lo dispuesto en la legislación específica, a efectos de proceder al reconocimiento del derecho y al pago o compensación de la devolución, excepto cuando se trate de herencias yacentes debidamente identificadas, en cuyo caso se reconocerá y abonará la devolución a la herencia yacente,

Artículo 108. *Actuaciones en supuestos de liquidación o concurso.*

1. En caso de entidades en fase de liquidación, cuando las actuaciones administrativas tengan lugar antes de la extinción de la personalidad jurídica de las mismas, dichas actuaciones se entenderán con los liquidadores. Disuelta y liquidada la entidad, sin perjuicio de lo dispuesto en el artículo anterior, incumbe a los liquidadores comparecer ante la Administración si son requeridos para ello en cuanto representantes anteriores de la entidad y custodios, en su caso, de los libros y la documentación de la misma. Si los libros y la documentación se hallasen depositados en un registro público, el órgano competente podrá examinarlos en dicho registro y podrá requerir la comparecencia de los liquidadores cuando fuese preciso para dichas actuaciones.

2[190]. En los supuestos de concurso, las actuaciones administrativas se entenderán con el concursado o su representante cuando el juez no hubiere acordado la suspensión de las facultades de administración y disposición.

Si se hubiere acordado la suspensión de facultades, las actuaciones se entenderán con el concursado por medio de la administración concursal.

Artículo 109. *Actuaciones relativas a obligados tributarios no residentes.*

1. En el caso obligados tributarios no residentes que operen en España mediante establecimiento permanente, las actuaciones de la Administración se realizarán con el representante designado por el obligado tributario, de acuerdo con lo establecido en el artículo 47 de la Ley 58/2003, de 17 de diciembre, General Tributaria.

En el caso de incumplimiento de la obligación de nombrar representante, la Administración tributaria podrá considerar representante del establecimiento permanente a la persona que figure como tal en el Registro Mercantil. Si no hubiera representante nombrado o inscrito,

---

[190] Nueva redacción del art. 108.2 dada por el art. tercero.Doce del Real Decreto 828/2013, de 25 de octubre (BOE núm. 257, de 26 de octubre de 2013), en vigor desde el 1 de enero de 2014.

o fuera una persona distinta de quien esté facultado para contratar en nombre de aquellos, la Administración tributaria podrá considerar como tal a este último.

En el caso de incumplimiento de la obligación de nombramiento de representante exigible a las personas o entidades residentes en países o territorios con los que no exista un efectivo intercambio de información tributaria, de acuerdo con lo dispuesto en el apartado 3 de la disposición adicional primera de la Ley 36/2006, de 29 de noviembre, de medidas para la prevención del fraude fiscal, la Administración tributaria podrá considerar que su representante es el depositario o gestor de los bienes o derechos de los obligados tributarios.

2. En el caso de tributos que deban satisfacer los obligados tributarios no residentes que operen en España sin establecimiento permanente, las actuaciones podrán entenderse con el obligado tributario no residente, con el representante, en su caso, designado al efecto o, cuando la ley así lo prevea, con el responsable solidario con quien puedan realizarse las actuaciones directamente. En este último supuesto, las liquidaciones se podrán practicar directamente al responsable solidario, el cual podrá utilizar todos los motivos de impugnación que se deriven de la liquidación practicada o de la responsabilidad a él exigida.

Subsección 2.ª La representación en los procedimientos tributarios

Artículo 110. *La representación legal.*

1. Las personas físicas que carezcan de capacidad de obrar en el orden tributario actuarán ante la Administración tributaria mediante sus representantes legales. No obstante, una vez adquirida o recuperada la capacidad de obrar por las personas que carecían de ella, estas actuarán por sí mismas ante la Administración tributaria, incluso para la comprobación de la situación tributaria en que carecían de ella.

Quienes tuvieron su representación legal deberán comparecer asimismo a requerimiento de la Administración tributaria, en su propio nombre sin vincular a quien representaron.

2. Por las personas jurídicas y entidades a que se refiere el artículo 35.4 de la Ley 58/2003, de 17 de diciembre, General Tributaria, deberán actuar las personas a quienes corresponda la representación en el momento de la actuación administrativa.

Quienes tuvieron dicha representación cuando se devengaron o debieron haberse cumplido las correspondientes obligaciones o deberes deberán comparecer a requerimiento de la Administración tributaria, en su propio nombre sin vincular a la persona jurídica o entidad.

3. El representante legal deberá acreditar su condición ante la Administración tributaria. No obstante, se podrán considerar representantes a aquellas personas que figuren inscritas como tales en los correspondientes registros públicos.

4. Cuando en el curso de un procedimiento de aplicación de los tributos se modifique o se extinga la representación legal, las actuaciones realizadas se reputarán válidas y eficaces, en tanto no se comunique tal circunstancia al órgano de la Administración tributaria que lleve a cabo las actuaciones.

Artículo 111. *La representación voluntaria.*

1. La representación será conferida, en el caso de personas físicas con capacidad de obrar, por ellas mismas.

En el caso de personas físicas sin capacidad de obrar en el orden tributario, de personas jurídicas y de las entidades a que se refiere el artículo 35.4 de la Ley 58/2003, de 17 de diciembre, General Tributaria, la representación voluntaria podrá ser conferida por quienes tengan la representación legal y esta lo permita.

La representación podrá ser otorgada en favor de personas jurídicas o de personas físicas con capacidad de obrar.

2. A efectos de lo dispuesto en el artículo 46.2 de la Ley 58/2003, de 17 de diciembre, General Tributaria, se entenderá otorgada la representación, entre otros, en los siguientes casos:

a) Cuando su existencia conste inscrita y vigente en un registro público.

b) Cuando conste en documento público o documento privado con firma legitimada notarialmente.

c) Cuando se otorgue mediante comparecencia personal ante el órgano administrativo competente, lo que se documentará en diligencia.

d) Cuando conste en el documento normalizado de representación aprobado por la Administración tributaria que se hubiera puesto a disposición, en su caso, de quien deba otorgar la representación. En estos supuestos, el representante responderá con su firma de la autenticidad de la de su representado.

e) Cuando la representación conste en documento emitido por medios electrónicos, informáticos o telemáticos con las garantías y requisitos que se establezcan por la Administración tributaria.

3. En todos los supuestos de representación deberán constar, al menos, las siguientes menciones:

a) Nombre y apellidos o razón social o denominación completa, número de identificación fiscal y domicilio fiscal del representado y del representante, así como la firma de ambos. Cuando la representación se otorgue en documento público no será necesaria la firma del representante.

b) Contenido de la representación, así como la amplitud y suficiencia de la misma.

c) Lugar y fecha de su otorgamiento.

d) En el caso de representación voluntaria otorgada por el representante legal del obligado tributario, deberá acreditarse la representación legal.

4. Para las actuaciones previstas en el artículo 46.5 de la Ley 58/2003, de 17 de diciembre, General Tributaria, se entenderá acreditada la representación en los siguientes casos:

a) Cuando la representación se haya hecho figurar expresamente en la declaración, autoliquidación, comunicación de datos o solicitud que sea objeto del procedimiento.

b) Cuando la representación conferida resulte de los propios actos o de la conducta observada por el obligado tributario en relación con las actuaciones desarrolladas.

5. La revocación de la representación no supondrá la nulidad de las actuaciones practicadas con el representante antes de que se haya acreditado esta circunstancia al órgano actuante. A partir de dicho momento, se considerará que el obligado tributario no comparece ante la Administración tributaria ni atiende los requerimientos de esta hasta que nombre un nuevo representante o la atienda personalmente.

6. La renuncia a la representación no tendrá efectos ante el órgano actuante hasta que no se acredite que dicha renuncia se ha comunicado de forma fehaciente al representado.

7[191]. En el ámbito aduanero, será aplicable lo previsto en este artículo sin perjuicio de lo establecido en el Real Decreto 335/2010, de 19 de marzo, por el que se regula el derecho a efectuar declaraciones en aduana y la figura del representante aduanero, y en su normativa de desarrollo.

Artículo 112. *Disposiciones comunes a la representación legal y voluntaria.*

1. La representación deberá acreditarse en la primera actuación que se realice por medio de representante, si bien su falta o insuficiencia no impedirá que se tenga por realizado el acto o trámite de que se trate, siempre que se aporte aquélla o se subsane el defecto dentro del plazo de 10 días, contados a partir del día siguiente al de la notificación del requerimiento, que deberá conceder al efecto el órgano administrativo.

En todo caso, se podrá exigir que la persona o personas con quienes se realicen las actuaciones acrediten su identidad y el concepto en el que actúen.

En el supuesto de que el representante no acredite la representación, el acto se tendrá por no realizado o al obligado tributario por no personado a cuantos efectos procedan, salvo que las actuaciones realizadas en su nombre sean ratificadas por el obligado tributario.

2. Se entenderán ratificadas las actuaciones del representante en caso de falta o insuficiencia del poder de representación en los siguientes supuestos:

a) Cuando el obligado tributario impugne los actos dictados en el procedimiento en que aquel hubiera intervenido sin alegar esta circunstancia.

b) Cuando el obligado tributario efectúe el ingreso o solicite el aplazamiento, fraccionamiento o compensación de la deuda tributaria o de la sanción que se derive del procedimiento. No obstante, en estos casos no se entenderá subsanada la falta o insuficiencia del poder de representación cuando se haya presentado recurso o reclamación económico-administrativa en el que se alegue dicha falta o insuficiencia.

3. Cuando en un procedimiento tributario se actúe mediante representante se hará constar expresamente esta circunstancia en cuantas diligencias y actas se extiendan y se unirá al expediente el documento acreditativo de la representación. Si la representación se hubiese otorgado mediante documento público bastará la referencia al mismo y se unirá al expediente copia simple o fotocopia con diligencia de cotejo.

4. Las actuaciones tributarias realizadas con el representante del obligado tributario se entenderán efectuadas directamente con este último.

Las manifestaciones hechas por la persona que haya comparecido sin poder suficiente tendrán el valor probatorio que proceda con arreglo a derecho.

5. Acreditada o presumida la representación, corresponde al representado probar su inexistencia sin que pueda alegar como fundamento de la nulidad de lo actuado aquellos vicios o defectos causados por él.

6. Cuando en la resolución de un recurso o reclamación económico-administrativa se anule la resolución o la liquidación administrativa por falta o insuficiencia del poder de representación, se ordenará la retroacción de las actuaciones al momento en que se debió acreditar la representación o se aportó el poder que se estima insuficiente y conservarán su

---

[191]   Nueva redacción del art. 111.7 por dada el art. primero.veinticuatro del Real Decreto 1070/2017, de 29 de diciembre (BOE núm. 317, de 30 de diciembre de 201), en vigor desde el 1 de enero de 2018.

validez las actuaciones y pruebas del procedimiento de aplicación de los tributos realizadas sin intervención del representante con el que se entendieron las actuaciones.

7. El obligado tributario podrá intervenir en las actuaciones y procedimientos asistido por un asesor fiscal o por la persona que considere oportuno en cada momento, de lo que se dejará constancia en el expediente, así como de la identidad del asistente.

Cuando el representante acuda acompañado de cualquier persona deberá acreditarse la conformidad del obligado tributario a que conozca las actuaciones en las que intervenga.

SECCIÓN 3.ª *El domicilio fiscal*

Artículo 113. *El domicilio fiscal de las personas físicas.*

De acuerdo con lo previsto en el artículo 48.2.a) de la Ley 58/2003, de 17 de diciembre, General Tributaria, se podrá considerar que las personas físicas desarrollan principalmente actividades económicas cuando más de la mitad de la base imponible general del Impuesto sobre la Renta de las Personas Físicas del año anterior proceda de rendimientos netos de actividades económicas o cuando, no habiéndose alcanzado ese porcentaje en dicho año, se haya alcanzado durante cada uno de los tres años anteriores.

A efectos de lo previsto en este artículo, se entenderá por actividades económicas las realizadas por los empresarios y profesionales en los términos previstos en la Ley 37/1992, de 28 de diciembre, del Impuesto sobre el Valor Añadido.

SECCIÓN 4.ª *Las notificaciones en materia tributaria*

Artículo 114. *Notificación.*

1. Cuando no sea posible efectuar la notificación al obligado tributario o a su representante por causas no imputables a la Administración se harán constar en el expediente las circunstancias del intento de notificación.

Se dejará constancia expresa del rechazo de la notificación, de que el destinatario está ausente o de que consta como desconocido en su domicilio fiscal o en el lugar designado al efecto para realizar la notificación.

Una vez realizados los dos intentos de notificación sin éxito en los términos establecidos en el artículo 112.1 de la Ley 58/2003, de 17 de diciembre, General Tributaria, se procederá cuando ello sea posible a dejar al destinatario aviso de llegada en el correspondiente casillero domiciliario, indicándole en la diligencia que se extienda por duplicado, la posibilidad de personación ante la dependencia al objeto de hacerle entrega del acto, plazo y circunstancias relativas al segundo intento de entrega. Dicho aviso de llegada se dejará a efectos exclusivamente informativos.

2. En el supuesto de notificaciones en apartados postales establecidos por el operador al que se ha encomendado la prestación del servicio postal universal, el envío se depositará en el interior de la oficina y podrá recogerse por el titular del apartado o por la persona autorizada expresamente para retirarlo. La notificación se entenderá practicada por el transcurso de 10 días naturales desde el depósito del envío en la oficina.

En los procedimientos iniciados a instancia del interesado la utilización de este medio de notificación requerirá que el interesado lo haya señalado como preferente en el correspondiente procedimiento.

3. Si en el momento de entregarse la notificación se tuviera conocimiento del fallecimiento o extinción de la personalidad jurídica del obligado tributario, deberá hacerse constar esta circunstancia y se deberá comprobar tal extremo por la Administración tributaria. En estos casos, cuando la notificación se refiera a la resolución que pone fin al procedimiento, dicha actuación será considerada como un intento de notificación válido a los solos efectos de entender cumplida la obligación de notificar dentro del plazo máximo de duración de los procedimientos, aunque se deberá efectuar la notificación a los sucesores del obligado tributario que consten con tal condición en el expediente.

4[192]**.** La Administración tributaria, en virtud de lo dispuesto en la normativa sobre asistencia mutua, podrá solicitar de la autoridad competente de otro Estado la práctica de notificaciones de cualquier acto dictado por dicha Administración tributaria.

Las notificaciones realizadas en otro Estado al amparo de lo previsto en el párrafo anterior deberán acreditarse mediante la incorporación al expediente de la notificación o de la comunicación a la autoridad competente española de la notificación efectuada por dicho Estado conforme a su propia normativa. Las notificaciones practicadas en otro Estado cuya acreditación se produzca de la forma prevista en este apartado se tendrán por válidamente efectuadas.

Artículo 115. *Notificación por comparecencia.*

1. En el supuesto previsto en el artículo 112 de la Ley 58/2003, de 17 de diciembre, General Tributaria, si el obligado tributario o su representante comparecieran dentro del plazo de los 15 días naturales siguientes a la publicación del anuncio, se practicará la notificación correspondiente y se dejará constancia de la misma en la correspondiente diligencia en la que, además, constará la firma del compareciente.

2. En el supuesto de que el obligado tributario o su representante comparezcan pero rehúsen recibir la documentación que se pretende notificar, se documentará esta circunstancia en la correspondiente diligencia a efectos de que quede constancia del rechazo de la notificación, y se entenderá practicada la misma de acuerdo con lo dispuesto en el artículo 111.2 de la Ley 58/2003, de 17 de diciembre, General Tributaria.

3. En todo caso, se incorporará al expediente la referencia al boletín oficial donde se publicó el anuncio.

Artículo 115 bis[193]**. *Práctica de las notificaciones a través de medios electrónicos.***

1. El régimen para la práctica de las notificaciones a través de medios electrónicos será el previsto en las normas administrativas generales con las especialidades que se establezcan legal y reglamentariamente.

2. En el ámbito de competencias del Estado, mediante Orden del Ministro de Hacienda y Función Pública se podrán regular las especialidades en la práctica de las notificaciones a través de medios electrónicos.

---

[192]   Nueva redacción del apartado cuarto dada por el art. segundo ocho del Real Decreto 1558/2012, de 15 de noviembre (BOE núm. 283, de 24 de noviembre de 2012), en vigor desde el 1 de enero de 2003.

[193]   Nueva redacción del art. 115 bis por dada el art. primero.veinticinco del Real Decreto 1070/2017, de 29 de diciembre (BOE núm. 317, de 30 de diciembre de 201), en vigor desde el 1 de enero de 2018. Redacción original incorporada por el artículo cuatro.diez del Real Decreto 1/2010, de 8 de enero (BOE núm. 16, de 19 de enero de 2010), en vigor desde el 20-01-2010.

Artículo 115 ter[194]. *Notificaciones voluntarias en sede electrónica (Suprimido)*

TÍTULO IV. ACTUACIONES Y PROCEDIMIENTOS DE GESTIÓN TRIBUTARIA

CAPÍTULO I. DISPOSICIONES GENERALES

Artículo 116. *Atribución de funciones de gestión tributaria a los órganos administrativos.*

A efectos de lo dispuesto en este reglamento, se entiende por órganos de gestión tributaria los de carácter administrativo que ejerzan las funciones previstas en el artículo 117 de la Ley 58/2003, de 17 de diciembre, General Tributaria, así como aquellos otros que tengan atribuidas competencias en materia de gestión tributaria en las normas de organización específica.

Artículo 117. *Presentación de declaraciones, autoliquidaciones, comunicaciones de datos y solicitudes de devolución.*

1[195]. A efectos de lo previsto en el artículo 98.3 de la Ley 58/2003, de 17 de diciembre, General Tributaria, en el ámbito de competencias del Estado, los modelos de declaración, autoliquidación y comunicación de datos se aprobarán por el Ministro de Economía y Hacienda, que establecerá la forma, lugar y plazos de su presentación y, en su caso, del ingreso de la deuda tributaria, así como los supuestos y condiciones de presentación por medios electrónicos, informáticos y telemáticos.

Asimismo, podrá aprobar la utilización de modalidades simplificadas o especiales de declaración, autoliquidación o comunicación de datos y los supuestos en los que los datos consignados se entenderán subsistentes para periodos sucesivos, si el contribuyente no comunica variación en los mismos.

2. Cada Administración tributaria podrá aprobar modelos de solicitud de devolución. En las solicitudes de devolución para las que no exista un modelo o formulario específicamente aprobado al efecto, el obligado tributario hará constar los datos necesarios de la devolución que se solicita mediante escrito que deberá presentarse en el lugar y plazos establecidos en la normativa del tributo o por medios electrónicos, informáticos o telemáticos cuando estos estén disponibles.

3. La declaración en aduana se regirá por su normativa específica.

Artículo 118. *Declaraciones complementarias y sustitutivas.*

1. Tendrán la consideración de declaraciones complementarias las que se refieran a la misma obligación tributaria y periodo que otras presentadas con anterioridad, en las que se incluyan nuevos datos no declarados o se modifique parcialmente el contenido de las anteriormente presentadas, que subsistirán en la parte no afectada.

---

[194] Artículo 115 ter suprimido por dada el art. primero.veintiséis del Real Decreto 1070/2017, de 29 de diciembre (BOE núm. 317, de 30 de diciembre de 201), en vigor desde el 1 de enero de 2018.
Redacción original incorporada por el art. segundo.dos del Real Decreto 410/2014, de 6 de junio (BOE núm. 138, de 7 de junio de 2014), en vigor desde el 8 de junio de 2014.

[195] Orden HAP/2194/2013, de 22 de noviembre, por la que se regulan los procedimientos y las condiciones generales para la presentación de determinadas autoliquidaciones y declaraciones informativas de naturaleza tributaria (BOE núm. 283, de 26 de noviembre de 2013).

Tendrán la consideración de declaraciones sustitutivas las que se refieran a la misma obligación tributaria y periodo que otras presentadas con anterioridad y que las reemplacen en su contenido.

2. En los supuestos previstos en el artículo 128 de la Ley 58/2003, de 17 de diciembre, General Tributaria, sólo se podrán presentar declaraciones complementarias o sustitutivas con anterioridad a la liquidación correspondiente a la declaración inicial. En este caso, la liquidación que se practique tomará en consideración los datos completados o sustituidos.

Con posterioridad a la liquidación, el obligado tributario que pretenda modificar el contenido de una declaración anteriormente presentada deberá solicitar la rectificación de la misma conforme a lo establecido en el artículo 130 de este reglamento. De la cuota tributaria resultante de la rectificación se deducirá el importe de la liquidación inicial.

3. Podrán presentarse declaraciones complementarias o sustitutivas de otras presentadas con anterioridad en cumplimiento de una obligación formal.

4. En las declaraciones complementarias y sustitutivas se hará constar expresamente si se trata de una u otra modalidad, la obligación tributaria y el periodo a que se refieren.

Artículo 119. *Autoliquidaciones complementarias.*

1. Tendrán la consideración de autoliquidaciones complementarias las que se refieran a la misma obligación tributaria y periodo que otras presentadas con anterioridad y de las que resulte un importe a ingresar superior o una cantidad a devolver o a compensar inferior al importe resultante de la autoliquidación anterior, que subsistirá en la parte no afectada.

2. En las autoliquidaciones complementarias constará expresamente esta circunstancia y la obligación tributaria y periodo a que se refieren, así como la totalidad de los datos que deban ser declarados. A estos efectos, se incorporarán los datos incluidos en la autoliquidación presentada con anterioridad que no sean objeto de modificación, los que sean objeto de modificación y los de nueva inclusión.

3. El obligado tributario deberá realizar la cuantificación de la obligación tributaria teniendo en cuenta todos los elementos consignados en la autoliquidación complementaria. De la cuota tributaria resultante de la autoliquidación complementaria se deducirá el importe de la autoliquidación inicial.

Cuando se haya solicitado una devolución improcedente o por cuantía superior a la que resulte de la autoliquidación complementaria y dicha devolución no se haya efectuado al tiempo de presentar la autoliquidación complementaria, se considerará finalizado el procedimiento de devolución iniciado mediante la presentación de la autoliquidación previamente presentada.

En el supuesto de que se haya obtenido una devolución improcedente o por cuantía superior a la que resulte de la autoliquidación complementaria, se deberá ingresar la cantidad indebidamente obtenida junto a la cuota que, en su caso, pudiera resultar de la autoliquidación complementaria presentada.

4. Cuando un obligado tributario considere que una autoliquidación ha perjudicado de cualquier modo sus intereses legítimos, podrá instar la rectificación de dicha autoliquidación conforme a lo establecido en el artículo 126.

Artículo 120. *Comunicaciones de datos complementarias y sustitutivas.*

1. Tendrán la consideración de comunicaciones de datos complementarias las que se refieran a la misma obligación tributaria y periodo que otras presentadas con anterioridad en las que se modifiquen o se incluyan nuevos datos de carácter personal, familiar o económico. Las comunicaciones de datos presentadas con anterioridad subsistirán en la parte no afectada.

Tendrán la consideración de comunicaciones de datos sustitutivas las que se refieran a la misma obligación tributaria y periodo que otras presentadas con anterioridad y que las reemplacen en su contenido.

2. Sólo se podrán presentar comunicaciones de datos complementarias o sustitutivas antes de que la Administración tributaria, de acuerdo con la normativa propia de cada tributo, haya acordado la devolución correspondiente o dictado la resolución en la que comunique que no procede efectuar devolución alguna. En este caso, la devolución o resolución administrativa que se acuerde tomará en consideración los datos completados o sustituidos.

3. Una vez acordada la devolución o dictada la resolución administrativa a que se refiere el apartado anterior, el obligado tributario podrá solicitar la rectificación de su comunicación de datos conforme a lo establecido en el artículo 130.

Artículo 121. *Solicitudes de devolución complementarias y sustitutivas.*

1. Tendrán la consideración de solicitudes de devolución complementarias las que se refieran a la misma obligación tributaria y periodo que otras presentadas con anterioridad, en las que se incluyan nuevos datos no declarados o se modifique parcialmente el contenido de las anteriormente presentadas, que subsistirán en la parte no afectada.

Tendrán la consideración de solicitudes de devolución sustitutivas aquellas referidas a la misma obligación tributaria y periodo que otras presentadas con anterioridad que reemplacen su contenido.

2. La presentación de una solicitud de devolución complementaria o sustitutiva podrá hacerse antes de que la Administración tributaria, de acuerdo con la normativa propia de cada tributo, haya acordado la devolución correspondiente o dictado la resolución en la que comunique que no procede efectuar devolución alguna. En este caso, la devolución o resolución administrativa que se acuerde tomará en consideración los datos completados o sustituidos.

3. Una vez acordada la devolución o dictada la resolución administrativa a que se refiere el apartado anterior, el obligado tributario podrá instar la rectificación de su solicitud de devolución conforme a lo establecido en el artículo 130.

CAPÍTULO II. PROCEDIMIENTOS DE GESTIÓN TRIBUTARIA

SECCIÓN 1.ª *Procedimiento de devolución iniciado mediante*
autoliquidación, solicitud o comunicación de datos

Artículo 122. *Devoluciones derivadas de la normativa de cada tributo.*

Son devoluciones derivadas de la normativa de cada tributo las previstas en el artículo 31 de la Ley 58/2003, de 17 de diciembre, General Tributaria. También tienen esta consideración los abonos a cuenta que deba efectuar la Administración tributaria como anticipos de deducciones a practicar sobre cualquier tributo.

Artículo 123. *Iniciación del procedimiento de devolución.*

El procedimiento para la práctica de devoluciones derivadas de la normativa de cada tributo se iniciará a instancia del obligado tributario mediante la presentación de una autoliquidación de la que resulte una cantidad a devolver, mediante la presentación de una solicitud o mediante la presentación de una comunicación de datos, de acuerdo con lo dispuesto en la normativa reguladora de cada tributo.

Artículo 124. *Tramitación del procedimiento de devolución.*

1. Una vez recibida la autoliquidación, solicitud o comunicación de datos, la Administración examinará la documentación presentada y la contrastará con los datos y antecedentes que obren en su poder.

Si la autoliquidación, solicitud o comunicación de datos fuese formalmente correcta, se procederá sin más trámite y, en su caso, de manera automatizada, al reconocimiento de la devolución solicitada.

2. Cuando se aprecie algún defecto formal en la autoliquidación, solicitud o comunicación de datos, error aritmético o posible discrepancia en los datos o en su calificación, o cuando se aprecien circunstancias que lo justifiquen, se podrá iniciar un procedimiento de verificación de datos, de comprobación limitada o de inspección.

Artículo 125. *Terminación del procedimiento de devolución.*

1. Cuando proceda reconocer el derecho a la devolución solicitada, el órgano competente dictará acuerdo que se entenderá notificado por la recepción de la transferencia bancaria o, en su caso, del cheque.

De acuerdo con lo dispuesto en el artículo 81.3.a) de la Ley 58/2003, de 17 de diciembre, General Tributaria, cuando la devolución reconocida sea objeto de retención cautelar total o parcial deberá notificarse la adopción de la medida cautelar junto con el acuerdo de devolución.

El reconocimiento de la devolución solicitada no impedirá la posterior comprobación de la obligación tributaria mediante los procedimientos de comprobación o investigación.

2. Cuando se abonen intereses de demora de acuerdo con lo previsto en el artículo 31.2 de la Ley 58/2003, de 17 de diciembre, General Tributaria, la base sobre la que se aplicará el tipo de interés tendrá como límite el importe de la devolución solicitada en la autoliquidación, comunicación de datos o solicitud.

3. Cuando existan defectos, errores, discrepancias o circunstancias que originen el inicio de un procedimiento de verificación de datos, de comprobación limitada o de inspección, el procedimiento de devolución terminará con la notificación de inicio del correspondiente procedimiento, que será efectuada por el órgano competente en cada caso.

En el procedimiento iniciado de acuerdo con lo dispuesto en el párrafo anterior, se determinará la procedencia e importe de la devolución y, en su caso, otros aspectos de la situación tributaria del obligado.

4[196]. Cuando la Administración tributaria acuerde la devolución en un procedimiento de verificación de datos o de comprobación limitada o de inspección por el que se haya puesto fin al procedimiento de devolución, deberán satisfacerse los intereses de demora que proce-

---

[196]   Nueva redacción del art. 125.4 dada por el art. 3.doce del Real Decreto 249/2023, de 4 de abril (BOE núm. 81, de 5 de abril 2023) en vigor desde el 25 de abril de 2023.
Redacción anterior dada por el art. primero.veintisiete del Real Decreto 1070/2017, de 29 de diciembre (BOE núm. 317, de 30 de diciembre de 201), en vigor desde el 1 de enero de 2018.

dan de acuerdo con lo dispuesto en el artículo 31.2 de la Ley 58/2003, de 17 de diciembre, General Tributaria. En el caso en que se acuerde la devolución en un procedimiento de verificación de datos o de comprobación limitada, a efectos del cálculo de los intereses de demora no se computarán los períodos de dilación por causa no imputable a la Administración a que se refiere el artículo 104 de este reglamento y que se produzcan en el curso de dichos procedimientos. En el caso en que se acuerde la devolución en un procedimiento de inspección, a efectos del cálculo de los intereses, no se computarán los días a los que se refiere el apartado 4 del artículo 150 de la Ley 58/2003, de 17 de diciembre, General Tributaria, ni los periodos de extensión a los que se refiere el apartado 5 de dicho artículo.

SECCIÓN 2.ª *Procedimiento para la rectificación de autoliquidaciones, declaraciones, comunicaciones de datos o solicitudes de devolución*

Subsección 1.ª Procedimiento para la rectificación de autoliquidaciones

Artículo 126. *Iniciación del procedimiento de rectificación de autoliquidaciones.*

1. Las solicitudes de rectificación de autoliquidaciones se dirigirán al órgano competente de acuerdo con la normativa de organización específica.

2. La solicitud sólo podrá hacerse una vez presentada la correspondiente autoliquidación y antes de que la Administración tributaria haya practicado la liquidación definitiva o, en su defecto, antes de que haya prescrito el derecho de la Administración tributaria para determinar la deuda tributaria mediante la liquidación o el derecho a solicitar la devolución correspondiente.

El obligado tributario no podrá solicitar la rectificación de su autoliquidación cuando se esté tramitando un procedimiento de comprobación o investigación cuyo objeto incluya la obligación tributaria a la que se refiera la autoliquidación presentada, sin perjuicio de su derecho a realizar las alegaciones y presentar los documentos que considere oportunos en el procedimiento que se esté tramitando que deberán ser tenidos en cuenta por el órgano que lo tramite.

3. Cuando la Administración tributaria haya practicado una liquidación provisional, el obligado tributario podrá solicitar la rectificación de su autoliquidación únicamente si la liquidación provisional ha sido practicada por consideración o motivo distinto del que se invoque en la solicitud del obligado tributario.

Se considerará que entre la solicitud de rectificación y la liquidación provisional concurre consideración o motivo distinto cuando la solicitud de rectificación afecte a elementos de la obligación tributaria que no hayan sido regularizados mediante la liquidación provisional.

4. Además de lo dispuesto en el artículo 88.2, en la solicitud de rectificación de una autoliquidación deberán constar:

a) Los datos que permitan identificar la autoliquidación que se pretende rectificar.

b) En caso de que se solicite una devolución, deberá hacerse constar el medio elegido por el que haya de realizarse la devolución, pudiendo optar entre los previstos en el artículo 132. Cuando el beneficiario de la devolución no hubiera señalado medio de pago y esta no se pudiera realizar mediante transferencia a una entidad de crédito, se efectuará mediante cheque cruzado.

5. La solicitud deberá acompañarse de la documentación en que se basa la solicitud de rectificación y los justificantes, en su caso, del ingreso efectuado por el obligado tributario.

Artículo 127. *Tramitación del procedimiento de rectificación de autoliquidaciones.*
1. En la tramitación del expediente se comprobarán las circunstancias que determinan la procedencia de la rectificación. Cuando junto con la rectificación se solicite la devolución de un ingreso efectuado, indebido o no, se comprobarán las siguientes circunstancias:
a) La realidad del ingreso, cuando proceda, y su falta de devolución.
b) Que se cumplan los requisitos exigidos en el artículo 14.2.b) del Reglamento general de desarrollo de la Ley 58/2003, de 17 de diciembre, General Tributaria, en materia de revisión en vía administrativa, aprobado por el Real Decreto 520/2005, de 13 de mayo, en el caso de retenciones o ingresos a cuenta.
c) Que se cumplan los requisitos exigidos en el artículo 14.2.c) del Reglamento general de desarrollo de la Ley 58/2003, de 17 de diciembre, General Tributaria, en materia de revisión en vía administrativa, aprobado por el Real Decreto 520/2005, de 13 de mayo, cuando se refiera a tributos que deban ser legalmente repercutidos a otras personas o entidades.
d) La procedencia de su devolución, el titular del derecho a obtener la devolución y su cuantía.
2. A efectos de lo previsto en el apartado anterior, la Administración podrá examinar la documentación presentada y contrastarla con los datos y antecedentes que obren en su poder. También podrá realizar requerimientos al propio obligado en relación con la rectificación de su autoliquidación, incluidos los que se refieran a la justificación documental de operaciones financieras que tengan incidencia en la rectificación solicitada. Asimismo, podrá efectuar requerimientos a terceros para que aporten la información que se encuentren obligados a suministrar con carácter general o para que la ratifiquen mediante la presentación de los correspondientes justificantes.
3. En este procedimiento se podrán solicitar los informes que se consideren necesarios.
4. Finalizadas las actuaciones se notificará al interesado la propuesta de resolución para que en el plazo de 15 días, contados a partir del día siguiente al de la notificación de la propuesta, alegue lo que convenga a su derecho, salvo que la rectificación que se acuerde coincida con la solicitada por el interesado, en cuyo caso se notificará sin más trámite la liquidación que se practique.

Artículo 128. *Terminación del procedimiento de rectificación de autoliquidaciones.*
1. El procedimiento finalizará mediante resolución en la que se acordará o no la rectificación de la autoliquidación. El acuerdo será motivado cuando sea denegatorio o cuando la rectificación acordada no coincida con la solicitada por el interesado.
En el supuesto de que se acuerde rectificar la autoliquidación, la resolución acordada por la Administración tributaria incluirá una liquidación provisional cuando afecte a algún elemento determinante de la cuantificación de la deuda tributaria efectuada por el obligado tributario. La Administración tributaria no podrá efectuar una nueva liquidación en relación con el objeto de la rectificación de la autoliquidación, salvo que en un procedimiento de comprobación o investigación posterior se descubran nuevos hechos o circunstancias que resulten de actuaciones distintas de las realizadas y especificadas en la resolución del procedimiento de rectificación.

2. Cuando se reconozca el derecho a obtener una devolución, se determinará el titular del derecho y el importe de la devolución, así como los intereses de demora que, en su caso, deban abonarse. La base sobre la que se aplicará el tipo de interés tendrá como límite el importe de la devolución reconocida.

3[197]. De conformidad con el artículo 100.1 de la Ley 58/2003, de 17 de diciembre, General Tributaria, cuando el obligado tributario inicie un procedimiento de rectificación de su autoliquidación, y se acuerde el inicio de un procedimiento de comprobación o investigación que incluya la obligación tributaria a la que se refiere el procedimiento de rectificación, éste finalizará con la notificación de inicio del procedimiento de comprobación o investigación.

4[198]. El plazo máximo para notificar la resolución de este procedimiento será de seis meses. Transcurrido dicho plazo sin haberse realizado la notificación expresa del acuerdo adoptado, la solicitud podrá entenderse desestimada.

Artículo 129. *Especialidades en el procedimiento de rectificación de autoliquidaciones relativas a retenciones, ingresos a cuenta o cuotas soportadas.*

1. Cuando una autoliquidación presentada hubiese dado lugar a un ingreso indebido de retenciones, ingresos a cuenta o cuotas repercutidas a otros obligados tributarios, la legitimación para solicitar la rectificación, así como el derecho a obtener su devolución, se regulará por lo dispuesto en los artículos 32 y 221.4 de la Ley 58/2003, de 17 de diciembre, General Tributaria, y en las disposiciones reglamentarias dictadas en su desarrollo.

2. Los obligados tributarios que hubiesen soportado indebidamente retenciones, ingresos a cuenta o cuotas repercutidas podrán solicitar y obtener la devolución de acuerdo con lo previsto en el artículo 14 del Reglamento general de desarrollo de la Ley 58/2003, de 17 de diciembre, General Tributaria, en materia de revisión en vía administrativa, aprobado por el Real Decreto 520/2005, de 13 de mayo. Para ello, podrán solicitar la rectificación de la autoliquidación en la que se realizó el ingreso indebido conforme al apartado 4 de este artículo.

A efectos del requisito previsto en el artículo 14.2.c).4.º del Reglamento general de desarrollo de la Ley 58/2003, de 17 de diciembre, General Tributaria, en materia de revisión en vía administrativa, aprobado por el Real Decreto 520/2005, de 13 de mayo, se entenderá que el obligado tributario no tiene derecho a la deducción de las cuotas soportadas, cuando en un procedimiento de comprobación o inspección se declare que no procede la deducción de dichas cuotas por haber sido indebidamente repercutidas y el acto que hubiera puesto fin a dicho procedimiento hubiera adquirido firmeza.

3. Cuando se trate de cuotas indebidamente repercutidas por el Impuesto sobre el Valor Añadido, el obligado tributario que efectuó la repercusión podrá optar por solicitar la rectificación de su autoliquidación o por regularizar la situación tributaria en los términos previstos en el párrafo b) del artículo 89.cinco de la Ley 37/1992, de 28 de diciembre, del Impuesto sobre el Valor Añadido.

---

[197]   Nuevo apartado tres del art. 128 incorporado por el artículo cuatro.once del Real Decreto 1/2010, de 8 de enero (BOE núm. 16, de 19 de enero de 2010), en vigor desde el 20-01-2010.

[198]   Apartado tres en la redacción original del art. 128, reenumerado al apartado cuarto por el artículo cuatro. once del Real Decreto 1/2010, de 8 de enero (BOE núm. 16, de 19 de enero de 2010), en vigor desde el 20-01-2010.

4. Cuando la rectificación de la autoliquidación hubiese sido solicitada por el obligado tributario que soportó indebidamente retenciones, ingresos a cuenta o cuotas repercutidas, se aplicará lo dispuesto en los artículos anteriores, con las siguientes especialidades:

a) La resolución del procedimiento corresponderá al órgano que según la normativa de organización específica, fuera competente respecto del obligado tributario que presentó la autoliquidación cuya rectificación se solicita.

En los Impuestos Especiales la resolución del procedimiento corresponderá al órgano que según la normativa de organización específica fuera competente respecto del establecimiento del obligado tributario que efectuó la repercusión, excepto en el caso de centralización autorizada de los ingresos en que será competente el que, según la normativa de organización específica, corresponda al obligado tributario que efectuó la repercusión.

En aquellos casos en los que a la vista de la solicitud presentada y de la documentación que se deba acompañar para fundamentar la misma resulte acreditado que no concurren los requisitos para proceder a la rectificación de la autoliquidación, la resolución corresponderá al órgano que según la normativa de organización específica fuera competente respecto del obligado tributario que inició el procedimiento. En estos casos no será de aplicación lo previsto en el párrafo d) de este apartado.

b) La solicitud podrá hacerse desde que la actuación de retención, la detracción del ingreso a cuenta o la actuación de repercusión haya sido comunicada fehacientemente al solicitante o, en su defecto, desde que exista constancia de que este ha tenido conocimiento de ello.

Cuando la solicitud de rectificación se presente antes de la finalización del plazo de declaración en que hubiera de presentarse la autoliquidación cuya rectificación se solicita, se considerará como periodo de interrupción justificada a efectos del cómputo del plazo para resolver el procedimiento el tiempo transcurrido desde la fecha de presentación hasta la fecha de finalización de dicho plazo de declaración.

c) En la solicitud, además de las circunstancias previstas en el artículo 126.4 de este reglamento, se harán constar el nombre y apellidos o razón social o denominación completa y número de identificación fiscal del retenedor o persona o entidad que efectuó el ingreso a cuenta repercutido o del obligado tributario que efectuó la repercusión.

La solicitud deberá acompañarse de los documentos justificantes de la retención, ingreso a cuenta o repercusión indebidamente soportados.

d) En la tramitación del procedimiento se notificará la solicitud de rectificación al retenedor o al obligado tributario que efectuó y repercutió el ingreso a cuenta o que efectuó la repercusión, que deberán comparecer dentro del plazo de 10 días, contados a partir del día siguiente al de la notificación del requerimiento, y aportar todos los documentos y antecedentes requeridos y cualquier otro que estimen oportuno.

Posteriormente, las actuaciones se pondrán de manifiesto, sucesivamente, al solicitante y al presentador de la autoliquidación, por periodos de 15 días, contados a partir del día siguiente al de la notificación de la apertura de dichos plazos, para formular alegaciones y aportar las pruebas oportunas. A estos efectos, se podrán hacer extractos de los justificantes o documentos o utilizar otros métodos que permitan mantener la confidencialidad de aquellos datos que no les afecten.

e) La liquidación provisional o la resolución denegatoria que ponga término al procedimiento se notificará a todos los obligados tributarios.

f) En el supuesto de que la resolución estimatoria fuera recurrida por el retenedor, por el obligado tributario que efectuó y repercutió el ingreso a cuenta o que realizó la repercusión, aquella no será ejecutiva en tanto no adquiera firmeza.

Subsección 2.ª Procedimiento para la rectificación de declaraciones, comunicaciones de datos y solicitudes de devolución

Artículo 130. *Especialidades del procedimiento para la rectificación de declaraciones, comunicaciones de datos y solicitudes de devolución.*

1. Una vez que la Administración tributaria haya dictado una liquidación provisional en el caso de las declaraciones reguladas en el artículo 128 de la Ley 58/2003, de 17 de diciembre, General Tributaria, o haya acordado la devolución o dictado la resolución denegatoria en los casos de comunicaciones de datos o de solicitudes de devolución, el obligado tributario podrá solicitar la rectificación de la declaración, comunicación de datos o solicitud de devolución presentada con anterioridad, cuando considere que su contenido ha perjudicado de cualquier modo sus intereses legítimos o cuando pudiera proceder una liquidación por importe superior o una menor devolución.

Cuando la Administración tributaria haya practicado una liquidación provisional, el obligado tributario podrá solicitar la rectificación únicamente si la liquidación provisional ha sido practicada por consideración o motivo distinto del que se invoque en la solicitud del obligado tributario. Se considerará que entre la solicitud de rectificación y la liquidación provisional concurre consideración o motivo distinto cuando la solicitud de rectificación afecte a elementos de la obligación tributaria que no hayan sido regularizados mediante la liquidación provisional.

2. Cuando de la rectificación resulte una cantidad a ingresar, se exigirán los intereses de demora que correspondan en cada caso. A efectos del cálculo de los intereses de demora no se computará el tiempo transcurrido desde la presentación de la declaración inicial hasta la finalización del plazo de pago en periodo voluntario correspondiente a la liquidación que se practicó con relación a dicha declaración inicial.

3. En las solicitudes de rectificación a que se refiere este artículo se aplicarán las normas establecidas en los artículos 126 a 128.

SECCIÓN 3.ª *Procedimiento para la ejecución de las devoluciones tributarias*

Artículo 131. *Ejecución de las devoluciones tributarias.*

1. Cuando se hubiera reconocido el derecho a una devolución derivada de la normativa del tributo o a una devolución de ingresos indebidos, se procederá a la ejecución de la devolución.

Cuando para efectuar la devolución se hubieran solicitado garantías de acuerdo con lo previsto en la ley, la ejecución de la devolución quedará condicionada a la aportación de las garantías solicitadas.

2. Cuando se haya declarado el derecho a la devolución en la resolución de un recurso o reclamación económico-administrativa, en sentencia u otra resolución judicial o en cualquier otro acuerdo que anule o revise liquidaciones u otros actos administrativos, el órgano competente procederá de oficio a ejecutar o cumplir las resoluciones de recursos o reclamaciones económico-administrativas o las resoluciones judiciales o el correspondiente acuerdo o resolución administrativa en los demás supuestos. A estos efectos, para que los órganos competentes de la Administración procedan a cuantificar y efectuar la devolución bastará copia compulsada del correspondiente acuerdo o resolución administrativa o el testimonio de la sentencia o resolución judicial.

3. También se entenderá reconocido el derecho a la devolución cuando así resulte de la resolución de un procedimiento amistoso en aplicación de un convenio internacional para evitar la doble imposición.

4. Cuando el derecho a la devolución se transmita a los sucesores, se atenderá a la normativa específica que determine los titulares del derecho y la cuantía que a cada uno corresponda.

5. Salvo lo dispuesto en el apartado anterior, la transmisión del derecho a una devolución tributaria por actos o negocios entre particulares no surtirá efectos ante la Administración, conforme a lo dispuesto en el artículo 17.4 de la Ley 58/2003, de 17 de diciembre, General Tributaria.

Artículo 132. *Pago o compensación de las devoluciones tributarias.*

1[199]**.** El pago de la cantidad a devolver se realizará mediante transferencia bancaria o mediante cheque cruzado a la cuenta bancaria que el obligado tributario o su representante legal autorizado indiquen como de su titularidad en la autoliquidación tributaria, comunicación de datos o en la solicitud correspondiente, sin que el obligado tributario pueda exigir responsabilidad alguna en el caso en que la devolución se envíe al número de cuenta bancaria por él designado.

2. Una vez reconocido el derecho a la devolución, podrá procederse a su compensación a petición del obligado o de oficio de acuerdo con el procedimiento y plazos establecidos en el Reglamento General de Recaudación, aprobado por el Real Decreto 939/2005, de 29 de julio, y su normativa de desarrollo. En este caso, sobre el importe de la devolución que sea objeto de compensación, el interés de demora a favor del obligado tributario se devengará hasta la fecha en que se produzca la extinción del crédito como consecuencia de la compensación.

3. Cuando en la ejecución de las devoluciones se hubiese producido algún error material, de hecho o aritmético, la entidad de crédito retrocederá, en su caso, el importe procedente a la Administración tributaria ordenante o bien se exigirá directamente al perceptor su reintegro.

SECCIÓN 4.ª *Procedimiento iniciado mediante declaración*

Artículo 133. *Procedimiento iniciado mediante declaración.*

1. En los procedimientos iniciados mediante declaración del obligado tributario, el órgano competente de la Administración tributaria podrá realizar las actuaciones necesarias para practicar la liquidación de acuerdo con lo dispuesto en el artículo 129.2 de la Ley 58/2003,

---

[199] Nueva redacción del art. 132.1 dada por el art. 1.siete del Real Decreto 1615/2011, de 14 de noviembre (BOE núm. 285, de 26 de noviembre de 2011), con entrada en vigor el 27 de noviembre de 2011.

de 17 de diciembre, General Tributaria. Cuando se requieran datos o documentos al obligado tributario se le otorgará un plazo de 10 días, contados a partir del día siguiente al de la notificación del requerimiento, para su aportación, salvo que la normativa específica establezca otro plazo. Asimismo, la Administración tributaria podrá hacer requerimientos a terceros.

2. Cuando la Administración tributaria vaya a tener en cuenta datos distintos a los declarados por el obligado tributario, deberá notificar previamente la propuesta de liquidación de acuerdo con lo dispuesto en el artículo 129.3 de la Ley 58/2003, de 17 de diciembre, General Tributaria.

3. La liquidación que se dicte tendrá carácter provisional. La Administración tributaria no podrá efectuar una nueva regularización en relación con el objeto comprobado, salvo que en un procedimiento de comprobación o investigación posterior se descubran nuevos hechos o circunstancias que resulten de actuaciones distintas de las realizadas y especificadas en la resolución.

Artículo 134[200]**. *Especialidades del procedimiento iniciado mediante declaración en el ámbito aduanero.***

1. En el supuesto de que el procedimiento se haya iniciado mediante una declaración en aduana para la inclusión de mercancías en un régimen aduanero, la Administración realizará las actuaciones necesarias para practicar la liquidación de los tributos sobre el comercio exterior que, en su caso, correspondan conforme a los datos declarados, los documentos que aporte el obligado o le sean requeridos, así como los datos que se deduzcan de las mercancías presentadas a despacho o cualquier otro dato que obre en poder de la Administración.

2. Sin perjuicio de lo establecido en los apartados 4 y 5 siguientes, cuando la Administración, para la práctica de la liquidación, no tome en consideración datos o elementos distintos de los aportados por el declarante la liquidación se considerará, en su caso, producida y notificada con el levante de las mercancías.

3. Cuando la Administración, para la práctica de la liquidación, tome en consideración datos o elementos distintos de los declarados por el interesado o pudiera llegar a tomarlos como consecuencia de las actuaciones a las que se refiere el apartado 1, se observarán las siguientes reglas:

a) La Administración formulará la correspondiente propuesta de liquidación, que será notificada al interesado, en la que se consignarán los hechos y fundamentos de derecho que la motiven, así como su cuantificación y el derecho a presentar las alegaciones que tenga por conveniente y aportar, en su caso, los documentos y justificantes que considere oportuno dentro de los treinta días naturales siguientes al de la notificación o manifestar expresamente que no efectúa alegaciones ni aporta nuevos documentos o justificantes.

b) A solicitud del interesado, la Administración podrá autorizar el levante de la mercancía, previo el afianzamiento o, en su caso, el ingreso del importe de la liquidación que pudiera proceder.

c) Lo dispuesto en la letra b) podrá aplicarse igualmente cuando la Administración haya iniciado las actuaciones para determinar la obligación tributaria pero no disponga aún de los

---

[200] Nueva redacción del art. 134 dada el art. primero.veintiocho del Real Decreto 1070/2017, de 29 de diciembre (BOE núm. 317, de 30 de diciembre de 201), en vigor desde el 1 de enero de 2018.

datos necesarios para formular propuesta de liquidación. En el momento en que la Administración disponga de los datos necesarios, será de aplicación lo dispuesto en la letra a) anterior.

4. En aquellos casos en los que, con arreglo a la normativa aduanera, sea posible la presentación de una declaración simplificada que no incluya todos los datos o documentos justificativos necesarios para determinar el importe de la obligación, así como en aquellos en que la inscripción en los registros del declarante equivalga a la presentación de la declaración, tanto la declaración simplificada inicial o la inscripción en los registros del declarante como la declaración complementaria o, en su caso, la presentación de los datos o documentos justificativos pendientes formarán parte del mismo procedimiento de declaración. No obstante, cuando la Administración dispense de la obligación de presentar declaración complementaria el procedimiento de declaración se limitará a la declaración simplificada o inscripción en los registros.

Lo dispuesto en los apartados 2 y 3 anteriores será de aplicación, según proceda, a la declaración simplificada o inscripción en los registros del declarante. No obstante, en el caso de que la Administración, respecto de la declaración simplificada o de la inscripción en los registros del declarante, no tenga en consideración datos o elementos distintos a los declarados, el levante de las mercancías no supondrá la práctica y notificación de la liquidación, sino que se aplicará lo previsto en el apartado 5.

La admisión de la declaración complementaria equivaldrá a la práctica y notificación de la liquidación derivada de la misma, salvo que la Administración la someta a comprobación, en cuyo caso resultará de aplicación lo dispuesto en el apartado 3.

5. El procedimiento de declaración finalizará mediante la liquidación en cuya virtud la Administración determine el importe de la obligación tributaria nacida como consecuencia de la presentación de la declaración aduanera. En los casos previstos en el apartado 4 anterior, cuando deba presentarse declaración complementaria, tendrá la consideración de liquidación en cuya virtud la Administración determina el importe de la obligación tributaria la derivada de la declaración complementaria o, en su caso, de la presentación de los datos o documentos justificativos pendientes.

No obstante, el procedimiento de declaración podrá finalizar también por el inicio de cualquier otro procedimiento de aplicación de los tributos que incluya la obligación derivada de la presentación de la declaración aduanera.

En aquellos casos en los que el obligado, conforme a lo previsto en las letras b) y c) del apartado 3 anterior, haya obtenido previamente el levante de la mercancía, las cantidades ingresadas como consecuencia del mismo minorarán el importe de la liquidación que finalmente se practique. El mismo efecto tendrán las cantidades ingresadas en virtud de la declaración simplificada o la inscripción en los registros del declarante en los casos previstos en el apartado 4 anterior, siempre que deba presentarse declaración complementaria.

En ningún caso se entenderá finalizado el procedimiento por el hecho de que se efectúe el ingreso de las cantidades mencionadas en el párrafo anterior.

6. Cuando el procedimiento iniciado con la declaración en aduana para el despacho de las mercancías no lleve aparejada la práctica de una liquidación, la Administración dictará, en su caso, los actos administrativos que procedan según el régimen aduanero solicitado, sin perjuicio de la exigencia de la garantía que pueda corresponder. En estos casos el procedimiento se considerará finalizado en el momento en que se dicten dichos actos y una vez constituida la garantía que corresponda.

Artículo 135. *Caducidad del procedimiento iniciado mediante declaración.*

1. Cuando se produzca la caducidad del procedimiento por incumplimiento del plazo máximo de duración del mismo, la Administración tributaria, dentro del plazo de prescripción, podrá iniciar un nuevo procedimiento de liquidación de acuerdo con lo dispuesto en el artículo 128.2 de la Ley 58/2003, de 17 de diciembre, General Tributaria.

En este caso, se notificará una comunicación al obligado tributario con el contenido previsto en el artículo 87 de este reglamento.

2. En las liquidaciones que se dicten, cuando el procedimiento se inicie mediante la notificación de la comunicación a que se refiere el apartado 1 anterior, no se exigirán intereses de demora desde la presentación de la declaración hasta la finalización del plazo para el pago en periodo voluntario abierto con la notificación de la liquidación.

SECCIÓN 5.ª *Procedimiento para el reconocimiento de beneficios fiscales de carácter rogado*

Artículo 136. *Procedimiento para el reconocimiento por la Administración tributaria de beneficios fiscales de carácter rogado.*

1. El procedimiento para el reconocimiento de beneficios fiscales se iniciará a instancia del obligado tributario mediante solicitud dirigida al órgano competente para su concesión y se acompañará de los documentos y justificantes exigibles y de los que el obligado tributario considere convenientes.

2. La comprobación de los requisitos para la concesión de un beneficio fiscal se realizará de acuerdo con los datos y documentos que se exijan en la normativa reguladora del beneficio fiscal y los datos que declaren o suministren terceras personas o que pueda obtener la Administración tributaria mediante requerimiento al propio obligado y a terceros.

3. Con carácter previo a la notificación de la resolución se deberá notificar al obligado tributario la propuesta de resolución cuando vaya a ser denegatoria para que, en un plazo de 10 días contados a partir del día siguiente al de la notificación de dicha propuesta, alegue lo que convenga a su derecho.

4. El procedimiento para el reconocimiento de beneficios fiscales terminará por resolución en la que se reconozca o se deniegue la aplicación del beneficio fiscal.

El plazo máximo para notificar la resolución del procedimiento será el que establezca la normativa reguladora del beneficio fiscal y, en su defecto, será de seis meses. Transcurrido el plazo para resolver sin que se haya notificado la resolución expresa, la solicitud podrá entenderse desestimada, salvo que la normativa aplicable establezca otra cosa.

Artículo 137. *Efectos del reconocimiento de beneficios fiscales de carácter rogado.*

1. El reconocimiento de los beneficios fiscales surtirá efectos desde el momento que establezca la normativa aplicable o, en su defecto, desde el momento de su concesión.

El reconocimiento de beneficios fiscales será provisional cuando esté condicionado al cumplimiento de condiciones futuras o a la efectiva concurrencia de determinados requisitos no comprobados en el expediente. Su aplicación estará condicionada a la concurrencia en todo momento de las condiciones y requisitos previstos en la normativa aplicable.

2. Salvo disposición expresa en contrario, una vez concedido un beneficio fiscal no será preciso reiterar la solicitud para su aplicación en periodos futuros, salvo que se modifiquen las circunstancias que justificaron su concesión o la normativa aplicable.

Los obligados tributarios deberán comunicar al órgano que reconoció la procedencia del beneficio fiscal cualquier modificación relevante de las condiciones o requisitos exigibles para la aplicación del beneficio fiscal. Dicho órgano podrá declarar, previa audiencia del obligado tributario por un plazo de 10 días, contados a partir del día siguiente al de la notificación de la apertura de dicho plazo, si procede o no la continuación de la aplicación del beneficio fiscal. De igual forma se procederá cuando la Administración tributaria conozca por cualquier medio la modificación de las condiciones o los requisitos para la aplicación del beneficio fiscal.

3. El incumplimiento de los requisitos exigidos para la aplicación del beneficio fiscal determinará la pérdida del derecho a su aplicación desde el momento que establezca la normativa específica o, en su defecto, desde que dicho incumplimiento se produzca, sin necesidad de declaración administrativa previa.

Tratándose de beneficios fiscales cuya aplicación dependa de condiciones futuras, el incumplimiento de estas obligará a la regularización del beneficio fiscal indebidamente aplicado conforme a lo dispuesto en el artículo 122.2, párrafo segundo, de la Ley 58/2003, de 17 de diciembre, General Tributaria. A estos efectos, cuando se trate de tributos sin periodo impositivo o de liquidación, el obligado tributario deberá presentar una autoliquidación en el plazo de un mes desde la pérdida del derecho a la aplicación de la exención, deducción o incentivo fiscal y deberá ingresar, junto con la cuota resultante o cantidad derivada de la exención, deducción o incentivo fiscal, los intereses de demora correspondientes.

4. Cuando la Administración regularice la aplicación de un beneficio fiscal de acuerdo con lo dispuesto en el artículo 115.3 de la Ley 58/2003, de 17 de diciembre, General Tributaria, deberá comunicar esta circunstancia al órgano que reconoció dicho beneficio fiscal.

SECCIÓN 6.ª *La cuenta corriente tributaria*

Subsección 1.ª Disposiciones generales

Artículo 138. *Obligados tributarios que pueden acogerse al sistema de cuenta corriente en materia tributaria.*

1. Podrán acogerse al sistema de cuenta corriente en materia tributaria los obligados tributarios que reúnan los siguientes requisitos:

a) Que ejerzan actividades empresariales o profesionales y que, como consecuencia de dicho ejercicio, deban presentar periódicamente autoliquidaciones por el Impuesto sobre el Valor Añadido o autoliquidaciones por retenciones e ingresos a cuenta de rendimientos del trabajo, de actividades profesionales, agrícolas y ganaderas y de premios.

b) Que el importe de los créditos reconocidos durante el ejercicio inmediatamente anterior al de la solicitud de la cuenta corriente sea equivalente, al menos, al 40 por ciento de las deudas tributarias devengadas durante el mismo periodo de tiempo. A efectos de este cálculo, únicamente se tendrán en cuenta los créditos y las deudas tributarias a los que se refiere el artículo 139.

c) Que se verifique la concurrencia de las siguientes circunstancias:

1.ª Estar dados de alta en el Censo de Empresarios, Profesionales y Retenedores, cuando se trate de personas o entidades obligados a estar en dicho censo, y estar dado de alta en el Impuesto sobre Actividades Económicas, cuando se trate de sujetos pasivos no exentos de dicho impuesto.

2.ª Haber presentado las autoliquidaciones cuyo plazo reglamentario de presentación hubiese vencido en los doce meses anteriores a la fecha de presentación de la solicitud de inclusión en el sistema de cuenta corriente en materia tributaria, correspondientes al Impuesto sobre la Renta de las Personas Físicas, al Impuesto sobre Sociedades o al Impuesto sobre la Renta de no Residentes cuando se trate de obligados tributarios que obtengan rentas mediante establecimiento permanente, según se trate de personas o entidades sujetas a alguno de dichos impuestos, así como las correspondientes autoliquidaciones y declaraciones informativas por los pagos a cuenta que en cada caso procedan.

3.ª Haber presentado las autoliquidaciones y la declaración resumen anual del Impuesto sobre el Valor Añadido, así como la declaración anual de operaciones con terceras personas y las declaraciones recapitulativas de operaciones intracomunitarias, cuyo plazo reglamentario de presentación hubiese vencido en los 12 meses anteriores a la fecha de presentación de la solicitud.

4.ª No mantener con la Administración tributaria del Estado deudas o sanciones tributarias en periodo ejecutivo, salvo que se trate de deudas o sanciones tributarias que se encuentren aplazadas, fraccionadas o cuya ejecución estuviese suspendida.

5.ª No tener pendientes de ingreso responsabilidades civiles derivadas de delito contra la Hacienda pública declaradas por sentencia firme.

d) Que no hayan renunciado al sistema de cuenta corriente en materia tributaria o que no haya sido revocado el acuerdo de su inclusión en el sistema de cuenta corriente en materia tributaria durante el año natural en el que se presente la solicitud ni durante el año natural anterior.

2. Para acogerse a este sistema, los obligados tributarios que reúnan los requisitos previstos en el apartado anterior deberán solicitarlo a la Agencia Estatal de Administración Tributaria en el plazo y con los requisitos previstos en el artículo 140.

Artículo 139. *Deudas y créditos objeto de anotación en el sistema de cuenta corriente en materia tributaria.*

1. Serán objeto de anotación en la cuenta corriente tributaria, a efectos de proceder a su compensación, los créditos y las deudas tributarias previstos en este artículo.

2. Se anotarán los importes de los créditos reconocidos a los obligados tributarios acogidos a este sistema por devoluciones tributarias derivadas de la normativa del tributo acordadas durante el periodo en que resulte aplicable dicho sistema correspondientes a los siguientes tributos:

a) Impuesto sobre la Renta de las Personas Físicas.

b) Impuesto sobre Sociedades.

c) Impuesto sobre la Renta de no Residentes cuando se trate de obligados tributarios que obtengan rentas mediante establecimiento permanente.

d) Impuesto sobre el Valor Añadido.

En el caso de las devoluciones solicitadas después de la apertura de la cuenta y todavía no acordadas, la anotación en la cuenta se producirá una vez que haya transcurrido el plazo legalmente previsto para efectuar la devolución sin que esta se haya llevado a cabo, de conformidad con lo previsto en la normativa aplicable.

3. Se anotarán con signo contrario los importes de las deudas tributarias que resulten de las autoliquidaciones cuyo plazo de declaración o ingreso finalice durante el periodo en que resulte aplicable el sistema de cuenta corriente en materia tributaria, presentadas por el obligado tributario correspondientes a los siguientes conceptos tributarios:

a) Impuesto sobre la Renta de las Personas Físicas.

b) Impuesto sobre Sociedades.

c) Impuesto sobre la Renta de no Residentes cuando se trate de obligados tributarios que obtengan rentas mediante establecimiento permanente.

d) Impuesto sobre el Valor Añadido.

e) Pagos a cuenta del Impuesto sobre la Renta de las Personas Físicas, del Impuesto sobre Sociedades o del Impuesto sobre la Renta de no Residentes cuando se trate de obligados tributarios que obtengan rentas mediante establecimiento permanente.

4. No podrán ser objeto de anotación en la cuenta corriente tributaria los créditos y deudas tributarias que a continuación se indican:

a) Los que se deriven de autoliquidaciones presentadas fuera de plazo.

b) Las deudas que se deriven de liquidaciones provisionales o definitivas practicadas por los órganos de la Administración tributaria.

c) Las devoluciones reconocidas en los procedimientos especiales de revisión previstos en la Ley 58/2003, de 17 de diciembre, General Tributaria, y en la resolución de recursos y reclamaciones económico-administrativas.

d)[201] Las deudas tributarias devengadas en concepto del Impuesto sobre el Valor añadido en las operaciones de importación, excepto en los casos en que se haya optado por la aplicación del diferimiento del ingreso de las cuotas del Impuesto sobre el Valor Añadido relativas a dichas operaciones liquidadas por la Aduana a que se refiere el artículo 167.Dos de la Ley 37/1992, de 28 de diciembre, del Impuesto sobre el Valor Añadido.

5. La aplicación de este sistema de cuenta corriente es incompatible, durante el periodo de duración de la cuenta, en relación con los créditos y débitos acogidos al mismo, con el procedimiento establecido para la compensación en el Reglamento General de Recaudación, aprobado por el Real Decreto 939/2005, de 29 de julio.

Subsección 2.ª Procedimiento para la inclusión en el sistema
de cuenta corriente en materia tributaria

Artículo 140. *Procedimiento para la inclusión en el sistema de cuenta corriente en materia tributaria.*

1. El procedimiento para acogerse al sistema de cuenta corriente en materia tributaria se iniciará mediante solicitud del obligado tributario que deberá presentarse durante el mes de octubre del año natural inmediato anterior a aquel en el que el sistema de cuenta corriente deba surtir efectos.

---

[201] Nueva redacción de la letra d) dada por el art. segundo.tres del Real Decreto 1073/2014, de 19 de diciembre (BOE» núm. 307, de 20 de diciembre de 2014), en vigor el 1 de enero de 2015.

La solicitud se presentará en el modelo que se apruebe mediante Orden del Ministro de Economía y Hacienda en el que se determinarán los lugares de presentación[202].

2. Recibida la solicitud se realizarán las actuaciones que resulten necesarias para verificar el cumplimiento de los requisitos establecidos en esta sección.

Si a la vista de la documentación aportada se considerase que se cumplen todos los requisitos para acceder a la inclusión, se dictará directamente resolución. En caso contrario, se notificará la propuesta de resolución y se concederá al obligado tributario un plazo de 15 días, contados a partir del día siguiente al de la notificación de la propuesta, para efectuar alegaciones.

3. El procedimiento para acogerse al sistema de cuenta corriente en materia tributaria concluirá mediante resolución motivada en el plazo de tres meses.

Transcurrido dicho plazo o, en su caso, llegado el primer día del año natural en el que debiera aplicarse el sistema de cuenta corriente sin que se haya notificado la correspondiente resolución, se podrá entender desestimada la solicitud.

4. La resolución que acuerde la inclusión en el sistema de cuenta corriente en materia tributaria surtirá efectos a partir del primer día del año natural para el que el obligado tributario hubiese solicitado acogerse al sistema o, en caso de que la resolución se produzca en fecha posterior, a partir del día en que se acuerde la misma.

Subsección 3.ª Efectos y finalización del sistema de cuenta corriente tributaria

Artículo 141. *Efectos sobre los créditos y débitos tributarios.*

1. La aplicación del sistema de cuenta corriente en materia tributaria determinará que la totalidad de los créditos y débitos tributarios que deban acogerse al mismo se computen para la liquidación de la cuenta, con efectos desde el día en que tenga lugar el vencimiento del plazo de autoliquidación e ingreso de la deuda tributaria o en el que se acuerde la correspondiente devolución derivada de la normativa del tributo.

2. Los créditos y débitos que deban ser objeto de anotación no serán exigibles individualizadamente durante la vigencia de la cuenta corriente tributaria, sino únicamente por el saldo resultante de la misma tras la liquidación.

Artículo 142. *Determinación del saldo de la cuenta corriente y exigibilidad del mismo.*

1. Para determinar el saldo de la cuenta corriente tributaria se extinguirán por compensación los créditos y deudas anotados, surgiendo un nuevo crédito o deuda tributaria por el importe del saldo deudor o acreedor de la cuenta.

2. La determinación del saldo de la cuenta corriente tributaria se efectuará los días 31 de marzo, 30 de junio, 30 de septiembre y 31 de diciembre de cada año en los que se encuentre vigente, sin perjuicio de lo dispuesto en el artículo 143.4 de este reglamento.

3. El crédito o la deuda tributaria resultante de la determinación del saldo por el órgano competente se notificará al obligado tributario, quien dispondrá a su vez de un plazo de 10 días, contados a partir del día siguiente al de la notificación de la apertura de dicho plazo,

---

[202] Orden HFP/1032/2021, de 29 de septiembre, por la que se aprueba el modelo de solicitud de inclusión y comunicación de renuncia al sistema de Cuenta Corriente en materia Tributaria y se regula la forma, condiciones y procedimiento de su presentación (BOE núm. 234, de 30 de septiembre de 2021).

para formular alegaciones en relación con dicha determinación y aportar los documentos y justificantes que estime pertinentes.

Transcurrido el plazo de alegaciones se dictará liquidación provisional en el plazo de 15 días. En el caso de que de la liquidación resultara una cantidad a devolver, la Administración acordará su pago mediante transferencia a la cuenta bancaria que haya designado el obligado tributario. En el caso de que de la liquidación provisional resultase una cantidad a ingresar, el obligado tributario procederá a su ingreso en los plazos previstos en el artículo 62.2 de la Ley 58/2003, de 17 de diciembre, General Tributaria para las liquidaciones practicadas por la Administración.

Los saldos deudores de importe inferior a la cantidad que se determine mediante Orden del Ministro de Economía y Hacienda no serán exigibles.

4. Lo previsto en este artículo se entenderá sin perjuicio de la facultad de la Administración tributaria para comprobar o investigar la situación tributaria del obligado en relación con los créditos y deudas anotadas en la cuenta corriente tributaria por los procedimientos previstos en la Ley 58/2003, de 17 de diciembre, General Tributaria, y en este reglamento.

Artículo 143. *Finalización del sistema de cuenta corriente en materia tributaria.*

1. La duración del sistema de cuenta corriente en materia tributaria será, con carácter general, indefinido y se aplicará en tanto no concurra alguna de las siguientes circunstancias:

a) Que el obligado tributario renuncie expresamente a su aplicación.

b) Que proceda la revocación por la Administración.

2. La renuncia a la aplicación del sistema de cuenta corriente en materia tributaria se comunicará por el obligado tributario en el modelo, forma y lugar que se determinen mediante Orden del Ministro de Economía y Hacienda[203] y producirá efectos a partir del primer día del trimestre siguiente a aquel en que se hubiera comunicado a la Administración tributaria, sin perjuicio de la liquidación del saldo del periodo en curso.

La exclusión del obligado tributario del sistema será declarada por los órganos competentes para acordar la inclusión.

3. El acuerdo de inclusión en el sistema de cuenta corriente en materia tributaria se revocará por cualquiera de las siguientes causas:

a) Por la muerte o la incapacitación del obligado tributario, salvo que en este último caso continúe el ejercicio de las actividades por medio de representante, o por la disolución de la entidad.

b) Por dejar de cumplir durante cada año natural en que se aplique el sistema los requisitos previstos en el artículo 138.

Simultáneamente a la determinación del saldo del último trimestre natural del año se verificará el cumplimiento de los requisitos mencionados.

Las autoliquidaciones a considerar para la determinación del cumplimiento de las obligaciones tributarias a que se refiere el artículo 138.1.c) serán aquellas cuyo plazo de presentación haya concluido en el año natural que acaba de finalizar.

---

[203]   Orden HFP/1032/2021, de 29 de septiembre, por la que se aprueba el modelo de solicitud de inclusión y comunicación de renuncia al sistema de Cuenta Corriente en materia Tributaria y se regula la forma, condiciones y procedimiento de su presentación (BOE núm. 234, de 30 de septiembre de 2021).

c) Por la iniciación de un procedimiento concursal contra el obligado tributario.

d) Por la falta de pago en periodo voluntario de las liquidaciones de los saldos de la cuenta.

e) Por presentar durante el periodo de aplicación del sistema de cuenta corriente en materia tributaria solicitudes de devolución derivadas de la normativa del tributo o autoliquidaciones a compensar que resulten total o parcialmente improcedentes y que hayan sido objeto de sanción, aunque esta no sea firme en vía administrativa.

4. Antes de acordar la revocación se notificará al obligado la propuesta de resolución en la que se citará de forma expresa la causa que concurre y se le concederá un plazo de 10 días, contados a partir del día siguiente al de la notificación de dicha propuesta, para que efectúe alegaciones.

La resolución que acuerde la revocación determinará el saldo de la cuenta y su exigibilidad en la forma prevista en el artículo 142.

La revocación será acordada por los órganos competentes para acordar la inclusión en el sistema.

SECCIÓN 7.ª *Actuaciones y procedimientos de comprobación de obligaciones formales*

Subsección 1.ª Actuaciones y procedimientos de comprobación censal

Artículo 144. *Actuaciones de comprobación censal.*

1. La comprobación de la veracidad de los datos comunicados en las declaraciones censales de alta, modificación y baja reguladas en los artículos 9 a 11, ambos inclusive, se realizará de acuerdo con los datos comunicados o declarados por el propio obligado tributario, con los datos que obren en poder de la Administración, así como mediante el examen físico y documental de los hechos y circunstancias en las oficinas, despachos, locales y establecimientos del obligado tributario. A estos efectos, los órganos competentes tendrán las facultades previstas en el artículo 172.

2. La Administración tributaria podrá requerir la presentación de las declaraciones censales, la aportación de la documentación que deba acompañarlas, su ampliación y la subsanación de los defectos advertidos, y podrá incorporar de oficio los datos que deban figurar en los censos.

3. Cuando se pongan de manifiesto omisiones o inexactitudes en la información que figure en el censo, la rectificación de la situación censal del obligado tributario se realizará de acuerdo con lo dispuesto en los artículos 145 y 146.

4[204]. Se podrá acordar la baja cautelar en los Registros de operadores intracomunitarios, de extractores de productos de depósitos fiscales de productos incluidos en los ámbitos objetivos de los Impuestos sobre el Alcohol y Bebidas Derivadas o sobre Hidrocarburos, y de devolución mensual a que se refiere el artículo 30 del Reglamento del Impuesto sobre el Valor Añadido, aprobado por el Real Decreto 1624/1992, de 29 de diciembre, de las personas o entidades incluidos en ellos mediante acuerdo motivado del delegado o del director de de-

---

[204] Nueva redacción del art. 144.4 dada por el art. 3.trece del Real Decreto 249/2023, de 4 de abril (BOE núm. 81, de 5 de abril 2023) en vigor desde el 25 de abril de 2023.

partamento competente de la Agencia Estatal de Administración Tributaria, previo informe del órgano proponente, en los siguientes supuestos:

a) Cuando en una actuación o procedimiento tributario se constate la inexistencia de la actividad económica o del objeto social declarado o de su desarrollo en el domicilio comunicado, o que en el domicilio fiscal no se desarrolla la gestión administrativa y la dirección efectiva de los negocios.

b) Cuando el obligado tributario hubiera resultado desconocido en la notificación de cualquier actuación o procedimiento de aplicación de los tributos.

c) Cuando se constate la posible intervención del obligado tributario en operaciones de comercio exterior o intracomunitario o relativas a productos incluidos en los ámbitos objetivos de los Impuestos sobre el Alcohol y Bebidas Derivadas o sobre Hidrocarburos, de las que pueda derivarse el incumplimiento de la obligación tributaria o la obtención indebida de beneficios o devoluciones fiscales en relación con el Impuesto sobre el Valor Añadido.

En los supuestos previstos en los párrafos a), b) y c) anteriores, la baja cautelar se convertirá en definitiva cuando se efectúe la rectificación censal del obligado tributario conforme a lo dispuesto en los artículos 145 y 146.

Cuando las circunstancias que permiten acordar la baja cautelar en los Registros de operadores intracomunitarios, de extractores de depósitos fiscales de productos incluidos en los ámbitos objetivos de los Impuestos sobre el Alcohol y Bebidas Derivadas o sobre Hidrocarburos y de devolución mensual a que se refiere el artículo 30 del Reglamento del Impuesto sobre el Valor Añadido, aprobado por el Real Decreto 1624/1992, de 29 de diciembre, concurran en el momento de la solicitud de inclusión en tales registros, el delegado competente de la Agencia Estatal de Administración Tributaria denegará, mediante acuerdo motivado, dicha inclusión.

5. Los acuerdos de baja regulados en el apartado anterior y en el artículo 146 no eximen al obligado tributario del cumplimiento de las obligaciones tributarias pendientes.

Artículo 145. *Procedimiento de rectificación censal.*

1[205]. El procedimiento de rectificación de la situación censal podrá iniciarse mediante requerimiento de la Administración para que el obligado tributario aclare o justifique la discrepancia observada o los datos relativos a su declaración censal o mediante la notificación de la propuesta de resolución cuando la Administración tributaria cuente con datos suficientes para formularla.

Cuando los hechos a que se refiere el artículo 144.4 de este reglamento se constaten en actuaciones realizadas fuera de un procedimiento de aplicación de los tributos, el procedimiento de rectificación de la situación censal deberá iniciarse en el plazo de un mes desde el acuerdo de baja cautelar en los Registros de operadores intracomunitarios, de extractores de depósitos fiscales de productos incluidos en los ámbitos objetivos de los Impuestos sobre el Alcohol y Bebidas Derivadas o sobre Hidrocarburos y de devolución mensual a que se refiere el artículo 30 del Reglamento del Impuesto sobre el Valor Añadido, aprobado por el Real Decreto 1624/1992, de 29 de diciembre. A efectos de entender cumplido el plazo del mes,

---

[205] Nueva redacción del art. 145.1 dada por el art. 3. catorce del Real Decreto 249/2023, de 4 de abril (BOE núm. 81, de 5 de abril 2023) en vigor desde el 25 de abril de 2023.

será suficiente acreditar que se ha realizado un intento de notificación del inicio del procedimiento en dicho plazo. La falta de inicio del procedimiento en dicho plazo determinará el levantamiento de la medida cautelar.

2. En la tramitación del procedimiento, la Administración podrá realizar las actuaciones reguladas en los apartados 1 y 2 del artículo anterior.

Cuando el obligado tributario manifieste su disconformidad con los datos que obren en poder de la Administración, se aplicará lo dispuesto en el artículo 108.4 de la Ley 58/2003, de 17 de diciembre, General Tributaria.

3. Una vez notificada la propuesta de resolución, se concederá al obligado tributario un plazo de 10 días, contados a partir del siguiente al de la notificación de dicha propuesta, para que alegue lo que convenga a su derecho.

4. El procedimiento de rectificación censal terminará de alguna de las siguientes formas:

a) Por resolución en la que se rectifiquen los datos censales del obligado tributario. La resolución deberá ser, en todo caso, motivada con una referencia sucinta a los hechos y fundamentos de derecho que se hayan tenido en cuenta en la misma.

b) Por la subsanación, aclaración o justificación de la discrepancia o del dato objeto del requerimiento por el obligado tributario sin que sea necesario dictar resolución expresa. De dicha circunstancia se dejará constancia expresa en diligencia.

c) Por caducidad, una vez transcurrido el plazo regulado en el artículo 104 de la Ley 58/2003, de 17 de diciembre, General Tributaria, sin haberse notificado la resolución expresa que ponga fin al procedimiento.

d) Por el inicio de un procedimiento de comprobación limitada o de inspección que incluya el objeto del procedimiento de rectificación de la situación censal.

Artículo 146. *Rectificación de oficio de la situación censal.*

1. La Administración tributaria podrá rectificar de oficio la situación censal del obligado tributario sin necesidad de instruir el procedimiento regulado el artículo anterior en los siguientes supuestos:

a) Cuando así se derive de actuaciones o procedimientos de aplicación de los tributos en los que haya sido parte el propio obligado tributario y en los que se hayan realizado actuaciones de control censal, siempre que en dicha rectificación no sean tenidos en cuenta otros hechos ni otras alegaciones y pruebas que los constatados en dichos procedimientos.

b)[206] Cuando las personas o entidades a las que se haya asignado un número de identificación fiscal provisional no aporten, en el plazo establecido en el artículo 24.3 de este reglamento o, en su caso, en el plazo otorgado en el requerimiento efectuado a que se refiere dicho artículo, la documentación necesaria para obtener el número de identificación fiscal definitivo, salvo que en dichos plazos justifiquen debidamente la imposibilidad de su aportación, la Administración tributaria podrá darles de baja en los Registros de operadores intracomunitarios, de extractores de depósitos fiscales de productos incluidos en los ámbitos objetivos de los Impuestos sobre el Alcohol y Bebidas Derivadas o sobre Hidrocarburos y de

---

[206] Nueva redacción del art. 146.1.c) dada por el art. 3. quince del Real Decreto 249/2023, de 4 de abril (BOE núm. 81, de 5 de abril 2023) en vigor desde el 25 de abril de 2023.

devolución mensual a que se refiere el artículo 30 del Reglamento del Impuesto sobre el Valor Añadido, aprobado por el Real Decreto 1624/1992, de 29 de diciembre.

c)[207] Cuando concurran los supuestos regulados en el artículo 119 de la Ley 27/2014, de 27 de noviembre, del Impuesto sobre Sociedades. En este supuesto, además, la Administración tributaria podrá dar de baja al obligado tributario en los Registros de operadores intracomunitarios, de extractores de depósitos fiscales de productos incluidos en los ámbitos objetivos de los Impuestos sobre el Alcohol y Bebidas Derivadas o sobre Hidrocarburos y de devolución mensual a que se refiere el artículo 30 del Reglamento del Impuesto sobre el Valor Añadido, aprobado por el Real Decreto 1624/1992, de 29 de diciembre.

d)[208] Cuando durante un periodo superior a un año y después de realizar al menos tres intentos de notificación hubiera resultado imposible la práctica de notificaciones al obligado tributario en el domicilio fiscal o cuando se hubieran dado de baja deudas por insolvencia durante tres periodos impositivos o de liquidación, se podrá acordar la baja en los Registros de operadores intracomunitarios, de extractores de depósitos fiscales de productos incluidos en los ámbitos objetivos de los Impuestos sobre el Alcohol y Bebidas Derivadas o sobre Hidrocarburos y de devolución mensual a que se refiere el artículo 30 del Reglamento del Impuesto sobre el Valor Añadido, aprobado por el Real Decreto 1624/1992, de 29 de diciembre.

e)[209] Cuando conforme a lo dispuesto en el artículo 21.3 de este reglamento proceda la rectificación censal.

2. La modificación efectuada conforme a lo dispuesto en el apartado anterior deberá ser comunicada al obligado tributario, salvo que durante un periodo superior a un año hubiera resultado imposible la práctica de notificaciones en el domicilio fiscal declarado.

Artículo 147[210]. *Revocación del número de identificación fiscal.*

1[211]. La Administración tributaria podrá revocar el número de identificación fiscal asignado, cuando en el curso de las actuaciones de comprobación realizadas conforme a lo dispuesto en el artículo 144.1 y 2 de este reglamento o en las demás actuaciones y procedimientos de aplicación de los tributos, se acredite alguna de las siguientes circunstancias:

a) Las previstas en el artículo 146.1 b), c) o d) de este reglamento.

b) Que mediante las declaraciones a que hacen referencia los artículos 9 y 10 de este reglamento se hubiera comunicado a la Administración tributaria el desarrollo de actividades económicas inexistentes.

---

[207] Nueva redacción del art. 146.1.c) dada por el art. 3. quince del Real Decreto 249/2023, de 4 de abril (BOE núm. 81, de 5 de abril 2023) en vigor desde el 25 de abril de 2023.
Redacción anterior dada por el Art. 2.4 del Real Decreto 2126/2008, de 26 de diciembre (BOE núm. 312, de 27 de diciembre), en vigor desde el 1 de enero de 2009.

[208] Nueva redacción del art. 146.1.d) dada por el art. 3. quince del Real Decreto 249/2023, de 4 de abril (BOE núm. 81, de 5 de abril 2023) en vigor desde el 25 de abril de 2023.

[209] Nueva letra incorporada por el art. 1.ocho del Real Decreto 1615/2011, de 14 de noviembre (BOE núm. 285, de 26 de noviembre de 2011), con entrada en vigor el 27 de noviembre de 2011.

[210] Nueva redacción dada por el art. 5 del Real Decreto 1804/2008, de 3 de noviembre (BOE de 18 de noviembre de 2008), en vigor desde el 19 de noviembre.

[211] Nueva redacción del art. 147.1 dada por el art. 3. dieciséis del Real Decreto 249/2023, de 4 de abril (BOE núm. 81, de 5 de abril 2023) en vigor desde el 25 de abril de 2023.
Redacción anterior dada por el art. 5 del Real Decreto 1804/2008, de 3 de noviembre.

c) Que la sociedad haya sido constituida por uno o varios fundadores sin que en el plazo de tres meses desde la solicitud del número de identificación fiscal se inicie la actividad económica ni tampoco los actos que de ordinario son preparatorios para el ejercicio efectivo de la misma, salvo que se acredite suficientemente la imposibilidad de realizar dichos actos en el mencionado plazo.

En el supuesto regulado en el artículo 4.2.l), el plazo anteriormente señalado comenzará a contar desde que se hubiese presentado la declaración censal de modificación en los términos establecidos en el artículo 12.2, tercer párrafo.

d) Que se constate que un mismo capital ha servido para constituir una pluralidad de sociedades, de forma que, de la consideración global de todas ellas, se deduzca que no se ha producido el desembolso mínimo exigido por la normativa aplicable.

e) Que se comunique el desarrollo de actividades económicas, de la gestión administrativa o de la dirección de los negocios, en un domicilio aparente o falso, sin que se justifique la realización de dichas actividades o actuaciones en otro domicilio diferente.

f) Que se constate el incumplimiento durante cuatro ejercicios consecutivos de la obligación de depositar las cuentas anuales en el Registro Mercantil.

g)[212] Que concurra la baja cautelar a que se refiere el apartado 6 de la disposición adicional vigésima quinta de la Ley 58/2003, de 17 de diciembre, General Tributaria.

2. El acuerdo de revocación requerirá la previa audiencia al obligado tributario por un plazo de 10 días, contados a partir del día siguiente al de la notificación de la apertura de dicho plazo, salvo que dicho acuerdo se incluya en la propuesta de resolución a que se refiere el artículo 145.3 de este reglamento.

3. La revocación deberá publicarse en el Boletín Oficial del Estado y notificarse al obligado tributario.

La publicación deberá efectuarse en las mismas fechas que las previstas en el artículo 112.1 de la Ley 58/2003, de 17 de diciembre, General Tributaria, para las notificaciones por comparecencia.

4. La publicación de la revocación del número de identificación fiscal en el «Boletín Oficial del Estado» producirá los efectos previstos en el apartado 4 de la disposición adicional sexta de la Ley 58/2003, de 17 de diciembre, General Tributaria.

5. La revocación del número de identificación fiscal determinará que no se emita el certificado de estar al corriente de las obligaciones tributarias regulado en el artículo 74 de este reglamento.

6. Procederá la denegación del número de identificación fiscal cuando antes de su asignación concurra alguna de las circunstancias que habilitarían para acordar la revocación.

---

[212] Nueva letra g) incorporada por la Disp. Final Primera Catorce del Real Decreto 117/2024, de 30 de enero, por el que se desarrollan las normas y los procedimientos de diligencia debida en el ámbito del intercambio automático obligatorio de información comunicada por los operadores de plataformas, y se modifican el Reglamento General de las actuaciones y los procedimientos de gestión e inspección tributaria y de desarrollo de las normas comunes de los procedimientos de aplicación de los tributos, aprobado por el Real Decreto 1065/2007, de 27 de julio, en transposición de la Directiva (UE) 2021/514 del Consejo de 22 de marzo de 2021 por la que se modifica la Directiva 2011/16/UE relativa a la cooperación administrativa en el ámbito de la fiscalidad, y otras normas tributarias (BOE núm. 27, de 31 de enero de 2024), en vigor desde el 1 de febrero de 2024.

7[213]**.** La revocación del número de identificación fiscal determinará la baja de los Registros de operadores intracomunitarios, de los registros territoriales dispuestos en la normativa reguladora de los Impuestos Especiales, del registro territorial del Impuesto sobre Gases Fluorados de Efecto Invernadero, de extractores de depósitos fiscales de productos incluidos en los ámbitos objetivos de los Impuestos sobre el Alcohol y Bebidas Derivadas o sobre Hidrocarburos y de devolución mensual a que se refiere el artículo 30 del Reglamento del Impuesto sobre el Valor Añadido, aprobado por el Real Decreto 1624/1992, de 29 de diciembre.

8[214]**.** La Administración tributaria podrá rehabilitar el número de identificación fiscal mediante acuerdo que estará sujeto a los mismos requisitos de publicidad establecidos para la revocación en el apartado 3 de este artículo.

Las solicitudes de rehabilitación del número de identificación fiscal sólo serán tramitadas cuando se acredite que han desaparecido las causas que motivaron la revocación y, en caso de sociedades, se comunique, además, quiénes ostentan la titularidad del capital de la sociedad, con identificación completa de sus representantes legales, así como de quienes tengan la consideración de titulares reales de la entidad conforme con lo previsto en el apartado 2 del artículo 4 de la Ley 10/2010, de 28 de abril, de prevención del blanqueo de capitales y la financiación del terrorismo, el domicilio fiscal, así como documentación que acredite cuál es la actividad económica que la sociedad va a desarrollar. En particular, cuando se trate de la causa de revocación de la letra f) del apartado 1 la rehabilitación del número de identificación fiscal solo será posible si se constata la subsanación del incumplimiento de la obligación

---

[213] Nueva redacción del art. 147.7 dada por el art. 3. dieciséis del Real Decreto 249/2023, de 4 de abril (BOE núm. 81, de 5 de abril 2023) en vigor desde el 25 de abril de 2023.

[214] Nueva redacción del art. 147.8 dada por la Disp. Final Primera Catorce del Real Decreto 117/2024, de 30 de enero, por el que se desarrollan las normas y los procedimientos de diligencia debida en el ámbito del intercambio automático obligatorio de información comunicada por los operadores de plataformas, y se modifican el Reglamento General de las actuaciones y los procedimientos de gestión e inspección tributaria y de desarrollo de las normas comunes de los procedimientos de aplicación de los tributos, aprobado por el Real Decreto 1065/2007, de 27 de julio, en transposición de la Directiva (UE) 2021/514 del Consejo de 22 de marzo de 2021 por la que se modifica la Directiva 2011/16/UE relativa a la cooperación administrativa en el ámbito de la fiscalidad, y otras normas tributarias (BOE núm. 27, de 31 de enero de 2024), en vigor desde el 1 de febrero de 2024.

Redacción del art. 147.8 dada por el art. 3. dieciséis del Real Decreto 249/2023, de 4 de abril (BOE núm. 81, de 5 de abril 2023) en vigor desde el 25 de abril de 2023: «*8. La Administración tributaria podrá rehabilitar el número de identificación fiscal mediante acuerdo que estará sujeto a los mismos requisitos de publicidad establecidos para la revocación en el apartado 3 de este artículo.*

Las solicitudes de rehabilitación del número de identificación fiscal solo serán tramitadas cuando se acredite que han desaparecido las causas que motivaron la revocación y, en caso de sociedades, se comunique, además, quienes ostentan la titularidad del capital de la sociedad, con identificación completa de sus representantes legales, el domicilio fiscal, así como documentación que acredite cuál es la actividad económica que la sociedad va a desarrollar. En particular, cuando se trate de la causa de revocación de la letra f) del apartado 1 la rehabilitación del número de identificación fiscal solo será posible si se constata la subsanación del incumplimiento de la obligación de depósito de las cuentas anuales en el Registro Mercantil. Careciendo de estos requisitos, las solicitudes se archivarán sin más trámite.

La falta de resolución expresa de la solicitud de rehabilitación de un número de identificación fiscal en el plazo de tres meses determinará que la misma se entienda denegada».

Redacción anterior dada por el art. primero.veintinueve del Real Decreto 1070/2017, de 29 de diciembre (BOE núm. 317, de 30 de diciembre de 201), en vigor desde el 1 de enero de 2018.

de depósito de las cuentas anuales en el Registro Mercantil. Careciendo de estos requisitos, las solicitudes se archivarán sin más trámite.

La falta de resolución expresa de la solicitud de rehabilitación de un número de identificación fiscal en el plazo de tres meses determinará que la misma se entienda denegada.

Subsección 2.ª Actuaciones de comprobación del domicilio fiscal[215]

Artículo 148. *Comprobación del domicilio fiscal.*

Corresponde a la Agencia Estatal de Administración Tributaria la comprobación del domicilio fiscal en el ámbito de los tributos del Estado, incluidos los cedidos.

Artículo 149. *Iniciación y tramitación del procedimiento de comprobación del domicilio fiscal.*

1. El procedimiento de comprobación del domicilio fiscal se iniciará de oficio por acuerdo del órgano que se establezca en la norma de organización específica, por propia iniciativa o a solicitud de cualquier otro órgano de la misma o de otra Administración tributaria afectada. Dicha solicitud se acompañará de un informe sobre los antecedentes que fuesen relevantes.

2. El órgano competente para tramitar el procedimiento de comprobación del domicilio deberá solicitar informe al órgano a cuyo ámbito territorial se promueva el nuevo domicilio, salvo que ya figure en el expediente por haber promovido el inicio del procedimiento.

En el caso de que la comprobación del domicilio fiscal pudiera dar lugar al cambio de domicilio fiscal a una comunidad autónoma diferente, se notificará esta circunstancia a las Administraciones tributarias de las comunidades autónomas afectadas para que en el plazo de 15 días, contados desde el día siguiente al de la notificación de la apertura de dicho plazo, puedan solicitar que el expediente se tramite con las especialidades a que se refiere el artículo 152.

3. La comprobación del domicilio fiscal se realizará de acuerdo con los datos comunicados o declarados por el propio obligado tributario, con los datos que obren en poder de la Administración, con los datos y justificantes que se requieran al propio obligado tributario o a terceros, así como mediante el examen físico y documental de los hechos y circunstancias en las oficinas, despachos, locales y establecimientos del obligado tributario. A estos efectos, los órganos competentes tendrán las facultades previstas en el artículo 172.

4. Tramitado el expediente se formulará propuesta de resolución que será notificada al obligado tributario para que en el plazo de 15 días, contados a partir del día siguiente al de la notificación de dicha propuesta, pueda alegar y presentar los documentos y justificantes que estime oportunos.

Artículo 150. *Terminación del procedimiento de comprobación del domicilio fiscal.*

1. La resolución que ponga fin al procedimiento será motivada. El plazo para notificar la resolución será de seis meses.

---

[215]   Art. 48.4 (Domicilio fiscal), de la LGT (§1).

2. Será competente para resolver el procedimiento de comprobación del domicilio fiscal el órgano competente de acuerdo con la norma de organización específica.

3. La resolución adoptada en el procedimiento de comprobación del domicilio fiscal confirmará o rectificará el declarado y será comunicada a los órganos implicados de la Agencia Estatal de Administración Tributaria y notificada a las Administraciones tributarias afectadas y al obligado tributario.

4. El procedimiento podrá finalizar asimismo por caducidad, de acuerdo con lo dispuesto en el artículo 104 de la Ley 58/2003, de 17 de diciembre, General Tributaria.

Artículo 151. *Efectos de la comprobación del domicilio fiscal.*

1. El inicio de un procedimiento de comprobación del domicilio fiscal no impedirá la continuación de los procedimientos de aplicación de los tributos iniciados de oficio o a instancia del interesado que se estuviesen tramitando.

2. Durante los tres años siguientes a la fecha de la notificación de la resolución del procedimiento de comprobación del domicilio fiscal en la que se haya rectificado el declarado, las comunicaciones de cambio de domicilio fiscal que realice el obligado tributario, cuando supongan el traslado a una comunidad autónoma distinta, tendrán el carácter de mera solicitud y deberán acompañarse de medios de prueba que acrediten la alteración de las circunstancias que motivaron la resolución.

En el plazo de un mes desde la presentación de la comunicación del cambio de domicilio fiscal, la Administración tributaria deberá notificar al obligado tributario un acuerdo por el que se confirme el domicilio fiscal comprobado previamente, por el que se inicie un nuevo procedimiento de comprobación del domicilio fiscal o por el que se admita el cambio de domicilio fiscal. En este último caso, el cambio de domicilio tendrá efectos a partir del día siguiente al de la notificación de dicho acuerdo. Transcurrido un mes desde la presentación de la comunicación del cambio de domicilio sin que se haya notificado el acuerdo que proceda, dicha comunicación tendrá efectos frente a la Administración tributaria a partir del día siguiente al de finalización de dicho plazo.

Artículo 152. *Especialidades del procedimiento de comprobación del domicilio fiscal iniciado a solicitud de una Comunidad Autónoma.*

1. Cuando la Administración tributaria de una Comunidad Autónoma considere que, en relación con los tributos cedidos, el domicilio fiscal que figura en el Censo de Obligados Tributarios no es el que corresponde, podrá solicitar que se inicie el procedimiento de comprobación del domicilio fiscal.

La comunidad autónoma indicará el lugar en el que entiende localizado el domicilio fiscal del obligado tributario y podrá acompañar toda la documentación probatoria que estime oportuna.

La Agencia Estatal de Administración Tributaria iniciará el procedimiento de comprobación del domicilio fiscal en el plazo de un mes desde que la solicitud de inicio tenga entrada en el órgano competente para acordar dicho inicio.

2. La propuesta de resolución se notificará al obligado tributario y, en su caso, a las Administraciones tributarias afectadas, cuando dicha propuesta dé lugar a un cambio de domicilio fiscal a una comunidad autónoma distinta a la del domicilio declarado, para que en un plazo de 15 días, contados a partir del día siguiente al de la notificación de la propuesta, presenten las alegaciones que consideren oportunas. No será necesario notificar dicha propuesta al obligado tributario cuando la propuesta de resolución confirme el domicilio declarado.

3. Cuando se produzcan diferencias de criterio entre distintas Administraciones tributarias, su resolución requerirá informe favorable de las Administraciones tributarias de las comunidades autónomas afectadas por la propuesta de resolución. Si no hay informe favorable de dichas Administraciones tributarias, la resolución corresponderá a las Juntas Arbitrales reguladas en los artículos 24 de la Ley Orgánica 8/1980, de 22 de septiembre, de Financiación de las Comunidades Autónomas, 51 de la Ley 25/2003, de 15 de julio, por la que se aprueba la modificación del Convenio Económico entre el Estado y la Comunidad Foral de Navarra, y 66 de la Ley 12/2002, de 23 de mayo, por la que se aprueba el Concierto Económico con la Comunidad Autónoma del País Vasco.

4. La resolución adoptada será vinculante para todas las Administraciones tributarias que hubieran intervenido en la tramitación del procedimiento.

Subsección 3.ª Actuaciones de control de presentación de declaraciones

Artículo 153. *Control de presentación de declaraciones, autoliquidaciones y comunicaciones de datos.*

1. Corresponde a la Administración tributaria el control del cumplimiento de la obligación de presentar declaraciones, autoliquidaciones y comunicaciones de datos en los siguientes supuestos:

a) Cuando resulten obligados a ello de acuerdo con su situación censal.

b) Cuando se ponga de manifiesto por la presentación de otras declaraciones, autoliquidaciones o comunicaciones de datos del propio obligado tributario.

c) Cuando se derive de información que obre en poder de la Administración procedente de terceras personas.

d) Cuando se ponga de manifiesto en el curso de otras actuaciones o procedimientos de aplicación de los tributos.

2. En el supuesto previsto en el apartado 1.a) la Administración tributaria podrá requerir al obligado tributario para que presente la autoliquidación o declaración omitida o, en su caso, comunique la correspondiente modificación o baja censal.

3. En el supuesto previsto en el apartado 1.b), la Administración tributaria entenderá que existe omisión en la presentación de la declaración o autoliquidación y podrá requerir su presentación, entre otros casos, cuando la obligación de presentar una declaración, autoliquidación o comunicación de datos se derive de la presentación por el propio obligado de declaraciones o autoliquidaciones a cuenta o cuando se omita la presentación de comunicaciones de datos o de declaraciones exigidas con carácter general en cumplimiento de la obligación de suministro de información y se hayan presentado declaraciones o autoliquidaciones periódicas asociadas a aquella.

4. En el supuesto previsto en el apartado 1.c), se considerará que se ha omitido la presentación de declaraciones o autoliquidaciones y podrá requerirse su presentación.

Cuando el obligado tributario alegue inexactitud o falsedad de dicha información se podrá requerir al tercero para que ratifique la información suministrada.

5. En los casos en que no se atienda el requerimiento o en los que, atendiéndose este, se presente una declaración o autoliquidación en la que se aprecien discrepancias respecto de los importes declarados o autoliquidados por el obligado tributario o por terceros, podrá iniciarse el correspondiente procedimiento de comprobación o investigación.

6. El procedimiento de control de presentación de declaraciones, autoliquidaciones y comunicaciones de datos terminará de alguna de las siguientes formas:

a) Por la presentación de la declaración, autoliquidación o comunicación de datos omitidas.

b) Por la justificación de la no sujeción o exención en el cumplimiento de la obligación de presentación. De dicha circunstancia se dejará constancia expresa en diligencia.

c) Por el inicio de un procedimiento de comprobación o investigación.

d) Por caducidad, una vez transcurrido el plazo de tres meses sin haberse notificado resolución expresa que ponga fin al procedimiento.

Subsección 4.ª Actuaciones de control de otras obligaciones formales

Artículo 154. *Control de otras obligaciones formales.*

1. El procedimiento para la comprobación del cumplimiento de obligaciones tributarias formales distintas de las reguladas en las subsecciones anteriores se iniciará de oficio.

La Administración tributaria podrá realizar las actuaciones previstas en los párrafos b), c) y d) del artículo 136.2 de la Ley 58/2003, de 17 de diciembre, General Tributaria.

2. Una vez concluidas las actuaciones de comprobación, se dará audiencia al obligado tributario, por un plazo de 10 días contados a partir del día siguiente al de la notificación de la apertura de dicho plazo.

3. Finalizado el trámite de audiencia, se procederá a documentar el resultado de las actuaciones de comprobación en diligencia que deberá incluir, al menos, el siguiente contenido:

a) Obligación tributaria o elementos de la misma comprobados y ámbito temporal objeto de la comprobación.

b) Especificación de las actuaciones concretas realizadas.

c) Relación de hechos que motivan la diligencia.

4. La diligencia se incorporará al expediente sancionador que, en su caso, se inicie o que se hubiera iniciado como consecuencia del procedimiento, sin perjuicio de la remisión que deba efectuarse cuando resulte necesario para la iniciación de otro procedimiento de aplicación de los tributos.

5. El procedimiento de comprobación de otras obligaciones formales terminará de alguna de las siguientes formas:

a) Por diligencia.

b) Por caducidad, una vez transcurrido el plazo regulado en el artículo 104 de la Ley 58/2003, de 17 de diciembre, General Tributaria, sin haberse formalizado la diligencia que pone fin al procedimiento.

c) Por el inicio de un procedimiento de comprobación limitada o de inspección que incluya el objeto del procedimiento.

6. Finalizado el procedimiento de comprobación de otras obligaciones formales mediante diligencia, la Administración tributaria no podrá efectuar una nueva regularización en relación con el objeto comprobado al que se refiere el apartado 3.a) de este artículo, salvo que en un procedimiento de comprobación limitada o inspección posterior se descubran nuevos hechos o circunstancias que resulten de actuaciones distintas de las realizadas y especificadas en dicha diligencia.

SECCIÓN 8.ª *Procedimiento de verificación de datos*

Artículo 155[216]. ***Iniciación y tramitación del procedimiento de verificación de datos.***
   1. La Administración podrá iniciar un procedimiento de verificación de datos en los supuestos previstos en el artículo 131 de la Ley 58/2003, de 17 de diciembre, General Tributaria.
   2. Con carácter previo a la apertura, en su caso, del plazo de alegaciones, la Administración tributaria podrá acordar de forma motivada la ampliación o reducción del alcance de las actuaciones. Dicho acuerdo deberá notificarse al obligado tributario.
   3. Con carácter previo a la resolución en la que se corrijan los defectos advertidos o a la práctica de la liquidación provisional, la Administración deberá notificar al obligado tributario la propuesta de resolución o de liquidación para que en un plazo de 10 días, contados a partir del día siguiente al de la notificación de la propuesta, alegue lo que convenga a su derecho.

Artículo 156[217]. ***Terminación del procedimiento de verificación de datos.***
   1. Cuando el procedimiento termine por la subsanación, aclaración o justificación de la discrepancia o del dato objeto del requerimiento por parte del obligado tributario, se hará constar en diligencia esta circunstancia y no será necesario dictar resolución expresa.
   2. Cuando la liquidación resultante del procedimiento de verificación de datos sea una cantidad a devolver, la liquidación de intereses de demora deberá efectuarse de la siguiente forma:
   a) Cuando se trate de una devolución de ingresos indebidos, se liquidarán a favor del obligado tributario intereses de demora en los términos del artículo 32.2 de la Ley 58/2003, de 17 de diciembre, General Tributaria.
   b) Cuando se trate de una devolución derivada de la normativa de un tributo, se liquidarán intereses de demora a favor del obligado tributario de acuerdo con lo previsto el artículo 31 de la Ley 58/2003, de 17 de diciembre, General Tributaria, y en el artículo 125 de este reglamento.

SECCIÓN 9.ª *Procedimiento de comprobación de valores*

Subsección 1.ª La comprobación de valores[218]

Artículo 157. *Comprobación de valores.*
   1. La Administración tributaria podrá comprobar el valor de las rentas, productos, bienes y demás elementos determinantes de la obligación tributaria de acuerdo con lo dispuesto en

---

[216]   Art. 132 de la LGT (§1).
[217]   Art. 133 de la LGT (§1).
[218]   Art. 134 (Práctica de la comprobación de valores), de la LGT (§1).

el artículo 57 de la Ley 58/2003, de 17 de diciembre, General Tributaria, salvo que el obligado tributario haya declarado de acuerdo con:

a) El valor que le haya sido comunicado al efecto por la Administración tributaria en los términos previstos en el artículo 90 de la Ley 58/2003, de 17 de diciembre, General Tributaria, y en el artículo 69 de este reglamento.

b) Los valores publicados por la propia Administración actuante en aplicación de alguno de los medios previstos en el artículo 57.1 de la Ley 58/2003, de 17 de diciembre, General Tributaria.

2. Lo dispuesto en esta sección se entenderá sin perjuicio de lo establecido en la normativa de cada tributo.

Artículo 158. *Medios de comprobación de valores.*

1. La aplicación del medio de valoración consistente en la estimación por referencia a los valores que figuren en los registros oficiales de carácter fiscal a que se refiere el artículo 57.1.b) de la Ley 58/2003, de 17 de diciembre, General Tributaria, exigirá que la metodología técnica utilizada para el cálculo de los coeficientes multiplicadores, los coeficientes resultantes de dicha metodología y el periodo de tiempo de validez hayan sido objeto de aprobación y publicación por la Administración tributaria que los vaya a aplicar. En el ámbito de competencias del Estado la aprobación corresponderá al Ministro de Economía y Hacienda mediante orden.

2. Cuando en la comprobación de valores se utilice el medio de valoración consistente en precios medios de mercado, la Administración tributaria competente podrá aprobar y publicar la metodología o el sistema de cálculo utilizado para determinar dichos precios medios en función del tipo de bienes, así como los valores resultantes. En el ámbito de competencias del Estado la aprobación corresponderá al Ministro de Economía y Hacienda mediante orden.

3. Cuando en la comprobación de valores se utilice el medio de valoración consistente en dictamen de perito de la Administración, este deberá tener titulación suficiente y adecuada al tipo de bien a valorar.

Tratándose de una valoración que se refiera a un bien o derecho individualizado se harán constar las características físicas, económicas y jurídicas que según la normativa aplicable hayan de considerarse para determinar el valor del bien o derecho.

4. A efectos de lo dispuesto en el artículo 57.1.h) de la Ley 58/2003, de 17 de diciembre, General Tributaria, el valor de los bienes transmitidos determinante de la obligación tributaria podrá ser comprobado por la Administración Tributaria atendiendo al precio o valor declarado correspondiente a otras transmisiones del mismo bien realizadas dentro del plazo de un año desde la fecha del devengo del impuesto en el que surta efecto, siempre que se mantengan sustancialmente las circunstancias de carácter físico, jurídico y económico determinantes de dicho valor.

Artículo 159. *Actuaciones de comprobación de valores.*

1. La comprobación de valores también podrá realizarse como una actuación concreta en alguno de los siguientes procedimientos:

a) Procedimiento iniciado mediante declaración.

b) Procedimiento de comprobación limitada.

c) Procedimiento de inspección.

2. Cuando la comprobación de valores se realice en alguno de los procedimientos a que se refiere el apartado anterior y dicha comprobación no se realice por el órgano que tramita el procedimiento, el valor comprobado se incorporará al procedimiento del que trae causa.

3. Cuando la comprobación de valores se realice conforme a lo previsto en el apartado 1 anterior, será de aplicación lo dispuesto en el artículo 134 de la Ley 58/2003, de 17 de diciembre, General Tributaria, y en la subsección siguiente de este reglamento, salvo lo relativo al plazo máximo de resolución, que será el del procedimiento que se esté tramitando.

Cuando las actuaciones de comprobación de valores se realicen en un procedimiento de inspección, las facultades de la Administración tributaria serán las reconocidas por la Ley 58/2003, de 17 de diciembre, General Tributaria, y por este reglamento a los órganos de inspección.

4. Cualquiera que sea el procedimiento en el que se realice la comprobación de valores, los obligados tributarios tendrán derecho a promover la tasación pericial contradictoria en los términos previstos en el artículo 135 de la Ley 58/2003, de 17 de diciembre, General Tributaria y en la subsección 3.ª siguiente de este reglamento.

5. No se considerarán actuaciones de comprobación de valores aquellas en las que el valor de las rentas, productos, bienes o elementos de la obligación tributaria resulte directamente de una ley o de un reglamento.

Subsección 2.ª Procedimiento de comprobación de valores

Artículo 160. *Procedimiento para la comprobación de valores.*

1. En este procedimiento la Administración tributaria podrá proceder al examen de los datos en poder de la Administración, de los consignados por los obligados tributarios en sus declaraciones y de los justificantes presentados o que se requieran al efecto, así como requerir al obligado tributario o a terceros la información necesaria para efectuar la valoración.

Asimismo, la Administración podrá efectuar el examen físico y documental de los bienes y derechos objeto de valoración. A estos efectos, los órganos competentes tendrán las facultades previstas en el artículo 172 de este reglamento.

2. En el dictamen de peritos, será necesario el reconocimiento personal del bien valorado por el perito cuando se trate de bienes singulares o de aquellos de los que no puedan obtenerse todas sus circunstancias relevantes en fuentes documentales contrastadas. La negativa del poseedor del bien a dicho reconocimiento eximirá a la Administración tributaria del cumplimiento de este requisito.

3. La propuesta de valoración resultante de la comprobación de valores realizada mediante cualquiera de los medios a que se refiere el artículo 57 de la Ley 58/2003, de 17 de diciembre, General Tributaria, deberá ser motivada. A los efectos de lo previsto en el artículo 103.3 de dicha ley, la propuesta de valoración recogerá expresamente la normativa aplicada y el detalle de su aplicación. En particular, deberá contener los siguientes extremos:

a) En la estimación por referencia a los valores que figuren en los registros oficiales de carácter fiscal deberá especificarse el valor tomado como referencia y los parámetros, coeficientes y demás elementos de cuantificación utilizados para determinar el valor.

b) En la utilización de precios medios de mercado deberá especificarse la adaptación de los estudios de precios medios de mercado y del sistema de cálculo al caso concreto.

c) En los dictámenes de peritos se deberán expresar de forma concreta los elementos de hecho que justifican la modificación del valor declarado, así como la valoración asignada. Cuando se trate de bienes inmuebles se hará constar expresamente el módulo unitario básico aplicado, con expresión de su procedencia y modo de determinación, y todas las circunstancias relevantes, tales como superficie, antigüedad u otras, que hayan sido tomadas en consideración para la determinación del valor comprobado, con expresión concreta de su incidencia en el valor final y la fuente de su procedencia.

4. La valoración administrativa servirá de base a la liquidación provisional que se practique, sin perjuicio de que se pueda iniciar un procedimiento de verificación de datos, de comprobación limitada o de inspección respecto de otros elementos de la obligación tributaria.

Subsección 3.ª Tasación pericial contradictoria[219]

Artículo 161. *Iniciación y tramitación del procedimiento de tasación pericial contradictoria.*

1. Cuando se solicite la tasación pericial contradictoria, será necesaria la valoración realizada por un perito de la Administración en el supuesto en que la comprobación del valor se hubiese efectuado por un medio distinto del dictamen de peritos de la Administración. A estos efectos, el órgano competente remitirá a los servicios técnicos correspondientes una relación de los bienes y derechos a valorar. En el plazo de 15 días, el personal con título adecuado a la naturaleza de los mismos formulará por duplicado la correspondiente hoja de aprecio, en la que deberán constar el resultado de la valoración realizada y los criterios empleados.

Únicamente se entenderá que los obligados tributarios promueven la tasación pericial contradictoria, si los motivos de oposición a la valoración sólo se refieren a la cuantificación de sus elementos técnicos, tales como el módulo unitario básico, la depreciación por antigüedad o los coeficientes y cifras en que se concretan las demás circunstancias consideradas en la cuantificación, salvo que el obligado tributario manifieste expresamente que no desea promover la tasación pericial contradictoria sino la impugnación del acto administrativo.

2. El órgano competente notificará al obligado tributario la valoración a que se refiere el apartado anterior o, en aquellos casos en los que la comprobación de valores se hubiera efectuado mediante el dictamen de peritos de la Administración, la que ya figure en el expediente, y se le concederá un plazo de 10 días, contados a partir del día siguiente al de la notificación de la valoración, para que pueda proceder al nombramiento de un perito, que deberá tener título adecuado a la naturaleza de los bienes y derechos a valorar.

Transcurrido el plazo de 10 días sin haberse designado el perito por el obligado tributario, se entenderá que desiste de su derecho a promover la tasación pericial contradictoria y se dará por terminado el procedimiento. En este caso, la liquidación que se dicte tomará el valor comprobado que hubiera servido de base a la liquidación inicial y no podrá promoverse una nueva tasación pericial contradictoria.

3. Una vez designado el perito por el obligado tributario, se le entregará la relación de bienes y derechos para que en el plazo de 1 mes, contado a partir del día siguiente al de la recepción de la relación, formule la correspondiente hoja de aprecio, la cual deberá estar motivada.

---

[219] Art. 135 (Tasación pericial contradictoria) de la LGT (§1).

Transcurrido el plazo de 1 mes sin haber presentado la valoración, se entenderá que desiste de su derecho a promover la tasación pericial contradictoria y se dará por terminado el procedimiento. En este caso, la liquidación que se dicte tomará el valor comprobado que hubiera servido de base a la liquidación inicial y no podrá promoverse una nueva tasación pericial contradictoria.

4. El órgano competente para designar un perito tercero será el que se determine en la normativa de organización específica.

La Administración tributaria competente podrá establecer honorarios estandarizados para los peritos terceros que deban ser designados de acuerdo con lo previsto en el artículo 135.3 de la Ley 58/2003, de 17 de diciembre, General Tributaria. Será necesaria la aceptación de la designación por el perito elegido por sorteo. Dicha aceptación determinará, asimismo, la aceptación de los honorarios aprobados por la Administración.

5. Una vez aceptada la designación por el perito tercero, se le entregará la relación de los bienes y derechos a valorar y las copias de las hojas de aprecio de los peritos anteriores. En el plazo de 1 mes, contado a partir del día siguiente al de la entrega, deberá confirmar alguna de las valoraciones anteriores o realizar una nueva valoración, sin perjuicio de los límites previstos en el artículo 135.4 de la Ley 58/2003, de 17 de diciembre, General Tributaria.

En el caso de que el perito tercero no emita la valoración en el plazo establecido en el párrafo anterior, se podrá dejar sin efecto su designación, sin perjuicio de las responsabilidades que resulten exigibles por la falta de emisión del dictamen en plazo. En el caso de que se deje sin efecto la designación, se deberá notificar esta circunstancia al perito tercero y al obligado tributario, y se procederá, en su caso, a la liberación de los depósitos de sus honorarios y al nombramiento de otro perito tercero por orden correlativo.

Artículo 162. *Terminación del procedimiento de tasación pericial contradictoria.*

1. El procedimiento de tasación pericial contradictoria terminará de alguna de las siguientes formas:

a) Por la entrega en la Administración tributaria de la valoración efectuada por el perito tercero.

b) Por el desistimiento del obligado tributario en los términos previstos en los apartados 2 y 3 del artículo anterior.

c) Por no ser necesaria la designación del perito tercero de acuerdo con lo previsto en el artículo 135.2 de la Ley 58/2003, de 17 de diciembre, General Tributaria.

d) Por la falta del depósito de honorarios por cualquiera de las partes en los términos previstos en el artículo 135.3, cuarto párrafo, de la Ley 58/2003, de 17 de diciembre, General Tributaria.

e) Por caducidad en los términos previstos en el artículo 104.3 de la Ley 58/2003, de 17 de diciembre, General Tributaria.

2. En el supuesto previsto en el apartado 1.c) de este artículo, la liquidación que se dicte tomará la valoración que resulte de la tasación efectuada por el perito del obligado tributario de acuerdo con lo previsto en el artículo 135.2 de la Ley 58/2003, de 17 de diciembre, General Tributaria, y no podrá efectuarse una nueva comprobación de valor por la Administración tributaria sobre los mismos bienes o derechos.

3. En el supuesto previsto en el apartado 1.d) de este artículo, la liquidación que se dicte tomará la valoración que corresponda de acuerdo con lo previsto en el artículo 135.3 de la

Ley 58/2003, de 17 de diciembre, General Tributaria, y no podrá promoverse nuevamente la tasación pericial contradictoria por parte del obligado tributario o, en su caso, no podrá efectuarse una nueva comprobación de valor por la Administración tributaria sobre los mismos bienes o derechos.

4. En el supuesto previsto en el apartado 1.e) de este artículo, la liquidación que se dicte tomará el valor comprobado que hubiera servido de base a la liquidación inicial y no podrá promoverse nuevamente la tasación pericial contradictoria.

5. Una vez terminado el procedimiento, la Administración tributaria competente notificará en el plazo de 1 mes la liquidación que corresponda a la valoración que deba tomarse como base en cada caso, así como la de los intereses de demora que correspondan

El incumplimiento del plazo al que se refiere el párrafo anterior determinará que no se exijan intereses de demora desde que se produzca dicho incumplimiento.

Con la notificación de la liquidación se iniciará el plazo previsto en el artículo 62.2 de la Ley 58/2003, de 17 de diciembre, General Tributaria, para que el ingreso sea efectuado, así como el cómputo del plazo para interponer el recurso o reclamación económico-administrativa contra la liquidación en el caso de que dicho plazo hubiera sido suspendido por la presentación de la solicitud de tasación pericial contradictoria.

SECCIÓN 10.ª *Procedimiento de comprobación limitada*[220]

Artículo 163[221]. *Iniciación del procedimiento de comprobación limitada.*

Se podrá iniciar el procedimiento de comprobación limitada, entre otros, en los siguientes supuestos:

a) Cuando en relación con las autoliquidaciones, declaraciones, comunicaciones de datos o solicitudes presentadas por el obligado tributario, se adviertan errores en su contenido o discrepancias entre los datos declarados o justificantes aportados y los elementos de prueba que obren en poder de la Administración tributaria.

b) Cuando en relación con las autoliquidaciones, declaraciones, comunicaciones de datos o solicitudes presentadas por el obligado tributario proceda comprobar todos o algún elemento de la obligación tributaria.

c) Cuando de acuerdo con los antecedentes que obren en poder de la Administración, se ponga de manifiesto la obligación de declarar o la realización del hecho imponible o del presupuesto de hecho de una obligación tributaria sin que conste la presentación de la autoliquidación o declaración tributaria.

Artículo 164[222]. *Tramitación del procedimiento de comprobación limitada.*

1. Con carácter previo a la apertura del plazo de alegaciones, la Administración tributaria podrá acordar de forma motivada la ampliación o reducción del alcance de las actuaciones. Dicho acuerdo deberá notificarse al obligado tributario.

---

[220] Arts. 136 a 140 de la LGT (§1).
[221] Art. 137 (Iniciación del procedimiento...) de la LGT (§1).
[222] Art. 138 (Tramitación del procedimiento de...) de la LGT (§1).

2[223]. Las actuaciones relativas al análisis de la contabilidad a que se refiere el artículo 136.2 de la Ley 58/2003, de 17 de diciembre, General Tributaria, deberán practicarse en el lugar donde legalmente deban hallarse los libros de contabilidad o documentos, con las siguientes excepciones:

a) Cuando exista previa conformidad del obligado tributario, que se hará constar en diligencia, podrán examinarse en las oficinas de la Administración tributaria o en cualquier otro lugar en el que así se acuerde.

b) Cuando se hubieran obtenido copias en cualquier soporte podrán examinarse en las oficinas de la Administración tributaria.

A efectos del examen de la contabilidad en el domicilio, local, despacho u oficina del obligado tributario, los órganos competentes tendrán las facultades previstas en el artículo 172 de este reglamento.

No obstante, la Administración tributaria podrá requerir el libro diario simplificado a que se refiere el artículo 29.3 de este reglamento.

A los efectos de lo dispuesto en este apartado se aplicará lo dispuesto en el párrafo tercero del artículo 171.3 de este reglamento.

3. A efectos de lo dispuesto en el artículo 136.4 de la Ley 58/2003, de 17 de diciembre, General Tributaria, cuando el procedimiento de comprobación limitada incluya comprobaciones censales o relativas a la aplicación de métodos objetivos de tributación, las actuaciones que se refieran a dichas comprobaciones podrán realizarse en las oficinas, despachos, locales y establecimientos del obligado tributario en los supuestos en que sea necesario el examen físico de los hechos o circunstancias objeto de comprobación. A estos efectos, los órganos competentes tendrán las facultades previstas en el artículo 172 de este reglamento.

4. Con carácter previo a la resolución, la Administración deberá notificar al obligado tributario la propuesta de resolución o de liquidación para que en un plazo de 10 días, contados a partir del día siguiente al de la notificación de la propuesta, alegue lo que convenga a su derecho.

Se podrá prescindir del trámite de alegaciones cuando la resolución contenga manifestación expresa de que no procede regularizar la situación tributaria como consecuencia de la comprobación realizada.

5. En relación con cada obligación tributaria objeto del procedimiento podrá dictarse una única resolución respecto de todo el ámbito temporal objeto de la comprobación a fin de que

---

[223] Nueva redacción del art. 164.2 dada por la Disp. Final Primera Quince del Real Decreto 117/2024, de 30 de enero, por el que se desarrollan las normas y los procedimientos de diligencia debida en el ámbito del intercambio automático obligatorio de información comunicada por los operadores de plataformas, y se modifican el Reglamento General de las actuaciones y los procedimientos de gestión e inspección tributaria y de desarrollo de las normas comunes de los procedimientos de aplicación de los tributos, aprobado por el Real Decreto 1065/2007, de 27 de julio, en transposición de la Directiva (UE) 2021/514 del Consejo de 22 de marzo de 2021 por la que se modifica la Directiva 2011/16/UE relativa a la cooperación administrativa en el ámbito de la fiscalidad, y otras normas tributarias (BOE núm. 27, de 31 de enero de 2024), en vigor desde el 1 de febrero de 2024.
Redacción anterior: «*2. A efectos de lo dispuesto en el artículo 136.2.c) de la Ley 58/2003, de 17 de diciembre, General Tributaria, la Administración tributaria podrá requerir el libro diario simplificado a que se refiere el artículo 29.3 de este reglamento*».

la deuda resultante se determine mediante la suma algebraica de las liquidaciones referidas a los distintos periodos impositivos o de liquidación comprobados.

Artículo 165[224]**. *Terminación del procedimiento de comprobación limitada.***

Cuando la liquidación resultante del procedimiento de comprobación limitada sea una cantidad a devolver, la liquidación de intereses de demora deberá efectuarse de la siguiente forma:

a) Cuando se trate de una devolución de ingresos indebidos, se liquidarán a favor del obligado tributario intereses de demora en los términos del artículo 32.2 de la Ley 58/2003, de 17 de diciembre, General Tributaria.

b) Cuando se trate de una devolución derivada de la normativa de un tributo, se liquidarán intereses de demora a favor del obligado tributario de acuerdo con lo previsto el artículo 31 de la Ley 58/2003, de 17 de diciembre, General Tributaria, y en el artículo 125 de este reglamento.

TÍTULO V. ACTUACIONES Y PROCEDIMIENTO DE INSPECCIÓN

CAPÍTULO I. Disposiciones generales

SECCIÓN 1.ª *Funciones de la inspección de los tributos*

Artículo 166. *Atribución de funciones inspectoras a los órganos administrativos.*

1. A efectos de lo dispuesto en este reglamento, se entiende por órganos de inspección tributaria los de carácter administrativo que ejerzan las funciones previstas en el artículo 141 de la Ley 58/2003, de 17 de diciembre, General Tributaria, así como aquellos otros que tengan atribuida dicha condición en las normas de organización específica.

2. En el ámbito de competencias del Estado, el ejercicio de las funciones de inspección tributaria corresponderá a:

a) Los órganos con funciones inspectoras de la Agencia Estatal de Administración Tributaria en los términos establecidos en la normativa aplicable.

b) Los órganos de la Dirección General del Catastro que tengan atribuida la inspección catastral de acuerdo con lo dispuesto en el texto refundido de la Ley del Catastro Inmobiliario, aprobado por Real Decreto Legislativo 1/2004, de 5 de marzo, en la forma que se determine mediante Orden del Ministro de Economía y Hacienda, y sin perjuicio de las posibles actuaciones conjuntas que puedan realizarse con las entidades locales.

3. Los órganos con funciones inspectoras de la Agencia Estatal de Administración Tributaria ejercerán sus funciones respecto de los siguientes tributos:

a) Aquellos cuya aplicación corresponda a la Administración tributaria del Estado, así como sobre los recargos establecidos sobre tales tributos a favor de otros entes públicos.

b) Los tributos cedidos de acuerdo con lo dispuesto en el artículo 46.3 de la Ley 21/2001, de 27 de diciembre, por la que se regulan las medidas fiscales y administrativas del nuevo sistema de financiación de las Comunidades Autónomas de régimen común y Ciudades con

---

[224]   Art. 139 (Terminación del procedimiento...) de la LGT (§1).

Estatuto de Autonomía, así como, en su caso, con lo dispuesto en las leyes reguladoras del régimen de cesión de tributos del Estado y de fijación del alcance y condiciones de dicha cesión a cada comunidad autónoma.

c) El Impuesto sobre Actividades Económicas de acuerdo con lo dispuesto en la normativa reguladora de las Haciendas Locales.

Artículo 167. *Colaboración de los órganos de inspección con otros órganos y Administraciones.*

1. Las actuaciones inspectoras podrán realizarse mediante colaboración entre las distintas Administraciones tributarias, de oficio o a solicitud de la otra Administración.

Cuando los órganos de inspección de una Administración tributaria conozcan hechos o circunstancias con trascendencia tributaria para otras Administraciones tributarias, los pondrán en conocimiento de estas y los acompañarán de los elementos probatorios que procedan.

Las actuaciones inspectoras que tenga que efectuar una entidad local fuera de su territorio serán realizadas por los órganos competentes de su comunidad autónoma cuando deban realizarse en el ámbito territorial de esta, y por los órganos de la Administración tributaria del Estado o de la comunidad autónoma competente por razón del territorio en otro caso, previa solicitud del presidente de la corporación local.

Las actuaciones inspectoras que tenga que efectuar una comunidad autónoma fuera de su territorio serán realizadas, a solicitud de esta, por los órganos de inspección de la Administración tributaria del Estado o de la comunidad autónoma competente por razón de territorio, en función de las competencias correspondientes.

Los resultados de las actuaciones inspectoras a que se refieren los párrafos anteriores se documentarán en diligencia, a la que podrá acompañarse un informe si se estima conveniente, que se remitirá directamente al órgano competente de la Administración pública correspondiente.

2. Los órganos de inspección comunicarán a otros órganos de la misma Administración tributaria cuantos datos conozcan con trascendencia para el adecuado desempeño de las funciones que tengan encomendadas. A estos efectos, tendrán en cuenta sus respectivas competencias funcionales o territoriales.

Los órganos de inspección deberán prestar la colaboración necesaria a otros órganos inspectores de la misma Administración tributaria.

Artículo 168. *Inspecciones coordinadas con las Comunidades Autónomas.*

1. Las Administraciones tributarias del Estado y de las Comunidades Autónomas podrán realizar actuaciones y procedimientos de inspección coordinados, cada una en su ámbito de competencias y de forma independiente, en relación con aquellos obligados tributarios que presenten un interés común o complementario para la aplicación de los tributos cuya inspección les corresponda.

Los órganos de las distintas Administraciones tributarias que intervengan en las actuaciones y procedimientos inspectores coordinados podrán realizar actuaciones concretas de modo simultáneo.

Las Administraciones tributarias implicadas tendrán acceso a toda la información y elementos de prueba obtenidos en las diferentes actuaciones y procedimientos de inspección coordinados en cuanto resulten relevantes para la resolución del procedimiento iniciado, para su ampliación o para el inicio de otros procedimientos de acuerdo con sus respectivas competencias.

2. La Administración tributaria que se proponga la realización de estas actuaciones o procedimientos dirigirá escrito motivado a la otra Administración con indicación de los obligados tributarios, conceptos y periodos que pretende comprobar y señalará los conceptos y periodos que solicita que se comprueben por la otra Administración. La Administración tributaria destinataria de la propuesta comunicará, en el plazo de un mes desde que reciba el escrito, si acepta o no la propuesta.

3. En la comunicación del inicio de las actuaciones al obligado tributario o del inicio del procedimiento de inspección que se notifique en último lugar, o en ambas si se inician simultáneamente, se informará al obligado tributario de que se trata de actuaciones coordinadas.

4. Las actuaciones y procedimientos inspectores coordinados se finalizarán de forma independiente por cada Administración tributaria. Las resoluciones o, en su caso, las liquidaciones que se practiquen en cada uno de ellos sólo serán recurribles de forma independiente.

Artículo 169. *Personal inspector.*

1. Las actuaciones inspectoras se realizarán por los funcionarios y demás personal al servicio de la Administración tributaria que desempeñen los correspondientes puestos de trabajo integrados en los órganos con funciones de inspección tributaria y, en su caso, por aquellos a que se refiere el artículo 61.2.

Corresponde a cada Administración tributaria, de acuerdo con la normativa que le sea aplicable, determinar en los distintos órganos con funciones inspectoras los puestos de trabajo que tengan a su cargo el desempeño de tales funciones y concretar sus características y atribuciones específicas.

2. Las actuaciones preparatorias y las de comprobación o prueba de hechos o circunstancias con trascendencia tributaria podrán encomendarse al personal al servicio de la Administración tributaria que no tenga la condición de funcionario.

SECCIÓN 2.ª *Planificación de las actuaciones inspectoras*

Artículo 170. *Planes de inspección.*

1. La planificación comprenderá las estrategias y objetivos generales de las actuaciones inspectoras y se concretará en el conjunto de planes y programas definidos sobre sectores económicos, áreas de actividad, operaciones y supuestos de hecho, relaciones jurídico-tributarias u otros, conforme a los que los órganos de inspección deberán desarrollar su actividad.

2. Cada Administración tributaria integrará en el Plan de control tributario a que se refiere el artículo 116 de la Ley 58/2003, de 17 de diciembre, General Tributaria, el plan o los planes parciales de inspección, que se basarán en los criterios de riesgo fiscal, oportunidad, aleatoriedad u otros que se estimen pertinentes.

3. En el ámbito de la inspección catastral, corresponderá a la Dirección General del Catastro la aprobación de los planes de inspección, conforme a lo establecido en el texto refundido de la Ley del Catastro Inmobiliario, aprobado por Real Decreto Legislativo 1/2004, de 5 de marzo, en las disposiciones dictadas en su desarrollo y en este reglamento.

4. En el ámbito de las competencias de la Agencia Estatal de Administración Tributaria, el plan o los planes parciales de inspección se elaboraran anualmente basándose en las directrices del Plan de control tributario, en el que se tendrán en cuenta las propuestas de los órganos inspectores territoriales, y se utilizará el oportuno apoyo informático.

5. El plan o los planes parciales de inspección recogerán los programas de actuación, ámbitos prioritarios y directrices que sirvan para seleccionar a los obligados tributarios sobre los que deban iniciarse actuaciones inspectoras en el año de que se trate.

6. El plan o los planes parciales de inspección en curso de ejecución podrán ser objeto de revisión, de oficio o a propuesta de los órganos territoriales.

7. Los planes de inspección, los medios informáticos de tratamiento de información y los demás sistemas de selección de los obligados tributarios que vayan a ser objeto de actuaciones inspectoras tendrán carácter reservado, no serán objeto de publicidad o de comunicación ni se pondrán de manifiesto a los obligados tributarios ni a órganos ajenos a la aplicación de los tributos.

8. La determinación por el órgano competente para liquidar de los obligados tributarios que vayan a ser objeto de comprobación en ejecución del correspondiente plan de inspección tiene el carácter de acto de mero trámite y no será susceptible de recurso o reclamación económico-administrativa.

Para la determinación de los obligados tributarios que vayan a ser objeto de comprobación se podrán tener en cuenta las propuestas formuladas por los órganos con funciones en la aplicación de los tributos.

9. Respecto de los tributos cedidos por el Estado a las comunidades autónomas, estas dispondrán de plena autonomía para elaborar sus propios planes de inspección con adecuación a su respectiva estructura orgánica. No obstante, en el caso de que se hayan aprobado planes conjuntos de actuaciones inspectoras de acuerdo con lo previsto en el artículo 50.1 de la Ley 21/2001, de 27 de diciembre, por la que se regulan las medidas fiscales y administrativas del nuevo sistema de financiación de las Comunidades Autónomas de régimen común y Ciudades con Estatuto de Autonomía, las correspondientes Administraciones tributarias deberán adecuar sus respectivos planes de inspección a los criterios generales establecidos en los planes conjuntos por ellas aprobados, en relación con aquellas cuestiones o aspectos previstos en los mismos.

SECCIÓN 3.ª *Facultades de la inspección de los tributos*

Artículo 171. *Examen de la documentación de los obligados tributarios.*

1. Para realizar las actuaciones inspectoras, se podrán examinar, entre otros, los siguientes documentos de los obligados tributarios:

a) Declaraciones, autoliquidaciones, comunicaciones de datos o solicitudes presentadas por los obligados tributarios relativas a cualquier tributo.

b) Contabilidad de los obligados tributarios, que comprenderá tanto los registros y soportes contables como las hojas previas o accesorias que amparen o justifiquen las anotaciones contables.

c) Libros registro establecidos por las normas tributarias.

d) Facturas, justificantes y documentos sustitutivos que deban emitir o conservar los obligados tributarios.

e) Documentos, datos, informes, antecedentes y cualquier otro documento con trascendencia tributaria.

2. La documentación y los demás elementos a que se refiere este artículo se podrán analizar directamente. Se exigirá, en su caso, la visualización en pantalla o la impresión en los correspondientes listados de datos archivados en soportes informáticos o de cualquier otra naturaleza.

Asimismo, se podrá obtener copia en cualquier soporte de los datos, libros o documentos a los que se refiere el apartado anterior, sin perjuicio de lo dispuesto en el artículo 34.1.h) de la Ley 58/2003, de 17 de diciembre, General Tributaria.

3[225]. Los obligados tributarios deberán poner a disposición del personal inspector la documentación a la que se refiere el apartado 1.

Cuando el personal inspector solicite al obligado tributario datos, informes o antecedentes que no deban hallarse a disposición inmediata de la Administración tributaria, se concederá con carácter general un plazo de 10 días hábiles, contados a partir del siguiente al de la notificación del requerimiento, para cumplir con el deber de colaboración. El plazo concedido para la contestación a las reiteraciones de los requerimientos de información que no deba hallarse a disposición inmediata de la Administración tributaria será con carácter general de 5 días hábiles.

Cuando los sujetos obligados a relacionarse a través de medios electrónicos con las Administraciones Públicas a los que se refiere el artículo 14 de la Ley 39/2015, de 1 de octubre, del Procedimiento Administrativo Común de las Administraciones Públicas, aporten documentación directamente al órgano de inspección actuante en el curso de su comparecencia, la documentación podrá ser admitida por dicho órgano con el objeto de lograr la eficacia de la actuación administrativa. En caso de admitirse, el obligado tributario no estará obligado a remitir tales documentos por medios electrónicos.

Artículo 172. *Entrada y reconocimiento de fincas.*

1. Los funcionarios y demás personal al servicio de la Administración tributaria que desarrollen actuaciones inspectoras tienen la facultad de entrada y reconocimiento de los lugares a que se refiere el artículo 142.2 de la Ley 58/2003, de 17 de diciembre, General Tributaria, cuando aquellas así lo requieran.

2[226]**.** En el ámbito de la Agencia Estatal de Administración Tributaria, cuando el obligado tributario o la persona bajo cuya custodia se encontraran los mencionados lugares se opusiera a la entrada de los funcionarios de inspección, se precisará de un acuerdo de entrada del delegado o del director de departamento del que dependa el órgano actuante, sin perjuicio de la adopción de las medidas cautelares que procedan.

En el ámbito de la Dirección General del Catastro el acuerdo a que se refiere el párrafo anterior corresponderá al Director General.

---

[225] Nueva redacción del art. 171.3 dada el art. primero.treinta del Real Decreto 1070/2017, de 29 de diciembre (BOE núm. 317, de 30 de diciembre de 201), en vigor desde el 1 de enero de 2018.

[226] Nueva redacción del art. 172.3 dada por el art. 3. diecisiete del Real Decreto 249/2023, de 4 de abril (BOE núm. 81, de 5 de abril 2023) en vigor desde el 25 de abril de 2023.

3[227]. Cuando la entrada o reconocimiento afecte al domicilio constitucionalmente protegido de un obligado tributario, se precisará el consentimiento del interesado o autorización judicial. El acuerdo de entrada incorporado a la solicitud de autorización judicial corresponderá a las autoridades a que se refiere el apartado anterior.

4. En la entrada y reconocimiento judicialmente autorizados, los funcionarios de inspección podrán adoptar las medidas cautelares que estimen necesarias.

Una vez finalizada la entrada y reconocimiento, se comunicará al órgano jurisdiccional que las autorizaron las circunstancias, incidencias y resultados.

5. A efectos de lo dispuesto en este artículo, y sin perjuicio de lo dispuesto en el apartado 3 anterior, se considerará que el obligado tributario o la persona bajo cuya custodia se encuentren los lugares a que se refiere el artículo 142.2 de la Ley 58/2003, de 17 de diciembre, General Tributaria, prestan su conformidad a la entrada y reconocimiento cuando ejecuten los actos normalmente necesarios que dependan de ellos para que las actuaciones puedan llevarse a cabo.

Si se produce la revocación del consentimiento del obligado tributario para la permanencia en los lugares en los que se estén desarrollando las actuaciones, los funcionarios de inspección, antes de la finalización de estas, podrán adoptar las medidas cautelares reguladas en el artículo 146 de la Ley 58/2003, de 17 de diciembre, General Tributaria.

Artículo 173. *Obligación de atender a los órganos de inspección.*

1[228]. Los obligados tributarios deberán atender a los órganos de inspección y les prestarán la debida colaboración en el desarrollo de sus funciones.

Tratándose de un grupo que tribute en el régimen de consolidación fiscal, en relación con el Impuesto sobre Sociedades, o en el régimen especial del grupo de entidades, en relación con el Impuesto sobre el Valor Añadido, deberán atender a los órganos de inspección tanto la sociedad representante del grupo como las entidades dependientes.

2. Cuando el personal inspector se persone sin previa comunicación en el lugar donde deban practicarse las actuaciones, el obligado tributario o su representante deberán atenderles si estuviesen presentes. En su defecto, deberá colaborar en las actuaciones cualquiera de las personas encargadas o responsables de tales lugares, sin perjuicio de que en el mismo momento y lugar se pueda requerir la continuación de las actuaciones en el plazo que se señale y adoptar las medidas cautelares que resulten procedentes.

3. El obligado tributario o su representante deberán hallarse presentes en las actuaciones inspectoras cuando a juicio del órgano de inspección sea preciso para la adecuada práctica de aquellas.

4. En los puertos, estaciones de ferrocarril y de los demás transportes terrestres, en los aeropuertos o en los mercados centrales, mataderos, lonjas y lugares de naturaleza análoga, se permitirá libremente la entrada del personal inspector a sus estaciones, muelles, oficinas y

---

[227] Nueva redacción del art. 172.2 dada por el art. 3. diecisiete del Real Decreto 249/2023, de 4 de abril (BOE núm. 81, de 5 de abril 2023) en vigor desde el 25 de abril de 2023.

[228] Nueva redacción del art. 173.1 dada el art. primero.treinta y uno del Real Decreto 1070/2017, de 29 de diciembre (BOE núm. 317, de 30 de diciembre de 201), en vigor desde el 1 de enero de 2018.

demás instalaciones para la toma de datos de facturaciones, entradas y salidas u otros similares, y se podrá requerir a los empleados para que ratifiquen los datos y antecedentes tomados.

5. Asimismo, el personal inspector está facultado para:

a) Recabar información de los trabajadores o empleados sobre cuestiones relativas a las actividades en que participen.

b) Realizar mediciones o tomar muestras, así como obtener fotografías, croquis o planos. Estas operaciones podrán ser realizadas por el personal inspector en los términos del artículo 169.

c) Recabar el dictamen de peritos. A tal fin, en los órganos con funciones de inspección podrá prestar sus servicios el personal facultativo.

d) Exigir la exhibición de objetos determinantes de la exacción de un tributo.

e) Verificar los sistemas de control interno de la empresa, cuando pueda facilitar la comprobación de la situación tributaria del obligado.

f) Verificar y analizar los sistemas y equipos informáticos mediante los que se lleve a cabo, total o parcialmente, la gestión de la actividad económica.

SECCIÓN 4.ª *Lugar de las actuaciones inspectoras*

Artículo 174. *Lugar de las actuaciones inspectoras.*

1. Las actuaciones inspectoras podrán desarrollarse en cualquiera de los lugares establecidos en el artículo 151.1 de la Ley 58/2003, de 17 de diciembre, General Tributaria, según determinen los órganos de inspección.

2. Las actuaciones relativas al análisis de la documentación a que se refiere el artículo 142.1 de la Ley 58/2003, de 17 de diciembre, General Tributaria, deberán practicarse en el lugar donde legalmente deban hallarse los libros de contabilidad o documentos, con las siguientes excepciones:

a) Cuando exista previa conformidad del obligado tributario, que se hará constar en diligencia, podrán examinarse en las oficinas de la Administración tributaria o en cualquier otro lugar en el que así se acuerde.

b) Cuando se hubieran obtenido copias en cualquier soporte de los libros y documentos a que se refiere el artículo 142.1 de la Ley 58/2003, de 17 de diciembre, General Tributaria, podrán examinarse en las oficinas de la Administración tributaria.

c) Cuando se trate de registros y documentos establecidos por normas de carácter tributario o de los justificantes exigidos por estas, se podrá requerir su presentación en las oficinas de la Administración tributaria para su examen.

d) Cuando las actuaciones de inspección no tengan relación con el desarrollo de una actividad económica, se podrá requerir la presentación en las oficinas de la Administración tributaria correspondiente de los documentos y justificantes necesarios para la debida comprobación de su situación tributaria, siempre que estén establecidos o sean exigidos por normas de carácter tributario o se trate de justificantes necesarios para probar los hechos o las circunstancias consignados en las declaraciones tributarias.

3. Los órganos de inspección en cuyo ámbito de competencia territorial se encuentre el domicilio fiscal del obligado tributario podrán examinar todos los libros, documentos o justificantes que deban ser aportados aunque se refieran a bienes, derechos o actividades que radiquen, aparezcan o se desarrollen en un ámbito territorial distinto.

Del mismo modo, los órganos de inspección cuya competencia territorial no corresponda al domicilio fiscal del obligado tributario podrán desarrollar en cualquiera de los demás lugares a que se refiere el artículo 151 de la Ley 58/2003, de 17 de diciembre, General Tributaria, las actuaciones que procedan en relación con dicho obligado.

SECCIÓN 5.ª *Documentación de las actuaciones inspectoras*

Artículo 175. *Normas generales.*

Las actuaciones inspectoras se documentarán en comunicaciones, diligencias, informes, actas y demás documentos en los que se incluyan actos de liquidación y otros acuerdos resolutorios, en los términos establecidos en este reglamento.

Artículo 176. *Actas de inspección.*

1. En las actas de inspección a que se refiere el artículo 143.2 de la Ley 58/2003, de 17 de diciembre, General Tributaria, se consignarán, además de las menciones contenidas en el artículo 153 de dicha ley, los siguientes extremos:

a) Nombre y apellidos de los funcionarios que las suscriban.

b)[229] La fecha de inicio de las actuaciones, el plazo del procedimiento y las circunstancias que afectan a su cómputo de acuerdo con los apartados 3, 4 y 5 del artículo 150 de la Ley 58/2003, de 17 de diciembre, General Tributaria.

c) La presentación o no de alegaciones por el obligado tributario durante el procedimiento o en el trámite de audiencia y, en el caso de que las hubiera efectuado, la valoración jurídica de las mismas por el funcionario que suscribe el acta. No obstante, cuando se suscriba un acta de disconformidad, la valoración de las alegaciones presentadas podrá incluirse en el informe a que se refieren los artículos 157.2 de la Ley 58/2003, de 17 de diciembre, General Tributaria, y 188.2 de este reglamento.

d) El carácter provisional o definitivo de la liquidación que derive del acta. En el caso de liquidación provisional se harán constar las circunstancias que determinan dicho carácter y los elementos de la obligación tributaria a que se haya extendido la comprobación.

e) En el caso de actas con acuerdo deberá hacerse constar, además de lo señalado en el artículo 155.2 de la Ley 58/2003, de 17 de diciembre, General Tributaria, la fecha en que el órgano competente ha otorgado la preceptiva autorización y los datos identificativos del depósito o de la garantía constituidos por el obligado tributario.

2. Cuando el obligado tributario esté sujeto a obligaciones contables y registrales en relación con la obligación tributaria y periodo comprobado, deberá hacerse constar en el acta la situación de los libros o registros obligatorios, con expresión, en su caso, de los defectos o anomalías que tengan trascendencia para la resolución del procedimiento o para determinar la existencia o calificación de infracciones tributarias.

3. En relación con cada obligación tributaria podrá extenderse una única acta respecto de todo el ámbito temporal objeto de la comprobación a fin de que la deuda resultante se

---

[229] Nueva redacción de la letra b) dada el art. primero.treinta y dos del Real Decreto 1070/2017, de 29 de diciembre (BOE núm. 317, de 30 de diciembre de 201), en vigor desde el 1 de enero de 2018.

determine mediante la suma algebraica de las liquidaciones referidas a los distintos periodos comprobados.

4[230].

CAPÍTULO II. Procedimiento de inspección

SECCIÓN 1.ª *Iniciación del procedimiento de inspección*

Artículo 177. *Iniciación de oficio del procedimiento de inspección.*

1. El procedimiento de inspección podrá iniciarse mediante comunicación notificada al obligado tributario para que se persone en el lugar, día y hora que se le señale y tenga a disposición de los órganos de inspección o aporte la documentación y demás elementos que se estimen necesarios, en los términos del artículo 87.

2. Cuando se estime conveniente para la adecuada práctica de las actuaciones, de acuerdo con lo previsto en el artículo 172 de este reglamento, y sin perjuicio de lo dispuesto en el artículo 147.2 de la Ley 58/2003, de 17 de diciembre, General Tributaria, el procedimiento de inspección podrá iniciarse sin previa comunicación mediante personación en la empresa, oficinas, dependencias, instalaciones, centros de trabajo o almacenes del obligado tributario o donde exista alguna prueba de la obligación tributaria, aunque sea parcial. En este caso, las actuaciones se entenderán con el obligado tributario si estuviese presente y, de no estarlo, con los encargados o responsables de tales lugares.

Artículo 178. *Extensión y alcance de las actuaciones del procedimiento de inspección.*

1. Las actuaciones del procedimiento inspector se extenderán a una o varias obligaciones y periodos impositivos o de liquidación, y podrán tener alcance general o parcial en los términos del artículo 148 de la Ley 58/2003, de 17 de diciembre, General Tributaria.

2. Las actuaciones del procedimiento de inspección tendrán carácter general, salvo que se indique otra cosa en la comunicación de inicio del procedimiento inspector o en el acuerdo al que se refiere el apartado 5 de este artículo que deberá ser comunicado.

3. Las actuaciones del procedimiento inspector tendrán carácter parcial en los siguientes supuestos:

a) Cuando las actuaciones inspectoras no afecten a la totalidad de los elementos de la obligación tributaria en el periodo objeto de comprobación.

b) Cuando las actuaciones se refieran al cumplimiento de los requisitos exigidos para la obtención de beneficios o incentivos fiscales, así como cuando las actuaciones tengan por objeto la comprobación del régimen tributario aplicable.

c) Cuando tengan por objeto la comprobación de una solicitud de devolución siempre que se limite exclusivamente a constatar que el contenido de la declaración, autoliquidación o solicitud presentada se ajusta formalmente a lo anotado en la contabilidad, registros y justificantes contables o extracontables del obligado tributario, sin perjuicio de la posterior comprobación completa de su situación tributaria.

---

[230] Apartado suprimido por el art. primero.treinta y dos del Real Decreto 1070/2017, de 29 de diciembre (BOE núm. 317, de 30 de diciembre de 201), en vigor desde el 1 de enero de 2018.

4. La extensión y el alcance general o parcial de las actuaciones deberán hacerse constar al inicio de estas mediante la correspondiente comunicación. Cuando el procedimiento de inspección se extienda a distintas obligaciones tributarias o periodos, deberá determinarse el alcance general o parcial de las actuaciones en relación con cada obligación y periodo comprobado. En caso de actuaciones de alcance parcial deberán comunicarse los elementos que vayan a ser comprobados o los excluidos de ellas.

5. Cuando en el curso del procedimiento se pongan de manifiesto razones que así lo aconsejen, el órgano competente podrá acordar de forma motivada:

a) La modificación de la extensión de las actuaciones para incluir obligaciones tributarias o periodos no comprendidos en la comunicación de inicio o excluir alguna obligación tributaria o periodo de los señalados en dicha comunicación.

b) La ampliación o reducción del alcance de las actuaciones que se estuvieran desarrollando respecto de las obligaciones tributarias y periodos inicialmente señalados. Asimismo, se podrá acordar la inclusión o exclusión de elementos de la obligación tributaria que esté siendo objeto de comprobación en una actuación de alcance parcial.

Artículo 179. *Solicitud del obligado tributario de una inspección de alcance general.*

1. La solicitud a que se refiere el artículo 149 de la Ley 58/2003, de 17 de diciembre, General Tributaria, deberá formularse mediante escrito dirigido al órgano competente para liquidar o comunicarse expresamente al actuario, quien deberá recoger esta manifestación en diligencia y dará traslado de la solicitud al órgano competente para liquidar. Esta solicitud incluirá el contenido previsto en el artículo 88.2 de este reglamento.

2. Recibida la solicitud, el órgano competente para liquidar acordará si la inspección de carácter general se va a realizar como ampliación del alcance del procedimiento ya iniciado o mediante el inicio de otro procedimiento.

3. La inadmisión de la solicitud por no cumplir los requisitos establecidos en el artículo 149 de la Ley 58/2003, de 17 de diciembre, General Tributaria, deberá estar motivada y será notificada al obligado tributario. Contra el acuerdo de inadmisión no podrá interponerse recurso de reposición ni reclamación económico-administrativa, sin perjuicio de que pueda reclamarse contra el acto o actos administrativos que pongan fin al procedimiento de inspección.

SECCIÓN 2.ª *Tramitación del procedimiento de inspección*

Artículo 180. *Tramitación del procedimiento inspector.*

1. En el curso del procedimiento de inspección se realizarán las actuaciones necesarias para la obtención de los datos y pruebas que sirvan para fundamentar la regularización de la situación tributaria del obligado tributario o para declararla correcta.

2. La dirección de las actuaciones inspectoras corresponde a los órganos de inspección. Los funcionarios que tramiten el procedimiento decidirán el lugar, día y hora en que dichas actuaciones deban realizarse.

Se podrá requerir la comparecencia del obligado tributario en las oficinas de la Administración tributaria o en cualquier otro de los lugares a que se refiere el artículo 151 de la Ley 58/2003, de 17 de diciembre, General Tributaria.

Cuando exista personación, previa comunicación o sin ella, en el domicilio fiscal, oficinas, dependencias, instalaciones o almacenes del obligado tributario, se deberá prestar la debida colaboración y proporcionar el lugar y los medios auxiliares necesarios para el ejercicio de las funciones inspectoras.

3. Al término de las actuaciones de cada día que se hayan realizado en presencia del obligado tributario, el personal inspector que esté desarrollando las actuaciones podrá fijar el lugar, día y hora para su reanudación, que podrá tener lugar el día hábil siguiente. No obstante, los requerimientos de comparecencia en las oficinas de la Administración tributaria no realizados en presencia del obligado tributario deberán habilitar para ello un plazo mínimo de 10 días, contados a partir del día siguiente al de la notificación del requerimiento.

4. Sin perjuicio del ejercicio de las facultades y funciones inspectoras, las actuaciones del procedimiento deberán practicarse de forma que se perturbe lo menos posible el desarrollo normal de las actividades laborales o económicas del obligado tributario.

Artículo 181. *Medidas cautelares.*

1. Los funcionarios que estén desarrollando las actuaciones en el procedimiento de inspección podrán adoptar las medidas cautelares que sean necesarias para el aseguramiento de los elementos de prueba en los términos previstos en el artículo 146 de la Ley 58/2003, de 17 de diciembre, General Tributaria.

2. El precinto se realizará mediante la ligadura sellada o por cualquier otro medio que permita el cierre o atado de libros, registros, equipos electrónicos, sobres, paquetes, cajones, puertas de estancias o locales u otros elementos de prueba, a fin de que no se abran sin la autorización y control de los órganos de inspección.

El depósito consistirá en poner dichos elementos de prueba bajo la custodia o guarda de la persona física o jurídica que se determine por la Administración.

La incautación consistirá en la toma de posesión de elementos de prueba de carácter mueble y se deberán adoptar las medidas que fueran precisas para su adecuada conservación.

Los documentos u objetos depositados o incautados podrán, en su caso, ser previamente precintados.

3. Para la adopción de las medidas cautelares, se podrá recabar el auxilio y colaboración que se consideren precisos de las autoridades competentes y sus agentes, que deberán prestarlo en los términos del artículo 142.4 de la Ley 58/2003, de 17 de diciembre, General Tributaria.

4. La adopción de las medidas cautelares deberá documentarse mediante diligencia en la que junto a la medida adoptada y el inventario de los bienes afectados se harán constar sucintamente las circunstancias y la finalidad que determinan su adopción y se informará al obligado tributario de su derecho a formular alegaciones en los términos del apartado siguiente. Dicha diligencia se extenderá en el mismo momento en el que se adopte la medida cautelar, salvo que ello no sea posible por causas no imputables a la Administración, en cuyo caso se extenderá en cuanto desaparezcan las causas que lo impiden, y se remitirá inmediatamente copia al obligado tributario.

Cuando la medida consista en el depósito se dejará constancia de la identidad del depositario, de su aceptación expresa y de que ha quedado advertido sobre el deber de conservar a disposición de los órganos de inspección en el mismo estado en que se le entregan los elementos depositados y sobre las responsabilidades civiles o penales en las que pudiera incurrir en caso de incumplimiento.

5. En el plazo improrrogable de cinco días, contados a partir del día siguiente al de la notificación de la medida cautelar, el obligado tributario podrá formular alegaciones ante el órgano competente para liquidar, que deberá ratificar, modificar o levantar la medida adoptada mediante acuerdo debidamente motivado en el plazo de 15 días desde su adopción, que deberá comunicarse al obligado.

El acuerdo a que se refiere el párrafo anterior no podrá ser objeto de recurso o reclamación económico-administrativa, sin perjuicio de que se pueda plantear la procedencia o improcedencia de la adopción de las medidas cautelares en los recursos y reclamaciones que, en su caso puedan interponerse contra la resolución que ponga fin al procedimiento de inspección.

6. Cuando las medidas cautelares adoptadas se levanten se documentará esta circunstancia en diligencia, que deberá comunicarse al obligado.

La apertura de precintos se efectuará en presencia del obligado tributario, salvo que concurra causa debidamente justificada.

Artículo 182[231]**. *Horario de las actuaciones del procedimiento inspector.***
1. Las actuaciones inspectoras que se desarrollen en las oficinas públicas podrán realizarse fuera del horario oficial de apertura al público de dichas oficinas o de la jornada de trabajo vigente cuando lo requieran las circunstancias de dichas actuaciones o medie el consentimiento del obligado tributario.

2. Cuando las actuaciones inspectoras se desarrollen en los locales del obligado tributario, podrán realizarse fuera de la jornada laboral de oficina o de la actividad en los siguientes supuestos:

a) Cuando medie el consentimiento del obligado tributario.

b) Cuando sin el consentimiento del obligado tributario se considere necesario para que no desaparezcan, se destruyan o alteren elementos de pruebas o las circunstancias del caso requieran que las actuaciones de inspección se efectúen con una especial celeridad que exija su desarrollo fuera de la jornada laboral y se obtenga, en ambos supuestos, la previa autorización del órgano competente de la Administración tributaria.

En el ámbito de la Agencia Estatal de Administración Tributaria, la autorización a que se refiere el párrafo anterior corresponderá al delegado o al director de departamento del que dependa el órgano actuante.

En el ámbito de la Dirección General del Catastro la autorización a que se refiere el párrafo anterior corresponderá al Director General.

El obligado tributario podrá exigir que se le entregue copia de la autorización.

Artículo 183. *Trámite de audiencia previo a las actas de inspección.*
Cuando el órgano de inspección considere que se han obtenido los datos y las pruebas necesarios para fundamentar la propuesta de regularización o para considerar correcta la

---

[231] Art. 152 (Horario de las actuaciones inspectoras) de la LGT (§1) y art. 90 (Lugar y horario de las actuaciones de aplicación de los tributos) del RGGI (§2).

situación tributaria del obligado, se notificará el inicio del trámite de audiencia previo a la formalización de las actas de conformidad o de disconformidad, que se regirá por lo dispuesto en el artículo 96.

En la misma notificación de apertura del trámite de audiencia podrá fijarse el lugar, fecha y hora para la formalización de las actas a que se refiere el artículo 185.

SECCIÓN 3.ª *Duración del procedimiento inspector*

Artículo 184[232]. ***Duración del procedimiento inspector***

1. El obligado tributario podrá solicitar antes de la apertura del trámite de audiencia uno o varios periodos a los que se refiere el apartado 4 del artículo 150 de la Ley 58/2003, de 17 de diciembre, General Tributaria, de un mínimo de 7 días naturales cada uno. Los periodos solicitados no podrán exceder en su conjunto de 60 días naturales para todo el procedimiento.

2. Para que la solicitud formulada pueda otorgarse serán necesarios los siguientes requisitos:

a) Que se solicite directamente al órgano actuante con anterioridad a los siete días naturales previos al inicio del periodo al que se refiera la solicitud.

b) Que se justifique la concurrencia de circunstancias que lo aconsejen.

c) Que se aprecie que la concesión de la solicitud no puede perjudicar el desarrollo de las actuaciones.

En caso de no cumplirse los requisitos anteriores, el órgano actuante podrá denegar la solicitud.

La solicitud que cumpla los requisitos establecidos en el primer párrafo de este apartado se entenderá automáticamente concedida por el periodo solicitado, hasta el límite de los 60 días como máximo, con su presentación en plazo, salvo que se notifique de forma expresa la denegación antes de que se inicie el periodo solicitado. Se entenderá automáticamente denegada la solicitud de un periodo inferior a 7 días.

La notificación expresa de la concesión antes de que se inicie el periodo solicitado podrá establecer un plazo distinto al solicitado por el obligado tributario.

3. La realización de actuaciones con conocimiento formal del obligado tributario con posterioridad a la finalización del plazo máximo de duración del procedimiento tendrá efectos interruptivos de la prescripción respecto de la totalidad de las obligaciones tributarias y periodos a los que se refiera el procedimiento. Si la superación del plazo máximo se constata durante el procedimiento de inspección, esta circunstancia se le comunicará formalmente al obligado tributario indicándole las obligaciones y periodos por los que se continúa el procedimiento.

---

[232] Nueva redacción del art. 184 dada por el art. primero.treinta y tres del Real Decreto 1070/2017, de 29 de diciembre (BOE núm. 317, de 30 de diciembre de 201), en vigor desde el 1 de enero de 2018.

SECCIÓN 4.ª *Terminación del procedimiento de inspección*

Subsección 1.ª Actas de inspección

Artículo 185. *Formalización de las actas.*

1. Concluido, en su caso, el trámite de audiencia, se procederá a documentar el resultado de las actuaciones de comprobación e investigación en las actas de inspección.

En aquellos supuestos en los que la competencia para dictar el acto de liquidación corresponda a una Administración tributaria distinta de la que haya llevado a cabo las actuaciones de comprobación e investigación, el órgano competente para liquidar de la Administración tributaria que hubiera realizado estas actuaciones deberá autorizar previamente y de forma expresa la suscripción del acta. Esta autorización deberá ser solicitada una vez finalizado el trámite de audiencia previo a la suscripción del acta.

2[233]. Las actas serán firmadas por el funcionario y por el obligado tributario. Si el obligado tributario no supiera o no pudiera firmarlas, si no compareciera en el lugar y fecha señalados para su firma o si se negara a suscribirlas, serán firmadas sólo por el funcionario y se hará constar la circunstancia de que se trate. Las actas podrán suscribirse mediante firma manuscrita o mediante firma electrónica.

En caso de que el acta se suscriba mediante firma manuscrita, de cada acta se entregará un ejemplar al obligado tributario, que se entenderá notificada por su firma.

En el caso de que el acta se suscriba mediante firma electrónica, la entrega del ejemplar se podrá sustituir por la entrega de datos necesarios para su acceso por medios electrónicos adecuados.

Si el obligado tributario no hubiera comparecido, las actas deberán ser notificadas conforme lo dispuesto en la Ley 58/2003, de 17 de diciembre, General Tributaria, y se suspenderá el cómputo del plazo del procedimiento inspector desde el intento de notificación del acta al obligado tributario hasta que se consiga efectuar la notificación. Si el obligado tributario compareciese y se negase a suscribir las actas se considerará rechazada la notificación a efectos de lo previsto en el artículo 111 de dicha ley.

Cuando el interesado no comparezca o se niegue a suscribir las actas, deberán formalizarse actas de disconformidad.

3. En los supuestos regulados en los artículos 106 y 107 de este reglamento, la firma de un acta con acuerdo o de conformidad exigirá la aceptación de todos los obligados tributarios que hayan comparecido en el procedimiento.

4. Las actas de inspección no pueden ser objeto de recurso o reclamación económico-administrativa, sin perjuicio de los que procedan contra las liquidaciones tributarias resultantes de aquellas.

Artículo 186. *Tramitación de las actas con acuerdo.*

1. Cuando de los datos y antecedentes obtenidos en las actuaciones de comprobación e investigación, el órgano inspector entienda que pueda proceder la conclusión de un acuerdo

---

[233]   Nueva redacción del art. 185.2 dada por el art. primero.treinta y cuatro del Real Decreto 1070/2017, de 29 de diciembre (BOE núm. 317, de 30 de diciembre de 201), en vigor desde el 1 de enero de 2018.

por concurrir alguno de los supuestos señalados en el artículo 155 de la Ley 58/2003, de 17 de diciembre, General Tributaria, lo pondrá en conocimiento del obligado tributario. Tras esta comunicación, el obligado tributario podrá formular una propuesta con el fin de alcanzar un acuerdo.

2. Una vez desarrolladas las oportunas actuaciones para fijar los posibles términos del acuerdo, el órgano inspector solicitará la correspondiente autorización para la suscripción del acta con acuerdo del órgano competente para liquidar.

3. La fecha y el lugar de formalización del acta se comunicarán al obligado tributario junto con los datos necesarios y los trámites a realizar para la constitución del depósito o garantía a que se refiere el artículo 155.3.b) de la Ley 58/2003, de 17 de diciembre, General Tributaria.

4. La autorización del órgano competente para liquidar deberá ser expresa y anterior o simultánea a la suscripción del acta, y se adjuntará a esta.

5. Antes de proceder a la firma del acta, el obligado tributario deberá acreditar fehacientemente la constitución del depósito o garantía en los siguientes términos:

a) En el caso de constitución de depósito, mediante la aportación del justificante de constitución del depósito en la Caja General de Depósitos o en sus sucursales. Dicho depósito deberá cubrir el importe total de la deuda tributaria y, en su caso, de la sanción.

b) En el caso de formalización de aval o seguro de caución, mediante la aportación del certificado de la entidad de crédito o sociedad de garantía recíproca o de la entidad aseguradora. La garantía deberá cubrir el importe total de la deuda tributaria, de la sanción y el 20 por ciento de ambas cantidades. Será de duración indefinida y permanecerá vigente hasta que se produzca la extinción del importe garantizado.

La garantía deberá constituirse a disposición del órgano competente para liquidar. Si posteriormente no se pagase el importe consignado en el acta con acuerdo, el documento en que se formalice la garantía deberá ponerse a disposición del órgano competente para su recaudación.

Una vez satisfecha la deuda sin haber sido necesaria la ejecución de la garantía, se procederá de oficio a su devolución.

6. Si en el momento señalado para la firma del acta no se hubiese aportado por el obligado tributario el justificante de la constitución del depósito o garantía se entenderá que ha desistido de la formalización del acta con acuerdo.

7[234]. Una vez firmada el acta con acuerdo, el órgano competente para liquidar dispone de un plazo de 10 días hábiles, contados a partir del día siguiente al de la fecha del acta, para notificar al obligado tributario una liquidación que rectifique los errores materiales. Si dicha notificación no se produce en el plazo citado, la liquidación se entenderá dictada y notificada el día siguiente conforme a la propuesta contenida en el acta.

En el caso de que se hubiese notificado liquidación rectificando los errores materiales, se seguirán los siguientes trámites:

a) Si la liquidación es inferior al importe del depósito, se procederá a aplicar este al pago de la deuda y a liberar el resto.

---

[234] Nueva redacción del art. 186.7 dada por el art. primero.treinta y cinco del Real Decreto 1070/2017, de 29 de diciembre (BOE núm. 317, de 30 de diciembre de 201), en vigor desde el 1 de enero de 2018.

b) Si la liquidación es superior al importe del depósito, se aplicará este al pago de la deuda y se entregará documento de ingreso por la diferencia.

c) Si la liquidación es superior al importe de la garantía, se entregará documento de ingreso por el importe de la liquidación.

8. Cuando el obligado tributario suscriba un acta con acuerdo que no afecte a todos los elementos regularizados de la obligación tributaria, se procederá de la siguiente forma:

a) Si se manifestase la conformidad al resto de los elementos regularizados no incluidos en el acta con acuerdo, la propuesta de liquidación contenida en el acta de conformidad incluirá todos los elementos regularizados de la obligación tributaria. La cuota tributaria incluida en la propuesta de liquidación contenida en el acta con acuerdo minorará la contenida en el acta de conformidad.

b) Si se manifestase la disconformidad al resto de los elementos regularizados no incluidos en el acta con acuerdo, la propuesta de liquidación contenida en el acta de disconformidad incluirá todos los elementos regularizados de la obligación tributaria. La cuota tributaria incluida en la propuesta de liquidación contenida en el acta con acuerdo minorará la contenida en el acta de disconformidad.

c) Si respecto a los elementos regularizados de la obligación tributaria no incluidos en el acta con acuerdo se otorgase la conformidad parcial, se procederá de la siguiente manera:

1.º Si de la propuesta derivada de los hechos a los que el obligado tributario haya prestado su conformidad no resultara una cantidad a devolver, se formalizarán simultáneamente, además del acta con acuerdo, dos actas relacionadas entre sí en los siguientes términos:

Un acta de conformidad que contendrá los elementos regularizados de la obligación tributaria a los que el obligado tributario haya prestado su conformidad.

Un acta de disconformidad que incluirá la totalidad de los elementos regularizados de la obligación tributaria. Las cuotas tributarias incluidas en las propuestas de liquidación contenidas en el acta de conformidad y en el acta con acuerdo minorarán la contenida en el acta de disconformidad.

2.º Si de la propuesta derivada de los hechos a los que el obligado tributario haya prestado su conformidad resultara una cantidad a devolver, se formalizará una única acta de disconformidad en la que se harán constar los elementos regularizados de la obligación tributaria a los que el obligado tributario presta su conformidad a efectos de la aplicación de la reducción de la sanción prevista en el artículo 188.1 de la Ley 58/2003, de 17 de diciembre, General Tributaria. La cuota tributaria incluida en la propuesta de liquidación contenida en el acta con acuerdo minorará la contenida en el acta de disconformidad.

Artículo 187. *Tramitación de las actas de conformidad.*

1. Cuando el obligado tributario preste su conformidad a los hechos y a las propuestas de regularización y liquidación incorporadas en el acta, se hará constar en ella dicha conformidad.

2. Cuando el obligado tributario preste su conformidad parcial a los hechos y a las propuestas de regularización y liquidación formuladas se procederá de la siguiente forma:

a) Si de la propuesta derivada de los hechos a los que el obligado tributario presta su conformidad no resultara una cantidad a devolver, se formalizarán simultáneamente dos actas relacionadas entre sí en los siguientes términos:

1.º Un acta de conformidad que contendrá los elementos regularizados de la obligación tributaria a los que el obligado tributario haya prestado su conformidad.

2.º Un acta de disconformidad que incluirá la totalidad de los elementos regularizados de la obligación tributaria. La cuota tributaria incluida en la propuesta de liquidación contenida en el acta de conformidad minorará la contenida en el acta de disconformidad.

b) Si de la propuesta derivada de los hechos a los que el obligado tributario presta su conformidad resultara una cantidad a devolver, se formalizará una única acta de disconformidad en la que se harán constar los elementos regularizados de la obligación tributaria a los que el obligado tributario presta su conformidad a efectos de la aplicación de la reducción de la sanción prevista en el artículo 188.1 de la Ley 58/2003, de 17 de diciembre, General Tributaria.

3[235]. Una vez firmada el acta de conformidad, el órgano competente para liquidar dispone de un plazo de un mes, contado a partir del día siguiente al de la fecha del acta, para notificar al obligado tributario un acuerdo con alguno de los contenidos previstos en el artículo 156.3 de la Ley 58/2003, de 17 de diciembre, General Tributaria, en cuyo caso se procederá de la siguiente forma:

a) Si se confirma la propuesta de liquidación contenida en el acta o se rectifican errores materiales, se notificará el acuerdo al obligado tributario. El procedimiento finalizará con dicha notificación.

b) Si se estima que en la propuesta de liquidación ha existido error en la apreciación de los hechos o indebida aplicación de las normas jurídicas, se notificará al obligado tributario acuerdo de rectificación conforme a los hechos aceptados por este en el acta y se concederá un plazo de 15 días, contados a partir del día siguiente al de la notificación de la apertura de dicho plazo, para que formule alegaciones. Transcurrido dicho plazo se dictará la liquidación que corresponda, que deberá ser notificada.

c) Si se ordena completar el expediente mediante la realización de actuaciones complementarias, se dejará sin efecto el acta formalizada, se notificará esta circunstancia al obligado tributario y se realizarán las actuaciones que procedan cuyo resultado se documentará en un acta que sustituirá a todos los efectos a la anteriormente formalizada y se tramitará según proceda.

De no notificarse alguno de dichos acuerdos en el plazo citado, la liquidación se entenderá dictada y notificada el día siguiente conforme a la propuesta contenida en el acta.

El plazo del mes del que dispone el órgano competente para liquidar en los supuestos de las letras b) y c) anteriores se suspenderá cuando concurra la circunstancia a la que se refiere el apartado e) del artículo 150.3 de la Ley 58/2003, de 17 de diciembre, General Tributaria.

4. El obligado tributario no podrá revocar la conformidad manifestada en el acta, sin perjuicio de su derecho a recurrir contra la liquidación resultante de esta y a presentar alegaciones de acuerdo con lo dispuesto en el apartado 3.b) de este artículo.

5. Si resultase una deuda a ingresar, se entregará junto con el acta el documento de ingreso. Para el inicio de los plazos de pago previstos en el artículo 62.2 de la Ley 58/2003, de 17 de diciembre, General Tributaria, se tendrá en cuenta la fecha en que se entienda dictada y

---

[235]   Nueva redacción del art. 187.3 dada por el art. primero.treinta y seis del Real Decreto 1070/2017, de 29 de diciembre (BOE núm. 317, de 30 de diciembre de 201), en vigor desde el 1 de enero de 2018.

notificada la liquidación, salvo que se dicte expresamente liquidación en cuyo caso se estará a la fecha de su notificación.

Artículo 188. *Tramitación de las actas de disconformidad.*

1. Cuando el obligado tributario se niegue a suscribir el acta, la suscriba pero no preste su conformidad a las propuestas de regularización y de liquidación contenidas en el acta o no comparezca en la fecha señalada para la firma de las actas, se formalizará un acta de disconformidad, en la que se hará constar el derecho del obligado tributario a presentar las alegaciones que considere oportunas dentro del plazo de los 15 días, contados a partir del día siguiente al de la fecha en que se haya producido la negativa a suscribir, se haya suscrito o, si no se ha comparecido, se haya notificado el acta.

2[236]. En el acta de disconformidad se expresarán con el detalle que sea preciso los hechos y fundamentos de derecho en que se base la propuesta de regularización. La información recogida en el acta que sea necesario completar podrá ser objeto de desarrollo en un informe ampliatorio, que se entregará al obligado tributario de forma conjunta con el acta.

También se recogerá en el acta de forma expresa la disconformidad manifestada por el obligado tributario o las circunstancias que determinan su tramitación como acta de disconformidad, sin perjuicio de que en su momento pueda alegar cuanto convenga a su derecho.

3[237]. Una vez recibidas las alegaciones formuladas por el obligado tributario o concluido el plazo para su presentación, el órgano competente para liquidar, a la vista del acta, del informe que, en su caso, se haya emitido y de las alegaciones eventualmente presentadas, dictará el acto administrativo que corresponda, que deberá ser notificado.

Si el órgano competente para liquidar acordase la rectificación de la propuesta contenida en el acta por considerar que en ella ha existido error en la apreciación de los hechos o indebida aplicación de las normas jurídicas y dicha rectificación afectase a cuestiones no alegadas por el obligado tributario, notificará el acuerdo de rectificación para que en el plazo de 15 días, contados a partir del día siguiente al de la notificación de la apertura de dicho plazo, efectúe alegaciones y manifieste su conformidad o disconformidad con la nueva propuesta formulada en el acuerdo de rectificación. Transcurrido dicho plazo se dictará la liquidación que corresponda, que deberá ser notificada.

4. El órgano competente para liquidar podrá acordar que se complete el expediente en cualquiera de sus extremos. Dicho acuerdo se notificará al obligado tributario y se procederá de la siguiente forma:

a) Si como consecuencia de las actuaciones complementarias se considera necesario modificar la propuesta de liquidación se dejará sin efecto el acta incoada y se formalizará una nueva acta que sustituirá a todos los efectos a la anterior y se tramitará según corresponda.

b) Si se mantiene la propuesta de liquidación contenida en el acta de disconformidad, se concederá al obligado tributario un plazo de 15 días, contados a partir del día siguiente al de la notificación de la apertura de dicho plazo, para la puesta de manifiesto del expediente

---

[236] Nueva redacción del art. 188.2 dada por el art. 3. dieciocho del Real Decreto 249/2023, de 4 de abril (BOE núm. 81, de 5 de abril 2023) en vigor desde el 25 de abril de 2023.

[237] Nueva redacción del art. 188.3 dada por el art. 3. dieciocho del Real Decreto 249/2023, de 4 de abril (BOE núm. 81, de 5 de abril 2023) en vigor desde el 25 de abril de 2023.

y la formulación de las alegaciones que estime oportunas. Una vez recibidas las alegaciones o concluido el plazo para su realización, el órgano competente para liquidar dictará el acto administrativo que corresponda que deberá ser notificado.

Subsección 2.ª Formas de terminación del procedimiento inspector

Artículo 189. *Formas de terminación del procedimiento inspector.*

1. El procedimiento inspector terminará mediante liquidación del órgano competente para liquidar, por el acto de alteración catastral o por las demás formas previstas en este artículo.

2[238]. Las actuaciones que se refieran a la comprobación del Impuesto sobre Sociedades de una entidad en régimen de consolidación fiscal o del Impuesto sobre el Valor Añadido de una entidad en régimen especial del grupo de entidades, que no sea la representante del grupo, terminarán conforme a lo dispuesto en el artículo 195 de este reglamento y en la normativa reglamentaria reguladora del Impuesto sobre el Valor Añadido, respectivamente.

3. Cuando el objeto del procedimiento inspector sea la comprobación e investigación de la aplicación de métodos objetivos de tributación y se constate la exclusión de la aplicación de dichos métodos por el incumplimiento de los requisitos establecidos en la normativa específica, el procedimiento podrá terminar por el inicio de un procedimiento de comprobación limitada cuando el órgano que estuviese realizando dicha comprobación carezca de competencia para su continuación.

4. Cuando haya prescrito el derecho de la Administración para determinar la deuda tributaria, cuando se trate de un supuesto de no sujeción, cuando el obligado tributario no esté sujeto a la obligación tributaria o cuando por otras circunstancias no proceda la formalización de un acta, el procedimiento terminará mediante acuerdo del órgano competente para liquidar a propuesta del órgano que hubiese desarrollado las actuaciones del procedimiento de inspección, que deberá emitir informe en el que constarán los hechos acreditados en el expediente y las circunstancias que determinen esta forma de terminación del procedimiento.

5. Las actuaciones de comprobación de obligaciones formales terminarán mediante diligencia o informe, salvo que la normativa tributaria establezca otra cosa.

Artículo 190. *Clases de liquidaciones derivadas de las actas de inspección.*

1. Las liquidaciones derivadas de un procedimiento de inspección tendrán carácter definitivo o provisional de acuerdo con lo dispuesto en el artículo 101 de la Ley 58/2003, de 17 de diciembre, General Tributaria, y en este artículo.

Las liquidaciones derivadas de las actuaciones de comprobación e investigación de alcance parcial tendrán siempre el carácter de provisionales.

Las liquidaciones derivadas de las actuaciones de comprobación e investigación de alcance general tendrán el carácter de definitivas, salvo en los casos a que se refieren los apartados 2, 3 y 4 de este artículo, en los que tendrán el carácter de provisionales.

---

[238] Nueva redacción del art. 189.2 dada por el art. primero.treinta y siete del Real Decreto 1070/2017, de 29 de diciembre (BOE núm. 317, de 30 de diciembre de 201), en vigor desde el 1 de enero de 2018.

2. De acuerdo con lo dispuesto en el artículo 101.4.a) de la Ley 58/2003, de 17 de diciembre, General Tributaria, las liquidaciones derivadas de un procedimiento de inspección podrán tener carácter provisional cuando alguno de los elementos de la obligación tributaria se determine en función de los correspondientes a otras obligaciones que no hubieran sido comprobadas, o que hubieran sido regularizadas mediante liquidación provisional o mediante liquidación definitiva que no fuera firme. Se entenderá, entre otros supuestos, que se producen estas circunstancias:

a) Cuando se dicten liquidaciones respecto del Impuesto sobre la Renta de las Personas Físicas, Impuesto sobre la Renta de no Residentes o Impuesto sobre el Patrimonio en tanto no se hayan comprobado las autoliquidaciones del mismo año natural por el Impuesto sobre el Patrimonio y el impuesto sobre la renta que proceda.

b) Cuando se dicten liquidaciones respecto del Impuesto sobre la Renta de no Residentes y no se haya comprobado el impuesto directo del pagador de los correspondientes rendimientos.

c) Cuando se compruebe la actividad de un grupo de personas o entidades vinculadas y no se haya finalizado la comprobación de todas ellas.

d)[239] Cuando se dicte liquidación que anule o modifique la deuda tributaria inicialmente autoliquidada como consecuencia de la regularización de algunos elementos de la obligación tributaria porque deba ser imputado a otro obligado tributario o a un tributo o período distinto del regularizado, siempre que la liquidación resultante de esta imputación no haya adquirido firmeza.

3. Asimismo, de acuerdo con lo dispuesto en el artículo 101.4.a) de la Ley 58/2003, de 17 de diciembre, General Tributaria, las liquidaciones derivadas de un procedimiento de inspección podrán tener carácter provisional cuando existan elementos de la obligación tributaria cuya comprobación con carácter definitivo no hubiera sido posible durante el procedimiento por concurrir alguna de las siguientes causas:

a) Cuando exista una reclamación judicial o proceso penal que afecte a los hechos comprobados.

b)[240] Cuando no se haya podido finalizar la comprobación e investigación de los elementos de la obligación tributaria como consecuencia de no haberse obtenido los datos solicitados a terceros o debido a que no se hayan recibido los datos, informes, dictámenes o documentos solicitados a otra Administración.

c) Cuando se compruebe la procedencia de una devolución y las actuaciones inspectoras se hayan limitado en los términos previstos en el artículo 178.3.c) de este reglamento.

d) Cuando se realicen actuaciones de comprobación e investigación por los servicios de intervención en materia de impuestos especiales.

4. De acuerdo con lo dispuesto el artículo 101.4.b) de la Ley 58/2003, de 17 de diciembre, General Tributaria, las liquidaciones derivadas de un procedimiento de inspección

---

[239] Nueva redacción de la letra d) dada por el art. primero.treinta y ocho del Real Decreto 1070/2017, de 29 de diciembre (BOE núm. 317, de 30 de diciembre de 201), en vigor desde el 1 de enero de 2018.
[240] Nueva redacción de la letra b) dada por el art. primero.treinta y ocho del Real Decreto 1070/2017, de 29 de diciembre (BOE núm. 317, de 30 de diciembre de 201), en vigor desde el 1 de enero de 2018.

podrán tener carácter provisional, además de en los supuestos previstos en dicho párrafo, en los siguientes:

a) Cuando se haya planteado un supuesto de conflicto en la aplicación de la norma tributaria y no constituya el objeto único de la regularización, siempre que sea posible la práctica de liquidación provisional por los restantes elementos de la obligación tributaria.

b) Cuando concluyan las actuaciones de comprobación e investigación en relación con parte de los elementos de la obligación tributaria, siempre que esta pueda ser desagregada. El procedimiento de inspección deberá continuar respecto de los demás elementos de la obligación tributaria.

c)[241] Cuando en un procedimiento de inspección se realice una comprobación de valores de la que se derive una deuda a ingresar y se regularicen otros elementos de la obligación tributaria. En este supuesto se dictarán dos liquidaciones provisionales, una como consecuencia de la comprobación de valores y otra que incluirá la totalidad de lo comprobado. Esta última tendrá carácter provisional respecto de las posibles consecuencias que de la comprobación de valores puedan resultar en dicha liquidación.

d)[242] Cuando por un mismo concepto impositivo y periodo se hayan diferenciado elementos respecto de los que se aprecia delito contra la Hacienda Pública, junto con otros elementos respecto de los que no se aprecia esa situación. En estos casos, ambas liquidaciones tendrán carácter provisional.

e)[243] Cuando así se determine en otras disposiciones legales o reglamentarias.

5. Las liquidaciones provisionales minorarán los importes de las que posterior o simultáneamente se practiquen respecto de la obligación tributaria y período objeto de regularización.

6[244]**.** Los elementos de la obligación tributaria comprobados e investigados en el curso de unas actuaciones que hubieran terminado con una liquidación provisional no podrán regularizarse nuevamente en un procedimiento inspector posterior, salvo que concurra alguna de las circunstancias a que se refieren los apartados 2 y 3 de este artículo y, exclusivamente, en relación con los elementos de la obligación tributaria afectados por dichas circunstancias. Cuando concurran las circunstancias del artículo 190.3.b) de este reglamento, la regularización se podrá realizar con los nuevos datos que se hayan podido obtener y los que se deriven de la investigación de los mismos.

7. Los elementos de la obligación tributaria a los que no se hayan extendido las actuaciones de comprobación e investigación podrán regularizarse en un procedimiento de comprobación o investigación posterior.

[241] Nueva redacción de la letra c) dada por el art. primero.treinta y ocho del Real Decreto 1070/2017, de 29 de diciembre (BOE núm. 317, de 30 de diciembre de 201), en vigor desde el 1 de enero de 2018.
[242] Nueva letra d) incorporada por el art. primero.treinta y ocho del Real Decreto 1070/2017, de 29 de diciembre (BOE núm. 317, de 30 de diciembre de 201), en vigor desde el 1 de enero de 2018.
[243] Renumeración, la original letra d) pasa a ser la letra e) dada por el art. primero.treinta y ocho del Real Decreto 1070/2017, de 29 de diciembre (BOE núm. 317, de 30 de diciembre de 201), en vigor desde el 1 de enero de 2018.
[244] Nueva redacción del art. 190.6 dada por el art. primero.treinta y ocho del Real Decreto 1070/2017, de 29 de diciembre (BOE núm. 317, de 30 de diciembre de 201), en vigor desde el 1 de enero de 2018.

Artículo 191. *Liquidación de los intereses de demora.*

1[245]. La liquidación derivada del procedimiento inspector incorporará los intereses de demora hasta el día en que se dicte o se entienda dictada la liquidación, sin perjuicio de lo establecido en el apartado 6 del artículo 150 de la Ley 58/2003, de 17 de diciembre, General Tributaria, y de acuerdo con lo previsto en los apartados siguientes.

2. En el caso de actas con acuerdo los intereses de demora se calcularán hasta el día en que deba entenderse dictada la liquidación por el transcurso del plazo legalmente establecido.

En el caso de actas de conformidad, los intereses de demora se calcularán hasta el día en que deba entenderse dictada la liquidación por transcurso del plazo legalmente establecido.

En el caso de actas de disconformidad, los intereses de demora se calcularán hasta la conclusión del plazo establecido para formular alegaciones.

3. Las actas y los actos de liquidación practicados deberán especificar las bases de cálculo sobre las que se aplican los tipos de interés de demora, los tipos de interés y las fechas de comienzo y finalización de los períodos de devengo.

4[246]. Cuando la liquidación resultante del procedimiento inspector sea una cantidad a devolver, la liquidación de intereses de demora deberá efectuarse de la siguiente forma:

a) Cuando se trate de una devolución de ingresos indebidos, se liquidarán a favor del obligado tributario intereses de demora en los términos del artículo 32.2 de la Ley 58/2003, de 17 de diciembre, General Tributaria. A efectos del cálculo de los intereses, no se computarán los días a los que se refiere el apartado 4 del artículo 150 de la Ley 58/2003, de 17 de diciembre, General Tributaria, ni los periodos de extensión a los que se refiere el apartado 5 de dicho artículo.

b) Cuando se trate de una devolución derivada de la normativa de un tributo, se liquidarán intereses de demora a favor del obligado tributario de acuerdo con lo previsto el artículo 31 de la Ley 58/2003, de 17 de diciembre, General Tributaria, y en el artículo 125 de este reglamento.

Artículo 192. *Comprobación de obligaciones formales.*

1. Cuando el objeto del procedimiento de inspección sea comprobar e investigar el cumplimiento de obligaciones tributarias formales, se dará audiencia al obligado tributario por un plazo de 15 días, contados a partir del siguiente al de la notificación de la apertura de dicho plazo, una vez concluidas las actuaciones de comprobación e investigación.

2. Finalizado el trámite de audiencia, se procederá a documentar el resultado de las actuaciones de comprobación e investigación en diligencia o informe.

Cuando el procedimiento finalice mediante diligencia o informe, esta se incorporará al expediente sancionador que, en su caso, se inicie como consecuencia del procedimiento de inspección, sin perjuicio de la remisión que deba efectuarse cuando resulte necesario para la iniciación de otro procedimiento de aplicación de los tributos.

---

[245] Nueva redacción del art. 191.1 dada por el art. primero.treinta y nueve del Real Decreto 1070/2017, de 29 de diciembre (BOE núm. 317, de 30 de diciembre de 201), en vigor desde el 1 de enero de 2018.

[246] Nueva redacción del art. 191.4 dada por el art. primero.treinta y nueve del Real Decreto 1070/2017, de 29 de diciembre (BOE núm. 317, de 30 de diciembre de 201), en vigor desde el 1 de enero de 2018.

SECCIÓN 5.ª *Disposiciones especiales del procedimiento inspector*

Artículo 193. *Estimación indirecta de bases o cuotas.*

1. El método de estimación indirecta de bases o cuotas será utilizado por la Administración de acuerdo con lo dispuesto en los artículos 53 y 158 de la Ley 58/2003, de 17 de diciembre, General Tributaria, y en este artículo.

La estimación indirecta podrá aplicarse en relación con la totalidad o parte de los elementos integrantes de la obligación tributaria.

2. La apreciación de alguna o algunas de las circunstancias previstas en el artículo 53.1 de la Ley 58/2003, de 17 de diciembre, General Tributaria, no determinará por si sola la aplicación del método de estimación indirecta si, de acuerdo con los datos y antecedentes obtenidos a lo largo del desarrollo de las actuaciones inspectoras, pudiera determinarse la base o la cuota mediante el método de estimación directa u objetiva.

3. A efectos de lo dispuesto en el artículo 53.1 de la Ley 58/2003, de 17 de diciembre, General Tributaria, se entenderá que existe resistencia, obstrucción, excusa o negativa a la actuación inspectora cuando concurra alguna de las conductas reguladas en el artículo 203.1 de dicha ley.

4. A efectos de lo dispuesto en el artículo 53.1 de la Ley 58/2003, de 17 de diciembre, General Tributaria, se entenderá que existe incumplimiento sustancial de las obligaciones contables o registrales:

a) Cuando el obligado tributario incumpla la obligación de llevanza de la contabilidad o de los libros registro establecidos por la normativa tributaria. Se presumirá su omisión cuando no se exhiban a requerimiento de los órganos de inspección.

b) Cuando la contabilidad no recoja fielmente la titularidad de las actividades, bienes o derechos.

c) Cuando los libros o registros contengan omisiones, alteraciones o inexactitudes que oculten o dificulten gravemente la constatación de las operaciones realizadas.

d) Cuando aplicando las técnicas o criterios generalmente aceptados a la documentación facilitada por el obligado tributario no pueda verificarse la declaración o determinarse con exactitud las bases o rendimientos objeto de comprobación.

e) Cuando la incongruencia probada entre las operaciones contabilizadas o registradas y las que debieran resultar del conjunto de adquisiciones, gastos u otros aspectos de la actividad permita presumir, de acuerdo con lo dispuesto en el artículo 108.2 de la Ley 58/2003, de 17 de diciembre, General Tributaria, que la contabilidad o los libros registro son incorrectos.

5[247]. Cuando los datos utilizados para la estimación indirecta a que se refiere la letra d) del apartado 3 del artículo 158 de la Ley 58/2003, de 17 de diciembre, General Tributaria, procedan de la propia Administración tributaria, se utilizarán aquellos métodos que permitan preservar el carácter reservado de los datos tributarios de terceros sin perjudicar el derecho de defensa del obligado tributario. En particular, se disociarán los datos de forma que no pueda relacionarse entre sí:

a) la identificación de los sujetos contenidos en la muestra.

---

[247] Nueva redacción del art. 193.5 dada por el art. primero.cuarenta del Real Decreto 1070/2017, de 29 de diciembre (BOE núm. 317, de 30 de diciembre de 201), en vigor desde el 1 de enero de 2018.

b) los datos contenidos en sus declaraciones tributarias que sirvan para el cálculo de los porcentajes o promedios empleados para la determinación de las bases, los cálculos y estimaciones efectuados.

La Administración indicará las características conforme a las cuales se ha seleccionado la muestra elegida. Entre otros, podrán tenerse en cuenta el ámbito espacial y temporal de la muestra, la actividad que desarrollan o el intervalo al que corresponde su volumen de operaciones.

6. En el supuesto en el que las actas en que se proponga la regularización de la situación tributaria del obligado mediante la aplicación del método de estimación indirecta se suscriban en disconformidad, podrá elaborarse un único informe que recoja ambas circunstancias.

Artículo 194. *Declaración de conflicto en la aplicación de la norma tributaria.*

1. Cuando el órgano de inspección que esté tramitando el procedimiento estime que pueden concurrir las circunstancias previstas en el artículo 15 de la Ley 58/2003, de 17 de diciembre, General Tributaria, lo notificará al obligado tributario y le concederá un plazo de alegaciones de 15 días, contados a partir del día siguiente al de la notificación de la apertura de dicho plazo.

2[248]**.** Una vez recibidas las alegaciones y, en su caso, practicadas las pruebas procedentes, el órgano que esté tramitando el procedimiento emitirá un informe sobre la concurrencia o no de las circunstancias previstas en el artículo 15 de la Ley 58/2003, de 17 de diciembre, General Tributaria, que se remitirá junto con el expediente al órgano competente para liquidar.

En caso de que el órgano competente para liquidar estimase que concurren dichas circunstancias remitirá a la Comisión consultiva a que se refiere el artículo 159 de la Ley 58/2003, de 17 de diciembre, General Tributaria, el informe y los antecedentes. La remisión se notificará al obligado tributario con indicación de la suspensión del cómputo del plazo del procedimiento inspector prevista en el apartado 3 del artículo 150 de dicha Ley.

En caso de que el órgano competente para liquidar estimase motivadamente que no concurren dichas circunstancias devolverá la documentación al órgano de inspección que esté tramitando el procedimiento, lo que se notificará al obligado tributario.

3. La Comisión consultiva emitirá un informe en el que, de forma motivada, se indicará si procede o no la declaración del conflicto en la aplicación de la norma tributaria. Dicho informe se comunicará al órgano competente para liquidar que hubiese remitido el expediente, que ordenará su notificación al obligado tributario y la continuación del procedimiento de inspección.

En el caso de acordarse la ampliación del plazo para emitir el mencionado informe, el acuerdo deberá notificarse al obligado tributario y se dará traslado, asimismo, al órgano de inspección.

4. En el ámbito de competencias del Estado, la Comisión consultiva estará compuesta por dos representantes de la Dirección General de Tributos del Ministerio de Economía y Hacienda designados por resolución del Director General de Tributos, uno de los cuales actuará como presidente con voto de calidad, salvo que el conflicto en la aplicación de la norma

---

[248] Nueva redacción del art. 194.2 dada por el art. primero.cuarenta y uno del Real Decreto 1070/2017, de 29 de diciembre (BOE núm. 317, de 30 de diciembre de 201), en vigor desde el 1 de enero de 2018.

tributaria afecte a las normas dictadas por las comunidades autónomas en materia de tributos cedidos, en cuyo caso, los representantes del órgano competente para contestar las consultas tributarias escritas serán designados por resolución del titular de dicho órgano.

Los representantes de la Administración tributaria actuante serán:

a) Cuando la Administración tributaria actuante sea la Agencia Estatal de Administración Tributaria, dos representantes de esta designados por el director del departamento competente.

b) Cuando la Administración tributaria actuante sea una comunidad autónoma, dos representantes de la Administración tributaria autonómica.

c) Cuando la Administración tributaria actuante sea una entidad local, dos representantes de la entidad local.

En los supuestos anteriores, uno de los dos representantes de la Administración tributaria actuante podrá ser el órgano de inspección que estuviese tramitando el procedimiento o el órgano competente para liquidar que hubiese remitido el expediente.

5[249]. La suspensión del cómputo del plazo de duración del procedimiento se producirá por el tiempo que transcurra desde la notificación al interesado a que se refiere el apartado 2 de este artículo hasta la recepción del informe por el órgano competente para continuar el procedimiento o hasta el transcurso del plazo máximo para su emisión.

Dicha suspensión no impedirá la práctica de las actuaciones inspectoras que durante esta situación pudieran desarrollarse en relación con los elementos de la obligación tributaria no relacionados con los actos o negocios analizados por la Comisión consultiva, en cuyo caso continuará el procedimiento respecto de los mismos de acuerdo con lo dispuesto en el artículo 150.3 de la Ley 58/2003, de 17 de diciembre, General Tributaria.

6[250]. Trimestralmente se publicarán los informes de la Comisión consultiva en los que se haya apreciado la existencia de conflicto en la aplicación de la norma tributaria. En el ámbito de competencias del Estado se publicarán en la sede electrónica de la Agencia Estatal de Administración Tributaria, salvo que se trate de tributos cuyo órgano competente para la emisión de las consultas tributarias por escrito se integre en otras Administraciones tributarias, en cuyo caso deberán publicarse a través del medio que las mismas señalen.

En dichas publicaciones se guardará la debida reserva en relación a los sujetos afectados.

Artículo 195[251]. *Entidades que tributen en régimen de consolidación fiscal.*

1. La comprobación e investigación de la sociedad representante y del grupo fiscal se realizará en un único procedimiento de inspección, que incluirá la comprobación de las obligaciones tributarias del grupo fiscal y de la sociedad representante objeto del procedimiento.

En relación con los grupos fiscales que tributen en el régimen de consolidación fiscal en los que la entidad dominante sea no residente en territorio español, cuando no se haya comunicado la entidad que ostente la condición de representante del grupo, la Administración

---

[249] Nueva redacción del art. 194.5 dada por el art. primero.cuarenta y uno del Real Decreto 1070/2017, de 29 de diciembre (BOE núm. 317, de 30 de diciembre de 201), en vigor desde el 1 de enero de 2018.

[250] Nuevo apartado 6 incorporado por el art. primero.cuarenta y uno del Real Decreto 1070/2017, de 29 de diciembre (BOE núm. 317, de 30 de diciembre de 201), en vigor desde el 1 de enero de 2018.

[251] Nueva redacción del art. 195 dada el art. primero.cuarenta y dos del Real Decreto 1070/2017, de 29 de diciembre (BOE núm. 317, de 30 de diciembre de 201), en vigor desde el 1 de enero de 2018.

tributaria podrá considerar como tal a cualquiera de las entidades integrantes del mismo. En estos grupos fiscales, cuando se comunique el cambio de sociedad representante una vez iniciado el procedimiento, éste continuará por el mismo órgano actuante, por lo que afecta a las actuaciones relativas al grupo, con la nueva entidad representante.

2. En cada entidad dependiente, que no sea representante del grupo, que sea objeto de inspección como consecuencia de la comprobación de un grupo fiscal, se desarrollará un único procedimiento de inspección. Dicho procedimiento incluirá la comprobación de las obligaciones tributarias que se derivan del régimen de tributación individual del Impuesto sobre Sociedades y las demás obligaciones tributarias objeto del procedimiento e incluirá actuaciones de colaboración respecto de la tributación del grupo por el régimen de consolidación fiscal.

3. De acuerdo con lo previsto en el artículo 68.1.a) de la Ley 58/2003, de 17 de diciembre, General Tributaria, el plazo de prescripción del Impuesto sobre Sociedades del grupo fiscal se interrumpirá:

a) Por cualquier actuación de comprobación e investigación realizada con la sociedad representante del grupo respecto al Impuesto sobre Sociedades.

b) Por cualquier actuación de comprobación e investigación relativa al Impuesto sobre Sociedades realizada con cualquiera de las sociedades dependientes, siempre que la sociedad representante del grupo tenga conocimiento formal de dichas actuaciones.

4. Las circunstancias a que se refieren los apartados 4 y 5 del artículo 150 de la Ley 58/2003, de 17 de diciembre, General Tributaria, que se produzcan en el curso de un procedimiento seguido con cualquier entidad del grupo afectarán al plazo de duración del procedimiento seguido cerca de la sociedad representante y del grupo fiscal, siempre que la sociedad representante tenga conocimiento formal de ello. La concurrencia de dichas circunstancias no impedirá la continuación de las actuaciones inspectoras relativas al resto de entidades integrantes del grupo.

El periodo de extensión del plazo a que se refiere el artículo 150.4 de la Ley 58/2003, de 17 de diciembre, General Tributaria, se calculará para la sociedad representante y el grupo teniendo en cuenta los periodos no coincidentes solicitados por cualquiera de las sociedades integradas en el grupo fiscal. Las sociedades integradas en el grupo fiscal podrán solicitar hasta 60 días naturales para cada uno de sus procedimientos, pero el periodo por el que se extenderá el plazo de resolución del procedimiento de la sociedad representante y del grupo no excederá en su conjunto de 60 días naturales.

5. La documentación del procedimiento seguido cerca de cada entidad dependiente, que no sea representante del grupo, se desglosará, a efectos de la tramitación, de la siguiente forma:

a) Un expediente relativo al Impuesto sobre Sociedades, en el que se incluirá la diligencia resumen a que se refiere el artículo 98.3.g) de este reglamento. Dicho expediente se remitirá al órgano que esté desarrollando las actuaciones de comprobación e investigación de la sociedad representante y del grupo fiscal.

b) Otro expediente relativo a las demás obligaciones tributarias objeto del procedimiento.

6. La documentación del procedimiento seguido cerca de la entidad representante del grupo se desglosará, a efectos de su tramitación, de la siguiente forma:

a) Un expediente relativo al Impuesto sobre Sociedades del grupo fiscal, que incluirá las diligencias resumen a que se refiere el apartado anterior.

b) Otro expediente relativo a las demás obligaciones tributarias objeto del procedimiento.

Artículo 196[252]. ***Declaración de responsabilidad en el procedimiento inspector.***

1. Cuando en el curso de un procedimiento de inspección, el órgano actuante tenga conocimiento de hechos o circunstancias que pudieran determinar la existencia de respon-

---

[252] Art. 174 (Declaración de responsabilidad) de la LGT (§1). Art. 124 (Declaración de responsabilidad), del RGR (§3).

Nueva redacción del art. 196 dada por la Disp. Final Primera Dieciséis del Real Decreto 117/2024, de 30 de enero, por el que se desarrollan las normas y los procedimientos de diligencia debida en el ámbito del intercambio automático obligatorio de información comunicada por los operadores de plataformas, y se modifican el Reglamento General de las actuaciones y los procedimientos de gestión e inspección tributaria y de desarrollo de las normas comunes de los procedimientos de aplicación de los tributos, aprobado por el Real Decreto 1065/2007, de 27 de julio, en transposición de la Directiva (UE) 2021/514 del Consejo de 22 de marzo de 2021 por la que se modifica la Directiva 2011/16/UE relativa a la cooperación administrativa en el ámbito de la fiscalidad, y otras normas tributarias (BOE núm. 27, de 31 de enero de 2024), en vigor desde el 1 de febrero de 2024.

Redacción anterior: «*1. Cuando en el curso de un procedimiento de inspección, el órgano actuante tenga conocimiento de hechos o circunstancias que pudieran determinar la existencia de responsables a los que se refiere el artículo 41 de la Ley 58/2003, de 17 de diciembre, General Tributaria, se podrá acordar el inicio del procedimiento para declarar dicha responsabilidad. El inicio se notificará al obligado tributario con indicación de las obligaciones tributarias y períodos a los que alcance la declaración de responsabilidad y el precepto legal en que se fundamente.*

Cuando el alcance de la responsabilidad incluya las sanciones será necesario que se haya iniciado previamente el procedimiento sancionador.

La derivación de la acción administrativa a los responsables subsidiarios requerirá la previa declaración de fallido del deudor principal y, si los hubiera, de los responsables solidarios. Los órganos de recaudación acreditarán, a petición de los de inspección, la condición de fallido de los deudores principales y responsables solidarios, de lo que se dejará constancia en la comunicación de inicio del procedimiento de declaración de responsabilidad.

2. El trámite de audiencia al responsable se realizará con posterioridad a la formalización del acta al deudor principal y, cuando la responsabilidad alcance a las sanciones, a la propuesta de resolución del procedimiento sancionador al sujeto infractor.

El responsable dispondrá de un plazo de 15 días, contados a partir del día siguiente al de la notificación de la apertura de dicho plazo, para formular las alegaciones y aportar la documentación que estime oportunas, tanto respecto del presupuesto de hecho de la responsabilidad como de las liquidaciones o sanciones a las que alcance dicho presupuesto.

Durante el trámite de audiencia se deberá dar, en su caso, la conformidad expresa a la que se refiere el artículo 41.4 de la Ley 58/2003, de 17 de diciembre, General Tributaria.

Salvo el supuesto previsto en el apartado 4 de este artículo, el responsable no tendrá la condición de interesado en el procedimiento de inspección o en el sancionador y se tendrán por no presentadas las alegaciones que formule en dichos procedimientos [Redacción dada por el art. primero.cuarenta y tres del Real Decreto 1070/2017, de 29 de diciembre, en vigor desde el 1 de enero de 2018].

3. El acuerdo de declaración de responsabilidad corresponderá al órgano competente para dictar la liquidación y habrá de dictarse con posterioridad al acuerdo de liquidación al deudor principal o, en su caso, de imposición de sanción al sujeto infractor.

El acuerdo de declaración de responsabilidad se notificará al responsable. De no efectuarse la notificación antes de la finalización del plazo voluntario de ingreso otorgado al deudor principal, o si en dicho plazo no se hubiera acreditado al menos un intento de notificación que contenga el texto íntegro del acuerdo o, en su caso, de no haberse efectuado la puesta a disposición de la notificación en la sede electrónica de la Administración tributaria o en la dirección electrónica habilitada, se procederá de acuerdo con lo sables a los que se refiere el artículo 41 de la Ley 58/2003, de 17 de diciembre, General Tributaria, trasladará el conocimiento de tales hechos al órgano de recaudación que podrá acordar el inicio del procedimiento para declarar dicha responsabilidad.

Cuando el alcance de la responsabilidad incluya las sanciones será necesario que se haya iniciado previamente el procedimiento sancionador.

2. El trámite de audiencia al responsable se realizará con posterioridad a la formalización del acta al deudor principal y, cuando la responsabilidad alcance a las sanciones, a la propuesta de resolución del procedimiento sancionador al sujeto infractor.

Durante el trámite de audiencia se deberá dar, en su caso, la conformidad expresa a la que se refiere el artículo 41.4 de la Ley 58/2003, de 17 de diciembre, General Tributaria.

Salvo el supuesto previsto en el apartado 4 de este artículo, el responsable no tendrá la condición de interesado en el procedimiento de inspección o en el sancionador y se tendrán por no presentadas las alegaciones que formule en dichos procedimientos.

3. El acuerdo de declaración de responsabilidad habrá de dictarse con posterioridad al acuerdo de liquidación al deudor principal o, en su caso, de imposición de sanción al sujeto infractor.

4. En aquellos supuestos en los que la ley disponga que no es necesario el acto previo de derivación de responsabilidad, las actuaciones inspectoras de comprobación e investigación podrán realizarse directamente con el responsable. En estos supuestos, las actas se formalizarán y las liquidaciones se practicarán a nombre del responsable.

CAPÍTULO III. Otras actuaciones inspectoras

Artículo 197. *Otras actuaciones inspectoras.*

1. Las actuaciones de valoración podrán desarrollarse por los órganos de inspección a iniciativa propia o a petición de otros órganos de la misma u otra Administración tributaria. En particular, los órganos de inspección podrán practicar estas actuaciones a petición de las comunidades autónomas respecto de los tributos cedidos a estas.

2. Cuando así les sea solicitado y sin perjuicio de las competencias propias de otros órganos de la Administración, los órganos de inspección informarán y asesorarán en materias de carácter económico, financiero, jurídico o técnico relacionadas con el ejercicio de sus funciones a los demás órganos de las Administraciones tributarias, a los órganos dependientes del Ministerio de Economía y Hacienda, así como a cualquier organismo que lo solicite.

3. Los órganos de inspección podrán realizar los estudios individuales, sectoriales o territoriales de carácter económico o financiero que puedan ser de interés para la aplicación de los tributos, así como los análisis técnicos, químicos, informáticos o de cualquier otra naturaleza que se consideren necesarios.

---

dispuesto en el artículo 124.3 del Reglamento General de Recaudación, aprobado por el Real Decreto 939/2005, de 29 de julio [Redacción dada el art. primero.cuarenta y tres del Real Decreto 1070/2017, de 29 de diciembre, en vigor desde el 1 de enero de 2018.].

4. En aquellos supuestos en los que la ley disponga que no es necesario el acto previo de derivación de responsabilidad, las actuaciones inspectoras de comprobación e investigación podrán realizarse directamente con el responsable. En estos supuestos, las actas se formalizarán y las liquidaciones se practicarán a nombre del responsable».

4. Las actuaciones de intervención en materia de los impuestos especiales de fabricación se regirán por lo dispuesto en su normativa específica y, en lo no previsto en la misma, por las normas de este título con exclusión del artículo 179 de este reglamento.

Cuando como consecuencia de las actuaciones de comprobación o investigación que le son propias a los servicios de intervención, se pongan de manifiesto hechos que supongan el incumplimiento de las obligaciones establecidas en la normativa de los impuestos especiales, las actuaciones de intervención continuarán mediante la notificación al obligado tributario del inicio de actuaciones destinadas a la regularización tributaria, que deberán concluir en el plazo previsto en el artículo 150 de la Ley 58/2003, de 17 de diciembre, General Tributaria o, en su caso, mediante la iniciación del procedimiento sancionador.

5. Los órganos de inspección podrán realizar actuaciones dirigidas a la aprobación de propuestas de valoración previa de operaciones, gastos, retribuciones, así como criterios de imputación temporal, conforme a la normativa específica que resulte aplicable.

6. Los órganos de inspección podrán desarrollar actuaciones de comprobación limitada, para lo que se ajustarán a lo dispuesto en los artículos 136 a 140, ambos inclusive, de la Ley 58/2003, de 17 de diciembre, General Tributaria, y en los artículos 163 a 165, ambos inclusive, de este reglamento.

7. En los supuestos en que las actuaciones de control censal sean desarrolladas por los órganos de inspección, estos podrán proponer, en su caso, a los órganos competentes, el acuerdo de baja cautelar, el inicio del procedimiento de rectificación censal, la rectificación de oficio de la situación censal o la revocación del número de identificación fiscal, regulados en los artículos 144 a 147, ambos inclusive, de este reglamento.

8[253]. Para la ejecución de las resoluciones administrativas y judiciales, los órganos de inspección podrán desarrollar las actuaciones que sean necesarias pudiendo, en su caso, ejercer las facultades previstas en el artículo 142 de la Ley 58/2003, de 17 de diciembre, General Tributaria, y realizar las actuaciones de obtención de información pertinentes. No obstante, cuando de acuerdo con lo dispuesto en el artículo 66.4 del Reglamento General de desarrollo de la Ley 58/2003, de 17 de diciembre, General Tributaria, en materia de revisión en vía administrativa, aprobado por Real Decreto 520/2005, de 13 de mayo, las mencionadas resoluciones hayan ordenado la retroacción de actuaciones, éstas se desarrollarán de acuerdo con lo dispuesto en el artículo 150.7 de la citada Ley.

CAPÍTULO IV. Actuaciones en supuestos de delito contra la Hacienda Pública[254]

Artículo 197 bis. *Actuaciones a seguir en caso de existencia de indicios de delito contra la Hacienda Pública.*

1. Cuando la Administración tributaria aprecie indicios de delito contra la Hacienda Pública, pasará el tanto de culpa a la jurisdicción competente o remitirá el expediente al

---

[253] Nueva redacción del art. 197.8 dada el art. primero.cuarenta y cuatro del Real Decreto 1070/2017, de 29 de diciembre (BOE núm. 317, de 30 de diciembre de 201), en vigor desde el 1 de enero de 2018. Redacción original dada por el artículo cuatro.trece del Real Decreto 1/2010, de 8 de enero (BOE núm. 16, de 19 de enero de 2010), en vigor desde el 20-1-2010.

[254] Nuevo Capítulo IV incorporado por el art. primero.cuarenta y cinco del Real Decreto 1070/2017, de 29 de diciembre (BOE núm. 317, de 30 de diciembre de 201), en vigor desde el 1 de enero de 2018.

Ministerio Fiscal, sin perjuicio de que, si esa apreciación se produjera en el seno de un procedimiento inspector, se seguiría la tramitación prevista en el Título VI de la Ley 58/2003, de 17 de diciembre, General Tributaria y en los artículos correspondientes de este reglamento.

2[255]. *La apreciación de dichos indicios de delito contra la Hacienda Pública, podrá tener lugar en cualquier momento, con independencia de que se hubiera dictado liquidación administrativa o, incluso, impuesto sanción.*

En estos casos, las propuestas de liquidación administrativa y de sanción que se hubieran formulado, quedarían sin efecto.

Asimismo, se suspenderá la ejecución de las liquidaciones y sanciones ya impuestas, sin perjuicio de lo indicado en el apartado siguiente.

3. De no haberse apreciado la existencia de delito por la jurisdicción competente o por el Ministerio Fiscal, la Administración tributaria iniciará o continuará, cuando proceda, las actuaciones o procedimientos correspondientes, de acuerdo con los hechos que los tribunales hubieran considerado probados.

Las liquidaciones y sanciones administrativas que, en su caso, se dicten, así como aquellas liquidaciones y sanciones cuya ejecución proceda reanudar por haber quedado previamente suspendidas, se sujetarán al régimen de revisión y recursos regulado en el Título V de la Ley 58/2003, de 17 de diciembre, General Tributaria, pero sin que puedan impugnarse los hechos considerados probados en la resolución judicial.

Artículo 197 ter. *Excepciones a la práctica de liquidaciones en caso de existencia de indicios de delito contra la Hacienda Pública y tramitación a seguir.*

1. Cuando la Administración Tributaria aprecie indicios de delito contra la Hacienda Pública en el seno de un procedimiento inspector, se abstendrá de practicar la liquidación vinculada a delito en los supuestos previstos en el artículo 251.1 de la Ley 58/2003, de 17 de diciembre, General Tributaria. Todo ello, sin perjuicio de las restantes excepciones a la práctica de liquidación que pudieran derivarse de otras disposiciones legales.

En cualquier caso, estas excepciones afectarán, exclusivamente, al concepto impositivo y periodo en que concurra la circunstancia por la que no procede dictar liquidación.

2. En la tramitación a seguir en estos casos, se tendrá en cuenta lo siguiente:

a) No se concederá trámite de audiencia o alegaciones al obligado tributario.

b) Se trasladará el expediente al órgano competente para interponer la denuncia o querella, para su remisión a la jurisdicción competente, o al Ministerio Fiscal, previo informe del órgano con funciones de asesoramiento jurídico.

En caso de que el órgano competente para interponer la denuncia o querella no apreciara indicios de delito contra la Hacienda Pública, devolverá el expediente para su ultimación en vía administrativa, previa formalización, en su caso, del acta que corresponda.

c) Dicha remisión determinará la suspensión del cómputo del plazo del procedimiento inspector en los términos indicados en el artículo 150.3 de la Ley 58/2003, de 17 de di-

---

[255]   Sentencia del Tribunal Supremo 1246/2019, de 25 de septiembre, núm. Recurso: 85/2018: «Anulamos el número 2 del artículo 197 bis del Real Decreto 1065/2007, de 27 de julio en cuanto permite que la Administración Tributaria pase el tanto de culpa a la jurisdicción competente o al Fiscal cuando aprecie indicios de delito en los casos en que se hubiera dictado liquidación administrativa o, incluso, impuesto sanción».

ciembre, General Tributaria. Esta suspensión se comunicará al obligado tributario a efectos meramente informativos, salvo que con esta comunicación pudiera perjudicarse de cualquier forma la investigación o comprobación de la defraudación, circunstancia que deberá quedar motivada en el expediente.

3. La devolución del expediente por el Ministerio Fiscal que no vaya seguida de una interposición de querella ante la jurisdicción competente por parte de la Administración tributaria, así como la inadmisión de la denuncia o querella, o la resolución judicial firme en la que no se aprecie la existencia de delito, determinarán la continuación del procedimiento inspector.

Dicho procedimiento deberá finalizar en el periodo que reste hasta la conclusión del plazo a que se refiere el artículo 150.1 de la Ley 58/2003, de 17 de diciembre, General Tributaria o en el plazo de 6 meses, si éste último fuese superior, a computar desde la recepción del expediente, por el órgano competente que deba continuar el procedimiento inspector.

Artículo 197 quater. *Reglas generales de la tramitación del procedimiento inspector en caso de liquidación vinculada a delito.*

1. Cuando la Administración tributaria aprecie indicios de delito contra la Hacienda Pública en el seno de un procedimiento inspector y no concurran las circunstancias que impiden dictar liquidación de acuerdo con lo dispuesto en el artículo 251.1 de la Ley 58/2003, de 17 de diciembre, General Tributaria, se dictará una propuesta de liquidación vinculada a delito en la que se expresarán, con el detalle que sea preciso, los hechos y fundamentos de derecho en que se base la misma, haciendo constar el derecho del obligado tributario a efectuar las alegaciones que considere oportunas en el correspondiente trámite de audiencia, dentro del plazo de los 15 días naturales, contados a partir del día siguiente al de la fecha en que se haya notificado dicha propuesta de liquidación.

2. Esa notificación podrá efectuarse al obligado tributario o al representante autorizado por él en el procedimiento de inspección en el que se dicte la propuesta de liquidación vinculada a delito.

3. Transcurrido el plazo previsto para el trámite de audiencia y examinadas las alegaciones, en su caso, presentadas, el órgano competente para liquidar actuará de la siguiente forma:

a) Dictará una liquidación vinculada a delito, con la autorización previa o simultánea del órgano de la Administración tributaria competente para interponer la denuncia o querella, cuando considere que la conducta del obligado tributario pudiera ser constitutiva de un posible delito contra la Hacienda Pública.

Dicha autorización se otorgará previo informe del órgano con funciones de asesoramiento jurídico.

En caso de que el órgano competente para interponer la denuncia o querella no apreciara indicios de delito contra la Hacienda Pública, devolverá el expediente para su ultimación en vía administrativa, previa formalización, en su caso, del acta que corresponda.

b) Rectificará la propuesta de liquidación vinculada a delito, cuando considere que en ella ha existido error en la apreciación de los hechos o indebida aplicación de las normas jurídicas.

En los casos en que esa rectificación afecte a cuestiones no alegadas por el obligado tributario, suponiendo además un agravamiento de la situación para dicho obligado tributario, se notificará el acuerdo de rectificación para que, en el plazo de 15 días naturales, contados a partir del día siguiente al de la notificación, efectúe alegaciones. Transcurrido dicho plazo, se dictará el acuerdo que proceda, que deberá ser notificado siguiéndose, respecto del mismo, la tramitación que corresponda.

En cualquier otro caso, se notificará sin más trámite la liquidación vinculada a delito.

c) Devolverá el expediente para su ultimación en vía administrativa, previa formalización, en su caso, del acta que corresponda, cuando considere que la conducta del obligado tributario no es constitutiva de delito contra la Hacienda Pública.

d) Acordará que se complete el expediente en cualquiera de sus extremos, cuando así lo estime conveniente, notificándoselo al obligado tributario. Una vez efectuadas las actuaciones complementarias, se procederá de la siguiente forma:

En el supuesto de que no se aprecien indicios de delito, se ultimará el expediente en vía administrativa, previa formalización, en su caso, del acta que corresponda.

En el supuesto de que se sigan apreciando indicios de delito contra la Hacienda Pública debiendo modificar la propuesta de liquidación vinculada a delito inicialmente formulada, se procederá a su rectificación otorgando nuevo trámite de alegaciones al obligado tributario por 15 días naturales, siguiendo la tramitación que corresponda.

En el supuesto de que se sigan apreciando indicios de delito contra la Hacienda Pública, pero sin necesidad de modificar la propuesta de liquidación vinculada a delito, ésta mantendrá su vigencia, procediendo el órgano competente para liquidar a dictar el acuerdo que corresponda, una vez otorgado nuevo trámite de alegaciones al obligado tributario por 15 días naturales.

4. Una vez dictada la liquidación administrativa, la Administración tributaria pasará el tanto de culpa a la jurisdicción competente o remitirá el expediente al Ministerio Fiscal y el procedimiento de comprobación finalizará, respecto de los elementos de la obligación tributaria regularizados mediante dicha liquidación, con la notificación al obligado tributario de la misma, en la que se advertirá de que el período voluntario de ingreso sólo comenzará a computarse una vez que sea notificada la admisión a trámite de la denuncia o querella correspondiente, en los términos establecidos en el artículo 255 de la Ley 58/2003, de 17 de diciembre, General Tributaria.

Artículo 197 quinquies. *Cálculo y tramitación de la liquidación vinculada a delito, en casos de concurrencia de cuota vinculada y no vinculada a delito contra la Hacienda Pública.*

1. En los casos en los que, por un mismo concepto impositivo y periodo, quepa distinguir elementos vinculados a un posible delito contra la Hacienda Pública, junto con otros elementos no vinculados a dicho delito, se aplicará la normativa prevista en el artículo 197 quater de este reglamento, con las especialidades señaladas en este precepto.

Para verificar si los elementos vinculados al delito contra la Hacienda Pública determinan una cuota defraudada determinante de dicho ilícito penal, se tendrá en cuenta lo establecido en la letra a) del apartado siguiente.

2. En los supuestos a los que se refiere el apartado anterior, se efectuarán dos liquidaciones provisionales de forma separada.

A efectos de la cuantificación de ambas liquidaciones, se formalizará una propuesta de liquidación vinculada a delito y un acta de inspección, de acuerdo con las siguientes reglas:

a) La propuesta de liquidación vinculada a delito comprenderá los elementos que hayan sido objeto de declaración, en su caso, a los que se sumarán todos aquellos elementos en los que se aprecien indicios de delito, y se restarán los ajustes a favor del obligado tributario a los que éste pudiera tener derecho en ese periodo. Adicionalmente, se minorarán las partidas a compensar o deducir susceptibles de aplicación, salvo que el obligado tributario ejercite la opción a que se refiere el apartado siguiente de este mismo artículo. Si la declaración presentada en plazo hubiera determinado una cuota a ingresar, ésta se descontará para el cálculo de esta propuesta de liquidación vinculada a delito.

b) La propuesta de liquidación contenida en el acta comprenderá la totalidad de los elementos comprobados, con independencia de que estén o no vinculados con el posible delito. En estos casos, la cantidad resultante de la propuesta de liquidación vinculada a delito, minorará la cuota de la propuesta de liquidación contenida en el acta.

3. No obstante, en caso de que el obligado tributario optara por la aplicación proporcional de las partidas a compensar o deducir en la base o en la cuota a que se refiere el apartado anterior, el importe concreto a minorar por dichas partidas en la liquidación vinculada a delito, se determinará aplicando al importe total de las mismas, el coeficiente resultante de una fracción en la que figuren:

a) En el numerador, la suma de los incrementos y disminuciones en la base imponible, multiplicada por el tipo medio de gravamen, y los incrementos y disminuciones en la cuota, todos ellos vinculados con el posible delito contra la Hacienda Pública.

b) En el denominador, la suma de la totalidad de los incrementos y disminuciones en la base imponible multiplicada por el tipo medio de gravamen, y la totalidad de los incrementos y disminuciones en la cuota, con independencia de que se hallen o no vinculados con el posible delito contra la Hacienda Pública.

Se entenderá por tipo medio de gravamen, el resultado de dividir la cuota íntegra entre la base liquidable.

El cálculo de ese coeficiente se efectuará prescindiendo del importe de todas las partidas a compensar o deducir en la base o en la cuota.

Artículo 197 sexies. *Efectos de la resolución judicial sobre la liquidación vinculada a delito.*

1. Cuando la Administración tributaria haya dictado una liquidación vinculada a delito, se tendrán en cuenta las distintas resoluciones judiciales, así como, en su caso, las decisiones del Ministerio Fiscal, en los términos que se indican en los apartados siguientes.

2. En caso de que en el proceso penal se dictara sentencia condenatoria por delito contra la Hacienda Pública, procederá actuar de la siguiente forma:

a) Si la cuota defraudada determinada en el proceso penal fuera idéntica a la liquidada en vía administrativa, no será necesario modificar la liquidación realizada, sin perjuicio de la liquidación de los intereses de demora y recargos que correspondan.

Entre esos intereses de demora, se exigirán los devengados desde la fecha en que se dictó la liquidación vinculada a delito, hasta la fecha de notificación al obligado tributario de la admisión a trámite de la denuncia o querella.

b) Si la cuantía defraudada determinada en el proceso penal difiriera, en más o en menos, de la fijada en vía administrativa, la liquidación vinculada a delito deberá modificarse en ese sentido.

En esos casos, subsistirá el acto inicial, que será rectificado de acuerdo con el contenido de la sentencia para ajustarse a la cuantía fijada en el proceso penal como cuota defraudada, sin que ello afecte a la validez de las actuaciones recaudatorias realizadas, respecto de la cuantía confirmada en dicho proceso.

Adicionalmente, se ajustarán los intereses de demora, procediendo, en todo caso, la exigencia de los devengados desde la fecha en que se dictó la liquidación vinculada a delito, hasta la fecha de notificación al obligado tributario de la admisión a trámite de la denuncia o querella.

Lo indicado anteriormente, se entenderá sin perjuicio de la procedencia de exigir en vía administrativa, en su caso, los importes que, de acuerdo con los hechos considerados probados en la resolución judicial, pudieran adeudarse a la Hacienda Pública, a pesar de no formar parte de la cuota defraudada. A esos efectos, y cuando sea necesario, se llevará a cabo la retroacción del procedimiento inspector para la liquidación de esos importes adicionales, en los términos indicados en el apartado 4 de este mismo precepto.

Por otra parte, cuando la cuantía defraudada determinada en el proceso penal fuese inferior a la fijada en vía administrativa, serán de aplicación las normas generales establecidas al efecto en la normativa tributaria en relación con las devoluciones de ingresos y el reembolso del coste de las garantías.

El acuerdo adoptado por la Administración tributaria en los dos casos previstos en las letras a) y b), se trasladará al Tribunal competente para la ejecución, al obligado al pago y a las demás partes personadas en el proceso penal, a efectos de lo previsto en el artículo 999 de la Ley de Enjuiciamiento Criminal.

3. En caso de que en el proceso penal no se apreciara la existencia de delito por inexistencia de la obligación tributaria, la liquidación vinculada a delito previamente dictada será anulada, siendo de aplicación las normas generales establecidas al efecto en la normativa tributaria, en relación con las devoluciones de ingresos y el reembolso del coste de las garantías.

4. Finalmente, en los casos que se recogen a continuación, procederá la retroacción del procedimiento inspector al momento anterior a aquél en que se dictó la propuesta de liquidación vinculada a delito, formalizando el acta que pudiera corresponder:

a) Devolución del expediente por el Ministerio Fiscal que no vaya seguida de una interposición de querella ante la jurisdicción competente por parte de la Administración tributaria.

b) Inadmisión de la denuncia o querella.

c) Auto de sobreseimiento.

d) Resolución judicial firme en la que no se aprecie delito, por motivo diferente a la inexistencia de la obligación tributaria.

En estos casos, el procedimiento deberá finalizar en el periodo que reste hasta la conclusión del plazo a que se refiere el artículo 150.1 de la Ley 58/2003, de 17 de diciembre, General Tributaria o en el plazo de 6 meses, si éste último fuese superior, a computar desde la recepción del expediente, por el órgano competente que deba continuar el procedimiento inspector.

Se exigirán intereses de demora por la nueva liquidación que ponga fin al procedimiento. La fecha de inicio del cómputo del interés de demora será la misma que, de acuerdo con lo establecido en el apartado 2 del artículo 26 de la Ley 58/2003, de 17 de diciembre, General Tributaria, hubiera correspondido a la liquidación anulada y el interés se devengará hasta el momento en que se haya dictado la nueva liquidación.

El incumplimiento del plazo de duración del procedimiento inspector, producirá, respecto de las obligaciones tributarias pendientes de liquidar, los efectos previstos en el artículo 150.6 la Ley 58/2003, de 17 de diciembre, General Tributaria.

TÍTULO VI[256]. ACTUACIONES DERIVADAS DE LA NORMATIVA SOBRE ASISTENCIA MUTUA

CAPÍTULO I. Disposiciones generales

Artículo 198. *Finalidades de la asistencia mutua.*

Conforme a lo dispuesto en los artículos 1.2 y 177 bis de la Ley 58/2003, de 17 de diciembre, General Tributaria, la asistencia mutua que la Administración tributaria preste o solicite a otros Estados o a entidades internacionales o supranacionales podrá tener por finalidad, entre otras, el intercambio de información y la recaudación de créditos.

Artículo 199. *Funciones derivadas de la asistencia mutua.*

Entre las funciones administrativas a las que se refiere el artículo 141.k) de la Ley 58/2003, de 17 de diciembre, General Tributaria, atribuidas a los órganos de inspección a través del artículo 166 de este reglamento, se encuentran aquéllas que deriven de la normativa sobre asistencia mutua, sin perjuicio de las competencias que, en relación con dicha asistencia mutua, puedan atribuirse a otros órganos de la Administración tributaria.

Artículo 200. *Solicitudes de asistencia mutua efectuadas por otros Estados o entidades internacionales o supranacionales.*

Con carácter general, las solicitudes que hayan sido recibidas conforme a la normativa sobre asistencia mutua no estarán sujetas a acto alguno de reconocimiento, adición o sustitución por parte de la Administración tributaria española, salvo que dicha normativa establezca otra cosa, sin perjuicio de la subsanación que de las mismas pueda instarse por parte de dicha Administración.

CAPÍTULO II. Normas comunes en asistencia mutua

SECCIÓN 1.ª *Intercambio de información*

Artículo 201. *Formas de intercambio de información.*

En el marco del artículo 177 ter.1 de la Ley 58/2003, de 17 de diciembre, General Tributaria, la Administración tributaria podrá facilitar información a otros Estados o entidades internacionales o supranacionales de las siguientes formas:

a) Previa solicitud de asistencia mutua de la autoridad competente del otro Estado o entidad, cualquiera que sea la naturaleza o la finalidad de dicha solicitud;

b) De forma automática en relación con determinadas categorías de información y de acuerdo con lo dispuesto en la normativa sobre asistencia mutua;

---

[256] Nuevo Título incorporado por el art. segundo nueve del Real Decreto 1558/2012, de 15 de noviembre (BOE núm. 283, de 24 de noviembre de 2012), en vigor desde el 1 de enero de 2013.

c) De forma espontánea en cumplimiento de la normativa sobre asistencia mutua cuando pueda ser útil al otro Estado o entidad.

Artículo 202. *Formato de la documentación.*

Cuando en cumplimiento de las obligaciones de asistencia mutua la Administración tributaria deba proporcionar documentación a otro Estado o entidad internacional o supranacional, la autoridad competente española podrá oponerse motivadamente a aportar la documentación original, salvo que la normativa sobre asistencia mutua disponga otra cosa.

Artículo 203. *Cesión de datos procedentes de otros Estados o de entidades internacionales o supranacionales.*

A efectos de determinar si la información suministrada a la Administración tributaria a la que se refiere el artículo 177 ter. 2 de la Ley 58/2003, de 17 de diciembre, General Tributaria, puede ser cedida a terceros en los supuestos del artículo 95.1 de dicha ley o a un tercer Estado o entidad internacional o supranacional, el órgano competente de la Agencia Estatal de Administración Tributaria recabará del Estado o entidad que suministró la información una autorización para proceder a dicha cesión.

La solicitud de autorización se podrá formular en el momento en el que se solicita la asistencia o con posterioridad a la recepción de la información.

No podrá efectuarse la cesión referida en tanto no se haya obtenido la autorización expresa del Estado o entidad internacional o supranacional que suministró la información.

La cesión se ajustará a los términos contenidos en la autorización.

Lo dispuesto en este artículo será aplicable siempre que la normativa sobre asistencia mutua aplicable no establezca otra cosa.

SECCIÓN 2.ª *Colaboración administrativa en materia de asistencia mutua*

Artículo 204. *Tramitación de solicitudes de asistencia mutua.*

1. De conformidad con el artículo 5.3 de la Ley 58/2003, de 17 de diciembre, General Tributaria, recibida una petición de asistencia mutua de otro Estado o entidad internacional o supranacional será la Agencia Estatal de Administración Tributaria la competente para su cumplimiento, que podrá requerir del órgano correspondiente, según el objeto de la asistencia, la colaboración necesaria. Dicho órgano deberá practicar los trámites o actuaciones derivadas de dicha colaboración.

2. Cuando la colaboración a la que se refiere el apartado anterior consista en el suministro de datos, informes, dictámenes, valoraciones o documentos, el órgano correspondiente al que se refiere el apartado anterior deberá remitir dicha información en el plazo máximo de 3 meses, salvo que la normativa sobre asistencia mutua establezca un plazo inferior a 6 meses para la prestación de la asistencia. En este último caso, la Agencia Estatal de Administración Tributaria señalará un plazo para suministrar la información no superior a la mitad del establecido en la normativa sobre asistencia mutua para dar cumplimiento a la obligación de asistir al Estado o entidad requirente.

Si el órgano correspondiente no se hallase en condiciones de responder a la solicitud en el plazo establecido en el párrafo anterior, informará al órgano competente de la Agencia

Estatal de Administración Tributaria, a la mayor brevedad posible, de los motivos que le impiden hacerlo, así como de la fecha en la que considera que podrá proporcionar una respuesta.

3. Todas las solicitudes de asistencia mutua a otros Estados o entidades internacionales o supranacionales que se soliciten conforme al artículo 177 bis.1 de la Ley 58/2003, de 17 de diciembre, General Tributaria, deberán ser tramitadas a través del órgano competente de la Agencia Estatal de Administración Tributaria, conforme al artículo 5.3 de la Ley 58/2003, de 17 de diciembre, General Tributaria.

Artículo 205. *Tramitación de información en el intercambio automático.*

Cuando en virtud de la normativa sobre asistencia mutua se deba transmitir de forma automática determinada información a otro Estado o entidad internacional o supranacional, la misma se comunicará, en todo caso, al órgano competente de la Agencia Estatal de Administración Tributaria para su remisión al otro Estado o entidad.

Artículo 206. *Tramitación de información en el intercambio espontáneo.*

Cuando en virtud de la normativa sobre asistencia mutua proceda el suministro espontáneo de información por parte de la Administración tributaria a otro Estado o entidad internacional o supranacional, cualquier órgano que disponga de información que, conforme a dicha normativa, se considere de utilidad a otro Estado o entidad internacional o supranacional, la comunicará de forma motivada al órgano competente de la Agencia Estatal de Administración Tributaria a efectos de su transmisión al Estado o entidad interesados.

Artículo 207. *Medios de comunicación entre órganos.*

Las comunicaciones necesarias para dar cumplimiento a lo dispuesto en los artículos anteriores se llevarán a cabo, preferentemente, por medios electrónicos, informáticos o telemáticos, en los términos establecidos en la Ley 58/2003, de 17 de diciembre, General Tributaria y en su normativa de desarrollo.

TÍTULO VII. PROCEDIMIENTO DE RECUPERACIÓN DE AYUDAS DE ESTADO EN SUPUESTOS DE REGULARIZACIÓN DE LOS ELEMENTOS DE LA OBLIGACIÓN TRIBUTARIA AFECTADOS POR LA DECISIÓN DE RECUPERACIÓN[257]

Artículo 208. *Procedimiento de recuperación en supuestos de regularización de los elementos de la obligación tributaria afectados por la decisión de recuperación.*

1. En el caso de que un obligado tributario deba ser objeto de actuaciones en relación con diferentes decisiones de recuperación, podrá iniciarse un único procedimiento para la ejecución de todas ellas o, si ya se estuviera tramitando un procedimiento de recuperación, incorporar al mismo la ejecución de otras decisiones de recuperación que afecten a la misma obligación tributaria.

2. Se podrá prescindir del trámite de alegaciones cuando la resolución contenga manifestación expresa de que no procede regularizar la situación tributaria como consecuencia de la comprobación realizada.

---

[257] Nuevo Título VII incorporado por el art. primero.cuarenta y seis del Real Decreto 1070/2017, de 29 de diciembre (BOE núm. 317, de 30 de diciembre de 201), en vigor desde el 1 de enero de 2018.

3. Una vez recibidas las alegaciones formuladas por el obligado tributario o concluido el plazo para su presentación, el órgano competente para liquidar, a la vista de la propuesta de liquidación y de las alegaciones en su caso presentadas, dictará el acto administrativo que corresponda que deberá ser notificado.

Si el órgano competente para liquidar acordase la rectificación de la propuesta por considerar que en ella ha existido error en la apreciación de los hechos o indebida aplicación de las normas jurídicas y dicha rectificación afectase a cuestiones no alegadas por el obligado tributario, notificará el acuerdo de rectificación para que en el plazo de 10 días, contados a partir del día siguiente al de la notificación de la apertura de dicho plazo, efectúe alegaciones. Transcurrido dicho plazo se dictará la liquidación que corresponda, que deberá ser notificada.

4. El órgano competente para liquidar podrá acordar que se complete el expediente en cualquiera de sus extremos. Dicho acuerdo se notificará al obligado tributario y se procederá de la siguiente forma:

a) Si como consecuencia de las actuaciones complementarias se considera necesario modificar la propuesta de liquidación se dejará sin efecto la propuesta formulada y se formalizará una nueva que sustituirá a todos los efectos a la anterior.

b) Si se mantiene la propuesta de liquidación, se concederá al obligado tributario un plazo de 10 días, contados a partir del día siguiente al de la notificación de la apertura de dicho plazo, para la puesta de manifiesto del expediente y la formulación de las alegaciones que estime oportunas. Una vez recibidas las alegaciones o concluido el plazo para su realización, el órgano competente para liquidar dictará el acto administrativo que corresponda que deberá ser notificado.

5. En caso de tramitación simultánea de un procedimiento de recuperación en supuestos de regularización de los elementos de la obligación tributaria afectados por la decisión de recuperación y de un procedimiento inspector las liquidaciones que, en su caso, se dicten como consecuencia de los mismos tendrán el carácter que corresponda con arreglo a lo dispuesto en la Ley 58/2003, de 17 de diciembre, General Tributaria, y el presente reglamento.

6. En relación con cada obligación tributaria objeto del procedimiento podrá dictarse una única resolución respecto de todo el ámbito temporal objeto de la decisión de recuperación a fin de que la deuda resultante se determine mediante la suma algebraica de las liquidaciones referidas a los distintos periodos impositivos o de liquidación comprobados.

7. En las actuaciones realizadas respecto a entidades que tributen en régimen de consolidación fiscal relativas al procedimiento de recuperación de ayudas de Estado en supuestos de regularización de los elementos de la obligación tributaria afectados por la decisión de recuperación, resultará, asimismo, aplicable lo dispuesto en el artículo 195 de este reglamento, salvo su apartado 4.

DISPOSICIONES ADICIONALES

Disposición adicional primera. *Normas de organización específica.*

En el ámbito de la Agencia Estatal de Administración Tributaria, la norma de organización específica a que se refiere este reglamento deberá ser aprobada y publicada en el «Boletín Oficial del Estado» antes de la entrada en vigor del reglamento.

Disposición adicional segunda. *Órganos competentes de las comunidades autónomas, de las ciudades de Ceuta y Melilla o de las entidades locales.*

1. Los órganos competentes de las comunidades autónomas, de las ciudades con Estatuto de Autonomía de Ceuta y Melilla o de las entidades locales en materia de procedimientos de aplicación de los tributos se determinarán conforme a lo que establezca su normativa específica.

2. Las referencias realizadas a órganos de la Administración tributaria del Estado se entenderán aplicables, cuando sean competentes por razón de la materia, a los órganos equivalentes de las comunidades autónomas, de las ciudades con Estatuto de Autonomía de Ceuta y Melilla o de las entidades locales.

Disposición adicional tercera. *Órganos competentes en el ámbito de la Dirección General del Catastro.*

En el ámbito de la Dirección General del Catastro, las menciones de este reglamento al órgano competente para liquidar se entenderán realizadas al órgano competente para dictar el acto con el que finalice el procedimiento de comprobación o investigación en materia catastral.

Disposición adicional cuarta. *Aplicación de las normas sobre declaraciones censales en los Territorios Históricos del País Vasco y en la Comunidad Foral de Navarra.*

1. Los empresarios, profesionales y retenedores que tengan su domicilio fiscal en territorio común deberán presentar las declaraciones censales reguladas en este reglamento ante el órgano competente de la Administración tributaria del Estado, sin perjuicio de las obligaciones que les sean exigibles por las Administraciones tributarias de los Territorios Históricos del País Vasco o de la Comunidad Foral de Navarra.

2. Los empresarios, profesionales y retenedores que tengan su domicilio fiscal en territorio vasco o navarro deberán presentar las declaraciones censales reguladas en este reglamento ante el órgano competente de la Administración tributaria del Estado cuando hayan de presentar ante esta autoliquidaciones periódicas y sus correspondientes resúmenes anuales, o declaraciones anuales que incluyan rendimientos de actividades económicas, así como cuando se trate de sujetos pasivos del Impuesto sobre Actividades Económicas que desarrollen actividades económicas en territorio común.

Disposición adicional quinta. *Obligaciones censales relativas al Impuesto sobre las Ventas Minoristas de Determinados Hidrocarburos.*

1. La obligación de inscribir en el registro territorial los establecimientos de venta al público al por menor definidos en el artículo 9.cuatro.2 de la Ley 24/2001, de 27 de diciembre, de medidas fiscales, administrativas y del orden social, tendrá la consideración de obligación censal y se regirá por lo dispuesto en los apartados octavo y noveno de la Orden de 17 de junio por la que se aprueban las normas de gestión del Impuesto sobre las Ventas Minoristas de Determinados Hidrocarburos y, en lo no previsto en dicha norma, por las disposiciones de este reglamento relativas a las obligaciones de carácter censal.

2. La presentación de la solicitud de baja en el Censo de Empresarios, Profesionales y Retenedores, para los obligados tributarios incluidos en el registro territorial de establecimientos de venta al público al por menor definidos en el artículo 9.cuatro.2 de la Ley 24/2001, de 27 de diciembre, de medidas fiscales, administrativas y del orden social, producirá los efectos propios de la solicitud de baja en el citado registro respecto de los establecimientos de que sean titulares dichos obligados tributarios.

Disposición adicional sexta. *Declaración anual de operaciones con terceras personas realizadas en Canarias, Ceuta y Melilla.*

Las operaciones que se entiendan realizadas en Canarias, Ceuta y Melilla, según lo dispuesto en los artículos 68, 69 y 70 de la Ley 37/1992, de 28 de diciembre, del Impuesto sobre el Valor Añadido, se relacionarán en la declaración anual de operaciones con terceras personas según lo dispuesto en este reglamento. No será de aplicación lo dispuesto en el artículo 34.2.c) de este reglamento a este tipo de operaciones. A estos efectos, se entenderá por importe total de la contraprestación el que resulte de las normas vigentes de determinación de la base imponible del Impuesto General Indirecto Canario o del Impuesto sobre la Producción, los Servicios y la Importación en las Ciudades de Ceuta y Melilla, respectivamente.

A los efectos de la exclusión del deber de presentación de la declaración anual de operaciones, no será aplicable para las operaciones realizadas en Canarias, Ceuta y Melilla el requisito de inclusión en uno de los regímenes especiales del Impuesto sobre el Valor Añadido previstos en el artículo 32.1.b) de este reglamento.

Disposición adicional séptima[258]. *Declaración de operaciones con terceras personas de la Administración del Estado.*

1. La remisión a la Administración tributaria de la información de operaciones con terceras personas a que se refiere este reglamento será canalizada, en el ámbito de la Administración General del Estado, por la Intervención General de la Administración del Estado, que centralizará y agrupará en un soporte único los datos sobre las operaciones realizadas con cargo al Presupuesto de gastos del Estado por el procedimiento de pago directo.

Con el alcance previsto en el artículo 33 de este reglamento, la información relativa a pagos directos comprenderá todas las obligaciones reconocidas en el ejercicio a que se refiere dicha información.

2. La Intervención General de la Administración del Estado remitirá al Departamento de Informática de la Agencia Estatal de Administración Tributaria por vía telemática un único fichero comprensivo de todas las personas o entidades con quienes se hayan efectuado operaciones por el procedimiento de pago directo.

3. La Intervención General de la Administración del Estado se responsabilizará de la remisión de los datos que se deduzcan del sistema de información contable de la Administración General del Estado.

Disposición adicional octava. *Devolución de ingresos indebidos de derecho público.*

1. Lo previsto en los artículos 131 y 132 de este reglamento se aplicará supletoriamente a las devoluciones de cantidades que constituyan ingresos de naturaleza pública, distintos de los tributos.

---

[258] Nueva redacción dada por el art. tercero.Trece del Real Decreto 828/2013, de 25 de octubre (BOE núm. 257, de 26 de octubre de 2013), en vigor desde el 1 de enero de 2014.

2. Las devoluciones de ingresos indebidos en relación con los derechos a la importación y a la exportación se regirán por los reglamentos de la Comunidad Europea que les sean específicamente aplicables. Las disposiciones contenidas en este reglamento tendrán carácter supletorio cuando lo permita el ordenamiento jurídico comunitario.

Disposición adicional novena. *Convenios de colaboración suscritos con anterioridad a la entrada en vigor de este reglamento.*

1. Los sujetos de la colaboración social en la gestión de los tributos que en la fecha de entrada en vigor de este reglamento tengan suscritos acuerdos de colaboración o adendas a los mismos para la presentación telemática de declaraciones, comunicaciones u otros documentos tributarios ante la Agencia Estatal de Administración Tributaria podrán continuar prestando su colaboración con arreglo a los citados acuerdos, siempre que se ajusten a lo dispuesto en este reglamento y en su normativa de desarrollo.

2. Cuando se establezcan nuevas vías de colaboración social en la gestión de los tributos, los colaboradores sociales a los que se refiere el apartado anterior podrán extender su colaboración conforme a los acuerdos ya suscritos y sus adendas, siempre que se ajusten a lo dispuesto en este reglamento y en la normativa que regule las nuevas vías de colaboración.

Disposición adicional décima[259]. *Tratamiento de datos personales.*

Los datos personales aportados por los obligados tributarios en el cumplimiento de sus derechos y obligaciones tributarias serán tratados con la finalidad de aplicar el sistema tributario y aduanero, siendo responsable del tratamiento de dichos datos la Administración tributaria competente. Este tratamiento se ajustará al Reglamento (UE) 2016/679 del Parlamento Europeo y del Consejo, de 27 de abril de 2016, y a la Ley Orgánica 3/2018, de 5 de diciembre, de Protección de Datos Personales y garantía de los derechos digitales, así como a la normativa tributaria que resulte de aplicación. En la Sede electrónica de la Administración tributaria competente se facilitará la información relativa a los posibles tratamientos y el ejercicio de los derechos sobre los mismos.

---

[259] Nueva redacción de la Disp. Adic. décima dada por la Disp. Final Primera Diecisiete del Real Decreto 117/2024, de 30 de enero, por el que se desarrollan las normas y los procedimientos de diligencia debida en el ámbito del intercambio automático obligatorio de información comunicada por los operadores de plataformas, y se modifican el Reglamento General de las actuaciones y los procedimientos de gestión e inspección tributaria y de desarrollo de las normas comunes de los procedimientos de aplicación de los tributos, aprobado por el Real Decreto 1065/2007, de 27 de julio, en transposición de la Directiva (UE) 2021/514 del Consejo de 22 de marzo de 2021 por la que se modifica la Directiva 2011/16/UE relativa a la cooperación administrativa en el ámbito de la fiscalidad, y otras normas tributarias (BOE núm. 27, de 31 de enero de 2024), en vigor desde el 1 de febrero de 2024.
Redacción anterior de la Disp. Adicional Décima suprimida por la Disp. Final Primera del Real Decreto 1021/2015, de 13 de noviembre (BOE núm. 275, de 17 de noviembre de 2015), con efectos desde el 1 de enero de 2016.

Disposición adicional duodécima. *Contestación a consultas tributarias relativas al Impuesto General Indirecto Canario y al Arbitrio sobre Importaciones y Entregas de Mercancías en las Islas Canarias.*

En el ámbito del Impuesto General Indirecto Canario y del Arbitrio sobre Importaciones y Entregas de Mercancías en las Islas Canarias se aplicará lo dispuesto en el apartado tres de la disposición adicional décima de la Ley 20/1991, de 7 de junio, de modificación de los aspectos fiscales del Régimen Económico Fiscal de Canarias.

Disposición adicional decimotercera[260].

Disposición adicional decimocuarta. *Facultades de los órganos de recaudación.*

Las disposiciones de este reglamento dictadas en desarrollo de los artículos 142 y 146 de la Ley 58/2003, de 17 de diciembre, General Tributaria, serán de aplicación a los funcionarios que desempeñen funciones de recaudación.

Disposición adicional decimoquinta. Estandarización de los formatos de los ficheros a aportar a la Administración tributaria en el curso de los procedimientos de aplicación de los tributos.

El Ministro de Economía y Hacienda podrá establecer formatos estándares para el intercambio de ficheros con trascendencia contable y fiscal entre las personas y entidades que desarrollan actividades económicas y la Administración tributaria. Al objeto de garantizar la autenticidad e integridad de los ficheros aportados, la Administración tributaria podrá exigir que los ficheros requeridos sean firmados electrónicamente.

Del mismo modo podrán desarrollarse los requisitos exigibles en la llevanza de la contabilidad por medio de equipos electrónicos de procesamiento de datos al objeto de respetar los principios de inscripción, exactitud, integridad e irreversibilidad, trazabilidad y detalle.

Disposición adicional decimoquinta[261]. *Estandarización de los formatos de los ficheros a aportar a la Administración tributaria en el curso de los procedimientos de aplicación de los tributos.*

El Ministro de Economía y Hacienda podrá establecer formatos estándares para el intercambio de ficheros con trascendencia contable y fiscal entre las personas y entidades que desarrollan actividades económicas y la Administración tributaria. Al objeto de garantizar la autenticidad e integridad de los ficheros aportados, la Administración tributaria podrá exigir que los ficheros requeridos sean firmados electrónicamente.

Del mismo modo podrán desarrollarse los requisitos exigibles en la llevanza de la contabilidad por medio de equipos electrónicos de procesamiento de datos al objeto de respetar los principios de inscripción, exactitud, integridad e irreversibilidad, trazabilidad y detalle.

---

[260] Disp. Adicional decimotercera suprimida por la Disp. Final Primera del Real Decreto 1021/2015, de 13 de noviembre (BOE núm. 275, de 17 de noviembre de 2015), con efectos desde el 1 de enero de 2016.

[261] Real Decreto 1007/2023, de 5 de diciembre, por el que se aprueba el Reglamento que establece los requisitos que deben adoptar los sistemas y programas informáticos o electrónicos que soporten los procesos de facturación de empresarios y profesionales, y la estandarización de formatos de los registros de facturación (BOE núm. 291, de 06 de diciembre de 2023).

Disposición adicional decimosexta[262]. *Habilitaciones sobre el procedimiento de pago de rendimientos de Deuda Pública del Estado.*

1. Se habilita al Banco de España para que, de acuerdo con el procedimiento previsto en el apartado 7 del artículo 44 de este Reglamento, abone a las Entidades Gestoras las cantidades retenidas en exceso por la Dirección General del Tesoro y Política Financiera a los titulares de Deuda Pública del Estado.

2. El Ministro de Economía y Hacienda determinará la forma y plazos en que el Banco de España enviará la información pertinente a la Dirección General del Tesoro y Política Financiera y a la Administración tributaria para su comprobación por los procedimientos de intercambio de información previstos en el ordenamiento vigente.

3. El Ministro de Economía y Hacienda y el Banco de España adoptarán las disposiciones necesarias para el desarrollo del procedimiento previsto en el artículo 44 de este Reglamento.

Disposición adicional decimoséptima[263]. *Trámites de audiencia y de alegaciones en el ámbito de la deuda aduanera*

En el ámbito de la deuda aduanera, resultarán de aplicación las disposiciones contenidas en el presente reglamento en relación a los trámites de audiencia o alegaciones de acuerdo con las especialidades establecidas por la normativa de la Unión Europea en relación al derecho a ser oído.

DISPOSICIONES TRANSITORIAS

Disposición transitoria primera. *Procedimiento para hacer efectiva la obligación de informar respecto de los valores a que se refiere la disposición transitoria segunda de la Ley 19/2003, de 4 de julio.*

Tratándose de participaciones preferentes y de deuda comprendidas en el ámbito de aplicación de la disposición transitoria segunda de la Ley 19/2003, de 4 de julio, sobre régimen jurídico de los movimientos de capitales y de las transacciones económicas con el exterior y sobre determinadas medidas de prevención del blanqueo de capitales, se aplicará lo previsto en el Real Decreto 1285/1991, de 2 de agosto, por el que se establece el procedimiento de pago de intereses de Deuda del Estado en anotaciones a los no residentes que inviertan en España sin mediación de establecimiento permanente, respecto de las entidades financieras que intermedien en la emisión.

Disposición transitoria segunda[264].

---

[262] Nueva disposición adicional 16.ª incorporada por el artículo único.Cinco del Real Decreto 1145/2011, de 29 de julio (BOE núm. 182, de 30 de julio de 2011), en vigor desde 31 de julio de 2011.

[263] Nueva Disp. Adicional incorporada por el art. primero.cuarenta y siete del Real Decreto 1070/2017, de 29 de diciembre (BOE núm. 317, de 30 de diciembre de 201), en vigor desde el 1 de enero de 2018.

[264] Disp. Transitoria Segunda suprimida por la Disp. Final Primera del Real Decreto 1021/2015, de 13 de noviembre (BOE núm. 275, de 17 de noviembre de 2015), con efectos desde el 1 de enero de 2016.

Disposición transitoria tercera[265]. *Obligaciones de información de carácter general.*

1. Lo dispuesto en la sección 2.ª del capítulo V del título II de este reglamento será aplicable a la información a suministrar correspondiente al año 2008, salvo lo dispuesto en los apartados siguientes.

2[266]**.** La obligación de informar sobre las operaciones incluidas en los libros registro a que se refiere el artículo 36 de este reglamento, será exigible desde el 1 de enero de 2009 únicamente para aquellos sujetos pasivos del Impuesto sobre el Valor Añadido inscritos en el registro de devolución mensual regulado en el artículo 30 del Reglamento del Impuesto sobre el Valor Añadido, aprobado por el Real Decreto 1624/1992, de 29 de diciembre, y para aquellos sujetos pasivos del Impuesto General Indirecto Canario inscritos en el registro de devolución mensual regulado en el artículo 8 del Decreto 182/1992, de 15 de diciembre, por el que se aprueban las normas de gestión, liquidación, recaudación e inspección del Impuesto General Indirecto Canario y la revisión de los actos dictados en aplicación del mismo. Para los restantes obligados tributarios, el cumplimiento de esta obligación será exigible por primera vez para la información a suministrar correspondiente al año 2014, de acuerdo con la forma, plazos y demás condiciones para el cumplimiento de la misma que establezca el Ministro de Economía y Hacienda.

3. Las obligaciones de información acerca de préstamos y créditos así como la referente a operaciones financieras relacionadas con bienes inmuebles reguladas en los artículos 38 y 54 de este reglamento, respectivamente, serán exigibles por primera vez para la información a suministrar correspondiente al año 2009. La información a suministrar relativa a operaciones realizadas en 2008, se limitará a la correspondiente a los préstamos hipotecarios concedidos para la adquisición de viviendas de acuerdo con lo establecido en el artículo 105.2.a) de la Ley 35/2006, de 28 de noviembre, del Impuesto sobre la Renta de las Personas Físicas y de modificación parcial de las leyes de los Impuestos sobre Sociedades, sobre la Renta de no Residentes y sobre el Patrimonio, en los términos desarrollados por la Orden de 30 de julio de 1999 por la que se aprueba el modelo 181 de declaración informativa de préstamos hipotecarios concedidos para la adquisición de viviendas.

Disposición transitoria cuarta[267]**.** *Declaración de las actividades económicas desarrolladas de acuerdo con la codificación prevista en la CNAE-2009.*

En tanto no se produzca la oportuna modificación de lo dispuesto en la Disposición Adicional Quinta, apartado 3.e) de la Ley 58/2003, de 17 de diciembre, General Tributaria, la remisión a la codificación prevista en el Real Decreto 475/2007, de 13 de abril, por el que se

---

[265] Nueva redacción de la Disp. Trans. tercera dada por el Art. 2.5 del Real Decreto 2126/2008, de 26 de diciembre (BOE núm. 312, de 27 de diciembre), en vigor desde el 1 de enero de 2009.

[266] Nueva redacción del apartado 2 dada por el art. 1.nueve del Real Decreto 1615/2011, de 14 de noviembre (BOE núm. 285, de 26 de noviembre de 2011), con entrada en vigor el 27 de noviembre de 2011.
Redacción anterior dada por el art. Segundo.dos del Real Decreto 2004/2009, de 23 de diciembre (BOE núm. 313, de 29 de diciembre de 2009), en vigor desde el 1-1-2010.
Redacción anterior dada por el Art. 2.5 del Real Decreto 2126/2008, de 26 de diciembre, en vigor desde el 1-I-2009 hasta el 31-XII-2009.

[267] Nueva redacción de la Disp. Trans. cuarta dada por el Art. 2.6 del Real Decreto 2126/2008, de 26 de diciembre (BOE núm. 312, de 27 de diciembre), en vigor desde el 1 de enero de 2009.

aprueba la Clasificación Nacional de Actividades Económicas 2009 (CNAE-2009) contenida en el artículo 5.b).10.º de este reglamento, se entenderá realizada a la codificación prevista a efectos del Impuesto sobre Actividades Económicas.

DISPOSICIÓN FINAL

Disposición final única. *Habilitación normativa.*

Se autoriza al Ministro de Economía y Hacienda para dictar las disposiciones necesarias para el desarrollo y ejecución de este reglamento

ANEXO[268]

Anexo al Reglamento al General de las actuaciones y los procedimientos de gestión e inspección tributaria y de desarrollo de las normas comunes de los procedimientos de aplicación de los tributos, aprobado por Real Decreto 1065/2007

Modelo de declaración a que se refieren los apartados 3, 4 y 5 del artículo 44 del Reglamento General de las actuaciones y los procedimientos de gestión e inspección tributaria y de desarrollo de las normas comunes de los procedimientos de aplicación de los tributos

Don (nombre), con número de identificación fiscal (1) (…), en nombre y representación de (entidad declarante), con número de identificación fiscal (1) (…) y domicilio en (…) en calidad de (marcar la letra que proceda):

(a) Entidad Gestora del Mercado de Deuda Pública en Anotaciones.

(b) Entidad que gestiona el sistema de compensación y liquidación de valores con sede en el extranjero.

(c) Otras entidades que mantienen valores por cuenta de terceros en entidades de compensación y liquidación de valores domiciliadas en territorio español.

(d) Agente de pagos designado por el emisor.

Formula la siguiente declaración, de acuerdo con lo que consta en sus propios registros:

1. En relación con los apartados 3 y 4 del artículo 44:

1.1 Identificación de los valores...

1.2 Fecha de pago de los rendimientos (o de reembolso si son valores emitidos al descuento o segregados)...

1.3 Importe total de los rendimientos (o importe total a reembolsar, en todo caso, si son valores emitidos al descuento o segregados) ....

1.4 Importe de los rendimientos correspondiente a contribuyentes del Impuesto sobre la Renta de las Personas Físicas, excepto cupones segregados y principales segregados en cuyo reembolso intervenga una Entidad Gestora...............................

1.5 Importe de los rendimientos que conforme al apartado 2 del artículo 44 debe abonarse por su importe íntegro (o importe total a reembolsar si son valores emitidos al descuento o segregados).

2. En relación con el apartado 5 del artículo 44.

---

[268] Anexo incorporado por el art. único.cinco del Real Decreto 1145/2011, de 29 de julio (BOE núm. 182, de 30 de julio de 2011), con efectos desde el día siguiente a su publicación.

2.1 Identificación de los valores...

2.2 Fecha de pago de los rendimientos (o de reembolso si son valores emitidos al descuento o segregados) ....

2.3 Importe total de los rendimientos (o importe total a reembolsar si son valores emitidos al descuento o segregados...

2.4 Importe correspondiente a la entidad que gestiona el sistema de compensación y liquidación de valores con sede en el extranjero A.

2.5 Importe correspondiente a la entidad que gestiona el sistema de compensación y liquidación de valores con sede en el extranjero B.

2.6 Importe correspondiente a la entidad que gestiona el sistema de compensación y liquidación de valores con sede en el extranjero C.

Lo que declaro en.....................a ... de.....................de ...

(1) En caso de personas, físicas o jurídicas, no residentes sin establecimiento permanente se hará constar el número o código de identificación que corresponda de conformidad con su país de residencia.

§3. Real Decreto 939/2005, de 29 de julio, por el que se aprueba el REGLAMENTO GENERAL DE RECAUDACIÓN

(BOE núm. 210, de 2 de septiembre de 2005)

La Ley 58/2003, de 17 de diciembre, General Tributaria, ha introducido el concepto de «aplicación de los tributos» en la regulación del sistema tributario, concepto amplio que engloba todas las actividades administrativas dirigidas a la información y asistencia a los obligados tributarios, la gestión, inspección y recaudación y las actuaciones de los obligados en el ejercicio de sus derechos o en el cumplimiento de sus obligaciones. El título III de la ley, dedicado a la aplicación de los tributos, regula los procedimientos de gestión, inspección y recaudación. Por ello, contiene una parte común que incluye los principios generales y las normas comunes aplicables a todos los procedimientos tributarios y una parte especial donde se regulan las especialidades de los procedimientos de gestión, inspección y recaudación. El artículo 97 de la Ley 58/2003, de 17 de diciembre, General Tributaria, al establecer el sistema de prelación de normas que debe aplicarse en las actuaciones y procedimientos tributarios señala la prelación de la norma especial, tanto legal como reglamentaria, respecto de la general y la supletoriedad de las disposiciones generales sobre los procedimientos administrativos.

De acuerdo con dichas premisas, el Reglamento General de Recaudación aprobado por este real decreto va a regular la materia específica del procedimiento de recaudación, sin perjuicio de la aplicación directa a dicho procedimiento de los preceptos reglamentarios dictados en desarrollo de las normas comunes sobre procedimientos tributarios contenidas en el título III de la ley, por su carácter especial respecto de las normas generales de derecho administrativo.

Por otro lado, el Reglamento General de Recaudación tiene, desde el punto de vista material, un ámbito de aplicación más amplio que el contenido en la Ley 58/2003, de 17 de diciembre, General Tributaria, puesto que no se circunscribe al cobro de las deudas y sanciones tributarias, sino también al de los demás recursos de naturaleza pública, tal y como ocurría con el reglamento hasta ahora vigente.

Desde un punto de vista subjetivo, el Reglamento General de Recaudación no afecta sólo al ámbito del Estado, sino que también se aplicará por otras Administraciones tributarias en virtud de lo establecido en el artículo 1 de la Ley 58/2003, de 17 de diciembre, General Tributaria.

II

La nueva Ley 58/2003, de 17 de diciembre, General Tributaria, incluye una nueva sistemática de las normas reguladoras de la gestión recaudatoria, incorporando algunos preceptos de especial relevancia contenidos en el Reglamento General de Recaudación aprobado por el Real Decreto 1684/1990, de 20 de diciembre. Esta nueva sistemática ha hecho necesario que la revisión del citado reglamento cumpla el objetivo de conseguir un texto que contenga los cambios introducidos en el ámbito de la recaudación, omita los preceptos que han sido incluidos en el texto legal y regule las cuestiones necesarias para llevar a cabo una adecuada gestión recaudatoria de los recursos e ingresos de naturaleza pública, adaptándola a las nuevas tecnologías.

En el nuevo reglamento se han efectuado algunos cambios en la estructura respecto al reglamento derogado en orden a mejorar la sistemática de sus preceptos y a adaptarlo a la nueva Ley 58/2003, de 17 de diciembre, General Tributaria.

III

En el título I, «Disposiciones generales», se incluyen dos capítulos, uno dedicado a la gestión recaudatoria y otro dedicado a los ingresos derivados de la gestión recaudatoria.

El capítulo I incluye a su vez cuatro secciones. En la sección 1.ª se define el ámbito de aplicación del reglamento y el concepto de gestión recaudatoria, cuestiones de especial importancia desde un punto de vista material y subjetivo como se ha señalado anteriormente.

La sección 2.ª establece reglas para la recaudación de los recursos de naturaleza pública por las distintas Administraciones y en ella se pone de manifiesto el primero de los cambios de estructura en el nuevo reglamento, ya que en dicha sección se incluye no sólo la regulación de la Hacienda pública estatal, autonómica y local, sino también las normas relativas a los organismos autónomos del Estado y las normas sobre recaudación de recursos de otras Administraciones públicas extranjeras y entidades supranacionales que en el anterior reglamento se recogían en la parte final del texto. Respecto a los órganos de recaudación, el texto del reglamento ha evitado en esta sección, y en el resto del articulado, la mención a órganos concretos, para poner el acento en la función y no en el órgano que la realiza y conseguir, de esta forma, una mayor flexibilidad frente a futuros cambios de organización. Debe tenerse en cuenta, además, que el reglamento se aplica a distintas Administraciones tributarias, y que estas tienen facultades de organización autónomas que desarrollan en normas de diferente rango.

La sección 3.ª está dedicada a las entidades que prestan el servicio de caja y a las entidades colaboradoras en la gestión recaudatoria y la sección 4.ª incluye un único artículo dedicado a las facultades, a la obtención de información y a la adopción de medidas cautelares realizadas por los funcionarios que desarrollen funciones de recaudación. Este artículo se limita a efectuar una remisión a los artículos de la Ley 58/2003, de 17 de diciembre, General Tributaria, que atribuyen dichas facultades y funciones y a su normativa de desarrollo, precisamente por tratarse de normas comunes a otras funciones y procedimientos de aplicación de los tributos.

El capítulo II, dedicado a los ingresos de la gestión recaudatoria, pone de manifiesto el segundo de los cambios importantes en la estructura del nuevo reglamento respecto del anterior, ya que se ha incluido en este título I todo lo relativo a los ingresos en los distintos órganos de recaudación de forma directa o a través de entidades colaboradoras o que presten el servicio de caja, regulación que antes se incluía en las normas reguladoras del procedimiento de recaudación en periodo voluntario, mientras que en las normas relativas a la recaudación en periodo ejecutivo se efectuaba una mera remisión a las primeras citadas. Al tratarse de normas generales y comunes aplicables a la recaudación en ambos periodos, se ha considerado oportuno incluirlas conjuntamente en el título I del reglamento. Por las mismas razones, se ha incluido una sección 3.ª dedicada a regular los ingresos en las cuentas del Tesoro ya que se trata de normas que tienen también alcance general y suponen el cierre de toda la gestión recaudatoria, en la medida en que regulan el ingreso definitivo de todas las cantidades recaudadas a través de distintos sujetos y derivadas de los distintos procedimientos en el Tesoro público.

IV

El título II del reglamento se dedica a la deuda y se divide a su vez en dos capítulos, uno dedicado a la extinción de la deuda y otro dedicado a las garantías de la deuda. En lo relativo a la extinción de la deuda se regula de forma detallada el pago en efectivo, mediante efectos timbrados y en especie. En la regulación del pago de las deudas en efectivo se incorpora la regulación prevista en diferentes órdenes ministeriales para evitar la dispersión normativa en esta materia. En cuanto al pago mediante efectos timbrados se revisa el listado de efectos y se establece una cláusula de cierre para atribuir la condición de efectos timbrados a aquellos que puedan ser aprobados por orden del Ministro de Economía y Hacienda. En lo que se re- fiere al pago en especie se establecen los efectos de la presentación de la solicitud en función de que esta se presente en periodo voluntario o en periodo ejecutivo de ingreso, la subsana- ción de los defectos de la solicitud y los efectos de la aceptación, de la denegación y de la fal- ta de puesta a disposición de los bienes. Por otra parte se describen las actuaciones a realizar en el supuesto de tributos incompatibles, en las que se pone el acento en la protección de la persona o entidad que pueda verse perjudicada por la doble liquidación administrativa, a la vez que se regula el cauce de coordinación entre las Administraciones públicas implicadas.

En lo que se refiere a la posibilidad de aplazar o fraccionar el pago de las deudas se de- sarrolla lo previsto en los artículos 65 y 82 de la Ley 58/2003, de 17 de diciembre, General Tributaria. Se incluyen reglas de inadmisión de las solicitudes y, para el caso de admisión, se regulan de forma detallada los efectos de la falta de subsanación de los requisitos de la garantía y de la inatención del requerimiento, de la denegación del aplazamiento o fraccio- namiento y, en caso de que se haya concedido, de la falta de formalización de la garantía y de la falta de pago en los plazos otorgados. Finalmente, se desarrolla lo dispuesto en la Ley 58/2003, de 17 de diciembre, General Tributaria, en materia de garantías en aplazamientos y fraccionamientos, en particular, lo referente a la adopción de medidas cautelares en sustitu- ción de garantías. También se regula el reembolso del coste de las garantías prestadas para el aplazamiento o fraccionamiento de una deuda declarada improcedente.

En materia de compensaciones, se señalan los efectos de la inatención a los requerimien- tos de subsanación y de la denegación de forma similar a lo establecido para los aplazamien- tos y fraccionamientos. También se matiza que el acuerdo de compensación es declarativo como así lo establece el artículo 72.3 de la Ley 58/2003, de 17 de diciembre, General Tri- butaria.

En la sección dedicada a otras formas de extinción de la deuda, se incluye, al igual que en la ley, la extinción de deudas de las entidades de derecho público mediante deducciones sobre transferencias, que no es una forma de compensación sino un supuesto específico de extinción de deudas.

La última sección de este capítulo regula la baja provisional por insolvencia donde se definen los conceptos de deudor fallido y de crédito incobrable.

El capítulo II incluye las normas relativas a las garantías de la deuda, que también y en orden a su adaptación a la estructura de la ley, se han incluido en el capítulo de cierre de este título en vez de incluirlo entre las normas sobre el pago de la deuda como en el anterior reglamento. La principal novedad radica en que se establece expresamente que el ejercicio del derecho de afección se realizará de acuerdo con las normas del procedimiento para declarar la responsabilidad subsidiaria al haber configurado la Ley 58/2003, de 17 de diciembre, General Tributaria, al adquirente del bien afecto como responsable subsidiario.

V

El título III, «Recaudación en periodo voluntario y en periodo ejecutivo», se divide en dos capítulos. El capítulo I recoge las disposiciones generales y en él se señala la iniciación y terminación de los periodos voluntario y ejecutivo de pago. Asimismo, se recoge con finalidad didáctica la diferencia entre periodo ejecutivo y procedimiento de apremio, al establecerse que, una vez comenzado el periodo ejecutivo, se iniciará el procedimiento de apremio mediante la notificación de la providencia de apremio.

El capítulo II regula dicho procedimiento de apremio y se divide, a su vez, en cinco secciones dedicadas, respectivamente, al inicio, desarrollo, terminación del procedimiento de apremio, a las tercerías y a la personación de la Hacienda pública en otros procedimientos de ejecución.

La sección 1.ª, relativa al inicio del procedimiento de apremio, distingue entre la providencia de apremio y su notificación. Respecto a la providencia de apremio, acto de la Administración que ordena la ejecución contra el patrimonio del obligado al pago, se enuncian las menciones que necesariamente debe contener y se indica quién es el órgano competente para dictarla.

La sección 2.ª dedicada al desarrollo del procedimiento de apremio incluye un artículo relativo a la suspensión del procedimiento, si bien se limita a hacer una remisión a la regulación prevista en la normativa de los recursos y reclamaciones económico-administrativas. También se contienen en esta sección las reglas generales para la práctica de los embargos y los artículos que regulan cada uno de sus tipos, con la inclusión de normas especiales y la regulación del depósito de bienes embargados.

La subsección 5.ª se refiere a la enajenación de los bienes embargados Se han introducido una serie de novedades con el objeto de agilizar el procedimiento, adaptarlo a las nuevas tecnologías electrónicas, informáticas y telemáticas y mejorar la concurrencia en la venta de los bienes embargados. El tipo inicial de subasta se mantiene en el importe de la valoración, salvo que existan cargas, y, tras aclarar el concepto de acuerdo de enajenación, se establecen algunas reglas nuevas en materia de notificación de dicho acuerdo, se elimina el límite temporal para el examen de los bienes objeto de subasta y se introducen novedades en cuanto a la constitución del depósito y el pago del precio, ya que, aunque sigue estableciéndose en un 20 por ciento, existe la posibilidad de reducirlo a un 10 por ciento. La norma prevé la posibilidad de efectuar pujas en sobre cerrado, de forma automática, personales y de forma telemática, estableciendo las reglas de preferencia entre ellas. Además, se prevé que cuando la participación en la subasta se lleve a cabo en virtud de la colaboración social pueda cederse el remate a un tercero.

La sección 3.ª completa lo establecido en la ley respecto a la terminación del procedimiento de apremio. La sección 4.ª regula todo lo relativo a la reclamación previa de tercería en vía administrativa que permite el ejercicio de la acción de tercería ante los juzgados y tribunales de justicia. Por último, la sección 5.ª regula las actuaciones de la Administración tributaria en caso de concurrencia de procedimientos de ejecución.

VI

El título IV, «Procedimiento frente a responsables y sucesores», contiene dos capítulos. Dentro del capítulo I, «Responsables», se desarrollan en primer lugar determinadas cuestiones en relación con la declaración de responsabilidad; en segundo lugar, se desarrollan los artículos 42 y 175 de la Ley 58/2003, de 17 de diciembre, General Tributaria, en lo que se refiere a la certificación por adquisición de actividades o explotaciones económicas, donde se detallan los efectos que se derivan del contenido de dicha certificación y de la omisión de su solicitud; en tercer y último lugar, se regula el certificado específico de exención de responsabilidad previsto en el artículo 43.1.f) de la Ley 58/2003, de 17 de diciembre, General Tributaria, expedido a instancia de los contratistas o subcontratistas de obras y servicios.

El capítulo II, relativo a los sucesores, detalla las actuaciones que deben realizarse para exigir la deuda al sucesor en función del momento en el que se hubiera producido el fallecimiento de la persona física o la extinción de la personalidad o la disolución de la entidad o persona jurídica.

VII

Finalmente, en el título V, «Disposiciones especiales», se incluye un único artículo para regular la exacción de la responsabilidad civil por delito contra la Hacienda pública. El reglamento incluye además cuatro disposiciones adicionales, la primera para hacer referencia a los órganos de las comunidades autónomas, ciudades de Ceuta y Melilla y de las entidades locales, la segunda para regular las relaciones entre la Administración tributaria y la Seguridad Social en procesos concursales, la tercera en materia de asistencia mutua y la cuarta para fijar el plazo de aprobación de la norma de organización específica en el ámbito de la Agencia Estatal de Administración Tributaria; contiene además tres disposiciones transitorias y una disposición final.

VIII

Por su parte, el real decreto que se aprueba incluye, además del artículo único por el que se aprueba el Reglamento General de Recaudación, una disposición derogatoria y una disposición final por la que se establece su entrada en vigor.

En su virtud, a propuesta del Ministro de Economía y Hacienda, con la aprobación previa del Ministro de Administraciones Públicas, de acuerdo con el Consejo de Estado y previa deliberación del Consejo de Ministros en su reunión del día 29 de julio de 2005,

DISPONGO:

Artículo único. *Aprobación del Reglamento General de Recaudación.*

Se aprueba el Reglamento General de Recaudación, cuyo texto se inserta a continuación.

Disposición derogatoria única. *Derogación normativa.*

Quedan derogados:

a) El Real Decreto 1684/1990, de 20 de diciembre, por el que se aprueba el Reglamento General de Recaudación.

b) Las disposiciones de igual o inferior rango que se opongan a lo previsto en este real decreto.

Disposición final única. *Entrada en vigor.*

El presente real decreto entrará en vigor el 1 de enero de 2006[1].

REGLAMENTO GENERAL DE RECAUDACIÓN

TÍTULO I. DISPOSICIONES GENERALES

CAPÍTULO I. La gestión recaudatoria

SECCIÓN 1.ª *Disposiciones Generales*

Artículo 1. *Ámbito de aplicación.*

1. Este reglamento regula la gestión recaudatoria de los recursos de naturaleza pública en desarrollo de la Ley 58/2003, de 17 de diciembre, General Tributaria[2], de la Ley 47/2003, de 26 de noviembre, General Presupuestaria, y de las demás leyes que establezcan aquellos.

2. Este reglamento será de aplicación en los términos previstos en el artículo 1 de la Ley 58/2003, de 17 de diciembre, General Tributaria.

Artículo 2[3]. *Concepto de gestión recaudatoria.*

La gestión recaudatoria de la Hacienda pública consiste en el ejercicio de la función administrativa conducente al cobro de las deudas y sanciones tributarias y demás recursos de naturaleza pública que deban satisfacer los obligados al pago.

A efectos de este reglamento, todos los créditos de naturaleza pública a que se refiere este artículo se denominarán deudas. Se considerarán obligados al pago aquellas personas o entidades a las que la Hacienda pública exige el ingreso de la totalidad o parte de una deuda.

La gestión recaudatoria podrá realizarse en periodo voluntario o en periodo ejecutivo. El cobro en periodo ejecutivo de los recursos a los que se refiere el párrafo anterior se efectuará por el procedimiento de apremio regulado en la Ley 58/2003, de 17 de diciembre, General Tributaria, y en este reglamento.

La gestión recaudatoria también podrá consistir en el desarrollo de actuaciones recaudatorias y de colaboración en este ámbito conforme a la normativa de asistencia mutua a la que se refiere el artículo 1.2 de la Ley 58/2003, de 17 de diciembre, General Tributaria.

---

[1]   Ver Disp. Transt. Tercera (Régimen transitorio), de este Reglamento (§3).

[2]   Arts. 58 al 82 y 160 al 177 de la LGT (§1)

[3]   Nueva redacción del art. 2 dada por el art. primero uno del Real Decreto 1558/2012, de 15 de noviembre (BOE núm. 283, de 24 de noviembre de 2012), en vigor desde el 1 de enero de 2013.

SECCIÓN 2.ª *Recaudación de recursos de naturaleza*
pública por las distintas administraciones

Subsección 1.ª Recaudación por la Hacienda pública estatal
y por las entidades de derecho público estatales

Artículo 3. *Recaudación de la Hacienda pública estatal y de las entidades de derecho público estatales.*

1. La gestión recaudatoria del Estado y de sus organismos autónomos se llevará a cabo:

a) Cuando se trate de los recursos del sistema tributario estatal y aduanero, tanto en periodo voluntario como ejecutivo, por la Agencia Estatal de Administración Tributaria.

No obstante, tratándose de tasas, la recaudación en periodo voluntario se llevará a cabo por el órgano de la Administración General del Estado u organismo autónomo que tenga atribuida su gestión.

b) Cuando se trate de los demás recursos de naturaleza pública:

1.º En periodo voluntario, por las Delegaciones de Economía y Hacienda, salvo que la gestión de dichos recursos esté atribuida a otros órganos de la Administración General del Estado o a sus organismos autónomos.

2.º En periodo ejecutivo, por la Agencia Estatal de Administración Tributaria previa remisión, en su caso, de las correspondientes relaciones certificadas de deudas impagadas en periodo voluntario.

2. Los recursos de naturaleza pública cuya gestión esté atribuida a una entidad de derecho público distinta de las señaladas en el apartado anterior serán recaudadas en periodo voluntario por los servicios de dicha entidad. La recaudación en periodo ejecutivo corresponderá a la Agencia Estatal de Administración Tributaria cuando así lo establezca una ley o cuando así se hubiese establecido en el correspondiente convenio.

3[4]. En los supuestos previstos en los apartados 1 y 2 de este artículo, corresponderá a los órganos de recaudación de la Agencia Estatal de Administración Tributaria, tanto la declara-

---

[4] Nueva redacción del art. 3.3 dada por la Disp. Final Segunda Uno del Real Decreto 117/2024, de 30 de enero, por el que se desarrollan las normas y los procedimientos de diligencia debida en el ámbito del intercambio automático obligatorio de información comunicada por los operadores de plataformas, y se modifican el Reglamento General de las actuaciones y los procedimientos de gestión e inspección tributaria y de desarrollo de las normas comunes de los procedimientos de aplicación de los tributos, aprobado por el Real Decreto 1065/2007, de 27 de julio, en transposición de la Directiva (UE) 2021/514 del Consejo de 22 de marzo de 2021 por la que se modifica la Directiva 2011/16/UE relativa a la cooperación administrativa en el ámbito de la fiscalidad, y otras normas tributarias (BOE núm. 27, de 31 de enero de 2024), en vigor desde el 1 de febrero de 2024.

Original apartado 3 que se renumera, pasando a ser el 4 con nueva redacción dada por el art. único. Uno del Real Decreto 1071/2017, de 29 de diciembre (BOE núm. 317, de 30 de diciembre de 201), en vigor desde el 1 de enero de 2018: «*3. En los supuestos previstos en los apartados 1 y 2 de este artículo, corresponderá a los órganos de recaudación de la Agencia Estatal de Administración Tributaria, sin perjuicio de lo dispuesto en los artículos 174.2 de la Ley 58/2003, de 17 de diciembre, General Tributaria, y 124.3 de este reglamento, tanto la declaración de la responsabilidad como la derivación de la acción de cobro frente a los responsables, de acuerdo con lo previsto en la citada Ley*».

ción de la responsabilidad como la derivación de la acción de cobro frente a los responsables, de acuerdo con lo previsto en la Ley 58/2003, de 17 de diciembre, General Tributaria.

4[5]. Las cantidades recaudadas por cuenta de las entidades citadas en el apartado 2 de este artículo por parte de la Agencia Estatal de Administración Tributaria, cuando la recaudación se efectúe en virtud de una ley, serán transferidas a las cuentas oficiales de dichas entidades, a excepción de los recargos del periodo ejecutivo y de las costas. En caso de convenio se transferirán las cantidades recaudadas minoradas en los términos establecidos en dicho convenio.

Artículo 4. *Especialidades de la recaudación de los organismos autónomos del Estado.*

1. La gestión recaudatoria en periodo ejecutivo de los créditos de los organismos autónomos del Estado se rige por lo dispuesto en este reglamento, con las siguientes particularidades:

a) Las relaciones certificadas de deudas impagadas en periodo voluntario serán expedidas por los órganos competentes de los organismos autónomos. Cuando las deudas de un mismo deudor sean inferiores a la cantidad que se fije por resolución del Director del Departamento de Recaudación de la Agencia Estatal de Administración Tributaria como coste mínimo de recaudación estimado, dichas deudas sólo se incluirán en las relaciones mencionadas cuando el importe acumulado, incluidas todas las que estuviesen en gestión de cobro, supere dicho coste mínimo estimado.

b) La providencia de apremio será dictada por los órganos de recaudación de la Agencia Estatal de Administración Tributaria.

c) Las cantidades recaudadas, a excepción de los recargos del periodo ejecutivo y las costas, serán transferidas a las cuentas oficiales del organismo autónomo por la Agencia Estatal de Administración Tributaria.

2. Los intereses de demora se liquidarán de acuerdo con lo dispuesto en el artículo 72. En los supuestos previstos en el apartado 4 de dicho artículo, la liquidación corresponderá a los organismos autónomos en el caso del párrafo a) y a los órganos de recaudación de la Agencia Estatal de Administración Tributaria en los supuestos de los párrafos b), c) y d).

3. La declaración de fallido de los obligados al pago se efectuará por los órganos de recaudación de la Agencia Estatal de Administración Tributaria. La declaración de crédito incobrable se efectuará por los órganos de recaudación del organismo autónomo correspondiente de conformidad con su normativa específica, previa comunicación por la Agencia Estatal de Administración Tributaria de la insolvencia del deudor.

En caso de rehabilitación del crédito por parte del organismo autónomo, este lo podrá incluir en la relación certificada de deudas rehabilitadas que remita a la Agencia Estatal de Administración Tributaria para su cobro.

4[6]. Corresponderá a los órganos de recaudación de la Agencia Estatal de Administración Tributaria, tanto la declaración de la responsabilidad como la derivación de la acción de

---

[5]   Nuevo apartado 3 incorporado por el art. único. Uno del Real Decreto 1071/2017, de 29 de diciembre (BOE núm. 317, de 30 de diciembre de 201), en vigor desde el 1 de enero de 2018.

[6]   Nueva redacción del art. 4.4 dada por la Disp. Final Segunda Dos del Real Decreto 117/2024, de 30 de enero, por el que se desarrollan las normas y los procedimientos de diligencia debida en el ámbito del intercambio automático obligatorio de información comunicada por los operadores de plataformas, y se modifican el Reglamento General de las actuaciones y los procedimientos de gestión e inspección tributaria y de desarrollo de las normas comunes de los procedimientos de aplicación de los tributos,

cobro frente a los responsables, de acuerdo con lo previsto en la Ley 58/2003, de 17 de diciembre, General Tributaria.

5. Será aplicable lo dispuesto en este reglamento sobre adjudicación de bienes a la Hacienda pública, con las siguientes particularidades:

a) La propuesta y resolución sobre la adjudicación de bienes de que se trate corresponderá a los órganos competentes del organismo autónomo.

b) Los bienes cuya adjudicación se haya acordado, así como los documentos precisos para su inscripción en los registros públicos, se entregarán o, en su caso, se pondrán a disposición del organismo autónomo.

Artículo 5. *Recaudación de recursos de otras Administraciones públicas nacionales, extranjeras o entidades internacionales o supranacionales.*

1. La Agencia Estatal de Administración Tributaria se encargará de la recaudación de los recursos de naturaleza pública de otras Administraciones públicas nacionales distintas de las previstas en los artículos 7 y 8 cuando dicha gestión se le encomiende en virtud de ley o convenio.

Las cantidades recaudadas por parte de la Agencia Estatal de Administración Tributaria cuando la recaudación se efectúe en virtud de una ley serán transferidas a las cuentas oficiales de dichas Administraciones, a excepción de los recargos del periodo ejecutivo y de las costas. En caso de convenio se transferirán las cantidades recaudadas minoradas en los términos establecidos en dicho convenio.

2. La gestión recaudatoria de los recursos propios de la Unión Europea y otras entidades internacionales o supranacionales que deba realizarse por el Estado español se llevará a cabo:

a) En periodo voluntario, por los órganos de la Administración General del Estado, organismos autónomos o entidades de derecho público estatales que la tengan atribuida y, en su defecto, por la Agencia Estatal de Administración Tributaria.

b) En periodo ejecutivo, por la Agencia Estatal de Administración Tributaria.

3[7]**.** De conformidad con el artículo 5.3 de la Ley 58/2003, de 17 de diciembre, General Tributaria, la gestión recaudatoria a la que se refiere el último párrafo del artículo 2 que deba realizarse por el Estado español a favor de otros Estados o de otras entidades internacionales o supranacionales, en el marco de la asistencia mutua, se llevará a cabo por la Agencia Estatal de Administración Tributaria.

---

aprobado por el Real Decreto 1065/2007, de 27 de julio, en transposición de la Directiva (UE) 2021/514 del Consejo de 22 de marzo de 2021 por la que se modifica la Directiva 2011/16/UE relativa a la cooperación administrativa en el ámbito de la fiscalidad, y otras normas tributarias (BOE núm. 27, de 31 de enero de 2024), en vigor desde el 1 de febrero de 2024.

Redacción anterior dada por el art. único. Dos del Real Decreto 1071/2017, de 29 de diciembre (BOE núm. 317, de 30 de diciembre de 201), en vigor desde el 1 de enero de 2018: «*4. Corresponderá a los órganos de recaudación de la Agencia Estatal de Administración Tributaria, sin perjuicio de lo dispuesto en los artículos 174.2 de la Ley 58/2003, de 17 de diciembre, General Tributaria, y 124.3 de este reglamento, tanto la declaración de la responsabilidad como la derivación de la acción de cobro frente a los responsables, de acuerdo con lo previsto en la citada Ley*».

[7] Nueva redacción del art. 2 dada por el art. primero uno del Real Decreto 1558/2012, de 15 de noviembre (BOE núm. 283, de 24 de noviembre de 2012), en vigor desde el 1 de enero de 2013.

Asimismo, corresponderá a la Agencia Estatal de Administración Tributaria la realización de las peticiones de asistencia mutua a otros Estados, o a otras entidades internacionales o supranacionales.

4. La Agencia Estatal de Administración Tributaria realizará las actuaciones de colaboración en la recaudación que establezcan las leyes.

Artículo 6. *Órganos de recaudación del Estado.*

Son órganos de recaudación del Estado:

a) Las unidades administrativas de la Agencia Estatal de Administración Tributaria, centrales o periféricas, a las que las normas de organización específica atribuyan competencias en materia de recaudación.

b) Las unidades administrativas de los órganos de la Administración General del Estado, organismos autónomos estatales y entidades de derecho público estatales que tengan atribuida la gestión recaudatoria de los correspondientes recursos de derecho público.

c) La Dirección General del Tesoro y Política Financiera y las unidades administrativas de las Delegaciones de Economía y Hacienda en los demás casos no comprendidos en los párrafos anteriores.

Subsección 2.ª Recaudación de la Hacienda pública de las
comunidades autónomas y de sus organismos autónomos

Artículo 7[8]. *Recaudación de la Hacienda pública de las comunidades autónomas y de sus organismos autónomos.*

Corresponde a las comunidades autónomas la recaudación de las deudas cuya gestión tengan atribuida, y se llevará a cabo:

a) Directamente por las comunidades autónomas y sus organismos autónomos, de acuerdo con lo establecido en sus normas de atribución de competencias.

b) Por otras entidades de derecho público con las que se haya formalizado el correspondiente convenio o en las que se haya delegado esta facultad.

c) Por la Agencia Estatal de Administración Tributaria, cuando así se acuerde mediante la suscripción de un convenio para la recaudación.

---

[8]   Art. 19 de la Ley Orgánica 8/1980, de 22 de septiembre, de Financiación de las Comunidades Autónomas. Art. 54 (Delegación de competencias), art. 56 (Alcance de la delegación de competencias en relación con la recaudación de los tributos cedidos) y art. 57 (De la gestión recaudatoria de las Comunidades Autónomas) de la Ley 22/2009, de 18 de diciembre, por la que se regula el sistema de financiación de las Comunidades Autónomas de régimen común y Ciudades con Estatuto de Autonomía y se modifican determinadas normas tributarias (BOE núm. 305, de 19 de diciembre de 2009).

Subsección 3.ª Recaudación de la Hacienda pública de las
entidades locales y de sus organismos autónomos

Artículo 8[9]. *Recaudación de la Hacienda pública de las entidades locales y de sus organismos autónomos.*

Corresponde a las entidades locales y a sus organismos autónomos la recaudación de las deudas cuya gestión tengan atribuida y se llevará a cabo:

a) Directamente por las entidades locales y sus organismos autónomos, de acuerdo con lo establecido en sus normas de atribución de competencias.

b) Por otros entes territoriales a cuyo ámbito pertenezcan cuando así se haya establecido legalmente, cuando con ellos se haya formalizado el correspondiente convenio o cuando se haya delegado esta facultad en ellos, con la distribución de competencias que en su caso se haya establecido entre la entidad local titular del crédito y el ente territorial que desarrolle la gestión recaudatoria.

c) Por la Agencia Estatal de Administración Tributaria, cuando así se acuerde mediante la suscripción de un convenio para la recaudación.

SECCIÓN 3.ª *Entidades que presten el servicio de caja y
entidades colaboradoras en la gestión recaudatoria*

Artículo 9. *Entidades que presten el servicio de caja y entidades colaboradoras en la gestión recaudatoria.*

1. Podrán prestar el servicio de caja las entidades de crédito con las que cada Administración así lo convenga. Podrán actuar como entidades colaboradoras en la recaudación las entidades de crédito autorizadas por cada Administración, con los requisitos y con el contenido a que se refiere el artículo 17.

A efectos de este reglamento, sólo podrán actuar como entidades que presten el servicio de caja o como entidades colaboradoras las siguientes entidades de crédito:

a) Los bancos.

b) Las cajas de ahorro.

c) Las cooperativas de crédito.

2. En ningún caso la autorización que se conceda o el convenio que se formalice atribuirá el carácter de órganos de recaudación a las entidades de crédito que presten el servicio de caja o que sean colaboradoras en la recaudación.

3. La Dirección General del Tesoro y Política Financiera podrá convenir la prestación del servicio de caja o autorizar a las entidades de crédito a actuar como entidades colaboradoras

---

[9]   Ley 7/1985, de 2 de abril, reguladora de las Bases del Régimen Local, Art. 106: «*3. Es competencia de las Entidades Locales la gestión, recaudación e inspección de sus tributos propios, sin perjuicio de las delegaciones que puedan otorgar a favor de las Entidades Locales de ámbito superior o de las respectivas Comunidades Autónomas y de las fórmulas de colaboración con otras Entidades Locales, con las Comunidades Autónomas o con el Estado, de acuerdo con lo que establezca la legislación del Estado*».
Arts. 7 (Delegación), 8 (Colaboración), 9 (Beneficios fiscales, régimen y compensación), 12 (Gestión), 13 (Consultas), 15 (Ordenanzas fiscales) y 35 (Gestión y recaudación) del Real Decreto legislativo 2/2004, de 5 de marzo, que aprueba el texto refundido de la Ley de Haciendas Locales.

en la gestión de aquellos ingresos de la Administración General del Estado no encomendados a la Agencia Estatal de Administración Tributaria en los términos previstos en este reglamento.

4[10]. Asimismo, podrán prestar el servicio de caja o tener la consideración de entidad colaboradora en la recaudación, en los mismos términos y condiciones previstos para las entidades de crédito, las siguientes entidades:

a) Las entidades de dinero electrónico.

b) Las entidades de pago.

c) Cualquier otra que se establezca por el titular del Ministerio de Hacienda.

SECCIÓN 4.ª *Obtención de información, facultades y adopción de medidas cautelares en la gestión recaudatoria*

Artículo 10[11]. *Facultades de los órganos de recaudación.*

1. Los funcionarios que desempeñen funciones de recaudación serán considerados agentes de la autoridad y tendrán las facultades previstas en el artículo 142 de la Ley 58/2003, de 17 de diciembre, General Tributaria.

Asimismo, podrán adoptar las medidas cautelares recogidas en el artículo 146 de la Ley 58/2003, de 17 de diciembre, General Tributaria, previstas para el procedimiento de inspección.

2. Los funcionarios que desempeñen funciones de recaudación podrán realizar actuaciones de obtención de información previstas en los artículos 93 y 94 de la Ley 58/2003, de 17 de diciembre, General Tributaria.

CAPÍTULO II. Ingresos de la gestión recaudatoria

Artículo 11. *Ingresos de la gestión recaudatoria.*

1. Los ingresos de la gestión recaudatoria, tanto en periodo voluntario como en periodo ejecutivo, se efectuarán conforme a lo dispuesto en este capítulo.

2. Si el vencimiento de cualquier plazo coincide con un sábado o un día inhábil, quedará trasladado al primer día hábil siguiente.

SECCIÓN 1.ª *Ingresos de la gestión recaudatoria en periodo voluntario y periodo ejecutivo*

Artículo 12. *Lugar de realización de los ingresos.*

Los ingresos podrán realizarse:

---

[10] Nueva redacción apartado 4 del art. 9 incorporado por la Disp. Final Segunda Tres del Real Decreto 117/2024, de 30 de enero, por el que se desarrollan las normas y los procedimientos de diligencia debida en el ámbito del intercambio automático obligatorio de información comunicada por los operadores de plataformas, y se modifican el Reglamento General de las actuaciones y los procedimientos de gestión e inspección tributaria y de desarrollo de las normas comunes de los procedimientos de aplicación de los tributos, aprobado por el Real Decreto 1065/2007, de 27 de julio, en transposición de la Directiva (UE) 2021/514 del Consejo de 22 de marzo de 2021 por la que se modifica la Directiva 2011/16/UE relativa a la cooperación administrativa en el ámbito de la fiscalidad, y otras normas tributarias (BOE núm. 27, de 31 de enero de 2024), en vigor desde el 1 de febrero de 2024.

[11] Art. 162 (Facultades de la recaudación tributaria), de la LGT (§1).

a) En la Tesorería de la Dirección General del Tesoro y Política Financiera.

b) En las entidades de crédito que presten el servicio de caja a las que se refiere el artículo 9.1.

c) En las entidades colaboradoras a las que se refiere el artículo 9.1.

d) En las aduanas.

e) En las cuentas restringidas abiertas en entidades de crédito.

f) En las cajas de los órganos gestores.

g) En cualquier otro lugar de pago que se establezca por el Ministro de Economía y Hacienda.

Subsección 1.ª Ingresos en la Tesorería de la Dirección
General del Tesoro y Política Financiera

Artículo 13. *Ingresos en la Tesorería de la Dirección General del Tesoro y Política Financiera.*
1. La Tesorería de la Dirección General del Tesoro y Política Financiera recaudará las cantidades que se liquiden o retengan en dicho órgano y aquellas respecto de las cuales así lo establezca el Ministro de Economía y Hacienda.

2. Dichas cantidades podrán ingresarse, según se establezca por el Ministro de Economía y Hacienda:

a) En la Caja de la Dirección General del Tesoro y Política Financiera.

b) En el Banco de España o en el organismo público que se determine.

c) En entidades de crédito.

3. Los ingresos se realizarán de lunes a viernes, excepto en los días no laborables.

Subsección 2.ª Ingresos a través de entidades de crédito que presten el servicio de caja

Artículo 14. *Entidades de crédito que presten el servicio de caja.*
1. Las entidades de crédito con las que así se convenga podrán prestar el servicio de caja a los órganos de recaudación competentes.

2. Sin perjuicio de lo establecido en el apartado anterior, dichas entidades podrán actuar también como colaboradoras en la recaudación.

Artículo 15. *Ingresos a través de entidades de crédito que presten el servicio de caja.*
Los ingresos se realizarán con carácter obligatorio en las entidades de crédito que presten el servicio de caja únicamente en aquellos casos en que así se establezca por el Ministro de Economía y Hacienda.

Artículo 16. *Procedimiento de ingreso a través de entidades de crédito que presten el servicio de caja.*
1. Los ingresos se realizarán en cuentas restringidas abiertas en las citadas entidades, cuya denominación y funcionamiento serán establecidos mediante orden del Ministro de Economía y Hacienda.

2. Los ingresos en estas cuentas se efectuarán en dinero de curso legal y por cualquier otro medio de pago que se establezca por orden del Ministro de Economía y Hacienda.

3. Diariamente, la entidad entregará al órgano de recaudación competente relación justificativa de las cantidades ingresadas en la cuenta restringida y los documentos acreditativos de las deudas a las que corresponden.

Subsección 3.ª Ingresos a través de entidades colaboradoras en la recaudación

Artículo 17. *Entidades colaboradoras en la recaudación*.
1. Podrán colaborar en la recaudación las entidades de crédito autorizadas. La prestación del servicio de colaboración no será retribuida.
2. Las entidades que deseen actuar como colaboradoras en la gestión recaudatoria desarrollada por la Agencia Estatal de Administración Tributaria solicitarán autorización del Director del Departamento de Recaudación de esta y deberán adjuntar declaración expresa de estar en disposición de prestar el servicio de colaboración en las condiciones establecidas en cada caso por la normativa vigente.

Para valorar adecuadamente la conveniencia de conceder la autorización solicitada, se tendrá en cuenta, entre otros factores, la solvencia de la entidad y su posible contribución al servicio de colaboración en la recaudación. A tal fin, se podrán recabar los informes que se consideren oportunos.

La resolución deberá notificarse a la entidad solicitante en el plazo de tres meses. Asimismo, si el acuerdo es de concesión, deberá publicarse en el «Boletín Oficial del Estado».

La autorización podrá determinar la forma y condiciones de prestación del servicio. Si se deniega la autorización, el acuerdo será motivado. Transcurrido dicho plazo sin que haya recaído resolución expresa, se podrá entender estimada la solicitud.
3. Antes de iniciar el servicio de colaboración, las entidades solicitantes deberán comunicar al órgano de recaudación competente los siguientes extremos:

a) Relación de todas sus oficinas, su domicilio y su clave bancaria.

b) Fecha o fechas de comienzo de la prestación, que en ningún caso podrán exceder de dos meses, contados a partir del día siguiente al de la notificación de la autorización.

Además, la entidad colaboradora deberá poner en conocimiento del órgano de recaudación competente toda variación relevante referente a altas y bajas en la operatividad de sus oficinas y los cambios de denominación a que aquella se vea sometida.
4. La entidad que posea varias oficinas dentro del ámbito territorial que se determine por cada Administración tributaria deberá designar una de ellas para relacionarse con dicha Administración.
5. Los órganos de recaudación efectuarán el control y seguimiento de la actuación de las entidades colaboradoras.

A tal efecto, podrán ordenar la práctica de comprobaciones en dichas entidades.

Las comprobaciones se referirán exclusivamente a su actuación como entidades colaboradoras, pudiéndose efectuar en las oficinas de la entidad o en los locales del órgano actuante.

Las actuaciones podrán referirse al examen de la documentación relativa a operaciones concretas o extenderse a la actuación de colaboración de dichas entidades o de sus oficinas durante un periodo determinado de tiempo.

Para la práctica de las comprobaciones, las entidades deberán poner a disposición de los funcionarios designados al efecto toda la documentación que se les solicite en relación con la actuación de la entidad en su condición de colaboradora y, en particular, extractos de cuentas corrientes restringidas, documentos de ingreso y justificantes de ingreso en las cuentas del Tesoro. Asimismo, deberán permitir el acceso a los registros informáticos de la entidad respecto de las operaciones realizadas en su condición de colaboradora.

6. Si dichas entidades incumplen las obligaciones establecidas en este reglamento y demás normas aplicables, las obligaciones de colaboración con la Hacienda pública o las normas tributarias en general, se podrá suspender temporalmente o revocar definitivamente la autorización otorgada a las entidades de crédito para actuar como colaboradoras en la recaudación, restringir temporal o definitivamente el ámbito territorial de su actuación o excluir de la prestación del servicio de colaboración a alguna de sus oficinas, sin perjuicio de la responsabilidad que en cada caso proceda.

Corresponderá acordar la suspensión o revocación al órgano que hubiera acordado la autorización.

En particular, el órgano de recaudación competente podrá hacer uso de las facultades a las que se refiere el párrafo anterior cuando concurra alguna de las siguientes circunstancias:

a) Presentación reiterada fuera de los plazos establecidos, de forma incompleta o con graves deficiencias, de la información que como entidad colaboradora debe aportar al órgano de recaudación competente.

b) Manipulación de los datos contenidos en la información que debe aportar al órgano de recaudación competente, en la que debe custodiar la entidad o en la que debe entregar a los obligados al pago.

c) Incumplimiento de las obligaciones de proporcionar o declarar cualquier tipo de datos, informes o antecedentes con trascendencia tributaria.

d) Incumplimiento de las órdenes de embargo, así como la colaboración o consentimiento en el levantamiento de bienes embargados o sobre los que se haya constituido una medida cautelar o una garantía.

e) Obstrucción a la actuación de la Administración tributaria.

f) No realizar diariamente el ingreso de las cantidades recaudadas en las cuentas restringidas del órgano de recaudación competente o no efectuar o efectuar con retraso el ingreso de las cantidades recaudadas en la cuenta del Tesoro, cuando se haya ocasionado un grave perjuicio a la Hacienda pública o a un particular.

g) Inutilidad de la autorización, manifestada por el nulo o escaso volumen de los ingresos realizados a través de la entidad.

Artículo 18. *Ingresos a través de entidades colaboradoras en la recaudación.*

1. Los obligados al pago, tengan o no cuentas abiertas en las entidades colaboradoras, podrán ingresar en ellas las siguientes deudas:

a) Las que resulten de autoliquidaciones presentadas en los modelos reglamentariamente establecidos, así como de aquellas cuya presentación se realice por vía telemática.

b) Las notificadas a los obligados al pago como consecuencia de liquidaciones practicadas por la Administración, tanto en periodo voluntario como ejecutivo.

c) Cualesquiera otras, salvo que el Ministro de Economía y Hacienda haya establecido que el ingreso ha de realizarse con carácter obligatorio en las entidades de crédito que presten el servicio de caja.

2. Las entidades colaboradoras no podrán admitir los ingresos que deban realizarse obligatoriamente en las entidades de crédito que presten el servicio de caja.

Artículo 19. *Procedimiento de ingreso a través de entidades colaboradoras en la recaudación.*

1[12]. Los ingresos se realizarán en cuentas restringidas abiertas en las entidades colaboradoras, cuya denominación y funcionamiento serán establecidos mediante orden ministerial[13].

2. Las entidades colaboradoras admitirán, en todo caso, el dinero de curso legal como medio de pago. Asimismo, podrán aceptar cualquier otro medio de pago habitual en el tráfico bancario, si bien la admisión de estos medios queda a discreción y riesgo de la entidad. Cualquiera que fuera el medio de pago utilizado, en ningún caso correrán por cuenta de la Administración los gastos que pudieran generarse por la utilización de medios diferentes al dinero de curso legal. Como consecuencia de dichos gastos no podrán minorarse en ningún caso los importes ingresados.

3[14]. Las entidades colaboradoras admitirán dichos ingresos los días que sean laborables para éstas durante el horario de caja, abonándolos seguidamente en la correspondiente cuenta restringida.

Cada Administración tributaria podrá limitar la prestación del servicio a un número de horas inferior, dentro del horario de caja.

4[15]. La entidad colaboradora que deba admitir un ingreso para el Tesoro, tras realizar las oportunas comprobaciones respecto de la identificación del obligado al pago y del importe a ingresar y siempre que las mismas resulten conformes, procederá a emitir el correspondiente justificante del pago, certificando de ese modo el concepto del ingreso, así como que éste se ha efectuado en la cuenta del Tesoro.

El contenido de los justificantes de pago se establecerá mediante orden ministerial.

5. Si el ingreso es consecuencia de una liquidación practicada por la Administración y notificada al obligado al pago, aquel se realizará en la entidad colaboradora mediante la presentación del documento de ingreso según modelo establecido por el Ministerio de Economía y Hacienda.

6. La entidad colaboradora deberá exigir la consignación del número de identificación fiscal en el documento correspondiente y comprobará la exactitud del indicado número mediante el examen del documento acreditativo, que deberá ser exhibido por quien presente el documento liquidatorio. No será necesaria dicha exigencia en relación con aquellas au-

---

[12] Nueva redacción del art. 19.1 dada por el art. único. Tres del Real Decreto 1071/2017, de 29 de diciembre (BOE núm. 317, de 30 de diciembre de 201), en vigor desde el 1 de enero de 2018.

[13] Orden EHA/2027/2007, de 28 de junio, por la que se desarrolla parcialmente el Real Decreto 939/2005, de 29 de junio, por el que se aprueba el Reglamento General de Recaudación, en relación con las entidades de crédito que prestan el servicio de colaboración en la gestión recaudatoria de la Agencia Estatal de Administración Tributaria (BOE núm. 163, de 9 de julio de 2007).

[14] Nueva redacción del art. 19.3 dada por el art. quinto Uno del Real Decreto 960/2013, de 5 de diciembre (BOE núm. 292, de 6 de diciembre de 2013), con entrada en vigor coincidiendo con la finalización de la primera quincena de las definidas en el artículo 29 de dicho Reglamento correspondiente al año natural siguiente a su aprobación y publicación.

[15] Nueva redacción del art. 19.4 dada por el art. único. Tres del Real Decreto 1071/2017, de 29 de diciembre (BOE núm. 317, de 30 de diciembre de 201), en vigor desde el 1 de enero de 2018.

toliquidaciones y documentos de ingreso respecto de los cuales el Ministerio de Economía y Hacienda haya establecido que deben presentarse en las entidades colaboradoras con una etiqueta adherida u otro medio de identificación en los que consten los datos de los obligados al pago.

7[16]. La entidad colaboradora que deba admitir un ingreso para el Tesoro comprobará previamente a su abono en cuenta los siguientes datos:

a) La coincidencia exacta de la cuantía a ingresar con la cifra que figure como importe del ingreso en la autoliquidación o documento de ingreso.

b) Que los citados documentos lleven adheridas las etiquetas de identificación u otro medio de identificación o, en su caso, que en ellos se consignen el nombre y apellidos o razón social o denominación completa, domicilio del obligado al pago, número de identificación fiscal, concepto y periodo a que corresponde el citado pago.

Si resultase conforme la comprobación señalada en los párrafos a) y b), la entidad colaboradora procederá a extender en el documento destinado a tal efecto de los que componen la autoliquidación o en el documento de ingreso validación, bien mecánica mediante máquina contable, bien manual mediante sello, de los siguientes conceptos: fecha del ingreso, total ingresado, concepto, clave de la entidad y de la oficina receptora, certificando de este modo el concepto del ingreso, así como que este se ha efectuado en la cuenta del Tesoro.

Cada Administración podrá establecer que la validación de los ingresos por las entidades colaboradoras se lleve a cabo mediante procedimientos distintos de los recogidos en el párrafo anterior, en particular, en aquellos casos en los que el ingreso se efectúe de forma no presencial.

---

[16]   Nueva redacción del art. 19.7 dada por la Disp. Final Segunda Cuatro del Real Decreto 117/2024, de 30 de enero, por el que se desarrollan las normas y los procedimientos de diligencia debida en el ámbito del intercambio automático obligatorio de información comunicada por los operadores de plataformas, y se modifican el Reglamento General de las actuaciones y los procedimientos de gestión e inspección tributaria y de desarrollo de las normas comunes de los procedimientos de aplicación de los tributos, aprobado por el Real Decreto 1065/2007, de 27 de julio, en transposición de la Directiva (UE) 2021/514 del Consejo de 22 de marzo de 2021 por la que se modifica la Directiva 2011/16/UE relativa a la cooperación administrativa en el ámbito de la fiscalidad, y otras normas tributarias (BOE núm. 27, de 31 de enero de 2024), en vigor desde el 1 de febrero de 2024.

Redacción anterior: «*7. La entidad colaboradora que deba admitir un ingreso para el Tesoro comprobará previamente a su abono en cuenta los siguientes datos:*

a) La coincidencia exacta de la cuantía a ingresar con la cifra que figure como importe del ingreso en la autoliquidación o documento de ingreso.

b) Que los citados documentos lleven adheridas las etiquetas de identificación u otro medio de identificación o, en su caso, que en ellos se consignen el nombre y apellidos o razón social o denominación completa, domicilio del obligado al pago, número de identificación fiscal, concepto y periodo a que corresponde el citado pago.

Si resultase conforme la comprobación señalada en los párrafos a) y b), la entidad colaboradora procederá a extender en el documento destinado a tal efecto de los que componen la autoliquidación o en el documento de ingreso validación, bien mecánica mediante máquina contable, bien manual mediante sello, de los siguientes conceptos: fecha del ingreso, total ingresado, concepto, clave de la entidad y de la oficina receptora, certificando de este modo el concepto del ingreso, así como que este se ha efectuado en la cuenta del Tesoro».

En todo caso, los procedimientos de validación que se establezcan deberán garantizar la correcta identificación de la información asociada al ingreso que para cada medio de pago se determinen.

8[17]. En los casos para los que se establezca que el obligado al pago puede presentar en las sucursales de las entidades colaboradoras, en sobre cerrado, el documento de ingreso o devolución, la autoliquidación y la documentación complementaria, se actuará de acuerdo con las normas siguientes:

a) Presentará en la entidad colaboradora el documento de ingreso o devolución en el que constarán los datos esenciales de la autoliquidación y la cantidad a ingresar o devolver que de ella resulte.

b) La entidad comprobará si el documento de ingreso o devolución está correctamente cumplimentado.

En caso de ingreso, lo certificará con las formalidades y requisitos previstos en el apartado anterior.

En caso de solicitud de devolución por transferencia, validará los documentos, certificando la existencia de la cuenta bancaria y la titularidad del obligado al pago. Dicha validación podrá ser mecánica, mediante máquina contable, o manual mediante sello y en ella deberá constar obligatoriamente clave de la entidad y de la oficina receptora, así como la fecha de presentación de la solicitud de devolución.

En ambos casos, la entidad colaboradora conservará en su poder el ejemplar a ella destinado y entregará al obligado al pago los que le correspondan.

c) El obligado unirá a su autoliquidación el ejemplar para la Administración del documento de ingreso o devolución y lo entregará en la propia entidad colaboradora para su remisión al órgano competente en sobre cerrado, en cuyo anverso constará su nombre y apellidos o razón social o denominación completa y el concepto.

d) A petición del obligado al pago, la entidad colaboradora deberá estampar en la primera hoja de los ejemplares para la Administración y para el interesado de la correspondiente autoliquidación o declaración sello en el que consten los siguientes datos: fecha en la que se produce la presentación de la autoliquidación y claves de la entidad y de la oficina receptora.

9. Cuando, presentado un documento de ingreso por un obligado al pago, el importe validado por la entidad colaboradora resulte correcto pero esta realice un ingreso superior al procedente, se tramitará su devolución a la entidad colaboradora en los términos legalmente establecidos sin que a tales ingresos les resulte de aplicación lo previsto en el artículo 221 de la Ley 58/2003, de 17 de diciembre, General Tributaria, y en su normativa de desarrollo.

Subsección 4.ª Ingresos en las aduanas

Artículo 20. *Ingresos en las aduanas.*
1. Se recaudarán por las aduanas las deudas respecto de las que así esté establecido.
2. Con carácter general, los ingresos se realizarán a través de las entidades de crédito autorizadas para actuar como colaboradoras en la recaudación.

---

[17] Nueva redacción del art. 19.8 dada por el art. único. Tres del Real Decreto 1071/2017, de 29 de diciembre (BOE núm. 317, de 30 de diciembre de 201), en vigor desde el 1 de enero de 2018.

Estas entidades actuarán según el procedimiento descrito en el artículo 19.

3. No obstante, y siempre que lo autorice el órgano competente, podrán realizarse ingresos directamente en las cajas de las aduanas, en particular en los siguientes casos:

a) Cuando deban efectuarse ingresos por el despacho de expediciones conducidas por los viajeros que se produzcan fuera del horario de apertura de las entidades colaboradoras o cuando estas se encuentren en lugares distantes de las oficinas de la aduana.

b) Cuando se efectúen depósitos en metálico por importaciones temporales.

4. Diariamente o en el plazo que se establezca por el Ministro de Economía y Hacienda, las cantidades recaudadas en cada una de las cajas de las aduanas deberán ser ingresadas por estas en una cuenta, autorizada al efecto por el órgano competente, abierta en una entidad de crédito de la localidad respectiva, a nombre de «Dependencia/Administración de Aduanas de ...», en la que serán custodiados los fondos hasta su ingreso.

El Ministro de Economía y Hacienda dictará las normas que regulen el funcionamiento, control y seguimiento de estas cuentas.

5. En las cajas de las aduanas únicamente podrán efectuarse pagos por devoluciones de depósitos en efectivo por importaciones temporales.

Para la realización de estas devoluciones, se podrá autorizar un fondo cuya dotación, funcionamiento y control se regularán por el Ministro de Economía y Hacienda.

Subsección 5.ª Ingresos en cuentas restringidas abiertas en
entidades de crédito y en cajas de órganos gestores

Artículo 21. *Ingresos en cuentas restringidas y en cajas de órganos gestores.*

1. Podrán realizarse los ingresos en cuentas restringidas de recaudación abiertas en entidades de crédito cuando, a propuesta del órgano gestor, se autorice, bien por la Agencia Estatal de Administración Tributaria cuando se trate de recursos del sistema tributario estatal y aduanero, bien por la Dirección General del Tesoro y Política Financiera.

Se autorizará dicho procedimiento cuando esté suficientemente justificada su necesidad por razones de mejor prestación del servicio, de custodia de fondos o similares. La autorización será individualizada y fijará las condiciones de utilización de dicha cuenta.

La cancelación de tales cuentas será acordada por los órganos competentes para su autorización cuando, por iniciativa del órgano gestor o propia, se compruebe que no subsisten las razones que motivaron su apertura o no se cumplen las condiciones impuestas para su uso.

2. El órgano de recaudación competente, a solicitud de los órganos gestores, podrá autorizar el ingreso en cajas situadas en las dependencias del órgano gestor cuando existan razones de economía, eficacia o mejor prestación del servicio a los usuarios.

En tal caso deberán aplicarse, como mínimo, las normas siguientes:

a) Deberá entregarse justificante de todo ingreso.

b) Deberá quedar constancia de cada ingreso.

c) Los fondos deberán ser ingresados en el Tesoro diariamente o en el plazo que establezca el órgano de recaudación, compatible con criterios de buena gestión.

Subsección 6.ª Especialidades del ingreso de deudas recaudadas por organismos autónomos

Artículo 22. *Ingresos en organismos autónomos.*

1. Los ingresos cuya gestión corresponda a los organismos autónomos podrán realizarse según se establezca en cada caso:

a) En las cuentas legalmente autorizadas abiertas a nombre del organismo en el Banco de España u otra entidad de crédito.

b) En las cajas del organismo.

c) En cuentas restringidas para la recaudación abiertas en entidades de crédito.

d) En entidades de crédito que presten el servicio de caja o sean autorizadas como colaboradoras en la recaudación.

e) Excepcionalmente, cuando los servicios deban prestarse en lugares alejados o en horarios distintos de los habituales o por otras razones de estricta necesidad, podrán admitirse ingresos a través de personas o entidades solventes habilitadas para tal fin.

2. Todos los ingresos realizados directamente en las cajas o en las cuentas del organismo legalmente autorizadas en el Banco de España u otra entidad de crédito serán registrados individual o colectivamente y comprobados con las facturas, recibos y demás justificantes de la venta, servicio u otra operación a que respondan.

Los fondos recaudados en las cajas deberán ser trasladados diariamente o en el plazo más breve posible a las cuentas del organismo, salvo en los casos en que deban realizarse por dichas cajas pagos habituales, sin perjuicio del registro de los ingresos y pagos por sus valores íntegros.

3. Los ingresos en cuentas restringidas deberán ser registrados en el organismo a través de sus propios documentos de gestión y comprobados periódicamente con los extractos u otros documentos bancarios.

Si esto no es posible por realizarse los ingresos sin actuación previa del organismo, la entidad de crédito en que está abierta la cuenta deberá enviarle periódicamente los justificantes de cada uno de los ingresos realizados para registro y comprobación. En ningún caso se realizará el registro de las operaciones a través de los extractos bancarios.

Con cargo a dichas cuentas restringidas no se podrán efectuar más pagos que los que tengan por objeto situar su saldo en la cuenta del organismo abierta en el Banco de España o, en su caso, en otra entidad de crédito.

4. Los ingresos a través de entidades de crédito que presten el servicio de caja o que sean autorizadas para actuar como colaboradoras en la recaudación se regirán por las normas establecidas en las subsecciones 2.ª y 3.ª de la sección 1.ª del capítulo II del título I, adaptadas a las peculiaridades de la gestión de los ingresos de cada organismo autónomo.

5. Los ingresos a través de personas o entidades ajenas a la Administración habilitadas para recibirlos deberán organizarse de forma que se garantice la integridad de los fondos recaudados por cuenta de la Hacienda pública, sin perjuicio de la prestación efectiva de los servicios y, en especial, de acuerdo con las normas siguientes:

a) Deberá entregarse justificante de cada ingreso.

b) Deberá quedar constancia de cada ingreso.

c) El organismo deberá verificar los ingresos con sus comprobantes.

d) Los fondos deberán ser depositados en cuentas controladas por el organismo autónomo diariamente o en el menor plazo que sea compatible con criterios de buena gestión.

SECCIÓN 2.ª *Recaudación de deudas de vencimiento periódico y notificación colectiva*

Artículo 23. Modalidades de cobro.

La recaudación de deudas de vencimiento periódico y notificación colectiva podrá realizarse, según se establezca en cada caso:

a) Por los órganos de recaudación que tengan a su cargo la gestión de los recursos.

b) A través de una o varias entidades de crédito con las que se acuerde la prestación del servicio.

c) Por cualquier otra modalidad que se establezca para el ingreso de los recursos de la Hacienda pública[18].

Artículo 24. Anuncios de cobranza.

1. La comunicación del periodo de pago se llevará a cabo de forma colectiva, y se publicarán los correspondientes edictos en el boletín oficial que corresponda y en las oficinas de los ayuntamientos afectados. Dichos edictos podrán divulgarse por los medios de comunicación que se consideren adecuados.

2. El anuncio de cobranza deberá contener, al menos:

a) El plazo de ingreso.

b) La modalidad de cobro utilizable de entre las enumeradas en el artículo 23.

c) Los lugares, días y horas de ingreso.

d) La advertencia de que, transcurrido el plazo de ingreso, las deudas serán exigidas por el procedimiento de apremio y se devengarán los correspondientes recargos del periodo ejecutivo, los intereses de demora y, en su caso, las costas que se produzcan.

3. El anuncio de cobranza podrá ser sustituido por notificaciones individuales.

Artículo 25. Ingresos de deudas de vencimiento periódico y notificación colectiva.

1. En caso de deudas cuyo cobro se realice por recibo, cuando el obligado al pago u otra persona se persone en el lugar de ingreso, y por cualquier circunstancia no estuviera dispo-

---

[18] Resolución de 21 de mayo de 2025, del Departamento de Recaudación de la Agencia Estatal de Administración Tributaria, por la que se modifica el plazo de ingreso en periodo voluntario de los recibos del Impuesto sobre Actividades Económicas del ejercicio 2024 relativos a las cuotas nacionales y provinciales y se establece el lugar de pago de dichas cuotas (BOE núm. 132, de 2 de junio de 2025).
2024: Resolución de 31 de mayo de 2024 (BOE núm. 142, de 12 de junio de 2024).
2023: Resolución de 25 de mayo de 2023 (BOE núm. 130, de 1 de junio de 2023).
2022: Resolución de 8 de junio de 2022 (BOE núm. 142 de 15 de junio de 2022).
2021: Resolución de 8 de junio de 2021 (BOE núm. 138, de 10 de junio de 2021).
2020: Resolución de 18 de mayo de 2020 (BOE núm. 142, de 20 de mayo de 2020).
2019: Resolución de 13 de junio de 2019 (BOE núm. 146, de 19 de junio de 2019).
2018: Resolución de 24 de mayo de 2018 (BOE núm. 139, de 8 de junio de 2018).
2017: Resolución de 19 de junio de 2017 (BOE núm. 151, de 26 de junio de 2017).
2016: Resolución de 10 de junio de 2016 (BOE núm. 144, de 15 de junio de 2016).
2015: Resolución de 26 de mayo de 2015 (BOE núm. 133, de 4 de junio de 2015).
2014: Resolución de 20 de mayo de 2014 (BOE núm. 129, de 28 de mayo de 2014).
2013: Resolución de 10 de junio de 2013 (BOE núm. 150, de 24 de junio de 2013)
2012: Resolución de 8 de junio de 2012 (BOE núm. 143, de 15 de junio de 2012).

nible el recibo, se admitirá el pago y se expedirá el correspondiente justificante, siempre que el obligado al pago figure inscrito en las listas cobratorias.

2. Los obligados al pago podrán domiciliar el pago de las deudas a las que se refiere esta sección en cuentas abiertas en entidades de crédito.

Para ello, conforme a lo dispuesto en el artículo 38, dirigirán comunicación al órgano de recaudación correspondiente al menos dos meses antes del comienzo del periodo de cobro. En otro caso, la comunicación surtirá efecto a partir del periodo siguiente.

Las domiciliaciones tendrán validez por tiempo indefinido en tanto no sean anuladas por el interesado, rechazadas por la entidad de crédito o la Administración disponga expresamente su invalidez por razones justificadas. En este último caso, la Administración deberá notificar el acuerdo por el que se declare la invalidez al obligado al pago y a la entidad colaboradora.

SECCIÓN 3.ª *Ingresos en el tesoro de las cantidades obtenidas en la gestión recaudatoria*

Artículo 26. *Disposiciones generales sobre ingresos en las cuentas del Tesoro.*
1. Las cantidades percibidas por los distintos órganos en el ejercicio de la función recaudatoria y por las personas o entidades a las que se refiere el apartado 2 serán ingresadas por estos en las cuentas del Tesoro, con sujeción a las disposiciones contenidas en esta sección.

2. Cuando las entidades que presten el servicio de caja, las colaboradoras en la recaudación y cualquier otra persona o entidad que recaude por cuenta de la Hacienda pública no efectúen los ingresos en las cuentas del Tesoro en los plazos establecidos, el órgano de recaudación competente exigirá el inmediato ingreso y practicará liquidación por intereses de demora que será notificada para su ingreso en el Tesoro.

3. Los retrasos en los ingresos y las demás anomalías en la prestación de los servicios serán comunicados al órgano de recaudación competente, para la adopción de las medidas que en su caso procedan.

Artículo 27. *Ingresos de la Caja de la Dirección General del Tesoro y Política Financiera.*
La suma total recaudada por la Caja de la Dirección General del Tesoro y Política Financiera será ingresada en la cuenta del Tesoro público diariamente o en el plazo que establezca el Director General del Tesoro y Política Financiera que sea compatible con criterios de buena gestión.

Artículo 28. *Ingresos de las entidades que presten el servicio de caja.*
1. Las entidades de crédito que presten el servicio de caja en los órganos de recaudación ingresarán en la cuenta del Tesoro lo recaudado durante cada quincena dentro de los siete días hábiles siguientes al fin de cada una. Cada quincena comprenderá desde el fin de la anterior hasta el día 5 ó 20 siguiente o hasta el inmediato hábil posterior, si el 5 ó 20 son inhábiles. A tales efectos, serán considerados días inhábiles los sábados.

Cualquiera que sea el número de días inhábiles el ingreso en la cuenta del Tesoro deberá producirse en el mismo mes en que finaliza la quincena correspondiente.

2. En los plazos, forma y soporte que establezca el Ministro de Economía y Hacienda, las referidas entidades entregarán al órgano de recaudación competente la información necesaria para la gestión y seguimiento de los ingresos.

3. Las entidades de crédito que presten el servicio de caja a otros órganos de la Administración del Estado, comunidades autónomas o entidades locales se regirán, en esta materia, por las disposiciones específicas aplicables dictadas por dichos órganos y, en ausencia de estas, por lo dispuesto en este artículo.

Artículo 29. *Ingresos de las entidades colaboradoras.*

1[19]. Las entidades colaboradoras centralizarán la operación de ingreso en el Tesoro de las cantidades recaudadas durante cada quincena y el envío al órgano de recaudación competente de la información a que se refiere el apartado 2. Cada quincena comprenderá desde el fin de la anterior hasta el día 5 ó 20 siguiente o hasta el inmediato hábil posterior, si el 5 ó el 20 son inhábiles.

El día 18 de cada mes o el inmediato hábil anterior, las entidades colaboradoras ingresarán en la cuenta del Tesoro el total de lo recaudado durante la quincena que finaliza el día 5 del referido mes.

El penúltimo día hábil de cada mes las entidades colaboradoras ingresarán en la cuenta del Tesoro el total de lo recaudado durante la quincena que finaliza el día 20 de dicho mes.

A efectos de lo previsto en el presente apartado se considerarán días inhábiles los sábados, los domingos, las festividades nacionales, autonómicas y locales correspondientes a la localidad en la que se encuentra situada la oficina central de la entidad de crédito designada por la Administración tributaria correspondiente para recibir los ingresos y, en todo caso, el Lunes de Pascua.

---

[19]   Nueva redacción del art. 29.1 dada por la Disp. Final Segunda Cinco del Real Decreto 117/2024, de 30 de enero, por el que se desarrollan las normas y los procedimientos de diligencia debida en el ámbito del intercambio automático obligatorio de información comunicada por los operadores de plataformas, y se modifican el Reglamento General de las actuaciones y los procedimientos de gestión e inspección tributaria y de desarrollo de las normas comunes de los procedimientos de aplicación de los tributos, aprobado por el Real Decreto 1065/2007, de 27 de julio, en transposición de la Directiva (UE) 2021/514 del Consejo de 22 de marzo de 2021 por la que se modifica la Directiva 2011/16/UE relativa a la cooperación administrativa en el ámbito de la fiscalidad, y otras normas tributarias (BOE núm. 27, de 31 de enero de 2024), en vigor desde el 1 de febrero de 2024.

Redacción anterior dada por el art. quinto Dos del Real Decreto 960/2013, de 5 de diciembre (BOE núm. 292, de 6 de diciembre de 2013), con entrada en vigor coincidiendo con la finalización de la primera quincena de las definidas en el artículo 29 de dicho Reglamento correspondiente al año natural siguiente a su aprobación y publicación: «*1. Las entidades colaboradoras centralizarán la operación de ingreso en el Tesoro de las cantidades recaudadas durante cada quincena y el envío al órgano de recaudación competente de la información a que se refiere el apartado 2. Cada quincena comprenderá desde el fin de la anterior hasta el día 5 ó 20 siguiente o hasta el inmediato hábil posterior, si el 5 ó el 20 son inhábiles. El día 18 de cada mes o el inmediato hábil anterior, las entidades colaboradoras ingresarán en la cuenta del Tesoro el total de lo recaudado durante la quincena que finaliza el día 5 del referido mes. El penúltimo día hábil de cada mes las entidades colaboradoras ingresarán en la cuenta del Tesoro el total de lo recaudado durante la quincena que finaliza el día 20 de dicho mes. A efectos de lo previsto en el presente apartado se considerarán días inhábiles los sábados, los domingos, las festividades nacionales, autonómicas y locales correspondientes a la localidad en la que se encuentra situada la oficina central de la entidad de crédito designada por la Administración tributaria correspondiente para recibir los ingresos. En el supuesto en que el sistema automatizado transeuropeo de transferencia urgente para la liquidación bruta en tiempo real permanezca cerrado el día de ingreso determinado de acuerdo con los párrafos anteriores, el ingreso se realizará el día hábil inmediatamente anterior*».

En el supuesto en que el sistema automatizado transeuropeo de transferencia urgente para la liquidación bruta en tiempo real permanezca cerrado el día de ingreso determinado de acuerdo con los párrafos anteriores, el ingreso se realizará el día hábil inmediatamente anterior.

2[20]. Mediante orden ministerial podrán establecerse plazos de ingreso diferentes a los establecidos en el apartado anterior respecto de aquellas autoliquidaciones recaudadas cuya periodicidad sea mensual o trimestral y cuyo vencimiento genérico de pago sea posterior al día 20 del mes o inmediato hábil posterior.

3[21]. En los plazos, forma y soporte que establezca el Ministro de Hacienda y Función Pública, las referidas entidades entregarán al órgano de recaudación competente la información necesaria para la gestión y seguimiento de los ingresos[22].

4[23]. Las entidades colaboradoras de los órganos del Estado, Comunidades Autónomas o Entidades Locales se regirán, en esta materia, por las disposiciones específicas aplicables dictadas por dichos órganos y, en ausencia de estas, por lo dispuesto en este artículo.

Artículo 30. *Ingresos de las aduanas.*

El Ministro de Economía y Hacienda determinará el lugar, plazo, forma y demás condiciones en las que se realizará el ingreso en el Tesoro de los saldos de las cuentas a que se refiere el artículo 20, correspondientes a aquellas aduanas en las que el órgano competente hubiera autorizado la existencia de caja.

Artículo 31. *Otros ingresos en las cuentas del Tesoro en el Banco de España.*

1. Las cantidades recaudadas a través de cuentas restringidas para la recaudación, sean de tasas, sean de cualquier otro ingreso de la Administración General del Estado y de sus organismos autónomos y cualesquiera otras cantidades recaudadas por personas o entidades por cuenta de la Hacienda pública no comprendidas en los artículos anteriores de esta sección, deberán transferirse a las cuentas oficiales en el Banco de España a nombre del Tesoro público o de los organismos autónomos correspondientes, en las fechas establecidas en sus normas reguladoras.

---

[20]   Nuevo apartado 2 incorporado por el art. único. Cuatro del Real Decreto 1071/2017, de 29 de diciembre julio (BOE núm. 317, de 30 de diciembre de 201), en vigor desde el 1 de enero de 2018.

[21]   Original apartado 2, renumerado como apartado 3 y con nueva redacción dada por el art. único. Cuatro del Real Decreto 1071/2017, de 29 de diciembre (BOE núm. 317, de 30 de diciembre de 201), en vigor desde el 1 de enero de 2018.

[22]   Orden EHA/2027/2007, de 28 de junio, por la que se desarrolla parcialmente el Real Decreto 939/2005, de 29 de junio, por el que se aprueba el Reglamento General de Recaudación, en relación con las entidades de crédito que prestan el servicio de colaboración en la gestión recaudatoria de la Agencia Estatal de Administración Tributaria (BOE núm. 163, de 9 de julio de 2007). Resolución de 1 de abril de 2008, de la Dirección General de la Agencia Estatal de Administración Tributaria por la que se publica la Instrucción núm. 1/2008, de 27 de febrero, en relación con las entidades de crédito que prestan el servicio de colaboración en la gestión recaudatoria y para la aplicación de determinados artículos del Reglamento General de Recaudación, aprobado por Real Decreto 939/2005, de 29 de julio (BOE núm. 83 de 5 de abril de 2008).

[23]   Original apartado 4, renumerado como apartado 4 por el art. único. Cuatro del Real Decreto 1071/2017, de 29 de diciembre (BOE núm. 317, de 30 de diciembre de 201), en vigor desde el 1 de enero de 2018.

2. En defecto de dichas normas, los saldos existentes los días 5 y 20 de cada mes en las cuentas restringidas de recaudación se ingresarán los días 15 y último de cada mes, respectivamente.

Cuando el último día del mes coincida con día inhábil o no preste servicio el Banco de España, el ingreso se trasladará al inmediato anterior en que este preste servicio.

3. Igualmente, en defecto de normas reguladoras especiales, las cantidades recaudadas en cajas de los órganos gestores de la Administración General del Estado y de sus organismos autónomos, deberán ingresarse en las cuentas oficiales en el Banco de España no más tarde de fin del mes en que hayan sido recaudadas.

TÍTULO II. LA DEUDA

CAPÍTULO I. Extinción de la deuda

Artículo 32. *Formas de extinción de la deuda.*

Las deudas podrán extinguirse por pago, prescripción, compensación, deducción sobre transferencias, condonación, por los medios previstos en la normativa aduanera y por los demás medios previstos en las leyes.

SECCIÓN 1.ª *Pago*

Subsección 1.ª Normas generales

Artículo 33. *Legitimación, lugar de pago y forma de pago.*

1. Puede efectuar el pago, en periodo voluntario o periodo ejecutivo, cualquier persona, tenga o no interés en el cumplimiento de la obligación, ya lo conozca y lo apruebe, ya lo ignore el obligado al pago.

El tercero que pague la deuda no estará legitimado para ejercitar ante la Administración los derechos que corresponden al obligado al pago.

2. El pago de las deudas podrá realizarse en las cajas de los órganos competentes, en las entidades que, en su caso, presten el servicio de caja, en las entidades colaboradoras y demás personas o entidades autorizadas para recibir el pago, directamente o por vía telemática, cuando así esté previsto en la normativa vigente.

3. Los pagos realizados a órganos no competentes para recibirlos o a personas no autorizadas para ello no liberarán al deudor de su obligación de pago, sin perjuicio de las responsabilidades de todo orden en que incurra el perceptor que admita indebidamente el pago.

4. El pago de las deudas podrá realizarse en efectivo, mediante efectos timbrados y en especie.

Artículo 34. *Medios y momento del pago en efectivo.*

1. El pago de las deudas y sanciones tributarias que deba realizarse en efectivo se podrá hacer siempre en dinero de curso legal.

Asimismo, se podrá realizar por alguno de los siguientes medios, con los requisitos y condiciones que para cada uno de ellos se establecen en este reglamento y siguiendo los procedimientos que se dispongan en cada caso:

a) Cheque.

b) Tarjeta de crédito y débito.

c) Transferencia bancaria.

d) Domiciliación bancaria.

e) Cualesquiera otros que se autoricen por el Ministerio de Economía y Hacienda.

Será admisible el pago por los medios a los que se refieren los párrafos b), c) y d) en aquellos casos en los que así se establezca expresamente en una norma tributaria.

2. El pago en efectivo de las deudas no tributarias se efectuará por los medios que autorice su propia normativa. Si no se hubiera dispuesto regla especial, el pago deberá realizarse por los medios citados en el apartado 1, excepto los párrafos b), c) y d) que requerirán regulación expresa.

3. Se entiende pagada en efectivo una deuda cuando se ha realizado el ingreso de su importe en las cajas de los órganos competentes, entidades colaboradoras, entidades que presten el servicio de caja o demás personas o entidades autorizadas para recibir el pago.

4. Cuando el pago se realice a través de entidades de crédito u otras personas autorizadas, la entrega al deudor del justificante de ingreso liberará a este desde la fecha que se consigne en el justificante y por el importe que figure en él, quedando obligada la entidad de crédito o persona autorizada frente a la Hacienda pública desde ese momento y por dicho importe, salvo que pudiera probarse fehacientemente la inexactitud de la fecha o del importe que conste en la validación del justificante.

5. Las órdenes de pago dadas por el deudor a las entidades de crédito u otras personas autorizadas para recibir el pago no surtirán por sí solas efectos frente a la Hacienda pública, sin perjuicio de las acciones que correspondan al ordenante frente a la entidad o persona responsable del incumplimiento.

Artículo 35. *Pago mediante cheque.*

1. Los pagos que se realicen en las entidades de crédito que presten el servicio de caja podrán efectuarse mediante cheque que deberá reunir además de los requisitos exigidos por la legislación mercantil, los siguientes:

a) Ser nominativo a favor del Tesoro público y cruzado.

b) Estar conformado o certificado por la entidad librada, en fecha y forma.

La admisión de cheques que incumplan alguno de los requisitos anteriores quedará a riesgo de la entidad que los acepte, sin perjuicio de las acciones que correspondan a dicha entidad contra el obligado al pago.

No obstante, cuando un cheque válidamente conformado o certificado no pueda ser hecho efectivo en todo o en parte el pago le será exigido a la entidad que lo conformó o certificó.

La entrega del cheque en la entidad que, en su caso, preste el servicio de caja, liberará al deudor por el importe satisfecho siempre que se haga efectivo. El efecto liberatorio se entenderá producido desde la fecha en que el cheque haya sido entregado en dicha entidad. Esta validará el correspondiente justificante de ingreso en el que consignará la fecha de entrega y el importe del pago, quedando desde ese momento la entidad obligada ante la Hacienda pública por la cuantía efectivamente ingresada.

2. Los pagos que deban efectuarse en las cajas de la Dirección General del Tesoro y Política Financiera podrán hacerse mediante cheque, que deberá reunir, además de los requisitos generales exigidos por la legislación mercantil, los siguientes:

a) Ser nominativo a favor del Tesoro público y cruzado al Banco de España.

b) Incluir el nombre y apellidos o razón social o denominación completa del librador que se expresará debajo de la firma con toda claridad.

La entrega del cheque liberará al obligado al pago por el importe satisfecho, cuando sea hecho efectivo. En tal caso, surtirá efectos desde la fecha en que haya tenido entrada en la caja correspondiente.

Artículo 36. *Pago mediante tarjeta de crédito y débito.*

1. Será admisible el pago mediante tarjetas de crédito y débito ante las entidades de crédito que, en su caso, presten el servicio de caja, siempre que la tarjeta a utilizar se encuentre incluida entre las que, a tal fin, sean admitidas en cada momento por dichas entidades.

2. El límite de los pagos a realizar vendrá determinado por el asignado por la entidad emisora individualmente a cada tarjeta y que, en ningún caso, podrá superar la cantidad que se establezca en la orden del Ministro de Economía y Hacienda correspondiente por cada documento de ingreso, no pudiendo simultanearse, para un mismo documento de ingreso, con cualquier otro de los medios de pago admitidos.

3. Los importes ingresados por los obligados al pago a través de tarjetas de crédito y débito no podrán ser minorados como consecuencia de descuentos en la utilización de tales tarjetas o por cualquier otro motivo.

4. La Administración establecerá, en su caso, las condiciones para utilizar este medio de pago por vía telemática.

Artículo 37[24]. *Pago mediante transferencia bancaria.*

Se considerará efectuado el pago en la fecha en que haya tenido entrada el importe correspondiente en la entidad que, en su caso, preste el servicio de caja, quedando liberado desde ese momento el obligado al pago frente a la Hacienda pública por la cantidad ingresada.

La Administración establecerá, en su caso, las condiciones para utilizar este medio de pago por vía telemática.

Artículo 38. *Pago mediante domiciliación bancaria.*

1. La domiciliación bancaria deberá ajustarse a los siguientes requisitos:

a) Que el obligado al pago sea titular de la cuenta en que domicilie el pago y que dicha cuenta se encuentre abierta en una entidad de crédito.

En los términos y condiciones en que cada Administración lo establezca, el pago podrá domiciliarse en una cuenta que no sea de titularidad del obligado, siempre que el titular de dicha cuenta autorice la domiciliación.

b) Que el obligado al pago comunique su orden de domiciliación a los órganos de la Administración según los procedimientos que se establezcan en cada caso.

2. Los pagos se entenderán realizados en la fecha de cargo en cuenta de dichas domiciliaciones, considerándose justificante del ingreso el que a tal efecto expida la entidad de

---

[24]   Resolución de 18 de enero de 2021, de la Dirección General de la Agencia Estatal de Administración Tributaria, por la que se definen el procedimiento y las condiciones para el pago de deudas mediante transferencias a través de entidades colaboradoras en la gestión recaudatoria encomendada a la Agencia Estatal de Administración Tributaria (BOE núm. 30, de 4 de febrero de 2021).

crédito donde se encuentre domiciliado el pago, que incorporará como mínimo los datos que se establezcan en la orden ministerial correspondiente.

3. En aquellos casos en los que el cargo en cuenta no se realice o se realice fuera de plazo por causa no imputable al obligado al pago, no se exigirán a este recargos, intereses de demora ni sanciones, sin perjuicio de los intereses de demora que, en su caso, corresponda liquidar y exigir a la entidad responsable por la demora en el ingreso.

4. La Administración establecerá, en su caso, las condiciones para utilizar este medio de pago por vía telemática.

5. En los términos y condiciones en que cada Administración lo establezca, cuando el pago se realice a través de terceros autorizados de acuerdo con lo que establece el artículo 92 de la Ley 58/2003, de 17 de diciembre, General Tributaria, estos deberán estar expresamente autorizados por la Administración para efectuar la domiciliación del pago en cuentas de su titularidad.

Artículo 39. *Pago mediante efectos timbrados.*

1. Tienen la condición de efectos timbrados:

a) El papel timbrado común.

b) El papel timbrado de pagos al Estado.

c) Los documentos timbrados especiales.

d) Los timbres móviles.

e) Los aprobados por orden del Ministro de Economía y Hacienda.

2. El empleo, forma, estampación, visado, inutilización, condiciones de canje y demás características de los efectos timbrados se regirán por las normas que regulan los tributos[25] y demás recursos de naturaleza pública que admiten dicho medio de pago y por las de este reglamento.

3. La creación y modificación de efectos timbrados se hará por orden del Ministro de Economía y Hacienda, que se publicará en el «Boletín Oficial del Estado».

4. El grabado, estampación y elaboración, tanto de los propios efectos como de troqueles, matrices y demás elementos sustanciales para el empleo de aquellos se realizarán por la Fábrica Nacional de Moneda y Timbre-Real Casa de la Moneda, salvo que el Ministro de Economía y Hacienda autorice su realización por otras entidades.

5. Cuando por modificación de las normas que regulan los tributos y demás recursos de naturaleza pública o sus tarifas sea precisa la utilización de nuevos efectos timbrados, se procederá a retirar los anteriores de la circulación de forma que se garantice su destrucción.

6. Los poseedores de efectos retirados de la circulación podrán obtener su canje por otros en vigor.

Igualmente podrá obtenerse el canje del papel timbrado común, papel timbrado de pagos al Estado y documentos timbrados especiales por errores en su redacción o por cualquier otra causa que los inutilice para su uso, siempre que no contengan firmas, rúbricas u otros indicios de haber surtido efecto.

---

[25] Arts. 12, 31 y 37 del Real Decreto Legislativo 1/1993, de 24 de septiembre, por el que se aprueba el Texto Refundido de la Ley del Impuesto sobre Transmisiones Patrimoniales y Actos Jurídicos Documentados.

Artículo 40[26]. *Pago en especie.*

1[27]. El obligado al pago que pretenda utilizar el pago en especie como medio para satisfacer deudas a la Administración deberá solicitarlo al órgano de recaudación que tenga atri-

---

[26] Ley 16/1985, de 25 de junio, del Patrimonio Histórico Español:
«Art. 73. El pago de las deudas Tributarias podrá efectuarse mediante la entrega de bienes que formen parte del Patrimonio Histórico Español, que estén inscritos en el Registro General de Bienes de Interés Cultural o incluidos en el Inventario General, en los términos y condiciones previstos reglamentariamente», en redacción dada por el Real Decreto Legislativo 3/2004, de 5 de marzo, por el que se aprueba el texto refundido de la Ley del Impuesto sobre la Renta de las Personas Física, redacción anterior por la Ley 24/2001, de 27 de diciembre, de Medidas Fiscales, Administrativas y del Orden Social.
Art. 65 del Real Decreto 111/1986, de 10 de enero, de desarrollo parcial de la Ley 16/1985, de 25 de junio, del Patrimonio Histórico Español, en redacción dada por la Disp. Final Primera de la Ley 38/2022, de 27 de diciembre, para el establecimiento de gravámenes temporales energético y de entidades de crédito y establecimientos financieros de crédito y por la que se crea el impuesto temporal de solidaridad de las grandes fortunas, y se modifican determinadas normas tributarias (BOE núm. 311, de 28 de diciembre de 2022), con efectos desde el 29 de diciembre de 2022):
«Artículo 65.
1. El contribuyente que pretenda pagar la deuda tributaria del Impuesto de Sucesiones, del Impuesto sobre el Patrimonio, del Impuesto Temporal de Solidaridad de las Grandes Fortunas o del Impuesto sobre la Renta de las Personas Físicas mediante entrega de bienes integrantes del Patrimonio Histórico Español que estén inscritos en el Registro General de Bienes de Interés Cultural o en el Inventario General solicitará por escrito a la Junta de Calificación, Valoración y Exportación de Bienes del Patrimonio Español la valoración del bien, reseñando su código de identificación. Asimismo, manifestará por escrito su pretensión al tiempo de presentar la declaración correspondiente al impuesto de que se trate.
En los casos de los Impuestos sobre la Renta, sobre el Patrimonio y de Solidaridad de las Grandes Fortunas, dicha manifestación tendrá por efecto la suspensión del procedimiento recaudatorio, sin perjuicio de la liquidación, en su caso, de los intereses de demora correspondientes.
2. La valoración del bien consistirá en su tasación por la Junta de Calificación, Valoración y Exportación en los términos previstos en el artículo 8 e). Esta valoración tendrá una vigencia de dos años y no vinculará al interesado que podrá pagar en metálico la deuda tributaria.
3. El contribuyente podrá, con arreglo al valor declarado por la Junta de Calificación, Valoración y Exportación, solicitar del Ministerio de Hacienda y Función Pública la admisión de esta forma de pago, quien decidirá, oído el Ministerio de Cultura y Deporte.
4. Aceptada la entrega de un determinado bien en pago de la deuda tributaria se estará respecto al destino del mismo a lo dispuesto en las leyes del Patrimonio del Estado y del Patrimonio Histórico Español.
5. A efectos de contabilización del ingreso de las deudas tributarias señaladas en este artículo cuyo pago se efectúe mediante entrega de bienes integrantes del Patrimonio Histórico Español, se habilitará por el Ministerio de Hacienda y Función Pública, Dirección General del Patrimonio del Estado, los créditos presupuestarios necesarios para efectuar el pago de formalización y cancelar las correspondientes deudas.
6. Las referencias de este artículo a órganos de la Administración General del Estado se entenderán efectuadas a los correspondientes órganos de las Comunidades Autónomas cuando se trate de tributos que les hayan sido cedidos»
La redacción anterior fue dada por el Real Decreto 64/1994, de 21 de enero.

[27] Nueva redacción del art. 40.1 dada por el art. 2.uno del Real Decreto 249/2023, de 4 de abril, por el que se modifican el Reglamento General de Desarrollo de la Ley 58/2003, de 17 de diciembre, General Tributaria, en materia de revisión en vía administrativa, aprobado por el Real Decreto 520/2005, de 13 de mayo; el Reglamento General de Recaudación, aprobado por el Real Decreto 939/2005, de 29 de julio; el Reglamento General de las actuaciones y los procedimientos de gestión e inspección tributaria y de desarrollo de las normas comunes de los procedimientos de aplicación de los tributos, aprobado por el Real Decreto 1065/2007, de 27 de julio; el Reglamento del Impuesto sobre Sucesiones y Donaciones,

buida la competencia en la correspondiente norma de organización específica. La solicitud contendrá necesariamente los siguientes datos:

a) Nombre y apellidos o razón social o denominación completa, número de identificación fiscal y domicilio fiscal del obligado al pago y, en su caso, de la persona que lo represente.

b) Identificación de la deuda indicando, al menos, su importe, concepto y fecha de finalización del plazo de ingreso en periodo voluntario.

c) Lugar, fecha y firma del solicitante.

A la solicitud deberá acompañarse la valoración de los bienes y el informe sobre el interés de aceptar esta forma de pago, emitidos ambos por el órgano competente del Ministerio de Cultura o por el órgano competente determinado por la normativa que autorice el pago en especie. En defecto de los citados informes deberá acompañarse el justificante de haberlos solicitado.

Si la deuda tributaria a que se refiere la solicitud de pago en especie ha sido determinada mediante autoliquidación, deberá adjuntar el modelo oficial de esta, debidamente cumplimentado, salvo que el interesado no esté obligado a presentarlo por obrar ya en poder de la Administración; en tal caso, señalará el día y procedimiento en que lo presentó.

La solicitud de pago en especie presentada en periodo voluntario junto con los documentos a los que se refieren los párrafos anteriores impedirá el inicio del periodo ejecutivo, salvo que concurra la circunstancia a la que se refiere el párrafo segundo del artículo 161.2 de la Ley 58/2003, de 17 de diciembre, General Tributaria, pero no el devengo del interés de demora que corresponda.

La solicitud en periodo ejecutivo podrá presentarse hasta el momento en que se notifique al obligado el acuerdo de enajenación de los bienes embargados o sobre los que se hubiese constituido garantía de cualquier naturaleza y no tendrá efectos suspensivos. No obstante, el órgano de recaudación podrá suspender motivadamente las actuaciones de enajenación de los citados bienes hasta que sea dictado el acuerdo que ponga fin al procedimiento de pago en especie por el órgano competente.

2[28]. Procederá la inadmisión de la solicitud en los siguientes casos:

a) Cuando a la misma no se acompañe la documentación acreditativa de la inscripción de los bienes en el Registro General de Bienes de Interés Cultural o de su inclusión en el Inventario General y se considere que el bien ofrecido, por su propia naturaleza, no comporta las características más básicas para poder formar parte del Patrimonio Histórico Español, calificándose la solicitud en estos casos como manifiestamente carente de fundamento.

b) Cuando la deuda deba ser declarada mediante autoliquidación y esta última no haya sido objeto de presentación con anterioridad o conjuntamente con la solicitud de pago en especie.

---

aprobado por el Real Decreto 1629/1991, de 8 de noviembre; el Reglamento del Impuesto sobre el Valor Añadido, aprobado por el Real Decreto 1624/1992, de 29 de diciembre; el Reglamento del Impuesto sobre la Renta de las Personas Físicas, aprobado por el Real Decreto 439/2007, de 30 de marzo, y el Reglamento del Impuesto sobre Sociedades, aprobado por el Real Decreto 634/2015, de 10 de julio (BOE núm. 81, de 5 de abril 2023) en vigor desde el 25 de abril de 2023.

[28] Nuevo apartado 2 incorporado por el art. único. Cinco del Real Decreto 1071/2017, de 29 de diciembre (BOE núm. 317, de 30 de diciembre de 201), en vigor desde el 1 de enero de 2018.

c) Cuando la autoliquidación haya sido presentada habiéndose iniciado con anterioridad un procedimiento de inspección que hubiera quedado suspendido de acuerdo con lo previsto en el artículo 150.3.a) de la Ley 58/2003, de 17 de diciembre, General Tributaria, siempre que la solicitud de pago en especie se refiera a conceptos y periodos respecto de los que se haya remitido conocimiento a la jurisdicción competente o al Ministerio Fiscal.

En aquellos supuestos en los que la concurrencia de las circunstancias previstas en este párrafo c) se ponga de manifiesto una vez iniciada la tramitación de la solicitud de pago en especie, esta última quedará sin efecto de forma automática, debiendo comunicarse al Ministerio Fiscal o al órgano jurisdiccional la presentación de dicha solicitud.

d) La presentación de solicitudes de pago en especie reiterativas de otras anteriores que hayan sido objeto de denegación previa implicará su inadmisión cuando no contengan modificación sustancial respecto de la solicitud previamente denegada y, en particular, cuando dicha reiteración tenga por finalidad dilatar, dificultar o impedir el desarrollo de la gestión recaudatoria.

Se considerará, en todo caso, realizada la solicitud con la finalidad de dilatar, dificultar o impedir el desarrollo de la gestión recaudatoria cuando se ofrezcan los mismos bienes que hayan sido ofrecidos en solicitudes anteriores.

La inadmisión deberá ser motivada y determinará que la solicitud se tenga por no presentada a todos los efectos, y frente al acuerdo de inadmisión cabrá la interposición de recurso o reclamación económico-administrativa.

En el ámbito de competencias del Estado, la resolución de inadmisión deberá adoptarse por el Director del Departamento de Recaudación de la Agencia Estatal de Administración Tributaria.

3[29]. Cuando la solicitud no reúna los requisitos o no se acompañen los documentos que se señalan en el apartado 1 de este artículo, el órgano competente para la tramitación requerirá al solicitante para que en el plazo de 10 días contados a partir del día siguiente al de la notificación del requerimiento subsane el defecto o aporte los documentos, con indicación de que, si así no lo hiciera, se tendrá por no presentada la solicitud y se archivará sin más trámite.

No procederá la subsanación si no se acompaña a la solicitud la autoliquidación que no obre en poder de la Administración. En este caso, procederá la inadmisión conforme a lo previsto en el apartado anterior.

Si la solicitud de pago en especie se hubiese presentado en periodo voluntario de ingreso y el plazo para atender el requerimiento de subsanación finalizase con posterioridad al plazo de ingreso en periodo voluntario y aquel no fuese atendido, se iniciará el procedimiento de apremio mediante la notificación de la oportuna providencia de apremio.

Cuando el requerimiento de subsanación haya sido objeto de contestación en plazo por el interesado pero no se hayan subsanado los defectos observados, procederá la denegación de la solicitud de pago en especie.

---

[29] Nueva redacción del apartado 2 y renumeración, pasando a ser el apartado 3 por el art. único. Cinco del Real Decreto 1071/2017, de 29 de diciembre (BOE núm. 317, de 30 de diciembre de 201), en vigor desde el 1 de enero de 2018.

4[30]. La resolución deberá notificarse en el plazo de seis meses. Transcurrido el plazo sin que se haya notificado la resolución, los interesados podrán considerar desestimada la solicitud a efectos de interponer frente a la denegación presunta el correspondiente recurso o esperar la resolución expresa.

El órgano competente acordará de forma motivada la aceptación o no de los bienes en pago de la deuda.

En el ámbito de competencias del Estado, la resolución deberá ser adoptada por el Director del Departamento de Recaudación de la Agencia Estatal de Administración Tributaria.

5[31]. De dicho acuerdo de aceptación o de denegación, así como del acuerdo de inadmisión, se remitirá copia al departamento ministerial competente en materia de cultura, o al que corresponda en función del tipo del bien, y a la Dirección General del Patrimonio del Estado.

5. Si se dictase acuerdo de aceptación, su eficacia quedará condicionada a la entrega o puesta a disposición de los bienes ofrecidos. De producirse esta en la forma establecida en el acuerdo de aceptación y en el plazo establecido en este reglamento, los efectos extintivos de la deuda se entenderán producidos desde la fecha de la solicitud.

En caso de aceptación del pago en especie, la deuda devengará interés de demora desde la finalización del plazo de ingreso en periodo voluntario hasta que los bienes hayan sido entregados o puestos a disposición de la Administración con conocimiento de esta, pudiendo afectarse en el acuerdo de aceptación el bien dado en pago a la cancelación de dichos intereses de demora, de ser suficiente el valor del citado bien.

6[32]. Si la resolución dictada fuese denegatoria, las consecuencias serán las siguientes:

a) Si la solicitud fue presentada en periodo voluntario de ingreso, con la notificación del acuerdo denegatorio se iniciará el plazo de ingreso regulado en el artículo 62.2 de la Ley 58/2003, de 17 de diciembre, General Tributaria, sin perjuicio de lo dispuesto en el párrafo segundo del artículo 161.2 de esa ley.

---

[30]   Renumeración, pasando el apartado 3 a ser el apartado 4 por el art. único. Cinco del Real Decreto 1071/2017, de 29 de diciembre (BOE núm. 317, de 30 de diciembre de 201), en vigor desde el 1 de enero de 2018.

[31]   Nueva redacción del apartado 4 y renumeración, pasando a ser el apartado 5 por el art. único. Cinco del Real Decreto 1071/2017, de 29 de diciembre, por el que se modifica el Reglamento General de Recaudación, aprobado por el Real Decreto 939/2005, de 29 de julio (BOE núm. 317, de 30 de diciembre de 201), en vigor desde el 1 de enero de 2018.

[32]   Nueva redacción del art. 40.6 dada por el art. 2.uno del Real Decreto 249/2023, de 4 de abril, por el que se modifican el Reglamento General de Desarrollo de la Ley 58/2003, de 17 de diciembre, General Tributaria, en materia de revisión en vía administrativa, aprobado por el Real Decreto 520/2005, de 13 de mayo; el Reglamento General de Recaudación, aprobado por el Real Decreto 939/2005, de 29 de julio; el Reglamento General de las actuaciones y los procedimientos de gestión e inspección tributaria y de desarrollo de las normas comunes de los procedimientos de aplicación de los tributos, aprobado por el Real Decreto 1065/2007, de 27 de julio; el Reglamento del Impuesto sobre Sucesiones y Donaciones, aprobado por el Real Decreto 1629/1991, de 8 de noviembre; el Reglamento del Impuesto sobre el Valor Añadido, aprobado por el Real Decreto 1624/1992, de 29 de diciembre; el Reglamento del Impuesto sobre la Renta de las Personas Físicas, aprobado por el Real Decreto 439/2007, de 30 de marzo, y el Reglamento del Impuesto sobre Sociedades, aprobado por el Real Decreto 634/2015, de 10 de julio (BOE núm. 81, de 5 de abril 2023) en vigor desde el 25 de abril de 2023.

De no producirse el ingreso en dicho plazo, comenzará el periodo ejecutivo y deberá iniciarse el procedimiento de apremio en los términos previstos en el artículo 167.1 de la Ley 58/2003, de 17 de diciembre, General Tributaria.

De realizarse el ingreso en dicho plazo, procederá la liquidación de los intereses de demora devengados a partir del día siguiente al del vencimiento del plazo de ingreso en periodo voluntario hasta la fecha del ingreso realizado durante el plazo abierto con la notificación de la denegación. De no realizarse el ingreso, los intereses se liquidarán hasta la fecha de vencimiento de dicho plazo, sin perjuicio de los que puedan devengarse con posterioridad conforme a lo dispuesto en el artículo 26 de la Ley 58/2003, de 17 de diciembre, General Tributaria.

b) Si la solicitud fue presentada en periodo ejecutivo de ingreso deberá iniciarse el procedimiento de apremio en los términos previstos en el artículo 167.1 de la Ley 58/2003, de 17 de diciembre, General Tributaria, de no haberse iniciado con anterioridad.

7. La entrega o puesta a disposición de la Administración de los bienes deberá ser efectuada en el plazo de 10 días contados a partir del siguiente al de la notificación del acuerdo de aceptación de pago en especie, salvo que dicha entrega o puesta a disposición se hubiese realizado en un momento anterior. Del documento justificativo de la recepción en conformidad se remitirá copia al órgano de recaudación.

De no producirse la entrega o puesta a disposición de los bienes en los términos del párrafo anterior, quedará sin efecto el acuerdo de aceptación, con las consecuencias siguientes:

a) Si la solicitud fue presentada en periodo voluntario de ingreso y este ya hubiese transcurrido, se iniciará el periodo ejecutivo al día siguiente de aquel en que finalizó el plazo para la entrega o puesta a disposición, debiendo iniciarse el procedimiento de apremio en los términos previstos en el artículo 167.1 de la Ley 58/2003, de 17 de diciembre, General Tributaria, exigiéndose el ingreso del principal de la deuda y el recargo del periodo ejecutivo.

Se procederá a la liquidación los intereses de demora devengados a partir del día siguiente al del vencimiento del plazo de ingreso en periodo voluntario hasta la fecha de fin del plazo para entregar o poner a disposición los bienes, sin perjuicio de los que se devenguen posteriormente en virtud de lo dispuesto en el artículo 26 de la Ley 58/2003, de 17 de diciembre, General Tributaria.

b) Si la solicitud fue presentada en periodo ejecutivo de ingreso, deberá continuarse el procedimiento de apremio.

8. En lo no previsto en este artículo, los efectos de esta forma de pago serán los establecidos en la legislación civil para la dación en pago.

Artículo 41. *Justificantes y certificaciones del pago.*

1. Quien realice el pago de una deuda conforme a lo dispuesto en este reglamento tendrá derecho a que se le entregue un justificante del pago.

2. Los justificantes del pago en efectivo serán, según los casos:

a) Los recibos.

b) Las cartas de pago suscritas o validadas por órganos competentes o por entidades autorizadas para recibir el pago.

c) Las certificaciones acreditativas del ingreso efectuado.

d) Cualquier otro documento al que se otorgue expresamente el carácter de justificante de pago por el Ministerio de Economía y Hacienda[33] y, en particular, los determinados por la normativa reguladora de los ingresos por vía telemática.

3. Los justificantes de pago en efectivo deberán indicar, al menos, las siguientes circunstancias:

a) Nombre y apellidos o razón social o denominación completa, número de identificación fiscal y domicilio del deudor.

b) Concepto, importe de la deuda y periodo a que se refiere.

c) Fecha de pago.

d) Órgano, persona o entidad que lo expide.

4. Cuando los justificantes de pago se extiendan por medios mecánicos, las circunstancias del apartado anterior podrán expresarse en clave o abreviatura suficientemente identificadoras, en su conjunto, del deudor y de la deuda satisfecha a que se refieran.

5. Cuando se empleen efectos timbrados, los justificantes de pago serán los propios efectos debidamente inutilizados.

6. Cuando se efectúe el pago en especie, se considerará justificante de pago la certificación emitida por el órgano competente en la que conste haberse realizado la entrega o puesta a disposición de los bienes.

7. El deudor podrá solicitar de la Administración certificación acreditativa del pago efectuado quedando esta obligada a expedirla.

Artículo 42. *Actuaciones a realizar en el supuesto de tributos incompatibles.*

1. En los supuestos previstos en el artículo 62.8 de la Ley 58/2003, de 17 de diciembre, General Tributaria, una vez determinado por el órgano competente qué tributo es el procedente, se actuará como se indica a continuación:

a) Si el tributo procedente fuese el liquidado en primer lugar, se anulará la segunda liquidación efectuada, procediendo la devolución de las cantidades que, en su caso, se hubiesen ingresado respecto de esta última.

b) Si el tributo procedente fuese el liquidado en segundo lugar, se procederá según los casos:

1.ª Cuando la liquidación practicada en segundo lugar sea firme por no haber sido recurrida en plazo, procederá la extinción de la deuda en la parte concurrente con la devolución de ingresos que se reconozca en relación con la liquidación efectuada en primer lugar que resulta improcedente, una vez que dicho acuerdo de devolución sea firme. En este caso, la Administración competente en relación con el tributo procedente declarará dicha extinción en los términos del apartado 2.

No obstante, la extinción no se producirá en los siguientes casos:

---

[33] Orden EHA/2027/2007, de 28 de junio, por la que se desarrolla parcialmente el Real Decreto 939/2005, de 29 de junio, por el que se aprueba el Reglamento General de Recaudación, en relación con las entidades de crédito que prestan el servicio de colaboración en la gestión recaudatoria de la Agencia Estatal de Administración Tributaria (BOE núm. 163, de 9 de julio de 2007).

Cuando, en el caso de que se haya declarado improcedente un tributo objeto de repercusión, el obligado al pago que soportó la repercusión del tributo indebidamente repercutido tenga derecho a la deducción total del importe soportado indebidamente.

Cuando, en el caso de que se haya declarado improcedente un tributo objeto de repercusión, el sujeto pasivo del tributo repercutido haya procedido a la rectificación de las cuotas repercutidas correspondientes a la operación, de acuerdo con la normativa propia de ese tributo.

2.ª Cuando la liquidación practicada en segundo lugar haya sido recurrida, se esperará a que la resolución sea firme en todas las instancias. Adquirida dicha firmeza, se procederá según se indica a continuación en función del caso de que se trate:

En el caso de que la resolución administrativa o judicial declare improcedente el tributo liquidado, se considerará procedente la tributación inicial, debiendo efectuarse la devolución de las cantidades que pudiesen derivarse de los ingresos efectuados en relación con la liquidación anulada por la citada resolución administrativa o judicial. En el caso de que la resolución administrativa o judicial declare la procedencia del tributo pero anule la liquidación, se girará una nueva y, una vez firme esta, se procederá conforme a lo previsto en el párrafo 1.ª anterior y se declarará la extinción de la deuda. Cuando no sea posible practicar nueva liquidación por tal concepto, se procederá a devolver las cantidades que pudiesen derivarse de los ingresos efectuados en relación con la liquidación anulada.

En el caso de que la resolución administrativa o judicial declare procedente la tributación y la liquidación correspondiente, procederá la extinción de la deuda en la forma y con los requisitos previstos en el párrafo 1.ª anterior.

2. La Administración que hubiera liquidado el tributo improcedente deberá transferir a la Administración que hubiera liquidado el tributo procedente la cuantía necesaria para declarar la extinción de la deuda derivada de la liquidación procedente. Una vez recibida la transferencia, se procederá a declarar la extinción de la deuda.

3. La extinción regulada en el apartado anterior no impedirá la regularización de la situación tributaria del obligado que repercutió el tributo que, en su caso, corresponda.

Artículo 43[34.] *Consignación.*

1. Los obligados al pago podrán consignar en efectivo el importe de la cantidad debida y de las costas en la Caja General de Depósitos u órgano equivalente de las restantes Administraciones públicas o en alguna de sus sucursales, en los siguientes casos:

a) Cuando se interpongan las reclamaciones o recursos procedentes.

b) Cuando la caja del órgano competente, entidades colaboradoras, entidades que presten el servicio de caja o demás personas o entidades autorizadas para recibir el pago no lo hayan admitido, debiendo hacerlo, o no puedan admitirlo por causa de fuerza mayor.

---

[34]   Art. 64 (Consignación de pagos), de la LGT (§1).
      Real Decreto 937/2020, de 27 de octubre, por el que se aprueba el Reglamento de la Caja General de Depósitos (BOE núm. 310, de 26 de noviembre de 2020), que deroga el anterior Real Decreto 161/1997, de 7 de febrero, por el que se aprueba el Reglamento de la Caja General de Depósitos. Orden ETD/904/2021, de 12 de agosto, por la que se aprueban los modelos para la presentación de documentos en papel ante la Caja General de Depósitos (BOE núm. 204, de 26 de agosto de 2021).

2. En el caso del apartado 1.a), la consignación suspenderá la ejecución del acto impugnado desde la fecha en que haya sido efectuada, cuando se realice de acuerdo con las normas que regulan los recursos y reclamaciones.

En el caso del apartado 1.b), tendrá los efectos liberatorios del pago desde la fecha en que haya sido efectuada y por el importe que haya sido objeto de consignación y siempre que se comunique al órgano de recaudación.

Subsección 2.ª Aplazamiento y fraccionamiento

Artículo 44. *Aplazamiento y fraccionamiento del pago.*

1. La Administración podrá a solicitud del obligado aplazar o fraccionar el pago de las deudas en los términos previstos en los artículos 65 y 82 de la Ley 58/2003, de 17 de diciembre, General Tributaria.

2. Serán aplazables o fraccionables todas las deudas tributarias y demás de naturaleza pública cuya titularidad corresponda a la Hacienda pública, salvo las excepciones previstas en las leyes.

3[35].

3[36]. Las solicitudes de aplazamiento o fraccionamiento de pago de la deuda aduanera serán tramitadas y resueltas de acuerdo con lo establecido en su normativa específica. Para aquellas solicitudes cuya tramitación, de conformidad con la normativa de organización específica, corresponda a los órganos de recaudación, este reglamento será aplicable de forma supletoria.

Artículo 45. *Competencia en materia de aplazamientos y fraccionamientos.*

1. Las solicitudes de aplazamiento o fraccionamiento de las deudas cuya recaudación se lleve a cabo por la Agencia Estatal de Administración Tributaria serán tramitadas y resueltas por esta[37].

2. Las solicitudes de aplazamiento o fraccionamiento formuladas en el periodo voluntario de pago de las deudas y sanciones del sistema tributario estatal o aduanero cuya gestión en dicho periodo esté encomendada a un órgano de la Administración General del Estado u organis-

---

[35]   Apartado original suprimido por el art. único. Seis del Real Decreto 1071/2017, de 29 de diciembre (BOE núm. 317, de 30 de diciembre de 201), en vigor desde el 1 de enero de 2018.

[36]   Renumeración, el original apartado 4 pasa a ser el 3 por el art. único. Seis del Real Decreto 1071/2017, de 29 de diciembre (BOE núm. 317, de 30 de diciembre de 201), en vigor desde el 1 de enero de 2018.

[37]   Orden HFP/311/2023, de 28 de marzo, por la que se eleva el límite exento de la obligación de aportar garantía en las solicitudes de aplazamiento o fraccionamiento a 50.000 euros (BOE núm. 77, de 31 de marzo de 2023).

Orden HFP/583/2023, de 7 de junio, por la que se eleva a 50.000 euros el límite exento de la obligación de aportar garantías en las solicitudes de aplazamiento o fraccionamiento de deudas derivadas de tributos cedidos cuya gestión recaudatoria corresponde a las comunidades autónomas (BOE núm. 138, de 10 de junio de 2023).

Instrucción 1/2023, de 31 de marzo, de la Directora del Departamento de Recaudación de la Agencia Estatal de Administración Tributaria sobre las garantías necesarias para la concesión de aplazamientos y fraccionamientos de pago, y para obtener la suspensión de los actos administrativos objeto de recurso y reclamación.

Instrucción 2/2023, de 3 de abril, de la Directora del Departamento de Recaudación de la Agencia Estatal de Administración Tributaria, sobre gestión de aplazamientos y fraccionamientos de pago.

mo autónomo, serán tramitadas y resueltas por la Agencia Estatal de Administración Tributaria, salvo que, de forma expresa y específica, las normas reguladoras de esos recursos reserven a los citados órganos la gestión del aplazamiento o fraccionamiento en periodo voluntario.

3. Las solicitudes de aplazamiento o fraccionamiento de los demás recursos de naturaleza pública serán tramitadas y resueltas por la Dirección General del Tesoro y Política Financiera o por las Delegaciones de Economía y Hacienda, salvo que la gestión de dichos recursos esté atribuida a otros órganos de la Administración General del Estado, organismos autónomos u otra entidad de derecho público; en tal caso, serán tramitadas y resueltas por estos órganos o entidades.

Artículo 46. *Solicitudes de aplazamiento y fraccionamiento.*

1. Las solicitudes de aplazamiento o fraccionamiento se dirigirán al órgano competente para su tramitación dentro de los plazos siguientes:

a) Deudas que se encuentren en periodo voluntario de ingreso o de presentación de las correspondientes autoliquidaciones: dentro del plazo fijado para el ingreso en el artículo 62.1, 2 y 3 de la Ley 58/2003, de 17 de diciembre, General Tributaria, o en la normativa específica. A estos efectos, en el caso de deudas resultantes de autoliquidaciones presentadas fuera de plazo, sólo se entenderá que la solicitud se presenta en periodo voluntario cuando la solicitud de aplazamiento o fraccionamiento se presente junto con la autoliquidación extemporánea.

b) Deudas que se encuentren en periodo ejecutivo: en cualquier momento anterior a la notificación del acuerdo de enajenación de los bienes.

2. La solicitud de aplazamiento o fraccionamiento contendrá necesariamente los siguientes datos:

a) Nombre y apellidos o razón social o denominación completa, número de identificación fiscal y domicilio fiscal del obligado al pago y, en su caso, de la persona que lo represente.

b) Identificación de la deuda cuyo aplazamiento o fraccionamiento se solicita, indicando al menos su importe, concepto y fecha de finalización del plazo de ingreso en periodo voluntario.

c) Causas que motivan la solicitud de aplazamiento o fraccionamiento.

d) Plazos y demás condiciones del aplazamiento o fraccionamiento que se solicita.

e) Garantía que se ofrece, conforme a lo dispuesto en el artículo 82 de la Ley 58/2003, de 17 de diciembre, General Tributaria.

f) Orden de domiciliación bancaria, indicando el número de código cuenta cliente y los datos identificativos de la entidad de crédito que deba efectuar el cargo en cuenta, cuando la Administración competente para resolver haya establecido esta forma de pago como obligatoria en estos supuestos.

g) Lugar, fecha y firma del solicitante.

h)[38] Indicación de que la deuda respecto de la que se solicita el aplazamiento o fraccionamiento no tiene el carácter de crédito contra la masa en el supuesto que el solicitante se encuentre en proceso concursal.

---

[38] Nueva letra h) incorporada por el art. único. Siete del Real Decreto 1071/2017, de 29 de diciembre (BOE núm. 317, de 30 de diciembre de 201), en vigor desde el 1 de enero de 2018.

3. A la solicitud de aplazamiento o fraccionamiento se deberá acompañar:

a) Compromiso de aval solidario de entidad de crédito o sociedad de garantía recíproca o de certificado de seguro de caución, o la documentación que se detalla en los apartados 4 y 5, según el tipo de garantía que se ofrezca[39].

b) En su caso, los documentos que acrediten la representación y el lugar señalado a efectos de notificación.

c) Los demás documentos o justificantes que estime oportunos. En particular, deberá justificarse la existencia de dificultades económico-financieras que le impidan de forma transitoria efectuar el pago en el plazo establecido.

d) Si la deuda tributaria cuyo aplazamiento o fraccionamiento se solicita ha sido determinada mediante autoliquidación, el modelo oficial de esta, debidamente cumplimentado, salvo que el interesado no esté obligado a presentarlo por obrar ya en poder de la Administración; en tal caso, señalará el día y procedimiento en que lo presentó.

---

[39] Orden EHA/4078/2005, de 27 de diciembre, por la que se desarrollan determinados artículos del Reglamento General de Recaudación aprobado por Real Decreto 939/2005, de 29 de julio (BOE núm. 311, de 29 de diciembre de 2005, corrección de errores, BOE núm. 53, de 3 de marzo de 2006), en vigor desde el 1-1-2006:

«Artículo 3. Requisitos de suficiencia de los certificados de seguros de caución en los supuestos de aplazamientos o fraccionamientos.

Cuando la garantía consista en un certificado de seguro de caución, la condición de asegurador deberá recaer en una entidad en activo y debidamente autorizada por la Dirección General de Seguros y Fondos de Pensiones para operar en España en el ramo del seguro de caución.

En el certificado que aporte el interesado deberán constar, como mínimo, los siguientes datos:

a) Identificación completa de la entidad aseguradora.

b) Indicación de que la condición de asegurado la ostenta la Administración competente para la resolución de la solicitud de aplazamiento o fraccionamientos.

c) Identificación completa de la persona o entidad que ostenta la condición de tomador del seguro.

d) Las indicaciones que, como mínimo, deberán constar en el contrato de seguro y que se mencionan en el párrafo siguiente.

En las cláusulas del contrato, sin perjuicio de lo establecido en el artículo 8 de la Ley 50/1980, de 8 de octubre, del Contrato de Seguro, deberán constar, como mínimo, las siguientes indicaciones:

a) No podrá oponerse al asegurado ninguna excepción derivada de la relación del asegurador con el tomador del seguro, ni siquiera el impago de la prima.

b) El asegurador se compromete a indemnizar al asegurado al primer requerimiento y acepta la ejecución de la garantía por el procedimiento administrativo de apremio.

c) La vigencia del contrato se mantendrá hasta la fecha en la que la Administración autorice su cancelación. Para el caso de que dicho plazo fuera a exceder de 10 años, el tomador del seguro y el asegurador deberán estipular en el propio contrato de seguro que antes de que transcurra el citado plazo estipularán la prórroga automática del contrato de seguro, por plazos sucesivos de un año durante el tiempo que fuese preciso para mantener la vigencia de la garantía.

d) El importe máximo del que responde el asegurador.

Para admitir su validez y vigencia podrá solicitarse del Servicio Jurídico competente el bastanteo de los poderes de la persona que actúe en representación del asegurador».

Resolución de 28 de febrero de 2006, de la Dirección General de la Agencia Estatal de Administración Tributaria, por la que se establecen las condiciones generales y el procedimiento para la validación mediante un código NRC de los avales otorgados por las entidades de crédito y por las sociedades de garantía recíproca y presentados por los interesados ante la administración tributaria (BOE núm. 61, de 13 de marzo de 2006).

e) En su caso, solicitud de compensación durante la vigencia del aplazamiento o fraccionamiento con los créditos que puedan reconocerse a su favor durante el mismo periodo de tiempo sin perjuicio de lo dispuesto en el artículo 52.2, segundo párrafo.

f)[40] En el caso de concurso del obligado tributario, se deberá aportar declaración y otros documentos acreditativos de que las deudas tributarias no tienen la consideración de créditos contra la masa del correspondiente concurso.

4. Cuando se solicite la admisión de garantía que no consista en aval de entidad de crédito o sociedad de garantía recíproca o certificado de seguro de caución, se aportará, junto a la solicitud de aplazamiento o fraccionamiento y a los documentos a que se refiere el apartado 3.b), c) y d), la siguiente documentación:

a) Declaración responsable y justificación documental de la imposibilidad de obtener dicho aval o certificado de seguro de caución, en la que consten las gestiones efectuadas para su obtención.

b) Valoración de los bienes ofrecidos en garantía efectuada por empresas o profesionales especializados e independientes. Cuando exista un registro de empresas o profesionales especializados en la valoración de un determinado tipo de bienes, la valoración deberá efectuarse, preferentemente, por una empresa o profesional inscrito en dicho registro.

c) Balance y cuenta de resultados del último ejercicio cerrado e informe de auditoría, si existe, en caso de empresarios o profesionales obligados por ley a llevar contabilidad.

5. Cuando se solicite la dispensa total o parcial de garantía, se aportará junto a la solicitud, además de los documentos a que se refiere el apartado 3.b), c) y d), la siguiente documentación:

a) Declaración responsable y justificación documental manifestando carecer de bienes o no poseer otros que los ofrecidos en garantía.

b) Justificación documental de la imposibilidad de obtener aval de entidad de crédito o sociedad de garantía recíproca o certificado de seguro de caución, en la que consten las gestiones efectuadas para su obtención.

c) Balance y cuenta de resultados de los tres últimos años e informe de auditoría, si existe, en caso de empresarios o profesionales obligados por ley a llevar contabilidad.

d) Plan de viabilidad y cualquier otra información que justifique la posibilidad de cumplir el aplazamiento o fraccionamiento solicitado.

6. Si la solicitud no reúne los requisitos establecidos en la normativa o no se acompañan los documentos citados en los apartados anteriores, el órgano competente para la tramitación del aplazamiento o fraccionamiento requerirá al solicitante para que, en un plazo de 10 días contados a partir del siguiente al de la notificación del requerimiento, subsane el defecto o aporte los documentos con indicación de que, de no atender el requerimiento en el plazo señalado, se tendrá por no presentada la solicitud y se archivará sin más trámite.

No procederá la subsanación si no se acompaña a la solicitud de aplazamiento o fraccionamiento la autoliquidación que no obre en poder de la Administración. En este caso, procederá la inadmisión conforme a lo previsto en el artículo 47.

---

[40]   Nueva letra f) incorporada por el art. único. Siete del Real Decreto 1071/2017, de 29 de diciembre (BOE núm. 317, de 30 de diciembre de 201), en vigor desde el 1 de enero de 2018.

Si la solicitud de aplazamiento o fraccionamiento se hubiese presentado en periodo voluntario de ingreso y el plazo para atender el requerimiento de subsanación finalizase con posterioridad al plazo de ingreso en periodo voluntario y aquel no fuese atendido, se iniciará el procedimiento de apremio mediante la notificación de la oportuna providencia de apremio.

Cuando el requerimiento de subsanación haya sido objeto de contestación en plazo por el interesado pero no se entiendan subsanados los defectos observados, procederá la denegación de la solicitud de aplazamiento o fraccionamiento.

Podrá acordarse la denegación cuando la garantía aportada por el solicitante hubiese sido rechazada anteriormente por la Administración tributaria por falta de suficiencia jurídica o económica o por falta de idoneidad.

7. Cuando se considere oportuno a efectos de dictar resolución, se podrá requerir al solicitante la información y documentación que considere necesaria para resolver la solicitud de aplazamiento o fraccionamiento y, en particular, la referente a la titularidad, descripción, estado, cargas y utilización de los bienes ofrecidos en garantía.

8[41] (*Anulado*).

Artículo 47. *Inadmisión de solicitudes de aplazamiento y fraccionamiento.*

1. Serán inadmitidas las solicitudes de aplazamiento y fraccionamiento en los siguientes casos:

a) Cuando la deuda deba ser declarada mediante autoliquidación y esta última no haya sido objeto de presentación con anterioridad o conjuntamente con la solicitud de aplazamiento o fraccionamiento.

b)[42] Cuando la autoliquidación haya sido presentada habiéndose iniciado con anterioridad un procedimiento de inspección que hubiera quedado suspendido de acuerdo con lo previsto en el artículo 150.3.a) de la Ley 58/2003, de 17 de diciembre, General Tributaria, siempre que la solicitud de aplazamiento o fraccionamiento se refiera a conceptos y periodos afectados por la causa de suspensión respecto de los que se haya remitido conocimiento a la jurisdicción competente o al Ministerio Fiscal.

2. La presentación de solicitudes de aplazamiento o fraccionamiento reiterativas de otras anteriores que hayan sido objeto de denegación previa implicará su inadmisión cuando no contengan modificación sustancial respecto de la solicitud previamente denegada y, en particular, cuando dicha reiteración tenga por finalidad dilatar, dificultar o impedir el desarrollo de la gestión recaudatoria.

---

[41] Sentencia del Tribunal Supremo de 12 de junio de 2019, que anula el apartado 8 del art. 46 en la redacción dada por el art. único. Siete del Real Decreto 1071/2017, de 29 de diciembre, por el que se modifica el Reglamento General de Recaudación, aprobado por el Real Decreto 939/2005, de 29 de julio (BOE núm. 317, de 30 de diciembre de 201), en vigor desde el 1 de enero de 2018 hasta el 3 de julio de 2019: «*8. En el caso en que el obligado al pago presente una solicitud de aplazamiento o fraccionamiento y una solicitud de suspensión al amparo de lo dispuesto en la normativa aplicable en materia de revisión en vía administrativa, aunque sea con carácter subsidiario una respecto de la otra, se procederá, en todo caso, al archivo de la solicitud de aplazamiento o fraccionamiento y a la tramitación de la solicitud de suspensión*».

[42] Nueva redacción del art. 47.1.b) dada por el art. único. Ocho del Real Decreto 1071/2017, de 29 de diciembre (BOE núm. 317, de 30 de diciembre de 201), en vigor desde el 1 de enero de 2018.

3. La inadmisión implicará que la solicitud de aplazamiento o fraccionamiento se tenga por no presentada a todos los efectos.

4. Contra el acuerdo de inadmisión cabrá la interposición de recurso o reclamación económica-administrativa.

Artículo 48. *Garantías en aplazamientos y fraccionamientos.*

1. Cuando el solicitante sea una Administración pública no se exigirá garantía.

2[43]. La garantía cubrirá el importe de la deuda en periodo voluntario, de los intereses de demora que genere el aplazamiento y un 25 por ciento de la suma de ambas partidas.

Cuando la deuda se encuentre en periodo ejecutivo, la garantía deberá cubrir el importe aplazado, incluyendo el recargo del periodo ejecutivo correspondiente, los intereses de demora que genere el aplazamiento, más un 5 por ciento de la suma de ambas partidas.

3[44]. En caso de solicitud de fraccionamiento, podrá constituirse una única garantía para la totalidad de las fracciones que puedan acordarse o bien garantías parciales e independientes para una o varias fracciones.

En todo caso, la garantía deberá cubrir el importe de las fracciones a que se refiera, incluyendo, para las deudas que se encuentren en periodo voluntario, el importe que por principal e intereses de demora se incorpore a las fracciones más el 25 por ciento de la suma de ambas partidas; y para las deudas que se encuentren en periodo ejecutivo, el importe fraccionado, incluyendo el recargo del periodo ejecutivo correspondiente, los intereses de demora que genere el fraccionamiento, más un 5 por ciento de la suma de ambas partidas.

4. La suficiencia económica y jurídica de las garantías será apreciada por el órgano competente para la tramitación del aplazamiento o fraccionamiento.

Cuando dicha apreciación presente especial complejidad, se podrá solicitar informe de otros servicios técnicos de la Administración o contratar servicios externos. Asimismo, el órgano competente para tramitar el aplazamiento o fraccionamiento podrá solicitar informe al órgano con funciones de asesoramiento jurídico correspondiente sobre la suficiencia jurídica de la garantía ofrecida.

---

[43]   Nueva redacción del art. 48.2 dada por el art. único. Nueve del Real Decreto 1071/2017, de 29 de diciembre (BOE núm. 317, de 30 de diciembre de 201), en vigor desde el 1 de enero de 2018.

[44]   Nueva redacción del art. 48.3 dada por la Disp. Final Segunda Seis del Real Decreto 117/2024, de 30 de enero, por el que se desarrollan las normas y los procedimientos de diligencia debida en el ámbito del intercambio automático obligatorio de información comunicada por los operadores de plataformas, y se modifican el Reglamento General de las actuaciones y los procedimientos de gestión e inspección tributaria y de desarrollo de las normas comunes de los procedimientos de aplicación de los tributos, aprobado por el Real Decreto 1065/2007, de 27 de julio, en transposición de la Directiva (UE) 2021/514 del Consejo de 22 de marzo de 2021 por la que se modifica la Directiva 2011/16/UE relativa a la cooperación administrativa en el ámbito de la fiscalidad, y otras normas tributarias (BOE núm. 27, de 31 de enero de 2024), en vigor desde el 1 de febrero de 2024.

Redacción anterior: «*3. En caso de solicitud de fraccionamiento, podrá constituirse una única garantía para la totalidad de las fracciones que puedan acordarse o bien garantías parciales e independientes para una o varias fracciones.*

En todo caso, la garantía deberá cubrir el importe de las fracciones a que se refiera, incluyendo el importe que por principal e intereses de demora se incorpore a las fracciones más el 25 por ciento de la suma de ambas partidas».

Si la valoración del bien ofrecido en garantía resultara insuficiente para garantizar el aplazamiento o fraccionamiento en los términos previstos en este reglamento, deducidas las cargas en su caso existentes y no se tratase de un supuesto de los regulados en el artículo 50, se requerirá al solicitante para que en el plazo de 10 días contados a partir del día siguiente al de la notificación del requerimiento aporte garantías complementarias o bien acredite la imposibilidad de aportarlas, conforme a lo dispuesto en el artículo 46.4 y 5.

Si el requerimiento no es atendido o, siéndolo, no se entiende complementada la garantía o suficientemente justificada la imposibilidad de complementarla, procederá la denegación de la solicitud.

5. La vigencia de la garantía constituida mediante aval o certificado de seguro de caución deberá exceder al menos en seis meses al vencimiento del plazo o plazos garantizados.

6. La garantía deberá formalizarse en el plazo de dos meses contados a partir del día siguiente al de la notificación del acuerdo de concesión cuya eficacia quedará condicionada a dicha formalización.

7. Transcurrido el plazo de dos meses sin haberse formalizado las garantías, las consecuencias serán las siguientes:

a) Si la solicitud fue presentada en periodo voluntario de ingreso, se iniciará el periodo ejecutivo al día siguiente de aquel en que finalizó el plazo para la formalización de las garantías, debiendo iniciarse el procedimiento de apremio en los términos previstos en el artículo 167.1 de la Ley 58/2003, de 17 de diciembre, General Tributaria, exigiéndose el ingreso del principal de la deuda y el recargo del periodo ejecutivo.

Se procederá a la liquidación de los intereses de demora devengados a partir del día siguiente al del vencimiento del plazo de ingreso en periodo voluntario hasta la fecha de fin del plazo para la formalización de las garantías sin perjuicio de los que se devenguen posteriormente en virtud de lo dispuesto en el artículo 26 de la Ley 58/2003, de 17 de diciembre, General Tributaria.

b) Si la solicitud fue presentada en periodo ejecutivo de ingreso, deberá continuar el procedimiento de apremio.

8. La aceptación de la garantía será competencia del órgano que deba resolver el aplazamiento o fraccionamiento solicitado. Dicha aceptación se efectuará mediante documento administrativo que, en su caso, será remitido a los registros públicos correspondientes para que su contenido se haga constar en estos.

9. Las garantías serán liberadas de inmediato una vez realizado el pago total de la deuda garantizada, incluidos, en su caso, los recargos, los intereses de demora y las costas. Si se trata de garantías parciales e independientes, estas deberán ser liberadas de forma independiente cuando se satisfagan los plazos garantizados por cada una de ellas.

10. El reembolso del coste de las garantías aportadas para aplazar o fraccionar el pago de una deuda o sanción tributaria, cuando dicha deuda o sanción sean declaradas improcedentes por sentencia o resolución administrativa firme regulado en el artículo 33 de la Ley 58/2003, de 17 de diciembre, General Tributaria, se tramitará y resolverá de acuerdo con lo establecido para el reembolso de los costes de las garantías aportadas para suspender la ejecución de un acto impugnado.

Además de los costes de las garantías previstos en el párrafo anterior, se reembolsarán los costes originados por la adopción de medidas cautelares en sustitución de las garantías a que se refiere el artículo 82.1 de la Ley 58/2003, de 17 de diciembre, General Tributaria.

11. En los supuestos de estimación parcial de un recurso o reclamación cuya resolución no pueda ser ejecutada de conformidad con la normativa reguladora de los recursos y reclamaciones, el obligado al pago tendrá derecho, si así lo solicita, a la reducción proporcional de la garantía aportada para aplazar o fraccionar una deuda.

A estos efectos, el órgano competente practicará en el plazo de 15 días desde la presentación de la solicitud del interesado una cuantificación de la deuda que, en su caso, hubiera resultado de la ejecución de la resolución del correspondiente recurso o reclamación, la cual servirá para determinar el importe de la reducción procedente y, en consecuencia, de la garantía que debe quedar subsistente.

No obstante, la garantía anterior seguirá afecta al pago del importe de la deuda subsistente, manteniendo su vigencia hasta la formalización de la nueva garantía que cubra el importe de la deuda subsistente.

Serán órganos competentes para proceder a la sustitución de la garantía los órganos que acordaron el aplazamiento o fraccionamiento.

Artículo 49. *Adopción de medidas cautelares en el ámbito de los aplazamientos y fraccionamientos.*

1. Cuando la constitución de la garantía resulte excesivamente onerosa en relación con la cuantía y plazo de la deuda, el obligado al pago podrá solicitar que la Administración adopte medidas cautelares en sustitución de las garantías necesarias si tiene solicitadas devoluciones tributarias u otros pagos a su favor o cuando sea titular de bienes o derechos que sean susceptibles de embargo preventivo. Cuando dichos bienes o derechos sean susceptibles de inscripción en un registro público, la concesión estará supeditada a la inscripción previa en el correspondiente registro.

En el propio acuerdo en el que se resuelva el aplazamiento o fraccionamiento, la Administración tributaria accederá o denegará dicha solicitud atendiendo, entre otras circunstancias, a la situación económico-financiera del deudor o a la naturaleza del bien o derecho sobre el que se debiera adoptar la medida cautelar. En todo caso, la decisión deberá ser motivada.

Se denegará la solicitud cuando sea posible realizar el embargo de dichos bienes o derechos con arreglo a lo dispuesto en los artículos 75 a 93.

Los costes originados por la adopción de medidas cautelares en sustitución de las garantías necesarias serán a cargo del deudor. A dichos costes se aplicará lo dispuesto en los artículos 113 a 115.

En caso de incumplimiento del aplazamiento o fraccionamiento resultará aplicable lo dispuesto con carácter general para los supuestos de falta de pago regulados en esta subsección. Con carácter previo a la ejecución de la garantía, la medida cautelar adoptada deberá ser convertida en definitiva en el procedimiento de apremio.

2. Cuando se presente una solicitud de aplazamiento o fraccionamiento en periodo voluntario y concurran las circunstancias previstas en el artículo 81.1 de la Ley 58/2003, de 17 de diciembre, General Tributaria, podrán adoptarse las medidas cautelares reguladas en dicho precepto para asegurar el cobro de la deuda, sin perjuicio de la resolución que pueda recaer en relación con la solicitud realizada y en tanto esta se tramita.

Artículo 50. *Dispensa de garantías en aplazamientos y fraccionamientos.*

1. Cuando se solicite un aplazamiento o fraccionamiento con dispensa total o parcial de garantías de acuerdo con lo dispuesto en el artículo 82.2.b) de la Ley 58/2003, de 17 de diciembre, General Tributaria, el órgano competente investigará la existencia de bienes o derechos susceptibles de ser aportados en garantía del aplazamiento o fraccionamiento solicitado.

Comprobada la existencia de dichos bienes y derechos, se efectuará requerimiento al solicitante para que complemente su solicitud con la aportación de aquellos como garantía en los términos previstos en el artículo 48.4 de este reglamento y con las consecuencias allí establecidas para el caso de inatención o de atención insuficiente a dicho requerimiento.

2. Concedido el aplazamiento o fraccionamiento con dispensa total o parcial de garantías, el solicitante quedará obligado durante el periodo a que aquel se extienda a comunicar al órgano competente para la recaudación de las deudas aplazadas o fraccionadas cualquier variación económica o patrimonial que permita garantizar la deuda. En tal caso, se le concederá el plazo previsto en el artículo 48.6 para constituir la garantía.

Cuando la Administración conozca de oficio la modificación de dichas circunstancias, se procederá a su notificación al interesado concediendo un plazo de 15 días contados a partir del día siguiente al de la notificación para que alegue lo que estime conveniente. Transcurrido el plazo de alegaciones, la Administración requerirá, en su caso, al interesado para la formalización de la garantía o para la modificación de la garantía preexistente, indicándole los bienes sobre los que debe constituirse esta y el plazo para su formalización, en los términos del artículo 48.

En particular, si durante la vigencia del aplazamiento o fraccionamiento se repartiesen beneficios, con anterioridad al reparto deberá constituirse la correspondiente garantía para el pago de las obligaciones pendientes con la Hacienda pública.

El incumplimiento de la obligación de constituir garantía prevista en este apartado tendrá las mismas consecuencias que las reguladas en este reglamento para la falta de formalización de garantías.

3. En los supuestos de fraccionamientos, en los que se hubiera solicitado su concesión con dispensa parcial de garantías, de accederse a la solicitud, dicha garantía parcial quedará afecta a la totalidad de las fracciones incorporadas al acuerdo, y será de aplicación, en caso de incumplimiento de pago, lo dispuesto en el artículo 54.2.

Artículo 51. *Tramitación de solicitudes de aplazamientos y fraccionamientos.*

1. El órgano competente para la tramitación examinará y evaluará la falta de liquidez y la capacidad para generar recursos y valorará la suficiencia e idoneidad de las garantías, o, en caso de solicitud de dispensa de garantía, verificará la concurrencia de las condiciones precisas para obtenerla.

Realizados los trámites anteriores, se formulará propuesta de resolución que será remitida al órgano competente para su resolución.

2. Durante la tramitación de la solicitud el deudor deberá efectuar el pago del plazo, fracción o fracciones propuestos en aquella.

El órgano competente para la tramitación de la solicitud, si estima que la resolución pudiera verse demorada como consecuencia de la complejidad del expediente, valorará el establecimiento de un calendario provisional de pagos hasta que la resolución se produzca.

Dicho calendario podrá incorporar plazos distintos de los propuestos por el solicitante y lo sustituirá a todos los efectos.

En caso de incumplimiento de cualquiera de dichos pagos, ya sean los propuestos por el interesado o los fijados por la Administración en el correspondiente calendario, se podrá denegar la solicitud por concurrir dificultades económico-financieras de carácter estructural.

De la oportunidad y conveniencia de la fijación de dicho calendario deberá quedar justificación en el expediente.

3. Si en cualquier momento durante la tramitación del aplazamiento o fraccionamiento el interesado efectúa el ingreso de la deuda, la Administración liquidará intereses de demora por el periodo transcurrido desde el día siguiente al del vencimiento del plazo de ingreso en periodo voluntario hasta la fecha del ingreso.

En el supuesto de fijación de un calendario provisional por la Administración o de propuesta por el interesado de plazos o fracciones, cada uno de los pagos realizados en virtud de cualquiera de los dos calendarios se imputará a la cancelación del principal de la deuda a que se refiere la solicitud de aplazamiento o fraccionamiento. Si el aplazamiento o fraccionamiento resulta finalmente concedido, se liquidarán los intereses devengados sobre cada uno los pagos efectuados en virtud de dicho calendario o propuesta desde el día siguiente al del vencimiento del plazo de ingreso en periodo voluntario hasta la fecha del pago respectivo, notificándose dicha liquidación al interesado junto con el acuerdo de aplazamiento o fraccionamiento, otorgándose los plazos de ingreso señalados en el artículo 62.2 de la Ley 58/2003, de 17 de diciembre, General Tributaria.

Artículo 52. *Resolución de solicitudes de aplazamientos y fraccionamientos.*

1. Las resoluciones que concedan aplazamientos o fraccionamientos de pago especificarán el número de código cuenta cliente, en su caso, y los datos identificativos de la entidad de crédito que haya de efectuar el cargo en cuenta conforme al artículo 46.2.f), los plazos de pago y demás condiciones del acuerdo. La resolución podrá señalar plazos y condiciones distintos de los solicitados. En todo caso, el vencimiento de los plazos deberá coincidir con los días 5 ó 20 del mes. Cuando el acuerdo incluya varias deudas, se señalarán de forma independiente los plazos y cuantías que afecten a cada una.

2. En la resolución podrán establecerse las condiciones que se estimen oportunas para asegurar el pago efectivo en el plazo más breve posible y para garantizar la preferencia de la deuda aplazada o fraccionada, así como el correcto cumplimiento de las obligaciones tributarias del solicitante.

En particular, podrán establecerse condiciones por las que se afecten al cumplimiento del aplazamiento o fraccionamiento los pagos que la Hacienda pública deba realizar al obligado durante la vigencia del acuerdo, en cuan tía que no perjudique a la viabilidad económica o continuidad de la actividad. A tal efecto, se entenderá, en los supuestos de concesión de aplazamientos o fraccionamientos concedidos con dispensa total o parcial de garantías, que desde el momento de la resolución se formula la oportuna solicitud de compensación para que surta sus efectos en cuanto concurran créditos y débitos, aun cuando ello pueda suponer vencimientos anticipados de los plazos y sin perjuicio de los nuevos cálculos de intereses de demora que resulten procedentes.

De igual forma, podrá exigirse y condicionarse el mantenimiento y eficacia del acuerdo de concesión del aplazamiento o fraccionamiento a que el solicitante se encuentre al corriente de sus obligaciones tributarias durante la vigencia del acuerdo.

Cuando la resolución de fraccionamiento incluyese deudas que se encontrasen en periodo voluntario y deudas que se encontrasen en periodo ejecutivo de ingreso en el momento de presentarse la solicitud, el acuerdo de concesión no podrá acumular en la misma fracción deudas que se encontrasen en distinto periodo de ingreso. En todo caso, habrán de satisfacerse en primer lugar aquellas fracciones que incluyan las deudas que se encontrasen en periodo ejecutivo de ingreso en el momento de efectuarse la solicitud.

3. Si la resolución concediese el aplazamiento o fraccionamiento, se notificará al solicitante advirtiéndole de los efectos que se producirán de no constituirse la garantía en el plazo legalmente establecido y en caso de falta de pago conforme a los artículos 48 y 54. Dicha notificación incorporará el cálculo de los intereses de demora asociados a cada uno de los plazos de ingreso concedidos según lo dispuesto en el artículo siguiente.

Si una vez concedido un aplazamiento o fraccionamiento el deudor solicitase una modificación en sus condiciones, la petición no tendrá, en ningún caso, efectos suspensivos. La tramitación y resolución de estas solicitudes se regirá por las mismas normas que las establecidas para las peticiones de aplazamiento o fraccionamiento con carácter general.

4[45]. Si la resolución dictada fuese denegatoria, las consecuencias serán las siguientes:

a) Si la solicitud fue presentada en periodo voluntario de ingreso, con la notificación del acuerdo denegatorio se iniciará el plazo de ingreso regulado en el artículo 62.2 de la Ley 58/2003, de 17 de diciembre, General Tributaria, sin perjuicio de lo dispuesto en el párrafo segundo del artículo 161.2 de esa ley.

De no producirse el ingreso en dicho plazo, comenzará el periodo ejecutivo y deberá iniciarse el procedimiento de apremio en los términos previstos en el artículo 167.1 de la Ley 58/2003, de 17 de diciembre, General Tributaria.

De realizarse el ingreso en dicho plazo, procederá la liquidación de los intereses de demora devengados a partir del día siguiente al del vencimiento del plazo de ingreso en periodo voluntario hasta la fecha del ingreso realizado durante el plazo abierto con la notificación de la denegación. De no realizarse el ingreso los intereses se liquidarán hasta la fecha de vencimiento de dicho plazo, sin perjuicio de los que puedan devengarse con posterioridad conforme a lo dispuesto en el artículo 26 de la Ley 58/2003, de 17 de diciembre, General Tributaria.

---

[45]   Nueva redacción del art. 52.4 dada por el art. 2.dos del Real Decreto 249/2023, de 4 de abril, por el que se modifican el Reglamento General de Desarrollo de la Ley 58/2003, de 17 de diciembre, General Tributaria, en materia de revisión en vía administrativa, aprobado por el Real Decreto 520/2005, de 13 de mayo; el Reglamento General de Recaudación, aprobado por el Real Decreto 939/2005, de 29 de julio; el Reglamento General de las actuaciones y los procedimientos de gestión e inspección tributaria y desarrollo de las normas comunes de los procedimientos de aplicación de los tributos, aprobado por el Real Decreto 1065/2007, de 27 de julio; el Reglamento del Impuesto sobre Sucesiones y Donaciones, aprobado por el Real Decreto 1629/1991, de 8 de noviembre; el Reglamento del Impuesto sobre el Valor Añadido, aprobado por el Real Decreto 1624/1992, de 29 de diciembre; el Reglamento del Impuesto sobre la Renta de las Personas Físicas, aprobado por el Real Decreto 439/2007, de 30 de marzo, y el Reglamento del Impuesto sobre Sociedades, aprobado por el Real Decreto 634/2015, de 10 de julio (BOE núm. 81, de 5 de abril 2023) en vigor desde el 25 de abril de 2023.

b) Si la solicitud fue presentada en periodo ejecutivo de ingreso, deberá iniciarse el procedimiento de apremio en los términos previstos en el artículo 167.1 de la Ley 58/2003, de 17 de diciembre, General Tributaria, de no haberse iniciado con anterioridad.

5. Contra la denegación de las solicitudes de aplazamiento o fraccionamiento sólo cabrá la presentación del correspondiente recurso de reposición o reclamación económico-administrativa en los términos y con los efectos establecidos en la normativa aplicable.

6. La resolución deberá notificarse en el plazo de seis meses.

Transcurrido dicho plazo sin que se haya notificado la resolución, se podrá entender desestimada la solicitud a los efectos de interponer el recurso correspondiente o esperar la resolución expresa.

Artículo 53. *Cálculo de intereses en aplazamientos y fraccionamientos.*

1. En caso de concesión del aplazamiento se calcularán intereses de demora sobre la deuda aplazada, por el tiempo comprendido entre el día siguiente al del vencimiento del plazo de ingreso en periodo voluntario y la fecha del vencimiento del plazo concedido. Si el aplazamiento ha sido solicitado en periodo ejecutivo, la base para el cálculo de intereses no incluirá el recargo del periodo ejecutivo. Los intereses devengados se deberán ingresar junto con la deuda aplazada.

2. En caso de concesión del fraccionamiento, se calcularán intereses de demora por cada fracción de deuda. Si el fraccionamiento ha sido solicitado en periodo ejecutivo, la base para el cálculo de intereses no incluirá el recargo del periodo ejecutivo.

Por cada fracción de deuda se computarán los intereses devengados desde el día siguiente al del vencimiento del plazo de ingreso en periodo voluntario hasta la fecha del vencimiento del plazo concedido. Los intereses devengados por cada fracción deberán pagarse junto con dicha fracción en el plazo correspondiente.

3. En caso de denegación del aplazamiento o fraccionamiento de deudas:

a) Si fue solicitado en periodo voluntario, se liquidarán intereses de demora de conformidad con el artículo 52.4.

b) Si fue solicitado en periodo ejecutivo, se liquidarán intereses una vez realizado el pago, de conformidad con el artículo 72.

Artículo 54. *Actuaciones en caso de falta de pago en aplazamientos y fraccionamientos.*

1. En los aplazamientos, si llegado el vencimiento del plazo concedido no se efectuara el pago, se producirán los siguientes efectos:

a) Si la solicitud fue presentada en periodo voluntario, se iniciará el periodo ejecutivo al día siguiente del vencimiento del plazo incumplido, debiendo iniciarse el procedimiento de apremio. Se exigirá el ingreso del principal de la deuda, los intereses de demora devengados a partir del día siguiente al del vencimiento del plazo de ingreso en periodo voluntario hasta la fecha del vencimiento del plazo concedido y el recargo del periodo ejecutivo sobre la suma de ambos conceptos.

b) Si la solicitud fue presentada en periodo ejecutivo, deberá continuar el procedimiento de apremio.

c) En los supuestos recogidos en los párrafos a) y b), transcurridos los plazos previstos en el artículo 62.5 de la Ley 58/2003, de 17 de diciembre, General Tributaria, sin que el ingreso de las cantidades exigidas se hubiese efectuado, se procederá según dispone su artículo 168.

2. En los fraccionamientos concedidos con dispensa total de garantías o con garantía o garantías constituidas sobre el conjunto de las fracciones, si llegado el vencimiento de una fracción no se efectuara el pago, las consecuencias serán las siguientes:

a) Si la fracción incumplida incluyese deudas en periodo ejecutivo en el momento de presentarse la solicitud:

1.º Para la totalidad de las deudas incluidas en el acuerdo de fraccionamiento que se encontrasen en periodo ejecutivo en el momento de presentarse la solicitud deberá continuarse el procedimiento de apremio.

2.º Para la totalidad de las deudas incluidas en el acuerdo de fraccionamiento que se encontrasen en periodo voluntario en el momento de presentarse la solicitud, se iniciará el periodo ejecutivo al día siguiente del vencimiento de la fracción incumplida, debiendo iniciarse el procedimiento de apremio. Se exigirán los intereses de demora devengados a partir del día siguiente al del vencimiento del plazo de ingreso en periodo voluntario hasta la fecha del vencimiento de pago de la fracción incumplida.

b) Si la fracción incumplida incluyese deudas en periodo voluntario en el momento de presentarse la solicitud, se procederá respecto de dicha fracción incumplida a iniciar el procedimiento de apremio. Se exigirá el importe de dicha fracción, los intereses de demora devengados a partir del día siguiente al del vencimiento del plazo de ingreso en periodo voluntario hasta la fecha del vencimiento del plazo concedido y el recargo del periodo ejecutivo sobre la suma de ambos conceptos.

De no producirse el ingreso de las cantidades exigidas conforme al párrafo anterior se considerarán vencidas el resto de las fracciones pendientes, debiendo iniciarse el procedimiento de apremio respecto de todas las deudas. Se exigirán los intereses de demora devengados a partir del día siguiente al del vencimiento del plazo de ingreso en periodo voluntario hasta la fecha del vencimiento de pago de la fracción incumplida.

c) En los fraccionamientos concedidos con garantía o garantías constituidas sobre el conjunto de las fracciones, transcurridos los plazos previstos en el artículo 62.5 de la Ley 58/2003, de 17 de diciembre, General Tributaria, sin que el ingreso de las cantidades exigidas se hubiese efectuado, se procederá según dispone su artículo 168.

3. Si en los fraccionamientos las garantías se hubiesen constituido con carácter parcial e independiente para una o varias fracciones y llegado el vencimiento de una fracción no se efectuara el pago, las consecuencias serán las siguientes:

a) Si la fracción incumplida incluyese deudas en periodo ejecutivo de ingreso en el momento de presentarse la solicitud, se producirá el vencimiento de la totalidad de las fracciones a las que extienda sus efectos la garantía parcial e independiente.

Si la garantía parcial extendiese sus efectos a fracciones que incluyesen deudas en periodo ejecutivo de ingreso y a fracciones que incluyesen deudas en periodo voluntario de ingreso en el momento de solicitarse el fraccionamiento, se deberá continuar el procedimiento de apremio respecto de las primeras. Respecto de las segundas deberá iniciarse el procedimiento de apremio y se exigirán los intereses de demora devengados a partir del día siguiente al del vencimiento del plazo de ingreso en periodo voluntario hasta la fecha del vencimiento de pago de la fracción incumplida.

Transcurridos los plazos previstos en el artículo 62.5 de la Ley 58/2003, de 17 de diciembre, General Tributaria, sin que el ingreso de las cantidades exigidas se hubiese efectuado, se procederá a ejecutar la garantía parcial.

El acuerdo de fraccionamiento permanecerá vigente respecto de las fracciones a las que no alcance la garantía parcial e independiente.

b) Si la fracción incumplida incluyese deudas en periodo voluntario de ingreso en el momento de presentarse la solicitud, las consecuencias en relación con la fracción incumplida y con el resto de las fracciones pendientes a las que extienda sus efectos la garantía parcial e independiente serán las establecidas en el apartado 2.b).

Transcurridos los plazos previstos en el artículo 62.5 de la Ley 58/2003, de 17 de diciembre, General Tributaria, sin que el ingreso de las cantidades exigidas se hubiese efectuado, se procederá a ejecutar la garantía parcial e independiente.

El acuerdo de fraccionamiento permanecerá vigente respecto de las fracciones a las que no alcance la garantía parcial e independiente.

4. La ejecución de las garantías a que se refiere este artículo se realizará por el procedimiento regulado en el artículo 74.

El importe líquido obtenido se aplicará al pago de la deuda pendiente, incluidas costas, recargos e intereses de demora.

La parte sobrante será puesta a disposición del garante o de quien corresponda.

5. En los supuestos de aplazamiento o de fraccionamiento con dispensa parcial de garantía o de insuficiencia sobrevenida de las garantías en su día formalizadas, no será necesario esperar a su ejecución para proseguir las actuaciones del procedimiento de apremio. En el caso de insuficiencia sobrevenida deberá quedar motivada en el expediente la continuación del procedimiento de apremio como consecuencia de aquella.

SECCIÓN 2.ª *Otras formas de extinción*

Artículo 55[46]. *Deudas compensables.*

Las deudas de naturaleza pública a favor de la Hacienda pública, tanto en periodo voluntario como en ejecutivo, podrán extinguirse total o parcialmente por compensación con los créditos reconocidos por aquella a favor del deudor en virtud de un acto administrativo.

Artículo 56[47]. *Compensación a instancia del obligado al pago.*

1. El obligado al pago que inste la compensación deberá dirigir al órgano competente para su tramitación la correspondiente solicitud, que contendrá los siguientes datos:

a) Nombre y apellidos o razón social o denominación completa, número de identificación fiscal y domicilio fiscal del obligado al pago y, en su caso, de la persona que lo represente.

b) Identificación de la deuda cuya compensación se solicita, indicando al menos, su importe, concepto y fecha de vencimiento del plazo de ingreso en periodo voluntario.

c) Identificación del crédito reconocido por la Hacienda pública a favor del solicitante cuya compensación se ofrece, indicando al menos su importe, concepto y órgano gestor.

d) Lugar, fecha y firma del solicitante.

2. A la solicitud de compensación se acompañarán los siguientes documentos:

---

[46]   Art. 71 (Compensación), de la LGT (§1).
[47]   Art. 72 (Compensación a instancia del obligado tributario) de la LGT (§1).

a) Si la deuda tributaria cuya compensación se solicita ha sido determinada mediante autoliquidación, el modelo oficial de esta debidamente cumplimentado, salvo que el interesado no esté obligado a presentarlo por obrar ya en poder de la Administración; en tal caso, señalará el día y procedimiento en que lo presentó.

b) Justificación de haber solicitado certificado de la oficina de contabilidad del órgano u organismo gestor del gasto o del pago, en el que se refleje la existencia del crédito reconocido pendiente de pago, la fecha de su reconocimiento y la suspensión, a instancia del interesado, de los trámites para su abono en tanto no se comunique la resolución del procedimiento de compensación.

El Ministerio de Economía y Hacienda podrá dictar las disposiciones oportunas para normalizar las mencionadas certificaciones administrativas.

Si el crédito ofrecido en compensación deriva de una devolución tributaria, en lugar de la certificación anterior se acompañará, en su caso, copia del acto, resolución o sentencia que lo reconozca.

3. Si la solicitud no reúne los requisitos o no se acompañan los documentos que se señalan en este artículo, el órgano competente para la tramitación del procedimiento requerirá al solicitante para que en el plazo de 10 días contados a partir del día siguiente al de la notificación del requerimiento subsane el defecto o aporte los documentos preceptivos, con indicación de que, si así no lo hiciera, se tendrá por no presentada la solicitud y se archivará sin más trámite.

Si la solicitud de compensación se hubiese presentado en periodo voluntario de ingreso y el plazo para atender el requerimiento de subsanación finalizase con posterioridad al plazo de ingreso en periodo voluntario y aquel no fuese atendido, se iniciará el procedimiento de apremio mediante la notificación de la oportuna providencia de apremio.

Cuando el requerimiento de subsanación haya sido objeto de contestación en plazo por el interesado pero no se entiendan subsanados los defectos observados, procederá la denegación de la solicitud de compensación.

Dicho requerimiento no será efectuado cuando, examinada la solicitud y contrastados los datos indicados en esta con los que obren en poder de la Administración, quede acreditada la inexistencia del crédito ofrecido o cuando, tratándose dicho crédito de una devolución tributaria, se compruebe la inexistencia de su solicitud. En este supuesto se tendrá por no presentada la solicitud de compensación y se procederá a su archivo sin más trámite.

4. Cuando la solicitud se presente en periodo ejecutivo, podrán suspenderse las actuaciones de enajenación de los bienes o derechos.

5[48]. El órgano competente para resolver acordará la compensación cuando concurran los requisitos establecidos con carácter general en la normativa tributaria y civil o, en su caso, en la legislación aplicable con carácter específico.

[48] Nueva redacción del art. 56.5 dada por el art. 2.tres del Real Decreto 249/2023, de 4 de abril, por el que se modifican el Reglamento General de Desarrollo de la Ley 58/2003, de 17 de diciembre, General Tributaria, en materia de revisión en vía administrativa, aprobado por el Real Decreto 520/2005, de 13 de mayo; el Reglamento General de Recaudación, aprobado por el Real Decreto 939/2005, de 29 de julio; el Reglamento General de las actuaciones y los procedimientos de gestión e inspección tributaria y de desarrollo de las normas comunes de los procedimientos de aplicación de los tributos, aprobado por el Real Decreto 1065/2007, de 27 de julio; el Reglamento del Impuesto sobre Sucesiones y Donaciones, aprobado por el

Si la resolución dictada fuese denegatoria, los efectos serán los siguientes:

a) Si la solicitud fue presentada en periodo voluntario de ingreso, con la notificación del acuerdo denegatorio se iniciará el plazo de ingreso regulado en el artículo 62.2 de la Ley 58/2003, de 17 de diciembre, General Tributaria, sin perjuicio de lo dispuesto en el párrafo segundo del artículo 161.2 de esa ley.

De no producirse el ingreso en dicho plazo, comenzará el periodo ejecutivo y deberá iniciarse el procedimiento de apremio en los términos previstos en el artículo 167.1 de la Ley 58/2003, de 17 de diciembre, General Tributaria.

De realizarse el ingreso en dicho plazo, procederá la liquidación de los intereses de demora devengados a partir del día siguiente al del vencimiento del plazo de ingreso en periodo voluntario hasta la fecha del ingreso realizado durante el plazo abierto con la notificación de la denegación. De no realizarse el ingreso, los intereses se liquidarán hasta la fecha de vencimiento de dicho plazo, sin perjuicio de los que puedan devengarse con posterioridad conforme a lo dispuesto en el artículo 26 de la Ley 58/2003, de 17 de diciembre, General Tributaria.

b) Si la solicitud fue presentada en periodo ejecutivo de ingreso, deberá iniciarse el procedimiento de apremio en los términos previstos en el artículo 167.1 de la Ley 58/2003, de 17 de diciembre, General Tributaria, de no haberse iniciado con anterioridad.

6. La solicitud de compensación no impedirá la solicitud de aplazamientos o fraccionamientos de la deuda restante.

7. La resolución deberá notificarse en el plazo de seis meses.

Transcurrido dicho plazo sin que haya notificado la resolución, los interesados podrán considerar desestimada la solicitud a los efectos de interponer el recurso correspondiente o esperar la resolución expresa.

Artículo 57[49]. *Compensación de oficio de deudas de entidades públicas.*

1. Las deudas vencidas, líquidas y exigibles a favor de la Hacienda pública estatal que deba satisfacer un ente territorial, un organismo autónomo, la Seguridad Social o una entidad

Real Decreto 1629/1991, de 8 de noviembre; el Reglamento del Impuesto sobre el Valor Añadido, aprobado por el Real Decreto 1624/1992, de 29 de diciembre; el Reglamento del Impuesto sobre la Renta de las Personas Físicas, aprobado por el Real Decreto 439/2007, de 30 de marzo, y el Reglamento del Impuesto sobre Sociedades, aprobado por el Real Decreto 634/2015, de 10 de julio (BOE núm. 81, de 5 de abril 2023) en vigor desde el 25 de abril de 2023.

[49] Art. 73 (Compensación de oficio), de la LGT (§1).
Nueva redacción del art. 57 dada por la Disp. Final Segunda Sietedel Real Decreto 117/2024, de 30 de enero, por el que se desarrollan las normas y los procedimientos de diligencia debida en el ámbito del intercambio automático obligatorio de información comunicada por los operadores de plataformas, y se modifican el Reglamento General de las actuaciones y los procedimientos de gestión e inspección tributaria y de desarrollo de las normas comunes de los procedimientos de aplicación de los tributos, aprobado por el Real Decreto 1065/2007, de 27 de julio, en transposición de la Directiva (UE) 2021/514 del Consejo de 22 de marzo de 2021 por la que se modifica la Directiva 2011/16/UE relativa a la cooperación administrativa en el ámbito de la fiscalidad, y otras normas tributarias (BOE núm. 27, de 31 de enero de 2024), en vigor desde el 1 de febrero de 2024.
Redacción anterior: «*1. Las deudas vencidas, líquidas y exigibles a favor de la Hacienda pública estatal que deba satisfacer un ente territorial, un organismo autónomo, la Seguridad Social o una entidad de derecho público serán compensables de oficio, una vez transcurrido el plazo de ingreso en periodo voluntario.*

de derecho público serán compensables de oficio, una vez transcurrido el plazo de ingreso en periodo voluntario.

2. La compensación se realizará con los créditos de naturaleza tributaria reconocidos a favor de las entidades citadas y con los demás créditos reconocidos en su favor por ejecución del presupuesto de gastos del Estado o de sus organismos autónomos y por devoluciones de ingresos presupuestarios.

Artículo 58. *Compensación de oficio de deudas de otros acreedores a la Hacienda pública.*

1. Cuando un deudor a la Hacienda pública no comprendido en el artículo anterior sea, a su vez, acreedor de aquella por un crédito reconocido, una vez transcurrido el periodo voluntario, se compensará de oficio la deuda y los recargos del periodo ejecutivo que procedan con el crédito.

2. No obstante, se compensarán de oficio durante el plazo de ingreso en periodo voluntario:

a) Las cantidades a ingresar y a devolver que resulten de un mismo procedimiento de comprobación limitada o inspección, debiéndose producir el ingreso o la devolución de la cantidad diferencial que proceda.

b) Las cantidades a ingresar y a devolver que resulten de la práctica de una nueva liquidación por haber sido anulada otra anterior. En este caso, en la notificación de la nueva liquidación se procederá a la compensación de la cantidad que proceda y se notificará al obligado al pago el importe diferencial para que lo ingrese en los plazos establecidos en el artículo 62.2 de la Ley 58/2003, de 17 de diciembre, General Tributaria. En este supuesto, procederá la liquidación de los intereses de demora devengados según lo dispuesto en el artículo 26.5 de la Ley 58/2003, de 17 de diciembre, General Tributaria, intereses que serán objeto de compensación en el mismo acuerdo.

c)[50] Las cantidades a ingresar y a devolver relativas a obligaciones tributarias conexas que resulten de la ejecución de la resolución del recurso o reclamación económico-administrativa a la que se refieren los artículos 225.3 y 239.7 de la Ley 58/2003, de 17 de diciembre, General Tributaria, debiéndose producir el ingreso o la devolución del importe diferencial que proceda. En este supuesto, procederá igualmente la liquidación de los intereses de demora devengados según lo dispuesto en el artículo 26.5 de dicha Ley, intereses que serán objeto de compensación en el mismo acuerdo.

Artículo 59. *Efectos de la compensación.*

1. Adoptado el acuerdo de compensación, se declararán extinguidas las deudas y créditos en la cantidad concurrente. Dicho acuerdo será notificado al interesado y servirá como justificante de la extinción de la deuda.

---

2. La compensación se realizará con los créditos de naturaleza tributaria reconocidos a favor de las entidades citadas y con los demás créditos reconocidos en su favor por ejecución del presupuesto de gastos del Estado o de sus organismos autónomos y por devoluciones de ingresos presupuestarios.
3. El inicio del procedimiento de compensación se notificará a la entidad correspondiente indicando la deuda y el crédito que van a ser objeto de compensación en la cantidad concurrente».

[50]   Nuevo letra c) incorporada por el art. único. Diez del Real Decreto 1071/2017, de 29 de diciembre (BOE núm. 317, de 30 de diciembre de 201), en vigor desde el 1 de enero de 2018.

2. Si el crédito es inferior a la deuda, se procederá como sigue:

a) La parte de deuda que exceda del crédito seguirá el régimen ordinario, iniciándose el procedimiento de apremio, si no es ingresada a su vencimiento, o continuando dicho procedimiento, si ya se hubiese iniciado con anterioridad, siendo posible practicar compensaciones sucesivas con los créditos que posteriormente puedan reconocerse a favor del obligado al pago.

b) Por la parte concurrente se procederá según lo dispuesto en el apartado 1.

3. En caso de que el crédito sea superior a la deuda, declarada la compensación, se abonará la diferencia al interesado.

Artículo 60[51]. *Extinción de deudas de las entidades de derecho público mediante deducciones sobre transferencias.*

1. Las deudas de naturaleza pública vencidas, líquidas y exigibles que los entes territoriales, organismos autónomos, Seguridad Social y demás entidades de derecho público tengan con la Hacienda pública estatal podrán extinguirse mediante deducción de las cantidades que la Administración General del Estado deba transferir a las referidas entidades.

2. Las actuaciones serán las siguientes:

a) Comprobada por el órgano de recaudación competente la existencia de una deuda de las previstas en el apartado anterior y la inexistencia de créditos a favor de la entidad deudora que puedan ser objeto de compensación de oficio, se comunicará a esta que, habiendo transcurrido el periodo voluntario de ingreso sin que se haya efectuado el pago de las deudas y no existiendo crédito reconocido a su favor, se iniciará el procedimiento de deducción mediante acuerdo que se notificará a la entidad deudora, acompañado de la propuesta de deducción, con indicación de la deuda a que se refiere.

En la notificación se concederá un plazo de 15 días contados a partir del día siguiente a aquel en que aquella se produzca para efectuar las alegaciones que estime convenientes, advirtiéndose que de no formular alegaciones, ni aportar nuevos documentos o elementos de prueba, podrá dictarse la resolución de acuerdo con dicha propuesta.

A la vista de las alegaciones formuladas por la entidad deudora, el órgano de recaudación competente podrá efectuar propuesta de deducción al Departamento de Recaudación de la Agencia Estatal de Administración Tributaria. En otro caso, acordará el archivo de las actuaciones, que se notificará la entidad deudora poniendo fin al procedimiento.

El inicio del procedimiento de deducción determinará la suspensión del procedimiento de cobro de las deudas a que se refiera, con efectos desde la fecha de inicio hasta que se produzca la deducción o hasta que, en su caso y de conformidad con lo previsto en el párrafo anterior, se acuerde el archivo de las actuaciones.

Dicha suspensión no afectará a la compensación de oficio de créditos que puedan reconocerse a favor de la entidad deudora.

Efectuada dicha compensación, el acuerdo de deducción se reducirá, sin necesidad de acuerdo expreso, en igual cuantía a la compensada.

b) El órgano competente para resolver dictará, si procede, el acuerdo de deducción, notificándolo al ente acreedor y, en su caso, al órgano competente para que proceda a su ejecución. El acuerdo de deducción será notificado al deudor.

---

[51]   Art. 74 (Extinción de deudas de Entidades de Derecho…) de la LGT (§1).

c) En su caso, se practicará la liquidación de intereses de demora que se hayan devengado y se notificará al deudor.

SECCIÓN 3.ª *Baja provisional por insolvencia*[52]

Artículo 61. *Concepto de deudor fallido y de crédito incobrable.*

1. Se considerarán fallidos aquellos obligados al pago respecto de los cuales se ignore la existencia de bienes o derechos embargables o realizables para el cobro del débito. En particular, se estimará que no existen bienes o derechos embargables cuando los poseídos por el obligado al pago no hubiesen sido adjudicados a la Hacienda pública de conformidad con lo que se establece en el artículo 109. Asimismo, se considerará fallido por insolvencia parcial el deudor cuyo patrimonio embargable o realizable conocido tan solo alcance a cubrir una parte de la deuda.

La declaración de fallido podrá referirse a la insolvencia total o parcial del deudor.

Son créditos incobrables aquellos que no han podido hacerse efectivos en el procedimiento de apremio por resultar fallidos los obligados al pago.

El concepto de incobrable se aplicará a los créditos y el de fallido a los obligados al pago.

2. Una vez declarados fallidos los deudores principales y los responsables solidarios, la acción de cobro se dirigirá frente al responsable subsidiario.

Si no existieran responsables subsidiarios o, si existiendo, estos resultan fallidos, el crédito será declarado incobrable por el órgano de recaudación.

3. Sin perjuicio de lo que establece la normativa presupuestaria y atendiendo a criterios de eficiencia en la utilización de los recursos disponibles, se determinarán por el Director del Departamento de Recaudación de la Agencia Estatal de Administración Tributaria las actuaciones concretas que deberán realizarse a efectos de justificar la declaración de crédito incobrable.

Artículo 62. *Efectos de la baja provisional por insolvencia.*

1. La declaración total o parcial de crédito incobrable determinará la baja en cuentas del crédito en la cuantía a que se refiera dicha declaración.

2. Dicha declaración no impide el ejercicio por la Hacienda pública contra quien proceda de las acciones que puedan ejercitarse con arreglo a las leyes, en tanto no se haya producido la prescripción del derecho de la Administración para exigir el pago.

3. La declaración de fallido correspondiente a personas o entidades inscritas en el Registro Mercantil será anotada en este en virtud de mandamiento expedido por el órgano de recaudación competente. Con posterioridad a la anotación el registro comunicará a dicho órgano de recaudación cualquier acto relativo a dichas personas o entidades que se presente a inscripción o anotación.

4. Declarado fallido un obligado al pago, las deudas de vencimiento posterior a la declaración se considerarán vencidas y podrán ser dadas de baja por referencia a dicha declaración, si no existen otros obligados al pago.

---

[52]   Art. 76 (Baja provisional por insolvencia), de la LGT (§1).

Artículo 63. *Revisión de fallidos y rehabilitación de créditos incobrables.*

1. El órgano de recaudación vigilará la posible solvencia sobrevenida de los obligados al pago declarados fallidos.

2. En caso de producirse tal circunstancia y de no mediar prescripción, procederá la rehabilitación de los créditos declarados incobrables, reanudándose el procedimiento de recaudación partiendo de la situación en que se encontraban en el momento de la declaración de crédito incobrable o de la baja por referencia.

CAPÍTULO II. GARANTÍAS DE LA DEUDA

Artículo 64. *Derecho de prelación.*

1. Conforme a lo dispuesto lo dispuesto en el artículo 77 de la Ley 58/2003, de 17 de diciembre, General Tributaria, cuando existan anotaciones de embargo en los Registros de la Propiedad y de Bienes Muebles, practicadas con anterioridad a la del crédito de la Hacienda pública sobre unos mismos bienes embargados, el órgano de recaudación podrá elevar al órgano competente el expediente a efectos de acordar, si procede, el ejercicio de la acción de tercería de mejor derecho en defensa de los intereses de la Hacienda pública, previo informe del órgano con funciones de asesoramiento jurídico.

2. Cuando en los mencionados registros consten derechos inscritos o anotados con anterioridad a la anotación de embargo a favor de la Hacienda pública, y existiesen indicios de que dichas inscripciones o anotaciones pudiesen ser consecuencia de actuaciones realizadas en perjuicio de los derechos de la Hacienda pública, se trasladará copia de la documentación al órgano con funciones de asesoramiento jurídico correspondiente, al efecto de determinar la procedencia, en su caso, de ejercer acciones legales en defensa del crédito público.

Artículo 65. *Hipoteca legal tácita.*

1. A efectos de lo dispuesto en el artículo 78 de la Ley 58/2003, de 17 de diciembre, General Tributaria, se entiende que se exige el pago cuando se inicia el procedimiento de recaudación en periodo voluntario de los débitos correspondientes al ejercicio en que se haya inscrito en el registro el derecho o efectuado la transmisión de los bienes o derechos de que se trate.

2. Tanto el acreedor hipotecario como el tercero adquirente tienen derecho a exigir la segregación de cuotas de los bienes que les interesen, cuando se hallen englobadas en un solo recibo con otras del mismo obligado al pago.

3. En orden a la ejecución de la hipoteca legal tácita se aplicará el artículo 74.4.

Artículo 66. *Otras hipotecas y derechos reales en garantía de los créditos de la Hacienda pública.*

1. Para tener igual preferencia que la indicada en el artículo anterior, por débitos anteriores a los expresados en él o por mayor cantidad de la que de este resulta, podrá constituirse voluntariamente por el deudor o ser exigida por la Hacienda pública la constitución de hipoteca especial. Esta hipoteca surtirá efecto desde la fecha en que quede inscrita, de conformidad con lo establecido en el artículo 145 de la Ley Hipotecaria.

2. En relación con otras deudas se podrá constituir voluntariamente, como garantía en favor de la Hacienda pública, en los casos de aplazamiento y fraccionamiento o en los demás supuestos previstos en la normativa que resulte de aplicación, hipoteca inmobiliaria, hipoteca mobiliaria, prenda sin desplazamiento de la posesión o cualquier otro derecho real de garantía.

3. Si la garantía se hubiese constituido unilateralmente, su aceptación se hará por el órgano competente mediante documento administrativo, cuyo contenido se hará constar en el registro correspondiente.

Con carácter previo se podrá solicitar informe al órgano con funciones de asesoramiento jurídico sobre la suficiencia de la garantía.

La Hacienda pública, en su caso, autorizará la cancelación de la garantía en la misma forma establecida para la aceptación.

4. La ejecución de estas garantías se efectuará conforme a lo establecido en el artículo 74.

Artículo 67. *Afección y retención de bienes.*

1[53]**.** Para el ejercicio del derecho de afección se requerirá la declaración de responsabilidad subsidiaria en los términos establecidos en los artículos 174 y 176 de la Ley 58/2003, de 17 de diciembre, General Tributaria.

La nota marginal de afección será solicitada expresamente y de oficio por el órgano competente, a menos que la liquidación se consigne en el documento que haya de acceder al registro; en tal caso, la nota de afección se extenderá directamente por este último sin necesidad de solicitud al efecto.

2[54]**.** El derecho de retención se ejercerá por los órganos a los que se hayan presentado o entregado las mercancías.

TÍTULO III. RECAUDACIÓN EN PERIODO VOLUNTARIO Y EN PERIODO EJECUTIVO

CAPÍTULO I. Disposiciones generales

Artículo 68[55]. *Iniciación y terminación de la recaudación en periodo voluntario.*

1. La recaudación en periodo voluntario se iniciará a partir de:

a) La fecha de notificación de la liquidación al obligado al pago.

b) La apertura del respectivo plazo recaudatorio cuando se trate de las deudas que sean objeto de notificación colectiva y periódica.

c) La fecha de comienzo del plazo señalado para su presentación, tratándose de autoliquidaciones.

2. La recaudación en periodo voluntario concluirá el día del vencimiento de los correspondientes plazos de ingreso. En el caso de deudas a ingresar mediante autoliquidación presentada fuera de plazo sin realizar el ingreso o sin presentar solicitud de aplazamiento, fraccionamiento o compensación, concluirá el mismo día de la presentación de la autoliquidación.

---

[53]   Art. 79 (Afección de bienes), de la LGT (§1).
[54]   Art. 80 (Derecho de retención), de la LGT (§1).
[55]   Art. 160.2.a) (La recaudación tributaria), de la LGT (§1).

3. Los obligados al pago podrán satisfacer total o parcialmente las deudas en periodo voluntario. Por la cantidad no pagada se iniciará el periodo ejecutivo en los términos previstos en el artículo 69.

Artículo 69[56]. *Recaudación en periodo ejecutivo.*

1. La recaudación en periodo ejecutivo se inicia de acuerdo con lo dispuesto en el artículo 161.1 de la Ley 58/2003, de 17 de diciembre, General Tributaria, en relación con los importes no satisfechos en periodo voluntario.

2. Iniciado el periodo ejecutivo, la recaudación se efectuará por el procedimiento de apremio, que se iniciará, a su vez, mediante la notificación de la providencia de apremio a la que se refiere el artículo 70.

3. El obligado al pago podrá satisfacer total o parcialmente las deudas en periodo ejecutivo. Si el pago no comprende la totalidad de la deuda, incluido el recargo que corresponda y, en su caso, las costas devengadas, continuará el procedimiento por el resto impagado.

CAPÍTULO II. PROCEDIMIENTO DE APREMIO[57]

SECCIÓN 1.ª *Inicio del procedimiento de apremio*

Artículo 70[58]. *Providencia de apremio.*

1. La providencia de apremio es el acto de la Administración que ordena la ejecución contra el patrimonio del obligado al pago.

2. La providencia de apremio deberá contener:

a) Nombre y apellidos o razón social o denominación completa, número de identificación fiscal y domicilio del obligado al pago.

b) Concepto, importe de la deuda y periodo al que corresponde.

c) Indicación expresa de que la deuda no ha sido satisfecha, de haber finalizado el correspondiente plazo de ingreso en periodo voluntario y del comienzo del devengo de los intereses de demora.

d) Liquidación del recargo del periodo ejecutivo.

e) Requerimiento expreso para que efectúe el pago de la deuda, incluido el recargo de apremio reducido, en el plazo al que se refiere el artículo 62.5 de la Ley 58/2003, de 17 de diciembre, General Tributaria.

f) Advertencia de que, en caso de no efectuar el ingreso del importe total de la deuda pendiente en dicho plazo, incluido el recargo de apremio reducido del 10 por ciento, se procederá al embargo de sus bienes o a la ejecución de las garantías existentes para el cobro de la deuda con inclusión del recargo de apremio del 20 por ciento y de los intereses de demora que se devenguen hasta la fecha de cancelación de la deuda.

g) Fecha de emisión de la providencia de apremio.

3. Son órganos competentes para dictar la providencia de apremio los que establezca la norma de organización específica.

---

[56]   Art. 160.2.b) (La recaudación tributaria) y art. 161 (Recaudación en período ejecutivo), de la LGT (§1).
[57]   Arts. 163 a 173 de la LGT (§1).
[58]   Art. 167 (Iniciación del procedimiento de apremio) de la LGT (§1).

En caso de que se asuma mediante convenio la recaudación ejecutiva de deudas de otras Administraciones públicas, la providencia de apremio será dictada por el órgano competente de dichas Administraciones.

4. En el caso de deudas a favor de la Hacienda pública estatal, que deban satisfacer las comunidades autónomas, entidades locales, organismos autónomos y otras entidades de derecho público, y sin perjuicio de la posibilidad de proceder al embargo de sus bienes, en los supuestos no excluidos por disposición legal, podrá acudirse, asimismo, a los procedimientos de compensación de oficio y deducción sobre transferencias.

Artículo 71. *Notificación de la providencia de apremio.*

En la notificación de la providencia de apremio se harán constar al menos los siguientes extremos:

a) Lugar de ingreso de la deuda y del recargo.

b) Repercusión de costas del procedimiento.

c) Posibilidad de solicitar aplazamiento o fraccionamiento de pago.

d) Indicación expresa de que la suspensión del procedimiento se producirá en los casos y condiciones previstos en la normativa vigente.

e) Recursos que procedan contra la providencia de apremio, órganos ante los que puedan interponerse y plazo para su interposición.

SECCIÓN 2.ª *Desarrollo del procedimiento de apremio*

Subsección 1.ª Disposiciones generales

Artículo 72. *Interés de demora del periodo ejecutivo.*

1. Las cantidades adeudadas devengarán interés de demora desde el inicio del periodo ejecutivo hasta la fecha de su ingreso.

Cuando sin mediar suspensión, aplazamiento o fraccionamiento una deuda se satisfaga totalmente antes de que concluya el plazo establecido en el artículo 62.5 de la Ley 58/2003, de 17 de diciembre, General Tributaria, para el pago de las deudas apremiadas, no se exigirán los intereses de demora devengados desde el inicio del periodo ejecutivo.

2. La base sobre la que se aplicará el tipo de interés no incluirá el recargo de apremio.

3. El tipo de interés se aplicará de acuerdo con lo establecido en la normativa tributaria o presupuestaria, según se trate de deudas y sanciones tributarias o de deudas no tributarias respectivamente.

4. El cálculo de intereses se realizará, según los casos, de la siguiente forma:

a) Cuando se produzca el pago de la deuda apremiada una vez finalizado el plazo establecido en el artículo 62.5 de la Ley 58/2003, de 17 de diciembre, General Tributaria, la liquidación de los intereses devengados se practicará posteriormente, siguiéndose para su tramitación y recaudación el procedimiento establecido con carácter general para las liquidaciones practicadas por la Administración.

b) En el supuesto al que se refiere el párrafo a), el órgano de recaudación competente podrá, cuando las necesidades del servicio lo aconsejen, liquidar y exigir los intereses en el momento del pago de la deuda apremiada.

c) En caso de ejecución de bienes embargados o de garantías, se practicará la liquidación de intereses de demora al aplicar el líquido obtenido a la cancelación de la deuda, si aquel fuese superior.

d) Si se embarga dinero en efectivo o en cuentas o créditos, podrán liquidarse y retenerse los intereses de demora en el momento del embargo si el importe disponible fuese superior a la deuda cuyo cobro se persigue.

En los casos de los párrafos b), c) y d) no será necesaria la notificación expresa de la liquidación de los intereses de demora devengados si en la notificación de la deuda principal o en cualquier otro momento posterior le ha sido notificado al interesado el importe de la deuda, el devengo de intereses en caso de falta de pago, una referencia al tipo de interés aplicable, según se trate de deudas y sanciones tributarias o de deudas no tributarias, y la forma de cómputo del tiempo de devengo.

5[59]. En el ámbito de competencias del Estado no se practicará liquidación por intereses de demora cuando la cantidad resultante por este concepto sea inferior a la cifra que por orden fije el Ministro de Economía y Hacienda como mínima para cubrir el coste de su exacción y recaudación.

Artículo 72 bis[60]. *Cálculo de los intereses de demora en el ámbito de la asistencia mutua.*

Las cantidades adeudadas de titularidad de otros Estados o de otras entidades internacionales y supranacionales, cuya actuación recaudatoria se realice en el marco de la asistencia mutua, devengarán interés de demora de acuerdo con el artículo 26.2.e) de la Ley 58/2003, de 17 de diciembre, General Tributaria.

El cálculo de intereses se realizará, según los casos, de la siguiente forma:

a) Cuando se produzca el pago de la deuda una vez finalizado el plazo establecido en el artículo 62.6 de la Ley 58/2003, de 17 de diciembre, General Tributaria, la liquidación de los intereses devengados se practicará posteriormente, siguiéndose para su tramitación y recaudación el procedimiento establecido con carácter general para las liquidaciones practicadas por la Administración.

b) En el supuesto al que se refiere el párrafo a), el órgano de recaudación competente podrá, cuando las necesidades del servicio lo aconsejen, liquidar y exigir los intereses en el momento del pago de la deuda.

---

[59]   Orden EHA/4078/2005, de 27 de diciembre, por la que se desarrollan determinados artículos del Reglamento General de Recaudación aprobado por Real Decreto 939/2005, de 29 de julio (BOE núm. 311, de 29 de diciembre de 2005, corrección de errores, BOE núm. 53, de 3 de marzo de 2006), en vigor desde el 1-1-2006.

«Artículo 1. Intereses de demora del período ejecutivo.

A los efectos de lo dispuesto en el artículo 72.5 del Reglamento General de Recaudación, aprobado por Real Decreto 939/2005, de 29 de julio, no se practicará liquidación por intereses de demora del período ejecutivo, en el ámbito de competencias del Estado, cuando la cantidad resultante por este concepto sea inferior a 30 euros. Esta limitación no afectará a los intereses generados por aplazamientos o fraccionamientos de pago».

[60]   Nuevo artículo incorporado por el art. primero tres del Real Decreto 1558/2012, de 15 de noviembre (BOE núm. 283, de 24 de noviembre de 2012), en vigor desde el 1 de enero de 2013.

c) En caso de ejecución de bienes embargados o de garantías, se practicará la liquidación de intereses de demora al aplicar el líquido obtenido a la cancelación de la deuda, si aquel fuese superior.

d) Si se embarga dinero en efectivo o en cuentas o créditos, podrán liquidarse y retenerse los intereses de demora en el momento del embargo si el importe disponible fuese superior a la deuda cuyo cobro se persigue.

Artículo 73[61]. *Suspensión del procedimiento de apremio.*

1. La suspensión del procedimiento de apremio como consecuencia de la interposición de un recurso o reclamación económico-administrativa se tramitará y resolverá de acuerdo con las normas de desarrollo de la Ley 58/2003, de 17 de diciembre, General Tributaria, en materia de revisión en vía administrativa.

2. Cuando el interesado demuestre la existencia de error material, aritmético o de hecho en la determinación de la deuda, que esta ha sido ingresada, condonada, compensada, aplazada o suspendida o que ha prescrito el derecho a exigir su pago, se le notificará la suspensión de las actuaciones del procedimiento de apremio en tanto se dicte el acuerdo correspondiente.

Cuando la apreciación de las citadas circunstancias no sea competencia del órgano de recaudación que haya recibido la solicitud de suspensión, este podrá suspender las actuaciones y dará traslado al órgano competente. Este último informará al órgano de recaudación que estuviera tramitando el procedimiento de apremio sobre la concurrencia de alguna de las circunstancias señaladas.

La resolución que se adopte se notificará al interesado comunicándole, en su caso, la continuación del procedimiento de apremio.

3[62]. La suspensión del procedimiento de apremio asociado al cobro de una liquidación vinculada a delito, tanto en sede del deudor principal como en sede del responsable, se tramitará y resolverá de acuerdo con el régimen regulado en los artículos 255, 256 y 258.3 de la Ley 58/2003, de 17 de diciembre, General Tributaria.

4[63]. La suspensión del procedimiento de recaudación seguido en el ámbito de la asistencia mutua se regirá por lo dispuesto en los apartados anteriores y en el artículo 177 terdecies de la Ley 58/2003, de 17 de diciembre, General Tributaria.

---

[61]   Art. 165 (Suspensión del procedimiento de apremio), de la LGT (§1). Art. 25 (Suspensión del acto impugnado), arts. 39 a 47 (Suspensión de la ejecución del acto impugnado en la vía económico-administrativa) del RGRVA (§5).

[62]   Nuevo apartado 3 incorporado por el art. único. Once del Real Decreto 1071/2017, de 29 de diciembre, por el que se modifica el Reglamento General de Recaudación, aprobado por el Real Decreto 939/2005, de 29 de julio (BOE núm. 317, de 30 de diciembre de 201), en vigor desde el 1 de enero de 2018.

[63]   Renumeración, original apartado 3 que pasa a ser el 4 por el art. único. Once del Real Decreto 1071/2017, de 29 de diciembre (BOE núm. 317, de 30 de diciembre de 201), en vigor desde el 1 de enero de 2018. Apartado 3 original incorporado por el art. primero cuatro del Real Decreto 1558/2012, de 15 de noviembre (BOE núm. 283, de 24 de noviembre de 2012), en vigor desde el 1 de enero de 2013.

Subsección 2.ª Ejecución de garantías

Artículo 74[64]. *Ejecución de garantías.*

1[65]. Una vez iniciado el procedimiento de apremio, si la deuda estuviese garantizada y resultase impagada en el plazo al que se refiere el artículo 62.5 de la Ley 58/2003, de 17 de diciembre, General Tributaria, se procederá a ejecutar la garantía, salvo que sea de aplicación lo dispuesto en su artículo 168, segundo párrafo; en tal caso, con anterioridad a la ejecución de la garantía se podrá optar por el embargo y enajenación de otros bienes y derechos.

En ningún caso será de aplicación en la ejecución de garantías lo dispuesto en el artículo 172.3 de la Ley 58/2003, de 17 de diciembre, General Tributaria.

2. Si la garantía consiste en aval, fianza, certificado de seguro de caución u otra garantía personal, se requerirá al garante el ingreso de la deuda, incluidos los recargos e intereses que, en su caso, correspondan hasta el límite del importe garantizado, en el plazo establecido en el artículo 62.5 de la Ley 58/2003, de 17 de diciembre, General Tributaria. De no realizarlo, se procederá contra sus bienes en virtud de la providencia de apremio dictada en relación con el obligado al pago sin necesidad de nueva notificación.

3. Si la garantía consiste en hipoteca, prenda u otra de carácter real constituida por o sobre bienes o derechos del obligado al pago susceptibles de enajenación forzosa, se procederá a enajenarlos por el procedimiento establecido en este reglamento para la enajenación de bienes embargados de naturaleza igual o similar.

4. Si la garantía está constituida por o sobre bienes o derechos de persona o entidad distinta del obligado al pago, se comunicará a dicha persona o entidad el impago del importe garantizado, requiriéndole para que, en el plazo establecido en el artículo 62.5 de la Ley 58/2003, de 17 de diciembre, General Tributaria, ponga dichos bienes o derechos a disposición del órgano de recaudación competente, salvo que pague la cuantía debida. Transcurrido dicho plazo sin que se haya producido el pago o la entrega de los bienes o derechos, se procederá a enajenarlos de acuerdo con lo dispuesto en el apartado anterior.

5. Si la garantía consiste en depósito en efectivo, se requerirá al depositario el ingreso de la deuda, incluidos los recargos e intereses que, en su caso, correspondan hasta el límite del depósito constituido, en el plazo establecido en el artículo 62.5 de la Ley 58/2003, de 17 de diciembre, General Tributaria, advirtiéndole que en caso de incumplimiento se procederá al embargo de sus bienes y derechos sin más trámite en virtud de la misma providencia de apremio dictada en relación con el obligado al pago sin necesidad de nueva notificación de aquella. Si el depositario es la propia Administración, se aplicará el depósito a cancelar dichas cantidades.

6. La ejecución de las hipotecas y otros derechos reales constituidos en garantía de los créditos de la Hacienda pública se realizará por los órganos de recaudación competentes a través del procedimiento de apremio.

Cuando se inicie la ejecución administrativa, el órgano de recaudación competente comunicará la orden de ejecución al Registrador de la Propiedad mediante mandamiento por

---

[64]   Art. 168 (Ejecución de garantías), de la LGT (§1).
[65]   Nueva redacción del art. 74.1 dada por el art. único. Doce del Real Decreto 1071/2017, de 29 de diciembre (BOE núm. 317, de 30 de diciembre de 201), en vigor desde el 1 de enero de 2018.

duplicado para que libre y remita la correspondiente certificación de dominio y cargas, con el contenido y efectos establecidos en el artículo 688 de la Ley 1/2000, de 7 de enero, de Enjuiciamiento Civil.

El órgano de recaudación competente notificará el inicio del procedimiento de ejecución a la persona a cuyo favor resulte practicada la última inscripción de dominio si no ha sido requerida para el pago y a los titulares de cargas o derechos reales constituidos con posterioridad a la hipoteca que aparezcan en la certificación.

En su caso, el tipo para la subasta o concurso podrá fijarse de acuerdo con las reglas del artículo 97 y con independencia del valor en que se haya tasado el bien al tiempo de constituir la hipoteca.

7. Se podrá continuar el procedimiento de apremio cuando la garantía haya devenido manifiestamente insuficiente, jurídica o económicamente, desde la fecha de su constitución, sin necesidad de esperar a su ejecución, mediante acuerdo motivado que deberá constar en el expediente.

Subsección 3.ª Normas sobre embargos

Artículo 75[66]. *Diligencias de embargo.*

1. Transcurrido el plazo señalado en el artículo 62.5 de la Ley 58/2003, de 17 de diciembre, General Tributaria, sin haberse realizado el ingreso requerido, se procederá, en cumplimiento del mandato contenido en la providencia de apremio, al embargo de los bienes y derechos que procedan, siempre que no se hubiese pagado la deuda por la ejecución de garantías o fuese previsible de forma motivada que de dicha ejecución no resultará líquido suficiente para cubrir la deuda.

2. Cada actuación de embargo se documentará en diligencia de embargo.

3. Las deudas de un mismo obligado al pago podrán acumularse en una diligencia de embargo.

Cuando las necesidades del procedimiento lo exijan, se procederá a la segregación de las deudas acumuladas.

Artículo 76[67]. *Práctica de los embargos.*

1. Si los bienes embargables se encuentran en locales de personas o entidades distintas del obligado, se ordenará, mediante personación en dichos locales, al depositario o al personal dependiente de este último la entrega de los bienes, que se detallarán en la correspondiente diligencia.

En caso de negativa a la entrega inmediata o cuando esta no sea posible, se podrá proceder al precintado o a la adopción de medidas necesarias para impedir la sustitución o levantamiento, haciéndose constar en diligencia. Cuando sea necesario el acceso a los bienes embargados a efectos de su identificación o ejecución, podrá requerirse el auxilio de la autoridad.

---

[66]   Art. 170 (Diligencia de embargo y anotación preventiva) de la LGT (§1).
[67]   Art. 169 (Práctica del embargo de bienes y derechos) de la LGT (§1).

Lo dispuesto en este apartado se efectuará teniendo en cuenta lo previsto en los artículos 142 y 146 de la Ley 58/2003, de 17 de diciembre, General Tributaria, en relación con la entrada en fincas y locales y las medidas de aseguramiento que es posible adoptar.

2. Cuando en la fase de traba o en la de ejecución se presuma que el resultado de la enajenación de los bienes embargados pueda ser insuficiente para cubrir la deuda, se procederá al embargo de otros bienes y derechos.

Cuando por la información sucesivamente obtenida se embarguen bienes que en el orden de embargo sean anteriores a otros ya embargados pero no realizados, se realizarán aquellos con anterioridad.

3. Una vez realizado el embargo de los bienes y derechos, la diligencia se notificará al obligado al pago y, en su caso, al tercero titular, poseedor o depositario de los bienes si no se hubiesen realizado con ellos las actuaciones, así como al cónyuge del obligado al pago cuando los bienes embargados sean gananciales o se trate de la vivienda habitual, y a los condueños o cotitulares.

En el supuesto de bienes y derechos inscritos en un registro público el embargo también deberá notificarse a los titulares de cargas posteriores a la anotación de embargo y anteriores a la nota marginal de expedición de la certificación de cargas a que se refiere el artículo 74.

El embargo, en caso de cuotas de participación de bienes que se posean pro indiviso, se limitará a la cuota de participación del obligado al pago y se notificará a los condóminos.

4. Si una vez realizado el embargo se comprobase que concurren las circunstancias del artículo 169.5 de la Ley 58/2003, de 17 de diciembre, General Tributaria, se procederá a su levantamiento.

5. El embargo deberá ejecutarse en sus estrictos términos, sin perjuicio de que el obligado al pago pueda interponer recurso o reclamación económico-administrativa si considera que se incurre en alguna de las causas del artículo 170.3 de la Ley 58/2003, de 17 de diciembre, General Tributaria.

6. La inexistencia de bienes embargables conocidos por la Administración cuya ejecución permita el cobro de la deuda se hará constar en el expediente.

Artículo 77[68]. *Concurrencia de embargos.*

1. Cuando concurra con otros procesos o procedimientos singulares de ejecución, el procedimiento de apremio será preferente si el embargo efectuado en el curso de este último es el más antiguo. A estos efectos, se estará a la fecha de la diligencia de embargo del bien o derecho.

2. Cuando sobre los bienes embargados por la Hacienda pública o sobre los que se hubieran constituido garantías a favor de esta existan derechos inscritos o anotados con anterioridad a favor de otros acreedores, podrá aquella subrogarse en dichos derechos mediante el abono a los acreedores del importe de sus créditos cuando estos sean sustancialmente inferiores al producto que previsiblemente pueda obtener la Hacienda pública de la enajenación de los bienes. Para ejercer esta subrogación, el órgano de recaudación que tramite el proce-

---

[68] Art. 164 (Concurrencia de procedimientos), de la LGT (§1) y el art. 123 (Actuaciones de la Hacienda Pública en procedimientos concursales y en otros procedimientos de ejecución), de este Reglamento.

dimiento de apremio formulará la correspondiente propuesta, que deberá ser autorizada por el órgano competente.

Las cantidades abonadas por ese concepto tendrán el carácter de costas del procedimiento, a cuyo pago se aplicarán con carácter preferente las cantidades que la Hacienda pública obtenga de la enajenación forzosa del bien embargado.

3. Cuando los bienes embargados sean objeto de un procedimiento de expropiación forzosa, se paralizarán las actuaciones de ejecución de los bienes afectados y se deberá comunicar a la Administración expropiante el embargo de los pagos a realizar al expropiado. A efectos de continuar o no el procedimiento ejecutivo respecto de otros bienes del obligado al pago, se considerará realizado el embargo por el precio firme del bien expropiado. Cuando el precio no sea firme, se considerará realizado el embargo por la parte en que exista acuerdo y, de no haberlo, por el precio ofrecido por la Administración expropiante.

Artículo 78[69]. *Embargo de dinero en efectivo.*
1. Cuando se embargue dinero en efectivo, el órgano de recaudación competente lo hará constar en diligencia, de la que emitirá un duplicado. Uno de los ejemplares se unirá al expediente y el otro quedará en poder del obligado al pago. El dinero será inmediatamente ingresado en el Tesoro.

2. Si se trata de la recaudación de cajas, taquillas o similares de empresas o entidades en funcionamiento, el órgano de recaudación competente podrá acordar los pagos que deban realizarse con cargo a dicha recaudación, en la cuantía necesaria para evitar la paralización de aquellas.

Artículo 79[70]. *Embargo de dinero en cuentas abiertas en entidades de crédito.*
1[71]. Cuando la Administración conozca la existencia de, al menos, una cuenta o depósito abierto en una oficina de una entidad de crédito, el embargo se llevará a cabo mediante diligencia de embargo en la que deberá identificarse la cuenta o el depósito conocido por la Administración actuante.

---

[69] Art. 169.2.a) (Práctica del embargo de bienes y derechos) de la LGT (§1).
[70] Art. 169.2.a) (Práctica del embargo de bienes y derechos) y art. 171 (Embargo de bienes o derechos en entidades de crédito o de depósito), de la LGT (§1).
   Resolución de 16 de diciembre de 2011, de la Dirección General de la Agencia Estatal de Administración Tributaria, por la que se establece el procedimiento para efectuar por medios telemáticos el embargo de dinero en cuentas a la vista abiertas en entidades de crédito (BOE núm. 311, de 27 de diciembre de 2011), que deroga la Resolución de 10 de julio de 2009, de la Dirección General de la Agencia Estatal de Administración Tributaria, por la que se establece el procedimiento para efectuar por medios telemáticos el embargo de dinero en cuentas abiertas en entidades de crédito para diligencias de cuantía igual o inferior a 20.000 euros (BOE núm. 176, 22 de julio de 2009).
   Resolución de 15 de marzo de 2016, de la Dirección General de la Agencia Estatal de Administración Tributaria, por la que se establece el procedimiento para efectuar a través de internet el embargo de dinero en cuentas a plazo e imposiciones a plazo fijo en entidades de crédito (BOE núm. 70, de 22 de marzo de 2016).
[71] Nueva redacción del art. 79.1 dada por el art. único. Trece del Real Decreto 1071/2017, de 29 de diciembre (BOE núm. 317, de 30 de diciembre de 201), en vigor desde el 1 de enero de 2018.

El embargo podrá extenderse, sin necesidad de identificación previa, al resto de los bienes y derechos de que sea titular el obligado al pago existentes en dicha entidad de crédito, dentro del ámbito estatal, autonómico o local que corresponda a la jurisdicción respectiva de cada Administración tributaria ordenante del embargo, sean o no conocidos por la Administración, hasta alcanzar el importe de la deuda pendiente, más el recargo del periodo ejecutivo, intereses y, en su caso, las costas producidas.

2. La forma, medio, lugar y demás circunstancias relativas a la presentación de la diligencia de embargo en la entidad depositaria, así como el plazo máximo en que habrá de efectuarse la retención de los fondos, podrán ser convenidos, con carácter general, entre la Administración actuante y la entidad de crédito afectada.

3. En defecto del acuerdo a que se refiere el apartado anterior, la diligencia de embargo se presentará en la oficina donde esté abierta la cuenta y sus responsables deberán proceder de forma inmediata a retener el importe embargado si existe en ese momento saldo suficiente, o en otro caso, el total de los saldos existentes a nombre del obligado al pago.

Asimismo, la diligencia de embargo se podrá presentar en alguno de los siguientes lugares:

a) En la oficina designada por la entidad depositaria para relacionarse con el órgano de recaudación competente, conforme a lo previsto en el artículo 17.4, cuando la entidad haya sido autorizada a colaborar en la recaudación y el embargo afecte a cuentas o depósitos abiertos en una oficina perteneciente al ámbito territorial del órgano de recaudación competente.

b) En el domicilio fiscal o social de la entidad de crédito.

En los supuestos a los que se refieren los párrafos a) y b), cuando el embargo deba trabarse sobre fondos cuya gestión o depósito no se encuentren localizados en el lugar en que se presente la diligencia de embargo, la retención de los fondos se efectuará de manera inmediata o, si ello no fuera posible, en el plazo más breve que permitan las características de los sistemas de información interna o de contabilidad de la entidad. Dicho plazo no podrá ser superior a cinco días, tendrá carácter improrrogable y se comunicará al órgano de recaudación que haya efectuado el embargo. En todo caso, el embargo surtirá efectos legales desde el día de presentación de la diligencia de embargo a la entidad depositaria.

4. Si el depósito está constituido en cuentas a plazo, el embargo se efectuará igualmente de forma inmediata, sin perjuicio de lo establecido en el segundo párrafo del apartado 6.

5. A los efectos previstos en este artículo la entidad depositaria deberá ejecutar el embargo en sus estrictos términos sin perjuicio de lo dispuesto en el artículo 76.5.

6. El importe de las cantidades retenidas será ingresado en el Tesoro, una vez transcurridos 20 días naturales desde el día siguiente a la fecha de la traba sin haber recibido la oficina o entidad correspondiente comunicación en contrario del órgano de recaudación.

Si se trata de cuentas a plazo, el ingreso deberá realizarse en la fecha indicada en el párrafo anterior o al día siguiente del fin del plazo, según qué fecha sea posterior. No obstante, si el depositante tiene la facultad de disponer anticipadamente del dinero depositado, al notificar la diligencia de embargo se advertirá al obligado al pago la posibilidad que tiene de hacer uso de tal facultad frente a la entidad depositaria, según las condiciones que se hubieran establecido; en este caso, el ingreso en el Tesoro se producirá al día siguiente de la cancelación.

Artículo 80[72]. *Embargo de valores.*

1. Cuando la Administración conozca la existencia de valores de titularidad del obligado al pago, el embargo se llevará a cabo mediante diligencia de embargo que identificará los valores conocidos por la Administración actuante y comprenderá un número de valores que, a juicio del órgano de recaudación, cubra el importe total a que se refiere el artículo 169.1 de la Ley 58/2003, de 17 de diciembre, General Tributaria.

2[73]. Si el embargo se refiere a valores representados mediante títulos o mediante anotaciones en cuenta que se hallen depositados, entregados o confiados a una oficina de una entidad de crédito, sociedad o agencia de valores, o cualesquiera otras entidades depositarias, el embargo se llevará a cabo mediante la presentación de la diligencia de embargo a la entidad y podrá extenderse, sin necesidad de identificación previa, a los demás bienes y derechos del obligado al pago existentes en dicha entidad de crédito, sociedad o agencia de valores, dentro del ámbito estatal, autonómico o local que corresponda a la jurisdicción respectiva de cada Administración tributaria ordenante del embargo, sean o no conocidos por la Administración.

En el acto de presentación, la receptora de la diligencia deberá confirmar al órgano de recaudación competente la concordancia o no de los valores conocidos por la Administración con los realmente depositados o anotados.

En caso de discordancia o de insuficiencia de los valores conocidos por la Administración e identificados en la diligencia para cubrir el importe total adeudado, la entidad entregará en el acto, o de no ser posible, en el plazo máximo e improrrogable de cinco días, relación de los valores con los datos que permitan su valoración. El órgano de recaudación competente indicará a la entidad los valores que deben quedar definitivamente embargados y aquellos que deben quedar liberados, pudiendo convenirse a estos efectos y con carácter previo la forma de actuación de la entidad. En todo caso, los valores embargados se considerarán trabados el día de la presentación de la diligencia de embargo a la entidad.

No obstante, la forma, medio y lugar de presentación de la diligencia podrán ser convenidos, con carácter general, entre la Administración actuante y la entidad de crédito, sociedad o agencia de valores o cualquier otra depositaria.

3. Si el embargo se refiere a valores representados mediante títulos que no estén depositados en las entidades citadas en el apartado 2, la diligencia de embargo se notificará al titular, debiendo este comunicar cualquier circunstancia relativa a los títulos que pudieran afectar al embargo. El órgano de recaudación actuante se hará cargo de los títulos junto con la póliza de compra o título de adquisición, si lo hubiese recibido.

4. El órgano de recaudación competente ordenará la enajenación de aquellos valores que resulten suficientes para cubrir el importe total al que se refiere el artículo 169.1 de la Ley 58/2003, de 17 de diciembre, General Tributaria, lo que se realizará en las mejores condiciones posibles según las prácticas usuales de buena gestión. Si los valores están admitidos a cotización en un mercado secundario oficial, la venta se llevará a cabo a través de este. En otro caso, se acordará su venta mediante subasta, salvo que proceda la adjudicación directa.

---

[72]   Art. 169.2.b) (Práctica del embargo de bienes y derechos) de la LGT (§1).
[73]   Nueva redacción del art. 80.2 dada por el art. único. Catorce del Real Decreto 1071/2017, de 29 de diciembre BOE núm. 317, de 30 de diciembre de 201), en vigor desde el 1 de enero de 2018.

Si la orden de venta es tramitada por la entidad de crédito o sociedad o agencia de valores, esta podrá deducir del importe obtenido los gastos y comisiones que procedan.

El importe obtenido deberá ingresarse en el Tesoro hasta el límite de lo debido. El sobrante, si existe, deberá ponerse a disposición de su propietario. El órgano de recaudación competente notificará a la entidad la orden de levantamiento del embargo sobre el resto de los valores trabados cuya enajenación no hubiera resultado necesaria.

5. Cuando resulte más adecuado para la satisfacción de la deuda, el órgano de recaudación competente podrá acordar, en lugar de la enajenación de los valores, el embargo de los rendimientos de toda clase y, en su caso, reintegros, derivados de aquellos.

6. Tratándose de participaciones en el capital de sociedades de responsabilidad limitada, la diligencia de embargo se notificará al órgano de administración de la sociedad para su inscripción en el libro registro de socios.

El procedimiento de adjudicación de las participaciones se llevará a cabo de acuerdo con su normativa específica.

Artículo 81[74]. *Embargo de otros créditos, efectos y derechos realizables en el acto o a corto plazo.*

Cuando se trate de créditos, efectos y derechos realizables en el acto o a corto plazo no regulados en el artículo anterior, se procederá como sigue:

a) Si se trata de créditos, efectos y derechos sin garantía, se notificará la diligencia de embargo a la persona o entidad deudora del obligado al pago, apercibiéndole de que, a partir de ese momento, no tendrá carácter liberatorio el pago efectuado al obligado. Cuando el crédito o derecho embargado haya vencido, la persona o entidad deudora del obligado al pago deberá ingresar en el Tesoro el importe hasta cubrir la deuda. En otro caso, el crédito quedará afectado a dicha deuda hasta su vencimiento, si antes no resulta solventada. Si el crédito o derecho conlleva la realización de pagos sucesivos, se ordenará al pagador ingresar en el Tesoro los respectivos importes hasta el límite de la cantidad adeudada, salvo que reciba notificación en contrario por parte del órgano de recaudación.

b) Si se trata de créditos garantizados, también deberá notificarse la diligencia de embargo al garante o, en su caso, al poseedor del bien o derecho ofrecido en garantía, que podrá depositarse hasta el vencimiento del crédito. Vencido el crédito, si no se paga la deuda se promoverá la ejecución de la garantía, que se realizará siguiendo el procedimiento establecido en el artículo 74.

La forma, medio, lugar y demás circunstancias relativas a la presentación de las diligencias de embargo podrán ser convenidas, con carácter general, entre la Administración ordenante y los destinatarios de dichas diligencias. En todo caso, las diligencias de embargo se notificarán conforme al régimen jurídico previsto en los artículos 109 y siguientes de la Ley 58/2003, de 17 de diciembre, General Tributaria.

---

[74]   Nueva redacción del art. 81 dada por el art. único. Quince del Real Decreto 1071/2017, de 29 de diciembre (BOE núm. 317, de 30 de diciembre de 201), en vigor desde el 1 de enero de 2018.

Artículo 82[75]. *Embargo de sueldos, salarios y pensiones.*

1[76]. El embargo de sueldos, salarios y pensiones se efectuará teniendo en cuenta lo establecido en la Ley 1/2000, de 7 de enero, de Enjuiciamiento Civil.

La diligencia de embargo se presentará al pagador. Este quedará obligado a retener las cantidades procedentes en cada caso sobre las sucesivas cuantías satisfechas como sueldo, salario o pensión y a ingresar en el Tesoro el importe detraído hasta el límite de la cantidad adeudada.

La forma, medio, lugar y demás circunstancias relativas a la presentación de las diligencias de embargo podrán ser convenidas, con carácter general, entre la Administración ordenante y los pagadores destinatarios de dichas diligencias. En todo caso, las diligencias de embargo se notificarán conforme al régimen jurídico previsto en los artículos 109 y siguientes de la Ley 58/2003, de 17 de diciembre, General Tributaria.

2. Si el obligado al pago es beneficiario de más de una de dichas percepciones, se acumularán para deducir sobre la suma de todas ellas la parte inembargable. La cantidad embargada podrá detraerse de la percepción o percepciones que fije el órgano de recaudación competente. Si el obligado al pago propone expresamente otra, le será aceptada, si ello no supone obstáculo para el cobro.

3. Cuando el embargo comprenda percepciones futuras, aún no devengadas, y existan otros bienes embargables, una vez cobradas las vencidas podrán embargarse dichos bienes, sin esperar a los posibles devengos o vencimientos sucesivos.

Una vez cubierto el débito, el órgano de recaudación competente notificará al pagador la finalización de las retenciones.

Artículo 83[77]. *Embargos de bienes inmuebles y de derechos sobre estos.*

1. El embargo de bienes inmuebles y derechos sobre estos se efectuará mediante diligencia, que especificará las circunstancias siguientes:

a) Nombre y apellidos o razón social o denominación completa del titular y, en su caso, del poseedor de la finca embargada, número de identificación fiscal de ambos y cuantos datos puedan contribuir a su identificación.

b) Si se trata de fincas rústicas: naturaleza y nombre de dicha finca, término municipal donde radique y situación según se nombre en la localidad, linderos, superficie y cabida, e identificación registral y catastral, si constan.

c) Si se trata de fincas urbanas: localidad, calle y número, locales y pisos de que se componen, superficie, e identificación registral y catastral, si constan.

d) Derechos del obligado al pago sobre los inmuebles embargados.

e) Importe total del débito, concepto o conceptos a que corresponda e importe de la responsabilidad a que se afecta el inmueble por principal, recargos, intereses y costas, con la advertencia de que podrá extenderse a los intereses que puedan devengarse hasta que concluya la ejecución y a las costas de esta.

---

[75] Art. 169.2.c) (Práctica del embargo de bienes y derechos) de la LGT (§1).
[76] Nueva redacción del art. 82.1 dada por el art. único. Dieciséis del Real Decreto 1071/2017, de 29 de diciembre (BOE núm. 317, de 30 de diciembre de 201), en vigor desde el 1 de enero de 2018.
[77] Art. 169.2.d) (Práctica del embargo de bienes y derechos) de la LGT (§1).

f) Advertencia de que se tomará anotación preventiva del embargo en el Registro de la Propiedad a favor del Estado o, en su caso, de la entidad u organismo titular del crédito que motiva la ejecución.

g) De constar fehacientemente, estado civil y régimen económico del matrimonio.

2. En el momento de notificarse la diligencia de embargo según lo dispuesto en el artículo 76 se requerirán los títulos de propiedad a los titulares de los bienes o derechos.

3. Si debiera practicarse deslinde, el órgano de recaudación competente podrá optar por el nombramiento de un funcionario técnico adscrito a dicho órgano o por la contratación de los servicios de empresas especializadas. En ambos casos, el deslinde se realizará en el plazo de 15 días.

Artículo 84. *Anotación preventiva en el Registro de la Propiedad de los embargos de bienes inmuebles y de derechos sobre estos.*

1. La Administración solicitará que se practique anotación preventiva del embargo de bienes inmuebles y derechos sobre estos en el Registro de la Propiedad que corresponda.

2. A tal efecto, el órgano de recaudación competente expedirá mandamiento dirigido al registrador con sujeción a lo dispuesto en la legislación hipotecaria y a lo que se establece en los artículos siguientes, en el que se solicitará, además, que se libre certificación de las cargas que figuren en el registro sobre cada finca, con expresión detallada de aquellas y de sus titulares, con inclusión en la certificación del propietario de la finca en ese momento y de su domicilio.

A la vista de tal certificación, se comprobará que se han efectuado todas las notificaciones exigidas por la normativa. En su defecto, se procederá a practicarlas.

3. Si la liquidación apremiada se refiere a tributos sin cuyo previo pago no pudiese inscribirse en el registro el acto o negocio jurídico que la originó, al llegar el procedimiento a la fase de embargo se procederá de la forma siguiente:

a) El órgano de recaudación que tramite el expediente propondrá el aplazamiento del pago de dicha liquidación al órgano competente para resolverlo a los solos efectos de la inscripción de los bienes y de la anotación preventiva de su embargo a favor de la Hacienda pública. El acuerdo de aplazamiento se hará constar en los documentos que hubiesen determinado la liquidación del tributo y por virtud de los cuales deba practicarse la inscripción en el registro.

b) Dichos documentos y el mandamiento de anotación preventiva de embargo serán presentados al registrador de la propiedad, el cual, una vez practicada la inscripción del derecho del obligado al pago con la mención de que el pago de la liquidación queda aplazado, procederá de forma inmediata a anotar el embargo.

c) Si la liquidación del tributo se practicó sobre documentos que no pudieran ser objeto de inscripción por ser copias no auténticas de los originales o matrices, se solicitará de los notarios o funcionarios que hubieran autorizado aquellos documentos la expedición de copia auténtica en la cual se consignará el acuerdo de aplazamiento.

d) Cuando se produzca la enajenación de los bienes embargados, el precio obtenido se aplicará a pagar la liquidación y demás responsabilidades que procedan, incluidos los intereses de demora que puedan devengarse hasta que concluya la ejecución y a las costas de esta. El documento acreditativo de dicha aplicación será presentado en el registro y producirá la cancelación del embargo y de las notas de aplazamiento. En el documento público de venta se harán constar tales extremos.

Si se acuerda la adjudicación de bienes a la Hacienda pública o al ente público acreedor, el documento acreditativo de la adjudicación producirá los mismos efectos que los indicados en el apartado anterior.

Artículo 85. *Requisitos de los mandamientos para la anotación preventiva de los embargos de bienes inmuebles y de derechos sobre estos.*

Los mandamientos para la anotación preventiva de embargo contendrán:

a) Certificación de la providencia de apremio y de la diligencia de embargo del inmueble o inmuebles de que se trate, con indicación de las personas o entidades a las que se ha notificado el embargo y el concepto en el que se les ha practicado dicha notificación.

b) Descripción del derecho que tenga el obligado al pago sobre los bienes embargados.

c) Nombre y apellidos o razón social o denominación completa, en su caso, del poseedor de las fincas a las que se refiera la notificación.

d) El importe total del débito, concepto o conceptos a que corresponda, e importe de la responsabilidad a que se afecta el inmueble por principal, recargos, intereses y costas.

e) Que la anotación deberá hacerse a favor del acreedor.

f) Expresión de que la Administración no puede facilitar, en el momento de la expedición del mandamiento, más datos respecto de los bienes embargados que los contenidos en este.

Artículo 86. *Presentación de los mandamientos en el Registro de la Propiedad.*

1. Los mandamientos se presentarán por triplicado en los Registros de la Propiedad. Los registradores devolverán en el acto uno de los ejemplares con nota de referencia al asiento de presentación del mandamiento y otro, en su día, con la nota acreditativa de haber quedado extendida la anotación oportuna o de no haber podido practicarse, expresando detalladamente, en este caso, no sólo los defectos advertidos, sino también la forma y medio de subsanarlos. El tercer ejemplar del mandamiento quedará archivado en el registro.

2. Si la finca o fincas no constasen inscritas o no fuese posible extender la anotación por defecto subsanable, se tomará razón del embargo y se hará constar así en la contestación al mandamiento.

3. La presentación de los mandamientos al registro podrá efectuarse por fax o por medios telemáticos en la forma determinada por la normativa aplicable.

4. Cuando lo exijan las actuaciones del procedimiento de apremio, se presentará mandamiento en el que se solicite la prórroga de las anotaciones preventivas de embargo de acuerdo con lo dispuesto en la legislación hipotecaria.

Artículo 87. *Incidencias en las anotaciones preventivas de embargo en el Registro de la Propiedad.*

1. En el caso de que los registradores de la propiedad devuelvan el mandamiento en el que manifiesten haber suspendido la anotación por defecto subsanable, se procederá a subsanarlo en el acto, si es posible, o en un momento posterior, dentro del plazo establecido en la legislación registral.

2. Con el fin de evitar la caducidad de la anotación efectuada por defectos subsanables establecida en la legislación hipotecaria, el órgano de recaudación competente solicitará, si es necesario, la prórroga que en aquella se autoriza.

3. En caso de disconformidad con la decisión del registrador, se trasladarán las actuaciones al órgano con funciones de asesoramiento jurídico a efectos de la interposición, si procede, de recurso contra la calificación registral.

Artículo 88. *Contestaciones de los registradores.*

1. Los registradores de la propiedad practicarán los asientos que procedan y expedirán las certificaciones que interesen al procedimiento ejecutivo dentro de los plazos establecidos en la legislación hipotecaria.

Al expediente de apremio quedarán unidas la contestación del registrador de la propiedad al mandamiento de anotación preventiva de embargo y la certificación relativa a las cargas y gravámenes que afecten a los inmuebles.

2. La Hacienda pública podrá ejercitar las acciones civiles que la ley autoriza para obtener la indemnización de daños y perjuicios a que pudiera dar lugar la dilación injustificada de los registradores en la práctica de los servicios que les encomienda este reglamento.

3. Las dilaciones reiteradas que entorpezcan el procedimiento de recaudación serán comunicadas al Departamento de Recaudación de la Agencia Estatal de Administración Tributaria para su traslado a la Dirección General de los Registros y del Notariado a los efectos que procedan.

Artículo 88 bis[78]. *Prohibición de disposición de bienes inmuebles por embargo de acciones y participaciones.*

1. A los efectos de la aplicación de las prohibiciones de disposición a que se refiere el artículo 170.6 de la Ley 58/2003, de 17 de diciembre, General Tributaria, la Administración solicitará que se practique anotación preventiva de la prohibición de disposición sobre los bienes inmuebles y derechos sobre estos en el Registro de la Propiedad que corresponda, sobre la base de un título cuya vigencia vendrá determinada por la del propio embargo del que trae causa.

2. A tal efecto, el órgano de recaudación competente expedirá mandamiento dirigido al registrador con sujeción a lo dispuesto en el citado artículo 170.6 de la Ley 58/2003, de 17 de diciembre, General Tributaria, en la legislación hipotecaria y a lo que se establece en los artículos 84 y siguientes de este reglamento en lo que resulten de aplicación.

Artículo 89[79]. *Embargo de intereses, rentas y frutos de toda especie.*

1. Cuando se embarguen intereses, rentas y frutos del obligado al pago que se materialicen en pagos en dinero, la diligencia de embargo se notificará a la persona o entidad pagadora, que deberá retenerlos e ingresarlos en el Tesoro hasta cubrir la cantidad adeudada.

2. Cuando los frutos o rentas a embargar sean los correspondientes a los derechos de explotación de una obra protegida por el texto refundido de la Ley de Propiedad Intelectual,

---

[78] Nuevo art. 88 bis incorporado por el art. único. Diecisiete del Real Decreto 1071/2017, de 29 de diciembre (BOE núm. 317, de 30 de diciembre de 201), en vigor desde el 1 de enero de 2018.
[79] Art. 169.2.e) (Práctica del embargo de bienes y derechos) de la LGT (§1).

aprobado por el Real Decreto Legislativo 1/1996, de 12 de abril, aquellos se considerarán salarios según lo que establece dicha ley y el embargo se realizará de acuerdo con lo dispuesto en el artículo 82 de este reglamento.

3. Si lo embargado fuesen frutos o rentas obtenidos por empresas o actividades comerciales, industriales y agrícolas, se podrá nombrar un administrador o interventor de acuerdo con lo dispuesto en el artículo 170.5 de la Ley 58/2003, de 17 de diciembre, General Tributaria.

4. Si los frutos están asegurados, se notificará a la entidad aseguradora el embargo de las indemnizaciones o prestaciones que correspondan en caso de siniestro, las cuales deberán ingresarse en el Tesoro una vez ocurrido este.

Artículo 90[80]**.** *Embargo de establecimientos mercantiles e industriales.*

1. El embargo de establecimientos mercantiles e industriales se iniciará mediante personación en los establecimientos o en el domicilio de la persona o entidad a que pertenezcan.

2. Del resultado de la actuación de embargo, sea positivo o negativo, se extenderá la correspondiente diligencia en la que se harán constar inventariados todos los bienes y derechos existentes en cada establecimiento embargado, así como los que se embargan.

3. El embargo comprenderá, si los hubiera, los siguientes bienes y derechos:

a) Derecho de cesión del contrato de arrendamiento del local del negocio, si este fuese arrendado, y las instalaciones.

b) Derechos de propiedad intelectual e industrial.

c) Utillaje, máquinas, mobiliario, utensilios y demás instrumentos de producción y trabajo.

d) Mercaderías y materias primas. e) Posibles indemnizaciones.

4. Si el inmueble estuviese arrendado, se notificará la diligencia de embargo al arrendador.

5. Se efectuará anotación preventiva del embargo en el Registro de Bienes Muebles, para lo que el órgano de recaudación competente expedirá el correspondiente mandamiento.

6. Según las circunstancias del caso, podrá acordarse la adopción de alguna de las medidas siguientes:

a) El precinto del local hasta la enajenación de lo embargado.

b) Cuando se aprecie que la continuidad de las personas que ejercen la dirección de la actividad pudiera perjudicar la solvencia del obligado al pago, el órgano de recaudación competente, previa audiencia del titular del negocio u órgano de administración de la entidad, podrá acordar el nombramiento de un funcionario que ejerza de administrador o que intervenga en la gestión del negocio, que fiscalizará previamente a su ejecución los actos que se concreten en el acuerdo administrativo, de acuerdo con lo dispuesto en el artículo 170.5 de la Ley 58/2003, de 17 de diciembre, General Tributaria.

7. La enajenación de los establecimientos mercantiles e industriales se llevará a cabo por el procedimiento establecido en la subsección 5.ª de esta sección.

---

[80] Art. 169.2.f) (Práctica del embargo de bienes y derechos) de la LGT (§1).

Artículo 91[81]. **Embargo de metales preciosos, piedras finas, joyería, orfebrería, antigüedades y otros objetos de valor histórico o artístico.**

1. El embargo de metales preciosos, piedras finas, joyería, orfebrería, antigüedades y otros objetos de valor histórico o artístico, se realizará por el órgano de recaudación competente, mediante su detalle en diligencia y con la adopción de las precauciones necesarias para impedir su sustitución o levantamiento por medio de precintos o en la forma más conveniente. Se procederá a su depósito de acuerdo con lo establecido en los artículos 94 a 96.

2. Cuando dichos bienes se encuentren en locales de personas o entidades distintas del obligado al pago, se estará a lo dispuesto en el artículo 76.1.

Artículo 92[82]. **Embargo de los restantes bienes muebles y semovientes.**

1. El embargo de los restantes bienes muebles y semovientes se llevará a efecto mediante personación en el domicilio del obligado al pago o, en su caso, en el lugar donde se encuentren los bienes.

2. Del resultado de la actuación se extenderá la correspondiente diligencia en la que se habrán de identificar los bienes embargados. Si no se depositan los bienes de forma inmediata, se procederá al precintado u otras medidas de aseguramiento que procedan.

3. Siempre que el embargo afecte a bienes inscribibles en el Registro de Bienes Muebles, el órgano de recaudación competente expedirá mandamiento de anotación preventiva de embargo. Estos mandamientos se tramitarán de acuerdo con lo establecido en su normativa reguladora.

4. Cuando se trate de automóviles, camiones, motocicletas, embarcaciones, aeronaves u otros vehículos, se notificará el embargo al obligado al pago requiriéndole para que en un plazo de cinco días lo ponga a disposición de los órganos de recaudación competentes, con su documentación y llaves. Si no lo efectúa ni se localiza el bien, se dará orden a las autoridades que tengan a su cargo la vigilancia de la circulación y a las demás que proceda, para la captura, depósito y precinto de los bienes citados, y se continuarán en este caso las actuaciones de embargo en relación con otros bienes o derechos del obligado.

5. Cuando se trate del embargo de bienes adquiridos por el sistema de ventas a plazo, se tendrán en cuenta las disposiciones de su normativa reguladora.

Artículo 93[83]. **Embargo de créditos, efectos, valores y derechos realizables a largo plazo.**

1. Para el embargo de créditos, derechos y valores realizables a largo plazo, se seguirá el procedimiento establecido en los artículos 80 y 81.

2. En los términos del artículo 8.8 y 10 del texto refundido de la Ley de planes y fondos de pensiones, aprobado por el Real Decreto Legislativo 1/2002, de 29 de noviembre, será embargable el derecho a las prestaciones del partícipe en un plan de pensiones, pero el embargo no se ejecutará hasta que se cause el derecho a la prestación o se haga efectivo el derecho por concurrir los supuestos de enfermedad grave o desempleo de larga duración previstos en dicha norma.

---

[81] Art. 169.2.g) (Práctica del embargo de bienes y derechos) de la LGT (§1).
[82] Art. 169.2.h) (Práctica del embargo de bienes y derechos) de la LGT (§1).
[83] Art. 169.2.i) (Práctica del embargo de bienes y derechos) de la LGT (§1).

Las entidades gestoras y depositarias correspondientes tomarán nota del embargo, de lo que darán traslado al órgano de recaudación actuante en el plazo de 10 días. En caso de que existiera una traba previa, lo pondrán en conocimiento del órgano de recaudación en dicha comunicación en la que especificarán los extremos de dicha traba.

En caso de que se produzca la movilización de los derechos consolidados a otro plan, la entidad gestora deberá comunicarlo a la Administración tributaria, ante la que deberá acreditar, a los efectos previstos en el artículo 42.2 de la Ley 58/2003, de 17 de diciembre, General Tributaria, la comunicación del embargo a las entidades gestora y depositaria del plan de destino.

Subsección 4.ª Normas sobre depósito de los bienes embargados[84]

Artículo 94. *Depósito de bienes embargados.*

1. Los órganos de recaudación competentes designarán, en su caso, el lugar en que los bienes embargados deban ser depositados hasta su realización, según los criterios que se fijan en este artículo sin perjuicio de lo establecido en el artículo 92.4.

2. Los bienes que al ser embargados se encuentren en entidades de crédito u otras que, a juicio de los órganos de recaudación competentes, ofrezcan garantías de seguridad y solvencia, seguirán depositados en aquellas a disposición de dichos órganos.

3. Los demás bienes se depositarán, según proceda, a juicio del órgano de recaudación competente:

a) En recintos o locales de la propia Administración cuando existan y reúnan condiciones adecuadas para el depósito de dichos bienes.

b) En recintos o locales de otros entes públicos dedicados al depósito o que reúnan condiciones para ello, incluidos museos, bibliotecas, depósitos de vehículos o similares.

c) En recintos o locales de empresas dedicadas habitualmente al depósito.

d) En defecto de los anteriores, en recintos o locales de personas o entidades, distintas del obligado al pago, que ofrezcan garantías de seguridad y solvencia.

e) En recintos o locales del obligado al pago cuando así se considere oportuno o cuando se trate de bienes de difícil transporte o movilidad; en este caso, se procederá a su precinto o a la adopción de medidas que garanticen su seguridad e integridad, quedando el obligado al pago sujeto a los deberes y responsabilidades del depositario citados en el artículo 96. En este caso, el depósito se considerará necesario sin que pueda oponerse el obligado al pago.

4. En los casos del apartado 3.c) y d), las relaciones entre la Administración y el depositario se regirán por la legislación de contratos de las Administraciones públicas en los aspectos no previstos en esta subsección.

Artículo 95. *Funciones del depositario.*

1. El depositario está obligado a custodiar y conservar los bienes embargados y a devolverlos cuando sea requerido para ello. En el desempeño de tal cometido deberá actuar con la diligencia debida.

---

[84] Art. 170.4 (Diligencia de embargo y anotación preventiva) de la LGT (§1).

Cuando las funciones del depositario impliquen actos que excedan de la mera custodia, conservación y devolución de los bienes embargados, tales actuaciones precisarán autorización del órgano de recaudación competente.

2. Cuando en los supuestos de embargo de establecimientos mercantiles e industriales y de intereses, frutos y rentas de toda especie se hubiera nombrado un depositario o administrador, sus funciones, además de las señaladas en el apartado 1, comprenderán las habituales de gestión de bienes y negocios, y deberá ingresar en el Tesoro las cantidades resultantes.

El nombramiento como depositario fijará la clase y la cuantía de las operaciones que requerirán autorización del órgano de recaudación.

Artículo 96. *Derechos, deberes y responsabilidad del depositario de bienes embargados.*

1. El depositario, salvo en los casos en que lo sea el propio obligado al pago, tiene derecho a la retribución convenida por la prestación de sus servicios y al reembolso de los gastos que haya soportado por razón del depósito, cuando no estén incluidos en dicha retribución.

2. Además de los deberes inherentes a sus funciones como depositario y, en su caso, como administrador, tiene el deber de rendir las cuentas que le sean ordenadas por los órganos de recaudación competentes y cumplir las medidas que sean acordadas por estos para la mejor administración y conservación de los bienes.

3. El depositario que incumpla las obligaciones que le incumben como tal podrá ser declarado responsable solidario de la deuda en los términos establecidos en el artículo 42.2 de la Ley 58/2003, de 17 de diciembre, General Tributaria, sin perjuicio de la responsabilidad civil o penal que le corresponda.

Subsección 5.ª Enajenación de los bienes embargados[85]

Artículo 97. *Valoración y fijación del tipo.*

1. Los órganos de recaudación competentes procederán a valorar los bienes embargados a precios de mercado y de acuerdo con los criterios habituales de valoración.

2. Cuando, a juicio de dichos órganos, se requieran especiales conocimientos, la valoración podrá efectuarse por otros servicios técnicos de la Administración o por servicios externos especializados.

Los órganos de recaudación competentes podrán mantener un fichero actualizado de expertos en valoración de los diferentes tipos de bienes susceptibles de embargo.

3. La valoración será notificada al obligado al pago, que, en caso de discrepancia, podrá presentar valoración contradictoria realizada por perito adecuado en el plazo de 15 días contados a partir del día siguiente al de la notificación.

Si la diferencia entre ambas, considerando la suma de los valores asignados por cada una a la totalidad de los bienes, no excede del 20 por ciento de la menor, se estimará como valor de los bienes el de la tasación más alta. Si, por el contrario, la diferencia entre la suma de los valores asignados a los bienes por ambas partes excede del 20 por ciento, se convocará al obligado al pago para dirimir las diferencias de valoración y, si se logra acuerdo, se dejará constancia por escrito del valor acordado, que será el aplicable.

---

[85]   Art. 172 (Enajenación de los bienes embargados), de la LGT (§1).

4. Cuando no exista acuerdo entre las partes, el órgano de recaudación competente solicitará nueva valoración por perito adecuado en plazo no superior a 15 días. A efectos de su designación, se estará a lo establecido en los párrafos primero y segundo del artículo 135.3 de la Ley 58/2003, de 17 de diciembre, General Tributaria.

Dicha valoración habrá de estar comprendida entre los límites de las efectuadas anteriormente y será la definitivamente aplicable.

5[86]**.** En virtud de la información contenida en la documentación emitida por el registrador como consecuencia de la anotación preventiva de embargo practicada, se investigará si las cargas anteriores inscritas subsisten o han sido modificadas por pagos posteriores a su inscripción u otras causas. Para ello, el órgano de recaudación podrá dirigirse a los titulares de los créditos inscritos con anterioridad, para que informen sobre la subsistencia del crédito y su actual cuantía.

Los acreedores a los que se reclame la información anterior deberán indicar con la mayor precisión si el crédito subsiste o se ha extinguido por cualquier causa, y en caso de subsistir, la cantidad que queda pendiente de pago, la fecha de vencimiento y los plazos y condiciones en que el pago deba efectuarse. Si el crédito estuviera vencido y no pagado, se informará también de los intereses moratorios vencidos y de la cantidad a la que asciendan por cada día de retraso y la previsión para costas.

6[87]**.** Sin perjuicio de lo dispuesto en el apartado siguiente de este artículo, el tipo para la subasta será el siguiente:

a) Si no existen cargas o gravámenes, el importe de la valoración.

b) Si sobre los bienes embargados existen cargas o gravámenes de carácter real anteriores:

1.º Si las cargas o gravámenes no exceden de la valoración del bien, la diferencia entre dicha valoración y el valor actual de las cargas o gravámenes anteriores al derecho anotado.

---

[86]   Resolución de 19 de marzo de 2020, de la Dirección General de la Agencia Estatal de Administración Tributaria, por la que se establecen las condiciones para la tramitación y contestación en la Sede Electrónica de la Agencia Estatal de Administración Tributaria de los requerimientos de información a que se refiere el artículo 97.5 del Reglamento General de Recaudación, aprobado por Real Decreto 939/2005, de 29 de julio, dirigidos a entidades de crédito y referidos a bienes inmuebles (BOE núm. 93, de 3 de abril de 2020).

[87]   Nueva redacción del art. 97.6 dada por la Disp. Final Segunda Ocho del Real Decreto 117/2024, de 30 de enero, por el que se desarrollan las normas y los procedimientos de diligencia debida en el ámbito del intercambio automático obligatorio de información comunicada por los operadores de plataformas, y se modifican el Reglamento General de las actuaciones y los procedimientos de gestión e inspección tributaria y de desarrollo de las normas comunes de los procedimientos de aplicación de los tributos, aprobado por el Real Decreto 1065/2007, de 27 de julio, en transposición de la Directiva (UE) 2021/514 del Consejo de 22 de marzo de 2021 por la que se modifica la Directiva 2011/16/UE relativa a la cooperación administrativa en el ámbito de la fiscalidad, y otras normas tributarias (BOE núm. 27, de 31 de enero de 2024), con efectos desde el 1 de febrero de 2024.
Redacción anterior: «6. El tipo para la subasta será, como mínimo, el siguiente:
a) Si no existen cargas o gravámenes, el importe de la valoración.
b) Si sobre los bienes embargados existen cargas o gravámenes de carácter real anteriores:
1.º Si las cargas o gravámenes no exceden de la valoración del bien, la diferencia entre dicha valoración y el valor actual de las cargas o gravámenes anteriores al derecho anotado.
2.º Si las cargas o gravámenes exceden de la valoración del bien, el tipo será el importe de los débitos y costas en tanto no supere el valor fijado al bien, o la valoración del bien si lo supera.
Las cargas y gravámenes anteriores quedarán subsistentes sin aplicar a su extinción el precio del remate».

2.º Si las cargas o gravámenes exceden de la valoración del bien, el tipo será el importe de los débitos y costas en tanto no supere el valor fijado al bien, o la valoración del bien si lo supera.

Las cargas y gravámenes anteriores quedarán subsistentes sin aplicar a su extinción el precio del remate.

7[88]. Cuando se trate de bienes o lotes que, habiendo sido objeto de un procedimiento de enajenación, hayan quedado sin adjudicar, el tipo para la subasta será el siguiente:

a) Si no existen cargas o gravámenes, el importe de la valoración multiplicado por un coeficiente corrector del valor.

b) Si sobre los bienes embargados existen cargas o gravámenes de carácter real anteriores:

1.º Si las cargas o gravámenes no exceden de la valoración del bien, la diferencia entre el importe de dicha valoración multiplicado por un coeficiente corrector del valor y el valor actual de las cargas o gravámenes anteriores al derecho anotado. Si el resultado fuera un importe negativo, el tipo será el establecido en el párrafo siguiente.

2.º Si las cargas o gravámenes exceden de la valoración del bien, el tipo será el importe de los débitos y costas en tanto no supere el valor fijado al bien, o la valoración del bien multiplicado por un coeficiente corrector del valor si lo supera.

A efectos de lo dispuesto en este apartado, el coeficiente corrector de valor será del 0,8 cuando el bien o lote vaya a ser objeto de la segunda subasta, y del 0,6 para terceras y posteriores convocatorias.

Las cargas y gravámenes anteriores quedarán subsistentes sin aplicar a su extinción el precio del remate.

8[89]. Si apareciesen indicios de que todas o algunas de las cargas son simuladas y su importe pudiera impedir o dificultar la efectividad del débito, se remitirán las actuaciones

---

[88]   Nueva redacción del art. 97.7 dada por la Disp. Final Segunda Ocho del Real Decreto 117/2024, de 30 de enero, por el que se desarrollan las normas y los procedimientos de diligencia debida en el ámbito del intercambio automático obligatorio de información comunicada por los operadores de plataformas, y se modifican el Reglamento General de las actuaciones y los procedimientos de gestión e inspección tributaria y de desarrollo de las normas comunes de los procedimientos de aplicación de los tributos, aprobado por el Real Decreto 1065/2007, de 27 de julio, en transposición de la Directiva (UE) 2021/514 del Consejo de 22 de marzo de 2021 por la que se modifica la Directiva 2011/16/UE relativa a la cooperación administrativa en el ámbito de la fiscalidad, y otras normas tributarias (BOE núm. 27, de 31 de enero de 2024), con efectos desde el 1 de febrero de 2024.

     Redacción anterior: «*7. Si apareciesen indicios de que todas o algunas de las cargas son simuladas y su importe pudiera impedir o dificultar la efectividad del débito, se remitirán las actuaciones al órgano con funciones de asesoramiento jurídico para que informe sobre las medidas que procedan, incluida la exigencia de responsabilidad civil o penal*».

[89]   Nuevo apartado 8 del art. 97 incorporado por la Disp. Final Segunda Ocho del Real Decreto 117/2024, de 30 de enero, por el que se desarrollan las normas y los procedimientos de diligencia debida en el ámbito del intercambio automático obligatorio de información comunicada por los operadores de plataformas, y se modifican el Reglamento General de las actuaciones y los procedimientos de gestión e inspección tributaria y de desarrollo de las normas comunes de los procedimientos de aplicación de los tributos, aprobado por el Real Decreto 1065/2007, de 27 de julio, en transposición de la Directiva (UE) 2021/514 del Consejo de 22 de marzo de 2021 por la que se modifica la Directiva 2011/16/UE relativa a la cooperación administrativa en el ámbito de la fiscalidad, y otras normas tributarias (BOE núm. 27, de 31 de enero de 2024), con efectos desde el 1 de febrero de 2024.

al órgano con funciones de asesoramiento jurídico para que informe sobre las medidas que procedan, incluida la exigencia de responsabilidad civil o penal.

En tanto se resuelve, continuará el procedimiento sobre dichos bienes o sobre los demás que puedan ser embargados.

Artículo 98. *Títulos de propiedad.*

1[90]. Si al ser notificado el embargo los obligados al pago no hubiesen facilitado los títulos de propiedad de los bienes inmuebles, créditos hipotecarios, derechos reales embargados o cualquier otro tipo de bien o derecho embargado, en el caso de que éstos no constasen inscritos en el Registro de la Propiedad, el órgano de recaudación competente, al tiempo de fijar el tipo para la subasta, les requerirá para que los aporten en el plazo de tres días contados a partir del día siguiente al de la notificación del requerimiento si residen en la propia localidad, y en el de 15 días si residen fuera.

2. Cuando no existan títulos de dominio inscritos ni los obligados al pago los presentasen, los rematantes de los bienes deberán, si les interesa, sustituirlos por los medios establecidos en el título VI de la Ley Hipotecaria para llevar a cabo la concordancia entre el registro y la realidad jurídica, incumbiéndoles instar el procedimiento que corresponda, sin que el Estado contraiga otra obligación a este respecto que la de otorgar, si el obligado al pago no lo hace, el documento público de venta.   '

Artículo 99. *Formación de lotes y orden para su enajenación.*

1. Los bienes trabados podrán ser distribuidos en lotes, integrando en cada uno de estos los que sean de análoga naturaleza, según sus características y el aprovechamiento o servicio de que sean susceptibles.

2. Igualmente podrán formarse lotes, aunque no se trate de bienes de naturaleza análoga, cuando se estime conveniente a fin de obtener mayores facilidades para la concurrencia de licitadores.

3. Podrá formarse un solo lote con aquellos bienes embargados que estén gravados con una misma hipoteca u otra carga o gravamen de naturaleza real o cuando se trate de enajenar derechos sobre un mismo bien cuya titularidad corresponda a varios deudores.

4. Una vez efectuada la valoración y la formación de lotes, se procederá a la enajenación observándose el orden establecido para el embargo en el artículo 169.2, segundo párrafo, de la Ley 58/2003, de 17 de diciembre, General Tributaria. La aparición posterior de otros bienes no afectará a la validez de las enajenaciones ya realizadas, aunque se trate de bienes anteriores en el orden de embargo.

Artículo 100. *Formas de enajenación.*

1. Las formas de enajenación de los bienes o derechos embargados serán la subasta pública, concurso o adjudicación directa, salvo los procedimientos específicos de realización de determinados bienes o derechos que se regulan en este reglamento.

---

[90]   Nueva redacción del art. 98.1 dada por el art. único. Dieciocho del Real Decreto 1071/2017, de 29 de diciembre (BOE núm. 317, de 30 de diciembre de 201), en vigor desde el 1 de enero de 2018.

2[91]. El procedimiento ordinario de adjudicación de bienes embargados será la subasta pública que procederá siempre que no sea expresamente aplicable otra forma de enajenación. La subasta de los bienes será única y se realizará por medios electrónicos en el Portal de Subastas de la Agencia Estatal Boletín Oficial del Estado con la única excepción de aquellos supuestos en los cuales la ejecución material se encargue por el órgano de recaudación a empresas o profesionales especializados, en los términos previstos en este reglamento.

3. Cuando se trate de géneros, artículos o mercancías intervenidos por el Estado, estancados o sujetos a algún tipo de cautelas en su transmisión, el órgano de recaudación procederá según lo que establezcan las disposiciones aplicables a la materia.

4. Los interesados podrán participar en los procedimientos de enajenación de los bienes embargados a través de los medios electrónicos, informáticos y telemáticos que se aprueben por el órgano competente.

5. La Administración tributaria, en el marco de la colaboración social en la aplicación de los tributos, podrá instrumentar acuerdos con instituciones u organizaciones representativas de entidades del sector de la mediación en el mercado inmobiliario o con las propias entidades, que tengan por objeto su participación en los procedimientos de enajenación de bienes que se realicen en el procedimiento de apremio.

Artículo 101[92]. *Acuerdo de enajenación y anuncio de la subasta.*

1. El órgano de recaudación competente acordará la enajenación mediante subasta de los bienes embargados que estime bastantes para cubrir suficientemente el débito perseguido y las costas del procedimiento y se evitará, en lo posible, la venta de los de valor notoriamente superior al de los débitos, sin perjuicio de que posteriormente autorice la enajenación de los que sean precisos.

El acuerdo de enajenación deberá contener los datos identificativos del deudor y de los bienes a subastar, así como el tipo para la subasta de los mismos. En el acuerdo deberá constar la duración del plazo para la presentación de ofertas en los términos previstos en el apartado 2 del artículo 104 de este reglamento. Asimismo se indicará que la presentación de ofertas se realizará de forma electrónica en el Portal de Subastas de la Agencia Estatal Boletín Oficial del Estado.

2. El acuerdo de enajenación será notificado al obligado al pago, a su cónyuge si se trata de bienes gananciales o si se trata de la vivienda habitual, a los acreedores hipotecarios, pignoraticios y en general a los titulares de derechos inscritos en el correspondiente registro público con posterioridad al derecho de la Hacienda pública que figuren en la certificación de cargas emitida al efecto, al depositario, si es ajeno a la Administración y, en caso de existir, a los copropietarios y terceros poseedores de los bienes a subastar.

En caso de subastas de derechos de cesión del contrato de arrendamiento de locales de negocio se notificará también al arrendador o administrador de la finca, con los efectos y requisitos establecidos en la Ley 29/1994, de 24 de noviembre, de Arrendamientos Urbanos.

---

[91] Nueva redacción del art. 100.2 dada por el art. único. Diecinueve del Real Decreto 1071/2017, de 29 de diciembre (BOE núm. 317, de 30 de diciembre de 201), en vigor desde el 1 de enero de 2018.

[92] Nueva redacción del art. 101 dada por el art. único. Veinte del Real Decreto 1071/2017, de 29 de diciembre (BOE núm. 317, de 30 de diciembre de 201), en vigor desde el 1 de enero de 2018.

En la notificación se hará constar que, en cualquier momento anterior al de emisión de la certificación del acta de adjudicación de los bienes, o, en su caso, al de otorgamiento de la escritura pública de venta podrán liberarse los bienes embargados mediante el pago de las cantidades establecidas en el artículo 169.1 de la Ley 58/2003, de 17 de diciembre, General Tributaria.

Practicadas las notificaciones a las que se refiere este apartado, para la celebración de la subasta electrónica transcurrirán 15 días como mínimo.

3. La subasta se anunciará mediante su publicación en el Boletín Oficial del Estado y se abrirá transcurridas al menos 24 horas desde la publicación del anuncio. El anuncio contendrá la fecha de la subasta, el órgano de recaudación ante el que se sigue el procedimiento y la dirección electrónica que corresponda a la subasta en el Portal de Subastas.

4. En el Portal de Subastas se recogerán los datos esenciales de la subasta y de los bienes a subastar, indicando:

a) Descripción de los bienes o lotes, tipo de subasta para cada uno y tramos para la licitación, locales o recintos donde están depositados los bienes y los títulos disponibles y días y horas en que podrán ser examinados.

Cuando se trate de bienes inscribibles en registros públicos, se indicará que los licitadores no tendrán derecho a exigir otros títulos de propiedad que los aportados en el expediente; que de no estar inscritos los bienes en el registro, el documento público de venta es título mediante el cual puede efectuarse la inmatriculación en los términos previstos en la legislación hipotecaria, y, que, en los demás casos en que sea preciso, habrán de proceder, si les interesa, como dispone el título VI de la Ley Hipotecaria para llevar a cabo la concordancia entre el registro y la realidad jurídica.

b) Indicación expresa de que en el tipo de la subasta no se incluyen los impuestos indirectos que graven la transmisión de dichos bienes.

c)[93] Obligación de constituir un depósito del 5 o 10 por ciento del tipo de subasta del bien o lote por el que se desea pujar conforme a lo dispuesto en el artículo 103 bis de este reglamento.

Asimismo, se advertirá que si los adjudicatarios no satisfacen el precio del remate, dicho depósito se aplicará a la cancelación de la deuda, sin perjuicio de las responsabilidades en que puedan incurrir por los perjuicios que origine la falta de pago del precio de remate.

---

[93] Nueva redacción de la letra c) del art. 101.4 dada por la Disp. Final Segunda Nueve del Real Decreto 117/2024, de 30 de enero, por el que se desarrollan las normas y los procedimientos de diligencia debida en el ámbito del intercambio automático obligatorio de información comunicada por los operadores de plataformas, y se modifican el Reglamento General de las actuaciones y los procedimientos de gestión e inspección tributaria y de desarrollo de las normas comunes de los procedimientos de aplicación de los tributos, aprobado por el Real Decreto 1065/2007, de 27 de julio, en transposición de la Directiva (UE) 2021/514 del Consejo de 22 de marzo de 2021 por la que se modifica la Directiva 2011/16/UE relativa a la cooperación administrativa en el ámbito de la fiscalidad, y otras normas tributarias (BOE núm. 27, de 31 de enero de 2024), con efectos desde el 1 de febrero de 2024.
Redacción anterior: «c) Obligación de constituir un depósito del 5 por ciento del tipo de subasta del bien o lote por el que se desea pujar en la forma que se indique.
Asimismo, se advertirá que si los adjudicatarios no satisfacen el precio del remate, dicho depósito se aplicará a la cancelación de la deuda, sin perjuicio de las responsabilidades en que puedan incurrir por los perjuicios que origine la falta de pago del precio de remate».

d) Advertencia de que la subasta se suspenderá en cualquier momento anterior al de emisión de la certificación del acta de adjudicación de los bienes, o, en su caso, al de otorgamiento de la escritura pública de venta si se efectúa el pago de la cuantía establecida en el artículo 169.1 de la Ley 58/2003, de 17 de diciembre, General Tributaria.

e) Expresión de las cargas, gravámenes y situaciones jurídicas de los bienes y de sus titulares que, en su caso, hayan de quedar subsistentes y afecten a los bienes.

f) Obligación del adjudicatario, en los 15 días siguientes a que le sea notificada la adjudicación del bien o lote, de ingresar la diferencia entre el depósito constituido y el precio de adjudicación. En su caso, se advertirá de la posibilidad de que el pago de la cantidad señalada podrá efectuarse el mismo día en que se produzca el otorgamiento de la escritura pública de venta en los términos previstos en el artículo 111.1 de este reglamento.

g) Cualquier otra circunstancia, cláusula o condición que deba aplicarse en la subasta.

Los datos esenciales a los que hace referencia este apartado 4 podrán ser publicitados en la sede electrónica del organismo correspondiente, conforme a lo establecido en la Ley 39/2015, de 1 de octubre, del Procedimiento Administrativo Común de las Administraciones Públicas.

La celebración de la subasta también podrá anunciarse en medios de comunicación de gran difusión, en publicaciones especializadas y en cualquier otro medio adecuado al efecto cuando el órgano de recaudación competente así lo acuerde.

Artículo 102[94]. *Subastas de bienes agrupados y simultáneas.*

1. Los órganos de recaudación competentes podrán acordar la celebración de subastas en las que se agrupen bienes correspondientes a acuerdos de enajenación adoptados por distintos órganos de su ámbito territorial.

2. Cuando las circunstancias lo aconsejen y ello sea posible, el órgano de recaudación competente podrá autorizar, asimismo, la acumulación de enajenaciones de bienes que deba llevar a cabo con otras Administraciones Públicas.

Artículo 103. *Licitadores.*

1[95]. Con excepción del personal adscrito al órgano de recaudación competente, de los tasadores, de los depositarios de los bienes y de los funcionarios directamente implicados en el procedimiento de apremio, podrá tomar parte en la subasta o concurso o adjudicación directa, por sí o por medio de representante, cualquier persona que posea capacidad de obrar con arreglo a derecho y que no tenga para ello impedimento o restricción legal, siempre que se identifique adecuadamente

2[96]. Una vez abierta la subasta en el Portal de Subastas de la Agencia Estatal Boletín Oficial del Estado solamente se podrán realizar pujas electrónicas.

---

[94] Nueva redacción del art. 102 dada por el art. único. Veintiuno del Real Decreto 1071/2017, de 29 de diciembre (BOE núm. 317, de 30 de diciembre de 201), en vigor desde el 1 de enero de 2018. *Agencia Estatal de Administración Tributaria con otras a desarrollar por otros entes u organismos del Estado».*

[95] Nueva redacción del art. 103.1 dada por el art. único. Veintidós del Real Decreto 1071/2017, de 29 de diciembre (BOE núm. 317, de 30 de diciembre de 201), en vigor desde el 1 de enero de 2018.

[96] Nueva redacción del art. 103.2 dada por el art. único. Veintidós del Real Decreto 1071/2017, de 29 de diciembre (BOE núm. 317, de 30 de diciembre de 201), en vigor desde el 1 de enero de 2018.

Los interesados que quieran participar en la subasta deberán estar dados de alta como usuarios del sistema y accederán al mismo por alguno de los medios electrónicos de acreditación de la identidad admitidos por el Boletín Oficial del Estado, de manera que se garantice una plena identificación de los licitadores. El alta podrá realizarse en el Portal de Subastas utilizando un medio electrónico de identificación admitido por la Agencia Estatal Boletín Oficial del Estado o bien mediante la comparecencia personal del interesado ante un funcionario público de cualquiera de las Administraciones públicas y órganos que celebren subastas a través del Portal de Subastas, que facilitará este trámite en los términos que se establezcan en su respectiva normativa.

En todo caso se advertirá a quien pretenda darse de alta como usuario, de las condiciones en las que se desarrollarán los procedimientos de enajenación a través del Portal de Subastas.

3. Cuando la participación en la subasta se lleve a cabo en virtud de la colaboración social a la que se refiere el artículo 100.5, el licitador, en el momento de su acreditación, podrá manifestar que en el caso de resultar adjudicatario se reserva el derecho a ceder dicho remate a un tercero para que el documento público de venta pueda otorgarse directamente a favor del cesionario.

4[97].

Artículo 103 bis[98]. *El Depósito obligatorio.*

1[99]**.** Todo licitador, para ser admitido como tal, deberá constituir el siguiente depósito:

a) Un depósito del 10 por ciento del tipo de subasta cuando los bienes o lotes por los que desee pujar sean exclusivamente bienes muebles.

b) Un depósito del 5 por ciento del tipo de subasta cuando los bienes o los lotes por los que desee pujar sean bienes inmuebles o contengan al menos un bien inmueble.

2. Al realizar la puja, el licitador deberá declarar si desea que su depósito quede reservado para el caso de que el mejor postor de la subasta no cumpliera la obligación de ingresar el resto del precio de adjudicación en el plazo concedido a estos efectos. En ese caso el bien

---

[97] Apartado suprimido por el art. único. Veintidos del Real Decreto 1071/2017, de 29 de diciembre (BOE núm. 317, de 30 de diciembre de 201), en vigor desde el 1 de enero de 2018.

[98] Nuevo artículo incorporado por el art. único. Veintitrés del Real Decreto 1071/2017, de 29 de diciembre (BOE núm. 317, de 30 de diciembre de 201), en vigor desde el 1 de enero de 2018.

[99] Nueva redacción del art. 103.bis.1 dada por la Disp. Final Segunda Diez del Real Decreto 117/2024, de 30 de enero, por el que se desarrollan las normas y los procedimientos de diligencia debida en el ámbito del intercambio automático obligatorio de información comunicada por los operadores de plataformas, y se modifican el Reglamento General de las actuaciones y los procedimientos de gestión e inspección tributaria y de desarrollo de las normas comunes de los procedimientos de aplicación de los tributos, aprobado por el Real Decreto 1065/2007, de 27 de julio, en transposición de la Directiva (UE) 2021/514 del Consejo de 22 de marzo de 2021 por la que se modifica la Directiva 2011/16/UE relativa a la cooperación administrativa en el ámbito de la fiscalidad, y otras normas tributarias (BOE núm. 27, de 31 de enero de 2024), con efectos desde el 1 de febrero de 2024.
Redacción anterior dada por el art. único. Veintitrés del Real Decreto 1071/2017, de 29 de diciembre (BOE núm. 317, de 30 de diciembre de 201), en vigor desde el 1 de enero de 2018: «*1. Todo licitador, para ser admitido como tal, constituirá un depósito del 5 por ciento del tipo de subasta de los bienes por los que desee pujar*».

podrá adjudicarse en favor de los que le sigan por el orden de sus respectivas posturas y, si fueran iguales, por el orden cronológico en que hubieran sido realizadas.

3. En todo caso cuando el licitador realice una puja inferior o igual a la que fuera la mayor oferta existente hasta ese momento, el depósito quedará reservado en los términos previstos en el apartado anterior.

4. Finalizado el período de presentación de ofertas quedarán disponibles para los licitadores, cuyos depósitos no hubieran quedado reservados conforme a los apartados anteriores, las cantidades depositadas excepto la que corresponda al mejor postor, la cual quedará reservada como garantía del cumplimiento de la obligación de satisfacer el resto del precio de adjudicación y, en su caso, como parte del precio de venta.

Las cantidades depositadas que hubieran sido reservadas quedarán disponibles una vez cumplida la obligación por el rematante o adjudicatario de satisfacer el resto del precio de adjudicación.

Artículo 103 ter[100]. *La Mesa de subasta.*

1. La Mesa estará compuesta por el presidente, el secretario y uno o más vocales, designados entre funcionarios en la forma que se establezca en la norma de organización específica.

2. Tratándose de subastas a las que se refiere el artículo 102.1 de este reglamento, se formará una única Mesa cuya composición será acorde con lo señalado anteriormente y que designará entre sus vocales representantes de los distintos órganos afectados.

3. En caso de subastas realizadas conforme al artículo 102.2 de este reglamento, entre los miembros de la Mesa habrá al menos un representante de cada órgano u órganos de recaudación competentes.

Artículo 104[101]. *Desarrollo de la subasta.*

1. La subasta comenzará en la fecha señalada en el anuncio de la subasta, de conformidad con lo dispuesto en el artículo 101.3 de este reglamento.

La presentación de ofertas se llevará a cabo, en todo caso, de forma electrónica en el Portal de Subastas de la Agencia Estatal Boletín Oficial del Estado.

2[102]. Una vez abierta la subasta se podrán realizar pujas electrónicas durante un plazo de veinte días naturales desde su apertura. Las pujas se enviarán electrónicamente a través de sistemas seguros de comunicaciones al Portal, que devolverá un acuse técnico garantizado con

---

[100] Nuevo artículo incorporado por el art. único. Veinticuatro del Real Decreto 1071/2017, de 29 de diciembre (BOE núm. 317, de 30 de diciembre de 201), en vigor desde el 1 de enero de 2018.

[101] Nueva redacción del art. 104 dada por el art. único. Veinticinco del Real Decreto 1071/2017, de 29 de diciembre (BOE núm. 317, de 30 de diciembre de 201), en vigor desde el 1 de enero de 2018.

[102] Nueva redacción del art. 104.2 dada por la Disp. Final Segunda Once del Real Decreto 117/2024, de 30 de enero, por el que se desarrollan las normas y los procedimientos de diligencia debida en el ámbito del intercambio automático obligatorio de información comunicada por los operadores de plataformas, y se modifican el Reglamento General de las actuaciones y los procedimientos de gestión e inspección tributaria y de desarrollo de las normas comunes de los procedimientos de aplicación de los tributos, aprobado por el Real Decreto 1065/2007, de 27 de julio, en transposición de la Directiva (UE) 2021/514 del Consejo de 22 de marzo de 2021 por la que se modifica la Directiva 2011/16/UE relativa a la cooperación administrativa en el ámbito de la fiscalidad, y otras normas tributarias (BOE núm. 27, de 31 de enero de 2024), con efectos desde el 1 de febrero de 2024.

sello electrónico del momento exacto de recepción de la puja y de su cuantía. En ese instante se publicará electrónicamente la puja y el postor que viera superada su puja será advertido de esta circunstancia por el sistema.

3[103]**.** En El importe de salida o puja mínima del bien o lote subastado será el 10 por ciento del tipo de subasta, salvo que estos bienes o lotes tengan una carga superior o igual al 25 por ciento del importe de valoración.

Serán admisibles pujas por importe superior, igual o inferior a la más alta ya realizada, que podrán ser, de conformidad con lo dispuesto en el artículo 103 bis de este reglamento, reservadas para el supuesto de que el licitador que haya realizado la puja más alta no ingrese finalmente el precio de remate. En el caso de que existan pujas por el mismo importe, se preferirá la anterior en el tiempo.

La subasta no se cerrará hasta que haya transcurrido una hora desde la realización de la última puja, aunque ello conlleve la ampliación del plazo inicialmente fijado, con un límite máximo de ampliación de 24 horas.

4[104]**.** En cualquier momento anterior a la emisión de la certificación del acta de adjudicación de bienes, o en su caso, al otorgamiento de la escritura pública de venta, podrá el deudor

---

Redacción anterior dada por el art. único. Veinticinco del Real Decreto 1071/2017, de 29 de diciembre (BOE núm. 317, de 30 de diciembre de 201), en vigor desde el 1 de enero de 2018: «*2. Una vez abierta la subasta se podrán realizar pujas electrónicas durante un plazo de veinte días naturales desde su apertura. Las pujas se enviarán electrónicamente a través de sistemas seguros de comunicaciones al Portal, que devolverá un acuse técnico garantizado con sello electrónico del momento exacto de recepción de la puja y de su cuantía. En ese instante se publicará electrónicamente la puja y el postor que viera superada su puja será advertido de esta circunstancia por el sistema.*

Serán admisibles pujas por importe superior, igual o inferior a la más alta ya realizada, que podrán ser, de conformidad con lo dispuesto en el artículo 103 bis de este reglamento, reservadas para el supuesto de que el licitador que haya realizado la puja más alta no ingrese finalmente el precio de remate. En el caso de que existan pujas por el mismo importe, se preferirá la anterior en el tiempo.

La subasta no se cerrará hasta que haya transcurrido una hora desde la realización de la última puja, aunque ello conlleve la ampliación del plazo inicialmente fijado, con un límite máximo de ampliación de 24 horas».

[103] Nueva redacción del art. 104.3 dada por la Disp. Final Segunda Once del Real Decreto 117/2024, de 30 de enero, por el que se desarrollan las normas y los procedimientos de diligencia debida en el ámbito del intercambio automático obligatorio de información comunicada por los operadores de plataformas, y se modifican el Reglamento General de las actuaciones y los procedimientos de gestión e inspección tributaria y de desarrollo de las normas comunes de los procedimientos de aplicación de los tributos, aprobado por el Real Decreto 1065/2007, de 27 de julio, en transposición de la Directiva (UE) 2021/514 del Consejo de 22 de marzo de 2021 por la que se modifica la Directiva 2011/16/UE relativa a la cooperación administrativa en el ámbito de la fiscalidad, y otras normas tributarias (BOE núm. 27, de 31 de enero de 2024), con efectos desde el 1 de febrero de 2024.

Redacción anterior dada por el art. único. Veinticinco del Real Decreto 1071/2017, de 29 de diciembre (BOE núm. 317, de 30 de diciembre de 201), en vigor desde el 1 de enero de 2018: «*3. En cualquier momento anterior a la emisión de la certificación del acta de adjudicación de bienes, o en su caso, al otorgamiento de la escritura pública de venta, podrá el deudor liberar sus bienes pagando íntegramente la cuantía establecida en el artículo 169.1 de la Ley 58/2003, de 17 de diciembre, General Tributaria*».

[104] Nuevo apartado 4 del art. 104 incorporado por la Disp. Final Segunda Once del Real Decreto 117/2024, de 30 de enero, por el que se desarrollan las normas y los procedimientos de diligencia debida en el ámbito del intercambio automático obligatorio de información comunicada por los operadores de plataformas, y se modifican el Reglamento General de las actuaciones y los procedimientos de gestión e

liberar sus bienes pagando íntegramente la cuantía establecida en el artículo 169.1 de la Ley 58/2003, de 17 de diciembre, General Tributaria.

Artículo 104 bis[105]. *Finalización, adjudicación y pago.*

1. Finalizada la fase de presentación de ofertas la Mesa se reunirá en el plazo máximo de 15 días naturales y procederá a adjudicar los bienes o lotes subastados o declarar desierta la subasta conforme a las siguientes reglas:

---

inspección tributaria y de desarrollo de las normas comunes de los procedimientos de aplicación de los tributos, aprobado por el Real Decreto 1065/2007, de 27 de julio, en transposición de la Directiva (UE) 2021/514 del Consejo de 22 de marzo de 2021 por la que se modifica la Directiva 2011/16/UE relativa a la cooperación administrativa en el ámbito de la fiscalidad, y otras normas tributarias (BOE núm. 27, de 31 de enero de 2024), con efectos desde el 1 de febrero de 2024.

[105]   Nueva redacción del art. 104.bis, dada por la Disp. Final Segunda Doce del Real Decreto 117/2024, de 30 de enero, por el que se desarrollan las normas y los procedimientos de diligencia debida en el ámbito del intercambio automático obligatorio de información comunicada por los operadores de plataformas, y se modifican el Reglamento General de las actuaciones y los procedimientos de gestión e inspección tributaria y de desarrollo de las normas comunes de los procedimientos de aplicación de los tributos, aprobado por el Real Decreto 1065/2007, de 27 de julio, en transposición de la Directiva (UE) 2021/514 del Consejo de 22 de marzo de 2021 por la que se modifica la Directiva 2011/16/UE relativa a la cooperación administrativa en el ámbito de la fiscalidad, y otras normas tributarias (BOE núm. 27, de 31 de enero de 2024), con efectos desde el 1 de febrero de 2024.

Redacción anterior del art. 104 bis por su incorporación por el art. único. Veintiséis del Real Decreto 1071/2017, de 29 de diciembre (BOE núm. 317, de 30 de diciembre de 201), en vigor desde el 1 de enero de 2018: «*Adjudicación y pago.*

Finalizada la fase de presentación de ofertas la Mesa se reunirá en el plazo máximo de 15 días naturales y se procederá a la adjudicación de los bienes o lotes conforme a las siguientes reglas:

a) En caso de que la mejor oferta presentada fuera igual o superior al 50 por ciento del tipo de subasta del bien, la Mesa adjudicará el bien o lote al licitador que hubiera presentado dicha postura.

b) Cuando la mejor de las ofertas presentadas fuera inferior al 50 por ciento del tipo de subasta del bien, la Mesa, atendiendo al interés público y sin que exista precio mínimo de adjudicación, decidirá si la oferta es suficiente, acordando la adjudicación del bien o lote o declarando desierta la subasta.

c) Si para un mismo deudor se hubiera acordado la subasta de varios bienes simultáneamente y, finalizado el plazo de realización de pujas electrónicas, en virtud de las cuantías ofrecidas no fuera necesaria la adjudicación de todos los bienes para cubrir la deuda reclamada en su totalidad, el orden de adjudicación a seguir por la Mesa se determinará de conformidad con las reglas contenidas en el artículo 99 de este reglamento.

d) Adoptado el acuerdo correspondiente, se entenderá finalizada la subasta y se procederá a levantar acta por el Secretario de la Mesa.

e) Designado adjudicatario conforme a los apartados anteriores y cuando, según la legislación aplicable, existan interesados que sean titulares de un derecho de tanteo u otro de adquisición preferente que obligue a poner en conocimiento previo las condiciones de la adjudicación, se comunicará ésta a dichos interesados. La adjudicación acordada por la Mesa quedará en suspenso durante el plazo en el que, según la legislación aplicable, los interesados puedan ejercer su derecho de adquisición.

f) La adjudicación será notificada al adjudicatario, instándole para que efectúe el pago de la diferencia entre el precio total de adjudicación y el importe del depósito en los 15 días siguientes a la fecha de la notificación, con la advertencia de que si no lo completa en dicho plazo perderá el importe del depósito que se aplicará a la cancelación de las deudas objeto del procedimiento. Todo ello, sin perjuicio de las responsabilidades en que pueda incurrir el adjudicatario por los perjuicios que origine a la Administración la falta de pago del precio de remate y a cuyo resarcimiento quedará obligado en todo caso.

a) En caso de que la mejor oferta presentada fuera igual o superior al 50 por ciento del tipo de subasta del bien, la Mesa adjudicará el bien o lote al licitador que hubiera presentado dicha postura.

Si transcurrido el plazo regulado en la letra b) del apartado 3 de este artículo el licitador que haya realizado la puja más alta no ingresara finalmente el precio de remate, la Mesa, atendiendo al interés público, podrá adjudicar el bien o lote a la mejor oferta con reserva de depósito o declarar desierta la subasta, aunque dicha oferta sea superior al 50 por ciento del tipo de subasta.

b) Cuando la mejor de las ofertas presentadas fuera inferior al 50 por ciento del tipo de subasta del bien, la Mesa, atendiendo al interés público y sin que exista precio mínimo de adjudicación, decidirá si la oferta es suficiente, acordando la adjudicación del bien o lote o declarando desierta la subasta.

c) Si para un mismo deudor se hubiera acordado la subasta de varios bienes simultáneamente y, finalizado el plazo de realización de pujas electrónicas, en virtud de las cuantías ofrecidas no fuera necesaria la adjudicación de todos los bienes para cubrir la deuda reclamada en su totalidad, el orden de adjudicación a seguir por la Mesa se determinará de conformidad con las reglas contenidas en el artículo 99 de este reglamento.

2. Adoptado el acuerdo correspondiente, se entenderá finalizada la subasta y se procederá a levantar acta por el Secretario de la Mesa.

3. Cuando la Mesa haya decidido la adjudicación de los bienes o lotes subastados el procedimiento será el siguiente:

---

g) Asimismo y de existir otras posturas con reserva de depósito, la Mesa podrá acordar la adjudicación al licitador que hubiera realizado la oferta más elevada de aquellos cuyo depósito hubiera sido reservado, de acuerdo con las reglas de adjudicación anteriores.

h) Los adjudicatarios que hubiesen ejercitado la opción prevista en el apartado 3 del artículo 103 de este reglamento, deberán, en el plazo de 15 días contados a partir del día siguiente a que les sea notificada la adjudicación, comunicar la identidad del cesionario a cuyo nombre se otorgará el documento público de venta, con la advertencia de que dicha comunicación no altera el plazo de pago previsto anteriormente.

i) Ingresado el remate se entregará a los adjudicatarios, salvo en los supuestos en que hayan optado por el otorgamiento de escritura pública de venta previsto en el artículo 111.1 de este reglamento, certificación del acta de adjudicación de los bienes, en la que habrá de constar, además de la transcripción de la propia acta en lo que se refiere al bien adjudicado y al adjudicatario, la acreditación de haberse efectuado el pago del remate y de haberse emitido en conformidad informe por parte del órgano con funciones de asesoramiento jurídico sobre la observancia de las formalidades legales en el procedimiento de apremio, cuando haya sido solicitado por el órgano de recaudación y, en todo caso, cuando la adjudicación recaiga sobre bienes o derechos inscribibles en el Registro de la Propiedad.

La citada certificación constituye un documento público de venta a todos los efectos y en ella se hará constar que queda extinguida la anotación preventiva hecha en el registro público correspondiente a nombre de la Hacienda Pública. Asimismo, tal y como se establece en el artículo 111.3 de este reglamento, se expedirá mandamiento de cancelación de las cargas posteriores.

La Administración practicará la correspondiente liquidación, entregando el sobrante, si hubiera, al obligado al pago. Si éste no lo recibe, quedará a su disposición en la Caja General de Depósitos en el plazo de 10 días desde el pago del precio de remate.

Igualmente se depositará el sobrante cuando existan titulares de derechos posteriores a los de la Hacienda pública».

a) Designado adjudicatario conforme a los apartados anteriores y cuando, según la legislación aplicable, existan interesados que sean titulares de un derecho de tanteo u otro de adquisición preferente que obligue a poner en conocimiento previo las condiciones de la adjudicación, se comunicará ésta a dichos interesados. La adjudicación acordada por la Mesa quedará en suspenso durante el plazo en el que, según la legislación aplicable, los interesados puedan ejercer su derecho de adquisición.

b) La adjudicación será notificada al adjudicatario, instándole para que efectúe el pago de la diferencia entre el precio total de adjudicación y el importe del depósito en los 15 días siguientes a la fecha de la notificación, con la advertencia de que si no lo completa en dicho plazo perderá el importe del depósito que se aplicará a la cancelación de las deudas objeto del procedimiento. Todo ello, sin perjuicio de las responsabilidades en que pueda incurrir el adjudicatario por los perjuicios que origine a la Administración la falta de pago del precio de remate y a cuyo resarcimiento quedará obligado en todo caso.

c) Asimismo, y de existir otras posturas con reserva de depósito, la Mesa podrá acordar la adjudicación al licitador que hubiera realizado la oferta más elevada de aquellos cuyo depósito hubiera sido reservado, de acuerdo con las reglas de adjudicación anteriores.

d) Los adjudicatarios que hubiesen ejercitado la opción prevista en el apartado 3 del artículo 103 de este reglamento, deberán, en el plazo de 15 días contados a partir del día siguiente a que les sea notificada la adjudicación, comunicar la identidad del cesionario a cuyo nombre se otorgará el documento público de venta, con la advertencia de que dicha comunicación no altera el plazo de pago previsto anteriormente.

e) Ingresado el remate se entregará a los adjudicatarios, salvo en los supuestos en que hayan optado por el otorgamiento de escritura pública de venta previsto en el artículo 111.1 de este reglamento, certificación del acta de adjudicación de los bienes, en la que habrá de constar, además de la transcripción de la propia acta en lo que se refiere al bien adjudicado y al adjudicatario, la acreditación de haberse efectuado el pago del remate y de haberse emitido en conformidad informe por parte del órgano con funciones de asesoramiento jurídico sobre la observancia de las formalidades legales en el procedimiento de apremio, cuando haya sido solicitado por el órgano de recaudación y, en todo caso, cuando la adjudicación recaiga sobre bienes o derechos inscribibles en el Registro de la Propiedad.

La citada certificación constituye un documento público de venta a todos los efectos y en ella se hará constar que queda extinguida la anotación preventiva hecha en el registro público correspondiente a nombre de la Hacienda Pública. Asimismo, tal y como se establece en el artículo 111.3 de este reglamento, se expedirá mandamiento de cancelación de las cargas posteriores.

f) La Administración practicará la correspondiente liquidación, entregando el sobrante, si hubiera, al obligado al pago. Si éste no lo recibe, quedará a su disposición en la Caja General de Depósitos en el plazo de 10 días desde el pago del precio de remate.

Igualmente se depositará el sobrante cuando existan titulares de derechos posteriores a los de la Hacienda pública.

4. Si finalizados los procedimientos de enajenación, y en su caso, adjudicación a la Hacienda Pública, quedaran bienes o derechos sin adjudicar, los mismos podrán ser objeto de nuevos procedimientos de enajenación siempre que no se haya producido la prescripción de la acción de cobro de las deudas respecto a las cuales se desarrollan dichos procedimientos.

Artículo 105. *Subastas a través de empresas o profesionales especializados.*

1. El órgano de recaudación competente podrá encargar la ejecución material de las subastas a empresas o profesionales especializados.

2[106]. Será aplicable en tales casos lo dispuesto para las subastas en esta subsección, con las particularidades siguientes:

a) El anuncio de la subasta contendrá los datos esenciales de la misma, conforme a lo establecido en el artículo 101.4 de este reglamento. El anuncio será publicitado en la sede electrónica del organismo correspondiente, conforme a lo establecido en la Ley 39/2015, de 1 de octubre, del Procedimiento Administrativo Común de las Administraciones Públicas.

La celebración de la subasta también podrá anunciarse en medios de comunicación de gran difusión, en publicaciones especializadas y en cualquier otro medio adecuado al efecto cuando el órgano de recaudación competente así lo acuerde.

b) No será necesaria la constitución de depósito previo para concurrir a la licitación.

c) El desarrollo de la licitación se realizará conforme a las prácticas habituales de este tipo de actos.

d) La Mesa, compuesta según establece el artículo 103 ter de este reglamento, estará representada en el acto de licitación por uno de sus componentes, que decidirá sobre las incidencias que pudieran surgir en su desarrollo.

e) Cuando se paguen las cantidades establecidas en el artículo 169.1 de la Ley 58/2003, de 17 de diciembre, General Tributaria, en el acto de la subasta, el representante de la Mesa suspenderá la licitación de los bienes correspondientes.

3. El representante de la Mesa extenderá diligencia en que se hagan constar los elementos esenciales de la subasta. A partir de ese momento, la Mesa de subasta actuará conforme al artículo 104.

Artículo 106. *Enajenación por concurso.*

1[107]. La enajenación de bienes embargados sólo podrá celebrarse por concurso:

a) Cuando la realización de lo embargado por medio de subasta, por sus cualidades o magnitud, pudiera producir perturbaciones nocivas en el mercado.

b) Cuando existan otras razones de interés público debidamente justificadas.

2[108]. El concurso deberá ser autorizado por el órgano competente y su convocatoria se publicará en el Boletín Oficial del Estado y en el boletín oficial correspondiente a la demarcación territorial del órgano de recaudación al que este adscrito el obligado al pago. En dicha convocatoria se señalarán los bienes objeto de enajenación, el plazo y las condiciones para concurrir, la forma de pago y el depósito a realizar. Asimismo, se señalarán, si las hubiese, las condiciones especiales del concurso, referidas tanto a los requisitos de los concursantes como a la retirada y utilización de los bienes enajenados.

---

[106] Nueva redacción del art. 105.2 dada por el art. único. Veintisiete del Real Decreto 1071/2017, de 29 de diciembre (BOE núm. 317, de 30 de diciembre de 201), en vigor desde el 1 de enero de 2018.

[107] Nueva redacción del art. 106.1 dada por el art. único. Veintiocho del Real Decreto 1071/2017, de 29 de diciembre (BOE núm. 317, de 30 de diciembre de 201), en vigor desde el 1 de enero de 2018.

[108] Nueva redacción del art. 106.2 dada por el art. único. Veintiocho del Real Decreto 1071/2017, de 29 de diciembre (BOE núm. 317, de 30 de diciembre de 201), en vigor desde el 1 de enero de 2018.

En lo no previsto expresamente se estará a lo establecido para la enajenación por subasta en lo que resulte aplicable.

3. Terminado el plazo de admisión de ofertas, el órgano competente decidirá adjudicar el concurso o declararlo desierto en un plazo de cinco días.

La adjudicación se hará a la oferta más ventajosa, teniendo en cuenta no sólo el aspecto económico, sino también el cumplimiento de todas las condiciones incluidas en la convocatoria.

En caso de que el concurso se declare desierto podrá procederse posteriormente a la adjudicación directa.

Artículo 107[109]. *Enajenación mediante adjudicación directa.*

1. Procederá la adjudicación directa de los bienes o derechos embargados:

a) Cuando, después de realizado el concurso, queden bienes o derechos sin adjudicar.

b) Cuando se trate de productos perecederos o cuando existan otras razones de urgencia, justificadas en el expediente.

c) En otros casos en que no sea posible o no convenga promover concurrencia, por razones justificadas en el expediente.

2. Si se trata de bienes perecederos, en el acuerdo de enajenación el órgano competente podrá establecer los límites y condiciones de la adjudicación directa y se podrá, en este caso, prescindir de la propuesta de adjudicación a que se refiere el apartado 6.

3. El órgano de recaudación competente procederá en el plazo de un mes contado a partir del día siguiente de la notificación del acuerdo de enajenación por adjudicación directa a realizar las gestiones conducentes a dicha adjudicación directa de los bienes en las mejores condiciones económicas, para lo que utilizará los medios que considere más ágiles y efectivos.

4. La adjudicación directa se desarrollará conforme a los siguientes criterios:

a) La convocatoria se anunciará en la sede electrónica de la Administración Pública que corresponda.

b) En la convocatoria se establecerá la fecha límite para la admisión de ofertas. La presentación de ofertas se hará por vía telemática.

5. El precio mínimo de adjudicación será:

a) Cuando los bienes hayan sido objeto de concurso, el tipo del concurso.

b) En los demás supuestos, los bienes se valorarán con referencia a precios de mercado.

Si las ofertas no alcanzan los valores señalados, los bienes podrán adjudicarse sin precio mínimo.

6. En función de las ofertas presentadas se formulará, en su caso, propuesta de adjudicación por el órgano de recaudación competente en favor de la mejor oferta económica. Transcurrido el plazo a que se refiere el apartado 3 sin haberse dictado acuerdo de adjudicación, se dará por concluido dicho trámite.

7. La adjudicación se formalizará mediante acta en el caso del apartado 1.a) y por resolución del órgano de recaudación competente en los demás casos.

---

[109] Nueva redacción del art. 107 dada por el art. único. Veintinueve del Real Decreto 1071/2017, de 29 de diciembre (BOE núm. 317, de 30 de diciembre de 201), en vigor desde el 1 de enero de 2018.

8. Los bienes serán entregados al adjudicatario una vez haya sido hecho efectivo el importe procedente.

9. En lo no previsto expresamente, se estará a lo establecido para la enajenación por subasta en lo que resulte aplicable. En particular, se advertirá al adjudicatario que si no satisface el precio de remate en el plazo establecido al efecto, puede incurrir en responsabilidad por los perjuicios que ocasione la falta de pago.

10. Transcurrido el trámite de adjudicación directa, se adjudicará el bien o derecho a cualquier interesado que satisfaga el importe del tipo del concurso realizado antes de que se acuerde la adjudicación de los bienes o derechos a la Hacienda pública.

Subsección 6.ª[110] Adjudicación de bienes y derechos a la Hacienda
Pública y actuaciones posteriores a la enajenación

Artículo 108. *Competencia.*

Serán competentes para adjudicar bienes o derechos a la Hacienda pública en pago de deudas no cubiertas en el curso del procedimiento de apremio los órganos que establezca la norma de organización específica.

Artículo 109. *Adjudicación de bienes y derechos.*

1. Cuando en el procedimiento de enajenación regulado en la anterior subsección no se hubieran adjudicado alguno o algunos de los bienes embargados, el órgano de recaudación competente podrá proponer de forma motivada al órgano competente su adjudicación a la Hacienda pública en pago de las deudas no cubiertas.

Cuando los bienes embargados o sobre los que se hubiese constituido garantía fuesen integrantes del patrimonio histórico español, podrá prescindirse de los procedimientos de enajenación previstos en la subsección 5.ª anterior y se actuará conforme a lo dispuesto en este artículo.

2. Si se trata de bienes inmuebles que no tengan cargas o gravámenes o, aun teniéndolos, el importe de dichas cargas sea inferior al valor en que deban ser adjudicados según el artículo 172 de la Ley 58/2003, de 17 de diciembre, General Tributaria, el órgano competente acordará la adjudicación. No obstante, podrá no acordarla cuando existan circunstancias que permitan prever que dichos bienes no tendrán utilidad para la Hacienda pública; a tales efectos, se solicitará informe previo al Delegado de Economía y Hacienda para la valoración de dichas circunstancias.

Previamente al acuerdo de adjudicación, podrá solicitarse informe al órgano con funciones de asesoramiento jurídico cuando la complejidad jurídica del expediente lo requiera.

Si las cargas o gravámenes son superiores, el órgano competente consultará a la Dirección General del Patrimonio del Estado sobre la conveniencia de dicha adjudicación. En la consulta se hará constar toda la información que permita tomar una decisión razonada al respecto.

---

[110] Nueva rúbrica de la subsección 6.º e incorporación de los arts. 111 y 112 a la misma, dada por el art. único. Treinta del Real Decreto 1071/2017, de 29 de diciembre (BOE núm. 317, de 30 de diciembre de 201), en vigor desde el 1 de enero de 2018.

El citado centro directivo contestará a la consulta en el plazo de tres meses. Si no contesta en dicho plazo o la contestación es denegatoria, no se acordará la adjudicación.

En caso de contestación afirmativa, el órgano competente acordará la adjudicación.

En las resoluciones en que se acuerde la adjudicación a la Hacienda pública se hará constar, además, que los titulares de cargas reales verán disminuido el importe de sus créditos con los débitos, si para la efectividad de estos el Estado tiene derecho de hipoteca legal tácita.

La disminución comenzará por el último que figure en la certificación del Registro de la Propiedad, respetando las preferencias legalmente establecidas, y se inscribirá en este, en virtud de la resolución a que se refiere este apartado.

La adjudicación a la Hacienda pública con disminución de los créditos citados será notificada a los interesados.

3. Si se trata de bienes muebles cuya adjudicación se presuma que puede interesar a la Hacienda pública, el órgano competente podrá acordar dicha adjudicación, una vez tenida en cuenta la previsible utilidad que pudiera reportar a aquella y consultado, en su caso, el órgano o entidad de derecho público que pudiera utilizar dichos bienes.

Artículo 110. *Inscripción y cancelación de cargas.*

1. Los bienes inmuebles adjudicados a la Hacienda pública serán inscritos en el Registro de la Propiedad en virtud de certificación expedida por el órgano de recaudación competente, en la que se harán constar las actuaciones del expediente y los datos necesarios para dicha inscripción, en cumplimiento de lo que dispone el artículo 26 Reglamento Hipotecario, aprobado por el Decreto de 14 de febrero de 1947.

2. Asimismo, se expedirá mandamiento de cancelación de las cargas posteriores con relación a los créditos ejecutados, de acuerdo con lo dispuesto en el artículo 175, regla 2.ª, del reglamento citado.

Artículo 111. *Escritura pública de venta y cancelación de cargas.*

1[111]. Una vez notificada la adjudicación, el adjudicatario podrá solicitar el otorgamiento de escritura pública de venta del inmueble.

El adjudicatario deberá comunicar de forma expresa esta opción en el plazo de 5 días a contar desde la notificación de la adjudicación.

En este caso, el adjudicatario, en el referido plazo de cinco días, deberá efectuar un ingreso adicional del 5 por ciento del precio de remate del bien.

Con carácter previo a dicho otorgamiento, se remitirá el expediente al órgano con funciones de asesoramiento jurídico para que emita el preceptivo informe en el plazo de cinco días desde la fecha de recepción del expediente de referencia. El órgano de recaudación competente dispondrá lo necesario para que se subsanen los defectos que se observen.

2[112]. Una vez devuelto el expediente por el órgano con funciones de asesoramiento jurídico, con informe de haberse observado las formalidades legales en el procedimiento de apremio, deberán ser otorgadas las escrituras de venta de los inmuebles que hubieran sido

---

[111]   Nueva redacción del art. 111.1 dada por el art. único. Treinta y uno del Real Decreto 1071/2017, de 29 de diciembre (BOE núm. 317, de 30 de diciembre de 201), en vigor desde el 1 de enero de 2018.

[112]   Nueva redacción del art. 111.2 dada por el art. único. Treinta y uno del Real Decreto 1071/2017, de 29 de diciembre (BOE núm. 317, de 30 de diciembre de 201), en vigor desde el 1 de enero de 2018.

enajenados dentro de los 30 días siguientes, previa citación debidamente notificada a los obligados al pago o a sus representantes si los tuviesen.

Si no comparecieran a la citación, se otorgarán de oficio tales escrituras a favor de los adjudicatarios por el órgano competente, que actuará en sustitución del obligado al pago, haciéndose constar en ellas que queda extinguida la anotación preventiva hecha en el Registro de la Propiedad a nombre de la Hacienda pública.

3. Asimismo, se expedirá mandamiento de cancelación de las cargas posteriores con relación a los créditos ejecutados, de acuerdo con lo dispuesto en el artículo 175, regla 2.ª, del Reglamento Hipotecario.

Artículo 112[113]. *Levantamiento de embargo.*

Una vez cubiertos el débito, intereses y costas del procedimiento, el órgano de recaudación levantará el embargo sobre los bienes no enajenados y acordará su entrega al obligado al pago.

Subsección 7.ª[114] Costas del procedimiento de apremio

Artículo 113. *Costas del procedimiento de apremio.*

1. Tienen la consideración de costas del procedimiento de apremio los gastos que se originen durante su desarrollo. Estas costas serán exigidas al obligado al pago.

2. Están comprendidos en el concepto de costas del procedimiento los siguientes gastos:

a) Los honorarios de empresas o profesionales ajenos a la Administración que intervengan en valoraciones, deslindes y enajenación de los bienes embargados.

b) Los honorarios de los registradores y demás gastos que deban abonarse por las actuaciones en los registros públicos.

---

[113] Nueva redacción del art. 112 dada por la Disp. Final Segunda Trece del Real Decreto 117/2024, de 30 de enero, por el que se desarrollan las normas y los procedimientos de diligencia debida en el ámbito del intercambio automático obligatorio de información comunicada por los operadores de plataformas, y se modifican el Reglamento General de las actuaciones y los procedimientos de gestión e inspección tributaria y de desarrollo de las normas comunes de los procedimientos de aplicación de los tributos, aprobado por el Real Decreto 1065/2007, de 27 de julio, en transposición de la Directiva (UE) 2021/514 del Consejo de 22 de marzo de 2021 por la que se modifica la Directiva 2011/16/UE relativa a la cooperación administrativa en el ámbito de la fiscalidad, y otras normas tributarias (BOE núm. 27, de 31 de enero de 2024), con efectos desde el 1 de febrero de 2024.
Redacción anterior: «1. Una vez cubiertos el débito, intereses y costas del procedimiento, el órgano de recaudación levantará el embargo sobre los bienes no enajenados y acordará su entrega al obligado al pago.
2. Si finalizados los procedimientos de enajenación, y en su caso, adjudicación a la Hacienda Pública, quedaran derechos, bienes muebles o inmuebles sin adjudicar, los mismos podrán ser objeto de nuevos procedimientos de enajenación siempre que no se haya producido la prescripción de la acción de cobro de las deudas respecto a las cuales se desarrollan dichos procedimientos» [redacción del art. 112.2 dada por el art. único. Treinta y dos del Real Decreto 1071/2017, de 29 de diciembre en vigor desde el 1 de enero de 2018].

[114] Se suprime la subsección 7.ª «Actuaciones posteriores a la enajenación», pasando la original subsección 8.ª como 7.ª, dada por el art. único. Treinta del Real Decreto 1071/2017, de 29 de diciembre (BOE núm. 317, de 30 de diciembre de 201), en vigor desde el 1 de enero de 2018.

c) Los que deban abonarse por depósito y administración de los bienes embargados.

d) Los pagos realizados a acreedores, según se dispone en el artículo 77.2.

e) Los importes que el órgano de recaudación competente haya satisfecho como alquiler de negocio, en aquellos casos en que el derecho de cesión del contrato de arrendamiento del local de negocio haya sido embargado.

f) Los demás gastos que exija y requiera la propia ejecución.

3. No podrán incluirse como costas los gastos ordinarios de los órganos de la Administración.

Artículo 114. *Honorarios y gastos de depósito y administración.*

1. Las empresas o profesionales devengarán sus honorarios con arreglo a la tarifa que oficialmente tengan establecida o de acuerdo con la cuantía que se haya estipulado en el contrato celebrado con la Administración.

El pago de estos servicios se realizará una vez que hayan sido prestados y previa la conformidad del órgano de recaudación competente, de acuerdo con las normas sobre procedimiento de gastos y pagos públicos.

2. Los gastos que se ocasionen por actuaciones de los registros públicos serán los establecidos en la normativa vigente. Las actuaciones que consistan en facilitar información a los órganos de recaudación tendrán carácter gratuito.

Los registradores o encargados de los registros expedirán factura de los gastos que procedan y los consignarán en los mandamientos o demás documentos que les sean presentados o que expidan relacionados con los bienes embargables.

El pago de dichos honorarios se efectuará una vez realizada la enajenación de los bienes o cobrado el débito perseguido. Si el crédito resultara incobrable, el pago se efectuará una vez practicada la liquidación de costas con cargo a los fondos habilitados para este fin.

3. Tendrán la consideración de gastos originados por los depósitos de bienes embargados los siguientes:

a) La retribución a los depositarios, si la hubiera.

b) Los de transporte, embalaje o acondicionamiento, almacenaje, mantenimiento, conservación, custodia y exhibición cuando no estén incluidos en la retribución citada en el párrafo a).

c) Los originados por el desempeño de funciones de administración necesarios para la gestión de los bienes en los casos previstos en el artículo 95.

El pago de los servicios a que se refiere este apartado se realizará una vez prestados, de acuerdo con las normas sobre procedimiento de gastos y pagos públicos.

Artículo 115. *Liquidación de las costas.*

1. En la liquidación definitiva de cada expediente de apremio se incluirán las costas correspondientes.

2. Las costas que afecten a varios obligados al pago y no puedan imputarse a cada uno individualmente se distribuirán entre ellos proporcionalmente a sus respectivas deudas.

3. Ninguna partida de costas podrá ser exigida al obligado al pago si el expediente no incluye los recibos, facturas o minutas de honorarios que la acrediten.

4. Al entregar al obligado al pago el correspondiente justificante de pago, se hará constar en este, o por separado, según proceda, el importe de las costas a su cargo, detallando los conceptos a que correspondan.

5. Procederá la devolución de las costas satisfechas en los casos de anulación de la liquidación o del procedimiento de apremio en que se hayan causado.

6. Cuando, ultimado un procedimiento administrativo de apremio y practicada liquidación, las cantidades obtenidas no cubrieran el importe de las costas devengadas, la parte restante será a cargo de la Administración.

SECCIÓN 3.ª *Terminación del procedimiento de apremio*

Artículo 116[115]. *Terminación del procedimiento de apremio.*

1. Cuando en el procedimiento de apremio resultasen solventados los débitos perseguidos y las costas, se declarará dicho extremo en el expediente de apremio, que quedará ultimado.

2. Cuando el importe obtenido fuera insuficiente, se aplicará en primer lugar a las costas y seguidamente a as deudas cuyo cobro se persigue en el procedimiento según las reglas de imputación del artículo 63 de la Ley 58/2003, de 17 de diciembre, General Tributaria, sin perjuicio de lo previsto en los párrafos a) y b) del siguiente apartado. Por la parte no solventada se actuará de acuerdo con lo dispuesto para los créditos incobrables en los artículos 61 a 63 de este reglamento.

3. Cuando en el caso anterior el expediente incluya varios débitos, una vez aplicado el importe obtenido a las costas, con el resto se seguirán las normas siguientes:

a) En primer lugar, se aplicarán las cantidades obtenidas que estén afectadas singularmente al pago de deudas determinadas, sea por garantía, derecho real u otras de igual significación.

b) Aplicadas las anteriores, se tendrán en cuenta las preferencias genéricas establecidas a favor de determinadas clases de créditos en la Ley 58/2003, de 17 de diciembre, General Tributaria, y en la Ley 47/2003, de 26 de noviembre, General Presupuestaria, así como en otras leyes aplicables.

c) Realizadas las aplicaciones anteriores, si existe sobrante, se aplicará por orden de antigüedad de los créditos, determinado por la fecha en que la deuda fue exigible.

4[116]. Cuando el procedimiento de recaudación se desarrolle en el marco de la asistencia mutua, el procedimiento podrá terminar, además, por la modificación o retirada de la solicitud de dicha asistencia.

SECCIÓN 4.ª *Tercerías*

Artículo 117[117]. *Carácter de la tercería.*

1. La reclamación en vía administrativa será requisito previo para el ejercicio de la acción de tercería ante los juzgados y tribunales civiles. Dicha reclamación se tramitará y resolverá por las normas contenidas en esta sección.

---

[115]   Art. 173 (Terminación del procedimiento de apremio) de la LGT (§1).

[116]   Nuevo apartado incorporado por el art. primero cinco del Real Decreto 1558/2012, de 15 de noviembre (BOE núm. 283, de 24 de noviembre de 2012), en vigor desde el 1 de enero de 2013.

[117]   Art. 165.3 de la LGT (§1).

2. La tercería sólo podrá fundarse en el dominio de los bienes embargados al obligado al pago o en el derecho del tercerista a ser reintegrado de su crédito con preferencia al que es objeto del expediente de apremio.

3. No podrá ser calificada como reclamación de tercería la formulada por el obligado al pago.

Artículo 118. *Competencias en materia de tercerías.*

La competencia para la tramitación de la tercería, así como la competencia para su resolución, corresponderá a los órganos que se determinen en la norma de organización específica.

Artículo 119. *Forma, plazos y efectos de la interposición de la tercería.*

1[118]. La reclamación de tercería se formulará por escrito, acompañando un principio de prueba por escrito del fundamento de la pretensión del tercerista, quedando a disposición de los órganos de recaudación los documentos originales en que base su pretensión. El escrito se dirigirá al órgano que esté tramitando el procedimiento de apremio, el cual lo remitirá al órgano competente para su tramitación.

Si el escrito de reclamación no reúne los requisitos exigibles a las solicitudes que se dirijan a la Administración o el tercerista no acompaña los documentos en los que pueda fundar su derecho al escrito de reclamación, el órgano competente para la tramitación le requerirá para que subsane su falta, para lo que dispondrá de un plazo de 10 días contados a partir del día siguiente al de la notificación del requerimiento, con la advertencia expresa de que, de no hacerlo así, se procederá al archivo de la reclamación.

Recibida la documentación o, en su caso, subsanados los defectos observados en la presentada, se dictará, si procede, acuerdo de admisión a trámite que será notificado al tercerista y al obligado al pago. Dicho acuerdo deberá ser dictado en el plazo de 15 días desde que se reciba la reclamación o se entiendan subsanados los defectos.

2. No se admitirá segunda o ulterior tercería fundada en títulos o derechos que poseyera el tercerista al tiempo de formular la primera.

La tercería de dominio no se admitirá con posterioridad al momento en que, de acuerdo con lo dispuesto en la legislación civil, se produzca la transmisión de los bienes o derechos a un tercero que los adquiera a través de los procedimientos de enajenación previstos en este reglamento, o a la Hacienda pública por su adjudicación en pago.

La tercería de mejor derecho no se admitirá después de haberse percibido el precio de la venta mediante la ejecución forzosa o, en el supuesto de adjudicación de los bienes o derechos al ejecutante, después de que este adquiera su titularidad conforme a lo dispuesto en la legislación civil.

El acuerdo de inadmisión deberá ser notificado al tercerista y al obligado al pago. Contra dicho acuerdo no procederá recurso o reclamación en vía administrativa.

3. Recibido el escrito y los documentos que han de acompañarlo, se unirá al expediente de apremio, se calificará la tercería como de dominio o de mejor derecho y de haberse pre-

---

[118] Nueva redacción del art. 119.1 dada por el art. único. Treinta y tres del Real Decreto 1071/2017, de 29 de diciembre (BOE núm. 317, de 30 de diciembre de 201), en vigor desde el 1 de enero de 2018.

sentado en tiempo y forma, se suspenderá o proseguirá el procedimiento sobre los bienes o derechos controvertidos, según lo dispuesto en el artículo 165.4 y 5 de la Ley 58/2003, de 17 de diciembre, General Tributaria, y en los apartados siguientes de este artículo.

4. Si la tercería fuese de dominio, una vez admitida a trámite, se producirán los siguientes efectos:

a) Se adoptarán las medidas de aseguramiento que procedan según la naturaleza de los bienes. Entre otras, podrá practicarse anotación de embargo en los registros correspondientes o realizarse el depósito de los bienes. Una vez adoptadas tales medidas, se suspenderá el procedimiento de apremio respecto de los bienes o derechos objeto de la tercería.

b) Si los bienes consisten en dinero, en efectivo o en cuentas, se consignará su importe en la Caja General de Depósitos o se ordenará su retención en cuentas a disposición del órgano de recaudación competente, según decida este.

c) Si los bienes o derechos no pueden conservarse sin sufrir deterioro o quebranto sustancial en su valor en caso de demora, el órgano de recaudación competente podrá acordar su enajenación de acuerdo con lo previsto en este reglamento y se consignará en este caso el importe obtenido a resultas de la resolución de la reclamación de tercería.

d) El procedimiento seguirá con respecto a los demás bienes y derechos del obligado al pago que no hayan sido objeto de la tercería hasta quedar satisfecha la deuda; en este caso, se dejará sin efecto el embargo sobre los bienes y derechos controvertidos, sin que ello suponga reconocimiento alguno de la titularidad del reclamante y se procederá al archivo de la reclamación de tercería planteada.

5. Si la tercería fuera de mejor derecho, una vez admitida a trámite, se proseguirá el procedimiento de apremio hasta la realización de los bienes o derechos y se consignará el importe obtenido a resultas de la reclamación de tercería. No obstante, podrá suspenderse su ejecución si el tercerista consigna el importe de la cantidad a que se refiere artículo 169.1 de la Ley 58/2003, de 17 de diciembre, General Tributaria, o el valor del bien a que se refiere la tercería si este último fuese inferior. A estos efectos, la valoración del bien se realizará conforme a lo dispuesto en el artículo 97 de este reglamento.

Igualmente, si los bienes consistieran en dinero, en efectivo o en cuentas, podrá acordarse la consignación de su importe en la Caja General de Depósitos o su retención en cuentas a disposición del órgano de recaudación competente, según decida este.

Artículo 120. *Tramitación y resolución de la tercería.*

1. En el plazo de 15 días desde la admisión a trámite de la tercería presentada el órgano competente para la tramitación remitirá la reclamación, junto con la documentación aportada y el expediente de apremio, al órgano competente para su resolución. También remitirá una propuesta de resolución debidamente motivada.

El órgano competente para resolver podrá ordenar que se complete el expediente con los antecedentes, informes, documentos y datos que resulten necesarios. Igualmente, deberá solicitar informe del correspondiente órgano con funciones de asesoramiento jurídico, que deberá emitirlo en el plazo de 15 días. La solicitud de informe irá acompañada de todos los documentos del expediente de apremio que puedan tener trascendencia para la resolución de la tercería.

2[119]. La resolución deberá notificarse en el plazo en el plazo de seis meses.

Transcurrido dicho plazo sin que se haya notificado la resolución, se podrá entender desestimada la reclamación a efectos de formular la correspondiente demanda judicial.

3. Si transcurridos 10 días, contados a partir del día siguiente al de la notificación a que se refiere el apartado anterior, no se justificara documentalmente, ante el órgano competente para tramitar la reclamación de tercería, la interposición de la demanda judicial, continuarán los trámites el procedimiento de apremio que quedaron en suspenso.

4. El órgano con funciones de asesoramiento jurídico que intervenga en los procesos de tercería ante los juzgados o tribunales civiles comunicará a los órganos que tramiten los procedimientos de apremio las resoluciones judiciales firmes que recaigan en aquellos procesos.

Artículo 121. *Efectos de la estimación de la reclamación de tercería.*

1. Si la tercería fuera de dominio, la estimación de la reclamación determinará el levantamiento del embargo acordado sobre los bienes o derechos objeto de la reclamación, salvo en el supuesto de que se hubiera acordado previamente su enajenación por no haber podido conservarse sin sufrir deterioro o quebranto sustancial en su valor en caso de demora; en este caso, le será entregado al reclamante el §producto obtenido en aquella con la oportuna liquidación del interés legal a su favor sobre la cantidad percibida calculado desde la fecha de consignación del depósito y hasta la ordenación del pago.

2. Si la tercería fuera de mejor derecho, la estimación de la reclamación determinará la entrega al reclamante del producto obtenido en la ejecución, una vez deducidos los costes necesarios para su realización en el procedimiento administrativo de apremio.

Artículo 122. *Tercerías a favor de la Hacienda pública.*

Cuando al efectuarse el embargo de bienes se compruebe que estos ya han sido embargados en el seno de otro procedimiento ejecutivo, judicial o administrativo, se informará al órgano competente con el detalle necesario para que este lo comunique al órgano con funciones de asesoramiento jurídico, a fin de que, si se estima procedente, se ejerciten las acciones pertinentes en defensa del mejor derecho de la Hacienda pública.

SECCIÓN 5.ª *Actuaciones de la hacienda pública en procedimientos concursales y en otros procedimientos de ejecución*

Artículo 123[120]. *Actuaciones de la Hacienda pública en procedimientos concursales y en otros procedimientos de ejecución.*

1. Cuando los derechos de la Hacienda pública hayan de ejercerse ante los órganos judiciales, esta iniciará el proceso correspondiente o se personará en el proceso ya iniciado conforme a la normativa legal que resulte de aplicación

---

[119]   Nueva redacción del art. 120.2 dada por el art. único. Treinta y cuatro del Real Decreto 1071/2017, de 29 de diciembre (BOE núm. 317, de 30 de diciembre de 201), en vigor desde el 1 de enero de 2018.

[120]   Art. 77 (Concurrencia de embargos) y Disp. Adic. Segunda (Criterios de coordinación de la AEAT con la Tesorería General de la Seguridad Social en procesos de concursales), de este Reglamento. Art. 164 (Concurrencia de procedimientos), de la LGT (§1).

2. Los órganos de recaudación competentes podrán solicitar de los órganos judiciales la información sobre los procedimientos que puedan afectar a los derechos de la Hacienda pública cuando dicha información no este disponible a través de la representación procesal. Asimismo, podrán solicitar información a tal efecto de la Dirección General del Tesoro y Política Financiera y demás órganos de recaudación sobre créditos pendientes de cobro.

3. Los órganos de recaudación remitirán al órgano con funciones de asesoramiento jurídico los documentos necesarios para la defensa de los derechos de la Hacienda pública. Los créditos de la Hacienda pública quedarán justificados mediante certificación expedida por el órgano competente.

4. Lo dispuesto en los apartados anteriores será de aplicación, con las especialidades adecuadas a cada caso, a cualquier procedimiento no judicial de ejecución de bienes en que resulten afectados los derechos de la Hacienda pública.

5. Cuando se vaya a solicitar la declaración de concurso o se haya declarado un concurso que afecte a créditos que no sean de titularidad de la Hacienda pública estatal y cuya gestión recaudatoria se esté realizando por la Agencia Estatal de Administración Tributaria en virtud de convenio, se observará lo establecido en el convenio.

En defecto de convenio, la Agencia Estatal de Administración Tributaria comunicará los créditos que hayan sido o deban ser certificados en el proceso al titular de los créditos a fin de que pueda asumir directamente la representación y defensa de aquellos. Del mismo modo, previamente a la suscripción o adhesión a un convenio o acuerdo que pueda afectar a tales créditos, la Agencia Estatal de Administración Tributaria dará traslado de su contenido al titular de aquellos, entendiéndose que presta su conformidad si en el plazo de 10 días contados a partir del día siguiente al de la notificación del requerimiento no manifestara lo contrario.

6. Cuando la Administración tributaria sea nombrada administrador concursal, corresponderá al órgano que se determine en la norma de organización específica aceptar el nombramiento o rechazarlo en virtud de justa causa.

TÍTULO IV. PROCEDIMIENTO FRENTE A RESPONSABLES Y SUCESORES

CAPÍTULO I. Responsables

Artículo 124[121]. *Declaración de responsabilidad.*

1. El procedimiento de declaración de responsabilidad se iniciará mediante acuerdo dictado por el órgano de recaudación competente que deberá ser notificado al interesado.

---

[121] Art. 174 (Declaración de responsabilidad) de la LGT (§1). Art. 196 (Declaración de responsabilidad en el procedimiento inspector) del RGGI (§2).
Nueva redacción del art. 124 dada por la Disp. Final Segunda Catorce del Real Decreto 117/2024, de 30 de enero, por el que se desarrollan las normas y los procedimientos de diligencia debida en el ámbito del intercambio automático obligatorio de información comunicada por los operadores de plataformas, y se modifican el Reglamento General de las actuaciones y los procedimientos de gestión e inspección tributaria y de desarrollo de las normas comunes de los procedimientos de aplicación de los tributos, aprobado por el Real Decreto 1065/2007, de 27 de julio, en transposición de la Directiva (UE) 2021/514 del Consejo de 22 de marzo de 2021 por la que se modifica la Directiva 2011/16/UE relativa a la cooperación administrativa en el ámbito de la fiscalidad, y otras normas tributarias (BOE núm. 27, de 31 de enero de 2024), con efectos desde el 1 de febrero de 2024.

El trámite de audiencia será de 15 días contados a partir del día siguiente al de la notificación de la apertura de dicho plazo.

En dicho trámite, en su caso, se deberá dar la conformidad expresa a la que se refiere el artículo 41.4 de la Ley 58/2003, de 17 de diciembre, General Tributaria.

El plazo máximo para la notificación de la resolución del procedimiento será de seis meses.

2. Las solicitudes de aplazamiento o fraccionamiento de deudas o las solicitudes de suspensión del procedimiento de recaudación efectuadas por un responsable no afectarán al procedimiento de recaudación iniciado frente a los demás responsables de las deudas a las que se refieran dichas solicitudes.

3. A efectos de lo dispuesto en el artículo 174.5 de la Ley 58/2003, de 17 de diciembre, General Tributaria, la resolución de un recurso o reclamación interpuesto contra un acuerdo

---

Redacción anterior: «1. El procedimiento de declaración de responsabilidad se iniciará mediante acuerdo dictado por el órgano competente que deberá ser notificado al interesado.

El trámite de audiencia será de 15 días contados a partir del día siguiente al de la notificación de la apertura de dicho plazo.

En dicho trámite, en su caso, se deberá dar la conformidad expresa a la que se refiere el artículo 41.4 de la Ley 58/2003, de 17 de diciembre, General Tributaria.

El plazo máximo para la notificación de la resolución del procedimiento será de seis meses [redacción del art. 124.1 dada por el art. único. Treinta y cinco del Real Decreto 1071/2017, de 29 de diciembre, en vigor desde el 1 de enero de 2018].

2. Las solicitudes de aplazamiento o fraccionamiento de deudas o las solicitudes de suspensión del procedimiento de recaudación efectuadas por un responsable no afectarán al procedimiento de recaudación iniciado frente a los demás responsables de las deudas a las que se refieran dichas solicitudes.

3. Cuando el procedimiento para declarar la responsabilidad se inicie por los órganos competentes para dictar la liquidación y dicha declaración no se haya notificado con anterioridad al vencimiento del periodo voluntario de ingreso otorgado al deudor principal, o si en dicho periodo no se hubiera acreditado al menos un intento de notificación que contenga el texto íntegro del acuerdo o, en su caso, de no haberse efectuado la puesta a disposición de la notificación en la sede electrónica de la Administración tributaria o en la dirección electrónica habilitada, el procedimiento para declarar la responsabilidad se dará por concluido sin más trámite, sin perjuicio de que con posterioridad pueda iniciarse un nuevo procedimiento por los órganos de recaudación; a tal efecto, las actuaciones realizadas en el curso del procedimiento inicial, así como los documentos y otros elementos de prueba obtenidos en dicho procedimiento, conservarán su validez y eficacia a efectos probatorios en relación con el mismo u otro responsable [redacción del art. 124.3 dada por el art. único. Treinta y cinco del Real Decreto 1071/2017, de 29 de diciembre, en vigor desde el 1 de enero de 2018].

4. A efectos de lo dispuesto en el artículo 174.5 de la Ley 58/2003, de 17 de diciembre, General Tributaria, la resolución de un recurso o reclamación interpuesto contra un acuerdo de declaración de responsabilidad, en lo que dicha resolución se refiera a las liquidaciones a las que alcance el presupuesto de hecho, no afectará a aquellos obligados tributarios para los que las liquidaciones hubieran adquirido firmeza.

5. En aquellos casos en los que como consecuencia del desarrollo del procedimiento recaudatorio seguido frente al deudor principal o, en su caso, frente al responsable solidario, se haya determinado su insolvencia parcial en los términos del artículo 76.1 de la Ley 58/2003, de 17 de diciembre, General Tributaria, se podrá proceder a la declaración de fallido de aquellos, a los efectos previstos en su artículo 41.

6. Si el deudor principal o los responsables solidarios fueran declarados insolventes por la parte no derivada a los responsables subsidiarios, podrá procederse, en su caso y tras la correspondiente declaración de fallido por insolvencia total, a la derivación a dichos responsables subsidiarios del resto de deuda pendiente de cobro».

de declaración de responsabilidad, en lo que dicha resolución se refiera a las liquidaciones a las que alcance el presupuesto de hecho, no afectará a aquellos obligados tributarios para los que las liquidaciones hubieran adquirido firmeza.

4. En aquellos casos en los que como consecuencia del desarrollo del procedimiento recaudatorio seguido frente al deudor principal o, en su caso, frente al responsable solidario, se haya determinado su insolvencia parcial en los términos del artículo 76.1 de la Ley 58/2003, de 17 de diciembre, General Tributaria, se podrá proceder a la declaración de fallido de aquellos, a los efectos previstos en su artículo 41.

5. Si el deudor principal o los responsables solidarios fueran declarados insolventes por la parte no derivada a los responsables subsidiarios, podrá procederse, en su caso y tras la correspondiente declaración de fallido por insolvencia total, a la derivación a dichos responsables subsidiarios del resto de deuda pendiente de cobro.

Artículo 124 bis[122] *Especialidades en materia de declaración de responsabilidad asociada a la liquidación vinculada a delito.*

1. Cuando en el curso de un procedimiento de inspección en el que proceda dictar una liquidación vinculada a delito, el órgano actuante tenga conocimiento de hechos o circuns-

---

[122] Nueva redacción del art. 124 bis dada por la Disp. Final Segunda Quince del Real Decreto 117/2024, de 30 de enero, por el que se desarrollan las normas y los procedimientos de diligencia debida en el ámbito del intercambio automático obligatorio de información comunicada por los operadores de plataformas, y se modifican el Reglamento General de las actuaciones y los procedimientos de gestión e inspección tributaria y de desarrollo de las normas comunes de los procedimientos de aplicación de los tributos, aprobado por el Real Decreto 1065/2007, de 27 de julio, en transposición de la Directiva (UE) 2021/514 del Consejo de 22 de marzo de 2021 por la que se modifica la Directiva 2011/16/UE relativa a la cooperación administrativa en el ámbito de la fiscalidad, y otras normas tributarias (BOE núm. 27, de 31 de enero de 2024), con efectos desde el 1 de febrero de 2024.

Redacción anterior del art. 124.bis por su incorporación por el art. único. Treinta y seis del Real Decreto 1071/2017, de 29 de diciembre (BOE núm. 317, de 30 de diciembre de 201), en vigor desde el 1 de enero de 2018: «*1. Cuando en el curso de un procedimiento de inspección en el que proceda dictar una liquidación vinculada a delito, el órgano actuante tenga conocimiento de hechos o circunstancias que pudieran determinar la existencia de algún tipo de responsabilidad tributaria, trasladará el conocimiento de tales hechos al órgano competente para iniciar el procedimiento de declaración de responsabilidad. En su caso, el inicio se notificará por este último órgano al obligado tributario, con indicación de las obligaciones tributarias a las que alcance la declaración de responsabilidad y el precepto legal en que se fundamente. 2. El trámite de audiencia al responsable se realizará, en todo caso, con posterioridad a la formalización de la propuesta de liquidación vinculada a delito del deudor principal.*

El responsable dispondrá entonces de un plazo de 15 días, contados a partir del día siguiente al de la notificación de la apertura de dicho plazo, para formular las alegaciones y aportar la documentación que estime oportunas, respecto sólo de aquellas cuestiones que determinen la responsabilidad y su alcance y sean susceptibles de recurso en vía administrativa según la normativa vigente.

El responsable no tendrá la condición de interesado en el procedimiento de inspección en el que proceda practicar la liquidación vinculada a delito y se tendrán por no presentadas las alegaciones que formule en dicho procedimiento.

3. El acuerdo de declaración de responsabilidad habrá de dictarse con posterioridad al momento en el que conste como admitida la denuncia o querella por delito contra la Hacienda Pública. Además, en los supuestos del artículo 258.1 de la Ley 58/2003, de 17 de diciembre, General Tributaria, deberá constar igualmente como efectuada la citación al responsable en el proceso penal para declarar en concepto de investigado.

tancias que pudieran determinar la existencia de algún tipo de responsabilidad tributaria, trasladará el conocimiento de tales hechos al órgano de recaudación para iniciar el procedimiento de declaración de responsabilidad.

2. El trámite de audiencia al responsable se realizará, en todo caso, con posterioridad a la formalización de la propuesta de liquidación vinculada a delito del deudor principal.

El responsable dispondrá entonces de un plazo de 15 días, contados a partir del día siguiente al de la notificación de la apertura de dicho plazo, para formular las alegaciones y aportar la documentación que estime oportunas, respecto sólo de aquellas cuestiones que determinen la responsabilidad y su alcance y sean susceptibles de recurso en vía administrativa según la normativa vigente.

El responsable no tendrá la condición de interesado en el procedimiento de inspección en el que proceda practicar la liquidación vinculada a delito y se tendrán por no presentadas las alegaciones que formule en dicho procedimiento.

3. El acuerdo de declaración de responsabilidad habrá de dictarse con posterioridad al momento en el que conste como admitida la denuncia o querella por delito contra la Hacienda Pública. Además, en los supuestos del artículo 258.1 de la Ley 58/2003, de 17 de diciembre, General Tributaria, deberá constar igualmente la condición formal de investigado en el proceso penal del responsable.

La notificación del acuerdo de declaración de responsabilidad incluirá el requerimiento para que se realice el ingreso de la deuda tributaria liquidada en los plazos a que se refiere el artículo 62.2 de la Ley 58/2003, de 17 de diciembre, General Tributaria.

Artículo 125. *Certificación por adquisición de explotaciones o actividades económicas.*

1. Las certificaciones a las que se refiere el artículo 175.2 de la Ley 58/2003, de 17 de diciembre, General Tributaria, deberán contener el nombre y apellidos o razón social o denominación completa del obligado tributario titular de la explotación o actividad económica y una relación detallada de las deudas, sanciones y responsabilidades tributarias derivadas de su ejercicio, con indicación de la cuantía de cada una de ellas. En esta certificación no podrán incluirse referencias a obligaciones tributarias o sanciones que no estén liquidadas en el momento de la expedición de la certificación.

2. No producirán efecto las certificaciones, cualquiera que sea su contenido, si la fecha de presentación de la solicitud para su expedición resultase posterior a la de adquisición de la explotación o actividad económica de que se trate.

3. La exención o limitación de la responsabilidad derivada de estas certificaciones surtirá efectos únicamente respecto de las deudas para cuya liquidación sea competente la Administración de la que se solicita la certificación.

4. Cuando no se haya solicitado la certificación, la responsabilidad alcanzará a las deudas y responsabilidades liquidadas o pendientes de liquidación y a las sanciones impuestas o que puedan imponerse.

La notificación del acuerdo de declaración de responsabilidad incluirá el requerimiento para que se realice el ingreso de la deuda tributaria liquidada en los plazos a que se refiere el artículo 62.2 de la Ley 58/2003, de 17 de diciembre, General Tributaria».

Artículo 126. *Certificado expedido a instancia de los contratistas o subcontratistas de obras y servicios.*

1. A los efectos de lo previsto en el artículo 43.1.f) de la Ley 58/2003, de 17 de diciembre, General Tributaria, se considerarán incluidas en la actividad económica principal de las personas o entidades que contraten o subcontraten la ejecución de obras o la prestación de servicios todas las obras o servicios que, por su naturaleza, de no haber sido contratadas o subcontratadas, deberían haber sido realizadas por la propia persona o entidad que contrata o subcontrata por resultar indispensables para su finalidad productiva.

2[123]**.** Para la emisión del certificado regulado en este artículo se entenderá que el solicitante se encuentra al corriente de sus obligaciones tributarias cuando se verifique la concurrencia de las circunstancias que, a tales efectos, se prevén en el artículo 74.1 del Reglamento general de las actuaciones y los procedimientos de gestión e inspección tributaria y de desarrollo de las normas comunes de los procedimientos de aplicación de los tributos, aprobado por el Real Decreto 1065/2007, de 27 de julio.

3. En la solicitud del certificado específico deberá hacerse constar la identificación completa del pagador para el que deba surtir efectos. En caso de que sean varios los pagadores, se harán constar los datos identificativos de todos ellos, sin perjuicio de que se emita un certificado individual por cada uno.

La Administración tributaria establecerá mecanismos mediante los cuales se posibilite el acceso, con las debidas garantías de confidencialidad y seguridad, por parte del solicitante y del pagador a la información sobre el estado de tramitación de la solicitud, a los efectos previstos en el apartado siguiente.

4. El certificado o su denegación deberá quedar a disposición del interesado en el plazo de tres días. Dicho plazo será de un mes cuando se solicite con ocasión de la presentación telemática de la declaración del Impuesto sobre la Renta de las Personas Físicas o del Impuesto sobre Sociedades. Cuando dichas declaraciones se presenten por otros medios, el plazo será de seis meses.

Dichos plazos se contarán desde la fecha de recepción de la solicitud por parte del órgano competente para su emisión, que será el que se determine en la norma de organización específica.

El solicitante podrá entender emitido el certificado a partir del día siguiente al de finalización del plazo para que dicha emisión se produzca, pudiendo obtener de la Administración tributaria comunicación acreditativa de tal circunstancia, que habrá de emitirse de forma inmediata.

La falta de emisión del certificado acreditada por dicho documento tendrá eficacia frente al pagador y determinará la exoneración de responsabilidad para el que, con tal condición, figure en la solicitud de certificado presentada por el contratista o subcontratista.

Dicha exoneración de responsabilidad se extenderá a los pagos que se realicen durante el periodo de 12 meses contado desde la fecha en que el certificado se entienda emitido.

---

[123] Nueva redacción del art. 126.2 dada por la Disp. Final segunda del Real Decreto 1065/2007, de 27 de julio, por el que se aprueba el Reglamento General de las actuaciones y los procedimientos de gestión e inspección tributaria..., con efectos desde el 1-1-2008.

Tendrá la consideración de pago la aceptación de efectos cambiarios durante el periodo a que hace referencia el párrafo anterior, aun cuando el vencimiento de aquellos se produzca con posterioridad a la finalización de dicho plazo.

CAPÍTULO II. Sucesores

Artículo 127[124]. *Procedimiento de recaudación frente a los sucesores.*

1. Fallecido cualquier obligado al pago de una deuda, el procedimiento de recaudación continuará con sus herederos y, en su caso, legatarios, sin más requisitos que la constancia del fallecimiento de aquel y la notificación al sucesor del requerimiento para el pago de la deuda y costas pendientes del causante, con subrogación a estos efectos en la misma posición en que se encontraba el causante en el momento del fallecimiento y sin perjuicio de lo dispuesto en el artículo 182.3, primer párrafo, de la Ley 58/2003, de 17 de diciembre, General Tributaria. En la notificación al sucesor se le requerirá el pago de la deuda en los siguientes plazos:

a) Si el fallecimiento del obligado al pago se produce dentro del periodo voluntario, se requerirá al sucesor para que realice el pago dentro del plazo del artículo 62.2 de la Ley 58/2003, de 17 de diciembre, General Tributaria. b) Si el fallecimiento del obligado al pago se produce antes de la notificación de la providencia de apremio, se notificará al sucesor dicha providencia. Si realiza el pago antes de la notificación de la providencia de apremio, se le exigirá el recargo ejecutivo.

c) Si el fallecimiento se produce una vez notificada la providencia de apremio al obligado al pago y antes de la finalización del plazo del artículo 62.5 de la Ley 58/2003, de 17 de diciembre, General Tributaria, se requerirá al sucesor para que realice el pago de la deuda y el recargo de apremio reducido del 10 por ciento en el plazo del artículo 62.5 de la Ley 58/2003, de 17 de diciembre, General Tributaria, con la advertencia de que, en caso de no efectuar el ingreso del importe total de la deuda pendiente, incluido el recargo de apremio reducido del 10 por ciento, en dicho plazo, se procederá al embargo de sus bienes o a la ejecución de las garantías existentes para el cobro de la deuda con inclusión del recargo de apremio del 20 por ciento.

d) Si el fallecimiento se produce después de la finalización del plazo del artículo 62.5 de la Ley 58/2003, de 17 de diciembre, General Tributaria, se requerirá al sucesor para que realice el pago de la deuda y el recargo de apremio ordinario en los plazos establecidos en dicho artículo.

Cuando el heredero alegue haber hecho uso del derecho a deliberar, se esperará a que transcurra el plazo concedido para ello, durante el cual podrá solicitar de la Administración una certificación de las deudas del causante con efectos meramente informativos.

La Administración, una vez acreditada de forma fehaciente la condición de heredero del solicitante, expedirá un certificado que deberá contener el nombre y apellidos o razón social o denominación completa, número de identificación fiscal, último domicilio del causante y del heredero y detalle de las deudas y demás responsabilidades del causante pendientes a la fecha de expedición del certificado.

---

[124]   Art. 177 (Procedimiento de recaudación frente a los sucesores) de la LGT (§1).

2. Mientras se halle la herencia yacente, el procedimiento de recaudación de las deudas pendientes podrá dirigirse o continuar contra los bienes y derechos de la herencia. Las actuaciones se entenderán con quien ostente la administración o representación de esta, en los términos señalados en el artículo 45.3 de la Ley 58/2003, de 17 de diciembre, General Tributaria.

La suspensión del procedimiento de recaudación, en los términos señalados en el artículo 177.1 de la Ley 58/2003, de 17 de diciembre, General Tributaria, cuando el heredero alegue haber hecho uso del derecho a deliberar con arreglo a la legislación civil, no afectará a las posibles actuaciones recaudatorias que se lleven a cabo frente a la herencia yacente.

3. Desde que conste que no existen herederos conocidos o cuando los conocidos hayan renunciado a la herencia o no la hayan aceptado expresa o tácitamente, se pondrán los hechos en conocimiento del órgano competente, el cual dará traslado al órgano con funciones de asesoramiento jurídico a efectos de que se solicite la declaración de heredero que proceda, sin perjuicio de la continuación del procedimiento de recaudación contra los bienes y derechos de la herencia.

4. Disuelta una sociedad, entidad o fundación, el procedimiento de recaudación continuará con sus socios, partícipes, cotitulares o destinatarios, que se subrogarán a estos efectos en la misma posición en que se encontraba la sociedad, entidad o fundación en el momento de la extinción de la personalidad jurídica. En la notificación al sucesor se le requerirá el pago de la deuda en los siguientes plazos:

a) Si la extinción de la personalidad jurídica se produce dentro del periodo voluntario, se notificará al sucesor para que realice el pago dentro del plazo del artículo 62.2 de la Ley 58/2003, de 17 de diciembre, General Tributaria.

b) Si la extinción de la personalidad jurídica se produce antes de la notificación de la providencia de apremio, se notificará al sucesor dicha providencia. Si realiza el pago antes de la notificación de la providencia de apremio, se le exigirá el recargo ejecutivo.

c) Si la extinción de la personalidad jurídica se produce una vez notificada la providencia de apremio al obligado al pago y antes de la finalización del plazo del artículo 62.5 de la Ley 58/2003, de 17 de diciembre, General Tributaria, se requerirá al sucesor para que realice el pago de la deuda y el recargo de apremio reducido del 10 por ciento en el plazo del artículo 62.5 de la Ley 58/2003, de 17 de diciembre, General Tributaria, con la advertencia de que, en caso de no efectuar el ingreso del importe total de la deuda pendiente, incluido el recargo de apremio reducido del 10 por ciento, en dicho plazo, se procederá al embargo de sus bienes o a la ejecución de las garantías existentes para el cobro de la deuda con inclusión del recargo de apremio del 20 por ciento.

d) Si la extinción de la personalidad jurídica se produce después de la finalización del plazo del artículo 62.5 de la Ley 58/2003, de 17 de diciembre, General Tributaria, se requerirá al sucesor para que realice el pago de la deuda y el recargo de apremio ordinario en los plazos establecidos en dicho artículo.

5. En los supuestos de entidades sin personalidad jurídica se estará al momento de disolución para la aplicación de las reglas anteriores.

6. No se aplicará el límite contenido en el artículo 40.5 de la Ley 58/2003, de 17 de diciembre, General Tributaria, a los supuestos de disolución sin liquidación.

TÍTULO V. DISPOSICIONES ESPECIALES

Artículo 128[125]. *Exacción de la responsabilidad civil y multa por delito contra la Hacienda Pública.*

1. En los procedimientos por delito contra la hacienda Pública, la deuda derivada de la responsabilidad civil y de la pena de multa se acumulará al procedimiento administrativo de apremio que, en su caso, se siga contra el deudor, a los efectos de la práctica de diligencias de embargo, trabas y enajenación de bienes. El importe derivado de tales deudas no podrá incrementarse en los recargos del periodo ejecutivo.

La Hacienda pública exigirá, junto con la multa y la responsabilidad civil a la que se refiere el apartado 1 de la disposición adicional décima de la Ley 58/2003, de 17 de diciembre, General Tributaria, los intereses que se devenguen sobre el importe de dicha responsabilidad desde la fecha de la firmeza de la resolución judicial hasta la fecha de ingreso en el Tesoro y las costas del procedimiento de apremio, salvo que el juez o tribunal hubiese acordado otra cosa.

2. Contra los actos del procedimiento administrativo de apremio dictados por los órganos de recaudación de la Agencia Estatal de Administración Tributaria para la exacción de la responsabilidad civil y de la multa por delito contra la Hacienda pública podrá interponerse recurso de reposición o reclamación económico-administrativa, salvo que los motivos de impugnación aducidos se refieran a la adecuación o conformidad de los actos de ejecución impugnados con la sentencia que hubiese fijado las deudas objeto de exacción por el procedimiento de apremio; en este caso, la cuestión deberá plantearse ante el juez o tribunal competente para la ejecución.

3. En caso de incumplimiento del fraccionamiento de pago de la responsabilidad civil o de la multa que haya acordado el juez o tribunal conforme al artículo 125 del Código Penal, se exigirá la totalidad del importe pendiente por el procedimiento de apremio. En este caso, no procederá aplicar recargos del periodo ejecutivo pero se exigirán los intereses que correspondan.

4. Los órganos competentes para la exacción de la responsabilidad civil y de la multa por delito contra la Hacienda pública informarán al juez o tribunal de cualquier incidente que se pueda producir en la ejecución encomendada, y en todo caso, de las siguientes actuaciones y acuerdos:

a) Los ingresos que se efectúen en el procedimiento de apremio.

b) Que se ha producido el ingreso íntegro de las deudas objeto de la encomienda legal de cobro.

c) La declaración administrativa de fallido de los responsables civiles y la declaración administrativa de incobrable de los créditos afectados.

---

[125] Nueva redacción del art. 128 dada por el art. único. Treinta y siete del Real Decreto 1071/2017, de 29 de diciembre (BOE núm. 317, de 30 de diciembre de 201), en vigor desde el 1 de enero de 2018.

Artículo 129[126]. *Impugnación de los actos asociados a un proceso penal en curso.*

Contra los actos dictados por los órganos de recaudación de la Agencia Estatal de Administración Tributaria en el ejercicio de las competencias otorgadas por la disposición adicional decimonovena de la Ley 58/2003, de 17 de diciembre, General Tributaria, podrá interponerse recurso de reposición o reclamación económico-administrativa, salvo que los motivos de impugnación aducidos se refieran a la adecuación de los actos impugnados con el objeto del proceso penal por delito contra la Hacienda Pública, en cuyo caso la cuestión deberá plantearse ante el órgano judicial penal competente.

DISPOSICIONES ADICIONALES

Disposición adicional primera. *Órganos equivalentes de las comunidades autónomas, ciudades con Estatuto de Autonomía de Ceuta y Melilla o de las entidades locales.*

1. Los órganos competentes de las comunidades autónomas, de las ciudades con Estatuto de Autonomía de Ceuta y Melilla o de las entidades locales se determinarán conforme a lo establecido en su normativa específica.

2. Las referencias realizadas a órganos del Estado se entenderán aplicables, cuando sean competentes por razón de la materia, a los órganos equivalentes de las comunidades autónomas, ciudades con Estatuto de Autonomía de Ceuta y Melilla o de las entidades locales.

Disposición adicional segunda[127]. *Criterios de coordinación de la Agencia Estatal de Administración Tributaria con la Tesorería General de la Seguridad Social en procesos concursales.*

1. A efectos de lo dispuesto en el último párrafo del artículo 10 de la Ley 47/2003, de 26 de noviembre, General Presupuestaria, y con los límites del artículo 95 de la Ley 58/2003, de 17 de diciembre, General Tributaria, en los procesos concursales en que concurran créditos de la Hacienda pública estatal cuya gestión recaudatoria corresponda a la Agencia Estatal de Administración Tributaria con créditos de la Seguridad Social, cuya gestión recaudatoria corresponda a esta, la Agencia Estatal de Administración Tributaria y la Tesorería General de la Seguridad Social intercambiarán la información, circunstancias y datos relativos a dichos procesos que consideren relevantes.

Sin perjuicio de lo que pueda establecerse en el oportuno convenio de colaboración, dicho intercambio abarcará al menos la identificación y domicilio del deudor, la existencia e importe del crédito cuya gestión corresponda a una u otra de ambas entidades públicas; en su caso, la existencia y el grado de satisfacción de los créditos contra la masa, así como cualquier otra circunstancia que se considere relevante.

2. Las relaciones entre los órganos de la Agencia Estatal de Administración Tributaria y de la Tesorería General de la Seguridad Social implicados en el proceso estarán presididas por los principios de colaboración y cooperación. A tal efecto, se promoverá la adopción de criterios comunes relativos, entre otros aspectos, a la suscripción de acuerdos o convenios.

---

[126] Nuevo art. 129 incorporada por el art. único. Treinta y ocho del Real Decreto 1071/2017, de 29 de diciembre (BOE núm. 317, de 30 de diciembre de 201), en vigor desde el 1 de enero de 2018.

[127] Art. 123 (Actuaciones de la Hacienda pública en procedimientos concursales y en otros procedimientos de ejecución), de este Reglamento.

3. La Agencia Estatal de Administración Tributaria y a la Tesorería General de la Seguridad Social podrán acordar la necesidad de comunicar previamente a la otra parte la realización de determinadas actuaciones. En particular, y entre otras, se comunicarán recíprocamente su propósito de promover el inicio de un proceso concursal o de solicitar la apertura de la fase de liquidación.

Disposición adicional tercera[128]. *Asistencia mutua en materia de recaudación.*

Disposición adicional cuarta. *Norma de organización específica.*

La norma de organización específica a que se refiere este reglamento deberá ser aprobada en el ámbito de la Agencia Estatal de Administración Tributaria antes de su entrada en vigor y deberá efectuarse su publicación en el «Boletín Oficial del Estado».

DISPOSICIONES TRANSITORIAS

Disposición transitoria primera. *Derechos de traspaso.*

Lo dispuesto en este reglamento en relación con el embargo de los derechos de cesión del contrato de arrendamiento de local de negocio será aplicable al embargo de los derechos de traspaso en tanto estos subsistan.

Disposición transitoria segunda. *Obtención de información, facultades y adopción de medidas cautelares en la gestión recaudatoria.*

Lo dispuesto en el artículo 10 de este reglamento se regirá por el Reglamento General de la Inspección de los Tributos, aprobado por el Real Decreto 939/1986, de 25 de abril, en tanto no se dicten las normas reglamentarias de desarrollo de los artículos 93, 94, 142 y 146 de la Ley 58/2003, de 17 de diciembre, General Tributaria.

Disposición transitoria tercera. *Régimen transitorio del Reglamento General de Recaudación.*

1. Este reglamento será de aplicación a los procedimientos iniciados a partir del 1 de julio de 2004 que no hayan finalizado a su entrada en vigor en cuanto a las actuaciones que se realicen con posterioridad a dicha entrada en vigor, salvo lo dispuesto en el párrafo siguiente.

Las actuaciones de enajenación de bienes continuarán rigiéndose por la normativa vigente antes de la entrada en vigor de este reglamento cuando el acuerdo de enajenación mediante subasta, la autorización para la enajenación por concurso o el inicio del trámite de adjudicación directa se hayan producido antes de la entrada en vigor de este reglamento.

2. Las consecuencias del incumplimiento de los acuerdos de concesión de aplazamientos o fraccionamientos dictados antes de la entrada en vigor de este reglamento serán las previstas en el Reglamento General de Recaudación, aprobado por el Real Decreto 1684/1990, de 20 de diciembre.

3. Las notificaciones de los acuerdos de denegación de aplazamientos, fraccionamientos o compensaciones dictados antes de la entrada en vigor de este reglamento, relativos a apla-

---

[128] Disposición suprimida por el art. primero seis del Real Decreto 1558/2012, de 15 de noviembre (BOE núm. 283, de 24 de noviembre de 2012), en vigor desde el 1 de enero de 2013.

zamientos, fraccionamientos o compensaciones solicitados en periodo voluntario de ingreso, incluirán los plazos de pago y el cálculo de la liquidación de los intereses de demora de acuerdo con lo previsto en los artículos 108 y 56.3.a) del Reglamento General de Recaudación, aprobado por el Real Decreto 1684/1990, de 20 de diciembre, respectivamente.

Disposición transitoria cuarta[129]. *Régimen transitorio de las subastas.*

Las normas relativas al desarrollo del procedimiento de subasta a través del Portal de Subastas de la Agencia Estatal Boletín Oficial del Estado se aplicarán a los procedimientos iniciados a partir del 1 de septiembre de 2018.

DISPOSICIÓN FINAL

Disposición final única. *Habilitación normativa.*

Se autoriza al Ministro de Economía y Hacienda para dictar las disposiciones necesarias para el desarrollo y ejecución de este reglamento.

---

[129] Nueva Disp. Transitoria incorporada por el art. único. Treinta y nueve del Real Decreto 1071/2017, de 29 de diciembre (BOE núm. 317, de 30 de diciembre de 201), en vigor desde el 1 de enero de 2018.

§4. Real Decreto 2063/2004, de 15 de octubre, por el que se aprueba el REGLAMENTO GENERAL DEL RÉGIMEN SANCIONADOR TRIBUTARIO

(BOE núm. 260, jueves 28 octubre 2004)

I

El régimen sancionador tributario ha sido objeto de una profunda reforma con la promulgación de la Ley 58/2003, de 17 de diciembre, General Tributaria, y por ello resulta imprescindible la renovación de las normas que constituyen el desarrollo reglamentario de esta materia, dado que la normativa hasta ahora vigente, integrada fundamentalmente por el Real Decreto 1930/1998, de 11 de septiembre, por el que se desarrolla el régimen sancionador tributario y se introducen las adecuaciones necesarias en el Real Decreto 939/1986, de 25 de abril, por el que se aprueba el Reglamento general de la inspección de los tributos, no se correspondía con la diferente estructura y sistemática del nuevo régimen sancionador que incorpora la Ley 58/2003, de 17 de diciembre.

El nuevo régimen sancionador se caracteriza fundamentalmente por los siguientes aspectos:

a) La separación conceptual entre deuda tributaria y sanción tributaria.

b) La aplicación de los principios generales en materia sancionadora consagrados en la Constitución y en las normas generales de derecho administrativo, entre los que destacan el de legalidad, tipicidad, responsabilidad, presunción de inocencia, proporcionalidad, no concurrencia e irretroactividad de las disposiciones sancionadoras no favorables.

c) La nueva tipificación de las infracciones, que adopta la clasificación tripartita de infracciones leves, graves y muy graves de la Ley 30/1992, de 26 de noviembre, de Régimen Jurídico de las Administraciones Públicas y del Procedimiento Administrativo Común.

d) La introducción de nuevas reducciones de las sanciones para los supuestos de actas con acuerdo y de pago sin recurso de la sanción.

e) La especial relevancia otorgada al aspecto subjetivo de la infracción, de modo que, en términos generales, la calificación de una infracción como grave requiere la existencia de ocultación, y la calificación como muy grave requiere la concurrencia de medios fraudulentos, como expresiones específicas del ánimo fraudulento en materia tributaria.

f) Y el incremento de la seguridad jurídica, de forma que se ha tratado de reducir el grado de discrecionalidad administrativa en la aplicación del régimen sancionador.

Para lograr este objetivo se han revisado los criterios necesarios para la cuantificación exacta de la sanción y se han incluido en el texto legal las reglas para su aplicación. Con esta reforma y con la nueva clasificación tripartita de las infracciones se han conseguido reducir los intervalos previstos en el régimen anterior para el cálculo de algunas sanciones.

Estas dos últimas circunstancias mencionadas condicionan el desarrollo reglamentario del nuevo régimen sancionador, puesto que las necesidades son muy diferentes de las que existían bajo la normativa que ahora se deroga. En efecto, el Real Decreto 1930/1998, de 11 de septiembre, así como su precedente, el Real Decreto 2631/1985, de 18 de diciembre, sobre procedimiento para sancionar las infracciones tributarias, tenía como objetivo fundamental, además de establecer las necesarias normas procedimentales, concretar los intervalos que establecía la anterior Ley 230/1963, de 28 de diciembre, General Tributaria, para la cuantificación de las sanciones.

En cambio, la norma reglamentaria que ahora se aprueba responde a una finalidad diferente, ya que, como se ha indicado, en el nuevo régimen sancionador establecido por la Ley 58/2003, de 17 de diciembre, es la propia ley la que determina en la mayoría de los casos la cuantía exacta de la sanción que procede para cada infracción tributaria. Por tanto, la necesidad de la norma reglamentaria se centra en establecer las fórmulas de cálculo necesarias para la correcta aplicación de determinados conceptos legales con arreglo a la nueva sistemática empleada, además de regular el necesario desarrollo del procedimiento sancionador.

II

La nueva Ley General Tributaria configura como eje central de las infracciones que generan perjuicio económico el elemento subjetivo concurrente en cada caso, concretado básicamente en la ocultación y en los medios fraudulentos. Para la aplicación del nuevo régimen se establece como regla fundamental la calificación unitaria de la infracción, de modo que, tal y como resulta del artículo 184 de la ley, cuando en una determinada regularización se aprecie simultáneamente la concurrencia de ocultación, medios fraudulentos o cualquier otra circunstancia determinante de la calificación de la infracción, se analizará la incidencia que cada una de estas circunstancias tiene sobre la base de la sanción a efectos de determinar la calificación de la infracción como leve, grave o muy grave. Una vez calificada, la infracción se considerará única y el porcentaje de sanción que corresponda se aplicará sobre toda la base de la sanción.

La incidencia de cada circunstancia se mide en forma de relaciones o proporciones entre diversas magnitudes, cuya concreción y forma de cálculo trata de resolver esta norma reglamentaria, para reducir los márgenes de la actuación administrativa en el cálculo de las sanciones.

Ello resulta especialmente necesario teniendo en cuenta la casuística propia de un régimen sancionador, dado que en una misma regularización, además de los incrementos de tributación que determinan la infracción, pueden existir también partidas que determinan una mayor deuda tributaria pero que no son objeto de sanción.

En relación con las infracciones que no conllevan perjuicio económico para la Hacienda pública y consisten esencialmente en el incumplimiento de deberes u obligaciones formales, el desarrollo reglamentario contiene reglas que intentan aclarar la incompatibilidad de determinados tipos infractores de acuerdo con el principio de no concurrencia de sanciones tributarias establecido en el artículo 180 de la Ley 58/2003, de 17 de diciembre, General Tributaria.

III

El capítulo III del reglamento que se aprueba constituye el desarrollo de las normas sobre procedimiento sancionador previstas en los artículos 207 y siguientes de la Ley 58/2003, de 17 de diciembre, General Tributaria.

En esta regulación, la novedad más destacada está constituida por la nueva configuración del derecho a la tramitación separada del procedimiento sancionador como un derecho renunciable por parte de los interesados en un procedimiento de aplicación de los tributos.

De acuerdo con ello, este capítulo queda estructurado en cuatro secciones. Una primera relativa a disposiciones generales; otras dos secciones dedicadas, respectivamente, a la tramitación separada y conjunta del procedimiento sancionador, y una última sección relativa a la ejecución de las sanciones.

Dentro de la tramitación separada, las modificaciones más importantes respecto al contenido que sobre esta materia establecía el Real Decreto 1930/1998, de 11 de septiembre, afectan al trámite de resolución del procedimiento, ya que se prevé que el órgano competente para resolver pueda ordenar la ampliación de actuaciones y rectificar la propuesta de resolución. Asimismo, debe destacarse que se incorporan al Reglamento general del régimen sancionador tributario las normas especiales relativas a los procedimientos sancionadores tramitados por los órganos de inspección de los tributos y que en el régimen anterior se ubicaban en el citado Reglamento general de la inspección de los tributos.

En cuanto a la tramitación conjunta de los procedimientos, el artículo 208 de la ley distingue dos supuestos claramente diferenciados, con una específica habilitación reglamentaria a efectos de que se regule la tramitación conjunta de forma coherente con la naturaleza propia de cada supuesto. Así, en el supuesto de actas con acuerdo, no es precisa la iniciación, tramitación y resolución de un procedimiento sancionador separado, de modo que la sanción se impone, en su caso, en el propio acto resolutorio del procedimiento de inspección.

Ello encuentra su justificación en la especial naturaleza de esta forma de conclusión del procedimiento, como vía absolutamente voluntaria para el interesado.

En cambio, en los demás supuestos de renuncia que establece el artículo 208 de la Ley 58/2003, de 17 de diciembre, General Tributaria, se prevé la iniciación y terminación específica del procedimiento sancionador y su tramitación conjunta con el procedimiento de aplicación de los tributos. Al establecerse la notificación conjunta de las propuestas de resolución de ambos procedimientos, el obligado podrá ejercer las distintas opciones que le otorga el ordenamiento jurídico en esta materia.

De esta forma, se respetan las garantías del obligado tributario y, a la vez, se permite que el curso de los distintos actos de finalización de ambos procedimientos pueda ser diferente, dados los diferentes efectos que la ley establece para la interposición de recursos y reclamaciones contra la liquidación y la sanción.

Se introduce un capítulo de disposiciones especiales donde se regula la imposición de sanciones no pecuniarias y las actuaciones en materia de delitos contra la Hacienda pública.

Finalmente, se incluyen tres disposiciones adicionales, una disposición transitoria y una disposición final.

En su virtud, a propuesta del Ministro de Economía y Hacienda, con la aprobación previa del Ministro de Administraciones Públicas, de acuerdo con el Consejo de Estado y previa deliberación del Consejo de Ministros en su reunión del día 15 de octubre de 2004,

D I S P O N G O:

Artículo único. *Aprobación del Reglamento general del régimen sancionador tributario.*

Se aprueba el Reglamento general del régimen sancionador tributario, cuyo texto se inserta a continuación.

Disposición transitoria primera. *Aplicación retroactiva del nuevo régimen sancionador tributario.*

1. El reglamento aprobado por este real decreto será de aplicación a las infracciones tributarias cometidas con anterioridad a la entrada en vigor de la Ley 58/2003, de 17 de diciembre, General Tributaria, siempre que su aplicación resulte más favorable para el sujeto infractor y la sanción impuesta no haya adquirido firmeza, según lo dispuesto en el apartado 1 de su disposición transitoria cuarta.

El reglamento aprobado por este real decreto será de aplicación a las infracciones tributarias cometidas con posterioridad a la entrada en vigor de la Ley 58/2003, de 17 de diciembre, General Tributaria, y con anterioridad a la entrada en vigor del reglamento aprobado por este real decreto, siempre que la sanción impuesta no haya adquirido firmeza.

No obstante lo dispuesto en el párrafo anterior, las normas sobre procedimiento previstas en los capítulos III y IV del reglamento que se aprueba por este real decreto serán de aplicación a todos los procedimientos sancionadores que se inicien a partir de su entrada en vigor, cualquiera que sea el régimen sancionador aplicable.

2. A efectos de aplicar el régimen más favorable, se tendrá en cuenta el importe final de la sanción después de la aplicación, en su caso, de la reducción por acuerdo o conformidad, sin considerar la eventual aplicación de la reducción prevista en el artículo 188.3 de la Ley 58/2003, de 17 de diciembre, General Tributaria.

En los supuestos de sanciones derivadas de actas con acuerdo se considerará, a efectos de comparación, que en el régimen sancionador previsto en la Ley 230/1963, de 28 de diciembre, General Tributaria, hubiera sido de aplicación la reducción por conformidad.

Disposición transitoria segunda. *Aplicación transitoria del criterio de graduación de comisión repetida de infracciones tributarias.*

1. A efectos de aplicar el criterio de graduación de comisión repetida de infracciones tributarias, cuando se trate de sanciones firmes en vía administrativa que hayan sido impuestas en aplicación del régimen sancionador previsto en la Ley 230/1963, de 28 de diciembre, General Tributaria, se considerará como antecedente el hecho de que el sujeto infractor hubiera sido sancionado anteriormente por una infracción de la misma naturaleza, que tendrá la consideración de leve a efectos de lo previsto en el artículo 187.1.a) de la Ley 58/2003, de 17 de diciembre, General Tributaria.

2. A efectos de lo dispuesto en el apartado anterior, se entenderá que las infracciones previstas en el artículo 79.a), b) y c) de la Ley 230/1963, de 28 de diciembre, General Tributaria, son de la misma naturaleza que las previstas en los artículos 191, 192 y 193 de la Ley 58/2003, de 17 de diciembre, General Tributaria. La infracción prevista en el artículo 78.1.a) de la Ley 230/1963, de 28 de diciembre, General Tributaria, se considerará de la misma naturaleza que la prevista en el artículo 199 de la Ley 58/2003, de 17 de diciembre, General Tributaria.

Disposición transitoria tercera. *Aplicación transitoria de la reducción prevista en el artículo 188.3 de la Ley 58/2003, de 17 de diciembre, General Tributaria.*

1. La reducción prevista en el artículo 188.3 de la Ley 58/2003, de 17 de diciembre, General Tributaria, se aplicará a todas las sanciones cuyo ingreso en periodo voluntario se haya efectuado a partir de la entrada en vigor de dicha ley, cualquiera que sea el régimen sancio-

nador aplicado, siempre que se cumplan los requisitos establecidos en el artículo 188.3 y en la disposición transitoria tercera de la Ley 58/2003, de 17 de diciembre, General Tributaria.

2. La reducción prevista en el artículo 188.3 de la Ley 58/2003, de 17 de diciembre, General Tributaria, también se aplicará a las sanciones que hubiesen sido recurridas antes de la entrada en vigor de la Ley 58/2003, de 17 de diciembre, General Tributaria, siempre que concurran las dos siguientes circunstancias: a) Que se desista antes del 31 de diciembre de 2004 del recurso o reclamación interpuesto contra la sanción y contra la liquidación de la que, en su caso, hubiera derivado la sanción, y b) Que se efectúe el ingreso del importe restante de la sanción con anterioridad a que finalice el plazo de pago establecido en el artículo 62.2 de la Ley 58/2003, de 17 de diciembre, General Tributaria. Dicho plazo se iniciará el día siguiente al de la notificación de la comunicación que efectúe el órgano competente una vez haya recibido el acuerdo del órgano administrativo, económico- administrativo o el auto judicial de archivo de actuaciones.

A dicha comunicación se adjuntará carta de pago por el importe restante de la sanción.

Disposición derogatoria única. *Derogación normativa.*

Quedan derogados:

a) El Real Decreto 1930/1998, de 11 de septiembre, por el que se desarrolla el régimen sancionador tributario y se introducen las adecuaciones necesarias en el Real Decreto 939/1986, de 25 de abril, por el que se aprueba el Reglamento general de la inspección de los tributos.

b) Los artículos 63 bis, 63 ter, 63 quáter y 66 del Reglamento general de la inspección de los tributos, aprobado por el Real Decreto 939/1986, de 25 de abril.

c) Las disposiciones de igual o inferior rango que se opongan a lo previsto en este real decreto.

Disposición final única. *Entrada en vigor.*

El presente real decreto entrará en vigor el día siguiente al de su publicación en el «Boletín Oficial del Estado».

REGLAMENTO GENERAL DEL RÉGIMEN SANCIONADOR TRIBUTARIO

CAPÍTULO I. Disposiciones generales

Artículo 1[1]. *Ámbito de aplicación.*

1. El ejercicio de la potestad sancionadora regulada en el título IV de la Ley 58/2003, de 17 de diciembre, General Tributaria, se ajustará a las normas de procedimiento y demás disposiciones de desarrollo contenidas en este reglamento.

---

[1] Decreto Foral de Álava 97/2008, del Consejo de Diputados de 18 de noviembre, que aprueba el Reglamento de infracciones y sanciones tributarias (BOTHA núm. 140 de 5 de diciembre de 2008); Decreto Foral 100/2005, 21 junio, por el que se aprueba el Reglamento Sancionador Tributario del Territorio Histórico de Bizkaia (BOB de 30 junio), Decreto Foral de Gipuzkoa 42/2006, 26 septiembre, por el que se aprueba el Reglamento del régimen de infracciones y sanciones tributarias (BOG de 9 octubre) y Decreto Foral 153/2001, de 11 de junio, por el que se desarrollan las disposiciones de la Ley Foral General Tributaria

2. Lo dispuesto en este reglamento también se aplicará en el ámbito de competencia normativa del Estado, de forma supletoria y en aquello en que resulte procedente, a la imposición de sanciones tributarias distintas de las establecidas en la Ley 58/2003, de 17 de diciembre, General Tributaria.

3. Este reglamento resultará aplicable en los términos previstos en el artículo 1 de la Ley 58/2003, de 17 de diciembre, General Tributaria.

Artículo 2. *Regularización voluntaria en el orden sancionador.*

A efectos de lo previsto en el artículo 179.3 de la Ley 58/2003, de 17 de diciembre, General Tributaria, se entenderá por regularización voluntaria la efectuada antes de la notificación de un requerimiento para el cumplimiento de la obligación tributaria o de la notificación del inicio de un procedimiento de comprobación o investigación o de un procedimiento sancionador.

CAPÍTULO II. Las infracciones y sanciones tributarias

SECCIÓN 1.ª *Calificación de las infracciones tributarias*

Artículo 3. *Calificación unitaria de la infracción.*

1. Cada infracción tributaria se calificará de forma unitaria como leve, grave o muy grave, de acuerdo con lo dispuesto en este capítulo y conforme al resultado de analizar globalmente la conducta realizada en relación con la infracción, salvo en el supuesto previsto en el artículo 191.6 de la Ley 58/2003, de 17 de diciembre, General Tributaria; en tal caso, la infracción será siempre leve, cualquiera que sean las circunstancias que concurran en la conducta del sujeto infractor.

2. Cuando en un mismo procedimiento de verificación de datos, comprobación limitada o inspección se comprueben varios periodos impositivos o de liquidación, se considerará, a efectos de su calificación, que existe una infracción, en relación con cada uno de los distintos supuestos de infracción tipificados por la ley, por cada tributo y periodo objeto del procedimiento.

Cuando se trate de infracciones relativas a tributos sin periodo impositivo ni periodo de liquidación o a hechos u operaciones cuya declaración no sea periódica, se considerará que existe una infracción por cada obligación tributaria que derive de cada uno de los hechos u operaciones sujetos al tributo.

Cuando se trate de infracciones consistentes en el incumplimiento de obligaciones formales, se considerará que existe una infracción por cada incumplimiento

en materia de infracciones y sanciones tributarias de la Administración de la Comunidad Foral de Navarra (BON núm. 73, de 15 de junio de 2001).

3[2]. Cuando en relación con un tributo y período impositivo o de liquidación se incoe más de un procedimiento de aplicación de los tributos o se formule más de una propuesta de liquidación, se considerará, a efectos de su calificación y cuantificación, que se ha cometido una única infracción. En estos supuestos, en cada procedimiento sancionador que se incoe se impondrá la sanción que hubiese procedido de mediar un solo procedimiento de aplicación de los tributos o una sola propuesta de liquidación, minorada en el importe de las sanciones impuestas en los procedimientos anteriores o minorada en el importe de las sanciones impuestas con relación a las propuestas de liquidación en las que no se incluya la totalidad de los elementos regularizados de la obligación tributaria.

Lo dispuesto en el párrafo anterior será de aplicación igualmente a los tributos sin periodo impositivo ni periodo de liquidación o a hechos u operaciones cuya declaración no sea periódica cuando en relación con la misma obligación tributaria se incoe más de un procedimiento de aplicación de los tributos o se formule más de una propuesta de liquidación.

Si las sanciones impuestas en los procedimientos anteriores o en los derivados de propuestas de liquidación en las que no se incluya la totalidad de los elementos regularizados de la obligación tributaria no hubieran sido ingresadas, no procederá la devolución del importe que pueda derivarse de la deducción de dichas sanciones en el procedimiento sancionador posterior o en el procedimiento sancionador incoado con relación a la propuesta de liquidación en que se incluya la totalidad de los elementos regularizados de la obligación tributaria, en tanto no hubiera sido pagado o compensado el importe de dichas sanciones.

Artículo 4. *Circunstancias determinantes de la calificación de una infracción.*
1. Se entenderá que existe ocultación de datos a la Administración tributaria cuando se produzcan las circunstancias previstas en el artículo 184.2 de la Ley 58/2003, de 17 de diciembre, General Tributaria, aun cuando la Administración tributaria pudiera conocer la realidad de las operaciones o los datos omitidos por declaraciones de terceros, por requerimientos de información o por el examen de la contabilidad, libros o registros y demás documentación del propio sujeto infractor.

2. A efectos de lo dispuesto en el artículo 184.3.a).3.º de la Ley 58/2003, de 17 de diciembre, General Tributaria, se entenderá que existen asientos, registros o importes falsos cuando en los libros de contabilidad o en los libros o registros establecidos por la normativa tributaria se reflejen hechos u operaciones inexistentes o con magnitudes dinerarias o de otra naturaleza superiores a las reales.

Se entenderá que existe omisión de operaciones cuando no se contabilicen o registren operaciones realizadas o cuando se contabilicen o registren parcialmente, por magnitudes dinerarias o de otra naturaleza inferiores a las reales.

Se entenderá que existe contabilización en cuentas incorrectas cuando, tratándose de libros de contabilidad o de libros o registros establecidos por la normativa tributaria, se anoten

2 Art. 184 (Clasificación de las infracciones tributarias) de la LGT (§1).
Nueva redacción del art. 3.3 dada por la Disp. Final primera.Uno del Real Decreto 1065/2007, de 27 de julio, por el que se aprueba el Reglamento General de las actuaciones y los procedimientos de gestión e inspección tributaria..., con efectos desde el 1-1-2008.

operaciones incumpliendo la normativa que los regula, de forma que se altere su considera-ción fiscal y de ello se haya derivado la comisión de la infracción tributaria.

3. A efectos de lo dispuesto en el artículo 184.3.b) de la Ley 58/2003, de 17 de diciembre, General Tributaria, se entenderá que son facturas, justificantes u otros documentos o soportes falsos o falseados aquellos que reflejen operaciones inexistentes o magnitudes dinerarias o de otra naturaleza distintas de las reales y hayan sido el instrumento para la comisión de la infracción.

SECCIÓN 2.ª *Cuantificación de las sanciones tributarias*

Artículo 5. *Comisión repetida de infracciones tributarias.*

1. A efectos de lo dispuesto en el artículo 187.1.a) de la Ley 58/2003, de 17 de diciembre, General Tributaria, cuando el sujeto infractor hubiese sido sancionado por varias infracciones de la misma naturaleza, en virtud de resolución que hubiese adquirido firmeza en vía admi-nistrativa dentro de los cuatro años anteriores a la comisión de la infracción, de todas ellas se computará como único antecedente la infracción cuya calificación haya resultado más grave.

2. Cuando se realicen actuaciones relativas a una determinada obligación tributaria, no constituirá antecedente la imposición de sanciones por infracciones de la misma naturaleza derivadas de liquidaciones provisionales referidas a la misma obligación, siendo de aplica-ción lo dispuesto en el artículo 3.3 de este reglamento.

Artículo 6. *Incumplimiento sustancial de la obligación de facturación o documentación.*

Cuando un procedimiento de comprobación o investigación tenga por objeto varios tri-butos con periodos impositivos o de liquidación de diferente duración, la apreciación del cri-terio de incumplimiento sustancial de la obligación de facturación o documentación previsto en el artículo 187.1.c) de la Ley 58/2003, de 17 de diciembre, General Tributaria, se realizará tomando en consideración cada uno de los periodos de menor duración.

Artículo 7. *Conformidad del obligado tributario.*

1. En los procedimientos de verificación de datos y comprobación limitada, salvo que se requiera la conformidad expresa, se entenderá producida la conformidad cuando el obligado tributario no interponga recurso o reclamación económico-administrativa contra la liquida-ción.

Cuando el obligado tributario hubiera manifestado expresamente su conformidad durante el procedimiento o, cuando en el momento de dictar la resolución del procedimiento san-cionador, no hubiera transcurrido el plazo para la interposición del recurso o reclamación que proceda contra la liquidación y no se tenga constancia de su interposición, la sanción se impondrá con la correspondiente reducción, sin perjuicio de que posteriormente se exija el importe de la reducción aplicada en el supuesto de que el obligado tributario interponga recurso o reclamación contra la liquidación.

2. En los procedimientos de inspección, se entenderá otorgada la conformidad cuando el obligado tributario suscriba un acta de conformidad o cuando, una vez el inspector-jefe haya rectificado la propuesta de regularización contenida en un acta, el obligado tributario manifieste su conformidad con la nueva propuesta contenida en el acuerdo de rectificación en el plazo concedido al efecto.

También se entenderá otorgada la conformidad cuando el obligado tributario que hubiese suscrito un acta de disconformidad manifieste expresamente su conformidad antes de que se dicte el acto administrativo de liquidación.

3[3]. En los supuestos a los que se refiere el artículo 124.1 del Reglamento General de Recaudación, aprobado por Real Decreto 939/2005, de 29 de julio, se deberá de dar la conformidad de forma expresa conforme a lo dispuesto en dicho precepto.

SECCIÓN 3.ª *Normas especiales para determinadas infracciones y sanciones tributarias*

Subsección 1.ª Cálculo de la sanción en los supuestos de infracciones previstas en los artículos 191, 192 y 193 de la Ley 58/2003, de 17 de diciembre, General Tributaria

Artículo 8. *Cálculo de la base de la sanción en los supuestos de infracciones previstas en los artículos 191, 192 y 193 de la Ley 58/2003, de 17 de diciembre, General Tributaria.*

1. La base de la sanción en la infracción prevista en el artículo 191 de la Ley 58/2003, de 17 de diciembre, General Tributaria, será el importe de la cantidad a ingresar resultante de la regularización practicada, salvo en los supuestos previstos en el apartado siguiente.

2[4]. Cuando de la regularización practicada resulten cantidades sancionables y no sancionables, la base de la sanción será el resultado de multiplicar la cantidad a ingresar por el coeficiente regulado en el apartado 3. A estos efectos, no se incluirán en dicho coeficiente los incrementos regularizados derivados de las ganancias patrimoniales no justificadas y rentas no declaradas que resulten de lo dispuesto en la disposición adicional primera de la Ley 7/2012, de 29 de octubre, de modificación de la normativa tributaria y presupuestaria y de adecuación de la normativa financiera para la intensificación de las actuaciones en la prevención y lucha contra el fraude.

3. El coeficiente a que se refiere el apartado anterior se determinará multiplicando por 100 el resultante de una fracción en la que figuren:

a) En el numerador, la suma del resultado de multiplicar los incrementos sancionables regularizados en la base imponible o liquidable por el tipo de gravamen del tributo, si dichos incrementos se producen en la parte de la base gravada por un tipo proporcional o, si se producen en la parte de la base gravada por una tarifa, por el tipo medio de gravamen resultante de su aplicación, más los incrementos sancionables realizados directamente en la cuota del tributo o en la cantidad a ingresar.

b) En el denominador, la suma del resultado de multiplicar todos los incrementos que se hayan regularizado en la base imponible o liquidable por el tipo de gravamen del tributo, si dichos incrementos se producen en la parte de la base gravada por un tipo proporcional o, si se producen en la parte de la base gravada por una tarifa, por el tipo medio de gravamen resultante de su aplicación, más los incrementos realizados directamente en la cuota del tributo o en la cantidad a ingresar.

Este coeficiente se expresará redondeado con dos decimales.

---

[3]   Nuevo apartado incorporado por el art. único Uno del Real Decreto 1072/2017, de 29 de diciembre (BOE núm. 317, de 30 de diciembre de 2017), en vigor desde el 1 de enero de 2018.

[4]   Nueva redacción del art. 8.2 dada por el art. único Dos del Real Decreto 1072/2017, de 29 de diciembre (BOE núm. 317, de 30 de diciembre de 2017), en vigor desde el 1 de enero de 2018.

4. Cuando en la regularización se hayan realizado ajustes en la base, en la cuota o en la cantidad a ingresar que minoren la deuda tributaria, su cuantía no se tendrá en cuenta a efectos del cálculo del coeficiente a que se refiere el apartado anterior.

5. No obstante lo dispuesto en los apartados anteriores, en aquellos supuestos en que concurra la conducta prevista en el artículo 191.6 de la Ley 58/2003, de 17 de diciembre, General Tributaria, las cantidades indebidamente declaradas en un periodo no disminuirán la base de sanción que proceda en la regularización de aquél.

6. Lo dispuesto en los apartados anteriores también será de aplicación para el cálculo de la base de la sanción en el caso de las infracciones previstas en los artículos 192 y 193 de la Ley 58/2003, de 17 de diciembre, General Tributaria, entendiendo que las menciones a las cantidades dejadas de ingresar se refieren, respectivamente, a:

a) En el caso del artículo 192, a la cuantía de la liquidación cuando no se hubiera presentado declaración o a la diferencia entre la cuantía que resulte de la adecuada liquidación del tributo y la que hubiera procedido de acuerdo con los datos declarados.

b) En el caso del artículo 193, a la cantidad devuelta indebidamente como consecuencia de la comisión de la infracción.

Artículo 9. *Cálculo de la incidencia sobre la base de la sanción de las circunstancias determinantes de la calificación de una infracción.*

1. La incidencia de la ocultación, de la llevanza incorrecta de libros o registros o de los documentos o soportes falsos o falseados sobre la base de la sanción se calculará de acuerdo con las reglas establecidas para cada caso en los artículos siguientes de este reglamento.

Cuando concurran más de una de las circunstancias determinantes de la calificación de la infracción, se tomará en consideración la que determine una mayor gravedad de la conducta.

2. El hecho de que determinados incrementos se tengan en cuenta para el cálculo de la incidencia de la ocultación, de la llevanza incorrecta de libros o registros o de los documentos o soportes falsos o falseados, no impedirá la inclusión de esos mismos importes, si procede, a efectos del cálculo de la incidencia de otras de las citadas circunstancias determinantes de la calificación de la infracción.

Artículo 10. *Cálculo de la incidencia de la ocultación.*

1[5]**.** La incidencia de la deuda derivada de la ocultación sobre la base de la sanción se determinará por el coeficiente regulado en el apartado 2. A estos efectos, no se incluirán en dicho coeficiente los incrementos regularizados derivados de las ganancias patrimoniales no justificadas y rentas no declaradas que resulten de lo dispuesto en la disposición adicional primera de la Ley 7/2012, de 29 de octubre, de modificación de la normativa tributaria y presupuestaria y de adecuación de la normativa financiera para la intensificación de las actuaciones en la prevención y lucha contra el fraude.

2. El coeficiente a que se refiere el apartado anterior se determinará multiplicando por 100 el resultante de una fracción en la que figuren:

---

[5]   Nueva redacción del art. 10.1 dada por el art. único Tres del Real Decreto 1072/2017, de 29 de diciembre (BOE núm. 317, de 30 de diciembre de 2017), en vigor desde el 1 de enero de 2018.

a) En el numerador, la suma del resultado de multiplicar los incrementos realizados en la base imponible o liquidable en los que se haya apreciado ocultación por el tipo de gravamen del tributo, si dichos incrementos se producen en la parte de la base gravada por un tipo proporcional o, si se producen en la parte de la base gravada por una tarifa, por el tipo medio de gravamen resultante de su aplicación, más los incrementos realizados directamente en la cuota del tributo o en la cantidad a ingresar en los que se haya apreciado ocultación.

b) En el denominador, la suma del resultado de multiplicar todos los incrementos sancionables que se hayan regularizado en la base imponible o liquidable por el tipo de gravamen del tributo, si dichos incrementos se producen en la parte de la base gravada por un tipo proporcional o, si se producen en la parte de la base gravada por una tarifa, por el tipo medio de gravamen resultante de su aplicación, más los incrementos sancionables realizados directamente en la cuota del tributo o en la cantidad a ingresar.

Este coeficiente se expresará redondeado con dos decimales.

3. Cuando en la regularización se hayan realizado ajustes en la base, en la cuota o en la cantidad a ingresar que minoren la deuda tributaria, su cuantía no se tendrá en cuenta a efectos de los cálculos previstos en el apartado anterior.

4. Para el cálculo de la incidencia de la ocultación se tendrán en cuenta todos los importes que hubiesen sido regularizados, con independencia de lo que resulte de la aplicación de los artículos 191, 192, 193 y 195 de la Ley 58/2003, de 17 de diciembre, General Tributaria.

5. En el supuesto de falta de presentación de la declaración o autoliquidación, se entenderá que la incidencia de la deuda derivada de la ocultación sobre la base de la sanción es del 100 por cien.

Artículo 11. *Cálculo de la incidencia de la llevanza incorrecta de libros o registros.*

1[6]**.** La incidencia de la llevanza incorrecta de los libros o registros sobre la base de la sanción se determinará por el coeficiente regulado en el apartado 2. A estos efectos, no se incluirán en dicho coeficiente los incrementos regularizados derivados de las ganancias patrimoniales no justificadas y rentas no declaradas que resulten de lo dispuesto en la disposición adicional primera de la Ley 7/2012, de 29 de octubre, de modificación de la normativa tributaria y presupuestaria y de adecuación de la normativa financiera para la intensificación de las actuaciones en la prevención y lucha contra el fraude.

2. El coeficiente a que se refiere el apartado anterior se determinará multiplicando por 100 el resultante de una fracción en la que figuren:

a) En el numerador, la suma del resultado de multiplicar los incrementos realizados en la base imponible o liquidable cuya regularización esté originada por la llevanza incorrecta de los libros o registros por el tipo de gravamen del tributo, si dichos incrementos se producen en la parte de la base gravada por un tipo proporcional o, si se producen en la parte de la base gravada por una tarifa, por el tipo medio de gravamen resultante de su aplicación, más los incrementos realizados directamente en la cuota del tributo o en la cantidad a ingresar cuya regularización esté originada por la llevanza incorrecta de libros o registros.

---

[6]   Nueva redacción del art. 11.1 dada por el art. único Cuatro del Real Decreto 1072/2017, de 29 de diciembre (BOE núm. 317, de 30 de diciembre de 2017), en vigor desde el 1 de enero de 2018.

b) En el denominador, la suma del resultado de multiplicar todos los incrementos sancionables que se hayan regularizado en la base imponible o liquidable por el tipo de gravamen del tributo, si dichos incrementos se producen en la parte de la base gravada por un tipo proporcional o, si se producen en la parte de la base gravada por una tarifa, por el tipo medio de gravamen resultante de su aplicación, más los incrementos sancionables realizados directamente en la cuota del tributo o en la cantidad a ingresar.

Este coeficiente se expresará redondeado con dos decimales.

3. Cuando en la regularización se hayan realizado ajustes en la base, en la cuota o en la cantidad a ingresar que minoren la deuda tributaria, su cuantía no se tendrá en cuenta a efectos de los cálculos previstos en el apartado anterior.

4. Para el cálculo de la incidencia de la llevanza incorrecta de los libros o registros se tendrán en cuenta todos los importes que hubiesen sido regularizados, con independencia de lo que resulte de la aplicación de los artículos 191, 192, 193 y 195 de la Ley 58/2003, de 17 de diciembre, General Tributaria.

Artículo 12. *Cálculo de la incidencia de la utilización de facturas, justificantes o documentos falsos o falseados.*

1[7]**.** La incidencia de los documentos o soportes falsos o falseados sobre la base de la sanción se determinará por el coeficiente regulado en el apartado 2. A estos efectos, no se incluirán en dicho coeficiente los incrementos regularizados derivados de las ganancias patrimoniales no justificadas y rentas no declaradas que resulten de lo dispuesto en la disposición adicional primera de la Ley 7/2012, de 29 de octubre, de modificación de la normativa tributaria y presupuestaria y de adecuación de la normativa financiera para la intensificación de las actuaciones en la prevención y lucha contra el fraude.

2. El coeficiente a que se refiere el apartado anterior se determinará multiplicando por 100 el resultante de una fracción en la que figuren:

a) En el numerador, la suma del resultado de multiplicar los incrementos realizados en la base imponible o liquidable cuya regularización esté originada por la utilización de facturas, justificantes u otros documentos o soportes falsos o falseados por el tipo de gravamen del tributo, si dichos incrementos se producen en la parte de la base gravada por un tipo proporcional o, si se producen en la parte de la base gravada por una tarifa, por el tipo medio de gravamen resultante de su aplicación, más los incrementos realizados directamente en la cuota del tributo o en la cantidad a ingresar cuya regularización esté originada por la utilización de facturas, justificantes u otros documentos o soportes falsos o falseados.

b) En el denominador, la suma del resultado de multiplicar todos los incrementos sancionables que se hayan regularizado en la base imponible o liquidable por el tipo de gravamen del tributo, si dichos incrementos se producen en la parte de la base gravada por un tipo proporcional o, si se producen en la parte de la base gravada por una tarifa, por el tipo medio de gravamen resultante de su aplicación, más los incrementos sancionables realizados directamente en la cuota del tributo o en la cantidad a ingresar.

Este coeficiente se expresará redondeado con dos decimales.

---

[7]   Nueva redacción del art. 12.1 dada por el art. único Cinco del Real Decreto 1072/2017, de 29 de diciembre (BOE núm. 317, de 30 de diciembre de 2017), en vigor desde el 1 de enero de 2018.

3. Cuando en la regularización se hayan realizado ajustes en la base, en la cuota o en la cantidad a ingresar que minoren la deuda tributaria, su cuantía no se tendrá en cuenta a efectos de los cálculos previstos en el apartado anterior.

4. Para el cálculo de la incidencia de los documentos o soportes falsos o falseados se tendrán en cuenta todos los importes que hubiesen sido regularizados, con independencia de lo que resulte de la aplicación de los artículos 191, 192, 193 y 195 de la Ley 58/2003, de 17 de diciembre, General Tributaria.

Subsección 2.ª Normas especiales para la delimitación y cuantificación de otras infracciones y sanciones tributarias

Artículo 13. *Infracción tributaria por determinar o acreditar improcedentemente partidas positivas o negativas o créditos tributarios aparentes.*

1. Cuando la infracción a que se refiere el artículo 195.1, párrafo segundo, de la Ley 58/2003, de 17 de diciembre, General Tributaria, concurra con las infracciones reguladas en los artículos 191, 192 y 193 de esta ley, la base de la sanción se determinará de acuerdo con lo dispuesto en los apartados siguientes de este artículo.

2. Cuando lo que se haya declarado incorrectamente sea la renta neta, la sanción proporcional del 15 por ciento se aplicará sobre la base de sanción calculada de la siguiente forma:

a) Si la aplicación de cantidades pendientes sólo se ha llevado a cabo en la base del tributo, la base de la sanción será el incremento de renta neta sancionable que hubiese sido objeto de compensación.

b) Si la aplicación de cantidades pendientes sólo se ha llevado a cabo en la cuota del tributo o en la cantidad a ingresar, la base de la sanción se determinará multiplicando las cantidades que hubiesen sido objeto de compensación o deducción en la cuota o cantidad a ingresar por el resultado, redondeado en dos decimales, de un cociente en el que figuren:

1.º En el numerador, la renta neta sancionable declarada incorrectamente.

2.º En el denominador, la diferencia entre la cuota íntegra regularizada y la declarada inicialmente.

c) Si la aplicación de las cantidades pendientes se ha llevado a cabo tanto en la base como en la cuota del tributo o cantidad a ingresar, la base de la sanción será la suma de las cantidades que resulten de lo dispuesto en los párrafos a) y b) anteriores, calculadas en ese orden. Para determinar el incremento de renta neta sancionable que constituye la base de la sanción prevista en el párrafo b) será preciso, en primer lugar, restar de la totalidad del incremento de renta neta sancionable la parte que haya sido compensada en la base del tributo con cantidades pendientes de compensación.

3. Cuando lo que se haya declarado incorrectamente sea la cuota repercutida, la cantidad o cuota a deducir o los incentivos fiscales de un periodo y la compensación sólo se haya llevado a cabo en la cuota del tributo o en la cantidad a ingresar, la multa proporcional del 50 por ciento se aplicará sobre el incremento de cuota sancionable que hubiese sido objeto de compensación.

4. Cuando lo que se haya declarado incorrectamente sea tanto la renta neta del periodo como las cantidades a deducir o los incentivos fiscales de dicho periodo, la base de sanción se calculará de la siguiente forma: a) Si sólo se han aplicado cantidades pendientes de compensación en la cuota del tributo o en la cantidad a ingresar, dicha compensación deberá imputarse proporcionalmente tanto al incremento de renta neta sancionable como a las cantidades o incentivos fiscales declarados incorrectamente en la cuota, a efectos de determinar la parte de la base de la sanción que corresponde a cada una de ellas.

Dichas imputaciones se efectuarán en función de los coeficientes que se determinarán multiplicando por 100 el resultante de las fracciones procedentes según las partidas regularizadas, cuyo numerador será, dependiendo del caso:

1.º El resultado de multiplicar el incremento de renta neta sancionable por el tipo de gravamen del impuesto, si dicho incremento se produce en la parte de la base gravada por un tipo proporcional.

2.º El resultado de multiplicar el incremento de renta neta sancionable por el tipo medio de gravamen resultante de la aplicación de la tarifa, si dicho incremento se produce en la parte de la base gravada por una tarifa.

3.º Los incrementos sancionables realizados directamente en la cuota del impuesto.

En todos los casos, el denominador incluirá la suma del resultado de multiplicar todos los incrementos que se hayan regularizado en la base imponible o liquidable por el tipo de gravamen del tributo, si dichos incrementos se producen en la parte de la base gravada por un tipo proporcional o, si se producen en la parte de la base gravada por una tarifa, por el tipo medio de gravamen resultante de su aplicación, más los incrementos realizados directamente en la cuota del tributo.

Estos coeficientes se expresarán redondeados con dos decimales.

Una vez determinadas las imputaciones correspondientes, las que correspondan al incremento de renta neta en base se sancionarán de acuerdo con lo dispuesto en el apartado 2.b) de este artículo, y la que corresponda a las cantidades o incentivos fiscales declarados incorrectamente en la cuota o cantidad a ingresar se sancionará conforme a lo dispuesto en el apartado 3.

b) Si se han aplicado cantidades pendientes de compensación o reducción en la base del tributo y cantidades pendientes de compensación, deducción en la cuota del tributo o en la cantidad a ingresar, se aplicará en primer lugar el párrafo a) del apartado 2 y, en segundo lugar, el párrafo a) de este apartado 4.

Artículo 14. *Infracción tributaria por no presentar en plazo autoliquidaciones o declaraciones sin que se produzca perjuicio económico.*

En los supuestos a los que se refiere el artículo 198.2, párrafo segundo, de la Ley 58/2003, de 17 de diciembre, General Tributaria, no se impondrá la sanción que resulte por la presentación fuera de plazo de la autoliquidación o declaración exclusivamente en relación con los datos que hubiesen sido correctamente declarados en plazo, sin perjuicio de la sanción que, en su caso, pudiera proceder en relación con la autoliquidación o declaración presentada fuera de plazo por aplicación de lo dispuesto en el artículo 199 de la ley.

Artículo 15. *Infracción tributaria por presentar incorrectamente autoliquidaciones o declaraciones sin que se produzca perjuicio económico o contestaciones a requerimientos individualizados de información.*

1. Cuando se trate de requerimientos individualizados o de declaraciones exigidas con carácter general que tengan por objeto únicamente datos expresados en magnitudes no monetarias, será de aplicación lo dispuesto en el artículo 199.4 de la Ley 58/2003, de 17 de diciembre, General Tributaria.

2. Cuando se trate de requerimientos individualizados o de declaraciones exigidas con carácter general que tengan por objeto únicamente datos expresados en magnitudes monetarias, se aplicará lo dispuesto en los párrafos b) y c) del apartado siguiente.

3. Cuando se trate de requerimientos individualizados o de declaraciones exigidas con carácter general que tengan por objeto datos expresados en magnitudes monetarias y no monetarias, será de aplicación lo dispuesto en el artículo 199.5 de la Ley 58/2003, de 17 de diciembre, General Tributaria, de acuerdo con las siguientes reglas:

a) Si los datos incorrectos, inexactos o falsos son los no monetarios, la base de la sanción será el importe total del dato monetario vinculado a aquéllos o, de ser varios los datos monetarios relativos a la misma persona o entidad, el de mayor importe.

b) Si los datos incorrectos, inexactos o falsos son los monetarios y los no monetarios, la base de la sanción será la diferencia, expresada en valores absolutos, entre el importe contestado o declarado y el importe correcto del dato requerido o que hubiera debido declararse.

Cuando los datos monetarios incorrectos, inexactos o falsos, referidos a una misma persona o entidad, sean dos o más, se tomará como base de la sanción la suma de las diferencias de todos ellos.

c) Si los datos incompletos, inexactos o falsos expresados en magnitudes monetarias estuviesen referidos a una misma persona o entidad y relacionados entre sí por la aplicación de un porcentaje o tipo de gravamen, la base de sanción para este conjunto de datos se determinara de acuerdo con las siguientes especialidades:

1.ª Si el dato incompleto, inexacto o falso es el importe sobre el que se aplica el porcentaje o tipo de gravamen, la base de la sanción será la diferencia, expresada en valores absolutos, entre el importe contestado o declarado y el importe correcto de los datos requeridos o que hubieran debido declararse. Cuando sean dos o más las magnitudes incompletas, inexactas o falsas, referidas a una misma persona o entidad, se tomará como base de la sanción la suma de las diferencias de todos ellos.

2.ª Si el dato incompleto, inexacto o falso es el porcentaje o tipo de gravamen, la base de la sanción será la diferencia, expresada en valores absolutos, entre el importe declarado como resultante de la aplicación del porcentaje o tipo de gravamen y el importe resultante de la aplicación del porcentaje o tipo de gravamen correcto.

Cuando sean dos o más los porcentajes o tipos de gravamen incompletos, inexactos o falsos, referidos a una misma persona o entidad, se tomará como base de la sanción la suma de las diferencias de todos ellos.

3.ª Si los datos incompletos, inexactos o falsos son tanto el porcentaje o tipo de gravamen como el importe sobre el que se aplica el porcentaje o tipo de gravamen, la base de la sanción será la suma de las diferencias de todos ellos, expresada en valores absolutos, entre los importes contestados o declarados y los que hubieran debido contestarse o declararse.

4. En los supuestos previstos en el apartado 3, la multa proporcional aplicable se determinará por la relación existente entre la base de sanción total determinada de acuerdo con dicho apartado y los importes correctos de todos los datos monetarios requeridos o que hubieran debido declararse y, en el caso de datos relacionados entre sí por la aplicación de un porcentaje o tipo de gravamen, los importes correctos de las magnitudes sobre las que se aplica el porcentaje o tipo de gravamen.

5. Cuando se presenten voluntariamente sin requerimiento previo declaraciones o autoliquidaciones que subsanen las presentadas con anterioridad de forma incorrecta, si la nueva declaración o autoliquidación se presenta conteniendo datos incompletos, inexactos o falsos, se impondrá la sanción que proceda según lo dispuesto en el artículo 199 de la Ley 58/2003, de 17 de diciembre, General Tributaria, exclusivamente en relación con los nuevos datos incorrectamente presentados.

6. No se incurrirá en responsabilidad por la contestación incorrecta a un requerimiento cuando se presente voluntariamente, sin nuevo requerimiento, una nueva contestación que subsane la presentada con anterioridad.

En el supuesto a que se refiere el párrafo anterior, si la nueva contestación al requerimiento se presentase a su vez de forma incompleta, inexacta o con datos falsos, se impondrá la sanción que proceda según lo dispuesto en el artículo 199 de la Ley 58/2003, de 17 de diciembre, General Tributaria, exclusivamente en relación con los datos incorrectamente declarados en la nueva contestación.

7[8]**.** A efectos de lo dispuesto en el artículo 179.3 de la Ley 58/2003, de 17 de diciembre, General Tributaria, no se incurrirá en responsabilidad por la presentación de autoliquidaciones, declaraciones, documentos relacionados con las obligaciones aduaneras u otros documentos con trascendencia tributaria incumpliendo la obligación de utilizar medios electrónicos, informáticos o telemáticos, cuando posteriormente se produzca la presentación por dichos medios, sin requerimiento previo en el sentido del artículo 27.1 de la Ley 58/2003, de 17 de diciembre, General Tributaria, o inicio de procedimiento sancionador.

Artículo 16. *Infracción tributaria por incumplir obligaciones contables y registrales.*

1. Cuando proceda la multa proporcional del uno por ciento de la cifra de negocios del sujeto infractor prevista en el artículo 200.3 de la Ley 58/2003, de 17 de diciembre, General Tributaria, por la no llevanza o conservación de la contabilidad, libros registros exigidos por las normas tributarias, programas, ficheros y archivos informáticos que les sirvan de soporte y sistemas de codificación, serán de aplicación las siguientes reglas:

a) Si se trata de la contabilidad, se considerará la cifra de negocios del sujeto infractor en el ejercicio económico en el que no se hubiera llevado o del que no se conserven los mencionados libros, programas, ficheros, archivos o sistemas.

b) Si se trata de los libros o registros exigidos por las normas tributarias, se considerará la cifra de negocios del sujeto infractor en el periodo impositivo o de liquidación en el que no se hubieran llevado o del que no se conserven los mencionados libros, registros, programas, ficheros, archivos o sistemas.

2. Cuando se trate de libros o registros exigidos por la normativa de impuestos especiales, se aplicarán las siguientes reglas:

a) Si la infracción consiste en la inexactitud u omisión de operaciones o la utilización de cuentas con significado distinto del que les corresponda, y las anotaciones no están expresadas en magnitudes monetarias, la sanción se aplicará sobre el valor de los productos fabrica-

---

[8]   Nuevo apartado incorporado por el art. único Seis del Real Decreto 1072/2017, de 29 de diciembre (BOE núm. 317, de 30 de diciembre de 2017), en vigor desde el 1 de enero de 2018.

dos que guarden relación con las operaciones no anotadas o anotadas incorrectamente en el correspondiente libro o registro.

b) Si la infracción consiste en la no llevanza o conservación de los libros o registros, se entenderá que la cifra de negocios es únicamente la que corresponda a los productos que guarden relación con la no llevanza o conservación de dichos libros o registros.

3⁹. Cuando se trate del retraso en la obligación de llevar los Libros Registro a través de la Sede electrónica de la Agencia Estatal de Administración Tributaria se aplicarán las siguientes reglas:

a) Se entenderá por retraso el suministro de los registros con posterioridad a la finalización del correspondiente plazo previsto en la normativa reguladora de la obligación.

b) Procederá la multa proporcional del 0,5 por ciento del importe de la factura prevista en el artículo 200.3 de la Ley 58/2003, de 17 de diciembre, General Tributaria, en los retrasos relativos a los Libros Registro de facturas expedidas y facturas recibidas.

Dicho porcentaje se aplicará sobre el importe total que corresponda a cada registro de facturación, incluyendo las cuotas, recargos repercutidos y soportados así como las compensaciones percibidas o satisfechas del Impuesto sobre el Valor Añadido que, en su caso, deriven de la operación.

En el caso de los registros de facturación que se correspondan con operaciones a las que sea de aplicación el régimen especial del criterio de caja del Impuesto sobre el Valor Añadido, se considerará como importe total:

i) En el supuesto de que se trate del registro correspondiente a la factura de la operación, el relativo a la misma, con independencia de que, junto a ella se remita la información del cobro o pago que corresponda.

ii) En el supuesto de que se trate únicamente del registro relativo al cobro o pago correspondiente, el que se refiera a la magnitud monetaria a informar de acuerdo con el artículo 61 decies del Reglamento del Impuesto sobre el Valor Añadido, aprobado por el Real Decreto 1624/1992, de 29 de diciembre.

Para la aplicación del mínimo y máximo trimestral se tendrá en cuenta el conjunto de infracciones cometidas en cada trimestre natural.

c) Procederá la multa pecuniaria fija de 150 euros por registro en los retrasos relativos a los Libros Registro de bienes de inversión y de determinadas operaciones intracomunitarias.

4¹⁰. No se incurrirá en responsabilidad administrativa por la infracción prevista en el artículo 200 de la Ley 58/2003, de 17 de diciembre, General Tributaria, relativa al incumplimiento de obligaciones contables y registrales, cuando deba imponerse al mismo sujeto infractor una sanción por alguna de las infracciones previstas en los artículos 191 a 197 como consecuencia de la incorrecta declaración o autoliquidación de las operaciones a las que se refiera el incumplimiento contable o registral.

⁹   Nuevo apartado incorporado por el art. único Siete del Real Decreto 1072/2017, de 29 de diciembre (BOE núm. 317, de 30 de diciembre de 2017), en vigor desde el 1 de enero de 2018.

¹⁰   Original apartado núm. 3 renumerado como núm. 4 por el art. único Siete del Real Decreto 1072/2017, de 29 de diciembre (BOE núm. 317, de 30 de diciembre de 2017), en vigor desde el 1 de enero de 2018.

Artículo 17. *Infracción tributaria por incumplir obligaciones de facturación o documentación*

1. Se entenderá por importe de la operación que haya originado el incumplimiento la base imponible determinada a efectos del Impuesto General sobre Ventas.

Cuando el incumplimiento de la obligación de facturación se produzca en la rectificación de una factura, justificante o documento sustitutivo, la multa proporcional se aplicará sobre el importe de la base imponible del Impuesto General sobre Ventas que grave la operación documentada en la factura, justificante o documento sustitutivo.

2. Cuando de acuerdo con lo dispuesto en el artículo 201.2.b) de la Ley 58/2003, de 17 de diciembre, General Tributaria, deba imponerse la multa pecuniaria fija de 300 euros por desconocerse el importe de la operación a que se refiera la infracción, dicha cuantía no podrá ser incrementada por aplicación del criterio de graduación de incumplimiento sustancial de la obligación de facturación como consecuencia de no conocerse el importe de las operaciones sujetas a dicha obligación, sin perjuicio de la posible aplicación de este criterio sobre la parte de la sanción que consista en multa proporcional sobre el importe de las operaciones que hayan originado la infracción.

3. No se incurrirá en responsabilidad por la infracción prevista en el artículo 201 de la Ley 58/2003, de 17 de diciembre, General Tributaria, en relación con el incumplimiento de la obligación de conservar facturas, justificantes o documentos, cuando deba imponerse al mismo sujeto infractor una sanción por alguna de las infracciones previstas en los artículos 191 a 197 en relación con las operaciones afectadas por dicho incumplimiento.

Artículo 18. *Infracción tributaria por resistencia, obstrucción, excusa o negativa a las actuaciones de la Administración tributaria.*

1. Cuando la resistencia, obstrucción, excusa o negativa consista en la desatención de requerimientos que no se efectúen a personas o entidades que realicen actividades económicas o que, referidos a actividades económicas, sean distintos de los previstos en el artículo 203.5 de la Ley 58/2003, de 17 de diciembre, General Tributaria, será de aplicación lo dispuesto en el artículo 203.4 de dicha ley.

2. Las multas previstas en el artículo 203.4.a), b) y c) de la Ley 58/2003, de 17 de diciembre, General Tributaria, no podrán ser objeto de acumulación, por lo que deberá imponerse una única sanción que se determinará en función del número de veces que se haya desatendido cada requerimiento.

Lo dispuesto en el párrafo anterior también será de aplicación a las multas previstas en el artículo 203.5.a), b) y c) de la citada ley.

3. A efectos de la aplicación de lo dispuesto en el artículo 203.5.c) de la Ley 58/2003, de 17 de diciembre, General Tributaria, cuando se conozca el importe de las operaciones cuya información se requiere, se procederá conforme a las siguientes reglas:

a) En el caso previsto en el párrafo primero del apartado 5.c), si el importe de las operaciones cuya información no se facilita representa un porcentaje superior al 10, 25, 50 ó 75 por ciento del importe de las operaciones objeto del requerimiento, la sanción consistirá en multa pecuniaria proporcional del 0,5, 1, 1,5 ó 2 por ciento del importe de la cifra de negocios, respectivamente, con un mínimo de 10.000 euros y un máximo de 400.000 euros.

b) En el caso previsto en el párrafo segundo del apartado 5.c), si el importe de las operaciones cuya información no se facilita representa un porcentaje superior al 10, 25, 50 ó 75 por ciento del importe de las operaciones que debieron declararse, la sanción consistirá en multa pecuniaria proporcional del 1, 1,5, 2 ó 3 por ciento del importe de la cifra de negocios, respectivamente, con un mínimo de 15.000 euros y un máximo de 600.000 euros.

Artículo 19. *Infracción tributaria por incumplir la obligación de entregar el certificado de retenciones o ingresos a cuenta.*

A efectos de lo dispuesto en el artículo 206 de la Ley 58/2003, de 17 de diciembre, General Tributaria, se entenderá cometida la infracción cuando los obligados tributarios que deban retener o ingresar a cuenta no pongan a disposición de los perceptores de las rentas sujetas a retención o ingreso a cuenta, antes de los plazos de presentación de las declaraciones, autoliquidaciones, comunicaciones de datos o solicitudes de devolución del tributo al que se refiera dicha retención o ingreso a cuenta, el certificado que deben expedir en favor de dichos perceptores, en los términos previstos en la normativa reguladora del tributo.

CAPÍTULO III. Procedimiento sancionador

SECCIÓN 1.ª *Disposiciones Generales*

Artículo 20. *Atribución de las competencias en el procedimiento sancionador.*

1. Salvo que una disposición establezca expresamente otra cosa, la atribución de competencias en el procedimiento sancionador será la misma que la del procedimiento de aplicación de los tributos del que derive.

2. En el ámbito de una misma Administración tributaria, el cambio de adscripción o la comunicación a aquélla de un cambio de domicilio con posterioridad a la terminación de un procedimiento de aplicación de los tributos distinto del procedimiento de inspección o de recaudación, excepción hecha de los procedimientos de gestión en materia de aduanas o de impuestos especiales, producirá los siguientes efectos en relación con la competencia de los órganos administrativos en el procedimiento sancionador:

a) El cambio de adscripción del obligado tributario a otra dependencia o unidad determinará que la competencia para el inicio o continuación del procedimiento sancionador corresponda al órgano competente según la nueva adscripción a partir de la fecha en que se dicte el acuerdo de cambio de adscripción.

b) La comunicación a la Administración tributaria del cambio de domicilio fiscal determinará que la competencia para el inicio o continuación del procedimiento sancionador corresponda al órgano competente según el nuevo domicilio. Dicho cambio producirá este efecto en el plazo de un mes desde la presentación de la comunicación.

No obstante, si durante dicho plazo la Administración tributaria inicia un procedimiento de comprobación de la procedencia del cambio de domicilio, no se alterará la competencia del órgano en tanto no se resuelva dicho procedimiento.

3. En el supuesto de procedimientos sancionadores iniciados como consecuencia de un procedimiento de inspección o de recaudación, el domicilio fiscal determinante de la competencia del órgano administrativo será el que el obligado tributario tuviera al inicio de las actuaciones inspectoras o recaudadoras, sin que el posterior cambio de domicilio fiscal o de adscripción altere dicha competencia, salvo acuerdo expreso del director de departamento competente.

Artículo 21[11]. *Procedimiento para la imposición de sanciones tributarias.*

1. Como regla general, la imposición de sanciones tributarias se realizará mediante un procedimiento separado del procedimiento de aplicación de los tributos, de acuerdo con lo dispuesto en la sección 2.ª de este capítulo.

2. No obstante lo dispuesto en el apartado anterior, en los supuestos en que el interesado renuncie a la tramitación separada del procedimiento sancionador y en los supuestos de actas con acuerdo, las cuestiones relativas a las infracciones se analizarán en el correspondiente procedimiento de aplicación de los tributos de acuerdo con su normativa reguladora y con lo dispuesto en la sección 3.ª de este capítulo.

SECCIÓN 2.ª *Tramitación separada del procedimiento sancionador*

Artículo 22[12]. *Iniciación del procedimiento sancionador.*

1. El procedimiento se iniciará de oficio mediante la notificación del acuerdo del órgano competente, que contendrá necesariamente las siguientes menciones:

a) Identificación de la persona o entidad presuntamente responsable.

b) Conducta que motiva la incoación del procedimiento, su posible calificación y las sanciones que pudieran corresponder.

c) Órgano competente para la resolución del procedimiento e identificación del instructor.

d) Indicación del derecho a formular alegaciones y a la audiencia en el procedimiento, así como del momento y plazos para su ejercicio.

2. Será órgano competente para iniciar el procedimiento sancionador el que se determine en la normativa de organización aplicable a los órganos con competencia sancionadora. En defecto de norma expresa, será órgano competente el que tenga atribuida la competencia para su resolución.

3. No obstante lo dispuesto en el apartado anterior, en los procedimientos sancionadores iniciados por órganos de inspección serán de aplicación las siguientes reglas: a) Si el procedimiento sancionador se inicia como consecuencia de un procedimiento de inspección, será de aplicación lo dispuesto en el artículo 25.1.

b) Si se trata de actuaciones inspectoras distintas de las que integran el procedimiento de inspección, será competente para iniciar el procedimiento sancionador el equipo o unidad que haya desarrollado las actuaciones de las que trae su causa la infracción.

4. Se iniciarán tantos procedimientos sancionadores como propuestas de liquidación se hayan dictado, sin perjuicio de los que hayan de iniciarse por las conductas constitutivas de infracción puestas de manifiesto durante el procedimiento y que no impliquen liquidación.

No obstante, cuando exista identidad en los motivos o circunstancias que determinen la apreciación de varias infracciones podrán acumularse la iniciación e instrucción de los distintos procedimientos, aunque deberá dictarse una resolución individualizada para cada uno de ellos.

---

[11] Art. 208 (Procedimiento para la imposición de sanciones tributarias) de la LGT (§1).
[12] Art. 209 (Iniciación del procedimiento sancionador en materia tributaria) de la LGT (§1).

Artículo 23. *Instrucción del procedimiento sancionador.*

1. Será órgano competente para instruir el procedimiento sancionador el que se determine en la normativa de organización aplicable.

2. Se realizarán de oficio cuantas actuaciones resulten necesarias para determinar, en su caso, la existencia de infracciones susceptibles de sanción.

3. A los efectos previstos en el apartado anterior, se unirán al expediente sancionador las pruebas, declaraciones e informes necesarios para su resolución.

4. Los interesados podrán formular alegaciones y aportar los documentos, justificaciones y pruebas que estimen convenientes en cualquier momento anterior a la propuesta de resolución.

5. Concluidas las actuaciones, se formulará propuesta de resolución que será notificada al interesado, concediéndole, sin perjuicio de lo establecido en el apartado anterior, un plazo de 15 días para la puesta de manifiesto del expediente y para que alegue cuanto considere conveniente y presente los documentos, justificantes y pruebas que estime oportunos.

Si no se formularan alegaciones, se elevará la propuesta de resolución al órgano competente para resolver.

Si se hubieran formulado alegaciones, el órgano instructor remitirá al órgano competente para imponer la sanción la propuesta de resolución que estime procedente a la vista de las alegaciones presentadas, junto con la documentación que obre en el expediente.

6. En los supuestos de tramitación abreviada previstos en el artículo 210.5 de la Ley 58/2003, de 17 de diciembre, General Tributaria, la propuesta de resolución se incorporará al acuerdo de iniciación del procedimiento, y se advertirá expresamente al interesado que, de no formular alegaciones ni aportar nuevos documentos o elementos de prueba, podrá dictarse la resolución de acuerdo con dicha propuesta.

Artículo 24. *Resolución del procedimiento sancionador.*

1. El órgano competente dictará resolución motivada, a la vista de la propuesta formulada en la instrucción del procedimiento y de los documentos, pruebas y alegaciones que obren en el expediente, sin perjuicio de que previamente pueda ordenar que se amplíen las actuaciones practicadas; en este caso, concluidas éstas, deberá formularse una nueva propuesta de resolución a la que será de aplicación lo dispuesto en el apartado 5 del artículo anterior.

No se tendrán en cuenta en la resolución hechos distintos de los que obren en el expediente, determinados en el curso del procedimiento o aportados a éste por haber sido acreditados previamente.

2. En el caso de que el órgano competente para imponer la sanción rectifique la propuesta de resolución por concurrir alguna de las circunstancias previstas en el párrafo siguiente, la rectificación se notificará al interesado, el cual podrá formular las alegaciones que estime pertinentes en el plazo de 10 días contados desde el siguiente a la notificación.

Las circunstancias a que se refiere el párrafo anterior son las siguientes:

a) Cuando se consideren sancionables conductas que en el procedimiento sancionador se hubiesen considerado como no sancionables.

b) Cuando se modifique la tipificación de la conducta sancionable.

c) Cuando se cambie la calificación de una infracción de leve a grave o muy grave, o de grave a muy grave.

3. La resolución se notificará a los interesados. En la notificación también deberá hacerse mención a:

a) Los medios de impugnación que pueden ser ejercitados, plazos y órganos ante los que habrán de ser interpuestos.

b) El lugar, plazo y forma en que debe ser satisfecho el importe de la sanción impuesta.

c) Las circunstancias cuya concurrencia determinará la exigencia del importe de las reducciones practicadas en las sanciones.

d) La no exigencia de intereses de demora en los casos de suspensión de la ejecución de sanciones por la interposición en tiempo y forma de un recurso o reclamación administrativa contra ellas.

e) Cuando la resolución fuese susceptible de impugnación en vía contencioso-administrativa, se informará de que, en caso de solicitarse la suspensión, ésta se mantendrá hasta que el órgano judicial se pronuncie sobre la solicitud, siempre que el interesado cumpla los requisitos del artículo 29.2 de este reglamento.

4[13].

Artículo 25. *Especialidades en la tramitación separada de procedimientos sancionadores iniciados como consecuencia de un procedimiento de inspección.*

1[14]. Será competente para acordar la iniciación del procedimiento sancionador el equipo o unidad que hubiera desarrollado la actuación de comprobación e investigación, salvo que el inspector jefe designe otro diferente.

Cuando el inicio y la tramitación correspondan al mismo equipo o unidad que haya desarrollado o esté desarrollando las actuaciones de comprobación e investigación, el acuerdo de inicio podrá suscribirse por el jefe del equipo o unidad o por el funcionario que haya suscrito o vaya a suscribir las actas. En otro caso, la firma corresponderá al jefe de equipo o unidad o al funcionario que determine el inspector-jefe.

En todo caso, el inicio del procedimiento sancionador requerirá autorización previa del inspector-jefe, que podrá ser concedida en cualquier momento del procedimiento de comprobación e investigación o una vez finalizado este, antes del transcurso del plazo máximo establecido en el artículo 209 de la Ley 58/2003, de 17 de diciembre, General Tributaria.

2. Se iniciarán tantos procedimientos sancionadores como actas de inspección se hayan incoado, sin perjuicio de los que hayan de iniciarse por las conductas constitutivas de infracción puestas de manifiesto durante el procedimiento inspector y que no impliquen liquidación.

No obstante, cuando exista identidad en los motivos o circunstancias que determinan la apreciación de varias infracciones podrán acumularse la iniciación e instrucción de los distintos procedimientos, aunque deberá dictarse una resolución individualizada para cada uno de ellos.

---

[13] Apartado suprimido por el art. único Ocho del Real Decreto 1072/2017, de 29 de diciembre (BOE núm. 317, de 30 de diciembre de 2017), en vigor desde el 1 de enero de 2018.

[14] Nueva redacción del art. 25.1 dada por la Disp. Final primera.Dos del Real Decreto 1065/2007, de 27 de julio, por el que se aprueba el Reglamento General de las actuaciones y los procedimientos de gestión e inspección tributaria..., con efectos desde el 1-1-2008.

En los procedimientos a los que se refiere el párrafo anterior, deberán aparecer debidamente individualizadas las infracciones sancionadas en dichos procedimientos.

3[15]. La instrucción del procedimiento podrá encomendarse por el inspector-jefe al equipo o unidad competente para acordar el inicio o a otro equipo o unidad distinto, en función de las necesidades del servicio o de las circunstancias del caso.

Cuando el inicio y la tramitación del procedimiento sancionador correspondan al mismo equipo o unidad que haya desarrollado o esté desarrollando las actuaciones de comprobación e investigación, la propuesta de resolución podrá suscribirse por el jefe del equipo o unidad o por el funcionario que haya suscrito o vaya a suscribir las actas. En otro caso, la firma corresponderá al jefe de equipo o unidad o al funcionario que determine el inspector-jefe.

4[16].

5[17]. Con ocasión del trámite de alegaciones, el interesado podrá manifestar de forma expresa su conformidad o disconformidad con la propuesta de resolución del procedimiento sancionador que se le formule, de forma que se presumirá su disconformidad si no se pronuncia expresamente al respecto.

6[18]. Si el interesado manifiesta su disconformidad a la propuesta de sanción, el órgano competente para imponer la sanción dictará resolución motivada, sin perjuicio de que previamente pueda ordenar que se amplíen las actuaciones practicadas.

7[19]. Si el interesado presta su conformidad a la propuesta de sanción, se entenderá dictada y notificada la resolución de acuerdo con dicha propuesta por el transcurso del plazo de un mes a contar desde el día siguiente a la fecha en que prestó la conformidad, sin necesidad de nueva notificación expresa al efecto, salvo que en el curso de dicho plazo el órgano competente para imponer la sanción notifique un acuerdo en el que rectifique los errores materiales apreciados en la propuesta, ordene completar las actuaciones practicadas dentro del plazo máximo de duración del procedimiento, dicte resolución expresa confirmando la propuesta de sanción o rectifique la propuesta por considerarla incorrecta. Cuando la referida notificación no se produzca en el plazo de un mes a contar desde el día siguiente a la fecha en que prestó la conformidad, esta actuación carecerá de efecto frente al interesado.

En el caso de que el órgano competente para imponer la sanción rectifique la propuesta, la nueva propuesta de sanción se notificará al interesado dentro del mismo plazo de un mes antes citado. En dicha notificación se deberá indicar al interesado su derecho a formular las

---

[15]   Nueva redacción del art. 25.3 dada por la Disp. Final primera.Tres del Real Decreto 1065/2007, de 27 de julio, por el que se aprueba el Reglamento General de las actuaciones y los procedimientos de gestión e inspección tributaria…, con efectos desde el 1-1-2008.

[16]   Nuevo apartado incorporado por el art. único Nueve del Real Decreto 1072/2017, de 29 de diciembre (BOE núm. 317, de 30 de diciembre de 2017), en vigor desde el 1 de enero de 2018.
Dicha redacción ha sido declarada nula, por la sentencia del Tribunal Supremo núm. 1032/2019, Rec. 83/2018, de 10 de julio de 2019, desde el de 20 de septiembre de 2019.

[17]   Original apartado núm. 4 renumerado como núm. 5 por el art. único Nueve del Real Decreto 1072/2017, de 29 de diciembre (BOE núm. 317, de 30 de diciembre de 2017), en vigor desde el 1 de enero de 2018.

[18]   Original apartado núm. 5 renumerado como núm. 6 por el art. único Nueve del Real Decreto 1072/2017, de 29 de diciembre (BOE núm. 317, de 30 de diciembre de 2017), en vigor desde el 1 de enero de 2018.

[19]   Original apartado núm. 6 renumerado como núm. 7 por el art. único Nueve del Real Decreto 1072/2017, de 29 de diciembre (BOE núm. 317, de 30 de diciembre de 2017), en vigor desde el 1 de enero de 2018.

alegaciones que estime pertinentes en el plazo de 15 días contados desde el siguiente a la notificación.

Si el interesado presta su conformidad a la rectificación realizada, la resolución se considerará dictada en los términos del acuerdo de rectificación y se entenderá notificada por el transcurso del plazo de un mes a contar desde el día siguiente a la fecha en que prestó la conformidad, salvo que en el curso de dicho plazo el órgano competente para imponer la sanción notifique resolución expresa confirmando la propuesta. Si hubiese transcurrido el plazo de alegaciones sin que se hayan producido o si el interesado manifiesta su disconformidad, el órgano competente para imponer la sanción notificará expresamente la resolución.

7[20]. El órgano competente para dictar el acto resolutorio del procedimiento sancionador será el inspector-jefe.

SECCIÓN 3.ª *Tramitación conjunta del procedimiento sancionador y del procedimiento de aplicación de los tributos*

Subsección 1.ª Renuncia a la tramitación separada del procedimiento sancionador

Artículo 26. *Ejercicio del derecho de renuncia a la tramitación separada del procedimiento sancionador.*

1[21]. A efectos de lo establecido en el artículo 208 de la Ley 58/2003, de 17 de diciembre, General Tributaria, el interesado podrá renunciar a la tramitación separada del procedimiento sancionador mediante manifestación expresa que deberá formularse durante los dos primeros meses del procedimiento de aplicación de los tributos, salvo que antes de dicho plazo se produjese la notificación de la propuesta de resolución; en tal caso, la renuncia podrá formularse hasta la finalización del trámite de alegaciones posterior.

En el procedimiento de inspección, el interesado podrá renunciar a la tramitación separada del procedimiento sancionador durante los seis primeros meses, salvo que antes de dicho plazo se produjese la finalización del trámite de audiencia previo a la suscripción del acta; en este caso, la renuncia podrá formularse hasta dicho momento.

El cómputo de los plazos a que se refieren los apartados anteriores se realizará por meses, sin que a esos efectos se deduzcan del cómputo los períodos de interrupción justificada y las dilaciones no imputables a la Administración tributaria ni los periodos de suspensión o de extensión del plazo del procedimiento inspector.

La renuncia regulada en este apartado se realizará por escrito.

2. No obstante lo establecido en el apartado anterior, en aquellos procedimientos de aplicación de los tributos que se hubieran iniciado directamente mediante la notificación de la propuesta de resolución, se podrá renunciar a la tramitación separada del procedimiento sancionador exclusivamente durante el plazo de alegaciones posterior a dicha propuesta.

3. No podrá ejercitarse el derecho a la renuncia a la tramitación separada del procedimiento sancionador fuera de los plazos previstos en los apartados anteriores.

---

[20]   Original apartado núm. 7 renumerado como núm. 8 por el art. único Nueve del Real Decreto 1072/2017, de 29 de diciembre (BOE núm. 317, de 30 de diciembre de 2017), en vigor desde el 1 de enero de 2018.

[21]   Nueva redacción del art. 26.1 dada por el art. único Diez del Real Decreto 1072/2017, de 29 de diciembre (BOE núm. 317, de 30 de diciembre de 2017), en vigor desde el 1 de enero de 2018.

La opción expresa del interesado de renunciar a la tramitación separada del procedimiento sancionador tampoco podrá rectificarse con posterioridad a su ejercicio, salvo en el supuesto previsto en el artículo 28.5.

4. Cuando el interesado no haya renunciado a la tramitación separada del procedimiento sancionador en los términos previstos en este artículo, el procedimiento sancionador deberá iniciarse dentro del plazo máximo previsto en el artículo 209.2 de la Ley 58/2003, de 17 de diciembre, General Tributaria, y se tramitará de forma separada al de aplicación de los tributos según lo establecido en la sección 2.ª de este capítulo.

Artículo 27. *Tramitación y resolución del procedimiento sancionador en caso de renuncia.*

1[22]**.** Cuando el interesado haya manifestado que renuncia a la tramitación separada del procedimiento sancionador, su inicio deberá notificarse y, a partir de ese momento, su tramitación se desarrollará de forma conjunta con el procedimiento de aplicación de los tributos, y será de aplicación para ambos procedimientos la regulación establecida en la Ley 58/2003, de 17 de diciembre, General Tributaria, y en su normativa de desarrollo para el correspondiente procedimiento de aplicación de los tributos, incluida la relativa a los plazos y a los efectos de su incumplimiento.

A efectos de lo dispuesto en el artículo 104.2 de la Ley 58/2003, de 17 de diciembre, General Tributaria, no se tendrá en cuenta en el cómputo del plazo del procedimiento de aplicación de los tributos, el tiempo transcurrido desde la fecha del primer intento de notificación del inicio del procedimiento sancionador debidamente acreditado hasta la fecha en que dicha notificación se entienda producida.

Una vez notificado el inicio, las cuestiones relativas al procedimiento sancionador se analizarán conjuntamente con las del procedimiento de aplicación de los tributos, y la documentación y elementos de prueba obtenidos durante la tramitación conjunta se considerarán integrantes de ambos expedientes, debiéndose incorporar formalmente a éstos, con vistas a los recursos que pudieran interponerse contra la resolución dictada en cada procedimiento.

2. No obstante su tramitación conjunta, cada procedimiento finalizará con un acto resolutorio distinto.

3. Las propuestas de resolución del procedimiento de aplicación de los tributos y la de los procedimientos sancionadores que deriven de aquél deberán notificarse simultáneamente. En el procedimiento de inspección, las propuestas de sanción notificadas se tramitarán conforme a lo dispuesto en los apartados 5 y 6 del artículo 25.

No obstante, en los supuestos previstos en el primer párrafo del apartado 1 y en el apartado 2 del artículo anterior, deberán notificarse el inicio y la propuesta de resolución del procedimiento sancionador con anterioridad o simultáneamente a la notificación de la resolución del procedimiento de aplicación de los tributos, sin que deba notificarse de nuevo la propuesta de resolución de éste.

---

[22]   Nueva redacción del art. 27.1 dada por el art. único Once del Real Decreto 1072/2017, de 29 de diciembre (BOE núm. 317, de 30 de diciembre de 2017), en vigor desde el 1 de enero de 2018.

Subsección 2.ª Normas especiales para la imposición de
sanciones en el supuesto de actas con acuerdo

Artículo 28. *Tramitación conjunta en el supuesto de actas con acuerdo.*

1. A efectos de lo establecido en el artículo 208 de la Ley 58/2003, de 17 de diciembre, General Tributaria, cuando en los supuestos de actas con acuerdo se aprecie que concurren las circunstancias que constituyen la comisión de una infracción tributaria, el procedimiento sancionador se tramitará conjuntamente, y se procederá de acuerdo con lo dispuesto en este artículo.

2. Las cuestiones relativas a las infracciones se analizarán teniendo en cuenta los elementos y pruebas obtenidos en el correspondiente procedimiento de inspección de acuerdo con su normativa reguladora, incluida la relativa a los plazos y a los efectos de su incumplimiento.

3. Se entenderá iniciado el procedimiento sancionador con el acta con acuerdo que se extienda, en la que también se incluirá la propuesta de sanción que proceda y se hará constar expresamente la renuncia a la tramitación separada del procedimiento sancionador, así como la conformidad del interesado con las propuestas de regularización y de sanción que se formulen.

4. En los supuestos a que se refiere este artículo, se entenderá impuesta y notificada la sanción en los términos previstos en el artículo 155.5 de la Ley 58/2003, de 17 de diciembre, General Tributaria, sin que sea preciso dictar acto resolutorio específico de imposición de la sanción.

5. Cuando antes de la formalización de un acta con acuerdo se hubiese iniciado el procedimiento sancionador, la suscripción del acta con acuerdo supondrá la aceptación íntegra de la propuesta de sanción que en ella se contenga, entendiéndose que el procedimiento sancionador finaliza con la notificación prevista en el artículo 155.5 de la Ley 58/2003, de 17 de diciembre, General Tributaria, con independencia de que anteriormente se hubiese renunciado o no a la tramitación separada del procedimiento sancionador, sin perjuicio de los efectos de esa actuación del obligado tributario con respecto al procedimiento sancionador correspondiente a la regularización no practicada en el acta con acuerdo.

SECCIÓN 4.ª *Ejecución de las sanciones*

Artículo 29[23]. *Suspensión de la ejecución de las sanciones.*

1. La suspensión de la ejecución de las sanciones, pecuniarias y no pecuniarias, como consecuencia de la interposición en tiempo y forma de un recurso o reclamación en vía administrativa se aplicará automáticamente por los órganos competentes, sin necesidad de que el interesado lo solicite.

2. Una vez la sanción sea firme en vía administrativa, los órganos de recaudación no iniciarán las actuaciones del procedimiento de apremio mientras no concluya el plazo para interponer el recurso contencioso-administrativo.

---

[23]   Art. 212.3.a) y 233 de la LGT (§1).

Si durante ese plazo el interesado comunica a dichos órganos la interposición del recurso con petición de suspensión, ésta se mantendrá hasta que el órgano judicial adopte la decisión que corresponda en relación con la suspensión solicitada.

3. Para la efectiva aplicación de lo dispuesto en este artículo, los órganos administrativos competentes para la tramitación de los recursos o reclamaciones comunicarán en el plazo de 10 días a los órganos competentes para la ejecución de sanciones las decisiones e incidencias que en cada caso se produzcan.

CAPÍTULO IV. Disposiciones especiales

SECCIÓN 1.ª *Imposición de sanciones tributarias no pecuniarias*

Artículo 30. *Sanciones tributarias no pecuniarias.*

Las sanciones no pecuniarias a que se refieren los apartados 1 y 2 del artículo 186 de la Ley 58/2003, de 17 de diciembre, General Tributaria, podrán consistir en la pérdida del derecho a aplicar exenciones, reducciones, deducciones, bonificaciones u otros beneficios o incentivos fiscales de carácter rogado en cualquier tributo, a excepción de los siguientes:

a) Los previstos en los impuestos indirectos que deban repercutirse obligatoriamente a los adquirentes de bienes o servicios.

b) Los derivados de los tratados o convenios internacionales que formen parte del ordenamiento interno.

c) Los concedidos en virtud de la aplicación del principio de reciprocidad internacional.

Artículo 31. *Especialidades en la tramitación de procedimientos sancionadores para la imposición de sanciones no pecuniarias.*

1. Cuando resulten acreditados hechos o circunstancias que pudieran determinar la imposición de sanciones no pecuniarias por infracciones tributarias graves o muy graves, se procederá a la iniciación, en su caso, del correspondiente procedimiento sancionador, cuya tramitación y resolución se regirá por lo dispuesto en este artículo y, en su defecto, por lo dispuesto en los artículos anteriores.

En la tramitación del procedimiento sancionador para la imposición de sanciones no pecuniarias no podrán discutirse los elementos de la resolución de imposición de la sanción pecuniaria.

2. A los efectos de lo previsto en el apartado anterior, el órgano que hubiese impuesto la sanción pecuniaria propondrá la iniciación del procedimiento sancionador mediante escrito dirigido al órgano competente para acordar su iniciación, acompañando copia de la diligencia o del acta extendida y de los demás antecedentes.

En el caso de que la competencia para imponer la sanción no pecuniaria corresponda al Consejo de Ministros, la competencia para iniciar el procedimiento sancionador será del Ministro de Economía y Hacienda. En los demás casos, será de aplicación lo dispuesto en el artículo 22.

SECCIÓN 2.ª *Actuaciones en materia de delitos contra la hacienda pública*

Artículo 32[24]. ***Actuaciones en supuestos de los delitos previstos en los artículos 305 y 305 bis del Código Penal.***
1. En el supuesto de que la Administración tributaria considere que la conducta del obligado tributario pudiera ser constitutiva del delito tipificado en los artículos 305[25] o 305[26] bis

---

[24]   Nueva redacción del art. 32 dada por el art. único Doce del Real Decreto 1072/2017, de 29 de diciembre, por el que se modifica el Reglamento general del régimen sancionador tributario, aprobado por el Real Decreto 2063/2004, de 15 de octubre (BOE núm. 317, de 30 de diciembre de 2017), en vigor desde el 1 de enero de 2018.
Redacción dada por el art. 3 del Real Decreto 1804/2008, de 3 de noviembre (BOE de 18 de noviembre de 2008), en vigor desde el 19 de noviembre.
Art. 150.4 y 5, art. 180.1 (Principio de no concurrencia de sanciones tributaria) y Disposición adicional décima de la LGT (§1).

[25]   Ley Orgánica 10/1995, de 23 de noviembre, del Código Penal:
Artículo 305 *(Redacción según Ley Orgánica 1/2019, de 20 de febrero, Ley Orgánica 7/2012, Ley Orgánica 5/2010, de 22 de junio y Ley Orgánica 15/2003, de 25 de noviembre). En vigor desde el 17 de enero de 2013.*
«**1.** El que, por acción u omisión, defraude a la Hacienda Pública estatal, autonómica, foral o local, eludiendo el pago de tributos, cantidades retenidas o que se hubieran debido retener o ingresos a cuenta, obteniendo indebidamente devoluciones o disfrutando beneficios fiscales de la misma forma, siempre que la cuantía de la cuota defraudada, el importe no ingresado de las retenciones o ingresos a cuenta o de las devoluciones o beneficios fiscales indebidamente obtenidos o disfrutados exceda de ciento veinte mil euros será castigado con la pena de prisión de uno a cinco años y multa del tanto al séxtuplo de la citada cuantía, salvo que hubiere regularizado su situación tributaria en los términos del apartado 4 del presente artículo.
La mera presentación de declaraciones o autoliquidaciones no excluye la defraudación, cuando ésta se acredite por otros hechos.
Además de las penas señaladas, se impondrá al responsable la pérdida de la posibilidad de obtener subvenciones o ayudas públicas y del derecho a gozar de los beneficios o incentivos fiscales o de la Seguridad Social durante el período de tres a seis años.
2. A los efectos de determinar la cuantía mencionada en el apartado anterior:
a) Si se trata de tributos, retenciones, ingresos a cuenta o devoluciones, periódicos o de declaración periódica, se estará a lo defraudado en cada período impositivo o de declaración, y si éstos son inferiores a doce meses, el importe de lo defraudado se referirá al año natural. No obstante lo anterior, en los casos en los que la defraudación se lleve a cabo en el seno de una organización o grupo criminal, o por personas o entidades que actúen bajo la apariencia de una actividad económica real sin desarrollarla de forma efectiva, el delito será perseguible desde el mismo momento en que se alcance la cantidad fijada en el apartado 1.
b) En los demás supuestos, la cuantía se entenderá referida a cada uno de los distintos conceptos por los que un hecho imponible sea susceptible de liquidación.
3. Las mismas penas se impondrán a quien cometa las conductas descritas en el apartado 1 y a quien eluda el pago de cualquier cantidad que deba ingresar o disfrute de manera indebida de un beneficio obtenido legalmente, cuando los hechos se cometan contra la Hacienda de la Unión Europea, siempre que la cuantía defraudada excediera de cien mil euros en el plazo de un año natural. No obstante lo anterior, en los casos en los que la defraudación se lleve a cabo en el seno de una organización o grupo criminal, o por personas o entidades que actúen bajo la apariencia de una actividad económica real sin desarrollarla de forma efectiva, el delito será perseguible desde el mismo momento en que se alcance la cantidad fijada en este apartado.

del Código Penal, el pase del tanto de culpa a la jurisdicción competente o la remisión del expediente al Ministerio Fiscal producirá las siguientes consecuencias:

Si la cuantía defraudada no superase los cien mil euros pero excediere de diez mil, se impondrá una pena de prisión de tres meses a un año o multa del tanto al triplo de la citada cuantía y la pérdida de la posibilidad de obtener subvenciones o ayudas públicas y del derecho a gozar de los beneficios o incentivos fiscales o de la Seguridad Social durante el período de seis meses a dos años.

4. Se considerará regularizada la situación tributaria cuando se haya procedido por el obligado tributario al completo reconocimiento y pago de la deuda tributaria, antes de que por la Administración Tributaria se le haya notificado el inicio de actuaciones de comprobación o investigación tendentes a la determinación de las deudas tributarias objeto de la regularización o, en el caso de que tales actuaciones no se hubieran producido, antes de que el Ministerio Fiscal, el Abogado del Estado o el representante procesal de la Administración autonómica, foral o local de que se trate, interponga querella o denuncia contra aquél dirigida, o antes de que el Ministerio Fiscal o el Juez de Instrucción realicen actuaciones que le permitan tener conocimiento formal de la iniciación de diligencias.

Asimismo, los efectos de la regularización prevista en el párrafo anterior resultarán aplicables cuando se satisfagan deudas tributarias una vez prescrito el derecho de la Administración a su determinación en vía administrativa.

La regularización por el obligado tributario de su situación tributaria impedirá que se le persiga por las posibles irregularidades contables u otras falsedades instrumentales que, exclusivamente en relación a la deuda tributaria objeto de regularización, el mismo pudiera haber cometido con carácter previo a la regularización de su situación tributaria.

5. Cuando la Administración Tributaria apreciare indicios de haberse cometido un delito contra la Hacienda Pública, podrá liquidar de forma separada, por una parte los conceptos y cuantías que no se encuentren vinculados con el posible delito contra la Hacienda Pública, y por otra, los que se encuentren vinculados con el posible delito contra la Hacienda Pública.

La liquidación indicada en primer lugar en el párrafo anterior seguirá la tramitación ordinaria y se sujetará al régimen de recursos propios de toda liquidación tributaria. Y la liquidación que en su caso derive de aquellos conceptos y cuantías que se encuentren vinculados con el posible delito contra la Hacienda Pública seguirá la tramitación que al efecto establezca la normativa tributaria, sin perjuicio de que finalmente se ajuste a lo que se decida en el proceso penal.

La existencia del procedimiento penal por delito contra la Hacienda Pública no paralizará la acción de cobro de la deuda tributaria. Por parte de la Administración Tributaria podrán iniciarse las actuaciones dirigidas al cobro, salvo que el Juez, de oficio o a instancia de parte, hubiere acordado la suspensión de las actuaciones de ejecución, previa prestación de garantía. Si no se pudiese prestar garantía en todo o en parte, excepcionalmente el Juez podrá acordar la suspensión con dispensa total o parcial de garantías si apreciare que la ejecución pudiese ocasionar daños irreparables o de muy difícil reparación.

6. Los Jueces y Tribunales podrán imponer al obligado tributario o al autor del delito la pena inferior en uno o dos grados, siempre que, antes de que transcurran dos meses desde la citación judicial como imputado satisfaga la deuda tributaria y reconozca judicialmente los hechos. Lo anterior será igualmente aplicable respecto de otros partícipes en el delito distintos del obligado tributario o del autor del delito, cuando colaboren activamente para la obtención de pruebas decisivas para la identificación o captura de otros responsables, para el completo esclarecimiento de los hechos delictivos o para la averiguación del patrimonio del obligado tributario o de otros responsables del delito.

7. En los procedimientos por el delito contemplado en este artículo, para la ejecución de la pena de multa y la responsabilidad civil, que comprenderá el importe de la deuda tributaria que la Administración Tributaria no haya liquidado por prescripción u otra causa legal en los términos previstos en la Ley 58/2003, General Tributaria, de 17 de diciembre, incluidos sus intereses de demora, los Jueces y Tribunales recabarán el auxilio de los servicios de la Administración Tributaria que las exigirá por el procedimiento administrativo de apremio en los términos establecidos en la citada Ley».

a) En caso de no haberse iniciado un procedimiento sancionador por los mismos hechos, la Administración tributaria se abstendrá de iniciar el mismo.

b) En caso de que dicho procedimiento ya se hubiera iniciado, la Administración tributaria se abstendrá de continuar su tramitación, entendiéndose concluido.

c) En caso de haberse impuesto sanción tributaria por los mismos hechos, se suspenderá su ejecución.

Estas mismas consecuencias se producirán, cuando la Administración tributaria tenga conocimiento de que se está desarrollando un proceso penal sobre los mismos hechos.

Lo dispuesto en este apartado se entenderá sin perjuicio de la posibilidad de iniciar un nuevo procedimiento sancionador o, en su caso, de reanudar la ejecución de la sanción administrativa previamente suspendida, en los casos en que no se hubiera apreciado la existencia de delito, de acuerdo con los hechos que los tribunales hubieran considerado probados.

2. La sentencia condenatoria de la autoridad judicial impedirá la imposición de sanción administrativa por los mismos hechos.

Artículo 33[27]**. *Actuaciones en supuestos de otros delitos contra la Hacienda pública.***

1. En los supuestos en que la Administración tributaria estime que la infracción cometida pudiera ser constitutiva del delito previsto en el artículo 310 del Código Penal[28], se procederá

---

[26] Ley Orgánica 10/1995, de 23 de noviembre, del Código Penal:
Artículo 305 bis (*Artículo incorporado por el art. único.tres de la según Ley Orgánica 7/2012, de 27 de diciembre*). *En vigor desde el 17 de enero de 2013.*
«**1.** El delito contra la Hacienda Pública será castigado con la pena de prisión de dos a seis años y multa del doble al séxtuplo de la cuota defraudada cuando la defraudación se cometiere concurriendo alguna de las circunstancias siguientes:
a) Que la cuantía de la cuota defraudada exceda de seiscientos mil euros.
b) Que la defraudación se haya cometido en el seno de una organización o de un grupo criminal.
c) Que la utilización de personas físicas o jurídicas o entes sin personalidad jurídica interpuestos, negocios o instrumentos fiduciarios o paraísos fiscales o territorios de nula tributación oculte o dificulte la determinación de la identidad del obligado tributario o del responsable del delito, la determinación de la cuantía defraudada o del patrimonio del obligado tributario o del responsable del delito.
2. A los supuestos descritos en el presente artículo les serán de aplicación todas las restantes previsiones contenidas en el artículo 305.
En estos casos, además de las penas señaladas, se impondrá al responsable la pérdida de la posibilidad de obtener subvenciones o ayudas públicas y del derecho a gozar de los beneficios o incentivos fiscales o de la Seguridad Social durante el período de cuatro a ocho años».
[27] Nueva redacción del art. 33 dada por el art. único Trece del Real Decreto 1072/2017, de 29 de diciembre, por el que se modifica el Reglamento general del régimen sancionador tributario, aprobado por el Real Decreto 2063/2004, de 15 de octubre (BOE núm. 317, de 30 de diciembre de 2017), en vigor desde el 1 de enero de 2018.
[28] **Artículo 310** (*Redacción dada por la Ley Orgánica 15/2003, de 25 de noviembre*). *En vigor desde el 1 de octubre de 2004.*
«Será castigado con la pena de prisión de cinco a siete meses el que estando obligado por ley tributaria a llevar contabilidad mercantil, libros o registros fiscales:
a) Incumpla absolutamente dicha obligación en régimen de estimación directa de bases tributarias.
b) Lleve contabilidades distintas que, referidas a una misma actividad y ejercicio económico, oculten o simulen la verdadera situación de la empresa.
c) No hubiere anotado en los libros obligatorios negocios, actos, operaciones o, en general, transacciones económicas, o los hubiese anotado con cifras distintas a las verdaderas.

conforme a lo dispuesto en el artículo anterior, sin que sea posible iniciar o continuar el procedimiento para la imposición de sanciones por los mismos hechos y sin que éstos puedan ser tenidos en cuenta para la calificación de las infracciones tributarias cometidas.

En los supuestos previstos en este apartado, de no haberse apreciado la existencia de delito, la Administración tributaria podrá iniciar el procedimiento sancionador de acuerdo con los hechos que los tribunales hubieran considerado probados.

2. En los supuestos en que la Administración tributaria estime que en los hechos descubiertos pudieran existir indicios de haberse cometido alguno de los delitos previstos en los artículos 306 a 308 del Código Penal[29], hará constar en diligencia los hechos y circunstancias

---

[29] d) Hubiere practicado en los libros obligatorios anotaciones contables ficticias.

La consideración como delito de los supuestos de hecho, a que se refieren los párrafos c) y d) anteriores, requerirá que se hayan omitido las declaraciones tributarias o que las presentadas fueren reflejo de su falsa contabilidad y que la cuantía, en más o menos, de los cargos o abonos omitidos o falseados exceda, sin compensación aritmética entre ellos, de 240.000 euros por cada ejercicio económico».

TÍTULO XIV. *De los delitos contra la Hacienda Pública y contra la Seguridad Social*

Artículo 306 (*Redacción según Ley Orgánica 9/2021, de 1 de julio, Ley Orgánica 1/2015, de 30 de marzo, Ley Orgánica 7/2012, de 27 de diciembre, Ley Orgánica 5/2010, de 22 de junio y Ley Orgánica 15/2003, de 25 de noviembre). En vigor desde 3 de julio de 2021.*

«El que por acción u omisión defraude a los presupuestos generales de la Unión Europea u otros administrados por esta, en cuantía superior a cincuenta mil euros, eludiendo, fuera de los casos contemplados en el apartado 3 del artículo 305, el pago de cantidades que se deban ingresar o, dando, fuera de los casos contemplados en el artículo 308, a los fondos obtenidos una aplicación distinta de aquella a que estuvieren destinados u obteniendo indebidamente fondos falseando las condiciones requeridas para su concesión u ocultando las que la hubieran impedido, será castigado con la pena de prisión de uno a cinco años y multa del tanto al séxtuplo de la citada cuantía y la pérdida de la posibilidad de obtener subvenciones o ayudas públicas y del derecho a gozar de los beneficios o incentivos fiscales o de la Seguridad Social durante el período de tres a seis años.

Si la cuantía defraudada o aplicada indebidamente no superase los cincuenta mil euros, pero excediere de cuatro mil, se impondrá una pena de prisión de tres meses a un año o multa del tanto al triplo de la citada cuantía y la pérdida de la posibilidad de obtener subvenciones o ayudas públicas y del derecho a gozar de los beneficios o incentivos fiscales o de la Seguridad Social durante el período de seis meses a dos años».

Artículo 307 (*Redacción según Ley Orgánica 7/2012, de 27 de diciembre, Ley Orgánica 5/2010, de 22 de junio y Ley Orgánica 15/2003, de 25 de noviembre). En vigor desde 17 de enero de 2013.*

«**1.** El que, por acción u omisión, defraude a la Seguridad Social eludiendo el pago de las cuotas de ésta y conceptos de recaudación conjunta, obteniendo indebidamente devoluciones de las mismas o disfrutando de deducciones por cualquier concepto asimismo de forma indebida, siempre que la cuantía de las cuotas defraudadas o de las devoluciones o deducciones indebidas exceda de cincuenta mil euros será castigado con la pena de prisión de uno a cinco años y multa del tanto al séxtuplo de la citada cuantía salvo que hubiere regularizado su situación ante la Seguridad Social en los términos del apartado 3 del presente artículo.

La mera presentación de los documentos de cotización no excluye la defraudación, cuando ésta se acredite por otros hechos.

Además de las penas señaladas, se impondrá al responsable la pérdida de la posibilidad de obtener subvenciones o ayudas públicas y del derecho a gozar de los beneficios o incentivos fiscales o de la Seguridad Social durante el período de tres a seis años.

2. A los efectos de determinar la cuantía mencionada en el apartado anterior se estará al importe total defraudado durante cuatro años naturales.

3. Se considerará regularizada la situación ante la Seguridad Social cuando se haya procedido por el obligado frente a la Seguridad Social al completo reconocimiento y pago de la deuda antes de que se le haya notificado la iniciación de actuaciones inspectoras dirigidas a la determinación de dichas deudas o, en caso de que tales actuaciones no se hubieran producido, antes de que el Ministerio Fiscal o el Letrado de la Seguridad Social interponga querella o denuncia contra aquél dirigida o antes de que el Ministerio Fiscal o el Juez de Instrucción realicen actuaciones que le permitan tener conocimiento formal de la iniciación de diligencias.

Asimismo, los efectos de la regularización prevista en el párrafo anterior, resultarán aplicables cuando se satisfagan deudas ante la Seguridad Social una vez prescrito el derecho de la Administración a su determinación en vía administrativa.

La regularización de la situación ante la Seguridad Social impedirá que a dicho sujeto se le persiga por las posibles irregularidades contables u otras falsedades instrumentales que, exclusivamente en relación a la deuda objeto de regularización, el mismo pudiera haber cometido con carácter previo a la regularización de su situación.

4. La existencia de un procedimiento penal por delito contra la Seguridad Social no paralizará el procedimiento administrativo para la liquidación y cobro de la deuda contraída con la Seguridad Social, salvo que el Juez lo acuerde previa prestación de garantía. En el caso de que no se pudiese prestar garantía en todo o en parte, el Juez, con carácter excepcional, podrá acordar la suspensión con dispensa total o parcial de las garantías, en el caso de que apreciara que la ejecución pudiera ocasionar daños irreparables o de muy difícil reparación. La liquidación administrativa se ajustará finalmente a lo que se decida en el proceso penal.

5. Los Jueces y Tribunales podrán imponer al obligado frente a la Seguridad Social o al autor del delito la pena inferior en uno o dos grados, siempre que, antes de que transcurran dos meses desde la citación judicial como imputado, satisfaga la deuda con la Seguridad Social y reconozca judicialmente los hechos. Lo anterior será igualmente aplicable respecto de otros partícipes en el delito distintos del deudor a la Seguridad Social o del autor del delito, cuando colaboren activamente para la obtención de pruebas decisivas para la identificación o captura de otros responsables, para el completo esclarecimiento de los hechos delictivos o para la averiguación del patrimonio del obligado frente a la Seguridad Social o de otros responsables del delito.

6. En los procedimientos por el delito contemplado en este artículo, para la ejecución de la pena de multa y la responsabilidad civil, que comprenderá el importe de la deuda frente a la Seguridad Social que la Administración no haya liquidado por prescripción u otra causa legal, incluidos sus intereses de demora, los Jueces y Tribunales recabarán el auxilio de los servicios de la Administración de la Seguridad Social que las exigirá por el procedimiento administrativo de apremio».

Artículo 307 bis (*Artículo incorporado por art. único.seis de la Ley Orgánica 7/2012, de 27 de diciembre*). *En vigor desde 17 de enero de 2013.*

«**1.** El delito contra la Seguridad Social será castigado con la pena de prisión de dos a seis años y multa del doble al séxtuplo de la cuantía cuando en la comisión del delito concurriera alguna de las siguientes circunstancias:

a) Que la cuantía de las cuotas defraudadas o de las devoluciones o deducciones indebidas exceda de ciento veinte mil euros.

b) Que la defraudación se haya cometido en el seno de una organización o de un grupo criminal.

c) Que la utilización de personas físicas o jurídicas o entes sin personalidad jurídica interpuestos, negocios o instrumentos fiduciarios o paraísos fiscales o territorios de nula tributación oculte o dificulte la determinación de la identidad del obligado frente a la Seguridad Social o del responsable del delito, la determinación de la cuantía defraudada o del patrimonio del obligado frente a la Seguridad Social o del responsable del delito.

2. A los supuestos descritos en el presente artículo le serán de aplicación todas las restantes previsiones contenidas en el artículo 307.

3. En estos casos, además de las penas señaladas, se impondrá al responsable la pérdida de la posibilidad de obtener subvenciones o ayudas públicas y del derecho a gozar de los beneficios o incentivos fiscales o de la Seguridad Social durante el período de cuatro a ocho años».

Artículo 307 ter *(Artículo incorporado por art. único.seis de la Ley Orgánica 7/2012, de 27 de diciembre). En vigor desde 17 de enero de 2013.*

«**1.** Quien obtenga, para sí o para otro, el disfrute de prestaciones del Sistema de la Seguridad Social, la prolongación indebida del mismo, o facilite a otros su obtención, por medio del error provocado mediante la simulación o tergiversación de hechos, o la ocultación consciente de hechos de los que tenía el deber de informar, causando con ello un perjuicio a la Administración Pública, será castigado con la pena de seis meses a tres años de prisión.

Cuando los hechos, a la vista del importe defraudado, de los medios empleados y de las circunstancias personales del autor, no revistan especial gravedad, serán castigados con una pena de multa del tanto al séxtuplo.

Además de las penas señaladas, se impondrá al responsable la pérdida de la posibilidad de obtener subvenciones y del derecho a gozar de los beneficios o incentivos fiscales o de la Seguridad Social durante el período de tres a seis años.

2. Cuando el valor de las prestaciones fuera superior a cincuenta mil euros o hubiera concurrido cualquiera de las circunstancias a que se refieren las letras b) o c) del apartado 1 del artículo 307 bis, se impondrá una pena de prisión de dos a seis años y multa del tanto al séxtuplo.

En estos casos, además de las penas señaladas, se impondrá al responsable la pérdida de la posibilidad de obtener subvenciones y del derecho a gozar de los beneficios o incentivos fiscales o de la Seguridad Social durante el período de cuatro a ocho años.

3. Quedará exento de responsabilidad criminal en relación con las conductas descritas en los apartados anteriores el que reintegre una cantidad equivalente al valor de la prestación recibida incrementada en un interés anual equivalente al interés legal del dinero aumentado en dos puntos porcentuales, desde el momento en que las percibió, antes de que se le haya notificado la iniciación de actuaciones de inspección y control en relación con las mismas o, en el caso de que tales actuaciones no se hubieran producido, antes de que el Ministerio Fiscal, el Abogado del Estado, el Letrado de la Seguridad Social, o el representante de la Administración autonómica o local de que se trate, interponga querella o denuncia contra aquél dirigida o antes de que el Ministerio Fiscal o el Juez de Instrucción realicen actuaciones que le permitan tener conocimiento formal de la iniciación de diligencias.

La exención de responsabilidad penal contemplada en el párrafo anterior alcanzará igualmente a dicho sujeto por las posibles falsedades instrumentales que, exclusivamente en relación a las prestaciones defraudadas objeto de reintegro, el mismo pudiera haber cometido con carácter previo a la regularización de su situación.

4. La existencia de un procedimiento penal por alguno de los delitos de los apartados 1 y 2 de este artículo, no impedirá que la Administración competente exija el reintegro por vía administrativa de las prestaciones indebidamente obtenidas. El importe que deba ser reintegrado se entenderá fijado provisionalmente por la Administración, y se ajustará después a lo que finalmente se resuelva en el proceso penal.

El procedimiento penal tampoco paralizará la acción de cobro de la Administración competente, que podrá iniciar las actuaciones dirigidas al cobro salvo que el Juez, de oficio o a instancia de parte, hubiere acordado la suspensión de las actuaciones de ejecución previa prestación de garantía. Si no se pudiere prestar garantía en todo o en parte, excepcionalmente el Juez podrá acordar la suspensión con dispensa total o parcial de garantías si apreciare que la ejecución pudiese ocasionar daños irreparables o de muy difícil reparación.

5. En los procedimientos por el delito contemplado en este artículo, para la ejecución de la pena de multa y de la responsabilidad civil, los Jueces y Tribunales recabarán el auxilio de los servicios de la Administración de la Seguridad Social que las exigirá por el procedimiento administrativo de apremio.

6. Resultará aplicable a los supuestos regulados en este artículo lo dispuesto en el apartado 5 del artículo 307 del Código Pena».

Artículo 308 *(Redacción según Ley Orgánica 1/2019, de 20 de febrero, Ley Orgánica 7/2012, de 27 de diciembre, Ley Orgánica 5/2010, de 22 de junio y Ley Orgánica 15/2003, de 25 de noviembre). En vigor desde 13 de marzo de 2019.*

«**1.** El que obtenga subvenciones o ayudas de las Administraciones Públicas, incluida la Unión Europea, en una cantidad o por un valor superior a cien mil euros falseando las condiciones requeridas para su concesión u ocultando las que la hubiesen impedido será castigado con la pena de prisión de uno a cinco años y multa del tanto al séxtuplo de su importe, salvo que lleve a cabo el reintegro a que se refiere el apartado 6.

2. Las mismas penas se impondrán al que, en el desarrollo de una actividad sufragada total o parcialmente con fondos de las Administraciones públicas, incluida la Unión Europea, los aplique en una cantidad superior a cien mil euros a fines distintos de aquéllos para los que la subvención o ayuda fue concedida, salvo que lleve a cabo el reintegro a que se refiere el apartado 6.

3. Además de las penas señaladas, se impondrá al responsable la pérdida de la posibilidad de obtener subvenciones o ayudas públicas y del derecho a gozar de beneficios o incentivos fiscales o de la Seguridad Social durante un período de tres a seis años.

4. Si la cuantía obtenida, defraudada o aplicada indebidamente no superase los cien mil euros pero excediere de diez mil, se impondrá una pena de prisión de tres meses a un año o multa del tanto al triplo de la citada cuantía y la pérdida de la posibilidad de obtener subvenciones o ayudas públicas y del derecho a gozar de los beneficios o incentivos fiscales o de la Seguridad Social durante el período de seis meses a dos años, salvo que lleve a cabo el reintegro a que se refiere el apartado 6.

5. A los efectos de determinar la cuantía a que se refiere este artículo, se atenderá al total de lo obtenido, defraudado o indebidamente aplicado, con independencia de si procede de una o de varias Administraciones Públicas conjuntamente.

6. Se entenderá realizado el reintegro al que se refieren los apartados 1, 2 y 4 cuando por el perceptor de la subvención o ayuda se proceda a devolver las subvenciones o ayudas indebidamente percibidas o aplicadas, incrementadas en el interés de demora aplicable en materia de subvenciones desde el momento en que las percibió, y se lleve a cabo antes de que se haya notificado la iniciación de actuaciones de comprobación o control en relación con dichas subvenciones o ayudas o, en el caso de que tales actuaciones no se hubieran producido, antes de que el Ministerio Fiscal, el Abogado del Estado o el representante de la Administración autonómica o local de que se trate, interponga querella o denuncia contra aquél dirigida o antes de que el Ministerio Fiscal o el juez de instrucción realicen actuaciones que le permitan tener conocimiento formal de la iniciación de diligencias. El reintegro impedirá que a dicho sujeto se le persiga por las posibles falsedades instrumentales que, exclusivamente en relación a la deuda objeto de regularización, el mismo pudiera haber cometido con carácter previo a la regularización de su situación.

7. La existencia de un procedimiento penal por alguno de los delitos de los apartados 1, 2 y 4 de este artículo, no impedirá que la Administración competente exija el reintegro por vía administrativa de las subvenciones o ayudas indebidamente aplicadas. El importe que deba ser reintegrado se entenderá fijado provisionalmente por la Administración, y se ajustará después a lo que finalmente se resuelva en el proceso penal.

El procedimiento penal tampoco paralizará la acción de cobro de la Administración, que podrá iniciar las actuaciones dirigidas al cobro salvo que el juez, de oficio o a instancia de parte, hubiere acordado la suspensión de las actuaciones de ejecución previa prestación de garantía. Si no se pudiere prestar garantía en todo o en parte, excepcionalmente el juez podrá acordar la suspensión con dispensa total o parcial de garantías si apreciare que la ejecución pudiese ocasionar daños irreparables o de muy difícil reparación.

8. Los jueces y tribunales podrán imponer al responsable de este delito la pena inferior en uno o dos grados, siempre que, antes de que transcurran dos meses desde la citación judicial como investigado, lleve a cabo el reintegro a que se refiere el apartado 6 y reconozca judicialmente los hechos. Lo anterior será igualmente aplicable respecto de otros partícipes en el delito distintos del obligado al reintegro o del autor del delito, cuando colaboren activamente para la obtención de pruebas decisivas para la identificación o captura de otros responsables, para el completo esclarecimiento de los hechos delictivos o para la averiguación del patrimonio del obligado o del responsable del delito».

Artículo 308 bis (*Artículo incorporado por el art. único.167 de la Ley Orgánica 1/2015, de 30 de marzo*). *En vigor desde el 1 de julio de 2015.*

«1. La suspensión de la ejecución de las penas impuestas por alguno de los delitos regulados en este Título se regirá por las disposiciones contenidas en el Capítulo III del Título III del Libro I de este Código, completadas por las siguientes reglas:

1.ª La suspensión de la ejecución de la pena de prisión impuesta requerirá, además del cumplimiento de los requisitos regulados en el artículo 80, que el penado haya abonado la deuda tributaria o con la Seguridad Social, o que haya procedido al reintegro de las subvenciones o ayudas indebidamente recibidas o utilizadas.

Este requisito se entenderá cumplido cuando el penado asuma el compromiso de satisfacer la deuda tributaria, la deuda frente a la Seguridad Social o de proceder al reintegro de las subvenciones o ayudas indebidamente recibidas o utilizadas y las responsabilidades civiles de acuerdo a su capacidad económica y de facilitar el decomiso acordado, y sea razonable esperar que el mismo será cumplido. La suspensión no se concederá cuando conste que el penado ha facilitado información inexacta o insuficiente sobre su patrimonio.

La resolución por la que el juez o tribunal concedan la suspensión de la ejecución de la pena será comunicada a la representación procesal de la Hacienda Pública estatal, autonómica, local o foral, de la Seguridad Social o de la Administración que hubiera concedido la subvención o ayuda.

2.ª El juez o tribunal revocarán la suspensión y ordenarán la ejecución de la pena, además de en los supuestos del artículo 86, cuando el penado no dé cumplimiento al compromiso de pago de la deuda tributaria o con la Seguridad Social, al de reintegro de las subvenciones y ayudas indebidamente recibidas o utilizadas, o al de pago de las responsabilidades civiles, siempre que tuviera capacidad económica para ello, o facilite información inexacta o insuficiente sobre su patrimonio. En estos casos, el juez de vigilancia penitenciaria podrá denegar la concesión de la libertad condicional.

2. En el supuesto del artículo 125, el juez o tribunal oirán previamente a la representación procesal de la Hacienda Pública estatal, autonómica, local o foral, de la Seguridad Social o de la Administración que hubiera concedido la subvención o ayuda, al objeto de que aporte informe patrimonial de los responsables del delito en el que se analizará la capacidad económica y patrimonial real de los responsables y se podrá incluir una propuesta de fraccionamiento acorde con dicha capacidad y con la normativa tributaria, de la Seguridad Social o de subvenciones».

Artículo 309 (*Artículo derogado por el art. único.ocho de la Ley Orgánica 7/2012, de 27 de diciembre. Redacciones anteriores dadas por la Ley Orgánica 5/2010, de 22 de junio y la Ley Orgánica 15/2003, de 25 de noviembre)* (...)

Artículo 310 (*Redacción dada por el art. único 115 de la Ley Orgánica 13/2003, de 25 de noviembre). En vigor desde el 1 de octubre de 2004.*

«Será castigado con la pena de prisión de cinco a siete meses el que estando obligado por ley tributaria a llevar contabilidad mercantil, libros o registros fiscales:

a) Incumpla absolutamente dicha obligación en régimen de estimación directa de bases tributarias.

b) Lleve contabilidades distintas que, referidas a una misma actividad y ejercicio económico, oculten o simulen la verdadera situación de la empresa.

c) No hubiere anotado en los libros obligatorios negocios, actos, operaciones o, en general, transacciones económicas, o los hubiese anotado con cifras distintas a las verdaderas.

d) Hubiere practicado en los libros obligatorios anotaciones contables ficticias.

La consideración como delito de los supuestos de hecho, a que se refieren los párrafos c) y d) anteriores, requerirá que se hayan omitido las declaraciones tributarias o que las presentadas fueren reflejo de su falsa contabilidad y que la cuantía, en más o menos, de los cargos o abonos omitidos o falseados exceda, sin compensación aritmética entre ellos, de 240.000 euros por cada ejercicio económico».

Artículo 310 bis (*Redacción según la Ley Orgánica 7/2012, de 27 de diciembre y previamente incorporado por la Ley Orgánica 5/2010, de 22 de junio). En vigor desde 17 de enero de 2013.*

«Cuando de acuerdo con lo establecido en el artículo 31 bis una persona jurídica sea responsable de los delitos recogidos en este Título, se le impondrán las siguientes penas:

concurrentes e informará de ello al órgano administrativo competente para efectuar la correspondiente comprobación. No obstante, cuando se trate de subvenciones cuya comprobación corresponda a la Agencia Estatal de Administración Tributaria, se procederá conforme a lo dispuesto en el artículo anterior.

DISPOSICIONES ADICIONALES

Disposición adicional primera. *Órganos equivalentes de las comunidades autónomas, de las Ciudades de Ceuta y Melilla o de las entidades locales.*

Los órganos competentes de las comunidades autónomas, de las Ciudades de Ceuta y Melilla y de las entidades locales en materia del procedimiento sancionador regulado en los capítulos III y IV de este reglamento se determinarán conforme a lo que establezca su normativa específica.

Disposición adicional segunda. *Expedientes sancionadores relativos al Impuesto sobre el Patrimonio.*

En relación con el Impuesto sobre el Patrimonio, la competencia para iniciar, tramitar y resolver los expedientes sancionadores corresponderá a los órganos competentes de la respectiva comunidad autónoma en los términos que resulten de la legislación reguladora de la cesión de tributos del Estado a las comunidades autónomas.

Disposición adicional tercera. *Aplicación de las infracciones previstas en los artículos 170. dos.4.1 de la Ley 37/1992, de 28 de diciembre, y en el artículo 63.5 de la Ley 20/1991, de 7 de junio.*

Cuando se haya cometido la infracción prevista en el artículo 170.dos.4.º de la Ley 37/1992, de 28 de diciembre, del Impuesto sobre el Valor Añadido, o la prevista en el artículo 63.5 de la Ley 20/1991, de 7 de junio, de modificación de los aspectos fiscales del régimen económico fiscal de Canarias, no se impondrá sanción por las infracciones previstas en los artículos 191, 193, 194 ó 195 de la Ley 58/2003, de 17 de diciembre, General Tributaria, que se hubiesen originado por la no consignación de cantidades en la autoliquidación, y deberán imponerse las sanciones correspondientes a las infracciones previstas en dichas normas.

---

a) Multa del tanto al doble de la cantidad defraudada o indebidamente obtenida, si el delito cometido por la persona física tiene prevista una pena de prisión de más de dos años.

b) Multa del doble al cuádruple de la cantidad defraudada o indebidamente obtenida, si el delito cometido por la persona física tiene prevista una pena de prisión de más de cinco años.

c) Multa de seis meses a un año, en los supuestos recogidos en el artículo 310.

Además de las señaladas, se impondrá a la persona jurídica responsable la pérdida de la posibilidad de obtener subvenciones o ayudas públicas y del derecho a gozar de los beneficios o incentivos fiscales o de la Seguridad Social durante el período de tres a seis años. Podrá imponerse la prohibición para contratar con las Administraciones Públicas.

Atendidas las reglas establecidas en el artículo 66 bis, los Jueces y Tribunales podrán asimismo imponer las penas recogidas en las letras b), c), d), e) y g) del apartado 7 del artículo 33».

DISPOSICIÓN TRANSITORIA

Disposición transitoria única. *Aplicación transitoria de la renuncia a la tramitación separada del procedimiento sancionador.*

En los procedimientos de aplicación de los tributos, salvo los de inspección, iniciados a partir del 1 de julio de 2004 en los que no se haya notificado la propuesta de liquidación a la entrada en vigor de este reglamento y no resulten de aplicación los plazos previstos en el artículo 26.1, se podrá renunciar a la tramitación separada del procedimiento sancionador en el plazo de 15 días siguientes a la citada entrada en vigor.

En los procedimientos de inspección iniciados a partir del 1 de julio de 2004 en los que no haya finalizado el trámite de audiencia previo a la suscripción del acta a la entrada en vigor de este reglamento y no resulten de aplicación los plazos previstos en el artículo 26.1 de este reglamento, se podrá renunciar a la tramitación separada del procedimiento sancionador en el plazo de 15 días siguientes a la citada entrada en vigor.

El plazo establecido en los párrafos anteriores tendrá la consideración de interrupción justificada.

DISPOSICIÓN FINAL

Disposición final única. *Habilitación normativa.*

En el ámbito de competencias del Estado, se autoriza al Ministro de Economía y Hacienda para dictar las disposiciones necesarias para el desarrollo y ejecución de lo dispuesto en los capítulos III y IV este reglamento.

§5. Real Decreto 520/2005, de 13 de mayo, por el que se aprueba el REGLAMENTO GENERAL de desarrollo de la Ley 58/2003, de 17 de diciembre, General Tributaria, en materia de REVISIÓN EN VÍA ADMINISTRATIVA

(BOE núm. 126 de 27 de mayo de 2005, corrección de errores publicada en BOE núm. 155, de 30 de junio de 2005)

La aprobación de la Ley 58/2003, de 17 de diciembre, General Tributaria, ha supuesto una importante reforma en la revisión de actos en vía administrativa, por lo que resulta necesaria la renovación de las normas que constituyen el desarrollo reglamentario de esta materia. En concreto, la ley contiene una nueva sistemática de las normas reguladoras de la revisión en vía administrativa, al incorporar algunos de los preceptos contenidos en el Real Decreto Legislativo 2795/1980, de 12 de diciembre, por el que se articula la Ley 39/1980, de 5 de julio, de bases sobre procedimiento económico-administrativo; en el Real Decreto 1163/1990, de 21 de septiembre, por el cual se regula el procedimiento para la realización de devoluciones de ingresos indebidos de naturaleza tributaria; en el Real Decreto 2244/1979, de 7 de septiembre, por el que se reglamenta el recurso de reposición previo al económico-administrativo; en el Real Decreto 391/1996, de 1 de marzo, por el que se aprueba el Reglamento de procedimiento en las reclamaciones económico-administrativas, y en el Real Decreto 136/2000, de 4 de febrero, por el que se desarrolla parcialmente la Ley 1/1998, de 26 de febrero, de Derechos y Garantías de los Contribuyentes, en lo relativo al reembolso del coste de las garantías prestadas para suspender la ejecución de las deudas tributarias y al régimen de actuaciones de la inspección de los tributos y se adapta a las previsiones de dicha ley el procedimiento para la realización de devoluciones de ingresos indebidos de naturaleza tributaria.

Esta nueva regulación de la revisión en vía administrativa en el ámbito legal ha hecho necesario que se dicte un nuevo texto reglamentario de carácter fundamentalmente procedimental que se adapte a los cambios introducidos en la Ley 58/2003, de 17 de diciembre, de acuerdo con la habilitación general al Gobierno para dictar las disposiciones de desarrollo y aplicación de la ley, contenida en su disposición final novena y en virtud de las diversas habilitaciones concretas establecidas en el título V de la ley.

El real decreto que ahora se aprueba contiene un artículo único por el que se aprueba el Reglamento general de desarrollo de la Ley 58/2003, de 17 de diciembre, General Tributaria, en materia de revisión en vía administrativa, una disposición transitoria dedicada a las competencias de los tribunales económico-administrativos, una disposición derogatoria y una disposición final por la que se establece la fecha de entrada en vigor.

El Reglamento general de desarrollo de la Ley 58/2003, de 17 de diciembre, General Tributaria, en materia de revisión en vía administrativa, está integrado por cinco títulos, tres disposiciones adicionales, tres disposiciones transitorias y una disposición final.

El título I, «Disposiciones generales», contiene el ámbito de aplicación de este reglamento y los aspectos comunes a todos los procedimientos de revisión, y en él se regula el contenido mínimo del escrito que debe presentar el interesado, las reglas generales de subsanación y la aportación, subsanación o ratificación del poder otorgado al representante del interesado.

En el título II, «Procedimientos especiales de revisión», se recogen los aspectos fundamentales del procedimiento de revisión de actos nulos de pleno derecho, del procedimiento para la declaración de lesividad de actos anulables, del procedimiento de revocación, del procedimiento para la rectificación de errores y de la regulación de la devolución de ingresos indebidos, con especificación del procedimiento para el reconocimiento del derecho a la devolución en los supuestos del apartado 1 del artículo 221 de la Ley 58/2003, de 17 de diciembre, General Tributaria.

Con el fin de evitar en el texto del reglamento las menciones a órganos concretos y facilitar el desarrollo de la facultad de organización de las distintas Administraciones tributarias, no se realiza una atribución de competencias exhaustiva en relación con la tramitación, por lo que queda parcialmente supeditada a lo que se establezca en normas de organización de rango inferior.

En lo relativo a la iniciación del procedimiento de revisión de actos nulos de pleno derecho, se recogen las formas de inicio previstas en el apartado 2 del artículo 217 de la Ley 58/2003, de 17 de diciembre. En la tramitación destaca la solicitud de informe al órgano que dictó el acto, así como la audiencia a los interesados para que puedan alegar y presentar los documentos y justificantes que consideren oportunos. Finalmente, en la fase de resolución se reitera la necesidad del dictamen del Consejo de Estado u órgano equivalente de la comunidad autónoma.

El procedimiento de declaración de lesividad se iniciará siempre de oficio de acuerdo con lo establecido en el artículo 218 de la Ley 58/2003, de 17 de diciembre, y se prevé un trámite de audiencia al interesado y la obligación de solicitar informe al órgano con funciones de asesoramiento jurídico.

El procedimiento de revocación se iniciará siempre de oficio, sin perjuicio de que los interesados puedan promover dicho inicio. Además, se establece la posibilidad de que el órgano que hubiera dictado el acto o cualquier otro órgano de la misma Administración pueda proponer el inicio del procedimiento. Asimismo, se deberá solicitar informe al órgano con funciones de asesoramiento jurídico tal y como dispone la Ley 58/2003, de 17 de diciembre.

En la rectificación de errores se concretan ciertos aspectos procedimentales y se tienen en consideración las dos posibles formas de iniciación del procedimiento, de oficio o a instancia del interesado, según el artículo 220 de la Ley 58/2003, de 17 de diciembre.

Por último, en la devolución de ingresos indebidos destaca la ampliación de los supuestos de legitimación para solicitar la devolución de los ingresos indebidos a las personas o entidades que hayan soportado la retención, el ingreso a cuenta o la repercusión. En este caso, estas podrán instar la rectificación de la autoliquidación a través de la cual se hubiese realizado el ingreso indebido.

El título III se dedica al recurso de reposición previsto en los artículos 222 a 225 de la Ley 58/2003, de 17 de diciembre, General Tributaria. La regulación del recurso de reposición destaca por su carácter continuista respecto del régimen anterior, puesto que la ley ha recogido algunas normas sobre tramitación y sobre suspensión contenidas en el Real Decreto 2244/1979, de 7 de septiembre, y sólo ha introducido novedades en cuanto al plazo para interponer, resolver y notificar.

El capítulo I contiene disposiciones generales en las que se regulan las consecuencias de la presentación simultánea de un recurso de reposición y de una reclamación económico-administrativa y los efectos de la interposición de un recurso de reposición respecto a los plazos para el ejercicio de otros recursos, que se verán interrumpidos.

El capítulo II regula el procedimiento. Dentro de la iniciación se aclara que el escrito de interposición debe contener necesariamente las alegaciones y que una vez presentado el recurso no se podrá examinar el expediente al efecto de formularlas.

Dentro de la sección de tramitación se encuentran las normas relativas a la suspensión. Se aclara que la garantía podrá tener la vigencia que solicite el recurrente y la posibilidad de que abarque únicamente a la tramitación del recurso de reposición. En otro caso, deberá cubrir toda la duración de la vía económico-administrativa e, incluso, podrá extender sus efectos a la vía contencioso-administrativa hasta la adopción de la decisión que proceda por el órgano judicial.

El título IV se refiere a las reclamaciones económico-administrativas.

El capítulo I contiene normas generales y dedica la sección 1.ª a regular la organización y las competencias. En dicha sección se describe con detalle la ubicación y competencia territorial del Tribunal Económico-administrativo Central y de los tribunales económico-administrativos regionales y locales. Asimismo, se crean diferentes salas desconcentradas y se prevé la existencia de dependencias provinciales en sustitución de las secretarías delegadas existentes con la anterior normativa. Por otra parte, y de acuerdo con la disposición adicional decimotercera de la Ley 58/2003, de 17 de diciembre, General Tributaria, se fija la composición de la Sala Especial que pudiera crearse en virtud de convenio entre el Ministerio de Economía y Hacienda y la comunidad autónoma correspondiente. También hay que destacar la regulación de los órganos unipersonales y de la Sala Especial para la Unificación de Doctrina.

La sección 2.ª establece normas sobre cuantía y acumulación de las reclamaciones.

La sección 3.ª contiene un artículo relativo a los interesados. Se regula el procedimiento para determinar, en caso de duda, aquellos titulares de derechos o intereses legítimos que pudieran resultar afectados por la resolución.

La sección 4.ª se refiere a la suspensión. Como novedad, se aclara que la suspensión tendrá efectos desde la fecha de la solicitud y se establecen los efectos en caso de denegación de la suspensión.

Se regula la suspensión automática, la suspensión con prestación de otras garantías y los supuestos en que la suspensión es acordada por el tribunal económico-administrativo, y se aclara que este es el competente en caso de que la petición se funde en error aritmético, material o de hecho.

En el caso de que la solicitud de suspensión se base en la existencia de perjuicios de difícil o imposible reparación, su presentación supondrá que, si la deuda se encuentra en periodo voluntario en el momento de instarse, se suspenda cautelarmente el procedimiento de apremio y la Administración no pueda realizar actuaciones mientras el tribunal adopte la decisión de admitirla o inadmitirla a trámite. La inadmisión a trámite supondrá que la solicitud se tendrá por no presentada, mientras que la admisión a trámite conllevará que los efectos suspensivos deban entenderse producidos desde la solicitud y se mantengan hasta la resolución relativa a la suspensión.

El capítulo II está dedicado al procedimiento general económico-administrativo.

La sección 1.ª contiene normas generales sobre obtención de copias certificadas, presentación, desglose y devolución de documentos, domicilio para notificaciones y costas del procedimiento.

La sección 2.ª regula el procedimiento en única o primera instancia e incluye normas diversas que desarrollan la extensa regulación de la ley en esta materia. Destaca la regulación del recurso de anulación, introducido como novedad en el apartado 6 del artículo 239 de la Ley 58/2003, de 17 de diciembre.

La sección 3.º se refiere a los recursos en vía económico-administrativa. Se completa la regulación contenida en la Ley 58/2003, de 17 de diciembre, y destaca el establecimiento del plazo de tres meses para la interposición del recurso extraordinario para la unificación de doctrina.

El capítulo III desarrolla el procedimiento abreviado ante órganos unipersonales, y se concretan los casos en que aquel será aplicable por razón de la cuantía. En todo lo no previsto de forma expresa, se realiza una remisión al procedimiento general; en particular, se establece que determinados acuerdos se podrán dictar por el secretario del tribunal aun cuando no fuera el órgano unipersonal competente para resolver el procedimiento en cuestión. Finalmente, el título V regula la ejecución, y distingue entre normas generales para la ejecución de resoluciones administrativas y normas especiales aplicables a la ejecución de las resoluciones económico-administrativas y judiciales y al reembolso del coste de las garantías.

La disposición adicional primera remite a la normativa específica de las comunidades autónomas, ciudades de Ceuta y Melilla y entidades locales a los efectos de determinar los órganos competentes en los procedimientos regulados en el reglamento.

La disposición adicional segunda establece la aplicación supletoria de este reglamento a la devolución de ingresos indebidos de deudas aduaneras, que se regirán en primer lugar por la normativa comunitaria, y a la devolución de otros ingresos de naturaleza pública indebidamente ingresados.

La disposición adicional tercera dispone que la remisión de expedientes entre órganos administrativos que resulte de los procedimientos regulados en este reglamento pueda realizarse por medios electrónicos en lugar de hacerlo por otro tipo de soporte.

La disposición transitoria primera regula el régimen aplicable a las solicitudes de suspensión presentadas antes de la entrada en vigor del reglamento; la disposición transitoria segunda se refiere al recurso extraordinario para la unificación de doctrina al efecto de permitir su presentación para las resoluciones notificadas desde la entrada en vigor de la ley hasta la entrada en vigor del reglamento, y la disposición transitoria tercera regula un régimen transitorio para la aplicación de la cuantía que se toma como límite para la tramitación de las reclamaciones por el procedimiento abreviado.

Finalmente, la disposición final única contiene la habilitación al Ministro de Economía y Hacienda para dictar las normas de desarrollo del reglamento.

En su virtud, a propuesta del Ministro de Economía y Hacienda, con la aprobación previa del Ministro de Administraciones Públicas, de acuerdo con el Consejo de Estado y previa deliberación del Consejo de Ministros en su reunión del día 13 de mayo de 2005,

DISPONGO:

Artículo único. *Aprobación del Reglamento general de desarrollo de la Ley 58/2003, de 17 de diciembre, General Tributaria, en materia de revisión en vía administrativa.*

Se aprueba el Reglamento general de desarrollo de la Ley 58/2003, de 17 de diciembre, General Tributaria, en materia de revisión en vía administrativa, cuyo texto se inserta a continuación.

Disposición transitoria única. *Competencias de los órganos del Tribunal Económico-administrativo Central respecto a las reclamaciones pendientes*

A los efectos previstos en la disposición transitoria quinta de la Ley 58/2003, de 17 de diciembre, General Tributaria, y en tanto deba continuar aplicándose el Reglamento de procedimiento en las reclamaciones económico-administrativas, aprobado por el Real Decreto 391/1996, de 1 de marzo, a las reclamaciones o recursos interpuestos con anterioridad al 1 de julio de 2004, las competencias atribuidas en este a los vocales del Tribunal Económico-administrativo Central pasarán a ser ejercidas por el Secretario General del citado tribunal, excepto las previstas en los párrafos c) y d) del apartado 1 y en el apartado 2 del artículo 14 del citado reglamento, en su artículo 21 y, en general, las funciones de asistencia y votación en las salas y en el pleno del tribunal, que continuarán siendo ejercidas por los vocales.

Disposición derogatoria única. *Derogación normativa.*

1. Quedan derogados:

a) El Real Decreto 2244/1979, de 7 de septiembre, por el que se reglamenta el recurso de reposición previo al económico-administrativo.

b) El Real Decreto 1163/1990, de 21 de septiembre, por el cual se regula el procedimiento para la realización de devoluciones de ingresos indebidos de naturaleza tributaria, excepto los artículos 8, 9, 10, 11, 13, 14, la disposición adicional tercera y el apartado 3 de la disposición adicional quinta[1].

c) El Real Decreto 391/1996, de 1 de marzo, por el que se aprueba el Reglamento de procedimiento en las reclamaciones económico-administrativas.

d) El Real Decreto 136/2000, de 4 de febrero, por el que se desarrolla parcialmente la Ley 1/1998, de 26 de febrero, de Derechos y Garantías de los Contribuyentes, en lo relativo al reembolso del coste de las garantías prestadas para suspender la ejecución de las deudas tributarias y al régimen de actuaciones de la inspección de los tributos y se adapta a las previsiones de dicha ley el procedimiento para la realización de devoluciones de ingresos indebidos de naturaleza tributaria.

2. Asimismo, quedan derogadas cuantas disposiciones de igual o inferior rango se opongan a lo previsto en este real decreto.

---

[1]   La letra e) del número 1 de la disposición derogatoria única del R.D. 1065/2007, de 27 de julio, por el que se aprueba el Reglamento General de las actuaciones y los procedimientos de gestión e inspección tributaria y de desarrollo de las normas comunes de los procedimientos de aplicación de los tributos, deroga los artículos 8, 9, 10, 11, 13, 14, la disposición adicional tercera y el apartado 3 de la disposición adicional quinta, que continuaban vigentes del Real Decreto 1.163/1990, de 21 de septiembre.

Disposición final única. *Entrada en vigor.*

El presente real decreto entrará en vigor al mes de su publicación en el «Boletín Oficial del Estado», salvo la disposición transitoria única, que entrará en vigor el día siguiente al de su publicación.

REGLAMENTO GENERAL DE DESARROLLO DE LA LEY 58/2003, DE 17 DE DICIEMBRE, GENERAL TRIBUTARIA, EN MATERIA DE REVISIÓN EN VÍA ADMINISTRATIVA

TÍTULO I. DISPOSICIONES GENERALES

Artículo 1[2]. *Ámbito de aplicación.*

1. Este reglamento desarrolla la Ley 58/2003, de 17 de diciembre, General Tributaria, en materia de revisión en vía administrativa, así como el reembolso por la Administración del coste de las garantías aportadas para suspender la ejecución de un acto, si dicho acto es declarado improcedente en virtud de sentencia o resolución administrativa firmes.

2. Este reglamento será de aplicación en los términos previstos en el artículo 1 de la Ley 58/2003, de 17 de diciembre, General Tributaria.

Artículo 2. *Contenido de la solicitud o del escrito de iniciación.*

1. Cuando los procedimientos regulados en este reglamento se inicien a instancia del interesado, la solicitud o el escrito de iniciación deberán contener los siguientes extremos:

a) Nombre y apellidos o razón social o denominación completa, número de identificación fiscal y domicilio del interesado. En el caso de que se actúe por medio de representante, se deberá incluir su identificación completa.

b) Órgano ante el que se formula el recurso o reclamación o se solicita el inicio del procedimiento.

c) Acto administrativo o actuación que se impugna o que es objeto del expediente, fecha en que se dictó, número del expediente o clave alfanumérica que identifique el acto administrativo objeto de impugnación y demás datos relativos a este que se consideren convenientes, así como la pretensión del interesado.

d) Domicilio que el interesado señala a los efectos de notificaciones.

e) Lugar, fecha y firma del escrito o la solicitud.

f) Cualquier otro establecido en la normativa aplicable.

---

[2]   Comunidad Foral de *Navarra:* Decreto Foral 178/2001, de 2 de julio por el que se regula el Reglamento del Recurso de Reposición y las impugnaciones económico-administrativas (BON núm. 102, de 22 de agosto de 2001). En la Comunidad Autónoma del País Vasco: *Guipuzkoa:* Decreto Foral 41/2006, 26 septiembre, por el que se aprueba el Reglamento de desarrollo de la Norma Foral General Tributaria del Territorio Histórico de Gipuzkoa en materia de revisión en vía administrativa (BOG núm. 192, de 9 de octubre) y Orden Foral 498/2012, de 14 de junio, por la que se regula la interposición y consulta de reclamaciones económico-administrativas por vía telemática (BOG núm. 116, de 19 de junio de 2012). *Álava:* Decreto Foral 2/2007, 30 enero, que aprueba el Reglamento regulador en el Territorio Histórico de Álava del Procedimiento de las reclamaciones y recursos en vía económico-administrativa (BOTHA núm. 18, de 12 de febrero). *Vizcaya:* Decreto Foral 228/2005, 27 diciembre, por el que se aprueba el Reglamento de desarrollo de la Norma Foral 2/2005, de 10 de marzo, General Tributaria del Territorio Histórico de Bizkaia, en materia de revisión en vía administrativa (BOB núm. 249, de 31 de diciembre).

2. Si la solicitud o el escrito de iniciación no reúne los requisitos que señala el apartado anterior, y sin perjuicio de las normas especiales de subsanación contenidas en este reglamento, se requerirá al interesado para que en un plazo de 10 días, contados a partir del día siguiente al de la notificación del requerimiento, subsane la falta o acompañe los documentos preceptivos con indicación de que la falta de atención a dicho requerimiento determinará el archivo de las actuaciones y se tendrá por no presentada la solicitud o el escrito.

Artículo 2 bis[3]. **Suspensión del procedimiento de revisión en caso de procedimiento amistoso.**

En aquellos casos en que, de acuerdo con lo previsto en la disposición adicional vigésimo primera de la Ley 58/2003, de 17 de diciembre, General Tributaria, haya de procederse a la suspensión de un procedimiento de revisión de los regulados en su título V, como consecuencia de la tramitación simultánea de un procedimiento amistoso sobre las mismas cuestiones, la autoridad competente española a que se refiere el artículo 2 del Reglamento de procedimientos amistosos en materia de imposición directa, aprobado por Real Decreto 1794/2008, de 3 de noviembre, comunicará al órgano revisor los recursos administrativos o judiciales interpuestos por el solicitante o por las demás partes implicadas que consten en la solicitud de inicio del procedimiento amistoso o cualquier otro recurso de los que tuviese conocimiento.

Asimismo, dicha autoridad competente comunicará al órgano de revisión la terminación del procedimiento amistoso, adjuntando copia del acuerdo de terminación, a los efectos de proceder a alzar la suspensión del procedimiento de revisión y de su resolución.

Artículo 3[4]. *Representación.*

1. Cuando se actúe por medio de representante, este deberá acreditar representación bastante, sin perjuicio de lo dispuesto en el apartado 2 respecto a la ratificación.

2. El órgano competente concederá un plazo de 10 días, contados a partir del día siguiente al de la notificación del requerimiento, para realizar la aportación o subsanación del documento acreditativo de la representación. En ese mismo plazo el interesado podrá ratificar la actuación realizada por el representante en su nombre y aportar el documento acreditativo de la representación para actuaciones posteriores.

TÍTULO II. PROCEDIMIENTOS ESPECIALES DE REVISIÓN

CAPÍTULO I. Procedimiento de revisión de actos nulos de pleno derecho[5]

Artículo 4. *Iniciación.*

1. El procedimiento de revisión de actos nulos de pleno derecho podrá iniciarse de oficio, por acuerdo del órgano que dictó el acto o de su superior jerárquico, o a instancia del interesado. En este último caso, el escrito se dirigirá al órgano que dictó el acto cuya revisión se pretende. El inicio de oficio será notificado al interesado.

---

[3]   Nuevo art. 2 bis incorporado por el artículo único Uno del Real Decreto 1073/2017, de 29 de diciembre (BOE núm. 317, de 30 de diciembre de 2017), en vigor desde el 1 de enero de 2018.

[4]   Art. 214 (Capacidad y representación, prueba, notificaciones y plazos de resolución) de la LGT (§1).

[5]   Capítulo I que desarrolla el contenido del art. 217 de la LGT (§1).

2. El órgano competente para tramitar el procedimiento podrá dictar acuerdo motivado de inadmisión a trámite de las solicitudes de revisión en los supuestos previstos en el artículo 217.3 de la Ley 58/2003, de 17 de diciembre, General Tributaria.

Artículo 5. *Tramitación.*

1. El órgano competente para tramitar será el que establezca la norma de organización específica.

2. El órgano competente para tramitar el procedimiento solicitará al órgano que dictó el acto la remisión de una copia cotejada del expediente administrativo y de un informe sobre los antecedentes del procedimiento que fuesen relevantes para resolver. Asimismo, podrá solicitar cualquier otro dato o antecedente que considere necesario para elaborar la propuesta de resolución.

3. Recibida la documentación indicada en el apartado anterior, se dará audiencia por un plazo de 15 días, contados a partir del día siguiente al de la notificación de la apertura de dicho plazo al interesado y a las restantes personas a las que el acto reconoció derechos o cuyos intereses resultaron afectados por el acto, para que puedan alegar y presentar los documentos y justificantes que estimen pertinentes.

4. Concluido el trámite de audiencia, el órgano competente para tramitar el procedimiento formulará la propuesta de resolución al órgano competente para resolver.

Artículo 6. *Resolución.*

1. Recibida la propuesta de resolución, se solicitará el dictamen del Consejo de Estado u órgano equivalente de la comunidad autónoma, si lo hubiera.

2. La declaración de nulidad requerirá el dictamen favorable del Consejo de Estado u órgano equivalente de la comunidad autónoma.

3. En el ámbito de competencias del Estado, la competencia para resolver corresponderá al Ministro de Economía y Hacienda, que podrá delegarla.

CAPÍTULO II. PROCEDIMIENTO PARA LA DECLARACIÓN DE LESIVIDAD DE ACTOS ANULABLES[6]

Artículo 7. *Iniciación.*

El procedimiento de declaración de lesividad de actos anulables se iniciará de oficio mediante acuerdo del órgano que establezca la norma de organización específica, a propuesta del órgano que dictó el acto o de cualquier otro de la misma Administración pública. El inicio será notificado al interesado.

Artículo 8. *Tramitación.*

1[7]**.** El órgano competente para tramitar será el que establezca la norma de organización específica.

---

[6]   Capítulo II que desarrolla el contenido del art. 218 de la LGT (§1).

[7]   Resolución de 3 de julio de 2006, de la Presidencia de la Agencia Estatal de Administración Tributaria, por la que se determinan los órganos competentes para tramitar los procedimientos especiales de revisión previstos en los artículos 8 y 11 del Reglamento general de desarrollo de la Ley 58/2003, de 17 de diciembre, General Tributaria, en materia de revisión en vía administrativa, aprobado por Real Decreto 520/2005, de

2. Acordado el inicio del procedimiento, se comunicará esa decisión al órgano proponente, al competente para tramitar y al que dictó el acto objeto del procedimiento, que deberá remitir una copia cotejada del expediente al órgano competente para tramitar en el plazo de 10 días a partir de la recepción de la comunicación y a la que acompañará un informe sobre los antecedentes que fuesen relevantes para resolver.

Asimismo, se podrá solicitar cualquier otro dato, antecedente o informe que se considere necesario.

3. Recibida la copia del expediente y emitidos, en su caso, los informes, se dará audiencia a los interesados por un plazo de 15 días, contados a partir del día siguiente al de la notificación de la apertura de dicho plazo, para que puedan alegar y presentar los documentos y justificantes que estimen pertinentes.

4. Concluido el trámite de audiencia, el órgano competente para tramitar el procedimiento formulará una propuesta de resolución.

5. Formulada la propuesta, el órgano competente para tramitar deberá solicitar un informe del órgano con funciones de asesoramiento jurídico sobre la procedencia de que el acto sea declarado lesivo.

Corresponderá a la Abogacía General del Estado dirección del Servicio Jurídico del Estado elaborar los informes de los expedientes que se incoen para declarar lesivos a los intereses públicos los actos de la Administración General del Estado, de sus organismos autónomos o de los demás organismos y entidades públicas a los que asista jurídicamente.

6. Una vez recibido el informe jurídico, se remitirá una copia cotejada del expediente completo al órgano competente para resolver.

Artículo 9. *Resolución.*

1. El órgano competente para resolver dictará la resolución que proceda y, en el caso de declararse la lesividad, la remitirá junto con la copia cotejada del expediente administrativo

---

13 de mayo, y se modifica la Resolución de 26 de diciembre de 2005, de la Presidencia de la Agencia Estatal de Administración Tributaria, por la que se establece la estructura orgánica de la Delegación Central de Grandes Contribuyentes.

«Único. Órganos competentes para tramitar los procedimientos especiales de revisión previstos en los artículos 8 y 11 del Reglamento General de Desarrollo de la Ley 58/2003, de 17 de diciembre, General Tributaria, en materia de revisión en vía administrativa, aprobado por Real Decreto 520/2005, de 13 de mayo

Son órganos competentes para tramitar los procedimientos de declaración de lesividad de actos anulables y de revocación, a los que se refieren respectivamente los artículos 8 y 11 del Reglamento General de Desarrollo de la Ley 58/2003, de 17 de diciembre, General Tributaria, en materia de revisión en vía administrativa, aprobado por Real Decreto 520/2005, de 13 de mayo, en relación con los actos dictados por órganos de la Agencia Estatal de la Administración Tributaria y en el ámbito de funciones de su respectivo Departamento:

a) En el Departamento de Gestión Tributaria, la Subdirección General de Asistencia Jurídica y Coordinación Normativa.

b) En el Departamento de Inspección Financiera y Tributaria, la Subdirección General de Ordenación Legal y Asistencia Jurídica.

c) En el Departamento de Recaudación, la Subdirección General de Procedimientos Especiales.

d) En el Departamento de Aduanas e Impuestos Especiales, la Subdirección General de Gestión Aduanera».

al órgano encargado de la defensa y representación en juicio de la Administración autora del acto a fin de proceder a su posterior impugnación en vía contencioso-administrativa.

2. En el ámbito de la Administración General del Estado, la competencia para resolver corresponderá al Ministro de Economía y Hacienda, que podrá delegarla.

CAPÍTULO III. Procedimiento para la revocación[8]

Artículo 10. *Iniciación.*

1. El procedimiento de revocación se iniciará exclusivamente de oficio, sin perjuicio de que los interesados puedan promover su iniciación por la Administración competente mediante un escrito que dirigirán al órgano que dictó el acto. En este caso, la Administración quedará exclusivamente obligada a acusar recibo del escrito. El inicio será notificado al interesado.

2. El órgano competente para acordar el inicio del procedimiento será el superior jerárquico del que lo hubiese dictado. El inicio podrá ser propuesto, de forma motivada, por el propio órgano que hubiera dictado el acto o por cualquier otro de la misma Administración pública.

3. Los actos de aplicación de los tributos y de imposición de sanciones podrán ser revocados conforme a lo dispuesto en el artículo 219 de la Ley 58/2003, de 17 de diciembre, General Tributaria, aunque hayan sido objeto de impugnación en vía económico-administrativa, en tanto no se haya dictado una resolución o un acuerdo de terminación por el tribunal económico-administrativo.

Las resoluciones y los acuerdos de terminación dictados por los tribunales económico-administrativos, así como los actos de aplicación de los tributos y de imposición de sanciones a los que se refieran dichos acuerdos y resoluciones, no serán susceptibles de revocación, de acuerdo con lo dispuesto en el artículo 213.2 de la Ley 58/2003, de 17 de diciembre.

Artículo 11. *Tramitación.*

1[9]. El órgano competente para tramitar será el que establezca la norma de organización específica.

2. Acordado el inicio del procedimiento, se comunicará esa decisión al órgano proponente, al competente para tramitar y al que dictó el acto objeto del procedimiento, que deberá remitir una copia cotejada del expediente al órgano competente para tramitar en el plazo de 10 días a partir de la recepción de la comunicación y a la que acompañará un informe sobre los antecedentes que fuesen relevantes para resolver y sobre la procedencia de la revocación.

Asimismo, se podrá solicitar cualquier otro dato, antecedente o informe que se considere necesario.

3. Recibida la copia del expediente y emitidos, en su caso, los informes, se dará audiencia a los interesados por un plazo de 15 días, contados a partir del día siguiente al de la notificación de la apertura de dicho plazo, para que puedan alegar y presentar los documentos y justificantes que estimen pertinentes.

---

[8]   Capítulo III que desarrolla el art. 219 de la LGT (§1).
[9]   Véase nota del Art. 8.1. de este Reglamento.

4[10]. Concluido el trámite de audiencia, el órgano competente para tramitar el procedimiento formulará la propuesta de resolución.

Formulada la propuesta, el órgano competente para tramitar deberá solicitar un informe del órgano con funciones de asesoramiento jurídico sobre la procedencia de la revocación.

Artículo 12. *Resolución.*

En el ámbito de competencias del Estado, el acuerdo sobre la revocación deberá adoptarse por el director general competente o por el director del departamento de la Agencia Estatal de Administración Tributaria competente del que dependa el órgano que dictó el acto. Si la revocación se refiere a un acto dictado por un director general o un director de departamento de la Agencia Estatal de Administración Tributaria, será competente su superior jerárquico inmediato.

CAPÍTULO IV. PROCEDIMIENTO DE RECTIFICACIÓN DE ERRORES[11]

Artículo 13. *Procedimiento de rectificación de errores.*

1. Cuando el procedimiento se hubiera iniciado de oficio, junto con el acuerdo de iniciación se notificará la propuesta de rectificación para que el interesado pueda formular alegaciones en el plazo de 15 días contados a partir del día siguiente al de la notificación de la propuesta.

Cuando la rectificación se realice en beneficio de los interesados, se podrá notificar directamente la resolución del procedimiento.

2. Cuando el procedimiento se hubiera iniciado a instancia del interesado, la Administración podrá resolver directamente lo que proceda cuando no figuren en el procedimiento ni sean tenidos en cuenta en la resolución otros hechos, alegaciones o pruebas que los presentados por el interesado. En el caso contrario, deberá notificar la propuesta de resolución para que el interesado pueda alegar lo que convenga a su derecho en el plazo de 15 días contados a partir del día siguiente al de la notificación de la propuesta.

3. Se podrá suspender la ejecución de los actos administrativos sin necesidad de aportar garantía cuando se aprecie que al dictarlo se ha podido incurrir en error aritmético, material o de hecho.

CAPÍTULO V. DEVOLUCIÓN DE INGRESOS INDEBIDOS[12]

SECCIÓN 1.ª *Disposiciones generales*

Artículo 14. *Legitimados para instar el procedimiento de devolución y beneficiarios del derecho a la devolución.*

1. Tendrán derecho a solicitar la devolución de ingresos indebidos las siguientes personas o entidades:

---

[10]   Nueva redacción del art. 11.4 dada por el artículo único Dos del Real Decreto 1073/2017, de 29 de diciembre (BOE núm. 317, de 30 de diciembre de 2017), en vigor desde el 1 de enero de 2018.
[11]   Capítulo IV que desarrolla el contenido del art. 220 de la LGT (§1).
[12]   Capítulo V que desarrolla el contenido del art. 221 de la LGT (§1).

a) Los obligados tributarios y los sujetos infractores que hubieran realizado ingresos indebidos en el Tesoro público con ocasión del cumplimiento de sus obligaciones tributarias o del
pago de sanciones, así como los sucesores de unos y otros.

b) Además de las personas o entidades a que se refiere el párrafo a), la persona o entidad
que haya soportado la retención o el ingreso a cuenta repercutido cuando consideren que la
retención soportada o el ingreso repercutido lo han sido indebidamente. Si, por el contrario,
el ingreso a cuenta que se considere indebido no hubiese sido repercutido, tendrán derecho
a solicitar la devolución las personas o entidades indicadas en el párrafo a).

c) Cuando el ingreso indebido se refiera a tributos para los cuales exista una obligación
legal de repercusión, además de las personas o entidades a que se refiere el párrafo a), la
persona o entidad que haya soportado la repercusión.

2. Tendrán derecho a obtener la devolución de los ingresos declarados indebidos las
siguientes personas o entidades:

a) Los obligados tributarios y los sujetos infractores que hubieran realizado el ingreso
indebido, salvo en los casos previstos en los párrafos b) y c) de este apartado, así como los
sucesores de unos y otros.

b) La persona o entidad que haya soportado la retención o el ingreso a cuenta, cuando
el ingreso indebido se refiera a retenciones soportadas o ingresos a cuenta repercutidos. No
procederá restitución alguna cuando el importe de la retención o ingreso a cuenta declarado
indebido hubiese sido deducido en una autoliquidación o hubiese sido tenido en cuenta por
la Administración en una liquidación o en una devolución realizada como consecuencia de
la presentación de una comunicación de datos.

Cuando el ingreso a cuenta declarado indebido no hubiese sido repercutido, las personas
o entidades indicadas en el párrafo a). No procederá restitución alguna cuando el importe
del ingreso a cuenta hubiese sido deducido en una autoliquidación o hubiese sido tenido en
cuenta por la Administración en una liquidación o en una devolución realizada como consecuencia de la presentación de una comunicación de datos, sin perjuicio de las actuaciones
que deba desarrollar el perceptor de la renta para resarcir a la persona o entidad que realizó
el ingreso a cuenta indebido.   '

c)[13] La persona o entidad que haya soportado la repercusión, cuando el ingreso indebido
se refiera a tributos que deban ser legalmente repercutidos a otras personas o entidades. No
obstante, únicamente procederá la devolución cuando concurran los siguientes requisitos:

1.º Que la repercusión del importe del tributo se haya efectuado mediante factura cuando
así lo establezca la normativa reguladora del tributo.

2.º Que las cuotas indebidamente repercutidas hayan sido ingresadas. Cuando la persona o entidad que repercute indebidamente el tributo tenga derecho a la deducción total
o parcial de las cuotas soportadas o satisfechas por la misma, se entenderá que las cuotas
indebidamente repercutidas han sido ingresadas cuando dicha persona o entidad las hubiese consignado en su autoliquidación del tributo, con independencia del resultado de dicha
autoliquidación.

---

[13]   Nueva redacción de la lectra c) del art. 14.2 dada por el art. segundo. Uno del Real Decreto 828/2013, de
25 de octubre (BOE núm. 257, de 26 de octubre de 2013), en vigor desde el 27 de octubre de 2013.

No obstante lo anterior, en los casos de autoliquidaciones a ingresar sin ingreso efectivo del resultado de la autoliquidación, sólo procederá devolver la cuota indebidamente repercutida que exceda del resultado de la autoliquidación que esté pendiente de ingreso, el cual no resultará exigible a quien repercutió en el importe concurrente con la cuota indebidamente repercutida que no ha sido objeto de devolución.

La Administración tributaria condicionará la devolución al resultado de la comprobación que, en su caso, realice de la situación tributaria de la persona o entidad que repercuta indebidamente el tributo.

3.º Que las cuotas indebidamente repercutidas y cuya devolución se solicita no hayan sido devueltas por la Administración tributaria a quien se repercutieron, a quien las repercutió o a un tercero.

4.º Que el obligado tributario que haya soportado la repercusión no tuviese derecho a la deducción de las cuotas soportadas. En el caso de que el derecho a la deducción fuera parcial, la devolución se limitará al importe que no hubiese resultado deducible.

3. En los supuestos previstos en los párrafos b) y c) del apartado 1, el obligado tributario que hubiese soportado indebidamente la retención o el ingreso a cuenta o la repercusión del tributo podrá solicitar la devolución del ingreso indebido instando la rectificación de la autoliquidación mediante la que se hubiese realizado el ingreso indebido.

4. Cuando la devolución de dichos ingresos indebidos hubiese sido solicitada por el retenedor o el obligado tributario que repercutió las cuotas o hubiese sido acordada en alguno de los procedimientos previstos en el artículo 15, la devolución se realizará directamente a la persona o entidad que hubiese soportado indebidamente la retención o repercusión.

5. Cuando el derecho a la devolución corresponda a los sucesores, se atenderá a la normativa específica para determinar los legitimados para solicitar la devolución y sus beneficiarios y la cuantía que a cada uno corresponda.

Artículo 15. *Supuestos de devolución.*

1. El derecho a obtener la devolución de ingresos indebidos podrá reconocerse:

a) En el procedimiento para el reconocimiento del derecho regulado en la sección 2.ª de este capítulo, cuando se trate de los supuestos previstos en el artículo 221.1 de la Ley 58/2003, de 17 de diciembre, General Tributaria.

b) En un procedimiento especial de revisión.

c) En virtud de la resolución de un recurso administrativo o reclamación económico-administrativa o en virtud de una resolución judicial firmes.

d) En un procedimiento de aplicación de los tributos. e) En un procedimiento de rectificación de autoliquidación a instancia del obligado tributario o de otros obligados en el supuesto previsto en el apartado 3 del artículo anterior.

f) Por cualquier otro procedimiento establecido en la normativa tributaria.

2. El procedimiento para la devolución de ingresos indebidos mediante el empleo de efectos timbrados se regulará mediante orden del Ministro de Economía y Hacienda.

Artículo 16[14]. *Contenido del derecho a la devolución de ingresos indebidos.*
La cantidad a devolver como consecuencia de un ingreso indebido estará constituida por la suma de las siguientes cantidades:
a) El importe del ingreso indebidamente efectuado.
En los tributos que deban ser legalmente repercutidos a otras personas o entidades, cuando quien efectúe la indebida repercusión tenga derecho a la deducción total o parcial de las cuotas soportadas o satisfechas por el mismo, se tendrá en cuenta lo dispuesto en el artículo 14.2.c) 2.º de este reglamento.
b) Las costas satisfechas cuando el ingreso indebido se hubiera realizado durante el procedimiento de apremio.
c) El interés de demora vigente a lo largo del período en que resulte exigible, sobre las cantidades indebidamente ingresadas, sin necesidad de que el obligado tributario lo solicite, de acuerdo con lo previsto en el artículo 32.2 de la Ley 58/2003, de 17 de diciembre.

SECCIÓN 2.ª *Procedimiento para el reconocimiento del derecho a la devolución de ingresos indebidos en los supuestos del artículo 221.1 de la ley 58/2003, de 17 de diciembre, general tributaria*

Artículo 17. *Iniciación.*
1. En los supuestos previstos en el artículo 221.1 de la Ley 58/2003, de 17 de diciembre, General Tributaria, el procedimiento para el reconocimiento del derecho a la devolución de ingresos indebidos podrá iniciarse de oficio o a instancia del interesado.
2. Cuando el procedimiento se inicie a instancia del interesado, la solicitud deberá dirigirse al órgano competente para resolver y, además de las menciones a que se refiere el artículo 2 de este reglamento, contendrá los siguientes datos:
a) Justificación del ingreso indebido. A la solicitud se adjuntarán los documentos que acrediten el derecho a la devolución, así como cuantos elementos de prueba considere oportunos a tal efecto. Los justificantes de ingreso podrán sustituirse por la mención exacta de los datos identificativos del ingreso realizado, entre ellos, la fecha y el lugar del ingreso y su importe.
b) Declaración expresa del medio elegido por el que haya de realizarse la devolución, de entre los señalados por la Administración competente.
Si la Administración competente no hubiera señalado medios para efectuar la devolución, el beneficiario podrá optar por:
1.º Transferencia bancaria, indicando el número de código de cuenta y los datos identificativos de la entidad de crédito.
2.º Cheque cruzado o nominativo.
Si el beneficiario de la devolución no hubiera señalado medio de pago, se efectuará mediante cheque.
c) En su caso, una solicitud de compensación, en los términos previstos en el Reglamento General de Recaudación, aprobado por el Real Decreto 1684/1990, de 20 de diciembre.

---
[14]   Nueva redacción dada por el art. segundo. Dos del Real Decreto 828/2013, de 25 de octubre (BOE núm. 257, de 26 de octubre de 2013), en vigor desde el 27 de octubre de 2013.

3. Cuando el procedimiento se inicie de oficio, se notificará al interesado el acuerdo de iniciación.

Cuando los datos en poder de la Administración tributaria sean suficientes para formular la propuesta de resolución, el procedimiento podrá iniciarse mediante la notificación de dicha propuesta.

Artículo 18. *Tramitación.*

1. En la tramitación del expediente, el órgano competente de la Administración tributaria comprobará las circunstancias que, en su caso, determinen el derecho a la devolución, la realidad del ingreso y su no devolución posterior, así como la titularidad del derecho y la cuantía de la devolución.

2. El órgano competente para la tramitación podrá solicitar los informes que considere necesarios.

3. Con carácter previo a la resolución, la Administración tributaria deberá notificar al obligado tributario la propuesta de resolución para que en un plazo de 10 días, contados a partir del día siguiente al de la notificación, presente las alegaciones y los documentos y justificantes que estime necesarios.

Se podrá prescindir de dicho trámite cuando no se tengan en cuenta otros hechos o alegaciones que las realizadas por el obligado tributario o cuando la cuantía propuesta a devolver sea igual a la solicitada, excluidos los intereses de demora.

4. Finalizadas las actuaciones, el órgano competente para la tramitación elevará al órgano competente para resolver la propuesta de resolución.

Artículo 19. *Resolución.*

1. En el ámbito de competencias del Estado, la competencia para resolver corresponderá al órgano de recaudación que se determine en la norma de organización específica.

2. El órgano competente para resolver dictará una resolución motivada en la que, si procede, se acordará el derecho a la devolución, se determinará el titular del derecho y el importe de la devolución.

3. En los procedimientos iniciados a instancia de parte, el interesado podrá entender desestimada su solicitud por silencio administrativo transcurrido el plazo máximo de seis meses sin haberse notificado la resolución expresa.

SECCIÓN 3.ª *Ejecución de la devolución de ingresos indebidos*

Artículo 20. *Ejecución de la devolución.*

Reconocido el derecho a la devolución mediante cualquiera de los procedimientos previstos en el artículo 15 o cuando mediante ley se declare la condonación de una deuda o sanción, se procederá a la inmediata ejecución de la devolución.

TÍTULO III. RECURSO DE REPOSICIÓN[15]

CAPÍTULO I. Disposiciones generales

Artículo 21. *Consecuencias de la simultaneidad.*

1. Al interponer el recurso de reposición, el interesado hará constar que no ha impugnado el mismo acto en la vía económico-administrativa.

Si pese a ello se acreditase la existencia de una reclamación sobre el mismo asunto y anterior al recurso de reposición, se declarará la inadmisión de este último y se remitirá el expediente que pueda existir al tribunal económico-administrativo que esté tramitando la reclamación.

2. Los tribunales económico-administrativos declararán inadmisible toda reclamación relativa a cualquier acto de la Administración cuando conste que dicho acto ha sido previamente impugnado mediante recurso de reposición y que este no ha sido resuelto expresamente y no puede entenderse desestimado por silencio administrativo. En este supuesto, el órgano administrativo que haya dictado el acto reclamable remitirá al tribunal competente una copia del escrito de interposición del recurso de reposición y de la reclamación junto con una diligencia en la que se ponga de manifiesto la existencia del recurso de reposición y, por tanto, la no procedencia de la remisión del expediente correspondiente. El tribunal podrá solicitar la documentación complementaria que considere necesaria para determinar la procedencia de la inadmisión.

Artículo 22. *Efectos de la interposición respecto al ejercicio de otros recursos.*

La interposición del recurso de reposición interrumpe los plazos para el ejercicio de otros recursos, que volverán a contarse desde su inicio a partir del día siguiente a aquel en que el recurso de reposición pueda entenderse presuntamente desestimado o, en cualquier caso, a partir del día siguiente a la fecha en que se hubiera practicado la notificación expresa de la resolución del recurso.

CAPÍTULO II. Procedimiento

SECCIÓN 1.ª *Iniciación*

Artículo 23. *Iniciación.*

1. El escrito de interposición deberá incluir las alegaciones que el interesado formule tanto sobre cuestiones de hecho como de derecho. A dicho escrito se acompañarán los documentos que sirvan de base a la pretensión que se ejercite.

2. Cuando se solicite la suspensión del acto impugnado al tiempo de presentar el recurso, al escrito de iniciación del recurso deberá acompañarse el documento en que se formalice la garantía constituida de entre las señaladas en el artículo 224.2 de la Ley 58/2003, de 17 de diciembre, General Tributaria.

---

[15] Título III que desarrolla el contenido de los arts. 222 al 225 de la LGT (§1).

Artículo 24[16]. *Puesta de manifiesto del expediente.*

Si el interesado desea examinar el expediente administrativo para formular sus alegaciones, deberá comparecer a tal objeto ante el órgano actuante a partir del día siguiente al de la notificación del acto administrativo que se impugna y antes de que finalice el plazo de interposición del recurso.

En este supuesto, el órgano competente tendrá la obligación de poner de manifiesto el contenido del expediente estrictamente relacionado con el acto objeto de impugnación o la documentación relativa a las actuaciones administrativas concretas que hayan sido expresamente solicitadas y guarden relación con el acto impugnado.

Una vez presentado el recurso no se podrá ejercer el derecho a examinar el expediente a efectos de formular alegaciones.

SECCIÓN 2.ª *Tramitación*

Artículo 25[17]. *Suspensión del acto impugnado.*

1[18]. La mera interposición del recurso de reposición no suspenderá la ejecución del acto impugnado.

No obstante, a solicitud del interesado se suspenderá la ejecución del acto impugnado en los siguientes supuestos:

a) Cuando se aporte alguna de las garantías previstas en el artículo 224.2 de la Ley 58/2003, de 17 de diciembre, General Tributaria, en los términos previstos en este artículo.

b) Sin necesidad de aportar garantía, cuando se aprecie que al dictarlo se ha podido incurrir en error aritmético, material o de hecho.

Asimismo, tratándose de sanciones que hayan sido objeto de recurso de reposición por los interesados, su ejecución quedará automáticamente suspendida en periodo voluntario sin necesidad de aportar garantías hasta que sean firmes en vía administrativa. No se suspenderán

---

[16] Art. 223.2 (Iniciación y tramitación del recurso de reposición) de la LGT (§1).

[17] Art. 224 (Suspensión de la ejecución del acto recurrido en reposición) de la LGT (§1). Orden Ministerial EHA/3987/2005, de 15 de diciembre, por la que se desarrolla parcialmente el Reglamento General de desarrollo de la Ley 58/2003, de 17 de diciembre, General Tributaria, en materia de revisión en vía administrativa, aprobado por Real Decreto 520/2005, de 13 de mayo, sobre requisitos de suficiencia de determinadas garantías aportadas para obtener la suspensión de la ejecución de los actos impugnados (BOE de 21 de diciembre) y la Resolución de 21 de diciembre de 2005, de la Secretaría de Estado de Hacienda y Presupuestos y Presidencia de la Agencia Estatal de Administración Tributaria, por la que se dictan criterios de actuación en materia de suspensión de la ejecución de los actos impugnados mediante recursos y reclamaciones y de relación entre los Tribunales Económico-Administrativos y la Agencia Estatal de Administración Tributaria (BOE núm. 2, de 3 de enero de 2006). Art. 165 (Suspensión del procedimiento de apremio), de la LGT (§1). Art. 73 (Suspensión del procedimiento de apremio), del RGR (§3). Arts. 39 a 47 (Suspensión de la ejecución del acto impugnado en la vía económico-administrativa) del RGRVA (§5). Artículos 35 a 40 del Real Decreto 1794/2008, de 3 de noviembre, por el que se aprueba el Reglamento de procedimientos amistosos en materia de imposición directa (BOE núm. 278 de 18 de noviembre de 2008).

[18] Nueva redacción del art. 25.1 dada por el artículo único Tres del Real Decreto 1073/2017, de 29 de diciembre (BOE núm. 317, de 30 de diciembre de 2017), en vigor desde el 1 de enero de 2018. *periodo voluntario sin necesidad de aportar garantías hasta que sean firmes en vía administrativa».*

con arreglo a esta letra las responsabilidades por el pago de sanciones tributarias previstas en el artículo 42.2 de la Ley 58/2003, de 17 de diciembre, General Tributaria.

La suspensión no afectará a las actuaciones de recaudación que se hubieran producido hasta ese momento.

2[19]**.** La solicitud de suspensión con aportación de las garantías que señala el artículo 224.2 de la Ley 58/2003, de 17 de diciembre, General Tributaria suspenderá el procedimiento de recaudación relativo al acto recurrido.

El recurrente podrá solicitar la suspensión cuyos efectos se limitarán al recurso de reposición.

Las garantías que se constituyan podrán extender su eficacia, en su caso, a la vía económico-administrativa posterior. En este caso, la garantía mantendrá sus efectos en el procedimiento económico-administrativo en todas sus instancias.

Asimismo, si el interesado lo considera conveniente, y sin perjuicio de la decisión que adopte el órgano judicial en la pieza de medidas cautelares, la suspensión podrá solicitarse con extensión de sus efectos a la vía contencioso-administrativa.

La garantía aportada, en el caso de las obligaciones conexas reguladas en el artículo 224.5 de la Ley 58/2003, de 17 de diciembre, General Tributaria, extenderá sus efectos a las cantidades que en su caso debieran reintegrarse, como consecuencia de la estimación total o parcial del recurso que hubiera llevado aparejada la correspondiente devolución conexa.

3[20]**.** La garantía deberá cubrir el importe del acto impugnado, los intereses de demora que genere la suspensión y los recargos que procederían en caso de ejecución de la garantía.

Cuando la garantía consista en depósito de dinero o valores públicos, los intereses de demora serán los correspondientes a un mes si cubre sólo el recurso de reposición. Si extendiese sus efectos a la vía económico-administrativa, deberá cubrir además el plazo de seis meses si el procedimiento de la reclamación es el abreviado, de un año si el procedimiento de la reclamación es el general y de dos años si la resolución es susceptible de recurso de alzada ordinario.

4. La solicitud de suspensión se presentará ante el órgano que dictó el acto, que será competente para tramitarla y resolverla.

5. La solicitud de suspensión deberá ir necesariamente acompañada del documento en que se formalice la garantía aportada, constituida a disposición del órgano competente a que se refiere el apartado anterior. Cuando la solicitud no se acompañe de la garantía a que se refiere el artículo 224.2 de la Ley 58/2003, de 17 de diciembre, General Tributaria, aquella no surtirá efectos suspensivos y se tendrá por no presentada a todos los efectos. En este supuesto se procederá al archivo de la solicitud y a su notificación al interesado.

Si, posteriormente, la resolución que recayese en el recurso de reposición fuese objeto de reclamación económico-administrativa y la suspensión hubiese extendido sus efectos a dicha vía, el documento en que se formalice la garantía deberá ser puesto a disposición del

---

[19]   Nueva redacción del art. 25.2 dada por el artículo único Tres del Real Decreto 1073/2017, de 29 de diciembre (BOE núm. 317, de 30 de diciembre de 2017), en vigor desde el 1 de enero de 2018.

[20]   Nueva redacción del art. 25.3 dada por el artículo único Tres del Real Decreto 1073/2017, de 29 de diciembre (BOE núm. 317, de 30 de diciembre de 2017), en vigor desde el 1 de enero de 2018.

órgano competente para la recaudación del acto objeto de reclamación por parte del órgano que dictó el acto.

El documento en que se formalice la garantía deberá incorporar las firmas de los otorgantes legitimadas por un fedatario público, por comparecencia ante la Administración autora del acto o generadas mediante un mecanismo de autenticación electrónica. Dicho documento podrá ser sustituido por su imagen electrónica con su misma validez y eficacia, siempre que el proceso de digitalización garantice su autenticidad e integridad.

6. Si la solicitud acredita la existencia del recurso de reposición y adjunta garantía bastante, la suspensión se entenderá acordada a partir de la fecha de la solicitud y dicha circunstancia deberá notificarse al interesado.

7. Cuando sea necesaria la subsanación de defectos del documento en que se formalice la garantía de acuerdo con lo dispuesto en el artículo 2.2 y aquellos hayan sido subsanados, el órgano competente acordará la suspensión con efectos desde la solicitud. El acuerdo de suspensión deberá ser notificado al interesado.

Cuando el requerimiento de subsanación haya sido objeto de contestación en plazo por el interesado pero no se entiendan subsanados los defectos observados, procederá la denegación de la suspensión.

8. Cuando se solicite la suspensión en un momento posterior a la interposición del recurso, los efectos suspensivos se producirán, de concurrir los requisitos expuestos en los apartados anteriores, a partir del momento de presentación de la solicitud.

9. Cuando en los supuestos de estimación parcial de un recurso deba dictarse una nueva liquidación, la garantía aportada quedará afecta al pago de la nueva cuota o cantidad resultante y de los intereses de demora calculados de acuerdo con el artículo 26.5 de la Ley 58/2003, de 17 de diciembre, General Tributaria.

10[21]. Si en el momento de solicitarse la suspensión la deuda se encontrara en periodo voluntario de ingreso, con la notificación de su denegación se iniciará el plazo previsto en el artículo 62.2 de la Ley 58/2003, de 17 de diciembre, para que dicho ingreso sea realizado, sin perjuicio de lo dispuesto en el párrafo segundo del artículo 161.2 de esa ley.

De realizarse el ingreso en dicho plazo, procederá la liquidación de los intereses de demora devengados a partir del día siguiente al del vencimiento del plazo de ingreso en periodo voluntario hasta la fecha del ingreso realizado durante el plazo abierto con la notificación de la denegación. De no realizarse el ingreso, los intereses se liquidarán hasta la fecha de

---

[21]   Nueva redacción del art. 25.10 dada por el art. 1.uno del Real Decreto 249/2023, de 4 de abril, por el que se modifican el Reglamento General de Desarrollo de la Ley 58/2003, de 17 de diciembre, General Tributaria, en materia de revisión en vía administrativa, aprobado por el Real Decreto 520/2005, de 13 de mayo; el Reglamento General de Recaudación, aprobado por el Real Decreto 939/2005, de 29 de julio; el Reglamento General de las actuaciones y los procedimientos de gestión e inspección tributaria y de desarrollo de las normas comunes de los procedimientos de aplicación de los tributos, aprobado por el Real Decreto 1065/2007, de 27 de julio; el Reglamento del Impuesto sobre Sucesiones y Donaciones, aprobado por el Real Decreto 1629/1991, de 8 de noviembre; el Reglamento del Impuesto sobre el Valor Añadido, aprobado por el Real Decreto 1624/1992, de 29 de diciembre; el Reglamento del Impuesto sobre la Renta de las Personas Físicas, aprobado por el Real Decreto 439/2007, de 30 de marzo, y el Reglamento del Impuesto sobre Sociedades, aprobado por el Real Decreto 634/2015, de 10 de julio (BOE núm. 81, de 5 de abril 2023) en vigor desde el 25 de abril de 2023.

vencimiento de dicho plazo, sin perjuicio de los que puedan devengarse con posterioridad conforme a lo dispuesto en el artículo 26 de la Ley 58/2003, de 17 de diciembre.

Si en el momento de solicitarse la suspensión la deuda se encontrara en periodo ejecutivo, la notificación del acuerdo de denegación implicará que deba iniciarse el procedimiento de apremio en los términos previstos en el artículo 167.1 de la Ley 58/2003, de 17 de diciembre, de no haberse iniciado con anterioridad a dicha notificación.

11. Las resoluciones denegatorias de la suspensión serán susceptibles de reclamación económico-administrativa ante el tribunal al que correspondería resolver la impugnación del acto cuya suspensión se solicita.

12. Los casos de suspensión regulados en una norma específica se regirán por lo establecido en ella[22].

---

[22] **Resolución de 21 de diciembre de 2005, de la Secretaría de Estado de Hacienda y Presupuestos y Presidencia de la Agencia Estatal de Administración Tributaria, por la que se dictan criterios de actuación en materia de suspensión de la ejecución de los actos impugnados mediante recursos y reclamaciones y de relación entre los Tribunales Económico-Administrativos y la Agencia Estatal de Administración Tributaria** (BOE núm. 2, de 3 de enero de 2006).

«La Resolución, de 1 de junio de 1996, de la Secretaría de Estado de Hacienda y Presidencia de la Agencia Estatal de Administración Tributaria por la que se dictan instrucciones en materia de suspensión de la ejecución de los actos impugnados en vía administrativa, contiene las instrucciones para la aplicación de lo dispuesto en los artículos 75 y 76 del anteriormente vigente Reglamento de Procedimiento en las Reclamaciones Económico-Administrativas, aprobado por Real Decreto 391/1996, de 1 de marzo, en lo que se refiere a suspensión de la ejecución de los actos impugnados. La Resolución de 30 de diciembre de 2002, de la Secretaría de Estado de Hacienda y Presidencia de la Agencia Estatal de Administración Tributaria, por la que se crean las Oficinas de Relación con los Tribunales y les son atribuidas competencias, establece que dichos órganos son los encargados de canalizar las relaciones entre los órganos de la Agencia Estatal de Administración Tributaria y los Tribunales Económico-administrativos, y los Jueces y Tribunales del Orden Contencioso-administrativo, sin perjuicio de las competencias atribuidas al Servicio Jurídico de la Agencia. Dicha relación se concreta fundamentalmente en dos tipos de tareas. De una parte, en el control y seguimiento de la remisión al Tribunal de los expedientes administrativos que constituyen el fundamento de los actos de gestión tributaria objeto de una reclamación económico-administrativa. De otra, en el control y seguimiento de la ejecución de los actos resolutorios que ponen fin al procedimiento revisor. Asimismo, se atribuyen a las Oficinas de Relación con los Tribunales competencias para la tramitación de las solicitudes de suspensión de la ejecución de los actos impugnados, excluidas aquellas cuya tramitación y resolución corresponde al propio Tribunal Económico-Administrativo. La Resolución de 5 de marzo de 2004, de la Presidencia de la Agencia Estatal de Administración Tributaria, sobre organización y atribución de funciones en el ámbito de competencias del Departamento de Recaudación, establece que, respecto a los obligados al pago e interesados que tuvieren adscritos, la resolución de las solicitudes de suspensión que no sean de competencia del Tribunal Económico-Administrativo, corresponde al Jefe de la Oficina Nacional de Recaudación, a los Jefes de las Dependencias Regionales de Recaudación y sus adjuntos, y a los coordinadores, si los hubiere. La Ley 58/2003, de 17 de diciembre, General Tributaria, y el Real Decreto 520/2005, de 13 de mayo, por el que se aprueba el Reglamento general de desarrollo de la Ley 58/2003, de 17 de diciembre, en materia de revisión en vía administrativa, regulan los procedimientos de revisión en vía administrativa, realizando importantes modificaciones en la materia. Como consecuencia de ello, resulta conveniente dictar nuevos criterios para coordinar la actuación de los Tribunales Económico-Administrativos y los órganos de la Agencia Estatal de Administración Tributaria en la medida en que intervengan en los procedimientos de revisión. En particular, se establecen los cauces formales por los que debe discurrir la comunicación de los Tribunales Económico-Administrativos y las Oficinas de Relación con los Tribunales, y de éstas con los órganos competentes para formar los expedientes, acordar la suspensión de la ejecución de los actos impugnados con ocasión de la interposición del recurso de reposición o la reclamación económico-administrativa, y para ejecutar los actos resolutorios de los procedimientos de revisión. Asimismo, a fin de incorporar en un único texto todos los criterios de actuación relativos a las cuestiones que se plantean cuando se solicita la suspensión de la ejecución de los actos impugnados, también se incluyen determinados criterios relativos a los requisitos de suficiencia jurídica y económica que deben reunir las garantías para producir el efecto suspensivo en los casos en los que su aportación constituye una condición legal para la concesión. Adicionalmente, a efectos de establecer un tratamiento uniforme de las tareas administrativas asociadas a la ejecución de las resoluciones de los Tribunales económico-administrativos y de los Jueces y Tribunales del Orden Contencioso-administrativo, la Resolución incorpora las instrucciones por las que debe regirse la ejecución de resoluciones y sentencias. En consecuencia, he resuelto lo siguiente:

Primero. Contenido y ámbito de aplicación.

1. *Contenido.*-La presente Resolución contiene instrucciones relativas a la tramitación y resolución de las solicitudes de suspensión de la ejecución de los actos objeto de recurso de reposición o de reclamación económico-administrativa. Asimismo, detalla los cauces de relación que se establecen entre los órganos de la Agencia Estatal de Administración Tributaria (en adelante, AEAT) y los Tribunales Económico-administrativos en el curso de un procedimiento económico-administrativo. Finalmente, contiene criterios de actuación sobre determinados aspectos de la ejecución de sentencias dictadas por los Jueces y Tribunales del Orden Contencioso-administrativo.

2. *Ámbito objetivo de aplicación.*-El ámbito objetivo de aplicación de esta Resolución comprende los siguientes actos:

a) Actos dictados por los órganos de la AEAT en el ejercicio de sus funciones de gestión, inspección y recaudación de los tributos o respecto de otros recursos de derecho público titularidad de la Hacienda pública estatal.

b) Actos de imposición de sanciones tributarias dictados por órganos de la AEAT.

c) Actos dictados por los órganos de la AEAT como consecuencia de la interposición de un recurso de reposición.

d) Actos dictados por los órganos de recaudación de la AEAT respecto a los recursos de derecho público de otras Administraciones, Organismos o Entes Públicos, cuando su gestión se les hubiere encomendado en virtud de Ley o Convenio.

3. *Ámbito subjetivo de aplicación.*-El ámbito subjetivo de aplicación de esta Resolución comprende todos aquellos órganos y entes de derecho público dependientes de la Secretaría de Estado de Hacienda y Presupuestos que intervengan en los procedimientos de revisión de los actos que conforman su ámbito objetivo de aplicación. En particular, tienen dicha consideración:

a) Los Tribunales Económico-Administrativos, en cuanto órganos competentes para resolver reclamaciones económico-administrativas.

b) Los órganos competentes para resolver recursos de reposición.

c) Los órganos autores de los actos impugnados, ya que a éstos se deben dirigir los escritos de interposición de las reclamaciones económico-administrativas y las solicitudes de suspensión.

d) Los órganos competentes para tramitar solicitudes de suspensión.

e) Los órganos competentes para resolver solicitudes de suspensión.

f) Los órganos responsables de la ejecución de los actos resolutorios de los procedimientos de revisión y de las resoluciones judiciales.

4. *Oficinas de Relación con los Tribunales.*-Las Oficinas de Relación con los Tribunales se encargarán de canalizar las relaciones que, por razón de los procedimientos de revisión, deban establecerse entre los órganos de la AEAT y los Tribunales Económico-administrativos, así como también de canalizar las relaciones que, por razón de la interposición de recursos contencioso-administrativos, deban establecerse entre los órganos de la AEAT y los Jueces y Tribunales del Orden Contencioso-administrativo, sin perjuicio de las competencias atribuidas al Servicio Jurídico del Estado.

Asimismo, se encargarán de tramitar las solicitudes de suspensión cuya concesión corresponda a los órganos de recaudación, y de colaborar en la tramitación de aquellas cuya concesión corresponda a los

Tribunales Económico-administrativos. Las relaciones y comunicaciones desde los Tribunales Económico-administrativos hacia los órganos de la AEAT, se realizarán con carácter general, a través de las Oficinas de Relación con los Tribunales de su ámbito territorial, sin perjuicio de las excepciones establecidas en esta Resolución.

Segundo. Interposición de las reclamaciones económico-administrativas.

1. *Presentación del escrito de interposición.*

1.1 El escrito de interposición de una reclamación económico-administrativa se dirigirá al órgano que dictó el acto reclamado.

Cuando de los datos que figuren en el escrito de interposición no pueda determinarse el acto reclamado, el órgano que lo reciba dará traslado del mismo al Tribunal Económico-Administrativo correspondiente a su ámbito territorial. Una vez determinado, en su caso, el acto reclamado, el Tribunal remitirá el escrito de interposición y la documentación aportada por el interesado a la Oficina de Relación con los Tribunales que corresponda de conformidad con los criterios establecidos en el apartado séptimo.1.2.1. quien, a su vez, la dirigirá al órgano competente para formar y remitir el expediente.

1.2 Cuando, en virtud de Convenio, los órganos de la AEAT notifiquen actos de aplicación de los tributos dictados por otros órganos o entes públicos, los escritos de interposición que respecto a dichos actos se reciban en los registros de la AEAT se dirigirán, de oficio, al órgano que dictó el acto reclamado.

1.3 Cuando se presente una reclamación económico-administrativa dentro del plazo legal para resolver un recurso de reposición previamente interpuesto contra el mismo acto y antes de que, dentro de ese plazo, se hubiese resuelto expresamente el recurso de reposición, el órgano que lo dictó remitirá al Tribunal, a fin de que por éste se proceda a acordar la inadmisión de la reclamación, el escrito de interposición del recurso y de la reclamación, acompañando una diligencia en la que se hará constar la simultaneidad de procedimientos revisores y la no procedencia de la remisión del expediente.

2. *Formación del expediente administrativo para su envío al Tribunal.*

2.1. La copia del expediente administrativo a remitir al Tribunal contendrá los antecedentes que se tuvieron en cuenta para dictar el acto impugnado, así como su notificación, y los informes que se hubieren evacuado durante el procedimiento, sean o no preceptivos.

Cuando la totalidad o parte de dichos antecedentes estén disponibles en las bases de datos de la AEAT en forma de imágenes u otros documentos electrónicos, en el expediente se incluirá una copia impresa y diligenciada de ellos, en la medida en que no se aplique lo previsto en el apartado segundo.3.2., último párrafo. Asimismo, cuando entre la documentación a remitir al Tribunal deban incluirse declaraciones tributarias u otros documentos presentados por el interesado mediante los procedimientos electrónicos o telemáticos establecidos por la normativa vigente, en el expediente se incluirá igualmente copia impresa y diligenciada de ellos, en la medida en que no se aplique lo previsto en el apartado segundo.3.2., último párrafo.

2.2. Cuando, de acuerdo con el artículo 235.3 de la Ley 58/2003, de 17 de diciembre, se hubiere anulado totalmente el acto impugnado sin que se hubiera dictado otro acto en sustitución del anterior, únicamente se remitirá al Tribunal, junto con el escrito de interposición y la documentación aportada con éste, copia del acuerdo de anulación y de la notificación al interesado y copia del acto anulado si no se incluyese entre la documentación aportada por el interesado con el escrito de interposición. El Tribunal podrá solicitar otra documentación cuando resulte necesario. Si se hubiere anulado totalmente el acto impugnado y se hubiere dictado un nuevo acto que lo sustituya, se remitirá al Tribunal, junto con el escrito de interposición y la documentación aportada con éste y con la copia del expediente administrativo relativo al acto impugnado, copia del acuerdo de anulación y del nuevo acto dictado. Cuando se hubiere anulado parcialmente el acto impugnado, se remitirá al Tribunal, junto con el escrito de interposición, la documentación aportada con éste y la copia del expediente administrativo originario, una copia del acuerdo de anulación.

2.3. En el caso de que el órgano administrativo que haya dictado el acto observase la existencia de extemporaneidad en la reclamación económico-administrativa, se abstendrá de realizar actuación alguna, dando traslado del escrito de presentación, de la documentación aportada por el interesado y del expediente administrativo, al Tribunal competente, acompañado de una diligencia en la que se hará constar tal circunstancia.

2.4. Cuando se interponga reclamación económico-administrativa contra un acto de gestión recaudatoria para cuya resolución deba acompañarse documentación correspondiente a un acto de liquidación dictado por otro órgano de la AEAT, el órgano de recaudación reclamará al órgano autor de la liquidación la remisión de copia numerada y diligenciada de los antecedentes que no figuren en el expediente de recaudación, y remitirá el expediente completo al Tribunal.

2.5. Cuando se interponga reclamación económico-administrativa contra un acto de gestión recaudatoria que traiga causa de un acto dictado por un organismo o ente público ajeno a la AEAT, el órgano de recaudación trasladará copia del escrito de interposición al órgano autor de dicho acto y, en su caso, le reclamará la remisión de copia de los antecedentes que no figuren en el expediente de recaudación para su envío conjunto al Tribunal. En todo caso, el órgano de recaudación formará el expediente en la parte que le corresponda y lo remitirá al Tribunal, acompañado de la solicitud de remisión de documentación no atendida, dentro del plazo previsto en el apartado segundo.3.1.

3. *Remisión del expediente al Tribunal Económico-Administrativo.*

3.1. La remisión del expediente administrativo, junto con el escrito de interposición de la reclamación económico-administrativa y la documentación aportada por el interesado, se efectuará, en todo caso, por el órgano que dictó el acto impugnado y en el plazo de un mes a contar desde la fecha en la que el escrito de interposición conste recibido en el registro oficial correspondiente a su sede.

3.2. El expediente administrativo, debidamente numerado y diligenciado, irá acompañado de un índice de la documentación que contiene y de una carátula en la que figurarán, al menos, los datos necesarios para identificar el acto impugnado, el órgano que lo dictó, las circunstancias que afectan a la deuda tributaria y las fechas de interposición y recepción de la reclamación y remisión del expediente. Recibido el escrito de interposición, el Tribunal comunicará al órgano autor del acto impugnado, y por el mismo medio utilizado para la remisión del expediente, la fecha de recepción y el número asignado a la reclamación. La remisión del expediente prevista en el apartado segundo.3.1. podrá efectuarse a través de la puesta a disposición del expediente electrónico, siempre y cuando este reúna las condiciones exigidas por el ordenamiento jurídico para su admisión, de acuerdo con las disposiciones que se dicten al efecto.

3.3. Si el Tribunal no ha recibido el expediente dentro del plazo previsto en el apartado segundo.3.1., reclamará su envío, a través de la Oficina de Relación con los Tribunales de su ámbito territorial, al órgano que dictó el acto impugnado, quien deberá proceder al envío o a justificar las razones por las que no se efectúa la remisión solicitada en el plazo de 15 días. Si el Tribunal ha recibido el expediente pero aprecia, de oficio o a instancia del interesado, que no está completo, podrá reclamar su envío, a través de la Oficina de Relación con los Tribunales de su ámbito territorial, al órgano que dictó el acto impugnado, quien deberá proceder al envío o a justificar las razones por las que no se efectúa la remisión solicitada en el plazo de 15 días.

3.4. El Tribunal que conoció de la reclamación económico-administrativa será el encargado de remitir la copia del expediente a la instancia superior una vez que conozca la interposición en vía económico-administrativa de un recurso ordinario de alzada o extraordinario para unificación de criterio o bien de un recurso contencioso-administrativo contra su resolución. Asimismo, el Tribunal dispondrá lo que tenga por conveniente en cuanto al destino que haya de darse a las copias de los expedientes que obren en su poder una vez hubiere finalizado el procedimiento revisor, sin que proceda su devolución al órgano que remitió la documentación.

Tercero. Suspensión de la ejecución de los actos objeto de recurso de reposición.

1. *Requisitos formales de la solicitud de suspensión.*

1.1 La solicitud de suspensión se dirigirá al órgano que dictó el acto impugnado, y podrá presentarse en cualquier momento mientras dure la sustanciación del procedimiento, si bien cuando no se solicite en el momento de la interposición del recurso, sólo podrá afectar a las actuaciones del procedimiento de recaudación que se produzcan con posterioridad a la fecha de su presentación.

1.2. En el escrito mediante el que se solicite la suspensión del acto impugnado deberán constar, al menos, los siguientes datos:
a) Nombre y apellidos, razón social o denominación y número de identificación fiscal del solicitante.
b) Nombre y apellidos, razón social o denominación y número de identificación fiscal de quien presente la solicitud en representación del interesado.
c) Domicilio a efectos de notificaciones.
d) Identificación del acto administrativo cuya suspensión se solicita, indicando el número de expediente o clave alfanumérica y la fecha en que se dictó, así como la pretensión del interesado.
e) Órgano ante el que se formula la solicitud.
1.3. La solicitud de suspensión deberá ir necesariamente acompañada del documento original en el que se formalice la garantía aportada, que deberá ser alguna de las previstas en el artículo 224.2 de la Ley 58/2003, de 17 de diciembre, y estar constituida a disposición del órgano que dictó el acto. De no ser así, la solicitud no surtirá efectos suspensivos, y se tendrá por no presentada. En este caso, se procederá al archivo de la solicitud, lo que se notificará al interesado. El documento en que se formalice la garantía deberá incorporar las firmas de los otorgantes legitimadas por fedatario público, por comparecencia ante la administración autora del acto o generadas mediante un mecanismo de autenticación electrónica. Si la solicitud de suspensión se fundamenta en que al dictar el acto impugnado se ha incurrido en error aritmético, material, o de hecho, no será necesario aportar garantía, pero sí la documentación que acredite dicho error.
2. *Tramitación y resolución de la solicitud de suspensión.*
2.1 La tramitación y resolución de las solicitudes de suspensión presentadas al amparo del artículo 25 del Reglamento General de desarrollo de la Ley 58/2003, de 17 de diciembre, General Tributaria, en materia de revisión en vía administrativa aprobado por Real Decreto 520/2005, de 13 de mayo, corresponde al órgano que dictó el acto impugnado.
2.2. Recibida una solicitud de suspensión, se efectuará un examen de la misma con el fin de comprobar que el escrito presentado y la documentación que lo acompaña cumplen los requisitos formales establecidos en este apartado.
2.3 En todo caso, se tendrá por no presentada la solicitud de suspensión en que concurra alguna de las siguientes circunstancias:
a) Que no se haya aportado con la solicitud de suspensión el documento mediante el que se formalice la garantía.
b) Que no acredite la existencia de recurso de reposición anterior o simultáneamente interpuesto.
c) Que no se acredite la existencia de error material, aritmético o de hecho, en el caso de que la solicitud se fundamente dichas circunstancias. En estos casos, se procederá al archivo de la solicitud, lo que se notificará al interesado.
2.4. Si la solicitud acredita la existencia de recurso de reposición y adjunta garantía bastante o acredita la existencia de error material, aritmético o de hecho, la suspensión se entenderá acordada desde la fecha de la solicitud, debiendo notificarse dicha circunstancia al interesado.
2.5 Cuando se advierta la existencia de defectos subsanables en el escrito de solicitud de suspensión o en el documento en que se formalice la garantía, se requerirá al solicitante para que en un plazo de diez días, contados a partir del día siguiente al de la notificación del requerimiento, subsane el defecto, con indicación de que la falta de atención a dicho requerimiento determinará el archivo de las actuaciones y que se tenga por no presentada la solicitud. Cuando el requerimiento de subsanación haya sido objeto de contestación en plazo por el interesado, el órgano competente para resolver acordará o denegará la solicitud según se entiendan, respectivamente, subsanados o no los defectos observados. En ambos casos, el acuerdo se notificará al interesado, con indicación, en su caso, de la fecha a partir de la cual se entienden producidos los efectos de la resolución adoptada. Cuando en el texto de la garantía no conste el ámbito al que se extiende la cobertura, se entenderá que los efectos suspensivos únicamente se mantienen hasta la conclusión del recurso de reposición en cuyo seno se ha concedido la suspensión.

2.6. A efectos de lo dispuesto en el número anterior, se entenderá que la solicitud presenta defectos que impiden su concesión en los siguientes casos:
a) Cuando la garantía aportada no cumpla las condiciones de suficiencia económica en los términos indicados en el apartado tercero.3.
b) Cuando la garantía aportada no cumpla las condiciones de suficiencia jurídica indicadas en el apartado tercero.4. En cualquier caso, en el acuerdo que se adopte deberá constar el motivo de la denegación con indicación del requisito que, por no concurrir en la solicitud, impide la concesión.
2.7. Cuando la solicitud de suspensión hubiera sido presentada en período voluntario, la notificación del acuerdo de denegación producirá los siguientes efectos:
a) Se iniciará el plazo de ingreso de la deuda suspendida con arreglo a lo dispuesto en el artículo 62.2 de la Ley 58/2003, de 17 de diciembre, informándose de esta circunstancia al interesado en la notificación del acuerdo de denegación.
b) Se exigirán intereses de demora por el período comprendido entre la fecha en la que hubiera finalizado el período voluntario de ingreso de la deuda cuya suspensión se solicitó y la fecha en que se produzca su ingreso efectivo o, en su defecto, hasta la fecha de vencimiento de plazo de ingreso iniciado con la notificación del acuerdo de denegación. Cualquier solicitud de suspensión que, respecto a la misma deuda, pudiera realizarse con posterioridad a la notificación del acuerdo de denegación, no impedirá la iniciación del período ejecutivo.
2.8. Cuando la solicitud de suspensión hubiera sido presentada en período ejecutivo, la notificación del acuerdo de denegación determinará que deba iniciarse el procedimiento de apremio, de no haberse iniciado con anterioridad a dicha notificación.
2.9. Contra la denegación de la suspensión con fundamento en un recurso de reposición, el interesado podrá interponer reclamación económico-administrativa ante el Tribunal al que correspondería resolver la impugnación del acto cuya suspensión se solicita.
3. *Requisitos de suficiencia económica de las garantías.*
3.1. Las garantías aportadas para obtener la suspensión de la ejecución de los actos impugnados deberán cubrir el importe correspondiente a la deuda cuya suspensión se solicita, los recargos que se hubieren devengado en la fecha de la solicitud, y los intereses que se devenguen durante la tramitación del procedimiento revisor.
3.2. Los importes que, en concepto de recargo del período ejecutivo, deberá cubrir la garantía que se aporte serán los siguientes:
a) El 5 por ciento de la deuda cuya suspensión se solicita, cuando la solicitud se presente una vez finalizado el período voluntario de pago sin que se hubiere notificado la providencia de apremio respecto a dicha deuda.
b) El 10 por ciento de la deuda cuya suspensión se solicita, cuando la solicitud se presente dentro del plazo de ingreso iniciado con la notificación de la providencia de apremio.
c) El 20 por ciento de la deuda cuya suspensión se solicita, cuando la solicitud se presente una vez transcurrido el plazo de ingreso iniciado con la notificación de la providencia de apremio.
3.3. Cuando, por la naturaleza de la garantía a constituir, se requiera establecer anticipadamente el importe que debe cubrir en concepto de intereses de demora, y sin perjuicio de su ulterior determinación, se incluirá la cantidad correspondiente a un mes en caso de que la suspensión se limite a la tramitación de un recurso de reposición.
Si la garantía extendiera también sus efectos al procedimiento económico-administrativo, el importe a garantizar en concepto de intereses de demora comprenderá la suma de la cantidad correspondiente a un mes y, además, las cantidades correspondientes a:
a) Seis meses en caso de que la suspensión comprenda la tramitación de una reclamación económico-administrativo por el procedimiento abreviado.
b) Un año en caso de que la suspensión comprenda la tramitación de una reclamación económico-administrativa por el procedimiento general en única instancia.

c) Dos años en caso de que la suspensión comprenda la tramitación de una reclamación económico-administrativa cuya resolución en primera instancia sea susceptible de recurso de alzada. Para el cálculo de dicho importe se aplicará el tipo de interés de demora previsto en el artículo 26 de la Ley 58/2003, de 17 de diciembre, y como término inicial se atenderá a la fecha en la que se presentó la solicitud de suspensión o, en caso de haberse presentado en período voluntario, la fecha en que este período se entiende finalizado.

4. Requisitos de suficiencia jurídica de las garantías.

4.1. Sin perjuicio de los requisitos específicos de cada modalidad de garantía, en el texto del documento mediante el cual se formalice deberán constar, al menos, las siguientes indicaciones:

a) Identificación de la deuda cuyo pago garantiza.

b) Importes garantizados en concepto de principal, recargos e intereses de demora, según proceda.

c) Identificación del procedimiento revisor que justifica la suspensión, con indicación de la fecha de presentación del escrito de interposición.

d) Carácter indefinido de la garantía, que mantendrá su vigencia hasta la fecha en la que la Administración autorice la cancelación.

e) Ámbito al que se extiende la cobertura, señalando si comprende únicamente la fase de reposición, o bien extiende sus efectos al procedimiento económico-administrativo y, en su caso, al recurso contencioso-administrativo.

f) Órgano a cuya disposición se constituye la garantía.

g) Indicación de que, en caso de que sea necesaria su ejecución, se seguirá el procedimiento administrativo de apremio.

4.2. Cuando la garantía consista en aval de entidad de crédito, la condición de avalista deberá recaer en una entidad española, comunitaria o extranjera debidamente autorizada a desarrollar su actividad en territorio español.

El documento que se aporte deberá incorporar las firmas de los apoderados de dicha entidad debidamente legitimadas por fedatario público o por comparecencia ante la Administración autora del acto, y en su texto se hará constar la cláusula de solidaridad así como la renuncia a los beneficios de excusión y división. Podrá solicitarse del Servicio Jurídico competente el bastanteo de los poderes de la persona que actúe en representación de la entidad. No obstante lo anterior, quedarán eximidos de dicho trámite de formalización los avales generados mediante un mecanismo de autenticación electrónica debidamente aceptado por la AEAT. En uno y otro caso, solo se admitirán los avales en los que figure la inscripción en el Registro Especial de avales de la entidad emisora. 4.3 Cuando la garantía consista en fianza de carácter solidario, la condición de fiador deberá recaer en una entidad española, comunitaria o extranjera debidamente autorizada a desarrollar su actividad en territorio español. El documento en el que se formalice la fianza deberá incorporar las firmas de los apoderados de dicha entidad debidamente legitimadas por fedatario público o por comparecencia ante la Administración autora del acto, y en su texto se hará constar la cláusula de solidaridad así como la renuncia a los beneficios de excusión y división. Podrá solicitarse del Servicio Jurídico competente el bastanteo de los poderes de la persona que actúe en representación de la entidad.

4.4 Cuando la garantía consista en un certificado de seguro de caución, la condición de asegurador deberá recaer en una entidad en activo y debidamente autorizada por la Dirección General de Seguros y Fondos de Pensiones para operar en España en el ramo del seguro de caución.

4.4.1 En el certificado que aporte el interesado deberán constar, como mínimo, los siguientes datos:

a) Identificación completa de la entidad aseguradora.

b) Indicación de que la condición de asegurado la ostenta la Administración competente para suspender la ejecución de los actos impugnados.

c) Identificación completa de la persona o entidad que ostenta la condición de tomador del seguro.

d) Las indicaciones que, como mínimo, deberán constar en el contrato de seguro y que se mencionan en el apartado 4.4.2 siguiente.

4.4.2 En las cláusulas del contrato, sin perjuicio de lo establecido en el artículo 8 de la Ley 50/1980, de 8 de octubre, del contrato de seguro, deberán constar, como mínimo, las siguientes indicaciones:

a) No podrá oponerse al asegurado ninguna excepción derivada de la relación del asegurador con el tomador del seguro, ni siquiera el impago de la prima.

b) El asegurador se compromete a indemnizar al asegurado al primer requerimiento y acepta la ejecución de la garantía por el procedimiento administrativo de apremio.

c) La vigencia del contrato se mantendrá hasta la fecha en la que la Administración autorice su cancelación. Para el caso de que dicho plazo fuera a exceder de 10 años, el tomador del seguro y el asegurador deberán estipular en el propio contrato de seguro que antes de que transcurra el citado plazo estipularán la prórroga automática del contrato de seguro, por plazos sucesivos de un año durante el tiempo que fuese preciso para mantener la vigencia de la garantía.

d) El importe máximo del que responde el asegurador. Para admitir su validez y vigencia podrá solicitarse del Servicio Jurídico competente el bastanteo de los poderes de la persona que actúe en representación del asegurador.

4.5. Cuando la garantía consista en depósito de dinero, el interesado deberá acompañar el resguardo del ingreso expedido por la Caja General de Depósitos. Cuando la garantía consista en el depósito de valores públicos se acompañará certificado de inmovilización de títulos expedido por la Caja General de Depósitos.

En uno y otro caso, la cantidad que figure en el resguardo, además del importe de la deuda cuya suspensión se solicita, deberá incluir los recargos a que se refiere el apartado tercero.3.2. y los intereses de demora indicados en el apartado tercero.3.3.

4.6. Cuando la garantía consista en una fianza personal y solidaria de otros contribuyentes, su admisión queda condicionada al cumplimiento de las siguientes condiciones:

a) El importe de la deuda suspendida no podrá exceder de 1.500 euros.

b) La condición de fiador deberá recaer en dos personas físicas o jurídicas que no tengan la condición de interesados en el procedimiento recaudatorio cuya suspensión se solicita que, con arreglo a los datos de que disponga el órgano competente para suspender, estén al corriente de sus obligaciones tributarias y presenten una situación económica que les permita asumir el pago de la deuda suspendida.

c) El documento que se aporte indicará el carácter solidario de los fiadores con expresa renuncia a los beneficios de división y excusión.

4.7. La admisibilidad de la garantía, cuando sea distinta de las anteriores, quedará condicionada a su idoneidad desde el punto de vista de su ejecución.

4.8. No obstante lo dispuesto en los números anteriores, la Administración podrá aprobar modelos normalizados para la formalización de garantías que se facilitarán a los interesados que así lo soliciten.

Cuarto. Suspensión de la ejecución de los actos objeto de reclamación económico-administrativa.

1. *Reglas Generales. Requisitos formales de la solicitud de suspensión.*

1.1 Todas las solicitudes de suspensión se dirigirán al órgano que dictó el acto impugnado, independientemente de cual sea el órgano competente para su tramitación y resolución.

Al recibir una solicitud de suspensión que tenga su fundamento en la presentación de una reclamación económico-administrativa, el órgano que dictó el acto impugnado remitirá la documentación aportada por el interesado a la Oficina de Relación con Tribunales correspondiente al ámbito del Tribunal que conozca de dicha reclamación.

1.2. La solicitud de suspensión deberá formalizarse en escrito independiente, firmado por el interesado o por su representante. No obstante lo anterior, cuando se hubiere obtenido la suspensión durante la tramitación de un recurso de reposición y se interponga reclamación económico-administrativa, no será necesario presentar nueva solicitud de suspensión siempre que en el texto de la garantía aportada figure la extensión de sus efectos a dicho procedimiento.

1.3. La solicitud de suspensión podrá presentarse en cualquier momento mientras dure la sustanciación del procedimiento, si bien cuando no se solicite en el momento de la interposición de la reclamación económico-administrativa, sólo podrá afectar a las actuaciones del procedimiento de recaudación que se produzcan con posterioridad a la fecha de su presentación.

1.4. En el escrito mediante el que se solicite la suspensión del acto impugnado deberán constar, al menos, los siguientes datos:

a) Nombre y apellidos, razón social o denominación y número de identificación fiscal del solicitante.

b) Nombre y apellidos, razón social o denominación y número de identificación fiscal de quien presente la solicitud en representación del interesado.

c) Domicilio a efectos de notificaciones.

d) Identificación del acto administrativo cuya suspensión se solicita, indicando el número de expediente o clave alfanumérica y la fecha en que se dictó, así como la pretensión del interesado.

e) Órgano ante el que se formula la solicitud con indicación de la modalidad de suspensión que se solicita. Asimismo, el interesado podrá incorporar cuantos datos considere necesarios para la valoración de su solicitud, y en particular los relativos a la naturaleza jurídica y las características de la garantía que se aporta.

1.5. Cuando se solicite la suspensión al amparo de lo dispuesto en el artículo 44 del Reglamento General de desarrollo de la Ley 58/2003, de 17 de diciembre, General Tributaria, en materia de revisión en vía administrativa aprobado por Real Decreto 520/2005, de 13 de mayo, la pretensión del interesado se concretará haciendo constar:

a) La identificación de los bienes o derechos sobre los que se propone constituir la garantía, con expresa indicación de la titularidad, referencia registral si la hubiere, así como de las cargas, gravámenes, arrendamientos u otras circunstancias que afecten a su valor que permanezcan vigentes en la fecha de presentación de la solicitud de suspensión.

b) La valoración que se atribuye a los bienes o derechos que quedarán afectos en caso de aceptación de la garantía, con indicación de la empresa o perito que la hubiere realizado y de la fecha en la que se realizó la tasación.

1.6. Cuando se solicite la suspensión al amparo de lo dispuesto en el artículo 46 del Reglamento General de desarrollo de la Ley 58/2003, de 17 de diciembre, General Tributaria, en materia de revisión en vía administrativa aprobado por Real Decreto 520/2005, de 13 de mayo, la pretensión del interesado se concretará haciendo constar, según proceda:

a) La naturaleza, características y alcance de los perjuicios en los que se fundamenta la dispensa total o parcial del deber de constituir garantía.

b) El error material, aritmético o de hecho en cuya comisión se fundamenta la solicitud de suspensión.

c) En caso de aportar garantías que cubran sólo parcialmente el importe de la deuda, deberán constar las indicaciones recogidas en el apartado cuarto.1.5.

1.7. Toda solicitud de suspensión deberá acompañarse de los siguientes documentos:

a) Copia de la reclamación interpuesta, cuando la solicitud se presente en un momento posterior a la presentación de la reclamación.

b) Documento de representación, cuando la solicitud se presente por persona distinta del interesado. Asimismo, el interesado podrá aportar cuantos documentos considere necesarios para la valoración de su solicitud, y copia del acto o actos impugnados.

1.8. Las solicitudes de suspensión presentadas al amparo de lo dispuesto el artículo 43 del Reglamento General de desarrollo de la Ley 58/2003, de 17 de diciembre, General Tributaria, en materia de revisión en vía administrativa aprobado por Real Decreto 520/2005, de 13 de mayo, deberán acompañarse, junto con lo establecido en el apartado cuarto.1.7, del documento original en el que se formalice la garantía aportada, que deberá incorporar las firmas de los otorgantes legitimadas por fedatario público, por comparecencia ante la administración autora del acto o generadas mediante un mecanismo de autenticación electrónica.

1.9. Las solicitudes de suspensión presentadas al amparo de lo dispuesto en el artículo 44 del Reglamento General de desarrollo de la Ley 58/2003, de 17 de diciembre, General Tributaria, en materia de revisión en vía administrativa aprobado por Real Decreto 520/2005, de 13 de mayo deberán acompañarse, junto con lo establecido en el apartado cuarto.1.7, de los siguientes documentos:

a) Valoración actualizada de los bienes o derechos sobre los que se constituirá la garantía ofrecida realizada por una empresa o profesional debidamente inscrito en el Registro de tasadores oficiales o, si no lo hubiere, por perito independiente con titulación suficiente.

b) Justificación de la imposibilidad de aportar alguna de las garantías establecidas para la suspensión automática.

En todo caso, se considerará justificada la imposibilidad de aportar las garantías establecidas para la suspensión automática cuando se aporte la siguiente documentación:

a) Certificado de la imposibilidad de obtener aval o fianza solidaria expedido, dentro del mes anterior a la fecha de presentación de la solicitud, por dos entidades de crédito, y siempre que una de ellas sea aquella con la que el contribuyente opera habitualmente.

b) Copia certificada del libro mayor de tesorería en el que se refleje la insuficiencia de saldo disponible para constituir un depósito en efectivo, cuando el solicitante esté obligado a llevar contabilidad.

c) Declaración del solicitante de no ser titular de valores públicos.

1.10. Cuando la solicitud de suspensión se presente al amparo de lo dispuesto en el artículo 46 del Reglamento General de desarrollo de la Ley 58/2003, de 17 de diciembre, General Tributaria, en materia de revisión en vía administrativa aprobado por Real Decreto 520/2005, de 13 de mayo, junto con lo establecido en el apartado cuarto.1.7, deberá acompañarse:

a) Documentación acreditativa de la existencia de perjuicios de difícil o imposible reparación.

b) En caso de dispensa parcial, la valoración actualizada de los bienes o derechos sobre los que se constituirá la garantía ofrecida realizada por una empresa o profesional debidamente inscrito en el Registro de tasadores oficiales o, si no lo hubiere, por perito independiente con titulación suficiente.

c) En caso de error aritmético, material o de hecho, documentación acreditativa del error.

2. *Suspensión automática por aportación de garantía legalmente establecida.*

2.1 Tramitación de las solicitudes de suspensión.

2.1.1 La tramitación de las solicitudes de suspensión presentadas al amparo de lo dispuesto en el artículo 43 del Reglamento General de desarrollo de la Ley 58/2003, de 17 de diciembre, General Tributaria, en materia de revisión en vía administrativa aprobado por Real Decreto 520/2005, de 13 de mayo, corresponderá a la Oficina de Relación con los Tribunales que resulte competente de acuerdo con las siguientes reglas:

a) Las Oficinas de Relación con los Tribunales constituidas en las Dependencias Regionales de Recaudación de las Delegaciones Especiales de la AEAT se encargarán de las solicitudes de suspensión referidas a los actos objeto de reclamación cuya resolución corresponda a los Tribunales Económico-Administrativos Regionales de su mismo ámbito territorial.

b) Las Oficinas de Relación con los Tribunales de las Dependencias de Recaudación de las Delegaciones de la AEAT en Ceuta y Melilla se encargarán de las solicitudes de suspensión referidas a los actos objeto de reclamación cuya resolución corresponda a los Tribunales Económico-Administrativos Locales de su mismo ámbito territorial.

c) La Oficina de Relación con los Tribunales constituida en la Oficina Nacional de Recaudación se encargará de las solicitudes de suspensión referidas a los actos objeto de reclamación cuya resolución, en única instancia, corresponda al Tribunal Económico-Administrativo Central.

2.1.2 Al recibir una solicitud de suspensión, la Oficina de Relación con Tribunales efectuará un examen de la misma, con el fin de comprobar que el escrito presentado y la documentación que lo acompaña cumplen los requisitos formales establecidos en el apartado cuarto.1.

2.1.3 Carecerá de eficacia, sin necesidad de acuerdo expreso de inadmisión, la solicitud de suspensión que no esté vinculada a una reclamación económico-administrativa anterior o simultáneamente interpuesta. Asimismo se tendrá por no presentada la solicitud de suspensión cuando con ella no se haya aportado el documento mediante el que se formalice la garantía. En este caso procederá el archivo de la solicitud y su notificación al interesado.

2.1.4 Cuando la solicitud de suspensión tenga su fundamento en la interposición de una reclamación económico-administrativa y la garantía ofrecida por el interesado no sea ninguna de las indicadas en el artículo 233.2 de la Ley 58/2003, de 17 de diciembre, la Oficina de Relación con los Tribunales procederá a la recalificación de la solicitud, que pasará a tramitarse, según proceda, con arreglo a lo dispuesto en el apartado cuarto.3 y 4.

2.1.5 Cuando se advierta la existencia de defectos subsanables, ya sea en la solicitud o en la documentación en que se formalice la garantía, requerirá su subsanación en un plazo máximo de 10 días, contados desde el día siguiente al de la notificación del requerimiento, indicando al interesado que la falta de atención del requerimiento determinará el archivo de las actuaciones, y se tendrá por no presentada la solicitud. Cuando el requerimiento de subsanación haya sido objeto de contestación en plazo por el interesado, el órgano competente para tramitar la solicitud propondrá la concesión o denegación de la suspensión, según entienda, respectivamente, subsanados o no los defectos observados.

2.1.6 Son aplicables a esta modalidad de suspensión los requisitos de suficiencia económica y jurídica de las garantías previstas respectivamente en los apartados tercero.3 y tercero.4.

2.2. Resolución de las solicitudes de suspensión.

2.2.1 Las solicitudes de suspensión presentadas al amparo de lo dispuesto en el artículo 43 del Reglamento General de desarrollo de la Ley 58/2003, de 17 de diciembre, General Tributaria, en materia de revisión en vía administrativa aprobado por Real Decreto 520/2005, de 13 de mayo, serán resueltas por los órganos de recaudación que resulten competentes según la norma de organización específica.

2.2.2 Si la solicitud reúne todos los requisitos exigibles y adjunta garantía bastante, la suspensión se entenderá acordada desde la fecha de la solicitud, sin necesidad de que se dicte acuerdo expreso. Cuando se hubiere acordado la suspensión durante la tramitación de un recurso de reposición, la suspensión se mantendrá durante la tramitación de la reclamación económico-administrativa siempre que en la garantía aportada se indique la extensión de sus efectos y los importes garantizados incluyan los intereses indicados en el apartado tercero.3.3. En uno y otro caso, el órgano competente para tramitar la solicitud, de conformidad con lo previsto en el apartado cuarto.2.1.1, dirigirá notificación al interesado indicándole la fecha a partir de la cual se producen los efectos suspensivos.

2.2.3 Cuando hubiera sido necesaria la subsanación de defectos del escrito de solicitud de la suspensión o del documento en que se formalice la garantía de acuerdo con lo previsto en el apartado cuarto.2.1.5 y aquellos hubieran sido subsanados en forma y plazo, el órgano competente para resolver dictará acuerdo concediendo la suspensión solicitada. Dicho acuerdo se notificará al interesado con la indicación de la fecha a partir de la cual se producen los efectos suspensivos. Cuando en el texto de la garantía no conste el ámbito al que se extiende la cobertura, se entenderá que los efectos suspensivos únicamente se mantienen hasta la conclusión del procedimiento económico-administrativo que constituye el fundamento de la suspensión.

2.2.4 Cuando el requerimiento de subsanación hubiera sido objeto de contestación en plazo por el interesado, pero no se entiendan subsanados los defectos observados, el órgano competente para resolver, a propuesta del órgano que tramitó la solicitud, dictará acuerdo de denegación de la suspensión que se notificará al interesado.

2.2.5 A efectos de lo dispuesto en el número anterior, se entenderá que la solicitud presenta defectos que impiden la concesión de la suspensión en los siguientes casos:

a) Cuando la garantía aportada no cumpla las condiciones de suficiencia económica en los términos indicados en el apartado tercero.3.

b) Cuando la garantía aportada no cumpla las condiciones de suficiencia jurídica en los términos indicados en el apartado tercero.4. En cualquier caso, en el acuerdo que se adopte deberá constar el motivo de la denegación con indicación del requisito que, por no concurrir en la solicitud, impide la concesión.

2.2.6 Cuando la solicitud de suspensión hubiere sido presentada en período voluntario, la notificación del acuerdo de denegación producirá los siguientes efectos:

a) Se iniciará el plazo de ingreso de la deuda suspendida de conformidad con lo dispuesto en el artículo 62.2 de la Ley 58/2003, de 17 de diciembre, informándose de esta circunstancia al interesado en la notificación del acuerdo de denegación.

b) Se exigirán intereses de demora por el período comprendido entre la fecha en la que hubiera finalizado el período voluntario de ingreso de la deuda cuya suspensión se solicitó y la fecha en que se produzca su ingreso efectivo o, en su defecto, hasta la fecha de vencimiento de plazo de ingreso iniciado con la notificación del acuerdo de denegación. Cualquier solicitud de suspensión que, respecto a la misma deuda, pudiera realizarse con posterioridad a la notificación del acuerdo de denegación, no impedirá la iniciación del período ejecutivo.

2.2.7 Cuando la solicitud de suspensión hubiera sido presentada en período ejecutivo la notificación del acuerdo de denegación determinará que deba iniciarse el procedimiento de apremio, de no haberse iniciado con anterioridad a dicha notificación.

2.2.8 Contra la denegación de la suspensión, el interesado podrá plantear incidente ante el Tribunal competente para resolver la reclamación económico-administrativa relativa al acto cuya suspensión se solicitó, en un plazo de 15 días a contar desde el día siguiente a la fecha de notificación del acuerdo denegatorio. El escrito de interposición del incidente se presentará ante el órgano que dictó el acuerdo de denegación, que dará traslado del mismo al Tribunal acompañado del expediente correspondiente, e informará de su remisión a la Oficina de Relación con los Tribunales. La presentación del incidente no impedirá la continuación del procedimiento de recaudación. La resolución que ponga término al incidente no será susceptible de recurso.

3. *Suspensión por aportación de otras garantías.*

3.1 Tramitación de las solicitudes de suspensión.

3.1.1 La tramitación de las solicitudes de suspensión corresponderá a la Oficina de Relación con los Tribunales que resulte competente de acuerdo con las reglas establecidas en el apartado cuarto.2.1.1.

3.1.2 Cuando la solicitud se hubiere presentado antes de la finalización del período voluntario de ingreso de la deuda cuya suspensión se solicita y siempre que vaya acompañada de la documentación indicada en el apartado cuarto.1.9, el procedimiento de recaudación quedará cautelarmente suspendido hasta la fecha en la que se notifique el acuerdo por el que se concede o deniega la suspensión.

3.1.3 Al recibir una solicitud de suspensión, la Oficina de Relación con los Tribunales efectuará un examen de la misma, con el fin de comprobar que el escrito presentado y la documentación que lo acompaña cumplen los requisitos establecidos en el apartado cuarto.1.

3.1.4 Carecerán de eficacia, sin necesidad de acuerdo expreso de inadmisión, las solicitudes de suspensión que no estén vinculadas a una reclamación económico-administrativa.

3.1.5 Serán aplicables a esta modalidad de suspensión los requisitos de suficiencia económica previstos en el apartado tercero.3, así como lo previsto en el apartado tercero.4.1. La garantía deberá formalizarse con arreglo a su naturaleza jurídica y con el alcance, forma y contenido que resulte de las normas del Derecho Civil, Mercantil o Administrativo, según proceda. En todo caso, en el documento en que se formalice la garantía deberá quedar acreditada la fehaciencia de las firmas que consten en el mismo, incluyéndose además las siguientes estipulaciones:

a) La condición de acreedor recae en la AEAT, en cuyo favor se constituye la garantía.

b) Relación de bienes y derechos que se afectan al pago de la deuda suspendida, incorporando los correspondientes certificados registrales cuando proceda, con la debida distribución de responsabilidades a efectos de su ejecución.

c) Referencia a la normativa hipotecaria aplicable en caso de que la garantía sea inscribible en el Registro de la Propiedad.

3.1.6 Cuando se advierta la existencia de defectos subsanables, ya sea en la solicitud o en la documentación que lo acompañe, requerirá su subsanación en un plazo máximo de 10 días, contados desde el día siguiente al de la notificación del requerimiento, indicando al interesado que la falta de atención del requerimiento determinará el archivo de las actuaciones, y se tendrá por no presentada la solicitud.

Contestado en plazo el requerimiento de subsanación, el órgano competente para tramitar la solicitud propondrá la concesión o denegación de la suspensión, según entienda o no, respectivamente, subsanados los defectos observados.

3.2. Resolución de las solicitudes de suspensión.

3.2.1 Las solicitudes de suspensión presentadas al amparo del artículo 44 del Reglamento General de desarrollo de la Ley 58/2003, de 17 de diciembre, General Tributaria, en materia de revisión en vía administrativa aprobado por Real Decreto 520/2005, de 13 de mayo, serán resueltas por los órganos de recaudación que resulten competentes según la norma de organización específica.

3.2.2 Cuando hubiera sido necesaria la subsanación de defectos del escrito de solicitud de la suspensión o en la documentación que lo acompañe de acuerdo con lo previsto en el apartado cuarto.3.1.6. y aquellos hubieran sido subsanados en forma y plazo, o cuando no haya sido necesaria tal subsanación por haberse acreditado el cumplimiento de los requisitos legal o reglamentariamente establecidos, el órgano de recaudación, a propuesta de la Oficina de Relación con Tribunales, dictará acuerdo concediendo la suspensión solicitada, cuya eficacia quedará condicionada a la formalización de la garantía ofrecida, en el plazo de dos meses. Dicho acuerdo se notificara al interesado con la indicación de la fecha a partir de la cual se producen los efectos suspensivos. La resolución que otorgue la suspensión detallará la garantía a cuya formalización queda condicionada la eficacia del acuerdo de concesión. Asimismo, cuando por la naturaleza de la garantía esta vaya a ser inscrita en un Registro público, se señalará en el acuerdo que una vez expedido el documento administrativo mediante el cual se recoge la aceptación del órgano de recaudación, se dará traslado del mismo al interesado y se promoverá la inscripción de la correspondiente nota marginal, y que desde la efectiva constitución de la garantía se entenderá cumplida la condición a la que quedó sujeta la eficacia del acuerdo de concesión de la suspensión. Cuando en el texto de la garantía no conste el ámbito al que se extiende la cobertura, se entenderá que los efectos suspensivos únicamente se mantienen hasta la conclusión del procedimiento económico-administrativo que constituye el fundamento de la solicitud de suspensión.

3.2.3 Cuando el requerimiento de subsanación hubiera sido objeto de contestación en plazo por el interesado pero no se entiendan subsanados los defectos observados, el órgano competente para resolver, a propuesta de la Oficina de Relación con Tribunales, dictará acuerdo de denegación de la suspensión que se notificará al interesado.

3.2.4 Se entenderá que la solicitud presenta defectos que impiden la concesión de la suspensión en los siguientes casos:

a) Cuando no se acredite adecuadamente la imposibilidad de obtener ninguna de las garantías señaladas en el artículo 233.2 de la Ley 58/2003, de 17 de diciembre.

b) Cuando el valor de los bienes ofrecidos en garantía no cumplan las condiciones de suficiencia económica en los términos indicados en el apartado tercero.3.

c) Cuando la garantía que se ofrece no cumpla las condiciones de idoneidad indicadas en el apartado tercero.4. En cualquier caso, en el acuerdo que se adopte deberá constar el motivo de la denegación con indicación del requisito que, por no concurrir en la solicitud, impide la concesión.

3.2.5 Cuando la solicitud de suspensión hubiere sido presentada en período voluntario, la notificación del acuerdo de denegación determinará el cese de la suspensión cautelar y producirá los efectos indicados en el apartado cuarto.2.2.6.

Cualquier solicitud de suspensión que, respecto a la misma deuda, pudiera realizarse con posterioridad a la notificación del acuerdo de denegación, no impedirá la iniciación del período ejecutivo. 3.2.6 Cuando la solicitud de suspensión hubiera sido presentada en período ejecutivo la notificación del acuerdo de denegación determinará que deba iniciarse el procedimiento de apremio, de no haberse iniciado con anterioridad a dicha notificación. 3.2.7 Contra el acuerdo de denegación de la suspensión podrá interponerse un incidente en la reclamación económico-administrativa interpuesta contra el acto cuya suspensión se solicitó, en un plazo de 15 días a contar desde el día siguiente a la fecha de notificación del acuerdo denegatorio. El escrito de interposición del incidente se presentará ante el órgano que dictó el acuerdo de denegación, que dará traslado del mismo al Tribunal acompañado del expediente correspondiente, informando de su remisión a la Oficina de Relación con los Tribunales. La presentación del incidente no impedirá la continuación del procedimiento de recaudación.

3.3 Constitución de las garantías.

3.3.1 El documento mediante el que el interesado proceda a la formalización unilateral de la garantía ofrecida se dirigirá a la Oficina de Relación con los Tribunales en el plazo establecido en el apartado cuarto.3.2.2.
El seguimiento de los trámites de constitución de la garantía se efectuará por la Oficina de Relación con Tribunales correspondiente al ámbito territorial del órgano que concedió la suspensión.
3.3.2 Cuando, por la naturaleza de la garantía, se requiera su inscripción en un Registro Oficial, el interesado deberá presentar en el citado plazo la escritura original en la que conste la correspondiente diligencia de inscripción.
3.3.3 La Oficina de Relación con los Tribunales examinará el contenido de los documentos presentados por el interesado, pudiendo recabar informe al Servicio Jurídico y, en caso de que se adviertan defectos que pudieran dificultar la ejecución de la garantía, requerirá al interesado para que proceda a su subsanación inmediata.
3.3.4 Acreditado el cumplimiento de cuantos requisitos formales y materiales se requieran para la plena eficacia de la garantía constituida, la Oficina de Relación con los Tribunales propondrá su aceptación al órgano que concedió la suspensión.
3.3.5 Cuando la garantía se hubiera inscrito en un Registro público, se expedirá el documento administrativo mediante el cual se recoge la aceptación del órgano de recaudación y, en cumplimiento de lo señalado en el acuerdo de concesión de la suspensión, se dará traslado del mismo al interesado y se promoverá la inscripción de la correspondiente nota marginal.
3.3.6 La condición de eficacia del acuerdo de concesión de la suspensión se entenderá incumplida en los siguientes casos:
a) Cuando hubiere transcurrido el plazo establecido en el apartado cuarto.3.2.2, sin que el interesado hubiere aportado a la Oficina de Relación con los Tribunales el documento mediante el cual se formaliza la garantía ofrecida.
b) Cuando, dentro del plazo señalado en el apartado cuarto.3.2.2, el interesado no aporte a la Oficina de Relación con los Tribunales los documentos originales en que se formalizan las garantías donde conste la inscripción en el Registro Público correspondiente, cuando dicho trámite constituya un requisito de eficacia de las garantías.
c) Cuando el interesado no atienda el requerimiento de subsanación que le dirija la Oficina de Relación con los Tribunales en aquellos casos en los que se aprecien defectos que impidan la aceptación de la garantía en los términos en que hubiere sido formalizada.
3.3.7 Producida cualquiera de las circunstancias señaladas en el número anterior, el órgano de recaudación, a propuesta de la Oficina de Relación con los Tribunales declarará incumplida la condición de eficacia del acuerdo de concesión.
3.3.8 La falta de formalización de la garantía en plazo determinará el cese de la suspensión cautelar y producirá los siguientes efectos:
a) Si la suspensión hubiera producido efectos en período voluntario:
1.º Se iniciará el período ejecutivo al día siguiente de aquel en que finalizó el plazo concedido para la formalización de la garantía y se devengará el recargo del período ejecutivo que corresponda.
2.º Se exigirán intereses de demora por el período comprendido entre la finalización del período voluntario de ingreso de la deuda cautelarmente suspendida y el último día del plazo concedido para la formalización de la garantía.
b) Si la suspensión hubiera producido efectos en período ejecutivo, continuará, o se iniciará, en su caso, el procedimiento de apremio.
3.3.9 Las garantías debidamente formalizadas, aceptadas por el órgano de recaudación e inscritas en los Registros públicos cuando proceda, quedarán bajo la custodia de la Oficina de Relación con los Tribunales correspondiente al ámbito territorial del órgano de recaudación al que se halle adscrito el deudor.
4. *Suspensión otorgada por el Tribunal Económico-Administrativo.*
4.1. Suspensión cautelar del procedimiento de recaudación.-Cuando la solicitud de suspensión se hubiere presentado antes de la finalización del período voluntario de ingreso de la deuda cuya suspensión se

solicita, y siempre que esté vinculada a una reclamación económico-administrativa anterior o simultáneamente interpuesta, el procedimiento de recaudación quedará cautelarmente suspendido mientras dure su tramitación, cuando se cumpla lo dispuesto en el apartado cuarto.1.6 y se acompañe, en su caso, de la documentación indicada en el apartado cuarto.1.10.

4.2. Tramitación de la solicitud de suspensión.

4.2.1 En las solicitudes presentadas al amparo de lo dispuesto en el artículo 46 del Reglamento General de desarrollo de la Ley 58/2003, de 17 de diciembre, General Tributaria, en materia de revisión en vía administrativa aprobado por Real Decreto 520/2005, de 13 de mayo, la Oficina de Relación con Tribunales remitirá, al Tribunal competente para resolver, la documentación original aportada por el interesado.

Si se hubieran adoptado medidas cautelares para asegurar el cobro de las cantidades derivadas del acto reclamado, la Oficina de Relación con Tribunales remitirá al Tribunal la información relativa a tales medidas, con indicación expresa de la fecha de caducidad de la medida cautelar adoptada. El Tribunal tramitará y resolverá en el plazo más breve posible las solicitudes de suspensión en que concurran tales circunstancias.

4.2.2 La solicitud de suspensión que no esté vinculada a una reclamación económico-administrativa anterior o simultánea a dicha solicitud carecerá de eficacia, sin necesidad de un acuerdo expreso de inadmisión.

4.2.3 Cuando se advierta la existencia de defectos distintos del indicado en el número anterior, ya sea en la solicitud o en la documentación que lo acompañe, se requerirá al interesado para que proceda a su subsanación en un plazo máximo de 10 días, contados desde el día siguiente al de la notificación del requerimiento, indicando al interesado que la falta de atención del requerimiento determinará el archivo de las actuaciones, y se tendrá por no presentada la solicitud.

4.2.4 Subsanados los defectos, o cuando el trámite de subsanación no haya sido necesario, el Tribunal decidirá sobre la admisión a trámite de la solicitud, inadmitiéndola cuando no pueda deducirse de la documentación incorporada al expediente la existencia de los perjuicios de difícil o imposible reparación o la existencia de error aritmético, material o de hecho. Cuando el requerimiento de subsanación haya sido objeto de contestación en plazo por el interesado pero no se entiendan subsanados los defectos observados, se inadmitirá a trámite la solicitud de suspensión.

4.2.5 La admisión a trámite producirá efectos suspensivos desde la presentación de la solicitud y será notificada al interesado, y al órgano de recaudación competente a través de la Oficina de Relación con los Tribunales correspondiente. La inadmisión a trámite supondrá que la solicitud de suspensión se tiene por no presentada a todos los efectos. En consecuencia, dicha inadmisión determinará la inmediata reanudación del procedimiento de recaudación a partir del día siguiente al de notificación del acuerdo, considerándose no producida la suspensión cautelar vigente durante la tramitación de la solicitud.

4.2.6 El Tribunal dará traslado al órgano de recaudación competente, a través de la Oficina de Relación con los Tribunales de su ámbito territorial, de los acuerdos de admisión y de inadmisión a trámite que hubiere adoptado, con indicación de la fecha de notificación al interesado.

4.2.7 Admitida a trámite una solicitud de suspensión, se mantendrá la suspensión cautelar del procedimiento de recaudación hasta la fecha en la que el Tribunal adopte el acuerdo de concesión o notifique al interesado el acuerdo de denegación.

4.2.8 Cuando no se hubiere suspendido cautelarmente el procedimiento de recaudación en el momento de la presentación de la solicitud, el acuerdo de admisión a trámite determinará la suspensión cautelar con efectos desde la fecha de la presentación.

4.2.9 Admitida a trámite la solicitud de suspensión, el Tribunal podrá solicitar a través de la Oficina de Relación con los Tribunales correspondiente a su ámbito, que se le remita un informe acerca de la idoneidad de las garantías ofrecidas por el interesado, así como sobre la existencia de otros bienes susceptibles de quedar afectos al pago de la deuda cuya suspensión se solicita. A tal efecto, el Tribunal dará traslado a la Oficina de Relación con los Tribunales de toda la documentación aportada por el solicitante relativa a las garantías ofrecidas y, en especial, de la valoración correspondiente a los bienes sobre los que se constituyen.

4.2.10 La Oficina de Relación con los Tribunales dirigirá dicha solicitud de informe al órgano de recaudación competente que se pronunciará expresamente sobre los siguientes aspectos:
a) Suficiencia jurídica de la garantía ofrecida, con indicación, en su caso, de los defectos formales o materiales que, según su naturaleza, pudieran impedir o dificultar la ejecución en vía administrativa.
b) Admisibilidad de la valoración aportada por el interesado.
c) Existencia, en su caso, de otros bienes titularidad del solicitante susceptibles de quedar afectos al pago de la deuda cuya suspensión se solicita.
d) Existencia de devoluciones tributarias reconocidas a favor del solicitante.
e) Medidas cautelares que se hubieren adoptado respecto a los bienes del solicitante.
f) Órgano de recaudación a disposición del que debe constituirse la garantía.
4.3 Resolución de la solicitud de suspensión.
4.3.1 El acuerdo por el que el Tribunal conceda la suspensión con dispensa total de garantía o por existir error material, aritmético o de hecho, indicará la fecha desde la que se entiende producida la suspensión, y se notificará al interesado.
4.3.2 El acuerdo por el que el Tribunal conceda la suspensión con dispensa parcial de garantía se notificará al interesado, aunque su eficacia estará condicionada a la formalización de las garantías ofrecidas en el plazo de dos meses a contar desde el día siguiente al de su notificación.
4.3.3 Cuando a la vista del informe evacuado por el órgano de recaudación, el Tribunal entienda que no concurren las circunstancias que justifican su concesión, dictará acuerdo de denegación de la suspensión que se notificará al interesado, informándole en su caso, sobre los plazos de ingreso de la deuda.
4.3.4 Cuando la solicitud de suspensión hubiere sido presentada en período voluntario, la notificación del acuerdo de denegación determinará el cese de la suspensión cautelar y producirá los efectos indicados en el apartado cuarto.2.2.6. Cualquier solicitud de suspensión que, respecto a la misma deuda, pudiera realizarse con posterioridad a la notificación del acuerdo de denegación, no impedirá la iniciación del período ejecutivo.
4.3.5 Cuando la solicitud de suspensión hubiera sido presentada en período ejecutivo la notificación del acuerdo de denegación determinará que deba iniciarse el procedimiento de apremio, de no haberse iniciado con anterioridad a dicha notificación.
4.3.6 El Tribunal dará traslado a la Oficina de Relación con los Tribunales de su ámbito territorial de todos los acuerdos de concesión y de denegación que hubiere adoptado con indicación de la fecha de notificación al interesado.
4.3.7 La Oficina de Relación con los Tribunales comunicará al Tribunal que concedió la suspensión con dispensa total o parcial de garantía las modificaciones en la situación patrimonial del interesado que pudieran considerarse relevantes a efectos de modificar la resolución en los términos señalados en el artículo 233.4 de la Ley 58/2003, de 17 de diciembre.
4.3.8 Cuando el Tribunal entienda que debe modificarse la resolución de suspensión, lo notificará al interesado para que pueda alegar lo que convenga a su derecho en el plazo de 10 días contados a partir del día siguiente al de la notificación de la apertura de dicho plazo. Contra la resolución adoptada en relación con este trámite de modificación podrá interponerse un incidente en la reclamación económico-administrativa relativa al acto cuya suspensión se solicita. La resolución que ponga término al incidente no será susceptible de recurso.
4.4 Constitución de las garantías.
4.4.1 Para la tramitación y formalización de las garantías ofrecidas por el interesado en caso de acuerdos de suspensión con dispensa parcial se aplicará lo dispuesto en el apartado cuarto.3.3, sin perjuicio de que sea en todo caso órgano competente para aceptar la garantía el órgano competente para la recaudación del acto.
4.4.2 Producida cualquiera de las circunstancias señaladas en el apartado cuarto.3.3.6, el órgano de recaudación ante quien debió formalizarse la garantía, a propuesta de la Oficina de Relación con los Tribunales, declarará incumplida la condición y así lo comunicará al Tribunal.

4.4.3 La falta de formalización de la garantía en plazo determinará el cese de la suspensión cautelar y producirá los efectos previstos en el apartado cuarto.3.3.8.

4.4.4 Las garantías debidamente formalizadas, aceptadas por el órgano de recaudación e inscritas, cuando proceda, en los registros públicos, quedarán bajo la custodia de la Oficina de Relación con los Tribunales correspondiente al ámbito territorial del órgano de recaudación al que resulte adscrito el deudor.

Quinto. Custodia de las garantías.

1. Las garantías correspondientes a solicitudes de suspensión con fundamento en un recurso de reposición quedarán bajo custodia del órgano competente para resolver dicho recurso hasta la fecha en la que el acuerdo por el que finaliza el procedimiento de revisión se entienda notificado al interesado.

2. Las garantías correspondientes a solicitudes de suspensión con fundamento en una reclamación económico-administrativa quedarán bajo la custodia de la Oficina de Relación con los Tribunales correspondiente al ámbito territorial del órgano de recaudación al que se halle adscrito el deudor. 3. Cuando, habiéndose concedido la suspensión durante la tramitación del recurso de reposición, conste la interposición de reclamación económico-administrativa, el órgano que custodia la garantía dará traslado del documento original en el que se hubiere formalizado a la Oficina de Relación con los Tribunales que resulte competente para custodiarla durante la tramitación del procedimiento económico-administrativo.

Sexto. Suspensión de la ejecución de los actos de imposición de sanciones tributarias por la interposición de recurso de reposición o reclamación económico-administrativa.

1. La interposición en tiempo y forma de un recurso de reposición o de una reclamación económico-administrativa contra un acto de imposición de sanciones tributarias determinará la suspensión automática de su ejecución sin necesidad de aportar garantía, hasta que sea firme en vía administrativa.

2. El órgano al que, con arreglo a lo dispuesto en el apartado segundo.1.1., se dirija el escrito de interposición procederá a la inmediata adopción de las medidas necesarias para suspender la ejecución del acto de imposición de la sanción independientemente de si dicha actuación hubiera sido expresamente solicitada por el interesado.

Séptimo. Ejecución de resoluciones y sentencias.

1. *Ejecución de los actos resolutorios de los procedimientos de revisión.*

1.1 Efectos de los actos resolutorios de los procedimientos de revisión cuando mediare suspensión de la ejecución del acto impugnado.

1.1.1 La notificación de la resolución de un recurso de reposición determinará el cese de la suspensión, sin perjuicio de su mantenimiento en caso de interposición, en tiempo y forma, de una reclamación económico-administrativa, siempre que en el texto de la garantía aportada figure la cláusula de extensión a la vía económico-administrativa, o la impugnación se dirija contra un acto de imposición de sanciones.

1.1.2 La notificación de la resolución que ponga fin al procedimiento económico-administrativo determinará el cese de la suspensión. Cuando de la resolución resulte una cantidad a ingresar sin necesidad de practicar nueva liquidación y siempre que hubiere mediado suspensión del procedimiento de recaudación durante la tramitación del procedimiento económico-administrativo, el Tribunal adjuntará, en su caso, a la notificación de la resolución, una hoja informativa que transcriba el contenido del artículo 66.6 del Reglamento General de desarrollo de la Ley 58/2003, de 17 de diciembre, General Tributaria, en materia de revisión en vía administrativa aprobado por Real Decreto 520/5002, de 13 de mayo, y el artículo 62.2 de la Ley 58/2003, de 17 de diciembre.

1.1.3 No obstante lo dispuesto en el número anterior, cuando el interesado, dentro del plazo legal de interposición, comunique a la AEAT la presentación de un recurso contencioso-administrativo con solicitud de suspensión, y siempre que la garantía aportada en su día conserve su vigencia y eficacia, la suspensión obtenida en vía administrativa mantendrá sus efectos hasta la fecha en que se adopte la correspondiente resolución judicial. Esta comunicación se efectuará a la Oficina de Relación con los Tribunales que corresponda según los criterios contenidos en el apartado séptimo.1.2.1. Tratándose de sanciones, cuando mediare comunicación, la suspensión se mantendrá en todo caso y sin necesidad de prestar garantías hasta la fecha en la que se adopte la correspondiente resolución judicial. En consecuencia, cuando habiendo mediado suspensión en vía económico-administrativa, el interesado no hubiere comunicado en tiempo y forma a la AEAT la interposición de un recurso contencioso-administrativo con solicitud de suspensión, no se mantendrá la suspensión producida en vía administrativa, sin perjuicio de lo que pudiera establecer la correspondiente resolución judicial.

1.1.4 Las garantías aportadas para obtener la suspensión de la ejecución del acto impugnado durante la tramitación de los procedimientos de revisión en vía administrativa garantizarán la suspensión de la ejecución del acto impugnado en vía contencioso-administrativa cuando así lo acuerde el Juzgado o Tribunal correspondiente. En este caso, el interesado podrá solicitar a la Oficina de Relación con los Tribunales que custodia la garantía la expedición de un certificado de conformidad para acreditar ante el órgano judicial su existencia e idoneidad.

1.1.5 Cuando, interpuesto un recurso contencioso-administrativo, se requiera informe del órgano de recaudación respecto de una garantía constituida a disposición del órgano judicial, se aplicarán los requisitos de suficiencia económica y jurídica establecidos en el apartado tercero.3 y 4.

1.2 Envío a cumplimiento de las resoluciones de los Tribunales Económico-administrativos a la AEAT.

1.2.1 Las Oficinas de Relación con los Tribunales centralizarán la recepción de las resoluciones que adopten los Tribunales Económico-Administrativos y velarán por su ejecución.

Las resoluciones correspondientes a reclamaciones interpuestas contra actos dictados por órganos integrados en una Delegación Especial o en una Delegación de la AEAT se remitirán a las Oficinas de Relación con los Tribunales correspondientes al ámbito territorial de dichas Delegaciones Especiales o Delegaciones de la AEAT. Las resoluciones correspondientes a reclamaciones interpuestas contra actos dictados por órganos adscritos a los Departamentos de Aduanas e Impuestos Especiales, Inspección Financiera y Tributaria, Gestión Tributaria y Recaudación se remitirán a las Oficinas de Relación con los Tribunales constituidas en dichos Departamentos.

1.2.2 El Tribunal, a través del mismo cauce seguido para la remisión del expediente, dará traslado de las resoluciones que hubiere adoptado a la Oficina de Relación con los Tribunales que corresponda de acuerdo lo previsto en el número anterior, indicando la fecha de notificación al interesado.

1.2.3 El Tribunal pondrá en conocimiento de la Oficina de Relación con los Tribunales la interposición de recursos de alzada y de recursos contencioso-administrativos contra sus resoluciones.

1.2.4 La Oficina de Relación con los Tribunales mandará a cumplimiento todas las resoluciones que reciba excluidas las siguientes:

a) Las adoptadas en primera instancia contra las que conste la interposición de un recurso de alzada y siempre que se hubiere suspendido la ejecución del acto impugnado durante la tramitación de la vía económico-administrativa.

b) Las resoluciones adoptadas en única instancia y las que resuelvan recursos de alzada, cuando, de acuerdo con lo dispuesto en el apartado séptimo.1.1.3, deba mantenerse la suspensión producida en vía administrativa.

c) Las resoluciones contra las que conste la interposición de un recurso contencioso-administrativo, siempre que se hubiere acordado la suspensión de su ejecución por el órgano judicial.

d) Las adoptadas en primera instancia contra las que conste la interposición por la Administración de un recurso de alzada ordinario, siempre que se haya solicitado la suspensión y hasta tanto se resuelva sobre ella.

1.3 Ejecución de las resoluciones de los Tribunales Económico-administrativos.

1.3.1 Los actos resultantes de la ejecución de las resoluciones total o parcialmente estimatorias serán notificados en el plazo de un mes a contar desde que la resolución tenga entrada en el registro correspondiente a la sede del órgano que dictó el acto impugnado.

1.3.2 Cuando, por el contenido de la resolución, se susciten dudas acerca del sentido y alcance de su ejecución, el órgano que dictó el acto impugnado solicitará a través de la Oficina de Relación con los Tribunales su aclaración. En este caso, se entenderá que queda suspendido el plazo de ejecución establecido en el número anterior. El Tribunal dará traslado de su aclaración a la Oficina de Relación con los Tribunales de su ámbito territorial, que a su vez la remitirá al órgano competente para adoptar los actos de ejecución.

1.3.3 Cuando la resolución confirme el acto impugnado y hubiere mediado suspensión, el órgano que acordó la suspensión practicará y notificará la liquidación de los intereses de demora dentro del plazo de un mes a contar desde la recepción de la resolución. Cuando la suspensión la hubiere concedido el Tribunal, la liquidación de los intereses devengados durante la suspensión corresponderá al órgano que dictó el acto impugnado.

1.3.4 Cuando el interesado hubiere aportado garantía para obtener la suspensión de la ejecución del acto impugnado, la Oficina de Relación con los Tribunales que la custodie procederá, de oficio, a su devolución cuando resulte acreditada cualquiera de las siguientes circunstancias:

a) Pago de la deuda suspendida, y en su caso de los intereses suspensivos y los recargos que, en su caso, procedan.

b) Anulación total del acto de liquidación sin que proceda practicar nueva liquidación en ejecución de la resolución del Tribunal. c) Sustitución de la garantía aportada por otra garantía declarada suficiente por el Juez o Tribunal de lo contencioso-administrativo.

1.3.5 En caso de resoluciones parcialmente estimatorias no susceptibles de ejecución por mantenerse la suspensión, la Oficina de Relación con los Tribunales ofrecerá al interesado la sustitución de la garantía inicialmente constituida por otra cuyo importe se corresponda con la parte de la deuda que mantiene su vigencia.

1.4 Tramitación y resolución de los incidentes de ejecución.

1.4.1 Cuando el interesado no esté conforme con los actos dictados en ejecución de las resoluciones adoptadas por el Tribunal podrá presentar un incidente de ejecución.

1.4.2 El escrito de interposición del incidente se presentará ante el órgano que dictó el acto impugnado que dará traslado del mismo al Tribunal que hubiese dictado la resolución que se ejecuta, acompañado del expediente correspondiente a la ejecución e informando de su remisión a la Oficina de Relación con los Tribunales.

1.4.3 La presentación del incidente no impedirá la continuación del procedimiento de recaudación.

1.4.4 El Tribunal, dará traslado al órgano que hubiera dictado el acto impugnado a través de la Oficina de Relación con los Tribunales de su ámbito territorial, de las resoluciones de los incidentes de ejecución, con indicación de la fecha de notificación al interesado de las mismas.

1.4.5 El órgano competente para ejecutar la resolución, en el plazo de un mes, a contar desde la fecha en que la resolución por la que se estima el incidente tenga entrada en el registro correspondiente a su sede, deberá notificar al interesado el acto por el que se cumple lo dispuesto por el Tribunal, dando traslado de una copia del mismo a la Oficina de Relación con los Tribunales.

2. *Ejecución de resoluciones y sentencias de los órganos de lo contencioso-administrativo.*

1. Los Tribunales Económico-Administrativos darán traslado a las Oficinas de Relación con los Tribunales señaladas en el apartado séptimo.1.2.1, de todas las sentencias recaídas en los recursos contencioso-administrativos interpuestos contra sus resoluciones que, habiendo adquirido firmeza, deban ser ejecutadas por los órganos de la AEAT.

2. La Oficina de Relación con los Tribunales competente en cada caso remitirá las sentencias total o parcialmente estimatorias al órgano que dictó el acto impugnado que, en el plazo de un mes a contar desde que la resolución judicial tenga entrada en el registro correspondiente a su sede, deberá notificar al interesado el acuerdo por el que se da estricto cumplimiento a lo dispuesto por el Juez o Tribunal de lo contencioso-administrativo, informando del resultado a la Oficina de Relación con los Tribunales.

3. Cuando la sentencia confirme el acto impugnado y hubiere mediado suspensión durante la sustanciación del recurso contencioso-administrativo, la Oficina de Relación con los Tribunales remitirá la documentación al órgano que resulte competente para liquidar los intereses de demora quien, en el plazo de un mes a contar desde que la resolución judicial tenga entrada en el registro correspondiente a su sede, deberá reclamar el ingreso de la deuda. Si la suspensión se hubiera producido en período voluntario de ingreso, se notificarán los plazos de ingreso del artículo 62.2 de la Ley 58/2003, de 17 de diciembre, y si la suspensión se produjo en período ejecutivo, se comunicará la procedencia de la continuación o del

Artículo 26[23]. *Interesados en el procedimiento.*

1. Si durante la tramitación del procedimiento se advierte la existencia de otros titulares de derechos o intereses legítimos que no hayan comparecido en aquel, se les notificará la existencia del recurso para que formulen alegaciones en el plazo de 10 días contados a partir del día siguiente al de la notificación.

2. Si el órgano competente estima pertinente examinar y resolver cuestiones no planteadas por los interesados, las expondrá a los que estuvieren personados en el procedimiento y les concederá un plazo de 10 días, contados a partir del día siguiente al de la notificación de la apertura de dicho plazo, para que formulen alegaciones.

SECCIÓN 3.ª *Resolución*

Artículo 27. *Notificación de la resolución.*

La resolución expresa que se dicte deberá ser notificada al recurrente y a los demás interesados, si los hubiera.

---

inicio del procedimiento de apremio, según que la providencia de apremio hubiese sido notificada o no, respectivamente, con anterioridad a la fecha en la que surtió efectos la suspensión.

4. Cuando la garantía aportada por el interesado para obtener la suspensión de la ejecución del acto impugnado estuviere custodiada en la Oficina de Relación con los Tribunales, procederá su devolución de oficio cuando resulte acreditada cualquiera de las siguientes circunstancias:

a) Pago de la deuda suspendida, y en su caso de los intereses suspensivos y los recargos que, en su caso, procedan.

b) Anulación del acto de liquidación en ejecución de sentencia sin que proceda practicar nueva liquidación.

Octavo. Informatización de las relaciones entre los Tribunales Económico-Administrativos y la AEAT.-Los Tribunales Económico-Administrativos y la AEAT realizaran las actuaciones necesarias para que la comunicación y remisión de información entre los mismos, derivada de lo contenido en la presente Resolución, se realice a la mayor brevedad posible por medios electrónicos, telemáticos e informáticos o a través del acceso recíproco a sus bases de datos.

Noveno. Efecto de la entrada en funcionamiento de la Delegación Central de Grandes Contribuyentes.-En la aplicación de esta Resolución se tendrá en cuenta la normativa que organiza la Delegación Central de Grandes Contribuyentes a partir de su entrada en funcionamiento efectivo.

Décimo. Efectos de la publicación de la presente Resolución.-A partir de la fecha de su publicación en el «Boletín Oficial del Estado» la presente Resolución sustituye a la Resolución de 1 de junio de 1996, de la Secretaría de Estado de Hacienda y Presidencia de la Agencia Estatal de Administración Tributaria, por la que se dictan instrucciones en materia de suspensión de la ejecución de los actos impugnados en vía administrativa».

[23] Art. 223.3 (Iniciación y tramitación del recurso de reposición) de la LGT (§1).

TÍTULO IV. RECLAMACIONES ECONÓMICO-ADMINISTRATIVAS[24]

CAPÍTULO I. Disposiciones generales

SECCIÓN 1.ª *Organización y competencias*

Artículo 28[25]. *Organización.*

1. El Tribunal Económico-administrativo Central tendrá su sede en Madrid y extenderá su competencia a todo el territorio nacional.

2. Existirán los siguientes tribunales económico-administrativos regionales y locales, cada uno con competencia sobre el territorio de su respectiva comunidad autónoma o ciudad con Estatuto de Autonomía:

a) Tribunal Económico-administrativo Regional de Andalucía, con sede en Sevilla.

b) Tribunal Económico-administrativo Regional de Aragón, con sede en Zaragoza.

c) Tribunal Económico-administrativo Regional del Principado de Asturias, con sede en Oviedo.

d) Tribunal Económico-administrativo Regional de las Illes Balears, con sede en Palma de Mallorca.

e) Tribunal Económico-administrativo Regional de Canarias, con sede en Las Palmas de Gran Canaria.

f) Tribunal Económico-administrativo Regional de Cantabria, con sede en Santander.

g) Tribunal Económico-administrativo Regional de Castilla-La Mancha, con sede en Toledo.

h) Tribunal Económico-administrativo Regional de Castilla y León, con sede en Valladolid.

i) Tribunal Económico-administrativo Regional de Cataluña, con sede en Barcelona.

j) Tribunal Económico-administrativo Regional de Extremadura, con sede en Badajoz.

k) Tribunal Económico-administrativo Regional de Galicia, con sede en A Coruña.

l) Tribunal Económico-administrativo Regional de Madrid, con sede en Madrid.

m) Tribunal Económico-administrativo Regional de la Región de Murcia, con sede en Murcia.

n) Tribunal Económico-administrativo Regional de Navarra, con sede en Pamplona.

ñ) Tribunal Económico-administrativo Regional del País Vasco, con sede en Bilbao.

o) Tribunal Económico-administrativo Regional de La Rioja, con sede en Logroño.

p) Tribunal Económico-administrativo Regional de la Comunidad Valenciana, con sede en Valencia.

q) Tribunal Económico-administrativo Local de Ceuta, con sede en Ceuta.

r) Tribunal Económico-administrativo Local de Melilla, con sede en Melilla.

3. Existirán las siguientes salas desconcentradas de los tribunales económico-administrativos regionales:

a) Tribunal Económico-administrativo Regional de Andalucía: Sala de Granada, con sede en Granada, con competencia sobre las provincias de Almería, Granada y Jaén.

---

[24] Título IV que desarrolla el contenido de los arts. 226 a 249 de la LGT (§1).

[25] Art. 228 (Órganos económico-administrativos) de la LGT (§1).

b) Tribunal Económico-administrativo Regional de Andalucía: Sala de Málaga, con sede en Málaga, con competencia sobre dicha provincia.

c) Tribunal Económico-administrativo Regional de Canarias: Sala de Santa Cruz de Tenerife, con sede en Santa Cruz de Tenerife, con competencia sobre la provincia de Santa Cruz de Tenerife.

d) Tribunal Económico-administrativo Regional de Castilla y León: Sala de Burgos, con sede en Burgos, con competencia sobre las provincias de Ávila, Burgos, Segovia y Soria.

e)[26]

4. Las salas desconcentradas extenderán su competencia sobre toda la materia económico-administrativa, incluida la relativa a suspensiones.

5[27]. El Pleno, las salas y los órganos unipersonales de cada tribunal podrán constituirse y ejercer sus competencias en cualquiera de las oficinas de los tribunales en el territorio nacional. El Presidente del Tribunal Económico-administrativo Central mediante resolución podrá atribuir a los miembros de cualquier órgano económico administrativo la función de resolver reclamaciones propias de la competencia de otro, pudiendo desde ese momento constituirse como órgano unipersonal o como Sala de éste. Las resoluciones que dicten se entenderán adoptadas a los efectos de recursos en la sede que tenga atribuida cada tribunal o sala desconcentrada.

6. Cada tribunal económico-administrativo regional tendrá una dependencia provincial en cada capital de provincia de su ámbito territorial que no sea sede del respectivo tribunal o de sus salas desconcentradas. Además, existirán dependencias locales en las siguientes ciudades:

a) Cartagena, cuyo ámbito territorial coincidirá con el de la Delegación de la Agencia Estatal de Administración Tributaria de Cartagena.

b) Gijón, cuyo ámbito territorial coincidirá con el de la Delegación de la Agencia Estatal de Administración Tributaria de Gijón.

c) Jerez de la Frontera, cuyo ámbito territorial coincidirá con el de la Delegación de la Agencia Estatal de Administración Tributaria de Jerez de la Frontera y con las de las Administraciones de la Agencia de El Puerto de Santa María, Sanlúcar de Barrameda y Ubrique.

d) Vigo, cuyo ámbito territorial coincidirá con el de la Delegación de la Agencia Estatal de Administración Tributaria de Vigo.

7. Las dependencias provinciales tendrán competencia sobre el territorio de la respectiva provincia o sobre la parte del territorio en que no se extienda la competencia de la dependencia local correspondiente.

8. Por orden del Ministro de Economía y Hacienda se podrán crear o suprimir salas desconcentradas o dependencias provinciales o locales, así como modificar su sede y competencia territorial.

---

[26] Letra e) suprimida por el artículo único Cuatro del Real Decreto 1073/2017, de 29 de diciembre (BOE núm. 317, de 30 de diciembre de 2017), en vigor desde el 1 de enero de 2018.

[27] Nueva redacción del art. 28.5 dada por el artículo único Cuatro del Real Decreto 1073/2017, de 29 de diciembre (BOE núm. 317, de 30 de diciembre de 2017), en vigor desde el 1 de enero de 2018.

Artículo 29. *El Tribunal Económico-administrativo Central.*

1. El Tribunal Económico-administrativo Central funcionará en pleno, en salas y de forma unipersonal.

El pleno estará formado por el presidente, todos los vocales y el Secretario General.

Las salas estarán formadas por el presidente del tribunal, uno o más vocales y el Secretario General.

2. El presidente será nombrado y separado por real decreto del Consejo de Ministros, a propuesta del Ministro de Economía y Hacienda, entre funcionarios de reconocido prestigio en el ámbito tributario y tendrá la categoría de director general del Ministerio de Economía y Hacienda.

Los vocales serán nombrados y separados por real decreto del Consejo de Ministros, a propuesta del Ministro de Economía y Hacienda, entre funcionarios de los cuerpos que se indiquen en la relación de puestos de trabajo y tendrán la condición de subdirectores generales del Ministerio de Economía y Hacienda.

3. En los casos de vacante, ausencia, enfermedad u otra causa legal, el presidente del tribunal será sustituido por el vocal más antiguo del pleno. En cada sala, el presidente del tribunal será sustituido por el vocal más antiguo de los que formen la sala.

4. En los casos de vacante, ausencia, enfermedad o por otra causa legal que afecte a alguno de los vocales, el presidente podrá asignar sus asuntos a otro vocal de la misma sala.

5. El presidente fijará mediante acuerdo la creación, composición y supresión de las salas, el reparto de atribuciones entre estas y el pleno y la distribución de asuntos entre las salas.

6. Corresponderá a los vocales proponer las resoluciones y demás acuerdos de terminación en el procedimiento general económico-administrativo, así como aquellas otras tareas que les sean expresamente asignadas por el presidente.

Además de lo dispuesto en el párrafo anterior, también ejercerán las competencias que les correspondan como órganos unipersonales.

7. El Secretario General procederá del Cuerpo de Abogados del Estado y será asistido o sustituido en el ejercicio de sus funciones por funcionarios pertenecientes también a dicho cuerpo.

Corresponde al Secretario General la dirección y coordinación de la tramitación de las reclamaciones económico-administrativas, dictar los actos de trámite y de notificación e impulsar de oficio el procedimiento, así como aquellas otras tareas que le sean expresamente atribuidas por el presidente.

Además de lo dispuesto en el párrafo anterior, también ejercerá las competencias que le correspondan como órgano unipersonal.

8. Todos los miembros del pleno o de las salas están obligados a asistir a las sesiones a las que sean convocados y a participar en las deliberaciones necesarias para la adopción de acuerdos o resoluciones. Los acuerdos serán adoptados por mayoría entre los asistentes, con voto de calidad del presidente en el caso de empate. Ninguno de los asistentes podrá abstenerse de votar y el que disienta de la mayoría podrá formular voto particular por escrito en el plazo de 48 horas. El voto particular se incorporará al expediente y deberá hacerse mención a él en la resolución de la reclamación.

9. Todos los miembros del pleno o de las salas, así como los órganos unipersonales, ejercerán con total independencia, y bajo su responsabilidad, las funciones que tengan legalmente atribuidas y las restantes que les pueda asignar el presidente.

10. En el Tribunal Económico-administrativo Central existirán ponentes que actuarán bajo la dirección de los vocales y, en su caso, de los órganos unipersonales. Estas funciones también podrán ser desempeñadas respecto de otros tribunales económico-administrativos distintos, cuando así lo disponga el presidente del Tribunal Económico-administrativo Central.

Artículo 30. *Los tribunales económico-administrativos regionales, locales, las salas desconcentradas y las dependencias provinciales y locales.*

1. Los tribunales económico-administrativos regionales y locales funcionarán en pleno, en salas y en salas desconcentradas, en su caso, y de forma unipersonal.

El pleno estará formado por el presidente, los presidentes de sala y de sala desconcentrada, en su caso, los vocales y el secretario del tribunal.

Las salas del tribunal estarán formadas por el presidente del tribunal, el de la sala competente según resulte del reparto de atribuciones conforme al apartado 6, uno o más vocales, según proceda, y el secretario.

Las salas desconcentradas estarán formadas por su presidente, uno o más vocales, según proceda, y el secretario de la sala.

2. El presidente, los presidentes de sala desconcentrada, los presidentes de sala y los vocales serán nombrados y separados por orden del Ministro de Economía y Hacienda entre funcionarios de los cuerpos que se indiquen en la relación de puestos de trabajo. Se nombrarán presidentes de sala cuando el número de reclamaciones o alguna otra circunstancia lo aconseje, y presidentes de sala desconcentrada cuando esta se haya creado.

3. Los funcionarios procedentes de las comunidades autónomas que con tal carácter participen en los tribunales económico-administrativos regionales del Estado serán nombrados por orden del Ministro de Economía y Hacienda a propuesta de la respectiva comunidad autónoma en los puestos de vocales o ponentes que se determinen en las relaciones de puestos de trabajo. Dichos funcionarios desempeñarán las mismas funciones y en idéntico régimen que los restantes vocales de los tribunales.

4. En los casos de vacante, ausencia, enfermedad u otra causa legal, el presidente del tribunal será sustituido por el presidente de sala o, en su defecto, por el vocal más antiguo del pleno o de la respectiva sala. Los presidentes de sala y de sala desconcentrada lo serán por el vocal más antiguo de cada una de ellas.

5. En los casos de vacante, ausencia, enfermedad u otra causa legal que afecte a alguno de los presidentes de sala o vocales, el presidente del tribunal o de la sala desconcentrada podrá encomendar el ejercicio de sus funciones a otro vocal de la misma sala.

6. El presidente fijará mediante acuerdo la creación, composición y supresión de las salas, el reparto de atribuciones entre estas y el pleno y la distribución de asuntos entre las salas.

7. Los presidentes de los tribunales económico-administrativos regionales, locales y de salas desconcentradas ejercerán las funciones de dirección orgánica y funcional y las demás previstas en este reglamento, y serán los responsables superiores de todo el personal, sin perjuicio de la dirección del presidente del correspondiente tribunal regional respecto a las salas desconcentradas.

8. Corresponderá a los vocales del tribunal proponer las resoluciones y demás acuerdos de terminación en el procedimiento general económico-administrativo, así como las restantes tareas que les sean encomendadas por el presidente del tribunal o de la sala desconcentrada, según corresponda.

Además de lo dispuesto en el párrafo anterior, también ejercerán las competencias que les correspondan como órganos unipersonales.

9. Los secretarios de los tribunales procederán del Cuerpo de Abogados del Estado y serán asistidos o sustituidos en el ejercicio de sus funciones por funcionarios pertenecientes también a dicho cuerpo.

Corresponde a los secretarios de los tribunales la dirección y coordinación de la tramitación de las reclamaciones económico-administrativas, dictar los actos de trámite y de notificación e impulsar de oficio el procedimiento, así como aquellas otras tareas que les sean encomendadas por el presidente. En los casos en que existan salas desconcentradas, las anteriores funciones serán realizadas por su secretario, sin perjuicio de la dirección del secretario del correspondiente tribunal económico-administrativo regional y de que la atribución de tareas sea competencia del presidente de la sala desconcentrada.

Además de lo dispuesto en el párrafo anterior, también ejercerán las competencias que les correspondan como órganos unipersonales.

10. Los órganos competentes ubicados en localidades donde no radique la sede del tribunal o de sus salas desconcentradas ejercerán las funciones que les delegue el secretario del tribunal o de la sala desconcentrada, así como aquellas tareas que les sean encomendadas por el presidente del tribunal o de la sala desconcentrada.

11. Todos los miembros del pleno o de las salas están obligados a asistir a las sesiones a las que sean convocados y a participar en las deliberaciones necesarias para la adopción de acuerdos o resoluciones. Los acuerdos serán adoptados por mayoría entre los asistentes y con voto de calidad del presidente en el caso de empate. Ninguno de los asistentes podrá abstenerse de votar y el que disienta de la mayoría podrá formular voto particular por escrito en el plazo de 48 horas. El voto se incorporará al expediente y deberá hacerse mención a él en la resolución de la reclamación.

12. Todos los miembros del pleno o de las salas, así como los órganos unipersonales, ejercerán con total independencia, y bajo su responsabilidad, las funciones que tengan legalmente atribuidas y las restantes que les pueda encomendar el presidente del tribunal o el presidente de la sala desconcentrada.

13. En los tribunales económico-administrativos regionales y locales existirán ponentes que actuarán bajo la dirección de los vocales y, en su caso, de los órganos unipersonales. Estas funciones también podrán ser desempeñadas respecto de otros tribunales económico-administrativos cuando así lo disponga el presidente del Tribunal Económico-administrativo Central.

Artículo 31. *Participación de las comunidades autónomas en los tribunales económico-administrativos.*

Conforme a lo establecido en la disposición adicional decimotercera de la Ley 58/2003, de 17 de diciembre, General Tributaria, la sala especial del tribunal económico-administrativo regional que pueda crearse en virtud de un convenio entre el Ministerio de Economía y Hacienda y la consejería competente de la comunidad autónoma estará presidida por el presidente del tribunal e integrada por el secretario del tribunal y un número idéntico de vocales del tribunal económico-administrativo regional y de miembros del órgano económico-administrativo de la comunidad autónoma respectiva.

En el resto de las cuestiones, la actuación de esta sala se regulará por lo establecido para las reclamaciones económico-administrativas en la Ley 58/2003, de 17 de diciembre, General Tributaria, y en este reglamento.

Artículo 32. *Órganos unipersonales.*

1[28]**.** Tendrán la consideración de órganos unipersonales de cada tribunal y de cada sala desconcentrada los que sean designados por acuerdo del presidente del Tribunal Económico-administrativo Central entre los funcionarios que estuviesen destinados en tales tribunales o salas, a propuesta de sus respectivos presidentes.

En cada tribunal o sala desconcentrada podrán existir varios órganos unipersonales. El acuerdo de nombramiento de los citados órganos unipersonales fijará la distribución de materias y asuntos entre ellos.

2. A los efectos de declarar la inadmisibilidad del recurso extraordinario de revisión previsto en el artículo 244 de la Ley 58/2003, de 17 de diciembre, General Tributaria, tendrán la consideración de órganos unipersonales los vocales y el Secretario General del Tribunal Económico-administrativo Central.

3. A los efectos de dictar una resolución sobre cuestiones incidentales o declarativa de la inadmisibilidad y de dictar el acuerdo de archivo de las actuaciones, tanto en el procedimiento general como en el abreviado, tendrán la consideración de órganos unipersonales de cada tribunal y de cada sala desconcentrada el presidente, los vocales y el secretario de estos.

Artículo 33[29]. *Sala Especial para la Unificación de Doctrina.*

1. El presidente de la Sala Especial para la Unificación de Doctrina designará en el acuerdo mediante el que convoque su celebración a los vocales del Tribunal Económico-administrativo Central que deban formar parte de ella.

2. Corresponderá al miembro de la sala que en cada caso designe el presidente de la Sala Especial proponer las resoluciones y demás acuerdos de terminación.

3. Corresponde al Secretario General del Tribunal Económico-administrativo Central la dirección y coordinación de la tramitación del recurso extraordinario para la unificación de doctrina, dictar los actos de trámite y de notificación e impulsar de oficio el procedimiento, así como desempeñar la secretaría de la Sala Especial.

Artículo 34. *Actas de las sesiones.*

1. De cada sesión que celebren los órganos colegiados se levantará un acta, que contendrá la identificación de los asistentes, el lugar y la duración de la sesión, la mención de los expedientes analizados, el resultado de las votaciones y el sentido de las resoluciones y de los demás acuerdos de terminación.

2. Las actas se aprobarán en la misma o posterior sesión, se firmarán por el secretario con el visto bueno del presidente y se conservarán correlativamente numeradas en la secretaría de cada órgano colegiado.

---

[28]   Nueva redacción del art. 32.1 dada por el artículo único Cinco del Real Decreto 1073/2017, de 29 de diciembre (BOE núm. 317, de 30 de diciembre de 2017), en vigor desde el 1 de enero de 2018.

[29]   Art. 61 (Recurso de alzada ordinario, extraordinario...) del RGRVA (§5).

3. Se considerarán como sesiones distintas, aunque se desarrollen el mismo día, cada reunión que celebren los tribunales con asistencia de distintos componentes. De cada reunión se levantará un acta por separado.

SECCIÓN 2.ª Cuantía y Acumulación de las Reclamaciones

Artículo 35[30]. *Cuantía de la reclamación.*

1. La cuantía de la reclamación será el importe del acto o actuación objeto de la reclamación. Los actos que no contengan o no se refieran a una cuantificación económica y las sanciones no pecuniarias, se considerarán de cuantía indeterminada. Si lo impugnado fuese una base imponible o un acto de valoración y no se hubiera practicado la correspondiente liquidación, la cuantía de la reclamación será el importe de aquéllos.

Sin perjuicio de lo anterior, en los siguientes supuestos, la cuantía de la reclamación será:

a) En las reclamaciones contra actos dictados por la Administración por los que se minore o se deniegue una devolución o compensación solicitada por el reclamante, la diferencia entre la devolución o compensación solicitada y la reconocida por la Administración, más, en su caso, el importe que resulte a ingresar.

b) En las reclamaciones contra actos de disminución de bases imponibles negativas declaradas por el obligado tributario, la base imponible negativa que haya sido regularizada por la Administración. Si el acto administrativo exige además una deuda tributaria a ingresar, se atenderá al mayor de los dos importes siguientes: la base imponible negativa declarada que ha sido regularizada o la deuda tributaria a ingresar. Si además de la base imponible negativa declarada, se solicitó una devolución, se atenderá al mayor de los dos importes siguientes, la base imponible negativa que ha sido suprimida, y el importe que resulte de la aplicación de lo establecido en el párrafo a) de este apartado.

Si los importes comparados determinan distinta vía de recurso o procedimiento, en virtud de la aplicación de los artículos 36 y 64 de este reglamento, se tendrá por mayor importe aquél que supere la cuantía necesaria para el recurso de alzada, y, en su defecto, aquél que supere la cuantía establecida para el procedimiento abreviado, aunque en términos absolutos sean inferiores.

c) En las reclamaciones contra diligencias de embargo, el importe por el que se sigue la ejecución.

d) En las reclamaciones contra acuerdos de derivación de responsabilidad, el importe objeto de derivación.

e) En las reclamaciones contra sanciones, el importe de éstas con anterioridad a la aplicación de las posibles reducciones.

f) En las reclamaciones contra resoluciones de procedimientos iniciados por una solicitud de devolución de ingresos indebidos, por una solicitud de rectificación de una autoliquidación o por una solicitud de compensación, la diferencia entre lo solicitado y lo reconocido por la Administración. Si la solicitud no permitiera concretar la cantidad a la que se refiere, la reclamación se considerará de cuantía indeterminada.

---

[30]   Nueva redacción del art. 35 dada por el artículo único Seis del Real Decreto 1073/2017, de 29 de diciembre (BOE núm. 317, de 30 de diciembre de 2017), en vigor desde el 1 de enero de 2018.

g) En las reclamaciones sobre determinados componentes de la deuda tributaria, a que se refiere el artículo 58 de la Ley 58/2003, de 17 de diciembre, General Tributaria, el componente o la suma de los componentes que sean objeto de impugnación.

2. Cuando el acto administrativo objeto de reclamación incluya varias deudas, bases, valoraciones, o actos de otra naturaleza, se considerará como cuantía de la reclamación interpuesta la de la deuda, base, valoración o acto de mayor importe que se impugne, sin que a estos efectos proceda la suma de todos los consignados en el documento. Las reclamaciones contra actos que realicen varios pronunciamientos y sólo alguno de ellos contenga o se refiera a una cuantificación económica, se considerarán de cuantía indeterminada.

3. En las reclamaciones sobre actuaciones u omisiones de los particulares, se atenderá a la pretensión del reclamante.

Artículo 36. *Cuantía necesaria para el recurso de alzada ordinario.*

De acuerdo con el artículo 229 de la Ley 58/2003, de 17 de diciembre, sobre las competencias de los tribunales económico-administrativos, podrá interponerse recurso de alzada ordinario cuando la cuantía de la reclamación, calculada conforme a lo dispuesto en el artículo anterior, supere 150.000 euros, o 1.800.000 euros si se trata de reclamaciones contra bases o valoraciones. Si el acto o actuación fuese de cuantía indeterminada, podrá interponerse recurso de alzada ordinario en todo caso.

Artículo 37[31]. *Acumulación.*

1. El tribunal, en cualquier momento previo a la terminación, de oficio o a solicitud del interesado, acordará la acumulación o dejará sin efecto la acumulación acordada, sin que en ningún caso se retrotraigan las actuaciones ya producidas o iniciadas en la fecha del acuerdo o de la solicitud.

2. Denegada o dejada sin efecto la acumulación, cada reclamación proseguirá su propia tramitación, con envío al tribunal competente, si fuese otro, y sin que sea necesario un nuevo escrito de interposición, ratificación o convalidación. En cada uno de los nuevos expedientes se consignará una copia cotejada de todo lo actuado.

SECCIÓN 3.ª *Interesados*

Artículo 38. *Interesados.*

Cuando en el procedimiento se plantee la personación de un posible interesado en virtud de lo previsto en el artículo 232.3 de la Ley 58/2003, de 17 de diciembre, General Tributaria, y no resulte evidente su derecho, su interés legítimo o que pudiese resultar afectado por la resolución que se dicte, se actuará conforme a lo dispuesto en este artículo mediante la apertura de la correspondiente pieza separada.

Se abrirá un plazo común de alegaciones de 10 días, contados a partir del día siguiente al de la notificación de la apertura de dicho plazo, respecto de todos los interesados en el procedimiento y respecto de aquel del que no resulta evidente tal condición.

---

[31] Nueva redacción del art. 37 dada por el artículo único Siete del Real Decreto 1073/2017, de 29 de diciembre (BOE núm. 317, de 30 de diciembre de 2017), en vigor desde el 1 de enero de 2018.
Art. 230 (Acumulación de reclamaciones económico-administrativas), de la LGT (§1).

Transcurrido el plazo a que se refiere el párrafo anterior, el tribunal resolverá lo que proceda en atención a lo alegado y a la documentación que pueda obrar en el expediente. La resolución que se dicte podrá ser objeto de recurso contencioso-administrativo.

SECCIÓN 4.ª *Suspensión de la ejecución del acto impugnado en la vía económico-administrativa*[32]

Artículo 39. *Supuestos de suspensión.*

1. La mera interposición de una reclamación económico-administrativa no suspenderá la ejecución del acto impugnado, salvo que se haya interpuesto previamente un recurso de reposición en el que se haya acordado la suspensión con aportación de garantías cuyos efectos alcancen a la vía económico-administrativa.

2. No obstante, a solicitud del interesado se suspenderá la ejecución del acto impugnado en los siguientes supuestos:

a) Cuando se aporte alguna de las garantías previstas en el artículo 233.2 y 3 de la Ley 58/2003, de 17 de diciembre, General Tributaria, en los términos previstos en los artículos 43, 44 y 45 de este reglamento.

b) Con dispensa total o parcial de garantías, cuando el tribunal que conozca de la reclamación contra el acto considere que la ejecución pudiera causar perjuicios de imposible o difícil reparación, en los términos previstos en los artículos 46 y 47.

c) Sin necesidad de aportar garantía, cuando el tribunal que haya de resolver la reclamación aprecie que al dictarlo se ha podido incurrir en un error aritmético, material o de hecho.

d) Cuando se trate de actos que no tengan por objeto una deuda tributaria o una cantidad líquida, si el tribunal que conoce de la reclamación contra el acto considera que la ejecución pudiera causar perjuicios de imposible o difícil reparación.

3[33]**.** Tratándose de sanciones que hayan sido objeto de reclamación por los interesados, su ejecución quedará automáticamente suspendida en periodo voluntario sin necesidad de aportar garantías hasta que sean firmes en vía administrativa. No se suspenderán con arreglo a este apartado las responsabilidades por el pago de sanciones tributarias previstas en el artículo 42.2 de la Ley 58/2003, de 17 de diciembre, General Tributaria.

---

[32]　Art. 233 (Suspensión de la ejecución del acto impugnado en vía económico-administrativa) de la LGT (§1). Art. 165 (Suspensión del procedimiento de apremio), de la LGT (§1). Art. 73 (Suspensión del procedimiento de apremio), del RGR (§3). Art. 25 (Suspensión del acto impugnado) del RGRVA (§5).
Orden Ministerial EHA/3987/2005, de 15 de diciembre, por la que se desarrolla parcialmente el Reglamento General de desarrollo de la Ley 58/2003, de 17 de diciembre, General Tributaria, en materia de revisión en vía administrativa, aprobado por Real Decreto 520/2005, de 13 de mayo, sobre requisitos de suficiencia de determinadas garantías aportadas para obtener la suspensión de la ejecución de los actos impugnados (BOE de 21 de diciembre). Resolución de 21 de diciembre de 2005, de la Secretaría de Estado de Hacienda y Presupuestos y Presidencia de la Agencia Estatal de Administración Tributaria, por la que se dictan criterios de actuación en materia de suspensión de la ejecución de los actos impugnados mediante recursos y reclamaciones y de relación entre los Tribunales Económico-Administrativos y la Agencia Estatal de Administración Tributaria (BOE de 3 de enero de 2006).

[33]　Nueva redacción del art. 39.3 dada por el artículo único Ocho del Real Decreto 1073/2017, de 29 de diciembre (BOE núm. 317, de 30 de diciembre de 2017), en vigor desde el 1 de enero de 2018.

La suspensión no afectará a las actuaciones de recaudación que se hubieran producido hasta ese momento.

4. Los casos de suspensión regulados en una norma específica se regirán por lo dispuesto en ella sin que quepa intervención alguna del tribunal sobre la decisión.

Subsección 1.ª Reglas generales

Artículo 40. *Solicitud de suspensión.*

1. Cuando no se hubiera acordado la suspensión en el recurso de reposición con efectos en la vía económico-administrativa o este no hubiera sido interpuesto, la suspensión podrá solicitarse al interponer la reclamación económico-administrativa o en un momento posterior ante el órgano que dictó el acto objeto de la reclamación, que la remitirá al órgano competente para resolver dicha solicitud.

En el caso de que la suspensión sea solicitada en los supuestos regulados en el artículo 46, se deberá remitir una copia de la solicitud al órgano competente de recaudación a los efectos de la suspensión cautelar regulada en dicho artículo.

La solicitud de suspensión que no esté vinculada a una reclamación económico-administrativa anterior o simultánea a dicha solicitud carecerá de eficacia, sin necesidad de un acuerdo expreso de inadmisión.

2. La suspensión deberá solicitarse en escrito independiente e ir acompañada por los documentos que el interesado estime procedentes para justificar la concurrencia de los requisitos necesarios para su concesión y de una copia de la reclamación interpuesta.

Deberá aportarse necesariamente la siguiente documentación:

a) Cuando se solicite la suspensión automática, se adjuntará el documento en que se formalice la garantía, que deberá incorporar las firmas de los otorgantes legitimadas por un fedatario público, por comparecencia ante la Administración autora del acto o generadas mediante un mecanismo de autenticación electrónica. Dicho documento podrá ser sustituido por su imagen electrónica con su misma validez y eficacia, siempre que el proceso de digitalización garantice su autenticidad e integridad.

b) Cuando se solicite la suspensión con otras garantías distintas a las del párrafo a), se deberá justificar la imposibilidad de aportar las garantías previstas para la suspensión automática. También se detallará la naturaleza y las características de las garantías que se ofrecen, los bienes o derechos sobre los que se constituirá y su valoración realizada por perito con titulación suficiente. Cuando exista un registro de empresas o profesionales especializados en la valoración de un determinado tipo de bienes, la valoración deberá efectuarse, preferentemente, por una empresa o profesional inscrito en dicho registro. c) Cuando la solicitud se base en que la ejecución del acto podría causar perjuicios de difícil o imposible reparación, deberá acreditarse dicha circunstancia. En ese caso, de solicitarse la suspensión con dispensa parcial de garantías, se detallarán las que se ofrezcan conforme a lo dispuesto en el párrafo b).

d) Cuando se solicite la suspensión sin garantía porque el acto recurrido incurra en un error aritmético, material o de hecho, se deberá justificar la concurrencia de dicho error.

Artículo 41. *Garantías de la suspensión.*

1[34]. Las garantías quedarán, a los efectos de su eventual ejecución, a disposición del órgano competente para la recaudación del acto objeto de la reclamación y deberán cubrir el importe de la obligación a que se refiere el acto impugnado, los intereses de demora que genere la suspensión y los recargos que procederían en caso de ejecución de la garantía.

Cuando la garantía consista en el depósito de dinero o valores públicos, los intereses de demora serán los correspondientes al plazo de seis meses si el procedimiento de la reclamación es el abreviado, de un año si el procedimiento de la reclamación es el general y de dos años si la resolución es susceptible de recurso de alzada ordinario.

2[35]. Cuando en los supuestos de estimación parcial de un recurso o de una reclamación deba dictarse una nueva liquidación, la garantía aportada quedará afecta al pago de la nueva cuota o cantidad resultante y de los intereses de demora calculados de acuerdo con el artículo 26.5 de la Ley 58/2003, de 17 de diciembre, General Tributaria, todo ello de conformidad con lo dispuesto en el artículo 233 de la misma Ley.

En el caso de las obligaciones tributarias conexas, si la reclamación afecta a una deuda tributaria que, a su vez, ha determinado el reconocimiento de una devolución a favor del obligado tributario, las garantías aportadas para obtener la suspensión garantizarán asimismo las cantidades que deban reintegrarse como consecuencia de la estimación total o parcial de la reclamación.

3. En aquellos supuestos en los que hubiese sido acordada con anterioridad a la interposición de la solicitud de suspensión alguna medida cautelar de las reguladas en el artículo 81.4 de la Ley 58/2003, de 17 de diciembre, el órgano que dictó el acto objeto de impugnación deberá remitir de forma inmediata al órgano competente para decidir sobre dicha suspensión una comunicación sobre tal circunstancia, con indicación de la fecha de caducidad de la medida cautelar.

Artículo 42. *Efectos de la concesión o de la denegación de la suspensión.*

1. La suspensión concedida tendrá efectos desde la fecha de la solicitud.

Cuando el órgano competente o el tribunal, en virtud del artículo 233.3 y 4 de la Ley 58/2003, de 17 de diciembre, General Tributaria, entiendan que debe modificarse la resolución de suspensión, lo notificarán al interesado para que pueda alegar lo que convenga a su derecho en el plazo de 10 días contados a partir del día siguiente al de la notificación de la apertura de dicho plazo.

Contra la resolución adoptada en relación con este trámite de modificación podrá interponerse un incidente en la reclamación económico-administrativa relativa al acto cuya suspensión se solicita. La resolución que ponga término al incidente no será susceptible de recurso.

2[36]. Si en el momento de solicitarse la suspensión la deuda se encontrara en periodo voluntario de ingreso, con la notificación de su denegación se iniciará el plazo previsto en el

---

[34] Nueva redacción del art. 41.2 dada por el artículo único Nueve del Real Decreto 1073/2017, de 29 de diciembre (BOE núm. 317, de 30 de diciembre de 2017), en vigor desde el 1 de enero de 2018.

[35] Nueva redacción del art. 41.1 dada por el artículo único Nueve del Real Decreto 1073/2017, de 29 de diciembre (BOE núm. 317, de 30 de diciembre de 2017), en vigor desde el 1 de enero de 2018.

[36] Nueva redacción del art. 42.2 dada por el art. 1.dos del Real Decreto 249/2023, de 4 de abril, por el que se modifican el Reglamento General de Desarrollo de la Ley 58/2003, de 17 de diciembre, General Tribu-

artículo 62.2 de la Ley 58/2003, de 17 de diciembre, para que dicho ingreso sea realizado, sin perjuicio de lo dispuesto en el párrafo segundo del artículo 161.2 de esa ley.

De realizarse el ingreso en dicho plazo, procederá la liquidación de los intereses de demora devengados a partir del día siguiente al del vencimiento del plazo de ingreso en periodo voluntario hasta la fecha del ingreso realizado durante el plazo abierto con la notificación de la denegación. De no realizarse el ingreso, los intereses se liquidarán hasta la fecha de vencimiento de dicho plazo, sin perjuicio de los que puedan devengarse con posterioridad conforme a lo dispuesto en el artículo 26 de la Ley 58/2003, de 17 de diciembre.

Si en el momento de solicitarse la suspensión la deuda se encontrara en periodo ejecutivo, la notificación del acuerdo de denegación implicará que deba iniciarse el procedimiento de apremio en los términos previstos en el artículo 167.1 de la Ley 58/2003, de 17 de diciembre, de no haberse iniciado con anterioridad a dicha notificación.

Subsección 2.ª Suspensión automática en vía económico-administrativa

Artículo 43. *Suspensión automática.*
1. La solicitud de suspensión automática con aportación de las garantías a que se refiere el artículo 233.2 de la Ley 58/2003, de 17 de diciembre, General Tributaria, suspenderá el procedimiento de recaudación relativo al acto recurrido.

2. Será competente para tramitar y resolver la solicitud de suspensión el órgano de recaudación que se determine en la norma de organización específica.

3. La solicitud de suspensión deberá ir necesariamente acompañada del documento en que se formalice la garantía aportada. Cuando la solicitud no se acompañe de la garantía a que se refiere el artículo 233.2 de la Ley 58/2003, de 17 de diciembre, aquella no surtirá efectos suspensivos y se tendrá por no presentada a todos los efectos. En este supuesto se procederá al archivo de la solicitud y a su notificación al interesado.

Si la solicitud adjunta una garantía bastante, la suspensión se entenderá acordada desde la fecha de la solicitud y dicha circunstancia deberá notificarse al interesado.

4. Cuando sea necesaria la subsanación de defectos del documento en que se formalice la garantía de acuerdo con lo dispuesto en el artículo 2.2 y aquellos hayan sido subsanados, el órgano competente acordará la suspensión con efectos desde la solicitud. El acuerdo de suspensión deberá ser notificado al interesado.

Cuando el requerimiento de subsanación haya sido objeto de contestación en plazo por el interesado pero no se entiendan subsanados los defectos observados, procederá la denegación de la suspensión.

---

taria, en materia de revisión en vía administrativa, aprobado por el Real Decreto 520/2005, de 13 de mayo; el Reglamento General de Recaudación, aprobado por el Real Decreto 939/2005, de 29 de julio; el Reglamento General de las actuaciones y los procedimientos de gestión e inspección tributaria y de desarrollo de las normas comunes de los procedimientos de aplicación de los tributos, aprobado por el Real Decreto 1065/2007, de 27 de julio; el Reglamento del Impuesto sobre Sucesiones y Donaciones, aprobado por el Real Decreto 1629/1991, de 8 de noviembre; el Reglamento del Impuesto sobre el Valor Añadido, aprobado por el Real Decreto 1624/1992, de 29 de diciembre; el Reglamento del Impuesto sobre la Renta de las Personas Físicas, aprobado por el Real Decreto 439/2007, de 30 de marzo, y el Reglamento del Impuesto sobre Sociedades, aprobado por el Real Decreto 634/2015, de 10 de julio (BOE núm. 81, de 5 de abril 2023) en vigor desde el 25 de abril de 2023.

5. Contra la denegación podrá interponerse un incidente en la reclamación económico-administrativa relativa al acto cuya suspensión se solicitó.

La resolución que ponga término al incidente no será susceptible de recurso.

6. Si se hubiese solicitado la suspensión al amparo del artículo 233.2 de la Ley 58/2003, de 17 de diciembre, General Tributaria, y la garantía aportada no fuera una de las previstas en dicho artículo, se aplicará lo dispuesto en las subsecciones siguientes, según corresponda.

Subsección 3.ª Suspensión con prestación de otras garantías en vía económico-administrativa

Artículo 44. *Suspensión con prestación de otras garantías.*

1[37]. La solicitud de suspensión con prestación de otras garantías a que se refiere el artículo 233.3 de la Ley 58/2003, de 17 de diciembre, presentada junto con la documentación a la que se refiere el artículo 40.2.b) de este reglamento, suspenderá cautelarmente el procedimiento de recaudación relativo al acto recurrido si la deuda se encontrase en periodo voluntario en el momento de presentarse la solicitud, salvo que concurra la circunstancia a la que se refiere el párrafo segundo del artículo 161.2 de esa ley.

Si la deuda se encontrara en periodo ejecutivo, la solicitud de suspensión no impedirá la continuación de las actuaciones de la Administración, sin perjuicio de que proceda la anulación de las efectuadas con posterioridad a la fecha de solicitud si la suspensión fuese concedida finalmente.

2. La competencia para tramitar y resolver la solicitud corresponderá al órgano de recaudación que se determine en la norma de organización específica.

3. Examinada la solicitud, se procederá, en su caso, a la subsanación prevista en el artículo 2.2.

4. Cuando los defectos se hayan subsanado en el plazo al que se refiere el artículo 2.2, la suspensión acordada producirá efectos desde la solicitud.

Cuando el requerimiento de subsanación haya sido objeto de contestación en plazo por el interesado pero no se entiendan subsanados los defectos observados, procederá la denegación de la suspensión.

La resolución que otorgue la suspensión detallará la garantía que debe ser constituida y el plazo en que debe constituirse.

5. Contra la denegación podrá interponerse un incidente en la reclamación económico-administrativa interpuesta contra el acto cuya suspensión se solicitó.

---

[37] Nueva redacción del art. 44.1 dada por el art. 1.tres del Real Decreto 249/2023, de 4 de abril, por el que se modifican el Reglamento General de Desarrollo de la Ley 58/2003, de 17 de diciembre, General Tributaria, en materia de revisión en vía administrativa, aprobado por el Real Decreto 520/2005, de 13 de mayo; el Reglamento General de Recaudación, aprobado por el Real Decreto 939/2005, de 29 de julio; el Reglamento General de las actuaciones y los procedimientos de gestión e inspección tributaria y de desarrollo de las normas comunes de los procedimientos de aplicación de los tributos, aprobado por el Real Decreto 1065/2007, de 27 de julio; el Reglamento del Impuesto sobre Sucesiones y Donaciones, aprobado por el Real Decreto 1629/1991, de 8 de noviembre; el Reglamento del Impuesto sobre el Valor Añadido, aprobado por el Real Decreto 1624/1992, de 29 de diciembre; el Reglamento del Impuesto sobre la Renta de las Personas Físicas, aprobado por el Real Decreto 439/2007, de 30 de marzo, y el Reglamento del Impuesto sobre Sociedades, aprobado por el Real Decreto 634/2015, de 10 de julio (BOE núm. 81, de 5 de abril 2023) en vigor desde el 25 de abril de 2023.

La resolución que ponga término al incidente no será susceptible de recurso.

Artículo 45. *Constitución de las garantías.*

La garantía ofrecida deberá ser constituida dentro del plazo de dos meses contados a partir del día siguiente al de la notificación del acuerdo de concesión, cuya eficacia estará condicionada a su formalización.

Dicha garantía deberá ser objeto de aceptación, en su caso y según su naturaleza, por el órgano de recaudación que dictó la resolución de concesión.

Transcurrido el plazo de dos meses sin que la garantía se hubiese formalizado, las consecuencias serán las siguientes:

a) Si la solicitud de suspensión se hubiese presentado en periodo voluntario de ingreso, el periodo ejecutivo se iniciará el día siguiente al de la finalización del plazo concedido para la formalización de la garantía, y deberá iniciarse el procedimiento de apremio en los términos previstos en el artículo 167.1 de la Ley 58/2003, de 17 de diciembre, General Tributaria, exigiéndose el ingreso del principal de la deuda y el recargo del periodo ejecutivo.

En este supuesto procederá la liquidación de los intereses de demora devengados a partir del día siguiente al del vencimiento del plazo de ingreso en periodo voluntario hasta el último día del plazo para la formalización de la garantía, sin perjuicio de los que se devenguen con posterioridad conforme a lo dispuesto en el artículo 26 de la Ley 58/2003, de 17 de diciembre.

b) Si en el momento de solicitarse la suspensión la deuda se encontrara en periodo ejecutivo, deberá iniciarse el procedimiento de apremio en los términos previstos en el artículo 167.1 de la Ley 58/2003, de 17 de diciembre, de no haberse iniciado con anterioridad.

Subsección 4.ª Suspensión por el tribunal económico-administrativo

Artículo 46. *Suspensión por el tribunal económico-administrativo.*

1. El tribunal económico-administrativo que conozca de la reclamación contra el acto cuya suspensión se solicita será competente para tramitar y resolver las peticiones de suspensión con dispensa total o parcial de garantías que se fundamenten en perjuicios de difícil o imposible reparación, tanto para los supuestos de deuda tributaria o cantidad líquida como en aquellos otros supuestos de actos que no tengan por objeto una deuda tributaria o cantidad líquida.

También será competente para tramitar y resolver la petición de suspensión que se fundamente en error aritmético, material o de hecho.

2[38]. Si la deuda se encontrara en periodo voluntario en el momento de formular la solicitud de suspensión, la presentación de esta última basada en que la ejecución del acto podría

---

[38]   Nueva redacción del art. 46.2 dada por el art. 1.cuatro del Real Decreto 249/2023, de 4 de abril, por el que se modifican el Reglamento General de Desarrollo de la Ley 58/2003, de 17 de diciembre, General Tributaria, en materia de revisión en vía administrativa, aprobado por el Real Decreto 520/2005, de 13 de mayo; el Reglamento General de Recaudación, aprobado por el Real Decreto 939/2005, de 29 de julio; el Reglamento General de las actuaciones y los procedimientos de gestión e inspección tributaria y de desarrollo de las normas comunes de los procedimientos de aplicación de los tributos, aprobado por el Real Decreto 1065/2007, de 27 de julio; el Reglamento del Impuesto sobre Sucesiones y Donaciones, aprobado por el Real Decreto 1629/1991, de 8 de noviembre; el Reglamento del Impuesto sobre el Valor

causar perjuicios de imposible o difícil reparación o en la existencia de error material, aritmético o de hecho, incorporando la documentación a que se refieren, según el caso de que se trate, los párrafos c) y d) del artículo 40.2, suspenderá cautelarmente el procedimiento de recaudación mientras el tribunal económico-administrativo decida sobre la admisión o no a trámite de la solicitud de suspensión, salvo que concurra la circunstancia a la que se refiere el párrafo segundo del artículo 161.2 de la Ley 58/2003, de 17 de diciembre.

Si la deuda se encontrara en periodo ejecutivo, la solicitud de suspensión no impedirá la continuación de las actuaciones de la Administración, sin perjuicio de que proceda la anulación de las efectuadas con posterioridad a la fecha de la solicitud si la suspensión fuese concedida finalmente.

3. Examinada la solicitud, se procederá, en su caso, a la subsanación prevista en el artículo 2.2.

Cuando el requerimiento de subsanación haya sido objeto de contestación en plazo por el interesado pero no se entiendan subsanados los defectos observados, se inadmitirá a trámite la solicitud de suspensión con las consecuencias previstas en el apartado siguiente.

4[39]. Subsanados los defectos o cuando el trámite de subsanación no haya sido necesario, el tribunal económico-administrativo decidirá sobre la admisión a trámite de la solicitud, y la inadmitirá cuando no pueda deducirse de la documentación incorporada al expediente la existencia de indicios de los perjuicios de difícil o imposible reparación o la existencia de error aritmético, material o de hecho.

La admisión a trámite producirá efectos suspensivos desde la presentación de la solicitud, si la deuda se encontrara en período voluntario en el momento de su presentación, y será notificada, en todo caso, al interesado y al órgano de recaudación competente.

La inadmisión a trámite supondrá que la solicitud de suspensión se tiene por no presentada a todos los efectos. Dicho acuerdo deberá notificarse al interesado y comunicarse al órgano de recaudación competente con indicación de la fecha de notificación al interesado.

El acuerdo de inadmisión a trámite no podrá recurrirse en vía administrativa.

Añadido, aprobado por el Real Decreto 1624/1992, de 29 de diciembre; el Reglamento del Impuesto sobre la Renta de las Personas Físicas, aprobado por el Real Decreto 439/2007, de 30 de marzo, y el Reglamento del Impuesto sobre Sociedades, aprobado por el Real Decreto 634/2015, de 10 de julio (BOE núm. 81, de 5 de abril 2023) en vigor desde el 25 de abril de 2023.

39   Nueva redacción del art. 46.4 dada por el art. 1.cuatro del Real Decreto 249/2023, de 4 de abril, por el que se modifican el Reglamento General de Desarrollo de la Ley 58/2003, de 17 de diciembre, General Tributaria, en materia de revisión en vía administrativa, aprobado por el Real Decreto 520/2005, de 13 de mayo; el Reglamento General de Recaudación, aprobado por el Real Decreto 939/2005, de 29 de julio; el Reglamento General de las actuaciones y los procedimientos de gestión e inspección tributaria y de desarrollo de las normas comunes de los procedimientos de aplicación de los tributos, aprobado por el Real Decreto 1065/2007, de 27 de julio; el Reglamento del Impuesto sobre Sucesiones y Donaciones, aprobado por el Real Decreto 1629/1991, de 8 de noviembre; el Reglamento del Impuesto sobre el Valor Añadido, aprobado por el Real Decreto 1624/1992, de 29 de diciembre; el Reglamento del Impuesto sobre la Renta de las Personas Físicas, aprobado por el Real Decreto 439/2007, de 30 de marzo, y el Reglamento del Impuesto sobre Sociedades, aprobado por el Real Decreto 634/2015, de 10 de julio (BOE núm. 81, de 5 de abril 2023) en vigor desde el 25 de abril de 2023.

Artículo 47. *Tramitación y resolución por el tribunal económico-administrativo de la solicitud de suspensión.*

1. Admitida a trámite la solicitud de suspensión, el tribunal económico-administrativo podrá solicitar al órgano que fuese competente para la recaudación del acto reclamado un informe sobre la suficiencia jurídica y económica de las garantías ofrecidas, así como sobre la existencia de otros bienes susceptibles de ser prestados como garantía, especialmente en los supuestos de solicitud de suspensión con dispensa total de garantías. El órgano competente deberá pronunciarse expresamente sobre la suficiencia de los bienes ofrecidos y sobre la existencia de otros bienes susceptibles de ser prestados en garantía, tanto en los supuestos de dispensa total como parcial, y específicamente sobre la existencia de medidas cautelares adoptadas en relación con el acto objeto de impugnación cuya ejecución se pretende suspender.

2. El tribunal deberá dictar una resolución expresa que otorgue o deniegue la suspensión. En los supuestos de suspensión con dispensa parcial, el acuerdo especificará las garantías que deben constituirse.

Estos acuerdos se notificarán al interesado y al órgano de recaudación competente.

3. Contra la denegación podrá interponerse el correspondiente recurso contencioso-administrativo.

4. Cuando se otorgue la suspensión con garantía parcial, esta deberá ser constituida ante el órgano competente para la recaudación del acto, que procederá, en su caso, a la aceptación, y se aplicará lo dispuesto en el artículo 45.

CAPÍTULO II. Procedimiento general económico-administrativo

SECCIÓN 1.ª *Normas comunes*

Artículo 48. *Obtención de copias certificadas.*

1. Los interesados podrán solicitar por escrito la expedición de copia certificada de extremos concretos contenidos en el expediente tramitado por el tribunal en la reclamación o recurso interpuesto en vía económico-administrativa.

2. La expedición de copias certificadas de extremos concretos contenidos en el expediente de la reclamación o recurso económico-administrativo deberá solicitarse por los particulares de forma que no se vea afectada la eficacia del funcionamiento de los servicios públicos, mediante petición individualizada de las copias de los documentos que se solicite, sin que quepa formular, salvo para su consideración con carácter potestativo, una solicitud genérica sobre el contenido del expediente en su conjunto.

3. La expedición de las copias certificadas requerirá el acuerdo del tribunal económico-administrativo respectivo. Se podrá denegar la solicitud cuando concurra la causa prevista en el apartado 2 o cuando se trate de información que deba permanecer reservada de conformidad con la normativa vigente.

4. Las certificaciones serán extendidas por la secretaría de los respectivos tribunales o salas desconcentradas.

Artículo 49. *Presentación, desglose y devolución de documentos.*

1. Al presentar un documento, los interesados podrán acompañarlo de una copia para que la secretaría, previo cotejo, devuelva el original, salvo que la propia naturaleza del documento aconseje que su devolución no se efectúe hasta la resolución definitiva de la reclamación.

2. Una vez terminada la reclamación económico-administrativa en todas sus instancias, los interesados podrán pedir el desglose y devolución de los documentos de prueba presentados por ellos, lo que se acordará por la secretaría de los respectivos tribunales o salas desconcentradas. Estas actuaciones se practicarán dejando constancia de la devolución y de la copia cotejada del documento en el expediente de la reclamación.

Artículo 50[40]**. *Notificaciones.***

1. Los tribunales económico-administrativos notificarán sus resoluciones a los interesados.

Asimismo, notificarán la resolución a los órganos legitimados para interponer el recurso de alzada ordinario, el recurso extraordinario de alzada para la unificación de criterio y el recurso extraordinario para la unificación de doctrina según lo previsto en los artículos 241, 242, 243 y en los apartados 5 y 6 de la disposición adicional undécima de la Ley 58/2003, de 17 de diciembre, General Tributaria.

2. Las notificaciones se practicarán por el medio señalado al efecto por el interesado. Esta notificación será por medios electrónicos en los casos en los que exista obligación de relacionarse de esta forma con la Administración.

Si el reclamante comunicara su voluntad de que las notificaciones se practiquen por medios electrónicos y designara en el mismo escrito un domicilio a efectos de notificaciones, la notificación habrá de practicarse por medios electrónicos.

Cuando el reclamante no esté obligado a relacionarse electrónicamente con la Administración, si, con posterioridad a la comunicación de que las notificaciones se practiquen por medios electrónicos, hiciera constar un domicilio a efectos de notificaciones sin manifestar la voluntad de dejar sin efecto aquélla, se le requerirá en dicho domicilio para que en el plazo de diez días pueda expresar si pretende o no tal revocación, advirtiéndole que, en defecto de contestación, se entenderá que se mantiene como vía de comunicación la electrónica.

Si, con posterioridad a la designación de un domicilio a efectos de notificaciones, el reclamante comunicara su voluntad de que las notificaciones se practiquen por medios electrónicos, se entenderá que la notificación habrá de practicarse por este medio.

3. Si la notificación hubiera de hacerse en el domicilio, y en el expediente de la reclamación figurasen varios domicilios para la práctica de notificaciones designados por el interesado, se tomará en consideración el último señalado a estos efectos; cuando en el expediente de la reclamación no figure ningún domicilio señalado expresamente a efectos de notificaciones, estas podrán practicarse en el domicilio fiscal del interesado si el tribunal tuviere constancia de él; cuando no sea posible conocer ningún domicilio según lo dispuesto en este apartado, o cuando, intentada la notificación personal no hubiera sido posible efectuarla, la notificación deberá practicarse de acuerdo con el artículo 112.1 de la Ley 58/2003, de 17 de diciembre, General Tributaria, en los términos a que se refiere el artículo 234 de la misma Ley.

---

[40]　Nueva redacción del art. 50 dada por el artículo único Diez del Real Decreto 1073/2017, de 29 de diciembre (BOE núm. 317, de 30 de diciembre de 2017), en vigor desde el 1 de enero de 2018.
　　Art. 234.3 (Normas Generales) de la LGT (§1).

La notificación en papel podrá practicarse por correo certificado o por un funcionario que extenderá una diligencia de constancia de hechos para su incorporación al expediente y dejará una copia de aquella en el domicilio donde se realice la actuación.

Artículo 51[41]. *Costas del procedimiento.*

1. El órgano económico-administrativo podrá apreciar la existencia de temeridad cuando la reclamación o el recurso carezca manifiestamente de fundamento y mala fe cuando se produzcan peticiones o se promuevan incidentes con manifiesto abuso de derecho o que entrañen fraude procedimental.

En particular, podrá ser apreciada la existencia de mala fe cuando se planteen recursos o reclamaciones económico-administrativos con una finalidad exclusivamente dilatoria.

Dichas circunstancias deberán ser debidamente motivadas por el órgano económico-administrativo competente.

2[42] *(Anulado).*

3. Cuando se hubiese acordado exigir el pago de las costas del procedimiento, el Delegado de Economía y Hacienda competente concederá el plazo a que se refiere el artículo 62.2 de la Ley 58/2003, de 17 de diciembre, General Tributaria, al obligado al pago para que satisfaga las costas. Transcurrido dicho plazo sin que aquellas se hubieran hecho efectivas, se procederá a su exacción por el procedimiento de apremio.

4. No se impondrán las costas del procedimiento en el caso que las pretensiones hubieran sido estimadas total o parcialmente.

---

[41]   Nueva redacción del art. 51 dada por el artículo único Once del Real Decreto 1073/2017, de 29 de diciembre (BOE núm. 317, de 30 de diciembre de 2017), en vigor desde el 1 de enero de 2018.
       Art. 234.4 (Normas generales) de la LGT (§1).

[42]   La Sentencia del Tribunal Supremo de 3 de junio de 2019, declara la nulidad del art. 51.2 por ser disconforme con el ordenamiento jurídico.
       «Sucede, sin embargo, que la modificación del art. 51.2 del Real Decreto 520/2005, introducida por el Real Decreto 1073/2017, en tanto cuantifica el importe de forma general y abstracta desvinculándolo del concreto procedimiento en el que se produce los gastos a sufragar y prescindiendo de estos, en tanto que se desconecta de los costes del concreto procedimiento, le hace perder su verdadera naturaleza, pues ya no podemos estar hablando de costas del procedimiento, sino, dependiendo de la perspectiva desde la que nos aproximemos, tal y como hacen las partes al examinar el art. 51.2, cabe identificarlas como tasa, como medida sancionadora o como prestación patrimonial de carácter público no tributario, y de ser alguna de estas figuras lo que es evidente es que no pueden ser costas del procedimiento. Es la propia parte recurrida la que en definitiva viene a negar a las costas del procedimiento su condición de tal, y aboga porque se considere que los arts. 245 de la Ley y 51.2 del Reglamento establecen una prestación patrimonial de carácter público no tributario.
       Lo cual debe llevarnos estimar la pretensión de la parte recurrente en este punto y declarar la nulidad del art. 51.2 del Real Decreto 520/2005, modificado por Real Decreto 1073/2017».
       Redacción anulada: «2. Cuando se imponga el pago de las costas, estas se cuantificarán en un porcentaje del 2 por ciento de la cuantía de la reclamación, con un mínimo de 150 euros para las reclamaciones o recursos resueltos por órgano unipersonal, y de 500 euros para los que se resuelvan por órgano colegiado. En caso de reclamaciones de cuantía indeterminada, las costas se cuantificarán en las cuantías mínimas referidas. Estas cuantías podrán actualizarse por orden ministerial».
       Redacción anterior: «2. Cuando se imponga al reclamante el pago de las costas, estas se cuantificarán mediante la aplicación de los importes fijados por orden del Ministro de Economía y Hacienda atendiendo al coste medio del procedimiento y la complejidad de la reclamación».

5. Contra la condena en costas impuesta en la resolución económico-administrativa no cabrá recurso administrativo alguno, sin perjuicio de su revisión junto con el recurso de alzada que pudiera interponerse, de ser procedente.

SECCIÓN 2.ª *Procedimiento en única o primera instancia*

Subsección 1.ª Iniciación[43]

Artículo 52. *Envío del expediente administrativo objeto de la reclamación.*

1. Cuando se hubiera interpuesto un recurso de reposición previo que todavía no hubiera sido resuelto ni pudiera considerarse desestimado por silencio administrativo al interponer la reclamación económico-administrativa, el órgano que dictó el acto impugnado indicará este hecho al enviar al tribunal el escrito de interposición del recurso y de la reclamación y se actuará conforme a lo dispuesto en el artículo 21 para determinar la procedencia de la inadmisión de la reclamación.

El plazo del mes al que se refiere el artículo 235.3 de la Ley 58/2003, de 17 de diciembre, General Tributaria, se contará desde que la reclamación tuvo entrada en los registros del órgano administrativo que haya dictado el acto objeto de aquella.

2. En el caso de que el órgano administrativo que haya dictado el acto observase la existencia de extemporaneidad en la reclamación económico-administrativa, se abstendrá de realizar actuación alguna y dará traslado inmediato del escrito de presentación y del expediente al tribunal competente.

3. Cuando el órgano administrativo haya anulado total o parcialmente el acto impugnado en virtud de lo dispuesto en el artículo 235.3 de la Ley 58/2003, de 17 de diciembre, deberá enviar la siguiente documentación al tribunal:

a) Si se hubiera anulado el acto impugnado sin que se hubiera dictado otro acto en sustitución del anterior, se notificará el acuerdo de anulación al interesado y de todo ello se dará traslado al tribunal competente.

En la notificación al interesado se hará constar que en el plazo de 15 días, contados a partir del día siguiente al de la notificación, podrá manifestar ante el tribunal competente su conformidad o disconformidad con la anulación acordada, y se le advertirá que, de no formular manifestación expresa en dicho plazo, se le tendrá por desistido de la reclamación económico-administrativa y se dictará un acuerdo de archivo de actuaciones.

En el caso de disconformidad, el tribunal competente proseguirá la tramitación de la reclamación y se considerarán impugnados tanto el acto originario como el de anulación dictado posteriormente, a salvo de lo que resulte de las posteriores alegaciones del reclamante.

b) Si se anula el acto impugnado y se dicta un nuevo acto en sustitución del anterior, se enviará al tribunal el acuerdo de anulación y el nuevo acto dictado, junto con el escrito de interposición y el expediente administrativo dentro del plazo establecido en la Ley 58/2003, de 17 de diciembre, General Tributaria. El tribunal considerará que la reclamación interpuesta impugna tanto el acuerdo de anulación como el contenido del segundo acto, a salvo de lo

---

43   Art. 235 (Iniciación) de la LGT (§1).

que resulte de las posteriores alegaciones del reclamante, y proseguirá la tramitación a menos que el interesado desista de forma expresa.

Si se hubiera acordado la suspensión de la ejecución del acto que se anula, la ejecución del nuevo acto dictado quedará igualmente suspendida siempre que se mantengan las circunstancias que permitieron acordarla, sin perjuicio del derecho a la reducción proporcional de las garantías aportadas para la suspensión del acto inicialmente impugnado.

c) Cuando la anulación afecte parcialmente al acto impugnado se enviará al tribunal el acuerdo de anulación junto con el escrito de interposición y el expediente administrativo. El tribunal considerará que la reclamación económico-administrativa presentada impugna tanto el acuerdo de anulación como el contenido del acto que queda subsistente, sin perjuicio de lo que resulte de las posteriores alegaciones del reclamante, y proseguirá la tramitación, salvo que el interesado desista de forma expresa.

Si se hubiera acordado la suspensión de la ejecución del acto que se anula parcialmente, la ejecución del acto subsistente quedará igualmente suspendida siempre que se mantengan las circunstancias que permitieron acordarla, sin perjuicio del derecho a la reducción proporcional de las garantías aportadas para la suspensión del acto inicialmente impugnado.

4. En los supuestos previstos en los párrafos b) y c) del apartado anterior, los nuevos actos administrativos dictados surtirán efecto desde su notificación al interesado, salvo que hubiese sido acordada la suspensión en relación con los dictados originariamente y esta mantenga su eficacia según lo dispuesto en el apartado anterior. Dichos actos sustitutorios no podrán ser objeto de recurso de reposición ni de reclamación económico-administrativa independiente, y las cuestiones relativas a estos se resolverán en la reclamación económico-administrativa interpuesta contra el acto administrativo inicialmente recurrido.

Los actos anulados total o parcialmente serán los determinantes de la cuantía de la reclamación.

5. Cuando se acredite ante el tribunal la interposición de una reclamación sin que se haya recibido el expediente dentro del plazo establecido en el artículo 235.3 de la Ley 58/2003, de 17 de diciembre, General Tributaria, el tribunal reclamará su envío, sin perjuicio de poder continuar con la tramitación correspondiente con los antecedentes conocidos por el tribunal y, en su caso, con los que el interesado aporte o haya aportado.

Artículo 53. *Incompetencia territorial y jerárquica.*

1[44]. Recibida la reclamación, cuando se considere que la competencia corresponde a otro tribunal económico–administrativo, se remitirá de oficio y de forma motivada al tribunal que se estime competente. Dicha remisión se notificará al interesado. Si el acuerdo lo hubiera adoptado un tribunal económico-administrativo regional, el interesado podrá presentar en el plazo de 15 días, contados a partir del día siguiente al de la notificación un escrito donde manifieste sus alegaciones ante el tribunal económico-administrativo destinatario. Si éste último fuera también un tribunal económico-administrativo regional, y también declinara la competencia sobre el expediente, motivará su decisión y remitirá lo actuado al Tribunal Económico-

---

[44] Nueva redacción del art. 53.1 dada por el artículo único Doce del Real Decreto 1073/2017, de 29 de diciembre (BOE núm. 317, de 30 de diciembre de 2017), en vigor desde el 1 de enero de 2018.

administrativo Central, que decidirá y enviará las actuaciones al tribunal que deba continuar con la tramitación de la reclamación.

2. El órgano que dictó el acto impugnado deberá ser informado sobre tal extremo por el tribunal económico-administrativo que resulte finalmente competente para conocer de la reclamación.

Artículo 54. *Subsanación de defectos.*

Si el escrito de interposición no cumple con los requisitos exigidos en el artículo 2, se procederá a la subsanación de acuerdo con lo dispuesto en el apartado 2 de dicho artículo. No obstante, en los supuestos en los que el reclamante no haya identificado el domicilio para notificaciones se aplicará lo dispuesto en el artículo 50.

Subsección 2.ª Tramitación

Artículo 55[45]**.** *Trámites para completar el expediente.*

1. El tribunal podrá solicitar que se complete el expediente, de oficio o a petición de cualquier interesado.

2. La solicitud del interesado podrá formularse una sola vez y deberá presentarse dentro del plazo de alegaciones otorgado. Dicha solicitud deberá formularse mediante un escrito en el que se detallen los antecedentes que deban integrar el expediente conforme a las normas que lo regulan pero que no figuren en él.

La petición para completar el expediente suspenderá el trámite de alegaciones.

3. Si el tribunal deniega la petición, se reanudará el plazo de alegaciones por el tiempo que quedara en el momento de la solicitud del interesado.

4. Si el tribunal acepta la petición, deberá remitir el acuerdo con el que reclame los antecedentes al órgano que haya dictado el acto. Recibidos los antecedentes o la declaración de que estos no existen o no forman parte del expediente según su normativa reguladora, el tribunal concederá un nuevo plazo de alegaciones.

5. A los efectos de lo dispuesto en el artículo 104.2 de la Ley 58/2003, de 17 de diciembre, General Tributaria, se considerará como periodo de interrupción justificada en el cómputo del plazo para dictar resolución en el procedimiento económico-administrativo el comprendido entre el momento en el que se hubiera suspendido el trámite de alegaciones y aquel en que se hubiera reanudado o se hubiera otorgado un nuevo plazo.

6. Lo dispuesto en los apartados 2, 3, 4 y 5 no será de aplicación para las reclamaciones que se interpongan contra actuaciones u omisiones de los particulares en materia tributaria.

Artículo 56[46]**.** *Personación en las reclamaciones derivadas de actuaciones u omisiones de los particulares en materia tributaria.*

La persona o entidad cuya actuación u omisión constituya el objeto de la reclamación deberá personarse en el plazo de un mes contado a partir del día siguiente al de la notificación

---

[45]   Art. 236.1 (Tramitación) de la LGT (§1).
[46]   Art. 236.2 (Tramitación) de la LGT (§1).

realizada al efecto. Su personación en un momento posterior del procedimiento no podrá perjudicar al recurrente ni reabrir trámites o plazos concluidos con anterioridad.

Artículo 57[47]. *Pruebas e informes.*

1. El tribunal podrá denegar la práctica de las pruebas solicitadas o aportadas cuando se refieran a hechos que no guarden relevancia para la decisión de las pretensiones ejercitadas en la reclamación, sin perjuicio de lo que decida en la resolución que ponga término a esta, ratificando su denegación o examinándolas directamente si ya estuviesen practicadas e incorporadas al expediente.

El tribunal podrá ordenar posteriormente la práctica de las pruebas previamente denegadas.

Las resoluciones del tribunal que acuerden o denieguen la práctica de las pruebas tendrán carácter de meros actos de trámite.

2. El tribunal podrá requerir todos los informes que considere necesarios o convenientes para la resolución de la reclamación.

3. En el caso de pruebas e informes practicados o solicitados de oficio, se pondrá de manifiesto el expediente de la reclamación a los interesados para que, en el plazo de 10 días contados a partir del día siguiente al de la notificación de la apertura de dicho plazo, aleguen lo que estimen conveniente.

A los efectos del plazo máximo para notificar la resolución, no se incluirá el periodo empleado por otros órganos de la Administración para remitir los informes a que hace referencia este artículo. Los periodos no incluidos en el cómputo del plazo no podrán ser superiores a dos meses.

Artículo 58[48]. *Plazo para plantear cuestiones incidentales.*

Las cuestiones incidentales se plantearán en el plazo de 15 días contados a partir del día siguiente a aquel en que se tenga constancia fehaciente del hecho o acto que las motive.

Artículo 58 bis[49]. *Cuestión prejudicial.*

1. Cuando de oficio el Tribunal entienda que procede el planteamiento de una cuestión prejudicial de las previstas en el artículo 237.3 de la Ley 58/2003, de 17 de diciembre, General Tributaria, concederá un plazo de 15 días al reclamante y al órgano competente de la Administración tributaria que dictó el acto impugnado para que formulen alegaciones en relación exclusivamente con la oportunidad de dicho planteamiento, acompañando al escrito de concesión del plazo para alegaciones una moción razonada sobre los motivos por los que el Tribunal estima que procede su planteamiento. Si el planteamiento de la cuestión prejudicial ha sido solicitado por el reclamante, concederá igual plazo al órgano competente de la Administración tributaria autora del acto.

Si una vez planteada la cuestión prejudicial, el Tribunal Económico-administrativo entendiese necesaria la presentación de alegaciones complementarias o reformulaciones de la

---

[47]   Art. 236.3 y 4 (Tramitación) de la LGT (§1).
[48]   Art. 236.6 (Tramitación) de la LGT (§1).
[49]   Nuevo art. 58 bis incorporado por el artículo único Trece del Real Decreto 1073/2017, de 29 de diciembre (BOE núm. 317, de 30 de diciembre de 2017), en vigor desde el 1 de enero de 2018.

cuestión prejudicial, o el desistimiento de la misma, concederá un plazo común de 10 días al reclamante y al órgano competente de la Administración tributaria autora del acto para que aleguen lo que estimen oportuno, acompañando moción razonada al respecto.

2. Una vez planteada la cuestión prejudicial, el Tribunal notificará dicha circunstancia al reclamante y al órgano competente de la Administración tributaria autora del acto así como la suspensión del procedimiento económico-administrativo. Asimismo, tales circunstancias se notificarán al reclamante y al órgano competente de la Administración autora del acto, cuando se trate de otros procedimientos económico-administrativos para cuya resolución sea preciso conocer el resultado de la cuestión prejudicial distintos de aquel en cuyo seno se ha planteado la misma, pudiéndose acordar la suspensión previo trámite de alegaciones por plazo de 15 días concedido al reclamante y al órgano competente de la Administración autora del acto.

3. A los efectos de entender recibida en el órgano económico-administrativo competente la resolución de la cuestión planteada se entenderá que ello se ha producido con la publicación en el Diario Oficial de la Unión Europea de la versión en castellano de la sentencia. El levantamiento de la suspensión se notificará al reclamante y al órgano competente de la Administración tributaria autora del acto de cada uno de los procedimientos que hayan sido objeto de suspensión como consecuencia del planteamiento de la cuestión prejudicial.

4. A los efectos de la Administración tributaria del Estado se considerarán órganos competentes los Directores de Departamento de la Agencia Estatal de Administración Tributaria en materias de su competencia.

Artículo 59[50]. *Extensión de la revisión*
Si el órgano competente estima pertinente examinar y resolver cuestiones no planteadas por los interesados, las expondrá a los que estuvieran personados en el procedimiento y les concederá un plazo de 10 días, contados a partir del día siguiente al de la notificación de la apertura de dicho plazo, para que formulen alegaciones.

Subsección 3.ª Resolución

Artículo 60. *Recurso de anulación.*
1[51]. La competencia para resolver el recurso de anulación a que se refiere el artículo 241 bis de la Ley 58/2003, de 17 de diciembre, General Tributaria corresponderá al órgano del tribunal que hubiese dictado el acuerdo o la resolución recurrida.

2[52]. Cuando la resolución de la reclamación económico-administrativa fuera susceptible de recurso de alzada ordinario, el plazo para la interposición de este último comenzará a contarse a partir del día siguiente al de la notificación de la resolución del recurso de anulación.

---

[50]   Art. 237 (Extensión de la revisión en vía…) de la LGT (§1).
[51]   Nueva redacción del art. 60.1 dada por el artículo único Catorce del Real Decreto 1073/2017, de 29 de diciembre (BOE núm. 317, de 30 de diciembre de 2017), en vigor desde el 1 de enero de 2018.
[52]   Nueva redacción del art. 60.2 dada por el artículo único Catorce del Real Decreto 1073/2017, de 29 de diciembre (BOE núm. 317, de 30 de diciembre de 2017), en vigor desde el 1 de enero de 2018.

3. El recurso de anulación interpuesto extemporáneamente no causará ningún efecto sobre los plazos para la interposición del recurso de alzada ordinario.

4. La resolución que se dicte como consecuencia del recurso de anulación sólo podrá ser impugnada en el mismo recurso que pudiera proceder contra el acuerdo o la resolución de la reclamación.

No obstante, cuando se dicte resolución expresa una vez transcurrido el plazo de resolución del recurso de anulación, esta resolución podrá ser impugnada de forma independiente.

SECCIÓN 3.ª *Recursos en vía económico-administrativa*

Artículo 61. *Recurso de alzada ordinario, recurso extraordinario de alzada para la unificación de criterio y recurso extraordinario para la unificación de doctrina.*

1[53]. El recurso de alzada ordinario se dirigirá al tribunal que hubiese dictado la resolución recurrida, que, en el plazo de un mes, lo remitirá junto con el expediente originario y el de la reclamación al Tribunal Económico-administrativo Central.

Cuando el legitimado para recurrir no hubiera estado personado en el procedimiento en primera instancia, el tribunal económico-administrativo regional o local le pondrá de manifiesto los expedientes a los que se refiere el párrafo anterior para que pueda formular alegaciones en el plazo de un mes, contado a partir del día siguiente al de la notificación, y a continuación dará traslado de ellas al reclamante en primera instancia y a los demás personados para que en el plazo de otro mes, contado a partir del día siguiente al de la notificación de la apertura de dicho plazo, puedan formular las alegaciones que estimen convenientes. Una vez completados estos trámites, los expedientes se remitirán al Tribunal Económico-Administrativo Central.

La práctica de las pruebas, en su caso, se regulará por lo dispuesto para la primera instancia.

2[54]. De acuerdo con lo dispuesto en el artículo 241.3 de la Ley 58/2003, de 17 de diciembre, General Tributaria, el escrito de interposición del recurso de alzada ordinario podrá acompañarse de la solicitud de suspensión de la ejecución de la resolución impugnada por los órganos de la Administración. En estos casos, junto con la solicitud se deberá aportar un informe en el que se justifique la existencia de indicios racionales de que el cobro de la deuda que finalmente pudiese resultar exigible se podría ver frustrado o gravemente dificultado de no acordarse la suspensión solicitada.

3[55]. En el recurso extraordinario de alzada para la unificación de criterio será aplicable lo dispuesto en el apartado 1 de este artículo.

---

[53]   Nueva redacción del art. 61.1 dada por el artículo único Quince del Real Decreto 1073/2017, de 29 de diciembre (BOE núm. 317, de 30 de diciembre de 2017), en vigor desde el 1 de enero de 2018.

[54]   Nueva redacción del art. 61.2 dada por el artículo único Quince del Real Decreto 1073/2017, de 29 de diciembre (BOE núm. 317, de 30 de diciembre de 2017), en vigor desde el 1 de enero de 2018. Art. 241 (Recurso de alzada ordinario) de la LGT (§1).

[55]   Nueva redacción del art. 61.3 dada por el artículo único Quince del Real Decreto 1073/2017, de 29 de diciembre (BOE núm. 317, de 30 de diciembre de 2017), en vigor desde el 1 de enero de 2018. Art. 242 (Recurso extraordinario de alzada para la unificación de criterio) de la LGT (§1).

4[56]. El recurso extraordinario para la unificación de doctrina previsto en el artículo 243 de la Ley 58/2003, de 17 de diciembre, se interpondrá en el plazo de tres meses contados a partir del día siguiente al de la notificación de la resolución.

Artículo 62. *Recurso extraordinario de revisión.*

En el recurso extraordinario de revisión será aplicable lo dispuesto para el procedimiento en única o primera instancia en todas las cuestiones no previstas en el artículo 244 de la Ley 58/2003, de 17 de diciembre.

Artículo 63. *Legitimación para recurrir.*

A los efectos de los apartados 5, 6 y 7 de la disposición adicional undécima de la Ley 58/2003, de 17 de diciembre, General Tributaria, estarán legitimados para interponer el recurso de alzada ordinario, el recurso extraordinario de alzada para unificación de criterio y el recurso extraordinario de revisión, cuando se refieran a materias de su competencia, el Director General del Tesoro y Política Financiera, el Director General de Costes de Personal y Pensiones Públicas y el Director del Departamento de Recaudación de la Agencia Estatal de Administración Tributaria.

CAPÍTULO III. Procedimiento abreviado[57]

Artículo 64[58]. *Reclamaciones económico-administrativas que se tramitarán por el procedimiento abreviado.*

Las reclamaciones económico-administrativas se tramitarán por el procedimiento abreviado cuando sean de cuantía inferior a 6.000 euros o 72.000 euros si se trata de reclamaciones contra bases o valoraciones.

Artículo 65[59]. *Procedimiento abreviado.*

1. Si el escrito de interposición no cumple los requisitos exigidos en el artículo 246.1.a) de la Ley 58/2003, de 17 de diciembre, General Tributaria se procederá a la subsanación de acuerdo con lo dispuesto en el artículo 2.2 de este reglamento.

2. En las cuestiones no reguladas en este artículo será de aplicación lo establecido para el procedimiento general. En particular, los acuerdos previstos en los artículos 236.6, 238.2 y 239.4 de la Ley 58/2003, de 17 de diciembre, General Tributaria, podrán ser dictados también por el presidente o el secretario del tribunal aun cuando no fueran el órgano competente

---

[56] Art. 243 (Recurso extraordinario para la unificación de doctrina) de la LGT (§1) y Art. 33 (Sala Especial para la Unificación de doctrina) del RGRVA (§5).

[57] Nueva redacción de la denominación del Capítulo III dada por el artículo único Dieciséis del Real Decreto 1073/2017, de 29 de diciembre (BOE núm. 317, de 30 de diciembre de 2017), en vigor desde el 1 de enero de 2018.
Desarrollado en los arts. 245 a 248 de la LGT (§1).

[58] Nueva redacción del art. 64 dada por el artículo único Diecisiete del Real Decreto 1073/2017, de 29 de diciembre (BOE núm. 317, de 30 de diciembre de 2017), en vigor desde el 1 de enero de 2018.

[59] Nueva redacción del art. 65 dada por el artículo único Dieciocho del Real Decreto 1073/2017, de 29 de diciembre (BOE núm. 317, de 30 de diciembre de 2017), en vigor desde el 1 de enero de 2018.

para resolver el procedimiento abreviado que se tramite. Igualmente, corresponderá a la secretaría del tribunal la tramitación del procedimiento.

TÍTULO V. EJECUCIÓN DE RESOLUCIONES

CAPÍTULO I. Ejecución de resoluciones

SECCIÓN 1.ª *Normas generales para la ejecución de resoluciones administrativas*

Artículo 66. *Ejecución de las resoluciones administrativas.*

1. Los actos resolutorios de los procedimientos de revisión serán ejecutados en sus propios términos, salvo que se hubiera acordado la suspensión de la ejecución del acto inicialmente impugnado y dicha suspensión se mantuviera en otras instancias.

La interposición del recurso de alzada ordinario por órganos de la Administración no impedirá la ejecución de las resoluciones, salvo en los supuestos de suspensión.

2[60]. Los actos resultantes de la ejecución de la resolución de un recurso o reclamación económico-administrativa deberán ser notificados en el plazo de un mes desde que dicha resolución tenga entrada en el registro del órgano competente para su ejecución.

De oficio o a instancia de parte, la Administración en el plazo de un mes, procederá a regularizar la obligación conexa correspondiente al mismo obligado tributario vinculada con la resolución objeto del recurso o reclamación de acuerdo con lo dispuesto en los artículos 225.3 y 239.7 de la Ley 58/2003, de 17 de diciembre, General Tributaria.

Los actos de ejecución no formarán parte del procedimiento en el que tuviese su origen el acto objeto de impugnación.

En la ejecución de las resoluciones serán de aplicación las normas sobre transmisibilidad, conversión de actos viciados, conservación de actos y trámites y convalidación previstas en las disposiciones generales de derecho administrativo.

3. Cuando se resuelva sobre el fondo del asunto y en virtud de ello se anule total o parcialmente el acto impugnado, se conservarán los actos y trámites no afectados por la causa de anulación, con mantenimiento íntegro de su contenido.

En el caso de la anulación de liquidaciones, se exigirán los intereses de demora sobre el importe de la nueva liquidación de acuerdo con lo dispuesto en el artículo 26.5 de la Ley 58/2003, de 17 de diciembre, General Tributaria. Cuando la resolución parcialmente estimatoria deje inalterada la cuota tributaria, la cantidad a ingresar o la sanción, la resolución se podrá ejecutar reformando parcialmente el acto impugnado y los posteriores que deriven del parcialmente anulado. En estos casos subsistirá el acto inicial, que será rectificado de acuerdo con el contenido de la resolución, y se mantendrán los actos de recaudación previamente realizados, sin perjuicio, en su caso, de adaptar las cuantías de las trabas y embargos realizados. Cuando el importe del acto recurrido hubiera sido ingresado total o parcialmente, se procederá, en su caso, a la compensación prevista en el artículo 73.1 de Ley 58/2003, de 17 de diciembre.

---

[60]   Nueva redacción del art. 66.2 dada por el artículo único Diecinueve del Real Decreto 1073/2017, de 29 de diciembre (BOE núm. 317, de 30 de diciembre de 2017), en vigor desde el 1 de enero de 2018. Art. 166 (Conservación de actuaciones), de la LGT (§1).

4. No obstante lo dispuesto en los apartados anteriores, cuando existiendo vicio de forma no se estime procedente resolver sobre el fondo del asunto, la resolución ordenará la retroacción de las actuaciones, se anularán todos los actos posteriores que traigan su causa en el anulado y, en su caso, se devolverán las garantías o las cantidades indebidamente ingresadas junto con los correspondientes intereses de demora.

5. Cuando la resolución estime totalmente el recurso o la reclamación y no sea necesario dictar un nuevo acto, se procederá a la ejecución mediante la anulación de todos los actos que traigan su causa del anulado y, en su caso, a devolver las garantías o las cantidades indebidamente ingresadas junto con los correspondientes intereses de demora.

6. Cuando la resolución administrativa confirme el acto impugnado y este hubiera estado suspendido en periodo voluntario de ingreso, la notificación de la resolución iniciará el plazo de ingreso del artículo 62.2 de la Ley 58/2003, de 17 de diciembre, General Tributaria. Si la suspensión se produjo en periodo ejecutivo, la notificación de la resolución determinará la procedencia de la continuación o del inicio del procedimiento de apremio, según que la providencia de apremio hubiese sido notificada o no, respectivamente, con anterioridad a la fecha en la que surtió efectos la suspensión.

La liquidación de intereses de demora devengados durante la suspensión se realizará de la siguiente forma:

a) Si la suspensión hubiese producido efectos en periodo voluntario, el órgano que acordó la suspensión liquidará los intereses de demora por el periodo de tiempo comprendido entre el día siguiente al del vencimiento del plazo de ingreso en periodo voluntario y la finalización del plazo de pago en periodo voluntario abierto con la notificación de la resolución que ponga fin a la vía administrativa o hasta el día en que se produzca el ingreso dentro de dicho plazo.

Cuando la suspensión hubiera sido acordada por el tribunal, la liquidación de intereses de demora a que se refiere el párrafo anterior será realizada por el órgano que dictó el acto administrativo impugnado.

Si la suspensión hubiese limitado sus efectos al recurso de reposición y la resolución de este recurso hubiese sido objeto de reclamación económico-administrativa, los intereses de demora se liquidarán desde el día siguiente al del vencimiento del plazo de ingreso en periodo voluntario hasta la fecha de la resolución del recurso de reposición.

b) Si la suspensión hubiese producido efectos en periodo ejecutivo, el órgano de recaudación liquidará los intereses de demora por el periodo de tiempo comprendido entre la fecha en la que surtió efecto la suspensión y la fecha de la resolución que ponga fin a la vía administrativa.

Si la suspensión hubiese limitado sus efectos al recurso de reposición y la resolución de este recurso hubiese sido objeto de reclamación económico-administrativa, los intereses de demora se liquidarán desde la fecha en que surtió efectos la suspensión hasta la fecha de la resolución del recurso de reposición.

7. Comprobada la procedencia de la devolución de la garantía prestada, el órgano competente la efectuará de oficio sin necesidad de solicitud por parte del interesado.

8. Para la ejecución de los acuerdos que resuelvan los procedimientos especiales de revisión se aplicará lo dispuesto en los apartados anteriores.

Artículo 67. *Reducción proporcional de garantías aportadas para la suspensión.*

1[61]**.** En los supuestos de la estimación parcial del recurso o reclamación interpuesto cuya resolución no pueda ser ejecutada de acuerdo con lo dispuesto en el párrafo primero del apartado 1 del artículo anterior, el interesado tendrá derecho, si así lo solicita, a la reducción proporcional de la garantía aportada. No obstante, en los supuestos de estimación total o parcial de la reclamación interpuesta cuya resolución no pueda ser ejecutada de acuerdo con lo dispuesto en el apartado 3 del artículo 241 de la Ley 58/2003, de 17 de diciembre, General Tributaria no procederá la reducción de la garantía aportada.

En los supuestos en que deba procederse a la reducción de la garantía, el órgano competente practicará en el plazo de 15 días, desde la presentación de la solicitud del interesado, una cuantificación de la obligación que, en su caso, hubiera resultado de la ejecución de la resolución del correspondiente recurso o reclamación, la cual servirá para determinar el importe de la reducción procedente y, en consecuencia, de la garantía que debe quedar subsistente.

No obstante, de acuerdo con el artículo 25.9 y con el artículo 41.2, la garantía anterior seguirá afecta al pago del importe del acto, deuda u obligación subsistente, y mantendrá su vigencia hasta la formalización de la nueva garantía que cubra el importe del acto, deuda u obligación subsistente.

2. Serán órganos competentes para proceder a la sustitución de la garantía los órganos que acordaron la suspensión.

SECCIÓN 2.ª *Normas especiales para la ejecución de resoluciones económico-administrativas*

Artículo 68[62]**.** *Cumplimiento de la resolución.*

Los órganos que tengan que ejecutar las resoluciones de los órganos económico-administrativos podrán solicitar al tribunal económico-administrativo una aclaración de la resolución.

Artículo 69. *Extensión de las resoluciones económico-administrativas.*

1. La resolución de la reclamación interpuesta podrá extender sus efectos a todos los actos, actuaciones u omisiones posteriores a la interposición de la reclamación que sean en todo idénticos al citado en el escrito de interposición de la reclamación y no sean firmes en vía administrativa.

2. Para ello, el reclamante o interesado en la reclamación inicial deberá presentar, en el plazo de un mes contado a partir del día siguiente al de la notificación de la resolución, los documentos en los que consten los citados actos, actuaciones u omisiones.

3. El pleno, la sala o el órgano unipersonal que hubiera dictado la resolución dictará un acuerdo en ejecución de esta en el que relacionarán todos los actos, actuaciones u omisiones a los que la resolución debe extender sus efectos, incluidos los relativos a los recursos procedentes.

---

[61] Nueva redacción del art. 67.1 dada por el artículo único Veinte del Real Decreto 1073/2017, de 29 de diciembre (BOE núm. 317, de 30 de diciembre de 2017), en vigor desde el 1 de enero de 2018.

[62] Nueva redacción del art. 68 dada por el artículo único Veintiuno del Real Decreto 1073/2017, de 29 de diciembre (BOE núm. 317, de 30 de diciembre de 2017), en vigor desde el 1 de enero de 2018.

SECCIÓN 3.ª *Normas especiales para la ejecución de resoluciones judiciales*

Artículo 70. Ejecución de resoluciones judiciales.

La ejecución de las resoluciones de los tribunales de justicia se efectuará de acuerdo con lo establecido en la normativa reguladora de la jurisdicción contencioso-administrativa.

En todo lo que no se oponga a la normativa citada y a la resolución judicial que se está ejecutando, será de aplicación lo dispuesto en la sección 1.0 de este capítulo.

Artículo 71. *Extensión de los efectos de las sentencias de la jurisdicción contencioso-administrativa.*

1. La Administración tributaria atenderá los requerimientos que se le formulen de conformidad con el artículo 110 de la Ley 29/1998, de 13 de julio, reguladora de la Jurisdicción Contencioso-administrativa.

2. Los tribunales económico-administrativos serán únicamente competentes para atender dichos requerimientos cuando la sentencia firme cuya extensión se pretenda haya anulado el acuerdo o la resolución dictada por razones de defecto en la tramitación del procedimiento económico-administrativo.

CAPÍTULO II. Reembolso del coste de las garantías

SECCIÓN 1.ª *Alcance del reembolso del coste de garantías*

Artículo 72. Ámbito de aplicación.

De acuerdo con lo previsto en el artículo 33 de la Ley 58/2003, de 17 de diciembre, General Tributaria[63], corresponderá efectuar el reembolso del coste de las garantías a la Administración, entidad u organismo que hubiese dictado el acto que haya sido declarado improcedente.

El reembolso de los costes de las garantías aportadas para obtener la suspensión de la ejecución de un acto alcanzará a los costes necesarios para su formalización, mantenimiento y cancelación.

En los supuestos de resoluciones administrativas o sentencias judiciales que declaren parcialmente improcedente el acto impugnado, el reembolso alcanzará a los costes proporcionales de la garantía que se haya reducido.

El procedimiento previsto en los artículos siguientes se limitará al reembolso de los costes anteriormente indicados, si bien el obligado al pago que lo estime procedente podrá instar, en relación con otros costes o conceptos distintos, el procedimiento de responsabilidad patrimonial previsto en el título X de la Ley 30/1992, de 26 de noviembre, de Régimen Jurídico de las Administraciones Públicas y del Procedimiento Administrativo Común[64], cuando se den las circunstancias previstas para ello.

---

[63] Art. 34.1.b) (Derechos y garantías de los obligados tributarios) de la LGT (§1).
[64] Actuales arts. 65, 67, 81, 82.5, 86.5, 91, 92, 96.4, 114.1.e) y Disposición transitoria quinta de la Ley 39/2015, de 1 de octubre, del Procedimiento Administrativo Común de las Administraciones Públicas (BOE núm. 236, de 2 de octubre de 2015), con entrada en vigor el 2 de octubre de 2016, que deroga la Ley 30/1992, de 26 de noviembre y el Real Decreto 429/1993, de 26 de marzo, por el que se aprueba el

Artículo 73. *Garantías cuyo coste es objeto de reembolso.*

El derecho al reembolso del coste de las garantías alcanzará a aquellas que, prestadas de conformidad con la normativa aplicable, hayan sido aceptadas y que se mencionan a continuación:

a) Avales o fianzas de carácter solidario de entidades de crédito o sociedades de garantía recíproca o certificados de seguro de caución.

b) Hipotecas mobiliarias e inmobiliarias.

c) Prendas con o sin desplazamiento.

d) Cualquier otra que la Administración o los tribunales hubieran aceptado.

Artículo 74. *Determinación del coste de las garantías prestadas.*

1. El coste de las garantías estará integrado por las siguientes partidas:

a) En los avales o fianzas de carácter solidario y certificados de seguro de caución, por las cantidades efectivamente satisfechas a la entidad de crédito, sociedad de garantía recíproca o entidad aseguradora en concepto de primas, comisiones y gastos por formalización, mantenimiento y cancelación del aval, fianza o certificado, devengados hasta la fecha en que se produzca la devolución de la garantía.

b) En las hipotecas y prendas mencionadas en el artículo anterior, el coste de estas incluirá las cantidades satisfechas por los siguientes conceptos:

1.º Gastos derivados de la intervención de un fedatario público.

2.º Gastos registrales.

3.º Tributos derivados directamente de la constitución de la garantía y, en su caso, de su cancelación.

4.º Gastos derivados de la tasación o valoración de los bienes ofrecidos en garantía a que se refiere la normativa reguladora de las reclamaciones económico-administrativas.

c) Cuando se hubieran aceptado por la Administración o por los tribunales garantías distintas de las anteriores, se admitirá el reembolso de los costes de estas, limitado, exclusivamente, a los costes acreditados en que se hubiera incurrido de manera directa para su formalización, mantenimiento y cancelación devengados hasta la fecha en que se produzca la devolución de la garantía.

d) En todo caso, se abonará el interés legal vigente que se devengue desde la fecha debidamente acreditada en que se hubiese incurrido en dichos costes hasta la fecha en que se ordene el pago.

2. En el caso de que la garantía constituida lo hubiese sido mediante depósito de dinero, y sin perjuicio de la aplicación de los párrafos c) y d) del apartado anterior en relación con los costes de constitución del depósito, se abonará el interés legal vigente hasta el día en que se produzca la devolución del depósito.

Reglamento de los procedimientos de las Administraciones Públicas en materia de responsabilidad patrimonial.

SECCIÓN 2.ª *Procedimiento para el reembolso del coste de las garantías aportadas*

Artículo 75. *Órganos competentes.*

Será competente para acordar el reembolso del coste de las garantías la Administración, entidad u organismo que hubiese dictado el acto que haya sido declarado improcedente.

Serán órganos competentes para la tramitación los órganos de la Administración, entidad u organismo que determine su norma de organización específica.

Artículo 76. *Iniciación.*

1. El procedimiento se iniciará a instancia del interesado mediante escrito que se deberá dirigir al órgano competente para su resolución con el contenido al que se refiere el artículo 2.

2. A la solicitud de reembolso se acompañarán los siguientes datos o documentos:

a) Copia de la resolución administrativa o sentencia judicial firme por la que se declare improcedente total o parcialmente el acto administrativo o deuda cuya ejecución se suspendió.

b) Acreditación del importe al que ascendió el coste de las garantías cuyo reembolso se solicita e indicación de la fecha efectiva de pago.

c) Declaración expresa del medio elegido por el que haya de efectuarse el reembolso, de entre los señalados por la Administración competente. Si la Administración competente no hubiera señalado medios para efectuar el reembolso, el interesado podrá optar por:

1.º Transferencia bancaria, indicando el número de código de cuenta y los datos identificativos de la entidad de crédito.

2.º Cheque cruzado o nominativo.

Si el interesado no hubiera señalado medio de pago, el reembolso se efectuará mediante cheque.

d) En su caso, una solicitud de compensación, en los términos previstos en el Reglamento General de Recaudación, aprobado por el Real Decreto 1684/1990, de 20 de diciembre.

Artículo 77. *Tramitación.*

1. El órgano que tramite el procedimiento podrá llevar a cabo las actuaciones que resulten necesarias para comprobar la procedencia del reembolso que se solicita y podrá recabar los informes e instar las actuaciones que juzgue necesarios.

2. Si el escrito de solicitud no reuniera los datos expresados en el apartado 1 del artículo anterior o no adjuntara la documentación prevista en su apartado 2.b), se procederá a la subsanación de acuerdo con lo dispuesto en el artículo 2.2.

3. El plazo concedido para la subsanación podrá ser ampliado a petición del interesado cuando la aportación de los documentos requeridos presente dificultades especiales debidamente acreditadas.

4. Finalizadas las actuaciones y antes de redactar la propuesta de resolución, se dará audiencia al interesado para que pueda alegar lo que considere conveniente a su derecho.

No obstante, se podrá prescindir del trámite de audiencia cuando no figuren en el procedimiento ni sean tenidos en cuenta en la resolución otros hechos ni otras alegaciones que las presentadas por el interesado.

Artículo 78. *Resolución.*

1. El órgano competente dictará la resolución y la notificará en un plazo máximo de seis meses a contar desde la fecha en que el escrito de solicitud del interesado haya tenido entrada en el registro del órgano competente para su resolución.

2. Cuando en virtud de los actos de tramitación desarrollados resulte procedente el reembolso del coste de la garantía aportada, se acordará el reembolso de las cantidades previstas en el artículo 74, en cuanto hayan quedado debidamente acreditadas y correspondan a la suspensión del acto declarado total o parcialmente improcedente.

3. Transcurrido el plazo para efectuar la notificación sin que esta se haya producido, el interesado podrá entender desestimada la solicitud a los efectos de interponer contra la resolución presunta el correspondiente recurso o reclamación. La resolución expresa posterior al vencimiento del plazo se adoptará por la Administración sin vinculación alguna al sentido del silencio.

4. La resolución que ponga fin a este procedimiento será reclamable en la vía económico-administrativa, previo recurso potestativo de reposición.

Artículo 79. *Ejecución.*

Dictada la resolución por la que se reconoce el derecho al reembolso del coste de la garantía aportada, se expedirá el oportuno mandamiento de pago en favor de la persona o entidad acreedora, por el medio que resulte procedente según lo dispuesto en el artículo 76.

DISPOSICIONES ADICIONALES

Primera. *Órganos equivalentes de las comunidades autónomas, de las ciudades con Estatuto de Autonomía o de las entidades locales.*

Los órganos competentes de las comunidades autónomas, de las Ciudades de Ceuta y Melilla o de las entidades locales en materia de los procedimientos regulados en este reglamento se determinarán conforme a lo que establezca su normativa específica.

Segunda. *Devolución de ingresos indebidos de la deuda aduanera y de otros ingresos de naturaleza pública.*

1. Las devoluciones de ingresos indebidos en relación con la deuda aduanera se regirán por los reglamentos comunitarios que les sean específicamente aplicables. Las disposiciones contenidas en este reglamento tendrán carácter supletorio, cuando lo permita el ordenamiento jurídico comunitario.

2. Las disposiciones de este reglamento relativas al procedimiento de devolución de ingresos indebidos se aplicarán como supletorias en las devoluciones de las cantidades que constituyan ingresos de naturaleza pública, distintos de los tributos.

Tercera. *Remisión de expedientes por medios electrónicos, informáticos y telemáticos.*

1[65]. El Ministro de Economía y Hacienda dictará las normas de desarrollo de la disposición adicional decimosexta de la Ley 58/2003, de 17 de diciembre, General Tributaria, rela-

---

[65] Orden EHA/2784/2009, de 8 de octubre, por la que se regula la interposición telemática de las reclamaciones económico-administrativas y se desarrolla parcialmente la disposición adicional decimosexta de la

tivas a la utilización de medios electrónicos, informáticos o telemáticos para la interposición, tramitación y resolución de las reclamaciones económico-administrativas.

2. La remisión de expedientes entre órganos administrativos prevista en este reglamento podrá ser sustituida por la puesta a disposición del expediente electrónico, siempre y cuando este reúna las condiciones exigidas por el ordenamiento jurídico para su admisión.

En estos casos, el reclamante tendrá derecho a obtener copia en papel.

DISPOSICIONES TRANSITORIAS

Primera. *Procedimientos de revisión en vía administrativa.*

Las solicitudes de suspensión que se hubieran presentado con anterioridad a la entrada en vigor de este reglamento se tramitarán hasta su conclusión conforme a la normativa vigente en el momento de su presentación.

Segunda. *Recurso extraordinario para la unificación de doctrina.*

El plazo de tres meses previsto en el artículo 61.4 de este reglamento para la interposición del recurso extraordinario para la unificación de doctrina comenzará a contarse a partir de la entrada en vigor de este reglamento para las resoluciones notificadas desde la fecha de entrada en vigor de la Ley 58/2003, de 17 de diciembre, General Tributaria, hasta la entrada en vigor de este reglamento.

Tercera. *Procedimiento abreviado ante órganos unipersonales.*

Hasta el 30 de abril de 2006 las reclamaciones económico-administrativas se tramitarán por el procedimiento abreviado ante órganos unipersonales cuando sean de cuantía inferior a 2.000 euros, ó 24.000 euros si se trata de reclamaciones contra bases o valoraciones, y en los demás supuestos establecidos en el artículo 245.1 de la Ley 58/2003, de 17 de diciembre, General Tributaria.

DISPOSICIÓN FINAL

Única. *Habilitación normativa.*

Se autoriza al Ministro de Economía y Hacienda para dictar las disposiciones necesarias para el desarrollo y ejecución de este reglamento.

Ley 58/2003, de 17 de diciembre, General Tributaria, sobre utilización de medios electrónicos, informáticos y telemáticos en las reclamaciones económico-administrativas (BOE núm. 250, de 16 de octubre de 2009).

ANEXOS

CONSTITUCIÓN ESPAÑOLA de 27 de diciembre de 1978
(BOE núm. 311, de 29 de diciembre de 1978)[1]

PREÁMBULO

La Nación española, deseando establecer la justicia, la libertad y la seguridad y promover el bien de cuantos la integran, en uso de su soberanía, proclama su voluntad de:

Garantizar la convivencia democrática dentro de la Constitución y de las Leyes conforme a un orden económico y social justo.

Consolidar un Estado de Derecho que asegure el imperio de la Ley como expresión de la voluntad popular.

Proteger a todos los españoles y pueblos de España en el ejercicio de los derechos humanos, sus culturas y tradiciones, lenguas e instituciones.

Promover el progreso de la cultura y de la economía para asegurar a todos una digna calidad de vida.

Establecer una sociedad democrática; y

Colaborar en e fortalecimiento de unas relaciones pacíficas y de eficaz cooperación entre todos los pueblos de la Tierra.

En consecuencia, las Cortes aprueban y el pueblo español ratifica la siguiente.

TÍTULO PRELIMINAR

Artículo 1.

1. España se constituye en un Estado social y democrático de Derecho, que propugna como valores superiores de su ordenamiento jurídico la libertad, la justicia, la igualdad y el pluralismo político.

2. La soberanía nacional reside en el pueblo español del que emanan los poderes del Estado.

3. La forma política del Estado español es la Monarquía parlamentaria.

Artículo 2.

La Constitución se fundamenta en la indisoluble unidad de la Nación española, patria común e indivisible de todos los españoles, y reconoce y garantiza el derecho a la autonomía de las nacionalidades y regiones que la integran y la solidaridad entre todas ellas.

(…)

Artículo 9.

1. Los ciudadanos y los poderes públicos están sujetos a la Constitución y al resto del ordenamiento jurídico.

---

[1] Constitución Española aprobada por Las Cortes en sesiones plenarias del Congreso de los Diputados y del Senado celebradas el 31 de octubre de 1978. Ratificada por el pueblo español en referéndum de 6 de diciembre de 1978. Sancionada por S.M. el Rey ante Las Cortes el 27 de diciembre de 1978

2. Corresponde a los poderes públicos promover las condiciones para que la libertad y la igualdad del individuo y de los grupos en que se integra sean reales y efectivas; remover los obstáculos que impidan o dificulten su plenitud y facilitar la participación de todos los ciudadanos en la vida política, económica, cultural y social.

3. La Constitución garantiza el principio de legalidad, la jerarquía normativa, la publicidad de las normas, la irretroactividad de las disposiciones sancionadoras no favorables o restrictivas de derechos individuales, la seguridad jurídica, la responsabilidad y la interdicción de la arbitrariedad de los poderes públicos[2].

---

[2]   STC 27/1981, de 20 de julio, FJ 101: «*La seguridad jurídica... es suma de certeza y legalidad, jerarquía y publicidad normativa, irretroactividad de lo no favorable, interdicción de la arbitrariedad, pero que, si se agotara en la adicción de estos principios, no hubiera precisado de ser formulada expresamente. La seguridad jurídica es la suma de estos principios, equilibrada de tal suerte que permita promover, en el orden jurídico, la justicia y la igualdad, en libertad*».
STC 134/1996, de 22 de julio, FJ 31: «...*ya en la STC 6/1983 se decía que «no puede hablarse en puridad de un auténtico derecho a la bonificación tributaria o al mantenimiento del régimen jurídico-tributario de bonificación» (FJ 21), —lo que sin duda es igualmente predicable de un supuesto derecho a la exención tributaria—, en la posterior STC 127/1987 dijimos que «el principio de seguridad jurídica, consagrado en el art. 9.3 de la Norma fundamental, no puede entenderse como un derecho de los ciudadanos al mantenimiento de un determinado régimen fiscal (FJ 111)».*
STC de 28 de octubre de 1997:«*...doctrina de este Tribunal en relación con los principios de irretroactividad de las normas restrictivas de derechos individuales y de seguridad jurídica en el ámbito tributario.
a) En primer lugar, hemos declarado que «no existe una prohibición constitucional de la legislación tributaria retroactiva que pueda hacerse derivar del. principio de irretroactividad tal como está consagrado» en el art. 9. 3 C.E., pues el «límite expreso de la retroactividad in peius de las leyes que el art. 9.3 de la Norma suprema garantiza no es general, sino que está referido exclusivamente a las leyes ex post facto sancionadoras o restrictivas de derechos individuales... No cabe considerar, pues, con carácter general, subsumidas las normas fiscales en aquéllas a las que se refiere expresamente el citado art. 9.3 C.E., por cuanto tales normas no tienen por objeto una restricción de derechos individuales, sino que responden y tienen un fundamento propio en la medida en que son directa y obligada consecuencia del deber de contribuir al sostenimiento de los gastos públicos de acuerdo con la capacidad económica impuesto a todos los ciudadanos por el art. 31.1 de la Norma fundamental» (STC 173/1996, fundamento jurídico 31, que se apoya en las SSTC 27/1981, fundamento jurídico 101, 6/1983, fundamento jurídico 31, 126/1987, fundamento jurídico 91, y 150/1990, fundamento jurídico 81). Así pues, «fuera de las materias respecto de las que el art. 9.3 C.E. veta totalmente la retroactividad, es posible que se dote a la ley del ámbito de retroactividad que el legislador considere oportuno, disponiendo éste, por consiguiente, de un amplio margen de discrecionalidad política» (STC 150/1990, fundamento jurídico 8.°). «La irretroactividad absoluta de las leyes fiscales podría hacer totalmente inviable una verdadera reforma fiscal» (SSTC 126/1987; 197/1992 y 173/1996, fundamento jurídico 3°).
b) Ahora bien, también hemos declarado que «afirmar que las normas tributarias no se hallan limitadas en cuanto tales por la prohibición de retroactividad establecida en el art. 9.3 C.E., en tanto que no son normas sancionadoras o restrictivas de derechos individuales, no supone de ninguna manera mantener, siempre y en cualquier circunstancia, su legitimidad constitucional, que puede ser cuestionada cuando su eficacia retroactiva entre en colisión con otros principios consagrados en la Constitución (STC 126/1997, fundamento jurídico 91), señaladamente, por lo que aquí interesa, el de seguridad jurídica, recogido en el mismo precepto constitucional» (STC 173/1996, fundamento jurídico 34.°).
c) Sobre el significado del principio de seguridad jurídica en este particular contexto, también hemos señalado que dicho principio, aun cuando no pueda erigirse en valor absoluto, pues ello daría lugar a la congelación o petrificación del ordenamiento jurídico existente (STC 126/1987, fundamento jurídico 11.°), ni deba entenderse tampoco como un derecho de los ciudadanos al mantenimiento de un determinado ré-*

gimen fiscal (SSTC 27/1981 y 6/1983), sí protege, en cambio, la confianza de los ciudadanos, que ajustan su conducta económica a la legislación vigente, frente a cambios normativos que no sean razonablemente previsibles, ya que la retroactividad posible de las normas tributarias no puede trascender la interdicción de la arbitrariedad (STC 150/1990, fundamento jurídico 8.º).

Determinar, en consecuencia, cuándo una norma tributaria de carácter retroactivo vulnera la seguridad jurídica de los ciudadanos es una cuestión que sólo puede resolverse caso por caso, teniendo en cuenta, de un lado, el grado de retroactividad de la norma cuestionada y, de otro, las circunstancias específicas que concurren en cada supuesto (SSTC 126/1987, fundamento jurídico 11, 150/1990, fundamento jurídico 8.º, y 173/1996, fundamento jurídico 3.º).

d) Finalmente, como criterio orientador de este juicio casuístico, resulta relevante, a tenor de la doctrina de este Tribunal, distinguir entre la retroactividad auténtica o de grado máximo, y la retroactividad impropia o de grado medio. En el primer supuesto, que se produce cuando la disposición pretende anudar sus efectos a situaciones de hecho producidas con anterioridad a la propia Ley y ya consumadas, sólo exigencias cualificadas de interés general podrían imponer el sacrificio del principio de seguridad jurídica. En el supuesto de la retroactividad de grado medio o impropia, que se produce cuando la Ley incide sobre situaciones jurídicas actuales aún no concluidas, la licitud o ilicitud de la disposición dependerá de una ponderación de bienes llevada a cabo caso por caso que tenga en cuenta, de una parte, la seguridad jurídica y, de otra, los diversos imperativos que pueden conducir a una modificación del ordenamiento jurídico tributario, así como las circunstancias concretas que concurren en el caso, es decir, la finalidad de la medida y las circunstancias relativas a su grado de previsibilidad, su importancia cuantitativa, y otros factores similares (STC 126/1987, fundamentos jurídicos 11, 12 y 13, STC 197/1992, fundamento jurídico 4.º y STC 173/1996, fundamento jurídico 3.º)».

STC 197/1992, de 19 de noviembre, FJ 41: «En la STC 6/1983 FJ 31, este Tribunal sostuvo que el principio de irretroactividad recogido en el artículo 9.3 de la Constitución concierne sólo a las Leyes sancionadoras no favorables y a las restrictivas de derechos individuales, siendo esta última una expresión que no puede confundirse con la doctrina de derecho adquiridos (coincidiendo en este extremo con las SSTC 27/1981, FJ 101 y 42/1986, FJ 31), de tal manera que, fuera de estos ámbitos, nada impide constitucionalmente al legislador dotar a la Ley del ámbito de retroactividad que considere oportuno, entre otras razones, porque la interdicción absoluta de cualquier tipo de retroactividad conduciría a situaciones de congelación o petrificación del ordenamiento jurídico, consecuencias contrarias «a la concepción que fluye» del apartado 21 del mismo artículo 9. Del mismo modo, también se sostuvo allí que conviene distinguir entre los distintos grados de retroactividad posible: pleno o máximo, medio y mínimo; según el alcance de los efectos retroactivos previstos en la ley. Luego, la STC 126/1987 FJ, 91 y sigs. dio especial ocasión para avanzar en el problema, la irretroactividad en concreto de las normas fiscales, efectuando las siguientes consideraciones: no existe una prohibición constitucional de la legislación tributaria retroactiva, pues ello «podría hacer totalmente inviable una verdadera reforma fiscal», al tiempo que convenía recordar que en el Anteproyecto de Constitución la prohibición establecida en el hoy artículo 9.3 se extendía también a las Leyes fiscales, extensión que desapareció del texto final de la Norma Fundamental; el fundamento último y autónomo de las normas fiscales, distinto del que poseen las contenidas en el citado artículo 9.3, se encuentra en el deber constitucional de todos los ciudadanos de contribuir al sostenimiento de los gastos públicos de acuerdo con su capacidad económica que establece el artículo 31.1 de la propia Constitución...; ello, no obstante, puede cuestionarse la legitimidad constitucional de la retroactividad de las normas fiscales cuando dicha eficacia retroactiva entre en colisión con otros principios constitucionales (capacidad económica, seguridad jurídica, interdicción de arbitrariedad, etc.). En el contexto de la seguridad jurídica, resulta relevante distinguir entre una retroactividad «auténtica», donde la prohibición de retroactividad operaría plenamente y sólo cualificadas excepciones podrían oponerse a tal principio, y otra irretroactividad «impropia», donde la licitud o ilicitud de la medida dependería de una ponderación de bienes que tuviese en cuenta ciertamente la seguridad jurídica, pero también las circunstancias del supuesto, el grado de retroactividad de la norma cuestionada, etc.; habría retroactividad auténtica cuando se pretendiesen anular efectos jurídicos a situaciones de hecho producidas con anterioridad a la Ley y ya consumadas,

TÍTULO I. DE LOS DERECHOS Y DEBERES FUNDAMENTALES

(…)

CAPÍTULO PRIMERO. De los españoles y los extranjeros

(…)

CAPÍTULO SEGUNDO. Derechos y libertades

Artículo 14.

Los españoles son iguales ante la ley, sin que pueda prevalecer discriminación alguna por razón del nacimiento, raza, sexo, religión, opinión o cualquier otra condición o circunstancia personal o social.

SECCIÓN PRIMERA. *De los derechos fundamentales y de las libertades públicas*
(…)

Artículo 24.

1[3]. Todas las personas tienen derecho a obtener la tutela efectiva de los jueces y tribunales en el ejercicio de sus derechos e intereses legítimos, sin que, en ningún caso, pueda producirse indefensión.

---

mientras existiría una retroactividad impropia, cuando se afectasen situaciones jurídicas actuales y aún no concluidas. Esta doctrina jurisprudencial fue luego reiterada en la STC 150/1990, FJ 81, matizando aún más y sosteniendo que el principio de seguridad jurídica protege «la confianza de los ciudadanos que ajustan su conducta económica a la legislación vigente, frente a cambios normativos que no sean razonablemente previsibles, ya que la retroactividad posible de las normas tributarias no puede transcender la interdicción de la arbitrariedad»; resultando, otra vez, que serían la circunstancias específicas que concurriesen en cada caso y el grado de retroactividad de la norma cuestionada los elementos determinantes de la ponderación a realizar».
La STC 173/1996, de 31 de octubre, en base a la colisión entre la retroactividad de las normas tributarias y el principio de seguridad jurídica, concluye *«que la norma cuestionada ha llevado a cabo, retroactivamente, un aumento de la deuda tributaria que puede calificarse de no previsible y carente de la suficiente justificación, lo que conduce a estimar que en este caso se ha producido una vulneración del principio de seguridad jurídica garantizado por el art. 9.3 de la Constitución».*
FJ 10.º de la sentencia del TC núm. 100, de 8 mayo de 2012 (BOE núm. 134, de 5 de julio de 2012).
[3] STC 89/1986, de 1 de julio, FJ 21: *«La indefensión consiste en un impedimento del derecho a alegar y de demostrar en el proceso los propios derechos y, en su manifestación más trascendente, es la situación en la que se impide a una parte, por el órgano judicial, en el curso del proceso, el ejercicio del derecho de defensa, privándola de ejercitar su potestad de alegar y, en su caso, justificar sus derechos e intereses para que le sean reconocidos, o para replicar dialécticamente las posiciones contrarias en el ejercicio del indispensable principio de contradicción. En diversas ocasiones este TC ha reconocido las interrelaciones existentes entre la indefensión contemplada en el art. 24.1 de la CE y el derecho a los medios de prueba, y ha entendido como incluida dentro de los medios de defensa, cuya privación o desconocimiento puede constituir indefensión también la posibilidad de aportación de medios de prueba, habiendo afirmado que «la relación entre el derecho a las pruebas e indefensión, marca el momento de máxima tensión de la eventual lesión del derecho» (STC 51/85). De este modo la denegación de pruebas en determinadas circunstancias, pudiera haber «provocado indefensión» (STC 116/83). De acuerdo con esta doctrina la denegación de prueba puede ser protegida constitucionalmente también al amparo del art. 24.1 de la CE, aunque en tal caso su examen ha de realizarse desde la sola perspectiva de la indefensión, y por ello*

2. Asimismo, todos tienen derecho al Juez ordinario predeterminado por la ley, a la defensa y a la asistencia de letrado, a ser informados de la acusación formulada contra ellos, a un proceso público sin dilaciones indebidas y con todas las garantías, a utilizar los medios de prueba pertinentes para su defensa, a no declarar contra sí mismos, a no confesarse culpables y a la presunción de inocencia.

La ley regulará los casos en que por razón de parentesco o de secreto profesional, no se estará obligado a declarar sobre hechos presuntamente delictivos.

Artículo 25.

1. Nadie puede ser condenado o sancionado por acciones u omisiones que en el momento de producirse no constituyan delito, falta o infracción administrativa, según la legislación vigente en aquel momento[4].

---

desde una visión global de la posibilidad que la parte, hoy recurrente en amparo, ha tenido de ejercer sus derechos de defensa».

[4] STC 42/1987, de 7 de abril, FJ 21: *«El derecho fundamental así enunciado incorpora la regla «nullum crimen nulla poena sine lege», extendiéndola incluso al ordenamiento sancionador administrativo, y comprende una doble garantía. La primera, de orden material y alcance absoluto, tanto por lo que se refiere al ámbito estrictamente penal como al de las sanciones administrativas, refleja la especial trascendencia de principio de seguridad en dichos ámbitos limitativos de la libertad individual y se traduce en la imperiosa predeterminación normativa de las conductas ilícitas y de las sanciones correspondientes. La segunda de carácter formal, se refiere al rango necesario de las normas tipificadoras de aquellas conductas y reguladoras de estas sanciones, por cuanto, como este TC ha señalado reiteradamente, el término «legislación vigente» contenido en el art. 25.1 es expresivo de una reserva de Ley en materia sancionadora.*
A este respecto es preciso reiterar que, si bien el alcance de la reserva de Ley establecida en el art. 25.1 no puede ser tan estricto en relación con la regulación de las infracciones y sanciones administrativas como por referencia a los tipos y sanciones penales en sentido estricto, bien por razones que atañen al modelo constitucional de distribución de las potestades públicas, bien por el carácter en cierto modo insuprimible de la potestad reglamentaria en ciertas materias (STC 2/1987, de 21 de enero), bien, por último, por exigencias de prudencia o de oportunidad que pueden variar en los distintos ámbitos de ordenación territoriales (STC 87/1985, de 16 de julio) o materiales, en todo caso aquel precepto constitucional determina «la necesaria cobertura de la potestad sancionadora de la Administración en una norma de rango legal» (STC 77/1983, de 3 de octubre), habida cuenta del carácter excepcional que los poderes sancionatorios en manos de la Administración presenta. Más aún, y hecha la salvedad de las infracciones que se cometan en el seno de las reacciones de sujeción especial, en las que la propia reserva de Ley pierde parte de su fundamentación material, en cuanto expresivas de una capacidad administrativa de autoordenación que las distingue del «ius puniendi» genérico del Estado (STC 2/198), puede afirmarse que la reserva de Ley contenida en el art. 25.1 de la CE despliega una eficacia semejante a las que establecen otras normas constitucionales. Es decir que, como ha señalado este TC con relación a algunas de ellas, la reserva de Ley no excluye «la posibilidad de que las Leyes contengan remisiones a normas reglamentarias, pero sí que tales remisiones hagan posible una regulación independiente y no claramente subordinada a la Ley» (STC 83/1984, de 24 de julio), pues esto último supondría degradar la garantía esencial que el principio de reserva de Ley entraña. como forma de asegurar que la regulación de los ámbitos de libertad que corresponden a los ciudadanos depende exclusiva-mente de la voluntad de sus representantes.
En consecuencia debe reputarse contraria a las mencionadas exigencias constitucionales no sólo la regulación reglamentaria de infracciones y sanciones carente de toda base legal, sino también, en el ámbito de las relaciones de sujeción general, la simple habilitación a la Administración, por norma de rango legal vacía de todo contenido material propio».
STC núm. 145/2013, de 11 de julio de 2013, FJ. *«4. El derecho a la legalidad penal (art. 25.1 CE) absorbe el derecho a la legalidad sancionadora administrativa y se articula a través de una doble garantía, material*

2. Las penas privativas de libertad y las medidas de seguridad estarán orientadas hacia la reeducación y reinserción social y no podrán consistir en trabajos forzados. El condenado a pena de prisión que estuviere cumpliendo la misma gozará de los derechos fundamentales de este Capítulo, a excepción de los que se vean expresamente limitados por el contenido del

---

y formal. La primera es la exigencia de predeterminación normativa de las conductas infractoras y de las sanciones correspondientes con la mayor precisión posible, para que los ciudadanos puedan conocer de antemano el ámbito de lo proscrito y prever, de esta manera, las consecuencias de sus acciones (SSTC 242/2005, de 10 de octubre, FJ 2; 162/2008, de 15 de diciembre, FJ 1; 81/2009, de 23 de marzo, FJ 4; y 135/2010, de 2 de diciembre, FJ 4). Como señala la STC 104/2009, de 4 de mayo, FJ 2, «la garantía material implica que la norma punitiva permita predecir con suficiente grado de certeza las conductas que constituyen infracción y el tipo y grado de sanción del que puede hacerse merecedor quien la cometa, lo que conlleva que no quepa constitucionalmente admitir formulaciones tan abiertas por su amplitud, vaguedad o indefinición, que la efectividad dependa de una decisión prácticamente libre y arbitraria del intérprete y juzgador». En relación con las infracciones y las sanciones administrativas, el principio de taxatividad se dirige, por un lado «al legislador y al poder reglamentario», exigiéndoles el «máximo esfuerzo posible» para garantizar la seguridad jurídica, lo que en modo alguno veda el empleo de conceptos jurídicos indeterminados, «aunque su compatibilidad con el art. 25.1 CE se subordina a la posibilidad de que su concreción sea razonablemente factible en virtud de criterios lógicos, técnicos o de experiencia»; afecta, por otro, a los aplicadores del Derecho administrativo sancionador, obligándoles a atenerse, no ya al canon de interdicción de arbitrariedad, error patente o manifiesta irrazonabilidad derivado del art. 24 CE, sino a un canon más estricto de razonabilidad, lo que es determinante en los casos en que la frontera que demarca la norma sancionadora es borrosa por su carácter abstracto o por la propia vaguedad y versatilidad del lenguaje (STC 297/2005, de 21 de noviembre, FJ 8, y las Sentencias que allí se citan). Desde esta perspectiva, según la última Sentencia citada, el principio de tipicidad, vinculado «indisolublemente con el principio de seguridad jurídica (art. 9.3 CE)», se traduce, en particular, en «la necesidad de que la Administración en el ejercicio de su potestad sancionadora identifique el fundamento legal de la sanción impuesta en cada resolución sancionatoria».

La garantía formal, como señala la STC 166/2012, de 1 octubre, FJ 5, hace referencia al rango necesario de las normas tipificadoras de esas conductas y sanciones, que ha de ser legal y no reglamentario de conformidad con el término «legislación vigente» contenido en el art. 25.1 CE (por todas STC 77/2006, de 13 de marzo, FJ único y jurisprudencia allí citada). El sentido de esta garantía es «asegurar que la regulación de los ámbitos de libertad que corresponden a los ciudadanos depende exclusivamente de la voluntad de sus representantes» (STC 42/1987, de 7 de abril, FJ 2). Ahora bien, como dispuso la última Sentencia citada y hemos vuelto a afirmar recientemente en la STC 34/2013, de 14 de febrero, FJ 19, el alcance de la reserva de ley respecto de las infracciones y sanciones administrativas no es tan riguroso como en relación con los tipos y sanciones penales en sentido estricto y ello tanto «por razones que atañen al modelo constitucional de distribución de las potestades públicas» como «por el carácter en cierto modo insuprimible de la potestad reglamentaria en ciertas materias, bien, por último, por exigencias de prudencia o de oportunidad». Por tales razones es doctrina constitucional reiterada (por todas, STC 242/2005, de 10 de octubre, FJ 2) que frente a la garantía material, que tiene un «alcance absoluto», la garantía formal «tiene una eficacia relativa o limitada en el ámbito sancionador administrativo, toda vez que no cabe excluir la colaboración reglamentaria en la propia tarea de tipificación de las infracciones y atribución de las correspondientes sanciones, aunque sí hay que excluir el que tales remisiones hagan posible una regulación independiente y no claramente subordinada a la ley». De ahí que la STC 242/2005, de 10 de octubre, FJ 2, con cita de otras Sentencias (SSTC 161/2003, de 15 de septiembre, FJ 2; 26/2005, de 14 de febrero, FJ 3), declare que «la garantía formal implica que la ley debe contener la determinación de los elementos esenciales de la conducta antijurídica y al reglamento sólo puede corresponder, en su caso, el desarrollo y precisión de los tipos de infracciones previamente establecidos por la ley». En definitiva, como ha señalado la STC 104/2009, de 4 de mayo, FJ 2, lo que el art. 25.1 CE prohíbe «es la remisión de la ley al reglamento sin una previa determinación de los elementos esenciales de la conducta antijurídica»».

fallo condenatorio, el sentido de la pena y la ley penitenciaria. En todo caso, tendrá derecho a un trabajo remunerado y a los beneficios correspondientes de la Seguridad Social, así como al acceso a la cultura y al desarrollo integral de su personalidad.

3. La Administración civil no podrá imponer sanciones que, directa o subsidiariamente, impliquen privación de libertad[5].

---

[5]   STC 77/1983 de 3 de octubre. FJ 21. «*El problema central que el presente recurso de amparo plantea es el relativo a la extensión y a los límites de la potestad sancionadora de la Administración,… No cabe duda que en su sistema en que rigiera de manera estricta y sin fisuras la división de los poderes del Estado, la potestad sancionadora debería constituir un monopolio judicial y no podría estar nunca en manos de la Administración, pero un sistema semejante no ha funcionado nunca históricamente y es lícito dudar que fuera incluso viable, por razones que no es ahora momento de exponer con detalle, entre las que se pueden citar la conveniencia de no recargar en exceso las actividades de la Administración de Justicia como consecuencia de ilícitos de gravedad menor, la conveniencia de dotar de un mayor eficacia al aparato represivo en relación con ese tipo de ilícitos y la conveniencia de una mayor inmediación de la autoridad sancionadora respecto de los hechos sancionados. Siguiendo esta línea, nuestra constitución no ha excluido la existencia de una potestad sancionadora de la Administración, sino que, lejos de ello, la ha admitido en el artículo 25, apartado tercero, aunque, como es obvio, sometiéndose a las necesarias cautelas, que preserven y garanticen los derechos de los ciudadanos.*
Debe, pues, subrayarse que existen unos límites de la potestad sancionadora de la Administración, que de manera directa se encuentran contemplados por el artículo 25 de la Constitución y que dimanan del principio de legalidad de las infracciones y de las sanciones. Estos límites, contemplados desde el punto de vista de los ciudadanos, se transforman en derechos subjetivos de ellos y consisten en no sufrir sanciones sino en los casos legalmente prevenidos y de autoridades que legalmente puedan imponerlas».
FJ 31. «*Colocados de lleno en la línea a la que hemos llegado en el apartado anterior, podemos establecer que los límites que la potestad sancionadora de la Administración encuentra en el artículo 25.1 de la Constitución son: a) la legalidad, que determina la necesaria cobertura de la potestad sancionadora en una norma de rango legal, con la consecuencia del carácter excepcional que los poderes sancionatorios en manos de la Administración presentan; b) la interdicción de las penas de privación de libertad, a las que puede llegarse de modo directo o indirecto a partir de las infracciones sancionadas; c) el respeto de los derechos de defensa, reconocidos en el artículo 24 de la Constitución, que son de aplicación a los procedimientos que la Administración siga para imposición de sanciones, y d) finalmente, la subordinación a la autoridad judicial.*
La subordinación de los actos de la Administración de imposición de sanciones a la autoridad judicial exige que la colisión entre una actuación jurisdiccional y una actuación administrativa haya de resolverse en favor de la primera. De esta premisa son necesarias consecuencias las siguientes: a) el necesario control «a posteriori» por la autoridad judicial de los actos administrativos mediante el oportuno recurso; b) la imposibilidad de que los órganos de la Administración lleven a cabo actuaciones o procedimientos sancionadores en aquellos casos en que los hechos puedan ser constitutivos de delito o falta según el Código Penal o las leyes penales especiales, mientras la autoridad judicial no se haya pronunciado sobre ellos; c) la necesidad de respetar la cosa juzgada.
La cosa juzgada despliega un efecto positivo, de manera que lo declarado por sentencia firme constituye la verdad jurídica y un efecto negativo, que determina la imposibilidad de que se produzca un nuevo pronunciamiento sobre el tema».
FJ 41. «…*el principio «non bis in idem» determina una interdicción de la duplicidad de sanciones administrativas y penales respecto de unos mismos hechos, pero conduce también a la imposibilidad de que, cuando el ordenamiento permite una dualidad de procedimientos, y en cada uno de ellos ha de producirse un enjuiciamiento y una calificación de unos mismos hechos, el enjuiciamiento y la calificación que en el plano jurídico puedan producirse, se hagan con independencia, si resultan de la aplicación de normativa diferente, pero que no pueda ocurrir lo mismo en lo que se refiere a la apreciación de los hechos, pues es claro que unos mismo hechos no pueden existir y dejar de existir para los órganos del Estado.*

(...)

SECCIÓN SEGUNDA. *De los derechos y deberes de los ciudadanos*
(...)

Artículo 31.

1. Todos contribuirán al sostenimiento de los gastos públicos de acuerdo con su capacidad económica mediante un sistema tributario justo inspirado en los principios de igualdad y progresividad que, en ningún caso, tendrá carácter confiscatorio[6].

Consecuencia de los dicho, puesto en conexión con la regla de la subordinación de la actuación sancionadora de la Administración a la actuación de los Tribunales de justicia, que es la primera, como son anterioridad se dijo, no puede actuar mientras no lo hayan hecho los segundos y deba en todo caso respetar, cuando actúe «a posteriori», el planteamiento fáctico que aquéllos hayan realizado, pues en otro caso se produce un ejercicio del poder punitivo que traspasa los límites del artículo 25 de la Constitución y viola el derecho del ciudadano a ser sancionado sólo en las condiciones estatuidas por dicho precepto». STC 2/1981, de 30 de enero. FJ 41. *«El principio general del derecho conocido por «non bis in idem» supone, en una de sus más conocidas manifestaciones que no recaiga duplicidad de sanciones —administrativa y penal— en los casos en que se aprecie la identidad del sujeto, hecho y fundamento sin existencia de una relación de supremacía especial de la Administración —relación de funcionario, servicio público, concesionario, etc.— que justificase el ejercicio del «ius puniendi» por los Tribunales y a su vez de la potestad sancionadora de la Administración…si bien no se encuentra recogido expresamente en los artículos 14 a 30 de la Constitución, que reconocen los derechos y libertades susceptibles de amparo (artículo 53 número 2 de la Constitución y 41 de la LOTC) no por ello cabe silenciar que, como entendieron los parlamentarios en la Comisión de Asuntos Constitucionales y Libertades Públicas del Congreso al prescindir de él en la redacción del artículo 91 del Anteproyecto de Constitución, va íntimamente unido a los principios de legalidad y tipicidad de las infracciones recogidos principalmente en el artículo 25 de la Constitución. Por otro lado es de señalar que la tendencia de la legislación española reciente, en contra de la legislación anterior, es la de recoger expresamente el principio de referencia».*

[6] STC 46/2000, de 17 de febrero de 2000 (Vulneración del principio de igualdad tributaria en términos de capacidad económica)

STS de 2 de junio de 1986 (Ar. 3316), **principio de generalidad:** *«La generalidad, como principio de la ordenación de los tributos… no significa que cada figura impositiva haya de afectar a todos los ciudadanos. Tal generalidad, característica también del concepto de Ley, es compatible con la regulación de un sector o de grupos compuestos de personas en idéntica situación. Sus notas son la abstracción y la impersonalidad: su opuesto, la alusión «intuitu personae», la acepción de personas. La generalidad, pues, se encuentra más cerca del principio de igualdad y rechaza en consecuencia cualquier discriminación».*

STC 76/1990, FJ 101, **principio de igualdad:** *«a) no toda desigualdad de trato en la ley supone una infracción del art. 14 de la CE, sino que dicha infracción la produce sólo aquella desigualdad que introduce una diferencia entre situaciones que pueden considerarse iguales y que carece de una justificación objetiva y razonable; b) el principio de igualdad exige que a iguales supuestos de hecho se apliquen iguales consecuencias jurídica, debiendo considerarse iguales dos supuestos de hecho cuando la utilización o introducción de elementos diferenciadores sea arbitraria o carezca de fundamento racional; c) el principio de igualdad no prohíbe al legislador cualquier desigualdad de trata sino sólo aquellas desigualdades que resulten artificiosas o injustificadas por no venir fundadas en criterios objetivos y suficientemente razonables de acuerdo con criterios o juicios de valor generalmente aceptados; d) por último, para que la diferenciación resulte constitucionalmente lícita no basta con que lo sea el fin que con ella se persigue, sino que es indispensable además que las consecuencias jurídicas que resulten de tal distinción sean adecuadas y proporcionadas a dicho fin, de manera que la relación entre la mediada adoptada, el resultado que se*

2. El gasto público realizará una asignación equitativa de los recursos públicos y su programación y ejecución responderá a los criterios de eficacia y economía.

---

produce y el fin pretendido por el legislador superen un juicio de proporcionalidad en sede constitucional, evitando resultados especialmente gravosos o desmedidos».
STC 76/1990, de 26 de abril, por la que justifica, en base al **deber de contribuir**, la limitación del ejercicio de derechos individuales: «*Esta recepción constitucional del deber de contribuir al sostenimiento de los gastos públicos según la capacidad económica de cada contribuyente configura un mandato que vincula tanto a los poderes públicos como a los ciudadanos e incide en la naturaleza misma de la obligación tributaria. Para los ciudadanos este deber constitucional implica, más allá del genérico sometimiento a la Constitución y al resto del ordenamiento jurídico que el art. 9.1 de la norma fundamental impone, una situación de sujeción y de colaboración con la Administración tributaria en orden al sostenimiento de los gastos públicos cuyo indiscutible y esencial interés público justifica la imposición de limitaciones legales al ejercicio de los derechos individuales. Para los poderes públicos este deber constitucional comporta también exigencias y potestades específicas en orden a la efectividad de su cumplimiento por los contribuyentes».*
Sobre la desigualdad de índole subjetiva u objetiva, STC de 124/2000, de 16 de mayo.
STC 221/1992, de 11 de diciembre de 1992, FJ 41: «*...es necesario precisar el significado y alcance del principio de capacidad económica plasmado en el art. 31.1 del Texto Constitucional. Este Tribunal ha declarado en ocasiones precedentes que capacidad económica, a efectos de contribuir a los gastos públicos, tanto significa como la incorporación de una exigencia lógica que obliga a buscar la riqueza allí donde la riqueza se encuentra (STC 27/1981, FJ 41 y 150/1990); la recepción constitucional del deber de contribuir al sostenimiento de los gastos públicos según la capacidad económica de cada contribuyente configura un mandato que vincula tanto a los poderes públicos como a los ciudadanos e incide en la naturaleza misma de la relación tributaria (STC 76/1990, FJ 31). Ello no significa, sin embargo, que la capacidad contributiva pueda erigirse en criterio exclusivo de justicia tributaria, en la única medida de la justicia de los tributos. Como ya indicó este Tribunal en la citada STC 27/1981, la Constitución alude expresamente al principio de capacidad económica, pero lo hace sin agotar en ella el principio de justicia en materia tributaria. Es por tanto constitucionalmente admisible que el legislador establezca impuestos que, sin desconocer o contradecir el principio de capacidad económica, estén orientados al cumplimiento de fines o a la satisfacción de intereses públicos que la Constitución preconiza o garantiza; y basta que dicha capacidad económica exista, como riqueza o renta real o potencial en la generalidad de los supuestos contemplados por el legislador al crear el impuesto, para que aquel principio constitucional quede a salvo (STC 37/1987, FJ 131). El principio de capacidad económica opera, por tanto, como un límite al poder legislativo en materia tributaria. Aunque la libertad de configuración del legislador deberá, en todo caso, respetar los límites que derivan de dicho principio constitucional, que quebraría en aquellos supuestos en los que la capacidad económica gravada por el tributo sea no ya potencial sino inexistente o ficticia».*
STC núm. 59/2017, de 11 de mayo de 2017 del TC «*declarar que los artículos 107.1, 107.2 a) y 110.4, todos ellos del texto refundido de la Ley reguladora de las haciendas locales, aprobado por el Real Decreto Legislativo 2/2004, de 5 de marzo, son inconstitucionales y nulos, pero únicamente en la medida que someten a tributación situaciones de inexistencia de incrementos de valor».*
En los mismos términos, la STC 26/2017, de 16 de febrero de 2017 en relación con los arts. 4.1, 4.2 a) y 7.4, de la Norma Foral 16/1989, de 5 de julio, del impuesto sobre el incremento de valor de los terrenos de naturaleza urbana del territorio histórico de Gipuzkoa; la STC 37/2017, de 1 de marzo de 2017 y STC 48/2017, de 27 de abril de 2017, en relación con los arts. 4.1, 4.2 a) y 7.4, de la Norma Foral 46/1989, de 19 de julio, del impuesto sobre el incremento del valor de los terrenos de naturaleza urbana del territorio histórico de Álava; STC 72/2017, de 5 de junio de 2017, que declara que los artículos 175.2, 175.3 y 178.4 de la Ley Foral 2/1995, de 10 de marzo, de haciendas locales de Navarra, «*son inconstitucionales y nulos, pero únicamente en la medida en que someten a tributación situaciones de inexistencia de incrementos de valor*».
Principio de confiscatoriedad, STC 126/2019, de 31 de octubre.

3. Sólo podrán establecerse prestaciones personales o patrimoniales de carácter público con arreglo a la ley[7].

(...)

---

[7] Sobre prestaciones de carácter público en el ámbito local, STC 233/1999, de 16 de diciembre de 1999 y STC de 106/2000, de 4 de mayo de 2000.

STC 185/1995, de 14 de diciembre, declara la inconstitucionalidad de algunos aspectos del concepto legal de precios públicos, expone en su FJ tercero que: «... *Como hemos declarado en múltiples resoluciones, el* **principio de legalidad en materia tributaria** *responde en su esencia a la vieja idea, cuyo origen se remonta a la Edad Media, de garantizar que las prestaciones que los particulares satisfacen a los Entes públicos sean previamente consentidas por sus representantes; la reserva de ley se configura como una garantía de autoimposición de la comunidad sobre sí misma y, en última instancia, como una garantía de la libertad patrimonial y personal del ciudadano (STC 19/1987). En el Estado social y democrático de derecho la reserva cumple sin duda otras funciones, pero la finalidad última, con todos los matices que hoy exige el origen democrático del poder ejecutivo, continúan siendo la de asegurar que cuando un ente público impone coactivamente una prestación patrimonial a los ciudadanos, cuente para ello con la voluntaria aceptación de sus representantes. Por ello mismo, cuando la obligación que lleva aparejada el pago de la prestación es asumida libre y voluntariamente por el ciudadano, la intervención de sus representantes resulta innecesaria, puesto que la garantía de la autoimposición y, en definitiva, de su libertad patrimonial y personal queda plenamente satisfecha.*

La imposición coactiva de la prestación patrimonial o, lo que es lo mismo, el establecimiento unilateral de la obligación de pago por parte del poder público sin el concurso de la voluntad del sujeto llamado a satisfacerla es, pues, un última instancia, el elemento determinante de la exigencia de reserva de ley; por ello, bien puede concluirse que la coactividad es la nota distintiva fundamental del concepto de prestación patrimonial de carácter público.

..., el problema de la determinación del alcance del concepto de prestación patrimonial de carácter público se centra, pues, en precisar cuándo puede considerarse que una prestación patrimonial resulta coactivamente impuesta...

a) Lo decisivo a la hora de dilucidar si una prestación patrimonial es coactivamente impuesta radica en averiguar si el supuesto de hecho que da lugar a la obligación ha sido o no realizado de forma libre y espontánea por el sujeto obligado y si en el origen de la constitución de la obligación ha concurrido también su libre voluntad al solicitar el bien de dominio público, el servicio o la actuación administrativa de cuya realización surge dicha obligación.

Estaremos en presencia de prestaciones coactivamente impuestas cuando la realización del supuesto de hecho resulta de una obligación impuesta al particular por el ente público —por ejemplo cuando surge de la prestación de servicios o actividades de solicitud o recepción obligatoria— y también cuando, siendo libre la realización del supuesto de hecho, éste no consiste en la demanda de un bien, un servicio o una actuación de los entes públicos, sino que la obligación de pagar la prestación nace sin que exista actividad voluntaria del contribuyente dirigida al ente público, encaminada por ello mismo, siquiera sea mediatamente, a producir el nacimiento de la obligación.

...El sometimiento de la relación obligacional a un régimen jurídico de Derecho público no es suficiente por sí solo para considerar que la prestación patrimonial así regulada sea una prestación de carácter público en el sentido del artículo 31.3 de la Constitución.

b) Con todo, debe precisarse que la libertad o la espontaneidad exigida en la realización del hecho imponible y en la decisión de obligarse debe ser real y efectiva. Esto significa que deberán considerarse coactivamente impuestas no sólo aquellas prestaciones en las que la realización del supuesto de hecho o la constitución de la obligación es obligatoria, sino también aquellas en las que el bien, la actividad o el servicio requerido es objetivamente indispensable para poder satisfacer las necesidades básicas de la vida personal o social de los particulares de acuerdo con las circunstancias sociales de cada momento y lugar o, dicho, con otras palabras, cuando la renuncia a estos bienes, servicios o actividades priva al particular de aspectos esenciales de su vida privada o social...

Artículo 33.

1. Se reconoce el derecho a la propiedad privada y a la herencia.

2. La función social de estos derechos delimitará su contenido, de acuerdo con las leyes.

3. Nadie podrá ser privado de sus bienes y derechos sino por causa justificada de utilidad pública o interés social, mediante la correspondiente indemnización y de conformidad con lo dispuesto por las leyes.

(…)

CAPÍTULO TERCERO. DE LOS PRINCIPIOS RECTORES DE LA POLÍTICA SOCIAL Y ECONÓMICA

Artículo 39.

1. Los poderes públicos aseguran la protección social, económica y jurídica de la familia.

2. Los poderes públicos aseguran, asimismo, la protección integral de los hijos, iguales éstos ante la ley con independencia de su filiación, y de las madres, cualquiera que sea su estado civil. La ley posibilitará la investigación de la paternidad.

3. Los padres deben prestar asistencia de todo orden a los hijos habidos dentro o fuera del matrimonio, durante su minoría de edad y en los demás casos en que legalmente proceda.

4. Los niños gozarán de la protección prevista en los acuerdos internacionales que velan por sus derechos.

Artículo 40.

1. Los poderes públicos promoverán las condiciones favorables para el progreso social y económico y para una distribución de la renta regional y personal más equitativa, en el marco de una política de estabilidad económica. De manera especial realizarán una política orientada al pleno empleo.

2. Asimismo, los poderes públicos fomentarán una política que garantice la formación y readaptación profesionales; velarán por la seguridad e higiene en el trabajo y garantizarán el descanso necesario, mediante la limitación de la jornada laboral, las vacaciones periódicas retribuidas y la promoción de centros adecuados.

Artículo 41.

Los poderes públicos mantendrán un régimen público de Seguridad Social para todos los ciudadanos, que garantice la asistencia y prestaciones sociales suficientes ante situaciones de necesidad, especialmente en caso de desempleo. La asistencia y prestaciones complementarias serán libres.

Artículo 42.

El Estado velará especialmente por la salvaguardia de los derechos económicos y sociales de los trabajadores españoles en el extranjero, y orientará su política hacia su retorno.

---

c) También deben considerarse coactivamente impuestas las prestaciones pecuniarias que derivan de la utilización de bienes, servicios o actividades prestadas o realizadas por los entes públicos en posición de monopolio de hecho o de derecho… La libertad de contratar o no contratar, la posibilidad de abstenerse de utilizar el bien, el servicio o la actividad no es a estos efectos una libertad real y efectiva».
Disp. Adic. Primera (Prestaciones patrimoniales de carácter público) de la LGT (§1).

Artículo 43.

1. Se reconoce el derecho a la protección de la salud.

2. Compete a los poderes públicos organizar y tutelar la salud pública a través de medidas preventivas y de las prestaciones y servicios necesarios. La ley establecerá los derechos y deberes de todos al respecto.

3. Los poderes públicos fomentarán la educación sanitaria, la educación física y el deporte. Asimismo facilitarán la adecuada utilización del ocio.

Artículo 44.

1. Los poderes públicos promoverán y tutelarán el acceso a la cultura, a la que todos tienen derecho.

2. Los poderes públicos promoverán la ciencia y la investigación científica y técnica en beneficio del interés general.

Artículo 45.

1. Todos tienen derecho a disfrutar de un medio ambiente adecuado para el desarrollo de la persona, así como el deber de conservarlo.

2. Los poderes públicos velarán por la utilización racional de todos los recursos naturales, con el fin de proteger y mejorar la calidad de vida y defender y restaurar el medio ambiente, apoyándose en la indispensable solidaridad colectiva.

3. Para quienes violen lo dispuesto en el apartado anterior, en los términos que la ley fije se establecerán sanciones penales o, en su caso, administrativas, así como la obligación de reparar el daño causado.

Artículo 46.

Los poderes públicos garantizarán la conservación y promoverán el enriquecimiento del patrimonio histórico, cultural y artístico de los pueblos de España y de los bienes que lo integran, cualquiera que sea su régimen jurídico y su titularidad. La ley penal sancionará los atentados contra este patrimonio.

Artículo 47.

Todos los españoles tienen derecho a disfrutar de una vivienda digna y adecuada. Los poderes promoverán las condiciones necesarias y establecerán las normas pertinentes para hacer efectivo este derecho, regulando la utilización del suelo de acuerdo con el interés general para impedir la especulación.

La comunidad participará en las plusvalías que genere la acción urbanística de los entes públicos.

Artículo 48.

Los poderes públicos promoverán las condiciones para la participación libre y eficaz de la juventud en el desarrollo político, social, económico y cultural.

Artículo 49[8].

1. Las personas con discapacidad ejercen los derechos previstos en este Título en condiciones de libertad e igualdad reales y efectivas. Se regulará por ley la protección especial que sea necesaria para dicho ejercicio.

2. Los poderes públicos impulsarán las políticas que garanticen la plena autonomía personal y la inclusión social de las personas con discapacidad, en entornos universalmente accesibles. Asimismo, fomentarán la participación de sus organizaciones, en los términos que la ley establezca. Se atenderán particularmente las necesidades específicas de las mujeres y los menores con discapacidad.

Artículo 50.

Los poderes públicos garantizarán, mediante pensiones adecuadas y periódicamente actualizadas, la suficiencia económica a los ciudadanos durante la tercera edad. Asimismo, y con independencia de las obligaciones familiares, promoverán su bienestar mediante un sistema de servicios sociales que atenderán sus problemas específicos de salud, vivienda, cultura y ocio.

Artículo 51.

1. Los poderes públicos garantizarán la defensa de los consumidores y usuarios, protegiendo, mediante procedimientos eficaces, la seguridad, la salud y los legítimos intereses económicos de los mismos.

2. Los poderes públicos promoverán la información y la educación de los consumidores y usuarios, fomentarán sus organizaciones y oirán a éstas en las cuestiones que puedan afectar a aquéllos, en los términos que la ley establezca.

3. En el marco de lo dispuesto por los apartados anteriores, la ley regulará el comercio interior y el régimen de autorización de productos comerciales.

Artículo 52.

La ley regulará las organizaciones profesionales que contribuyan a la defensa de los intereses económicos que les sean propios.

Su estructura interna y funcionamiento deberán ser democráticos.

CAPÍTULO CUARTO

(…)

CAPÍTULO QUINTO. De la suspensión de los derechos y libertades

(…)

---

[8] Reforma del artículo 49 de la Constitución Española, de 15 de febrero de 2024 (BOE núm. 43, de 17 de febrero de 2024), en vigor desde el mismo día de su publicación en el BOE.
Redacción original: «*Los poderes públicos realizarán una política de previsión, tratamiento, rehabilitación e integración de disminuidos físicos, sensoriales y psíquicos, a los que prestarán la atención especializada que requieran y los ampararán especialmente para el disfrute de los derechos que este Título otorga a todos los ciudadanos*».

TÍTULO II. DE LA CORONA

(…)

TÍTULO III. DE LAS CORTES GENERALES

CAPÍTULO PRIMERO. De las Cámaras

Artículo 66.

1. Las Cortes Generales representan al pueblo español y están formadas por el Congreso de los Diputados y el Senado.

2. Las Cortes Generales ejercen la potestad legislativa del Estado, aprueban sus Presupuestos, controlan la acción del Gobierno y tienen las demás competencias que les atribuya la Constitución.

3. Las Cortes Generales son inviolables.

(…)

CAPÍTULO SEGUNDO. De la elaboración de las leyes

Artículo 81.

1. Son leyes orgánicas las relativas al desarrollo de los derechos fundamentales y de las libertades públicas, las que aprueben los Estatutos de Autonomía y el régimen electoral general y las demás previstas en la Constitución.

2. La aprobación, modificación o derogación de las leyes orgánicas exigirá mayoría absoluta del Congreso, en una votación final sobre el conjunto del proyecto.

Artículo 82.

1. Las Cortes Generales podrán delegar en el Gobierno la potestad de dictar normas con rango de ley sobre materias determinadas no incluidas en el artículo anterior.

2. La delegación legislativa deberá otorgarse mediante una ley de bases cuando su objeto sea la formación de textos articulados o por una ley ordinaria cuando se trate de refundir varios textos legales en uno solo.

3. La delegación legislativa habrá de otorgarse al Gobierno de forma expresa para materia concreta y con fijación del plazo para su ejercicio. La delegación se agota por el uso que de ella haga el Gobierno mediante la publicación de la norma correspondiente. No podrá entenderse concedida de modo implícito o por tiempo indeterminado. Tampoco podrá permitir la subdelegación a autoridades distintas del propio Gobierno[9].

---

[9]   STC 51/1982, de 19 de julio, FJ 1.1: «El ejercicio por parte del Gobierno de la potestad de dictar normas con rango de ley previa delegación legislativa está sometida a unos requisitos formales contenidos en el art. 82 de la CE, que tienden a delimitarlo, encuadrándolo en un marco necesariamente más estrecho que aquel en el que se mueven las Cortes Generales en cuanto órgano legislador soberano. De la anterior consideración se derivan dos importantes consecuencias…a) que un precepto determinado que si emanara directamente de las Cortes no sería inconstitucional a no ser por oposición material a la CE, puede serlo si procede del Gobierno a través de un Decreto legislativo por haber ejercitado aquel de modo irregular la delegación legislativa; b) que el TC cuando se someta a su control de constitucionalidad por vía procesal adecuada… un determinado Decreto-legislativo, debe conocer del mismo en razón de la competencia

4. Las leyes de bases delimitarán con precisión el objeto y alcance de la delegación legislativa y los principios y criterios que han de seguirse en su ejercicio.

5. La autorización para refundir textos legales determinará el ámbito normativo a que se refiere el contenido de la delegación, especificando si se circunscribe a la mera formulación de un texto único o si se incluye la de regularizar, aclarar y armonizar los textos legales que han de ser refundidos.

6. Sin perjuicio de la competencia propia de los Tribunales, las leyes de delegación podrán establecer en cada caso fórmulas adicionales de control.

Artículo 83.

Las leyes de bases no podrán en ningún caso:

a) Autorizar la modificación de la propia ley de bases.

b) Facultar para dictar normas con carácter retroactivo.

Artículo 84.

Cuando una proposición de ley o una enmienda fuere contraria a una delegación legislativa en vigor, el Gobierno está facultado para oponerse a su tramitación. En tal supuesto, podrá presentarse una proposición de ley para la derogación total o parcial de la ley de delegación.

Artículo 85.

Las disposiciones del Gobierno que contengan legislación delegada recibirán el título de Decretos legislativos.

Artículo 86.

1. En caso de extraordinaria y urgente necesidad, el Gobierno podrá dictar disposiciones legislativas provisionales que tomarán la forma de Decretos-leyes y que no podrán afectar al ordenamiento de las instituciones básicas del Estado, a los derechos, deberes y libertades de los ciudadanos regulados en el Título I, al régimen de las Comunidades Autónomas, ni al Derecho electoral general[10].

---

que le atribuyen los arts. 163 de la CE y 27.2 b) de la LOTC y ha de resolver en base a criterios estrictamente jurídico-constitucionales cimentados en la necesidad de determinar, de una parte, si se han respetado los requisitos formales para el ejercicio de la potestad legislativa por vía delegada y, de otra, si el precepto o preceptos cuya constitucionalidad se cuestione es, por razón de su contenido, contrario a la CE. Es cierto que la competencia del TC en esta materia ha de ejercerse sin perjuicio de la de otros Tribunales e incluso la eventual existencia de otras formas adicionales de control».

[10] Límites formales del Decreto-Ley: la existencia de presupuesto habilitante. «3... Existe una reiterada jurisprudencia constitucional, asentada en las SSTC 29/1982, 6/1983 y 29/1986, acerca de los requisitos exigidos por la Constitución para que el Gobierno pueda ejercitar la potestad normativa excepcional de dictar Decretos Leyes.

El art. 86 CE habilita, desde luego, al Gobierno para dictar, mediante Decreto Ley, normas con fuerza de Ley, pero en la medida en que ello supone la sustitución del Parlamento por el Gobierno, constituye una excepción al procedimiento legislativo ordinario y a la participación de las minorías que éste dispensa, y como tal sometida en cuanto a su ejercicio a la necesaria concurrencia de todos los presupuestos circunstanciales y materiales enunciados en dicho precepto que lo legitime. Entre los que se incluyen, en lo que aquí importa, la necesaria conexión entre la facultad legislativa excepcional y la existencia del presupuesto habilitante, esto es una situación «de extraordinaria y urgente necesidad».

Es evidente que el concepto «extraordinaria y urgente necesidad» que se contiene en la Constitución, no es en modo alguno, una cláusula o expresión vacía de significado dentro de la cual el lógico margen de apreciación política del Gobierno se mueva libremente sin restricción alguna sino, por el contrario, la constatación de un límite jurídico a la actuación mediante Decretos Leyes. Y en ese sentido, sin perjuicio del peso que en la apreciación de lo que haya de considerarse como caso de extraordinaria y urgente necesidad haya de concederse al juicio puramente político de los órganos a los que incumbe la dirección del Estado, es función propia de este Tribunal «el aseguramiento de estos límites, la garantía de que en el ejercicio de esta facultad, como de cualquier otra, los poderes se mueven dentro del marco trazado por la Constitución», de forma que «el Tribunal Constitucional podrá, en supuestos de uso abusivo o arbitrario, rechazar la definición que los órganos políticos hagan de una situación determinada» (STC 29/1982, fundamento jurídico 3.1) y, en consecuencia, declarar la inconstitucionalidad de un Decreto Ley por inexistencia del presupuesto habilitante por invasión de las facultades reservadas a las Cortes Generales por la Constitución.

«Nuestra Constitución ha adoptado una solución flexible y matizada respecto del fenómeno del Decreto Ley que, por una parte, no lleva a su completa prescripción en aras del mantenimiento de una rígida separación de los poderes, ni se limita a permitirlo en forma totalmente excepcional en situaciones de necesidad absoluta», de modo que la utilización de ese instrumento normativo se estima legítima «en todos aquellos casos en que hay que alcanzar los objetivos marcados para la gobernación del país, que, por circunstancias difíciles o imposibles de prever, requieren una acción normativa inmediata o en que las coyunturas económicas exigen una rápida respuesta» como señalamos en la STC 6/1983, fundamento jurídico 5.1, al enjuiciar la modificación de unas bonificaciones tributarias en favor de viviendas de protección oficial. Doctrina que ha sido mantenida al enjuiciar, luego, las medidas legislativas adoptadas por el Gobierno en otras circunstancias distintas, entre ellas la reconversión industrial (SSTC 29/1986 y 177/1990) o la liberalización de actividades empresariales y comerciales (SSTC 23/1993, 225/1993 y 228/1993). En todos estos supuestos, así como en otros que por sus disimilitudes no son del caso aquí (como las reformas del aparato administrativo que fueron objeto de la STC 60/1986, o las normas procesales a las que se extendió el fallo de la STC 93/1988, este Tribunal ha aplicado los mismos criterios, teniendo siempre presentes «las situaciones concretas» y los «objetivos gubernamentales» que han dado lugar a la aprobación de cada uno de los Decretos Leyes enjuiciados (STC 6/1983, fundamento jurídico 5.1). Pues es claro que el ejercicio de la potestad de control que compete a este Tribunal implica que la definición por los órganos políticos de una situación de «extraordinaria y urgente necesidad» sea explícita y razonada y que exista una conexión de sentido o relación de adecuación entre la situación definida que constituye el presupuesto habilitante y las medidas que en el Decreto Ley se adoptan (STC 29/1982, fundamento jurídico 3.1), de manera que estas últimas guarden una relación directa o de congruencia con la situación que se trata de afrontar.

El control que compete al Tribunal Constitucional en este punto es un control externo, en el sentido de que debe verificar, pero no sustituir, el juicio político o de oportunidad que corresponde al Gobierno y al Congreso de los Diputados en el ejercicio de la función de control parlamentario (art. 86.2 CE). Desde el primer momento, hemos afirmado que «el peso que en la apreciación de lo que haya de considerarse como caso de extraordinaria y urgente necesidad es forzoso conceder al juicio puramente político de los órganos a los que incumbe la dirección política del Estado, no puede ser obstáculo para extender también el examen sobre la competencia habilitante al conocimiento del Tribunal Constitucional, en cuanto sea necesario para garantizar un uso del Decreto Ley adecuado a la Constitución» (STC 29/1982, fundamento jurídico 3.1). Pues no conviene olvidar, como resaltamos en dicha Sentencia, que la Constitución reconoce a las Cortes Generales como «las depositarias de la potestad legislativa en su ejercicio ordinario», pues son ellas las que representan al pueblo español (art. 66.1 CE). El Gobierno ejerce la iniciativa legislativa, de conformidad con el art. 87.1 CE, por lo que la potestad que ostenta para dictar Decretos Leyes, en virtud del art. 86.1, se configura «como una excepción al procedimiento ordinario de elaboración de las leyes

y en consecuencia está sometida en cuanto a su ejercicio a la necesaria concurrencia de determinados requisitos que lo legitiman» (STC 29/1982, fundamento jurídico 1.1).
Límites materiales del Decreto-Ley: materias excluidas de regulación por Decreto-Ley. «6. El art. 86.1 CE establece que las disposiciones legislativas provisionales que puede dictar el Gobierno, en casos de extraordinaria y urgente necesidad, Ano podrán afectar... a los derechos, deberes y libertades de los ciudadanos regulados en el Título I de la propia Constitución. No se requiere un gran esfuerzo argumentativo para concluir que la formulación constitucional del art. 31.1 no es una simple declaración programática, sino la consagración de un auténtico mandato jurídico, fuente de derechos y obligaciones, y del que se deriva un deber constitucional para los ciudadanos de contribuir, a través de los impuestos, al sostenimiento o financiación de los gastos públicos.
Desde el punto de vista sistemático, el art. 31.1 CE se inserta en la Sección 2.ª del Capítulo Segundo del Título I de la Constitución bajo la rúbrica «De los Derechos y Deberes de los ciudadanos». Desde una perspectiva material el art. 31.1 CE consagra no sólo los principios ordenadores del sistema tributario, que son, al propio tiempo, límite y garantía individual frente al ejercicio del poder, sino también derechos y deberes de los ciudadanos frente a los impuestos establecidos por el poder tributario del Estado. Existe el deber de pagar el impuesto de acuerdo con la capacidad económica, en el modo, condiciones y cuantía establecidos por la Ley; pero existe, correlativamente, un derecho a que esa contribución de solidaridad sea configurada en cada caso por el legislador según aquella capacidad. La aplicación de los tributos encuentra su raíz y su justificación en el deber general de contribuir que nuestra Constitución impone en el art. 31, y sólo a partir de él puede entenderse cabalmente la singular posición que ocupan el Estado y los demás entes públicos como titulares del poder tributario, y los ciudadanos en cuanto sujetos de ese deber constitucional (STC 76/1990, fundamento jurídico 3.1).
Deber constitucional de contribuir cuyo cumplimiento no se encuentra desconectado del derecho de propiedad también constitucionalmente garantizado (art. 33 CE) y cuya afectación por el Decreto Ley exige inexcusablemente su contraste con los límites materiales del art. 86.1 CE.
El Tribunal Constitucional, desde la STC 6/1983 cuya doctrina fue seguida por las SSTC 41/1983 y 51/1983, ha incluido entre los deberes cuya afectación está vedada al Decreto Ley el deber de contribuir al sostenimiento de los gastos públicos que enuncia el art. 31.1 CE; manteniendo siempre respecto de la interpretación de los límites materiales a la utilización del Decreto ley una posición equilibrada que evite las concepciones extremas, de modo que Ala cláusula restrictiva del art. 86.1 de la Constitución («no podrán afectar...») debe ser entendida de modo tal que ni reduzca a la nada el Decreto Ley, que es un instrumento normativo previsto por la Constitución... ni permita que por Decreto Ley se regule el régimen general de los derechos, deberes y libertades del Título I» (SSTC 111/1983, fundamento jurídico 8.1; y 60/1986, fundamento jurídico 4.1).
Ahora bien, esa alusión expresa a la interdicción de regulación por Decreto Ley del «régimen general» de los derechos, deberes y libertades, no puede dar pie a entender como sugiere el Abogado del Estado apoyándose en lo afirmado en la STC 111/1983, fundamento jurídico 8.1 que el art. 86.1 CE sí permite, en cambio, regular por Decreto Ley los elementos esenciales de los mismos (vgr. el hecho imponible, los sujetos pasivos, la base imponible o el tipo de gravamen) siempre que ello no comprenda una regulación del «régimen general» del impuesto y, en concreto, de lo que él denomina contenido esencial del deber de contribuir; pues ello supondría identificar la «afectación» del derecho o deber constitucional a que se refiere el art. 86.1 CE con el concepto más extensivo de regulación del «régimen general» del mismo, lo cual constituye una modalidad de esas interpretaciones extremas que este Tribunal siempre ha rechazado y que abriría un portillo a cualquier regulación en materia tributaria, por incisiva que fuese, mediante Decreto Ley.
El deber de contribuir, que el art. 31.1 CE hace recaer sobre todos «de acuerdo con su capacidad económica» (SSTC 27/1981, fundamento jurídico 4.1, y 76/1990, fundamento jurídico 3.1), es configurado por la Constitución en un marco global: «Un sistema tributario justo inspirado en los principios de igualdad y progresividad que, en ningún caso, tendrá alcance confiscatorio». Esta configuración constitucional del deber de contribuir, que ha sido clarificada por nuestra jurisprudencia al abordar distintos aspectos atinen-

tes a la norma del art. 31.1 CE (SSTC 27/1981, fundamento jurídico 4.1, 37/1987, fundamento jurídico 13, 221/1992, fundamento jurídico 4.1, 134/1996, fundamento jurídico 6.1, y 173/1996, fundamento jurídico 3.1, entre otras), ha de ser tenida muy presente en la tarea de comprobar cuándo un Decreto Ley «afecta» a un derecho, deber o libertad constitucionales (STC 111/1983, fundamento jurídico 8.1).

7. De lo anterior se infiere que el Decreto Ley no puede alterar ni el régimen general ni los elementos esenciales del deber de contribuir, lo que exige precisar a los meros efectos de resolver la constitucionalidad del art. 2 del Real Decreto ley 5/1992 impugnado cómo se encuentra definido dicho deber en la Norma fundamental, concretamente en su art. 31.1; y es que, como señalamos en la STC 111/1983, comprobar cuándo el Decreto Ley «afecta» a un derecho, deber o libertad «exige también que se tenga muy en cuenta la configuración constitucional del derecho en este caso, deber afectado en cada caso» (fundamento jurídico 8.1).

A este respecto, avanzando en las consideraciones que sobre el deber de contribuir a los gastos públicos ha realizado el Tribunal en otros pronunciamientos (SSTC 27/1981, 110/1984, 126/1987, 45/1989, 76/1990, 150/1990, 197/1992, 221/1992, 134/1996, 173/1996 y 38/1997), la Constitución conecta el citado deber con el criterio de la capacidad económica (con el contenido que a este principio de justicia material se ha dado, fundamentalmente, en las SSTC 27/1981, 37/1987, 150/1990, 221/1992 y 134/1996), y lo relaciona, a su vez, claramente, no con cualquier figura tributaria en particular, sino con el conjunto del sistema tributario. El art. 31.1 CE, en efecto, dijimos tempranamente en la STC 27/1981, «al obligar a todos al sostenimiento de los gastos públicos, ciñe esta obligación en unas fronteras precisas: La de la capacidad económica de cada uno y la del establecimiento, conservación y mejora de un sistema tributario justo inspirado en los principios de igualdad y progresividad» (fundamento jurídico 4.1). Conforme a la propia literalidad del art. 31.1 CE queda claro, pues, que el Decreto Ley no podrá alterar ni el régimen general ni aquellos elementos esenciales de los tributos que inciden en la determinación de la carga tributaria, afectando así al deber general de los ciudadanos de contribuir al sostenimiento de los gastos públicos de acuerdo con su riqueza mediante un sistema tributario justo. Lo que no significa otra cosa que dar cumplimiento a la finalidad última del límite constitucional de asegurar el principio democrático y la supremacía financiera de las Cortes mediante la participación de los ciudadanos en el establecimiento del sistema tributario, de modo que «la regulación de un determinado ámbito vital de las personas dependa exclusivamente de la voluntad de sus representantes», como se afirmó en la STC 19/1987, fundamento jurídico 4.1 De manera que vulnerará el art. 86 CE cualquier intervención o innovación normativa que, por su entidad cualitativa o cuantitativa altere sensiblemente la posición del obligado a contribuir según su capacidad económica en el conjunto del sistema tributario.

Por tanto, no queda absolutamente impedida la utilización del Decreto Ley en materia tributaria, cuando concurre el supuesto habilitante, como instrumento normativo del Gobierno al servicio de los objetivos de la política económica. Ahora bien, será preciso tener en cuenta en cada caso en qué tributo concreto incide el Decreto Ley constatando su naturaleza, estructura y la función que cumple dentro del conjunto del sistema tributario así como el grado o medida en que interviene el principio de capacidad económica, qué elementos del mismo esenciales o no resultan alterados por este excepcional modo de producción normativa y, en fin, cuál es la naturaleza y alcance de la concreta regulación de que se trate».

8. «...conforme a la doctrina de este Tribunal sentada en las SSTC 6/1983, 41/1983, y 51/1983, el instrumento del Decreto Ley no es admisible para la regulación de los aspectos tributarios que están amparados por el principio de la reserva de Ley (art. 31.3 CE), esto es la creación ex novo del tributo y la determinación de sus elementos esenciales (SSTC 37/1981, 6/1983, 179/1985 y 19/1987).

A la luz de las conclusiones hasta aquí expuestas conviene matizar explícitamente la doctrina de este Tribunal sobre el sentido y alcance de los límites del Decreto ley cuando recae sobre materia tributaria.

A los efectos de la interpretación del límite material establecido por la Constitución no es preciso vincular como se hizo en la STC 6/1983 el ámbito del art. 86.1 CE («afectar a los derechos, deberes y libertades de los ciudadanos regulados en el Título I», entre los que se encuentra el deber de contribuir al sostenimiento de los gastos públicos del art. 31.1 CE) con el de la reserva de Ley que establecen el art. 31.3 CE («sólo podrán establecerse prestaciones personales o patrimoniales de carácter público con arreglo a la Ley») y el art. 133.1 CE («la potestad originaria para establecer los tributos corresponde al Estado, mediante Ley»), como si fueran ámbitos coextensos; de modo que cualquier modificación tributaria que afecte a los elementos o aspectos del tributo cubiertos por el ámbito de la reserva de Ley en la materia, quedarán vedados a su regulación mediante Decreto Ley.

Un esfuerzo hermenéutico semejante no se concilia con el propio sentido literal del precepto constitucional, que limita el ámbito material del Decreto Ley sin referencia alguna a la reserva de Ley. Ya hemos advertido en la STC 6/1983, fundamento jurídico 6.1 que Ano se puede decir que el Decreto Ley afecte a lo que el art. 86 de la Constitución llama «derechos, deberes y libertades de los ciudadanos regulados en el Título I» por el hecho de que en el referido Título se encuentra el art. 31.3, según el cual como anteriormente hemos visto «sólo podrán establecerse prestaciones personales o patrimoniales de carácter público con arreglo a la Ley». Es cierto que inmediatamente después, en el mismo fundamento jurídico, se añadía: «Pues ya hemos dicho que en el sistema constitucional español no rige de manera absoluta el principio de legalidad para todo lo atinente a la materia tributaria y que la reserva de Ley se limita a la creación de los tributos y a su esencial configuración, dentro de la cual puede genéricamente situarse el establecimiento de exenciones y bonificaciones tributarias, pero no cualquier otra regulación de ellas ni la supresión de las exenciones o su reducción o la de las bonificaciones, porque esto último no constituye alteración de los elementos esenciales del tributo». Ello, sin embargo, se dijo porque era imprescindible para dar respuesta al órgano judicial, que en el Auto de planteamiento de la cuestión de inconstitucionalidad había esgrimido la reserva de Ley tributaria (art. 133.1 CE y art. 31.3 CE) como ámbito constitucionalmente vedado al Decreto Ley, y para rechazar que dicho precepto constitucional (el art. 31.3 CE) pudiera ser traído allí a colación, dado que la medida adoptada en el Decreto Ley cuestionado (Real Decreto ley 11/1979, disposición transitoria segunda, letra b) que reducía los beneficios fiscales de las viviendas de protección oficial en la Contribución Territorial Urbana) quedaba fuera del ámbito de la reserva de Ley tributaria.

Esta doctrina que sitúa como ámbitos coextensos el límite material del art. 86.1 y el de la reserva de Ley en materia tributaria (arts. 31.3 CE y 133.1 CE) sustentada no sin cierta ambigüedad como hemos visto en la STC 6/1983, ha sido reiterada por el Tribunal en las posteriores, SSTC 41/1983 y 51/1983, que resuelven, prácticamente por remisión, cuestiones de inconstitucionalidad sustancialmente idénticas a la resuelta por la STC 6/1983. Coextensión de la que se dedujo que, en materia tributaria, están vedados al Decreto Ley aquellos aspectos de los tributos reservados a la Ley, pudiendo regular el Decreto Ley, por el contrario, aquellos aspectos que no estén reservados a ella, incluso los que, aun no formando parte del núcleo de materias reservadas constitucionalmente a la Ley, existe una preferencia de Ley por efecto de la congelación del rango.

Doctrina que debe ser, sin embargo, matizada ahora, no sólo a la luz de una hermenéutica del art. 86 CE que se sirva de unos cánones atentos al propio sentido de su tenor literal, sino también a la luz de la propia jurisprudencia de este Tribunal al interpretar el alcance del específico límite material del art. 86.1 CE. En efecto, el Tribunal Constitucional ha rechazado reiteradamente aquellas interpretaciones basadas en el criterio hermenéutico de la coextensión de los arts. 81 y 86 de la CE para fijar el ámbito de la limitación al uso del Decreto Ley de modo que se hagan coincidir las menciones referentes a los derechos y libertades con la materia reservada a la Ley Orgánica (SSTC 111/1983, fundamento jurídico 8.1; 95/1988, fundamento jurídico 5.1; 127/1994, fundamento jurídico 3.1, entre otras).

Ya advertíamos en la misma STC 6/1983, fundamento jurídico 4.1, que el mero dato de que el art. 86.1 CE prohíba al Decreto Ley afectar al deber de contribuir al sostenimiento de los gastos públicos «no cierra el paso a cualquier regulación tributaria» (fundamento jurídico 4.1). Y especificábamos aunque en relación a materia distinta a la tributaria, en la STC 60/1986, fundamento jurídico 2.1, que el hecho de que «una materia esté reservada a la Ley ordinaria, con carácter absoluto o relativo, no excluye eo ipso la regulación extraordinaria y provisional de la misma mediante Decreto Ley, porque, como ya hemos dicho en la STC 111/1983 Ala mención a la Ley no es identificable en exclusividad con el de Ley en sentido formal». Para comprobar si tal disposición legislativa provisional se ajusta a la Norma fundamental, habrá que ver si reúne los requisitos establecidos en el art. 86 CE y si no invade ninguno de los límites en él enumerados o los que, en su caso, se deduzcan racionalmente de otros preceptos del Texto constitucional, como, por

2. Los Decretos-leyes deberán ser inmediatamente sometidos a debate y votación de totalidad al Congreso de los Diputados, convocando al efecto si no estuviere reunido, en el

---

ejemplo, las materias reservadas a Ley Orgánica, o aquellas otras para las que la Constitución prevea expressis verbis la intervención de los órganos parlamentarios bajo forma de Ley. No hay aquí, por tanto, concluíamos un problema de reserva de Ley, sino de vulneración o no de los requisitos y de los límites que para la emanación de Decretos leyes por el Gobierno establece la Constitución.

Por tanto, del hecho que la materia tributaria esté sujeta al principio de reserva de Ley (art. 31.3 y art. 133.1 y 3 CE) y de que dicha reserva tenga carácter relativo y no absoluto, al entenderse referida al establecimiento de los tributos y a su esencial configuración, pero no, en cambio, a cualquier tipo de modificación tributaria (STC 6/1983, fundamento jurídico 4.1), no se deriva necesariamente que se encuentre excluida del ámbito de regulación del Decreto Ley, que podrá penetrar en la materia tributaria siempre que se den los requisitos constitucionales del presupuesto habilitante y no «afecte», en el sentido constitucional del término, a las materias excluidas. Límite material que no viene señalado por la reserva de Ley, de modo que lo reservado a la Ley por el art. 31.3 CE tenga que coincidir necesariamente con lo que haya de entenderse por «afectar» al deber constitucional de contribuir al sostenimiento de los gastos públicos del art. 31.1 CE.

A lo que este Tribunal debe atender al interpretar el límite material del art. 86.1 CE no es pues, al modo cómo se manifiesta el principio de reserva de Ley en una determinada materia, la tributaria en este caso (si tiene carácter absoluto o relativo y qué aspectos de dicha materia se encuentran amparados o no por dicha reserva), sino más bien al examen de si ha existido «afectación» por el Decreto Ley de un derecho, deber o libertad regulado en el Título I de la Constitución. Lo que exigirá tener en cuenta la configuración constitucional del derecho o deber afectado en cada caso y la naturaleza y alcance de la concreta regulación de que se trate.

La reserva de Ley de los arts. 31.3 y 133.1 CE limita la potestad reglamentaria del Gobierno; la prohibición de afectar al deber de contribuir al sostenimiento de los gastos públicos mediante el sistema tributario, del art. 86.1 CE limita la potestad de ese mismo Gobierno para dictar Decretos Leyes. Aunque reserva de Ley y límites materiales del Decreto Ley, no sean ámbitos coextensos y como tal deben ser interpretados ello no empece a que uno y otro límite constitucional compartan una misma finalidad última, que es la que se condensa en el principio de legalidad tributaria, cuyo sentido no es otro, como ya dijimos en la STC 19/1987, fundamento jurídico 4.1, «que el de asegurar que la regulación de determinado ámbito vital de las personas dependa exclusivamente de la voluntad de sus representantes… quienes establezcan los elementos esenciales para la determinación de la obligación tributaria»; y más recientemente en la STC 185/1995, fundamento jurídico 3.1, «asegurar que cuando un ente público impone coactivamente una prestación patrimonial a los ciudadanos cuente para ello con la voluntaria aceptación de sus representantes».

Ello se pone de manifiesto en un examen sistemático del texto de la Constitución en lo que hace a las fuentes del sistema tributario, de cuyo conjunto trabado de limitaciones se deduce que no cualquier Ley (o norma con rango y fuerza de Ley) es apta para regular la materia tributaria, así: los límites a la utilización del Decreto Ley (art. 86.1 CE); la exclusión de las leyes de iniciativa popular en materia tributaria (art. 87.3 CE) o la prohibición de crear, o, en su caso, de modificar tributos por medio de la Ley de Presupuestos (art. 134.7 CE). Normas e institutos todos ellos distintos, pero que vienen a integrar y complementar la reserva de Ley en materia tributaria consagrada en el art. 31.3 CE y art. 133.1, 2 y 3 CE, y cuya función es garantizar la unidad financiera y la supremacía de la representación política parlamentaria, asegurando como se dijo en la STC 19/1987 la unidad del ordenamiento y la igualdad de los contribuyentes en el ámbito vital que es la esfera de la libertad y la propiedad».

FJ 8.º de la sentencia del TC núm. 100, de 8 mayo de 2012 (BOE núm. 134, de 5 de julio de 2012).

STC núm. 73/2017, de 8 de junio de 2017 (BOE núm. 168, de 15 de julio de 2017, sobre los límites de los Decretos-Leyes, declarando la nulidad de la disposición adicional primera del Real Decreto-ley 12/2012, de 30 de marzo, que introduce un procedimiento de declaración especial para la regularización de la situación tributaria de determinados contribuyentes.

plazo de los treinta días siguientes a su promulgación. El Congreso habrá de pronunciarse expresamente dentro de dicho plazo sobre la convalidación o derogación, para lo cual el Reglamento establecerá un procedimiento especial y sumario.

3. Durante el plazo establecido en el apartado anterior las Cortes podrán tramitarlos como proyectos de ley por el procedimiento de urgencia[11].

Artículo 87.

1. La iniciativa legislativa corresponde al Gobierno, al Congreso y al Senado, de acuerdo con la Constitución y los Reglamentos de las Cámaras.

2. Las Asambleas de las Comunidades Autónomas podrán solicitar del Gobierno la adopción de un proyecto de ley o remitir a la Mesa del Congreso una proposición de ley, delegando ante dicha Cámara un máximo de tres miembros de la Asamblea encargados de su defensa.

3. Una ley orgánica regulará las formas de ejercicio y requisitos de la iniciativa popular para la presentación de proposiciones de ley. En todo caso se exigirán no menos de 500.000

---

[11]   STC 29/1982, de 31 de mayo, FJ 21: «Aprobado por el Gobierno un Decreto-ley y publicado en el BOE empieza a surtir efectos en el ordenamiento jurídico en el que provisionalmente se inserta como un norma dotada con fuerza y valor de Ley... La doble vía que a estos efectos fiscalizadores prevé el art. 86 de la CE, en sus apartados segundo y tercero, ha venido a decantarse en la práctica parlamentaria en el sentido del necesario y previo pronunciamiento sobre la totalidad el Decreto-ley. Pero una vez convalidado éste, se posibilita el acudir a tramitarlo como proyecto de Ley por el procedimiento de urgencia (art. 86.3), si bien es cierto que nada se opone a una interpretación alternativa de ambas vías, quedando este punto al criterio de oportunidad que pueda establecer en el futuro el Congreso de los Diputados.

Ello supone que si, de acuerdo con la práctica actual, una vez obtenido el pronunciamiento favorable a la totalidad que exige el art. 86.2, se decide acudir también a la tramitación del Decreto-Ley por la vía del art. 86.3, el resultado final del procedimiento legislativo será una Ley formal del Parlamento, que sustituye en el ordenamiento jurídico, tras su publicación, al Decreto-Ley y cuya residenciabilidad ante el TC es posible en los términos y con el alcance que tanto la CE como la LOTC prevén.

Ahora bien, en aquellos supuestos en que el Congreso de los Diputados se haya limitado a ejercitar sus competencias fiscalizadoras contempladas en el apartado 21 del art. 86 de la CE, sin acudir a la vía del nº 3, no puede considerarse que le Decreto-Ley se haya convertido en Ley formal del Parlamento, tras el acuerdo de convalidación, sino únicamente que se ha cumplido con el requisito constitucional del que dependía la pervivencia en el tiempo, con fuerza y valor de Ley, de la disposición producto del ejercicio de la potestad normativa y extraordinaria que al Gobierno le reconoce la CE. En otras palabras, el Decreto-Ley no se transforma en Ley, es decir, no cambia su naturaleza jurídica. Esta situación es la misma en que se encuentra el Decreto-ley en los supuestos en que se acuda a su tramitación como proyecto de Ley en el lapso de tiempo que transcurre entre la convalidación de totalidad como Decreto-ley (art. 86.2) y la publicación en el BOE de la Ley resultante de la referida tramitación como proyecto de Ley por procedimiento de urgencia (art. 86.3)».

FJ 31: «...así pues, sin perjuicio del posible y ulterior control jurídico-constitucional que corresponde a este TC, en principio, y con el razonable margen de discrecionalidad, es competencia de los órganos políticos determinar cuándo la situación, por consideraciones de extraordinaria y urgente necesidad, requiera el establecimiento de una norma por vía de Decreto-ley. No les autoriza esta competencia, sin embargo, para incluir en el Decreto-Ley cualquier género de disposiciones: ni aquellas que por su contenido y de manera evidente, no guarden relación alguna, directa ni indirecta, con la situación que se trata de afrontar ni, muy especialmente, aquellas que, por su estructura misma, independientemente de su contenido, no modifican de manera instantánea la situación jurídica existente, pues de ellas difícilmente podrá predicarse la justificación de la extraordinaria y urgente necesidad».

firmas acreditadas. No procederá dicha iniciativa en materias propias de ley orgánica, tributaria o de carácter internacional, ni en lo relativo a la prerrogativa de gracia.

Artículo 88.

Los proyectos de ley serán aprobados en Consejo de Ministros que los someterá al Congreso, acompañados de una exposición de motivos y de los antecedentes necesarios para pronunciarse sobre ellos.

Artículo 89.

1. La tramitación de las proposiciones de ley se regulará por los Reglamentos de las Cámaras, sin que la prioridad debida a los proyectos de ley impida el ejercicio de la iniciativa legislativa en los términos regulados por el artículo 87.

2. Las proposiciones de ley que, de acuerdo con el artículo 87 tome en consideración el Senado, se remitirán al Congreso para su trámite en éste como tal proposición.

Artículo 90.

1. Aprobado un proyecto de ley ordinaria u orgánica por el Congreso de los Diputados, su Presidente dará inmediata cuenta del mismo al Presidente del Senado, el cual lo someterá a la deliberación de éste.

2. El Senado en el plazo de dos meses, a partir del día de la recepción del texto, puede, mediante mensaje motivado, oponer su veto o introducir enmiendas al mismo. El veto deberá ser aprobado por mayoría absoluta. El proyecto no podrá ser sometido al Rey para sanción sin que el Congreso ratifique por mayoría absoluta, en caso de veto, el texto inicial, o por mayoría simple, una vez transcurridos dos meses desde la interposición del mismo, o se pronuncie sobre las enmiendas, aceptándolas o no por mayoría simple.

3. El plazo de dos meses de que el Senado dispone para vetar o enmendar el proyecto se reducirá al de veinte días naturales en los proyectos declarados urgentes por el Gobierno o por el Congreso de los Diputados.

Artículo 91.

El Rey sancionará en el plazo de quince días las leyes aprobadas por las Cortes Generales, y las promulgará y ordenará su inmediata publicación.

Artículo 92.

1. Las decisiones de especial trascendencia podrán ser sometidas a referéndum consultivo de todos los ciudadanos.

2. El Referéndum será convocado por el Rey, mediante propuesta del Presidente del Gobierno, previamente autorizada por el Congreso de los Diputados.

3. Una ley orgánica regulará las condiciones y el procedimiento de las distintas modalidades de referéndum previstas en esta Constitución.

CAPÍTULO TERCERO. De los Tratados Internacionales

Artículo 93.

Mediante ley orgánica se podrá autorizar la celebración de tratados por los que se atribuya a una organización o institución internacional el ejercicio de competencias derivadas de la

Constitución. Corresponde a las Cortes Generales o al Gobierno, según los casos, la garantía del cumplimiento de estos tratados y de las resoluciones emanadas de los organismos internacionales o supranacionales titulares de la cesión.

Artículo 94.

1. La prestación del consentimiento del Estado para obligarse por medio de tratados o convenios requerirá la previa autorización de las Cortes Generales, en los siguientes casos:

a) Tratados de carácter político.

b) Tratados o convenios de carácter militar.

c) Tratados o convenios que afecten a la integridad territorial del Estado o a los derechos y deberes fundamentales establecidos en el Título I.

d) Tratados o convenios que impliquen obligaciones financieras para la Hacienda Pública.

e) Tratados o convenios que supongan modificación o derogación de alguna ley o exijan medidas legislativas para su ejecución.

2. El Congreso y el Senado serán inmediatamente informados de la conclusión de los restantes tratados o convenios.

Artículo 95.

1. La celebración de un tratado internacional que contenga estipulaciones contrarias a la Constitución exigirá la previa revisión constitucional.

2. El Gobierno o cualquiera de las Cámaras puede requerir al Tribunal Constitucional para que declare si existe o no esa contradicción.

Artículo 96.

1. Los tratados internacionales válidamente celebrados, una vez publicados oficialmente en España, formarán parte del ordenamiento interno. Sus disposiciones sólo podrán ser derogadas, modificadas o suspendidas en la forma prevista en los propios tratados o de acuerdo con las normas generales del Derecho internacional.

2. Para la denuncia de los tratados y convenios internacionales se utilizará el mismo procedimiento previsto para su aprobación en el artículo 94.

TÍTULO IV. DEL GOBIERNO Y DE LA ADMINISTRACIÓN
(...)

TÍTULO V. DE LAS RELACIONES ENTRE EL GOBIERNO Y LAS CORTES GENERALES
(...)

TÍTULO VI. DEL PODER JUDICIAL
(...)

TÍTULO VII. ECONOMÍA Y HACIENDA

Artículo 128.

1. Toda riqueza del país en sus distintas formas y sea cual fuere su titularidad está subordinada al interés general.

2. Se reconoce la iniciativa pública en la actividad económica. Mediante ley se podrá reservar al sector público recursos o servicios esenciales, especialmente en caso de monopolio y asimismo acordar la intervención de empresas cuando así lo exigiere el interés general.

Artículo 129.

1. La ley establecerá las formas de participación de los interesados en la Seguridad Social y en la actividad de los organismos públicos cuya función afecte directamente a la calidad de la vida o al bienestar general.

2. Los poderes públicos promoverán eficazmente las diversas formas de participación en la empresa y fomentarán, mediante una legislación adecuada, las sociedades cooperativas. También establecerán los medios que faciliten el acceso de los trabajadores a la propiedad de los medios de producción.

Artículo 130.

1. Los poderes públicos atenderán a la modernización y desarrollo de todos los sectores económicos y, en particular, de la agricultura, de la ganadería, de la pesca y de la artesanía, a fin de equiparar el nivel de vida de todos los españoles.

2. Con el mismo fin, se dispensará un tratamiento especial a las zonas de montaña.

Artículo 131.

1. El Estado, mediante ley, podrá planificar la actividad económica general para atender a las necesidades colectivas, equilibrar y armonizar el desarrollo regional y sectorial y estimular el crecimiento de la renta y de la riqueza y su más justa distribución.

2. El Gobierno elaborará los proyectos de planificación, de acuerdo con las previsiones que se sean suministradas por las Comunidades Autónomas y el asesoramiento y colaboración de los sindicatos y otras organizaciones profesionales, empresariales y económicas. A tal fin se constituirá un Consejo, cuya composición y funciones se desarrollarán por ley.

Artículo 132.

1. La ley asegurará el régimen jurídico de los bienes de dominio público y de los comunales, inspirándose en los principios de inalienabilidad, imprescriptibilidad e inembargabilidad, así como su desafectación.

2. Son bienes de dominio público estatal los que determine la ley y, en todo caso, la zona marítimo-terrestre, las playas, el mar territorial y los recursos naturales de la zona económica y la plataforma continental.

3. Por ley se regularán el Patrimonio del Estado y el Patrimonio Nacional, su administración, defensa y conservación.

Artículo 133.

1. La potestad originaria para establecer y exigir tributos corresponde exclusivamente al Estado, mediante ley[12].

---

[12]   STC 6/1983, de 4 de febrero, FJ 41: «... hay que destacar que le principio de legalidad en materia tributaria, y su manifestación en una concreta reserva de ley, no es entendido hoy en día de modo inequívoco en la doctrina y no puede extraerse fácilmente la conclusión de que nuestra CE haya consagrado absolutamente

2. Las Comunidades Autónomas y las Corporaciones locales podrán establecer y exigir tributos, de acuerdo con la Constitución y las leyes.

3. Todo beneficio fiscal que afecte a los tributos del Estado deberá establecerse en virtud de ley.

4. Las administraciones públicas sólo podrán contraer obligaciones financieras y realizar gastos de acuerdo con las leyes.

Artículo 134.

1. Corresponde al Gobierno la elaboración de los Presupuestos Generales del Estado y a las Cortes Generales su examen, enmienda y aprobación.

2. Los Presupuestos Generales del Estado tendrán carácter anual, incluirán la totalidad de los gastos e ingresos del sector público estatal y en ellos se consignará el importe de los beneficios fiscales que afecten a los tributos del Estado.

3. El Gobierno deberá presentar ante el Congreso de los Diputados los Presupuestos Generales del Estado al menos tres meses antes de la expiración de los del año anterior.

4. Si la ley de Presupuestos no se aprobara antes del primer día del ejercicio económico correspondiente, se considerarán automáticamente prorrogados los Presupuestos del ejercicio anterior hasta la aprobación de los nuevos.

5. Aprobados los Presupuestos Generales del Estado, el Gobierno podrá presentar proyectos de ley que impliquen aumento del gasto público o disminución de los ingresos correspondientes al mismo ejercicio presupuestario.

6. Toda proposición o enmienda que suponga aumento de los créditos o disminución de los ingresos presupuestarios requerirá la conformidad del Gobierno para su tramitación.

7. La Ley de Presupuestos no puede crear tributos. Podrá modificarlos cuando una ley tributaria sustantiva así lo prevea.

Artículo 135[13].

1. Todas las Administraciones Públicas adecuarán sus actuaciones al principio de estabilidad presupuestaria.

---

el referido principio, con el rigor que hubiera podido tener en momentos históricos anteriores... nuestra CE se ha producido en la materia estudiada de una manera flexible y que, como asegura un importante sector de la doctrina, la reserva de ley hay que entenderla referida a los criterios o principios, con arreglo a los cuales se ha de regir la materia tributaria: la creación «ex novo» de un tributo y la determinación de los elementos esenciales o configuradores del mismo, que pertenecen siempre al plano o nivel de la Ley y no pueden dejarse nunca a la legislación delegada y menos todavía a la potestad reglamentaria».

FJ 61: «... la reserva de Ley se limita a la creación de los tributos y a su esencial configuración, dentro de la cual puede genéricamente situarse el establecimiento de exenciones y bonificaciones tributarias, pero no cualquiera otra regulación de ellas, ni la supresión de las exenciones o su reducción o la de las bonificaciones, porque esto último no constituye alteración de elementos esenciales del tributo».

Sobre el «poder financiero», entre otras, las SSTC de 2 de febrero de 1981, 170/1985, de 19 de diciembre, 14/1986, de 31 de enero, 63/1986, de 21 de mayo, 19/1987, de 17 de febrero, 37/1987, de 26 de marzo, 181/1988, de 13 de octubre, 186/1993, de 7 de junio, 296/1994, de 10 de noviembre, y la Sentencia 49/1995, de 16 de febrero, que se ocupa del poder tributario de las Comunidades Autónomas en relación con sus tributos propios.

13   Nueva redacción del art. 135 según reforma del artículo 135 de la Constitución Española, de 27 de septiembre de 2011 (BOE núm. 233, de 27 de septiembre de 2011), entrada en vigor el 27 de septiembre de

2. El Estado y las Comunidades Autónomas no podrán incurrir en un déficit estructural que supere los márgenes establecidos, en su caso, por la Unión Europea para sus Estados Miembros.

Una ley orgánica fijará el déficit estructural máximo permitido al Estado y a las Comunidades Autónomas, en relación con su producto interior bruto. Las Entidades Locales deberán presentar equilibrio presupuestario.

3. El Estado y las Comunidades Autónomas habrán de estar autorizados por ley para emitir deuda pública o contraer crédito.

Los créditos para satisfacer los intereses y el capital de la deuda pública de las Administraciones se entenderán siempre incluidos en el estado de gastos de sus presupuestos y su pago gozará de prioridad absoluta. Estos créditos no podrán ser objeto de enmienda o modificación, mientras se ajusten a las condiciones de la ley de emisión.

El volumen de deuda pública del conjunto de las Administraciones Públicas en relación con el producto interior bruto del Estado no podrá superar el valor de referencia establecido en el Tratado de Funcionamiento de la Unión Europea.

4. Los límites de déficit estructural y de volumen de deuda pública sólo podrán superarse en caso de catástrofes naturales, recesión económica o situaciones de emergencia extraordinaria que escapen al control del Estado y perjudiquen considerablemente la situación financiera o la sostenibilidad económica o social del Estado, apreciadas por la mayoría absoluta de los miembros del Congreso de los Diputados.

5. Una ley orgánica desarrollará los principios a que se refiere este artículo, así como la participación, en los procedimientos respectivos, de los órganos de coordinación institucional entre las Administraciones Públicas en materia de política fiscal y financiera. En todo caso, regulará:

a) La distribución de los límites de déficit y de deuda entre las distintas Administraciones Públicas, los supuestos excepcionales de superación de los mismos y la forma y plazo de corrección de las desviaciones que sobre uno y otro pudieran producirse.

b) La metodología y el procedimiento para el cálculo del déficit estructural.

c) La responsabilidad de cada Administración Pública en caso de incumplimiento de los objetivos de estabilidad presupuestaria.

6. Las Comunidades Autónomas, de acuerdo con sus respectivos Estatutos y dentro de los límites a que se refiere este artículo, adoptarán las disposiciones que procedan para la aplicación efectiva del principio de estabilidad en sus normas y decisiones presupuestarias.

2011, excepto el apartado 2 del art. 135 que lo hará a partir del año 2020.
Ley Orgánica 2/2012, de 27 de abril, de Estabilidad Presupuestaria y Sostenibilidad Financiera (BOE núm. 103 de 30 de abril de 2012).
Redacción original: Art. 135 «*1. El Gobierno habrá de estar autorizado por ley para emitir Deuda Pública o contraer crédito.*

2. Los créditos para satisfacer el pago de intereses y capital de la Deuda Pública del Estado se entenderán siempre incluidos en el estado de los presupuestos y no podrán ser objeto de enmienda o modificación, mientras se ajusten a las condiciones de la ley de emisión».

Artículo 136.

1. El Tribunal de Cuentas es el supremo órgano fiscalizador de las cuentas y de la gestión económica de Estado, así como del sector público.

Dependerá directamente de las Cortes Generales y ejercerá sus funciones por delegación de ellas en el examen y comprobación de la Cuenta General del Estado.

2. Las cuentas del Estado y del sector público estatal se rendirán al Tribunal de Cuentas y serán censuradas por éste.

El Tribunal de Cuentas, sin perjuicio de su propia jurisdicción, remitirá a las Cortes Generales un informe anual en el que, cuando proceda, comunicará las infracciones o responsabilidades en que, a su juicio, se hubiere incurrido.

3. Los miembros del Tribunal de Cuentas gozarán de la misma independencia e inamovilidad y estarán sometidos a las mismas incompatibilidades que los Jueces.

4. Una ley orgánica regulará la composición, organización y funciones del Tribunal de Cuentas.

TÍTULO VIII. DE LA ORGANIZACIÓN TERRITORIAL DEL ESTADO

CAPÍTULO PRIMERO. Principios generales

Artículo 137.

El Estado se organiza territorialmente en municipios, en provincias y en las Comunidades Autónomas que se constituyan. Todas estas entidades gozan de autonomía para la gestión de sus respectivos intereses.

Artículo 138.

1. El Estado garantiza la realización efectiva del principio de solidaridad consagrado en el artículo 2 de la Constitución, velando por el establecimiento de un equilibrio económico, adecuado y justo entre las diversas partes del territorio español, y atendiendo en particular a las circunstancias del hecho insular.

2. Las diferencias entre los Estatutos de las distintas Comunidades Autónomas no podrá implicar, en ningún caso, privilegios económicos o sociales.

Artículo 139.

1. Todos los españoles tienen los mismos derechos y obligaciones en cualquier parte del territorio del Estado.

2. Ninguna autoridad podrá adoptar medidas que directa o indirectamente obstaculicen la libertad de circulación y establecimiento de las personas y la libre circulación de bienes en todo el territorio español.

CAPÍTULO SEGUNDO. De la Administración Local

Artículo 140.

La Constitución garantiza la autonomía de los municipios. Estos gozarán de personalidad jurídica plena. Su gobierno y administración corresponde a sus respectivos Ayuntamientos, integrados por los Alcaldes y los Concejales. Los Concejales serán elegidos por los vecinos del municipio mediante sufragio universal igual, libre, directo y secreto, en la forma establecida por la ley. Los Alcaldes serán elegidos por los Concejales o por los vecinos. La ley regulará las condiciones en las que proceda el régimen del concejo abierto.

Artículo 141.

1. La provincia es una entidad local con personalidad jurídica propia, determinada por la agrupación de municipios y división territorial para el cumplimiento de las actividades del Estado. Cualquier alteración de los límites provinciales habrá de ser aprobada por las Cortes Generales mediante ley orgánica.

2. El gobierno y la administración autónoma de las provincias estarán encomendados a Diputaciones u otras Corporaciones de carácter representativo.

3. Se podrán crear agrupaciones de municipios diferentes de la provincia.

4. En los archipiélagos, las islas tendrán además su administración propia en forma de Cabildos o Consejos.

Artículo 142.

Las haciendas locales deberán disponer de los medios suficientes para el desempeño de las funciones que la ley atribuye a las Corporaciones respectivas y se nutrirá fundamentalmente de tributos propios y de participación en los del Estado y de las Comunidades Autónomas.

CAPÍTULO TERCERO. DE LAS COMUNIDADES AUTÓNOMAS

Artículo 143.

1. En el ejercicio del derecho a la autonomía reconocido en el artículo 2 de la Constitución, las provincias limítrofes con características históricas, culturales y económicas comunes, los territorios insulares y las provincias con entidad regional histórica podrán acceder a su autogobierno y constituirse en Comunidades Autónomas con arreglo a lo previsto en este Título y en los respectivos Estatutos.

2. La iniciativa del proceso autonómico corresponde a todas las Diputaciones interesadas o al órgano interinsular correspondiente y a las dos terceras partes de los municipios cuya población represente, al menos, la mayoría del censo electoral de cada provincia o isla. Estos requisitos deberán ser cumplidos en el plazo de seis meses desde el primer acuerdo adoptado al respecto por alguna de las Corporaciones locales interesadas.

3. La iniciativa, en caso de no prosperar, solamente podrá reiterarse pasados cinco años.

Artículo 144.

Las Cortes Generales, mediante ley orgánica, podrán, por motivos de interés nacional:

a) Autorizar la constitución de una comunidad autónoma cuando su ámbito territorial no supere el de una provincia y no reúna las condiciones del apartado 1 del artículo 143.

b) Autorizar o acordar, en su caso, un Estatuto de autonomía para territorios que no estén integrados en la organización provincial.

c) Sustituir la iniciativa de las Corporaciones locales a que se refiere el apartado 2 del artículo 143.

Artículo 145.

1. En ningún caso se admitirá la federación de Comunidades Autónomas.

2. Los Estatutos podrán prever los supuestos, requisitos y términos en que las Comunidades Autónomas podrán celebrar convenios entre sí para la gestión y prestación de servicios propios de las mismas, así como el carácter y efectos de la correspondiente comunicación a las Cortes Generales. En los demás supuestos, los acuerdos de cooperación entre las Comunidades Autónomas necesitarán la autorización de las Cortes Generales.

Artículo 146.

El proyecto de Estatuto será elaborado por una asamblea compuesta por los miembros de la Diputación u órgano interinsular de las provincias afectadas y por los Diputados y Senadores elegidos en ellas y será elevado a las Cortes Generales para su tramitación como ley.

Artículo 147.

1. Dentro de los términos de la presente Constitución, los Estatutos serán la norma institucional básica de cada Comunidad Autónoma y el Estado los reconocerá y amparará como parte integrante de su ordenamiento jurídico.

2. Los Estatutos de autonomía deberán contener:

a) La denominación de la Comunidad que mejor corresponda a su identidad.

b) La delimitación de su territorio.

c) La denominación, organización y sede de las instituciones autónomas propias.

d) Las competencias asumidas dentro del marco establecido en la Constitución y las bases para el traspaso de los servicios correspondientes a las mismas.

3. La reforma de los Estatutos se ajustará al procedimiento establecido en los mismos y requerirá, en todo caso, la aprobación por las Cortes Generales, mediante ley orgánica.

Artículo 148.

1. Las Comunidades Autónomas podrán asumir competencias en las siguientes materias:

1.º Organización de sus instituciones de autogobierno.

2.º Las alteraciones de los términos municipales comprendidos en su territorio y, en general, las funciones que correspondan a la Administración del Estado sobre las Corporaciones locales y cuya transferencia autorice la legislación sobre Régimen Local.

3.º Ordenación del territorio, urbanismo y vivienda.

4.º Las obras de interés de la Comunidad Autónoma en su propio territorio.

5.º Los ferrocarriles y carreteras cuyo itinerario se desarrolle íntegramente en el territorio de la Comunidad Autónoma y, en los mismos términos, el transporte desarrollado por estos medios o por cable.

6.º Los puertos de refugio, los puertos y aeropuertos deportivos y, en general, los que no desarrollen actividades comerciales.

7.º La agricultura y ganadería, de acuerdo con la ordenación general de la economía.

8.º Los montes y aprovechamientos forestales.

9.º La gestión en materia de protección del medio ambiente.

10.º Los proyectos, construcción y explotación de los aprovechamientos hidráulicos, canales y regadíos de interés de la Comunidad Autónoma; las aguas minerales y termales.

11.º La pesca en aguas interiores, el marisqueo y la acuicultura, la caza y la pesca fluvial.

12.º Ferias interiores.

13.º El fomento del desarrollo económico de la Comunidad Autónoma dentro de los objetivos marcados por la política económica nacional.

14.º La artesanía.

15.º Museos, bibliotecas y conservatorios de música de interés para la Comunidad Autónoma.

16.º Patrimonio monumental de interés de la Comunidad Autónoma.

17.º El fomento de la cultura, de la investigación y, en su caso, de la enseñanza de la lengua de la Comunidad Autónoma.

18.º Promoción y ordenación del turismo en su ámbito territorial.

19.º Promoción del deporte y de la adecuada utilización del ocio.

20.º Asistencia social.

21.º Sanidad e higiene.

22.º La vigilancia y protección de sus edificios e instalaciones. La coordinación y demás facultades en relación con las policías locales en los términos que establezca una ley orgánica.

2. Transcurridos cinco años, y mediante la reforma de sus Estatutos, las Comunidades Autónomas podrán ampliar sucesivamente sus competencias dentro del marco establecido en el artículo 149.

Artículo 149.

1. El Estado tiene competencia exclusiva sobre las siguientes materias:

1.º La regulación de las condiciones básicas que garanticen la igualdad de todos los españoles en el ejercicio de los derechos y en el cumplimiento de los deberes constitucionales.

2.º Nacionalidad, inmigración, emigración, extranjería y derecho de asilo.

3.º Relaciones internacionales.

4.º Defensa y Fuerzas Armadas.

5.º Administración de Justicia.

6.º Legislación mercantil, penal y penitenciaria; legislación procesal, sin perjuicio de las necesarias especialidades que en este orden se deriven de las particularidades del derecho sustantivo de las Comunidades Autónomas.

7.º Legislación laboral, sin perjuicio de su ejecución por los órganos de las Comunidades Autónomas.

8.º Legislación civil, sin perjuicio de la conservación, modificación y desarrollo por las Comunidades autónomas de los derechos civiles, forales o especiales, allí donde existan. En todo caso, las reglas relativas a la aplicación y eficacia de las normas jurídicas, relaciones jurídico-civiles relativas a las formas del matrimonio, ordenación de los registros e instrumentos públicos, bases de las obligaciones contractuales, normas para resolver los conflictos de leyes y determinación de las fuentes del Derecho, con respeto, en este último caso, a las normas de derecho foral o especial.

9.º Legislación sobre propiedad intelectual e industrial.

10.º Régimen aduanero y arancelario; comercio exterior.

11.º Sistema monetario: divisas, cambio y convertibilidad; bases de la ordenación del crédito, banca y seguros.

12.º Legislación sobre pesas y medidas, determinación de la hora oficial.

13.º Bases y coordinación de la planificación general de la actividad económica.

14.º Hacienda general y Deuda del Estado.

15.º Fomento y coordinación general de la investigación científica y técnica.

16.º Sanidad exterior. Bases y coordinación general de la sanidad. Legislación sobre productos farmacéuticos.

17.º Legislación básica y régimen económico de la Seguridad Social, sin perjuicio de la ejecución de sus servicios por las Comunidades Autónomas.

18.º Las bases del régimen jurídico de las Administraciones públicas y del régimen estatutario de sus funcionarios que, en todo caso, garantizarán a los administrados un tratamiento común ante ellas; el procedimiento administrativo común, sin perjuicio de las especialidades derivadas de la organización propia de las Comunidades Autónomas; legislación sobre expropiación forzosa; legislación básica sobre contratos y concesiones administrativas y el sistema de responsabilidad de todas las Administraciones públicas.

19.º Pesca marítima, sin perjuicio de las competencias que en la ordenación del sector se atribuyan a las Comunidades Autónomas.

20.º Marina mercante y abanderamiento de buques; iluminación de las costas y señales marítimas; puertos de interés general; aeropuertos de interés general; control del espacio aéreo, servicio meteorológico y matriculación de aeronaves.

21.º Ferrocarriles y transportes terrestres que transcurran por el territorio de más de una Comunidad Autónoma; régimen general de comunicaciones; tráfico y circulación de vehículos a motor; correos y telecomunicaciones; cables aéreos, submarinos y radiocomunicación.

22.º La legislación, ordenación y concesión de recursos y aprovechamientos hidráulicos cuando las aguas discurran por más de una Comunidad Autónoma, y la autorización de las instalaciones eléctricas cuando su aprovechamiento afecte a otra Comunidad o el transporte de energía salga de su ámbito territorial.

23.º Legislación básica sobre protección del medio ambiente, sin perjuicio de las facultades de las Comunidades Autónomas de establecer normas adicionales de protección. La legislación básica sobre montes, aprovechamientos forestales y vías pecuarias.

24.º Obras públicas de interés general o cuya realización afecte a más de una Comunidad Autónoma.

25.º Bases de régimen minero y energético.

26.º Régimen de producción, comercio, tenencia y uso de armas y explosivos.

27.º Normas básicas del régimen de prensa, radio y televisión y, en general, de todos los medios de comunicación social, sin perjuicio de las facultades que en su desarrollo y ejecución correspondan a las Comunidades Autónomas.

28.º Defensa del patrimonio cultural, artístico y monumental español contra la exportación y expoliación; museos, bibliotecas y archivos de titularidad estatal, sin perjuicio de su gestión por parte de las Comunidades Autónomas.

29.º Seguridad pública, sin perjuicio de la posibilidad de creación de policías por las Comunidades Autónomas en la forma que se establezcan en los respectivos Estatutos en el marco de lo que disponga una ley orgánica.

30.º Regulación de las condiciones de obtención, expedición y homologación de títulos académicos y profesionales y normas básicas para el desarrollo del artículo 27 de la Constitución a fin de garantizar el cumplimiento de las obligaciones de los poderes públicos en esta materia.

31.º Estadística para fines estatales.

32.º Autorización para la convocatoria de consultas populares por vía de referéndum.

2. Sin perjuicio de las competencias que podrán asumir las Comunidades Autónomas, el Estado considerará el servicio de la cultura como deber y atribución esencial y facilitará la comunicación cultural entre las Comunidades Autónomas, de acuerdo con ellas.

3. Las materias no atribuidas expresamente al Estado por esta Constitución podrán corresponder a las Comunidades Autónomas, en virtud de sus respectivos Estatutos. La competencia sobre las materias que no se hayan asumido por los Estatutos de Autonomía corresponderá al Estado, cuyas normas prevalecerán, en caso de conflicto, sobre las de las Comunidades Autónomas en todo lo que no esté atribuido a la exclusiva competencia de éstas. El derecho estatal será, en todo caso, supletorio del derecho de las Comunidades Autónomas.

Artículo 150.

1. Las Cortes Generales, en materias de competencia estatal, podrán atribuir a todas o a alguna de las Comunidades Autónomas la facultad de dictar, para sí mismas, normas legislativas en el marco de los principios, bases y directrices fijados por una ley estatal. Sin perjuicio de la competencia de los Tribunales, en cada ley marco se establecerá la modalidad del control de las Cortes Generales sobre estas normas legislativas de las Comunidades Autónomas.

2. El Estado podrá transferir o delegar en las Comunidades Autónomas, mediante ley orgánica, facultades correspondientes a materia de titularidad estatal que por su propia naturaleza sean susceptibles de transferencia o delegación. La ley preverá en cada caso la correspondiente transferencia de medios financieros, así como las formas de control que se reserve el Estado.

3. El Estado podrá dictar leyes que establezcan los principios necesarios para armonizar las disposiciones normativas de las Comunidades Autónomas, aun en el caso de materias atribuidas a la competencia de éstas, cuando así lo exija el interés general. Corresponde a las Cortes Generales, por mayoría absoluta de cada Cámara, la apreciación de esta necesidad.

Artículo 151.

1. No será preciso dejar transcurrir el plazo de cinco años a que se refiere el apartado 2 del artículo 148 cuando la iniciativa del proceso autonómico sea acordada dentro del plazo del artículo 143. 2, además de por las Diputaciones o los órganos interinsulares correspondientes, por las tres cuartas partes de los Municipios de cada una de las provincias afectadas que representen, al menos, la mayoría del censo electoral de cada una de ellas y dicha iniciativa sea ratificada mediante referéndum por el voto afirmativo de la mayoría absoluta de los electores de cada provincia en los términos que establezca una ley orgánica.

2. En el supuesto previsto en el apartado anterior, el procedimiento para la elaboración del Estatuto será el siguiente:

1.º El Gobierno convocará a todos los Diputados y Senadores elegidos en las circunscripciones comprendidas en el ámbito territorial que pretenda acceder al autogobierno, para que se constituyan en Asamblea, a los solos efectos de elaborar el correspondiente proyecto de Estatuto de autonomía, mediante el acuerdo de la mayoría absoluta de sus miembros.

2.º Aprobado el proyecto de Estatuto por la Asamblea de Parlamentarios, se remitirá a la Comisión Constitucional del Congreso, la cual, dentro del plazo de dos meses, lo examinará con el concurso y asistencia de una delegación de la Asamblea proponente para determinar de común acuerdo su formulación definitiva.

3.º Si se alcanzare dicho acuerdo, el texto resultante será sometido a referéndum del cuerpo electoral de las provincias comprendidas en el ámbito territorial del proyectado Estatuto.

4.º Si el proyecto de Estatuto es aprobado en cada provincia por la mayoría de los votos válidamente emitidos, será elevado a las Cortes Generales. Los Plenos de ambas Cámaras decidirán sobre el texto mediante un voto de ratificación. Aprobado el Estatuto, el Rey lo sancionará y lo promulgará como ley.

5.º De no alcanzarse el acuerdo a que se refiere el apartado 2.º de este número, el proyecto de Estatuto será tramitado como proyecto ante las Cortes Generales. El Texto aprobado por éstas será sometido a referéndum del cuerpo electoral de las provincias comprendidas en el ámbito territorial del proyectado Estatuto. En caso de ser aprobado por la mayoría de los votos válidamente emitidos en cada provincia, procederá su promulgación en los términos del párrafo anterior.

3. En los casos de los párrafos 41 y 51 del apartado anterior, la no aprobación del proyecto de Estatuto por una o varias provincias, no impedirá la constitución entre las restantes de la Comunidad Autónoma proyectada, en la forma que establezca la ley orgánica prevista en el apartado 1 de este artículo.

Artículo 152.

1. En los Estatutos aprobados por el procedimiento a que se refiere el artículo anterior, la organización institucional autonómica se basará en una Asamblea Legislativa elegida por sufragio universal con arreglo a un sistema de representación proporcional que asegure, además, la representación de las diversas zonas del territorio; un Consejo de Gobierno con funciones ejecutivas y administrativas, y un Presidente, elegido por la Asamblea, de entre sus miembros, y nombrado por el Rey, al que corresponde la dirección del Consejo de Gobierno, la suprema representación de la respectiva Comunidad y la ordinaria del Estado en aquélla. El Presidente y los miembros del Consejo de Gobierno serán políticamente responsables ante la Asamblea.

Un Tribunal Superior de Justicia, sin perjuicio de la jurisdicción que corresponde al Tribunal Supremo, culminará la organización judicial en el ámbito territorial de la Comunidad Autónoma. En los Estatutos de las Comunidades Autónomas podrán establecerse los supuestos y las formas de participación de aquéllas en la organización de las demarcaciones judiciales del territorio. Todo ello de conformidad con lo previsto en la ley orgánica del Poder Judicial y dentro de la unidad e independencia de éste.

2. Una vez sancionados y promulgados los respectivos Estatutos, solamente podrán ser modificados mediante los procedimientos en ellos establecidos y con referéndum entre los electores inscritos en los censos correspondientes.

3. Mediante la agrupación de municipios limítrofes, los Estatutos podrán establecer circunscripciones territoriales propias que gozarán de plena personalidad jurídica.

Artículo 153.

El control de la actividad de los órganos de las Comunidades Autónomas se ejercerá:

a) Por el Tribunal Constitucional, el relativo a la constitucionalidad de sus disposiciones normativas.

b) Por el Gobierno, previo dictamen del Consejo de Estado, el del ejercicio de funciones delegadas a que se refiere el apartado 2 del artículo 150.

c) Por la jurisdicción contencioso-administrativa, el de la administración autónoma y sus normas reglamentarias.

d) Por el Tribunal de Cuentas, el económico y presupuestario.

Artículo 154.

Un delegado nombrado por el Gobierno dirigirá la administración del Estado en el territorio de la Comunidad Autónoma y la coordinación, cuando proceda, con la administración propia de la Comunidad.

Artículo 155.

1. Si una Comunidad Autónoma no cumpliere las obligaciones que la Constitución u otras leyes le impongan, o actuare de forma que atente gravemente al interés general de España, el Gobierno, previo requerimiento al Presidente de la Comunidad Autónoma y, en el caso de no ser atendido, con la aprobación por mayoría absoluta del Senado, podrá adoptar las medidas necesarias para obligar a aquélla al cumplimiento forzoso de dichas obligaciones o para la protección del mencionado interés general.

2. Para la ejecución de las medidas previstas en el apartado anterior, el Gobierno podrá dar instrucciones a todas las autoridades de las Comunidades Autónomas.

Artículo 156.

1. Las Comunidades Autónomas gozarán de autonomía financiera para el desarrollo y ejecución de sus competencias con arreglo a los principios de coordinación con la Hacienda estatal y de solidaridad entre todos los españoles.

2. Las Comunidades Autónomas podrán actuar como delegados o colaboradores del Estado para la recaudación, la gestión y la liquidación de los recursos tributarios de aquél, de acuerdo con las leyes y los Estatutos.

Artículo 157.

1. Los recursos de las Comunidades Autónomas estarán constituidos por:

a) Impuestos cedidos total o parcialmente por el Estado; recargos sobre impuestos estatales y otras participaciones en los ingresos del Estado.

b) Sus propios impuestos, tasas y contribuciones especiales.

c) Transferencias de un fondo de compensación interterritorial y otras asignaciones con cargo a los Presupuestos Generales del Estado.

d) Rendimientos procedentes de su patrimonio e ingresos de derecho privado.

e) El producto de las operaciones de crédito[14].

2. Las Comunidades Autónomas no podrán en ningún caso adoptar medidas tributarias sobre bienes situados fuera de su territorio o que supongan obstáculo para la libre circulación de mercancías o servicios.

---

[14] STC 11/1984, de 2 de febrero, FJ 41:«*La competencia de las Comunidades Autónomas para emitir deuda pública fue ya reconocida implícitamente por la Constitución en favor de las Comunidades Autónomas, al dotarlas mediante su art. 156 de autonomía financiera y al prever en su art. 157.1.e), como uno de sus recursos financieros, los constituidos por «el producto de las operaciones de crédito»»*.

3. Mediante ley orgánica podrá regularse el ejercicio de las competencias financieras enumeradas en el precedente apartado 1, las normas para resolver los conflictos que pudieran surgir y las posibles formas de colaboración financiera entre las Comunidades Autónomas y el Estado.

Artículo 158.
1. En los Presupuestos Generales del Estado podrá establecerse una asignación a las Comunidades Autónomas en función del volumen de los servicios y actividades estatales que hayan asumido y de la garantía de un nivel mínimo en la prestación de los servicios públicos fundamentales en todo el territorio español.

2. Con el fin de corregir desequilibrios económicos interterritoriales y hacer efectivo el principio de solidaridad se constituirá un Fondo de Compensación con destino a gastos de inversión, cuyos recursos serán distribuidos por las Cortes Generales entre las Comunidades Autónomas y provincias, en su caso.

(…)

TÍTULO IX. DEL TRIBUNAL CONSTITUCIONAL

(…)

TÍTULO X. DE LA REFORMA CONSTITUCIONAL

(…)

DISPOSICIONES ADICIONALES

Primera. La Constitución ampara y respeta los derechos históricos de los territorios forales.

La actualización general de dicho régimen foral se llevará a cabo, en su caso, en el marco de la Constitución y de los Estatutos de Autonomía[15].

(…)

Tercera. La modificación del régimen económico y fiscal del archipiélago canario requerirá informe previo de la Comunidad Autónoma o, en su caso, del órgano provisional autonómico.

(…)

DISPOSICIONES TRANSITORIAS

(…)

Quinta.
Las ciudades de Ceuta y Melilla podrán constituirse en Comunidades Autónomas si así lo deciden sus respectivos Ayuntamientos, mediante acuerdo adoptado por la mayoría absoluta

---

15   Ley Orgánica 13/1982, de 10 de agosto, de Reintegración y Amejoramiento del Régimen Foral de Navarra (BOE núm. 195 de 16 de agosto de 1982) y Ley 12/2002, de 23 de mayo, por la que se aprueba el Concierto Económico con la Comunidad Autónoma del País Vasco (BOE núm. 124, de 24 de mayo de 2002).

de sus miembros y así lo autorizan las Cortes Generales, mediante una ley orgánica, en los términos previstos en el artículo 144.

DISPOSICIÓN DEROGATORIA

1. Queda derogada la Ley 1/1977, de 4 de enero, para la Reforma Política, así como, en tanto en cuanto no estuvieran ya derogados por la anteriormente mencionada ley, la de Principios Fundamentales del Movimiento de 17 de mayo de 1958, el Fuero de los Españoles de 17 de julio de 1945, del Trabajo de 9 de marzo de 1938, la Ley Constitutiva de las Cortes de 17 de julio de 1942, la Ley de Sucesión en la Jefatura del Estado de 26 de julio de 1947, todas ellas modificadas por la Ley Orgánica del Estado de 10 de enero de 1967 y en los mismos términos ésta última y la de Referéndum Nacional de 22 de octubre de 1945.

2. En tanto en cuanto pudiera conservar alguna vigencia, se considera definitivamente derogado el Real Decreto de 25 de octubre de 1839 en lo que pudiera afectar a las provincias de Álava, Guipúzcoa y Vizcaya.

En los mismos términos se considera definitivamente derogada la Ley de 21 de julio de 1876.

3. Asimismo quedan derogadas cuantas disposiciones se opongan a lo establecido en esta Constitución.

DISPOSICIÓN FINAL

Esta Constitución entrará en vigor el mismo día de la publicación de su texto oficial en el Boletín Oficial del Estado. Se publicará también en las demás lenguas de España.

Por tanto,

Mando a todos los españoles, particulares y autoridades, que guarden y hagan guardar esta constitución como norma fundamental del estado.

Palacio de las Cortes, a veintisiete de diciembre de mil novecientos setenta y ocho.

Juan Carlos

El Presidente De Las Cortes.
Antonio Hernández Gil
El presidente del congreso de los diputados.
Fernando Álvarez de Miranda y Torres
El Presidente Del Senado.
Antonio Fontán Peréz

Ley Orgánica 8/1980, de 22 de septiembre, de FINANCIACIÓN DE LAS COMUNIDADES AUTÓNOMAS[1]

(BOE núm. 236, de 1 de octubre de 1980)

CAPÍTULO PRIMERO. PRINCIPIOS GENERALES

Artículo 1

Uno. Las Comunidades Autónomas gozarán de autonomía financiera para el desarrollo y ejecución de las competencias que, de acuerdo con la Constitución, les atribuyan las Leyes y sus respectivos Estatutos.

Dos. La financiación de las Comunidades Autónomas se regirá por la presente Ley Orgánica y por el Estatuto de cada una de dichas comunidades[2]. En lo que a esta materia afecte

---

[1]   Modificada por:

Ley Orgánica 9/2022, de 28 de julio, por la que se establecen normas que faciliten el uso de información financiera y de otro tipo para la prevención, detección, investigación o enjuiciamiento de infracciones penales, de modificación de la Ley Orgánica 8/1980, de 22 de septiembre, de Financiación de las Comunidades Autónomas y otras disposiciones conexas y de modificación de la Ley Orgánica 10/1995, de 23 de noviembre, del Código Penal (BOE núm. 181, de 29 de julio de 2022).

Ley Orgánica 6/2015, de 12 de junio, de modificación de la Ley Orgánica 8/1980, de 22 de septiembre, de financiación de las Comunidades Autónomas y de la Ley Orgánica 2/2012, de 27 de abril, de Estabilidad Presupuestaria y Sostenibilidad Financiera (BOE núm. 141, de 13 de junio de 2015).

Ley Orgánica 9/2013, de 20 de diciembre, de control de la deuda comercial en el sector público (BOE núm. 305, de 21 de diciembre de 2013).

Ley Orgánica 8/2013, de 9 de diciembre, de mejora de la calidad educativa (BOE núm. 295, de 10 de diciembre de 2013)

Ley Orgánica 2/2012, de 27 de abril, de Estabilidad Presupuestaria y Sostenibilidad Financiera (BOE núm. 103, 30/4/2012).

Ley Orgánica 3/2009, de 18 de diciembre, de modificación de la Ley Orgánica 8/1980, de 22 de septiembre, de Financiación de las Comunidades Autónomas (BOE núm. 305, 19/12/2009).

Ley Orgánica 7/2001, de 27 de diciembre, de modificación de la Ley Orgánica 8/1980, de 22 de septiembre, de Financiación de las Comunidades Autónomas (LOFCA) (BOE núm. 313, 31/12/2001).

Ley Orgánica 5/2001, de 13 de diciembre, complementaria a la Ley General de Estabilidad Presupuestaria (BOE núm. 299, 14/12/2001).

Ley Orgánica 10/1998, de 17 de diciembre, complementaria de la Ley sobre introducción del euro (BOE núm. 302, 18/12/1998).

Ley Orgánica 3/1996, de 27 de diciembre, de modificación parcial de la Ley Orgánica 8/1980, de 22 de septiembre, de financiación de las Comunidades Autónomas (BOE núm. 313, 28/12/1996).

Ley Orgánica 1/1989, de 13 de abril, por la que se da nueva redacción a los artículos 4.1 y 7.1 y 2, de la Ley Orgánica 8/1980, de 22 de septiembre, de Financiación de las Comunidades Autónomas (BOE núm. 90, 15/4/1989).

[2]   Se citan a continuación las disposiciones que aprueban los Estatutos de Autonomía, con mención expresa a los preceptos que contienen la regulación sobre «Economía y Hacienda» y a las normas que posteriormente han modificado el articulado referido a estas materias:

Andalucía: Ley Orgánica 2/2007, de 19 de marzo, de reforma del Estatuto de Autonomía para Andalucía (BOE núm. 68, de 20 de marzo 2007), artículos 175 al 193, disposiciones adicionales, transitorias, derogatorias y finales. Modificada por el artículo 1 de la Ley 18/2010, de 16 de julio, del régimen de cesión de tributos del Estado a la Comunidad Autónoma de Andalucía y de fijación del alcance y condiciones de dicha cesión (BOE núm. 173, de 17 de julio de 2010).

Aragón: Ley Orgánica 5/2007, de 20 de abril, de reforma del Estatuto de Autonomía de Aragón (BOE núm. 97, de 23 de abril de 2007), artículos 99 al 114, disposiciones adicionales 2.ª y 4.ª, transitoria 1.ª, derogatoria y final. Modificada por el artículo 1 de la Ley 24/2010, de 16 de julio, del régimen de cesión de tributos del Estado a la Comunidad Autónoma de Aragón y de fijación del alcance y condiciones de dicha cesión (BOE núm. 173, de 17 de julio de 2010).

Principado de Asturias: Ley Orgánica 7/1981, de 30 de diciembre, de Estatuto de Autonomía para Asturias (BOE núm. 9, de 11 de enero de 1982). Modificada por Ley 26/1997, de 4 de agosto (BOE núm. 186, de 5 de agosto de 1997), y por Ley Orgánica 1/1999, de 5 de enero (BOE núm. 7, de 8 de enero de 1999), artículos 42 al 51 bis, disposición adicional y disposición transitoria 5.ª. Modificada por el artículo 1 de la Ley 19/2010, de 16 de julio, del régimen de cesión de tributos del Estado a la Comunidad Autónoma del Principado de Asturias y de fijación del alcance y condiciones de dicha cesión (BOE núm. 173, de 17 de julio de 2010).

Illes Balears: Ley Orgánica 2/1983, de 25 de febrero, de Estatuto de Autonomía para las islas Baleares (BOE núm. 51, de 1 de marzo de 1983), texto modificado y redactado por Ley Orgánica 1/2007, de 28 de febrero, de reforma del Estatuto de Autonomía de las Illes Balears (BOE núm. 52, de 1 de marzo de 2007 y núm. 77, de 30 de marzo y núm. 173, de 20 de julio de 2007), artículos 120 al 138, disposiciones adicionales 4.ª y 5.ª y transitorias 3.ª, 10.ª y 11.ª. Modificada por el artículo 1 de la Ley 28/2010, de 16 de julio, del régimen de cesión de tributos del Estado a la Comunidad Autónoma de las Illes Balears y de fijación del alcance y condiciones de dicha cesión (BOE núm. 173, de 17 de julio de 2010).

Canarias: Ley Orgánica 10/1982, de 10 de agosto, de Estatuto de Autonomía de Canarias (BOE núm. 195, de 16 de agosto de 1982). Modificada por Ley Orgánica 4/1996, de 30 de diciembre (BOE núm. 315, de 31 de diciembre de 1996 y 12 de marzo de 1997), por Ley 28/1997, de 4 de agosto (BOE núm. 186, de 5 de agosto de 1997), y por el artículo 1 de la Ley 26/2010, de 16 de julio, del régimen de cesión de tributos del Estado a la Comunidad Autónoma de Canarias y de fijación del alcance y condiciones de dicha cesión,(BOE núm. 173, de 17 de julio de 2010). Artículos 45 al 63 y disposiciones adicionales 2.ª y 3.ª.

Cantabria: Ley Orgánica 8/1981, de 30 de diciembre, de Estatuto de Autonomía para Cantabria (BOE núm. 9, de 11 de enero de 1982). Modificada por Ley 29/1997, de 4 de agosto (BOE núm. 186, de 5 de agosto de 1997), por Ley Orgánica 11/1998, de 30 de diciembre, de reforma de la Ley Orgánica 8/1981, de 30 de diciembre, del Estatuto de Autonomía para Cantabria (BOE núm. 313, de 31 de diciembre de 1998) y por el artículo 1 de la Ley 20/2010, de 16 de julio, del régimen de cesión de tributos del Estado a la Comunidad Autónoma de Cantabria y de fijación del alcance y condiciones de dicha cesión (BOE núm. 173, de 17 de julio de 2010), artículos 45 al 57, disposiciones adicionales 1.ª y 2.ª y disposición transitoria 10.ª.

Castilla-León: Ley Orgánica 4/1983, de 25 de febrero, de Estatuto de Autonomía de Castilla-León (BOE núm. 52, de 2 de marzo de 1983), redactado de nuevo por Ley Orgánica 14/2007, de 30 de noviembre, de reforma del Estatuto de Autonomía de Castilla y León (BOE núm. 299, de 1 de diciembre de 2007), artículos 82 al 90, disposiciones adicional 1.ª, derogatoria y final. Modificada por el artículo 1 de la Ley 30/2010, de 16 de julio, del régimen de cesión de tributos del Estado a la Comunidad de Castilla y León y de fijación del alcance y condiciones de dicha cesión (BOE núm. 173, de 17 de julio de 2010).

Castilla-La Mancha: Ley Orgánica 9/1982, de 10 de agosto, de Estatuto de Autonomía de Castilla-La Mancha (BOE núm. 195, de 16 de agosto de 1982), artículos 41 al 53, disposiciones adicionales 1.ª y 2.ª y disposición transitoria 6.ª. Modificada por el artículo 1 de la Ley 25/2010, de 16 de julio, del régimen de cesión de tributos del Estado a la Comunidad Autónoma de Castilla-La Mancha y de fijación del alcance y condiciones de dicha cesión (BOE núm. 173, de 17 de julio de 2010).

Cataluña: Ley Orgánica 6/2006, de 19 de julio, de reforma del Estatuto de Autonomía de Cataluña (BOE núm. 172, de 20 de julio de 2006), modificada por el artículo 1 de la Ley 16/2010, de 16 de julio, del régimen de cesión de tributos del Estado a la Comunidad Autónoma de Cataluña y de fijación del alcance y condiciones de dicha cesión,(BOE núm. 173, de 17 de julio de 2010); STC núm. 31/2010, de 28 de junio se aplicarán las Leyes ordinarias, Reglamentos y demás normas jurídicas emanadas de las instituciones del Estado y de las Comunidades Autónomas.

Tres. Lo dispuesto en esta Ley se entiende sin perjuicio de lo establecido en los Tratados o Convenios suscritos o que se suscriban en el futuro por España.

---

de 2010,(BOE núm. 172, de 16 de julio de 2010), recurso de inconstitucionalidad de diversos preceptos de dicha Ley Orgánica.

Extremadura: Ley Orgánica 1/1983, de 25 de febrero, de Estatuto de Autonomía de Extremadura (BOE núm. 49, de 26 de febrero de 1983). Modificada por Ley Orgánica 12/1999, de 6 de mayo (BOE núm. 109, de 7 de mayo de 1999), artículos 54 al 61 y disposición adicional 1.ª. Modificada por el artículo 1 de la Ley 27/2010, de 16 de julio, del régimen de cesión de tributos del Estado a la Comunidad Autónoma de Extremadura y de fijación del alcance y condiciones de dicha cesión (BOE núm. 173, de 17 de julio de 2010); derogada por la Ley Orgánica 1/2011, de 28 de enero, de reforma del Estatuto de Autonomía de la Comunidad Autónoma de Extremadura (BOE núm. 25, de 29 de enero de 2011), arts. 82 y 86 a 90.

Galicia: Ley Orgánica 1/1981, de 6 de abril, de Estatuto de Autonomía para Galicia (BOE núm. 101, de 28 de abril de 1981). Modificada por Ley 32/1997, de 4 de agosto (BOE núm. 186, de 5 de agosto de 1997), artículos 42 al 55, disposición adicional 1.ª y disposición transitoria 5.ª. Modificada por el artículo 1 de la Ley 17/2010, de 16 de julio, del régimen de cesión de tributos del Estado a la Comunidad Autónoma de Galicia y de fijación del alcance y condiciones de dicha cesión (BOE núm. 173, de 17 de julio de 2010).

Madrid: Ley Orgánica 3/1983, de 25 de febrero, de Estatuto de Autonomía de la Comunidad de Madrid,(BOE núm. 51, de 1 de marzo de 1983). Modificada por Ley Orgánica 5/1998, de 7 de julio (BOE núm. 162, de 8 de julio de 1998), artículos 51 al 63, disposición adicional 1.ª y disposición transitoria 6.ª. Modificada por el artículo 1 de la Ley 29/2010, de 16 de julio, del régimen de cesión de tributos del Estado a la Comunidad de Madrid y de fijación del alcance y condiciones de dicha cesión (BOE núm. 173, de 17 de julio de 2010).

Región de Murcia: Ley Orgánica 4/1982, de 9 de junio, de Estatuto de Autonomía para la Región de Murcia (BOE núm. 146, de 19 de junio de 1982). Modificada por Ley 34/1997, de 4 de agosto (BOE núm. 186, de 5 de agosto de 1997), artículos 40 al 50 y 54, disposición adicional 1.ª y disposición transitoria 6.ª y Ley Orgánica 1/1998, de 15 de junio (BOE núm. 143, de 16 de junio de 1998). Modificada por el artículo 1 de la Ley 22/2010, de 16 de julio, del régimen de cesión de tributos del Estado a la Comunidad Autónoma de la Región de Murcia y de fijación del alcance y condiciones de dicha cesión,(BOE núm. 173, de 17 de julio de 2010).

La Rioja: Ley Orgánica 3/1982, de 9 de junio, de Estatuto de Autonomía de La Rioja (BOE núm. 146, de 19 de junio de 1982). Modificada por Ley 35/1997, de 4 de agosto (BOE núm. 186, de 5 de agosto de 1997), y por Ley Orgánica 2/1999, de 7 de enero (BOE núm. 7, de 8 de enero de 1999), artículos 43 al 57, disposición adicional 1.ª y disposiciones transitorias 10.ª y 11.ª. Modificada por el artículo 1 de la Ley 21/2010, de 16 de julio, del régimen de cesión de tributos del Estado a la Comunidad Autónoma de La Rioja y de fijación del alcance y condiciones de dicha cesión,(BOE núm. 173, de 17 de julio de 2010).

Comunidad Valenciana: Ley Orgánica 5/1982, de 1 de julio, de Estatuto de Autonomía de la Comunidad Valenciana (BOE núm. 164, de 10 de julio de 1982), actualizada por Ley Orgánica 1/2006, de 10 de abril (BOE núm. 86, de 11 de abril de 2006), artículos 67 al 80. Modificada por el artículo 1 de la Ley 23/2010, de 16 de julio, del régimen de cesión de tributos del Estado a la Comunitat Valenciana y de fijación del alcance y condiciones de dicha cesión,(BOE núm. 173, de 17 de julio de 2010).

En **Navarra** rige la Ley Orgánica 13/1982, de 10 de agosto, de Reintegración y Amejoramiento del Régimen Foral de Navarra (BOEnúm. 195, de 6 de agosto de 1982), artículos 18 y 45.

En el **País Vasco** el Estatuto de Autonomía fue aprobado por la Ley Orgánica 3/1979, de 18 de diciembre (BOE núm. 306, de 22 de diciembre de 1979), artículos 40 al 45 y disposición transitoria 8.ª.

Artículo 2

Uno[3]. La actividad financiera de las Comunidades Autónomas se ejercerá en coordinación con la Hacienda del Estado, con arreglo a los siguientes principios:

a) El sistema de ingresos de las Comunidades Autónomas, regulado en las normas básicas a que se refiere el artículo anterior, deberá establecerse de forma que no pueda implicar, en ningún caso, privilegios económicos o sociales ni suponer la existencia de barreras fiscales en el territorio español, de conformidad con el apartado 2 del artículo 157 de la Constitución.

b)[4] La garantía del equilibrio económico, a través de la política económica general, de acuerdo con lo establecido en los artículos 40.1, 131 y 138 de la Constitución, corresponde al Estado, que es el encargado de adoptar las medidas oportunas tendentes a conseguir la estabilidad económica interna y externa, la estabilidad presupuestaria y la sostenibilidad financiera, así como el desarrollo armónico entre las diversas partes del territorio español. A estos efectos, se aplicarán los principios de estabilidad presupuestaria y sostenibilidad financiera definidos en la Ley Orgánica 2/2012, de 27 de abril, de Estabilidad Presupuestaria y Sostenibilidad Financiera.

c) La garantía de un nivel base equivalente de financiación de los servicios públicos fundamentales, independientemente de la Comunidad Autónoma de residencia.

d) La corresponsabilidad de las Comunidades Autónomas y el Estado en consonancia con sus competencias en materia de ingresos y gastos públicos.

e) La solidaridad entre las diversas nacionalidades y regiones que consagran los artículos segundo y los apartados uno y dos del ciento treinta y ocho de la Constitución.

f) La suficiencia de recursos para el ejercicio de las competencias propias de las Comunidades Autónomas.

g) La lealtad institucional, que determinará el impacto, positivo o negativo, que puedan suponer las actuaciones legislativas del Estado y de las Comunidades Autónomas en materia tributaria o la adopción de medidas que eventualmente puedan hacer recaer sobre las Comunidades Autónomas o sobre el Estado obligaciones de gasto no previstas a la fecha de aprobación del sistema de financiación vigente, y que deberán ser objeto de valoración quinquenal en cuanto a su impacto, tanto en materia de ingresos como de gastos, por el Consejo de Política Fiscal y Financiera de las Comunidades Autónomas, y en su caso compensación, mediante modificación del Sistema de Financiación para el siguiente quinquenio.

---

[3]   Nueva redacción del art. 2. Uno dada por el art. único.Uno de la Ley Orgánica 3/2009, de 18 de diciembre, de modificación de la Ley Orgánica 8/1980, de 22 de septiembre, de Financiación de las Comunidades Autónomas (BOE núm. 305 de 19/12/2009), con efectos desde 1 de enero de 2009. Redacción anterior dada por el art. 7 de la Ley Orgánica 7/2001 y por la disp. adic. Única de la Ley Orgánica 5/2001.

[4]   Nueva redacción de la letra b) dada por el art. primero Uno de la Ley Orgánica 6/2015, de 12 de junio, de modificación de la Ley Orgánica 8/1980, de 22 de septiembre, de financiación de las Comunidades Autónomas y de la Ley Orgánica 2/2012, de 27 de abril, de Estabilidad Presupuestaria y Sostenibilidad Financiera (BOE núm. 141, de 13 de junio de 2015), en vigor desde el 14 de junio de 2015. Redacción anterior dada por el art. único.Uno de la Ley Orgánica 3/2009, de 18 de diciembre, de modificación de la Ley Orgánica 8/1980, de 22 de septiembre, de Financiación de las Comunidades Autónomas (BOE núm. 305 de 19/12/2009), con efectos desde 1 de enero de 2009.

Dos. Cada Comunidad Autónoma está obligada a velar por su propio equilibrio territorial y por la realización interna del principio de solidaridad.

Tres. Las Comunidades Autónomas gozarán del tratamiento fiscal que la Ley establezca para el Estado.

Artículo 3

Uno[5]. Para la adecuada coordinación entre la actividad financiera de las Comunidades Autónomas y de la Hacienda del Estado se crea por esta Ley el Consejo de Política Fiscal y Financiera de las Comunidades Autónomas, que estará constituido por el Ministro de Economía y Hacienda, el Ministro de Administraciones Públicas y el Consejero de Hacienda de cada Comunidad o Ciudad Autónoma.

Dos[6]. El Consejo de Política Fiscal y Financiera de las Comunidades Autónomas, como órgano de coordinación del Estado y las Comunidades Autónomas en materia fiscal y financiera, entenderá de las siguientes materias:

a) La coordinación de la política presupuestaria de las Comunidades Autónomas con la del Estado.

b) La emisión de los informes y la adopción de los acuerdos previstos en la Ley Orgánica 18/2001, Complementaria de la Ley General de Estabilidad Presupuestaria.

c) El estudio y valoración de los criterios de distribución de los recursos del Fondo de Compensación.

d) El estudio, la elaboración, en su caso, y la revisión de los métodos utilizados para el cálculo de los costos de los servicios transferidos a las Comunidades Autónomas.

e) La apreciación de las razones que justifiquen, en cada caso, la percepción por parte de las Comunidades Autónomas de las asignaciones presupuestarias, así como los criterios de equidad seguidos para su afectación.

f) La coordinación de la política de endeudamiento.

g) La coordinación de la política de inversiones públicas.

h) En general, todo aspecto de la actividad financiera de las Comunidades Autónomas y de la Hacienda del Estado que, dada su naturaleza, precise de una actuación coordinada.

Tres. Para su adecuado funcionamiento, el Consejo de Po-lítica Fiscal y Financiera elaborará un reglamento de régimen interior, que será aprobado por mayoría absoluta de sus miembros.

---

[5]   Nueva redacción del apartado Uno dada por el artículo único.uno de la por Ley orgánica 3/1996, de 27 de diciembre, de modificación parcial de la Ley Orgánica 8/1980, de 22 de septiembre, de financiación de las Comunidades Autónomas (BOE núm. 313, de 8 de diciembre de 1996), en vigor desde el 29 de diciembre de 1996.

[6]   Nueva redacción del apartado Dos dada por el la Disp. Adic. Única.Dos de la Ley Orgánica 5/2001, de 13 de diciembre, complementaria a la Ley General de Estabilidad Presupuestaria (BOE núm. 299, de 14 de diciembre de 2001), en vigor desde el 1 de enero de 2002.

CAPÍTULO II. Recursos de las Comunidades Autónomas

Artículo 4

Uno[7]. De conformidad con el apartado 1 del artículo 157 de la Constitución, y sin perjuicio de lo establecido en el resto del articulado, los recursos de las Comunidades Autónomas estarán constituidos por:

a) Los ingresos procedentes de su patrimonio y demás de derecho privado.

b) Sus propios impuestos, tasas y contribuciones especiales.

c) Los tributos cedidos, total o parcialmente, por el Estado.

d) La participación en el Fondo de Garantía de Servicios Públicos Fundamentales.

e) Los recargos que pudieran establecerse sobre los tributos del Estado.

f) Las participaciones en los ingresos del Estado a través de los fondos y mecanismos que establezcan las leyes.

g) El producto de las operaciones de crédito.

h) El producto de las multas y sanciones en el ámbito de su competencia.

i) Sus propios precios públicos.

Dos[8]. En su caso, las Comunidades Autónomas podrán obtener igualmente ingresos procedentes de:

a) Las asignaciones que se establezcan en los Presupuestos Generales del Estado, de acuerdo con lo dispuesto en la presente Ley.

b) Las transferencias de los Fondos de Compensación Interterritorial, cuyos recursos tienen el carácter de carga general del Estado a los efectos previstos en los artículos 2, 138 y 158 de la Constitución.

Artículo 5

Uno. Constituyen ingresos de Derecho privado de las Comunidades Autónomas los rendimientos o productos de cualquier naturaleza derivados de su patrimonio, así como las adquisiciones a título de herencia, legado o donación.

Dos. A estos efectos se considerará patrimonio de las Comunidades Autónomas el constituido por los bienes de su propiedad, así como por los derechos reales o personales de que sea titular, susceptibles de valoración económica, siempre que unos u otros no se hallen afectos al uso o al servicio público.

---

[7]   Nueva redacción del art. 4.Uno dada por el artículo único.dos de la Ley Orgánica 3/2009, de 18 de diciembre, de modificación de la Ley Orgánica 8/1980, de 22 de septiembre, de Financiación de las Comunidades Autónomas (BOE núm. 305 de 19/12/2009), con efectos desde 1 de enero de 2009. Redacción anterior dada por el art. 1 de la Ley Orgánica 1/1989 y Ley Orgánica 3/1996 y por el art. único.2 de la Ley Orgánica 3/1996, de 27 de diciembre, que modifico el apartado uno.d).

[8]   Nueva redacción del apartado Dos dada por el art. 4 de la Ley Orgánica 7/2001, de 27 de diciembre, de modificación de la Ley Orgánica 8/1980, de 22 de septiembre, de Financiación de las Comunidades Autónomas (BOE núm. 313, de 31 e diciembre de 2001), con efectos desde 1 de enero de 2002.

Artículo 6[9]

Uno. Las Comunidades Autónomas podrán establecer y exigir sus propios tributos de acuerdo con la Constitución y las Leyes.

Dos[10]. Los tributos que establezcan las Comunidades Autónomas no podrán recaer sobre hechos imponibles gravados por el Estado. Cuando el Estado, en el ejercicio de su potestad tributaria originaria establezca tributos sobre hechos imponibles gravados por las Comunidades Autónomas, que supongan a éstas una disminución de ingresos, instrumentará las medidas de compensación o coordinación adecuadas en favor de las mismas.

Tres[11]. Los tributos que establezcan las Comunidades Autónomas no podrán recaer sobre hechos imponibles gravados por los tributos locales. Las Comunidades Autónomas podrán establecer y gestionar tributos sobre las materias que la legislación de Régimen Local reserve a las Corporaciones locales. En todo caso, deberán establecerse las medidas de compensación o coordinación adecuadas a favor de aquellas Corporaciones, de modo que los ingresos de tales Corporaciones Locales no se vean mermados ni reducidos tampoco en sus posibilidades de crecimiento futuro.

Artículo 7[12]

Uno. Las Comunidades Autónomas podrán establecer tasas por la utilización de su dominio público, así como por la prestación de servicios públicos o la realización de actividades en régimen de Derecho público de su competencia, que se refieran, afecten o beneficien de modo particular a los sujetos pasivos cuando concurra cualquiera de las circunstancias siguientes:

a) Que no sean de solicitud voluntaria para los administrados. A estos efectos no se considerará voluntaria la solicitud por parte de los administrados:

– Cuando venga impuesta por disposiciones legales o reglamentarias.

– Cuando los bienes, servicios o actividades requeridos sean imprescindibles para la vida privada o social del solicitante.

b) Que no se presten o realicen por el sector privado, esté o no establecida su reserva a favor del sector público conforme a la normativa vigente.

---

[9]   Nueva redacción dada por el art. único.tres de la Ley Orgánica 3/2009, de 18 de diciembre, de modificación de la Ley Orgánica 8/1980, de 22 de septiembre, de Financiación de las Comunidades Autónomas (BOE núm. 305, de 19 de diciembre de 2009), con efectos desde el 1 de enero de 2009.

[10]   STC 37/1987, de 26 de marzo (BOE núm. 26 de marzo de 1987), STC 289/2000, de 30 de noviembre (BOE núm. 4 de 4 de enero de 2001), STC 122/2012 de 5 de julio de 2012 (BOE núm. 159, de 4 de julio de 2012).

[11]   Disposición adicional primera (Potestad tributaria de las Comunidades Autónomas sobre materia imponible gravada por el Impuesto sobre Vehículos de Tracción Mecánica y por el Impuesto Municipal sobre Gastos Suntuarios, en su modalidad de aprovechamiento de cotos de caza y pesca) del Real Decreto Legislativo 2/2004, de 5 de marzo, por el que se aprueba el Texto Refundido de la Ley Reguladora de las Haciendas Locales.

[12]   Nueva redacción de los apartados Uno y Dos dada por el art. único.3 de la Ley orgánica 3/1996, de 27 de diciembre, de modificación parcial de la Ley Orgánica 8/1980, de 22 de septiembre, de financiación de las Comunidades Autónomas (BOE núm. 313, de 28 de diciembre de 1996). Redacción anterior de dichos apartados dada por el art. 2 de la Ley Orgánica 1/1989.

Dos. Cuando el Estado o las Corporaciones Locales transfieran a las Comunidades Autónomas bienes de dominio público para cuya utilización estuvieran establecidas tasas o competencias en cuya ejecución o desarrollo presten servicios o realicen actividades igualmente gravadas con tasas, aquéllas y éstas se considerarán como tributos propios de las respectivas Comunidades.

Tres. El rendimiento previsto para cada tasa por la prestación de servicios o realización de actividades no podrá sobrepasar el coste de dichos servicios o actividades.

Cuatro. Para la fijación de las tarifas de las tasas podrán tenerse en cuenta criterios genéricos de capacidad económica, siempre que la naturaleza de aquélla se lo permita.

Artículo 8

Uno. Las Comunidades Autónomas podrán establecer contribuciones especiales por la obtención por el sujeto pasivo de un beneficio o de un aumento del valor de sus bienes como consecuencia de la realización por las mismas de obras públicas o del establecimiento o ampliación a su costa de servicios públicos.

Dos. La recaudación por la contribución especial no podrá superar el coste de la obra o del establecimiento o ampliación del servicio soportado por la Comunidad Autónoma.

Artículo 9

Las Comunidades Autónomas podrán establecer sus propios impuestos, respetando, además de lo establecido en el artículo sexto de esta Ley, los siguientes principios:

a) No podrán sujetarse elementos patrimoniales situados, rendimientos originados ni gastos realizados fuera del territorio de la respectiva Comunidad Autónoma.

b) No podrán gravarse, como tales, negocios, actos o hechos celebrados o realizados fuera del territorio de la comunidad impositora, ni la transmisión o ejercicio de bienes, derechos y obligaciones que no hayan nacido ni hubieran de cumplirse en dicho territorio o cuyo adquirente no resida en el mismo.

c) No podrán suponer obstáculo para la libre circulación de personas, mercancías y servicios capitales, ni afectar de manera efectiva a la fijación de residencia de las personas o a la ubicación de Empresas y capitales dentro del territorio español, de acuerdo con lo establecido en el artículo segundo, uno, a), ni comportar cargas trasladables a otras Comunidades.

Artículo 10[13]

Uno. Son tributos cedidos los establecidos y regulados por el Estado, cuyo producto corresponda a la Comunidad Autónoma[14].

---

[13] Nueva redacción del art. 10 dada por el art. primero.1 de la Ley Orgánica 7/2001, de 27 de diciembre, de modificación de la Ley Orgánica 8/1980, de 22 de septiembre, de Financiación de las Comunidades Autónomas (BOE núm. 313, de 31 e diciembre de 2001), con efectos desde 1 de enero de 2002, previamente habían sido modificados el apartado Tres y la letra a) del apartado Cuatro por el art. único 4.1 y 2 de la Ley Orgánica 3/1996.

[14] Ley 22/2009, de 11 de diciembre, por la que se regula el sistema de financiación de las Comunidades Autónomas de régimen común y Ciudades con Estatuto de Autonomía y se modifican determinadas normas tributarias (BOE. núm. 305, de 19 de diciembre de 2009), y la Ley 21/2001, de 27 de diciembre, por la que se regulan las Medidas Fiscales y Administrativas del Nuevo Sistema de Financiación de las Comunidades Autónomas de Régimen Común y Ciudades con Estatuto de Autonomía, vigente solo para

Dos. Se entenderá efectuada la cesión cuando haya tenido lugar en virtud de precepto expreso del Estatuto correspondiente, sin perjuicio de que el alcance y condiciones de la misma se establezcan en una Ley específica[15].

Tres. La cesión de tributos por el Estado a que se refiere el apartado anterior podrá hacerse total o parcialmente. La cesión será total si se hubiese cedido la recaudación correspondiente

---

las Comunidades Autónomas que no hayan aceptado el sistema regulado en la Ley 22/2009, aunque todas las Comunidades Autónomas de régimen común han aceptado el nuevo sistema.

[15] Leyes 17/2002 a 31/2002, todas ellas de 1 de julio, de cesión de tributos del Estado a la Comunidades Autónomas de Castilla y León, de Madrid, de Illes Balears, de Extremadura, de Canarias, de Castilla La Mancha, de Aragón, de la Comunidad Valenciana, de la Región de Murcia, de La Rioja, de Cantabria, del Principado de Asturias, de Andalucía, de Galicia, de Cataluña, y de fijación del alcance y condiciones de dicha cesión, dictadas al amparo de la Ley 21/2001, de 27 de diciembre, por la que se regulan las medidas fiscales y administrativas del nuevo sistema de financiación de las Comunidades Autónomas de régimen común y Ciudades con Estatuto de Autonomía (BOE núm. 313, de 31 de diciembre de 2001), en vigor desde el 1 de enero de 2002.

Actualmente, en virtud de la Ley 22/2009, de 18 de diciembre, por la que se regula el sistema de financiación de las Comunidades Autónomas de régimen común y Ciudades con Estatuto de Autonomía y se modifican determinadas normas tributarias (BOE núm. 305, de 19 de diciembre de 2009), las Leyes de Cesión a Comunidades Autónomas, todas ellas de 16 de julio de 2010, publicadas en el BOE núm. 173, de 17 de julio de 2010, en vigor desde el 18/07/2010:

Ley 16/2010, de 16 de julio, del régimen de cesión de tributos del estado a la Comunidad Autónoma de Cataluña y de fijación del alcance y condiciones de dicha cesión.

Ley 17/2010, de 16 de julio, del régimen de cesión de tributos del Estado a la Comunidad Autónoma de Galicia y de fijación del alcance y condiciones de dicha cesión.

Ley 18/2010, de 16 de julio, del régimen de cesión de tributos del Estado a la Comunidad Autónoma de Andalucía y de fijación del alcance y condiciones de dicha cesión.

Ley 19/2010, de 16 de julio, del régimen de cesión de tributos del Estado a la Comunidad Autónoma del Principado de Asturias y de fijación del alcance y condiciones de dicha cesión.

Ley 20/2010, de 16 de julio, del régimen de cesión de tributos del Estado a la Comunidad Autónoma de Cantabria y de fijación del alcance y condiciones de dicha cesión.

Ley 21/2010, de 16 de julio, del régimen de cesión de tributos del Estado a la Comunidad Autónoma de La Rioja y de fijación del alcance y condiciones de dicha cesión.

Ley 22/2010, de 16 de julio, del régimen de cesión de tributos del Estado a la Comunidad Autónoma de la Región de Murcia y de fijación del alcance y condiciones de dicha cesión.

Ley 23/2010, de 16 de julio, del régimen de cesión de tributos del Estado a la Comunitat Valenciana y de fijación del alcance y condiciones de dicha cesión.

Ley 24/2010, de 16 de julio, del régimen de cesión de tributos del Estado a la Comunidad Autónoma de Aragón y de fijación del alcance y condiciones de dicha cesión.

Ley 25/2010, de 16 de julio, del régimen de cesión de tributos del Estado a la Comunidad Autónoma de Castilla-La Mancha y de fijación del alcance y condiciones de dicha cesión.

Ley 26/2010, de 16 de julio, del régimen de cesión de tributos del Estado a la Comunidad Autónoma de Canarias y de fijación del alcance y condiciones de dicha cesión.

Ley 27/2010, de 16 de julio, del régimen de cesión de tributos del Estado a la Comunidad Autónoma de Extremadura y de fijación del alcance y condiciones de dicha cesión.

Ley 28/2010, de 16 de julio, del régimen de cesión de tributos del Estado a la Comunidad Autónoma de la Illes Balears y de fijación del alcance y condiciones de dicha cesión.

Ley 29/2010, de 16 de julio, del régimen de cesión de tributos del Estado a la Comunidad de Madrid y de fijación del alcance y condiciones de dicha cesión.

Ley 30/2010, de 16 de julio, del régimen de cesión de tributos del Estado a la Comunidad de Castilla y León y de fijación del alcance y condiciones de dicha cesión.

a la totalidad de los hechos imponibles contemplados en el tributo de que se trate. La cesión será parcial si se hubiese cedido la de alguno o algunos de los mencionados hechos imponibles, o parte de la recaudación correspondiente a un tributo. En ambos casos, la cesión podrá comprender competencias normativas en los términos que determine la Ley que regule la cesión de tributos.

Cuatro. Sin perjuicio de los requisitos específicos que establezca la Ley de cesión:

a) Cuando los tributos cedidos sean de naturaleza personal, su atribución a una Comunidad Autónoma se realizará en función del domicilio fiscal de los sujetos pasivos, salvo en el gravamen de adquisiciones por causa de muerte, en el que se atenderá al del causante.

b) Cuando los tributos cedidos graven el consumo, su atribución a las Comunidades Autónomas se llevará a cabo bien en función del lugar de consumo, bien en función del lugar en el que el vendedor realice la operación a través de establecimientos, locales o agencias, bien en función de los consumos calculados sobre una base estadística.

c) Cuando los tributos cedidos graven operaciones inmobiliarias, su atribución a las Comunidades Autónomas se realizará en función del lugar donde radique el inmueble.

Artículo 11[16]

Solo pueden ser cedidos a las Comunidades Autónomas, en las condiciones que establece la presente ley, los siguientes tributos:

a) Impuesto sobre la Renta de las Personas Físicas, con carácter parcial con el límite máximo del 50 por ciento.

b) Impuesto sobre el Patrimonio.

c) Impuesto sobre Transmisiones Patrimoniales y Actos Jurídicos Documentados.

d) Impuesto sobre Sucesiones y Donaciones.

e) Impuesto sobre el Valor Añadido, con carácter parcial con el límite máximo del 50 por ciento.

f) Los Impuestos Especiales de Fabricación, con carácter parcial con el límite máximo del 58 por ciento de cada uno de ellos, excepto el Impuesto sobre la Electricidad y el Impuesto sobre Hidrocarburos.

g) El Impuesto sobre la Electricidad.

h) El Impuesto Especial sobre Determinados Medios de Transporte.

i) Los Tributos sobre el Juego.

---

[16]   Artículo 11 redactado por la Disp. Final cuarta Uno de la Ley Orgánica 9/2022, de 28 de julio, por la que se establecen normas que faciliten el uso de información financiera y de otro tipo para la prevención, detección, investigación o enjuiciamiento de infracciones penales, de modificación de la Ley Orgánica 8/1980, de 22 de septiembre, de Financiación de las Comunidades Autónomas y otras disposiciones conexas y de modificación de la Ley Orgánica 10/1995, de 23 de noviembre, del Código Penal (BOE núm. 181, de 29 de julio de 2022), en vigor desde el 29 de agosto de 2022.
Redacción anterior dada por el artículo único.Cuatro de la Ley Orgánica 3/2009, de 18 de diciembre, de modificación de la presente (BOE núm. 305, de 19 de diciembre de 2009), con efectos desde 1 de enero de 2009.
Anterior redacción dada por el art. primero.2 de la Ley Orgánica 7/2001, de 27 de diciembre, de modificación de la Ley Orgánica 8/1980, de 22 de septiembre, de Financiación de las Comunidades Autónomas (BOE núm. 313, de 31 e diciembre de 2001), con efectos desde 1 de enero de 2002, previamente había sido modificado por Ley Orgánica 3/1996.

j) El Impuesto sobre Hidrocarburos, con carácter parcial con el límite máximo del 58 por ciento para el tipo estatal general y en su totalidad para el tipo estatal especial y para el tipo autonómico.

k) El Impuesto sobre el Depósito de Residuos en vertederos, la incineración y la coincineración de residuos.

Artículo 12[17]

Uno[18]. Las Comunidades Autónomas podrán establecer recargos sobre los tributos del Estado susceptibles de cesión, excepto en el Impuesto sobre Hidrocarburos. En el resto de Impuestos Especiales y en el Impuesto sobre el Valor Añadido únicamente podrán establecer recargos cuando tengan competencias normativas en materia de tipos de gravamen.

Dos. Los recargos previstos en el apartado anterior no podrán configurarse de forma que puedan suponer una minoración en los ingresos del Estado por dichos impuestos, ni desvirtuar la naturaleza o estructura de los mismos.

Artículo 13[19]

Uno. Las Comunidades Autónomas y Ciudades con Estatuto de Autonomía participarán, a través de su Fondo de Suficiencia Global, en los ingresos del Estado.

Dos. El Fondo de Suficiencia Global cubrirá la diferencia entre las necesidades de gasto de cada Comunidad Autónoma y Ciudad con Estatuto de Autonomía y la suma de su capacidad tributaria y la transferencia del Fondo de Garantía de Servicios Públicos Fundamentales.

Tres. El valor inicial del Fondo de Suficiencia Global de cada Comunidad Autónoma y Ciudad con Estatuto de Autonomía se determinará en Comisión Mixta. Dicho valor será objeto de regularización y evolucionará de acuerdo a lo previsto en la Ley.

Cuatro. El valor del Fondo de Suficiencia Global de cada Comunidad Autónoma y Ciudad con Estatuto de Autonomía únicamente podrá ser objeto de revisión en los siguientes supuestos:

a) Cuando se produzca el traspaso de nuevos servicios o se amplíen o revisen valoraciones de traspasos anteriores.

b) Cuando cobre efectividad la cesión de nuevos tributos.

c) Cuando se den otras circunstancias, establecidas en la Ley.

Cinco. Las Comunidades Autónomas y Ciudades con Estatuto de Autonomía podrán ser titulares de otras formas de participación en los ingresos del Estado, a través de los fondos y mecanismos establecidos en las leyes.

---

[17]   Nueva redacción del art. 12 dada por el art. primero.3 de la Ley Orgánica 7/2001, de 27 de diciembre, de modificación de la Ley Orgánica 8/1980, de 22 de septiembre, de Financiación de las Comunidades Autónomas (BOE núm. 313, de 31 e diciembre de 2001), con efectos desde 1 de enero de 2002, previamente había sido modificado el apartado Uno por Ley Orgánica 3/1996.

[18]   Nueva redacción del apartado uno dada por Disp. Final cuarta.tres de la Ley Orgánica 2/2012, de 27 de abril, de Estabilidad Presupuestaria y Sostenibilidad Financiera (BOE núm. 103, de 30 de abril de 2012), en vigor desde el 1 de enero de 2013.

[19]   Nueva redacción dada por el art. único.cinco de la Ley Orgánica 3/2009, de 18 de diciembre, de modificación de la Ley Orgánica 8/1980, de 22 de septiembre, de Financiación de las Comunidades Autónomas (BOE núm. 305, de 19 de diciembre de 2009), con efectos desde el 1 de enero de 2009. Redacción anterior dada por el art. 2 de la Ley Orgánica 7/2001, de 27 de diciembre.

Artículo 13 bis[20]. *Principio de prudencia financiera.*

1. Todas las operaciones financieras que suscriban las Comunidades Autónomas, de acuerdo con lo previsto en el artículo 2.1 de la Ley Orgánica 2/2012, de 27 de abril, están sujetas al principio de prudencia financiera.

Se entiende por prudencia financiera el conjunto de condiciones que deben cumplir las operaciones financieras para minimizar su riesgo y coste.

2. Se consideran financieras todas aquellas operaciones que tengan por objeto los instrumentos siguientes:

a) Activos financieros. Están incluidos en este concepto los instrumentos de capital o de patrimonio neto de otras entidades, los derechos a recibir efectivo u otro activo financiero de un tercero o de intercambiar con un tercero activos o pasivos financieros en condiciones potencialmente favorables.

b) Pasivos financieros. Están incluidas en este concepto deudas representadas en valores, operaciones de crédito, operaciones de derivados y cualquier otra obligación exigible e incondicional de entregar efectivo u otro activo financiero a un tercero o de intercambiar con un tercero activos o pasivos financieros en condiciones desfavorables.

c) La concesión de avales, reavales u otra clase de garantías públicas o medidas de apoyo extrapresupuestario.

3. Las condiciones que deben cumplir las operaciones financieras previstas en la letra b) del apartado anterior se establecerán por Resolución de la Secretaría General del Tesoro y Política Financiera y las de las letras a) y c) anteriores por Resolución de la Secretaría General de Coordinación Autonómica y Local.

De la aplicación de dichas condiciones se informará periódicamente al Consejo de Política Fiscal y Financiera.

4. Las Comunidades Autónomas velarán por la aplicación del principio de prudencia financiera en el conjunto de su sector público.

5. Precisará de autorización del Estado la formalización de las operaciones a las que se refiere la letra c) del apartado 2 de este artículo, cuando no se ajusten a las condiciones del principio de prudencia financiera.

Artículo 14[21] *Endeudamiento de las Comunidades Autónomas.*

1. Las Comunidades Autónomas, de acuerdo con lo previsto en el artículo 2.1 Ley Orgánica 2/2012, de 27 de abril, sin perjuicio de lo que se establece en el apartado 4 del presente

---

[20] Nuevo art. 13 bis incorporado por el art. primero. dos de la Ley Orgánica 6/2015, de 12 de junio, de modificación de la Ley Orgánica 8/1980, de 22 de septiembre, de financiación de las Comunidades Autónomas y de la Ley Orgánica 2/2012, de 27 de abril, de Estabilidad Presupuestaria y Sostenibilidad Financiera (BOE núm. 141, de 13 de junio de 2015), en vigor desde el 14 de junio de 2015.

[21] Nueva redacción del art. 14 dada por el art. primero. tres de la Ley Orgánica 6/2015, de 12 de junio, de modificación de la Ley Orgánica 8/1980, de 22 de septiembre, de financiación de las Comunidades Autónomas y de la Ley Orgánica 2/2012, de 27 de abril, de Estabilidad Presupuestaria y Sostenibilidad Financiera (BOE núm. 141, de 13 de junio de 2015), en vigor desde el 14 de junio de 2015.
Redacción anterior dada por la disp. adic. Única.3 de la Ley Orgánica 5/2001, de 13 de diciembre, complementaria a la Ley General de Estabilidad Presupuestaria (BOE núm. 299, de 14 de diciembre de 2001), con efectos desde el 1 de enero de 2002. Con anterioridad se había incorporado un segundo párrafo al apartado tercero por la Ley Orgánica 10/1998.

artículo, podrán realizar operaciones de crédito por plazo inferior a un año, con objeto de cubrir sus necesidades transitorias de tesorería.

2. Asimismo, las Comunidades Autónomas podrán concertar operaciones de crédito por plazo superior a un año, cualquiera que sea la forma como se documenten, siempre que cumplan los siguientes requisitos:

a) Que el importe total del crédito sea destinado exclusivamente a la realización de gastos de inversión.

b) Que el importe total de las anualidades de amortización, por capital e intereses no exceda del veinticinco por ciento de los ingresos corrientes de la Comunidad Autónoma en el presupuesto del ejercicio.

3. Para concertar operaciones de crédito en el extranjero y para la emisión de deuda o cualquier otra apelación de crédito público, las Comunidades Autónomas precisarán autorización del Estado. Para la concesión de la referida autorización, el Estado tendrá en cuenta el cumplimiento los principios de estabilidad presupuestaria y sostenibilidad financiera definidos en el artículo 2.uno.b) de la presente Ley.

Con relación a lo que se prevé en el párrafo anterior, no se considerarán financiación exterior, a los efectos de su preceptiva autorización, las operaciones de concertación o emisión denominadas en euros que se realicen dentro del espacio territorial de los países pertenecientes a la Unión Europea.

En todo caso, las operaciones de crédito a que se refieren los apartados uno y dos anteriores precisarán autorización del Estado cuando, de la información suministrada por las Comunidades Autónomas, se constate el incumplimiento del objetivo de estabilidad presupuestaria, de deuda pública y de la regla de gasto.

4. Las operaciones de crédito de las Comunidades Autónomas deberán coordinarse entre sí y con la política de endeudamiento del Estado en el seno del Consejo de Política Fiscal y Financiera.

5. La Deuda Pública de las Comunidades Autónomas y los títulos-valores de carácter equivalente emitidos por éstas estarán sujetos, en lo no establecido por la presente Ley, a las mismas normas y gozarán de los mismos beneficios y condiciones que la Deuda Pública del Estado.

6. Las Comunidades Autónomas deberán reducir el riesgo y coste que asuman con ocasión de la concesión de avales, reavales y cualquier otra clase de garantías para afianzar operaciones de crédito de personas físicas y jurídicas, públicas o privadas.

Artículo 15[22]

Uno. El Estado garantizará en todo el territorio español el nivel mínimo de los servicios públicos fundamentales de su competencia.

A efectos de este artículo se considerarán servicios públicos fundamentales la educación, la sanidad y los servicios sociales esenciales.

---

[22] Nueva redacción dada por el art. único.6 de la Ley Orgánica 3/2009, de 18 de diciembre, de modificación de la Ley Orgánica 8/1980, de 22 de septiembre, de Financiación de las Comunidades Autónomas (BOE núm. 305, de 19 de diciembre de 2009), con efectos desde el 1 de enero de 2009. Redacción anterior dada por el art. 3 de la Ley Orgánica 7/2001.

Se considerará que no se llega a cubrir el nivel de prestación de los servicios públicos al que hace referencia este apartado, cuando su cobertura se desvíe del nivel medio de los mismos en el territorio nacional.

Dos. En cumplimiento del artículo 158.1 de la Constitución y dando satisfacción a lo dispuesto en el apartado anterior, el Fondo de Garantía de Servicios Públicos Fundamentales tendrá por objeto garantizar que cada Comunidad recibe, en los términos fijados por la Ley, los mismos recursos por habitante, ajustados en función de sus necesidades diferenciales, para financiar los servicios públicos fundamentales, garantizando la cobertura del nivel mínimo de los servicios fundamentales en todo el territorio. Participarán en la constitución del mismo las Comunidades Autónomas con un porcentaje de sus tributos cedidos, en términos normativos, y el Estado con su aportación, en los porcentajes y cuantías que marque la Ley.

Artículo 16[23]

Uno. De conformidad con el principio de solidaridad interterritorial al que se refiere el apartado 2 del artículo 158 de la Constitución, en los Presupuestos Generales del Estado se dotará anualmente un Fondo de Compensación, cuyos recursos tienen el carácter de carga general del Estado, tal y como se determina en el artículo 4.2.b) de esta Ley.

El Fondo de Compensación se distribuirá por las Cortes Generales, de conformidad a lo establecido en el artículo 74.2 de la Constitución, entre Comunidades Autónomas y Ciudades con Estatuto de Autonomía.

Dos. Con independencia del Fondo de Compensación establecido en el punto 1 anterior, en los Presupuestos Generales del Estado también se dotará anualmente un Fondo Complementario del anterior, cuyos recursos tendrán asimismo el carácter de carga general del Estado.

Tres. El Fondo de Compensación se dotará anualmente de la siguiente forma:

a) Con una cantidad que no podrá ser inferior al 22,5 por ciento de la base de cálculo de la inversión pública que haya sido aprobada en los Presupuestos Generales del Estado del ejercicio, tal y como se defina en la Ley reguladora de los Fondos de Compensación Interterritorial.

b) Adicionalmente, con el 1,5 por ciento de la cantidad determinada en la letra anterior y el importe que se asigne legalmente en función de la variable «Ciudad con Estatuto de Autonomía".

c) Adicionalmente, con el 4,02 por ciento de la cantidad determinada en la letra a) anterior, y el importe que se asigne legalmente por la variable de «región ultraperiférica".

Dichas cuantías se destinarán a gastos de inversión en los territorios comparativamente menos desarrollados y se repartirán de acuerdo a los criterios establecidos en el número siguiente.

Cuatro. El importe resultante de aplicar el apartado a) del apartado precedente se distribuirá entre Comunidades Autónomas perceptoras conforme a los siguientes criterios:

a) La inversa de la renta por habitante.

b) La tasa de población emigrada en los últimos diez años.

c) El porcentaje de desempleo sobre la población activa.

---

[23] Nueva redacción del art. 16 dada por el art. cuarto.2 de la Ley Orgánica 7/2001, de 27 de diciembre, de modificación de la Ley Orgánica 8/1980, de 22 de septiembre, de Financiación de las Comunidades Autónomas (BOE núm. 313, de 31 de diciembre de 2001), con efectos desde 1 de enero de 2002.

d) La superficie territorial.

e) El hecho insular, en relación con la lejanía del territorio peninsular.

f) Otros criterios que se estimen pertinentes.

La ponderación de los criterios anteriores y de los índices de distribución se establecerá por Ley y será revisable cada cinco años.

El importe total resultante de aplicar el apartado b) del apartado precedente se distribuirá por partes iguales entre las Ciudades con Estatuto de Autonomía propio, en consideración a la especificidad de su condición fronteriza.

Cinco. El Fondo Complementario se dotará anualmente para cada Comunidad Autónoma y Ciudad con Estatuto de Autonomía propio, con una cantidad equivalente al 33,33 por ciento de su respectivo Fondo de Compensación. Dicha cuantía se destinará a gastos de inversión. No obstante, a solicitud de los territorios beneficiarios del mismo, podrá destinarse a financiar, durante el período que determine la Ley, gastos de funcionamiento asociados a las inversiones financiadas con cargo al Fondo de Compensación o a este Fondo.

Seis. Las transferencias de los Fondos de Compensación Interterritorial recibidas deberán destinarse a financiar proyectos de carácter local, comarcal, provincial o regional de infraestructura, obras públicas, regadíos, ordenación del territorio, vivienda y equipamiento colectivo, mejora del hábitat rural, transportes y comunicaciones y, en general, aquellas inversiones que coadyuven a disminuir las diferencias de renta y riqueza en el territorio español. No obstante lo anterior, las transferencias recibidas del Fondo Complementario podrán destinarse a financiar gastos de funcionamiento asociados a los proyectos de inversión relacionados anteriormente.

Siete. El Estado, Comunidades Autónomas y Ciudades con Estatuto de Autonomía, con el fin de equilibrar y armonizar el desarrollo regional, de común acuerdo determinarán, según la distribución de competencias existentes en cada momento, los proyectos en que se materializan las inversiones realizadas con cargo a los Fondos de Compensación.

Ocho. Cada territorio deberá dar cuenta anualmente a las Cortes Generales del destino de los recursos recibidos con cargo al Fondo de Compensación, así como el estado de realización de los proyectos que con cargo al mismo estén en curso de ejecución.

Nueve. Los posibles excedentes de los Fondos en un ejercicio económico quedarán afectos a los mismos para la atención de los proyectos de ejercicios posteriores.

Diez. Sin perjuicio de lo establecido en los apartados anteriores, las inversiones que efectúe directamente el Estado y el Sector Público Estatal se inspirarán en el principio de solidaridad.

(…)

CAPÍTULO III. Competencias

Artículo 17[24]

Las Comunidades Autónomas regularán por sus órganos competentes, de acuerdo con sus Estatutos, las siguientes materias:

---

[24] Nueva redacción dada por el art. único.siete de la Ley Orgánica 3/2009, de 18 de diciembre, de modificación de la Ley Orgánica 8/1980, de 22 de septiembre, de Financiación de las Comunidades Autónomas (BOE núm. 305 de 19/12/2009), con efectos desde 1 de enero de 2009.

a) La elaboración, examen, aprobación y control de sus presupuestos.

b) El establecimiento y la modificación de sus propios impuestos, tasas y contribuciones especiales, así como de sus elementos directamente determinantes de la cuantía de la deuda tributaria.

c) El ejercicio de las competencias normativas establecidas por la Ley reguladora de la cesión de tributos.

d) El establecimiento y la modificación de los recargos sobre los tributos del Estado.

e) Las operaciones de crédito concertadas por la Comunidad Autónoma, sin perjuicio de lo establecido en el artículo decimocuarto de la presente Ley.

f) El régimen jurídico del patrimonio de las Comunidades Autónomas en el marco de la legislación básica del Estado.

g) Los Reglamentos Generales de sus propios tributos.

h) Las demás funciones o competencias que le atribuyan las Leyes.

Artículo 18
Uno. El Estado y las Comunidades Autónomas podrán promover y realizar conjuntamente proyectos concretos de inversión, con la correspondiente aprobación en cada caso de las Cortes Generales y del órgano competente de la respectiva Comunidad Autónoma.

Dos[25]. Los recursos financieros que se comprometan a aportar las Comunidades Autónomas correspondientes podrán provenir total o parcialmente de las transferencias de los Fondos de Compensación Interterritorial a que tuvieran derecho, de acuerdo con lo establecido en la presente Ley.

Artículo 19[26]
Uno. La aplicación de los tributos y la potestad sancionadora respecto a sus propios tributos corresponderá a la Comunidad Autónoma, la cual dispondrá de plenas atribuciones para la ejecución y organización de dichas tareas, sin perjuicio de la colaboración que pueda establecerse con la Administración Tributaria del Estado, especialmente cuando así lo exija la naturaleza del tributo.

Dos[27]. En caso de tributos cedidos, cada Comunidad Autónoma podrá asumir, en los términos que establezca la ley que regule la cesión de tributos, las siguientes competencias normativas:

---

[25] Nueva redacción del apartado Dos dada por el art. cuarto.3 de la Ley Orgánica 7/2001, de 27 de diciembre, de modificación de la Ley Orgánica 8/1980, de 22 de septiembre, de Financiación de las Comunidades Autónomas (BOE núm. 313, de 31 de diciembre de 2001).

[26] Nueva redacción del art. 19 dada por el artículo único.Ocho de la Ley Orgánica 3/2009, de 18 de diciembre, de modificación de la Ley Orgánica 8/1980, de 22 de septiembre, de Financiación de las Comunidades Autónomas (BOE núm. 305 de 19/12/2009), con efectos desde 1 de enero de 2009, previamente había sido modificado por el art. 1.4 de la Ley Orgánica 7/2001 y el apartado Dos por el art. único.7 de la Ley Orgánica 3/1996.

[27] Nueva redacción del art. 19.2 dada por la Disp. Final cuarta Dos de la Ley Orgánica 9/2022, de 28 de julio, por la que se establecen normas que faciliten el uso de información financiera y de otro tipo para la prevención, detección, investigación o enjuiciamiento de infracciones penales, de modificación de la Ley Orgánica 8/1980, de 22 de septiembre, de Financiación de las Comunidades Autónomas y otras dispo-

a) En el Impuesto sobre la Renta de las Personas Físicas, la fijación de la cuantía del mínimo personal y familiar y la regulación de la tarifa y deducciones de la cuota.

b) En el Impuesto sobre el Patrimonio, la determinación de mínimo exento y tarifa, deducciones y bonificaciones.

c) En el Impuesto sobre Sucesiones y Donaciones, reducciones de la base imponible, tarifa, la fijación de la cuantía y coeficientes del patrimonio preexistente, deducciones, bonificaciones, así como la regulación de la gestión.

d) En el Impuesto sobre Transmisiones Patrimoniales y Actos Jurídicos Documentados, en la modalidad «Transmisiones Patrimoniales Onerosas», la regulación del tipo de gravamen en arrendamientos, en las concesiones administrativas, en la transmisión de bienes muebles e inmuebles y en la constitución y cesión de derechos reales que recaigan sobre los mismos, excepto los derechos reales de garantía; y en la modalidad «Actos Jurídicos Documentados», el tipo de gravamen de los documentos notariales. Asimismo, podrán regular deducciones de la cuota, bonificaciones, así como la regulación de la gestión del tributo.

e) En los Tributos sobre el Juego, la determinación de exenciones, base imponible, tipos de gravamen, cuotas fijas, bonificaciones y devengo, así como la regulación de la aplicación de los tributos.

f) En el Impuesto Especial sobre Determinados Medios de Transporte, la regulación de los tipos impositivos.

g) En el Impuesto sobre Hidrocarburos, la regulación del tipo impositivo autonómico.

h) En el Impuesto sobre el Depósito de Residuos en vertederos, la incineración y la coincineración de residuos, la regulación de los tipos impositivos y de la gestión del tributo.

En el ejercicio de las competencias normativas a que se refiere el párrafo anterior, las Comunidades Autónomas observarán el principio de solidaridad entre todos los españoles, conforme a lo establecido al respecto en la Constitución; no adoptarán medidas que discriminen por razón del lugar de ubicación de los bienes, de procedencia de las rentas, de realización del gasto, de la prestación de los servicios o de celebración de los negocios, actos o hechos; y mantendrán una presión fiscal efectiva global equivalente a la del resto del territorio nacional.

Asimismo, en caso de tributos cedidos, cada Comunidad Autónoma podrá asumir por delegación del Estado la aplicación de los tributos, la potestad sancionadora y la revisión, en su caso, de los mismos, sin perjuicio de la colaboración que pueda establecerse entre ambas Administraciones, todo ello de acuerdo con lo especificado en la ley que fije el alcance y condiciones de la cesión.

Lo previsto en el párrafo anterior no será de aplicación en el Impuesto sobre la Renta de las Personas Físicas, en el Impuesto sobre el Valor Añadido ni en los Impuestos Especiales de Fabricación. La aplicación de los tributos, potestad sancionadora y revisión de estos impuestos tendrá lugar según lo establecido en el apartado siguiente.

---

siciones conexas y de modificación de la Ley Orgánica 10/1995, de 23 de noviembre, del Código Penal (BOE núm. 181, de 29 de julio de 2022), en vigor desde el 29 de agosto de 2022.
Redacción anterior dada por el artículo único.Ocho de la Ley Orgánica 3/2009, de 18 de diciembre (BOE núm. 305 de 19/12/2009), con efectos desde 1 de enero de 2009.

Las competencias que se atribuyan a las Comunidades Autónomas en relación con los tributos cedidos pasarán a ser ejercidas por el Estado cuando resulte necesario para dar cumplimiento a la normativa sobre armonización fiscal de la Unión Europea.

Tres. La aplicación de los tributos, potestad sancionadora y revisión, en su caso, de los demás tributos del Estado recaudados en cada Comunidad Autónoma corresponderá a la Administración Tributaria del Estado, sin perjuicio de la delegación que aquélla pueda recibir de ésta y de la colaboración que pueda establecerse, especialmente cuando así lo exija la naturaleza del tributo.

Artículo 20[28]

Uno. El conocimiento de las reclamaciones interpuestas contra los actos dictados por las Comunidades Autónomas y por las Ciudades con Estatuto de Autonomía en relación con sus tributos propios corresponderá a sus propios órganos económico-administrativos.

Dos. Cuando así se establezca en la correspondiente ley del Estado, y en relación con los tributos estatales, la competencia para el ejercicio de la función revisora en vía administrativa de los actos dictados por las Comunidades Autónomas y por las Ciudades con Estatuto de Autonomía podrá corresponder a las mismas, sin perjuicio de la colaboración que pueda establecerse con la Administración Tributaria del Estado.

Tres. Dicha competencia podrá efectuarse en los términos establecidos por la ley en la que se fije el alcance y condiciones de la cesión de tributos por parte del Estado.

Sin perjuicio del ejercicio de esta competencia, entre el Estado y las Comunidades Autónomas y Ciudades con Estatuto de Autonomía podrán establecerse fórmulas de colaboración específica en orden al ejercicio de la citada función revisora, cuando la naturaleza del tributo así lo aconseje, acordando los mecanismos de cooperación que sean precisos para su adecuado ejercicio.

Cuatro. Lo dispuesto en los apartados anteriores se entiende sin perjuicio de las competencias atribuidas en exclusiva al Estado en el artículo 149.1. 1.ª, 8.ª, 14.ª y 18.ª de la Constitución Española en relación con el establecimiento de los principios y normas jurídicas generales, sustantivas y de procedimiento, del sistema tributario español, contenidas en las disposiciones tributarias de Estado y, específicamente, en la Ley 58/2003, de 17 de diciembre, General Tributaria y su normativa de desarrollo, aplicables a y por todas las Administraciones tributarias.

Cinco. La función unificadora de criterio en los tributos estatales corresponde a la Administración Tributaria del Estado que la ejercerá conforme a lo dispuesto en la Ley 58/2003, de 17 de diciembre, General Tributaria[29].

---

[28] Nueva redacción del art. 20 dada por el art. único.Nueve de la Ley Orgánica 3/2009, de 18 de diciembre, de modificación de la Ley Orgánica 8/1980, de 22 de septiembre, de Financiación de las Comunidades Autónomas (BOE núm. 305 de 19/12/2009), con efectos desde 1 de enero de 2009, previamente había sido modificado el apartado 5 por Ley Orgánica 7/2001.

[29] Disposiciones adicionales 12.ª (Composición de los tribunales económico-administrativos) y 13.ª (Participación de las comunidades autónomas en los tribunales económico-administrativos) de la Ley 58/2003, de 17 de diciembre, General Tributaria.

Artículo 21

Uno[30]. Los presupuestos de las Comunidades Autónomas tendrán carácter anual e igual período que los del Estado, atenderán al cumplimiento del principio de estabilidad presupuestaria y sostenibilidad financiera e incluirán la totalidad de los gastos e ingresos de los organismos y entidades integrantes de la misma, y en ellos se consignará el importe de los beneficios fiscales que afecten a tributos atribuidos a las referidas Comunidades.

Dos. Si los Presupuestos Generales de las Comunidades Autónomas no fueran aprobados antes del primer día del ejercicio económico correspondiente, quedará automáticamente prorrogada la vigencia de los anteriores.

Tres. Los presupuestos de las Comunidades Autónomas serán elaborados con criterios homogéneos de forma que sea posible su consolidación con los Presupuestos Generales del Estado.

Artículo 22

Además de los sistemas e instituciones de control que pudieran adoptar en sus respectivos Estatutos, y en su caso las que por la Ley se autorizaran en el territorio comunitario, al Tribunal de Cuentas corresponde realizar el control económico y presupuestario de la actividad financiera de las Comunidades Autónomas, sin perjuicio del control que compete al Estado en el caso de transferencias de medios financieros con arreglo al apartado dos del artículo ciento cincuenta de la Constitución.

Capítulo IV. Resolución de conflictos[31]

Artículo 23[32]

Uno. Los conflictos que se susciten en la aplicación de los puntos de conexión de los tributos se resolverán por una Junta Arbitral.

Dos. Podrán promover el conflicto las Administraciones que consideren producido en su territorio el rendimiento del tributo de que se trate, así como aquellas que se consideren competentes en los procedimientos de gestión, inspección o recaudación respectivos, de acuerdo con los puntos de conexión aplicables.

---

[30] Nueva redacción del apartado Uno dada por el art. primero. Cuatro de la Ley Orgánica 6/2015, de 12 de junio, de modificación de la Ley Orgánica 8/1980, de 22 de septiembre, de financiación de las Comunidades Autónomas y de la Ley Orgánica 2/2012, de 27 de abril, de Estabilidad Presupuestaria y Sostenibilidad Financiera (BOE núm. 141, de 13 de junio de 2015), en vigor desde el 14 de junio de 2015.
Redacción anterior dada por la disposición adicional única.Cuatro de la Ley Orgánica 5/2001, de 13 de diciembre, complementaria a la Ley General de Estabilidad Presupuestaria (BOE núm. 299, de 14 de diciembre de 2001), con efectos desde el 1 de enero de 2002.

[31] Capítulo incorporado la al art. único.8 de la Ley Orgánica 3/1996, de 27 de diciembre, de modificación parcial de la Ley Orgánica 8/1980, de 22 de septiembre, de Financiación de las Comunidades autónomas (BOE número 313 de 28/12/1996), con efectos desde 1 de enero de 1997.

[32] Nueva redacción dada por el art. 6.1 de la Ley Orgánica 7/2001, de 27 de diciembre, de modificación de la Ley Orgánica 8/1980, de 22 de septiembre, de Financiación de las Comunidades Autónomas (LOFCA) (BO E núm. 313, de 31 de diciembre de 2001), con efectos desde el 1 de enero de 2002. Dicho artículo fue incorporado por el art. único.8 de la Ley Orgánica 3/1996, de 27 de diciembre (BOE número 313 de 28/12/1996), con efectos desde 1 de enero de 1997.

Tres. De la misma forma, podrán promover el conflicto las Administraciones que no consideren producido en su territorio el rendimiento o que no se consideren competentes en los procedimientos de gestión, inspección o recaudación cuando otra Administración sostenga, respecto de aquéllas, que sí debe considerarse producido en su territorio el rendimiento o que sí son competentes en los citados procedimientos.

Cuatro. Las competencias de la Junta Arbitral se extenderán a la resolución de aquellos conflictos que puedan plantearse entre Administraciones sobre la titularidad del rendimiento o de las competencias de gestión, inspección o recaudación, como consecuencia de la aplicación territorial de las normas o acuerdos de cesión de tributos a las Comunidades Autónomas.

Cinco. Los conflictos serán resueltos por el procedimiento que reglamentariamente se establezca, en el que se dará audiencia al interesado. Dicho procedimiento, cuando ninguna de las dos cuotas líquidas objeto de conflicto supere 125.000 euros, podrá consistir en un procedimiento simplificado.

Seis. Los conflictos serán resueltos por los siguientes órganos:

a) Caso de que la controversia se produzca entre las Administraciones del Estado y de una o varias Comunidades Autónomas, o de éstas entre sí, será resuelta por la Junta Arbitral que se regula en el artículo siguiente.

b) Si en el conflicto interviniese la Administración de otros territorios distintos de los referidos en la letra anterior, un representante de la Administración del Estado será sustituido por otro designado por el Consejo Ejecutivo o Gobierno de la Comunidad Autónoma.

Siete. Cuando se suscite el conflicto, las Administraciones afectadas lo notificarán a los interesados, lo que determinará la interrupción de la prescripción, y se abstendrán de cualquier actuación ulterior.

No obstante lo anterior, cuando se hayan practicado liquidaciones definitivas por cualquiera de las Administraciones afectadas, dichas liquidaciones surtirán plenos efectos, sin perjuicio de la posibilidad de practicar la revisión de oficio prevista en la Ley General Tributaria.

Ocho. La Junta Arbitral resolverá conforme a derecho, de acuerdo con principios de economía, celeridad y eficacia, todas las cuestiones que ofrezca el expediente, hayan sido o no planteadas por las partes o los interesados en el conflicto, incluidas las fórmulas de ejecución.

Nueve. Las resoluciones de la Junta Arbitral tendrán carácter ejecutivo y serán impugnables en vía contencioso-administrativa.

Artículo 24[33]

Uno. La Junta Arbitral a que se refiere el apartado 6. a) del artículo anterior estará presidida por un jurista de reconocido prestigio, designado para un período de cinco años por el Ministro de Hacienda, a propuesta del Consejo de Política Fiscal y Financiera de las Comunidades Autónomas. Serán Vocales de esta Junta:

---

[33] Nueva redacción dada por el art. 6.2 de la Ley Orgánica 7/2001, de 27 de diciembre, de modificación de la Ley Orgánica 8/1980, de 22 de septiembre, de Financiación de las Comunidades Autónomas (LOFCA) (BO E núm. 313, de 31 de diciembre de 2001), con efectos desde el 1 de enero de 2002. Dicho artículo fue incorporado por el art. único.8 de la Ley Orgánica 3/1996, de 27 de diciembre (BOE número 313 de 28/12/1996), con efectos desde 1 de enero de 1997.

a) Cuando la controversia se suscite entre el Estado y una o más Comunidades Autónomas, cuatro representantes del Estado, designados por el Ministro de Hacienda, uno de los cuales actuará como Secretario, y cuatro representantes de cada Comunidad Autónoma en conflicto, designados por el correspondiente Gobierno de éstas.

b) Cuando la controversia se suscite entre Comunidades Autónomas, cuatro representantes del Estado y cuatro de cada Comunidad Autónoma en conflicto, designados por el correspondiente Gobierno de éstas, actuando como Secretario un representante del Estado.

Dos. En todo lo referente al funcionamiento, convocatoria, reuniones y régimen de adopción de acuerdos de la Junta Arbitral se estará a lo dispuesto, en materia de órganos colegiados, en el capítulo II del Título II de la Ley 30/1992, de 26 de noviembre, de Régimen Jurídico de las Administraciones Públicas y del Procedimiento Administrativo Común.

Tres. En el procedimiento simplificado actuará como órgano de resolución el presidente de la Junta Arbitral.

DISPOSICIONES ADICIONALES

Disposición adicional primera

El sistema foral tradicional de concierto económico se aplicará en la Comunidad Autónoma del País Vasco de acuerdo con lo establecido en el correspondiente Estatuto de Autonomía[34].

Disposición adicional segunda[35]

Al amparo de lo que establece la disposición adicional primera de la Constitución, la actividad financiera y tributaria de Navarra, en virtud de su régimen foral, se regulará por el sistema tradicional del Convenio Económico, y, en particular, de acuerdo con lo previsto en la Ley Orgánica 13/1982, de 10 de agosto, de reintegración y amejoramiento del régimen foral de Navarra.

En el mismo se determinarán las aportaciones de Navarra a las cargas generales del Estado, así como los criterios de armonización de su régimen tributario con el régimen general del Estado[36].

---

[34]   Ley Orgánica 3/1979, de 18 de diciembre, Estatuto de Autonomía del País Vasco, (BOE núm. 306, de 22 de diciembre de 1979) y Ley 12/2002, de 23 de mayo, por la que se aprueba el Concierto Económico con la Comunidad Autónoma del País Vasco, (BOE núm. 124, de 24 de mayo de 2002). Ley 10/2023, de 3 de abril, por la que se aprueba la metodología de señalamiento del cupo del País Vasco para el quinquenio 2022-2026 (BOE núm. 80, de 4 de abril de 2023), que deroga la Ley 11/2017, de 28 de diciembre, por la que se aprueba la metodología de señalamiento del cupo del País Vasco para el quinquenio 2017-2021, (BOE núm. 316, de 29 de diciembre de 2017).

[35]   Nueva redacción dada por el art. primero. Seis de la Ley Orgánica 6/2015, de 12 de junio, de modificación de la Ley Orgánica 8/1980, de 22 de septiembre, de financiación de las Comunidades Autónomas y de la Ley Orgánica 2/2012, de 27 de abril, de Estabilidad Presupuestaria y Sostenibilidad Financiera (BOE núm. 141, de 13 de junio de 2015), en vigor desde el 14 de junio de 2015.

[36]   Artículo 45 de la Ley Orgánica 13/1982, de 10 de agosto, de Reintegración y Amejoramiento del Régimen Foral de Navarra (BOE núm. 195 de 16 de agosto de 1982), y Ley 28/1990, de 26 de diciembre, que aprueba el Convenio Económico con Navarra (BOE, núm. 310, de 27 de diciembre de 1990).

Disposición adicional tercera

Uno. El Instituto Nacional de Estadística, en coordinación con los órganos competentes de las Comunidades Autónomas, anualmente elaborará y publicará las informaciones básicas que permitan cuantificar a nivel provincial la renta por habitante, la dotación de los servicios públicos fundamentales, el grado de equipamiento colectivo y otros indicadores de riqueza y bienestar social. Asimismo elaborará estudios alternativos sobre la ponderación de los distintos criterios de distribución del Fondo de Compensación Interterritorial.

Dos. El Ministerio de Hacienda anualmente publicará:

– La recaudación provincial obtenida por el Impuesto sobre la Renta de las Personas Físicas.

– La recaudación provincial obtenida por los impuestos que esta Ley Orgánica cede a las Comunidades Autónomas. En la presentación de la misma también se tomarán en cuenta los criterios de imputación establecidos.

– La distribución provincial que presente el gasto público divisible.

Disposición adicional cuarta[37]

La actividad financiera y tributaria del Archipiélago Canario se regulará teniendo en cuenta su peculiar régimen económico-fiscal.

La Comunidad Autónoma de Canarias, como consecuencia del peculiar régimen económico y fiscal en este territorio, es titular de los rendimientos derivados de este régimen, en los términos establecidos en la Ley 20/1991, de 7 de junio, de modificación de los aspectos fiscales del Régimen Económico Fiscal de Canarias, en la Ley 19/1994, de 6 de julio, de modificación del Régimen Económico y Fiscal de Canarias y demás legislación actualmente en vigor[38].

Disposición adicional quinta[39]

La actividad financiera y tributaria de las Ciudades Autónomas de Ceuta y Melilla se regulará teniendo en cuenta su peculiar régimen económico y fiscal.

---

[37] Nueva redacción de la Disp. Adic. 4.ª dada por el art. único.Diez de la Ley Orgánica 3/2009, de 18 de diciembre, de modificación de la Ley Orgánica 8/1980, de 22 de septiembre, de Financiación de las Comunidades Autónomas (BOE núm. 305 de 19/12/2009), con efectos desde 1 de enero de 2009.

[38] BOE núm. 161, de 7 de julio de 1994. Real Decreto 2538/1994, de 29 de diciembre, por el que se dictan Normas de Desarrollo relativas al Impuesto General Indirecto Canario y al Arbitrio sobre la Producción e Importación en las Islas Canarias (BOE de 31 de diciembre de 2000).

[39] Nueva Disp. Adic. 5.ª incorporada por la Disp. Adic. Segunda de la Ley Orgánica 3/1996, de 27 de diciembre, de modificación parcial de la Ley Orgánica 8/1980, de 22 de septiembre, de Financiación de las Comunidades autónomas (BOE número 313 de 28/12/1996), con efectos desde 1 de enero de 1997. Arts. 34 al 40, Disp. Adic. 2.ª y 3.ª y Dips. Trans. 2.ª, 3.ª y 4.ª de la Ley Orgánica 1/1995, de 13 de marzo, de Estatuto de Autonomía de Ceuta (BOE núm. 62, de 14 de marzo de 1995) y Ley Orgánica 2/1995, de 13 de marzo, de Estatuto de Autonomía de Melilla (BOE núm. 62, de 14 de marzo de 1995) y art. 159 Real Decreto Legislativo 2/2004, de 5 de marzo, por el que se aprueba el texto refundido de la Ley Reguladora de las Haciendas Locales (BOE núm. 59, 9 marzo 2004; rectificación errores, BOE núm. 63, 13 marzo 2004).

Disposición adicional sexta[40]

Se atribuye a los órganos económico-administrativos de la Comunidad Autónoma de Canarias la competencia para conocer de las reclamaciones económico-administrativas que se susciten en materia de aplicación de los tributos y potestad sancionadora respecto del Impuesto General Indirecto Canario y del Arbitrio sobre Importación y Entrada de Mercancías en las Islas Canarias, integrantes del Régimen Económico y Fiscal de Canarias.

Disposición adicional séptima[41]. *Integración del Impuesto sobre las Ventas Minoristas de Determinados Hidrocarburos en el Impuesto sobre Hidrocarburos.*

Como consecuencia de la integración del Impuesto sobre las Ventas Minoristas de Determinados Hidrocarburos en el Impuesto sobre Hidrocarburos, según el Acuerdo del Consejo de Política Fiscal y Financiera 3/2012, de 17 de enero, el tramo estatal de aquel impuesto queda sustituido por el tipo estatal especial del Impuesto sobre Hidrocarburos y el tramo autonómico del Impuesto sobre las Ventas Minoristas de Determinados Hidrocarburos queda sustituido por el tipo autonómico del Impuesto sobre Hidrocarburos.

Todas las referencias normativas al Impuesto sobre las Ventas Minoristas de Determinados Hidrocarburos se entenderán realizadas al tipo estatal especial y al tipo autonómico del Impuesto sobre Hidrocarburos.

Disposición adicional octava[42]. *Deducción o retención de recursos del sistema de financiación de las Comunidades Autónomas de régimen común y Ciudades con Estatuto de Autonomía.*

1. El Estado podrá deducir o retener de los importes satisfechos por todos los recursos del sistema de financiación de las Comunidades Autónomas de régimen común y Ciudades con Estatuto de Autonomía, las cantidades necesarias para hacer efectivas las garantías acordadas en el marco de las operaciones de crédito que se concierten por las Comunidades Autónomas y ciudades con estatuto de autonomía con el Instituto de Crédito Oficial o en aplicación de los mecanismos adicionales de financiación previstos en la Ley Orgánica de Estabilidad Presupuestaria y Sostenibilidad Financiera, siempre y cuando el mecanismo financiero aprobado por el Estado lo prevea.

En el supuesto anterior el importe máximo deducido o retenido mensualmente no podrá exceder del 25% del líquido satisfecho por la entrega a cuenta o liquidación a favor de la Comunidad Autónoma o Ciudad con Estatuto de Autonomía.

2. Las deudas líquidas, vencidas y exigibles contraídas con la Hacienda Pública del Estado por las Comunidades Autónomas así como por las entidades de derecho público de

---

[40] Nueva disposición incorporada por el art. único 11 de la Ley Orgánica 3/2009, de 18 de diciembre, de modificación de la Ley Orgánica 8/1980, de 22 de septiembre, de Financiación de las Comunidades Autónomas (BOE núm. 305, de 19 de diciembre de 2009), con efectos desde el 1 de enero de 2009.

[41] Nueva disposición incorporada por el apartado Cinco de la Disposición Final cuarta.5 de la Ley Orgánica 2/2012, de 27 de abril, de Estabilidad Presupuestaria y Sostenibilidad Financiera (BOE núm. 103, de 30 de abril de 2012), con efectos desde el 1 de enero de 2013.

[42] Nueva disposición incorporada por la Disp. Final cuarta.seis de la Ley Orgánica 2/2012, de 27 de abril, de Estabilidad Presupuestaria y Sostenibilidad Financiera (BOE núm. 103, de 30 de abril de 2012), en vigor desde el 1 de mayo de 2012.

ellas dependientes, por razón de los tributos cuya aplicación corresponde al Estado y por razón de las cotizaciones a la Seguridad Social, igualmente podrán ser objeto de deducción o retención sobre los importes satisfechos por todos los recursos del sistema de financiación, conforme al procedimiento actualmente previsto en la disposición adicional primera de la Ley 53/2002, de 30 de diciembre, de medidas fiscales, administrativas y del orden social, o en la norma estatal con rango de ley que lo regule.

3[43]**.**

4[44]**.** La deducción o retención que haga el Estado de los importes satisfechos por todos los recursos de los regímenes de financiación para satisfacer las obligaciones de pago que las Comunidades Autónomas tengan con sus proveedores, en los supuestos previstos en el artículo 20 de la Ley Orgánica 2/2012, de 27 de abril, de Estabilidad Presupuestaria y Sostenibilidad Financiera, y que comprenderá los costes asociados a su gestión, no podrá exceder de la diferencia entre el importe previsto en el artículo 18.4 de la mencionada Ley Orgánica y el importe que la Comunidad Autónoma haya dedicado al pago a proveedores para poder reducir su periodo medio de pago.

5[45]**.** El Estado podrá deducir o retener de los importes satisfechos por todos los recursos de los regímenes de financiación de las Comunidades Autónomas no adheridas al compartimento Fondo Social del Fondo de Financiación a Comunidades Autónomas, las cantidades necesarias para abonar las obligaciones pendientes de pago por parte de las Comunidades Autónomas con las Entidades Locales derivadas de transferencias y convenios suscritos en materia de gasto social que sean vencidas, líquidas y exigibles a 31 de diciembre de 2014.

DISPOSICIONES TRANSITORIAS

Primera

Uno. Hasta que se haya completado el traspaso de los servicios correspondientes, las competencias fijadas a cada Comunidad Autónoma en el correspondiente Estatuto, o en cualquier caso, hasta que se hayan cumplido los seis años desde su entrada en vigor, el Estado

---

[43] Se declara inconstitucional y nulo el apartado 3, añadido por la Disp. Final Tercera Uno de la Ley Orgánica 8/2013, de 9 de diciembre, de mejora de la calidad educativa (BOE núm. 295, de 10 de diciembre de 2013), en vigor a los veinte días de su publicación en el BOE, por Sentencia del TC 14/2018, de 20 de febrero:
«3. Para llevar a cabo la repercusión a las Comunidades Autónomas correspondientes de los gastos de escolarización de alumnos y alumnas en centros privados en los que exista oferta de enseñanza en la que el castellano sea utilizado como lengua vehicular, como indica la disposición adicional trigésima octava de la Ley Orgánica 2/2006, de 3 de mayo, de Educación, el Estado podrá deducir o retener, de los importes satisfechos por todos los recursos de los regímenes de financiación de las Comunidades Autónomas, el importe de los gastos de escolarización en centros privados asumidos por el Ministerio de Educación, Cultura y Deporte por cuenta de las Comunidades Autónomas»

[44] Apartado incorporado por el art. 2 de la Ley Orgánica 9/2013, de 20 de diciembre, de control de la deuda comercial en el sector público (BOE núm. 305, de 21 de diciembre de 2013), en vigor desde el 22 de diciembre de 2013.

[45] Nuevo apartado incorporado por el art. primero. Cinco de la Ley Orgánica 6/2015, de 12 de junio, de modificación de la Ley Orgánica 8/1980, de 22 de septiembre, de financiación de las Comunidades Autónomas y de la Ley Orgánica 2/2012, de 27 de abril, de Estabilidad Presupuestaria y Sostenibilidad Financiera (BOE núm. 141, de 13 de junio de 2015), en vigor desde el 14 de junio de 2015.

garantizará la financiación de los servicios transferidos a la misma con una cantidad igual al coste efectivo del servicio en el territorio de la Comunidad en el momento de la transferencia.

Dos. Para garantizar la financiación de los servicios antes referidos, se crea una Comisión Mixta paritaria Estado-Comunidad Autónoma, que adoptará un método encaminado a fijar el porcentaje de participación previsto en el apartado uno del artículo trece. El método a seguir tendrá en cuenta tanto los costes directos como los costes indirectos de los servicios, así como los gastos de inversión que correspondan.

Tres. La Comisión Mixta del apartado anterior fijará el citado porcentaje, mientras dure el período transitorio, con una antelación mínima de un mes a la presentación de los Presupuestos Generales del Estado en las Cortes.

Cuatro. A partir del método fijado en el apartado segundo, se establecerá un porcentaje en el que se considerará el coste efectivo global de los servicios transferidos por el Estado a la Comunidad Autónoma, minorado por el total de la recaudación obtenida por la misma por los tributos cedidos, en relación con la suma de los ingresos obtenidos por el Estado en los capítulos I y II del último presupuesto anterior a la transferencia de los servicios valorados.

Cinco. Las atribuciones conferidas a las Comunidades Autónomas en los apartados uno y tres del artículo dieciséis se ejercerán por los Organismos Provisionales Autonómicos, a los que se refiere la disposición transitoria séptima de la Constitución, en tanto éstos subsistan.

Segunda

En tanto se aprueban los Estatutos de las distintas Comunidades Autónomas, la representación de las Comunidades en el Consejo de Política Fiscal y Financiera de las Comunidades Autónomas corresponderá a los Consejeros correspondientes del respectivo Organismo Provisional Autonómico.

Tercera

Hasta que el Impuesto sobre el Valor Añadido no entre en vigor se considerará, como impuesto que puede ser cedido, el de lujo que se recauda en destino.

Cuarta[46]

Para que la cesión del Impuesto sobre el Depósito de Residuos en vertederos, la incineración y la coincineración de residuos sea efectiva en los términos establecidos en esta ley, deberán ser adoptados los acuerdos necesarios para su configuración y aplicación plena como tributo cedido en los marcos institucionales de cooperación en materia de financiación autonómica establecidos en nuestro ordenamiento.

(…)

---

[46] Nueva disposición transitoria cuarta incorporada por la Disp. Final cuarta Tres de la Ley Orgánica 9/2022, de 28 de julio, por la que se establecen normas que faciliten el uso de información financiera y de otro tipo para la prevención, detección, investigación o enjuiciamiento de infracciones penales, de modificación de la Ley Orgánica 8/1980, de 22 de septiembre, de Financiación de las Comunidades Autónomas y otras disposiciones conexas y de modificación de la Ley Orgánica 10/1995, de 23 de noviembre, del Código Penal (BOE núm. 181, de 29 de julio de 2022), en vigor desde el 29 de agosto de 2022.

DISPOSICIÓN FINAL

Disposición final única

Las normas de esta Ley serán aplicables a todas las Comunidades Autónomas, debiendo interpretarse armónicamente con las normas contenidas en los respectivos Estatutos.

Ley 22/2009, de 18 de diciembre, por la que se regula EL SISTEMA DE FINANCIACIÓN DE LAS COMUNIDADES AUTÓNOMAS DE RÉGIMEN COMÚN Y CIUDADES CON ESTATUTO DE AUTONOMÍA y se modifican determinadas normas tributarias

(BOE núm. 305, de 19 de diciembre de 2009)

PREÁMBULO

I

El Sistema de Financiación de las Comunidades Autónomas de régimen común y de las Ciudades con Estatuto de Autonomía se ha ido configurando siguiendo las disposiciones constitucionales sobre la base de los acuerdos tomados en el seno del Consejo de Política Fiscal y Financiera.

Pese a los resultados globalmente positivos en términos de suficiencia y autonomía, algunos aspectos estructurales del sistema aprobado en el Consejo de Política Fiscal y Financiera de 27 de julio de 2001 y recogido en la Ley 21/2001, de 27 de diciembre, por la que se regulan las medidas fiscales y administrativas del nuevo Sistema de Financiación de las Comunidades Autónomas de régimen común y Ciudades con Estatuto de Autonomía, junto al significativo y asimétrico aumento de la población experimentado en los años de su aplicación y la aprobación de las reformas de los Estatutos de Autonomía de seis Comunidades Autónomas, han determinado la necesidad de su reforma.

Como culminación de un largo proceso en el que se ha producido un intenso debate entre el Estado y las Comunidades Autónomas y Ciudades con Estatuto de Autonomía, el Consejo de Política Fiscal y Financiera de las Comunidades Autónomas, en su reunión de 15 de julio de 2009, ha adoptado, a propuesta del Gobierno de la Nación, el Acuerdo 6/2009, de reforma del Sistema de Financiación autonómica y de las Ciudades con Estatuto de Autonomía cuya puesta en práctica exige llevar a cabo una serie de reformas legales. Esta Ley acomete las reformas que no requieren el rango de Ley Orgánica, complementando así la reforma de la Ley Orgánica 8/1980, de 22 de septiembre, de Financiación de las Comunidades Autónomas por la Ley Orgánica 3/2009.

Esta Ley se estructura en un título preliminar, cuatro títulos, ocho disposiciones adicionales, seis disposiciones transitorias, una disposición derogatoria y cinco disposiciones finales.

El título preliminar define el objeto de la Ley, consistente en regular el sistema de financiación de las Comunidades Autónomas de régimen común y Ciudades con Estatuto de Autonomía desde 1 de enero de 2009, incluyendo la garantía de financiación de servicios públicos fundamentales, los fondos de convergencia autonómica, el régimen general de la cesión de tributos del Estado a las Comunidades Autónomas y los órganos de coordinación de la gestión tributaria, al mismo tiempo que se modifican determinadas normas tributarias afectadas.

II

Los ejes básicos de este nuevo sistema son el refuerzo de las prestaciones del Estado del Bienestar, el incremento de la equidad y la suficiencia en la financiación del conjunto de las competencias autonómicas, el aumento de la autonomía y la corresponsabilidad y la mejora de la dinámica y la estabilidad del sistema y de su capacidad de ajuste a las necesidades de los ciudadanos.

Estos ejes se concretan en los distintos elementos del sistema regulados en la Ley. Así, el Estado de Bienestar se refuerza mediante la incorporación por el Estado de recursos adicionales que se integran gradualmente en el nuevo sistema, dentro del marco de la política de estabilidad macroeconómica y presupuestaria.

El principio de suficiencia, por su parte, queda garantizado mediante el Fondo de Suficiencia Global, que permite asegurar la financiación de la totalidad de las competencias de las Comunidades Autónomas y Ciudades con Estatuto de Autonomía, al tiempo que se respetan los resultados del modelo actual a través de la cláusula del statu quo, de manera que ninguna pierda con el cambio de modelo.

El refuerzo de la equidad se instrumenta básicamente a través del nuevo Fondo de Garantía de Servicios Públicos Fundamentales, el cual garantiza que, en cumplimiento del artículo 158.1 de la Constitución y del decimoquinto de la Ley Orgánica 8/1980, de Financiación de las Comunidades Autónomas, todas las Comunidades Autónomas van a recibir los mismos recursos por habitante, en términos de población ajustada o unidad de necesidad, no sólo en el primer año de aplicación, sino también en el futuro. También contribuyen a incrementar la equidad en el sistema los Fondos de Convergencia, creados mediante fondos adicionales del Estado con los objetivos de reforzar la convergencia en financiación per cápita y la convergencia en los niveles de vida de los ciudadanos.

Los principios de autonomía y corresponsabilidad se refuerzan en este nuevo sistema mediante el aumento de los porcentajes de cesión de los tributos parcialmente cedidos a las Comunidades Autónomas y mediante el incremento de las competencias normativas de éstas de cara a que tengan una mayor capacidad para decidir la composición y el volumen de ingresos de que disponen. Igualmente se refuerza la colaboración recíproca entre las Administraciones tributarias de las Comunidades Autónomas y la Agencia Estatal de Administración Tributaria, así como se prevé novedosamente la posibilidad de delegar en las Comunidades Autónomas la revisión en vía administrativa de los actos de gestión dictados por sus Administraciones tributarias. Este aumento de la corresponsabilidad se hace compatible con el respeto a la unidad de mercado.

Se mejora la dinámica del sistema con el objetivo de favorecer su estabilidad. Para ello, se introducen mecanismos efectivos y explícitos de ajuste de los recursos a las necesidades de los ciudadanos mediante la actualización anual de las variables que determinan la necesidad de financiación a efectos de calcular la participación en el Fondo de Garantía de cada Comunidad Autónoma, además de preverse una evaluación quinquenal de los resultados del sistema. También el incremento del peso de los recursos tributarios en el global de la financiación de las Comunidades Autónomas va a contribuir a una evolución más equilibrada de los recursos.

Finalmente, cabe destacar de esta reforma, por su importancia financiera, la posibilidad de aplazamiento y fraccionamiento a favor de las Comunidades y Ciudades Autónomas del reintegro de las cantidades que resulten a favor del Estado en las liquidaciones de los ejercicios 2008 y 2009.

El título I, bajo la rúbrica «El Sistema de Financiación de las Comunidades Autónomas» se estructura en las siguientes secciones: Sección 1.ª: «Necesidades globales de financiación del año base» (artículos 2 a 6), sección 2.ª: «Recursos financieros del sistema en el año base» (artículos 7 a 10) y sección 3.ª: «Evolución del sistema de financiación: Suficiencia dinámica» (artículos 11 a 21).

La sección 1.ª regula la determinación de las necesidades globales de financiación en el año base, que están constituidas por el resultado de sumar a las necesidades de financiación en el año base los recursos adicionales del Estado que se integran en el sistema en los años 2009 y 2010, detallando estos recursos adicionales. Por lo que se refiere al año 2009, el objetivo del sistema es que las Comunidades Autónomas vean incrementada la financiación que les proporcionaría en dicho año el sistema regulado en la Ley 21/2001, de 27 de diciembre, en unos recursos adicionales cuyo reparto figura perfectamente determinado con arreglo a distintos criterios objetivos. En cuanto a los recursos que se integran en el sistema para 2010, la Ley detalla igualmente su cuantía y criterios de reparto, fijando su efectividad en la liquidación que se practicará en 2012 de los recursos definitivos. Incorpora por último una garantía de crecimiento mínimo de estos recursos, junto a los fondos de convergencia, respecto a los proporcionados para el año 2009.

En la sección 2.ª se regulan los recursos financieros del sistema en el año base que se destinan a financiar las necesidades globales, como son los tributos cedidos, la transferencia del Fondo de Garantía de Servicios Públicos Fundamentales y el Fondo de Suficiencia Global.

Los tributos cedidos, que conforman lo que se denomina en la Ley la capacidad tributaria de las Comunidades Autónomas, son los que ya recogía la Ley 21/2001, de 27 de diciembre, aunque se produce una elevación del porcentaje de cesión del Impuesto sobre la Renta de las Personas Físicas del 33% al 50%, del Impuesto sobre el Valor Añadido del 35% al 50% y de los Impuestos Especiales de Fabricación sobre la Cerveza, el Vino y Bebidas Fermentadas, Productos Intermedios, Alcohol y Bebidas Derivadas, Hidrocarburos y Labores del Tabaco del 40% al 58%.

La transferencia del Fondo de Garantía de Servicios Públicos Fundamentales instrumenta la participación de las Comunidades en este Fondo, garantía de equidad y nivelación inexistente en el sistema anterior, que tiene por objeto asegurar que cada Comunidad Autónoma recibe los mismos recursos por unidad de necesidad para financiar los servicios públicos fundamentales esenciales del Estado de Bienestar. Se concretan los recursos que constituyen este Fondo (el 75% de la capacidad tributaria de las Comunidades Autónomas y la aportación del Estado), así como los criterios de reparto del mismo mediante una serie de variables que van a determinar la población ajustada o unidad de necesidad, incluyendo novedosamente la población en edad escolar, mejorando la ponderación de las variables no poblaciones (dispersión, superficie e insularidad) y diversificando la población protegida equivalente por edades para reconocer mejor el envejecimiento.

El Fondo de Suficiencia Global opera como recurso de cierre del sistema, asegurando que las necesidades globales de financiación de cada Comunidad en el año base se cubren con su capacidad tributaria, la transferencia del Fondo de Garantía y el propio Fondo de Suficiencia.

La sección 3.ª de este título primero se dedica a la evolución del sistema de financiación, conteniendo el marco general para la aplicación del sistema en los años de su vigencia. Al igual que el sistema regulado en la Ley 21/2001, de 27 de diciembre, el nuevo sistema de financiación opera mediante unas entregas a cuenta de los recursos sujetos a liquidación y una liquidación definitiva de los mismos, realizando una liquidación conjunta de los recursos sujetos a liquidación y de los Fondos de Convergencia.

Son recursos sujetos a liquidación la Tarifa autonómica del Impuesto sobre la Renta de las Personas Físicas, el rendimiento cedido del Impuesto sobre el Valor Añadido y los Impuestos Especiales de Fabricación, la transferencia del Fondo de Garantía y el Fondo de Suficiencia Global.

La Ley describe el cálculo de las entregas a cuenta y de las liquidaciones de los recursos tributarios, la secuencia temporal de los pagos y su instrumentación presupuestaria, manteniendo el esquema de los artículos vigentes en la Ley 21/2001, de 27 de diciembre, y su contenido sustancial, aunque adaptando dicha regulación a los nuevos porcentajes de cesión y mejorando el cálculo de las entregas a cuenta de la tarifa autonómica del Impuesto sobre la Renta de las Personas Físicas.

Al tratarse de un nuevo elemento en el sistema de financiación, se incorpora la regulación de las entregas a cuenta y la liquidación definitiva de la transferencia del Fondo de Garantía. El importe de la entrega a cuenta de dicha transferencia parte de la previsión del Fondo de Garantía y de la previsión de la participación en el mismo a partir de las variables que componen la población ajustada, estimadas según los últimos datos disponibles. La liquidación definitiva de esta transferencia exige determinar el importe definitivo del Fondo, para lo cual es preciso previamente valorar la aportación del Estado a partir del ITE definitivo. También exige conocer los valores definitivos de las variables que constituyen la población ajustada. Precisamente esta actualización anual de las variables determinantes de la unidad de necesidad constituye una de las principales novedades del sistema, proporcionándole estabilidad y flexibilidad y permitiendo su ajuste a la evolución de las necesidades de las Comunidades Autónomas.

Al igual que el sistema regulado por la Ley 21/2001, de 27 de diciembre, la entrega a cuenta del Fondo de Suficiencia Global se determina cada año en función de la actualización provisional del Fondo de Suficiencia Global de cada Comunidad Autónoma y Ciudad con Estatuto de Autonomía en el año base a partir de la estimación de la variación del ITE entre el año base y el año para el que se determina la entrega a cuenta. Esta variación se convierte en el elemento técnico clave del precepto, tanto para la determinación de la entrega a cuenta como para la posterior liquidación definitiva. El término ITE se define como la caja del Estado en un determinado año derivada de los tributos compartidos (recaudación menos pagos) y se regula la homogeneización de este término en el año base y el corriente para permitir que la variación estimada lo sea en términos homogéneos.

Por último, se desarrollan los supuestos de revisión del Fondo de Suficiencia Global, que puede obedecer, bien a los traspasos de nuevos servicios o ampliaciones o revisiones de traspasos anteriores, bien a la efectividad de la cesión de tributos, epígrafe bajo el que se incluyen los supuestos de variación en los tipos impositivos de Impuestos Especiales de Fabricación e Impuesto sobre el Valor Añadido, previendo la revisión automática por el Estado.

III

El título II se ocupa de la regulación detallada de los nuevos Fondos de Convergencia Autonómica: el Fondo de Competitividad y el Fondo de Cooperación. Se trata de Fondos creados con recursos adicionales del Estado y con los objetivos de aproximar las Comunidades Autónomas en términos de financiación por habitante ajustado y de favorecer el equilibrio económico territorial, contribuyendo a la igualdad y la equidad.

El Fondo de Competitividad se crea con el fin de reforzar la equidad y la eficiencia en la financiación de las necesidades de los ciudadanos y reducir las diferencias en financiación homogénea per cápita entre Comunidades Autónomas, al mismo tiempo que se incentiva la autonomía y la capacidad fiscal y se desincentiva la competencia fiscal a la baja.

La Ley recoge el importe de la dotación presupuestaria de este Fondo en el año 2009 y las reglas de evolución de dicha dotación, define de manera pormenorizada todos los conceptos relevantes en la operativa de este fondo, determina las condiciones que deben cumplir las Comunidades Autónomas para ser beneficiarias y el reparto del Fondo entre las Comunidades Autónomas que acceden al mismo. También se regula la gestión del fondo, que se liquidará de manera conjunta con todos los recursos que forman parte del sistema y con el Fondo de Cooperación.

El Fondo de Cooperación se crea con el objetivo último de equilibrar y armonizar el desarrollo regional, estimulando el crecimiento de la riqueza y la convergencia regional en términos de renta de Comunidades Autónomas y Ciudades con Estatuto de Autonomía.

Se define el importe de su dotación presupuestaria en el año 2009 y las reglas de evolución de dicha dotación, las Comunidades Autónomas beneficiarias y los repartos del Fondo, destacando la existencia de un subfondo para las Comunidades Autónomas de más bajo crecimiento de su población.

IV

El título III se dedica a regular la cesión de tributos del Estado a las Comunidades Autónomas, desarrollando la modificación de la Ley Orgánica 8/1980, de Financiación de las Comunidades Autónomas en este punto, como consecuencia del Acuerdo 6/2009 del Consejo de Política Fiscal y Financiera, por la que se incrementan los porcentajes de cesión en los principales impuestos cedidos (Impuesto sobre la Renta de las Personas Físicas, Impuesto sobre el Valor Añadido e Impuestos Especiales de Fabricación) y se aumentan las competencias de las Comunidades Autónomas respecto del Impuesto sobre la Renta de las Personas Físicas, lo que supone un claro avance en su autonomía y corresponsabilidad tributarias.

La sección 1.ª mantiene el listado de tributos cedidos que ya recogía la Ley 21/2001, de 27 de diciembre, y que se contiene en algunos de los Estatutos de Autonomía recientemente reformados.

La sección 2.ª regula el alcance y condiciones generales de la cesión de estos tributos.

Las modificaciones que se introducen en esta Sección obedecen al incremento en los porcentajes de cesión de los tributos parcialmente cedidos. Así, se redefinen los componentes de la deuda tributaria cedida en el Impuesto sobre la Renta de las Personas Físicas de acuerdo con la nueva cesión acordada del 50%, además de mejorarse ciertos aspectos técnicos de dicha cesión para ajustar los componentes que se ceden al 50% del rendimiento. Por otra parte, se incrementa al 50% el porcentaje cedido a las Comunidades Autónomas del Impuesto sobre el Valor Añadido y al 58% el porcentaje de cesión de los Impuestos Especiales de Fabricación sobre la Cerveza, el Vino y Bebidas Fermentadas, los Productos Intermedios, el Alcohol y Bebidas Derivadas, los Hidrocarburos y las Labores del Tabaco.

También en esta Sección se modifica el concepto de residencia habitual a efectos del Impuesto sobre Sucesiones y Donaciones, ampliando el periodo a considerar para su determinación de uno a cinco años y haciendo coincidir el punto de conexión para la atribución del rendimiento con el que determina la normativa aplicable.

La sección 3.ª, dedicada a regular el alcance y condiciones específicas de la cesión de los tributos, es objeto de puntuales modificaciones respecto a la Ley 21/2001, de 27 de diciembre, que obedecen a distintas causas.

Así, en relación con el Impuesto sobre Transmisiones Patrimoniales y Actos Jurídicos Documentados se articulan dos modificaciones. Por un lado, se adapta la definición del hecho imponible que es objeto de cesión a la nueva redacción del artículo 19 del Texto Refundido del Impuesto sobre Transmisiones Patrimoniales y Actos Jurídicos Documentados prevista en la Ley 4/2008, de 23 de diciembre, por la que se suprime el gravamen del Impuesto sobre el Patrimonio, se generaliza el sistema de devolución mensual en el Impuesto sobre el Valor Añadido, y se introducen otras modificaciones en la normativa tributaria, para adaptarlo a la Directiva 2008/7/CE. Por otra parte, se clarifica el punto de conexión para la atribución del rendimiento entre Comunidades Autónomas en el caso de anotaciones preventivas de embargo, cuando el valor real de los bienes embargados en diferentes Comunidades Autónomas sea superior a la base imponible gravada con arreglo a las normas del impuesto, en línea con la doctrina administrativa.

En relación con la Tasa Estatal sobre Rifas, Tómbolas, Apuestas y Combinaciones Aleatorias se modifica el punto de conexión como consecuencia de la supresión del régimen de autorización previa para la organización y celebración de las combinaciones aleatorias.

En cuanto al Impuesto sobre Hidrocarburos y el Impuesto sobre la Electricidad, se especifica que es el Ministerio de Industria, Turismo y Comercio el que proporciona el índice de entregas de los productos gravados y el índice de consumo neto de energía eléctrica, respectivamente.

Por lo que se refiere al Impuesto Especial sobre Determinados Medios de Transporte, se explicita que el punto de conexión es el domicilio fiscal de la persona física o jurídica a nombre de la cual se efectúa la primera matriculación, de forma coherente con la aplicación que de este impuesto se está realizando en la actualidad.

Las novedades que se recogen en la sección 4.ª, reguladora de las competencias normativas de las Comunidades Autónomas, se refieren al Impuesto sobre la Renta de las Personas Físicas. En concreto, se amplían las facultades de las Comunidades Autónomas para regular la escala autonómica aplicable a la base liquidable y también el tramo autonómico de la deducción por inversión en vivienda habitual, se permite que las Comunidades Autónomas puedan establecer deducciones autonómicas por subvención o ayudas públicas en determinadas condiciones y, novedosamente, se posibilita que aprueben incrementos o disminuciones en las cuantías del mínimo personal y familiar.

Por otra parte, y con la finalidad de que la Comunidades Autónomas hagan un ejercicio más explícito de corresponsabilidad, se excepciona la aplicación supletoria de la normativa estatal en materia de tarifa autonómica para el supuesto en que las Comunidades Autónomas no hicieran uso de sus competencias normativas, salvo, transitoriamente, para el año 2010.

Finalmente, la sección 5.ª, bajo el rótulo «otras materias», introduce la posibilidad de que las Comunidades Autónomas asuman, por delegación del Estado, la competencia para la revisión de los actos por ellas dictados en relación con los tributos totalmente cedidos tradicionales, el Impuesto sobre Ventas Minoristas de Determinados Hidrocarburos y el Impuesto Especial sobre Determinados Medios de Transporte. Todo ello sin perjuicio de la labor unificadora del Estado, que será ejercida por el Tribunal Económico-Administrativo Central y por la Sala Especial para la Unificación de Doctrina establecida en la Ley General Tributaria.

V

El título IV se ocupa de regular los órganos de coordinación de la gestión tributaria entre las Administraciones tributarias del Estado y de las Comunidades Autónomas y Ciudades con Estatuto de Autonomía. Por un lado, se crea el Consejo Superior para la Dirección y Coordinación de la Gestión Tributaria, un órgano que refunde los vigentes Consejo Superior de Dirección y Comisión Mixta de Coordinación de la Gestión Tributaria, a partir de la experiencia acumulada en estos años, regulándose su composición, organización y funciones. Por otro, se mantienen los Consejos Territoriales para la Dirección y Coordinación de la Gestión Tributaria, con su composición, organización y funciones.

VI

La Ley incluye ocho disposiciones adicionales, seis disposiciones transitorias, una disposición derogatoria y cinco disposiciones finales.

La primera y segunda disposiciones adicionales regulan especialidades en la aplicación del sistema de financiación en atención a los territorios. En concreto, se regulan la aplicación del sistema a las Ciudades con Estatuto de Autonomía de Ceuta y Melilla y las especialidades de la Comunidad Autónoma de Canarias derivadas de su especial estructura tributaria.

La disposición adicional tercera prevé una posible compensación estatal para aquellas Comunidades Autónomas que, teniendo signo negativo en su transferencia al Fondo de Garantía y en el Fondo de Suficiencia Global, no alcancen la media de financiación homogénea por habitante ajustado, después de aplicar el Fondo de Competitividad.

La disposición adicional cuarta regula los aplazamientos y fraccionamientos de las eventuales liquidaciones negativas de recursos del sistema correspondientes a los años 2008 y 2009, en los términos previstos en el Acuerdo 6/2009 del Consejo de Política Fiscal y Financiera.

La disposición adicional quinta regula aspectos funcionales de las actualmente existentes Comisiones Mixtas.

La disposición adicional sexta concreta determinados aspectos del principio de lealtad institucional establecido en la LOFCA, en línea con lo recogido en el Acuerdo 6/2009 del Consejo de Política Fiscal y Financiera.

La disposición adicional séptima establece la valoración quinquenal de los elementos estructurales del Sistema por el Comité Técnico Permanente de Evaluación, a efectos de su posible modificación por el Consejo de Política Fiscal y Financiera.

La disposición adicional octava atribuye a la Comunidad Autónoma de Canarias de competencias normativas en el Impuesto General Indirecto Canario y en el Arbitrio sobre Importaciones y Entregas de Mercancías en las Islas Canarias.

La primera de las disposiciones transitorias de la Ley regula con carácter general el régimen transitorio para la aplicación del sistema de financiación a los años 2009 y 2010, años en que las entregas a cuenta se han determinado aplicando las normas de la Ley 21/2001, de 27 de diciembre. La segunda recoge la autorización al titular del Ministerio de Economía y Hacienda para que pueda conceder anticipos a cuenta de los recursos adicionales del nuevo sistema. La disposición transitoria tercera fecha la primera evaluación de los resultados de la aplicación del sistema y recoge el régimen que se aplicaría a las Comunidades Autónomas que no aceptaran el nuevo sistema así como el plazo para hacerlo. La disposición transitoria cuarta detalla las reglas técnicas necesarias de homogeneización para el cálculo de los ITEs en los años 2009 a 2013. La disposición transitoria quinta regula la conversión de las revisiones del Fondo de Suficiencia por determinados traspasos con año base 1999, al año base del nuevo sistema, el 2007. Finalmente la disposición transitoria sexta se refiere a la compensación por la supresión del gravamen del Impuesto sobre el Patrimonio en 2009, 2010 y 2011.

La disposición derogatoria deroga la Ley 21/2001, de 27 de diciembre, para todas las Comunidades Autónomas y Ciudades con Estatuto de Autonomía que acepten el nuevo sistema en Comisión Mixta y también deroga el artículo primero del Real Decreto-ley 12/2005, de 16 de septiembre, por el que se aprueban determinadas medidas urgentes en materia de financiación sanitaria.

Las disposiciones finales, por su parte, regulan el título competencial (disposición final primera), las modificaciones de otras Leyes derivadas del nuevo texto legal, como la Ley 35/2006, de 28 de noviembre, del Impuesto sobre la Renta de las Personas Físicas (disposición final segunda), la Ley 58/2003, de 17 de noviembre, General Tributaria (disposición final tercera) y el artículo 103 de la Ley 31/1990, de 27 de diciembre, de Presupuestos Generales del Estado para 1991 (disposición final cuarta), finalizando con la entrada en vigor del nuevo texto legal (disposición final quinta) con efectos, en general, desde 1 enero de 2009, y las excepciones a esta regla.

TÍTULO PRELIMINAR. OBJETO DE LA LEY

Artículo 1. *Objeto de la Ley.*

La presente Ley regula el sistema de financiación de las Comunidades Autónomas de régimen común y Ciudades con Estatuto de Autonomía desde el 1 de enero de 2009, incluyendo la garantía de financiación de servicios públicos fundamentales, los fondos de convergencia autonómica, el establecimiento del régimen general de la cesión de tributos del Estado a las Comunidades Autónomas y los órganos de coordinación de la gestión tributaria.

Asimismo, se adaptan al sistema de financiación la normativa de los tributos cedidos y demás disposiciones tributarias afectadas.

(…)

TÍTULO III. CESIÓN DE TRIBUTOS DEL ESTADO A LAS COMUNIDADES AUTÓNOMAS

SECCIÓN 1.ª *Tributos cedidos*

Artículo 25[1]. *Tributos cedidos.*

1[2]. Con el alcance y condiciones establecidos en este título, se cede a las Comunidades Autónomas, según los casos, el rendimiento total o parcial en su territorio de los siguientes tributos:

a) Impuesto sobre la Renta de las Personas Físicas.

b) Impuesto sobre el Patrimonio.

c) Impuesto sobre Sucesiones y Donaciones.

---

[1]   Leyes de Cesión a Comunidades Autónomas, todas ellas de 16 de julio de 2010, publicadas en el BOE núm. 173, de 17 de julio de 2010, en vigor desde el 18/07/2010:

Ley 16/2010, de 16 de julio, del régimen de cesión de tributos del estado a la Comunidad Autónoma de Cataluña y de fijación del alcance y condiciones de dicha cesión.

Ley 17/2010, de 16 de julio, del régimen de cesión de tributos del Estado a la Comunidad Autónoma de Galicia y de fijación del alcance y condiciones de dicha cesión.

Ley 18/2010, de 16 de julio, del régimen de cesión de tributos del Estado a la Comunidad Autónoma de Andalucía y de fijación del alcance y condiciones de dicha cesión.

Ley 19/2010, de 16 de julio, del régimen de cesión de tributos del Estado a la Comunidad Autónoma del Principado de Asturias y de fijación del alcance y condiciones de dicha cesión.

Ley 20/2010, de 16 de julio, del régimen de cesión de tributos del Estado a la Comunidad Autónoma de Cantabria y de fijación del alcance y condiciones de dicha cesión.

Ley 21/2010, de 16 de julio, del régimen de cesión de tributos del Estado a la Comunidad Autónoma de La Rioja y de fijación del alcance y condiciones de dicha cesión.

Ley 22/2010, de 16 de julio, del régimen de cesión de tributos del Estado a la Comunidad Autónoma de la Región de Murcia y de fijación del alcance y condiciones de dicha cesión.

Ley 23/2010, de 16 de julio, del régimen de cesión de tributos del Estado a la Comunitat Valenciana y de fijación del alcance y condiciones de dicha cesión.

Ley 24/2010, de 16 de julio, del régimen de cesión de tributos del Estado a la Comunidad Autónoma de Aragón y de fijación del alcance y condiciones de dicha cesión.

Ley 25/2010, de 16 de julio, del régimen de cesión de tributos del Estado a la Comunidad Autónoma de Castilla-La Mancha y de fijación del alcance y condiciones de dicha cesión.

Ley 26/2010, de 16 de julio, del régimen de cesión de tributos del Estado a la Comunidad Autónoma de Canarias y de fijación del alcance y condiciones de dicha cesión.

Ley 27/2010, de 16 de julio, del régimen de cesión de tributos del Estado a la Comunidad Autónoma de Extremadura y de fijación del alcance y condiciones de dicha cesión.

Ley 28/2010, de 16 de julio, del régimen de cesión de tributos del Estado a la Comunidad Autónoma de la Illes Balears y de fijación del alcance y condiciones de dicha cesión.

Ley 29/2010, de 16 de julio, del régimen de cesión de tributos del Estado a la Comunidad de Madrid y de fijación del alcance y condiciones de dicha cesión.

Ley 30/2010, de 16 de julio, del régimen de cesión de tributos del Estado a la Comunidad de Castilla y León y de fijación del alcance y condiciones de dicha cesión.

[2]   Nueva redacción del art. 25.1 dada por la Disp. Final Quinta Uno de la Ley Orgánica 9/2022, de 28 de julio, por la que se establecen normas que faciliten el uso de información financiera y de otro tipo para la prevención, detección, investigación o enjuiciamiento de infracciones penales, de modificación de la Ley Orgánica 8/1980, de 22 de septiembre, de Financiación de las Comunidades Autónomas y otras disposiciones conexas y de modificación de la Ley Orgánica 10/1995, de 23 de noviembre, del Código Penal (BOE núm. 181, de 29 de julio de 2022), en vigor desde el 29 de agosto de 2022.

d) Impuesto sobre Transmisiones Patrimoniales y Actos Jurídicos Documentados.

e) Tributos sobre el Juego.

f) Impuesto sobre el Valor Añadido.

g) Impuesto sobre la Cerveza.

h) Impuesto sobre el Vino y Bebidas Fermentadas.

i) Impuesto sobre Productos Intermedios.

j) Impuesto sobre el Alcohol y Bebidas Derivadas.

k) Impuesto sobre Hidrocarburos.

l) Impuesto sobre las Labores del Tabaco.

m) Impuesto sobre la Electricidad.

n) Impuesto Especial sobre Determinados Medios de Transporte.

o) Impuesto sobre las Ventas Minoristas de Determinados Hidrocarburos.

p) Impuesto sobre el Depósito de Residuos en vertederos, la incineración y la coincineración de residuos.

2. La eventual supresión o modificación por el Estado de alguno de los tributos antes señalados implicará la extinción o modificación de la cesión.

SECCIÓN 2.ª *Alcance y condiciones generales de la cesión*

Artículo 26. *Rendimiento que se cede.*

1[3]. Se entiende por rendimiento cedido de los tributos que se señalan en el artículo anterior:

A) El importe de la recaudación líquida derivada de las deudas tributarias correspondientes a los distintos hechos imponibles cedidos, en el caso de:

a) El Impuesto sobre el Patrimonio.

b) El Impuesto sobre Sucesiones y Donaciones.

c) El Impuesto sobre Transmisiones Patrimoniales y Actos Jurídicos Documentados.

d) Los Tributos sobre el Juego.

e) El Impuesto Especial sobre Determinados Medios de Transporte.

f) El Impuesto sobre las Ventas Minoristas de Determinados Hidrocarburos.

g) El Impuesto sobre el Depósito de Residuos en vertederos, la incineración y la coincineración de residuos.

B) El importe de la recaudación líquida efectivamente ingresada derivada de la parte de la deuda tributaria cedida, en el caso de:

a) El Impuesto sobre la Renta de las Personas Físicas.

b) El Impuesto sobre el Valor Añadido.

c) El Impuesto sobre la Cerveza.

d) El Impuesto sobre el Vino y Bebidas Fermentadas.

---

[3]   Nueva redacción del art. 26.1 dada por la Disp. Final Quinta Dos de la Ley Orgánica 9/2022, de 28 de julio, por la que se establecen normas que faciliten el uso de información financiera y de otro tipo para la prevención, detección, investigación o enjuiciamiento de infracciones penales, de modificación de la Ley Orgánica 8/1980, de 22 de septiembre, de Financiación de las Comunidades Autónomas y otras disposiciones conexas y de modificación de la Ley Orgánica 10/1995, de 23 de noviembre, del Código Penal (BOE núm. 181, de 29 de julio de 2022), en vigor desde el 29 de agosto de 2022.

e) El Impuesto sobre Productos Intermedios.

f) El Impuesto sobre el Alcohol y Bebidas Derivadas.

g) El Impuesto sobre Hidrocarburos.

h) El Impuesto sobre las Labores del Tabaco.

i) El Impuesto sobre la Electricidad.

2. A efectos de lo dispuesto en la letra *B)* del apartado anterior, se entenderá que componen la parte de la deuda tributaria cedida:

a)[4] En el Impuesto sobre la Renta de las Personas Físicas:

1.º Las cuotas líquidas autonómicas que los residentes en el territorio de la Comunidad Autónoma hayan consignado en la declaración del Impuesto sobre la Renta de las Personas Físicas presentada dentro de los plazos establecidos por la normativa reguladora del Impuesto, minorada en:

El 50 por ciento de las deducciones por doble imposición.

El 50 por ciento de las compensaciones fiscales a que se refiere la Disposición transitoria decimotercera de la Ley 35/2006, de 28 de noviembre, del Impuesto sobre la Renta de las Personas Físicas y de modificación parcial de las Leyes de los Impuestos sobre Sociedades, sobre la Renta de No residentes y sobre el Patrimonio.

2.º El resultado de aplicar el 50 por ciento a las cuotas líquidas de los contribuyentes que hayan optado por tributar por el Impuesto sobre la Renta de No Residentes, conforme al régimen fiscal especial aplicable a los trabajadores desplazados a territorio español regulado en el artículo 93 de la Ley 35/2006, de 28 de noviembre, del Impuesto sobre la Renta de las Personas Físicas y de modificación parcial de las Leyes de los Impuesto sobre Sociedades, sobre la Renta de No residentes y sobre el Patrimonio.

3.º El resultado de aplicar el 50 por ciento sobre los pagos a cuenta realizados o soportados por los contribuyentes residentes en el territorio de la Comunidad Autónoma que no estén obligados a declarar y que no hayan presentado declaración.

4.º El resultado de aplicar el 50 por ciento sobre los pagos a cuenta realizados o soportados por los contribuyentes residentes en el territorio de la Comunidad Autónoma que no estando incluidos en el apartado anterior no hayan presentado declaración dentro de los plazos establecidos por la normativa reguladora del Impuesto.

5.º La parte de la deuda tributaria que, correspondiente a la Comunidad Autónoma, sea cuantificada o, en su caso consignada, por actas de inspección, liquidaciones practicadas por la Administración y declaraciones presentadas fuera de los plazos establecidos por la normativa reguladora del impuesto. A estos efectos, se entenderá por deuda tributaria la constituida

---

4   La disposición adicional 12.ª del Real Decreto-ley 20/2011, de 30 de diciembre, de medidas urgentes en materia presupuestaria, tributaria y financiera para la corrección del déficit público, dice: «A efectos de lo dispuesto en los artículos 12 y 26.2.a) de la Ley 22/2009, de 18 de diciembre, por la que se regula el sistema de financiación de las Comunidades Autónomas de régimen común y Ciudades con Estatuto de Autonomía y se modifican determinadas normas tributarias, y 113.1 del Texto Refundido de la Ley Reguladora de las Haciendas Locales, aprobado por el Real Decreto Legislativo 2/2004, de 5 de marzo, la recaudación líquida derivada de la aplicación del gravamen complementario a la cuota íntegra estatal para la reducción del déficit público establecido en la disposición final segunda de este Real Decreto-Ley no se tendrá en cuenta para la determinación del rendimiento cedido y de su entrega a cuenta». Dicho gravamen complementario es el regulado en la disposición adicional 35.ª de la Ley 35/2006, de 28 de noviembre.

por la cuota líquida más los conceptos a que se refiere el apartado 2 del artículo 58 de la Ley 58/2003, de 17 de diciembre, General Tributaria, con excepción de los recargos previstos en sus letras *c)* y *d)*, y en su caso, por los pagos a cuenta del impuesto. Esta partida se minorará en el importe de las devoluciones por ingresos indebidos que deban imputarse a la Comunidad Autónoma, incluidos los intereses legales.

No se considerará parte de la deuda tributaria cedida los importes señalados en el párrafo anterior cuando formen parte de la deuda tributaria cedida por alguno de los conceptos previstos en los apartados 1.º a 4.º anteriores.

Si a lo largo de la vigencia del sistema se produjeran reformas normativas que modificasen sustancialmente determinados componentes de la parte de la deuda tributaria cedida, se entenderá que la cesión se hace extensiva a los nuevos o reformados componentes que, en su caso, sustituyan a los anteriores, cumpliendo su finalidad.

b) En el Impuesto sobre el Valor Añadido, en los Impuestos sobre la Cerveza, sobre el Vino y Bebidas Fermentadas, sobre Productos Intermedios, sobre el Alcohol y Bebidas Derivadas, sobre Hidrocarburos, sobre las Labores del Tabaco y sobre la Electricidad, el porcentaje cedido del conjunto de ingresos líquidos de la Hacienda Estatal por los conceptos que integran cada uno de dichos impuestos, con criterio de caja, obtenidos una vez deducidas de la recaudación bruta las devoluciones reguladas en la normativa tributaria y, en su caso, las transferencias o ajustes (positivos o negativos) establecidos en el Concierto con la Comunidad Autónoma del País Vasco y en el Convenio con la Comunidad Foral de Navarra.

Artículo 27. *Normativa aplicable a los tributos cedidos.*

1. Los tributos cuyo rendimiento se cede a las Comunidades Autónomas se regirán por los Convenios o Tratados internacionales, la Ley 58/2003, de 17 de diciembre, General Tributaria, la Ley propia de cada tributo, los Reglamentos generales dictados en desarrollo de la Ley 58/2003, de 17 de diciembre, General Tributaria y de las Leyes propias de cada tributo, las demás disposiciones de carácter general, reglamentarias o interpretativas, dictadas por la Administración del Estado y, en los términos previstos en este Título, por las normas emanadas de la Comunidad Autónoma competente según el alcance y los puntos de conexión establecidos en el mismo[5].

La terminología y conceptos de las normas que dicten las Comunidades Autónomas se adecuarán a la Ley 58/2003, de 17 de diciembre, General Tributaria.

---

[5] ANDALUCÍA: Ley 5/2021, de 20 de octubre, de Tributos Cedidos de la Comunidad Autónoma de Andalucía (BOJA núm. 206, de 26 de octubre de 2021) que deroga el Decreto Legislativo 1/2018, de 19 de junio, por el que se aprueba el Texto Refundido de las disposiciones dictadas por la Comunidad Autónoma de Andalucía en materia de tributos cedidos (BOJA núm. 123 de 27 de junio de 2018) y Decreto-ley 19/2020, de 14 de julio, por el que se establecen medidas urgentes en materia de sanidad, fiscales y presupuestarias así como de apoyo a agricultores, ganaderos y pymes agroalimentarias ante la situación generada por el coronavirus (COVID-19) (BOJA núm. 45, de 14 de julio de 2020).
ARAGÓN: Decreto Legislativo 1/2005, de 26 septiembre de 2005, aprueba el texto refundido de las disposiciones dictadas por la Comunidad Autónoma de Aragón en materia de tributos cedidos (BOA núm. 128, de 28 octubre de 2005).
CANARIAS: Decreto Legislativo 1/2009, de 21 de abril, por el que se aprueba el Texto Refundido de las disposiciones legales vigentes dictadas por la Comunidad Autónoma de Canarias en materia de tributos cedidos (BOC núm. 77, de 23 de abril de 2009).

CANTABRIA: Decreto Legislativo 62/2008, de 19 de junio, por el que se aprueba el texto refundido de la Ley de Medidas Fiscales en materia de Tributos cedidos por el Estado (BOC núm. 128 de 2 de julio de 2008).

CASTILLA-LA MANCHA: Ley 8/2013, de 21 de noviembre, de Medidas Tributarias de Castilla-La Mancha (DOCLM núm. 232, de 29 de noviembre; BOE núm. 35, de 10 de febrero de 2014).

CASTILLA Y LEÓN: Decreto Legislativo 1/2013, de 12 de septiembre, por el que se aprueba el texto refundido de las disposiciones legales de la Comunidad de Castilla y León en materia de tributos propios y cedidos (BOCyL núm. 180, de 18 de septiembre de 2013).

CATALUÑA: Decreto Legislativo 1/2024, de 12 de marzo, por el que se aprueba el libro sexto del Código tributario de Catalunya, que integra el texto refundido de los preceptos legales vigentes en Catalunya en materia de tributos cedidos (DOGC núm. 9122, de 14 de marzo de 2024). Norma que deroga las siguientes disposiciones: Ley 21/2001, de 28 de diciembre, de medidas fiscales y administrativas (BOE núm. 22, de 25 de enero de 2002), Ley 31/2002, de 30 de diciembre, de Medidas Fiscales y Administrativas (DOGC núm. 3.791, de 31 de diciembre de 2002), Ley 7/2004, de 16 julio, de Medidas fiscales y administrativas (DOGC núm. 4179, de 21 de julio de 2004), Ley 21/2005, de 29 diciembre, Medidas financieras (DOGC núm. 451, de 31 diciembre de 2005), Decreto-Ley 1/2008, de 1 de julio, de medidas urgentes en materia fiscal y financiera (DOGC, núm. 5165, de 3 de julio de 2008), Ley 16/2008, de 23 de diciembre, de medidas fiscales y financieras (DOGC núm. 5288, de 31 de diciembre de 2008), Ley 26/2009, de 23 de diciembre, de medidas fiscales, financieras y administrativas (DOGC núm. 5537, de 31 de diciembre de 2009), Ley 24/2010, de 22 de julio, de aprobación de la escala autonómica del Impuesto sobre la Renta de las Personas Físicas (DOGC número 5681, de 29 de julio de 2010), Ley 7/2011, de 27 de julio, de Medidas Fiscales y Financieras (DOGC núm. 5931, de 29 de julio de 2011) y Ley 2/2014, de 27 de enero, de medidas fiscales, administrativas, financieras y del sector público (DOGC núm. 6551. de 30 de enero de 2014). Ley 5/2020, de 29 de abril, de medidas fiscales, financieras, administrativas y del sector público y de creación del impuesto sobre las instalaciones que inciden en el medio ambiente (DOGC núm. 8124, de 30 de abril de 2020). Decreto Ley 36/2020, de 3 de noviembre, de medidas urgentes en el ámbito del impuesto sobre las estancias en establecimientos turísticos y del impuesto sobre la renta de las personas física (DOGC núm. 8264 de 5 de noviembre de 2020).

COMUNIDAD DE MADRID: Decreto Legislativo 1/2010, de 21 de octubre, del Consejo de Gobierno, por el que se aprueba el Texto Refundido de las Disposiciones Legales de la Comunidad de Madrid en materia de tributos cedidos por el Estado (BOCM. núm. 255, 25 de octubre de 2010).

COMUNIDAD VALENCIANA: Ley 13/1997, de 23 diciembre, Regula el tramo autonómico del Impuesto sobre la Renta de las Personas Físicas y restantes tributos cedidos (DOGV núm. 3153, de 31 diciembre de 1997).

EXTREMADURA: Decreto Legislativo 1/2018, de 10 de abril, por el que se aprueba el texto refundido de las disposiciones legales de la Comunidad Autónoma de Extremadura en materia de tributos cedidos por el Estado (DOE núm. 99, de 23 de mayo de 2018).

GALICIA: Decreto Legislativo 1/2011, de 28 de julio, por el que se aprueba el texto refundido de las disposiciones legales de la Comunidad Autónoma de Galicia en materia de tributos cedidos por el Estado (DOG, núm. 201, de 20 octubre de 2011).

ISLAS BALEARES: Decreto Legislativo 1/2014, de 6 de junio, por el que se aprueba el Texto Refundido de las Disposiciones Legales de la Comunidad Autónoma de les Illes Balears en Materia de Tributos Cedidos por el Estado (BOIB núm. 77, de 7 de junio de 2014).

LA RIOJA: Ley 10/2017, de 27 de octubre, por la que se consolidan las disposiciones legales de la Comunidad Autónoma de La Rioja en materia de impuestos propios y tributos cedidos (núm. 126, de 30 de octubre de 2017).

PRINCIPADO DE ASTURIAS: Decreto Legislativo 2/2014, de 22 de octubre, por el que se aprueba el Texto Refundido de las disposiciones legales del Principado de Asturias en materia de tributos cedidos por el Estado (BOPA núm. 251, de 29 de octubre de 2014).

2. La normativa que dicten las Comunidades Autónomas en relación con las materias cuya competencia les corresponda de acuerdo con su Estatuto de Autonomía y que sea susceptible de tener, por vía indirecta, efectos fiscales no producirá tales efectos en cuanto el régimen tributario que configure no se ajuste al establecido por las normas estatales.

Artículo 28. *Residencia habitual de las personas físicas.*

1. A efectos de lo dispuesto en este Título, se considerará que las personas físicas residentes en territorio español lo son en el territorio de una Comunidad Autónoma:

1.º Cuando permanezcan en su territorio un mayor número de días:

a) Del período impositivo, en el Impuesto sobre la Renta de las Personas Físicas.

b) Del período de los cinco años inmediatos anteriores, contados de fecha a fecha, que finalice el día anterior al de devengo, en el Impuesto sobre Sucesiones y Donaciones[6].

c) Del año inmediato anterior, contado de fecha a fecha, que finalice el día anterior al de devengo, en el Impuesto sobre Transmisiones Patrimoniales y Actos Jurídicos Documentados y en el Impuesto Especial sobre Determinados Medios de Transporte.

Para determinar el período de permanencia se computarán las ausencias temporales.

Salvo prueba en contrario, se considerará que una persona física permanece en el territorio de una Comunidad Autónoma cuando en dicho territorio radique su vivienda habitual, definiéndose ésta conforme a lo dispuesto en la normativa reguladora del Impuesto sobre la Renta de las Personas Físicas.

2.º Cuando no fuese posible determinar la permanencia a que se refiere el punto 1.º anterior, se considerarán residentes en el territorio de la Comunidad Autónoma donde tengan su principal centro de intereses, considerándose como tal el territorio donde obtengan la mayor parte de la base imponible del Impuesto sobre la Renta de las Personas Físicas, determinada por los siguientes componentes de renta:

a) Rendimientos de trabajo, que se entenderán obtenidos donde radique el centro de trabajo respectivo, si existe.

b) Rendimientos del capital inmobiliario y ganancias patrimoniales derivados de bienes inmuebles, que se entenderán obtenidos en el lugar en que radiquen éstos.

c) Rendimientos derivados de actividades económicas, ya sean empresariales o profesionales, que se entenderán obtenidos donde radique el centro de gestión de cada una de ellas.

3.º Cuando no pueda determinarse la residencia conforme a los criterios establecidos en los puntos 1.º y 2.º anteriores, se considerarán residentes en el lugar de su última residencia declarada a efectos del Impuesto sobre la Renta de las Personas Físicas.

2. En el Impuesto sobre el Patrimonio, la residencia de las personas físicas será la misma que corresponda para el Impuesto sobre la Renta de las Personas Físicas a la fecha de devengarse aquél.

REGIÓN DE MURCIA: Decreto Legislativo 1/2010, de 5 de noviembre, por el que se aprueba el Texto Refundido de las Disposiciones Legales vigentes en la Región de Murcia en materia de Tributos Cedidos (BORM núm. 24, de 31 de enero de 2011) y Ley 7/2011, de 26 de diciembre, de medidas fiscales y de fomento económico en la Región de Murcia (BORM núm. 301, de 31 de diciembre de 2011).

[6]   Con efectos desde 1 de enero de 2010 (disposición final 5.ª de la presente Ley).

3. Las personas físicas residentes en el territorio de una Comunidad Autónoma que pasasen a tener su residencia habitual en el de otra, cumplirán sus obligaciones tributarias de acuerdo con la nueva residencia, cuando ésta actúe como punto de conexión.

Además, cuando en virtud de lo previsto en el apartado 4 siguiente deba considerarse que no ha existido cambio de residencia, las personas físicas deberán presentar las autoliquidaciones complementarias que correspondan, con inclusión de los intereses de demora.

El plazo de presentación de las autoliquidaciones complementarias finalizará el mismo día que concluya el plazo de presentación de las declaraciones por el Impuesto sobre la Renta de las Personas Físicas correspondientes al año en que concurran las circunstancias que, según lo previsto en el apartado 4 siguiente, determinen que deba considerarse que no ha existido cambio de residencia.

4. No producirán efecto los cambios de residencia que tengan por objeto principal lograr una menor tributación efectiva en los tributos total o parcialmente cedidos.

Se presumirá, salvo que la nueva residencia se prolongue de manera continuada durante, al menos, tres años, que no ha existido cambio, en relación con el rendimiento cedido de los Impuestos sobre la Renta de las Personas Físicas y sobre el Patrimonio, cuando concurran las siguientes circunstancias:

a) Que en el año en el cual se produce el cambio de residencia o en el siguiente, su base imponible del Impuesto sobre la Renta de las Personas Físicas sea superior en, al menos, un 50 por ciento, a la del año anterior al cambio.

En caso de tributación conjunta se determinará de acuerdo con las normas de individualización.

b) Que en el año en el cual se produce la situación a que se refiere la letra anterior, su tributación efectiva por el Impuesto sobre la Renta de las Personas Físicas sea inferior a la que hubiese correspondido de acuerdo con la normativa aplicable en la Comunidad Autónoma en la que residía con anterioridad al cambio.

c) Que en el año siguiente a aquel en el cual se produce la situación a que se refiere la letra *a)* anterior, o en el siguiente, vuelva a tener su residencia habitual en el territorio de la Comunidad Autónoma en la que residió con anterioridad al cambio.

5. Las personas físicas residentes en territorio español, que no permanezcan en dicho territorio más de ciento ochenta y tres días durante el año natural, se considerarán residentes en el territorio de la Comunidad Autónoma en que radique el núcleo principal o la base de sus actividades o de sus intereses económicos.

6. Las personas físicas residentes en territorio español por aplicación de la presunción prevista en el último párrafo del apartado 1 del artículo 9 de la Ley 35/2006, de 28 de noviembre, del Impuesto sobre la Renta de las Personas Físicas, se considerarán residentes en el territorio de la Comunidad Autónoma en que residan habitualmente el cónyuge no separado legalmente y los hijos menores de edad que dependan de ellas.

Artículo 29. *Domicilio fiscal de las personas jurídicas.*

Se entiende que las personas jurídicas tienen su domicilio fiscal en la Comunidad Autónoma que resulte de acuerdo con lo dispuesto en la Ley 58/2003, de 17 de diciembre, General Tributaria.

SECCIÓN 3.ª *Alcance y condiciones específicas de la cesión*

Artículo 30. *Alcance de la cesión y puntos de conexión en el Impuesto sobre la Renta de las Personas Físicas.*
1. Se cede a la Comunidad Autónoma el rendimiento del Impuesto sobre la Renta de las Personas Físicas producido en su territorio.
2. Se considera producido en el territorio de una Comunidad Autónoma el rendimiento cedido del Impuesto sobre la Renta de las Personas Físicas que corresponda a aquellos contribuyentes que tengan su residencia habitual en dicho territorio.
3. Cuando los contribuyentes integrados en una unidad familiar tuvieran su residencia habitual en Comunidades distintas y optasen por la tributación conjunta, el rendimiento que se cede se entenderá producido en el territorio de la Comunidad Autónoma donde tenga su residencia habitual el miembro de dicha unidad con mayor base liquidable de acuerdo con las reglas de individualización del Impuesto.

Artículo 31. *Alcance de la cesión y puntos de conexión en el Impuesto sobre el Patrimonio.*
1. Se cede a la Comunidad Autónoma el rendimiento del Impuesto sobre el Patrimonio producido en su territorio.
2. Se considera producido en el territorio de una Comunidad Autónoma el rendimiento del Impuesto sobre el Patrimonio que corresponda a aquellos sujetos pasivos que tengan su residencia habitual en dicho territorio.

Artículo 32. *Alcance de la cesión y puntos de conexión en el Impuesto sobre Sucesiones y Donaciones.*
1. Se cede a la Comunidad Autónoma el rendimiento del Impuesto sobre Sucesiones y Donaciones producido en su territorio.
2. Se considera producido en el territorio de una Comunidad Autónoma el rendimiento del Impuesto sobre Sucesiones y Donaciones de los sujetos pasivos residentes en España, según los siguientes puntos de conexión:
a) En el caso del impuesto que grava las adquisiciones ``mortis causa´´ y las cantidades percibidas por los beneficiarios de seguros sobre la vida que se acumulen al resto de bienes y derechos que integran la porción hereditaria del beneficiario, en el territorio donde el causante tenga su residencia habitual a la fecha del devengo.
b) En el caso del impuesto que grava las donaciones de bienes inmuebles, cuando éstos radiquen en el territorio de esa Comunidad Autónoma.
A efectos de lo previsto en esta letra, tendrán la consideración de donaciones de bienes inmuebles las transmisiones a título gratuito de los valores a que se refiere el artículo 108 de la Ley 24/1988, de 28 de julio, del Mercado de Valores.
c) En el caso del impuesto que grava las donaciones de los demás bienes y derechos, en el territorio donde el donatario tenga su residencia habitual a la fecha del devengo.
3. Cuando en un solo documento se donasen por un mismo donante a favor de un mismo donatario distintos bienes o derechos y por aplicación de los puntos de conexión el rendimiento deba entenderse producido en distintas Comunidades Autónomas, corresponderá a cada una de ellas el que resulte de aplicar, al valor de los donados cuyo rendimiento se le

atribuye, el tipo medio que, según sus normas, correspondería al valor de la totalidad de los transmitidos.

4. Cuando proceda acumular donaciones, corresponderá a la Comunidad Autónoma el rendimiento que resulte de aplicar, al valor de los bienes y derechos actualmente transmitidos, el tipo medio que, según sus normas, correspondería al valor de la totalidad de los acumulados.

A estos efectos se entenderá por totalidad de los bienes y derechos acumulados, los procedentes de donaciones anteriores y los que son objeto de la transmisión actual.

5. En los supuestos previstos en las letras *a)* y *c)* del apartado 2 anterior, se aplicará la normativa de la Comunidad Autónoma en la que el causante o donatario hubiere tenido su residencia habitual conforme a lo previsto en el artículo 28.1.1.°.*b)* de esta Ley.

Artículo 33. *Alcance de la cesión y puntos de conexión en el Impuesto sobre Transmisiones Patrimoniales y Actos Jurídicos Documentados.*

1. Se cede a las Comunidades Autónomas el rendimiento del Impuesto sobre Transmisiones Patrimoniales y Actos Jurídicos Documentados producido en su territorio en cuanto a los siguientes hechos imponibles:

1.° Transmisiones onerosas por actos «*ínter vivos*» de toda clase de bienes y derechos que integren el patrimonio de las personas físicas o jurídicas.

2.° Constitución de derechos reales, préstamos, fianzas, arrendamientos, pensiones y concesiones administrativas.

3.° La constitución de sociedades, el aumento y disminución de su capital social y la disolución de sociedades, las aportaciones que efectúen los socios que no supongan un aumento de capital social y el traslado a España de la sede de dirección efectiva o del domicilio social de una sociedad cuando ni una ni otro estuviesen previamente situados en un Estado miembro de la Unión Europea.

4.° Escrituras, actas y testimonios notariales, en los términos que establece el artículo 31 del texto refundido aprobado por Real Decreto Legislativo 1/1993, de 24 de septiembre.

5.° Letras de cambio y los documentos que realicen función de giro o suplan a aquellas, así como los resguardos o certificados de depósito transmisibles, así como los pagarés, bonos, obligaciones y demás títulos análogos emitidos en serie a que se refiere el artículo 33 del texto refundido aprobado por Real Decreto Legislativo 1/1993, de 24 de septiembre.

6.° Anotaciones preventivas que se practiquen en los registros públicos cuando tengan por objeto un derecho o interés valuable y no vengan ordenadas de oficio por autoridad judicial.

2. Se considerará producido en el territorio de una Comunidad Autónoma el rendimiento del Impuesto sobre Transmisiones Patrimoniales y Actos Jurídicos Documentados de acuerdo con los puntos de conexión que a continuación se enumeran:

1.° En las escrituras, actas y testimonios gravados por la cuota fija de actos jurídicos documentados, documentos notariales, el rendimiento de dicha cuota fija corresponderá a la Comunidad Autónoma en la que se autoricen u otorguen.

2.° Sin perjuicio de lo dispuesto en el punto 1.° anterior, en los restantes supuestos actuarán como puntos de conexión los que a continuación se enumeran por el siguiente orden de aplicación:

A) Siempre que el documento comprenda algún concepto sujeto a cuota gradual del gravamen de actos jurídicos documentados, documentos notariales, el rendimiento corresponderá a la Comunidad Autónoma en cuya circunscripción radique el Registro en el que debería procederse a la inscripción o anotación de los bienes o actos.

B) Cuando el acto o documento se refiera a operaciones societarias, el rendimiento corresponderá a la Comunidad Autónoma cuando concurra cualquiera de las siguientes reglas por el orden de su aplicación preferente:

a) Que la entidad tenga en dicha Comunidad Autónoma su domicilio fiscal.

b) Que la entidad tenga en dicha Comunidad Autónoma su domicilio social, siempre que la sede de dirección efectiva no se encuentre situada en el ámbito territorial de otra Administración tributaria de un Estado miembro de la Unión Europea.

c) Que la entidad realice en dicha Comunidad Autónoma operaciones de su tráfico, cuando su sede de dirección efectiva y su domicilio social no se encuentren situadas en el ámbito territorial de otra Administración tributaria de un Estado miembro de la Unión Europea.

C) Cuando el acto o documento no motive liquidación ni por la cuota gradual de actos jurídicos documentados, documentos notariales, ni tampoco por la modalidad de operaciones societarias, el rendimiento se atribuirá aplicando las reglas que figuran a continuación en función de la naturaleza del acto o contrato documentado y de los bienes a que se refiera:

1.ª Cuando el acto o documento comprenda transmisiones y arrendamientos de bienes inmuebles, constitución y cesión de derechos reales, incluso de garantía, sobre los mismos, a la Comunidad Autónoma en la que radiquen los inmuebles.

En los supuestos previstos en el artículo 108 de la Ley 24/1988, de 28 de julio, del Mercado de Valores, a la Comunidad Autónoma en la que radiquen los bienes inmuebles integrantes del activo de la entidad cuyos valores se transmiten.

2.ª Cuando comprenda la constitución de hipoteca mobiliaria o prenda sin desplazamiento o se refiera a buques o aeronaves, a la Comunidad Autónoma en cuya circunscripción radique el Registro Mercantil o de Hipoteca Mobiliaria y Prenda sin Desplazamiento en que tales actos hayan de ser inscritos.

3.ª Cuando comprenda transmisión de bienes muebles, semovientes o créditos, así como la constitución y cesión de derechos reales sobre los mismos, a la Comunidad Autónoma donde el adquirente tenga su residencia habitual si es persona física o su domicilio fiscal si es persona jurídica.

4.ª Cuando el acto o documento se refiera a transmisión de valores, a la Comunidad Autónoma donde se formalice la operación.

5.ª Cuando se refiera exclusivamente a la constitución de préstamos simples, fianzas, arrendamientos no inmobiliarios y pensiones, a la Comunidad Autónoma en la que el sujeto pasivo tenga su residencia habitual o domicilio fiscal, según se trate de personas físicas o jurídicas.

6.ª Cuando se trate de documentos relativos a concesiones administrativas de bienes, ejecuciones de obras o explotaciones de servicios, a la Comunidad Autónoma del territorio donde radiquen, se ejecuten o se presten los mismos. Estas mismas reglas serán aplicables cuando se trate de actos y negocios administrativos que tributen por equiparación a las concesiones administrativas.

Cuando las concesiones de explotación de bienes superen el ámbito territorial de una Comunidad Autónoma, el rendimiento corresponderá a todas aquellas a cuyo ámbito se extienda la concesión, calculándose el correspondiente a cada una en proporción a la extensión que ocupe en cada una de las Comunidades implicadas.

869 Ley 22/2009, de 18 de diciembre Art. 34

Cuando las concesiones de ejecución de obras superen el ámbito territorial de una Comunidad Autónoma, el rendimiento corresponderá a todas aquellas a cuyo ámbito se extienda la concesión, calculándose el correspondiente a cada una en proporción al importe estimado de las obras a realizar en cada una de las Comunidades implicadas.

Cuando las concesiones de explotación de servicios superen el ámbito territorial de una Comunidad Autónoma, el rendimiento corresponderá a todas aquellas a cuyo ámbito se extienda la concesión, calculándose el correspondiente a cada una en función de la media aritmética de los porcentajes que representen su población y su superficie sobre el total de las Comunidades implicadas.

Cuando se trate de concesiones mixtas que superen el ámbito territorial de una Comunidad Autónoma, el rendimiento corresponderá a todas aquellas a cuyo ámbito se extienda la concesión, calculándose el correspondiente a cada una mediante la aplicación de los criterios recogidos en los tres párrafos anteriores a la parte correspondiente de la concesión.

7.ª En las anotaciones preventivas cuando el órgano registral ante el que se produzcan tenga su sede en el territorio de dicha Comunidad Autónoma. Si conforme a las normas del impuesto, la base imponible resulta inferior al valor real de los bienes embargados en todas las Comunidades Autónomas en que se hayan inscrito anotaciones preventivas, se considerará producido en el territorio de cada una de ellas únicamente la parte del rendimiento resultante de repartir a partes iguales el rendimiento total entre todas aquellas. No obstante, si en alguna de las Comunidades Autónomas el valor real de los bienes objeto de la anotación preventiva fuese inferior al importe de la cuota que le corresponda conforme a la regla de reparto expuesta, el rendimiento cedido a dicha Comunidad Autónoma se limitará a la cuota correspondiente a dicho valor, y el rendimiento excedente acrecerá a las restantes Comunidades Autónomas.

8.ª En las letras de cambio y documentos que suplan a las mismas o realicen función de giro, así como en los pagarés, bonos, obligaciones y títulos análogos a que se refiere el artículo 33 del texto refundido aprobado por Real Decreto Legislativo 1/1993, de 24 de septiembre, cuando su libramiento o emisión tenga lugar en el territorio de la Comunidad Autónoma; si el libramiento o emisión hubiere tenido lugar en el extranjero, cuando el primer tenedor o titular tenga su residencia habitual o domicilio fiscal en el territorio de la Comunidad Autónoma.

Artículo 34. *Alcance de la cesión y puntos de conexión en los Tributos sobre el Juego.*

1. Se cede a la Comunidad Autónoma el rendimiento de los Tributos sobre el Juego producido en su territorio.

2. Se considera producido en el territorio de cada Comunidad Autónoma el rendimiento de la tasa estatal sobre los juegos de suerte, envite o azar cuando el hecho imponible se realice en dicho territorio.

3. En la Tasa Estatal sobre Rifas, Tómbolas, Apuestas y Combinaciones Aleatorias, se entiende producido el rendimiento en el territorio de cada Comunidad Autónoma:

a) En el caso de las rifas, tómbolas y apuestas, cuando la Administración de dicha Comunidad Autónoma autorice la celebración o hubiera sido la competente para autorizarla en los supuestos en que se organicen o celebren sin solicitar dicha autorización.

b) En el caso de las combinaciones aleatorias, cuando el ámbito de aplicación o desarrollo de las mismas no exceda de los límites territoriales de dicha Comunidad Autónoma.

Artículo 35. *Alcance de la cesión y punto de conexión en el Impuesto sobre el Valor Añadido.*

1. Se cede a la Comunidad Autónoma el 50 por ciento del rendimiento del Impuesto sobre el Valor Añadido producido en su territorio.

2. Se considerará producido en el territorio de una Comunidad Autónoma el rendimiento cedido del Impuesto sobre el Valor Añadido que corresponda al consumo en el territorio de dicha Comunidad Autónoma, según el índice de consumo territorial certificado por el Instituto Nacional de Estadística y elaborado a efectos de la asignación del Impuesto sobre el Valor Añadido por Comunidades Autónomas.

Artículo 36. *Alcance de la cesión y punto de conexión en el Impuesto sobre la Cerveza.*

1. Se cede a la Comunidad Autónoma el 58 por ciento del rendimiento del Impuesto sobre la Cerveza producido en su territorio.

2. Se considerará producido en el territorio de una Comunidad Autónoma el rendimiento cedido del Impuesto sobre la Cerveza que corresponda al consumo en el territorio de dicha Comunidad Autónoma, según el índice de consumo territorial certificado por el Instituto Nacional de Estadística y elaborado a efectos de la asignación del Impuesto sobre la Cerveza por Comunidades Autónomas.

Artículo 37. *Alcance de la cesión y punto de conexión en el Impuesto sobre el Vino y Bebidas Fermentadas.*

1. Se cede a la Comunidad Autónoma el 58 por ciento del rendimiento del Impuesto sobre el Vino y Bebidas Fermentadas producido en su territorio.

2. Se considerará producido en el territorio de una Comunidad Autónoma el rendimiento cedido del Impuesto sobre el Vino y Bebidas Fermentadas que corresponda al consumo en el territorio de dicha Comunidad Autónoma, según el índice de consumo territorial certificado por el Instituto Nacional de Estadística y elaborado a efectos de la asignación del Impuesto sobre el Vino y Bebidas Fermentadas por Comunidades Autónomas.

Artículo 38. *Alcance de la cesión y punto de conexión en el Impuesto sobre Productos Intermedios.*

1. Se cede a la Comunidad Autónoma el 58 por ciento del rendimiento del Impuesto sobre Productos Intermedios producido en su territorio.

2. Se considerará producido en el territorio de una Comunidad Autónoma el rendimiento cedido del Impuesto sobre Productos Intermedios que corresponda al consumo en el territorio de dicha Comunidad Autónoma, según el índice de consumo territorial certificado por el Instituto Nacional de Estadística y elaborado a efectos de la asignación del Impuesto sobre Productos Intermedios por Comunidades Autónomas.

Artículo 39. *Alcance de la cesión y punto de conexión en el Impuesto sobre el Alcohol y Bebidas Derivadas.*

1. Se cede a la Comunidad Autónoma el 58 por ciento del rendimiento del Impuesto sobre el Alcohol y Bebidas Derivadas producido en su territorio.

2. Se considerará producido en el territorio de una Comunidad Autónoma el rendimiento cedido del Impuesto sobre el Alcohol y Bebidas Derivadas que corresponda al consumo en el territorio de dicha Comunidad Autónoma, según el índice de consumo territorial certificado por el Instituto Nacional de Estadística y elaborado a efectos de la asignación del Impuesto sobre el Alcohol y Bebidas Derivadas por Comunidades Autónomas.

Artículo 40[7]. *Alcance de la cesión y punto de conexión en el Impuesto sobre Hidrocarburos.*

1. Se cede a la Comunidad Autónoma el 58 por ciento del rendimiento derivado del tipo estatal general y el 100 por ciento del rendimiento derivado del tipo estatal especial del Impuesto sobre Hidrocarburos producido en su territorio. Asimismo, se cede el rendimiento derivado del tipo autonómico de este impuesto, en los términos previstos en artículo 44 de la presente Ley.

2. Se considerará producido en el territorio de una Comunidad Autónoma el rendimiento cedido del Impuesto sobre Hidrocarburos derivado de la aplicación de los tipos estatales general y especial que corresponda al índice de las entregas de gasolinas, gasóleos y fuelóleos en el territorio de dicha Comunidad Autónoma, según datos del Ministerio de Industria, Energía y Turismo, ponderadas por los correspondientes tipos impositivos estatales.

Artículo 41. *Alcance de la cesión y punto de conexión en el Impuesto sobre las Labores del Tabaco.*

1. Se cede a la Comunidad Autónoma el 58 por ciento del rendimiento del Impuesto sobre las Labores del Tabaco producido en su territorio.

2. Se considerará producido en el territorio de una Comunidad Autónoma el rendimiento cedido del Impuesto sobre las Labores del Tabaco que corresponda al índice de ventas a expendedurías de tabaco en el territorio de dicha Comunidad Autónoma, según datos del Comisionado para el Mercado de Tabacos, ponderadas por los correspondientes tipos impositivos.

Artículo 42. *Alcance de la cesión y punto de conexión en el Impuesto sobre la Electricidad.*

1. Se cede a la Comunidad Autónoma el rendimiento del Impuesto Especial sobre la Electricidad producido en su territorio.

2. Se considerará producido en el territorio de una Comunidad Autónoma el rendimiento del Impuesto que corresponda al índice de consumo neto de energía eléctrica en el territorio de dicha Comunidad Autónoma, elaborado a partir de datos del Ministerio de Industria, Turismo y Comercio.

Artículo 43. *Alcance de la cesión y punto de conexión en el Impuesto Especial sobre Determinados Medios de Transporte.*

1. Se cede a la Comunidad Autónoma el rendimiento del Impuesto Especial sobre Determinados Medios de Transporte producido en su territorio.

2. Se considerará producido en el territorio de una Comunidad Autónoma el rendimiento del Impuesto Especial sobre Determinados Medios de Transporte cuando se encuentre en su territorio el domicilio fiscal de la persona física o jurídica que tenga la consideración de sujeto pasivo de este impuesto.

---

[7]   Nueva redacción dada por la disp. adic. Duodécima Tres de la Ley 2/2012, de 29 de junio, de Presupuestos Generales del Estado para el año 2012 (BOE núm. 156, de 30 de junio de 2012), con efectos desde el 1 de enero de 2013.

3. Las devoluciones a que se refiere el artículo 66 apartado 3 de la Ley 38/1992, de Impuestos Especiales, que correspondan a vehículos cuya matriculación definitiva hubiera determinado el pago del Impuesto Especial sobre Determinados Medios de Transporte, se presentarán y, en su caso, acordarán y efectuarán por los órganos competentes de la Comunidad Autónoma en cuyo territorio se hubiera efectuado el pago. Cuando no sea posible determinar la Administración tributaria a la que se ingresaron dichas cuotas, la devolución será efectuada por la administración tributaria de la Comunidad Autónoma en cuyo territorio se genere el derecho a la devolución.

Artículo 44[8]**. Alcance de la cesión y puntos de conexión en el rendimiento derivado del tipo autonómico del Impuesto sobre Hidrocarburos.**
Se cede a la Comunidad Autónoma el rendimiento del tipo autonómico del Impuesto sobre Hidrocarburos producido en su territorio. Se considerará producido en el territorio de una Comunidad Autónoma el rendimiento cedido del tipo autonómico del Impuesto sobre Hidrocarburos cuando el consumo final de los productos gravados se produzca en su territorio, según lo dispuesto en el artículo 50 ter de la Ley 38/1992, de 28 de diciembre, de Impuestos Especiales.

Artículo 44 bis[9]**. Alcance de la cesión y puntos de conexión en el Impuesto sobre el Depósito de Residuos en vertederos, la incineración y la coincineración de residuos.**
1. Se cede a la Comunidad Autónoma el rendimiento del Impuesto sobre el Depósito de Residuos en vertederos, la incineración y la coincineración de residuos producido en su territorio.
2. Se considerará producido en el territorio de una Comunidad Autónoma el rendimiento del Impuesto sobre el Depósito de Residuos en vertederos, la incineración y la coincineración de residuos cuando se ubique en su territorio el vertedero o la instalación de incineración o coincineración en la que se entreguen los residuos objeto del impuesto.

SECCIÓN 4.ª *Competencias normativas*

Artículo 45. *Titularidad de competencias.*
1. La titularidad de las competencias normativas y de aplicación de los tributos cuyo rendimiento se cede a las Comunidades Autónomas, de la potestad sancionadora, así como la revisión de los actos dictados en ejercicio de las competencias citadas, corresponde al Estado.
2. La Inspección General del Ministerio de Economía y Hacienda realizará anualmente una inspección de los servicios y rendirá informe sobre el modo y la eficacia en el desarrollo

---

[8] Nueva redacción dada por la disp. adic. Duodécima Cuatro de la Ley 2/2012, de 29 de junio, de Presupuestos Generales del Estado para el año 2012 (BOE núm. 156, de 30 de junio de 2012), con efectos desde el 1 de enero de 2013.
[9] Nuevo art. 44 bis incorporado por la Disp. Final Quinta Tres de la Ley Orgánica 9/2022, de 28 de julio, por la que se establecen normas que faciliten el uso de información financiera y de otro tipo para la prevención, detección, investigación o enjuiciamiento de infracciones penales, de modificación de la Ley Orgánica 8/1980, de 22 de septiembre, de Financiación de las Comunidades Autónomas y otras disposiciones conexas y de modificación de la Ley Orgánica 10/1995, de 23 de noviembre, del Código Penal (BOE núm. 181, de 29 de julio de 2022), en vigor desde el 29 de agosto de 2022.

de las diversas competencias asumidas por la Comunidad Autónoma de que se trate respecto a los tributos cuyo rendimiento se cede. Dicho informe se unirá a la documentación de los Presupuestos Generales del Estado.

Artículo 46[10]. *Alcance de las competencias normativas en el Impuesto sobre la Renta de las Personas Físicas.*

1. En el Impuesto sobre la Renta de las Personas Físicas, las Comunidades Autónomas podrán asumir competencias normativas sobre:

a) El importe del mínimo personal y familiar aplicable para el cálculo del gravamen autonómico. A estos efectos, las Comunidades Autónomas podrán establecer incrementos o disminuciones en las cuantías correspondientes al mínimo del contribuyente y a los mínimos por descendientes, ascendientes y discapacidad a que se refieren los artículos 57, 58, 59 y 60 de la Ley 35/2006, de 28 de noviembre, del Impuesto sobre la Renta de las Personas Físicas con el límite del 10 por ciento para cada una de las cuantías.

b) La escala autonómica aplicable a la base liquidable general: La estructura de esta escala deberá ser progresiva.

c) Deducciones en la cuota íntegra autonómica por:

Circunstancias personales y familiares, por inversiones no empresariales y por aplicación de renta, siempre que no supongan, directa o indirectamente, una minoración del gravamen efectivo de alguna o algunas categorías de renta.

Subvenciones y ayudas públicas no exentas que se perciban de la Comunidad Autónoma, con excepción de las que afecten al desarrollo de actividades económicas o a las rentas que se integren en la base del ahorro.

En relación a las deducciones señaladas en esta letra *c)*, las competencias normativas de las Comunidades Autónomas abarcarán también la determinación de:

La justificación exigible para poder practicarlas.

Los límites de deducción.

Su sometimiento o no al requisito de comprobación de la situación patrimonial.

Las reglas especiales que, en su caso, deban tenerse en cuenta en los supuestos de tributación conjunta, período impositivo inferior al año natural y determinación de la situación familiar. Si la Comunidad Autónoma no regulara alguna de estas materias se aplicarán las normas previstas a estos efectos en la Ley 35/2006, de 28 de noviembre, del Impuesto sobre la Renta de las Personas Físicas.

d) Aumentos o disminuciones en los porcentajes de deducción por inversión en vivienda habitual, a que se refiere el apartado 2 del artículo 78 de la Ley 35/2006, de 28 de noviembre, del Impuesto sobre la Renta de las Personas Físicas.

2. Las Comunidades Autónomas no podrán regular:

a) Los tipos de gravamen autonómicos de la base liquidable del ahorro y los aplicables a determinadas categorías de renta, que serán los que a estos efectos se determinen por la Ley 35/2006, de 28 de noviembre, del Impuesto sobre la Renta de las Personas Físicas.

b) Las deducciones de la cuota establecidas y reguladas por la normativa del Estado.

---

[10]   La redacción del presente artículo tiene efectos desde 1 de enero de 2010 (disposición final 5.ª de la presente Ley).

c) Los límites previstos en el artículo 69 de la Ley 35/2006, de 28 de noviembre, del Impuesto sobre la Renta de las Personas Físicas.

d) Los pagos a cuenta del Impuesto.

e) Los conceptos ni las situaciones personales y familiares comprendidos en cada uno de los mínimos a que se refieren los artículos 57, 58, 59 y 60, ni las normas para su aplicación previstas en el artículo 61, de la Ley 35/2006, de 28 de noviembre, del Impuesto sobre la Renta de las Personas Físicas.

f) En general, todas las materias no contempladas en el apartado 1 anterior.

3. La liquidación del Impuesto sobre la Renta de las Personas Físicas se ajustará a lo dispuesto por la Ley 35/2006, de 28 de noviembre, reguladora del tributo.

4. La cuota líquida autonómica no podrá ser negativa.

5. El Estado y las Comunidades Autónomas procurarán que la aplicación de este sistema tenga el menor impacto posible en las obligaciones formales que deban cumplimentar los contribuyentes.

A estos efectos, los modelos de declaración por el Impuesto sobre la Renta de las Personas Físicas serán únicos, si bien en ellos deberán figurar debidamente diferenciados los aspectos autonómicos, con el fin de hacer visible el carácter cedido del impuesto.

Artículo 47. *Alcance de las competencias normativas en el Impuesto sobre el Patrimonio.*

1. En el Impuesto sobre el Patrimonio, las Comunidades Autónomas podrán asumir competencias normativas sobre:

a) Mínimo exento.

b) Tipo de gravamen.

c) Deducciones y bonificaciones de la cuota.

2. Las deducciones y bonificaciones aprobadas por las Comunidades Autónomas resultarán, en todo caso, compatibles con las deducciones y bonificaciones establecidas en la normativa estatal reguladora del impuesto y no podrán suponer una modificación de las mismas. Estas deducciones y bonificaciones autonómicas se aplicarán con posterioridad a las reguladas por la normativa del Estado.

Artículo 48. *Alcance de las competencias normativas en el Impuesto sobre Sucesiones y Donaciones.*

1. En el Impuesto sobre Sucesiones y Donaciones, las Comunidades Autónomas podrán asumir competencias normativas sobre:

a) Reducciones de la base imponible: Las Comunidades Autónomas podrán crear, tanto para las transmisiones ``ínter vivos´´, como para las mortis causa, las reducciones que consideren convenientes, siempre que respondan a circunstancias de carácter económico o social propias de la Comunidad Autónoma de que se trate.

Asimismo, las Comunidades Autónomas podrán regular las establecidas por la normativa del Estado, manteniéndolas en condiciones análogas a las establecidas por éste o mejorándolas mediante el aumento del importe o del porcentaje de reducción, la ampliación de las personas que puedan acogerse a la misma o la disminución de los requisitos para poder aplicarla.

Cuando las Comunidades Autónomas creen sus propias reducciones, éstas se aplicarán con posterioridad a las establecidas por la normativa del Estado. Si la actividad de la Comunidad Autónoma consistiese en mejorar una reducción estatal, la reducción mejorada sustituirá, en esa Comunidad Autónoma, a la reducción estatal. A estos efectos, las Comunidades Autónomas, al tiempo de regular las reducciones aplicables deberán especificar si la reducción es propia o consiste en una mejora de la del Estado.

b) Tarifa del impuesto.

c) Cuantías y coeficientes del patrimonio preexistente.

d) Deducciones y bonificaciones de la cuota.

Las deducciones y bonificaciones aprobadas por las Comunidades Autónomas resultarán, en todo caso, compatibles con las deducciones y bonificaciones establecidas en la normativa estatal reguladora del impuesto y no podrán suponer una modificación de las mismas. Estas deducciones y bonificaciones autonómicas se aplicarán con posterioridad a las reguladas por la normativa del Estado.

2. Las Comunidades Autónomas también podrán regular los aspectos de gestión y liquidación. No obstante, el Estado retendrá la competencia para establecer el régimen de autoliquidación del impuesto con carácter obligatorio en las diferentes Comunidades Autónomas, implantando éste conforme cada Administración autonómica vaya estableciendo un servicio de asistencia al contribuyente para cumplimentar la autoliquidación del impuesto.

Artículo 49. *Alcance de las competencias normativas en el Impuesto sobre Transmisiones Patrimoniales y Actos Jurídicos Documentados.*

1. En el Impuesto sobre Transmisiones Patrimoniales y Actos Jurídicos Documentados, las Comunidades Autónomas podrán asumir competencias normativas sobre:

a) Tipos de gravamen: En relación con la modalidad «Transmisiones Patrimoniales Onerosas», las Comunidades Autónomas podrán regular el tipo de gravamen en:

Concesiones administrativas.

Transmisión de bienes muebles e inmuebles.

Constitución y cesión de derechos reales que recaigan sobre muebles e inmuebles, excepto los derechos reales de garantía.

Arrendamiento de bienes muebles e inmuebles. Los modelos de contrato para el arrendamiento de inmuebles podrán ser elaborados por la propia Comunidad Autónoma.

En relación con la modalidad «Actos Jurídicos Documentados», las Comunidades Autónomas podrán regular el tipo de gravamen de los documentos notariales.

b) Deducciones y bonificaciones de la cuota: Las deducciones y bonificaciones aprobadas por las Comunidades Autónomas sólo podrán afectar a los actos y documentos sobre los que las Comunidades Autónomas pueden ejercer capacidad normativa en materia de tipos de gravamen con arreglo a lo dispuesto en la letra anterior.

En todo caso, resultarán compatibles con las deducciones y bonificaciones establecidas en la normativa estatal reguladora del impuesto sin que puedan suponer una modificación de las mismas. Estas deducciones y bonificaciones autonómicas se aplicarán con posterioridad a las reguladas por la normativa del Estado.

2. Las Comunidades Autónomas también podrán regular los aspectos de gestión y liquidación.

Artículo 50. *Alcance de las competencias normativas en los Tributos sobre el Juego.*
1. En los Tributos sobre el Juego las Comunidades Autónomas podrán asumir competencias normativas sobre:
a) Exenciones.
b) Base imponible.
c) Tipos de gravamen y cuotas fijas.
d) Bonificaciones.
e) Devengo.
2. Las Comunidades Autónomas también podrán regular los aspectos de aplicación de los tributos.

Artículo 51. *Alcance de las competencias normativas en el Impuesto Especial sobre Determinados Medios de Transporte.*
En el Impuesto Especial sobre Determinados Medios de Transporte las Comunidades Autónomas podrán incrementar los tipos de gravamen aplicables a los epígrafes del apartado 1 del artículo 70 de la Ley 38/1992, de 28 de diciembre, de Impuestos Especiales, en un 15 por ciento como máximo.

Artículo 52[11]. *Alcance de las competencias normativas en el Impuesto sobre Hidrocarburos.*
1. En el Impuesto sobre Hidrocarburos las Comunidades Autónomas podrán asumir competencias normativas sobre el tipo de gravamen autonómico aplicable a los siguientes productos dentro de la banda que se indica en cada caso:
a) Productos comprendidos en los epígrafes 1.1, 1.2.1, 1.2.2, 1.3, 1.13 y 1.14 del artículo 50 de la Ley 38/1992, de 28 de diciembre, de Impuestos Especiales: desde 0 hasta 48 euros por 1.000 litros.
b) Productos comprendidos en los epígrafes 1.4 y 1.15 del artículo 50 de la Ley 38/1992, de 28 de diciembre, de Impuestos Especiales: desde 0 euros hasta 12 euros por 1.000 litros.
c) Productos comprendidos en el epígrafe 1.5 del artículo 50 de la Ley 38/1992, de 28 de diciembre, de Impuestos Especiales: desde 0 euros hasta 2 euros por tonelada.
d) Productos comprendidos en el epígrafe 1.11 del artículo 50 de la Ley 38/1992, de 28 de diciembre, de Impuestos Especiales: desde 0 euros hasta 48 euros por 1.000 litros.
El límite superior de la banda podrá ser actualizado por la Ley de Presupuestos Generales del Estado.
2. Cuando se trate de gasóleo de uso general, a que se refiere el epígrafe 1.3, las Comunidades Autónomas podrán no ejercer, en todo o en parte, la competencia normativa en relación con el gasóleo al que resulte aplicable la devolución del Impuesto sobre Hidrocarburos establecida en el artículo 52 bis de la Ley 38/1992, de 28 de diciembre, de Impuestos Especiales. En tal caso, la no aplicación total o parcial del tipo de gravamen autonómico revestirá la forma de devolución parcial del impuesto previamente satisfecho respecto del referido gasóleo, en los términos que establezca la normativa reguladora del Impuesto sobre

[11] Nueva redacción dada por la disp. adic. Duodécima Cinco de la Ley 2/2012, de 29 de junio, de Presupuestos Generales del Estado para el año 2012 (BOE núm. 156, de 30 de junio de 2012), con efectos desde el 1 de enero de 2013.

Hidrocarburos. En el supuesto indicado la Comunidad Autónoma fijará el tipo de devolución, cuyo importe no podrá exceder del importe del tipo de gravamen autonómico al que hubiera tributado el indicado gasóleo.

3. El tipo de gravamen autonómico aprobado por cada Comunidad Autónoma se aplicará a los productos gravados cuyo consumo final se produzca en su territorio, de acuerdo con el punto de conexión a que se refiere el artículo 44 de la presente Ley.

Artículo 52 bis[12]**.** *Alcance de las competencias normativas en el Impuesto sobre el Depósito de Residuos en vertederos, la incineración y la coincineración de residuos.*

1. En el Impuesto sobre el Depósito de Residuos en vertederos, la incineración y la coincineración de residuos, las Comunidades Autónomas podrán incrementar los tipos de gravamen aplicables a cada una de las categorías de residuos e instalaciones previstas en el artículo 93 de la Ley 7/2022, de 8 de abril, de residuos y suelos contaminados para una economía circular, respecto de los residuos depositados, incinerados o coincinerados en sus respectivos territorios. No obstante, no podrán regular la clasificación de residuos y de instalaciones contenida en dicho precepto que da lugar a la aplicación de tipos de gravamen diferenciados.

2. Las Comunidades Autónomas también podrán regular los aspectos de gestión y liquidación.

Artículo 53[13]**.** *Supuesto de no uso de las competencias normativas.*

Si una Comunidad Autónoma no hiciera uso de las competencias normativas que le confieren los artículos 46, excepto la letra b) del punto 1, a 52 bis, se aplicará, en su defecto, la normativa del Estado.

SECCIÓN 5.ª *Otras materias*

Artículo 54. *Delegación de competencias.*

1[14]**.** La Comunidad Autónoma se hará cargo, por delegación del Estado y en los términos previstos en esta Sección, de la aplicación de los tributos, así como de la revisión de los actos dictados en ejercicio de la misma en los siguientes tributos:

---

[12] Nuevo art. 52 bis incorporado por la Disp. Final Quinta Cuatro de la Ley Orgánica 9/2022, de 28 de julio, por la que se establecen normas que faciliten el uso de información financiera y de otro tipo para la prevención, detección, investigación o enjuiciamiento de infracciones penales, de modificación de la Ley Orgánica 8/1980, de 22 de septiembre, de Financiación de las Comunidades Autónomas y otras disposiciones conexas y de modificación de la Ley Orgánica 10/1995, de 23 de noviembre, del Código Penal (BOE núm. 181, de 29 de julio de 2022), en vigor desde el 29 de agosto de 2022.

[13] Nueva redacción del art. 53 dada la Disp. Final Quinta Cinco de la Ley Orgánica 9/2022, de 28 de julio, por la que se establecen normas que faciliten el uso de información financiera y de otro tipo para la prevención, detección, investigación o enjuiciamiento de infracciones penales, de modificación de la Ley Orgánica 8/1980, de 22 de septiembre, de Financiación de las Comunidades Autónomas y otras disposiciones conexas y de modificación de la Ley Orgánica 10/1995, de 23 de noviembre, del Código Penal (BOE núm. 181, de 29 de julio de 2022), en vigor desde el 29 de agosto de 2022.

[14] Nueva redacción del art. 54.1 dada la Disp. Final Quinta Seis de la Ley Orgánica 9/2022, de 28 de julio, por la que se establecen normas que faciliten el uso de información financiera y de otro tipo para la prevención, detección, investigación o enjuiciamiento de infracciones penales, de modificación de la Ley Orgánica 8/1980, de 22 de septiembre, de Financiación de las Comunidades Autónomas y otras dispo-

a) Impuesto sobre el Patrimonio.

b) Impuesto sobre Sucesiones y Donaciones.

c) Impuesto sobre Transmisiones Patrimoniales y Actos Jurídicos Documentados.

d) Tributos sobre el Juego.

e) Impuesto Especial sobre Determinados Medios de Transporte.

f) Impuesto sobre las Ventas Minoristas de Determinados Hidrocarburos.

g) Impuesto sobre el Depósito de Residuos en vertederos, la incineración y la coincineración de residuos.

2. La aplicación de los tributos, así como la revisión de los actos dictados en ejercicio de la misma se llevará a cabo, en todo caso, por los órganos estatales que tengan atribuidas las funciones respectivas en los siguientes tributos:

a) Impuesto sobre la Renta de las Personas Físicas.

b) Impuesto sobre el Valor Añadido.

c) Impuesto sobre la Cerveza.

d) Impuesto sobre el Vino y Bebidas Fermentadas.

e) Impuesto sobre Productos Intermedios.

f) Impuesto sobre el Alcohol y Bebidas Derivadas.

g) Impuesto sobre Hidrocarburos.

h) Impuesto sobre las Labores del Tabaco.

i) Impuesto sobre la Electricidad.

3. Las declaraciones relativas al Impuesto sobre el Patrimonio se presentarán, en su caso, conjuntamente con las del Impuesto sobre la Renta de las Personas Físicas. La Administración del Estado y las Comunidades Autónomas acordarán lo que proceda en orden a la más eficaz tramitación de los expedientes en el ámbito de sus respectivas competencias.

Sin perjuicio de lo que dispone el apartado 1 anterior, los Servicios de Inspección de Tributos del Estado podrán incoar las oportunas actas de investigación y comprobación por el Impuesto sobre el Patrimonio con ocasión de las actuaciones inspectoras que lleven a cabo en relación con el Impuesto sobre la Renta de las Personas Físicas.

La instrucción y resolución de los expedientes administrativos, consecuencia de las actas anteriores, corresponderán a las oficinas competentes de la Comunidad Autónoma. En relación con el Impuesto sobre el Patrimonio, la Administración Tributaria del Estado y la de la Comunidad Autónoma colaborarán facilitándose medios personales, coadyuvando en la inspección e intercambiando toda la información que se derive de las declaraciones, censo y actuaciones efectuadas por la Inspección.

Artículo 55[15]. *Alcance de la delegación de competencias en relación con la gestión tributaria.*

1. En la gestión tributaria de los Impuestos sobre el Patrimonio, sobre Sucesiones y Donaciones, sobre Transmisiones Patrimoniales y Actos Jurídicos Documentados, de los Tributos

---

siciones conexas y de modificación de la Ley Orgánica 10/1995, de 23 de noviembre, del Código Penal (BOE núm. 181, de 29 de julio de 2022), en vigor desde el 29 de agosto de 2022.

[15]   Nueva redacción del art. 55 dada por la Disp. Final Quinta Siete de la Ley Orgánica 9/2022, de 28 de julio, por la que se establecen normas que faciliten el uso de información financiera y de otro tipo para la prevención, detección, investigación o enjuiciamiento de infracciones penales, de modificación de la Ley

sobre el Juego, del Impuesto Especial sobre Determinados Medios de Transporte, del Impuesto sobre las Ventas Minoristas de Determinados Hidrocarburos y del Impuesto sobre el Depósito de Residuos en vertederos, la incineración y la coincineración de residuos corresponderá a las Comunidades Autónomas:

a) La incoación de los expedientes de comprobación de valores, utilizando los mismos criterios que el Estado.

En el caso de concesiones administrativas que superen el ámbito territorial de una Comunidad Autónoma, la comprobación de valores corresponderá a la Comunidad Autónoma en cuyo territorio se encuentre el domicilio fiscal de la entidad concesionaria.

b) La realización de los actos de trámite y la práctica de liquidaciones tributarias.

c) La calificación de las infracciones y la imposición de sanciones tributarias.

d) La publicidad e información al público de obligaciones tributarias y su forma de cumplimiento.

e) La aprobación de modelos de declaración.

f) En general, las demás competencias necesarias para la gestión de los tributos.

2. No son objeto de delegación las siguientes competencias:

a) La contestación de las consultas reguladas en los artículos 88 y 89 de la Ley 58/2003, de 17 de diciembre, General Tributaria, salvo en lo que se refiera a la aplicación de las disposiciones dictadas por la Comunidad Autónoma en el ejercicio de sus competencias.

b) La confección de los efectos estancados que se utilicen para la gestión de los tributos cedidos.

c) Las que a continuación se citan, en relación con el Impuesto Especial sobre Determinados Medios de Transporte:

a') La homologación por parte de la Administración tributaria de los vehículos automóviles, en los supuestos contemplados en el artículo 65, apartado 1, letra a), número 3.º de la Ley 38/1992, de 28 de diciembre, de Impuestos Especiales.

b') La aplicación del supuesto de no sujeción regulado en el número 9.º del precepto citado en la letra a') anterior, cuando se trate de vehículos destinados a ser utilizados por las Fuerzas Armadas, por los Cuerpos y Fuerzas de Seguridad del Estado y por el Resguardo Aduanero.

c') La aplicación de las exenciones a que se refieren las letras e) y h) del apartado 1 del artículo 66 de la Ley 38/1992, de 28 de diciembre, de Impuestos Especiales, siempre que, en el caso de esta última letra, se trate de aeronaves matriculadas por el Estado o por empresas u organismos públicos o estatales.

d) Los acuerdos de concesión de las exenciones previstas en las letras a), b), y c) del apartado 1 de la Disposición Seis del Impuesto sobre las Ventas Minoristas de Determinados Hidrocarburos, regulado en el artículo 9 de la Ley 24/2001, de 27 de diciembre, de Medidas Fiscales, Administrativas y del Orden Social.

3. Los documentos y autoliquidaciones de los Impuestos sobre Sucesiones y Donaciones, sobre Transmisiones Patrimoniales y Actos Jurídicos Documentados, sobre Determinados Me-

Orgánica 8/1980, de 22 de septiembre, de Financiación de las Comunidades Autónomas y otras disposiciones conexas y de modificación de la Ley Orgánica 10/1995, de 23 de noviembre, del Código Penal (BOE núm. 181, de 29 de julio de 2022), en vigor desde el 29 de agosto de 2022.

dios de Transporte, sobre las Ventas Minoristas de Determinados Hidrocarburos y sobre el Depósito de Residuos en vertederos, la incineración y la coincineración de residuos se presentarán y surtirán efectos liberatorios exclusivamente ante la oficina competente de la Comunidad Autónoma a la que corresponda el rendimiento de acuerdo con los puntos de conexión aplicables. Cuando el rendimiento correspondiente a los actos o contratos contenidos en el mismo documento se considere producido en distintas Comunidades Autónomas, procederá su presentación en la oficina competente de cada una de ellas, si bien la autoliquidación que en su caso se formule solo se referirá al rendimiento producido en su respectivo territorio.

4. Las competencias en materia de gestión previstas en este artículo se podrán realizar mediante diligencias de colaboración entre las distintas Administraciones tributarias competentes.

5. En el Impuesto sobre el Depósito de Residuos en vertederos, la incineración y la coincineración de residuos los modelos de autoliquidación que aprueben las Comunidades Autónomas deberán contener los mismos datos que los aprobados por la persona titular del Ministerio de Hacienda y Función Pública. Asimismo, las Órdenes reguladoras de la creación del Censo de obligados tributarios sujetos a este impuesto, así como del procedimiento para la inscripción de estos en el Registro territorial deberán ser sustancialmente iguales a las establecidas por la persona titular del Ministerio de Hacienda y Función Pública.

Artículo 56. *Alcance de la delegación de competencias en relación con la recaudación de los tributos cedidos.*

1[16]. Corresponderá a las Comunidades Autónomas la recaudación:

a) En período voluntario de pago y en período ejecutivo, de los Impuestos sobre Sucesiones y Donaciones, Transmisiones Patrimoniales y Actos Jurídicos Documentados, Determinados Medios de Transporte, Ventas Minoristas de Determinados Hidrocarburos, sobre el Depósito de Residuos en vertederos, la incineración y la coincineración de residuos y los Tributos sobre el Juego.

b) En periodo voluntario de pago, las liquidaciones del Impuesto sobre el Patrimonio practicadas por la Comunidad Autónoma, y en período ejecutivo todos los débitos por este Impuesto.

2. No obstante, la anterior delegación no se extenderá al Impuesto sobre Transmisiones Patrimoniales y Actos Jurídicos Documentados cuando el mismo se recaude mediante efectos timbrados, sin perjuicio de la atribución a cada Comunidad Autónoma del rendimiento que le corresponda.

3. En lo que se refiere al aplazamiento y fraccionamiento de pago de los tributos cedidos a que se refiere este artículo, corresponderá a cada Comunidad Autónoma la competencia para resolver de acuerdo con la normativa del Estado, incluso en el caso de autoliquidaciones que deban presentarse ante la Administración tributaria del Estado.

---

[16]   Nueva redacción del art. 56.1 dada por la Disp. Final Quinta Ocho de la Ley Orgánica 9/2022, de 28 de julio, por la que se establecen normas que faciliten el uso de información financiera y de otro tipo para la prevención, detección, investigación o enjuiciamiento de infracciones penales, de modificación de la Ley Orgánica 8/1980, de 22 de septiembre, de Financiación de las Comunidades Autónomas y otras disposiciones conexas y de modificación de la Ley Orgánica 10/1995, de 23 de noviembre, del Código Penal (BOE núm. 181, de 29 de julio de 2022), en vigor desde el 29 de agosto de 2022.

Artículo 57. *De la recaudación tributaria de las Comunidades Autónomas.*

1. Las Comunidades Autónomas podrán organizar libremente sus servicios para la recaudación de los tributos cedidos a que se refiere el artículo anterior.

2. La recaudación tributaria que realicen los servicios a que se refiere el apartado anterior, se ajustará a lo dispuesto en la normativa del Estado, asumiendo los órganos correspondientes de las Comunidades Autónomas las potestades atribuidas en la citada normativa del Estado.

3. La recaudación de las deudas tributarias correspondientes a los tributos cedidos a que se refiere el artículo anterior podrá realizarse directamente por las Comunidades Autónomas o bien mediante concierto con cualquier otra Administración pública.

De la misma manera, cualquier otra Administración Pública podrá concertar con la Comunidad Autónoma competente por razón del territorio, la recaudación del rendimiento de sus tributos en dicho territorio, a través de los servicios que establezca al amparo del apartado 1 de este artículo.

Artículo 58. *Alcance de la delegación de competencias en relación con la inspección tributaria.*

1[17]**.** Respecto de los Impuestos sobre el Patrimonio, sobre Sucesiones y Donaciones, sobre Transmisiones Patrimoniales y Actos Jurídicos Documentados, Tributos sobre el Juego, Impuesto Especial sobre Determinados Medios de Transporte, Impuesto sobre las Ventas Minoristas de Determinados Hidrocarburos e Impuesto sobre el Depósito de Residuos en vertederos, la incineración y la coincineración de residuos corresponden a las Comunidades Autónomas las funciones previstas en el artículo 141 de la Ley 58/2003, de 17 de diciembre, General Tributaria, aplicando las normas legales y reglamentarias que regulen las actuaciones inspectoras del Estado en materia tributaria y siguiendo los planes de actuación inspectora, que habrán de ser elaborados conjuntamente por ambas Administraciones, y de cuya ejecución darán cuenta anualmente las Comunidades Autónomas al Ministerio de Economía y Hacienda, al Congreso de los Diputados y al Senado.

2. Cuando la Inspección de los Tributos del Estado o de las Comunidades Autónomas conocieren, con ocasión de sus actuaciones comprobadoras e investigadoras, hechos con trascendencia tributaria para otras administraciones, lo comunicarán a éstas en la forma que reglamentariamente se determine.

3. Las actuaciones comprobadoras e investigadoras en materia tributaria de las Comunidades Autónomas, fuera de su territorio, serán realizadas por la Inspección de los Tributos del Estado o la de las Comunidades Autónomas competentes por razón del territorio, a requerimiento de las Comunidades Autónomas, de conformidad con los planes de colaboración que al efecto se establezcan.

---

[17] Nueva redacción del art. 58.1 dada por la Disp. Final Quinta Nueve de la Ley Orgánica 9/2022, de 28 de julio, por la que se establecen normas que faciliten el uso de información financiera y de otro tipo para la prevención, detección, investigación o enjuiciamiento de infracciones penales, de modificación de la Ley Orgánica 8/1980, de 22 de septiembre, de Financiación de las Comunidades Autónomas y otras disposiciones conexas y de modificación de la Ley Orgánica 10/1995, de 23 de noviembre, del Código Penal (BOE núm. 181, de 29 de julio de 2022), en vigor desde el 29 de agosto de 2022.

En el caso de concesiones administrativas que superen el ámbito territorial de una Comunidad Autónoma, la inspección del impuesto corresponderá a la Comunidad Autónoma en cuyo territorio se encuentre el domicilio fiscal de la entidad concesionaria.

Artículo 59[18]. *Alcance de la delegación de competencias en relación con la revisión en vía administrativa.*

1. Las Comunidades Autónomas y las Ciudades con Estatuto de Autonomía podrán asumir la competencia para la revisión de los actos por ellas dictados en relación con los Tributos e Impuestos a los que se refiere el artículo 54.1 de esta Ley.

Esta competencia se extiende a los siguientes procedimientos, recursos y reclamaciones:

a) Procedimientos regulados en el Capítulo II del Título V de la Ley 58/2003, de 17 de diciembre, General Tributaria y normas de desarrollo.

b) Recurso de reposición regulado en el Capítulo III del Título V de la Ley 58/2003, de 17 de diciembre, General Tributaria y normas de desarrollo.

c) Reclamaciones económico-administrativas: procedimiento regulado en la Subsección 1.ª, de la Sección 2.ª y procedimiento regulado en la Sección 3.ª del Capítulo IV del Título V de la Ley 58/2003, de 17 de diciembre, General Tributaria y normas de desarrollo.

No obstante, lo dispuesto en el párrafo anterior, las Comunidades Autónomas y Ciudades con Estatuto de Autonomía podrán optar por asumir la competencia para la resolución de las reclamaciones económico-administrativas en única instancia, a cuyo efecto serán de aplicación los procedimientos citados en el párrafo anterior.

En los supuestos en los que se asuma la competencia en los términos expuestos en el párrafo anterior, el órgano competente de las Comunidades Autónomas y Ciudades con Estatuto de Autonomía, conocerá el recurso extraordinario de revisión contra actos firmes de su Administración tributaria y contra resoluciones firmes de sus propios órganos económico-administrativos.

2. El ejercicio de la función revisora en vía administrativa delegada deberá ajustarse a lo dispuesto en el Título V de la Ley 58/2003, de 17 de diciembre, General Tributaria.

3. Las Comunidades Autónomas y Ciudades con Estatuto de Autonomía que no asuman la competencia para la revisión de los actos por ellas dictados en relación con los Tributos e Impuestos a los que se refiere el artículo 54.1 de esta Ley, o que la asuman conforme a lo dispuesto en el primer párrafo de la letra *c)* del apartado 1, gozarán, en su caso, de legitimación para recurrir en alzada ordinaria las resoluciones de los Tribunales Económico-Administrativos Regionales o locales o de sus órganos Económico-Administrativos, según corresponda, que tengan por objeto actos dictados por ellas.

Artículo 60. *Intervención, contabilidad y fiscalización.*

1[19]**.** Todos los actos, documentos y expedientes relativos a los Impuestos sobre Sucesiones y Donaciones, sobre Transmisiones Patrimoniales y Actos Jurídicos Documentados, los Tribu-

---

[18]   La redacción del presente artículo tiene efectos desde 1 de enero de 2009, excepto en cuanto a la delegación de la revisión en vía económico-administrativa, que tiene efectos desde 1 de enero de 2010 (disposición final 5.ª de la presente Ley).

[19]   Nueva redacción del art. 60.1 dada por la Disp. Final Quinta Diez de la Ley Orgánica 9/2022, de 28 de julio, por la que se establecen normas que faciliten el uso de información financiera y de otro tipo para la

tos sobre el Juego, Impuesto Especial sobre Determinados Medios de Transporte, Impuesto sobre las Ventas Minoristas de Determinados Hidrocarburos e Impuesto sobre el Depósito de Residuos en vertederos, la incineración y la coincineración de residuos de los que se deriven derechos y obligaciones de contenido económico, serán intervenidos y contabilizados por las Comunidades Autónomas con arreglo a los principios generales de la Ley General Presupuestaria.

2. De los resultados obtenidos en la aplicación de tales tributos se rendirá anualmente a la Intervención General de la Administración del Estado una «Cuenta de gestión de tributos cedidos», adaptada a las disposiciones que sobre la liquidación de los presupuestos contienen la Ley General Presupuestaria y, en su caso, las modificaciones que puedan introducirse en la misma.

La estructura de esta cuenta será determinada por el Ministerio de Economía y Hacienda, a propuesta de la Intervención General de la Administración del Estado, y deberá contener, respecto a cada uno de los conceptos tributarios cedidos, el importe de las liquidaciones contraídas, la recaudación obtenida, el pendiente de cobro al finalizar cada período y el importe de los beneficios fiscales que les afecten.

La Intervención General de la Administración del Estado unirá la citada «Cuenta de gestión de tributos cedidos» a la Cuenta General del Estado de cada ejercicio, sin perjuicio de las actuaciones de control financiero que se estime oportuno llevar a cabo.

Artículo 61. *Colaboración entre Administraciones.*

1. Las Administraciones del Estado y de la Comunidad Autónoma de que se trate, entre sí y con las demás Comunidades Autónomas, colaborarán en todos los órdenes de aplicación de los tributos, así como en la revisión de actos dictados en vía de gestión tributaria.

2. En particular, dichas Administraciones:

a) Se facilitarán toda la información que mutuamente se soliciten, estableciéndose los procedimientos de intercomunicación técnica precisos.

b) Los Servicios de Inspección prepararán planes de inspección coordinados en relación con los tributos cedidos, sobre objetivos y sectores determinados, así como sobre contribuyentes que hayan cambiado su residencia o domicilio fiscal.

c) Arbitrarán modalidades específicas de cooperación y asistencia con el fin de garantizar el control y la correcta aplicación de las exenciones, devoluciones y reducciones del Impuesto Especial sobre Determinados Medios de Transporte y del Impuesto sobre las Ventas Minoristas de Determinados Hidrocarburos.

3. Las autoridades, funcionarios, oficinas o dependencias de la Administración del Estado o de las Comunidades Autónomas no admitirán ningún tipo de documento que le sea presentado a fin distinto de su liquidación y que contenga hechos imponibles sujetos a tributos que otra Administración deba exigir, sin que se acredite el pago de la deuda tributaria liquidada, conste declarada la exención por la oficina competente, o cuando menos, la presentación en

---

prevención, detección, investigación o enjuiciamiento de infracciones penales, de modificación de la Ley Orgánica 8/1980, de 22 de septiembre, de Financiación de las Comunidades Autónomas y otras disposiciones conexas y de modificación de la Ley Orgánica 10/1995, de 23 de noviembre, del Código Penal (BOE núm. 181, de 29 de julio de 2022), en vigor desde el 29 de agosto de 2022.

ella del referido documento. De las incidencias que se produzcan se dará cuenta inmediata a la Administración interesada.

4. La Agencia Estatal de Administración Tributaria podrá convenir con las Comunidades Autónomas la aportación por éstas de medios financieros y materiales para la mejora de la gestión del Impuesto sobre la Renta de las Personas Físicas, del Impuesto sobre el Patrimonio, del Impuesto sobre el Valor Añadido, de los Impuestos Especiales de fabricación y del Impuesto Especial sobre Determinados Medios de Transporte.

5. El Estado arbitrará los mecanismos que permitan la colaboración de las Comunidades Autónomas en los Acuerdos internacionales que incidan en la aplicación de la presente Ley en cuanto afecten a las competencias tributarias de ellas.

6[20]. Las Comunidades Autónomas facilitarán trimestralmente a la Agencia Estatal de Administración Tributaria, en las condiciones concretas y por los medios que se determinen, información detallada sobre la recaudación del Impuesto sobre el Depósito de Residuos en vertederos, la incineración y la coincineración de residuos que incluirá de manera específica todos los datos incluidos en los modelos de autoliquidación del impuesto presentados por los contribuyentes y las liquidaciones practicadas por la administración.

Artículo 62. *Delitos contra la Hacienda Pública.*

1[21]. Corresponderá a la autoridad competente de la Comunidad Autónoma respectiva poner en conocimiento del Ministerio Fiscal los hechos que estime constitutivos de delitos contra la Hacienda Pública con arreglo al Código Penal respecto de los siguientes tributos:

a) Impuesto sobre el Patrimonio.

b) Impuesto sobre Sucesiones y Donaciones.

c) Impuesto sobre Transmisiones Patrimoniales y Actos Jurídicos Documentados.

d) Tributos sobre el Juego.

e) Impuesto especial sobre Determinados Medios de Transporte.

f) Impuesto sobre las Ventas Minoristas de Determinados Hidrocarburos.

g) Impuesto sobre el Depósito de Residuos en vertederos, la incineración y la coincineración de residuos.

2. La Administración del Estado y las de las Comunidades Autónomas se comunicarán a los efectos oportunos los hechos con trascendencia para su tipificación como posible delito contra la Hacienda Pública, y de los que tengan conocimiento como consecuencia del ejercicio de sus respectivas competencias en materia tributaria.

---

[20]   Nuevo apartado 6 incorporado por la Disp. Final Quinta Once de la Ley Orgánica 9/2022, de 28 de julio, por la que se establecen normas que faciliten el uso de información financiera y de otro tipo para la prevención, detección, investigación o enjuiciamiento de infracciones penales, de modificación de la Ley Orgánica 8/1980, de 22 de septiembre, de Financiación de las Comunidades Autónomas y otras disposiciones conexas y de modificación de la Ley Orgánica 10/1995, de 23 de noviembre, del Código Penal (BOE núm. 181, de 29 de julio de 2022), en vigor desde el 29 de agosto de 2022.

[21]   Nueva redacción del art. 62.1 dada por la Disp. Final Quinta Doce de la Ley Orgánica 9/2022, de 28 de julio, por la que se establecen normas que faciliten el uso de información financiera y de otro tipo para la prevención, detección, investigación o enjuiciamiento de infracciones penales, de modificación de la Ley Orgánica 8/1980, de 22 de septiembre, de Financiación de las Comunidades Autónomas y otras disposiciones conexas y de modificación de la Ley Orgánica 10/1995, de 23 de noviembre, del Código Penal (BOE núm. 181, de 29 de julio de 2022), en vigor desde el 29 de agosto de 2022.

Artículo 63. *Información sobre cuentas y operaciones activas y pasivas.*

1[22]**.** La investigación tributaria de las cuentas y operaciones activas y pasivas de los Bancos, Cajas de Ahorro, Cooperativas de Crédito y cuantas personas físicas o jurídicas se dediquen al tráfico bancario o crediticio, se realizarán en orden a la aplicación de los Impuestos sobre el Patrimonio, sobre Sucesiones y Donaciones y sobre Transmisiones Patrimoniales y Actos Jurídicos Documentados, Tributos sobre el Juego, Impuesto Especial sobre Determinados Medios de Transporte, Impuesto sobre las Ventas Minoristas de Determinados Hidrocarburos e Impuesto sobre el Depósito de Residuos en vertederos, la incineración y la coincineración de residuos, previa autorización de la autoridad competente de la Comunidad Autónoma respectiva.

2. Las actuaciones pertinentes se llevarán a cabo conforme a las normas legales y reglamentarias vigentes en el ámbito estatal y sin perjuicio del estricto cumplimiento del deber de colaboración establecido en el artículo 61 de esta Ley.

3. En relación con las actuaciones que en este sentido haya de practicar la Inspección Tributaria de las Comunidades Autónomas fuera de su territorio, habrá de procederse de acuerdo con lo prevenido en el apartado tres del artículo 58 anterior.

Artículo 64. *Servicios y anticipos de tesorería.*

1. El Banco de España realizará gratuitamente el servicio de tesorería de las Comunidades Autónomas. Los demás servicios financieros que el Banco de España pueda prestar a las Comunidades Autónomas se regularán por convenios especiales celebrados al efecto.

2. El Tesoro podrá efectuar anticipos a las Comunidades Autónomas a cuenta de los recursos que hayan de percibir a través de los Presupuestos Generales del Estado correspondientes a la cobertura financiera de los servicios transferidos, para que aquéllas puedan hacer frente a desfases transitorios de tesorería, como consecuencia de las diferencias de vencimiento de los pagos e ingresos derivados de la ejecución de sus presupuestos.

Estos anticipos deberán quedar reembolsados antes de finalizar el ejercicio económico en que se satisfagan, salvo si se concedieron a cuenta de la liquidación definitiva de la participación en los ingresos del Estado, en cuyo caso se reembolsarán simultáneamente a la práctica de dicha liquidación.

TÍTULO IV. ÓRGANOS DE COORDINACIÓN DE LA GESTIÓN TRIBUTARIA[23]

Artículo 65. *Consejo Superior para la Dirección y Coordinación de la Gestión Tributaria.*

1. El Consejo Superior para la Dirección y Coordinación de la Gestión Tributaria es el órgano colegiado, integrado por representantes de la Administración Tributaria del Estado y de

---

[22] Nueva redacción del art. 63.1 dada por la Disp. Final Quinta Trece de la Ley Orgánica 9/2022, de 28 de julio, por la que se establecen normas que faciliten el uso de información financiera y de otro tipo para la prevención, detección, investigación o enjuiciamiento de infracciones penales, de modificación de la Ley Orgánica 8/1980, de 22 de septiembre, de Financiación de las Comunidades Autónomas y otras disposiciones conexas y de modificación de la Ley Orgánica 10/1995, de 23 de noviembre, del Código Penal (BOE núm. 181, de 29 de julio de 2022), en vigor desde el 29 de agosto de 2022.

[23] La redacción del presente título tiene efectos desde 1 de enero de 2010 (disposición final 5.ª de la presente Ley).

las Comunidades Autónomas y Ciudades con Estatuto de Autonomía, encargado de coordinar la gestión de los tributos cedidos.

2. El Consejo Superior para la Dirección y Coordinación de la Gestión Tributaria estará presidido por el Presidente de la Agencia Estatal de Administración Tributaria e integrado por el Director General de la Agencia Estatal de Administración Tributaria, que ostentará la Vicepresidencia primera, cinco representantes de la Agencia Estatal de Administración Tributaria, los titulares de la Secretaría General de Hacienda, de la Secretaría General de Financiación Territorial y de la Inspección General del Ministerio de Economía y Hacienda y por un representante de cada una de las Comunidades Autónomas de régimen común y de las Ciudades con Estatuto de Autonomía, uno de los cuales será designado por éstas cada año para ostentar la Vicepresidencia segunda. Aquellas Comunidades y Ciudades Autónomas que tengan encomendadas a dos órganos o entes distintos las funciones de aplicación de los tributos y las de diseño o interpretación de la normativa autonómica, podrán designar dos representantes, si bien dispondrán de un solo voto.

3. Son funciones del Consejo Superior para la Dirección y Coordinación de la Gestión Tributaria:

a) Informar, antes de su aprobación, el Plan de Objetivos de la Agencia Estatal de Administración Tributaria de cada año; recibir y analizar periódicamente, el seguimiento del Plan Anual de Objetivos y, en el primer cuatrimestre de cada año, los resultados del Plan de Objetivos del año anterior. El Plan de Objetivos de cada año incluirá el Plan General Autonómico de la Agencia Estatal de Administración Tributaria, resultado de la agregación de los planes correspondientes de cada una de las Comunidades Autónomas y Ciudades con Estatuto de Autonomía.

b) Establecer líneas estratégicas de actuación y prioridades funcionales de los Consejos Territoriales para la Dirección y Coordinación de la Gestión Tributaria.

c) Proponer criterios generales de armonización de las políticas normativas del Estado y de las Comunidades Autónomas y Ciudades con Estatuto de Autonomía en materia de tributos cedidos, así como de las relativas a su gestión.

d) Analizar e informar los anteproyectos normativos de rango legal que deban ser sometidos a la aprobación del Gobierno o Consejo de Gobierno respectivo y que modifiquen la regulación de los tributos cedidos. A estos efectos, la Administración General del Estado y las autonómicas se comunicarán mutuamente, por intermedio de la Secretaría Técnica Permanente del Consejo, y con la suficiente antelación, los referidos anteproyectos.

No obstante lo dispuesto en el párrafo anterior, se someterán inmediatamente después de su aprobación a informe del Consejo Superior los Reales Decretos-leyes, los Decretos Leyes de las Comunidades Autónomas y los proyectos de Ley, sin perjuicio de su remisión a las Cortes Generales o a las Asambleas Legislativas de las Comunidades Autónomas para su tramitación, en los siguientes casos:

1.º Cuando las modificaciones legislativas se realicen por Real Decreto-ley o por Decretos Leyes de las Comunidades Autónomas.

2.º Cuando el proyecto normativo modifique en todo o en parte el anteproyecto sometido a análisis o informe del Consejo Superior, y

3.º En general, cuando, por cualquier razón, el anteproyecto se someta a la aprobación del Gobierno estatal o del Consejo de Gobierno autonómico sin tiempo suficiente para cumplir con lo preceptuado en el párrafo anterior.

e) Asesorar a los órganos o entidades estatales y autonómicos competentes sobre las cuestiones relativas a las necesidades y problemas que suscite la aplicación del sistema tributario.

f) Diseñar la política general de gestión de los tributos cedidos, establecer directrices para su aplicación y para la coordinación de la gestión de dichos tributos.

g) Diseñar las líneas básicas de determinados programas a incluir en los planes de control tributario en relación con los tributos cedidos y acordar las directrices para la ejecución de actuaciones coordinadas en determinados programas incluidos en los planes de control, sin perjuicio de las competencias propias de las distintas Administraciones tributarias.

h) Concretar criterios uniformes sobre el contenido de los intercambios de información de carácter tributario entre las Administraciones autonómicas y entre éstas y la Hacienda del Estado y procedimientos comunes para la realización de los mismos, así como coordinar estos intercambios, especialmente en lo que respecta a la comunicación de datos censales.

i) Proponer la implantación de sistemas específicos de intercambio telemático de información en asuntos que sean de interés mutuo para la Agencia Estatal de Administración Tributaria y las Comunidades Autónomas y Ciudades con Estatuto de Autonomía.

j) Realizar estudios, análisis e informes en materia de regulación o aplicación de los tributos cedidos por iniciativa propia o a solicitud del Consejo de Política Fiscal y Financiera de las Comunidades Autónomas, del Ministerio de Economía y Hacienda, de la Agencia Estatal de Administración Tributaria, de las Consejerías competentes en materia de Hacienda o de los órganos o entidades competentes para la aplicación de los tributos cedidos de las Comunidades Autónomas y Ciudades con Estatuto de Autonomía.

k) Evacuar los informes que le sean solicitados por la Junta Arbitral de resolución de conflictos en materia de tributos del Estado cedidos a las Comunidades Autónomas.

l) Aprobar propuestas de actuación, coordinar las actividades y ser informada de las acciones realizadas por los Consejos Territoriales para la Dirección y Coordinación de la Gestión Tributaria, evaluando los resultados de su actuación. En especial, le corresponderá coordinar los criterios aplicados por los Consejos Territoriales en la adopción de los dictámenes sobre la tributación aplicable en el caso de conflicto entre la Administración General del Estado y las Comunidades Autónomas o Ciudades con Estatuto de Autonomía en relación con tributos o deudas tributarias incompatibles.

m) Proponer, recibir para su estudio y analizar los proyectos de convenios entre la Agencia Estatal de Administración Tributaria y las Administraciones Autonómicas.

n) Proponer actos susceptibles de encomienda de gestión entre la Agencia Estatal de Administración Tributaria y las Comunidades Autónomas y Ciudades con Estatuto de Autonomía, conforme a lo previsto en esta Ley.

4. Su funcionamiento podrá ser en Pleno o a través de una o varias Comisiones o grupos de trabajo, temporales o permanentes, que, en todo caso, deberán tener una composición paritaria entre las representaciones de la Hacienda del Estado y de las Comunidades Autónomas y Ciudades con Estatuto de Autonomía. Los representantes de la Administración tributaria del Estado en estas Comisiones serán designados por el Presidente de la Agencia Estatal de Administración Tributaria y los de las Comunidades Autónomas y Ciudades con Estatuto de Autonomía por los representantes de éstas en el Consejo Superior. La creación o supresión de las Comisiones de trabajo, la determinación de sus cometidos, competencias y régimen de funcionamiento se acordará por el Consejo Superior, de acuerdo con sus normas de régimen interior.

5. El Consejo Superior contará con una Secretaría Técnica Permanente, desempeñada por un funcionario de la Agencia Estatal de Administración Tributaria con rango mínimo de Subdirector General, que desarrollará las siguientes funciones:

a) Asistir, con voz y sin voto, a todas las reuniones del Consejo Superior y de las Comisiones o grupos de trabajo, realizando respecto a las mismas las funciones de Secretario.

b) Realizar los estudios, informes o trabajos que le encomiende el Consejo Superior o su Presidente.

c) Impulsar y apoyar los trabajos del Consejo Superior y elaborar una memoria anual de los trabajos de la misma.

d) Actuar de órgano permanente de relación entre la Administración Tributaria del Estado, las Comunidades Autónomas y Ciudades con Estatuto de Autonomía y los Consejos Territoriales para la Dirección y Coordinación de la Gestión Tributaria, que informarán a la Secretaría de las reuniones celebradas y de los acuerdos adoptados en su seno.

e) Elaborar una memoria anual sobre los dictámenes adoptados por los Consejos Territoriales para la Dirección y Coordinación de la Gestión Tributaria relativos a la tributación aplicable en el caso de conflicto entre la Administración General del Estado y las Comunidades Autónomas o Ciudades con Estatuto de Autonomía en relación con tributos o deudas tributarias incompatibles.

6. El Pleno del Consejo Superior se reunirá, al menos, una vez al semestre, así como cuando lo convoque su Presidente o lo soliciten, al menos, tres representantes de las Comunidades Autónomas.

7. Para la adopción de los acuerdos, la representación del Estado en el Consejo Superior contará con igual número de votos que el conjunto de las Comunidades Autónomas y Ciudades con Estatuto de Autonomía. La aprobación de directrices y criterios de actuación en materias de regulación o gestión de los tributos cedidos requerirá para su aprobación mayoría absoluta de los componentes del Consejo Superior. La aprobación de directrices y criterios de actuación en materias de regulación o gestión de los tributos cedidos cuya competencia esté atribuida a las Comunidades Autónomas y Ciudades con Estatuto de Autonomía, requerirá adicionalmente la aprobación mayoritaria de los representantes de las Comunidades y Ciudades afectadas por las mismas.

Artículo 66. *Consejos Territoriales para la Dirección y Coordinación de la Gestión Tributaria.*

1. Los Consejos Territoriales para la Dirección y Coordinación de la Gestión Tributaria son órganos colegiados integrados por representantes de la Administración Tributaria del Estado y de la Comunidad Autónoma o de la Ciudad con Estatuto de Autonomía de que se trate a los que corresponde coordinar la gestión de los tributos cedidos en su respectivo ámbito territorial.

2. Los Consejos Territoriales para la Dirección y Coordinación de la Gestión Tributaria desarrollarán las siguientes funciones en lo que respecta a la gestión de los tributos cedidos en su respectivo ámbito territorial, de acuerdo con las directrices del Consejo Superior para la Dirección y Coordinación de la Gestión Tributaria:

a) Coordinar la gestión de los citados tributos.

b) Analizar y valorar los resultados de su aplicación.

c) Estudiar las propuestas y adoptar las decisiones que contribuyan a la mejora de su gestión.

d) Formular a la dirección de la Agencia Estatal de Administración Tributaria y al órgano o entidad de la Comunidad Autónoma o Ciudad con Estatuto de Autonomía competente en la gestión de los tributos cedidos propuestas orientadas a la mejora de la adecuación a la gestión de los medios disponibles.

e) Desarrollar y concretar los programas incluidos en los planes de control tributario previstos en la letra *g)* del apartado 3 del artículo 65, así como diseñar y planificar la ejecución de actuaciones coordinadas en determinados programas.

No obstante, los Consejos Territoriales para la Dirección y Coordinación de la Gestión Tributaria de las Ciudades de Ceuta y Melilla no ejercerán estas funciones en tanto no se produzca la cesión de tributos en los términos previstos en el título III de esta Ley.

f) Colaborar en la gestión de estos tributos, especialmente en la de aquellos cuya aplicación afecte a los recursos o actividad de la otra Administración, y en la gestión recaudatoria de derechos de la Hacienda Pública Autonómica realizada por encomienda o convenio.

g) Analizar los resultados de los planes de objetivos así como ser informado periódicamente de los planes anuales de objetivos.

h) Adoptar acuerdos en materia de intercambio de información entre las Administraciones estatal y autonómica y analizar su grado de cumplimiento.

i) Decidir la aplicación de los actos susceptibles de encomienda de gestión entre la Agencia Estatal de Administración Tributaria y las Comunidades Autónomas y Ciudades con Estatuto de Autonomía.

j) Proponer, recibir para su estudio y analizar los proyectos de convenios entre la Agencia Estatal de Administración Tributaria y la Administración Tributaria Autonómica.

k) Aprobar los dictámenes que procedan sobre la tributación aplicable en el caso de conflicto entre la Administración General del Estado y las Comunidades Autónomas o Ciudades con Estatuto de Autonomía en relación con tributos o deudas tributarias incompatibles.

l) Adoptar acuerdos encaminados a incentivar el uso de los servicios telemáticos puestos a disposición de los contribuyentes por ambas administraciones.

m) Establecer planes conjuntos de formación sobre materias relacionadas con la gestión de los tributos.

3. Los Consejos Territoriales estarán compuestos por cuatro representantes de la Agencia Estatal de Administración Tributaria y cuatro de la respectiva Comunidad Autónoma o Ciudad con Estatuto de Autonomía. Existirán tantos suplentes como titulares, que actuarán en caso de ausencia o vacante de alguno de estos últimos.

Uno de los representantes de la Agencia Estatal de Administración Tributaria será el Delegado Especial de la misma, quien presidirá el Consejo Territorial, y otro será el Jefe de la Dependencia Regional de Relaciones Institucionales con las Administraciones Tributarias, que será el que desempeñe las funciones de Secretario del Consejo. En defecto de éste, otro de los representantes de la Agencia Estatal de Administración Tributaria será el que desempeñe las funciones de Secretario. Los dos representantes restantes y los sustitutos de los cuatro titulares serán designados por el Presidente de la Agencia Estatal de Administración Tributaria de entre los funcionarios destinados en el ámbito de la correspondiente Delegación Especial. Los representantes de las Comunidades Autónomas y Ciudades con Estatuto de Autonomía y sus sustitutos serán designados por las mismas, siendo uno de sus miembros el titular del Centro Directivo competente para la aplicación de los tributos cedidos.

Los Consejos Territoriales de las Ciudades de Ceuta y Melilla serán presididos por el Delegado de la Agencia Estatal de Administración Tributaria en tales Ciudades. Las funciones de Secretario del Consejo serán desempeñadas por el funcionario que designe el Presidente del respectivo Consejo Territorial.

Por razón de los asuntos a tratar podrán ser convocadas a las reuniones otras personas con voz, pero sin voto.

4. El funcionamiento de los Consejos se ajustará a las siguientes normas:

a) Se reunirán, al menos, una vez cada trimestre, a solicitud de cualquiera de las dos partes representadas.

b) Los acuerdos se adoptarán por mayoría. Por lo que respecta a la adopción de los dictámenes a los que hace referencia la letra k) del apartado 2 anterior, se precisará acuerdo entre ambas Administraciones. En caso de desacuerdo, se planteará el supuesto conflictivo ante la Dirección General de Tributos del Ministerio de Economía y Hacienda, que lo resolverá con carácter vinculante.

(…)

Disposición adicional octava. *Atribución a la Comunidad Autónoma de Canarias de competencias normativas en el Impuesto General Indirecto Canario y en el Arbitrio sobre Importaciones y Entregas de Mercancías en las Islas Canarias.*

Uno. En el Impuesto General Indirecto Canario, la Comunidad Autónoma de Canarias tendrá capacidad normativa para regular:

1.º Las exenciones en operaciones interiores.

2.º Los tipos de gravamen y el tipo de recargo sobre las importaciones efectuadas por los comerciantes minoristas.

3.º Los regímenes especiales.

4.º Las obligaciones formales del Impuesto.

Dos. En el Arbitrio sobre Importaciones y Entregas de Mercancías en las Islas Canarias, la Comunidad Autónoma de Canarias tendrá capacidad normativa para regular:

1.º Los bienes muebles corporales cuya entrega o importación determine la realización del hecho imponible.

2.º Las exenciones en operaciones interiores.

3.º Los tipos de gravamen, proporcionales o específicos, con cumplimiento, en su caso, de lo previsto en el número 2.º del apartado tres de esta disposición adicional.

4.º El régimen especial simplificado.

5.º Las obligaciones formales del Impuesto.

Tres. El ejercicio de cada una de las competencias normativas mencionadas en los apartados uno y dos anteriores de esta disposición adicional queda sujeto a los requisitos siguientes:

1.º Respeto al tratamiento homogéneo de los sectores económicos y a los criterios esenciales de gravamen establecidos por la Ley 37/1992, de 28 de diciembre, del Impuesto sobre el Valor Añadido, salvo que existan circunstancias concretas y singulares que justifiquen su regulación específica y diferenciada en la Comunidad Autónoma de Canarias.

2.º Mantenimiento de una estructura de tipos de gravamen fundamentada en la existencia de un tipo general y uno o varios tipos reducidos.

3.º Coordinación de los regímenes simplificado y especial de la agricultura y ganadería del Impuesto General Indirecto Canario con el régimen de estimación objetiva del Impuesto sobre la Renta de las Personas Físicas.

Cuatro. Los proyectos normativos de rango legal de modificación de la normativa de ambos tributos en aplicación de las competencias normativas a que se refieren los apartados uno y dos de esta disposición adicional deberán ser sometidos a informe del Ministerio de Economía y Hacienda, con carácter previo a su remisión al Parlamento de Canarias.

En el caso de adición de bienes corporales al anexo V de la Ley 20/1991, de 7 de junio, de modificación de los aspectos fiscales del Régimen Económico Fiscal de Canarias, el informe a que se refiere este apartado cuatro deberá ser favorable.

Lo dispuesto en este apartado cuatro no será de aplicación al ejercicio de competencias normativas que afecten a las obligaciones formales del Impuesto General Indirecto Canario y del Arbitrio sobre Importaciones y Entregas de Mercancías en las Islas Canarias.

Disposición adicional novena[24]. *Impuesto sobre el Depósito de Residuos en vertederos, la incineración y la coincineración de residuos.*

El rendimiento cedido del Impuesto sobre el Depósito de Residuos en vertederos, la incineración y la coincineración de residuos no será tenido en cuenta a los efectos del cálculo del Fondo de Garantía de Servicios Públicos Fundamentales, del Fondo de Suficiencia Global, ni de los Fondos de Convergencia Autonómica previstos en esta ley.

La cesión de este tributo no supondrá la revisión del Fondo de Suficiencia Global en los términos previstos en el artículo 21.2 de la presente ley.

(…)

Disposición transitoria séptima[25]. *Integración del Impuesto sobre las Ventas Minoristas de Determinados Hidrocarburos en el Impuesto sobre Hidrocarburos.*

1. Las modificaciones en los tipos impositivos estatales del Impuesto sobre Hidrocarburos aprobadas como consecuencia de la integración del Impuesto sobre las Ventas Minoristas de Determinados Hidrocarburos en el Impuesto sobre Hidrocarburos no se considerarán supuesto de revisión del Fondo de Suficiencia Global de los previstos en el artículo 21 de esta Ley.

2[26]. Las recaudaciones derivadas de liquidaciones del Impuesto sobre las Ventas Minoristas de Determinados Hidrocarburos y las devoluciones de ingresos realizadas de dicho

---

[24]   Nueva Disp. Adicional incorporada por la Disp. Final Quinta Catorce de la Ley Orgánica 9/2022, de 28 de julio, por la que se establecen normas que faciliten el uso de información financiera y de otro tipo para la prevención, detección, investigación o enjuiciamiento de infracciones penales, de modificación de la Ley Orgánica 8/1980, de 22 de septiembre, de Financiación de las Comunidades Autónomas y otras disposiciones conexas y de modificación de la Ley Orgánica 10/1995, de 23 de noviembre, del Código Penal (BOE núm. 181, de 29 de julio de 2022), en vigor desde el 29 de agosto de 2022.

[25]   Nueva disposición incorporada por la disp. adic. Duodécima Seis de la Ley 2/2012, de 29 de junio, de Presupuestos Generales del Estado para el año 2012 (BOE Núm. 156, de 30 de junio de 2012), con efectos desde el 1 de enero de 2013.

[26]   Nueva redacción del apartado 2 dada por la Disposición Final Tercera del Real Decreto-ley 17/2014, de 26 de diciembre, de medidas de sostenibilidad financiera de las comunidades autónomas y entidades locales y otras de carácter económico (BOE núm. 315, de 30 de diciembre de 2014), en vigor desde el 31 de diciembre de 2014.

impuesto con posterioridad a su derogación corresponderán a las Comunidades Autónomas en los términos previstos con anterioridad a dicha derogación. Para hacer efectivo lo anterior el Estado podrá realizar los descuentos necesarios en cualquiera de los pagos derivados de la aplicación del sistema de financiación.

No obstante lo anterior, corresponderán al Estado las devoluciones de ingresos del Impuesto sobre las Ventas Minoristas de Determinados Hidrocarburos correspondientes al territorio común, que se deriven de la ejecución de la Sentencia del Tribunal de Justicia de la Unión Europea, asunto C-82/12, de 27 de febrero de 2014, con independencia del momento en que haya tenido lugar la devolución.

3. Durante 2013 los tipos de gravamen autonómicos del Impuesto sobre las Ventas Minoristas de Determinados Hidrocarburos aprobados por las Comunidades Autónomas seguirán subsistentes como tipos autonómicos del Impuesto sobre Hidrocarburos, en tanto no sean aprobados expresamente los nuevos tipos de gravamen autonómicos de este impuesto.

4. A los efectos señalados en el apartado 3 del artículo 20, la modificación del rendimiento cedido por el Impuesto sobre Hidrocarburos como consecuencia del establecimiento del tipo estatal especial, que se establece en el artículo 16, no supondrá un supuesto de distinto término de cesión respecto al rendimiento cedido con anterioridad a la modificación del artículo 16 derivada de la integración del Impuesto sobre las Ventas Minoristas de Determinados Hidrocarburos en el Impuesto sobre Hidrocarburos.

5. Como consecuencia de la derogación del artículo 9 de la Ley 24/2001, de 27 de diciembre, de Medidas Fiscales, Administrativas y del Orden Social, y la consiguiente supresión del Impuesto sobre las Ventas Minoristas de Determinados Hidrocarburos, el tramo estatal del citado impuesto queda sustituido por el tipo estatal especial del Impuesto sobre Hidrocarburos y el tramo autonómico del Impuesto sobre las Ventas Minoristas de Determinados Hidrocarburos queda sustituido por el tipo autonómico del Impuesto sobre Hidrocarburos.

6. Todas las referencias al Impuesto sobre las Ventas Minoristas de Determinados Hidrocarburos que se encuentren en la normativa vigente se entenderán realizadas a los tipos estatal especial y autonómico del Impuesto sobre Hidrocarburos.

Disposición transitoria octava[27]. Efectividad de la cesión del Impuesto sobre el Depósito de Residuos en vertederos, la incineración y la coincineración de residuos.

Para que la cesión del Impuesto sobre el Depósito de Residuos en vertederos, la incineración y la coincineración de residuos sea efectiva en los términos establecidos en esta ley, deberán ser adoptados los acuerdos necesarios para su configuración y aplicación plena como tributo cedido en los marcos institucionales de cooperación en materia de financiación autonómica establecidos en nuestro ordenamiento.

---

[27] Nueva Disp. Transitoria incorporada por la Disp. Final Quinta Quince de la Ley Orgánica 9/2022, de 28 de julio, por la que se establecen normas que faciliten el uso de información financiera y de otro tipo para la prevención, detección, investigación o enjuiciamiento de infracciones penales, de modificación de la Ley Orgánica 8/1980, de 22 de septiembre, de Financiación de las Comunidades Autónomas y otras disposiciones conexas y de modificación de la Ley Orgánica 10/1995, de 23 de noviembre, del Código Penal (BOE núm. 181, de 29 de julio de 2022), en vigor desde el 29 de agosto de 2022.

DISPOSICIÓN DEROGATORIA

Salvo lo dispuesto en las disposiciones transitorias de esta Ley, desde el 1 de enero de 2009 queda derogada la Ley 21/2001, de 27 de diciembre, por la que se regulan las medidas fiscales y administrativas del nuevo Sistema de Financiación de las Comunidades Autónomas de régimen común y Ciudades con Estatuto de Autonomía, para aquellas Comunidades Autónomas y Ciudades con Estatuto de Autonomía que hayan aceptado en Comisión Mixta el sistema regulado en la presente Ley.

Desde el 1 de enero de 2010 queda derogado el artículo primero del Real Decreto-Ley 12/2005, de 16 de septiembre, por el que se aprueban determinadas medidas urgentes en materia de financiación sanitaria.

Disposición final primera. *Título competencial*
Esta Ley se dicta al amparo de lo dispuesto en el artículo 149.1.14.ª de la Constitución que atribuye al Estado la competencia sobre Hacienda general y Deuda del Estado.
(...)

Disposición final quinta. *Entrada en vigor*
La presente Ley entrará en vigor el día siguiente al de su publicación en el «Boletín Oficial del Estado», si bien surtirá efectos desde el 1 de enero de 2009, excepto los siguientes preceptos y disposiciones que entrarán en vigor y surtirán efectos a partir del 1 de enero de 2010:

El artículo 46 y la disposición final segunda.

El artículo 28, en cuanto al período de residencia en el Impuesto sobre Sucesiones y Donaciones.

El artículo 59, en cuanto a la delegación de la revisión en vía económico-administrativa.

El Título IV relativo a los órganos de coordinación de la gestión tributaria.

La disposición final tercera.

La disposición final cuarta.

Real Decreto Legislativo 2/2004, de 5 de marzo, por el que se aprueba el TEXTO REFUNDIDO DE LA LEY REGULADORA DE LAS HACIENDAS LOCALES

(BOE núm. 59, de 9 de marzo de 2004, corrección de errores BOE núm. 63, de 13, marzo 2004)

La disposición adicional quinta de la Ley 19/2003, de 4 de julio, sobre régimen jurídico de los movimientos de capitales y de las transacciones económicas con el exterior y sobre determinadas medidas de prevención del blanqueo de capitales, añade una disposición adicional decimotercera a la Ley 51/2002, de 27 de diciembre, de reforma de la Ley 39/1988, de 28 de diciembre, Reguladora de las Haciendas Locales, estableciendo que el Gobierno elaborará y aprobará en el plazo de un año a partir de la entrada en vigor de esta Ley el Texto Refundido de la Ley Reguladora de las Haciendas Locales.

El plazo de esta habilitación fue ampliado a 15 meses por la disposición final decimosexta de la Ley 62/2003, de 30 de diciembre, de Medidas Fiscales, Administrativas y del Orden Social, que modifica la disposición adicional decimotercera de la Ley 51/2002, de 27 de diciembre, de reforma de la Ley 39/1988, de 28 de diciembre, Reguladora de las Haciendas Locales.

Esta habilitación tiene por finalidad dotar de mayor claridad al sistema tributario y financiero aplicable a las entidades locales mediante la integración en un único cuerpo normativo de la Ley 39/1988, de 28 de diciembre, y de la Ley 51/2002, de 27 de diciembre, en particular determinadas disposiciones adicionales y transitorias de esta última, contribuyendo con ello a aumentar la seguridad jurídica de la Administración tributaria y, especialmente, de los contribuyentes.

No obstante, esta delegación legislativa tiene el alcance más limitado de los previstos en el apartado 5 del artículo 82 de la Constitución, ya que se circunscribe a la mera formulación de un texto único y no incluye autorización para regularizar, aclarar y armonizar los textos legales a refundir.

II

La Ley 39/1988, de 28 de diciembre, publicada en el «Boletín Oficial del Estado» de 30 de diciembre de 1988, aprobó una nueva normativa reguladora de las haciendas locales, en su vertiente tributaria y financiera. No obstante, desde su entrada en vigor, dicha Ley ha experimentado diversas modificaciones, entre las que pueden destacarse, por su carácter reciente y su trascendencia, las llevadas a cabo por la Ley 50/1998, de 30 de, de Medidas Fiscales, Administrativas y del Orden Social[1], y por la ya comentada Ley 51/2002, de 27 de diciembre[2], la cual ha supuesto la modificación de múltiples preceptos de la Ley 39/1988, de 28

---

[1] BOE núm. 313, de 31 de diciembre de 1998
[2] BOE núm. 311, de 28 de diciembre de 2002.

de diciembre, y una reforma de gran trascendencia en todo el régimen tributario y financiero propio de las haciendas locales.

El Texto Refundido aprobado por este Real Decreto Legislativo integra la Ley 39/1988, de 28 de diciembre, tanto su articulado como las disposiciones adicionales y transitorias cuya incorporación resulta pertinente, y determinadas disposiciones adicionales y transitorias de la Ley 51/2002, de 27 de diciembre, en particular aquellas cuya incorporación al Texto Refundido resulta procedente para dotarle de una mayor claridad en la conjunción entre la Ley 39/1988, de 28 de diciembre, y la Ley 51/2002, de 27 de diciembre.

También se han incorporado las modificaciones que los artículos 15 y 64 de la Ley 62/2003, de 30 de diciembre[3], de Medidas Fiscales, Administrativas y del Orden Social, realizan a la Ley 39/1988, de 28 de diciembre, Reguladora de las Haciendas Locales.

En concreto, se incorporan al Texto Refundido las disposiciones adicionales primera, segunda, séptima y octava y las disposiciones transitorias primera, segunda, tercera, cuarta, quinta, sexta, séptima, octava, décima, undécima y duodécima, todas ellas de la Ley 51/2002, de 27 de diciembre, en algunos casos con las adaptaciones de redacción precisas para darles el sentido que tuvieron en su incorporación a la Ley citada.

Asimismo, en el Texto Refundido se recogen ya expresamente en euros las cuotas del Impuesto sobre Vehículos de Tracción Mecánica, así como la cuantía de los gastos menores no sometidos a intervención previa, con aplicación de las reglas de la Ley 46/1998, de 17 de diciembre, sobre la introducción del euro.

III

Este Real Decreto Legislativo contiene un artículo por el que se aprueba el Texto Refundido de la Ley Reguladora de las Haciendas Locales, dos disposiciones adicionales: la primera regula las remisiones normativas a los textos derogados, y la segunda hace referencia a la aplicación del régimen especial previsto en el Título X de la Ley 7/1985, de 2 de abril, Reguladora de las Bases del Régimen Local[4]; tres disposiciones transitorias que regulan, la participación de las entidades locales en los tributos del Estado para ejercicios anteriores al 1 de enero de 2004 y la aplicación de las referencias a la nueva Ley General Tributaria y General Presupuestaria hasta su entrada en vigor; una disposición derogatoria que prevé la derogación de la Ley 39/1988, de 28 de diciembre, y de la Ley 51/2002, de 27 de diciembre, y una disposición final de entrada en vigor.

El Texto Refundido se estructura en un título preliminar, seis títulos, 223 artículos, 12 disposiciones adicionales, 17 disposiciones transitorias y una disposición final. Asimismo, se incluye un índice de su articulado, cuyo objeto es facilitar la utilización de la norma por sus destinatarios mediante una rápida localización y ubicación sistemática de sus preceptos.

En su virtud, a propuesta del Ministro de Hacienda, de acuerdo con el Consejo de Estado y previa deliberación del Consejo de Ministros en su reunión del día 5 de marzo de 2004, dispongo:

---

[3]   BOE núm. 313, de 31 de diciembre de 2002.
[4]   BOE núm. 80, de 3 de abril de 1985.

Artículo único. *Aprobación del Texto Refundido de la Ley Reguladora de las Haciendas Locales*

Se aprueba el Texto Refundido de la Ley Reguladora de las Haciendas Locales, que se incluye a continuación.

Disposición adicional primera. *Remisiones normativas*

Las referencias normativas efectuadas en ordenanzas y en otras disposiciones a la Ley 39/1988, de 28 de diciembre, Reguladora de las Haciendas Locales, y a la Ley 51/2002, de 27 de diciembre, de reforma de la anterior, se entenderán efectuadas a los preceptos correspondientes de este Texto Refundido.

Disposición adicional segunda. *Régimen especial de los municipios de gran población*

Las disposiciones de esta Ley se aplicarán sin perjuicio del régimen especial previsto para los municipios de gran población en el título X de la Ley 7/1985, de 2 de abril, Reguladora de las Bases del Régimen Local.

Disposición transitoria primera. *Regulación anterior a 1 de enero de 2004*

La participación de las entidades locales en los tributos del Estado, correspondiente a los ejercicios iniciados con anterioridad al 1 de enero de 2004, se regirá por la legislación derogada por este Real Decreto Legislativo.

Disposición transitoria segunda. *Ley 58/2003, de 17 de diciembre, General Tributaria*

Hasta el 1 de julio de 2004, fecha de entrada en vigor de la Ley 58/2003, de 17 de diciembre, General Tributaria[5], las referencias efectuadas en el Texto Refundido que aprueba este Real Decreto Legislativo a la Ley 58/2003, de 17 de diciembre, se entenderán realizadas a los correspondientes de la Ley 230/1963, de 28 de diciembre, General Tributaria[6], y de la Ley 1/1998, de 26 de febrero, de Derechos y Garantías de los Contribuyentes[7], en los términos que disponía la Ley 39/1988, de 28 de diciembre, Reguladora de las Haciendas Locales.

Disposición transitoria tercera. *Ley 47/2003, de 26 de noviembre), General Presupuestaria*

Hasta el 1 de enero de 2005, fecha de entrada en vigor de la Ley 47/2003, de 26 de noviembre, General Presupuestaria[8], las referencias efectuadas en el Texto Refundido que aprueba este Real Decreto Legislativo a la Ley 47/2003, de 26 de noviembre, se entenderán realizadas a los correspondientes del Texto Refundido de la Ley General Presupuestaria, aprobado por el Real Decreto Legislativo 1091/1988, de 23 de septiembre[9], en los términos que disponía la Ley 39/1988, de 28 de diciembre, Reguladora de las Haciendas Locales.

---

[5] BOE núm. 302, de 18 de diciembre de 2003.
[6] BOE núm. 313, de 31 de diciembre de 1963, Vigente hasta el 1 de julio de 2004.
[7] BOE núm. 50, de 27 de febrero de 1998, Vigente hasta el 1 de julio de 2004.
[8] BOE núm. 284, de 27 de noviembre de 2003.
[9] BOE núm. 234, de 29 de septiembre de 1998. Vigente hasta el 1 de enero de 2005.

Disposición derogatoria única. *Derogación normativa*

1. Quedan derogadas todas las disposiciones de igual o de inferior rango que se opongan a esta Ley y, en particular, las siguientes:

a) La Ley 39/1988, de 28 de diciembre, Reguladora de las Haciendas Locales, excepto las disposiciones adicionales primera[10], octava[11] y decimonovena[12].

b) La Ley 51/2002, de 27 de diciembre, de reforma de la Ley 39/1988, de 28 de diciembre, Reguladora de las Haciendas Locales, con excepción de las disposiciones adicionales tercera, cuarta, quinta, sexta, décima, undécima y duodécima, así como de la disposición transitoria novena.

---

[10]   Disposición Adicional Primera: «1. Se modifica el Artículo 107.1 de la Ley 7/1985, de 2 de abril, que queda redactado en los siguientes términos:
«Artículo 107.1. Las ordenanzas fiscales reguladoras de los tributos locales comenzarán a aplicarse en el momento de su publicación definitiva en el Boletín Oficial de la provincia o, en su caso, de la Comunidad Autónoma Uniprovincial, salvo que en las mismas se señale otra fecha».
2. Se modifica el Artículo 111 de la Ley 7/1985, de 2 de abril, que queda redactado en los siguientes términos:
«Artículo 111. Los acuerdos de establecimiento, supresión y ordenación de tributos locales, así como las modificaciones de las correspondientes ordenanzas fiscales, serán aprobados, publicados y entrarán en vigor, de acuerdo con lo dispuesto en las normas especiales reguladoras de la imposición y ordenación de tributos locales, sin que les sea de aplicación lo previsto en el artículo 70.2 en relación con el 65.2, ambos de la presente Ley»».

[11]   Disposición Adicional Octava: «1. Se da nueva redacción al artículo tercero de la Ley 15/1987, de 30 de julio, de tributación de la Compañía Telefónica Nacional de España, que queda redactado en los términos siguientes:
«Artículo 3. Respecto de los tributos locales, la Compañía Telefónica Nacional de España estará sujeta al impuesto sobre bienes inmuebles correspondiente a los bienes de naturaleza rústica y urbana de su titularidad, con arreglo a la Legislación Tributaria del Estado y a las normas reguladoras de dicho impuesto».
2. Se da nueva redacción al apartado 1 del artículo cuarto de la Ley 15/1987, de 30 de julio, de Tributación de la Compañía Telefónica Nacional de España, que queda redactado en los términos siguientes:
«1. Por lo que se refiere a los restantes tributos de carácter local y a los precios públicos de la misma naturaleza, las deudas tributarias o contraprestaciones que por su exacción o exigencia pudieran corresponder a la Compañía Telefónica Nacional de España se sustituyen por una compensación en metálico de periodicidad anual»».

[12]   Disposición Adicional Decimonovena. «Cualquier dotación o aportación empresarial para la cobertura de previsión del personal realizada entre el 29 de junio de 1987 y la fecha de formalización de un plan de pensiones, será deducible en la imposición personal del empresario, siempre que este se comprometa ante el Ministerio de Economía y Hacienda, de acuerdo con el procedimiento que este establezca, a acogerse a los requisitos y demás condiciones establecidos en la disposición transitoria primera del Reglamento de Planes y Fondos de Pensiones. Será requisito ineludible que el plan de pensiones se encuentre formalizado en un plazo no superior a veinticuatro meses desde la entrada en vigor del antes citado reglamento.
De no mediar la integración efectiva de los fondos así constituidos en el sistema de fondos de pensiones, o ante el incumplimiento de las condiciones comprometidas, quedaran sin efecto los beneficios fiscales derivados del compromiso inicial desde el momento en que este se efectuó.
A los efectos de la presente disposición adicional no resultarán imputables fiscalmente a los potenciales partícipes o beneficiarios las cantidades que se ajusten a lo previsto en los números 3, 5 y 6 de la disposición transitoria primera del referido Reglamento de Planes y Fondos de Pensiones.
A partir de la entrada en vigor del Reglamento de Planes y Fondos de Pensiones podrá aplicarse a los potenciales participes lo previsto en el artículo 64 del mencionado Reglamento».

2. Lo previsto en esta disposición derogatoria no perjudicará los derechos de la Hacienda pública respecto a las obligaciones devengadas durante su vigencia.

Disposición final única. *Entrada en vigor*

1. El presente Real Decreto Legislativo y el Texto Refundido que aprueba entrarán en vigor el día siguiente al de su publicación en el «Boletín Oficial del Estado».

2. No obstante lo anterior, el modelo de financiación de las entidades locales descrito en los capítulos III y IV del título II y en los capítulos III y IV del título III del Texto Refundido adjunto entrará en vigor el 1 de enero de 2004 y será objeto de desarrollo anual por las Leyes de Presupuestos Generales del Estado, de conformidad con las directrices recogidas en el citado Texto Refundido.

TEXTO REFUNDIDO DE LA LEY REGULADORA DE LAS HACIENDAS LOCALES

TÍTULO PRELIMINAR. ÁMBITO DE APLICACIÓN

Artículo 1. *Ámbito de aplicación*

1. Tienen la consideración de bases del régimen jurídico financiero de la Administración local, dictadas al amparo del artículo 149.1.18.ª de la Constitución, los preceptos contenidos en esta Ley, con excepción de los apartados 2 y 3 del artículo 186, salvo los que regulan el sistema tributario local, dictados en virtud de lo dispuesto en el artículo 133 de la Constitución y los que desarrollan las participaciones en los tributos del Estado a que se refiere el artículo 142 de la Constitución; todo ello sin perjuicio de las competencias exclusivas que corresponden al Estado en virtud de lo dispuesto en el artículo 149.1.14.ª de la Constitución[13].

---

[13]   STC núm. 184/2011, de 23 de noviembre de 2011 (BOE núm. 306, de 21 de diciembre de 2011. «*En la STC 233/1999, de 16 de diciembre (FJ 4), con motivo del examen de la constitucionalidad del artículo 1.1 LHL, establecimos el alcance de las competencias en materia de haciendas locales en el siguiente sentido: «dado que frecuentemente la regulación de la hacienda local estará llamada a incidir sobre dicho régimen jurídico (de la Administración local), sólo de manera puntual podrá el Estado regular con carácter exclusivo tal materia haciendo prevalecer el otro título competencial a que hace referencia el artículo 1.1 LHL, esto es, el de la «hacienda general» del artículo 149.1.14 C.E. Así ocurrirá, en efecto, en aquellos casos en los que la normativa estatal tenga por objeto la regulación de instituciones comunes a las distintas haciendas o de medidas de coordinación entre la hacienda estatal y las haciendas de las corporaciones locales. O también cuando su finalidad sea la salvaguarda de la suficiencia financiera de las haciendas locales garantizada por el artículo 142 CE, en cuanto presupuesto indispensable para el ejercicio de la autonomía local constitucionalmente reconocido en los artículos 137, 140 y 141 CE (SSTC 96/1990, fundamento jurídico 7; 237/1992, fundamento jurídico 6; 331/1993, fundamentos jurídicos 2 y 3; y 171/1996, fundamento jurídico 5)».*
A mayor abundamiento hemos señalado reiteradamente (STC 48/2004, de 25 de marzo, FJ 10), y ello sin perjuicio de la contribución que las Comunidades Autónomas puedan tener en la financiación de las haciendas locales, que «es al Estado, a tenor de la competencia exclusiva que en materia de hacienda general le otorga el artículo 149.1.14 CE, a quien, a través de la actividad legislativa y en el marco de las disponibilidades presupuestarias, incumbe en última instancia hacer efectivo el principio de suficiencia financiera de las haciendas locales [SSTC 179/1985, de 19 de diciembre, FJ 3; 96/1990, de 24 de mayo, FJ 7; 237/1992, de 15 de diciembre, FJ 6; 331/1993, de 12 de noviembre, FJ 2 b); 171/1996, de 30 de octubre, FJ 5; 233/1999, de 16 de diciembre, FJ 22; 104/2000, de 13 de abril, FJ 4]».

2. Esta Ley se aplicará en todo el territorio nacional, sin perjuicio de los regímenes financieros forales de los Territorios Históricos del País Vasco[14] y Navarra[15].

3. Igualmente, esta Ley se aplicará sin perjuicio de los tratados y convenios internacionales.

TÍTULO I. RECURSOS DE LAS HACIENDAS LOCALES

CAPÍTULO I. Enumeración

Artículo 2[16]. *Enumeración de los recursos de las entidades locales*

1. La hacienda de las entidades locales estará constituida por los siguientes recursos:

a) Los ingresos procedentes de su patrimonio y demás de derecho privado[17].

Esta misma doctrina ha sido aplicada en la STC 31/2010, de 28 de junio, en los siguientes términos «los dos títulos competenciales del Estado que operan fundamentalmente en relación con la financiación de las entidades locales son los referidos a hacienda general (artículo 149.1.14 CE) y a las bases del régimen jurídico de las Administraciones públicas (artículo 149.1.18 CE). En concreto, en la competencia estatal ex artículo 149.1.14 CE se incluyen las medidas dirigidas a la financiación de las entidades locales, en tanto en cuanto tengan por objeto la relación entre la hacienda estatal y las haciendas locales, cuya suficiencia financiera corresponde asegurar al Estado. Ahora bien, pese al carácter exclusivo de la competencia del Estado en cuanto a la hacienda general, en la medida en que en materia de Administración local coinciden competencias estatales y autonómicas, en el ejercicio de aquélla el Estado deberá atenerse al reparto competencial correspondiente» (STC 31/2010, de 28 de junio, FJ 139). Y más tarde hemos concretado también, en el fundamento jurídico 140 de la misma sentencia, que «según resulta de los artículos 31.3 y 133.1 y 2 CE, la creación de los tributos locales ha de operarse a través del legislador estatal, «cuya intervención reclaman los apartados 1 y 2 del artículo 133 de la Constitución», potestad normativa que tiene su anclaje constitucional «en la competencia exclusiva sobre hacienda general (artículo 149.1.14 CE), debiendo entenderse vedada, por ello, la intervención de las Comunidades Autónomas en este concreto ámbito normativo» (STC 233/1999, de 16 de diciembre, FJ 22). Se trata, en suma, de una potestad exclusiva y excluyente del Estado que no permite intervención autonómica en la creación y regulación de los tributos propios de las entidades locales»».

[14] Arts. 39 a 42 de la Ley 12/2002, de 23 de mayo, por la que se aprueba el Concierto Económico con la Comunidad Autónoma del País Vasco. *Álava:* Norma Foral 41/1989, de 19 de julio, Reguladora de las Haciendas Locales (BOTHA núm. 97 de 23 de agosto de 1989). *Bizkaia:* Norma Foral 9/2005, de 16 de diciembre, de Haciendas Locales (BOB 31 de diciembre). *Gipuzkoa:* Norma Foral 11/1989, de 5 de julio, Reguladora de las Haciendas Locales de Gipuzkoa (BOG núm. 130, de 10 de julio de 1989).

[15] Arts. 42 a 44 de la Ley 28/1990, de 26 de diciembre, por la que se aprueba el Convenio Económico entre el Estado y la Comunidad Foral de Navarra y la Ley Foral 2/1995, de 10 de marzo, de Haciendas Locales de Navarra (BON núm. 36, de 20 de marzo de 1995 y BOE núm. 161, de 7 de julio de 1995).

[16] Artículo 56 (Recursos de los municipios), art. 131 (Recursos de las Provincias) art. 150 (Recursos de las entidades supramunicipales), art. 153 (Recursos de las áreas metropolitanas), art. 154 (Recursos de las entidades municipales asociativas), art. 155 (Recursos de las comarcas), art. 156 (Recursos de las entidades de ámbito territorial inferior al municipio) y regímenes especiales, arts. 157 a 161 del RD-Leg. 2/2004, de 5 de marzo.

[17] Arts. 3 a 5 del RD-Leg. 2/2004, de 5 de marzo.

b) Los tributos propios clasificados en tasas[18], contribuciones especiales[19] e impuestos[20] y los recargos[21] exigibles sobre los impuestos de las Comunidades Autónomas o de otras entidades locales.

c) Las participaciones en los tributos del Estado y de las Comunidades Autónomas[22].

d) Las subvenciones[23].

e) Los percibidos en concepto de precios públicos[24].

f) El producto de las operaciones de crédito[25].

g) El producto de las multas y sanciones en el ámbito de sus competencias[26].

h) Las demás prestaciones de derecho público[27].

2. Para la cobranza de los tributos y de las cantidades que como ingresos de derecho público, tales como prestaciones patrimoniales de carácter público no tributarias, precios públicos, y multas y sanciones pecuniarias, debe percibir la hacienda de las entidades locales de conformidad con lo previsto en el apartado anterior, dicha Hacienda ostentará las prerrogativas establecidas legalmente para la hacienda del Estado, y actuará, en su caso, conforme a los procedimientos administrativos correspondientes.

CAPÍTULO II. INGRESOS DE DERECHO PRIVADO

Artículo 3. *Definición*

1. Constituyen ingresos de derecho privado de las entidades locales los rendimientos o productos de cualquier naturaleza derivados de su patrimonio, así como las adquisiciones a título de herencia, legado o donación.

2. A estos efectos, se considerará patrimonio de las entidades locales el constituido por los bienes de su propiedad, así como por los derechos reales o personales, de que sean titulares, susceptibles de valoración económica, siempre que unos y otros no se hallen afectos al uso o servicio público.

3. En ningún caso tendrán la consideración de ingresos de derecho privado los que procedan, por cualquier concepto, de los bienes de dominio público local.

4. Tendrán también la consideración de ingresos de derecho privado el importe obtenido en la enajenación de bienes integrantes del patrimonio de las entidades locales como consecuencia de su desafectación como bienes de dominio público y posterior venta, aunque hasta entonces estuvieran sujetos a concesión administrativa. En tales casos, salvo que la legislación de desarrollo de las Comunidades Autónomas prevea otra cosa, quien fuera el último

---

[18] Arts. 20 a 27, 56, 57 y 132 del RD-Leg. 2/2004, de 5 de marzo.

[19] Arts. 28 a 37, 56, 58, 133 y 151 del RD-Leg. 2/2004, de 5 de marzo.

[20] Arts. 56, 60 a 110 y Disposición transitoria sexta del RD-Leg. 2/2004, de 5 de marzo.

[21] Arts. 38 y 134 del RD-Leg. 2/2004, de 5 de marzo.

[22] Art. 39 (Participaciones en los tributos del Estado y de las comunidades autónomas) del RD-Leg. 2/2004, de 5 de marzo.

[23] Arts. 40 y 147 (Subvenciones) del RD-Leg. 2/2004, de 5 de marzo.

[24] Arts. 41 a 47, 127 y 148 del RD-Leg. 2/2004, de 5 de marzo.

[25] Arts. 48 a 54 del RD-Leg. 2/2004, de 5 de marzo.

[26] Art. 11 (infracciones y sanciones tributarias) del RD-Leg. 2/2004, de 5 de marzo.

[27] Arts. 128 a 130 del RD-Leg. 2/2004, de 5 de marzo.

concesionario antes de la desafectación tendrá derecho preferente de adquisición directa de los bienes sin necesidad de subasta pública.

Artículo 4. *Régimen jurídico*

La efectividad de los derechos de la hacienda local comprendidos en este capítulo se llevará a cabo con sujeción a las normas y procedimientos del derecho privado.

Artículo 5. *Limitación de destino*

Los ingresos procedentes de la enajenación o gravamen de bienes y derechos que tengan la consideración de patrimoniales no podrán destinarse a la financiación de gastos corrientes, salvo que se trate de parcelas sobrantes de vías públicas no edificables o de efectos no utilizables en servicios municipales o provinciales.

CAPÍTULO III. Tributos

SECCIÓN 1.ª *Normas generales*

Artículo 6. *Principios de tributación local*

Los tributos que establezcan las entidades locales al amparo de lo dispuesto en el artículo 106.1[28] de la Ley 7/1985, de 2 de abril, Reguladora de las Bases del Régimen Local, respetarán, en todo caso, los siguientes principios:

a) No someter a gravamen bienes situados, actividades desarrolladas, rendimientos originados ni gastos realizados fuera del territorio de la respectiva entidad.

b) No gravar, como tales, negocios, actos o hechos celebrados o realizados fuera del territorio de la Entidad impositora, ni el ejercicio o la transmisión de bienes, derechos u obligaciones que no hayan nacido ni hubieran de cumplirse en dicho territorio.

c) No implicar obstáculo alguno para la libre circulación de personas, mercancías o servicios y capitales, ni afectar de manera efectiva a la fijación de la residencia de las personas o la ubicación de empresas y capitales dentro del territorio español, sin que ello obste para que las entidades locales puedan instrumentar la ordenación urbanística de su territorio.

Artículo 7. *Delegación*

1. De conformidad con lo dispuesto en el artículo 106.3[29] de la Ley 7/1985, de 2 de abril, Reguladora de las Bases del Régimen Local, las entidades locales podrán delegar en la Comunidad Autónoma o en otras entidades locales en cuyo territorio estén integradas, las facultades de gestión, liquidación, inspección y recaudación tributarias que esta Ley les atribuye.

---

[28] *«1. Las entidades locales tendrán autonomía para establecer y exigir tributos de acuerdo con lo previsto en la legislación del Estado reguladora de las Haciendas locales y en las Leyes que dicten las Comunidades Autónomas en los supuestos expresamente previstos en aquélla».*

[29] *«3. Es competencia de las entidades locales la gestión, recaudación e inspección de sus tributos propios, sin perjuicio de las delegaciones que puedan otorgar a favor de las entidades locales de ámbito superior o de las respectivas Comunidades Autónomas, y de las fórmulas de colaboración con otras entidades locales, con las Comunidades Autónomas o con el Estado, de acuerdo con lo que establezca la legislación del Estado».*

Asimismo, las entidades locales podrán delegar en la Comunidad Autónoma o en otras entidades locales en cuyo territorio estén integradas, las facultades de gestión, liquidación, inspección y recaudación de los restantes ingresos de Derecho público que les correspondan.

2. El acuerdo que adopte el Pleno de la corporación habrá de fijar el alcance y contenido de la referida delegación y se publicará, una vez aceptada por el órgano correspondiente de gobierno, referido siempre al Pleno, en el supuesto de Entidades Locales en cuyo territorio estén integradas en los «Boletines Oficiales de la Provincia y de la Comunidad Autónoma», para general conocimiento.

3. El ejercicio de las facultades delegadas habrá de ajustarse a los procedimientos, trámites y medidas en general, jurídicas o técnicas, relativas a la gestión tributaria que establece esta Ley y, supletoriamente, a las que prevé la Ley General Tributaria. Los actos de gestión que se realicen en el ejercicio de dicha delegación serán impugnables con arreglo al procedimiento que corresponda al ente gestor, y, en último término, ante la Jurisdicción Contencioso-Administrativa.

Las facultades delegadas serán ejercidas por el órgano de la entidad delegada que proceda conforme a las normas internas de distribución de competencias propias de dicha entidad.

4. Las entidades que al amparo de lo previsto en este artículo hayan asumido por delegación de una entidad local todas o algunas de las facultades de gestión, liquidación, inspección y recaudación de todos o algunos de los tributos o recursos de derecho público de dicha entidad local, podrán ejercer tales facultades delegadas en todo su ámbito territorial e incluso en el de otras entidades locales que no le hayan delegado tales facultades.

Artículo 8[30]. Colaboración

1. De conformidad con lo dispuesto en el artículo 106.3 de la Ley 7/1985, de 2 de abril, Reguladora de las Bases del Régimen Local, las Administraciones tributarias del Estado, de las Comunidades Autónomas y de las entidades locales colaborarán en todos los órdenes de gestión, liquidación, inspección y recaudación de los tributos locales.

De igual modo, las Administraciones a que se refiere el párrafo anterior colaborarán en todos los órdenes de gestión, liquidación, inspección y recaudación de los restantes ingresos de derecho público de las entidades locales.

2. En particular, dichas Administraciones:

a) Se facilitarán toda la información que mutuamente se soliciten y, en su caso, se establecerá, a tal efecto la intercomunicación técnica precisa a través de los respectivos centros de informática.

b) Se prestarán recíprocamente, en la forma que reglamentariamente se determine, la asistencia que interese a los efectos de sus respectivos cometidos y los datos y antecedentes que se reclamen.

c) Se comunicarán inmediatamente, en la forma que reglamentariamente se establezca, los hechos con trascendencia para los tributos y demás recursos de derecho público de cualquiera de ellas, que se pongan de manifiesto como consecuencia de actuaciones comprobadoras e investigadoras de los respectivos servicios de inspección.

---

30   Art. 62 y siguientes del Real Decreto 417/2006, de 7 de abril, por el que se desarrolla el texto refundido de la Ley del Catastro Inmobiliario (BOE del 24).

d) Podrán elaborar y preparar planes de inspección conjunta o coordinada sobre objetivos, sectores y procedimientos selectivos.

Lo previsto en este apartado se entiende sin perjuicio del régimen legal al que están sometidos el uso y la cesión de la información tributaria.

3. Las actuaciones en materia de inspección o recaudación ejecutiva que hayan de efectuarse fuera del territorio de la respectiva entidad local en relación con los ingresos de derecho público propios de ésta, serán practicadas por los órganos competentes de la correspondiente Comunidad Autónoma cuando deban realizarse en el ámbito territorial de ésta, y por los órganos competentes del Estado en otro caso, previa solicitud del presidente de la corporación.

4. Las entidades que, al amparo de lo previsto en este artículo, hayan establecido fórmulas de colaboración con entidades locales para la gestión, liquidación, inspección y recaudación de los tributos y demás ingresos de derecho público propios de dichas entidades locales, podrán desarrollar tal actividad colaboradora en todo su ámbito territorial e incluso en el de otras entidades locales con las que no hayan establecido fórmula de colaboración alguna.

Artículo 9[31]. *Beneficios fiscales, régimen y compensación*

1. No podrán reconocerse otros beneficios fiscales en los tributos locales que los expresamente previstos en las normas con rango de ley[32] o los derivados de la aplicación de los tratados internacionales.

No obstante, también podrán reconocerse los beneficios fiscales que las entidades locales establezcan en sus ordenanzas fiscales en los supuestos expresamente previstos por la Ley. En particular, y en las condiciones que puedan prever dichas ordenanzas, éstas podrán establecer una bonificación de hasta el cinco por ciento de la cuota a favor de los sujetos pasivos que domicilien sus deudas de vencimiento periódico en una entidad financiera, anticipen pagos o realicen actuaciones que impliquen colaboración en la recaudación de ingresos.

2[33]**.** Las leyes por las que se establezcan beneficios fiscales en materia de tributos locales determinarán las fórmulas de compensación que procedan; dichas fórmulas tendrán en cuen-

---

[31]   Beneficios fiscales: Arts. 62, 73 y 74 (Impuesto sobre Bienes Inmuebles), art. 82 (Impuesto sobre Actividades Económicas), 159.2 (Beneficios en Ceuta y Melilla) y disposiciones adicionales 3.ª, y 12.ª y transitorias 1.ª, 3.ª, 4.ª, 5.ª, 13.ª y 14.ª.

[32]   STC núm. 184/2011, de 23 de noviembre de 2011 (BOE núm. 306, de 21 de diciembre de 2011), «*pues el solo empleo del término ley, sin haber añadido la referencia al origen estatal de la misma, no desemboca indefectiblemente en la genérica atribución a las Comunidades Autónomas de competencias para establecer cualquier tipo de beneficio fiscal sobre cada uno de los tributos locales, sino que esta afirmación no cumple otra misión que constatar el sometimiento de los beneficios fiscales al principio de reserva de ley, y sólo puede ser interpretada correctamente dentro del marco de competencias que corresponde respectivamente al Estado y a las Comunidades Autónomas*».

[33]   Ley 4/2006, de 29 de marzo, de adaptación del régimen de las entidades navieras en función del tonelaje a las nuevas directrices comunitarias sobre ayudas de Estado al transporte marítimo y de modificación del régimen económico y fiscal de Canarias, disposición Adicional segunda: «Uno. Uno. El régimen fiscal aplicable al Consejo Internacional de Supervisión Pública en estándares de auditoría, ética profesional y materias relacionadas será el siguiente: ... d) Estarán exentos del Impuesto sobre Bienes Inmuebles los bienes inmuebles que se encuentren afectos a su actividad, de acuerdo con su objeto social o finalidad específica y en cumplimiento de sus fines.

ta las posibilidades de crecimiento futuro de los recursos de las Entidades Locales procedentes de los tributos respecto de los cuales se establezcan los mencionados beneficios fiscales.

Lo anterior no será de aplicación en ningún caso cuando se trate de los beneficios fiscales a que se refiere el párrafo segundo del apartado 1 de este artículo.

3. Cuando el Estado otorgue moratorias o aplazamientos en el pago de tributos locales a alguna persona o entidad, quedará obligado a arbitrar las fórmulas de compensación o anticipo que procedan en favor de la entidad local respectiva.

Artículo 10. *Recargos e intereses de demora*

En la exacción de los tributos locales y de los restantes ingresos de derecho público de las entidades locales, los recargos e intereses de demora se exigirán y determinarán en los mismos casos, forma y cuantía que en la exacción de los tributos del Estado[34].

Cuando las ordenanzas fiscales así lo prevean, no se exigirá interés de demora en los acuerdos de aplazamiento o fraccionamiento de pago que hubieran sido solicitados en período voluntario, en las condiciones y términos que prevea la ordenanza, siempre que se refieran a deudas de vencimiento periódico y notificación colectiva y que el pago total de éstas se produzca en el mismo ejercicio que el de su devengo.

Artículo 11. *Infracciones y sanciones tributarias*

En materia de tributos locales, se aplicará el régimen de infracciones y sanciones regulado en la Ley General Tributaria y en las disposiciones que la complementen y desarrollen[35], con las especificaciones que resulten de esta Ley y las que, en su caso, se establezcan en las Ordenanzas fiscales al amparo de la Ley.

Artículo 12. *Gestión*

1. La gestión, liquidación, inspección y recaudación de los tributos locales se realizará de acuerdo con lo prevenido en la Ley General Tributaria[36] y en las demás leyes del Estado reguladoras de la materia, así como en las disposiciones dictadas para su desarrollo.

2. A través de sus ordenanzas fiscales las entidades locales podrán adaptar la normativa a que se refiere el apartado anterior al régimen de organización y funcionamiento interno

---

El Consejo estará exento del Impuesto sobre Actividades Económicas por las explotaciones económicas que pudiesen derivarse de sus actividades dentro de sus estatutos y en cumplimiento de sus fines.

A efectos de lo establecido en este apartado, no será de aplicación lo dispuesto en el primer párrafo del apartado 2 de artículo 9 del Texto Refundido de la Ley Reguladora de las Haciendas Locales, aprobado por el Real Decreto Legislativo 2/2004, de 5 de marzo».

[34] Art. 25 (Obligaciones tributarias accesorias), art. 26 (Interés de demora), art. 27 (Recargos por declaración extemporánea sin requerimiento previo), art. 28 (Recargos del período ejecutivo) y art. 58 (Deuda tributaria) de la LGT.

[35] Arts. 178 a 212 de la LGT y Real Decreto 2063/2004, de 15 de octubre, por el que se aprueba el Reglamento general de régimen sancionador tributario.

[36] Arts. 101 y 102 y 117 a 123 referentes a la gestión tributaria; arts. 141 a 159 referentes a la inspección y 160 a 177, sobre la recaudación de la LGT. Real Decreto 1065/2007, de 27 de julio, por el que se aprueba el Reglamento General de las actuaciones y los procedimientos de gestión e inspección tributaria y de desarrollo de las normas comunes de los procedimientos de aplicación de los tributos. y el Real Decreto 939/2005, de 29 de julio, por el que se aprueba el Reglamento General de Recaudación.

propio de cada una de ellas, sin que tal adaptación pueda contravenir el contenido material de dicha normativa.

Artículo 13. *Consultas*

En relación con la gestión, liquidación, inspección y recaudación de los tributos locales, la competencia para evacuar las consultas a que se refiere el artículo 88 de la Ley 58/2003, de 17 de diciembre, General Tributaria corresponde a la entidad que ejerza dichas funciones.

Artículo 14. *Revisión de actos en vía administrativa*

1. Respecto de los procedimientos especiales de revisión de los actos dictados en materia de gestión tributaria, se estará a lo dispuesto en el artículo 110 de la Ley 7/1985, de 2 de abril, Reguladora de las Bases del Régimen Local[37] y en los párrafos siguientes:

a) La devolución de ingresos indebidos y la rectificación de errores materiales en el ámbito de los tributos locales se ajustarán a lo dispuesto en los artículos 32 y 220 de la Ley 58/2003, de 17 de diciembre, General Tributaria[38].

b) No serán en ningún caso revisables los actos administrativos confirmados por sentencia judicial firme.

Los actos dictados en materia de gestión de los restantes ingresos de derecho público de las entidades locales, también estarán sometidos a los procedimientos especiales de revisión conforme a lo previsto en este apartado.

2. Contra los actos de aplicación y efectividad de los tributos y restantes ingresos de derecho público de las entidades locales, sólo podrá interponerse el recurso de reposición que a continuación se regula.

a) Objeto y naturaleza. Son impugnables, mediante el presente recurso de reposición, todos los actos dictados por las entidades locales en vía de gestión de sus tributos propios y de sus restantes ingresos de derecho público[39]. Lo anterior se entiende sin perjuicio de los supuestos en los que la ley prevé la posibilidad de formular reclamaciones económico-administrativas contra actos dictados en vía de gestión de los tributos locales; en tales casos, cuando los actos hayan sido dictados por una entidad local, el presente recurso de reposición será previo a la reclamación económico-administrativa.

---

[37] Art. 110. «*1. Corresponderá al Pleno de la Corporación la declaración de nulidad de pleno derecho y la revisión de los actos dictados en vía de gestión tributaria, en los casos y de acuerdo con el procedimiento establecido en los artículos 153 y 154 de la Ley General Tributaria*, [actualmente, arts. 216 a 221 de la Ley 58/2003, de 17 de diciembre, General Tributaria].*
2. En los demás casos, las entidades locales no podrán anular sus propios actos declarativos de derechos, y su revisión requerirá la previa declaración de lesividad para el interés público y su impugnación en vía contencioso-administrativa, con arreglo a la Ley de dicha Jurisdicción».

[38] Disposición Adicional Cuarta (Normas relativas a las Haciendas Locales), de la LGT.

[39] Artículo 108 de la Ley 7/1985, de 2 de abril, Reguladora de las Bases del Régimen Local, en la redacción dada por la Ley 57/2003, de 16 de diciembre: «*Contra los actos sobre aplicación y efectividad de los tributos locales, y de los restantes ingresos de Derecho Público de las entidades locales, tales como prestaciones patrimoniales de carácter público no tributarias, precios públicos, y multas y sanciones pecuniarias, se formulará el recurso de reposición específicamente previsto a tal efecto en la Ley reguladora de las Haciendas Locales. Dicho recurso tendrá carácter potestativo en los municipios a que se refiere el título X de esta Ley*».

b) Competencia para resolver. Será competente para conocer y resolver el recurso de reposición el órgano de la entidad local que haya dictado el acto administrativo impugnado.

c) Plazo de interposición. El recurso de reposición se interpondrá dentro del plazo de un mes contado desde el día siguiente al de la notificación expresa del acto cuya revisión se solicita o al de finalización del período de exposición pública de los correspondientes padrones o matrículas de contribuyentes u obligados al pago.

d) Legitimación. Podrán interponer el recurso de reposición:

1.º Los sujetos pasivos y, en su caso, los responsables de los tributos, así como los obligados a efectuar el ingreso de derecho público de que se trate.

2.º Cualquiera otra persona cuyos intereses legítimos y directos resulten afectados por el acto administrativo de gestión.

e) Representación y dirección técnica. Los recurrentes podrán comparecer por sí mismos o por medio de representante, sin que sea preceptiva la intervención de abogado ni procurador.

f) Iniciación. El recurso de reposición se interpondrá por medio de escrito en el que se harán constar los siguientes extremos:

1.º Las circunstancias personales del recurrente y, en su caso, de su representante, con indicación del número del documento nacional de identidad o del código identificador.

2.º El órgano ante quien se formula el recurso.

3.º El acto administrativo que se recurre, la fecha en que se dictó, número del expediente y demás datos relativos a aquel que se consideren convenientes.

4.º El domicilio que señale el recurrente a efectos de notificaciones.

5.º El lugar y la fecha de interposición del recurso.

En el escrito de interposición se formularán las alegaciones tanto sobre cuestiones de hecho como de derecho. Con dicho escrito se presentarán los documentos que sirvan de base a la pretensión que se ejercita.

Si se solicita la suspensión del acto impugnado, al escrito de iniciación del recurso se acompañarán los justificantes de las garantías constituidas de acuerdo con el párrafo i) siguiente.

g) Puesta de manifiesto del expediente. Si el interesado precisare del expediente de gestión o de las actuaciones administrativas para formular sus alegaciones, deberá comparecer a tal objeto ante la oficina gestora a partir del día siguiente a la notificación del acto administrativo que se impugna y antes de que finalice el plazo de interposición del recurso.

La oficina o dependencia de gestión, bajo la responsabilidad de su jefe, tendrá la obligación de poner de manifiesto al interesado el expediente o las actuaciones administrativas que se requieran.

h) Presentación del recurso. El escrito de interposición del recurso se presentará en la sede del órgano de la entidad local que dictó el acto administrativo que se impugna o en su defecto en las dependencias u oficinas a que se refiere el artículo 38.4[40] de la Ley 30/1992, de

«4. Las solicitudes, escritos y comunicaciones que los ciudadanos dirijan a los órganos de las Administraciones públicas podrán presentarse:
a) En los registros de los órganos administrativos a que se dirijan.
b) En los registros de cualquier órgano administrativo, que pertenezca a la Administración General del Estado, a la de cualquier Administración de las Comunidades Autónomas, a la de cualquier Administración de las Diputaciones Provinciales, Cabildos y Consejos Insulares, a los Ayuntamientos de los Municipios a

26 de noviembre, de Régimen Jurídico de las Administraciones Públicas y del Procedimiento Administrativo Común.

i) Suspensión del acto impugnado. La interposición del recurso de reposición no suspenderá la ejecución del acto impugnado, con las consecuencias legales consiguientes, incluso la recaudación de cuotas o derechos liquidados, intereses y recargos. Los actos de imposición de sanciones tributarias quedarán automáticamente suspendidos conforme a lo previsto en la Ley General Tributaria.

No obstante, y en los mismos términos que en el Estado, podrá suspenderse la ejecución del acto impugnado mientras dure la sustanciación del recurso aplicando lo establecido en el Real Decreto 2244/1979, de 7 de septiembre, por el que se reglamenta el recurso de reposición previo al económico-administrativo[41], y en el Real Decreto 391/1996, de 1 de marzo, por el que se aprueba el Reglamento de Procedimiento en las Reclamaciones Económico-Administrativas[42], con las siguientes especialidades:

1.º En todo caso será competente para tramitar y resolver la solicitud el órgano de la entidad local que dictó el acto.

2.º Las resoluciones desestimatorias de la suspensión sólo serán susceptibles de impugnación en vía contencioso-administrativa.

3.º Cuando se interponga recurso contencioso-administrativo contra la resolución del recurso de reposición, la suspensión acordada en vía administrativa se mantendrá, siempre que exista garantía suficiente, hasta que el órgano judicial competente adopte la decisión que corresponda en relación con dicha suspensión.

j) Otros interesados. Si del escrito inicial o de las actuaciones posteriores resultaren otros interesados distintos del recurrente, se les comunicará la interposición del recurso para que en el plazo de cinco días aleguen lo que a su derecho convenga.

---

que se refiere el artículo 121 de la Ley 7/1985, de 2 de abril, reguladora de las Bases del Régimen Local, o a la del resto de las entidades que integran la Administración Local si, en este último caso, se hubiese suscrito el oportuno convenio (Redacción según Real Decreto-ley 8/2011, de 1 de julio.).

c) En las oficinas de Correos, en la forma que reglamentariamente se establezca.

d) En las representaciones diplomáticas u oficinas consulares de España en el extranjero.

e) En cualquier otro que establezcan las disposiciones vigentes.

Mediante convenios de colaboración suscritos entre las Administraciones públicas se establecerán sistemas de intercomunicación y coordinación de registros que garanticen su compatibilidad informática, así como la transmisión telemática de los asientos registrales y de las solicitudes, escritos, comunicaciones y documentos que se presenten en cualquiera de los registros».

A partir del 2 de octubre de 2016, art. 16.4 de la Ley 39/2015, de 1 de octubre, del Procedimiento Administrativo Común de las Administraciones Públicas (BOE núm. 236, de 2 de octubre de 2015), que deroga la Ley 30/1992, de 26 de noviembre y la Ley 11/2007, de 22 de junio, de acceso electrónico de los ciudadanos a los Servicios Públicos.

[41]   Vigente hasta el 27 de junio de 2005, actualmente el Real Decreto 520/2005, de 13 de mayo, por el que se aprueba el Reglamento general de desarrollo de la Ley 58/2003, de 17 de diciembre, General Tributaria, en materia de revisión en vía administrativa (BOE. núm. 126, de 27 de mayo de 2005).

[42]   Vigente hasta el 27 de junio de 2005, actualmente el Real Decreto 520/2005, de 13 de mayo, por el que se aprueba el Reglamento general de desarrollo de la Ley 58/2003, de 17 de diciembre, General Tributaria, en materia de revisión en vía administrativa (BOE. núm. 126, de 27 de mayo de 2005).

k) Extensión de la revisión. La revisión somete a conocimiento del órgano competente, para su resolución, todas las cuestiones que ofrezca el expediente, hayan sido o no planteadas en el recurso.

Si el órgano estima pertinente examinar y resolver cuestiones no planteadas por los interesados, las expondrá a los que estuvieren personados en el procedimiento y les concederá un plazo de cinco días para formular alegaciones.

l) Resolución del recurso. El recurso será resuelto en el plazo de un mes a contar desde el día siguiente al de su presentación, con excepción de los supuestos regulados en los párrafos j) y k) anteriores, en los que el plazo se computará desde el día siguiente al que se formulen las alegaciones o se dejen transcurrir los plazos señalados.

El recurso se entenderá desestimado cuando no haya recaído resolución en plazo.

La denegación presunta no exime de la obligación de resolver el recurso.

m) Forma y contenido de la resolución. La resolución expresa del recurso se producirá siempre de forma escrita.

Dicha resolución, que será siempre motivada, contendrá una sucinta referencia a los hechos y a las alegaciones del recurrente, y expresará de forma clara las razones por las que se confirma o revoca total o parcialmente el acto impugnado.

n) Notificación y comunicación de la resolución. La resolución expresa deberá ser notificada al recurrente y a los demás interesados, si los hubiera, en el plazo máximo de 10 días desde que aquélla se produzca.

ñ) Impugnación de la resolución. Contra la resolución del recurso de reposición no puede interponerse de nuevo este recurso, pudiendo los interesados interponer directamente recurso contencioso-administrativo, todo ello sin perjuicio de los supuestos en los que la ley prevé la interposición de reclamaciones económico-administrativas contra actos dictados en vía de gestión de los tributos locales.

SECCIÓN 2.ª *Imposición y ordenación de tributos locales*

Artículo 15. *Ordenanzas fiscales*
1. Salvo en los supuestos previstos en el artículo 59.1 de esta Ley, las entidades locales deberán acordar la imposición y supresión de sus tributos propios, y aprobar las correspondientes ordenanzas fiscales reguladoras de éstos[43].

2. Respecto de los impuestos previstos en el artículo 59.1, los ayuntamientos que decidan hacer uso de las facultades que les confiere esta Ley en orden a la fijación de los elementos necesarios para la determinación de las respectivas cuotas tributarias, deberán acordar el ejercicio de tales facultades, y aprobar las oportunas ordenanzas fiscales.

3. Asimismo, las entidades locales ejercerán la potestad reglamentaria a que se refiere el apartado 2 del artículo 12 de esta Ley, bien en las ordenanzas fiscales reguladoras de los dis-

---

[43]   Artículo 107 de la Ley 7/1985, de 2 de abril, Reguladora de las Bases del Régimen Local: «*1. Las Ordenanzas fiscales reguladoras de los tributos locales comenzarán a aplicarse en el momento de su publicación definitiva en el Boletín Oficial de la Provincia o, en su caso, de la Comunidad Autónoma uniprovincial, salvo que en las mismas se señale otra fecha.*
2. Las Ordenanzas fiscales obligan en el territorio de la respectiva entidad local y se aplican conforme a los principios de residencia efectiva y de territorialidad, según los casos».

tintos tributos locales, bien mediante la aprobación de ordenanzas fiscales específicamente reguladoras de la gestión, liquidación, inspección y recaudación de los tributos locales.

Artículo 16. *Contenido de las ordenanzas fiscales*

1. Las ordenanzas fiscales a que se refiere el apartado 1 del artículo anterior contendrán, al menos:

a) La determinación del hecho imponible, sujeto pasivo, responsables, exenciones, reducciones y bonificaciones, base imponible y liquidable, tipo de gravamen o cuota tributaria, período impositivo y devengo.

b) Los regímenes de declaración y de ingreso.

c) Las fechas de su aprobación y del comienzo de su aplicación.

Asimismo, estas ordenanzas fiscales podrán contener, en su caso, las normas a que se refiere el apartado 3 del artículo 15.

Los acuerdos de aprobación de estas ordenanzas fiscales deberán adoptarse simultáneamente a los de imposición de los respectivos tributos.

Los acuerdos de modificación de dichas ordenanzas deberán contener la nueva redacción de las normas afectadas y las fechas de su aprobación y del comienzo de su aplicación.

2. Las ordenanzas fiscales a que se refiere el apartado 2 del artículo anterior contendrán, además de los elementos necesarios para la determinación de las cuotas tributarias de los respectivos impuestos, las fechas de su aprobación y el comienzo de su aplicación.

Asimismo, estas ordenanzas fiscales podrán contener, en su caso, las normas a que se refiere el apartado 3 del artículo 15.

Los acuerdos de aprobación de ordenanzas fiscales deberán adoptarse simultáneamente a los de fijación de los elementos regulados en aquéllas.

Los acuerdos de modificación de dichas ordenanzas se ajustarán a lo dispuesto en el último párrafo del apartado anterior.

Artículo 17. *Elaboración, publicación y publicidad de las ordenanzas fiscales*

1. Los acuerdos provisionales adoptados por las corporaciones locales para el establecimiento, supresión y ordenación de tributos y para la fijación de los elementos necesarios en orden a la determinación de las respectivas cuotas tributarias, así como las aprobaciones y modificaciones de las correspondientes ordenanzas fiscales, se expondrán en el tablón de anuncios de la Entidad durante treinta días, como mínimo, dentro de los cuales los interesados podrán examinar el expediente y presentar las reclamaciones que estimen oportunas.

2. Las entidades locales publicarán, en todo caso, los anuncios de exposición en el boletín oficial de la provincia, o, en su caso, en el de la Comunidad Autónoma uniprovincial. Las diputaciones provinciales, los órganos de gobierno de las entidades supramunicipales y los ayuntamientos de población superior a 10.000 habitantes deberán publicarlos, además, en un diario de los de mayor difusión de la provincia, o de la Comunidad Autónoma uniprovincial.

3[44]. Finalizado el período de exposición pública, las corporaciones locales adoptarán los acuerdos definitivos que procedan, resolviendo las reclamaciones que se hubieran presenta-

---

[44] Sentencia del Tribunal supremo núm. 108/2023, de 31 de enero de 2023: «Por todo lo expuesto, fijamos como criterio interpretativo sobre la cuestión de interés casacional que el art. 17 del Real Decreto

do y aprobando la redacción definitiva de la ordenanza, su derogación o las modificaciones a que se refiera el acuerdo provisional. En el caso de que no se hubieran presentado reclamaciones, se entenderá definitivamente adoptado el acuerdo, hasta entonces provisional, sin necesidad de acuerdo plenario.

4. En todo caso, los acuerdos definitivos a que se refiere el apartado anterior, incluyendo los provisionales elevados automáticamente a tal categoría, y el texto íntegro de las ordenanzas o de sus modificaciones, habrán de ser publicados en el boletín oficial de la provincia o, en su caso, de la Comunidad Autónoma uniprovincial, sin que entren en vigor hasta que se haya llevado a cabo dicha publicación.

5. Las diputaciones provinciales, consejos, cabildos insulares y, en todo caso, las demás entidades locales cuando su población sea superior a 20.000 habitantes, editarán el texto íntegro de las ordenanzas fiscales reguladoras de sus tributos dentro del primer cuatrimestre del ejercicio económico correspondiente.

En todo caso, las entidades locales habrán de expedir copias de las ordenanzas fiscales publicadas a quienes las demanden.

Artículo 18. *Interesados a los efectos de reclamar contra acuerdos provisionales*

A los efectos de lo dispuesto en el apartado 1 del artículo anterior, tendrán la consideración de interesados:

a) Los que tuvieran un interés directo o resulten afectados por tales acuerdos.

b) Los colegios oficiales, cámaras oficiales, asociaciones y demás entidades legalmente constituidas para velar por los intereses profesionales, económicos o vecinales, cuando actúen en defensa de los que les son propios.

Artículo 19. *Recurso contencioso-administrativo*

1. Las ordenanzas fiscales de las entidades locales a que se refiere el artículo 17.3 de esta Ley regirán durante el plazo, determinado o indefinido, previsto en ellas, sin que quepa contra ellas otro recurso que el contencioso-administrativo que se podrá interponer, a partir de su publicación en el boletín oficial de la provincia, o, en su caso, de la Comunidad Autónoma uniprovincial, en la forma y plazos que establecen las normas reguladoras de dicha jurisdicción.

2. Si por resolución judicial firme resultaren anulados o modificados los acuerdos locales o el texto de las ordenanzas fiscales, la entidad local vendrá obligada a adecuar a los términos de la sentencia todas las actuaciones que lleve a cabo con posterioridad a la fecha en que aquélla le sea notificada. Salvo que expresamente lo prohibiera la sentencia, se mantendrán los actos firmes o consentidos dictados al amparo de la ordenanza que posteriormente resulte anulada o modificada.

Legislativo 2/2004, de 5 de marzo, por el que se aprueba el texto refundido de la Ley Reguladora de las Haciendas Locales, que regula el procedimiento de elaboración y aprobación de las ordenanzas fiscales locales, constituye legislación especial por razón de la materia, por lo que, de conformidad con lo dispuesto en la disposición adicional 1.ª, apartado 1, de la Ley de la Ley 39/2015, no resulta exigible seguir el trámite de consulta pública previsto en el art. 133.1 LPAC, como trámite previo al procedimiento de elaboración y aprobación de las ordenanzas fiscales establecido en el art. 17 TRLHL».

SECCIÓN 3.ª *Tasas*

Subsección 1.ª Hecho imponible

Artículo 20[45]**. *Hecho imponible***

1. Las entidades locales, en los términos previstos en esta Ley, podrán establecer tasas por la utilización privativa o el aprovechamiento especial del dominio público local, así como por la prestación de servicios públicos o la realización de actividades administrativas de competencia local que se refieran, afecten o beneficien de modo particular a los sujetos pasivos.

En todo caso, tendrán la consideración de tasas las prestaciones patrimoniales que establezcan las entidades locales por:

A) La utilización privativa o el aprovechamiento especial del dominio público local.

B) La prestación de un servicio público o la realización de una actividad administrativa en régimen de derecho público de competencia local que se refiera, afecte o beneficie de modo particular al sujeto pasivo, cuando se produzca cualquiera de las circunstancias siguientes:

a) Que no sean de solicitud o recepción voluntaria para los administrados. A estos efectos no se considerará voluntaria la solicitud o la recepción por parte de los administrados:

Cuando venga impuesta por disposiciones legales o reglamentarias.

Cuando los bienes, servicios o actividades requeridos sean imprescindibles para la vida privada o social del solicitante.

b) Que no se presten o realicen por el sector privado, esté o no establecida su reserva a favor del sector público conforme a la normativa vigente.

2. Se entenderá que la actividad administrativa o servicio afecta o se refiere al sujeto pasivo cuando haya sido motivado directa o indirectamente por éste en razón de que sus actuaciones u omisiones obliguen a las entidades locales a realizar de oficio actividades o a prestar servicios por razones de seguridad, salubridad, de abastecimiento de la población o de orden urbanístico, o cualesquiera otras.

3. Conforme a lo previsto en el apartado 1 anterior, las entidades locales podrán establecer tasas por cualquier supuesto de utilización privativa o aprovechamiento especial del dominio público local, y en particular por los siguientes:

a) Sacas de arena y de otros materiales de construcción en terrenos de dominio público local.

b) Construcción en terrenos de uso público local de pozos de nieve o de cisternas o aljibes donde se recojan las aguas pluviales.

c) Balnearios y otros disfrutes de aguas que no consistan en el uso común de las públicas.

d) Vertido y desagüe de canalones y otras instalaciones análogas en terrenos de uso público local.

e) Ocupación del subsuelo de terrenos de uso público local.

f) Apertura de zanjas, calicatas y calas en terrenos de uso público local, inclusive carreteras, caminos y demás vías públicas locales, para la instalación y reparación de cañerías, conducciones y otras instalaciones, así como cualquier remoción de pavimento o aceras en la vía pública.

---

[45]   Sentencias TC núm. 185/1995, de 14 de diciembre y núm. 233/1999 de 16 de diciembre.

g) Ocupación de terrenos de uso público local con mercancías, materiales de construcción, escombros, vallas, puntales, asnillas, andamios y otras instalaciones análogas.

h) Entradas de vehículos a través de las aceras y reservas de vía pública para aparcamiento exclusivo, parada de vehículos, carga y descarga de mercancías de cualquier clase.

i) Instalación de rejas de pisos, lucernarios, respiraderos, puertas de entrada, bocas de carga o elementos análogos que ocupen el suelo o subsuelo de toda clase de vías públicas locales, para dar luces, ventilación, acceso de personas o entrada de artículos a sótanos o semisótanos.

j) Ocupación del vuelo de toda clase de vías públicas locales con elementos constructivos cerrados, terrazas, miradores, balcones, marquesinas, toldos, paravientos y otras instalaciones semejantes, voladizas sobre la vía pública o que sobresalgan de la línea de fachada.

k) Tendidos, tuberías y galerías para las conducciones de energía eléctrica, agua, gas o cualquier otro fluido incluidos los postes para líneas, cables, palomillas, cajas de amarre, de distribución o de registro, transformadores, rieles, básculas, aparatos para venta automática y otros análogos que se establezcan sobre vías públicas u otros terrenos de dominio público local o vuelen sobre ellos.

l) Ocupación de terrenos de uso público local con mesas, sillas, tribunas, tablados y otros elementos análogos, con finalidad lucrativa.

m) Instalación de quioscos en la vía pública.

n) Instalación de puestos, barracas, casetas de venta, espectáculos, atracciones o recreo, situados en terrenos de uso público local así como industrias callejeras y ambulantes y rodaje cinematográfico.

ñ) Portadas, escaparates y vitrinas.

o) Rodaje y arrastre de vehículos que no se encuentren gravados por el Impuesto sobre Vehículos de Tracción Mecánica.

p) Tránsito de ganados sobre vías públicas o terrenos de dominio público local.

q) Muros de contención o sostenimiento de tierras, edificaciones o cercas, ya sean definitivas o provisionales, en vías públicas locales.

r) Depósitos y aparatos distribuidores de combustible y, en general, de cualquier artículo o mercancía, en terrenos de uso público local.

s) Instalación de anuncios ocupando terrenos de dominio público local.

t) Construcción en carreteras, caminos y demás vías públicas locales de atarjeas y pasos sobre cunetas y en terraplenes para vehículos de cualquier clase, así como para el paso del ganado.

u) Estacionamiento de vehículos de tracción mecánica en las vías de los municipios dentro de las zonas que a tal efecto se determinen y con las limitaciones que pudieran establecerse.

4. Conforme a lo previsto en el apartado 1 anterior, las entidades locales podrán establecer tasas por cualquier supuesto de prestación de servicios o de realización de actividades administrativas de competencia local, y en particular por los siguientes:

a) Documentos que expidan o de que entiendan las Administraciones o autoridades locales, a instancia de parte.

b) Autorización para utilizar en placas, patentes y otros distintivos análogos el escudo de la entidad local.

c) Otorgamiento de licencias o autorizaciones administrativas de autotaxis y demás vehículos de alquiler.

d) Guardería rural.

e) Voz pública.

f) Vigilancia especial de los establecimientos que lo soliciten.

g) Servicios de competencia local que especialmente sean motivados por la celebración de espectáculos públicos, grandes transportes, pasos de caravana y cualesquiera otras actividades que exijan la prestación de dichos servicios especiales.

h)[46] Otorgamiento de las licencias urbanísticas exigidas por la legislación del suelo y ordenación urbana o realización de las actividades administrativas de control en los supuestos en los que la exigencia de licencia fuera sustituida por la presentación de declaración responsable o comunicación previa.

i)[47] Otorgamiento de las licencias de apertura de establecimientos o realización de las actividades administrativas de control en los supuestos en los que la exigencia de licencia fuera sustituida por la presentación de declaración responsable o comunicación previa.

j) Inspección de vehículos, calderas de vapor, motores, transformadores, ascensores, montacargas y otros aparatos e instalaciones análogas de establecimientos industriales y comerciales.

k) Servicios de prevención y extinción de incendios, de prevención de ruinas, construcciones y derribos, salvamentos y, en general, de protección de personas y bienes, comprendiéndose también el mantenimiento del servicio y la cesión del uso de maquinaria y equipo adscritos a estos servicios, tales como escalas, cubas, motobombas, barcas, etcétera.

l) Servicios de inspección sanitaria así como los de análisis químicos, bacteriológicos y cualesquiera otros de naturaleza análoga y, en general, servicios de laboratorios o de cualquier otro establecimiento de sanidad e higiene de las entidades locales.

m) Servicios de sanidad preventiva, desinfectación, desinsectación, desratización y destrucción de cualquier clase de materias y productos contaminantes o propagadores de gérmenes nocivos para la salud pública prestados a domicilio o por encargo.

n) Asistencias y estancias en hospitales, clínicas o sanatorios médicos quirúrgicos, psiquiátricos y especiales, dispensarios, centros de recuperación y rehabilitación, ambulancias sanitarias y otros servicios análogos, y demás establecimientos benéfico-asistenciales de las entidades locales, incluso cuando los gastos deban sufragarse por otras entidades de cualquier naturaleza.

ñ) Asistencias y estancias en hogares y residencias de ancianos, guarderías infantiles, albergues y otros establecimientos de naturaleza análoga.

---

[46] Nueva redacción del apartado h) dada por la Disp. Final 1.Uno del Real Derecho-ley 19/2012, de 25 de mayo, de medidas urgentes de liberalización del comercio y de determinados servicios (BOE núm. 126, de 26 de mayo de 2012), en vigor desde el 27 de mayo de 2012, posteriormente recogida en la Disposición final primera.uno de la Ley 12/2012, de 26 de diciembre, de medidas urgentes de liberalización del comercio y de determinados servicios (BOE, núm. 311, de 27 de diciembre de 2012).

[47] Nueva redacción del apartado i) dada por la Disp. Final 1.Dos del Real Decreto-ley 19/2012, de 25 de mayo, de medidas urgentes de liberalización del comercio y de determinados servicios (BOE núm. 126, de 26 de mayo de 2012), en vigor desde el 27 de mayo de 2012, posteriormente recogida en la Disposición final primera.uno de la Ley 12/2012, de 26 de diciembre, de medidas urgentes de liberalización del comercio y de determinados servicios (BOE, núm. 311, de 27 de diciembre de 2012). Redacción anterior dada por el art. 42 de la Ley 2/2011, de 14 de marzo, de Economía Sostenible (BOE núm. 55, de 5 de marzo de 2011) en vigor desde el 6 de marzo de 2011.

o) Casas de baños, duchas, piscinas, instalaciones deportivas y otros servicios análogos.

p) Cementerios locales, conducción de cadáveres y otros servicios fúnebres de carácter local.

q) Colocación de tuberías, hilos conductores y cables en postes o en galerías de servicio de la titularidad de entidades locales.

r) Servicios de alcantarillado, así como de tratamiento y depuración de aguas residuales, incluida la vigilancia especial de alcantarillas particulares.

s) Recogida de residuos sólidos urbanos, tratamiento y eliminación de éstos, monda de pozos negros y limpieza en calles particulares.

t) Distribución de agua, gas, electricidad y otros abastecimientos públicos incluidos los derechos de enganche de líneas y colocación y utilización de contadores e instalaciones análogas, cuando tales servicios o suministros sean prestados por entidades locales.

u) Servicio de matadero, lonjas y mercados, así como el acarreo de carnes si hubiera de utilizarse de un modo obligatorio; y servicios de inspección en materia de abastos, incluida la utilización de medios de pesar y medir.

v) Enseñanzas especiales en establecimientos docentes de las entidades locales.

w) Visitas a museos, exposiciones, bibliotecas, monumentos históricos o artísticos, parques zoológicos u otros centros o lugares análogos.

x) Utilización de columnas, carteles y otras instalaciones locales análogas para la exhibición de anuncios.

y) Enarenado de vías públicas a solicitud de los particulares.

z) Realización de actividades singulares de regulación y control del tráfico urbano, tendentes a facilitar la circulación de vehículos y distintas a las habituales de señalización y ordenación del tráfico por la Policía Municipal.

5[48]. Los Ayuntamientos podrán establecer una tasa para la celebración de los matrimonios en forma civil.

6[49]. Las contraprestaciones económicas establecidas coactivamente que se perciban por la prestación de los servicios públicos a que se refiere el apartado 4 de este artículo, realizada de forma directa mediante personificación privada o mediante gestión indirecta, tendrán la condición de prestaciones patrimoniales de carácter público no tributario conforme a lo previsto en el artículo 31.3 de la Constitución.

En concreto, tendrán tal consideración aquellas exigidas por la explotación de obras o la prestación de servicios, en régimen de concesión, sociedades de economía mixta, entidades

---

[48]   Nueva redacción del apartado 5 dada por la disposición final 4.10 de la Ley 15/2015, de 2 de julio, de la Jurisdicción Voluntaria (BOE núm. 158, de 3 de julio de 2015), con entrada en vigor el día 30 de junio de 2017, con efectos de 30 de junio de 2018.
      Redacción anterior por su incorporación por la Disp. Final 5 de la Ley 20/2011, de 21 de julio, del Registro Civil (BOE núm. 175, de 22 de julio de 2011), con entrada en vigor el 22 de julio de 2014, según disposición final décima de dicha norma: «*5. Los Ayuntamientos podrán establecer una tasa por la instrucción y tramitación de los expedientes matrimoniales en forma civil y por la celebración de los mismos*».

[49]   Nuevo apartado incorporado por la Disp. Final duodécima de la Ley 9/2017, de 8 de noviembre, de Contratos del Sector Público, por la que se transponen al ordenamiento jurídico español las Directivas del Parlamento Europeo y del Consejo 2014/23/UE y 2014/24/UE, de 26 de febrero de 2014 (BOE núm. 272, de 9 de noviembre de 2017), en vigor desde el 10 de noviembre de 2017, con efectos desde el 9 de marzo de 2018.
      Declaración de constitucionalidad, sentencia del Tribunal Constitucional 63/2019, de 9 de mayo.

públicas empresariales, sociedades de capital íntegramente público y demás fórmulas de Derecho privado.

Sin perjuicio de lo establecido en el artículo 103 de la Ley de Contratos del Sector Público, las contraprestaciones económicas a que se refiere este apartado se regularán mediante ordenanza. Durante el procedimiento de aprobación de dicha ordenanza las entidades locales solicitarán informe preceptivo de aquellas Administraciones Públicas a las que el ordenamiento jurídico les atribuyera alguna facultad de intervención sobre las mismas.

Artículo 21. *Supuestos de no sujeción y de exención*
1. Las entidades locales no podrán exigir tasas por los servicios siguientes:
a) Abastecimiento de aguas en fuentes públicas.
b) Alumbrado de vías públicas.
c) Vigilancia pública en general.
d) Protección civil.
e) Limpieza de la vía pública.
f) Enseñanza en los niveles de educación obligatoria.
2. El Estado, las Comunidades Autónomas y las entidades locales no estarán obligados al pago de las tasas por utilización privativa o aprovechamiento especial del dominio público por los aprovechamientos inherentes a los servicios públicos de comunicaciones que exploten directamente y por todos los que inmediatamente interesen a la seguridad ciudadana o a la defensa nacional.

Artículo 22. *Compatibilidad con las contribuciones especiales*
Las tasas por la prestación de servicios no excluyen la exacción de contribuciones especiales por el establecimiento o ampliación de aquéllos.

Subsección 2.ª Sujetos pasivos

Artículo 23. *Sujetos pasivos*
1. Son sujetos pasivos de las tasas, en concepto de contribuyentes, las personas físicas y jurídicas así como las entidades a que se refiere el artículo 35.4 de la Ley 58/2003, de 17 de diciembre, General Tributaria:
a) Que disfruten, utilicen o aprovechen especialmente el dominio público local en beneficio particular, conforme a alguno de los supuestos previstos en el artículo 20.3 de esta Ley.
b) Que soliciten o resulten beneficiadas o afectadas por los servicios o actividades locales que presten o realicen las entidades locales, conforme a alguno de los supuestos previstos en el artículo 20.4 de esta Ley.
2. Tendrán la condición de sustitutos del contribuyente:
a) En las tasas establecidas por razón de servicios o actividades que beneficien o afecten a los ocupantes de viviendas o locales, los propietarios de dichos inmuebles, quienes podrán repercutir, en su caso, las cuotas sobre los respectivos beneficiarios.
b) En las tasas establecidas por el otorgamiento de las licencias urbanísticas previstas en la normativa sobre suelo y ordenación urbana, los constructores y contratistas de obras.
c) En las tasas establecidas por la prestación de servicios de prevención y extinción de incendios, de prevención de ruinas, construcciones y derribos, salvamentos y, en general, de

protección de personas y bienes, comprendiéndose también el mantenimiento del servicio, las entidades o sociedades aseguradoras del riesgo.

d) En las tasas establecidas por la utilización privativa o el aprovechamiento especial por entradas de vehículos o carruajes a través de las aceras y por su construcción, mantenimiento, modificación o supresión, los propietarios de las fincas y locales a que den acceso dichas entradas de vehículos, quienes podrán repercutir, en su caso, las cuotas sobre los respectivos beneficiarios.

Subsección 3.ª Cuantía y devengo

Artículo 24. *Cuota tributaria*
1. El importe de las tasas previstas por la utilización privativa o el aprovechamiento especial del dominio público local se fijará de acuerdo con las siguientes reglas:

a) Con carácter general, tomando como referencia el valor que tendría en el mercado la utilidad derivada de dicha utilización o aprovechamiento, si los bienes afectados no fuesen de dominio público. A tal fin, las ordenanzas fiscales podrán señalar en cada caso, atendiendo a la naturaleza específica de la utilización privativa o del aprovechamiento especial de que se trate, los criterios y parámetros que permitan definir el valor de mercado de la utilidad derivada.

b) Cuando se utilicen procedimientos de licitación pública, el importe de la tasa vendrá determinado por el valor económico de la proposición sobre la que recaiga la concesión, autorización o adjudicación.

c)[50] Cuando se trate de tasas por utilización privativa o aprovechamientos especiales constituidos en el suelo, subsuelo o vuelo de las vías públicas municipales, a favor de empresas explotadoras de servicios de suministros que resulten de interés general o afecten a la generalidad o a una parte importante del vecindario, el importe de aquéllas consistirá, en todo caso y sin excepción alguna, en el 1,5 por 100 de los ingresos brutos procedentes de la facturación que obtengan anualmente en cada término municipal las referidas empresas.

A estos efectos, se incluirán entre las empresas explotadoras de dichos servicios las empresas distribuidoras y comercializadoras de éstos.

No se incluirán en este régimen especial de cuantificación de la tasa los servicios de telefonía móvil.

Este régimen especial de cuantificación se aplicará a las empresas a que se refiere este párrafo c), tanto si son titulares de las correspondientes redes a través de las cuales se efectúan los suministros como si, no siendo titulares de dichas redes, lo son de derechos de uso, acceso o interconexión a éstas.

---

[50] La sentencia de 16 de julio de 2007, de la Sala Tercera del Tribunal Supremo (BOE núm. 270, de 10 de noviembre de 2007), declara como doctrina legal que: «*la tasa por utilización privativa o aprovechamiento especial constituido en suelo, subsuelo o vuelo de las vías públicas municipales a favor de empresas suministradoras de servicios de telecomunicaciones es la establecida en el artículo 24.1.c) del Texto Refundido de la Ley Reguladora de las Haciendas Locales, aprobado por Real Decreto Legislativo 2/2004, de 5 de marzo, en relación con las empresas explotadoras de servicios de suministros, con la salvedad prevista en el propio precepto con respecto al régimen especial de cuantificación de la tasa referida a los servicios de telefonía móvil*».

A efectos de lo dispuesto en este párrafo, se entenderá por ingresos brutos procedentes de la facturación aquellos que, siendo imputables a cada entidad, hayan sido obtenidos por ésta como contraprestación por los servicios prestados en cada término municipal.

No se incluirán entre los ingresos brutos, a estos efectos, los impuestos indirectos que graven los servicios prestados ni las partidas o cantidades cobradas por cuenta de terceros que no constituyan un ingreso propio de la entidad a la que se aplique este régimen especial de cuantificación de la tasa. Asimismo, no se incluirán entre los ingresos brutos procedentes de la facturación las cantidades percibidas por aquellos servicios de suministro que vayan a ser utilizados en aquellas instalaciones que se hallen inscritas en la sección 1.ª ó 2.ª del Registro administrativo de instalaciones de producción de energía eléctrica del Ministerio de Economía, como materia prima necesaria para la generación de energía susceptible de tributación por este régimen especial.

Las empresas que empleen redes ajenas para efectuar los suministros deducirán de sus ingresos brutos de facturación las cantidades satisfechas a otras empresas en concepto de acceso o interconexión a sus redes. Las empresas titulares de tales redes deberán computar las cantidades percibidas por tal concepto entre sus ingresos brutos de facturación.

El importe derivado de la aplicación de este régimen especial no podrá ser repercutido a los usuarios de los servicios de suministro a que se refiere este párrafo c).

Las tasas reguladas en este párrafo c) son compatibles con otras tasas que puedan establecerse por la prestación de servicios o la realización de actividades de competencia local, de las que las empresas a que se refiere este párrafo c) deban ser sujetos pasivos conforme a lo establecido en el artículo 23.1.b) de esta Ley, quedando excluida, por el pago de esta tasa, la exacción de otras tasas derivadas de la utilización privativa o el aprovechamiento especial constituido en el suelo, subsuelo o vuelo de las vías públicas municipales.

2. En general, y con arreglo a lo previsto en el párrafo siguiente, el importe de las tasas por la prestación de un servicio o por la realización de una actividad no podrá exceder, en su conjunto, del coste real o previsible del servicio o actividad de que se trate o, en su defecto, del valor de la prestación recibida.

Para la determinación de dicho importe se tomarán en consideración los costes directos e indirectos, inclusive los de carácter financiero, amortización del inmovilizado y, en su caso, los necesarios para garantizar el mantenimiento y un desarrollo razonable del servicio o actividad por cuya prestación o realización se exige la tasa, todo ello con independencia del presupuesto u organismo que lo satisfaga. El mantenimiento y desarrollo razonable del servicio o actividad de que se trate se calculará con arreglo al presupuesto y proyecto aprobados por el órgano competente.

3. La cuota tributaria consistirá, según disponga la correspondiente ordenanza fiscal, en:

a) La cantidad resultante de aplicar una tarifa,

b) Una cantidad fija señalada al efecto, o

c) La cantidad resultante de la aplicación conjunta de ambos procedimientos.

4. Para la determinación de la cuantía de las tasas podrán tenerse en cuenta criterios genéricos de capacidad económica de los sujetos obligados a satisfacerlas.

5. Cuando la utilización privativa o el aprovechamiento especial lleve aparejada la destrucción o deterioro del dominio público local, el beneficiario, sin perjuicio del pago de la tasa a que hubiera lugar, estará obligado al reintegro del coste total de los respectivos gastos de reconstrucción o reparación y al depósito previo de su importe.

Si los daños fueran irreparables, la entidad será indemnizada en cuantía igual al valor de los bienes destruidos o el importe del deterioro de los dañados.

Las entidades locales no podrán condonar total ni parcialmente las indemnizaciones y reintegros a que se refiere el presente apartado.

6[51]**.** Las entidades locales podrán establecer mediante ordenanza una bonificación de hasta un 95 por ciento de la cuota íntegra de las tasas o en su caso, de las prestaciones patrimoniales de carácter público no tributario, que se exijan por la prestación del servicio de recogida de residuos sólidos urbanos para aquellas empresas de distribución alimentaria y de restauración que tengan establecidos, con carácter prioritario, en colaboración con entidades de economía social carentes de ánimo de lucro, sistemas de gestión que reduzcan de forma significativa y verificable los residuos alimentarios, siempre que el funcionamiento de dichos sistemas haya sido previamente verificado por la entidad local.

Las ordenanzas especificarán los aspectos sustantivos y formales de la bonificación regulada en este apartado.

Artículo 25[52]. *Acuerdos de establecimiento de tasas: informe técnico-económico*

Los acuerdos de establecimiento de tasas por la utilización privativa o el aprovechamiento especial del dominio público, o para financiar total o parcialmente los nuevos servicios, deberán adoptarse a la vista de informes técnico-económicos en los que se ponga de manifiesto el valor de mercado o la previsible cobertura del coste de aquellos, respectivamente. Dicho informe se incorporará al expediente para la adopción del correspondiente acuerdo.

Artículo 26. *Devengo*

1. Las tasas podrán devengarse, según la naturaleza de su hecho imponible y conforme determine la respectiva ordenanza fiscal:

a) Cuando se inicie el uso privativo o el aprovechamiento especial, o cuando se inicie la prestación del servicio o la realización de la actividad, aunque en ambos casos podrá exigirse el depósito previo de su importe total o parcial.

b) Cuando se presente la solicitud que inicie la actuación o el expediente, que no se realizará o tramitará sin que se haya efectuado el pago correspondiente.

2. Cuando la naturaleza material de la tasa exija el devengo periódico de ésta, y así se determine en la correspondiente ordenanza fiscal, el devengo tendrá lugar el 1 de enero de cada año y el período impositivo comprenderá el año natural, salvo en los supuestos de inicio o cese en la utilización privativa, el aprovechamiento especial o el uso del servicio o actividad, en cuyo caso el período impositivo se ajustará a esa circunstancia con el consiguiente prorrateo de la cuota, en los términos que se establezcan en la correspondiente ordenanza fiscal.

---

[51]   Nuevo apartado seis incorporado por la Disposición final primera de la Ley 7/2022, de 8 de abril, de residuos y suelos contaminados para una economía circular (BOE núm. 85, de 9 de abril de 2022), en vigor desde el 10 de abril de 2022.

[52]   Nueva redacción dada por la Disposición final cuarta de la Ley 2/2015, de 30 de marzo, de desindexación de la economía española (BOE núm. 77, de 31 de marzo de 2015), en vigor desde el 1 de abril de 2015. Redacción anterior dada por el art. 14.1 de la Ley 16/2012, de 27 de diciembre, por la que se adoptan diversas medidas tributarias dirigidas a la consolidación de las finanzas públicas y al impulso de la actividad económica (BOE núm. 312, de 28 de diciembre), con efectos desde el 1 de enero de 2013.

3. Cuando por causas no imputables al sujeto pasivo, el servicio público, la actividad administrativa o el derecho a la utilización o aprovechamiento del dominio público no se preste o desarrolle, procederá la devolución del importe correspondiente.

Artículo 27. *Gestión*

1. Las entidades locales podrán exigir las tasas en régimen de autoliquidación.

2. Las entidades locales podrán establecer convenios de colaboración con entidades, instituciones y organizaciones representativas de los sujetos pasivos de las tasas, con el fin de simplificar el cumplimiento de las obligaciones formales y materiales derivadas de aquéllas, o los procedimientos de liquidación o recaudación.

SECCIÓN 4.ª *Contribuciones especiales*

Subsección 1.ª Hecho imponible

Artículo 28. *Hecho imponible*

Constituye el hecho imponible de las contribuciones especiales la obtención por el sujeto pasivo de un beneficio o de un aumento de valor de sus bienes como consecuencia de la realización de obras públicas o del establecimiento o ampliación de servicios públicos, de carácter local, por las entidades respectivas.

Artículo 29. *Obras y servicios públicos locales*

1. Tendrán la consideración de obras y servicios locales:

a) Los que realicen las entidades locales dentro del ámbito de sus competencias para cumplir los fines que les estén atribuidos, excepción hecha de los que aquéllas ejecuten a título de dueños de sus bienes patrimoniales.

b) Los que realicen dichas entidades por haberles sido atribuidos o delegados por otras entidades públicas y aquellos cuya titularidad hayan asumido de acuerdo con la Ley.

c) Los que realicen otras entidades públicas, o los concesionarios de éstos, con aportaciones económicas de la entidad local.

2. No perderán la consideración de obras o servicios locales los comprendidos en el párrafo a) del apartado anterior, aunque sean realizados por organismos autónomos o sociedades mercantiles cuyo capital social pertenezca íntegramente a una entidad local, por concesionarios con aportaciones de dicha entidad o por asociaciones de contribuyentes.

3. Las cantidades recaudadas por contribuciones especiales sólo podrán destinarse a sufragar los gastos de la obra o del servicio por cuya razón se hubiesen exigido.

Subsección 2.ª Sujeto pasivo

Artículo 30. *Sujeto pasivo*

1. Son sujetos pasivos de las contribuciones especiales las personas físicas y jurídicas y las entidades a que se refiere el artículo 35.4 de la Ley 58/2003, de 17 de diciembre, General Tributaria, especialmente beneficiadas por la realización de las obras o por el establecimiento o ampliación de los servicios locales que originen la obligación de contribuir.

2. Se considerarán personas especialmente beneficiadas:

a) En las contribuciones especiales por realización de obras o establecimiento o ampliación de servicios que afecten a bienes inmuebles, sus propietarios.

b) En las contribuciones especiales por realización de obras o establecimiento o ampliación de servicios a consecuencia de explotaciones empresariales, las personas o entidades titulares de éstas.

c) En las contribuciones especiales por el establecimiento o ampliación de los servicios de extinción de incendios, además de los propietarios de los bienes afectados, las compañías de seguros que desarrollen su actividad en el ramo, en el término municipal correspondiente.

d) En las contribuciones especiales por construcción de galerías subterráneas, las empresas suministradoras que deban utilizarlas.

Subsección 3.ª Base imponible

Artículo 31. *Base imponible*

1. La base imponible de las contribuciones especiales está constituida, como máximo, por el 90 por 100 del coste que la entidad local soporte por la realización de las obras o por el establecimiento o ampliación de los servicios.

2. El referido coste estará integrado por los siguientes conceptos:

a) El coste real de los trabajos periciales, de redacción de proyectos y de dirección de obras, planes y programas técnicos.

b) El importe de las obras a realizar o de los trabajos de establecimiento o ampliación de los servicios.

c) El valor de los terrenos que hubieren de ocupar permanentemente las obras o servicios, salvo que se trate de bienes de uso público, de terrenos cedidos gratuita y obligatoriamente a la entidad local, o el de inmuebles cedidos en los términos establecidos en el artículo 145 de la Ley 33/2003, de 3 de noviembre[53], del Patrimonio de las Administraciones Públicas.

d) Las indemnizaciones procedentes por el derribo de construcciones, destrucción de plantaciones, obras o instalaciones, así como las que procedan a los arrendatarios de los bienes que hayan de ser derruidos u ocupados.

e) El interés del capital invertido en las obras o servicios cuando las entidades locales hubieran de apelar al crédito para financiar la porción no cubierta por contribuciones especiales o la cubierta por éstas en caso de fraccionamiento general de aquéllas.

3. El coste total presupuestado de las obras o servicios tendrá carácter de mera previsión. Si el coste real fuese mayor o menor que el previsto, se tomará aquél a efectos del cálculo de las cuotas correspondientes.

---

[53] Artículo 145. Concepto. «*1. Los bienes y derechos patrimoniales de la Administración General del Estado cuya afectación o explotación no se juzgue previsible podrán ser cedidos gratuitamente, para la realización de fines de utilidad pública o interés social de su competencia, a comunidades autónomas, entidades locales, fundaciones públicas o asociaciones declaradas de utilidad pública.*
2. Igualmente, estos bienes y derechos podrán ser cedidos a Estados extranjeros y organizaciones internacionales, cuando la cesión se efectúe en el marco de operaciones de mantenimiento de la paz, cooperación policial o ayuda humanitaria y para la realización de fines propios de estas actuaciones.
3. La cesión podrá tener por objeto la propiedad del bien o derecho o sólo su uso. En ambos casos, la cesión llevará aparejada para el cesionario la obligación de destinar los bienes al fin expresado en el correspondiente acuerdo. Adicionalmente, esta transmisión podrá sujetarse a condición, término o modo, que se regirán por lo dispuesto en el Código Civil.
4. Cuando la cesión tenga por objeto la propiedad del bien o derecho sólo podrán ser cesionarios las comunidades autónomas, entidades locales o fundaciones públicas».

4. Cuando se trate de obras o servicios a que se refiere el artículo 29.1.c), o de las realizadas por concesionarios con aportaciones de la entidad local a que se refiere el apartado 2 del mismo artículo, la base imponible de las contribuciones especiales se determinará en función del importe de estas aportaciones, sin perjuicio de las que puedan imponer otras Administraciones públicas por razón de la misma obra o servicio. En todo caso, se respetará el límite del 90 por 100 a que se refiere el apartado 1 de este artículo.

5. A los efectos de determinar la base imponible, se entenderá por coste soportado por la entidad la cuantía resultante de restar a la cifra del coste total el importe de las subvenciones o auxilios que la entidad local obtenga del Estado o de cualquier otra persona, o entidad pública o privada.

6. Si la subvención o el auxilio citados se otorgasen por un sujeto pasivo de la contribución especial, su importe se destinará primeramente a compensar la cuota de la respectiva persona o entidad. Si el valor de la subvención o auxilio excediera de dicha cuota, el exceso reducirá, a prorrata, las cuotas de los demás sujetos pasivos.

Subsección 4.ª Cuota y devengo

Artículo 32. *Cuota tributaria*

1. La base imponible de las contribuciones especiales se repartirá entre los sujetos pasivos, teniendo en cuenta la clase y naturaleza de las obras y servicios, con sujeción a las siguientes reglas:

a) Con carácter general se aplicarán conjunta o separadamente, como módulos de reparto, los metros lineales de fachada de los inmuebles, su superficie, su volumen edificable y el valor catastral a efectos del Impuesto sobre Bienes Inmuebles.

b) Si se trata del establecimiento y mejora del servicio de extinción de incendios, podrán ser distribuidas entre las entidades o sociedades que cubran el riesgo por bienes sitos en el municipio de la imposición, proporcionalmente al importe de las primas recaudadas en el año inmediatamente anterior. Si la cuota exigible a cada sujeto pasivo fuera superior al cinco por ciento del importe de las primas recaudadas por éste, el exceso se trasladará a los ejercicios sucesivos hasta su total amortización.

c) En el caso de las obras a que se refiere el apartado 2.d) del artículo 30 de esta Ley, el importe total de la contribución especial será distribuido entre las compañías o empresas que hayan de utilizarlas en razón al espacio reservado a cada una o en proporción a la total sección de aquéllas, aun cuando no las usen inmediatamente.

2. En el supuesto de que las leyes o tratados internacionales concedan beneficios fiscales, las cuotas que puedan corresponder a los beneficiarios no serán distribuidas entre los demás contribuyentes.

3. Una vez determinada la cuota a satisfacer, la corporación podrá conceder, a solicitud del sujeto pasivo, el fraccionamiento o aplazamiento de aquélla por un plazo máximo de cinco años[54].

---

[54] El Real Decreto 1065/2007, de 27 de julio, por el que se aprueba el Reglamento General de las actuaciones y los procedimientos de gestión e inspección tributaria y de desarrollo de las normas comunes de los procedimientos de aplicación de los tributos, establece en su Disposición Adicional Primera. «*Efectos de la falta de resolución en plazo de determinados procedimientos tributarios*».

Artículo 33. *Devengo*

1. Las contribuciones especiales se devengan en el momento en que las obras se hayan ejecutado o el servicio haya comenzado a prestarse. Si las obras fueran fraccionables, el devengo se producirá para cada uno de los sujetos pasivos desde que se hayan ejecutado las correspondientes a cada tramo o fracción de la obra.

2. Sin perjuicio de lo dispuesto en el apartado anterior, una vez aprobado el acuerdo concreto de imposición y ordenación, la entidad local podrá exigir por anticipado el pago de las contribuciones especiales en función del importe del coste previsto para el año siguiente. No podrá exigirse el anticipo de una nueva anualidad sin que hayan sido ejecutadas las obras para las cuales se exigió el correspondiente anticipo.

3. El momento del devengo de las contribuciones especiales se tendrá en cuenta a los efectos de determinar la persona obligada al pago de conformidad con lo dispuesto en el artículo 30, aun cuando en el acuerdo concreto de ordenación figure como sujeto pasivo quien lo sea con referencia a la fecha de su aprobación y de que este hubiera anticipado el pago de cuotas, de conformidad con lo dispuesto en el apartado 2 del presente artículo. Cuando la persona que figure como sujeto pasivo en el acuerdo concreto de ordenación y haya sido notificada de ello, transmita los derechos sobre los bienes o explotaciones que motivan la imposición en el período comprendido entre la aprobación de dicho acuerdo y el del nacimiento del devengo, estará obligada a dar cuenta a la Administración de la transmisión efectuada, dentro del plazo de un mes desde la fecha de ésta, y, si no lo hiciera, dicha Administración podrá dirigir la acción para el cobro, contra quien figuraba como sujeto pasivo en dicho expediente.

4. Una vez finalizada la realización total o parcial de las obras, o iniciada la prestación del servicio, se procederá a señalar los sujetos pasivos, la base y las cuotas individualizadas definitivas, girando las liquidaciones que procedan y compensando como entrega a cuenta los pagos anticipados que se hubieran efectuado. Tal señalamiento definitivo se realizará por los órganos competentes de la entidad impositora ajustándose a las normas del acuerdo concreto de ordenación del tributo para la obra o servicio de que se trate.

5. Si los pagos anticipados hubieran sido efectuados por personas que no tienen la condición de sujetos pasivos en la fecha del devengo del tributo o bien excedieran de la cuota individual definitiva que les corresponda, el ayuntamiento practicará de oficio la pertinente devolución.

Subsección 5.ª Imposición y ordenación

Artículo 34. *Acuerdos de imposición y de ordenación*

1. La exacción de las contribuciones especiales precisará la previa adopción del acuerdo de imposición en cada caso concreto.

---

2. El acuerdo relativo a la realización de una obra o al establecimiento o ampliación de un servicio que deba costearse mediante contribuciones especiales no podrá ejecutarse hasta que se haya aprobado la ordenación concreta de éstas.

3. El acuerdo de ordenación será de inexcusable adopción y contendrá la determinación del coste previsto de las obras y servicios, de la cantidad a repartir entre los beneficiarios y de los criterios de reparto. En su caso, el acuerdo de ordenación concreto podrá remitirse a la ordenanza general de contribuciones especiales, si la hubiera.

4. Una vez adoptado el acuerdo concreto de ordenación de contribuciones especiales, y determinadas las cuotas a satisfacer, éstas serán notificadas individualmente a cada sujeto pasivo si éste o su domicilio fuesen conocidos, y, en su defecto, por edictos. Los interesados podrán formular recurso de reposición ante el ayuntamiento, que podrá versar sobre la procedencia de las contribuciones especiales, el porcentaje del coste que deban satisfacer las personas especialmente beneficiadas o las cuotas asignadas.

Artículo 35. Gestión y recaudación

1. Cuando las obras y servicios de la competencia local sean realizadas o prestados por una entidad local con la colaboración económica de otra, y siempre que se impongan contribuciones especiales con arreglo a lo dispuesto en la Ley, su gestión y recaudación se hará por la entidad que tome a su cargo la realización de las obras o el establecimiento o ampliación de los servicios, sin perjuicio de que cada entidad conserve su competencia respectiva en orden a los acuerdos de imposición y de ordenación.

2. En el supuesto de que el acuerdo concreto de ordenación no fuera aprobado por una de dichas entidades, quedará sin efecto la unidad de actuación, adoptando separadamente cada una de ellas las decisiones que procedan.

Subsección 6.ª Colaboración ciudadana

Artículo 36. *Colaboración ciudadana*

1. Los propietarios o titulares afectados por las obras podrán constituirse en asociación administrativa de contribuyentes y promover la realización de obras o el establecimiento o ampliación de servicios por la entidad local, comprometiéndose a sufragar la parte que corresponda aportar a ésta cuando su situación financiera no lo permitiera, además de la que les corresponda según la naturaleza de la obra o servicio.

2. Asimismo, los propietarios o titulares afectados por la realización de las obras o el establecimiento o ampliación de servicios promovidos por la entidad local podrán constituirse en asociaciones administrativas de contribuyentes en el período de exposición al público del acuerdo de ordenación de las contribuciones especiales.

Artículo 37. Asociación administrativa de contribuyentes

Para la constitución de las asociaciones administrativas de contribuyentes a que se refiere el artículo anterior, el acuerdo deberá ser tomado por la mayoría absoluta de los afectados, siempre que representen, al menos, los dos tercios de las cuotas que deban satisfacerse.

SECCIÓN 5.ª *Impuestos y recargos*

Artículo 38. Impuestos y recargos

1. Las entidades locales exigirán los impuestos previstos en esta Ley sin necesidad de acuerdo de imposición, salvo los casos en los que dicho acuerdo se requiera por ésta.

2. Fuera de los supuestos expresamente previstos en esta Ley las entidades locales podrán establecer recargos sobre los impuestos propios de la respectiva Comunidad Autónoma y de otras entidades locales en los casos expresamente previstos en las leyes de la Comunidad Autónoma.

CAPÍTULO IV. Participaciones en los tributos del Estado y de las Comunidades Autónomas

Artículo 39. *Participaciones en los tributos del Estado y de las Comunidades Autónomas*

1. Las entidades locales participarán en los tributos del Estado en la cuantía y según los criterios que se establecen en esta Ley.

2. Asimismo, las entidades locales participarán en los tributos propios de las Comunidades Autónomas en la forma y cuantía que se determine por las leyes de sus respectivos Parlamentos.

CAPÍTULO V. Subvenciones

Artículo 40. *Subvenciones*

1. Las subvenciones de toda índole que obtengan las entidades locales, con destino a sus obras y servicios no podrán ser aplicadas a atenciones distintas de aquellas para las que fueron otorgadas, salvo, en su caso, los sobrantes no reintegrables cuya utilización no estuviese prevista en la concesión.

2. Para garantizar el cumplimiento de lo dispuesto en el apartado anterior, las entidades públicas otorgantes de las subvenciones podrán verificar el destino dado a éstas. Si tras las actuaciones de verificación resultase que las subvenciones no fueron destinadas a los fines para los que se hubieran concedido, la entidad pública otorgante exigirá el reintegro de su importe o podrá compensarlo con otras subvenciones o transferencias a que tuviere derecho la entidad afectada, con independencia de las responsabilidades a que haya lugar.

CAPÍTULO VI. Precios públicos

SECCIÓN 1.ª *Concepto*

Artículo 41[55]. *Concepto*

Las entidades locales podrán establecer precios públicos por la prestación de servicios o la realización de actividades de la competencia de la entidad local, siempre que no concurra ninguna de las circunstancias especificadas en el artículo 20.1.B) de esta Ley.

---

[55] Sentencias TC núm. 185/1995, de 14 de diciembre y núm. 233/1999 de 16 de diciembre.

Artículo 42. *Servicios y actividades excluidas*

No podrán exigirse precios públicos por los servicios y actividades enumerados en el artículo 21 de esta Ley.

SECCIÓN 2.ª *Obligados al pago*

Artículo 43. *Obligados al pago*

Estarán obligados al pago de los precios públicos quienes se beneficien de los servicios o actividades por los que deban satisfacerse aquéllos.

SECCIÓN 3.ª *Cuantía y obligación de pago*

Artículo 44. *Cuantía*

1. El importe de los precios públicos deberá cubrir como mínimo el coste del servicio prestado o de la actividad realizada.

2. Cuando existan razones sociales, benéficas, culturales o de interés público que así lo aconsejen, la entidad podrá fijar precios públicos por debajo del límite previsto en el apartado anterior. En estos casos deberán consignarse en los presupuestos de la entidad las dotaciones oportunas para la cobertura de la diferencia resultante si la hubiera.

Artículo 45. *Gestión*

Las entidades locales podrán exigir los precios públicos en régimen de autoliquidación.

SECCIÓN 4.ª *Cobro*

Artículo 46. *Cobro*

1. La obligación de pagar el precio público nace desde que se inicie la prestación del servicio o la realización de la actividad, si bien las entidades podrán exigir el depósito previo de su importe total o parcial.

2. Cuando por causas no imputables al obligado al pago del precio, el servicio o la actividad no se preste o desarrolle, procederá la devolución del importe correspondiente.

3. Las deudas por precios públicos podrán exigirse por el procedimiento administrativo de apremio.

SECCIÓN 5.ª *Fijación*

Artículo 47. *Fijación*

1. El establecimiento o modificación de los precios públicos corresponderá al Pleno de la corporación, sin perjuicio de sus facultades de delegación en la Comisión de Gobierno, conforme al artículo 23.2.b) de la Ley 7/1985, de 2 de abril, Reguladora de las Bases de Régimen Local[56].

---

[56] Tras la nueva redacción del art. 23 dada por la Ley 57/2003, de 16 de diciembre, la Comisión de Gobierno pasa a denominarse Junta de Gobierno Local: art. 23 «... *2. Corresponde a la Junta de Gobierno Local: a)*

2. Las entidades locales podrán atribuir a sus organismos autónomos la fijación de los precios públicos, por ella establecidos, correspondientes a los servicios a cargo de dichos organismos, salvo cuando los precios no cubran su coste. Tal atribución podrá hacerse, asimismo y en iguales términos, respecto de los consorcios, a menos que otra cosa se diga en sus estatutos.

En ambos supuestos, los organismos autónomos y los consorcios enviarán al ente local de que dependan copia de la propuesta y del estado económico del que se desprenda que los precios públicos cubren el coste del servicio.

CAPÍTULO VII. Operaciones de crédito

Artículo 48. *Ámbitos subjetivo y objetivo*

En los términos previstos en esta Ley, las entidades locales, sus organismos autónomos y los entes y sociedades mercantiles dependientes podrán concertar operaciones de crédito en todas sus modalidades, tanto a corto como a largo plazo, así como operaciones financieras de cobertura y gestión del riesgo del tipo de interés y del tipo de cambio.

Artículo 48 bis[57]. *Principio de prudencia financiera.*

1. Todas las operaciones financieras que suscriban las Corporaciones Locales están sujetas al principio de prudencia financiera.

Se entiende por prudencia financiera el conjunto de condiciones que deben cumplir las operaciones financieras para minimizar su riesgo y coste.

2. Se consideran financieras todas aquellas operaciones que tengan por objeto los instrumentos siguientes:

a) Activos financieros. Están incluidos en este concepto los instrumentos de capital o de patrimonio neto de otras entidades, los derechos a recibir efectivo u otro activo financiero de un tercero o de intercambiar con un tercero activos o pasivos financieros en condiciones potencialmente favorables.

b) Pasivos financieros. Están incluidos en este concepto deudas representadas en valores, operaciones de crédito, operaciones de derivados y cualquier otra obligación exigible e incondicional de entregar efectivo u otro activo financiero a un tercero o de intercambiar con un tercero activos o pasivos financieros en condiciones desfavorables.

c) La concesión de avales, reavales u otra clase de garantías públicas o medidas de apoyo extrapresupuestario.

3. Las condiciones que deben cumplir las operaciones financieras previstas en la letra b) del apartado anterior se establecerán por Resolución de la Secretaría General del Tesoro y Política Financiera, y las de las letras a) y c) anteriores por Resolución de la Secretaría General de Coordinación Autonómica y Local.

La asistencia al Alcalde en el ejercicio de sus atribuciones. b) Las atribuciones que el Alcalde u otro órgano municipal le delegue o le atribuyan las leyes».

[57] Nuevo artículo incorporado por la disposición final 1.1 del Real Decreto-ley 17/2014, de 26 de diciembre, de medidas de sostenibilidad financiera de las comunidades autónomas y entidades locales y otras de carácter económico (BOE núm. 315, de 30 de diciembre de 2014), en vigor desde el 31 de diciembre de 2014.

4. Las Corporaciones Locales velarán por la aplicación del principio de prudencia financiera en el conjunto de su sector público.

5. Precisará de autorización del órgano competente de la Administración Pública que tenga atribuida la tutela financiera de las Entidades Locales la formalización de las operaciones a las que se refiere la letra c) del apartado 2 de este artículo, cuando no se ajusten a las condiciones del principio de prudencia financiera.

Artículo 49. *Finalidad, instrumentos y garantías reales y financieras*

1. Para la financiación de sus inversiones, así como para la sustitución total o parcial de operaciones preexistentes, las entidades locales, sus organismos autónomos y los entes y sociedades mercantiles dependientes, que presten servicios o produzcan bienes que no se financien mayoritariamente con ingresos de mercado, podrán acudir al crédito público y privado, a largo plazo, en cualquiera de sus formas.

2. El crédito podrá instrumentarse mediante:

a) Emisión pública de deuda.

b) Contratación de préstamos o créditos.

c) Cualquier otra apelación al crédito público o privado.

d) Conversión y sustitución total o parcial de operaciones preexistentes.

3. La deuda pública de las entidades locales y los títulos-valores de carácter equivalente emitidos por éstas gozarán de los mismos beneficios y condiciones que la deuda pública emitida del Estado.

4[58]**.** Para los casos excepcionales previstos en los artículos 177.5 y 193.2 de esta Ley, el crédito sólo podrá instrumentarse mediante préstamos o créditos concertados con entidades financieras.

5. El pago de las obligaciones derivadas de las operaciones de crédito podrá ser garantizado en la siguiente forma:

A) Tratándose de operaciones de crédito a corto plazo:

---

[58] Real Decreto-ley 27/2020, de 4 de agosto, de medidas financieras, de carácter extraordinario y urgente, aplicables a las entidades locales (BOE núm. 211, de 5 de agosto de 2020), en vigor desde el 5 de agosto de 2020: *Artículo 7. Medidas de apoyo de las Diputaciones Provinciales y entidades equivalentes a municipios con problemas de liquidez o que se encuentren en riesgo financiero.*

«... 2. Con carácter extraordinario, se excepciona en 2020 la aplicación del artículo 49.4 del texto refundido de la Ley reguladora de las Haciendas Locales, aprobado por Real Decreto Legislativo 2/2004, de 5 de marzo, permitiéndose a las Diputaciones Provinciales y entidades equivalentes formalizar préstamos o concertar operaciones de crédito con los ayuntamientos a los que se refiere el apartado anterior, al objeto de financiar el remanente de tesorería negativo que presenten al cierre del ejercicio de 2019. Dichas operaciones deberán respetar, en todo caso, el principio de prudencia financiera, de acuerdo con el artículo 48 bis del citado texto refundido, y ajustarse, en su caso, a las reglas contenidas en el apartado 2 del artículo 11 de este real decreto-ley».

Se deja sin efecto la suspensión en 2020 de la aplicación del apartado 4, como medidas de apoyo de las Diputaciones Provinciales y entidades equivalentes a municipios, por Resolución de 10 de septiembre de 2020, que publica el Acuerdo del Congreso de los Diputados por el que se deroga el Real Decreto-ley 27/2020, de 4 de agosto.

a) En el supuesto previsto en el artículo 51.a) mediante la afectación de los recursos tributarios objeto del anticipo, devengados en el ejercicio económico, hasta el límite máximo de anticipo o anticipos concedidos.

b) En las operaciones de préstamo o crédito concertadas por organismos autónomos y sociedades mercantiles dependientes, con avales concedidos por la corporación correspondiente. Cuando la participación social sea detentada por diversas entidades locales, el aval deberá quedar limitado, para cada partícipe, a su porcentaje de participación en el capital social.

c) Con la afectación de ingresos procedentes de contribuciones especiales, tasas y precios públicos.

B) Tratándose de operaciones de crédito a largo plazo:

a) Con la constitución de garantía real sobre bienes patrimoniales.

b) Con el instrumento previsto en el apartado A).b) anterior.

c) Con la afectación de ingresos procedentes de contribuciones especiales, tasas y precios públicos, siempre que exista una relación directa entre dichos recursos y el gasto a financiar con la operación de crédito.

d) Cuando se trate de inversiones cofinanciadas con fondos procedentes de la Unión Europea o con aportaciones de cualquier Administración pública, con la propia subvención de capital, siempre que haya una relación directa de ésta con el gasto financiado con la operación de crédito.

6. Las corporaciones locales podrán, cuando lo estimen conveniente a sus intereses y a efectos de facilitar la realización de obras y prestación de servicios de su competencia, conceder su aval a las operaciones de crédito, cualquiera que sea su naturaleza y siempre de forma individualizada para cada operación, que concierten personas o entidades con las que aquéllas contraten obras o servicios, o que exploten concesiones que hayan de revertir a la entidad respectiva.

7. Las corporaciones locales también podrán conceder avales a sociedades mercantiles participadas por personas o entidades privadas, en las que tengan una cuota de participación en el capital social no inferior al 30 por 100.

El aval no podrá garantizar un porcentaje del crédito superior al de su participación en la sociedad.

8. Las operaciones a que se refieren los dos apartados anteriores estarán sometidas a fiscalización previa y el importe del préstamo garantizado no podrá ser superior al que hubiere supuesto la financiación directa mediante crédito de la obra o del servicio por la propia entidad.

Artículo 50. *Inclusión de las operaciones de crédito en el presupuesto aprobado*

La concertación de cualquiera de las modalidades de crédito previstas en esta Ley, excepto la regulada en el artículo 149, requerirá que la corporación o entidad correspondiente disponga del presupuesto aprobado para el ejercicio en curso, extremo que deberá ser justificado en el momento de suscribir el correspondiente contrato, póliza o documento mercantil en el que se soporte la operación, ante la entidad financiera correspondiente y ante el fedatario público que intervenga o formalice el documento.

Excepcionalmente, cuando se produzca la situación de prórroga del presupuesto, se podrán concertar las siguientes modalidades de operaciones de crédito:

a) Operaciones de tesorería, dentro de los límites fijados por la Ley, siempre que las concertadas sean reembolsadas y se justifique dicho extremo en la forma señalada en el párrafo primero de este artículo.

b) Operaciones de crédito a largo plazo para la financiación de inversiones vinculadas directamente a modificaciones de crédito tramitadas en la forma prevista en los apartados 1, 2, 3 y 6 del artículo 177.

Artículo 51. *Operaciones de crédito a corto plazo*

Para atender necesidades transitorias de tesorería, las entidades locales podrán concertar operaciones de crédito a corto plazo, que no exceda de un año, siempre que en su conjunto no superen el 30 por 100 de sus ingresos liquidados por operaciones corrientes en el ejercicio anterior, salvo que la operación haya de realizarse en el primer semestre del año sin que se haya producido la liquidación del presupuesto de tal ejercicio, en cuyo caso se tomará en consideración la liquidación del ejercicio anterior a este último. A estos efectos tendrán la consideración de operaciones de crédito a corto plazo, entre otras las siguientes:

a) Los anticipos que se perciban de entidades financieras, con o sin intermediación de los órganos de gestión recaudatoria, a cuenta de los productos recaudatorios de los impuestos devengados en cada ejercicio económico y liquidados a través de un padrón o matrícula.

b) Los préstamos y créditos concedidos por entidades financieras para cubrir desfases transitorios de tesorería.

c) Las emisiones de deuda por plazo no superior a un año.

Artículo 52. *Concertación de operaciones de crédito: régimen jurídico y competencias*

1. En la concertación o modificación de toda clase de operaciones de crédito con entidades financieras de cualquier naturaleza, cuya actividad esté sometida a normas de derecho privado, vinculadas a la gestión del presupuesto en la forma prevista en la sección 1.ª del capítulo I del título VI de esta Ley, será de aplicación lo previsto en el artículo 3.1.k) del Real Decreto Legislativo 2/2000, de 16 de junio, por el que se aprueba el Texto Refundido de la Ley de Contratos de las Administraciones Públicas[59].

En caso de que no existan previsiones presupuestarias al efecto, será de aplicación, en todo caso, el artículo 9.1 y 3 del mencionado Texto Refundido de la Ley de Contratos de las Administraciones Públicas, salvo que se realice la oportuna adaptación del presupuesto o de sus bases de ejecución, como condición previa a la viabilidad de los compromisos adquiridos para suscribir la correspondiente operación de crédito. Dicha modificación deberá realizarse por acuerdo del Pleno de la corporación, en cualquier caso.

---

[59]   Vigente hasta el 16 de diciembre de 2011, fecha de entrada en vigor del Real Decreto Legislativo 3/2011, de 14 de noviembre, por el que se aprueba el texto refundido de la Ley de Contratos del Sector Público (BOE. núm. 276, de 16 de noviembre de 2011), estableciendo que: Disposición Adicional Única. Remisiones normativas. *«Las referencias normativas efectuadas en otras disposiciones a la Ley 30/2007, de 30 de octubre, de Contratos del Sector Público y al Real Decreto Legislativo 2/2000, de 16 de junio, por el que se aprueba el Texto Refundido de la Ley de Contratos de las Administraciones Públicas, se entenderán efectuadas a los preceptos correspondientes del Texto Refundido que se aprueba».*

2. La concertación o modificación de cualesquiera operaciones deberá acordarse previo informe de la Intervención en el que se analizará, especialmente, la capacidad de la entidad local para hacer frente, en el tiempo, a las obligaciones que de aquéllas se deriven para ésta.

Los presidentes de las corporaciones locales podrán concertar las operaciones de crédito a largo plazo previstas en el presupuesto, cuyo importe acumulado, dentro de cada ejercicio económico, no supere el 10 por 100 de los recursos de carácter ordinario previstos en dicho presupuesto. La concertación de las operaciones de crédito a corto plazo le corresponderán cuando el importe acumulado de las operaciones vivas de esta naturaleza, incluida la nueva operación, no supere el 15 por 100 de los recursos corrientes liquidados en el ejercicio anterior.

Una vez superados dichos límites, la aprobación corresponderá al Pleno de la corporación local.

Artículo 53. Operaciones de crédito a largo plazo: régimen de autorización

1. No se podrán concertar nuevas operaciones de crédito a largo plazo, incluyendo las operaciones que modifiquen las condiciones contractuales o añadan garantías adicionales con o sin intermediación de terceros, ni conceder avales, ni sustituir operaciones de crédito concertadas con anterioridad por parte de las entidades locales, sus organismos autónomos y los entes y sociedades mercantiles dependientes, que presten servicios o produzcan bienes que no se financien mayoritariamente con ingresos de mercado sin previa autorización de los órganos competentes del Ministerio de Hacienda o, en el caso de operaciones denominadas en euros que se realicen dentro del espacio territorial de los países pertenecientes a la Unión Europea y con entidades financieras residentes en alguno de dichos países, de la Comunidad Autónoma a que la entidad local pertenezca que tenga atribuida en su Estatuto competencia en la materia, cuando de los estados financieros que reflejen la liquidación de los presupuestos, los resultados corrientes y los resultados de la actividad ordinaria del último ejercicio, se deduzca un ahorro neto negativo.

A estos efectos se entenderá por ahorro neto de las entidades locales y sus organismos autónomos de carácter administrativo la diferencia entre los derechos liquidados por los capítulos uno a cinco, ambos inclusive, del estado de ingresos, y de las obligaciones reconocidas por los capítulos uno, dos y cuatro del estado de gastos, minorada en el importe de una anualidad teórica de amortización de la operación proyectada y de cada uno de los préstamos y empréstitos propios y avalados a terceros pendientes de reembolso.

El importe de la anualidad teórica de amortización, de cada uno de los préstamos a largo plazo concertados y de los avalados por la corporación pendientes de reembolso, así como la de la operación proyectada, se determinará en todo caso, en términos constantes, incluyendo los intereses y la cuota anual de amortización, cualquiera que sea la modalidad y condiciones de cada operación.

Se considera ahorro neto en los organismos autónomos de carácter comercial, industrial, financiero o análogo los resultados corrientes del ejercicio y, en las sociedades mercantiles locales, los resultados de la actividad ordinaria, excluidos los intereses de préstamos o empréstitos, en ambos casos, y minorados en una anualidad teórica de amortización, tal y como se define en el párrafo anterior, igualmente en ambos casos.

En el ahorro neto no se incluirán las obligaciones reconocidas, derivadas de modificaciones de créditos, que hayan sido financiadas con remanente líquido de tesorería.

No se incluirán en el cálculo de las anualidades teóricas, las operaciones de crédito garantizadas con hipotecas sobre bienes inmuebles, en proporción a la parte del préstamo afectado por dicha garantía.

Si el objeto de la actividad del organismo autónomo o sociedad mercantil local, es la construcción de viviendas, el cálculo del ahorro neto se obtendrá tomando la media de los dos últimos ejercicios.

Cuando el ahorro neto sea de signo negativo, el Pleno de la respectiva corporación deberá aprobar un plan de saneamiento financiero a realizar en un plazo no superior a tres años, en el que se adopten medidas de gestión, tributarias, financieras y presupuestarias que permitan como mínimo ajustar a cero el ahorro neto negativo de la entidad, organismo autónomo o sociedad mercantil. Dicho plan deberá ser presentado conjuntamente con la solicitud de la autorización correspondiente.

2. Precisarán de autorización de los órganos citados en el apartado 1 anterior, las operaciones de crédito a largo plazo de cualquier naturaleza, incluido el riesgo deducido de los avales, cuando el volumen total del capital vivo de las operaciones de crédito vigentes a corto y largo plazo, incluyendo el importe de la operación proyectada, exceda del 110 por 100 de los ingresos corrientes liquidados o devengados en el ejercicio inmediatamente anterior o, en su defecto, en el precedente a este último cuando el cómputo haya de realizarse en el primer semestre del año y no se haya liquidado el presupuesto correspondiente a aquél, según las cifras deducidas de los estados contables consolidados de las entidades citadas en el apartado 1 de este artículo.

El cálculo del porcentaje regulado en el párrafo anterior se realizará considerando las operaciones de crédito vigentes, tanto a corto como a largo plazo, valoradas con los mismos criterios utilizados para su inclusión en el balance. El riesgo derivado de los avales se computará aplicando el mismo criterio anterior a la operación avalada.

3. No será precisa la presentación del plan de saneamiento financiero a que se refiere el apartado 1 anterior en el caso de autorización de operaciones de crédito que tengan por finalidad la sustitución de operaciones de crédito a largo plazo concertadas con anterioridad, en la forma prevista por la Ley, con el fin de disminuir la carga financiera o el riesgo de dichas operaciones, respecto a las obligaciones derivadas de aquellas pendientes de vencimiento.

4. No obstante lo previsto en los apartados 1 y 2 anteriores, las entidades locales de más de 200.000 habitantes podrán optar por sustituir las autorizaciones en ellos preceptuadas por la presentación de un escenario de consolidación presupuestaria, para su aprobación por el órgano competente.

El escenario de consolidación presupuestaria contendrá el compromiso por parte de la entidad local, aprobado por su Pleno, del límite máximo del déficit no financiero, e importe máximo del endeudamiento para cada uno de los tres ejercicios siguientes.

El órgano competente para aprobar el escenario de consolidación presupuestaria, será aquel a quien corresponde la autorización de las operaciones de endeudamiento, previo informe del Ministerio de Hacienda en el caso de que la competencia sea de la Comunidad Autónoma. En el caso de que el escenario de consolidación presupuestaria contenga alguna operación de las enumeradas en el apartado 5 de este artículo, la autorización corresponderá al Ministerio de Hacienda, previo informe, en su caso, de la Comunidad Autónoma con competencia en la materia.

5. En todo caso precisarán de la autorización del Ministerio de Hacienda las operaciones de crédito a corto y largo plazo, la concesión de avales, y las demás operaciones que modifiquen las condiciones contractuales o añadan garantías adicionales, con o sin intermediación de terceros, en los siguientes casos:

a) Las que se formalicen en el exterior o con entidades financieras no residentes en España, cualquiera que sea la divisa que sirva de determinación del capital de la operación proyectada, incluidas las cesiones a entidades financieras no residentes de las participaciones, que ostenten entidades residentes, en créditos otorgados a las entidades locales, sus organismos autónomos y los entes y sociedades mercantiles dependientes, que presten servicios o produzcan bienes que no se financien mayoritariamente con ingresos de mercado.

b) Las que se instrumenten mediante emisiones de deuda o cualquier otra forma de apelación al crédito público, sin perjuicio de lo previsto en la Ley 24/1988, de 28 de julio, del Mercado de Valores[60].

En relación con lo que se prevé en el párrafo a) anterior, no se considerarán financiación exterior las operaciones denominadas en euros que se realicen dentro del espacio territorial de los países pertenecientes a la Unión Europea y con entidades financieras residentes en alguno de dichos países. Estas operaciones habrán de ser, en todo caso, comunicadas previamente al Ministerio de Hacienda.

6. En los casos en que, de acuerdo con las reglas establecidas en este artículo, se precise autorización para concertar la operación de endeudamiento, no podrán adquirir firmeza los compromisos de gasto vinculados a tal operación, hasta tanto no se disponga de la correspondiente autorización.

7. Para el otorgamiento de la autorización de las operaciones a que se refieren los apartados anteriores el órgano autorizante tendrá en cuenta, con carácter preferente, el cumplimiento del principio de estabilidad presupuestaria establecido en la Ley General de Estabilidad Presupuestaria.

Asimismo, se atenderá a la situación económica de la entidad, organismo autónomo o sociedad mercantil local peticionarios, deducida al menos de los análisis y de la información contable a la que se hace referencia en el apartado 1 de este artículo, incluido el cálculo del remanente de tesorería, del estado de previsión de movimientos y situación de la deuda y, además, el plazo de amortización de la operación, a la futura rentabilidad económica de la inversión a realizar y a las demás condiciones de todo tipo que conlleve el crédito a concertar o a modificar.

8. Los órganos competentes del Ministerio de Hacienda habrán de tener conocimiento de las operaciones de crédito autorizadas por las Comunidades Autónomas, así como de las que no requieran autorización, en la forma en que reglamentariamente se establezca.

9. Las Leyes de Presupuestos Generales del Estado podrán, anualmente, fijar límites de acceso al crédito de las entidades locales cuando se den circunstancias que coyunturalmente puedan aconsejar tal medida por razones de política económica general.

---

[60] BOE núm. 181, de 29 de julio de 1988.

Artículo 54. *Operaciones de crédito a largo plazo de organismos autónomos y sociedades mercantiles*

Los organismos autónomos y los entes y sociedades mercantiles dependientes, precisarán la previa autorización del Pleno de la corporación e informe de la Intervención para la concertación de operaciones de crédito a largo plazo.

Artículo 55. *Central de información de riesgos*

1. El Ministerio de Hacienda mantendrá una central de riesgos que provea de información sobre las distintas operaciones de crédito concertadas por las entidades locales y las cargas financieras que supongan. Los bancos, cajas de ahorros y demás entidades financieras, así como las distintas Administraciones públicas remitirán los datos necesarios a tal fin, que tendrán carácter público en la forma que por aquél se señale.

2. El Banco de España colaborará con los órganos competentes del Ministerio de Hacienda con el fin de suministrar la información que se reciba a través de su Servicio Central de Información de Riesgos, establecido en virtud del artículo 16 del Decreto-ley 18/1962, de 7 de junio, de Nacionalización y Reorganización del Banco de España, sobre endeudamiento de las corporaciones locales en la forma y con el alcance y periodicidad que se establezca.

3. Con independencia de lo anterior, los órganos competentes del Ministerio de Hacienda podrán requerir al Banco de España la obtención de otros datos concretos relativos al endeudamiento de las corporaciones locales con entidades financieras declarantes al Servicio Central de Información de Riesgos en los términos que se fijen reglamentariamente.

4. Igualmente, las corporaciones locales informarán a los órganos competentes del Ministerio de Hacienda sobre el resto de su endeudamiento y cargas financieras, en la forma y con el alcance, contenido y periodicidad, que reglamentariamente se establezca.

TÍTULO II. RECURSOS DE LOS MUNICIPIOS

CAPÍTULO I. Enumeración

Artículo 56. *Recursos de los municipios*

La hacienda de los municipios estará constituida por los recursos enumerados en el artículo 2 de esta Ley en los términos y con las especialidades que se recogen en este título.

CAPÍTULO II. Tributos propios

SECCIÓN 1.ª *Tasas*

Artículo 57. *Tasas*

Los ayuntamientos podrán establecer y exigir tasas por la prestación de servicios o la realización de actividades de su competencia y por la utilización privativa o el aprovechamiento especial de los bienes del dominio público municipal, según las normas contenidas en la sección 3.ª del capítulo III del título I de esta Ley[61].

---

[61]   Arts. 20 a 27 del RD-Leg. 2/2004, de 5 de marzo.

SECCIÓN 2.ª *Contribuciones especiales*

Artículo 58. *Contribuciones especiales*

Los ayuntamientos podrán establecer y exigir contribuciones especiales por la realización de obras o por el establecimiento o ampliación de servicios municipales, según las normas contenidas en la sección 4.ª del capítulo III del título I de esta Ley[62].

SECCIÓN 3.ª *Impuestos*

Subsección 1.ª Disposición general

Artículo 59[63]. **Enumeración de impuestos**

1. Los ayuntamientos exigirán, de acuerdo con esta Ley y las disposiciones que la desarrollan, los siguientes impuestos:

a) Impuesto sobre Bienes Inmuebles[64].
b) Impuesto sobre Actividades Económicas[65].
c) Impuesto sobre Vehículos de Tracción Mecánica[66].

2. Asimismo, los ayuntamientos podrán establecer y exigir el Impuesto sobre Construcciones, Instalaciones y Obras[67] y el Impuesto sobre el Incremento de Valor de los Terrenos de Naturaleza Urbana[68], de acuerdo con esta Ley, las disposiciones que la desarrollen y las respectivas ordenanzas fiscales.

Subsección 2.ª Impuesto sobre Bienes Inmuebles

Artículo 60. *Naturaleza*

El Impuesto sobre Bienes Inmuebles es un tributo directo de carácter real que grava el valor de los bienes inmuebles en los términos establecidos en esta Ley.

Artículo 61. *Hecho imponible y supuestos de no sujeción*

1. Constituye el hecho imponible del impuesto la titularidad de los siguientes derechos sobre los bienes inmuebles rústicos y urbanos y sobre los inmuebles de características especiales:

---

[62]　Arts. 28 a 37 del RD-Leg. 2/2004, de 5 de marzo.
[63]　Disposición adicional primera (Potestad tributaria de las Comunidades Autónomas sobre materia imponible gravada por el Impuesto sobre Vehículos de Tracción Mecánica y por el Impuesto Municipal sobre Gastos Suntuarios, en su modalidad de aprovechamiento de cotos de caza y pesca) y Disposición transitoria sexta (Impuesto Municipal sobre Gastos Suntuarios) del RDL TRLRHL, en la que se reproducen los artículos vigentes del Real Decreto Legislativo 781/1986, de 18 de abril, por el que se aprueba el Texto Refundido de las Disposiciones Legales vigentes en materia de Régimen Local, referentes Impuesto Municipal sobre Gastos Suntuarios, en lo referente a la modalidad de éste que grava el aprovechamiento de cotos de caza y pesca.
[64]　Arts. 60 a 77 del RD-Leg. 2/2004, de 5 de marzo.
[65]　Arts. 78 a 91 del RD-Leg. 2/2004, de 5 de marzo.
[66]　Arts. 92 a 99 del RD-Leg. 2/2004, de 5 de marzo.
[67]　Arts. 100 a 103 del RD-Leg. 2/2004, de 5 de marzo.
[68]　Arts. 104 a 110 del RD-Leg. 2/2004, de 5 de marzo.

a) De una concesión administrativa sobre los propios inmuebles o sobre los servicios públicos a que se hallen afectos.

b) De un derecho real de superficie.

c) De un derecho real de usufructo.

d) Del derecho de propiedad.

2[69]. La realización del hecho imponible que corresponda de entre los definidos en el apartado anterior por el orden en él establecido determinará la no sujeción del inmueble urbano o rústico a las restantes modalidades en el mismo previstas. En los inmuebles de características especiales se aplicará esta misma prelación, salvo cuando los derechos de concesión que puedan recaer sobre el inmueble no agoten su extensión superficial, supuesto en el que también se realizará el hecho imponible por el derecho de propiedad sobre la parte del inmueble no afectada por una concesión.

3. A los efectos de este impuesto, tendrán la consideración de bienes inmuebles rústicos, de bienes inmuebles urbanos y de bienes inmuebles de características especiales los definidos como tales en las normas reguladoras del Catastro Inmobiliario.

4. En caso de que un mismo inmueble se encuentre localizado en distintos términos municipales se entenderá, a efectos de este impuesto, que pertenece a cada uno de ellos por la superficie que ocupe en el respectivo término municipal.

5. No están sujetos a este impuesto:

a)[70] Las carreteras, los caminos, las demás vías terrestres y los bienes del dominio público marítimo-terrestre e hidráulico, siempre que sean de aprovechamiento público y gratuito para los usuarios.

b) Los siguientes bienes inmuebles propiedad de los municipios en que estén enclavados:

Los de dominio público afectos a uso público.

Los de dominio público afectos a un servicio público gestionado directamente por el ayuntamiento, excepto cuando se trate de inmuebles cedidos a terceros mediante contraprestación.

Los bienes patrimoniales, exceptuados igualmente los cedidos a terceros mediante contraprestación.

Artículo 62[71]. *Exenciones*

1. Estarán exentos los siguientes inmuebles:

---

[69]   Nueva redacción del art. 61.2 dada por la Disp. Adicional 10.1 de la Ley 16/2007, de 4 de julio, de reforma y adaptación de la legislación mercantil en materia contable para su armonización internacional con base en la normativa de la Unión Europea (BOE núm. 160, de 5 de julio de 2007), en vigor desde 1 de agosto de 2008.

[70]   Nueva redacción de la letra a) dada por el art. 14.2 de la Ley 16/2012, de 27 de diciembre, por la que se adoptan diversas medidas tributarias dirigidas a la consolidación de las finanzas públicas y al impulso de la actividad económica (BOE núm. 312, de 28 de diciembre), con efectos desde el 1 de enero de 2013.

[71]   Art. 6.1 (Beneficios fiscales), Real Decreto-ley 25/2012, de 7 de septiembre, por el que se aprueban medidas urgentes para paliar los daños producidos por los incendios forestales y otras catástrofes naturales ocurridos en varias comunidades autónomas (BOE núm. 217, de 8 de septiembre de 2012).

     Art. 12 *«Exención del Impuesto sobre Bienes Inmuebles de naturaleza rústica»* del Real Decreto-ley 4/2023, de 11 de mayo, por el que se adoptan medidas urgentes en materia agraria y de aguas en respuesta a la sequía y al agravamiento de las condiciones del sector primario derivado del conflicto bélico en Ucra-

a) Los que sean propiedad del Estado, de las Comunidades Autónomas o de las entidades locales que estén directamente afectos a la seguridad ciudadana y a los servicios educativos y penitenciarios, así como los del Estado afectos a la defensa nacional.

b) Los bienes comunales y los montes vecinales en mano común.

c) Los de la Iglesia Católica, en los términos previstos en el Acuerdo entre el Estado Español y la Santa Sede sobre Asuntos Económicos, de 3 de enero de 1979, y los de las asociaciones confesionales no católicas legalmente reconocidas, en los términos establecidos en los respectivos acuerdos de cooperación suscritos en virtud de lo dispuesto en el artículo 16 de la Constitución.

d) Los de la Cruz Roja Española.

e) Los inmuebles a los que sea de aplicación la exención en virtud de convenios internacionales en vigor y, a condición de reciprocidad, los de los Gobiernos extranjeros destinados a su representación diplomática, consular, o a sus organismos oficiales.

f) La superficie de los montes poblados con especies de crecimiento lento reglamentariamente determinadas, cuyo principal aprovechamiento sea la madera o el corcho, siempre que la densidad del arbolado sea la propia o normal de la especie de que se trate.

g) Los terrenos ocupados por las líneas de ferrocarriles y los edificios enclavados en los mismos terrenos, que estén dedicados a estaciones, almacenes o a cualquier otro servicio indispensable para la explotación de dichas líneas. No están exentos, por consiguiente, los establecimientos de hostelería, espectáculos, comerciales y de esparcimiento, las casas destinadas a viviendas de los empleados, las oficinas de la dirección ni las instalaciones fabriles.

2. Asimismo, previa solicitud, estarán exentos:

a) Los bienes inmuebles que se destinen a la enseñanza por centros docentes acogidos, total o parcialmente, al régimen de concierto educativo, en cuanto a la superficie afectada a la enseñanza concertada.

Esta exención deberá ser compensada por la Administración competente[72].

b) Los declarados expresa e individualizadamente monumento o jardín histórico de interés cultural, mediante real decreto en la forma establecida por el artículo 9 de la Ley 16/1985, de 25 de junio[73], del Patrimonio Histórico Español, e inscritos en el registro general a que se

---

nia y de las condiciones climatológicas, así como de promoción del uso del transporte público colectivo terrestre por parte de los jóvenes y prevención de riesgos laborales en episodios de elevadas temperaturas (BOE núm. 113, de 12 de mayo de 2023).

[72] STS 2544/2018, de 27 de junio: «solo establece la exención en favor de los bienes inmuebles destinados a la enseñanza por centros docentes acogidos al régimen de concierto educativo concertado cuando los sujetos pasivos del impuesto sean titulares de tales centros docentes».

[73] Artículo 9. «1. Gozarán de singular protección y tutela los bienes integrantes del Patrimonio Histórico Español declarados de interés cultural por ministerio de esta Ley o mediante Real Decreto de forma individualizada.

2. La declaración mediante Real Decreto requerirá la previa incoación y tramitación de expediente administrativo por el organismo competente, según lo dispuesto en el artículo 6 de esta Ley. En el expediente deberá constar informe favorable de alguna de las instituciones consultivas señaladas en el artículo 3, párrafo 2, o que tengan reconocido idéntico carácter en el ámbito de una Comunidad Autónoma. Transcurridos tres meses desde la solicitud del informe sin que éste hubiera sido emitido, se entenderá que el dictamen requerido es favorable a la declaración de interés cultural. Cuando el expediente se refiera a bienes

refiere su artículo 12 como integrantes del Patrimonio Histórico Español, así como los comprendidos en las disposiciones adicionales primera, segunda y quinta de dicha Ley.

Esta exención no alcanzará a cualesquiera clases de bienes urbanos ubicados dentro del perímetro delimitativo de las zonas arqueológicas y sitios y conjuntos históricos, globalmente integrados en ellos, sino, exclusivamente, a los que reúnan las siguientes condiciones:

En zonas arqueológicas, los incluidos como objeto de especial protección en el instrumento de planeamiento urbanístico a que se refiere el artículo 20 de la Ley 16/1985, de 25 de junio, del Patrimonio Histórico Español[74].

---

inmuebles se dispondrá, además, la apertura de un periodo de información pública y se dará audiencia al Ayuntamiento interesado.

3. El expediente deberá resolver en el plazo máximo de veinte meses a partir de la fecha en que hubiera sido incoado. La caducidad del expediente se producirá transcurrido dicho plazo si se ha denunciado la mora y siempre que no haya recaído resolución en los cuatro meses siguientes a la denuncia. Caducado el expediente no podrá volver a iniciarse en los tres años siguientes, salvo a instancia del titular.

4. No podrá ser declarada bien de interés cultural la obra de un autor vivo, salvo si existe autorización expresa de su propietario o media su adquisición por la Administración.

5. De oficio o a instancia del titular de un interés legítimo y directo, podrá tramitarse por el organismo competente expediente administrativo, que deberá contener el informe favorable y razonado de alguna de las instituciones consultivas, a fin de que se acuerde mediante Real Decreto que la declaración de un determinado bien de interés cultural quede sin efecto».

[74] Artículo 20. «*1. La declaración de un conjunto histórico, sitio histórico o zona arqueológica, como bienes de interés cultural, determinará la obligación para el municipio o municipios en que se encontraren de redactar un Plan especial de protección del área afectada por la declaración u otro instrumento de planeamiento de los previstos en la legislación urbanística que cumpla en todo caso las exigencias en esta Ley establecidas. La aprobación de dicho Plan requerirá el informe favorable de la Administración competente para la protección de los bienes culturales afectados. Se entenderá emitido informe favorable transcurridos tres meses desde la presentación del Plan. La obligatoriedad de dicho Plan no podrá excusarse en la preexistencia de otro planeamiento contradictorio con la protección, ni en la inexistencia previa de planeamiento general.*

2. El Plan a que se refiere el apartado anterior establecerá para todos los usos públicos el orden prioritario de su instalación en los edificios y espacios que sean aptos para ello. Igualmente contemplará las posibles áreas de rehabilitación integrada que permitan la recuperación del área residencial y de las actividades económicas adecuadas. También deberá contener los criterios relativos a la conservación de fachadas y cubiertas e instalaciones sobre las mismas.

3. Hasta la aprobación definitiva de dicho Plan el otorgamiento de licencias o la ejecución de las otorgadas antes de incoarse el expediente declarativo del conjunto histórico, sitio histórico o zona arqueológica, precisará resolución favorable de la Administración competente para la protección de los bienes afectados y, en todo caso, no se permitirán alineaciones nuevas, alteraciones en la edificabilidad, parcelaciones ni agregaciones.

4. Desde la aprobación definitiva del Plan a que se refiere este artículo, los Ayuntamientos interesados serán competentes para autorizar directamente las obras que desarrollen el planeamiento aprobado y que afecten únicamente a inmuebles que no sean monumentos ni jardines históricos ni estén comprendidos en su entorno, debiendo dar cuenta a la Administración competente para la ejecución de esta Ley de las autorizaciones o licencias concedidas en el plazo máximo de diez días desde su otorgamiento. Las obras que se realicen al amparo de licencias contrarias al Plan aprobado serán ilegales y la Administración competente podrá ordenar su reconstrucción o demolición con cargo al organismo que hubiera otorgado la licencia en cuestión, sin perjuicio de lo dispuesto en la legislación urbanística sobre las responsabilidades por infracciones».

En sitios o conjuntos históricos, los que cuenten con una antigüedad igual o superior a cincuenta años y estén incluidos en el catálogo previsto en el Real Decreto 2159/1978, de 23 de junio[75], por el que se aprueba el Reglamento de planeamiento para el desarrollo y aplicación de la Ley sobre Régimen del Suelo y Ordenación Urbana, como objeto de protección integral en los términos previstos en el artículo 21 de la Ley 16/1985, de 25 de junio[76].

No estarán exentos los bienes inmuebles a que se refiere esta letra b) cuando estén afectos a explotaciones económicas, salvo que les resulte de aplicación alguno de los supuestos de exención previstos en la Ley 49/2002, de 23 de diciembre, de régimen fiscal de las entidades sin fines lucrativos y de los incentivos fiscales al mecenazgo, o que la sujeción al impuesto a título de contribuyente recaiga sobre el Estado, las Comunidades Autónomas o las entidades locales, o sobre organismos autónomos del Estado o entidades de derecho público de análogo carácter de las Comunidades Autónomas y de las entidades locales[77].

c) La superficie de los montes en que se realicen repoblaciones forestales o regeneración de masas arboladas sujetas a proyectos de ordenación o planes técnicos aprobados por la Administración forestal. Esta exención tendrá una duración de 15 años, contados a partir del período impositivo siguiente a aquel en que se realice su solicitud.

3. Las ordenanzas fiscales podrán regular una exención a favor de los bienes de que sean titulares los centros sanitarios de titularidad pública, siempre que estén directamente afectados al cumplimiento de los fines específicos de los referidos centros. La regulación de los restantes aspectos sustantivos y formales de esta exención se establecerá en la ordenanza fiscal.

4. Los ayuntamientos podrán establecer, en razón de criterios de eficiencia y economía en la gestión recaudatoria del tributo, la exención de los inmuebles rústicos y urbanos cuya cuota líquida no supere la cuantía que se determine mediante ordenanza fiscal, a cuyo efecto podrá tomarse en consideración, para los primeros, la cuota agrupada que resulte de lo previsto en el apartado 2 del artículo 77 de esta Ley.

[75] BOE núm. 221, de 15 de septiembre de 1978.
[76] Artículo 21. «*1. En los instrumentos de planeamiento relativos a conjuntos históricos se realizará la catalogación, según lo dispuesto en la legislación urbanística, de los elementos unitarios que conforman el conjunto, tanto inmuebles edificados como espacios libres exteriores o interiores, u otras estructuras significativas, así como de los componentes naturales que lo acompañan, definiendo los tipos de intervención posible. A los elementos singulares se les dispensará una protección integral. Para el resto de los elementos se fijará, en cada caso, un nivel adecuado de protección.
2. Excepcionalmente, el Plan de protección de un conjunto histórico podrá permitir remodelaciones urbanas, pero solo en caso de que impliquen una mejora de sus relaciones con el entorno territorial o urbano o eviten los usos degradantes para el propio conjunto.
3. La conservación de los conjuntos históricos declarados bienes de interés cultural comporta el mantenimiento de la estructura urbana y arquitectónica, así como de las características generales de su ambiente. Se considerarán excepcionales las sustituciones de inmuebles, aunque sean parciales, y sólo podrán realizarse en la medida en que contribuya a la conservación general de carácter del conjunto. En todo caso, se mantendrán las alineaciones urbanas existentes*».
[77] Nueva redacción de la letra b), por la que se incorpora el último párrafo, dada por el art. 14.3 de la Ley 16/2012, de 27 de diciembre, por la que se adoptan diversas medidas tributarias dirigidas a la consolidación de las finanzas públicas y al impulso de la actividad económica (BOE núm. 312, de 28 de diciembre), con efectos desde el 1 de enero de 2013.

Artículo 63[78]. *Sujeto pasivo*

1. Son sujetos pasivos, a título de contribuyentes, las personas naturales y jurídicas y las entidades a que se refiere el artículo 35.4 de la Ley 58/2003, de 17 de diciembre, General Tributaria, que ostenten la titularidad del derecho que, en cada caso, sea constitutivo del hecho imponible de este Impuesto.

En el caso de bienes inmuebles de características especiales, cuando la condición de contribuyente recaiga en uno o en varios concesionarios, cada uno de ellos lo será por su cuota, que se determinará en razón a la parte del valor catastral que corresponda a la superficie concedida y a la construcción directamente vinculada a cada concesión. Sin perjuicio del deber de los concesionarios de formalizar las declaraciones a que se refiere el artículo 76 de esta Ley, el ente u organismo público al que se halle afectado o adscrito el inmueble o aquel a cuyo cargo se encuentre su administración y gestión, estará obligado a suministrar anualmente al Ministerio de Economía y Hacienda la información relativa a dichas concesiones en los términos y demás condiciones que se determinen por orden.

Para esa misma clase de inmuebles, cuando el propietario tenga la condición de contribuyente en razón de la superficie no afectada por las concesiones, actuará como sustituto del mismo el ente u organismo público al que se refiere el párrafo anterior, el cual no podrá repercutir en el contribuyente el importe de la deuda tributaria satisfecha.

2[79]**.** Lo dispuesto en el apartado anterior será de aplicación sin perjuicio de la facultad del sujeto pasivo de repercutir la carga tributaria soportada conforme a las normas de derecho común.

Las Administraciones Públicas y los entes u organismos a que se refiere el apartado anterior repercutirán la parte de la cuota líquida del impuesto que corresponda en quienes, no reuniendo la condición de sujetos pasivos, hagan uso mediante contraprestación de sus bienes demaniales o patrimoniales, los cuales estarán obligados a soportar la repercusión. A tal efecto la cuota repercutible se determinará en razón a la parte del valor catastral que corresponda a la superficie utilizada y a la construcción directamente vinculada a cada arrendatario o cesionario del derecho de uso. Lo dispuesto en este párrafo no será de aplicación en el supuesto de alquiler de inmueble de uso residencial con renta limitada por una norma jurídica.

Artículo 64. *Afección real en la transmisión y responsabilidad solidaria en la cotitularidad*

1. En los supuestos de cambio, por cualquier causa, en la titularidad de los derechos que constituyen el hecho imponible de este impuesto, los bienes inmuebles objeto de dichos de-

---

[78] Nueva redacción dada por la Disp. Adicional 10.2 de la Ley 16/2007, de 4 de julio, de reforma y adaptación de la legislación mercantil en materia contable para su armonización internacional con base en la normativa de la Unión Europea (BOE núm. 160 de 5 de julio), vigentes desde el 1 de enero de 2008.

[79] Nueva redacción del art. 63.2 dada por el art. cuarto.Uno del Real Decreto-ley 7/2019, de 1 de marzo, de medidas urgentes en materia de vivienda y alquiler (BOE núm. 55, de 5 de marzo de 2019), en vigor desde el 6 de marzo de 2019.
Redacción anterior dada por el art. cuarto.Uno del Real Decreto-ley 21/2018, de 14 de diciembre, de medidas urgentes en materia de vivienda y alquiler (BOE núm. 304, de 18 de diciembre de 2018), en vigor desde el 19 de diciembre de 2018 hasta el 24 de enero de 2019, debido a la Resolución de 22 de enero de 2019, del Congreso de los Diputados, por la que se ordena la publicación del Acuerdo de derogación del Real Decreto-ley 21/2018, de 14 de diciembre, de medidas urgentes en materia de vivienda y alquiler (BOE núm. 21, de 24 de enero de 2019).

rechos quedarán afectos al pago de la totalidad de la cuota tributaria, en régimen de responsabilidad subsidiaria, en los términos previstos en la Ley General Tributaria. A estos efectos, los notarios solicitarán información y advertirán expresamente a los comparecientes en los documentos que autoricen sobre las deudas pendientes por el Impuesto sobre Bienes Inmuebles asociadas al inmueble que se transmite, sobre el plazo dentro del cual están obligados los interesados a presentar declaración por el impuesto, cuando tal obligación subsista por no haberse aportado la referencia catastral del inmueble, conforme al apartado 2 del artículo 43 del Texto Refundido de la Ley del Catastro Inmobiliario y otras normas tributarias[80], sobre la afección de los bienes al pago de la cuota tributaria y, asimismo, sobre las responsabilidades en que incurran por la falta de presentación de declaraciones, el no efectuarlas en plazo o la presentación de declaraciones falsas, incompletas o inexactas, conforme a lo previsto en el artículo 70 del Texto Refundido de la Ley del Catastro Inmobiliario y otras normas tributarias[81].

2. Responden solidariamente de la cuota de este impuesto, y en proporción a sus respectivas participaciones, los copartícipes o cotitulares de las entidades a que se refiere el artículo 35.4 de la Ley 58/2003, de 17 de diciembre, General Tributaria, si figuran inscritos como tales en el Catastro Inmobiliario. De no figurar inscritos, la responsabilidad se exigirá por partes iguales en todo caso.

Artículo 65. *Base imponible*
La base imponible de este impuesto estará constituida por el valor catastral de los bienes inmuebles, que se determinará, notificará y será susceptible de impugnación conforme a lo dispuesto en las normas reguladoras del Catastro Inmobiliario.

---

[80]   Real Decreto Legislativo 1/2004, de 5 de marzo, por el que se aprueba el texto refundido de la Ley del Catastro Inmobiliario. Artículo 43. «*....2. Asimismo, en los casos en que no se cumplan los requisitos establecidos en el párrafo a del artículo 14, los notarios y registradores de la propiedad deberán advertir expresamente a los interesados de que subsiste la obligación de declarar prevista en el apartado 2 del artículo 13*».

[81]   Real Decreto Legislativo 1/2004, de 5 de marzo, por el que se aprueba el texto refundido de la Ley del Catastro Inmobiliario. Artículo 70. Infracciones. «*Constituirán infracción tributaria simple los siguientes hechos o conductas, siempre que no operen como elemento de graduación de la sanción:*
a) La falta de presentación de las declaraciones, no efectuarlas en plazo y la presentación de declaraciones falsas, incompletas o inexactas. Si fueran varios los obligados a presentar una declaración, cumplida la obligación por uno de ellos, se entenderá cumplida por todos.
b) El incumplimiento del deber de aportar la referencia catastral a que se refiere el artículo 40 de esta Ley, o la aportación de una referencia catastral falsa o falseada. No obstante, los obligados quedan exonerados de responsabilidad cuando dicha referencia no exista o no pueda ser conocida por los medios a los que se refiere el artículo 41.1 de esta Ley o directamente a través de la oficina virtual del Catastro (Redacción según Ley 36/2006, de 29 de noviembre).
c) El incumplimiento del deber de comunicación a que se refiere el artículo 14.
d) El incumplimiento del deber de suministrar datos, informes o antecedentes a que se refiere el artículo 36.
e) La resistencia, excusa o negativa a las actuaciones de la Administración catastral, ya sea en fase de gestión o de inspección».

Artículo 66. *Base liquidable*

1. La base liquidable de este impuesto será el resultado de practicar en la base imponible la reducción a que se refieren los artículos siguientes.

2. La base liquidable se notificará conjuntamente con la base imponible en los procedimientos de valoración colectiva. Dicha notificación incluirá la motivación de la reducción aplicada mediante la indicación del valor base que corresponda al inmueble así como de los importes de dicha reducción y de la base liquidable del primer año de vigencia del nuevo valor catastral en este impuesto.

Sin perjuicio de lo anterior, que será aplicable en los procedimientos de valoración colectiva de carácter general, en los de carácter parcial y simplificado, la motivación consistirá en la expresión de los datos indicados en el párrafo anterior, referidos al ejercicio en que se practique la notificación.

3. Cuando se produzcan alteraciones de términos municipales y mientras no se apruebe una nueva ponencia de valores, los bienes inmuebles que pasen a formar parte de otro municipio mantendrán el mismo régimen de asignación de bases imponibles y liquidables que tuvieran en el de origen.

4. En los procedimientos de valoración colectiva la determinación de la base liquidable será competencia de la Dirección General del Catastro y recurrible ante los Tribunales Económico-Administrativos del Estado.

Artículo 67. *Reducción en base imponible*

1. La reducción en la base imponible será aplicable a aquellos bienes inmuebles urbanos y rústicos que se encuentren en algunas de estas dos situaciones:

a) Inmuebles cuyo valor catastral se incremente, como consecuencia de procedimientos de valoración colectiva de carácter general en virtud de:

1.º La aplicación de la primera ponencia total de valores aprobada con posterioridad al 1 de enero de 1997.

2.º La aplicación de sucesivas ponencias totales de valores que se aprueben una vez transcurrido el período de reducción establecido en el artículo 68.1 de esta Ley.

b) Inmuebles situados en municipios para los que se hubiera aprobado una ponencia de valores que haya dado lugar a la aplicación de la reducción prevista en el párrafo a) anterior y cuyo valor catastral se altere, antes de finalizar el plazo de reducción, por alguna de las siguientes causas:

1.º Procedimientos de valoración colectiva de carácter general.

2.º Procedimientos de valoración colectiva de carácter parcial.

3.º Procedimientos simplificados de valoración colectiva.

4.º Procedimientos de inscripción mediante declaraciones, comunicaciones, solicitudes, subsanación de discrepancias e inspección catastral.

2[82]**.** Tratándose de bienes inmuebles de características especiales, la reducción en la base imponible únicamente procederá cuando el valor catastral resultante de la aplicación de una

---

[82]   Nuevo apartado incorporado por la Disp. Adci. Séptima.dos de la Ley 16/2007, de 4 de julio, de reforma y adaptación de la legislación mercantil en materia contable para su armonización internacional con base en la normativa de la Unión Europea (BOE núm. 160 de 5 de julio), vigentes desde el 1 de enero de 2008.

nueva Ponencia de valores especial supere el doble del que, como inmueble de esa clase, tuviera previamente asignado. En defecto de este valor, se tomará como tal el 40 por 100 del que resulte de la nueva Ponencia.

3[83]. Esta reducción se aplicará de oficio sin necesidad de previa solicitud por los sujetos pasivos del impuesto y no dará lugar a la compensación establecida en el artículo 9 de esta Ley.

4[84]. La reducción establecida en este artículo no se aplicará respecto del incremento de la base imponible de los inmuebles que resulte de la actualización de sus valores catastrales por aplicación de los coeficientes establecidos en las Leyes de Presupuestos Generales del Estado.

Artículo 68. *Duración y cuantía de la reducción*

1. La reducción se aplicará durante un período de nueve años a contar desde la entrada en vigor de los nuevos valores catastrales, sin perjuicio de lo dispuesto en el artículo 70 de esta Ley.

2. La cuantía de la reducción será el resultado de aplicar un coeficiente reductor, único para todos los inmuebles afectados del municipio, a un componente individual de la reducción, calculado para cada inmueble.

3. El coeficiente reductor tendrá el valor de 0,9 el primer año de su aplicación e irá disminuyendo en 0,1 anualmente hasta su desaparición.

4[85]. El componente individual de la reducción será, en cada año, la diferencia positiva entre el nuevo valor catastral que corresponda al inmueble en el primer ejercicio de su vigencia y su valor base. Dicha diferencia se dividirá por el último coeficiente reductor aplicado cuando concurran los supuestos del artículo 67, apartado 1.b).2.º, y b).3.º de esta ley.

En caso de que la actualización de valores catastrales por aplicación de los coeficientes establecidos en las leyes de Presupuestos Generales del Estado determine un decremento de la base imponible de los inmuebles, el componente individual de la reducción será, en cada año, la diferencia positiva entre el valor catastral resultante de dicha actualización y su valor base. Dicha diferencia se dividirá por el último coeficiente reductor aplicado.

No obstante, tratándose de bienes inmuebles de características especiales el componente individual de la reducción será, en cada año, la diferencia positiva entre el nuevo valor catas-

---

[83] Por la Disp. Adci. Séptima.dos de la Ley 16/2007, de 4 de julio, de reforma y adaptación de la legislación mercantil en materia contable para su armonización internacional con base en la normativa de la Unión Europea (BOE núm. 160 de 5 de julio), vigentes desde el 1 de enero de 2008, el original apartado 2 se renumera, pasando a ser el apartado 3.

[84] Por la Disp. Adci. Séptima.dos de la Ley 16/2007, de 4 de julio, de reforma y adaptación de la legislación mercantil en materia contable para su armonización internacional con base en la normativa de la Unión Europea (BOE núm. 160 de 5 de julio), vigentes desde el 1 de enero de 2008, el original apartado 3 se renumera, pasando a ser el apartado 4, derogando el original apartado 4.

[85] Nueva redacción del art. 68.4 dada el por el art. 7.Segundo.Uno de la Ley 16/2013, de 29 de octubre, por la que se establecen determinadas medidas en materia de fiscalidad medioambiental y se adoptan otras medidas tributarias y financieras (BOE núm. 260, de 30 de octubre de 2013), con efectos desde el 1 de enero de 2014.
Redacción anteriorpor la Dip. Adic. Séptima.tres de la Ley 16/2007, de 4 de julio, de reforma y adaptación de la legislación mercantil en materia contable para su armonización internacional con base en la normativa de la Unión Europea (BOE núm. 160 de 5 de julio), vigentes desde el 1 de enero de 2008.

tral que corresponda al inmueble en el primer ejercicio de su vigencia y el doble del valor a que se refiere el artículo 67.2 que, a estos efectos, se tomará como valor base.

Artículo 69[86]. *Valor base de la reducción*

El valor base será la base liquidable del ejercicio inmediato anterior a la entrada en vigor del nuevo valor catastral, salvo cuando concurran las siguientes circunstancias:

a) Para aquellos inmuebles en los que, habiéndose producido alteraciones susceptibles de inscripción catastral previamente a la modificación del planeamiento o al 1 de enero del año anterior a la entrada en vigor de los valores catastrales resultantes de las ponencias de valores a las que se refiere el artículo 67, aún no se haya modificado su valor catastral en el momento de la aprobación de estas, el valor base será el importe de la base liquidable que de acuerdo a dichas alteraciones corresponda al ejercicio inmediato anterior a la entrada en vigor de los nuevos valores catastrales por la aplicación a los mencionados bienes de la ponencia de valores anterior a la última aprobada.

b) Para los inmuebles a los que se refiere el artículo 67, en su apartado 1.b).4.º, el valor base será el resultado de multiplicar el nuevo valor catastral por un cociente, determinado por la Dirección General del Catastro que, calculado con sus dos primeros decimales, se obtiene de dividir el valor catastral medio de todos los inmuebles de la misma clase del municipio incluidos en el último padrón entre la media de los valores catastrales resultantes de la aplicación de la nueva ponencia de valores.

En los procedimientos de valoración colectiva de carácter general, una vez aprobada la correspondiente ponencia de valores, la Dirección General del Catastro hará públicos el valor catastral medio de todos los inmuebles de la clase de que se trate incluidos en el último padrón del municipio y el valor catastral medio resultante de la aplicación de la nueva ponencia, antes del inicio de las notificaciones de los valores catastrales. Los anuncios de exposición pública de estos valores medios se publicarán por edictos en el boletín oficial de la provincia, indicándose el lugar y plazo, que no será inferior a 15 días.

Asimismo, este valor base se utilizará para aquellos inmuebles que deban ser nuevamente valorados como bienes de clase diferente de la que tenían.

c) Cuando la actualización de valores catastrales por aplicación de los coeficientes establecidos en las leyes de presupuestos generales del Estado determine un decremento de la base imponible de los inmuebles, el valor base será la base liquidable del ejercicio inmediatamente anterior a dicha actualización.

Artículo 70. *Cómputo del período de reducción en supuestos especiales*

1. En los casos contemplados en el artículo 67, apartado 1.b).1.º se iniciará el cómputo de un nuevo período de reducción y se extinguirá el derecho a la aplicación del resto de la reducción que se viniera aplicando.

---

[86]   Nueva redacción del art. 69 dada el por el art. 7.Segundo.Dos de la Ley 16/2013, de 29 de octubre, por la que se establecen determinadas medidas en materia de fiscalidad medioambiental y se adoptan otras medidas tributarias y financieras (BOE núm. 260, de 30 de octubre de 2013), con efectos desde el 1 de enero de 2014.

2. En los casos contemplados en el artículo 67, apartados 1.b).2.°, 3.° y 4.° no se iniciará el cómputo de un nuevo período de reducción y el coeficiente reductor aplicado a los inmuebles afectados tomará el valor correspondiente al resto de los inmuebles del municipio.

Artículo 71. *Cuota íntegra y cuota líquida*

1. La cuota íntegra de este impuesto será el resultado de aplicar a la base liquidable el tipo de gravamen a que se refiere el artículo siguiente.

2. La cuota líquida se obtendrá minorando la cuota íntegra en el importe de las bonificaciones previstas legalmente.

Artículo 72[87]. *Tipo de gravamen. Recargo por inmuebles urbanos de uso residencial desocupados con carácter permanente*

1. El tipo de gravamen mínimo y supletorio será el 0,4 por 100 cuando se trate de bienes inmuebles urbanos y el 0,3 por 100 cuando se trate de bienes inmuebles rústicos, y el máximo será el 1,10 por 100 para los urbanos y 0,90 por 100 para los rústicos.

2. El tipo de gravamen aplicable a los bienes inmuebles de características especiales, que tendrá carácter supletorio, será del 0,6 por 100. Los ayuntamientos podrán establecer para cada grupo de ellos existentes en el municipio un tipo diferenciado que, en ningún caso, será inferior al 0,4 por 100 ni superior al 1,3 por 100.

3. Los ayuntamientos respectivos podrán incrementar los tipos fijados en el apartado 1 con los puntos porcentuales que para cada caso se indican, cuando concurra alguna de las circunstancias siguientes. En el supuesto de que sean varias, se podrá optar por hacer uso del incremento previsto para una sola, algunas o todas ellas:

Puntos porcentuales	Bienes urbanos	Bienes rústicos
A) Municipios que sean capital de provincia o Comunidad Autónoma	0,07	0,06
B) Municipios en los que se preste servicio de transporte público colectivo de superficie	0,07	0,05
C) Municipios cuyos ayuntamientos presten más servicios de aquellos a los que están obligados según lo dispuesto en el artículo 26 de la Ley 7/1985, de 2 de abril[88]	0,06	0,06

---

[87] El art. 8 de la Ley 16/2013, de 29 de octubre, por la que se establecen determinadas medidas en materia de fiscalidad medioambiental y se adoptan otras medidas tributarias y financieras (BOE núm. 260, de 30 de octubre de 2013), con efectos desde el 1 de enero de 2014, establece que: «Artículo 8. Tipos de gravamen del Impuesto sobre Bienes Inmuebles».

[88] Artículo 26. «1. Los Municipios por sí o asociados deberán prestar, en todo caso, los servicios siguientes:
a) En todos los Municipios: alumbrado público, cementerio, recogida de residuos, limpieza viaria, abastecimiento domiciliario de agua potable, alcantarillado, acceso a los núcleos de población, pavimentación de las vías públicas y control de alimentos y bebidas.
b) En los Municipios con población superior a 5.000 habitantes, además: parque público, biblioteca pública, mercado y tratamiento de residuos.
c) En los Municipios con población superior a 20.000 habitantes, además: protección civil, prestación de servicios sociales, prevención y extinción de incendios e instalaciones deportivas de uso público.

Puntos porcentuales	Bienes urbanos	Bienes rústicos
D) Municipios en los que los terrenos de naturaleza rústica representan más del 80 por 100 de la superficie total del término	0,00	0,15

4[89]. Dentro de los límites resultantes de lo dispuesto en los apartados anteriores, los ayuntamientos podrán establecer, para los bienes inmuebles urbanos, excluidos los de uso residencial, tipos diferenciados atendiendo a los usos establecidos en la normativa catastral para la valoración de las construcciones. Cuando los inmuebles tengan atribuidos varios usos se aplicará el tipo correspondiente al uso de la edificación o dependencia principal.

Dichos tipos solo podrán aplicarse, como máximo, al 10 por ciento de los bienes inmuebles urbanos del término municipal que, para cada uso, tenga mayor valor catastral, a cuyo efecto la ordenanza fiscal del impuesto señalará el correspondiente umbral de valor para todos o cada uno de los usos, a partir del cual serán de aplicación los tipos incrementados.

Tratándose de inmuebles de uso residencial que se encuentren desocupados con carácter permanente, los ayuntamientos podrán exigir un recargo de hasta el 50 por ciento de la cuota líquida del impuesto.

A estos efectos tendrá la consideración de inmueble desocupado con carácter permanente aquel que permanezca desocupado, de forma continuada y sin causa justificada, por un plazo superior a dos años, conforme a los requisitos, medios de prueba y procedimiento que establezca la ordenanza fiscal, y pertenezcan a titulares de cuatro o más inmuebles de uso residencial.

El recargo podrá ser de hasta el 100 por ciento de la cuota líquida del impuesto cuando el periodo de desocupación sea superior a tres años, pudiendo modularse en función del periodo de tiempo de desocupación.

Además, los ayuntamientos podrán aumentar el porcentaje de recargo que corresponda con arreglo a lo señalado anteriormente en hasta 50 puntos porcentuales adicionales en caso de inmuebles pertenecientes a titulares de dos o más inmuebles de uso residencial que se encuentren desocupados en el mismo término municipal.

---

d) En los Municipios con población superior a 50.000 habitantes, además: transporte colectivo urbano de viajeros y protección del medio ambiente ...»

[89] Nueva redacción del art. 72.4 dada por la Disp. Final Tercera de la Ley 12/2023, de 24 de mayo, por el derecho a la vivienda (BOE núm. 124, de 25 de mayo de 2023), con efectos a partir del 26 de mayo de 2023.
Redacción anterior dada por el art. cuarto.Dos del Real Decreto-ley 7/2019, de 1 de marzo, de medidas urgentes en materia de vivienda y alquiler (BOE núm. 55, de 5 de marzo de 2019), en vigor desde el 6 de marzo de 2019.
Redacción anterior dada por el art. cuarto.Dos del Real Decreto-ley 21/2018, de 14 de diciembre, de medidas urgentes en materia de vivienda y alquiler (BOE núm. 304, de 18 de diciembre de 2018), en vigor desde el 19 de diciembre de 2018 hasta el 24 de enero de 2019, debido a la Resolución de 22 de enero de 2019, del Congreso de los Diputados, por la que se ordena la publicación del Acuerdo de derogación del Real Decreto-ley 21/2018, de 14 de diciembre, de medidas urgentes en materia de vivienda y alquiler (BOE núm. 21, de 24 de enero de 2019).

En todo caso se considerarán justificadas las siguientes causas: el traslado temporal por razones laborales o de formación, el cambio de domicilio por situación de dependencia o razones de salud o emergencia social, inmuebles destinados a usos de vivienda de segunda residencia con un máximo de cuatro años de desocupación continuada, inmuebles sujetos a actuaciones de obra o rehabilitación, u otras circunstancias que imposibiliten su ocupación efectiva, que la vivienda esté siendo objeto de un litigio o causa pendiente de resolución judicial o administrativa que impida el uso y disposición de la misma o que se trate de inmuebles cuyos titulares, en condiciones de mercado, ofrezcan en venta, con un máximo de un año en esta situación, o en alquiler, con un máximo de seis meses en esta situación. En el caso de inmuebles de titularidad de alguna Administración Pública, se considerará también como causa justificada ser objeto el inmueble de un procedimiento de venta o de puesta en explotación mediante arrendamiento.

El recargo, que se exigirá a los sujetos pasivos de este tributo, se devengará el 31 de diciembre y se liquidará anualmente por los ayuntamientos, una vez constatada la desocupación del inmueble en tal fecha, juntamente con el acto administrativo por el que esta se declare.

La declaración municipal como inmueble desocupado con carácter permanente exigirá la previa audiencia del sujeto pasivo y la acreditación por el Ayuntamiento de los indicios de desocupación, a regular en dicha ordenanza, dentro de los cuales podrán figurar los relativos a los datos del padrón municipal, así como los consumos de servicios de suministro.

5. Por excepción, en los municipios en los que entren en vigor nuevos valores catastrales de inmuebles rústicos y urbanos, resultantes de procedimientos de valoración colectiva de carácter general, los ayuntamientos podrán establecer, durante un período máximo de seis años, tipos de gravamen reducidos, que no podrán ser inferiores al 0,1 por 100 para los bienes inmuebles urbanos ni al 0,075 por 100, tratándose de inmuebles rústicos.

6[90]**.** Los ayuntamientos que acuerden nuevos tipos de gravamen, por estar incurso el municipio respectivo en procedimientos de valoración colectiva de carácter general, deberán aprobar dichos tipos provisionalmente con anterioridad al inicio de las notificaciones individualizadas de los nuevos valores y, en todo caso, antes del 1 de julio del año inmediatamente anterior a aquel en que deban surtir efecto. De este acuerdo se dará traslado a la Dirección General del Catastro dentro de dicho plazo.

7. En los supuestos a los que se refiere el apartado 3 del artículo 66 de esta Ley, los ayuntamientos aplicarán a los bienes inmuebles rústicos y urbanos que pasen a formar parte de su término municipal el tipo de gravamen vigente en el municipio de origen, salvo que acuerden establecer otro distinto.

Artículo 73. *Bonificaciones obligatorias*

1. Tendrán derecho a una bonificación de entre el 50 y el 90 por 100 en la cuota íntegra del impuesto, siempre que así se solicite por los interesados antes del inicio de las obras, los

---

[90] Ley 31/2022, de 23 de diciembre, de Presupuestos Generales del Estado para el año 2023 (BOE núm. 308, de 24/12/2022):
Disposición transitoria tercera. «Plazo de aprobación del tipo de gravamen del Impuesto sobre Bienes Inmuebles y de las ponencias de valores totales».

inmuebles que constituyan el objeto de la actividad de las empresas de urbanización, construcción y promoción inmobiliaria tanto de obra nueva como de rehabilitación equiparable a ésta, y no figuren entre los bienes de su inmovilizado. En defecto de acuerdo municipal, se aplicará a los referidos inmuebles la bonificación máxima prevista en este artículo.

El plazo de aplicación de esta bonificación comprenderá desde el período impositivo siguiente a aquel en que se inicien las obras hasta el posterior a su terminación, siempre que durante ese tiempo se realicen obras de urbanización o construcción efectiva, y sin que, en ningún caso, pueda exceder de tres períodos impositivos.

2. Tendrán derecho a una bonificación del 50 por 100 en la cuota íntegra del Impuesto, durante los tres períodos impositivos siguientes al del otorgamiento de la calificación definitiva, las viviendas de protección oficial y las que resulten equiparables a éstas conforme a la normativa de la respectiva Comunidad Autónoma. Dicha bonificación se concederá a petición del interesado, la cual podrá efectuarse en cualquier momento anterior a la terminación de los tres períodos impositivos de duración de aquélla y surtirá efectos, en su caso, desde el período impositivo siguiente a aquel en que se solicite.

Los ayuntamientos podrán establecer una bonificación de hasta el 50 por 100 en la cuota íntegra del impuesto, aplicable a los citados inmuebles una vez transcurrido el plazo previsto en el párrafo anterior. La ordenanza fiscal determinará la duración y la cuantía anual de esta bonificación.

3. Tendrán derecho a una bonificación del 95 por 100 de la cuota íntegra y, en su caso, del recargo del impuesto a que se refiere el artículo 153 de esta Ley, los bienes rústicos de las cooperativas agrarias y de explotación comunitaria de la tierra, en los términos establecidos en la Ley 20/1990, de 19 de diciembre, sobre Régimen Fiscal de las Cooperativas[91].

4. Las ordenanzas fiscales especificarán los aspectos sustantivos y formales de las bonificaciones indicadas en los apartados anteriores, así como las condiciones de compatibilidad con otros beneficios fiscales.

Artículo 74. *Bonificaciones potestativas*

1. Las ordenanzas fiscales podrán regular una bonificación de hasta el 90 por 100 de la cuota íntegra del Impuesto a favor de los bienes inmuebles urbanos ubicados en áreas o zonas del municipio que, conforme a la legislación y planeamiento urbanísticos, correspondan a asentamientos de población singularizados por su vinculación o preeminencia de actividades primarias de carácter agrícola, ganadero, forestal, pesquero o análogas y que dispongan de un nivel de servicios de competencia municipal, infraestructuras o equipamientos colectivos inferior al existente en las áreas o zonas consolidadas del municipio, siempre que sus características económicas aconsejen una especial protección.

Las características peculiares y ámbito de los núcleos de población, áreas o zonas, así como las tipologías de las construcciones y usos del suelo necesarios para la aplicación de esta bonificación y su duración, cuantía anual y demás aspectos sustantivos y formales se especificarán en la ordenanza fiscal.

2. Los ayuntamientos podrán acordar, para cada ejercicio, la aplicación a los bienes inmuebles de una bonificación en la cuota íntegra del impuesto equivalente a la diferencia po-

---

[91]   BOE núm. 304, de 20 de diciembre de 1990.

sitiva entre la cuota íntegra del ejercicio y la cuota líquida del ejercicio anterior multiplicada esta última por el coeficiente de incremento máximo anual de la cuota líquida que establezca la ordenanza fiscal para cada uno de los tramos de valor catastral y, en su caso, para cada una de las diversas clases de cultivos o aprovechamientos o de modalidades de uso de las construcciones que en aquélla se fijen y en que se sitúen los diferentes bienes inmuebles del municipio.

Dicha bonificación, cuya duración máxima no podrá exceder de tres períodos impositivos, tendrá efectividad a partir de la entrada en vigor de nuevos valores catastrales de bienes inmuebles de una misma clase, resultantes de un procedimiento de valoración colectiva de carácter general de ámbito municipal. Asimismo, la ordenanza fijará las condiciones de compatibilidad de esta bonificación con las demás que beneficien a los mismos inmuebles.

Sin perjuicio de lo dispuesto en el párrafo anterior, en el supuesto de que la aplicación de otra bonificación concluya en el período inmediatamente anterior a aquel en que haya de aplicarse sobre ese mismo inmueble la bonificación a que se refiere este apartado, la cuota sobre la que se aplicará, en su caso, el coeficiente de incremento máximo anual será la cuota íntegra del ejercicio anterior.

Cuando en alguno de los períodos impositivos en los que se aplique esta bonificación tenga efectividad un cambio en el valor catastral de los inmuebles, resultante de alteraciones susceptibles de inscripción catastral, del cambio de clase del inmueble o de un cambio de aprovechamiento determinado por la modificación del planeamiento urbanístico, para el cálculo de la bonificación se considerará como cuota líquida del ejercicio anterior la resultante de aplicar el tipo de gravamen de dicho año al valor base determinado conforme a lo dispuesto en el artículo 69 de esta Ley.

Las liquidaciones tributarias resultantes de la aplicación de esta bonificación se regirán por lo previsto en el artículo 102.3 de la Ley 58/2003, de 17 de diciembre, General Tributaria, sin que sea necesaria su notificación individual en los casos de establecimiento, modificación o supresión de aquélla como consecuencia de la aprobación o modificación de la ordenanza fiscal.

2 bis.)[92] Los ayuntamientos mediante ordenanza podrán regular una bonificación de hasta el 95 por 100 de la cuota íntegra del impuesto a favor de inmuebles de organismos públicos de investigación y los de enseñanza universitaria.

2 ter[93]**.** Los ayuntamientos mediante ordenanza podrán regular una bonificación de hasta el 95 por ciento de la cuota íntegra del impuesto a favor de los bienes inmuebles excluidos de la exención a que se refiere el último párrafo de la letra b) del apartado 2 del artículo 62 de esta Ley.

---

[92]   Apartado incorporado por la Disp. Final cuatro de la Ley Orgánica 4/2007, de 12 de abril, por la que se modifica la Ley Orgánica 6/2001, de 21 de diciembre, de Universidades (BOE núm. 89, de 13 de abril de 2007), en vigor desde el 4 de mayo de 2007.

[93]   Apartado incorporado por el art. 14.4 de la Ley 16/2012, de 27 de diciembre, por la que se adoptan diversas medidas tributarias dirigidas a la consolidación de las finanzas públicas y al impulso de la actividad económica (BOE núm. 312, de 28 de diciembre), con efectos desde el 1 de enero de 2013.

2 quáter[94]. Los ayuntamientos mediante ordenanza podrán regular una bonificación de hasta el 95 por ciento de la cuota íntegra del impuesto a favor de inmuebles en los que se desarrollen actividades económicas que sean declaradas de especial interés o utilidad municipal por concurrir circunstancias sociales, culturales, histórico artísticas o de fomento del empleo que justifiquen tal declaración. Corresponderá dicha declaración al Pleno de la Corporación y se acordará, previa solicitud del sujeto pasivo, por voto favorable de la mayoría simple de sus miembros.

3. Los ayuntamientos mediante ordenanza podrán regular una bonificación de hasta el 90 por 100 de la cuota íntegra del impuesto a favor de cada grupo de bienes inmuebles de características especiales. La ordenanza deberá especificar la duración, cuantía anual y demás aspectos sustantivos y formales relativos a esta bonificación.

4. Las ordenanzas fiscales podrán regular una bonificación de hasta el 90 por 100 de la cuota íntegra del impuesto a favor de aquellos sujetos pasivos que ostenten la condición de titulares de familia numerosa. La ordenanza deberá especificar la clase y características de los bienes inmuebles a que afecte, duración, cuantía anual y demás aspectos sustantivos y formales de esta bonificación, así como las condiciones de compatibilidad con otros beneficios fiscales.

5[95]. Las ordenanzas fiscales podrán regular una bonificación de hasta el 50 por ciento de la cuota íntegra del impuesto para los bienes inmuebles en los que se hayan instalado sistemas para el aprovechamiento térmico o eléctrico de la energía proveniente del sol o de la energía ambiente. La aplicación de esta bonificación estará condicionada a que las instalaciones dispongan de la correspondiente homologación por la Administración competente. Los demás aspectos sustantivos y formales de esta bonificación se especificarán en la ordenanza fiscal.

6[96]. Los ayuntamientos mediante ordenanza fiscal podrán establecer una bonificación de hasta el 95 por ciento en la cuota íntegra del impuesto para los bienes inmuebles de uso residencial destinados a alquiler de vivienda con renta limitada por una norma jurídica.

---

[94] Apartado incorporado por el art. 14.4 de la Ley 16/2012, de 27 de diciembre, por la que se adoptan diversas medidas tributarias dirigidas a la consolidación de las finanzas públicas y al impulso de la actividad económica (BOE núm. 312, de 28 de diciembre), con efectos desde el 1 de enero de 2013.

[95] Nueva redacción del art. 74.5 dada por el art. 28.Uno del Real Decreto-ley 7/2025, de 24 de junio, por el que se aprueban medidas urgentes para el refuerzo del sistema eléctrico (BOE núm. 152, de 25 de junio de 2025), con efectos desde el 25 de junio de 2025.
Redacción anterior: «*5. Las ordenanzas fiscales podrán regular una bonificación de hasta el 50 por 100 de la cuota íntegra del impuesto para los bienes inmuebles en los que se hayan instalado sistemas para el aprovechamiento térmico o eléctrico de la energía proveniente del sol. La aplicación de esta bonificación estará condicionada a que las instalaciones para producción de calor incluyan colectores que dispongan de la correspondiente homologación por la Administración competente. Los demás aspectos sustantivos y formales de esta bonificación se especificarán en la ordenanza fiscal*».

[96] Nueva redacción de art. 74.6 dada por el art. cuarto.Tres del Real Decreto-ley 7/2019, de 1 de marzo, de medidas urgentes en materia de vivienda y alquiler (BOE núm. 55, de 5 de marzo de 2019), en vigor desde el 6 de marzo de 2019.
Apartado 6 incorporado por el art. cuarto.Tres del Real Decreto-ley 21/2018, de 14 de diciembre, de medidas urgentes en materia de vivienda y alquiler (BOE núm. 304, de 18 de diciembre de 2018), en vigor desde el 19 de diciembre de 2018 hasta el 24 de enero de 2019, debido a la Resolución de 22 de enero de 2019, del Congreso de los Diputados, por la que se ordena la publicación del Acuerdo de derogación

7[97]. Las ordenanzas fiscales podrán regular una bonificación de hasta el 50 por ciento de la cuota íntegra del impuesto a favor de los bienes inmuebles en los que se hayan instalado puntos de recarga para vehículos eléctricos. La aplicación de esta bonificación estará condicionada a que las instalaciones dispongan de la correspondiente homologación por la Administración competente. Los demás aspectos sustantivos y formales de esta bonificación se especificarán en la ordenanza fiscal.

Artículo 75. *Devengo y período impositivo*

1. El impuesto se devengará el primer día del período impositivo.

2. El período impositivo coincide con el año natural.

3. Los hechos, actos y negocios que deben ser objeto de declaración o comunicación ante el Catastro Inmobiliario tendrán efectividad en el devengo de este impuesto inmediatamente posterior al momento en que produzcan efectos catastrales. La efectividad de las inscripciones catastrales resultantes de los procedimientos de valoración colectiva y de determinación del valor catastral de los bienes inmuebles de características especiales coincidirá con la prevista en las normas reguladoras del Catastro Inmobiliario.

Artículo 76. *Declaraciones y comunicaciones ante el Catastro Inmobiliario*

1. Las alteraciones concernientes a los bienes inmuebles susceptibles de inscripción catastral que tengan trascendencia a efectos de este impuesto determinarán la obligación de los sujetos pasivos de formalizar las declaraciones conducentes a su inscripción en el Catastro Inmobiliario, conforme a lo establecido en sus normas reguladoras.

2. Sin perjuicio de la facultad de la Dirección General del Catastro de requerir al interesado la documentación que en cada caso resulte pertinente, en los municipios acogidos mediante ordenanza fiscal al procedimiento de comunicación previsto en las normas reguladoras del Catastro Inmobiliario, las declaraciones a las que alude este artículo se entenderán realizadas cuando las circunstancias o alteraciones a que se refieren consten en la correspondiente licencia o autorización municipal, supuesto en el que el sujeto pasivo quedará exento de la obligación de declarar antes mencionada.

3[98]**.** Los ayuntamientos podrán exigir la acreditación de la presentación de la declaración catastral de nueva construcción para la tramitación del procedimiento de concesión de la licencia que autorice la primera ocupación de los inmuebles. En el caso de que el ayuntamiento se hubiera acogido al procedimiento de comunicación a que se refiere el apartado anterior, en lugar de la acreditación de la declaración podrá exigirse la información complementaria que resulte necesaria para la remisión de la comunicación.

---

del Real Decreto-ley 21/2018, de 14 de diciembre, de medidas urgentes en materia de vivienda y alquiler (BOE núm. 21, de 24 de enero de 2019).

[97]   Nuevo apartado 7 incorporado por la Disposición final quinta del Real Decreto-ley 29/2021, de 21 de diciembre, por el que se adoptan medidas urgentes en el ámbito energético para el fomento de la movilidad eléctrica, el autoconsumo y el despliegue de energías renovables (BOE núm. 305, de 22 de diciembre de 2021), en vigor desde el 23 de diciembre de 2021.

[98]   Apartado incorporado por el art. Undécimo.uno de la Ley 36/2006, de 29 de noviembre, de medidas para la prevención del fraude fiscal (BOE núm. 286, de 30 de noviembre de 2006), en vigor desde el 1 de diciembre de 2006.

Artículo 77. Gestión tributaria del impuesto

1. La liquidación y recaudación, así como la revisión de los actos dictados en vía de gestión tributaria de este impuesto, serán competencia exclusiva de los ayuntamientos y comprenderán las funciones de reconocimiento y denegación de exenciones y bonificaciones, realización de las liquidaciones conducentes a la determinación de las deudas tributarias, emisión de los documentos de cobro, resolución de los expedientes de devolución de ingresos indebidos, resolución de los recursos que se interpongan contra dichos actos y actuaciones para la asistencia e información al contribuyente referidas a las materias comprendidas en este apartado[99].

2. Los ayuntamientos podrán agrupar en un único documento de cobro todas las cuotas de este impuesto relativas a un mismo sujeto pasivo cuando se trate de bienes rústicos sitos en un mismo municipio.

3. Los ayuntamientos determinarán la base liquidable cuando la base imponible resulte de la tramitación de los procedimientos de declaración, comunicación, solicitud, subsanación de discrepancias e inspección catastral previstos en las normas reguladoras del Catastro Inmobiliario.

4. No será necesaria la notificación individual de las liquidaciones tributarias en los supuestos en que, de conformidad con los artículos 65 y siguientes de esta Ley, se hayan practicado previamente las notificaciones del valor catastral y base liquidable previstas en los procedimientos de valoración colectiva.

Una vez transcurrido el plazo de impugnación previsto en las citadas notificaciones sin que se hayan utilizado los recursos pertinentes, se entenderán consentidas y firmes las bases imponible y liquidable notificadas, sin que puedan ser objeto de nueva impugnación al procederse a la exacción anual del impuesto.

5. El impuesto se gestiona a partir de la información contenida en el padrón catastral y en los demás documentos expresivos de sus variaciones elaborados al efecto por la Dirección General del Catastro, sin perjuicio de la competencia municipal para la calificación de inmuebles de uso residencial desocupados. Dicho padrón, que se formará anualmente para cada término municipal, contendrá la información relativa a los bienes inmuebles, separadamente para los de cada clase y será remitido a las entidades gestoras del impuesto antes del 1 de marzo de cada año.

6. Los datos contenidos en el padrón catastral y en los demás documentos citados en el apartado anterior deberán figurar en las listas cobratorias, documentos de ingreso y justificantes de pago del Impuesto sobre Bienes Inmuebles.

---

[99] El Real Decreto 1065/2007, de 27 de julio, por el que se aprueba el Reglamento General de las actuaciones y los procedimientos de gestión e inspección tributaria y de desarrollo de las normas comunes de los procedimientos de aplicación de los tributos, establece en su Disposición Adicional Primera. «*Efectos de la falta de resolución en plazo de determinados procedimientos tributarios.*
Uno. Los procedimientos que se relacionan a continuación podrán entenderse desestimados por haber vencido el plazo máximo establecido sin que se haya notificado resolución expresa: ... *68. Procedimiento para la concesión de beneficios fiscales en el Impuesto sobre Bienes Inmuebles, previsto en el artículo 77.1 del texto refundido de la Ley Reguladora de las Haciendas Locales, aprobado por el Real Decreto Legislativo 2/2004, de 5 de marzo*».

7. En los supuestos en los que resulte acreditada, con posterioridad a la emisión de los documentos a que se refiere el apartado anterior, la no coincidencia del sujeto pasivo con el titular catastral, las rectificaciones que respecto a aquél pueda acordar el órgano gestor a efectos de liquidación del impuesto devengado por el correspondiente ejercicio, deberán ser inmediatamente comunicadas a la Dirección General del Catastro en la forma en que por ésta se determine. Esta liquidación tendrá carácter provisional cuando no exista convenio de delegación de funciones entre el Catastro y el ayuntamiento o entidad local correspondiente.

En este caso, a la vista de la información remitida, la Dirección General del Catastro confirmará o modificará el titular catastral mediante acuerdo que comunicará al ayuntamiento o entidad local para que se practique, en su caso, liquidación definitiva.

8. Las competencias que con relación al Impuesto sobre Bienes Inmuebles se atribuyen a los ayuntamientos en este artículo se ejercerán directamente por aquéllos o a través de los convenios u otras fórmulas de colaboración que se celebren con cualquiera de las Administraciones públicas en los términos previstos en la Ley 7/1985, de 2 de abril, Reguladora de las Bases del Régimen Local, con aplicación de forma supletoria de lo dispuesto en el título I de la Ley 30/1992, de 26 de noviembre, de Régimen Jurídico de las Administraciones Públicas y del Procedimiento Administrativo Común.

Sin perjuicio de lo anterior, las entidades locales reconocidas por las leyes y las Comunidades Autónomas uniprovinciales en las que se integren los respectivos ayuntamientos asumirán el ejercicio de las referidas competencias cuando así lo solicite el ayuntamiento interesado, en la forma y plazos que reglamentariamente se establezcan.

Subsección 3.ª Impuesto sobre Actividades Económicas

Artículo 78. *Naturaleza y hecho imponible*

1. El Impuesto sobre Actividades Económicas es un tributo directo de carácter real, cuyo hecho imponible está constituido por el mero ejercicio, en territorio nacional, de actividades empresariales, profesionales o artísticas, se ejerzan o no en local determinado y se hallen o no especificadas en las tarifas del impuesto.

2. Se consideran, a los efectos de este impuesto, actividades empresariales las ganaderas, cuando tengan carácter independiente, las mineras, industriales, comerciales y de servicios. No tienen, por consiguiente, tal consideración las actividades agrícolas, las ganaderas dependientes, las forestales y las pesqueras, no constituyendo hecho imponible por el impuesto ninguna de ellas.

A efectos de lo previsto en el párrafo anterior, tendrá la consideración de ganadería independiente el conjunto de cabezas de ganado que se encuentre comprendido en alguno de los casos siguientes:

a) Que paste o se alimente fundamentalmente en tierras que no sean explotadas agrícola o forestalmente por el dueño del ganado.

b) El estabulado fuera de las fincas rústicas.

c) El trashumante o trasterminante.

d) Aquel que se alimente fundamentalmente con piensos no producidos en la finca en que se críe.

Artículo 79. *Actividad económica gravada*

1. Se considera que una actividad se ejerce con carácter empresarial, profesional o artístico, cuando suponga la ordenación por cuenta propia de medios de producción y de recursos humanos o de uno de ambos, con la finalidad de intervenir en la producción o distribución de bienes o servicios.

2. El contenido de las actividades gravadas se definirá en las tarifas del impuesto.

Artículo 80. *Prueba del ejercicio de actividad económica gravada*

El ejercicio de las actividades gravadas se probará por cualquier medio admisible en derecho y, en particular, por los contemplados en el artículo 3 del Código de Comercio.

Artículo 81. *Supuestos de no sujeción*

No constituye hecho imponible en este impuesto el ejercicio de las siguientes actividades:

1. La enajenación de bienes integrados en el activo fijo de las empresas que hubieran figurado debidamente inventariados como tal inmovilizado con más de dos años de antelación a la fecha de transmitirse, y la venta de bienes de uso particular y privado del vendedor siempre que los hubiese utilizado durante igual período de tiempo.

2. La venta de los productos que se reciben en pago de trabajos personales o servicios profesionales.

3. La exposición de artículos con el fin exclusivo de decoración o adorno del establecimiento. Por el contrario, estará sujeta al impuesto la exposición de artículos para regalo a los clientes.

4. Cuando se trate de venta al por menor la realización de un solo acto u operación aislada.

Artículo 82. *Exenciones*

1. Están exentos del impuesto:

a) El Estado, las Comunidades Autónomas y las entidades locales, así como los organismos autónomos del Estado y las entidades de derecho público de análogo carácter de las Comunidades Autónomas y de las entidades locales.

b) Los sujetos pasivos que inicien el ejercicio de su actividad en territorio español, durante los dos primeros períodos impositivos de este impuesto en que se desarrolle aquélla.

A estos efectos, no se considerará que se ha producido el inicio del ejercicio de una actividad cuando ésta se haya desarrollado anteriormente bajo otra titularidad, circunstancia que se entenderá que concurre, entre otros supuestos, en los casos de fusión, escisión o aportación de ramas de actividad.

c)[100] Los siguientes sujetos pasivos:

Las personas físicas, sean o no residentes en territorio español.

---

[100] Nueva redacción de la letra c) dada por el art. decimoquinto de la Ley 11/2021, de 9 de julio, de medidas de prevención y lucha contra el fraude fiscal, de transposición de la Directiva (UE) 2016/1164, del Consejo, de 12 de julio de 2016, por la que se establecen normas contra las prácticas de elusión fiscal que inciden directamente en el funcionamiento del mercado interior, de modificación de diversas normas tributarias y en materia de regulación del juego (BOE núm. 164, de 10 de julio de 2021), con efectos desde 11 de julio de 2021.

Los sujetos pasivos del Impuesto sobre Sociedades, las sociedades civiles y las entidades del artículo 35.4 de la Ley 58/2003, de 17 de diciembre, General Tributaria, que tengan un importe neto de la cifra de negocios inferior a 1.000.000 de euros.

En cuanto a los contribuyentes por el Impuesto sobre la Renta de no Residentes, la exención solo alcanzará a los que operen en España mediante establecimiento permanente, siempre que tengan un importe neto de la cifra de negocios inferior a 1.000.000 de euros.

A efectos de la aplicación de la exención prevista en esta letra, se tendrán en cuenta las siguientes reglas:

1.ª El importe neto de la cifra de negocios se determinará de acuerdo con lo previsto en el apartado 2 del artículo 35 del Código de Comercio.

2.ª El importe neto de la cifra de negocios será, en el caso de los sujetos pasivos del Impuesto sobre Sociedades o de los contribuyentes por el Impuesto sobre la Renta de no Residentes, el del período impositivo cuyo plazo de presentación de declaraciones por dichos tributos hubiese finalizado el año anterior al del devengo de este impuesto. En el caso de las sociedades civiles y las entidades a que se refiere el artículo 35.4 de la Ley 58/2003, de 17 de diciembre, General Tributaria, el importe neto de la cifra de negocios será el que corresponda al penúltimo año anterior al de devengo de este impuesto. Si dicho período impositivo hubiera tenido una duración inferior al año natural, el importe neto de la cifra de negocios se elevará al año.

3.ª Para el cálculo del importe neto de la cifra de negocios del sujeto pasivo, se tendrá en cuenta el conjunto de las actividades económicas ejercidas por él.

No obstante, cuando la entidad forme parte de un grupo de sociedades por concurrir alguna de las circunstancias consideradas en el apartado 1 del artículo 42 del Código de Comercio como determinantes de la existencia de control, con independencia de la obligación de consolidación contable, el importe neto de la cifra de negocios se referirá al conjunto de entidades pertenecientes a dicho grupo.

A efectos de lo dispuesto en el párrafo anterior, se entenderá que los casos del artículo 42 del Código de Comercio son los recogidos en la sección 1.ª del Capítulo I de las normas para la formulación de las cuentas anuales consolidadas, aprobadas por Real Decreto 1159/2010, de 17 de septiembre.

4.ª En el supuesto de contribuyentes por el Impuesto sobre la Renta de no Residentes, se atenderá al importe neto de la cifra de negocios imputable al conjunto de los establecimientos permanentes situados en territorio español.

d) Las entidades gestoras de la Seguridad Social y las mutualidades de previsión social reguladas en la Ley 30/1995, de 8 de noviembre, de Ordenación y Supervisión de los Seguros Privados[101].

e) Los organismos públicos de investigación, los establecimientos de enseñanza en todos sus grados costeados íntegramente con fondos del Estado, de las Comunidades Autónomas o de las entidades locales, o por fundaciones declaradas benéficas o de utilidad pública, y los establecimientos de enseñanza en todos sus grados que, careciendo de ánimo de lucro, estuvieren en régimen de concierto educativo, incluso si facilitasen a sus alumnos libros o artículos de escritorio o les prestasen los servicios de media pensión o internado y aunque

---

[101]   BOE núm. 268, de 9 de septiembre de 1995.

por excepción vendan en el mismo establecimiento los productos de los talleres dedicados a dicha enseñanza, siempre que el importe de dicha venta, sin utilidad para ningún particular o tercera persona, se destine, exclusivamente, a la adquisición de materias primas o al sostenimiento del establecimiento.

f) Las asociaciones y fundaciones de disminuidos físicos, psíquicos y sensoriales, sin ánimo de lucro, por las actividades de carácter pedagógico, científico, asistenciales y de empleo que para la enseñanza, educación, rehabilitación y tutela de minusválidos realicen, aunque vendan los productos de los talleres dedicados a dichos fines, siempre que el importe de dicha venta, sin utilidad para ningún particular o tercera persona, se destine exclusivamente a la adquisición de materias primas o al sostenimiento del establecimiento.

g) La Cruz Roja Española.

h) Los sujetos pasivos a los que les sea de aplicación la exención en virtud de tratados o convenios internacionales.

2. Los sujetos pasivos a que se refieren los párrafos a), d), g) y h) del apartado anterior no estarán obligados a presentar declaración de alta en la matrícula del impuesto.

3. El Ministro de Hacienda establecerá en qué supuestos la aplicación de la exención prevista en el párrafo c) del apartado 1 anterior exigirá la presentación de una comunicación dirigida a la Agencia Estatal de Administración Tributaria en la que se haga constar que se cumplen los requisitos establecidos en dicho párrafo para la aplicación de la exención. Dicha obligación no se exigirá, en ningún caso, cuando se trate de contribuyentes por el Impuesto sobre la Renta de las Personas Físicas.

Los sujetos pasivos que hayan aplicado la exención prevista en el párrafo b) del apartado 1 anterior presentarán la comunicación, en su caso, el año siguiente al posterior al de inicio de su actividad.

A estos efectos, el Ministro de Hacienda establecerá el contenido, el plazo y la forma de presentación de dicha comunicación, así como los supuestos en que habrá de presentarse por vía telemática.

En cuanto a las variaciones que puedan afectar a la exención prevista en el párrafo c) del apartado 1 anterior, se estará a lo previsto en el párrafo tercero del apartado 2 del artículo 90 de esta Ley.

4. Las exenciones previstas en los párrafos e) y f) del apartado 1 de este artículo tendrán carácter rogado y se concederán, cuando proceda, a instancia de parte.

Artículo 83. *Sujetos pasivos*

Son sujetos pasivos de este impuesto las personas físicas o jurídicas y las entidades a que se refiere el artículo 35.4 de la Ley 58/2003, de 17 de diciembre, General Tributaria siempre que realicen en territorio nacional cualquiera de las actividades que originan el hecho imponible.

Artículo 84. **Cuota tributaria**

La cuota tributaria será la resultante de aplicar las tarifas del impuesto, de acuerdo con los preceptos contenidos en esta Ley y en las disposiciones que la complementen y desarrollen, y los coeficientes y las bonificaciones previstos por la ley y, en su caso, acordados por cada ayuntamiento y regulados en las ordenanzas fiscales respectivas.

Artículo 85. *Tarifas del impuesto*

1. Las tarifas del impuesto, en las que se fijarán las cuotas mínimas, así como la Instrucción para su aplicación, se aprobarán por real decreto legislativo del Gobierno, que será dictado en virtud de la presente delegación legislativa al amparo de lo dispuesto en el artículo 82 de la Constitución. La fijación de las cuotas mínimas se ajustará a las bases siguientes:

Primera. Delimitación del contenido de las actividades gravadas de acuerdo con las características de los sectores económicos, tipificándolas, con carácter general, mediante elementos fijos que deberán concurrir en el momento del devengo del impuesto.

Segunda. Los epígrafes y rúbricas que clasifiquen las actividades sujetas se ordenarán, en lo posible, con arreglo a la Clasificación Nacional de Actividades Económicas.

Tercera. Determinación de aquellas actividades o modalidades de estas a las que por su escaso rendimiento económico se les señale cuota cero.

Cuarta. Las cuotas resultantes de la aplicación de las tarifas no podrán exceder del 15 por 100 del beneficio medio presunto de la actividad gravada, y en su fijación se tendrá en cuenta, además de lo previsto en la base primera anterior, la superficie de los locales en los que se realicen las actividades gravadas.

Quinta. Asimismo, las tarifas del impuesto podrán fijar cuotas provinciales o nacionales, señalando las condiciones en que las actividades podrán tributar por dichas cuotas y fijando su importe, teniendo en cuenta su respectivo ámbito espacial.

2. El plazo para el ejercicio de la delegación legislativa concedida al Gobierno en el apartado 1 de este artículo será de un año a contar desde la fecha de entrada en vigor de esta Ley.

3. No obstante lo dispuesto en el artículo 91.2 de esta Ley, la gestión tributaria de las cuotas provinciales y nacionales que fijen las tarifas del impuesto corresponderá a la Administración tributaria del Estado, sin perjuicio de las fórmulas de colaboración que, en relación a tal gestión, puedan establecerse con otras entidades. Sobre las referidas cuotas provinciales y nacionales no podrá establecerse ni el coeficiente ni el recargo provincial regulados, respectivamente, en los artículos 87 y 134 de esta Ley.

4. Las cuotas del impuesto se exaccionarán y distribuirán con arreglo a las normas siguientes:

A) La exacción de las cuotas mínimas municipales se llevará a cabo por el ayuntamiento en cuyo término municipal tenga lugar la realización de las respectivas actividades.

Cuando los locales, o las instalaciones que no tienen consideración de tal, radiquen en más de un término municipal, la cuota correspondiente será exigida por el ayuntamiento en el que radique la mayor parte de aquéllos, sin perjuicio de la obligación de aquél de distribuir entre todos los demás el importe de dicha cuota, en proporción a la superficie que en cada término municipal ocupe la instalación o local de que se trate, en los términos que se establezcan en la Instrucción para la aplicación de las tarifas del impuesto y en las normas reglamentarias.

En el caso de centrales hidráulicas de producción de energía eléctrica, las cuotas se distribuirán entre los municipios en cuyo término radiquen las instalaciones de la central, sin incluir el embalse, y aquellos otros en cuyo término se extienda el embalse, en los términos que se establezcan en la Instrucción para la aplicación de las tarifas del impuesto y en las normas reglamentarias.

Tratándose de la actividad de producción de energía eléctrica en centrales nucleares, la cuota correspondiente se exigirá por el ayuntamiento en el que radique la central, o por aquel en el que radique la mayor parte de ella. En ambos casos, dicha cuota será distribuida, en los términos que se establezcan en la instrucción para la aplicación de las tarifas del impuesto y en las normas reglamentarias, entre todos los municipios afectados por la central, aunque en éstos no radiquen instalaciones o edificios afectos a ella.

A tales efectos, se consideran municipios afectados por una central nuclear aquellos en cuyo término respectivo radique el todo o una parte de sus instalaciones, así como aquellos otros, en los que no concurriendo la circunstancia anterior, tengan parte o todo de su término municipal en un área circular de 10 kilómetros de radio con centro en la instalación.

Las cuotas municipales correspondientes a actividades que se desarrollen en zonas portuarias que se extiendan sobre más de un término municipal serán distribuidas por el ayuntamiento exactor entre todos los municipios sobre los que se extienda la zona portuaria de que se trate, en proporción a la superficie de dicho término ocupada por la zona portuaria.

B) La exacción de las cuotas provinciales se llevará a cabo por la Delegación Provincial de la Agencia Estatal de Administración Tributaria en cuyo ámbito territorial tenga lugar la realización de las actividades correspondientes.

El importe de dichas cuotas será distribuido por la Delegación de la Agencia Estatal exactora entre todos los municipios de la provincia y la diputación provincial correspondiente, en los términos que reglamentariamente se establezcan.

C) La exacción de las cuotas nacionales se llevará a cabo por la Delegación Provincial de la Agencia Estatal de Administración Tributaria en cuyo ámbito territorial tenga su domicilio fiscal el sujeto pasivo.

El importe de las cuotas nacionales se distribuirá entre todos los municipios y Diputaciones Provinciales de territorio común en los términos que reglamentariamente se establezcan.

5. Las Leyes de Presupuestos Generales del Estado podrán modificar las tarifas del impuesto, así como la Instrucción para su aplicación, y actualizar las cuotas en ellas contenidas.

Se autoriza al Gobierno para dictar cuantas disposiciones sean necesarias para el desarrollo y aplicación de las tarifas e Instrucción del impuesto.

Artículo 86. *Coeficiente de ponderación*

Sobre las cuotas municipales, provinciales o nacionales fijadas en las tarifas del impuesto se aplicará, en todo caso, un coeficiente de ponderación, determinado en función del importe neto de la cifra de negocios del sujeto pasivo.

Dicho coeficiente se determinará de acuerdo con el siguiente cuadro:

Importe neto de la cifra de negocios (euros)	Coeficiente
Desde 1.000.000,00 hasta 5.000.000,00	1,29
Desde 5.000.000,01 hasta 10.000.000,00	1,30
Desde 10.000.000,01 hasta 50.000.000,00	1,32
Desde 50.000.000,01 hasta 100.000.000,00	1,33
Más de 100.000.000,00	1,35
Sin cifra neta de negocio	1,31

A los efectos de la aplicación del coeficiente a que se refiere este artículo, el importe neto de la cifra de negocios del sujeto pasivo será el correspondiente al conjunto de actividades económicas ejercidas por él y se determinará de acuerdo con lo previsto en el artículo 82.1.c) de esta Ley.

Artículo 87. *Coeficiente de situación*

1. Sobre las cuotas modificadas por la aplicación del coeficiente de ponderación previsto en el artículo anterior, los ayuntamientos podrán establecer una escala de coeficientes que pondere la situación física del local dentro de cada término municipal, atendiendo a la categoría de la calle en que radique.

2. Dicho coeficiente no podrá ser inferior a 0,4 ni superior a 3,8.

3. A los efectos de la fijación del coeficiente de situación, el número de categorías de calles que debe establecer cada municipio no podrá ser inferior a 2 ni superior a 9.

4. En los municipios en los que no sea posible distinguir más de una categoría de calle, no se podrá establecer el coeficiente de situación.

5. La diferencia del valor del coeficiente atribuido a una calle con respecto al atribuido a la categoría superior o inferior no podrá ser menor de 0,10.

Artículo 88[102]. *Bonificaciones obligatorias y potestativas*

1. Sobre la cuota del impuesto se aplicarán, en todo caso, las siguientes bonificaciones:

a) Las cooperativas, así como las uniones, federaciones y confederaciones de aquéllas y las sociedades agrarias de transformación tendrán la bonificación prevista en la Ley 20/1990, de 19 de diciembre, sobre Régimen Fiscal de las Cooperativas.

b) Una bonificación del 50 por 100 de la cuota correspondiente, para quienes inicien el ejercicio de cualquier actividad profesional, durante los cinco años de actividad siguientes a la conclusión del segundo período impositivo de desarrollo de aquélla. El período de aplicación de la bonificación caducará transcurridos cinco años desde la finalización de la exención prevista en el artículo 82.1.b) de esta Ley.

2. Cuando las ordenanzas fiscales así lo establezcan, se aplicarán las siguientes bonificaciones:

a) Una bonificación de hasta el 50 por 100 de la cuota correspondiente, para quienes inicien el ejercicio de cualquier actividad empresarial y tributen por cuota municipal, durante los cinco años de actividad siguientes a la conclusión del segundo período impositivo de desarrollo de aquélla.

La aplicación de la bonificación requerirá que la actividad económica no se haya ejercido anteriormente bajo otra titularidad. Se entenderá que la actividad se ha ejercido anteriormente bajo otra titularidad, entre otros, en los supuestos de fusión, escisión o aportación de ramas de actividad.

El período de aplicación de la bonificación caducará transcurridos cinco años desde la finalización de la exención prevista en el párrafo b) del apartado 1 del artículo 82 de esta Ley.

---

[102] Art. 6.2 (Beneficios fiscales), Real Decreto-ley 25/2012, de 7 de septiembre, por el que se aprueban medidas urgentes para paliar los daños producidos por los incendios forestales y otras catástrofes naturales ocurridos en varias comunidades autónomas (BOE núm. 217, de 8 de septiembre de 2012).

La bonificación se aplicará a la cuota tributaria, integrada por la cuota de tarifa ponderada por el coeficiente establecido en el artículo 86 y modificada, en su caso, por el coeficiente establecido en el artículo 87 de esta Ley. En el supuesto de que resultase aplicable la bonificación a que alude el párrafo a) del apartado 1 anterior, la bonificación prevista en este párrafo se aplicará a la cuota resultante de aplicar la bonificación del citado párrafo a) del apartado 1.

b) Una bonificación por creación de empleo de hasta el 50 por 100 de la cuota correspondiente, para los sujetos pasivos que tributen por cuota municipal y que hayan incrementado el promedio de su plantilla de trabajadores con contrato indefinido durante el período impositivo inmediato anterior al de la aplicación de la bonificación, en relación con el período anterior a aquél.

La ordenanza fiscal podrá establecer diferentes porcentajes de bonificación, sin exceder el límite máximo fijado en el párrafo anterior, en función de cuál sea el incremento medio de la plantilla de trabajadores con contrato indefinido.

La bonificación se aplicará a la cuota resultante de aplicar, en su caso, las bonificaciones a que se refieren el apartado 1 de este artículo y el párrafo a) anterior.

c) Una bonificación de hasta el 50 por 100 de la cuota correspondiente para los sujetos pasivos que tributen por cuota municipal y que:

Utilicen o produzcan energía a partir de instalaciones para el aprovechamiento de energías renovables o sistemas de cogeneración.

A estos efectos, se considerarán instalaciones para el aprovechamiento de las energías renovables las contempladas y definidas como tales en el Plan de Fomento de las Energías Renovables. Se considerarán sistemas de cogeneración los equipos e instalaciones que permitan la producción conjunta de electricidad y energía térmica útil.

Realicen sus actividades industriales, desde el inicio de su actividad o por traslado posterior, en locales o instalaciones alejadas de las zonas más pobladas del término municipal.

Establezcan un plan de transporte para sus trabajadores que tenga por objeto reducir el consumo de energía y las emisiones causadas por el desplazamiento al lugar del puesto de trabajo y fomentar el empleo de los medios de transporte más eficientes, como el transporte colectivo o el compartido.

La bonificación se aplicará a la cuota resultante de aplicar, en su caso, las bonificaciones a que se refieren el apartado 1 de este artículo y los párrafos a) y b) anteriores.

d) Una bonificación de hasta el 50 por 100 de la cuota correspondiente para los sujetos pasivos que tributen por cuota municipal y tengan una renta o rendimiento neto de la actividad económica negativos o inferiores a la cantidad que determine la ordenanza fiscal, la cual podrá fijar diferentes porcentajes de bonificación y límites en función de cuál sea la división, agrupación o grupo de las tarifas del impuesto en que se clasifique la actividad económica realizada.

La bonificación se aplicará a la cuota resultante de aplicar, en su caso, las bonificaciones a que se refieren el apartado 1 de este artículo y los párrafos anteriores de este apartado.

e)[103] Una bonificación de hasta el 95 por ciento de la cuota correspondiente para los sujetos pasivos que tributen por cuota municipal y que desarrollen actividades económicas

---

[103] Nueva letra e) incorporada por el 14.5 de la Ley 16/2012, de 27 de diciembre, por la que se adoptan diversas medidas tributarias dirigidas a la consolidación de las finanzas públicas y al impulso de la actividad

que sean declaradas de especial interés o utilidad municipal por concurrir circunstancias sociales, culturales, histórico artísticas o de fomento del empleo que justifiquen tal declaración. Corresponderá dicha declaración al Pleno de la Corporación y se acordará, previa solicitud del sujeto pasivo, por voto favorable de la mayoría simple de sus miembros.

La bonificación se aplicará a la cuota resultante de aplicar, en su caso, las bonificaciones a que se refieren el apartado 1 de este artículo y los párrafos anteriores de este apartado.

f)[104] Una bonificación de hasta el 50 por ciento de la cuota correspondiente para los sujetos pasivos que tributen por cuota municipal y que hayan instalado puntos de recarga para vehículos eléctricos en los locales afectos a la actividad económica. La aplicación de esta bonificación estará condicionada a que las instalaciones dispongan de la correspondiente homologación por la Administración competente.

La bonificación se aplicará a la cuota resultante de aplicar, en su caso, las bonificaciones a que se refieren el apartado 1 de este artículo y los párrafos anteriores de este apartado.

3. La ordenanza fiscal correspondiente especificará los restantes aspectos sustantivos y formales a que se refiere el apartado anterior. Entre otras materias, la ordenanza fiscal determinará si todas o algunas de las citadas bonificaciones son o no aplicables simultáneamente.

Artículo 89. *Período impositivo y devengo*

1. El período impositivo coincide con el año natural, excepto cuando se trate de declaraciones de alta, en cuyo caso abarcará desde la fecha de comienzo de la actividad hasta el final del año natural.

2. El impuesto se devenga el primer día del período impositivo y las cuotas serán irreducibles, salvo cuando, en los casos de declaración de alta, el día de comienzo de la actividad no coincida con el año natural, en cuyo supuesto las cuotas se calcularán proporcionalmente al número de trimestres naturales que restan para finalizar el año, incluido el del comienzo del ejercicio de la actividad.

Asimismo, y en el caso de baja por cese en el ejercicio de la actividad, las cuotas serán prorrateables por trimestres naturales, excluido aquel en el que se produzca dicho cese. A tal fin los sujetos pasivos podrán solicitar la devolución de la parte de la cuota correspondiente a los trimestres naturales en los que no se hubiera ejercido la actividad.

3. Tratándose de espectáculos, cuando las cuotas estén establecidas por actuaciones aisladas, el devengo se produce por la realización de cada una de ellas, debiéndose presentar las correspondientes declaraciones en la forma que se establezca reglamentariamente.

Artículo 90. *Gestión tributaria del impuesto*

1. El impuesto se gestiona a partir de la matrícula de éste. Dicha matrícula se formará anualmente para cada término y estará constituida por censos comprensivos de las actividades económicas, sujetos pasivos, cuotas mínimas y, en su caso, del recargo provincial. La matrícula estará a disposición del público en los respectivos ayuntamientos.

---

económica (BOE núm. 312, de 28 de diciembre) con efectos desde el 1 de enero de 2013.

[104] Nueva letra f) incorporada por la Disposición final quinta Dos del Real Decreto-ley 29/2021, de 21 de diciembre, por el que se adoptan medidas urgentes en el ámbito energético para el fomento de la movilidad eléctrica, el autoconsumo y el despliegue de energías renovables (BOE núm. 305, de 22 de diciembre de 2021), en vigor desde el 23 de diciembre de 2021.

2. Los sujetos pasivos estarán obligados a presentar las correspondientes declaraciones censales de alta manifestando todos los elementos necesarios para su inclusión en la matrícula en los términos del artículo 90.1 de esta Ley y dentro del plazo que reglamentariamente se establezca. A continuación se practicará por la Administración competente la liquidación correspondiente, la cual se notificará al sujeto pasivo, quien deberá efectuar el ingreso que proceda.

Asimismo, los sujetos pasivos estarán obligados a comunicar las variaciones de orden físico, económico o jurídico que se produzcan en el ejercicio de las actividades gravadas y que tengan trascendencia a efectos de este impuesto, y las formalizarán en los plazos y términos reglamentariamente determinados.

En particular, los sujetos pasivos a los que no resulte de aplicación la exención prevista en el párrafo c) del apartado 1 del artículo 82 de esta Ley, deberán comunicar a la Agencia Estatal de Administración Tributaria el importe neto de su cifra de negocios. Asimismo, los sujetos pasivos deberán comunicar las variaciones que se produzcan en el importe neto de su cifra de negocios cuando tal variación suponga la modificación de la aplicación o no de la exención prevista en el párrafo c) del apartado 1 del artículo 82 de esta Ley o una modificación en el tramo a considerar a efectos de la aplicación del coeficiente de ponderación previsto en el artículo 86 de esta Ley. El Ministro de Hacienda establecerá los supuestos en que deberán presentarse estas comunicaciones, su contenido y su plazo y forma de presentación, así como los supuestos en que habrán de presentarse por vía telemática.

3. La inclusión, exclusión o alteración de los datos contenidos en los censos, resultantes de las actuaciones de inspección tributaria o de la formalización de altas y comunicaciones, se considerarán acto administrativo, y conllevarán la modificación del censo. Cualquier modificación de la matrícula que se refiera a datos obrantes en los censos requerirá, inexcusablemente, la previa alteración de estos últimos en el mismo sentido.

4. Este impuesto podrá exigirse en régimen de autoliquidación, en los términos que reglamentariamente se establezcan.

Artículo 91. *Matrícula del impuesto*

1. La formación de la matrícula del Impuesto, la calificación de las actividades económicas, el señalamiento de las cuotas correspondientes y, en general, la gestión censal del tributo se llevará a cabo por la Administración tributaria del Estado.

Sin perjuicio de ello, la notificación de estos actos puede ser practicada por los ayuntamientos o por la Administración del Estado, juntamente con la notificación de las liquidaciones conducentes a la determinación de las deudas tributarias.

Tratándose de cuotas municipales, las funciones a que se refiere el párrafo primero de este apartado, podrán ser delegadas en los ayuntamientos, diputaciones provinciales, cabildos o consejos insulares y otras entidades reconocidas por las leyes y Comunidades Autónomas que lo soliciten, en los términos que reglamentariamente se establezca.

2. La liquidación y recaudación, así como la revisión de los actos dictados en vía de gestión tributaria de este impuesto se llevará a cabo por los ayuntamientos y comprenderá las funciones de concesión y denegación de exenciones y bonificaciones, realización de las liquidaciones conducentes a la determinación de las deudas tributarias, emisión de los instrumentos de cobro, resolución de los expedientes de devolución de ingresos indebidos, resolución de los recursos que se interpongan contra dichos actos y actuaciones para la información y asistencia al contribuyente referidas a las materias comprendidas en este apartado[105].

3. La inspección de este impuesto se llevará a cabo por los órganos competentes de la Administración tributaria del Estado, sin perjuicio de las delegaciones que puedan hacerse en los ayuntamientos, diputaciones provinciales, cabildos o consejos insulares y otras entidades locales reconocidas por las leyes y Comunidades Autónomas que lo soliciten, y de las fórmulas de colaboración que puedan establecerse con dichas entidades, todo ello en los términos que se disponga por el Ministro de Hacienda.

4. En todo caso el conocimiento de las reclamaciones que se interpongan contra los actos de gestión censal dictados por la Administración tributaria del Estado a que se refiere el párrafo primero del apartado 1 de este artículo, así como los actos de igual naturaleza dictados en virtud de la delegación prevista en el párrafo tercero del mismo apartado, corresponderá a los Tribunales Económico-Administrativos del Estado.

De igual modo, corresponderá a los mencionados Tribunales Económico-Administrativos el conocimiento de las reclamaciones que se interpongan contra los actos dictados en virtud de la delegación prevista en el apartado 3 de este artículo que supongan inclusión, exclusión o alteración de los datos contenidos en los censos del impuesto.

Subsección 4.ª Impuesto sobre Vehículos de Tracción Mecánica

Artículo 92. *Naturaleza y hecho imponible*

1. El Impuesto sobre Vehículos de Tracción Mecánica es un tributo directo que grava la titularidad de los vehículos de esta naturaleza, aptos para circular por las vías públicas, cualesquiera que sean su clase y categoría.

2. Se considera vehículo apto para la circulación el que hubiera sido matriculado en los registros públicos correspondientes y mientras no haya causado baja en éstos. A los efectos de este impuesto también se considerarán aptos los vehículos provistos de permisos temporales y matrícula turística.

3. No están sujetos a este impuesto:

a) Los vehículos que habiendo sido dados de baja en los Registros por antigüedad de su modelo, puedan ser autorizados para circular excepcionalmente con ocasión de exhibiciones, certámenes o carreras limitadas a los de esta naturaleza.

b) Los remolques y semirremolques arrastrados por vehículos de tracción mecánica cuya carga útil no sea superior a 750 kilogramos.

---

[105] El Real Decreto 1065/2007, de 27 de julio, por el que se aprueba el Reglamento General de las actuaciones y los procedimientos de gestión e inspección tributaria y de desarrollo de las normas comunes de los procedimientos de aplicación de los tributos, establece en su Disposición Adicional Primera. «*Efectos de la falta de resolución en plazo de determinados procedimientos tributarios.*
Uno. Los procedimientos que se relacionan a continuación podrán entenderse desestimados por haber vencido el plazo máximo establecido sin que se haya notificado resolución expresa: … 69. Procedimiento para la concesión de beneficios fiscales en el Impuesto sobre Actividades Económicas, previsto en el artículo 91.2 del texto refundido de la Ley Reguladora de las Haciendas Locales, aprobado por el Real Decreto Legislativo 2/2004, de 5 de marzo».

Artículo 93. *Exenciones*

1. Estarán exentos del impuesto:

a) Los vehículos oficiales del Estado, Comunidades Autónomas y entidades locales adscritos a la defensa nacional o a la seguridad ciudadana.

b) Los vehículos de representaciones diplomáticas, oficinas consulares, agentes diplomáticos y funcionarios consulares de carrera acreditados en España, que sean súbditos de los respectivos países, externamente identificados y a condición de reciprocidad en su extensión y grado.

Asimismo, los vehículos de los organismos internacionales con sede u oficina en España y de sus funcionarios o miembros con estatuto diplomático.

c) Los vehículos respecto de los cuales así se derive de lo dispuesto en tratados o convenios internacionales.

d) Las ambulancias y demás vehículos directamente destinados a la asistencia sanitaria o al traslado de heridos o enfermos.

e) Los vehículos para personas de movilidad reducida a que se refiere el apartado A del anexo II del Reglamento General de Vehículos, aprobado por el Real Decreto 2822/1998, de 23 de diciembre[106].

Asimismo, están exentos los vehículos matriculados a nombre de minusválidos para su uso exclusivo. Esta exención se aplicará en tanto se mantengan dichas circunstancias, tanto a los vehículos conducidos por personas con discapacidad como a los destinados a su transporte.

Las exenciones previstas en los dos párrafos anteriores no resultarán aplicables a los sujetos pasivos beneficiarios de ellas por más de un vehículo simultáneamente.

A efectos de lo dispuesto en este párrafo, se considerarán personas con minusvalía quienes tengan esta condición legal en grado igual o superior al 33 por 100.

f) Los autobuses, microbuses y demás vehículos destinados o adscritos al servicio de transporte público urbano, siempre que tengan una capacidad que exceda de nueve plazas, incluida la del conductor.

g) Los tractores, remolques, semirremolques y maquinaria provistos de Cartilla de Inspección Agrícola.

2. Para poder aplicar las exenciones a que se refieren los párrafos e) y g) del apartado 1 de este artículo, los interesados deberán instar su concesión indicando las características del vehículo, su matrícula y la causa del beneficio. Declarada la exención por la Administración municipal, se expedirá un documento que acredite su concesión[107].

---

[106] BOE núm. 22, de 26 de enero de 1999: «Vehículo para personas de movilidad reducida: Vehículo cuya tara no sea superior a 350 kg, y que, por construcción, no puede alcanzar en llano una velocidad superior a reducida 45 km/h, proyectado y construido especialmente (y no meramente adaptado) para el uso de personas con alguna disfunción o incapacidad física. En cuanto al resto de sus características técnicas se les equiparará a los ciclomotores de tres ruedas».

[107] El Real Decreto 1065/2007, de 27 de julio, por el que se aprueba el Reglamento General de las actuaciones y los procedimientos de gestión e inspección tributaria y de desarrollo de las normas comunes de los procedimientos de aplicación de los tributos, establece en su Disposición Adicional Primera. *«Efectos de la falta de resolución en plazo de determinados procedimientos tributarios.*

En relación con la exención prevista en el segundo párrafo del párrafo e) del apartado 1 anterior, el interesado deberá aportar el certificado de la minusvalía emitido por el órgano competente y justificar el destino del vehículo ante el ayuntamiento de la imposición, en los términos que éste establezca en la correspondiente ordenanza fiscal.

Artículo 94. *Sujetos pasivos*

Son sujetos pasivos de este impuesto las personas físicas o jurídicas y las entidades a que se refiere el artículo 35.4 de la Ley 58/2003, de 17 de diciembre, General Tributaria, a cuyo nombre conste el vehículo en el permiso de circulación.

Artículo 95. *Cuota*

1. El Impuesto se exigirá con arreglo al siguiente cuadro de tarifas:

Potencia y clase de vehículo	Cuota -- Euros
A) Turismos:	
De menos de ocho caballos fiscales	12,62
De 8 hasta 11,99 caballos fiscales	34,08
De 12 hasta 15,99 caballos fiscales	71,94
De 16 hasta 19,99 caballos fiscales	89,61
De 20 caballos fiscales en adelante	112,00
B) Autobuses:	
De menos de 21 plazas	83,30
De 21 a 50 plazas	118,64
De más de 50 plazas	148,30
C) Camiones:	
De menos de 1.000 kilogramos de carga útil	42,28
De 1.000 a 2.999 kilogramos de carga útil	83,30
De más de 2.999 a 9.999 kilogramos de carga útil	118,64
De más de 9.999 kilogramos de carga útil	148,30
D) Tractores:	
De menos de 16 caballos fiscales	17,67

Uno. Los procedimientos que se relacionan a continuación podrán entenderse desestimados por haber vencido el plazo máximo establecido sin que se haya notificado resolución expresa: … 70. Procedimiento para la concesión de exenciones en el Impuesto sobre Vehículos de Tracción Mecánica, previsto en el artículo 93.2 del texto refundido de la Ley Reguladora de las Haciendas Locales, aprobado por el Real Decreto Legislativo 2/2004, de 5 de marzo».

Potencia y clase de vehículo	Cuota -- Euros
De 16 a 25 caballos fiscales	27,77
De más de 25 caballos fiscales	83,30
E) Remolques y semirremolques arrastrados por vehículos de tracción mecánica:	
De menos de 1.000 y más de 750 kilogramos de carga útil	17,67
De 1.000 a 2.999 kilogramos de carga útil	27,77
De más de 2.999 kilogramos de carga útil	83,30
F) Vehículos:	
Ciclomotores	4,42
Motocicletas hasta 125 centímetros cúbicos	4,42
Motocicletas de más de 125 hasta 250 centímetros cúbicos	7,57
Motocicletas de más de 250 hasta 500 centímetros cúbicos	15,15
Motocicletas de más de 500 hasta 1.000 centímetros cúbicos	30,29
Motocicletas de más de 1.000 centímetros cúbicos	60,58

2. El cuadro de cuotas podrá ser modificado por la Ley de Presupuestos Generales del Estado.

3. Reglamentariamente se determinará el concepto de las diversas clases de vehículos y las reglas para la aplicación de las tarifas.

4. Los ayuntamientos podrán incrementar las cuotas fijadas en el apartado 1 de este artículo mediante la aplicación sobre ellas de un coeficiente, el cual no podrá ser superior a 2.

Los ayuntamientos podrán fijar un coeficiente para cada una de las clases de vehículos previstas en el cuadro de tarifas recogido en el apartado 1 de este artículo, el cual podrá ser, a su vez, diferente para cada uno de los tramos fijados en cada clase de vehículo, sin exceder en ningún caso el límite máximo fijado en el párrafo anterior.

5. En el caso de que los ayuntamientos no hagan uso de la facultad a que se refiere el apartado anterior, el impuesto se exigirá con arreglo a las cuotas del cuadro de tarifas.

6. Las ordenanzas fiscales podrán regular, sobre la cuota del impuesto, incrementada o no por la aplicación del coeficiente, las siguientes bonificaciones:

a) Una bonificación de hasta el 75 por 100 en función de la clase de carburante que consuma el vehículo, en razón a la incidencia de la combustión de dicho carburante en el medio ambiente.

b) Una bonificación de hasta el 75 por 100 en función de las características de los motores de los vehículos y su incidencia en el medio ambiente.

c) Una bonificación de hasta el 100 por 100 para los vehículos históricos[108] o aquellos que tengan una antigüedad mínima de veinticinco años, contados a partir de la fecha de su

---

[108] Real Decreto 892/2024, de 10 de septiembre, por el que se aprueba el Reglamento de Vehículos Históricos (BOE núm. 226, de 18 de septiembre de 2024).

fabricación o, si ésta no se conociera, tomando como tal la de su primera matriculación o, en su defecto, la fecha en que el correspondiente tipo o variante se dejó de fabricar.

La regulación de los restantes aspectos sustantivos y formales de las bonificaciones a que se refieren los párrafos anteriores se establecerá en la ordenanza fiscal.

Artículo 96. *Período impositivo y devengo*

1. El período impositivo coincide con el año natural, salvo en el caso de primera adquisición de los vehículos. En este caso el período impositivo comenzará el día en que se produzca dicha adquisición.

2. El impuesto se devenga el primer día del período impositivo.

3. El importe de la cuota del impuesto se prorrateará por trimestres naturales en los casos de primera adquisición o baja definitiva del vehículo. También procederá el prorrateo de la cuota en los mismos términos en los supuestos de baja temporal por sustracción o robo de vehículo, y ello desde el momento en que se produzca dicha baja temporal en el Registro público correspondiente.

Artículo 97. *Gestión tributaria del impuesto*

La gestión, liquidación, inspección y recaudación, así como la revisión de los actos dictados en vía de gestión tributaria corresponde al ayuntamiento del domicilio que conste en el permiso de circulación del vehículo.

Artículo 98. *Autoliquidación*

1. Los ayuntamientos podrán exigir este impuesto en régimen de autoliquidación.

2. En las respectivas ordenanzas fiscales los ayuntamientos dispondrán la clase de instrumento acreditativo del pago del impuesto.

Artículo 99[109]. *Justificación del pago del impuesto*

1. Quienes soliciten ante la Jefatura Provincial de Tráfico la matriculación o la certificación de aptitud para circular de un vehículo, deberán acreditar previamente el pago del impuesto.

2. Las Jefaturas Provinciales de Tráfico no tramitarán el cambio de titularidad administrativa de un vehículo en tanto su titular registral no haya acreditado el pago del impuesto correspondiente al período impositivo del año anterior a aquel en que se realiza el trámite.

3. A efectos de la acreditación anterior, los Ayuntamientos o las entidades que ejerzan las funciones de recaudación por delegación, al finalizar el período voluntario, comunicarán informáticamente al Registro de Vehículos de la Dirección General de Tráfico el impago de la deuda correspondiente al período impositivo del año en curso. La inexistencia de anotaciones por impago en el Registro de Vehículos implicará, a los únicos efectos de realización del trámite, la acreditación anteriormente señalada.

---

[109] Nueva redacción dada por el art. Undécimo.dos de la Ley 36/2006, de 29 de noviembre, de medidas para la prevención del fraude fiscal (BOE núm. 286, de 30 de noviembre de 2006), en vigor desde el día siguiente de su publicación.

Subsección 5.ª Impuesto sobre Construcciones, Instalaciones y Obras

Artículo 100. *Naturaleza y hecho imponible*

1[110]. El Impuesto sobre Construcciones, Instalaciones y Obras es un tributo indirecto cuyo hecho imponible está constituido por la realización, dentro del término municipal, de cualquier construcción, instalación u obra para la que se exija obtención de la correspondiente licencia de obras o urbanística, se haya obtenido o no dicha licencia, o para la que se exija presentación de declaración responsable o comunicación previa, siempre que la expedición de la licencia o la actividad de control corresponda al ayuntamiento de la imposición.

2. Está exenta del pago del impuesto la realización de cualquier construcción, instalación u obra de la que sea dueño el Estado, las Comunidades Autónomas o las entidades locales, que estando sujeta al impuesto, vaya a ser directamente destinada a carreteras, ferrocarriles, puertos, aeropuertos, obras hidráulicas, saneamiento de poblaciones y de sus aguas residuales, aunque su gestión se lleve a cabo por organismos autónomos, tanto si se trata de obras de inversión nueva como de conservación.

Artículo 101. *Sujetos pasivos*

1. Son sujetos pasivos de este impuesto, a título de contribuyentes, las personas físicas, personas jurídicas o entidades del artículo 35.4 de la Ley 58/2003, de 17 de diciembre, General Tributaria, que sean dueños de la construcción, instalación u obra, sean o no propietarios del inmueble sobre el que se realice aquélla.

A los efectos previstos en el párrafo anterior tendrá la consideración de dueño de la construcción, instalación u obra quien soporte los gastos o el coste que comporte su realización.

2[111]. En el supuesto de que la construcción, instalación u obra no sea realizada por el sujeto pasivo contribuyente tendrán la condición de sujetos pasivos sustitutos del contribuyente quienes soliciten las correspondientes licencias o presenten las correspondientes declaraciones responsables o comunicaciones previas o quienes realicen las construcciones, instalaciones u obras.

El sustituto podrá exigir del contribuyente el importe de la cuota tributaria satisfecha.

---

[110] Nueva redacción del art. 100.1 dada por la Disp. Final primera.Dos del Real Decreto-ley 19/2012, de 25 de mayo, de medidas urgentes de liberalización del comercio y de determinados servicios (BOE núm. 126, de 26 de mayo de 2012), en vigor desde el 27 de mayo de 2012, posteriormente recogida en la Disposición final primera.dos de la Ley 12/2012, de 26 de diciembre, de medidas urgentes de liberalización del comercio y de determinados servicios (BOE, núm. 311, de 27 de diciembre de 2012).

[111] Nueva redacción del art. 101.2 dada por la Disp. Final primera.Tres del Real Decreto-ley 19/2012, de 25 de mayo, de medidas urgentes de liberalización del comercio y de determinados servicios (BOE núm. 126, de 26 de mayo de 2012), en vigor desde el 27 de mayo de 2012, posteriormente recogida en la Disposición final primera.tres de la Ley 12/2012, de 26 de diciembre, de medidas urgentes de liberalización del comercio y de determinados servicios (BOE, núm. 311, de 27 de diciembre de 2012).

Artículo 102[112]. *Base imponible, cuota y devengo*

1. La base imponible del impuesto está constituida por el coste real y efectivo de la construcción, instalación u obra, y se entiende por tal, a estos efectos, el coste de ejecución material de aquélla.

No forman parte de la base imponible el Impuesto sobre el Valor Añadido y demás impuestos análogos propios de regímenes especiales, las tasas, precios públicos y demás prestaciones patrimoniales de carácter público local relacionadas, en su caso, con la construcción, instalación u obra, ni tampoco los honorarios de profesionales, el beneficio empresarial del contratista ni cualquier otro concepto que no integre, estrictamente, el coste de ejecución material.

2. La cuota de este impuesto será el resultado de aplicar a la base imponible el tipo de gravamen.

3. El tipo de gravamen del impuesto será el fijado por cada ayuntamiento, sin que dicho tipo pueda exceder del cuatro por cien.

4. El impuesto se devenga en el momento de iniciarse la construcción, instalación u obra, aun cuando no se haya obtenido la correspondiente licencia.

Artículo 103. *Gestión tributaria del impuesto. Bonificaciones potestativas*

1[113]. Cuando se conceda la licencia preceptiva o se presente la declaración responsable o la comunicación previa o cuando, no habiéndose solicitado, concedido o denegado aún aquella o presentado éstas, se inicie la construcción, instalación u obra, se practicará una liquidación provisional a cuenta, determinándose la base imponible:

a) En función del presupuesto presentado por los interesados, siempre que hubiera sido visado por el colegio oficial correspondiente cuando ello constituya un requisito preceptivo.

b) Cuando la ordenanza fiscal así lo prevea, en función de los índices o módulos que ésta establezca al efecto.

---

[112] Doctrina legal según Sentencia de 14 de mayo de 2010, de la Sala Tercera del Tribunal Supremo (BOE. núm. 190, de 6 de agosto de 2010): «*Forma parte de la base imponible del Impuesto sobre Construcciones, Instalaciones y Obras, regulado en el Texto Refundido de la Ley Reguladora de las Haciendas Locales, aprobado por Real Decreto Legislativo 2/2004, de 5 de marzo, en el supuesto de instalación de parques eólicos el coste de todos los elementos necesarios para la captación de la energía que figuren en el proyecto para el que se solicita la licencia de obras y carezcan de singularidad o identidad propia respecto de la construcción realizada*»

Doctrina legal según Sentencia de 23 de noviembre de 2011, de la Sala Tercera del Tribunal Supremo (BOE. núm. 305, de 20 de diciembre de 2011): «*Forma parte de la base imponible del Impuesto sobre Construcciones, Instalaciones y Obras, regulado en el Texto Refundido de la Ley Reguladora de las Haciendas Locales, aprobado por Real Decreto Legislativo 2/2004, de 5 de marzo, en el supuesto de instalación de plantas fotovoltaicas de energía solar, el coste de todos los elementos necesarios para la captación de la energía que figuren en el proyecto para el que se solicita la licencia de obras y carezcan de singularidad o identidad propia respecto de la construcción realizada*».

[113] Nueva redacción del art. 103.1 dada por la Disp. Final primera.Cuatro del Real Decreto-ley 19/2012, de 25 de mayo, de medidas urgentes de liberalización del comercio y de determinados servicios (BOE núm. 126, de 26 de mayo de 2012), en vigor desde el 27 de mayo de 2012, posteriormente recogida en la Disposición final primera.cuatro de la Ley 12/2012, de 26 de diciembre, de medidas urgentes de liberalización del comercio y de determinados servicios (BOE, núm. 311, de 27 de diciembre de 2012).

Una vez finalizada la construcción, instalación u obra, y teniendo en cuenta su coste real y efectivo, el ayuntamiento, mediante la oportuna comprobación administrativa, modificará, en su caso, la base imponible a que se refiere el apartado anterior practicando la correspondiente liquidación definitiva, y exigiendo del sujeto pasivo o reintegrándole, en su caso, la cantidad que corresponda.

2[114]. Las ordenanzas fiscales podrán regular las siguientes bonificaciones sobre la cuota del impuesto:

a) Una bonificación de hasta el 95 por 100 a favor de las construcciones, instalaciones u obras que sean declaradas de especial interés o utilidad municipal por concurrir circunstancias sociales, culturales, histórico artísticas o de fomento del empleo que justifiquen tal declaración. Corresponderá dicha declaración al Pleno de la Corporación y se acordará, previa solicitud del sujeto pasivo, por voto favorable de la mayoría simple de sus miembros.

b)[115] Una bonificación de hasta el 95 por ciento a favor de las construcciones, instalaciones u obras en las que se incorporen sistemas para el aprovechamiento térmico o eléctrico de la energía solar o de la energía ambiente. La aplicación de esta bonificación estará condicionada a que las instalaciones dispongan de la correspondiente homologación de la Administración competente.

La bonificación prevista en este párrafo se aplicará a la cuota resultante de aplicar, en su caso, la bonificación a que se refiere el párrafo a) anterior.

c) Una bonificación de hasta el 50 por 100 a favor de las construcciones, instalaciones u obras vinculadas a los planes de fomento de las inversiones privadas en infraestructuras.

La bonificación prevista en este párrafo se aplicará a la cuota resultante de aplicar, en su caso, las bonificaciones a que se refieren los párrafos a) y b) anteriores.

d) Una bonificación de hasta el 50 por 100 a favor de las construcciones, instalaciones u obras referentes a las viviendas de protección oficial.

La bonificación prevista en este párrafo se aplicará a la cuota resultante de aplicar, en su caso, las bonificaciones a que se refieren los párrafos anteriores.

e) Una bonificación de hasta el 90 por 100 a favor de las construcciones, instalaciones u obras que favorezcan las condiciones de acceso y habitabilidad de los discapacitados.

La bonificación prevista en este párrafo se aplicará a la cuota resultante de aplicar, en su caso, las bonificaciones a que se refieren los párrafos anteriores.

---

[114] Sentencia 184/2011, de 23 de noviembre de 2011, las Comunidades Autónomas no pueden establecer exenciones en los tributos locales, en este caso, referentes al Impuesto sobre Construcciones, Instalaciones y obras.

[115] Nueva redacción del art. 103.2.b) dada por el art. 28.Dos del Real Decreto-ley 7/2025, de 24 de junio, por el que se aprueban medidas urgentes para el refuerzo del sistema eléctrico (BOE núm. 152, de 25 de junio de 2025), con efectos desde el 25 de junio de 2025.
Redacción anterior: «b) Una bonificación de hasta el 95 por 100 a favor de las construcciones, instalaciones u obras en las que se incorporen sistemas para el aprovechamiento térmico o eléctrico de la energía solar. La aplicación de esta bonificación estará condicionada a que las instalaciones para producción de calor incluyan colectores que dispongan de la correspondiente homologación de la Administración competente.
La bonificación prevista en este párrafo se aplicará a la cuota resultante de aplicar, en su caso, la bonificación a que se refiere el párrafo a) anterior».

La regulación de los restantes aspectos sustantivos y formales de las bonificaciones a que se refiere este apartado se establecerá en la ordenanza fiscal. Entre otras materias, la ordenanza fiscal determinará si todas o algunas de las citadas bonificaciones son o no aplicables simultáneamente.

f)[116] Una bonificación de hasta el 90 por ciento a favor de las construcciones, instalaciones u obras necesarias para la instalación de puntos de recarga para vehículos eléctricos. La aplicación de esta bonificación estará condicionada a que las instalaciones dispongan de la correspondiente homologación por la Administración competente.

La bonificación prevista en este párrafo se aplicará a la cuota resultante de aplicar, en su caso, las bonificaciones a que se refieren los párrafos anteriores.

3. Las ordenanzas fiscales podrán regular como deducción de la cuota íntegra o bonificada del impuesto, el importe satisfecho o que deba satisfacer el sujeto pasivo en concepto de tasa por el otorgamiento de la licencia urbanística correspondiente a la construcción, instalación u obra de que se trate.

La regulación de los restantes aspectos sustantivos y formales de la deducción a que se refiere el párrafo anterior se establecerá en la ordenanza fiscal.

4. Los ayuntamientos podrán exigir este impuesto en régimen de autoliquidación.

5. Los ayuntamientos podrán establecer en sus ordenanzas fiscales sistemas de gestión conjunta y coordinada de este impuesto y de la tasa correspondiente al otorgamiento de la licencia.

Subsección 6.ª Impuesto sobre el Incremento de Valor de los Terrenos de Naturaleza Urbana

Artículo 104. *Naturaleza y hecho imponible. Supuestos de no sujeción*

1. El Impuesto sobre el Incremento de Valor de los Terrenos de Naturaleza Urbana es un tributo directo que grava el incremento de valor que experimenten dichos terrenos y se ponga de manifiesto a consecuencia de la transmisión de la propiedad de los terrenos por cualquier título o de la constitución o transmisión de cualquier derecho real de goce, limitativo del dominio, sobre los referidos terrenos.

2. No está sujeto a este impuesto el incremento de valor que experimenten los terrenos que tengan la consideración de rústicos a efectos del Impuesto sobre Bienes Inmuebles. En consecuencia con ello, está sujeto el incremento de valor que experimenten los terrenos que deban tener la consideración de urbanos, a efectos de dicho Impuesto sobre Bienes Inmuebles, con independencia de que estén o no contemplados como tales en el Catastro o en el padrón de aquél. A los efectos de este impuesto, estará asimismo sujeto a éste el incremento de valor que experimenten los terrenos integrados en los bienes inmuebles clasificados como de características especiales a efectos del Impuesto sobre Bienes Inmuebles.

---

[116] Nueva letra f) incorporada por la Disposición final quinta Tres del Real Decreto-ley 29/2021, de 21 de diciembre, por el que se adoptan medidas urgentes en el ámbito energético para el fomento de la movilidad eléctrica, el autoconsumo y el despliegue de energías renovables (BOE núm. 305, de 22 de diciembre de 2021), en vigor desde el 23 de diciembre de 2021.

3[117]**.** No se producirá la sujeción al impuesto en los supuestos de aportaciones de bienes y derechos realizadas por los cónyuges a la sociedad conyugal, adjudicaciones que a su favor y en pago de ellas se verifiquen y transmisiones que se hagan a los cónyuges en pago de sus haberes comunes.

Tampoco se producirá la sujeción al impuesto en los supuestos de transmisiones de bienes inmuebles entre cónyuges o a favor de los hijos, como consecuencia del cumplimiento de sentencias en los casos de nulidad, separación o divorcio matrimonial, sea cual sea el régimen económico matrimonial. Asimismo, no se producirá la sujeción al impuesto en los supuestos de transmisiones de bienes inmuebles a título lucrativo en beneficio de las hijas, hijos, menores o personas con discapacidad sujetas a patria potestad, tutela o con medidas de apoyo para el adecuado ejercicio de su capacidad jurídica, cuyo ejercicio se llevará a cabo por las mujeres fallecidas como consecuencia de violencia contra la mujer, en los términos en que se defina por la ley o por los instrumentos internacionales ratificados por España, cuando estas transmisiones lucrativas traigan causa del referido fallecimiento.

4[118]**.** No se devengará el impuesto con ocasión de las aportaciones o transmisiones de bienes inmuebles efectuadas a la Sociedad de Gestión de Activos Procedentes de la Reestructuración Bancaria, S.A. regulada en la disposición adicional séptima de la Ley 9/2012, de 14 de noviembre, de reestructuración y resolución de entidades de crédito, que se le hayan transferido, de acuerdo con lo establecido en el artículo 48 del Real Decreto 1559/2012, de 15 de noviembre, por el que se establece el régimen jurídico de las sociedades de gestión de activos.

No se producirá el devengo del impuesto con ocasión de las aportaciones o transmisiones realizadas por la Sociedad de Gestión de Activos Procedentes de la Reestructuración Bancaria, S.A., a entidades participadas directa o indirectamente por dicha Sociedad en al menos el 50 por ciento del capital, fondos propios, resultados o derechos de voto de la entidad participada en el momento inmediatamente anterior a la transmisión, o como consecuencia de la misma.

No se devengará el impuesto con ocasión de las aportaciones o transmisiones realizadas por la Sociedad de Gestión de Activos Procedentes de la Reestructuración Bancaria, S.A., o por las entidades constituidas por esta para cumplir con su objeto social, a los fondos de activos bancarios, a que se refiere la disposición adicional décima de la Ley 9/2012, de 14 de noviembre.

No se devengará el impuesto por las aportaciones o transmisiones que se produzcan entre los citados Fondos durante el período de tiempo de mantenimiento de la exposición del Fon-

---

[117] Nueva redacción del art. 104.3 dada por el art. Tercero de la Ley Orgánica 2/2022, de 21 de marzo, de mejora de la protección de las personas huérfanas víctimas de la violencia de género (BOE núm. 69, de 22 de marzo de 2022), en vigor desde el día 23 de marzo de 2022.

[118] Nueva redacción del art. 104.4 dada por la Disp. Final Octava de la Ley 26/2013, de 27 de diciembre, de cajas de ahorros y fundaciones bancarias (BOE núm. 311, 29 de diciembre de 2013), con efectos desde el 30 de diciembre de 2013.
Redacción anterior tras la incorporación apartado, núm. 4 incorporado por la disposición final decimosexta de la Ley 9/2012, de 14 de noviembre, de reestructuración y resolución de entidades de crédito (BOE núm. 275, de 15 de noviembre de 2012), con efectos desde el 15 de noviembre de 2012.

do de Reestructuración Ordenada Bancaria a los Fondos, previsto en el apartado 10 de dicha disposición adicional décima.

En la posterior transmisión de los inmuebles se entenderá que el número de años a lo largo de los cuales se ha puesto de manifiesto el incremento de valor de los terrenos no se ha interrumpido por causa de la transmisión derivada de las operaciones previstas en este apartado.

5[119]. No se producirá la sujeción al impuesto en las transmisiones de terrenos respecto de los cuales se constate la inexistencia de incremento de valor por diferencia entre los valores de dichos terrenos en las fechas de transmisión y adquisición.

Para ello, el interesado en acreditar la inexistencia de incremento de valor deberá declarar la transmisión, así como aportar los títulos que documenten la transmisión y la adquisición, entendiéndose por interesados, a estos efectos, las personas o entidades a que se refiere el artículo 106.

Para constatar la inexistencia de incremento de valor, como valor de transmisión o de adquisición del terreno se tomará en cada caso el mayor de los siguientes valores, sin que a estos efectos puedan computarse los gastos o tributos que graven dichas operaciones: el que conste en el título que documente la operación o el comprobado, en su caso, por la Administración tributaria.

Cuando se trate de la transmisión de un inmueble en el que haya suelo y construcción, se tomará como valor del suelo a estos efectos el que resulte de aplicar la proporción que represente en la fecha de devengo del impuesto el valor catastral del terreno respecto del valor catastral total y esta proporción se aplicará tanto al valor de transmisión como, en su caso, al de adquisición.

Si la adquisición o la transmisión hubiera sido a título lucrativo se aplicarán las reglas de los párrafos anteriores tomando, en su caso, por el primero de los dos valores a comparar señalados anteriormente, el declarado en el Impuesto sobre Sucesiones y Donaciones.

En la posterior transmisión de los inmuebles a los que se refiere este apartado, para el cómputo del número de años a lo largo de los cuales se ha puesto de manifiesto el incremento de valor de los terrenos, no se tendrá en cuenta el periodo anterior a su adquisición. Lo dispuesto en este párrafo no será de aplicación en los supuestos de aportaciones o transmisiones de bienes inmuebles que resulten no sujetas en virtud de lo dispuesto en el apartado 3 de este artículo o en la disposición adicional segunda de la Ley 27/2014, de 27 de noviembre, del Impuesto sobre Sociedades.

Artículo 105. *Exenciones*

1. Estarán exentos de este impuesto los incrementos de valor que se manifiesten como consecuencia de los siguientes actos:

a) La constitución y transmisión de derechos de servidumbre.

---

[119] Nuevo apartado 5 del art. 104 incorporado por el art. único del Real Decreto-ley 26/2021, de 8 de noviembre, por el que se adapta el texto refundido de la Ley Reguladora de las Haciendas Locales, aprobado por el Real Decreto Legislativo 2/2004, de 5 de marzo, a la reciente jurisprudencia del Tribunal Constitucional respecto del Impuesto sobre el Incremento de Valor de los Terrenos de Naturaleza Urbana (BOE núm. 268, de 9 de noviembre de 2021), con efectos desde el día 10 de noviembre de 2021.

b) Las transmisiones de bienes que se encuentren dentro del perímetro delimitado como Conjunto Histórico-Artístico, o hayan sido declarados individualmente de interés cultural, según lo establecido en la Ley 16/1985, de 25 de junio, del Patrimonio Histórico Español, cuando sus propietarios o titulares de derechos reales acrediten que han realizado a su cargo obras de conservación, mejora o rehabilitación en dichos inmuebles. A estos efectos, la ordenanza fiscal establecerá los aspectos sustantivos y formales de la exención.

c)[120] Las transmisiones realizadas con ocasión de la dación en pago de la vivienda habitual del deudor hipotecario o garante del mismo, para la cancelación de deudas garantizadas con hipoteca que recaiga sobre la misma, contraídas con entidades de crédito o cualquier otra entidad que, de manera profesional, realice la actividad de concesión de préstamos o créditos hipotecarios.

Asimismo, estarán exentas las transmisiones de la vivienda en que concurran los requisitos anteriores, realizadas en ejecuciones hipotecarias judiciales o notariales.

No resultará de aplicación esta exención cuando el deudor o garante transmitente o cualquier otro miembro de su unidad familiar disponga de otros bienes o derechos en cuantía suficiente para satisfacer la totalidad de la deuda hipotecaria y evitar la enajenación de la vivienda.

A estos efectos, se considerará vivienda habitual aquella en la que haya figurado empadronado el contribuyente de forma ininterrumpida durante, al menos, los dos años anteriores a la transmisión o desde el momento de la adquisición si dicho plazo fuese inferior a los dos años.

Respecto al concepto de unidad familiar, se estará a lo dispuesto en la Ley 35/2006, de 28 de noviembre, del Impuesto sobre la Renta de las Personas Físicas y de modificación parcial de las leyes de los Impuestos sobre Sociedades, sobre la Renta de no Residentes y sobre el Patrimonio. A estos efectos, se equiparará el matrimonio con la pareja de hecho legalmente inscrita.

La concurrencia de los requisitos previstos anteriormente se acreditará por el transmitente ante la Administración tributaria municipal.

Respecto de esta exención, no resultará de aplicación lo dispuesto en el artículo 9.2 de esta ley.

2. Asimismo, estarán exentos de este impuesto los correspondientes incrementos de valor cuando la obligación de satisfacer aquél recaiga sobre las siguientes personas o entidades:

a) El Estado, las Comunidades Autónomas y las entidades locales, a las que pertenezca el municipio, así como los organismos autónomos del Estado y las entidades de derecho público de análogo carácter de las Comunidades Autónomas y de dichas entidades locales.

b) El municipio de la imposición y demás entidades locales integradas o en las que se integre dicho municipio, así como sus respectivas entidades de derecho público de análogo carácter a los organismos autónomos del Estado.

---

[120] Nueva letra c) incorporada por el art. 123.Uno de la Ley 18/2014, de 15 de octubre, de aprobación de medidas urgentes para el crecimiento, la competitividad y la eficacia (BOE núm. 252, de 17 de octubre de 2014), que reproduce el contenido del art. 123.Uno del Real Decreto-ley 8/2014, de 4 de julio, de aprobación de medidas urgentes para el crecimiento, la competitividad y la eficiencia (BOE núm. 163, de 5 de julio de 2014), efectos desde el 1 de enero de 2014, así como para los hechos imponibles anteriores a dicha fecha no prescritos.

c) Las instituciones que tengan la calificación de benéficas o de benéfico-docentes.

d) Las entidades gestoras de la Seguridad Social y las mutualidades de previsión social reguladas en la Ley 30/1995, de 8 de noviembre, de Ordenación y Supervisión de los Seguros Privados.

e) Los titulares de concesiones administrativas revertibles respecto a los terrenos afectos a éstas.

f) La Cruz Roja Española.

g) Las personas o entidades a cuyo favor se haya reconocido la exención en tratados o convenios internacionales.

Artículo 106. *Sujetos pasivos*

1. Es sujeto pasivo del impuesto a título de contribuyente:

a) En las transmisiones de terrenos o en la constitución o transmisión de derechos reales de goce limitativos del dominio a título lucrativo, la persona física o jurídica, o la entidad a que se refiere el artículo 35.4 de la Ley 58/2003, de 17 de diciembre, General Tributaria, que adquiera el terreno o a cuyo favor se constituya o transmita el derecho real de que se trate.

b) En las transmisiones de terrenos o en la constitución o transmisión de derechos reales de goce limitativos del dominio a título oneroso, la persona física o jurídica, o la entidad a que se refiere el artículo 35.4 de la Ley 58/2003, de 17 de diciembre, General Tributaria, que transmita el terreno, o que constituya o transmita el derecho real de que se trate.

2. En los supuestos a que se refiere el párrafo b) del apartado anterior, tendrá la consideración de sujeto pasivo sustituto del contribuyente, la persona física o jurídica, o la entidad a que se refiere el artículo 35.4 de la Ley 58/2003, de 17 de diciembre, General Tributaria, que adquiera el terreno o a cuyo favor se constituya o transmita el derecho real de que se trate, cuando el contribuyente sea una persona física no residente en España.

3[121].

Artículo 107[122]. *Base imponible*

1. La base imponible de este impuesto está constituida por el incremento del valor de los terrenos puesto de manifiesto en el momento del devengo y experimentado a lo largo de un periodo máximo de veinte años, y se determinará, sin perjuicio de lo dispuesto en el apartado

---

[121] Apartado tercero, suprimido por el art. 123.dos del Real Decreto-ley 8/2014, de 4 de julio, de aprobación de medidas urgentes para el crecimiento, la competitividad y la eficiencia (BOE núm. 163, de 5 de julio de 2014), efectos desde el 5 de julio de 2014.
Dicho apartado 3 del art. 106 fue incorporado por el art. 9 del Real Decreto-ley 6/2012, de 9 de marzo, de medidas urgentes de protección de deudores hipotecarios sin recursos (BOE núm. 60 de 10 de marzo de 2012), en vigor desde 11 de marzo de 2012, con la siguiente redacción: «*3. En las transmisiones realizadas por los deudores comprendidos en el ámbito de aplicación del artículo 2 del Real Decreto-ley 6/2012, de 9 de marzo, de medidas urgentes de protección de deudores hipotecarios sin recursos, con ocasión de la dación en pago de su vivienda prevista en el apartado 3 del Anexo de dicha norma, tendrá la consideración de sujeto pasivo sustituto del contribuyente la entidad que adquiera el inmueble, sin que el sustituto pueda exigir del contribuyente el importe de las obligaciones tributarias satisfechas*».

[122] Nueva redacción del art. 107 dada por el art. único Dos del Real Decreto-ley 26/2021, de 8 de noviembre, por el que se adapta el texto refundido de la Ley Reguladora de las Haciendas Locales, aprobado por el Real Decreto Legislativo 2/2004, de 5 de marzo, a la reciente jurisprudencia del Tribunal Constitucional

5 de este artículo, multiplicando el valor del terreno en el momento del devengo calculado conforme a lo establecido en sus apartados 2 y 3, por el coeficiente que corresponda al período de generación conforme a lo previsto en su apartado 4.

2. El valor del terreno en el momento del devengo resultará de lo establecido en las siguientes reglas:

a) En las transmisiones de terrenos, el valor de estos en el momento del devengo será el que tengan determinado en dicho momento a efectos del Impuesto sobre Bienes Inmuebles.

No obstante, cuando dicho valor sea consecuencia de una ponencia de valores que no refleje modificaciones de planeamiento aprobadas con posterioridad a la aprobación de la citada ponencia, se podrá liquidar provisionalmente este impuesto con arreglo a aquel. En estos casos, en la liquidación definitiva se aplicará el valor de los terrenos una vez se haya obtenido conforme a los procedimientos de valoración colectiva que se instruyan, referido a la fecha del devengo. Cuando esta fecha no coincida con la de efectividad de los nuevos valores

---

respecto del Impuesto sobre el Incremento de Valor de los Terrenos de Naturaleza Urbana (BOE núm. 268, de 9 de noviembre de 2021), con efectos desde el día 10 de noviembre de 2021.

La Sentencia 59/2017, de 11 de mayo de 2017 del TC: «declarar que los artículos 107.1, 107.2 a) y 110.4, todos ellos del texto refundido de la Ley reguladora de las haciendas locales, aprobado por el Real Decreto Legislativo 2/2004, de 5 de marzo, son inconstitucionales y nulos, pero únicamente en la medida que someten a tributación situaciones de inexistencia de incrementos de valor».

En los mismos términos, la STC 26/2017, de 16 de febrero de 2017 en relación con los arts. 4.1, 4.2 a) y 7.4, de la Norma Foral 16/1989, de 5 de julio, del impuesto sobre el incremento de valor de los terrenos de naturaleza urbana del territorio histórico de Gipuzkoa; la STC 37/2017, de 1 de marzo de 2017 y STC 48/2017, de 27 de abril de 2017, en relación con los arts. 4.1, 4.2 a) y 7.4, de la Norma Foral 46/1989, de 19 de julio, del impuesto sobre el incremento del valor de los terrenos de naturaleza urbana del territorio histórico de Álava; STC 72/2017, de 5 de junio de 2017, que declara que los artículos 175.2, 175.3 y 178.4 de la Ley Foral 2/1995, de 10 de marzo, de haciendas locales de Navarra, «son inconstitucionales y nulos, pero únicamente en la medida que someten a tributación situaciones de inexistencia de incrementos de valor».

STS 2499/2018, de 9 de julio de 2018: «Séptimo. Criterios interpretativos sobre los artículos 107.1, 107.2 a) y 110.4, todos ellos del TRLHL, a la luz de la STC 59/2017.

Conforme a lo hasta aquí expuesto, y según ordena el artículo 93.1 LJCA, procede fijar la siguiente interpretación de los preceptos legales concernidos en este litigio:

1.º) Los artículos 107.1 y 107.2 a) del TRLHL, a tenor de la interpretación que hemos hecho del fallo y del fundamento jurídico 5 de la STC 59/2017, adolecen solo de una inconstitucionalidad y nulidad parcial. En este sentido, son constitucionales y resultan, pues, plenamente aplicables, en todos aquellos supuestos en los que el obligado tributario no ha logrado acreditar, por cualquiera de los medios que hemos expresado en el fundamento de derecho Quinto, que la transmisión de la propiedad de los terrenos por cualquier título (o la constitución o transmisión de cualquier derecho real de goce, limitativo del dominio, sobre los referidos terrenos), no ha puesto de manifiesto un incremento de su valor o, lo que es igual, una capacidad económica susceptible de ser gravada con fundamento en el artículo 31.1 CE.

2.º) El artículo 110.4 del TRLHL, sin embargo, es inconstitucional y nulo en todo caso (inconstitucionalidad total) porque, como señala la STC 59/2017, «no permite acreditar un resultado diferente al resultante de la aplicación de las reglas de valoración que contiene», o, dicho de otro modo, porque «imp[ide] a los sujetos pasivos que puedan acreditar la existencia de una situación inexpresiva de capacidad económica (SSTC 26/2017, FJ 7, y 37/2017, FJ 5)». Esa nulidad total de dicho precepto, precisamente, es la que posibilita que los obligados tributarios puedan probar, desde la STC 59/2017, la inexistencia de un aumento del valor del terreno ante la Administración municipal o, en su caso, ante el órgano judicial, y, en caso contrario, es la que habilita la plena aplicación de los artículos 107.1 y 107.2 a) del TRLHL».

catastrales, estos se corregirán aplicando los coeficientes de actualización que correspondan, establecidos al efecto en las leyes de presupuestos generales del Estado.

Cuando el terreno, aun siendo de naturaleza urbana o integrado en un bien inmueble de características especiales, en el momento del devengo del impuesto, no tenga determinado valor catastral en dicho momento, el ayuntamiento podrá practicar la liquidación cuando el referido valor catastral sea determinado, refiriendo dicho valor al momento del devengo.

Los ayuntamientos podrán establecer en la ordenanza fiscal un coeficiente reductor sobre el valor señalado en los párrafos anteriores que pondere su grado de actualización, con el máximo del 15 por ciento.

b) En la constitución y transmisión de derechos reales de goce limitativos del dominio, los porcentajes anuales contenidos en el apartado 4 de este artículo se aplicarán sobre la parte del valor definido en el párrafo a) anterior que represente, respecto de aquel, el valor de los referidos derechos calculado mediante la aplicación de las normas fijadas a efectos del Impuesto sobre Transmisiones Patrimoniales y Actos Jurídicos Documentados.

c) En la constitución o transmisión del derecho a elevar una o más plantas sobre un edificio o terreno, o del derecho de realizar la construcción bajo suelo sin implicar la existencia de un derecho real de superficie, los porcentajes anuales contenidos en el apartado 4 de este artículo se aplicarán sobre la parte del valor definido en el párrafo a) que represente, respecto de aquel, el módulo de proporcionalidad fijado en la escritura de transmisión o, en su defecto, el que resulte de establecer la proporción entre la superficie o volumen de las plantas a construir en vuelo o subsuelo y la total superficie o volumen edificados una vez construidas aquellas).

d) En los supuestos de expropiaciones forzosas, los porcentajes anuales contenidos en el apartado 4 de este artículo se aplicarán sobre la parte del justiprecio que corresponda al valor del terreno, salvo que el valor definido en el párrafo a) del apartado 2 anterior fuese inferior, en cuyo caso prevalecerá este último sobre el justiprecio.

3. Los ayuntamientos podrán establecer una reducción cuando se modifiquen los valores catastrales como consecuencia de un procedimiento de valoración colectiva de carácter general. En ese caso, se tomará como valor del terreno, o de la parte de este que corresponda según las reglas contenidas en el apartado anterior, el importe que resulte de aplicar a los nuevos valores catastrales dicha reducción durante el período de tiempo y porcentajes máximos siguientes:

a) La reducción, en su caso, se aplicará, como máximo, respecto de cada uno de los cinco primeros años de efectividad de los nuevos valores catastrales.

Sentencia del Tribunal Constitucional 126/2019, de 31 de octubre: «En consecuencia, debe estimarse la presente cuestión de inconstitucionalidad promovida por el Juzgado de lo Contencioso-Administrativo núm. 32 de Madrid, y, en consecuencia, declarar que el art. 107.4 del texto refundido de la Ley reguladora de las haciendas locales, aprobado por el Real Decreto Legislativo 2/2004, de 5 de marzo, es inconstitucional por vulnerar el principio de capacidad económica y la prohibición de confiscatoriedad, uno y otra consagrados en el art. 31.1 CE, en aquellos supuestos en los que la cuota a pagar es superior al incremento patrimonial obtenido por el contribuyente».
STC 182/2021, de 26 de octubre de 2021, publicada en el BOE el 25 de noviembre de 2021, declarando la inconstitucionalidad y nulidad de los arts. 107.1, segundo párr. 107.2.a) y 107.4 del TRLRHL.

b) La reducción tendrá como porcentaje máximo el 60 por ciento. Los ayuntamientos podrán fijar un tipo de reducción distinto para cada año de aplicación de la reducción.

La reducción prevista en este apartado no será de aplicación a los supuestos en los que los valores catastrales resultantes del procedimiento de valoración colectiva a que aquel se refiere sean inferiores a los hasta entonces vigentes.

El valor catastral reducido en ningún caso podrá ser inferior al valor catastral del terreno antes del procedimiento de valoración colectiva.

La regulación de los restantes aspectos sustantivos y formales de la reducción se establecerá en la ordenanza fiscal.

4. El periodo de generación del incremento de valor será el número de años a lo largo de los cuales se haya puesto de manifiesto dicho incremento.

En los supuestos de no sujeción, salvo que por ley se indique otra cosa, para el cálculo del periodo de generación del incremento de valor puesto de manifiesto en una posterior transmisión del terreno, se tomará como fecha de adquisición, a los efectos de lo dispuesto en el párrafo anterior, aquella en la que se produjo el anterior devengo del impuesto.

En el cómputo del número de años transcurridos se tomarán años completos, es decir, sin tener en cuenta las fracciones de año. En el caso de que el periodo de generación sea inferior a un año, se prorrateará el coeficiente anual teniendo en cuenta el número de meses completos, es decir, sin tener en cuenta las fracciones de mes.

El coeficiente a aplicar sobre el valor del terreno en el momento del devengo, calculado conforme a lo dispuesto en los apartados anteriores, será el que corresponda de los aprobados por el ayuntamiento según el periodo de generación del incremento de valor, sin que pueda exceder de los límites siguientes:

Periodo de generación	Coeficiente
Inferior a 1 año.	0,15
1 año.	0,15
2 años.	0,14
3 años.	0,14
4 años.	0,16
5 años.	0,18
6 años.	0,19
7 años.	0,20
8 años.	0,19
9 años.	0,15
10 años.	0,12
11 años.	0,10
12 años.	0,09
13 años.	0,09
14 años.	0,09

Periodo de generación	Coeficiente
15 años.	0,09
16 años.	0,10
17 años.	0,13
18 años.	0,17
19 años.	0,23
Igual o superior a 20 años.	0,40[123]

---

[123] Importes máximos de los coeficientes a aplicar sobre el valor del terreno en el momento de devengo, según el periodo de generación del incremento de valor, establecidos por el art. 9 del Real Decreto-ley 9/2024, de 23 de diciembre, por el que se adoptan medidas urgentes en materia económica, tributaria, de transporte, y de Seguridad Social, y se prorrogan determinadas medidas para hacer frente a situaciones de vulnerabilidad social, (BOE núm. 309, de 24 de diciembre de 2024), con efectos desde el 1 de enero de 2025 hasta el 23 de enero de 2025.

Periodo de generación	Coeficiente
Inferior a 1 año.	0,16
1 año.	0,15
2 años.	0,15
3 años.	0,15
4 años.	0,16
5 años.	0,18
6 años.	0,20
7 años.	0,22
8 años.	0,23
9 años.	0,21
10 años.	0,16
11 años.	0,13
12 años.	0,11
13 años.	0,10
14 años.	0,10
15 años.	0,10
16 años.	0,10
17 años.	0,12
18 años.	0,16
19 años.	0,22
Igual o superior a 20 años.	0,35

Se deja sin efecto los anteriores coeficientes por Resolución de 22 de enero de 2025, del Congreso de los Diputados, por la que se ordena la publicación del Acuerdo de derogación del Real Decreto-ley 9/2024, de 23 de diciembre, por el que se adoptan medidas urgentes en materia económica, tributaria, de transporte, y de Seguridad Social, y se prorrogan determinadas medidas para hacer frente a situaciones de vulnerabilidad social (BOE núm. 20, de 23 de enero de 2025).

Redacción vigente establecida por el art. 24 del Real Decreto-ley 8/2023, de 27 de diciembre, por el que se adoptan medidas para afrontar las consecuencias económicas y sociales derivadas de los conflictos en Ucrania y Oriente Próximo, así como para paliar los efectos de la sequía (BOE núm. 310, de 28 de diciembre de 2013), con efectos desde el 1 de enero de 2024.

Anteriormente establecidos por el art. 71 de la Ley 31/2022, de 23 de diciembre, de Presupuestos Generales del Estado para el año 2023 (BOE núm. 308, de 24 de diciembre de 2022), con efectos desde el 1 de enero de 2023:

Periodo de generación	Coeficiente
Inferior a 1 año.	0,15
1 año.	0,15
2 años.	0,14
3 años.	0,15
4 años.	0,17
5 años.	0,18
6 años.	0,19
7 años.	0,18
8 años.	0,15
9 años.	0,12
10 años.	0,10
11 años.	0,09
12 años.	0,09
13 años.	0,09
14 años.	0,09
15 años.	0,10
16 años.	0,13
17 años.	0,17
18 años.	0,23
19 años.	0,29
Igual o superior a 20 años.	0,45

Redacción original:

Periodo de generación	Coeficiente
Inferior a 1 año.	0,14
1 año.	0,13
2 años.	0,15
3 años.	0,16
4 años.	0,17
5 años.	0,17
6 años.	0,16
7 años.	0,12
8 años.	0,10
9 años.	0,09
10 años.	0,08
11 años.	0,08
12 años.	0,08
13 años.	0,08

Periodo de generación	Coeficiente
Inferior a 1 año.	0,16
1 año.	0,15
2 años.	0,15
3 años.	0,15
4 años.	0,16
5 años.	0,18
6 años.	0,20
7 años.	0,22
8 años.	0,23
9 años.	0,21
10 años.	0,16
11 años.	0,13
12 años.	0,11
13 años.	0,10
14 años.	0,10
15 años.	0,10
16 años.	0,10
17 años.	0,12
18 años.	0,16
19 años.	0,22
Igual o superior a 20 años.	0,35

Estos coeficientes máximos serán actualizados anualmente mediante norma con rango legal, pudiendo llevarse a cabo dicha actualización mediante las leyes de presupuestos generales del Estado.

Si, como consecuencia de la actualización referida en el párrafo anterior, alguno de los coeficientes aprobados por la vigente ordenanza fiscal resultara ser superior al correspon-

Periodo de generación	Coeficiente
14 años.	0,10
15 años.	0,12
16 años.	0,16
17 años.	0,20
18 años.	0,26
19 años.	0,36
Igual o superior a 20 años.	0,45

diente nuevo máximo legal, se aplicará este directamente hasta que entre en vigor la nueva ordenanza fiscal que corrija dicho exceso[124].

5. Cuando, a instancia del sujeto pasivo, conforme al procedimiento establecido en el artículo 104.5, se constate que el importe del incremento de valor es inferior al importe de la base imponible determinada con arreglo a lo dispuesto en los apartados anteriores de este artículo, se tomará como base imponible el importe de dicho incremento de valor.

Artículo 108. *Tipo de gravamen. Cuota íntegra y cuota líquida*

1. El tipo de gravamen del impuesto será el fijado por cada ayuntamiento, sin que dicho tipo pueda exceder del 30 por 100.

Dentro del límite señalado en el párrafo anterior, los ayuntamientos podrán fijar un solo tipo de gravamen o uno para cada uno de los períodos de generación del incremento de valor indicados en el apartado 4 del artículo anterior.

2. La cuota íntegra del impuesto será el resultado de aplicar a la base imponible el tipo de gravamen.

3[125]**.** La cuota líquida del impuesto será el resultado de aplicar sobre la cuota íntegra, en su caso, las bonificaciones a que se refieren los apartados siguientes.

4[126]**.** Las ordenanzas fiscales podrán regular una bonificación de hasta el 95 por ciento de la cuota íntegra del impuesto, en las transmisiones de terrenos, y en la transmisión o constitución de derechos reales de goce limitativos del dominio, realizadas a título lucrativo por causa de muerte a favor de los descendientes y adoptados, los cónyuges y los ascendientes y adoptantes.

---

[124] Real Decreto-ley 26/2021, de 8 de noviembre, por el que se adapta el texto refundido de la Ley Reguladora de las Haciendas Locales, aprobado por el Real Decreto Legislativo 2/2004, de 5 de marzo, a la reciente jurisprudencia del Tribunal Constitucional respecto del Impuesto sobre el Incremento de Valor de los Terrenos de Naturaleza Urbana (BOE núm. 268, de 9 de noviembre de 2021), con efectos desde el día 10 de noviembre de 2021.

Disposición transitoria única. Adaptación de las ordenanzas fiscales.

«Los ayuntamientos que tengan establecido el Impuesto sobre el Incremento de Valor de los Terrenos de Naturaleza Urbana deberán modificar, en el plazo de seis meses desde la entrada en vigor de este real decreto-ley, sus respectivas ordenanzas fiscales para adecuarlas a lo dispuesto en el mismo.

Hasta que entre en vigor la modificación a que se refiere el párrafo anterior, resultará de aplicación lo dispuesto en este real decreto-ley, tomándose, para la determinación de la base imponible del impuesto, los coeficientes máximos establecidos en la redacción del artículo 107.4 del texto refundido de la Ley Reguladora de las Haciendas Locales dada por este real decreto-ley».

[125] Nueva redacción del art. 108.3 dada el por el art. 7.Primero de la Ley 16/2013, de 29 de octubre, por la que se establecen determinadas medidas en materia de fiscalidad medioambiental y se adoptan otras medidas tributarias y financieras (BOE núm. 260, de 30 de octubre de 2013), con efectos desde el 31 de octubre de 2013.

[126] Nueva redacción del art. 108.4 dada el por el art. 7.Primero de la Ley 16/2013, de 29 de octubre, por la que se establecen determinadas medidas en materia de fiscalidad medioambiental y se adoptan otras medidas tributarias y financieras (BOE núm. 260, de 30 de octubre de 2013), con efectos desde el 31 de octubre de 2013.

5[127]. Las ordenanzas fiscales podrán regular una bonificación de hasta el 95 por ciento de la cuota íntegra del impuesto, en las transmisiones de terrenos, y en la transmisión o constitución de derechos reales de goce limitativos del dominio de terrenos, sobre los que se desarrollen actividades económicas que sean declaradas de especial interés o utilidad municipal por concurrir circunstancias sociales, culturales, histórico artísticas o de fomento del empleo que justifiquen tal declaración. Corresponderá dicha declaración al Pleno de la Corporación y se acordará, previa solicitud del sujeto pasivo, por voto favorable de la mayoría simple de sus miembros.

6[128]. La regulación de los restantes aspectos sustantivos y formales de las bonificaciones a que se refieren los apartados anteriores se establecerá en la ordenanza fiscal.

Artículo 109. *Devengo*

1. El impuesto se devenga:

a) Cuando se transmita la propiedad del terreno, ya sea a título oneroso o gratuito, entre vivos o por causa de muerte, en la fecha de la transmisión.

b) Cuando se constituya o transmita cualquier derecho real de goce limitativo del dominio, en la fecha en que tenga lugar la constitución o transmisión.

2. Cuando se declare o reconozca judicial o administrativamente por resolución firme haber tenido lugar la nulidad, rescisión o resolución del acto o contrato determinante de la transmisión del terreno o de la constitución o transmisión del derecho real de goce sobre aquél, el sujeto pasivo tendrá derecho a la devolución del impuesto satisfecho, siempre que dicho acto o contrato no le hubiere producido efectos lucrativos y que reclame la devolución en el plazo de cinco años desde que la resolución quedó firme, entendiéndose que existe efecto lucrativo cuando no se justifique que los interesados deban efectuar las recíprocas devoluciones a que se refiere el artículo 1295 del Código Civil. Aunque el acto o contrato no haya producido efectos lucrativos, si la rescisión o resolución se declarase por incumplimiento de las obligaciones del sujeto pasivo del impuesto, no habrá lugar a devolución alguna.

3. Si el contrato queda sin efecto por mutuo acuerdo de las partes contratantes, no procederá la devolución del impuesto satisfecho y se considerará como un acto nuevo sujeto a tributación. Como tal mutuo acuerdo se estimará la avenencia en acto de conciliación y el simple allanamiento a la demanda.

4. En los actos o contratos en que medie alguna condición, su calificación se hará con arreglo a las prescripciones contenidas en el Código Civil. Si fuese suspensiva no se liquidará el impuesto hasta que ésta se cumpla. Si la condición fuese resolutoria, se exigirá el impuesto desde luego, a reserva, cuando la condición se cumpla, de hacer la oportuna devolución según la regla del apartado anterior.

---

[127] Nuevo apartado incorporado por el art. 7.Primero de la Ley 16/2013, de 29 de octubre, por la que se establecen determinadas medidas en materia de fiscalidad medioambiental y se adoptan otras medidas tributarias y financieras (BOE núm. 260, de 30 de octubre de 2013), con efectos desde el 31 de octubre de 2013.

[128] Nuevo apartado incorporado por el art. 7.Primero de la Ley 16/2013, de 29 de octubre, por la que se establecen determinadas medidas en materia de fiscalidad medioambiental y se adoptan otras medidas tributarias y financieras (BOE núm. 260, de 30 de octubre de 2013), con efectos desde el 31 de octubre de 2013.

Artículo 110. *Gestión tributaria del impuesto*

1. Los sujetos pasivos vendrán obligados a presentar ante el ayuntamiento correspondiente la declaración que determine la ordenanza respectiva, conteniendo los elementos de la relación tributaria imprescindibles para practicar la liquidación procedente.

2. Dicha declaración deberá ser presentada en los siguientes plazos, a contar desde la fecha en que se produzca el devengo del impuesto:

a) Cuando se trate de actos «inter vivos», el plazo será de treinta días hábiles.

b) Cuando se trate de actos por causa de muerte, el plazo será de seis meses prorrogables hasta un año a solicitud del sujeto pasivo.

3. A la declaración se acompañará el documento en el que consten los actos o contratos que originan la imposición.

4[129]. Los ayuntamientos quedan facultados para establecer el sistema de autoliquidación por el sujeto pasivo, que llevará consigo el ingreso de la cuota resultante de aquella dentro de los plazos previstos en el apartado 2 de este artículo. Respecto de dichas autoliquidaciones, sin perjuicio de las facultades de comprobación de los valores declarados por el interesado o el sujeto pasivo a los efectos de lo dispuesto en los artículos 104.5 y 107.5, respectivamente, el ayuntamiento correspondiente solo podrá comprobar que se han efectuado mediante la aplicación correcta de las normas reguladoras del impuesto, sin que puedan atribuirse valores, bases o cuotas diferentes de las resultantes de tales normas.

En ningún caso podrá exigirse el impuesto en régimen de autoliquidación cuando se trate del supuesto a que se refiere el artículo 107.2.a), párrafo tercero.

5. Cuando los ayuntamientos no establezcan el sistema de autoliquidación, las liquidaciones del impuesto se notificarán íntegramente a los sujetos pasivos con indicación del plazo de ingreso y expresión de los recursos procedentes.

6. Con independencia de lo dispuesto en el apartado 1 de este artículo, están igualmente obligados a comunicar al ayuntamiento la realización del hecho imponible en los mismos plazos que los sujetos pasivos:

a) En los supuestos contemplados en el párrafo a) del artículo 106 de esta Ley, siempre que se hayan producido por negocio jurídico entre vivos, el donante o la persona que constituya o transmita el derecho real de que se trate.

---

[129] Nueva redacción del art. 110.4 dada por el art. único Tres del Real Decreto-ley 26/2021, de 8 de noviembre, por el que se adapta el texto refundido de la Ley Reguladora de las Haciendas Locales, aprobado por el Real Decreto Legislativo 2/2004, de 5 de marzo, a la reciente jurisprudencia del Tribunal Constitucional respecto del Impuesto sobre el Incremento de Valor de los Terrenos de Naturaleza Urbana (BOE núm. 268, de 9 de noviembre de 2021), con efectos desde el día 10 de noviembre de 2021.
La Sentencia 59/2017, de 11 de mayo de 2017 del TC «declarar que los artículos 107.1, 107.2 a) y 110.4, todos ellos del texto refundido de la Ley reguladora de las haciendas locales, aprobado por el Real Decreto Legislativo 2/2004, de 5 de marzo, son inconstitucionales y nulos, pero únicamente en la medida que someten a tributación situaciones de inexistencia de incrementos de valor».
En los mismos términos, la STC 26/2017, de 16 de febrero de 2017 en relación con los arts. 4.1, 4.2 a) y 7.4, de la Norma Foral 16/1989, de 5 de julio, del impuesto sobre el incremento de valor de los terrenos de naturaleza urbana del territorio histórico de Gipuzkoa; la Sentencia 37/2017, de 1 de marzo de 2017 y Sentencia 48/2017, de 27 de abril de 2017, en relación con los arts. 4.1, 4.2 a) y 7.4, de la Norma Foral 46/1989, de 19 de julio, del impuesto sobre el incremento del valor de los terrenos de naturaleza urbana del territorio histórico de Álava.

b) En los supuestos contemplados en el párrafo b) de dicho artículo, el adquirente o la persona a cuyo favor se constituya o transmita el derecho real de que se trate.

7. Asimismo, los notarios estarán obligados a remitir al ayuntamiento respectivo, dentro de la primera quincena de cada trimestre, relación o índice comprensivo de todos los documentos por ellos autorizados en el trimestre anterior, en los que se contengan hechos, actos o negocios jurídicos que pongan de manifiesto la realización del hecho imponible de este impuesto, con excepción de los actos de última voluntad. También estarán obligados a remitir, dentro del mismo plazo, relación de los documentos privados comprensivos de los mismos hechos, actos o negocios jurídicos, que les hayan sido presentados para conocimiento o legitimación de firmas. Lo prevenido en este apartado se entiende sin perjuicio del deber general de colaboración establecido en la Ley General Tributaria.

En la relación o índice que remitan los notarios al ayuntamiento, éstos deberán hacer constar la referencia catastral de los bienes inmuebles cuando dicha referencia se corresponda con los que sean objeto de transmisión. Esta obligación será exigible a partir de 1 de abril de 2002.

Los notarios advertirán expresamente a los comparecientes en los documentos que autoricen sobre el plazo dentro del cual están obligados los interesados a presentar declaración por el impuesto y, asimismo, sobre las responsabilidades en que incurran por la falta de presentación de declaraciones.

8[130]. Con arreglo a lo dispuesto en el artículo 8, las Administraciones tributarias de las comunidades autónomas y de las entidades locales colaborarán para la aplicación del impuesto y, en particular, para dar cumplimiento a lo establecido en los artículos 104.5 y 107.5, pudiendo suscribirse para ello los correspondientes convenios de intercambio de información tributaria y de colaboración.

(…)

CAPÍTULO V. Precios públicos

Artículo 127. *Precios públicos*
Los ayuntamientos podrán establecer y exigir precios públicos por la prestación de servicios o la realización de actividades de competencia municipal, según las normas contenidas en el capítulo VI del título I de esta Ley.

---

[130] Nuevo apartado 8 del art. 110 incorporado por el art. único Tres del Real Decreto-ley 26/2021, de 8 de noviembre, por el que se adapta el texto refundido de la Ley Reguladora de las Haciendas Locales, aprobado por el Real Decreto Legislativo 2/2004, de 5 de marzo, a la reciente jurisprudencia del Tribunal Constitucional respecto del Impuesto sobre el Incremento de Valor de los Terrenos de Naturaleza Urbana (BOE núm. 268, de 9 de noviembre de 2021), con efectos desde el día 10 de noviembre de 2021.

CAPÍTULO VI. Prestación personal y de transporte

SECCIÓN 1.ª *Normas comunes*

Artículo 128. *Normas comunes*

1. Los ayuntamientos con población de derecho no superior a 5.000 habitantes podrán imponer la prestación personal y de transporte para la realización de obras de la competencia municipal o que hayan sido cedidas o transferidas por otras entidades públicas.

2. Las prestaciones personal y de transporte son compatibles entre sí, pudiendo ser aplicables simultáneamente, de forma que, cuando se dé dicha simultaneidad, los obligados a la de transporte podrán realizar la personal con sus mismos elementos de transporte.

3. La falta de concurrencia a la prestación, sin la previa redención, obligará, salvo caso de fuerza mayor, al pago del importe de ésta más una sanción de la misma cuantía, exigiéndose ambos conceptos por vía ejecutiva para su recaudación.

4. El ayuntamiento tendrá en cuenta para fijar los períodos de la prestación que éstos no coincidan con la época de mayor actividad laboral en el término municipal.

5. La imposición y la ordenación de las prestaciones a que se refiere este artículo se ajustará a las prescripciones de esta Ley en materia de recursos tributarios.

SECCIÓN 2.ª *Prestación personal*

Artículo 129. *Prestación personal*

1. Estarán sujetos a la prestación personal los residentes del municipio respectivo, excepto los siguientes:

a) Menores de dieciocho años y mayores de cincuenta y cinco.

b) Disminuidos físicos, psíquicos y sensoriales.

c) Reclusos en establecimientos penitenciarios.

d) Mozos mientras permanezcan en filas en cumplimiento del servicio militar.

2. El ayuntamiento de la imposición cubrirá el riesgo por accidentes que puedan acaecer a los obligados a esta prestación.

3. La prestación personal no excederá de 15 días al año ni de tres consecutivos y podrá ser redimida a metálico por un importe del doble del salario mínimo interprofesional.

SECCIÓN 3.ª *Prestaciones de transporte*

Artículo 130. *Prestaciones de transporte*

1. La obligación de la prestación de transporte es general, sin excepción alguna, para todas las personas físicas o jurídicas, residentes o no en el municipio, que tengan elementos de transporte en el término municipal afectos a explotaciones empresariales radicadas en éste.

2. La prestación de transportes, que podrá ser reducida a metálico, por importe de tres veces el salario mínimo interprofesional, no excederá, para los vehículos de tracción mecánica, de cinco días al año, sin que pueda ser consecutivo ninguno de ellos. En los demás casos su duración no será superior a 10 días al año ni a dos consecutivos.

TÍTULO III. RECURSOS DE LAS PROVINCIAS

CAPÍTULO I. ENUMERACIÓN

Artículo 131. *Recursos de las Provincias*

La Hacienda de las provincias estará constituida por los recursos expresados en el artículo 2 de esta Ley en los términos y con las especialidades que se recogen en el presente título.

CAPÍTULO II. RECURSOS TRIBUTARIOS

SECCIÓN 1.ª *Tasas*

Artículo 132. *Tasas*

1. Las Diputaciones Provinciales podrán establecer y exigir tasas por la prestación de servicios o la realización de actividades de su competencia, y por la utilización privativa o el aprovechamiento especial de bienes del dominio público provincial según las normas contenidas en la sección 3.ª del capítulo III del título I de esta Ley, salvo lo dispuesto en el párrafo tercero del artículo 24.1.

2. Las Diputaciones Provinciales seguirán editando y publicando el «Boletín Oficial» de la provincia, pudiendo a tal efecto establecer y exigir tasas y precios por la inserción de anuncios y edictos, y la suscripción y venta de ejemplares.

SECCIÓN 2.ª *Contribuciones especiales*

Artículo 133. *Contribuciones especiales*

Las Diputaciones Provinciales podrán establecer y exigir contribuciones especiales por la realización de obras o por el establecimiento o ampliación de servicios, según las normas contenidas en la sección 4.ª del capítulo III del título I de esta Ley.

SECCIÓN 3.ª *Recargos de las provincias*

Artículo 134. *Recargo de las Provincias sobre el Impuesto sobre Actividades Económicas*

1. Las Diputaciones Provinciales podrán establecer un recargo sobre el Impuesto sobre Actividades Económicas.

2. Dicho recargo se exigirá a los mismos sujetos pasivos y en los mismos casos contemplados en la normativa reguladora del impuesto y consistirá en un porcentaje único que recaerá sobre las cuotas municipales modificadas por la aplicación del coeficiente de ponderación previsto en el artículo 86 de esta Ley y su tipo no podrá ser superior al 40 por 100.

3. La gestión del recargo se llevará a cabo, juntamente con el impuesto sobre el que recae, por la entidad que tenga atribuida la gestión de éste.

4. El importe de la recaudación del recargo provincial se entregará a las respectivas Diputaciones en la forma que reglamentariamente se determine, teniendo en cuenta la fórmula de gestión del Impuesto sobre Actividades Económicas.

5. El Estado, a instancia de las Administraciones públicas acreedoras, podrá retener con cargo a la participación de los municipios en los tributos del Estado las cantidades necesarias para satisfacer las deudas firmes que éstos hubieran contraído con las diputaciones provinciales, cabildos y consejos insulares, Comunidades Autónomas uniprovinciales por cuenta del recargo provincial del Impuesto sobre Actividades Económicas, cuando su recaudación no se haya entregado en la forma prevista reglamentariamente.

A estos efectos, se entenderá que la deuda es firme cuando conste certificación acreditativa de su cuantía expedida por el Interventor local correspondiente a petición de parte interesada.

Los importes retenidos serán entregados por el Estado a la Administración Pública respectiva dentro del mes siguiente a aquel en que se hubieren verificado las retenciones.

Dichos importes no podrán, en su conjunto, y como máximo, exceder del porcentaje que cada año se establece en las Leyes de Presupuestos Generales del Estado para las compensaciones de las deudas de los municipios.

(…)

CAPÍTULO VI. Precios públicos

Artículo 148. *Precios públicos*

Las Diputaciones Provinciales podrán establecer y exigir precios públicos por la prestación de servicios o la realización de actividades de su competencia, según las normas contenidas en el capítulo VI del título I de esta Ley.

CAPÍTULO VII. Otros recursos

Artículo 149. *Otros recursos*

1. Cuando las diputaciones provinciales gestionen servicios propios de las Comunidades Autónomas, éstas, de acuerdo con su legislación, podrán fijar módulos de funcionamiento y financiación y niveles de rendimiento mínimo, otorgando al respecto las correspondientes dotaciones económicas. Las diputaciones provinciales podrán mejorar estos módulos y niveles utilizando sus propias disponibilidades presupuestarias.

2. Cuando las diputaciones provinciales asuman por cuenta de los ayuntamientos de su ámbito territorial la recaudación de los Impuestos sobre Bienes Inmuebles y sobre Actividades Económicas, regulados en el título II de esta Ley, podrán concertar, con cualesquiera entidades de las enumeradas en el artículo 48, operaciones especiales de tesorería con el exclusivo objeto de anticipar a los ayuntamientos, anualmente, hasta el 75 por 100 del importe de las presumibles recaudaciones por dichos tributos.

Las operaciones a que se refiere el párrafo anterior deberán quedar canceladas antes de finalizar cada ejercicio, no deberán suponer carga financiera alguna para las diputaciones y no se computarán a los efectos de los límites previstos en los artículos 51, 52 y 53 de esta Ley.

TÍTULO IV. RECURSOS DE OTRAS ENTIDADES LOCALES

CAPÍTULO I. Recursos de las entidades supramunicipales

SECCIÓN 1.ª *Normas comunes*

Artículo 150. *Recursos de las entidades supramunicipales*

1. Constituyen recursos de las entidades supramunicipales los previstos en sus respectivas normas de creación y los establecidos en esta Ley y en las disposiciones que la desarrollen.

2. Serán de aplicación a las entidades supramunicipales lo dispuesto en esta Ley respecto de los recursos de los ayuntamientos, con las especialidades que procedan en cada caso.

Artículo 151. *Contribuciones especiales*

1. En los supuestos de establecimiento de contribuciones especiales por las entidades supramunicipales con motivo de la realización de obras o del establecimiento o ampliación de servicios que afecten a uno o varios términos municipales, el órgano superior de gobierno de aquéllas, al determinar las zonas afectadas por la obra o concretar el beneficio especial que representa para cada una de dichas zonas, podrá distinguir entre el interés directo de los contribuyentes y el que sea común en un término municipal o en varios.

2. En este caso, los ayuntamientos afectados que estén integrados en dichas entidades tendrán el carácter de contribuyente, al objeto del pago de las cuotas individuales correspondientes, que serán recaudadas por aquéllos, de acuerdo con las normas reguladoras de este tributo municipal.

3. Las cuotas señaladas a los ayuntamientos, en calidad de contribuyentes, serán compatibles con las que los propios ayuntamientos puedan imponer con motivo de los gastos ocasionados por las subvenciones, auxilios o cualquier otra forma de cooperación que hayan prestado a las obras públicas, instalaciones o servicios de las entidades a que pertenezcan.

Artículo 152. *Ingresos tributarios*

1. Las comarcas, áreas metropolitanas, entidades municipales asociativas y demás entidades supramunicipales podrán establecer y exigir tasas, contribuciones especiales y precios públicos, de conformidad con lo previsto en sus respectivas normas de creación y en los términos establecidos en esta Ley y disposiciones que la desarrollen.

2. El régimen financiero de las entidades supramunicipales no alterará el propio de los ayuntamientos que las integren.

SECCIÓN 2.ª *Áreas metropolitanas*

Artículo 153. *Recursos de las áreas metropolitanas*

1. Las áreas metropolitanas podrán contar con los siguientes recursos:

a) Las áreas metropolitanas podrán establecer un recargo sobre el Impuesto sobre Bienes Inmuebles sitos en el territorio de la entidad. Dicho recargo se exigirá a los mismos sujetos pasivos y en los mismos casos contemplados en la normativa reguladora de este impuesto, y consistirá en un porcentaje único que recaerá sobre la base imponible de éste, y su tipo no podrá ser superior al 0,2 por 100.

b) Las subvenciones de carácter finalista que se podrán fijar en los Presupuestos Generales del Estado para la financiación de aquellos servicios específicos que constituyan el objeto de las áreas metropolitanas y cuya cuantía, perceptor y forma de distribución se determina anualmente.

2. Las leyes de las Comunidades Autónomas que, de acuerdo con lo dispuesto en sus Estatutos, creen en su territorio áreas metropolitanas determinarán los recursos de sus respectivas haciendas de entre los enumerados en el párrafo a) del apartado anterior de este artículo y en el artículo 152.

SECCIÓN 3.ª *Entidades municipales asociativas*

Artículo 154. *Recursos de las entidades municipales asociativas*

Las mancomunidades y demás entidades municipales asociativas dispondrán, además de los recursos citados en el artículo 151, de las aportaciones de los municipios que integren o formen parte de aquéllas, determinadas de acuerdo con lo establecido en los estatutos de creación respectivos.

SECCIÓN 4.ª *Comarcas y otras entidades supramunicipales*

Artículo 155. *Recursos de las comarcas*

1. Las comarcas no podrán exigir ninguno de los impuestos y recargos regulados en esta Ley ni percibir participación en los tributos del Estado.

2. Las leyes de las Comunidades Autónomas que, de acuerdo con lo dispuesto en sus estatutos, creen en su territorio comarcas u otras entidades que agrupen varios municipios determinarán los recursos económicos que se les asignen.

CAPÍTULO II. Recursos de las entidades de ámbito territorial inferior al municipio

Artículo 156. *Recursos de las entidades de ámbito territorial inferior al municipio*

1. Las entidades locales de ámbito territorial inferior al municipio no podrán tener impuestos propios ni participación en los tributos del Estado, pero sí en los del municipio a que pertenezcan.

2. Las leyes de las Comunidades Autónomas sobre régimen local que regulen las entidades de ámbito territorial inferior al municipio determinarán los recursos integrantes de sus respectivas haciendas, de entre los previstos en esta Ley para los municipios, incluso la prestación personal y de transporte, salvo cuando la tuviera acordada el ayuntamiento con carácter de generalidad.

3. Serán aplicables a los recursos citados en los apartados anteriores las disposiciones de esta Ley correspondientes a la hacienda municipal, con las adaptaciones derivadas del carácter de ingresos propios de sus entidades titulares.

TÍTULO V. REGÍMENES ESPECIALES

CAPÍTULO I. Balears

Artículo 157. *Financiación*

Los consejos insulares de las Illes Balears dispondrán de los mismos recursos que en esta Ley se reconocen a las diputaciones provinciales.

CAPÍTULO II. Canarias

Artículo 158. *Financiación*

Las entidades locales canarias dispondrán de los recursos regulados en esta Ley, sin perjuicio de las peculiaridades previstas en la legislación del régimen económico fiscal de Canarias. A estos efectos, los cabildos insulares de las islas Canarias tendrán el mismo tratamiento que las diputaciones provinciales.

En concreto, a los municipios de las islas Canarias a los que se refiere el artículo 111 de esta Ley, así como a los cabildos insulares, únicamente se les cederá el porcentaje correspondiente del Impuesto sobre la Renta de las Personas Físicas y de los Impuestos Especiales sobre Cerveza, sobre Productos Intermedios y sobre Alcohol y Bebidas Derivadas, y, en consecuencia, estas cuantías son las únicas que serán objeto de deducción a efectos de lo dispuesto en los artículos 120 y 142 de esta Ley.

CAPÍTULO III. Ceuta y Melilla

Artículo 159. *Financiación*
1. Las ciudades de Ceuta y Melilla dispondrán de los recursos previstos en sus respectivos regímenes fiscales especiales.
2. Las cuotas tributarias correspondientes a los impuestos municipales regulados en esta Ley serán objeto de una bonificación del 50 por 100.
3. La participación de Ceuta y de Melilla en los tributos del Estado se determinará aplicando las normas contenidas en la sección 2.ª del capítulo IV del título II de esta Ley por lo que se refiere a los municipios. A estos efectos, el esfuerzo fiscal a que se refiere el artículo 124.1.b) de esta Ley se calculará tomando en consideración las cuotas íntegras de los impuestos municipales determinadas antes de aplicar la bonificación prevista en el apartado anterior. Asimismo, aquella participación se determinará aplicando las normas recogidas en la sección 3.ª del capítulo IV del título III de esta Ley por lo que se refiere a las provincias.

CAPÍTULO IV. Madrid

Artículo 160. *Régimen financiero especial*
El municipio de Madrid tendrá un régimen financiero especial, del que será supletorio lo dispuesto en esta Ley.

CAPÍTULO V. Barcelona

Artículo 161. *Régimen financiero especial*
El municipio de Barcelona tendrá un régimen financiero especial, del que será supletorio lo dispuesto en esta Ley.
(…)

Disposición adicional primera. *Potestad tributaria de las Comunidades Autónomas sobre materia imponible gravada por el Impuesto sobre Vehículos de Tracción Mecánica y por el Impuesto Municipal sobre Gastos Suntuarios, en su modalidad de aprovechamiento de cotos de caza y pesca*
1. Conforme al artículo 6.3 de la Ley Orgánica 8/1980, de 22 de septiembre, de Financiación de las Comunidades Autónomas, éstas podrán establecer y exigir un impuesto sobre la materia imponible gravada por el Impuesto sobre Vehículos de Tracción Mecánica.
2. La Comunidad Autónoma que ejerza dicha potestad establecerá las compensaciones oportunas a favor de los municipios comprendidos en su ámbito territorial que revestirán una o varias de las siguientes fórmulas:
a) Subvenciones incondicionadas.

b) Participación en los tributos de la Comunidad Autónoma de que se trate, distinta de las previstas en el artículo 142 de la Constitución.

3. Las compensaciones a que se refiere el apartado anterior no podrán suponer minoración de los ingresos que vengan obteniendo los ayuntamientos por el Impuesto sobre Vehículos de Tracción Mecánica, ni merma en sus posibilidades de crecimiento futuro por dicho impuesto.

4. El ejercicio de la potestad a que se refiere el apartado 1 de esta disposición adicional supone la creación de un tributo nuevo, propio de la Comunidad Autónoma correspondiente, y la supresión del Impuesto sobre Vehículos de Tracción Mecánica regulado en esta Ley respecto de los municipios comprendidos en el ámbito territorial de aquélla.

5. En aquellos casos en que las Comunidades Autónomas supriman el impuesto propio que hubieren establecido al amparo de lo dispuesto en la presente disposición adicional, los ayuntamientos integrados en los territorios respectivos de aquéllas vendrán obligados a exigir automáticamente el Impuesto sobre Vehículos de Tracción Mecánica.

6. Asimismo, y conforme el artículo 6.3 a que se refiere el apartado 1 anterior, las Comunidades Autónomas podrán establecer y exigir un impuesto propio sobre la materia imponible gravada por el Impuesto Municipal sobre Gastos Suntuarios, en su modalidad de aprovechamiento de cotos de caza y pesca.

El impuesto que establezcan las Comunidades Autónomas al amparo de esta facultad será compatible con el impuesto municipal, si bien la cuota de este último se deducirá de la de aquél.

Disposición adicional segunda. *Exigencia de tasa periódica como consecuencia de la variación del servicio o de la actividad que se realiza*

Cuando por la prestación de un servicio o la realización de una actividad se esté exigiendo el pago de un precio público de carácter periódico, y por variación de las circunstancias en que el servicio se presta o la actividad se realiza deba exigirse el pago de una tasa, no será preciso realizar la notificación individual a que se refiere el artículo 102 de la Ley 58/2003, de 17 de diciembre, General Tributaria, siempre que el sujeto pasivo y la cuota de la tasa coincidan con el obligado al pago y el importe del precio público al que sustituye.

Lo dispuesto en el párrafo anterior será de aplicación aun en el supuesto en el que la cuota de la tasa resulte incrementada respecto del importe del precio público al que sustituya, siempre que tal incremento se corresponda con una actualización de carácter general.

Disposición adicional tercera. *Beneficios fiscales*

Las Leyes de Presupuestos Generales del Estado podrán establecer beneficios fiscales en los tributos locales regulados en esta Ley, sin perjuicio de lo dispuesto en su artículo 9.2.

Disposición adicional cuarta[131]**.** *Deudas de las entidades locales con acreedores públicos: modo de compensación y responsabilidad*

El Estado podrá compensar las deudas firmes contraídas con éste por las entidades locales con cargo a las órdenes de pago que se emitan para satisfacer su participación en los tributos del Estado.

---

[131] Artículo 26 (Aplicación de la disposición adicional cuarta del texto refundido de la Ley Reguladora de las Haciendas Locales aprobado por el Real Decreto Legislativo 2/2004, de 5 de marzo) del Real Decreto-ley

Igualmente se podrán retener con cargo a dicha participación las deudas firmes que aquéllas hayan contraído con los organismos autónomos del Estado y la Seguridad Social a efectos de proceder a su extinción mediante la puesta en disposición de las citadas entidades acreedoras de los fondos correspondientes.

A los efectos previstos en los párrafos precedentes se declara la responsabilidad solidaria de las corporaciones locales respecto de las deudas tributarias o con la Seguridad Social, contraídas por las entidades a que se refieren los párrafos b) y c) del apartado 3 del artículo 85 de la Ley 7/1985, de 2 de abril, Reguladora de las Bases del Régimen Local, así como de las que en su caso se contraigan por las mancomunidades, comarcas, áreas metropolitanas, entidades de ámbito inferior al municipio y por cualesquiera instituciones asociativas voluntarias públicas en las que aquéllas participen, en proporción a sus respectivas cuotas y sin perjuicio del derecho de repetir que les pueda asistir, en su caso.

Disposición adicional quinta. *Subvenciones a las entidades locales por servicios de transporte colectivo urbano*

Los Presupuestos Generales del Estado de cada año incluirán crédito en favor de aquellas entidades locales que, cualquiera que sea la forma de gestión, tengan a su cargo el servicio de transporte colectivo urbano.

La distribución del crédito, que estará determinada por las correspondientes leyes, podrá efectuarse a través de alguna de las siguientes fórmulas:

a) Establecimiento de contratos-programa.

b) Subvenciones destinadas a la financiación de inversiones de infraestructura de transporte.

c) Subvenciones finalistas para el sostenimiento del servicio, otorgadas en función del número de usuarios de éste y de su específico ámbito territorial.

Disposición adicional sexta. *Actualización de la estructura de los presupuestos de las entidades locales*

El Ministerio de Hacienda modificará tanto la estructura de los presupuestos de las entidades locales como los criterios de clasificación a la que hace referencia el artículo 167 de esta Ley con objeto de adaptarlos a los establecidos para el sector público estatal en cada momento.

Disposición adicional séptima. *Aplicación a las Comunidades Autónomas uniprovinciales*

Las previsiones establecidas en esta Ley para las diputaciones provinciales serán de aplicación a las Comunidades Autónomas uniprovinciales, en tanto no se opongan a lo establecido en su Estatuto de Autonomía.

4/2013, de 22 de febrero, de medidas de apoyo al emprendedor y de estímulo del crecimiento y de la creación de empleo (BOE núm. 47, de 23 de febrero de 2013).

Disposición adicional octava[132]. *Régimen foral vasco*

1. Los Territorios Históricos del País Vasco continuarán conservando su régimen especial en materia municipal en lo que afecta al régimen económico-financiero en los términos de la Ley del Concierto Económico, sin que ello pueda significar un nivel de autonomía de las corporaciones locales vascas inferior al que tengan las demás corporaciones locales, sin perjuicio de la aplicación de lo dispuesto en la Ley 7/1985, de 2 de abril, reguladora de las Bases del Régimen Local, y de las competencias que a este respecto puedan corresponder a la Comunidad Autónoma.

Las instituciones vascas podrán, en sus respectivos ámbitos competenciales, atribuir competencias como propias a los municipios de sus respectivos territorios, con sujeción, en todo caso, a los criterios señalados en los apartados 3, 4 y 5 del artículo 25 de la Ley 7/1985, de 2 de abril, reguladora de las Bases del Régimen Local.

2. De conformidad con la disposición final tercera de la Ley Orgánica 2/2012, de 27 de abril, de Estabilidad Presupuestaria y Sostenibilidad Financiera, y de la cláusula subrogatoria prevista en el artículo 48 quinto de la Ley del Concierto Económico con el País Vasco, los Territorios Históricos recibirán los informes a que se refieren los artículos 193 bis y 218 de la presente Ley. Asimismo, los órganos interventores de las administraciones locales del País Vasco remitirán también al Tribunal Vasco de Cuentas Públicas, sin perjuicio de las competencias atribuidas al Tribunal de Cuentas, los informes a que se refiere el artículo 218 de la presente Ley.

3. De conformidad con la Ley Orgánica 2/2012, de 27 de abril, y de la cláusula subrogatoria prevista en el artículo 48 quinto de la Ley del Concierto Económico con el País Vasco, las Diputaciones Forales en sus respectivos ámbitos territoriales serán las competentes para formalizar convenios con las Entidades Locales para reforzar la autonomía y eficacia de los órganos responsables del control y fiscalización interna de la gestión económico-financiera, contable y presupuestaria de las citadas Entidades Locales.

Disposición adicional novena. *Esfuerzo fiscal*

Las bases imponibles del Impuesto sobre Bienes Inmuebles a considerar en el cálculo del esfuerzo fiscal, a efectos de distribuir la financiación por porcentaje de participación en los tributos del Estado a favor de los ayuntamientos, se corresponderán con el importe de los valores catastrales minorados en la cuantía de la reducción establecida en esta Ley que, en su caso, corresponda a los inmuebles del municipio en cada ejercicio económico.

Disposición adicional décima. *Referencias en el Impuesto sobre Actividades Económicas*

Todas las referencias normativas efectuadas al coeficiente y al índice de situación regulados mediante la redacción anterior a la Ley 51/2002, de 27 de diciembre, de los artículos 88 y 89 de la Ley 39/1988, de 28 de diciembre, Reguladora de las Haciendas Locales, se entenderán efectuadas al coeficiente regulado en el artículo 87 de este Texto Refundido.

---

[132] Ley 27/2013, de 27 de diciembre, de racionalización y sostenibilidad de la Administración Local (BOE núm. 312, de 30 de diciembre de 2013), en vigor a partir del 31 de diciembre de 2013).

Disposición adicional undécima. *Entidades locales canarias*

La participación en los tributos del Estado de las entidades locales canarias regulada en los capítulos III y IV del título II, capítulos III y IV del título III y capítulo II del título V de esta Ley, se determinará respetando lo establecido en su peculiar régimen económico y fiscal.

Disposición adicional duodécima. *Aplicación temporal en el Impuesto sobre Actividades Económicas de las bonificaciones potestativas y de la exención contemplada en el artículo 82.1.b) de esta Ley*

1. Las bonificaciones potestativas previstas para el Impuesto sobre Actividades Económicas en esta Ley, serán de aplicación a partir del 1 de enero de 2004.

2. Sin perjuicio de lo dispuesto en la disposición transitoria decimotercera de esta Ley, la exención prevista en el párrafo b) del apartado 1 del artículo 82 de esta Ley sólo será de aplicación a los sujetos pasivos que inicien el ejercicio de su actividad a partir del 1 de enero de 2003.

Si la actividad se hubiera iniciado en el período impositivo 2002, el coeficiente de ponderación aplicable en el año 2003 será el menor de los previstos en el cuadro que se recoge en el artículo 86 de esta Ley.

Disposición adicional decimotercera[133]**.** *Adecuación de la ordenanza fiscal a los coeficientes previstos en el artículo 32.2 del Texto Refundido de la Ley del Catastro Inmobiliario*

En aquellos municipios en los que resulte de aplicación lo previsto en el artículo 32.2 del Texto Refundido de la Ley del Catastro Inmobiliario, aprobado por el Real Decreto Legislativo 1/2004, de 5 de marzo, el plazo para aprobar y publicar el tipo de gravamen del Impuesto sobre Bienes Inmuebles se amplía hasta el 1 de marzo del ejercicio en que se aplique el correspondiente coeficiente.

Disposición adicional decimocuarta[134]**.** *Notificaciones en los tributos periódicos*

Cuando se produzcan modificaciones de carácter general de los elementos integrantes de los tributos de cobro periódico por recibo, a través de las correspondientes ordenanzas fiscales, no será necesaria la notificación individual de las liquidaciones resultantes, salvo en los supuestos establecidos en el apartado 3 del artículo 102 de la Ley 58/2003, de 17 de diciembre, General Tributaria.

---

[133] Nueva disposición incorporada por el art. 14.6 de la Ley 16/2012, de 27 de diciembre, por la que se adoptan diversas medidas tributarias dirigidas a la consolidación de las finanzas públicas y al impulso de la actividad económica (BOE núm. 312, de 28 de diciembre de 2012), con efectos desde el 1 de enero de 2013

[134] Nueva disposición incorporada por el art. 14.7 de la Ley 16/2012, de 27 de diciembre, por la que se adoptan diversas medidas tributarias dirigidas a la consolidación de las finanzas públicas y al impulso de la actividad económica (BOE núm. 312, de 28 de diciembre de 2012), con efectos desde el 1 de enero de 2013

Disposición adicional decimoquinta[135]. **Gestión integrada o coordinada de servicios**
Cuando la Diputación o entidad equivalente acredite en un informe que el acuerdo de dos o más municipios para la gestión integrada de todos los servicios municipales que sean coincidentes conlleva un ahorro de al menos el 10% respecto el coste efectivo total en el que incurría cada municipio por separado, el coeficiente de ponderación que resulte de aplicación a cada municipio de acuerdo con el artículo 124.1 del texto refundido de la Ley Reguladora de las Haciendas Locales, se incrementará en 0,04. De la aplicación de esta regla no se podrá derivar, para cada ejercicio, un importe total superior al que resulte de lo dispuesto en el artículo 123 del texto refundido de la Ley Reguladora de las Haciendas Locales.

Disposición adicional decimosexta[136]. *Inversión financieramente sostenible.*
A los efectos de lo dispuesto en la disposición adicional sexta de la Ley Orgánica 2/2012, de 27 de abril, de Estabilidad Presupuestaria y Sostenibilidad Financiera, se entenderá por inversión financieramente sostenible la que cumpla todos los requisitos siguientes:
1[137]. Que la inversión se realice, en todo caso, por Entidades Locales que se encuentren al corriente en el cumplimiento de sus obligaciones tributarias y frente a la Seguridad Social.
A) Además, deberá tener reflejo presupuestario en los siguientes grupos de programas recogidos en el anexo I de la Orden EHA/3565/2008, de 3 de diciembre, por la que se aprueba la estructura de los presupuestos de la Entidades Locales:
160. Alcantarillado.
161. Abastecimiento domiciliario de agua potable.
162. Recogida, eliminación y tratamiento de residuos.
165. Alumbrado público.
172. Protección y mejora del medio ambiente.
412. Mejora de las estructuras agropecuarias y de los sistemas productivos.
422. Industria.
425. Energía.
431. Comercio.
432. Información y promoción turística.
441. Transporte de viajeros.
442. Infraestructuras del transporte.
452. Recursos hidráulicos.
463. Investigación científica, técnica y aplicada.

---

[135] Nueva disposición incorporada por el art. 2.5 de Ley núm. 27/2013 de 27 de diciembre, de Racionalización y sostenibilidad de la Administración Local Adapta la normativa básica en materia de Administración local para la adecuada aplicación de los principios de estabilidad presupuestaria, sostenibilidad financiera o eficiencia en el uso de los recursos públicos locales (BOE núm. 312, de 30 de diciembre de 2013, en vigor desde el 31 de diciembre de 2013.

[136] Nueva disposición incorporada por disp. final 1 de Real Decreto-Ley núm. 2/2014 de 21 de febrero, Adopta medidas urgentes para reparar los daños causados en los dos primeros meses de 2014 por las tormentas de viento y mar en la fachada atlántica y la costa cantábrica (BOE núm. 46, de 22 de febrero de 2014), en vigor desde su publicación en el Boletín Oficial del Estado

[137] Nueva redacción dada por el art. 2 del Real Decreto-ley 1/2018, de 23 de marzo, por el que se prorroga para 2018 el destino del superávit de las corporaciones locales para inversiones financieramente sostenibles y se modifica el ámbito objetivo de éstas (BOE núm. 73, de 24 de marzo de 2018).

491. Sociedad de la información.

492. Gestión del conocimiento.

B) La inversión podrá tener reflejo presupuestario en alguno de los grupos de programas siguientes:

132. Seguridad y Orden Público.

133. Ordenación del tráfico y del estacionamiento.

135. Protección civil.

136. Servicio de prevención y extinción de incendios.

152. Vivienda[138]

153. Vías públicas.

171. Parques y jardines.

231. Asistencia social primaria.

321. Creación de Centros docentes de enseñanza infantil y primaria.

323. Funcionamiento de centros docentes de enseñanza infantil y primaria y educación especial.

332. Bibliotecas y Archivos.

333. Equipamientos culturales y museos.

336. Protección del Patrimonio Histórico-Artístico.

342. Instalaciones deportivas.

453. Carreteras.

454. Caminos vecinales.

933. Gestión del patrimonio, en el que se podrán incluir las aplicadas a la rehabilitación, reparación y mejora de infraestructuras e inmuebles propiedad de la entidad local afectos al servicio público incluyendo las actuaciones de adaptación de infraestructuras que permitan la accesibilidad universal para personas con discapacidad y personas mayores.

Cuando exista gasto de inversión en estos últimos grupos de programas, y se incurra en un gasto de inversión en el conjunto de grupos de programas citados en este apartado superior a 15 millones de euros o al 40% del gasto no financiero total de la entidad local respectiva y suponga incremento de los capítulos 1 o 2 del estado de gastos vinculado a los proyectos de inversión se requerirá autorización previa de la Secretaría General de Financiación Autonómica y Local, del Ministerio de Hacienda y Función Pública.

2[139]. Quedan excluidas tanto las inversiones que tengan una vida útil inferior a cinco años como las que se refieran a mobiliario y enseres, salvo que se destinen a la prestación

---

[138]   Nueva redacción dada por el art. cuarto.Cuatro del Real Decreto-ley 7/2019, de 1 de marzo, de medidas urgentes en materia de vivienda y alquiler (BOE núm. 55, de 5 de marzo de 2019), con efectos a partir de 1 de enero de 2019.
   Apartado 152 incorporado por el art. cuarto.Cuatro del Real Decreto-ley 21/2018, de 14 de diciembre, de medidas urgentes en materia de vivienda y alquiler (BOE núm. 304, de 18 de diciembre de 2018), con efectos a partir del 1 de enero de 2019 hasta el 24 de enero de 2019, debido a la Resolución de 22 de enero de 2019, del Congreso de los Diputados, por la que se ordena la publicación del Acuerdo de derogación del Real Decreto-ley 21/2018, de 14 de diciembre, de medidas urgentes en materia de vivienda y alquiler (BOE núm. 21, de 24 de enero de 2019).

[139]   Nueva redacción dada por el art. 2 del Real Decreto-ley 1/2018, de 23 de marzo, por el que se prorroga para 2018 el destino del superávit de las corporaciones locales para inversiones financieramente sostenibles y se modifica el ámbito objetivo de éstas (BOE núm. 73, de 24 de marzo de 2018).

de servicios asociados a los grupos de programas recogidos en el apartado anterior. También quedan excluidas las inversiones en vehículos, salvo que se destinen a la prestación de los servicios públicos de recogida, eliminación y tratamiento de residuos, seguridad y orden público, protección civil, prevención y extinción de incendios, y de transporte de viajeros.

3[140]**.** El gasto que se realice deberá ser imputable al capítulo 6 del estado de gastos del presupuesto general de la Corporación Local.

De forma excepcional podrán incluirse también indemnizaciones o compensaciones por rescisión de relaciones contractuales, imputables en otros capítulos del presupuesto de la Corporación Local, siempre que las mismas tengan carácter complementario y se deriven directamente de actuaciones de reorganización de medios o procesos asociados a la inversión acometida.

En el caso de las Diputaciones Provinciales, Consejos y Cabildos insulares podrán incluir gasto imputable también en el capítulo 6 y 7 del estado de gastos de sus presupuestos generales destinadas a financiar inversiones que cumplan lo previsto en esta disposición y se asignen a municipios que:

a) Cumplan con lo previsto en la disposición adicional sexta de la Ley Orgánica 2/2012, de 27 de abril,

b) o bien, no cumpliendo lo previsto en la disposición adicional sexta de la Ley Orgánica 2/2012, de 27 de abril, la inversión no conlleve gastos de mantenimiento y así quede acreditado en su Plan económico-financiero convenientemente aprobado.

4. Que la inversión permita durante su ejecución, mantenimiento y liquidación, dar cumplimiento a los objetivos de estabilidad presupuestaria, y deuda pública por parte de la Corporación Local. A tal fin se valorará, el gasto de mantenimiento, los posibles ingresos o la reducción de gastos que genere la inversión durante su vida útil.

5[141]**.** La iniciación del correspondiente expediente de gasto y el reconocimiento de la totalidad de las obligaciones económicas derivadas de la inversión ejecutada se deberá realizar por parte de la Corporación Local antes de la finalización del ejercicio de aplicación de la disposición adicional sexta de la Ley Orgánica 2/2012, de 27 de abril.

---

[140]   Real Decreto-ley 27/2020, de 4 de agosto, de medidas financieras, de carácter extraordinario y urgente, aplicables a las entidades locales (BOE núm. 211, de 5 de agosto de 2020), en vigor desde el 5 de agosto de 2020: Artículo 7. Medidas de apoyo de las Diputaciones Provinciales y entidades equivalentes a municipios con problemas de liquidez o que se encuentren en riesgo financiero.

«… 3. Excepcionalmente, se consideran incluidos en el apartado 3 de la disposición adicional decimosexta del texto refundido de la Ley reguladora de las Haciendas Locales, aprobado por Real Decreto Legislativo 2/2004, de 5 de marzo, a efectos de la aplicación de la disposición adicional sexta de la Ley Orgánica 2/2012, de 27 de abril, de Estabilidad Presupuestaria y Sostenibilidad Financiera, y en referencia al destino del superávit de 2019 de las Diputaciones Provinciales, Consejos y Cabildos insulares, los gastos de transferencias corrientes que estas realicen a favor de los ayuntamientos citados en el apartado 1 de este artículo, siempre que tengan carácter finalista, y que estos últimos tengan aprobado, en su caso, un plan económico-financiero en cumplimiento de lo dispuesto en la Ley Orgánica 2/2012, de 27 de abril, de Estabilidad Presupuestaria y Sostenibilidad Financiera».

[141]   Ley 48/2015, de 29 de octubre, de Presupuestos Generales del Estado para el año 2016 (BOE núm. 260, de 30 de octubre de 2015): «*Disposición adicional octogésima segunda. Destino del superávit de las entidades locales correspondiente a 2015*».

No obstante, en el supuesto de que un proyecto de inversión no pueda ejecutarse íntegramente en 2014, la parte restante del gasto comprometido en 2014 se podrá reconocer en el ejercicio 2015 financiándose con cargo al remanente de tesorería de 2014 que quedará afectado a ese fin por ese importe restante y la entidad local no podrá incurrir en déficit al final del ejercicio 2015.

6. El expediente de gasto que se tramite incorporará una memoria económica específica, suscrita por el presidente de la Corporación Local, o la persona de la Corporación Local en quien delegue, en la que se contendrá la proyección de los efectos presupuestarios y económicos que podrían derivarse de la inversión en el horizonte de su vida útil. El órgano interventor de la Corporación Local informará acerca de la consistencia y soporte de las proyecciones presupuestarias que contenga la memoria económica de la inversión en relación con los criterios establecidos en los apartados anteriores.

Anualmente, junto con la liquidación del presupuesto, se dará cuenta al pleno de la Corporación Local del grado de cumplimiento de los criterios previstos en los apartados anteriores y se hará público en su portal web.

7. Sin perjuicio de los efectos que puedan derivarse de la aplicación de la normativa de estabilidad presupuestaria y sostenibilidad financiera, si el informe del interventor de la Corporación Local al que se refiere el apartado anterior fuera desfavorable, el interventor lo remitirá al órgano competente de la Administración pública que tenga atribuida la tutela financiera de la Corporación Local.

8. El interventor de la Corporación Local informará al Ministerio de Hacienda y Administraciones públicas de las inversiones ejecutadas en aplicación de lo previsto en esta disposición.

Disposición adicional decimoséptima[142]. *Obtención de información a efectos de la liquidación y recaudación de las tasas por el mantenimiento del servicio de prevención y extinción de incendios y de las contribuciones especiales por el establecimiento o ampliación de los servicios de extinción de incendios.*

Las entidades locales recabarán de las entidades aseguradoras la información necesaria para la liquidación y recaudación de las tasas por la prestación del servicio de prevención y extinción de incendios y de las contribuciones especiales por el establecimiento o ampliación de los servicios de extinción de incendios, conforme al procedimiento que se establece en la disposición adicional decimocuarta de la Ley 20/2015, de 14 de julio, de ordenación, supervisión y solvencia de entidades aseguradoras y reaseguradoras.

Disposición transitoria primera. *Régimen de los beneficios fiscales anteriores a la Ley 39/1988, de 28 de diciembre, Reguladora de las Haciendas Locales*

A partir del 31 de diciembre de 1989, quedarán suprimidos cuantos beneficios fiscales estuvieren establecidos en los tributos locales con anterioridad a la entrada en vigor de la Ley 39/1988, de 28 de diciembre, Reguladora de las Haciendas Locales, tanto de forma genérica

---

[142] Nueva Disposición incorporada por la Disposición final sexta de la Ley 20/2015, de 14 de julio, de ordenación, supervisión y solvencia de las entidades aseguradoras y reaseguradoras (BOE núm. 168, de 15 de julio de 2015), con efectos desde el 1 de enero de 2016.

como específica, en toda clase de disposiciones distintas de las de régimen local, sin que su vigencia pueda ser invocada respecto de ninguno de los tributos regulados en este texto refundido; lo anterior se entiende sin perjuicio de lo establecido en las disposiciones transitorias tercera, cuarta y quinta de este Texto Refundido.

Disposición transitoria segunda. *Impuesto sobre Bienes Inmuebles*

El Impuesto sobre Bienes Inmuebles comenzará a exigirse en todo el territorio nacional, a partir del día 1 de enero de 1990. Respecto de los bienes inmuebles urbanos el impuesto se exigirá aplicando los valores catastrales vigentes en la fecha indicada a efectos de la Contribución Territorial Urbana, hasta tanto no se proceda a su determinación con arreglo a las normas reguladoras del Catastro. Respecto de los bienes inmuebles rústicos, y hasta tanto no se produzca esta última circunstancia, el impuesto se exigirá aplicando como valor catastral el que resulte de lo dispuesto en la disposición transitoria segunda del Texto Refundido de la Ley del Catastro Inmobiliario y otras normas tributarias.

Disposición transitoria tercera. *Beneficios fiscales en el Impuesto sobre Bienes Inmuebles*

1. Los beneficios fiscales en el Impuesto sobre Bienes Inmuebles reconocidos a la entrada en vigor de la Ley 51/2002, de 27 de diciembre, cuyos supuestos de disfrute se encuentren recogidos en este Texto Refundido, se mantendrán sin que, en caso de que tengan carácter rogado, sea necesaria su solicitud. Se mantendrán hasta la fecha de su extinción aquellos beneficios fiscales reconocidos en dicho Impuesto cuyos supuestos de disfrute no se recogen en este Texto Refundido, con excepción de la exención prevista en el párrafo k) del artículo 64 de la Ley Reguladora de las Haciendas Locales, en su redacción anterior a la Ley 51/2002, de 27 de diciembre, que queda extinguida a su entrada en vigor.

2[143]**.** Los ayuntamientos que con anterioridad a la entrada en vigor de nuevos valores catastrales, como consecuencia de procedimientos de valoración colectiva de carácter general, vinieran aplicando la bonificación establecida en el artículo 74. 5 de la Ley 39/1988, de 28 de diciembre, Reguladora de las Haciendas Locales, en la redacción que le proporcionó la Ley 14/2000, de 29 diciembre, de medidas fiscales, administrativas y del orden social, podrán continuar aplicando dicha bonificación durante el periodo referido en el artículo 68.1 del Texto Refundido de la Ley Reguladora de las Haciendas Locales, aprobado por Real Decreto Legislativo 2/2004, de 5 de marzo.

3. Hasta el momento en que adquieran efectividad los valores catastrales determinados mediante la aplicación de ponencias de valores totales o especiales aprobadas de conformidad con lo dispuesto en las normas reguladoras del Catastro Inmobiliario, mantienen su vigencia los artículos segundo, tercero, cuarto, quinto y sexto de la Ley 53/1997, de 27 de noviembre[144], por la que se modifica parcialmente la Ley 39/1988, de 28 de diciembre, Re-

---

[143] Nueva redacción dada por la Disp. final 21.ª de la Ley 6/2018, de 3 de julio, de Presupuestos Generales del Estado para el año 2018 (BOE núm. 161, de 4 de julio de 2018), con efectos desde el 5 de julio de 2018.

[144] Ley 53/1997, de 27 de noviembre, por la que se modifica parcialmente la Ley 39/1988, de 28 de diciembre, reguladora de las Haciendas Locales, y se establece una reducción en la base imponible del Impuesto sobre Bienes Inmuebles, vigente hasta el 1 de enero de 2003, fecha de entrada en vigor de la Ley 48/2002, de 23 de diciembre, del Catastro Inmobiliario (BOE. núm. 307, de 24 de diciembre de 2002).

guladora de las Haciendas Locales, y se establece una reducción en la base imponible del Impuesto sobre Bienes Inmuebles, así como el artículo 69.3 de la citada Ley reguladora de

«*Artículo Segundo.*

Se establece una reducción en la base imponible del Impuesto sobre Bienes Inmuebles que será aplicable a aquellos inmuebles de naturaleza urbana que se encuentren en algunas de estas dos situaciones:

a) Inmuebles cuyo valor catastral se incremente como consecuencia de revisiones o modificaciones de valores que afecten a la totalidad de los bienes inmuebles de naturaleza urbana existentes en el municipio y se deriven de alguno de los siguientes supuestos:

1. Por aplicación de la primera ponencia de valores aprobada con posterioridad a la publicación del Real Decreto-ley 5/1997, de 9 de abril.

2. Por aplicación de sucesivas ponencias de valores que se aprueben una vez transcurrido el período de reducción establecido en la presente Ley.

b) Inmuebles situados en municipios para los que se hubiera aprobado una ponencia de valores, que haya dado lugar a la aplicación de la reducción establecida en la presente Ley, y cuyo valor catastral se altere, antes de finalizar el plazo de reducción, por alguna de las siguientes causas:

1. Revisiones o modificaciones de valores catastrales que afecten a la totalidad de los inmuebles de naturaleza urbana del municipio.

2. Revisiones o modificaciones de valores catastrales que afecten a parte de los inmuebles de naturaleza urbana del municipio.

3. Alteraciones físicas, jurídicas y económicas experimentadas en los inmuebles de naturaleza urbana.

La reducción establecida en este artículo no se aplicará cuando el incremento de la base imponible de los inmuebles sea consecuencia de la actualización de sus valores catastrales por aplicación de los coeficientes establecidos en las Leyes de Presupuestos Generales del Estado.

Artículo Tercero.

1. La reducción se aplicará durante un período de nueve años a contar desde la entrada en vigor de los nuevos valores catastrales, sin perjuicio de lo dispuesto en el artículo quinto.

2. La cuantía de la reducción, que decrecerá anualmente, será el resultado de aplicar un coeficiente reductor, único para todos los inmuebles del municipio afectado, a un componente individual de la reducción, calculado para cada inmueble.

3. El coeficiente anual de reducción a aplicar tendrá el valor de 0,9 el primer año de su aplicación e irá disminuyendo en 0,1 anualmente hasta su desaparición.

4. El componente individual de la reducción se determinará del siguiente modo:

a) Con carácter general, será la diferencia positiva entre el nuevo valor catastral asignado al inmueble y la base liquidable del ejercicio inmediato anterior a la entrada en vigor de aquél. Dicha diferencia se dividirá por el último coeficiente reductor aplicado cuando concurra el supuesto del artículo segundo, apartado b 2).

b) Con carácter particular, cuando se den las circunstancias que señala el artículo siguiente, será la diferencia positiva entre el nuevo valor catastral asignado al inmueble y el valor base determinado en el mismo. Dicha diferencia se dividirá por el último coeficiente reductor aplicado cuando concurra el supuesto del artículo segundo, apartado b 2).

Artículo Cuarto.

Cuando se den las circunstancias que se señalan a continuación, el valor base del componente individual de la reducción se determinará:

1. Para aquellos inmuebles que estando incorporados íntegramente a la delimitación del suelo de naturaleza urbana y que habiéndose alterado sus características físicas, jurídicas o económicas previamente al 1 de enero del año anterior a la entrada en vigor de los valores catastrales resultantes de las ponencias de valores a las que se refiere el artículo segundo, aún no se haya modificado su valor catastral en el momento de la aprobación de las mismas, el valor base será el importe de la base liquidable que de acuerdo a dichas alteraciones corresponda al ejercicio inmediato anterior a la entrada en vigor de los nuevos valores catastrales por la aplicación a los mencionados bienes de la ponencia de valores anterior a la última aprobada.

Haciendas Locales, en su redacción anterior a la Ley 51/2002, de 27 de diciembre, respecto a los inmuebles rústicos, urbanos y de características especiales situados en municipios en los que se viniera aplicando dicha reducción.

Disposición transitoria cuarta. *Beneficios fiscales en el Impuesto sobre Actividades Económicas*

Quienes a la fecha de comienzo de aplicación del Impuesto sobre Actividades Económicas gozaran de cualquier beneficio fiscal en la Licencia Fiscal de Actividades Comerciales e Industriales o en la Licencia Fiscal de Actividades Profesionales y de Artistas continuarán disfrutando de ellos en el impuesto citado en primer lugar hasta la fecha de su extinción, y si no tuvieran término de disfrute, hasta el 31 de diciembre de 1994, inclusive.

Disposición transitoria quinta. *Beneficios fiscales en el Impuesto sobre Vehículos de Tracción Mecánica*

Quienes a la fecha de comienzo de aplicación del Impuesto sobre Vehículos de Tracción Mecánica gozaran de cualquier clase de beneficio fiscal en el Impuesto Municipal sobre Circulación de Vehículos, continuarán disfrutando de ellos en el impuesto citado en primer lugar

---

2. *Para aquellos inmuebles sin edificar cuyo nuevo valor catastral sea consecuencia de la incorporación de todo o parte de su suelo en la delimitación de suelo de naturaleza urbana incluida en la ponencia de valores por haber perdido su naturaleza rústica, el valor base será cero.*

3. *Para los inmuebles a los que se refiere el artículo segundo, en su apartado b 3), el valor base será el resultado de multiplicar el nuevo valor catastral por un cociente, calculado con sus dos primeros decimales, entre el valor catastral medio de todos los inmuebles del municipio incluidos en el último padrón y el valor catastral medio de aquellos que, derivados de la aplicación de la nueva ponencia de valores, deban ser notificados con arreglo al procedimiento establecido en el artículo 70, apartado 4, de la Ley 39/1988, de 28 de diciembre, reguladora de las Haciendas Locales.*

4. *En los municipios en los que el número de unidades urbanas sea superior a 750.000 y cuyos valores catastrales se hayan fijado o modificado en virtud de una Ponencia de valores parcial en la que haya sido aplicado el coeficiente de referencia al mercado vigente a partir del año 1993, con aplicación por parte del municipio a los inmuebles afectados de un tipo impositivo distinto del general del resto del municipio, el valor base de tales inmuebles se determinará multiplicando el valor catastral asignado en el padrón del año anterior a la entrada en vigor de la revisión por el coeficiente que resulte de dividir su especial tipo impositivo por el general del municipio de dicho ejercicio siempre que así lo haya solicitado el ayuntamiento a la Dirección General del Catastro con anterioridad a la aprobación de la Ponencia de valores que afecte a la totalidad de los bienes inmuebles de naturaleza urbana existentes en el municipio (Redacción según Ley 14/2000, de 29 de diciembre).*

Asimismo, este valor base será el que se utilice en el supuesto de los inmuebles edificados que se incorporen en la delimitación de suelo de naturaleza urbana incluida en la ponencia de valores por haberse modificado la naturaleza de todo o parte de su suelo, perdiendo su naturaleza rústica.

Artículo Quinto.

1. *En los casos previstos en el artículo segundo, apartado b 1), concluirá anticipadamente el período de reducción, y se extinguirá el derecho a la aplicación de la reducción pendiente. Con la aplicación de los nuevos valores catastrales se iniciará el cómputo de un nuevo período de reducción, cuya duración será la que se establece en el artículo tercero.*

2. *En los casos previstos en el artículo segundo, apartados b 2) y b 3), no se iniciará el cómputo de un nuevo período de reducción y el coeficiente de la misma aplicado a los inmuebles afectados tomará el valor correspondiente al resto de los inmuebles del municipio».*

hasta la fecha de su extinción y, si no tuvieran término de disfrute, hasta el 31 de diciembre de 1992, inclusive.

Disposición transitoria sexta[145]. *Impuesto Municipal sobre Gastos Suntuarios*

A partir del 1 de enero de 1991 los ayuntamientos podrán continuar exigiendo el Impuesto Municipal sobre Gastos Suntuarios, en lo referente, exclusivamente, a la modalidad de éste que grava el aprovechamiento de cotos de caza y pesca. A tal fin, permanecen vigentes todas las disposiciones, tanto legales como reglamentarias, por las que se rige el impuesto de referencia en su modalidad d), del artículo 372 del Texto Refundido de las disposiciones legales vigentes en materia de régimen local, aprobado por el Real Decreto Legislativo 781/1986, de 18 de abril[146]. Asimismo, permanecen vigentes las ordenanzas fiscales municipales reguladoras del mencionado impuesto y modalidad. Las restantes modalidades de este impuesto quedan suprimidas, desde el 1 de enero de 1991.

Disposición transitoria séptima. *Régimen financiero de Madrid y Barcelona*

En tanto no se aprueben las leyes a que se refieren los artículos 160 y 161, serán de aplicación directa a los municipios de Madrid y Barcelona los preceptos contenidos en esta Ley.

---

[145] Art. 59 (Enumeración de impuestos) de esta norma.

[146] Real Decreto Legislativo 781/1986, de 18 de abril, por el que se aprueba el Texto Refundido de las Disposiciones Legales vigentes en materia de Régimen Local.

Art. 372. El Impuesto Municipal sobre Gastos Suntuarios gravará:...

d) El aprovechamiento de los cotos privados de caza y pesca, cualquiera que sea la forma de explotación o disfrute de dichos aprovechamientos. Para los conceptos de coto privado de caza y pesca se estará a lo que dispone la legislación administrativa específica en dicha materia.

Art. 373. Estarán obligados al pago del Impuesto en concepto de contribuyentes:...

d) Los titulares de los cotos o las personas a las que corresponda por cualquier título el aprovechamiento de caza o pesca en el momento de devengarse el Impuesto. Teniendo la condición de sustituto del contribuyente el propietario de los bienes acotados, a cuyo efecto tendrá derecho a exigir del titular del aprovechamiento el importe del Impuesto para hacerlo efectivo al municipio en cuyo término radique el coto de caza, pesca o la mayor parte de él.

Art. 374. La base del Impuesto será:...

d) En el disfrute de cotos privados de caza y pesca, el valor del aprovechamiento cinegético o piscícola. Los Ayuntamientos, con sujeción al procedimiento establecido para la aprobación de las Ordenanzas fiscales fijarán el valor de dichos aprovechamientos, determinados mediante tipos o módulos, que atiendan a la clasificación de fincas en distintos grupos, según sea su rendimiento medio por unidad de superficie. Estos grupos de clasificación y el valor asignable se fijarán mediante Orden conjunta de los Ministerios de Economía y Hacienda, y Administración Territorial, oyendo previamente al de Agricultura, Pesca y Alimentación.

Art. 375. El tipo del Impuesto no podrá exceder de los siguientes límites:...

d) Del 20 por 100 para el aprovechamiento de cotos privados de caza y pesca.

Art. 376. El Impuesto se devengará:...

c) El 31 de diciembre de cada año, en lo que se refiere al disfrute de viviendas y aprovechamiento de cotos privados de caza y pesca.

Art. 377. En las Ordenanzas fiscales correspondientes, los Ayuntamientos regularán la forma en que los sustitutos del contribuyente habrán de efectuar las declaraciones tributarias y la periodicidad y formas de liquidación y pago de las cantidades retenidas, así como las obligaciones contables y de sometimiento a inspecciones y comprobaciones de dichos sustitutos.

Disposición transitoria octava. *Tributación de los bienes inmuebles de características especiales*

Los bienes inmuebles de características especiales que a la entrada en vigor de la Ley 51/2002, de 27 de diciembre, estuviesen inscritos en el Catastro Inmobiliario conforme a su anterior naturaleza, mantendrán hasta el 31 de diciembre de 2005[147] la reducción en la base imponible que tuvieran conforme a la normativa anterior, y les serán de aplicación los tipos de gravamen del Impuesto sobre Bienes Inmuebles previstos para dichos bienes en este texto refundido. Los restantes bienes inmuebles de características especiales empezarán a tributar en el Impuesto sobre Bienes Inmuebles el día 1 de enero del año inmediatamente posterior al de su inscripción en el Catastro Inmobiliario.

Disposición transitoria novena. *Base liquidable de los bienes inmuebles rústicos*

Lo establecido en esta Ley respecto a la fijación de la base liquidable del Impuesto sobre Bienes Inmuebles queda en suspenso respecto a los bienes inmuebles rústicos hasta que mediante Ley se establezca la fecha de su aplicación.

Disposición transitoria décima. *Procedimientos en tramitación*

A los procedimientos iniciados antes de la entrada en vigor de la Ley 51/2002, de 27 de diciembre, no les será de aplicación lo dispuesto en este Texto Refundido, y se regirán por la normativa anterior.

Disposición transitoria undécima. *Ordenanzas fiscales y plazos de aprobación del tipo de gravamen del Impuesto sobre Bienes Inmuebles y de las ponencias de valores, de notificación de valores catastrales y de entrega de los padrones catastrales*

1. Con efectos exclusivos para el ejercicio de 2003, los ayuntamientos que decidan aplicar, en uso de su capacidad normativa, las modificaciones establecidas en la Ley 51/2002, de 27 de diciembre, en los tributos periódicos con devengo el 1 de enero de dicho año deberán aprobar el texto definitivo de las nuevas ordenanzas fiscales y publicarlas en el boletín oficial correspondiente, todo ello con arreglo a lo dispuesto en el artículo 17 de este Texto Refundido, antes de 1 de abril de 2003.

En el supuesto de que para el Impuesto sobre Bienes Inmuebles no se haga uso de la autorización contenida en el párrafo anterior, el tipo de gravamen aplicable a los bienes inmuebles de características especiales será el correspondiente a los bienes inmuebles urbanos.

2. Con vigencia exclusiva para el ejercicio 2003, el plazo general establecido en esta Ley para aprobar los tipos de gravamen del Impuesto sobre Bienes Inmuebles se amplía hasta el 31 de octubre de 2003 en aquellos municipios afectados por procedimientos de valoración colectiva que deban surtir efecto el 1 de enero de 2004. De los correspondientes acuerdos se dará traslado a la Dirección General del Catastro dentro de dicho plazo.

---

[147] La Disposición adicional trigésima segunda de la Ley 2/2004, de 27 de diciembre, de Presupuestos Generales del Estado para el año 2005, establece: «Tres. El plazo para la aplicación de la reducción en la base imponible del Impuesto sobre Bienes Inmuebles a que se refiere la disposición transitoria octava del texto refundido de la Ley reguladora de las Haciendas Locales, aprobado por Real Decreto Legislativo 2/2004, de 5 de marzo, relativa a la tributación de los bienes inmuebles de características especiales, se amplía hasta el 31 de diciembre de 2006».

Asimismo, y en relación a los indicados municipios, se amplía también hasta el 31 de octubre de 2003 el plazo para la publicación de las ponencias de valores y hasta el 1 de marzo del año 2004 el plazo para la notificación individual de los valores catastrales resultantes, sin perjuicio de su efectividad en el año 2004.

En estos municipios la entrega del correspondiente padrón catastral se podrá diferir hasta el día 1 de mayo del año 2004.

Disposición transitoria duodécima[148]. *Determinación de la base liquidable del Impuesto sobre Bienes Inmuebles*

La determinación de la base liquidable del Impuesto sobre Bienes Inmuebles, atribuida a los ayuntamientos en el apartado 3 del artículo 77 de esta ley, se realizará por la Dirección General del Catastro, salvo que el ayuntamiento comunique a dicho centro directivo que la indicada competencia será ejercida por él. Esta comunicación deberá realizarse antes de que finalice el mes de febrero del año en el que asuma el ejercicio de la mencionada competencia.

Disposición transitoria decimotercera. *Bonificaciones por inicio de actividad en el Impuesto sobre Actividades Económicas*

En relación con los sujetos pasivos del Impuesto sobre Actividades Económicas respecto de los cuales, a la entrada en vigor de la Ley 51/2002, de 27 de diciembre, no estando exentos del pago del impuesto con arreglo a lo dispuesto en ésta, se estuvieran aplicando las bonificaciones en la cuota por inicio de actividad anteriormente reguladas en la nota común 2.ª a la sección primera y en la nota común 1.ª a la sección segunda, de las tarifas aprobadas por el Real Decreto Legislativo 1175/1990, de 28 de septiembre, continuarán aplicándose dichas bonificaciones, en los términos previstos en las citadas notas comunes, hasta la finalización del correspondiente período de aplicación de la bonificación.

Disposición transitoria decimocuarta. *Exenciones en el Impuesto sobre Vehículos de Tracción Mecánica derivadas del artículo 94 de la Ley 39/1988, de 28 de diciembre, en su redacción anterior a la Ley 51/2002, de 27 de diciembre*

Los vehículos que con anterioridad a la entrada en vigor de la Ley 51/2002, de 27 de diciembre, resultando exentos del Impuesto sobre Vehículos de Tracción Mecánica por aplicación de la anterior redacción del artículo 94.1.d) de la Ley 39/1988, de 28 de diciembre,

---

[148] Nueva redacción dada por la disposición final 9 de la Ley 36/2014, de 26 de diciembre, de Presupuestos Generales del Estado para el año 2015 (BOE núm. 315, de 30 de diciembre de 2014), en vigor desde el 1 de enero de 2015.
Redacción anterior dada por la Disposición final quinta de la Ley 17/2012, de 27 de diciembre, de Presupuestos Generales del Estado para el año 2013 (BOE núm. 312, de 28 de diciembre de 2012), con efectos de 1 de enero de 2013 y vigencia indefinida.
Anterior redacción dada por la disposición final décima de la Ley 39/2010, de 22 de diciembre, de Presupuestos Generales del Estado para el año 2011 (BOE núm. 311, de 23 de diciembre de 2010).
Redacciones anteriores dadas por la disp. adic. 12 de la Ley 2/2008, de 23 de diciembre, de Presupuestos Generales del Estado para el año 2009 y por la disp. adic. Décima de la Ley 42/2006, de 28 de diciembre, de Presupuestos Generales del Estado para el año 2007 y por las disp. adic. 32.1 de la Ley 2/2004, de 27 de diciembre.

Reguladora de las Haciendas Locales, no cumplan los requisitos fijados para la exención en la nueva redacción dada por la Ley 51/2002, de 27 de diciembre, a dicho precepto, continuarán teniendo derecho a la aplicación de la exención prevista en la redacción anterior del citado precepto, en tanto el vehículo mantenga los requisitos fijados en aquélla para tal exención.

Disposición transitoria decimoquinta. *Tipos de gravamen del Impuesto sobre Bienes Inmuebles por usos*

En tanto no se aprueben las nuevas normas reglamentarias en materia de valoración catastral, la diferenciación de tipos de gravamen por usos en el Impuesto sobre Bienes Inmuebles prevista en esta Ley se realizará atendiendo a los establecidos en el cuadro de coeficientes del valor de las construcciones recogido en la norma 20 del anexo al Real Decreto 1020/1993, de 25 de junio[149], por el que se aprueban las normas técnicas de valoración y el cuadro marco de valores del suelo y de las construcciones para determinar el valor catastral de los bienes inmuebles de naturaleza urbana, teniendo en cuenta las siguientes especialidades:

---

[149] Norma 20. Cuadro de coeficientes del valor de las construcciones.

«1. Para el cálculo del valor de las construcciones se establece el cuadro de coeficientes que figura al final del presente anexo.

2. La categoría 1, establecida en dicho cuadro de coeficientes, podrá ampliarse con las categorías 1.A, 1.B y 1.C, para considerar edificios cuya calidad supere la que corresponda a los de la categoría 1, tal y como aparezca ésta descrita en el correspondiente catálogo. A estas tres categorías les corresponderán unos coeficientes, que se obtendrán incrementando el de la categoría 1 en un 50, un 30 y un 15%, respectivamente. Esta ampliación se recogerá, en su caso, en la ponencia de valores.

3. En el cuadro se identifica la tipología 1.1.2.4 con la construcción media, uso residencial en viviendas colectivas de carácter urbano, en manzana cerrada.

4. En los coeficientes del cuadro correspondientes al uso residencial-vivienda unifamiliar aislada o pareada (1.2.1) y al uso residencial-vivienda colectiva de carácter urbano en manzana cerrada (1.1.2), se considera incluida la parte proporcional de obras accesorias tales como cerramientos, jardinería interior, obras de urbanización interior, zona de juegos, etc., no estando incluido el coste de las piscinas, campos de tenis o de otros deportes o cualquier otro tipo de instalaciones especiales.

5. En las instalaciones hoteleras (uso 7) se considera incluida la parte proporcional del coste de instalaciones de piscinas, mini-golf, deportes, etc., no estando incluidas las edificaciones anejas destinadas a otros usos como galerías comerciales, discotecas, etc.

6. No obstante lo establecido en los apartados 4 y 5 anteriores, cuando la importancia de dichas instalaciones accesorias sea elevada en relación a la superficie de la edificación principal, se valorarán aparte o aumentando la categoría que le correspondiese.

7. En la modalidad 10.3.5 se contemplan las obras de infraestructura necesarias para la adecuación del terreno al destino indicado en jardines, tanto públicos como privados.

8. Cuando en la tipificación de un edificio existan locales en los que el uso a que están destinados no corresponda a su tipología constructiva (por ejemplo, oficinas ubicadas en locales de viviendas, comercio en viviendas, etc.), se aplicará a dichos locales el valor que corresponda a su tipología constructiva. Cuando se encuentren garajes, trasteros o locales en estructura en otros tipos diferentes al residencial se podrán tipificar en la modalidad 1.1.3.

9. Las Gerencias territoriales del Centro de Gestión Catastral y Cooperación Tributaria elaborarán un catálogo de edificios y construcciones de carácter urbano de su ámbito territorial, coordinado por la Junta Técnica territorial correspondiente, en concordancia con las tipologías establecidas en el cuadro de coeficientes del valor de las construcciones.

Estos catálogos se realizarán siguiendo las instrucciones dictadas por la Dirección General, previo estudio por la Comisión Superior de Coordinación Inmobiliaria Urbana».

1. Cuando los inmuebles tengan atribuidos varios usos, las normas para la identificación del uso de la edificación o dependencia principal serán las siguientes:

a) A los inmuebles no sometidos al régimen de propiedad horizontal que estén integrados por varias edificaciones o dependencias se les asignará el uso residencial cuando la suma de las superficies de este uso represente al menos el 20 por 100 de la superficie total construida del inmueble, una vez descontada la destinada a plazas de estacionamiento; en otro caso, se asignará el uso de mayor superficie, descontada asimismo la destinada a plazas de estacionamiento. En este último supuesto, si coincidieran varios usos con la misma superficie, se atenderá al siguiente orden de prevalencia: residencial, oficinas, comercial, espectáculos, ocio y hostelería, industrial, almacén-estacionamiento, sanidad y beneficencia, deportes, cultural y religioso y edificio singular.

b) En los inmuebles sometidos a régimen de propiedad horizontal, cuando varios elementos privativos formen parte de un único bien inmueble, la dependencia principal será la destinada a uso residencial. Si ninguna de ellas tuviera este uso, se atenderá a la prevalencia citada en el párrafo a).

2. Para la identificación del uso de las edificaciones o dependencias que tengan la consideración de bien inmueble se seguirán las siguientes reglas:

a) Los garajes y trasteros que se ubiquen en edificios de uso residencial, así como los edificios destinados exclusivamente a garajes y estacionamientos, tendrán asignado el uso almacén-estacionamiento.

b) Los bares musicales, salas de fiestas, discotecas, cines, teatros, restaurantes, bares y cafeterías ubicados en locales comerciales en edificios destinados a otros usos, así como los locales comerciales en estructura, tendrán asignado el uso comercial.

c) Los «camping» tendrán asignado el uso ocio y hostelería.

d) Los campos de golf tendrán asignado el uso deportivo.

e) Los silos y depósitos para sólidos, líquidos y gases tendrán asignado el uso industrial.

f) Los edificios o inmuebles monumentales y ambientales o típicos se clasificarán en el uso correspondiente a la actividad que en ellos se desarrolle.

g) Las obras de urbanización y las obras de jardinería no se considerarán, a estos efectos, construcciones.

Disposición transitoria decimosexta. *Notificaciones*

Con efectos exclusivos para el año 2003, las alteraciones que experimenten los elementos determinantes de las deudas tributarias de cobro periódico por recibo, como consecuencia de las modificaciones introducidas por la Ley 51/2002, de 27 de diciembre, o por las ordenanzas fiscales, se notificarán colectivamente mediante edicto, no siendo necesaria su notificación individual.

Disposición transitoria decimoséptima. *Gestión censal e inspección del Impuesto sobre Actividades Económicas*

1. Las entidades que, de acuerdo con el artículo 22 del Real Decreto 243/1995, de 17 de febrero, por el que se dictan normas para la gestión del Impuesto sobre Actividades Económicas y se regula la delegación de competencias en materia de gestión censal de dicho impuesto, puedan solicitar la delegación de competencias en materia de gestión censal y que deseen asumir dicha competencia en 2003, deberán adoptar el oportuno acuerdo y presentar

la correspondiente solicitud ante el Departamento de Gestión Tributaria de la Agencia Estatal de Administración Tributaria antes del 15 de abril de 2003.

La solicitud deberá presentarse incluso en los casos en que la entidad tenga asumida la competencia citada en 2002, entendiéndose en otro caso que se renuncia, con efectos de 1 de julio de 2003, al ejercicio por delegación de dicha competencia. Las entidades podrán solicitar la delegación de la gestión censal incluso cuando no hayan asumido por delegación en ejercicios anteriores la inspección del impuesto, siempre que para 2003 soliciten también la delegación de la inspección.

La Orden del Ministro de Hacienda que conceda la delegación de la gestión censal para 2003 se publicará en el «Boletín Oficial del Estado» antes del 1 de julio de 2003. En tanto no se publique la Orden citada, la gestión censal del impuesto se continuará ejerciendo por la entidad que haya ejercido efectivamente dicha competencia en 2002.

2. La delegación de la inspección para 2003 se solicitará en el plazo establecido en el apartado anterior al Departamento de Inspección Financiera y Tributaria de la Agencia Estatal de Administración Tributaria, sin que en este caso sea necesario presentar una nueva solicitud cuando ya se hubiese ejercido dicha competencia por delegación en 2002. El mismo plazo se aplicará si se desea renunciar al ejercicio de la competencia por delegación en 2003.

La Orden del Ministro de Hacienda que conceda la delegación de la inspección se publicará en el «Boletín Oficial del Estado» antes del 1 de julio de 2003.

Disposición transitoria decimoctava[150]. *Régimen de base liquidable y de bonificación de determinados inmuebles en el Impuesto sobre Bienes Inmuebles*

A los inmuebles rústicos valorados conforme a lo dispuesto en el apartado 1 de la disposición transitoria primera del Texto Refundido de la Ley del Catastro Inmobiliario, aprobado por Real Decreto Legislativo 1/2004, de 5 de marzo, les será de aplicación, hasta la realización de un procedimiento de valoración colectiva de carácter general para inmuebles de esa clase, la reducción a la que se refiere el artículo 67 y, en su caso, la bonificación que hubiera acordado el ayuntamiento conforme al artículo 74.2. En ambos casos, estos beneficios fiscales se aplicarán únicamente sobre la primera componente del valor catastral, de acuerdo con lo descrito en la citada disposición transitoria primera.

A efectos de lo establecido en el párrafo anterior, el componente individual de la reducción a que se refiere el artículo 68 de esta Ley será, en cada año, la diferencia positiva entre la primera componente del valor catastral del inmueble en el primer ejercicio de su vigencia y su valor base. Este valor base será el resultado de multiplicar la citada primera componente del valor catastral del inmueble por el coeficiente, no inferior a 0,5 ni superior a 1, que se establezca en la ordenanza fiscal del impuesto. En defecto de determinación por la ordenanza, se aplicará el coeficiente 0,5.

---

[150] Nueva redacción dada por el art. Undécimo.tres de la Ley 36/2006, de 29 de noviembre, de medidas para la prevención del fraude fiscal (BOE núm. 286, de 30 de noviembre de 2006), en vigor desde el día siguiente de su publicación. Disposición que fue incorporada por la disp. adic. 32.2 de la Ley 2/2004, de 27 de diciembre, con efectos desde el 1 de enero de 2005.

Disposición transitoria decimonovena[151]. *Justificación del pago del Impuesto sobre Vehículos de Tracción Mecánica*

En tanto la Dirección General de Tráfico no habilite los procedimientos informáticos necesarios para permitir la comunicación a que se refiere el artículo 99.3 de esta Ley, las Jefaturas Provinciales de Tráfico exigirán, para la realización del trámite de cambio de titularidad administrativa, el recibo que acredite el pago del impuesto correspondiente al año inmediatamente anterior a aquel en que se realiza el trámite.

Disposición transitoria vigésima[152]. *Impuesto sobre el Incremento de Valor de los Terrenos de Naturaleza Urbana*

Con efectos exclusivos para el año 2012, aquellos municipios que no hubieran aprobado la ordenanza para el establecimiento de la reducción potestativa prevista en el apartado 3 del artículo 107 de esta Ley, en su redacción dada por el artículo 4 del Real Decreto-ley 12/2012, de 30 de marzo, continuarán aplicando la reducción establecida en dicho apartado 3 en su redacción anterior al citado real decreto-ley.

Disposición transitoria vigésima primera[153]. **Aprobación de las ordenanzas fiscales para el ejercicio 2013**

Con efectos exclusivos para el ejercicio 2013, los Ayuntamientos que decidan aplicar, en uso de su capacidad normativa, las medidas previstas para los tributos locales en la Ley 16/2012, de 27 de diciembre, por la que se adoptan diversas medidas tributarias dirigidas a la consolidación de las finanzas públicas y al impulso de la actividad económica, deberán aprobar el texto definitivo de las nuevas ordenanzas fiscales y publicarlas en el boletín oficial correspondiente, todo ello con arreglo a lo dispuesto en el artículo 17 de este Texto Refundido, antes del 1 de abril de 2013.

Disposición final única. *Potestad reglamentaria*

1. Se faculta al Gobierno para dictar cuantas disposiciones sean necesarias para el desarrollo y ejecución de esta Ley.

2. En particular, se faculta al Gobierno para dictar cuantas disposiciones sean necesarias para el desarrollo y aplicación de las tarifas e instrucción del Impuesto sobre Actividades Económicas.

3. Se faculta al Ministro de Hacienda para aprobar los modelos de comunicación a efectos de la aplicación de la exención en el Impuesto sobre Actividades Económicas determi-

---

[151] Nueva disposición incorporada por el art. Undécimo.cuatro de la Ley 36/2006, de 29 de noviembre, de medidas para la prevención del fraude fiscal (BOE núm. 286, de 30 de noviembre de 2006), en vigor desde el día siguiente de su publicación.

[152] Nueva disposición incorporada por el art. 4.dos del Real Decreto-ley 12/2012, de 30 de marzo, por el que se introducen diversas medidas tributarias y administrativas dirigidas a la reducción del déficit público (BOE núm. 78, de 31 marzo de 2012), en vigor el día de su publicación en el «Boletín Oficial del Estado».

[153] Nueva disposición incorporada por el art. 14.8 de la Ley 16/2012, de 27 de diciembre, por la que se adoptan diversas medidas tributarias dirigidas a la consolidación de las finanzas públicas y al impulso de la actividad económica (BOE núm. 312, de 28 de diciembre de 2012), con efectos desde el 1 de enero de 2013.

nada en función del importe neto de la cifra de negocios del sujeto pasivo y de la aplicación del coeficiente de ponderación de aquélla, así como para determinar los plazos y la forma de presentación de las comunicaciones y los supuestos en los cuales no será necesaria dicha presentación.

Ley 8/1989, de 13 de abril, de TASAS Y PRECIOS PÚBLICOS
(BOE núm. 90, de 15 de abril de 1989)

EXPOSICIÓN DE MOTIVOS

I

El proceso de ordenación de las tasas en la historia fiscal española no puede decirse que haya sido sencillo ni siquiera que se encuentre terminado. Ello se debe a causas complejas y sobradamente conocidas, derivadas de la génesis, características y peculiar función que estos tributos cumplieron en el sistema tributario, en la financiación de los Entes públicos dotados de cierta autonomía dentro de la estructura del Sector Público e, incluso, en la política retributiva de los funcionarios públicos.

A partir de 1958 aparecen, sin embargo, una serie de disposiciones de muy diversa naturaleza que avanzan notablemente en la reconducción de la tasa —y de su utilización— a los parámetros propios de la técnica presupuestaria y fiscal. Entre ellas cabe destacar la Ley de Tasas y Exacciones Parafiscales de 26 de diciembre de 1958, la Ley de Reforma del Sistema Tributario de 11 de junio de 1964 y la fundamental Ley de Retribuciones de los Funcionarios de la Administración Civil del Estado, de 4 de mayo de 1965, que acabaron con la parafiscalidad española al establecer la aplicación de los principios de legalidad e integración presupuestaria de los tributos y exacciones parafiscales.

Posteriormente, el Real Decreto-Ley 26/1977, de 24 de marzo, suprimió una treintena de antiguas tasas o exacciones parafiscales, transvasó otras diez al régimen de precios o recursos propios de Organismos Autónomos y realizó algunas refundiciones.

También, como consecuencia de la entrada en vigor de la Ley 30/1985, de 2 de agosto, del Impuesto sobre el Valor Añadido, se han derogado otras diez antiguas exacciones o cánones parafiscales.

En esta misma línea de racionalización y simplificación del sistema de tasas hay que anotar la supresión en los últimos tiempos de una serie de ellas por las Leyes de Presupuestos Generales del Estado, así como la supresión de las Tasas judiciales por la Ley 25/1986, de 24 de diciembre.

II

El importante esfuerzo realizado en los años citados para refundir, sistematizar y ordenar la presencia de estos tributos en nuestro sistema tributario no ha podido impedir, sin embargo, que la regulación de las tasas continúe ofreciendo una dispersión y complejidad que dificulta su conocimiento y aplicación, incidiendo, por tanto, en la seguridad jurídica de los administrados, ni tampoco que se arrastren todavía ciertas manifestaciones parafiscales.

Es patente, además, que nuestra entrada en la Comunidad Económica Europea y las exigencias derivadas de ello para nuestro país, en materia de armonización fiscal, han influido directamente en el peculiar mundo de las tasas y sobre todo en sus relaciones de compatibilidad y exclusión con el Impuesto sobre el Valor Añadido que rechaza las tasas de estructura equivalente a la de un impuesto sobre ventas.

La entrada en vigor de la Constitución y la Jurisprudencia del Tribunal Constitucional sobre el principio de legalidad tributaria han incidido notablemente en la configuración del sistema tributario español implantado a partir de 1979, pero no han tenido proyección apenas en la regulación de las tasas, cuya legislación básica es preconstitucional.

Por todo ello resulta conveniente afrontar la revisión de esta legislación, insertándola en el nuevo marco jurídico creado por la Constitución Española, de forma que las tasas puedan ocupar un lugar efectivo entre los ingresos no financieros de los Entes públicos, absolutamente concentrados en estos momentos, más que en la figura del tributo en general, en la del impuesto. Sólo de esta manera puede aspirarse a conseguir una estructura más diferenciada de los ingresos públicos coactivos, que haga recaer sobre los beneficiarios directos de ciertos servicios y actividades públicos el coste de su prestación, en lugar de financiarlos con impuestos generales aplicables a todos los ciudadanos. Con esta asociación del principio básico de capacidad económica y del de equivalencia o beneficio para articular determinados tributos, se espera mejorar no sólo la suficiencia del sistema en su conjunto sino los componentes de equidad y justicia del mismo, manteniendo al mismo tiempo el objetivo de contención de la presión fiscal individual presente en las leyes fiscales aprobadas en esta legislatura.

III

La presente Ley no se limita, sin embargo, a la regulación básica de las tasas en el conjunto de los ingresos tributarios, sino que aborda, también, la de los precios públicos; figura mal definida en nuestro ordenamiento y, sobre todo, insuficientemente regulada, respecto de la cual, con esa diferencia, cabría realizar prácticamente las mismas consideraciones expuestas respecto a la necesidad de acometer su reforma legislativa.

La distinción entre precio y tasa es una cuestión clásica de la Hacienda Pública, minimizada jurídicamente por la escasa significación de los ingresos procedentes del precio en el conjunto de los ingresos públicos. Sin embargo, tanto la tasa como el precio público arrancan de un mismo supuesto de hecho como es que el Ente público entrega directamente ciertos bienes o presta ciertos servicios por los que es posible obtener a cambio un ingreso. En ambos casos tendremos ingresos públicos, pero mientras que en el precio la relación que se establece es contractual y voluntaria para quien lo paga, en la tasa aparece la nota de coactividad propia del tributo y, consecuentemente, las exigencias propias del principio constitucional de legalidad para su creación y aplicación.

Resulta, por tanto, igualmente necesario acometer a nivel legal la regulación del régimen jurídico del precio público y su delimitación con las tasas, ya que la teoría jurídica de la distinción entre ambas figuras se encuentra poco desarrollada en España a todos los niveles.

Atendiendo a tal finalidad se construye un esquema basado en los siguientes principios:

Las tasas son tributos cuyo hecho imponible consiste en la prestación de servicios o la realización de actividades en régimen de Derecho Público, que se refieran, afecten o beneficien a los sujetos pasivos. Consciente la norma de que, en ciertos supuestos, pueden prestarse servicios o realizarse actividades que, por sus características, no implican las notas propias de la tasa, la delimitación o acotamiento del campo de la misma se efectúa con dos notas: la solicitud o recepción del presupuesto de la tasa debe ser obligatoria para el obligado a satisfacerla y, además, el servicio o actividad que se presta por parte del Ente público no debe poder ser prestado por el sector privado (no puede existir concurrencia entre el sector público y el sector privado). Cuando concurran en la prestación del servicio o realización de la actividad las dos notas comentadas (obligatoriedad y no concurrencia) estaremos ante una tasa. Por el contrario, si el servicio o actividad es susceptible de ser prestado por el sector privado o bien en su solicitud no existe obligatoriedad, estaremos ante el precio público. También estaremos ante un precio público cuando la actividad consista en la concesión de la utilización privativa o aprovechamiento especial del dominio público.

IV

A las razones expuestas en los apartados anteriores para justificar la necesidad de esta Ley hay que añadir la que deriva de la inexcusable cohesión que debe existir entre la regulación de estas figuras a efectos del sistema tributario general y la aplicable en el de las Haciendas Territoriales. Mientras que la tasa y el precio son figuras prácticamente residuales en la financiación del Estado, su importancia es evidente en los presupuestos de las Corporaciones Locales, donde han alcanzado notable desarrollo. De aquí que la promulgación de la Ley de Financiación de las Haciendas Locales haga necesario unificar las soluciones normativas de ordenación de las tasas y los precios públicos contenidas en el sistema tributario del Estado, de las Comunidades Autónomas y de las Entidades Locales, para garantizar la máxima coherencia en la técnica fiscal de los tres niveles territoriales de organización del Estado.

V

En resumen, con la presente Ley se pretende básicamente:

a) Disponer de un instrumento legal para la racionalización y simplificación del sistema tributario y, en concreto, del subsistema de tasas y exacciones parafiscales, que permita, al mismo tiempo, diferenciar la financiación presupuestaria mediante ingresos tributarios en base a la combinación del principio de equivalencia con el de capacidad contributiva.

b) Flexibilizar legalmente la utilización de este instrumento de financiación pública, mediante la incorporación al régimen tributario general de los criterios de la legislación reguladora de las Haciendas Locales y de la doctrina del Tribunal Constitucional sobre el principio de legalidad en materia tributaria.

c) Delimitar los conceptos de tasa y precios públicos, así como el régimen de exigencia de estos últimos. Con ello dejarán de producirse confusiones entre una y otra institución y podrán clasificarse adecuadamente los distintos supuestos que vayan apareciendo en la realidad.

TÍTULO I. DISPOSICIONES GENERALES

Artículo 1. *Objeto*
La presente Ley tiene por objeto la regulación del régimen jurídico de los siguientes recursos de Derecho público:

a) Tasas

b) Precios públicos.

Artículo 2. *Delimitación del ámbito de aplicación de la Ley*
Los preceptos de esta Ley no serán aplicables a:

a) Las cotizaciones al sistema de la Seguridad Social y las de naturaleza idéntica que se recauden conjuntamente con aquéllas.

b) La contraprestación por las actividades que realicen y los servicios que presten las Entidades u Organismos públicos que actúen según normas de Derecho privado.

c) Los recursos de las Cámaras de Comercio, Industria y Navegación, que continuarán regulándose por su legislación específica.

c)[1] Las tarifas que abonen los usuarios por la utilización de la obra o por la prestación del servicio a los concesionarios de obras y de servicios conforme a la legislación de contratos del sector público, que son prestaciones patrimoniales de carácter público no tributarias.

Artículo 3. *Medidas presupuestarias*

1. Los recursos regulados en esta Ley correspondientes al Estado y sus Organismos autónomos se ingresarán en las cajas del Tesoro Público o en cuentas bancarias autorizadas por el Ministerio de Economía y Hacienda.

2. La recaudación, custodia e ingreso de los derechos correspondientes a otros Entes se regirá por las normas que sean de aplicación a los mismos.

3. El rendimiento de los recursos a que se refiere el artículo primero de esta Ley se aplicará íntegramente al Presupuesto de ingresos que corresponda, sin que pueda efectuarse detracción ni minoración alguna, salvo lo dispuesto en el artículo 12.

4. El Ministro de Economía y Hacienda podrá proponer al Gobierno o al Ministro del ramo el establecimiento de ingresos de Derecho público regulados en la presente Ley, por parte de aquellos Órganos de la Administración del Estado, Organismos o Entes que no los apliquen, así como su actualización, cuando proceda.

Artículo 4. *Responsabilidades*

Las autoridades, los funcionarios públicos, agentes o asimilados que de forma voluntaria y culpable exijan indebidamente una tasa o precio público, o lo hagan en cuantía mayor que la establecida, incurrirán en falta disciplinaria muy grave, sin perjuicio de las responsabilidades de otro orden que pudieran derivarse de su actuación.

Cuando adopten en la misma forma resoluciones o realicen actos que infrinjan la presente Ley y las demás normas que regulan esta materia, estarán obligados, además, a indemnizar a la Hacienda Pública por los perjuicios causados.

Artículo 5[2]. *Servicios públicos esenciales*

---

[1]   Nueva letra c) [*aunque debería ser la letra d)*] incorporada por la Disp. Final novena de la Ley 9/2017, de 8 de noviembre, de Contratos del Sector Público, por la que se transponen al ordenamiento jurídico español las Directivas del Parlamento Europeo y del Consejo 2014/23/UE y 2014/24/UE, de 26 de febrero de 2014 (BOE núm. 272, de 09/11/2017), en vigor desde el 9 de marzo de 2018.
Declaración de constitucionalidad, sentencia del Tribunal Constitucional 63/2019, de 9 de mayo

[2]   Artículo 5 derogado por Ley 25/1998, de 13 de julio, de Modificación del Régimen Legal de las Tasas Estatales y Locales y de Reordenación de las Prestaciones Patrimoniales de Carácter Público (BOE núm. 167, de 14 de julio de 1998), en vigor desde el 15 de julio de 1998.

TÍTULO II. TASAS

CAPÍTULO I. Normas generales

Artículo 6[3]. Concepto

Tasas son los tributos cuyo hecho imponible consiste en la utilización privativa o el aprovechamiento especial del dominio público, la prestación de servicios o la realización de actividades en régimen de derecho público que se refieran, afecten o beneficien de modo particular al obligado tributario, cuando los servicios o actividades no sean de solicitud o recepción voluntaria para los obligados tributarios o no se presten o realicen por el sector privado.

Artículo 7. Principio de equivalencia

Las tasas tenderán a cubrir el coste del servicio o de la actividad que constituya su hecho imponible.

Artículo 8. Principio de capacidad económica

En la fijación de las tasas se tendrá en cuenta, cuando lo permitan las características del tributo, la capacidad económica de las personas que deben satisfacerlas.

Artículo 9. Fuentes normativas de las tasas

1. Las tasas se regirán:

a) Por los Tratados o Convenios Internacionales que contengan cláusulas en materia de tasas, publicados oficialmente en España.

b) Por la presente Ley, por la Ley General Tributaria y la Ley General Presupuestaria, en cuanto no preceptúen lo contrario.

c) En su caso, por la Ley propia de cada tasa.

d) Por las normas reglamentarias dictadas en desarrollo de estas Leyes.

2. La presente Ley se aplicará supletoriamente respecto de la legislación que regula las tasas de las Comunidades Autónomas y las Haciendas Locales.

Artículo 10[4]. Establecimiento y regulación

1. El establecimiento de las tasas, así como la regulación de los elementos esenciales de cada una de ellas, deberá realizarse con arreglo a Ley.

---

[3]   Nueva redacción dada por la Disp. Final 1.ª de la Ley 58/2003, de 17 de diciembre, General Tributaria, con efectos desde 1 de julio de 2004.
Redacción anterior dada por art. 2 de la Ley 25/1998, de 13 de julio, de modificación del Régimen Legal de las Tasas Estatales y Locales y de Reordenación de las Prestaciones Patrimoniales de Carácter Público BOE núm. 167, de 14 de julio de 1998), en vigor desde el 15 de julio de 1998.

[4]   Nueva redacción dada por el art. 2 de la Ley 25/1998, de 13 de julio, de Modificación del Régimen Legal de las Tasas Estatales y Locales y de Reordenación de las Prestaciones Patrimoniales de Carácter Público (BOE núm. 167, de 14 de julio de 1998), en vigor desde el 15 de julio de 1998.

2. Son elementos esenciales de las tasas los determinados por la presente Ley en el Capítulo siguiente.

3. Cuando se autorice por Ley, con subordinación a los criterios o elementos de cuantificación que determine la misma, se podrán concretar mediante norma reglamentaria las cuantías exigibles para cada tasa.

Artículo 11. *Previsión presupuestaria*

La exacción de las tasas ha de estar prevista en los Presupuestos de los Entes públicos.

Artículo 12. *Devolución*

Procederá la devolución de las tasas que se hubieran exigido, cuando no se realice su hecho imponible por causas no imputables al sujeto pasivo.

CAPÍTULO II. La relación jurídico-tributaria de tasa

Artículo 13. *Hecho imponible*

Podrán establecerse tasas por la prestación de servicios o realización de actividades en régimen de Derecho público consistentes en:

a) La tramitación o expedición de licencias, visados, matrículas o autorizaciones administrativas.

b) La expedición de certificados o documentos a instancia de parte.

c) Legalización y sellado de libros.

d) Actuaciones técnicas y facultativas de vigilancia, dirección, inspección, investigación, estudios, informes, asesoramiento, comprobación, reconocimiento o prospección.

e) Examen de proyectos, verificaciones, contrastaciones, ensayos u homologaciones.

f) Valoraciones y tasaciones.

g) Inscripciones y anotaciones en Registros oficiales y públicos.

h) Servicios académicos y complementarios.

i) Servicios portuarios y aeroportuarios.

j) Servicios sanitarios.

k) Actividades o servicios relacionados con los controles aduaneros.

l)[5] La participación como aspirantes en oposiciones, concursos o pruebas selectivas de acceso a la Administración Pública, así como en pruebas de aptitud que organice la Administración como requisito previo para el ejercicio de profesiones reguladas de la Unión Europea.

m)[6] Por el ejercicio de la potestad jurisdiccional en los órdenes civil, contencioso-administrativo y social.

---

[5]   Nueva redacción de la letra l) dada por el artículo 43 de la Ley 13/1996, de 30 de diciembre, de Medidas Fiscales, Administrativas y del Orden Social (BOE núm. 315, de 31 de diciembre de 1996), en vigor desde 1 de enero de 1997.

[6]   Nueva redacción de la letra m) dada por la disp. final primera de la Ley 10/2012, de 20 de noviembre, por la que se regulan determinadas tasas en el ámbito de la Administración de Justicia y del Instituto Nacional de Toxicología y Ciencias Forenses (BOE núm. 280, de 21 de noviembre de 2012) en vigor desde el 22 de noviembre de 2012.

n) Servicios o actividades en general que se refieran, afecten o beneficien a personas determinadas o que hayan sido motivados por éstas, directa o indirectamente.

Artículo 14. *Aplicación territorial*
Las tasas por servicios o actividades públicos se exigirán por el hecho de la prestación o realización de los mismos, sin que tenga relevancia a estos efectos que el lugar donde se preste el servicio o se realice la actividad se encuentre fuera del territorio nacional.

Artículo 15[7]. *Devengo*
1. Las tasas podrán devengarse, según la naturaleza de su hecho imponible:
a) Cuando se conceda la utilización privativa o el aprovechamiento especial o cuando se inicie la prestación del servicio o la realización de la actividad, sin perjuicio de la posibilidad de exigir su depósito previo.
b) Cuando se presente la solicitud que inicie la actuación o el expediente, que no se realizará o tramitará sin que se haya efectuado el pago correspondiente.
2. Cuando las tasas se devenguen periódicamente, una vez notificada la liquidación correspondiente al alta en el respectivo registro, padrón o matrícula, podrán notificarse colectivamente las sucesivas liquidaciones mediante anuncios en el *BOE*.

Artículo 16[8]. *Sujetos pasivos*
1. Serán sujetos pasivos de las tasas, las personas físicas o jurídicas beneficiarias de la utilización privativa o aprovechamiento especial del dominio público o a quienes afecten o beneficien, personalmente o en sus bienes, los servicios o actividades públicos que constituyen su hecho imponible.
2. En su caso, tendrán la consideración de sujetos pasivos las herencias yacentes, comunidades de bienes y demás entidades que, carentes de personalidad jurídica, constituyan una unidad económica o un patrimonio separado susceptible de imposición.

Artículo 17. *Responsables*
1. Sin perjuicio de lo previsto en la Ley General Tributaria en materia de responsabilidad y garantías de la deuda tributaria, responderán solidariamente de las tasas las Entidades o Sociedades aseguradoras de riesgos que motiven actuaciones o servicios administrativos que constituyan el hecho imponible de una tasa.
2. En las tasas establecidas por razón de servicios o actividades que beneficien a los usuarios u ocupantes de viviendas, naves, locales o, en general, de inmuebles, serán responsables subsidiarios los propietarios de dichos inmuebles.

Redacción anterior dada por el artículo 36 de la Ley 53/2002, de 30 de diciembre, de Medidas Fiscales, Administrativas y del Orden Social (BOE núm. 313, de 31 de diciembre), en vigor desde el 1 de enero de 2003.

[7]   Nueva redacción del art. 15 dada por el art. 2 de la Ley 25/1998, de 13 de julio de Modificación del Régimen Legal de las Tasas Estatales y Locales y de Reordenación de las Prestaciones Patrimoniales de Carácter Público (BOE núm. 167, de 14 de julio de 1998), en vigor desde el 15 de julio de 1998.

[8]   Nueva redacción del art. 16 dada por el art. 2 de la Ley 25/1998, de 13 de julio de Modificación del Régimen Legal de las Tasas Estatales y Locales y de Reordenación de las Prestaciones Patrimoniales de Carácter Público (BOE núm. 167, de 14 de julio de 1998), en vigor desde el 15 de julio de 1998.

Artículo 18. *Exenciones y bonificaciones*

Sin perjuicio de lo previsto en el artículo 8.º, no se admitirá, en materia de tasas, beneficio tributario alguno, salvo a favor del Estado y los demás Entes públicos territoriales o institucionales o como consecuencia de lo establecido en los Tratados o Acuerdos internacionales.

Artículo 19[9]. *Elementos cuantitativos de las tasas*

1. El importe de las tasas por la utilización privativa o aprovechamiento especial del dominio público se fijará tomando como referencia el valor de mercado correspondiente o el de la utilidad derivada de aquélla.

2. En general y con arreglo a lo previsto en el párrafo siguiente, el importe de las tasas por la prestación de un servicio o por la realización de una actividad no podrá exceder, en su conjunto, del coste real o previsible del servicio o actividad de que se trate o, en su defecto, del valor de la prestación recibida.

3. Para la determinación de dicho importe se tomarán en consideración los costes directos e indirectos, inclusive los de carácter financiero, amortización del inmovilizado y, en su caso, los necesarios para garantizar el mantenimiento y un desarrollo razonable del servicio o actividad por cuya prestación o realización se exige la tasa, todo ello con independencia del presupuesto con cargo al cual se satisfagan.

4. La cuota tributaria podrá consistir en una cantidad fija señalada al efecto, determinarse en función de un tipo de gravamen aplicable sobre elementos cuantitativos que sirvan de base imponible o establecerse conjuntamente por ambos procedimientos.

5[10]**.** Las Leyes de Presupuestos Generales del Estado podrán modificar la cuantía de las tasas.

Artículo 20[11]. *Memoria económico-financiera*

1. Toda propuesta de establecimiento de una nueva tasa o de modificación específica de las cuantías de una preexistente deberá incluir, entre los antecedentes y estudios previos

---

[9]   Nueva redacción del art. 19 dada por el art. 2 de la Ley 25/1998, de 13 de julio de Modificación del Régimen Legal de las Tasas Estatales y Locales y de Reordenación de las Prestaciones Patrimoniales de Carácter Público (BOE núm. 167, de 14 de julio de 1998), en vigor desde el 15 de julio de 1998.

[10]   Nuevo apartado 5 incorporado por el artículo 14 de la Ley 4/2004, de 29 de diciembre, de modificación de tasas y de beneficios fiscales de acontecimientos de excepcional interés público.

[11]   Nueva redacción del art. 20 dada por el art. 2 de la Ley 25/1998, de 13 de julio de Modificación del Régimen Legal de las Tasas Estatales y Locales y de Reordenación de las Prestaciones Patrimoniales de Carácter Público, (BOE núm. 167, de 14 de julio de 1998), en vigor desde el 15 de julio de 1998.

Para las tasas de cuantía fija, definidas como «aquéllas cuyos tipos impositivos no estén fijados en un porcentaje de la base o ésta no se valore en unidades monetarias», la técnica legislativa es la de aplicación de un coeficiente anual a la cantidad exigible durante el año anterior, siempre que en este período no hayan sido objeto de fijación o actualización en virtud de normativa específica. Se citan a continuación los preceptos de las Leyes de Presupuestos Generales del Estado (o de Medidas Fiscales, en su caso), que al amparo del artículo 4 del Real Decreto-ley 9/1980, de 26 de septiembre (BOE de 1 de octubre), han modificado los tipos de cuantía fija de las tasas de la Hacienda estatal: Artículo 45 de la Ley 74/1980, de 29 de diciembre, de Presupuestos (BOE del 30 y del 31), fija coeficientes de actualización para 1981, según año de señalamiento de tarifas (1977 y anteriores, 1978, 1979 y 1980); Ley 44/1981, de 26 de diciembre, de Presupuestos (BOE del 28 y del 29), en el artículo 44 prórroga para 1982 los previstos en la Ley 74/1980; Ley 5/1983, de 29 de junio, de Medidas Urgentes en Materia Presupuestaria, Financiera y Tributaria (BOE de 30 de junio y 23 de julio), en su artículo 22, fija coeficientes de actualización para 1983, según año de establecimiento de tarifas (1977 y anteriores, 1978, 1979, 1980, 1981 y 1982); Ley 50/1984, de 30 de diciembre, de Presupuestos (BOE del 31), artículo 67, fija coeficiente de actualización para 1985; Ley 46/1985, de 27 de diciembre, de Presupuestos (BOE del 28), artículo 54, fija coeficiente de actualización para 1986; Ley 21/1986, de 23 de diciembre, de Presupuestos (BOE del 24), artículo 57, fija coeficiente de actualización para 1987; Ley 33/1987, de 23 de diciembre (BOE del 24), artículo 107, fija coeficiente de actualización para 1988; Ley 37/1988, de 28 de diciembre, de Presupuestos (BOE del 29), artículo 104, fija coeficiente de actualización para 1989; Real Decreto-ley 7/1989, de 29 de diciembre, sobre Medidas Urgentes en Materia Presupuestaria, Financiera y Tributaria (BOE del 30), artículo 39, y Ley 5/1990, de 29 de junio (BOE del 30), que sustituye y deroga el anterior, artículo 38, fijan coeficiente de actualización para 1990; Ley 31/1990, de 27 de diciembre, de Presupuestos (BOE del 28), artículo 77, fija coeficiente de actualización para 1991; Ley 31/1991, de 30 de diciembre, de Presupuestos (BOE del 31), artículo 83, fija coeficiente de actualización para 1992; Ley 39/1992, de 29 de diciembre, de Presupuestos (BOE del 30), artículo 79, fija coeficiente de actualización para 1993; Ley 21/1993, de 29 de diciembre (BOE del 30), artículo 83, fija coeficiente de actualización para 1994; Ley 41/1994, de 30 de diciembre (BOE del 31), artículo 85, fija coeficiente de actualización para 1995; Real Decreto-ley 12/1995, de 28 de diciembre, sobre Medidas Urgentes en Materia Presupuestaria, Tributaria y Financiera (BOE del 30), artículo 35, fija coeficiente de actualización para 1996; Ley 12/1996, de 30 de diciembre, de Presupuestos (BOE del 31), artículo 67, fija coeficiente de actualización para 1997; Ley 65/1997, de 30 de diciembre, de Presupuestos (BOE del 31), artículo 73, fija coeficiente de actualización para 1998; Ley 49/1998, de 30 de diciembre, de Presupuestos (BOE del 31), artículo 71, mantiene para 1999 los tipos de cuantía fija en el importe exigible en el año anterior; Ley 54/1999, de 29 de diciembre, de Presupuestos (BOE del 30), artículo 74, mantiene para 2000 los tipos de cuantía fija en el importe exigible del año anterior; Ley 13/2000, de 28 de diciembre, de Presupuestos (BOE del 29), artículo 65, mantiene también para 2001 el importe exigible en 2000; Ley 23/2001, de 27 de diciembre, de Presupuestos (BOE del 31), artículo 67, fija el coeficiente de actualización, a partir del ejercicio 2002, en 1,02; Ley 52/2002, de 30 de diciembre, de Presupuestos (BOE del 31), artículo 62, fija el coeficiente de actualización, a partir del ejercicio 2003, en 1,02; Ley 61/2003, de 30 de diciembre, de Presupuestos (BOE del 31), artículo 62, fija el coeficiente de actualización, a partir del ejercicio 2004, en 1,02; Ley 2/2004, de 27 de diciembre, de Presupuestos (BOE del 28), artículo 66, fija el coeficiente de actualización, a partir del ejercicio 2005, en 1,02; Ley 30/2005, de 29 de diciembre, de Presupuestos (BOE del 30), artículo 66, fija el coeficiente de actualización, a partir del ejercicio 2006, en 1,02; Ley 42/2006, de 28 de diciembre, de Presupuestos (BOE del 29), artículo 69, fija el coeficiente de actualización, a partir del ejercicio 2007, en 1,02; Ley 51/2007, de 26 de diciembre, de Presupuestos (BOE del 27), artículo 74, fija el coeficiente de actualización, a partir del ejercicio 2008, en 1,02; Ley 2/2008, de 23 de diciembre, de Presupuestos (BOE del 24), artículo 74, fija el coeficiente de actualización, a partir del ejercicio 2009, en 1,02; Ley 26/2009, de 23 de diciembre, de Presupuestos (BOE del 24), artículo 81, fija el coeficiente de actualización, a partir del ejercicio 2010, en 1,01; Ley 39/2010, de 22 de diciembre, de Presupuestos Generales del Estado para el año 2011 (BOE de 23 de diciembre de 2010), artículo 83, fija el coeficiente de actualización, a partir del ejercicio 2011, en 1,01; Ley 2/2012, de 29 de junio, de Presupuestos Generales del Estado para el año 2012. (BOE núm. 156, de 30 de junio de 2012), artículo 73, fija el coeficiente de actualización, a partir del ejercicio 2012, en 1,01. Mismo coeficiente recogido en el art. 73 de la Ley 17/2012, de 27 de diciembre, de Presupuestos Generales del Estado para el año 2013 (BOE núm. 312, de 28 de diciembre de 2012), art. 82 de la Ley 22/2013, de 23 de diciembre, de Presupuestos Generales del Estado para el año 2014 (BOE núm. 309, de 26 de diciembre de 2013), art. 65 de la Ley 36/2014, de 26 de diciembre, de Presupuestos Generales del Estado para el año 2015 (BOE núm. 315, de 30 de diciembre de 2014) y el art. 74 de la Ley 48/2015, de 29 de octubre, de Presupuestos Generales del Estado para el año 2016 (BOE núm. 260, de 30 de octubre de 2015) mantiene los mismos tipos de cuantía fija de las tasas de la Hacienda estatal en la cuantía del importe exigible durante el año 2015. El art. 74 de la Ley 48/2015, de 29 de octubre, de Presupuestos Generales del Estado para el año 2016 (BOE núm. 260, de 30 de octubre de 2015), mantiene, a partir del 1 de enero de 2016, los tipos de cuantía fija de las para su elaboración, una memoria económico-financiera sobre el coste o valor del recurso o actividad de que se trate y sobre la justificación de la cuantía de la tasa propuesta.

La falta de este requisito determinará la nulidad de pleno derecho de las disposiciones reglamentarias que determinen las cuantías de las tasas.

2. Cuando la utilización privativa o aprovechamiento especial del dominio público lleve aparejada una destrucción o deterioro del mismo no prevista en la memoria económico-financiera a que se refiere el apartado anterior, el sujeto pasivo de la tasa, sin perjuicio del pago de la misma, estará obligado al reintegro del coste total de los respectivos gastos de reconstrucción o reparación. Si los daños fuesen irreparables, la indemnización consistirá en una cuantía igual al valor de los bienes destruidos o al importe del deterioro de los dañados.

CAPÍTULO III. Gestión y liquidación de las tasas

Artículo 21. *Pago*

El pago de las tasas podrá hacerse en efectivo o mediante el empleo de efectos timbrados, según se disponga reglamentariamente.

Artículo 22. *Gestión*

1. La gestión de las tasas corresponde al Ministerio de Economía y Hacienda, sin perjuicio de lo dispuesto en la normativa reguladora de la Hacienda de las Comunidades Autónomas y de las demás Haciendas Territoriales o en las Leyes reguladoras de cada tasa.

2. De acuerdo con la naturaleza y características de cada tasa, podrá establecerse reglamentariamente la participación en el procedimiento de gestión tributaria, de otros Departamentos ministeriales, Entes u Organismos distintos del Ministerio de Economía y Hacienda.

3. En la gestión de las tasas se aplicarán, en todo caso, los principios y procedimientos de la Ley General Tributaria y, en particular, las normas reguladoras de las liquidaciones tributarias, la recaudación, la inspección de los tributos y la revisión de actos en vía administrativa.

Artículo 23. *Autoliquidación*

Los sujetos pasivos de las tasas estarán obligados a practicar operaciones de autoliquidación tributaria y a realizar el ingreso de su importe en el Tesoro, cuando así se prevea reglamentariamente.

---

tasas de la Hacienda estatal en la cuantía del importe exigible durante el año 2015. El art. 64 de la Ley 3/2017, de 27 de junio, de Presupuestos Generales del Estado para el año 2017 (BOE núm. 153, de 28 de junio de 2017), eleva a partir del día de entrada en vigor de esta Ley, los tipos de cuantía fija de las tasas de la Hacienda estatal hasta la cuantía que resulte de la aplicación del coeficiente 1,01 al importe exigible durante el año 2016. El art. 86 de la Ley 6/2018, de 3 de julio, de Presupuestos Generales del Estado para el año 2018 (BOE núm. 161, de 4 de abril de 2018), eleva a partir del día de entrada en vigor de esta Ley, los tipos de cuantía fija de las tasas de la Hacienda estatal hasta la cuantía que resulte de la aplicación del coeficiente 1,01 al importe exigible durante el año 2017. En parecidos términos, el art. 74.Uno de la Ley 11/2020, de 30 de diciembre, de Presupuestos Generales del Estado para el año 2021 (BOE núm. 341, de 31 de diciembre de 2020), art. 66.Uno de la Ley 22/2021, de 28 de diciembre, de Presupuestos Generales del Estado para el año 2022 (BOE núm. 312, de 29 de diciembre de 2021).

TÍTULO III. PRECIOS PÚBLICOS

Artículo 24[12]. *Concepto*

Tendrán la consideración de precios públicos las contraprestaciones pecuniarias que se satisfagan por la prestación de servicios o la realización de actividades efectuadas en régimen de Derecho público cuando, prestándose también tales servicios o actividades por el sector privado, sean de solicitud voluntaria por parte de los administrados.

Artículo 25[13]. *Cuantía*

1. Los precios públicos se determinarán a un nivel que cubra, como mínimo, los costes económicos originados por la realización de las actividades o la prestación de los servicios o a un nivel que resulte equivalente a la utilidad derivada de los mismos.

2. Cuando existan razones sociales, benéficas, culturales o de interés público que así lo aconsejen, podrán señalarse precios públicos que resulten inferiores a los parámetros previstos en el apartado anterior, previa adopción de las previsiones presupuestarias oportunas para la cobertura de la parte del precio subvencionada.

Artículo 26[14]. *Establecimiento y modificación*

1. El establecimiento o modificación de la cuantía de los precios públicos se hará:

---

[12] Nueva redacción del art. 24 dada por el art. 2 de la Ley 25/1998, de 13 de julio de Modificación del Régimen Legal de las Tasas Estatales y Locales y de Reordenación de las Prestaciones Patrimoniales de Carácter Público (BOE núm. 167, de 14 de julio de 1998), en vigor desde el 15 de julio de 1998.
Redacción original: «*1. Tendrán la consideración de precios públicos las contraprestaciones pecuniarias que se satisfagan por:*
a) La utilización privativa o el aprovechamiento especial del dominio público.
b) Las prestaciones de servicios y las entregas de bienes accesorias a las mismas efectuadas por los servicios públicos postales.
c) La prestación de servicios o realización de actividades efectuadas en régimen de Derecho público cuando concurra alguna de las circunstancias siguientes:
– Que los servicios o las actividades no sean de solicitud o recepción obligatoria por los administrados.
– Que los servicios o las actividades sean susceptibles de ser prestados o realizados por el sector privado, por no implicar intervención en la actuación de los particulares o cualquier otra manifestación de autoridad, o bien por no tratarse de servicios en los que esté declarada la reserva a favor del sector público conforme a la normativa vigente.
2. A efectos de lo dispuesto en la letra c) del número anterior no se considerará voluntaria la solicitud por parte de los administrados:
a) Cuando les venga impuesta por disposiciones legales o reglamentarias.
b) Cuando constituya condición previa para realizar cualquier actividad u obtener derechos o efectos jurídicos determinados».
La Sentencias TC núm. 185/1995, de 14 de diciembre declara la inconstitucionalidad de las letras a) y b) y lo subrayado de la letra c). STC núm. 233/1999 de 16 de diciembre.

[13] Nueva redacción del art. 25 dada por el art. 2 de la Ley 25/1998, de 13 de julio de Modificación del Régimen Legal de las Tasas Estatales y Locales y de Reordenación de las Prestaciones Patrimoniales de Carácter Público (BOE núm. 167, de 14 de julio de 1998), en vigor desde el 15 de julio de 1998.

[14] Nueva redacción del art. 26 dada por el art. 2 de la Ley 25/1998, de 13 de julio de Modificación del Régimen Legal de las Tasas Estatales y Locales y de Reordenación de las Prestaciones Patrimoniales de Carácter Público (BOE núm. 167, de 14 de julio de 1998), en vigor desde el 15 de julio de 1998.

a) Por Orden del Departamento ministerial del que dependa el órgano que ha de percibirlos y a propuesta de éste.

b) Directamente por los organismos públicos, previa autorización del Departamento ministerial del que dependan.

2. Toda propuesta de establecimiento o modificación de la cuantía de precios públicos deberá ir acompañada de una memoria económico-financiera que justificará el importe de los mismos que se proponga y el grado de cobertura financiera de los costes correspondientes.

Artículo 27[15]. *Administración y cobro de los precios públicos*

1. La administración y cobro de los precios públicos se realizará por los Departamentos y organismos públicos que hayan de percibirlos.

2. Los precios públicos podrán exigirse desde que se inicie la prestación de servicios que justifica su exigencia.

3. El pago de los precios públicos se realizará en efectivo o mediante el empleo de efectos timbrados.

4. Podrá exigirse la anticipación o el depósito previo del importe total o parcial de los precios públicos.

5. Cuando por causas no imputables al obligado al pago del precio público no se preste el servicio o no se realice la actividad, procederá la devolución del importe que corresponda o, tratándose de espectáculos, el canje de las entradas cuando ello fuera posible.

6. Las deudas por precios públicos podrán exigirse mediante el procedimiento administrativo de apremio, conforme a la normativa vigente.

7. En lo no previsto expresamente en la presente Ley, la administración y cobro de los precios públicos se realizará de conformidad con lo previsto en la Ley General Presupuestaria y demás normas que resulten de aplicación a los mismos.

DISPOSICIONES ADICIONALES

Disposición adicional primera[16]. *Modificación de la Ley General Tributaria*

(…)

Disposición adicional segunda[17]. *Exacciones reguladoras de precios*

El establecimiento de exacciones con finalidad exclusiva de regular el precio de productos determinados podrá efectuarse por medio de Real Decreto, en el que se contendrán las siguientes determinaciones:

a) Sujeto pasivo y objeto.

---

[15]　Nueva redacción del art. 27 dada por el art. 2 de la Ley 25/1998, de 13 de julio de Modificación del Régimen Legal de las Tasas Estatales y Locales y de Reordenación de las Prestaciones Patrimoniales de Carácter Público (BOE núm. 167, de 14 de julio de 1998), en vigor desde el 15 de julio de 1998.

[16]　Disposición adicional 1.ª derogada por Ley 25/1998, de 13 de julio, de Modificación del Régimen Legal de las Tasas Estatales y Locales y de Reordenación de las Prestaciones Patrimoniales de Carácter Público (BOE núm. 167, de 14 de julio de 1998), en vigor desde el 15 de julio de 1998.

[17]　Real Decreto 754/2005, de 24 de junio (BOE de 8 de julio), regula la tasa láctea, y la configura como exacción parafiscal.

b) Base y tipo máximo cuando se fije por un porcentaje y, en los demás casos, los elementos y factores que determinen su cuantía.

c) Destino o aplicación concreto que haya de darse al producto de la percepción.

d) Organismo encargado de su gestión.

Disposición adicional tercera. *Aranceles de funcionarios públicos*

1. A partir de la entrada en vigor de la presente Ley, las percepciones fijadas en Arancel aprobado legalmente que se cobren directamente por el funcionario se sujetarán en su establecimiento, modificación y exacción a los preceptos contenidos en esta Disposición adicional y en sus demás normas reguladoras que no resulten contrarias a lo previsto en la misma.

2. En general, los Aranceles se determinarán a un nivel que permita la cobertura de los gastos de funcionamiento y conservación de las oficinas en que se realicen las actividades o servicios de los funcionarios, incluida su retribución profesional.

Los Aranceles se aplicarán sobre los valores comprobados fiscalmente de los hechos, actos o negocios jurídicos y, a falta de aquéllos, sobre los consignados por las partes en el correspondiente documento, salvo en aquellos casos en que las características de las actividades de los correspondientes funcionarios no lo permitan.

La liquidación del Arancel quedará incorporada al documento público correspondiente. La base de aplicación de los Aranceles, con mención del número del Arancel y honorarios que correspondan a cada acto, se reflejarán por el funcionario al pie de la escritura o documento matriz y de todas sus copias y del asiento, certificación o nota extendidas y, en su caso, del documento entregado al interesado.

3. Los funcionarios públicos que, mediando dolo o culpa grave, infrinjan lo dispuesto en el párrafo segundo del apartado anterior incurrirán en falta disciplinaria muy grave que, sin perjuicio de las responsabilidades de otro orden que pudieran derivarse de su actuación, será sancionada con suspensión por plazo de cinco años y, en caso de reincidencia, con la baja definitiva del funcionario en el correspondiente Cuerpo o Escala o, en su caso, separación del servicio.

4. Los fedatarios públicos retribuidos mediante Arancel efectuarán, con ocasión de la autorización de documentos públicos o de su intervención en todo tipo de operaciones, las advertencias que procedan sobre las consecuencias fiscales o de otra índole de las declaraciones o falsedades en documento público o mercantil.

5. Los Aranceles se aprobarán por el Gobierno mediante Real Decreto propuesto conjuntamente por el Ministro de Economía y Hacienda y, en su caso, por el Ministro del que dependan los funcionarios retribuidos mediante el mismo.

Al proyecto de Real Decreto se acompañará una Memoria económico-financiera y será informado por el Consejo de Estado.

6. Sin perjuicio de las competencias propias de los Ministerios de que dependan los funcionarios retribuidos mediante Aranceles, los servicios del Ministerio de Economía y Hacienda comprobarán la aplicación que efectúen de los mismos con ocasión de la que corresponda, en su caso, realizar de la situación tributaria de dichos funcionarios, dando cuenta de las anomalías advertidas al Ministerio del que dependan, a los efectos disciplinarios que procedan.

7. El importe de los Aranceles queda afectado a la cobertura directa de los gastos de funcionamiento y conservación de las oficinas en que se realicen las actividades o servicios de los funcionarios, así como a su retribución profesional.

Disposición adicional cuarta[18]. *Tratamiento fiscal de las diferencias de valor resultantes de la comprobación administrativa*
(...)

Disposición adicional quinta. *Adaptación de la Ley Orgánica 11/1983*
A partir de la entrada en vigor de la presente Ley, las tasas académicas y demás derechos a que se refiere la letra *b)* del apartado 3 del artículo 54 de la Ley Orgánica 11/1983, de 25 de agosto, de Reforma Universitaria, tendrán la consideración de precios públicos y se fijarán y regularán de acuerdo con lo establecido en el citado artículo.

Disposición adicional sexta. *Modificación del Texto refundido de la Ley General Presupuestaria*
(...)

Disposición adicional séptima. *Aplicación supletoria de la regulación de los precios públicos*
Lo dispuesto en el Título III de esta Ley será de aplicación supletoria respecto de la legislación que establezcan las Comunidades Autónomas y las Haciendas Locales sobre precios públicos en el ámbito de sus competencias.

Disposición adicional octava. *Modificación de la Ley 30/1985, de 2 de agosto, del Impuesto sobre el Valor Añadido*
(...)

DISPOSICIÓN TRANSITORIA

Disposición transitoria única
1. Las tasas, incluidas las de origen parafiscal, y las denominadas exacciones parafiscales vigentes, continuarán exigiéndose, según las normas aplicables a la entrada en vigor de esta Ley, hasta que operen las previsiones contenidas en los artículos 10 y 26 de la misma.
2. Lo previsto en el apartado anterior será aplicable igualmente respecto de los precios de carácter público actualmente vigentes.
3. En el plazo de un año a partir de la entrada en vigor de la presente Ley, el Gobierno elaborará nuevos Aranceles de los funcionarios públicos por el procedimiento previsto en el apartado 5 de la Disposición adicional tercera.

---

[18]   Disposición adicional 4.ª derogada por Real Decreto Legislativo 1/1993, de 24 de septiembre, que aprueba el Texto refundido del Impuesto sobre Transmisiones Patrimoniales y Actos Jurídicos Documentados.

DISPOSICIÓN DEROGATORIA

Disposición derogatoria única

A la entrada en vigor de la presente Ley quedan expresamente derogadas:

a) La Ley de 26 de diciembre de 1958, reguladora de tasas y exacciones parafiscales.

b) El artículo 11, apartado 2, de la Ley de 26 de diciembre de 1958, sobre régimen jurídico de las Entidades Estatales Autónomas.

DISPOSICIÓN FINAL

Disposición final única

La presente Ley entrará en vigor el día siguiente al de su publicación en el *BOE.*